D1664355

Härting
Internetrecht

Internet-recht

von

Prof. Niko Härting
Rechtsanwalt
in Berlin

7. Auflage

2023

ottoschmidt

Zitierempfehlung:
Härting, Internetrecht, 7. Aufl., Rz. …

Bibliografische Information
der Deutschen Nationalbibliothek

Die Deutsche Nationalbibliothek verzeichnet diese
Publikation in der Deutschen Nationalbibliografie;
detaillierte bibliografische Daten sind im Internet
über http://dnb.d-nb.de abrufbar.

Verlag Dr. Otto Schmidt KG
Gustav-Heinemann-Ufer 58, 50968 Köln
Tel. 02 21/9 37 38-01, Fax 02 21/9 37 38-943
info@otto-schmidt.de
www.otto-schmidt.de

ISBN 978-3-504-56097-3

©2022 by Verlag Dr. Otto Schmidt KG, Köln

Das verwendete Papier ist aus chlorfrei gebleichten
Rohstoffen hergestellt, holz- und säurefrei, alterungs-
beständig und umweltfreundlich.

Einbandgestaltung: Lichtenford, Mettmann
Satz: WMTP, Birkenau
Druck und Verarbeitung: CPI books GmbH, Leck
Printed in Germany

Vorwort

Seit der 6. Auflage sind fünf Jahre vergangen – die Neuauflage ist überfällig, und in nahezu jedem Kapitel gibt es zahlreiche Änderungen, Ergänzungen, Aktualisierungen und auch Kürzungen.

Vollständig überarbeitet habe ich insbesondere das Kapitel zum Datenschutz. Als die Vorauflage erschien, galt die DSGVO noch nicht, sodass es keine Erfahrungen mit der Anwendung des neuen Datenschutzrechts gab. Dies hat sich grundlegend geändert, und es haben sich einige Themenfelder herauskristallisiert, die Praxis und Gerichte besonders häufig beschäftigen – allen voran das Auskunftsrecht (Art. 15 DSGVO) und der Schadensersatz (Art. 82 DSGVO).

Viele hatten erwartet, dass die DSGVO die Rechtsgrundsätze zu den Persönlichkeitsrechten und dem Recht am eigenen Bild überlagern wird. Dass dies nicht eingetreten ist und das hergebrachte Äußerungsrecht nach wie vor Bestand hat, verdanken wir der „Recht auf Vergessen I"-Entscheidung des Bundesverfassungsgerichts.

„Hass im Netz" war in den letzten fünf Jahren ein Shooting Star unter den Themen des Internetrechts. Seit Inkrafttreten des Netzwerkdurchsetzungsgesetzes (NetzDG) kam es zu Dutzenden Gerichtsverfahren, in denen es um die Lösch- und Sperrbefugnisse der Netzwerkbetreiber ging. Es bleibt abzuwarten, ob die jüngsten BGH-Entscheidungen Maßstäbe setzen, mit denen sich in den nächsten Jahren arbeiten lässt.

„Hass im Netz" ist auch eines der Kernthemen des jüngst verabschiedeten „Digital Services Act", dem letzten einer Reihe von europäischen Gesetzeswerken, die das Internetrecht in der EU immer stärker vereinheitlichen. Aufgrund europäischer Richtlinien wurden unlängst sowohl das Schuldrecht als auch das Urheber- und Wettbewerbsrecht um neue Vorschriften ergänzt. All dies findet in den jeweiligen Kapiteln dieser Auflage seinen Niederschlag.

Wie in den Vorauflagen habe ich die Schwerpunkte auch in dieser Auflage bei den Themen gesetzt, die die Rechtsprechung beschäftigen. Die Rechtsprechung ist der beste Gradmesser für die Aktualität und Praxisrelevanz internetrechtlicher Themen. Dabei lässt sich eine kontinuierliche Zunahme relevanter EuGH-Entscheidungen in allen Bereichen feststellen. Seit der DSGVO entwickelt sich der EuGH immer stärker zum obersten Datenschutzgericht, von hoher Bedeutung sind aus jüngerer Zeit auch die Urteile zum Begriff der „öffentlichen Wiedergabe" im Urheberrecht. Dass die Rechtsprechung des BGH daneben weiter Bedeutung hat, lässt sich beispielsweise an den neuen wettbewerbsrechtlichen Entscheidungen des BGH zu „Influencern" ablesen.

Auch bei dieser Auflage hatte ich das Glück, mich auf die tatkräftige Unterstützung studentischer Mitarbeiter verlassen zu können, ohne die mir die Neuauflage nicht gelungen wäre. Daher ein ganz herzlicher Dank an Sebastian Holler und Oskar Tröger und ein besonderer Dank an Max Adamek, der die Überarbeitung und Fertigstellung des Manuskripts bravourös koordiniert hat. Danke auch Dir, lieber Robert, Du warst und bist mir eine große Stütze, „wir schaffen das".

Für Kritik, Anregungen oder Hinweise aus dem Kreis der Nutzer bin ich dankbar. Diese bitte ich an lektorat@otto-schmidt.de zu senden.

Berlin, im Oktober 2022   Niko Härting

Inhaltsübersicht

Ausführliche Inhaltsübersichten zu Beginn der einzelnen Kapitel.

Abkürzungsverzeichnis

a.E.	am Ende
ABl.	Amtsblatt
AcP	Archiv für civilistische Praxis (Zeitschrift)
Admin-C	Administrative Contact
AfP	Archiv für Presserecht (Zeitschrift)
AG	Amtsgericht
AGB	Allgemeine Geschäftsbedingungen
AGBG	Gesetz zur Regelung des Rechts der Allgemeinen Geschäftsbedingungen
Alt.	Alternative
Anh.	Anhang
Anm.	Anmerkung
AnwBl.	Anwaltsblatt (Zeitschrift)
BAG	Bundesarbeitsgericht
BAnwBl.	Berliner Anwaltsblatt (Zeitschrift)
BB	Betriebsberater (Zeitschrift)
BGB	Bürgerliches Gesetzbuch
BGH	Bundesgerichtshof
BGH-R	BGH-Report (Zeitschrift)
BGHZ	Rechtsprechung des BGH in Zivilsachen
BORA	Berufsordnung für Rechtsanwälte
BRAK-Mitt	Mitteilungen der Bundesrechtsanwaltskammer (Zeitschrift)
BRAO	Bundesrechtsanwaltsordnung
BT-Drucks.	Bundestagsdrucksache
BVerfG	Bundesverfassungsgericht
BVerwG	Bundesverwaltungsgericht
CISG	United Nations Convention on Contracts for the International Sale of Goods
CML Rev.	Common Market Law Review (Zeitschrift)
CR	Computer und Recht (Zeitschrift)
DB	Der Betrieb (Zeitschrift)
DNotZ	Deutsche Notar-Zeitschrift
DNS	Domainname-System
DPMA	Deutsches Patent- und Markenamt
DRM	Digital Rights Management
Drucks.	Drucksache
DSA-E	Digital Services Act – Entwurf
DStR	Deutsches Steuerrecht (Zeitschrift)
DuD	Datenschutz und Datensicherheit (Zeitschrift)
e.G.	eingetragene Genossenschaft
ECRL	E-Commerce-Richtlinie
EGBGB	Einführungsgesetz zum BGB
EGMR	europäischer Gerichtshof für Menschenrechte

eIDAS-VO	Verordnung über elektronische Identifizierung und Vertrauensdienste für elektronische Transaktionen im Binnenmarkt und zur Aufhebung der Richtlinie 1999/93/EG
Einl.	Einleitung
EIPR	European Intellectual Property Review (Zeitschrift)
EuGH	Europäischer Gerichtshof
EuGVÜ	Übereinkommen über die gerichtliche Zuständigkeit und die Vollstreckung gerichtlicher Entscheidungen in Zivil- und Handelssachen
EuGVVO	Verordnung über die gerichtliche Zuständigkeit und die Anerkennung und Vollstreckung von Entscheidungen in Zivil- und Handelssachen
EUREDIA	European Banking & Financial Law Journal
EuZW	Europäische Zeitschrift für Wirtschaftsrecht
EWiR	Entscheidungen zum Wirtschaftsrecht (Zeitschrift)
EWR	Europäischer Wirtschaftsraum
EWS	Europäisches Wirtschafts- und Steuerrecht (Zeitschrift)
FAQ	Frequently Asked Questions
FARL	Fernabsatzrichtlinie
FARLFDL	Richtlinie über den Fernabsatz von Finanzdienstleistungen an Verbraucher
FernAbsG	Fernabsatzgesetz
Fn.	Fußnote
FS	Festschrift
GewArch	Gewerbearchiv (Zeitschrift)
GewO	Gewerbeordnung
GRUR	Gewerblicher Rechtsschutz und Urheberrecht (Zeitschrift)
GRUR Int.	Gewerblicher Rechtsschutz und Urheberrecht, Internationaler Teil (Zeitschrift)
GRUR-Prax	Gewerblicher Rechtsschutz und Urheberrecht, Praxis im Immaterial- und Wettbewerbsrecht (Zeitschrift)
gTLD	generic-Top-Level-Domain
GVBl.	Gesetzes- und Verordnungsblatt
Hrsg.	Herausgeber
HTML	Hypertext Markup Language
HWiG	Gesetz über den Widerruf von Haustürgeschäften und ähnlichen Geschäften
i.V.m.	in Verbindung mit
ICANN	Internet Corporation for Assigned Names and Numbers
IDN	Internationalized Domain Names
IP-Adresse	Internet Protocol Adresse
IPR	Internationales Privatrecht
IPRax	Praxis des Internationalen Privat- und Verfahrensrechts (Zeitschrift)
IPRB	IP-Rechtsberater (Zeitschrift)
ITRB	IT-Rechtsberater (Zeitschrift)
IuKDG	Informations- und Kommunikationsdienste-Gesetz

JCP	Journal of Consumer Policy
Jura	Juristische Ausbildung (Zeitschrift)
JurPC	Internetzeitschrift für Rechtsinformatik, abrufbar unter www.jurpc.de
JuS	Juristische Schulung (Zeitschrift)
JZ	Juristenzeitung
K&R	Kommunikation und Recht (Zeitschrift)
KG	Kammergericht
KK	Konnektivitätskoordination
krit.	kritisch
LAG	Landesarbeitsgericht
Ls.	Leitsatz
m.w.N.	mit weiteren Nachweisen
MDR	Monatsschrift für Deutsches Recht
MDStV	Mediendienstestaatsvertrag
MMR	Multimedia und Recht (Zeitschrift)
NetzDG	Netzwerkdurchsetzungsgesetz
NIC	Network Information Center
NJ	Neue Justiz (Zeitschrift)
NJW	Neue Juristische Wochenschrift
NJW-CoR	Neue Juristische Wochenschrift – Computerreport
NJW-RR	Neue Juristische Wochenschrift – Rechtsprechungsreport Zivilrecht
NZM	Neue Zeitschrift für Miet- und Wohnungsrecht
ÖJZ	Österreichische Juristenzeitung
OLGR	OLG-Report
OVG	Oberverwaltungsgericht
PAngV	Preisangabenverordnung
PGP	Pretty Good Privacy
PHi	Haftpflicht International (Zeitschrift)
PinG	Privacy in Germany (Zeitschrift)
PresseG	Pressegesetz
RabattG	Rabattgesetz
RabelsZ	Rabels Zeitschrift für ausländisches und internationales Privatrecht
RBÜ	Revidierte Berner Übereinkunft
Rdnr.	Randnummer
Ref-E	Referentenentwurf
RegE	Regierungsentwurf
RIW	Recht der Internationalen Wirtschaft (Zeitschrift)
RUDRP	Rules for Uniform Domain Name Dispute Resolution Policy
Rz.	Randziffer
SigG	Signaturgesetz
SigV	Signaturverordnung

Slg.	Sammlung
SME	Small and medium enterprises
StGB	Strafgesetzbuch
str.	streitig
StuB	Steuern und Bilanzen (Zeitschrift)
TDG	Teledienstegesetz
Tech-C	Technical Contact
TKG	Telekommunikationsgesetz
TLD	Top-Level-Domain
TMG	Telemediengesetz
TRIPS	trade-related aspects of intellectual property rights
TTDSG	Telekommunikations-Telemedien-Datenschutzgesetz
UBE	Unsolicited Bulk E-Mail
UCE	Unsolicited Commercial E-Mail
UDRP	Uniform Dispute Resolution Policy
UKlaG	Unterlassungsklagengesetz
UrhG	Urheberrechtsgesetz
UrhDAG	Urheberrechts-Diensteanbieter-Gesetz
UStG	Umsatzsteuergesetz
UWG	Gesetz gegen den unlauteren Wettbewerb
VerbrKrG	Verbraucherkreditgesetz
VersR	Versicherungsrecht (Zeitschrift)
VerstVO	Versteigerungsverordnung
VerwArch	Verwaltungsarchiv (Zeitschrift)
VGH	Verwaltungsgerichtshof
VuR	Verbraucher und Recht (Zeitschrift)
VVG	Versicherungsvertragsgesetz
WCT	WIPO-Urheberrechtsvertrag
WiB	Wirtschaftsrechtliche Beratung (Zeitschrift)
WIPO	World Intellectual Property Organisation
WM	Wertpapiermitteilungen (Zeitschrift)
WRP	Wettbewerb in Recht und Praxis (Zeitschrift)
WUA	Welturheberrechtsabkommen
z.B.	zum Beispiel
ZBB	Zeitschrift für Bankrecht und Bankwirtschaft
ZEuP	Zeitschrift für Europäisches Privatrecht
ZIP	Zeitschrift für Wirtschaftsrecht
ZPO	Zivilprozessordnung
ZRP	Zeitschrift für Rechtspolitik
ZUM	Zeitschrift für Urheber- und Medienrecht
ZVglRWiss	Zeitschrift für Vergleichende Rechtswissenschaft

Literaturverzeichnis

Ahlberg, Hartwig; Götting, Horst-Peter; Lauber-Rönsberg, Anne: Beck'scher Online-Kommentar Urheberrecht, 32. Edition, Stand 15.9.2021 [zitiert: *Bearbeiter* in BeckOK UrhG]

Aigner, Dietmar; Hofmann, Dietrich: Fernabsatzrecht im Internet; 1. Auflage; München; 2004 [zitiert: *Aigner/Hofmann*, Fernabsatzrecht im Internet]

Anders, Monika; Gehle, Burkhard: Beck'sche Kurz-Kommentare Zivilprozessordnung; 80. Auflage; München 2022 [zitiert: *Anders/Gehle*]

Baur, Jürgen F.; Mansel, Hans-Peter: Systemwechsel im europäischen Kollisionsrecht; München 2002 [zitiert: *Bearbeiter* in Baur/Mansel, Systemwechsel im europäischen Kollisionsrecht]

Bechtold, Stefan: Vom Urheber- zum Informationsrecht – Implikationen des Digital Rights Management; 1. Auflage; München 2002 [zitiert: *Bechtold*, Vom Urheber- zum Informationsrecht]

Becker, Jürgen (Hrsg.): Rechtsprobleme internationaler Datennetze; Baden-Baden 1996 [zitiert: *Bearbeiter* in Becker, Rechtsprobleme internationaler Datennetze]

Beucher, Klaus; Leyendecker, Ludwig; v. Rosenberg, Oliver: Mediengesetze; 2. Auflage; München 2005 [zitiert: *Beucher/Leyendecker/v. Rosenberg*, Mediengesetze]

Beuthien, Volker; Fuchs, Maximilian; Roth, Herbert et al (Hrsg.): Festschrift für Dieter Medicus zum 70. Geburtstag; Köln 1999 [zitiert: *Bearbeiter* in FS Medicus]

Borges, Georg: Verträge im elektronischen Geschäftsverkehr; 2. Auflage; Baden-Baden 2008 [zitiert: *Borges*, Verträge im elektronischen Geschäftsverkehr]

Bräutigam, Peter; Leupold, Andreas: Online-Handel; 1. Auflage; München 2003 [zitiert: *Bearbeiter* in Bräutigam/Leupold, Online-Handel]

Bröcker, Klaus Tim; Czychowski, Christian; Schäfer, Detmar (Hrsg.): Praxishandbuch Geistiges Eigentum im Internet; 1. Auflage; München 2003 [zitiert: *Bearbeiter* in Bröcker/Czychowski/Schäfer, Praxishandbuch Geistiges Eigentum im Internet]

Brox, Hans: Allgemeiner Teil des BGB; 45. Auflage; Köln 2021 [zitiert: *Brox*, AT]

Cichon, Caroline: Internetverträge; 2. Auflage; Köln 2005 [zitiert: *Cichon*, Internetverträge]

Damm, Renate; Rehbock, Klaus: Widerruf, Unterlassung und Schadensersatz in den Medien; 3. Auflage; München 2008 [zitiert: *Damm/Rehbock*, Widerruf, Unterlassung und Schadensersatz]

Dreier, Thomas; Schulze, Gernot: Kommentar zum Urheberrechtsgesetz; 7. Auflage; München 2022 [zitiert: *Bearbeiter* in Dreier/Schulze, UrhG]

Dreyer, Gunda; Kotthoff, Jost; Meckel, Astrid; Hentsch, M.A.: Heidelberger Kommentar zum Urheberrecht; 4. Auflage; Heidelberg, München u.a. 2018 [zitiert: *Dreyer/Kotthoff/Meckel/Hentsch*, Urheberrecht]

Drygala, Tim: Die Vollharmonisierung des Vertriebsrechts für Finanzdienstleistungen im Fernabsatz; in Festschrift für Lutter, 2000, S. 1563 [zitiert: *Drygala* in FS Lutter]

Eberle, Carl-Eugen; Rudolf, Walter; Wasserburg, Klaus: Mainzer Rechtshandbuch Neue Medien; 1. Auflage; Heidelberg 2003 [zitiert: *Eberle/Rudolf/Wasserburg*, Mainzer Rechtshandbuch Neue Medien]

Ehmann, Eugen; Selmayr, Martin: Beck'sche Kurz-Kommentare DS-GVO Datenschutz-Grundverordnung Kommentar; 2. Auflage; München 2018 [zitiert: *Bearbeiter* in Ehmann/Selmayr, DSGVO]

Emmerich, Volker; Lange, Werner Knut: Unlauterer Wettbewerb; 11. Auflage; München 2019 [zitiert: *Bearbeiter* in Emmerich/Lange, Unlauterer Wettbewerb]

Engel-Flechsig, Stefan; Maennel, Frithjof; Tettenborn, Alexander: Neue gesetzliche Rahmenbedingungen für Multimedia; 1. Auflage; Heidelberg 1997 [zitiert: *Engel-Flechsig/Maennel/Tettenborn*, Neue gesetzliche Rahmenbedingungen für Multimedia]

Ensthaler, Jürgen; Weidert, Stefan: Handbuch Urheberrecht und Internet; 2. Auflage; Frankfurt am Main 2010 [zitiert: *Bearbeiter* in Ensthaler/Weidert, Handbuch Urheberrecht und Internet]

Ernst, Stefan: Vertragsgestaltung im Internet; 1. Auflage; München 2003 [zitiert: *Ernst*, Vertragsgestaltung im Internet]

Eßner, Martin; Kramer, Phillip; Lewinski von, Kai (Hrsg.): Auernhammer, DSGVO/BDSG – Kommentar; 7. Auflage; Bonn, Hamburg, Passau 2020 [zitiert: *Bearbeiter* in Auernhammer, DSGVO]

Fezer, Karl-Heinz: Kommentar zum Markengesetz; 4. Auflage; München 2009 [zitiert: *Fezer*, Markengesetz]

Fezer, Karl-Heinz: Lauterkeitsrecht; 2. Auflage; München 2010 [zitiert: *Fezer*, Lauterkeitsrecht]

Fischer, Thomas: Strafgesetzbuch und Nebengesetze; 69. Auflage; München 2022 [zitiert: *Fischer*, StGB]

Flume, Werner: Allgemeiner Teil des Bürgerlichen Rechts, Zweiter Band: Das Rechtsgeschäft; 4. Auflage; Berlin, Heidelberg, New York 1992 [zitiert: *Flume*, AT II]

Freytag, Stefan: Haftung im Netz; 1. Auflage; München 1999 [zitiert: *Freytag*, Haftung im Netz]

Fritzsche, Jörg; Münker, Reiner; Stollwerk, Christoph: Beck'scher Online-Kommentar Gesetz gegen den unlauteren Wettbewerb, 16. Edition, Stand 26.3.2022 [zitiert: *Bearbeiter* in BeckOK UWG]

Fromm, Karl; Nordemann, Wilhelm: Urheberrecht Kommentar; 12. Auflage; Stuttgart 2018 [zitiert: *Bearbeiter* in Fromm/Nordemann, Urheberrecht]

Geimer, Reinhold; Schütze, Rolf A.: Europäisches Zivilverfahrensrecht; 4. Auflage; München 2020 [zitiert: *Geimer/Schütze*, Europäisches Zivilverfahrensrecht]

Geppert, Martin; Piepenbrock, Hermann-Josef; Schütz, Raimund; Schuster, Fabian (Hrsg.): Beck'scher TKG-Kommentar; 4. Auflage; München 2013 [zitiert: *Bearbeiter* in Beck'scher TKG-Kommentar]

Gierschmann, Sybille; Schlender, Katharina; Stentzel, Rainer; Veil, Winfried (Hrsg,): Kommentar Datenschutz-Grundverordnung; 2017 [zitiert: *Bearbeiter* Gierschmann/Schlender/Stentzel/Veil, DSGVO]

Götting, Horst-Peter; Schertz, Christian; Seitz, Walter: Handbuch des Persönlichkeitsrechts; München, 2019 [zitiert: *Bearbeiter* in Götting/Schertz/Seitz]

Gola, Peter; Heckmann, Dirk: Bundesdatenschutzgesetz; 13. Auflage; München 2019 [zitiert: *Gola/Heckmann*, BDSG]

Gola, Peter: Datenschutz-Grundverordnung: DS-GVO; 2. Auflage; München 2018 [zitiert: *Bearbeiter* in Gola, DSGVO]

Gounalakis, Georgios (Hrsg.): Rechtshandbuch Electronic Business; 1. Auflage; München 2003 [zitiert: *Bearbeiter* in Gounalakis (Hrsg.), Rechtshandbuch Electronic Business]

Gounalakis, Georgios; Rhode, Lars: Persönlichkeitsschutz im Internet; 1. Auflage; München 2002 [zitiert: *Gounalakis/Rhode*, Persönlichkeitsschutz im Internet]

Grüneberg, Christian: Beck'sche Kurz-Kommentare zum Bürgerlichen Gesetzbuch; 81. Auflage; München 2022 [zitiert: *Bearbeiter* in Grüneberg]

Günther, Andreas: Produkthaftung für Informationsgüter: Verlagserzeugnisse, Software und Multimedia im deutschen und US amerikanischen Produkthaftungsrecht; 1. Auflage; Köln 2001 [zitiert: *Günther*, Produkthaftung für Informationsgüter]

Haberstumpf, Helmut: Handbuch des Urheberrechts; 2. Auflage; Neuwied, Kriftel, Berlin 2000 [zitiert: *Haberstumpf*, Handbuch des Urheberrechts]

Härting, Niko: Internetrecht; 1. Auflage; Köln 1999 [zitiert: *Härting*, Internetrecht, 1. Auflage]

Härting, Niko: Fernabsatzgesetz – Kurzkommentar; 1. Auflage; Köln 2000 [zitiert: *Härting*, FernAbsG]

Härting, Niko: Recht der Mehrwertdienste 0190/0900; 1. Auflage; Köln 2004 [zitiert: *Härting*, Recht der Mehrwertdienste]

Harte-Bavendamm, Henning; Henning-Bodewig, Frauke: Gesetz gegen den unlauteren Wettbewerb, Kommentar; 5. Auflage; München 2021 [zitiert: *Harte-Bavendamm/Henning-Bodewig*, UWG]

Hartung, Wolfgang: Berufs- und Fachanwaltsordnung: BORA/FAO; 8. Auflage; München 2022 [zitiert: *Bearbeiter* in Hartung, BORA/FAO]

Hau, Wolfgang; Poseck, Roman (Hrsg.): Beck'scher Online-Kommentar Bürgerliches Gesetzbuch; 43. Edition; München 2017 [zitiert: *Bearbeiter* in BeckOK/BGB]

Heeschen, Verena: Urheberpersönlichkeitsrecht und Multimedia; Berlin 2003 [zitiert: *Heeschen*, Urheberpersönlichkeitsrecht und Multimedia]

Hefermehl, Wolfgang; Köhler, Helmut; Bornkamm, Joachim: Wettbewerbsrecht Kommentar; 26. Auflage; München 2009 [zitiert: *Bearbeiter* in Hefermehl/Köhler/Bornkamm]

Heidelberger Kommentar zur Strafprozessordnung; 5. Auflage; Heidelberg, München u.a., 2012 [zitiert: *Bearbeiter* in Heidelberger Kommentar, StPO]

Heller, Christian: Post-Privacy – Prima leben ohne Privatsphäre; München 2011 [zitiert: *Heller*, Post-Privacy]

Hoeren, Thomas: Internetrecht – Ein Grundriss, 4. Auflage; München 2021 [zitiert: *Hoeren*, Internetrecht]

Hoeren, Thomas: Allgemeine Geschäftsbedingungen bei Internet- und Softwareverträgen; 1. Auflage; München 2008 [zitiert: *Hoeren*, AGB bei Internet- und Softwareverträgen, E-Commerce-Verträge]

Hoeren, Thomas: Internet- und Kommunikationsrecht; 2. Auflage; Köln 2012 [zitiert: *Hoeren*, Internet- und Kommunikationsrecht]

Hoeren, Thomas; Sieber, Ulrich; Holznagel, Bernd (Hrsg.): Handbuch Multimedia-Recht; 57. Auflage; München; Stand: September 2021 [zitiert: *Bearbeiter* in Hoeren/Sieber/Holznagel, Handbuch Multimedia-Recht]

Hoeren, Thomas: Grundzüge des Internetrechts: E-Commerce, Domains, Urheberrecht, 2. Auflage; München 2002 [zitiert: *Hoeren*, Grundzüge des Internetrechts]

Hoffmann, Bernd von; Thorn, Karsten: Internationales Privatrecht einschließlich der Grundzüge des Internationalen Zivilverfahrensrechts; 9. Auflage; München 2007 [zitiert: *v. Hoffmann/Thorn*, IPR]

Hoffmann, Mathis; Leible, Stefan; Sosnitza, Olaf (Hrsg.): Geistiges Eigentum im virtuellen Raum; Stuttgart, München, Hannover, Berlin, Weimar, Dresden 2007 [zitiert: *Bearbeiter* in Hoffmann/Leible/Sosnitza]

Honsell, Heinrich: Kommentar zum UN-Kaufrecht; 2. Auflage; München 2010 [zitiert: *Bearbeiter,* in Honsell, UN-Kaufrecht]

Ingerl, Reinhard; Rohnke, Christian: Markengesetz Kommentar; 3. Auflage; München 2010 [zitiert: *Ingerl/Rohnke,* Markengesetz]

Jauernig, Othmar: Bürgerliches Gesetzbuch; 18. Auflage; München 2021 [zitiert: *Bearbeiter* in Jauernig]

Junker, Markus: Anwendbares Recht und internationale Zuständigkeit bei Urheberrechtsverletzungen im Internet; 1. Auflage; Kassel 2002 [zitiert: *Junker,* Anwendbares Recht und internationale Zuständigkeit bei Urheberrechtsverletzungen im Internet]

Kaczerowsky, Anne; Metz, Anna: Multimedia als unbekannte Nutzungsart – Probleme bei multimedialer Nutzung älteren urheberrechtlich geschützten Materials und seiner Nutzung in den internationalen Datennetzen; in Götting, Horst-Peter (Hrsg.): Multimedia, Internet und Urheberrecht; Dresden 1998 [zitiert: *Kaczerowsky/Metz* in Götting (Hrsg.)]

Karlsruher Kommentar zur Strafprozessordnung; 8. Auflage; München 2019 [zitiert: *Bearbeiter* in Karlsruher Kommentar, StPO]

Kegel, Gerhard: Internationales Privatrecht; 8. Auflage; München; 2000; [zitiert: *Kegel,* IPR]

Kegel, Gerhard; Schurig, Klaus: Internationales Privatrecht; 9. Auflage; München 2003 [zitiert: *Kegel/Schurig,* IPR]

Kleine-Cosack, Michael: Bundesrechtsanwaltsordnung mit Berufs- und Fachanwaltsordnung; 6. Auflage; München 2009 [zitiert: *Kleine-Cosack,* BRAO]

Kleine-Cosack, Michael: Das Werberecht der rechts- und steuerberatenden Berufe; 2. Auflage; Freiburg 2004 [zitiert: *Kleine-Cosack,* Werberecht]

Knauer, Christoph; Kudlich, Hans; Schneider, Hartmut: Münchener Kommentar zur Strafprozessordnung; 1. Auflage; München 2014 [zitiert: *Bearbeiter,* Münchkomm/StPO]

Koch, Frank: Internet-Recht; 2. Auflage; München, Wien 2005 [zitiert: *Koch,* Internet-Recht]

Köhler, Helmut: BGB – Allgemeiner Teil; 36. Auflage; München 2012 [zitiert: *Köhler,* AT]

Köhler, Helmut; Bornkamm, Joachim; Feddersen, Jörn: Wettbewerbsrecht Kommentar; 40. Auflage; München 2022 [zitiert: *Bearbeiter* in Köhler/Bornkamm/Feddersen]

Köhler, Markus; Fetzer, Thomas: Recht des Internet; 8. Auflage; Heidelberg 2016 [zitiert: *Köhler/Fetzer,* Recht des Internet]

Kröger, Detlef; Gimmy, Marc A.: Handbuch zum Internetrecht, Electronic Commerce – Informations-, Kommunikations- und Mediendienste; 2. Auflage; Heidelberg 2013 [zitiert: *Bearbeiter* in Kröger/Gimmy, Handbuch zum Internetrecht]

Kropholler, Jan: Internationales Privatrecht; 6. Auflage; München 2006 [zitiert: *Kropholler,* IPR]

Kropholler, Jan; von Hein, Jan: Europäisches Zivilprozessrecht; 10. Auflage; Hamburg 2022 [zitiert: *Kropholler,* Europäisches Zivilprozessrecht]

Kühl, Kristian: Strafgesetzbuch; 25. Auflage; München 2004 [zitiert: *Kühl,* StGB]

Kühling, Jürgen; Buchner, Benedikt (Hrsg.): Datenschutz-Grundverordnung, Bundesdatenschutzgesetz: DS-GVO/BDSG; 3. Auflage; München 2020 [zitiert: *Bearbeiter* in Kühling/Buchner, DSGVO]

Kümpel, Siegfried; Mülbert, Peter O.; Früh, Andreas; Seyfried, Thorsten: Bank- und Kapitalmarktrecht; 6. Auflage; Köln 2022 [zitiert: *Kümpel,* Bank- und Kapitalmarktrecht]

Kuhn, Matthias: Rechtshandlungen mittels EDV und Telekommunikation – Zurechenbarkeit und Haftung; 1. Auflage; München 1991 [zitiert: *Kuhn,* Rechtshandlungen mittels EDV und Telekommunikation]

Lackner, Karl; Kühl, Kristian: Strafgesetzbuch Kommentar; 29. Auflage; München 2018 [zitiert: *Bearbeiter* in Lackner/Kühl, StGB]

Laue, Philip; Kremer, Sascha: Das neue Datenschutzrecht in der betrieblichen Praxis; 2. Auflage; Baden-Baden 2019 [zitiert: *Bearbeiter* in Laue/Kremer, DSGVO]

Leenen, Detlef; Häublein, Martin: BGB Allgemeiner Teil: Rechtsgeschäftslehre; Berlin/Boston 2021 [zitiert: *Leenen/Häublein*]

Lehmann, Michael (Hrsg.): Internet- und Multimediarecht (Cyberlaw); Stuttgart 1997 [zitiert: *Bearbeiter* in Lehmann, Cyberlaw]

Lehmann, Michael; Meents, Jan Geert: Handbuch des Fachanwalts Informationstechnologierecht; 2. Auflage; Köln 2011 [zitiert: *Bearbeiter* in Lehmann/Meents]

Leible, Stefan: Die Bedeutung des Internationalen Privatrechts im Zeitalter der neuen Medien; 1. Auflage; Stuttgart 2003 [*Bearbeiter* in Leible, Bedeutung des IPR]

Leipziger Kommentar zum Strafgesetzbuch; 12. Auflage; Berlin 2010 [zitiert: LK-StGB]

Löchner, Gerhard; Steinmüller, Wilhelm: Datenschutz und Datensicherheit: Vorträge auf der Tagung vom 26. u. 27. Oktober in Schlangenbad, 1975 [zitiert: *Löchner/Steinmüller*, Datenschutz und Datensicherheit]

Löwe, Ewald; Rosenberg, Werner: Die Strafprozessordnung und das Gerichtsverfassungsgesetz; 26. Auflage; Berlin 2012 [zitiert: *Bearbeiter* in Löwe/Rosenberg]

Loewenheim, Ulrich (Hrsg.): Handbuch des Urheberrechts; 3. Auflage; München 2021 [zitiert: *Bearbeiter* in Loewenheim, Handbuch des Urheberrechts]

Loewenheim, Ulrich: Urheberrechtliche Probleme bei Multimedia-Anwendungen; in Festschrift für Henning Piper; 1996; S. 709 [zitiert: *Loewenheim* in FS Piper]

Lüderitz, Alexander: Verbraucherschutz im internationalen Vertragsrecht – ein Zuständigkeitsproblem; in Festschrift für Riesenfeld; 1983; S. 147 [zitiert: *Lüderitz* in FS Riesenfeld]

Marly, Jochen: Praxishandbuch Softwarerecht; 7. Auflage; München 2018 [zitiert: *Marly*, Praxishandbuch Softwarerecht]

Marly, Jochen: Softwareüberlassungsverträge; 5. Auflage; München 2009 [zitiert: *Marly*, Softwareüberlassungsverträge]

Medicus, Dieter: Allgemeiner Teil des BGB; 11. Auflage; München 2016 [zitiert: *Medicus*, AT]

Micklitz, Hans-W.; Tonner, Klaus: Vertriebsrecht – Haustür-, Fernabsatzgeschäfte und elektronischer Geschäftsverkehr; 1. Auflage Baden-Baden 2002 [zitiert: *Bearbeiter* in Micklitz/Tonner, Vertriebsrecht]

Moritz, Hans-Werner; Dreier, Thomas: Rechtshandbuch zum E-Commerce; 2. Auflage; Köln 2005 [zitiert: *Bearbeiter* in Moritz/Dreier, Rechtshandbuch zum E-Commerce]

Münch, Ingo von/Kunig, Philip: Grundgesetz-Kommentar, Band 1: Präambel bis Art. 19; 7. Auflage; München 2021 [zitiert: *Bearbeiter* in v. Münch/Kunig]

Musielak, Hans-Joachim; Voit, Wolfgang: Zivilprozessordnung mit Gerichtsverfassungsrechts; 19. Auflage; München 2022 [zitiert: *Bearbeiter* in Musielak/Voit, ZPO]

Nagel, Heinrich; Gottwald, Peter: Internationales Zivilprozessrecht; 8. Auflage; Köln 2020 [zitiert: *Nagel/Gottwald*, Internationales Zivilprozessrecht]

Naskret, Stefanie: Das Verhältnis zwischen Herkunftslandprinzip und Internationalem Privatrecht in der Richtlinie zum elektronischen Geschäftsverkehr; Diss. Münster 2003 [zitiert: *Naskret*, Herkunftslandprinzip und Internationales Privatrecht]

Neuner, Jörg: Allgemeiner Teil des Bürgerlichen Rechts; 12. Auflage; München 2020 [zitiert: *Neuner*, AT]

Niebling, Jürgen: AnwaltKommentar AGB-Recht; 3. Auflage; Bonn 2017 [zitiert: *Bearbeiter* in AnwaltKommentar AGB-Recht]

Nordemann, Wilhelm; Nordemann, Axel; Nordemann, Jan Bernd: Wettbewerbs- und Markenrecht; 11. Auflage; Baden-Baden 2012 [zitiert: *Nordemann*, Wettbewerbs- und Markenrecht]

Ohly, Ansgar; Sosnitza, Olaf: Gesetz gegen den unlauteren Wettbewerb – Kommentar; 7. Auflage; München 2016 [zitiert: *Bearbeiter* in Ohly/Sosnitza, UWG]

Paal, Boris P.; Pauly, Daniel A.: Beck'sche Kompakt-Kommentare Datenschutz Grundverordnung Bundesdatenschutzgesetz; 3. Auflage; München 2021 [zitiert: *Bearbeiter* in Paal/Pauly, DSGVO BDSG]
Path, Kai-Uwe (Hrsg.): Kommentar zum BDSG sowie den Datenschutzbestimmungen des TMG und TKG; 1. Auflage; Köln; 2013; [zitiert: *Bearbeiter* in Plath, BDSG]
Plath, Kai-Uwe (Hrsg.): Kommentar zur DSGVO, BDSG und den Datenschutzbestimmungen von TMG und TKG; 3. Auflage; Köln 2018 [zitiert: *Bearbeiter* in Plath, DSGVO/BDSG]
Pützhoven, Andreas: Europäischer Verbraucherschutz im Fernabsatz; 1. Auflage; München 2001 [zitiert: *Pützhoven*, Verbraucherschutz im Fernabsatz]

Rauscher, Thomas: Internationales Privatrecht; 5. Auflage; Heidelberg 2017 [zitiert: *Rauscher*, IPR]
Rauscher, Thomas; Krüger, Wolfgang: Münchener Kommentar zur Zivilprozessordnung; 4. Auflage; München 2012 [zitiert: *Bearbeiter* in MünchKomm/ZPO]
Redeker, Helmut: IT-Recht; 7. Auflage; München 2020 [zitiert: *Redeker*, IT-Recht]
Redeker, Helmut (Hrsg.): Handbuch der IT-Verträge; 24. Ergänzungslieferung; Köln; Stand: Dezember 2021 [zitiert: *Redeker*, Handbuch der IT-Verträge]
Rehbinder, Manfred: Urheberrecht; 16. Auflage; München 2008 [zitiert: *Rehbinder*, Urheberrecht]
Reithmann, Christoph; Martiny, Dieter: Internationales Vertragsrecht; 9. Auflage; Köln 2022; [zitiert: *Reithmann/Martiny*, Internationales Vertragsrecht]
Richter, Verena: Der Schutz von Datenbanken unter besonderer Berücksichtigung der Datenbankrichtlinie der EU; in Götting, Horst-Peter (Hrsg.): Multimedia, Internet und Urheberrecht; Dresden 1998 [zitiert: *Richter* in Götting (Hrsg.)]
Rogge, Tonia: Elektronische Pressespiegel in urheber- und wettbewerbsrechtlicher Beurteilung; 1. Auflage; Hamburg 2001 [zitiert: *Rogge*, Elektronische Pressespiegel]
Roßnagel, Alexander (Hrsg.): Europäische Datenschutz-Grundverordnung, Vorrang des Unionsrechts – Anwendbarkeit des nationalen Rechts; 1. Auflage; Baden-Baden 2017 [zitiert: *Bearbeiter* in Roßnagel, DSGVO]
Roth, Isabel: Die internationale Zuständigkeit deutscher Gerichte bei Persönlichkeitsrechtsverletzungen im Internet; 1. Auflage; Frankfurt a.M. 2007 [zitiert: *Roth*, Zuständigkeit bei Persönlichkeitsrechtsverletzungen]
Ruff, Andreas: Vertriebsrecht im Internet; 3. Auflage; Berlin, Heidelberg, New York 2013 [zitiert: *Ruff*, Vertriebsrecht im Internet]

Säcker, Franz Jürgen (Hrsg.): Berliner Kommentar zum Telekommunikationsgesetz; 2. Auflage; Frankfurt a.M. 2009 [zitiert: *Bearbeiter* in Berliner Kommentar, TKG]
Säcker, Franz Jürgen; Rixecker, Roland; Oetker, Hartmut; Limperg, Bettina (Hrsg.): Münchener Kommentar zum Bürgerlichen Gesetzbuch; 9. Auflage; München 2022 [zitiert: *Bearbeiter* in MünchKomm/BGB]

Saacke, Astrid: Schutzgegenstand und Rechtsinhaberschaft bei Multimediaprodukten; in Götting, Horst-Peter (Hrsg.): Multimedia, Internet und Urheberrecht; Dresden 1998 [zitiert: *Saacke* in Götting (Hrsg.)]

Sachs, Michael: Grundgesetz; 6. Auflage; München 2011 [zitiert: *Bearbeiter* in Sachs]

Saenger, Ingo: Zivilprozessordnung – Handkommentar; 9. Auflage; Baden-Baden 2021 [zitiert: *Bearbeiter* in Saenger, ZPO]

Schaar, Peter, Datenschutz im Internet; München 2002 [zitiert: *Schar*, Datenschutz im Internet]

Schack, Haimo: Zur Anknüpfung des Urheberrechts im internationalen Privatrecht; 1. Auflage; Berlin 1979 [zitiert: *Schack*, Zur Anknüpfung des Urheberrechts im internationalen Privatrecht]

Schack, Haimo: Internationales Zivilverfahrensrecht; 5. Auflage; München 2010 [zitiert: *Schack*, IntZivilVerfR]

Schack, Haimo: Urheber- und Urhebervertragsrecht; 6. Auflage; Tübingen 2013 [zitiert: *Schack*, Urheber- und Urhebervertragsrecht]

Schirmbacher, Martin: Online-Marketing und Recht; 2. Auflage; Heidelberg, München u.a. 2017 [zitiert: *Schirmbacher*, Online-Marketing und Recht]

Schlechtriem, Peter; Schroeter, Ulrich G.: Internationales UN-Kaufrecht; 6. Auflage; München 2016 [zitiert: *Bearbeiter*, Internationales UN-Kaufrecht]

Schwenzer, Ingeborg; Schroeter, Ulrich G.: Kommentar zum UN-Kaufrecht (CISG); 7. Auflage; München 2019 [zitiert: *Bearbeiter* in Schwenzer/Schroeter, UN-Kaufrecht]

Schlosser, Peter; Hess, Burkhard: Kommentar zum EU-Zivilprozessrecht; 5. Auflage; München 2021 [zitiert: *Schlosser*, EU-Zivilprozessrecht]

Schneider, Annette: Verträge über Internet-Access; 1. Auflage; München 2001 [zitiert: *Schneider*, Verträge über Internet-Access]

Schneider, Jochen: Handbuch des EDV-Rechts; 5. Auflage; Köln 2017 [zitiert: *Schneider*, Handbuch des EDV-Rechts]

Schneider, Jochen; Westphalen, Friedrich, Graf von: Softwareerstellungsverträge; 2. Auflage; Köln 2014 [zitiert: *Bearbeiter* in Schneider/Westphalen]

Schneider, Uwe et al (Hrsg.): Deutsches und europäisches Gesellschafts-, Konzern- und Kapitalmarktrecht, in Festschrift für Marcus Lutter zum 70. Geburtstag; Köln 2000 [zitiert: *Bearbeiter* in FS Lutter]

Schönke, Adolf; Schröder, Horst: Strafgesetzbuch; 30. Auflage; München 2019 [zitiert: *Bearbeiter* in Schönke/Schröder]

Schricker, Gerhard; Loewenheim, Ulrich: Kommentar zum Urheberrecht; 6. Auflage; München 2020 [zitiert: *Bearbeiter* in Schricker/Loewenheim, Urheberrecht]

Schultz, Detlef von: Kommentar zum Markenrecht; 3. Auflage; Heidelberg 2012 [zitiert: *Bearbeiter* in v. Schultz, Markenrecht]

Schwarz, Mathias: Urheberrecht im Internet; in Jürgen Becker (Hrsg.): Rechtsprobleme internationaler Datennetze; Baden-Baden 1996; S. 13 [zitiert: *Schwarz* in Becker (Hrsg.)]

Seifert, Bernd: Das Recht der Domainnamen; 1. Auflage; Berlin 2003 [zitiert: *Seifert*, Recht der Domainnamen]

Seitz, Walter; Schmidt, German; Schoener, Alexander: Der Gegendarstellungsanspruch; 4. Auflage; München 2010 [zitiert: *Seitz/Schmidt/Schoener*, Der Gegendarstellungsanspruch]

Simitis, Spiros: Bundesdatenschutzgesetz; 3. Auflage; Baden-Baden 1981 [zitiert: *Bearbeiter* in Simitis, BDSG 1981]

Simitis, Spiros: Bundesdatenschutzgesetz; 8. Auflage; Baden-Baden 2014 [zitiert: *Bearbeiter* in Simitis, BDSG]

Soergel, Hans-Theodor (Begr.): Kommentar zum Bürgerlichen Gesetzbuch; 13. Auflage; Stuttgart, Berlin, Köln, Mainz [zitiert: *Bearbeiter* in Soergel]

Solove, Daniel: Understanding Privacy; 1. Auflage; Cambridge, London 2009 [zitiert: *Solove*, Understanding Privacy]

Spindler, Gerald (Hrsg.): Vertragsrecht der Internetprovider; 2. Auflage; Köln 2004 [zitiert: *Bearbeiter* in Spindler, Vertragsrecht der Internetprovider]

Spindler, Gerald; Schmitz, Peter; Geis, Ivo: TDG – Teledienstegesetz, Teledienstedatenschutzgesetz, Signaturgesetz; München 2004 [zitiert: *Bearbeiter* in Spindler/Schmitz/Geis]

Spindler, Gerald; Schuster, Fabian: Recht der elektronischen Medien; 4. Auflage; München 2019 [zitiert: *Bearbeiter* in Spindler/Schuster]

Spindler, Gerald; Wiebe, Andreas (Hrsg.): Internet-Auktionen und Elektronische Marktplätze; 2. Auflage; Köln 2005 [zitiert: *Bearbeiter* in Spindler/Wiebe, Internet-Auktionen]

Stadler, Thomas: Haftung für Informationen im Internet; 2. Auflage; Berlin 2005 [zitiert: *Stadler*, Haftung für Informationen im Internet]

Ströbele, Paul; Hacker, Franz; Thiering, Frederik: Markengesetz Kommentar; 13. Auflage; Köln, Berlin, Bonn, München 2021 [zitiert: *Bearbeiter* in Ströbele/Hacker/Thiering, Markengesetz]

Strömer, Tobias: Online-Recht – Juristische Probleme der Internet-Praxis erkennen und vermeiden; 4. Auflage; Heidelberg 2006 [zitiert: *Strömer*, Online-Recht]

Taeger, Jürgen; Gabel, Detlef: Kommentar zum BDSG und zu den Datenschutzvorschriften des TKG und TMG; 1. Auflage; Frankfurt a.M. 2010 [zitiert: *Bearbeiter* in Taeger/Gabel]

Taeger, Jürgen; Gabel, Detlev: Kommentar DSGVO – BDSG – TTDSG; 4. Auflage; Frankfurt am Main 2022 [zitiert: *Bearbeiter* in Taeger/Gabel]

Ubber, Thomas: Markenrecht im Internet; Heidelberg 2002 [zitiert: *Ubber*, Markenrecht im Internet]

Ullmann, Eike (Hrsg.): Juris-Praxiskommentar UWG; 3. Auflage; Saarbrücken 2013 [zitiert: *Bearbeiter* in Juris-PK UWG]

Ullmann, Eike: Die Einbindung der elektronischen Datenbanken in den Immaterialgüterschutz, in: Pfeiffer, Gerd (Hrsg.); in Festschrift für Hans Erich Brandner zum 70. Geburtstag; Köln 1996; S. 507 [zitiert: *Ullmann* in FS Brandner]

Ulmer, Peter; Brandner, Hans Erich; Hensen, Horst-Diether: Kommentar zum AGB-Gesetz; 13. Auflage; Köln 2022; [zitiert: *Bearbeiter* in Ulmer/Brandner/Hensen]

Walter, Michel M. (Hrsg.): Europäisches Urheberrecht; Wien, New York 2001 [zitiert: *Bearbeiter* in Walter, Europäisches Urheberrecht]

Wandtke, Arthur-Axel: (Hrsg.): Urheberrecht; 3. Auflage; Berlin, Boston 2012 [zitiert: *Bearbeiter* in Wandtke, Urheberrecht]

Wandtke, Artur-Axel; Bullinger, Winfried (Hrsg.): Praxiskommentar zum Urheberrecht; 6. Auflage; München 2022 [zitiert: *Bearbeiter* in Wandtke/Bullinger, Urheberrecht]

Wenzel, Karl Egbert; Burkhardt, Emanuel H.; Gamer Waldemar: Das Recht der Wort- und Bildberichterstattung; 5. Auflage, Köln 2003 [zitiert: *Wenzel*, Wort- und Bildberichterstattung]

Westermann, Harm Peter; Grunewald, Barbara; Maier-Reimer, Georg: Erman – Handkommentar zum Bürgerlichen Gesetzbuch; 16. Auflage; Köln 2020 [zitiert: *Bearbeiter* in Erman]

Wilmer, Thomas; Hahn, Harald: Fernabsatzrecht; 2. Auflage; Heidelberg 2005 [zitiert: *Bearbeiter* in Wilmer/Hahn, Fernabsatzrecht]

Wolf, Manfred; Lindacher, Walter; Pfeiffer, Thomas: AGB-Gesetz Kommentar; 7. Auflage; München 2020 [zitiert: *Bearbeiter* in Wolf/Lindacher/Pfeiffer]

Wolff, Heinrich Amadeus; Brink, Stefan (Hrsg.): Beck'sche Online-Kommentare Datenschutzrecht; 40. Edition; München 2022 [zitiert: *Bearbeiter* in Wolff/Brink, BeckOK Datenschutzrecht]

Zöller, Richard: Zivilprozessordnung Kommentar; 34. Auflage; Köln 2022 [zitiert: *Bearbeiter* in Zöller]

A. Datenschutzrecht

I. Auskunft und Schadensersatz nach der DSGVO

Seit dem **25.5.2018** bestimmt sich das Datenschutzrecht in Europa nach der Datenschutz-   1
Grundverordnung (DSGVO)[1], punktuell ergänzt durch datenschutzrechtliche Bestimmungen der Mitgliedstaaten, in Deutschland vor allem durch das Bundesdatenschutzgesetz (BDSG). Die materiellrechtlichen Regelungen der DSGVO sind nicht revolutionär. Das frühere Recht – die Datenschutzrichtlinie (DSRL) aus dem Jahre 1995[2] – wurde punktuell fort-

---

1 Art. 99 Abs. 2 DSGVO.
2 Richtlinie 95/46/EG des Europäischen Parlaments und des Rates v. 24.10.1995 zum Schutz natürlicher Personen bei der Verarbeitung personenbezogener Daten und zum freien Datenverkehr.

entwickelt. Anders als zuvor können Datenschutzverstöße allerdings nach der DSGVO mit hohen Bußgeldern geahndet werden[3].

2 Zwei große zivilrechtliche Streitthemen haben sich mittlerweile herauskristallisiert. Zum einen wird oft über die Ansprüche auf Auskunft (Art. 15 Abs. 1 DSGVO) und das Recht auf Kopie (Art. 15 Abs. 3 DSGVO) gestritten. Zum anderen gibt es viel Streit um Ansprüche auf Schadenersatz und Schmerzensgeld (Art. 82 DSGVO).

1. Auskunftsansprüche und Recht auf Kopie

3 Nach **Art. 15 Abs. 1 DSGVO** hat der Betroffene das Recht, von dem Verantwortlichen eine Bestätigung darüber zu verlangen, ob und welche ihn betreffenden personenbezogenen Daten verarbeitet werden. Der Verantwortliche ist nach **Art. 15 Abs. 3 DSGVO** zudem verpflichtet, dem Betroffenen eine Kopie der personenbezogenen Daten zur Verfügung zu stellen, die Gegenstand der Verarbeitung sind. Dies sorgt insbesondere in Arbeitsverhältnissen und bei Versicherungsverträgen für viel Streit und Unruhe.

a) Recht auf Auskunft

4 Innerhalb des Art. 15 Abs. 1 DSGVO ist zwischen dem Anspruch auf Auskunft über **personenbezogene Daten** (Art. 15 Abs. 1, 1. Halbsatz DSGVO) und dem Anspruch auf **zusätzliche Informationen** nach Art. 15 Abs. 1, 2. Halbsatz lit. a bis h DSGVO zu differenzieren[4]. Der Verantwortliche (Art. 4 Abs. 7 DSGVO) muss somit jedem Bürger Auskunft darüber geben, ob und welche Daten zu seiner Person er verarbeitet. Zum anderen muss er nach Art. 15 Abs. 1, 2. Halbsatz lit. a bis h DSGVO noch etliche Informationen zur Datenverarbeitung bereitstellen.

5 Der Auskunftsanspruch reicht weit und tritt oft in Konkurrenz zu vertraglichen Auskunftsrechten. So hat der Patient gegen seinen Arzt einen Anspruch aus Art. 15 Abs. 1 DSGVO auf Auskunft über die in der **Patientenakte** gespeicherten personenbezogenen Daten und auf eine Datenkopie gem. Art. 15 Abs. 3 DSGVO. Diese Ansprüche werden nicht durch § 630g BGB verdrängt[5]. Auf derselben Linie liegt es, wenn das AG Bonn meint, ein **Bankkunde** könne von seiner Bank nach Art. 15 Abs. 1 DSGVO Auskunft „über sämtliche Bankbewegungen" verlangen, da es sich um „sachliche Informationen im Hinblick auf die Eigentums- und Vermögensverhältnisse des Betroffenen" handele[6].

6 Viele Streitfälle gibt es im Zusammenhang mit Versicherungen. Dass der Versicherungsnehmer einen Auskunftsanspruch gegen den Versicherer aus Art. 15 DSGVO hat, steht außer Frage. **Schreiben eines Versicherungsnehmers an den Versicherer** sind nach Auffassung des BGH ihrem gesamten Inhalt nach als personenbezogene Daten gem. Art. 4 Nr. 1 DSGVO anzusehen. Die personenbezogene Information bestehe bereits darin, dass sich der Versicherungsnehmer dem Schreiben gemäß geäußert hat. Auch die **Schreiben der Versicherung an den Versicherungsnehmer** unterfallen nach dieser Sichtweise dem Auskunftsanspruch. Dass die Schreiben dem Versicherungsnehmer bereits bekannt sind, schließe den datenschutz-

---

3 *Nolde*, PinG 2017, 114, 114 ff.; *Schönefeld/Thomé*, PinG 2017, 126, 126 ff.
4 *Brink/Joos*, ZD 2019, 483, 483; *Engeler/Quiel*, NJW 2019, 2201, 2201.
5 LG Dresden v. 29.5.2020 – 6 O 76/20 Rz. 12 ff., CR 2021, 163.
6 AG Bonn v. 30.7.2020 – 118 C 315/19 Rz. 18., CR 2021, 35 = ITRB 2020, 236 (*Haßdenteufel*).

rechtlichen Auskunftsanspruch nicht aus. Auch interne Vermerke oder **interne Kommunikation** der Versicherung, die Informationen über den Versicherungsnehmer enthalten, kommen als Gegenstand des Auskunftsanspruchs nach Art. 15 Abs. 1 DSGVO nach Ansicht des BGH in Betracht. Dies ist beispielsweise bei Vermerken der Fall, die festhalten, wie sich der Versicherungsnehmer telefonisch oder in persönlichen Gesprächen geäußert hat. Auch Vermerke über den Gesundheitszustand des Versicherungsnehmers seien von Art. 15 Abs. 1 DSGVO erfasst[7].

Fondsgewinne, Kosten, Prämien und Kapital sind kein Vermögen, das einem Versicherungsnehmer zugeordnet ist, sodass es sich nicht um personenbezogene Daten handelt. Auch das riskierte Kapital, der Wert des Risikoschutzes und die Wahrscheinlichkeit eines Schadenseintritts sind keine Informationen über eine natürliche Person, sondern interne Kalkulationsfaktoren der Versicherung, die letztendlich zu der zu zahlenden Prämie führen. Es handelt sich um **Sachinformationen**, die keine Rückschlüsse auf die Person eines Versicherungsnehmers zulassen[8].   7

Der BGH hat einen **Anspruch des Mieters gegen den Vermieter** aus Art. 15 Abs. 1 DSGVO grundsätzlich bejaht, der sich darauf richtet, den Namen eines anderen Mieters zu erfahren, welcher sich über den Kläger wegen „starker Geruchsbelästigung und Ungeziefer im Treppenhaus" beschwert hatte (vgl. Art. 15 Abs. 1 lit. g DSGVO). Der Begriff des Personenbezugs (Art. 4 Nr. 1 DSGVO) sei weit zu verstehen und nicht auf sensible oder private Informationen beschränkt, sondern umfasse alle Arten von Informationen sowohl objektiver als auch subjektiver Natur in Form von Stellungnahmen oder Beurteilungen, unter der Voraussetzung, dass es sich um Informationen über die in Rede stehende Person handelt. Die letztgenannte Voraussetzung sei erfüllt, wenn die Information aufgrund ihres Inhalts, ihres Zwecks oder ihrer Auswirkungen mit einer bestimmten Person verknüpft ist[9].   8

Der **Petitionsausschuss** des Hessischen Landtags ist Verantwortlicher gem. Art. 4 Nr. 7 DSGVO, da der Ausschuss allein oder gemeinsam mit anderen über die Zwecke und Mittel der Verarbeitung entscheidet, sodass die von dem Ausschuss vorgenommene Verarbeitung personenbezogener Daten in den Anwendungsbereich der DSGVO fällt und Bürger Auskunftsansprüche nach Art. 15 DSGVO geltend machen können[10].   9

Das Recht aus Art. 15 DSGVO ist als **höchstpersönliches Recht** nicht vererbbar. Nur Daten über natürliche Personen, nicht jedoch Daten über **Verstorbene** sind vom Begriff „personenbezogener Daten" (Art. 4 Nr. 11 DSGVO) erfasst[11]. Da es sich bei dem Anspruch aus Art. 15 DSGVO um ein höchstpersönliches Recht handelt, fällt dieses Recht auch nicht in die Insolvenzmasse und kann vom **Insolvenzverwalter** nicht geltend gemacht werden[12].   10

---

7 BGH v. 15.6.2021 – VI ZR 576/19 Rz. 25 ff. – Kapitalbildende Lebensversicherung; OLG Köln v. 26.7.2019 – 20 U 75/18 Rz. 305; OLG München v. 4.10.2021 – 3 U 2906/20 Rz. 21; LG Köln v. 11.11.2020 – 23 O 172/19 Rz. 28; LAG Niedersachsen v. 22.10.2021 – 16 Sa 761/20 Rz. 195; *Korch/ Chatard*, CR 2020, 438, 440; a.A. LG Köln v. 18.3.2019 – 26 O 25/18 Rz. 19; vgl. auch LG Münster v. 3.12.2020 – 115 O 220/18 Rz. 25 f.
8 LG Stuttgart v. 4.11.2020 – 18 O 333/19 Rz. 65.
9 BGH v. 22.2.2022 – VI ZR 14/21 Rz. 11.
10 EuGH v. 9.7.2020 – C-272/19 Rz. 74, ECLI:EU:C:2020:535, CR 2020, 541.
11 LG Köln v. 25.11.2020 – 26 O 340/16 Rz. 46.
12 OVG Lüneburg v. 20.6.2019 – 11 LC 121/17 Rz. 51 ff.; OVG Lüneburg v. 26.6.2019 – 11 LA 274/18 Rz. 15 f.

Auch wenn der Auskunftsanspruch – insbesondere für den Insolvenzverwalter bzw. die von ihm zu bedienenden Gläubiger – mittelbar auch vermögensrelevante Auswirkungen haben kann, steht aufgrund seines Schutzzwecks, seiner Grundrechtsbezogenheit und seiner fundamentalen Bedeutung zur Durchsetzung des Rechts auf informationelle Selbstbestimmung der Schutz ideeller Interessen und damit die Personenbezogenheit im Vordergrund[13].

b) Ausschlussgründe

11   Entsprechend **Art. 15 Abs. 4 DSGVO**[14] ist die Auskunftspflicht durch Rechte und Freiheiten anderer Personen eingeschränkt. Daher ist der BGH der Ansicht, der Vermieter sei zu einer Offenlegung des Namens eines Mieters, der sich über einen anderen Mieter beschwert hat, nur verpflichtet, wenn ihm diese Offenlegung nach Art. 6 Abs. 1 DSGVO – insbesondere wegen überwiegender berechtigter Interessen des Klägers (Art. 6 Abs. 1 Satz 1 lit. f DSGVO) – erlaubt ist[15]. Für die **Interessenabwägung** komme es darauf an, ob es eine „starke Geruchsbelästigung und Ungeziefer im Treppenhaus" tatsächlich gab. Nur wenn der Vermieter dies beweisen könne, könne er die Auskunft verweigern[16].

12   Nach **§ 34 Abs. 1 i.V.m. § 29 Abs. 1 Satz 2 BDSG** besteht das Recht auf Auskunft gem. Art. 15 DSGVO nicht, soweit durch die Auskunft Informationen offenbart würden, die nach einer Rechtsvorschrift oder ihrem Wesen nach, insbesondere wegen der **überwiegenden berechtigten Interessen eines Dritten**, geheim gehalten werden müssen. Die Regelungen in § 34 Abs. 1 i.V.m. § 29 Abs. 1 und Abs. 2 BDSG beruhen auf der Öffnungsklausel des Art. 23 Abs. 1 lit. i DSGVO, wonach Informations- und Benachrichtigungspflichten des Verantwortlichen bzw. das Auskunftsrecht betroffener Personen zum Schutz der betroffenen Person oder der Rechte und Freiheiten anderer Personen beschränkt werden können[17].

13   § 34 Abs. 1 i.V.m. § 29 Abs. 1 Satz 2 BDSG schließt den Auskunftsanspruch nur aus, „soweit" schützenswerte Interessen Dritter bestehen und diese in der gebotenen **Einzelfallabwägung** gegenüber dem Auskunftsanspruch als gewichtiger einzustufen sind. Die für diese Einzelfallabwägung maßgeblichen Tatsachen, die zur Einschränkung des Auskunftsanspruches führen könnten, müssen vom Auskunftsverpflichteten konkret vorgebracht werden. Pauschale Hinweise auf das Schutzbedürfnis von Hinweisgebern genügen nicht[18].

14   Verarbeitet der Verantwortliche eine **große Menge von Informationen** über die betroffene Person, so kann er nach **Erwägungsgrund 63 Satz 7 DSGVO** verlangen, dass die betroffene Person präzisiert, auf welche Information oder welche Verarbeitungsvorgänge sich ihr Auskunftsersuchen bezieht, bevor er ihr Auskunft erteilt. Die betroffene Person hat klarzustellen, an welchen Informationen bzw. welchen Verarbeitungsvorgängen sie interessiert ist[19].

---

13 OVG Lüneburg v. 20.6.2019 – 11 LC 121/17 Rz. 53.
14 *Arend/Möhrke-Sobolewski*, PinG 2019, 245, 249; *Korch/Chatard*, CR 2020, 438, 441.
15 BGH v. 22.2.2022 – VI ZR 14/21 Rz. 14 ff.; vgl. auch OLG Köln v. 29.4.2021 – 15 W 29/21 Rz. 7 f.
16 BGH v. 22.2.2022 – VI ZR 14/21 Rz. 24 ff.; vgl. auch *Brink/Joos*, ZD 2019, 483, 486.
17 FG Sachsen v. 8.5.2019 – 5 K 337/19 Rz. 17; vgl. auch *Brink/Joos*, ZD 2019, 483, 488.
18 LAG Baden-Württemberg v. 20.12.2018 – 17 Sa 11/18 Rz. 208; LAG Baden-Württemberg v. 17.3.2021 – 21 Sa 43/20 Rz. 60; Hessisches LAG v. 10.6.2021 – 9 Sa 861/20 Rz. 51; LAG Niedersachsen v. 22.10.2021 – 16 Sa 761/20 Rz. 205 ff.
19 LG Heidelberg v. 21.2.2020 – 4 O 6/19 Rz. 32; LAG Sachsen v. 17.2.2021 – 2 Sa 63/20 Rz. 132; *Kremer*, CR 2018, 560, 564.

Das LG Heidelberg[20], das LAG Niedersachsen[21] und das ArbG Düsseldorf[22] vertreten die **15** Auffassung, dass der Verantwortliche eine Auskunft verweigern kann, wenn sie zu **unverhältnismäßigem Aufwand** führen würde. Allerdings ist der Aufwand nicht unverhältnismäßig, wenn er dem Aufwand entspricht, der typischerweise mit einer Auskunft nach Art. 15 Abs. 1 DSGVO verbunden ist[23].

Der Einwand der **Unzumutbarkeit** findet sich nur bei den Informationspflichten in Art. 14 **16** Abs. 5 lit. b DSGVO, nicht jedoch in Art. 15 DSGVO. Dies ist indes offenkundig planwidrig. Denn es gibt keinen vernünftigen Grund, weshalb es bei Pflichtinformationen nach Art. 14 DSGVO eine Zumutbarkeitsgrenze geben soll, nicht jedoch bei Auskünften und Kopien nach Art. 15 DSGVO. **Art. 14 Abs. 5 lit. b DSGVO** ist daher auf Auskunftsansprüche und auch auf das Recht auf Kopie gem. Art. 15 Abs. 3 Satz 1 DSGVO **analog anzuwenden**[24].

Missbrauchsgefahr besteht insbesondere im Arbeitsverhältnis und bei langjährigen Kunden- **17** beziehungen, da dort über die Jahre sehr viel Korrespondenz, viele Unterlagen und Dokumente sowie große Akten- und Dateibestände entstehen, die personenbezogene Daten enthalten[25]. Etliche Gerichte hielten die Geltendmachung eines Auskunftsanspruchs durch einen Versicherungsnehmer wegen „verordnungsfremder Erwägungen" für **rechtsmissbräuchlich**, da es dem Kläger jeweils ersichtlich nur um eine Beitragsüberprüfung ging[26]. Auf derselben Linie liegt es, wenn das LAG Sachsen einen Auskunftsanspruch mit der Begründung verneint, es gehe dem Kläger weder um die Berichtigung noch um die Löschung von Personendaten, sondern – **„funktionswidrig"** – um eine umfassende Auskunft zu seinen Arbeitszeiten, die der Kläger zur Vorbereitung eines „Anspruchsbegehrens" benötige[27]. Das ArbG Neumünster ist zudem der Auffassung, dass ein Rechtsmissbrauch zu bejahen ist, wenn ein Arbeitnehmer seinen Auskunftsanspruch ausschließlich mit dem Begehr verfolgt, eine **Abfindung für den Verlust seines Arbeitsplatzes** zu erhalten[28].

Auch wenn Sinn und Zweck des Auskunftsanspruchs gem. Erwägungsgrund 63 Satz 1 DSGVO **18** darin besteht, die Rechtmäßigkeitskontrolle im Hinblick auf die Verarbeitung der personenbezogenen Daten zu ermöglichen, begründen die Verfolgung eines darüberhinausgehenden Zwecks und anders gelagerten Motivs noch nicht **generell** den Einwand des Rechtsmissbrauchs[29].

---

20 LG Heidelberg v. 21.2.2020 – 4 O 6/19 Rz. 35 f.; a.A. LG Köln v. 11.11.2020 – 23 O 172/19 Rz. 29; LAG Baden-Württemberg v. 17.3.2021 – 21 Sa 43/20 Rz. 53; *Lembke*, NJW 2020, 1841, 1845.
21 LAG Niedersachsen v. 22.10.2021 – 16 Sa 761/20 Rz. 211.
22 ArbG Düsseldorf v. 5.3.2020 – 9 Ca 6557/18 Rz. 92, CR 2020, 592.
23 LG Stuttgart v. 4.11.2020 – 18 O 333/19 Rz. 70; OVG Münster v. 8.6.2021 – 16 A 1582/20 Rz. 154.
24 *Härting*, CR 2019, 219, 223; *König*, CR 2019, 295, 297 f.
25 *Härting*, CR 2019, 219, 223; a.A. *König*, CR 2019, 295, 298; *Korch/Chatard*, CR 2020, 438, 443.
26 OLG Brandenburg v. 4.5.2022 – 11 U 239/21 Rz. 9; OLG Dresden v. 29.3.2022 – 4 U 1905/21 Rz. 64 ff.; OLG Hamm v. 15.11.2021 – 20 U 269/21 Rz. 8 ff.; OLG Nürnberg v. 14.3.2022 – 8 U 2907/21 Rz. 43 f.; LG Berlin v. 21.12.2021 – 4 O 381/20 Rz. 57; LG Detmold v. 26.10.2021 – 2 O 108/21 Rz. 54 ff.; LG Krefeld v. 6.10.2021 – 2 O 448/20 Rz. 27; a.A. LG Köln v. 11.11.2020 – 23 O 172/19 Rz. 28; AG Bonn v. 30.7.2020 – 118 C 315/19 Rz. 20, CR 2021, 35 = ITRB 2020, 236 (*Haßdenteufel*); AG Kerpen v. 22.12.2020 – 106 C 96/20 Rz. 19.
27 LAG Sachsen v. 17.2.2021 – 2 Sa 63/20 Rz. 128 ff.
28 ArbG Neumünster v. 11.8.2020 – 1 Ca 247 c/20 Rz. 56; *Lembke*, NJW 2020, 1841, 1845.
29 Hessisches LAG v. 10.6.2021 – 9 Sa 861/20 Rz. 49; VG Schwerin v. 29.4.2021 – 1 A 1343/19 Rz. 85.

19 Bei offenkundig unbegründeten oder – insbesondere im Fall von häufiger Wiederholung – exzessiven Anträgen eines Betroffenen kann der Verantwortliche nach **Art. 12 Abs. 5 Satz 2 DSGVO** entweder ein angemessenes Entgelt verlangen oder die Auskunft verweigern[30]. „Exzessiv" ist ein Auskunftsbegehren aber nicht bereits dann, wenn es im Zusammenhang mit einer Zahlungsforderung gestellt wird[31]. Ob Auskunftsbegehren „exzessiv" sind, erfordert eine **quantitative Betrachtung**, qualitative Erwägungen, die auf die Motive eines Begehrens abstellen, kommen nicht in Betracht[32].

c) Anspruchsinhalt

20 Nach der Löschung personenbezogener Daten erfüllt der Verantwortliche seine Auskunftspflicht nach Art. 15 DSGVO mit einer pflichtgemäßen[33] **Negativauskunft**. Der bloße Verdacht, dass die erteilte Auskunft unvollständig oder unrichtig ist, kann einen Anspruch auf Auskunft in weitergehendem Umfang nicht begründen[34]. Auch durch eine fehlerhafte Negativauskunft wird der Auskunftsanspruch erfüllt (§ 362 Abs. 1 BGB)[35].

21 Nach Auffassung des LG Bonn fallen unter den Auskunftsanspruch des Mandanten gegen seinen **Anwalt** sämtliche Angaben aus dem „Mandatskonto" und die **gesamte „gespeicherte elektronische Kommunikation"**, die den Mandanten betrifft, einschließlich der über WhatsApp geführten Kommunikation[36].

22 Zu den Informationen, die der Verantwortliche gem. Art. 15 Abs. 1 DSGVO zu erteilen hat, gehört alle verfügbaren Information über die **Herkunft der Daten** für den Fall, dass die Daten nicht beim Betroffenen selbst erhoben wurden (**Art. 15 Abs. 1 lit. g DSGVO**)[37].

d) Recht auf Kopie

23 Das Recht auf Kopie nach Art. 15 Abs. 3 DSGVO gewährt dem Betroffenen über den Anspruch auf Mitteilung der personenbezogenen Daten und den Informationen zur Verarbeitung aus Art. 15 Abs. 1 DSGVO hinaus einen Anspruch auf Kenntnis über die **konkrete grafische Darstellung** der Daten, wie sie tatsächlich beim Verantwortlichen vorliegen[38]. Die genaue Reichweite dieses Rechts ist streitig[39].

---

30 LAG Baden-Württemberg v. 17.3.2021 – 21 Sa 43/20 Rz. 54; vgl. *Brink/Joos*, ZD 2019, 483, 486.
31 A.A. LAG Hamm v. 11.5.2021 – 6 Sa 1260/20 Rz. 124, ITRB 2022, 9 (*Aghamiri*); LAG Sachsen v. 17.2.2021 – 2 Sa 63/20 Rz. 134.
32 A.A. *Arend/Möhrke-Sobolewski*, PinG 2019, 245, 249; *Korch/Chatard*, CR 2020, 438, 445 f.; *Suchan*, ZD 2021, 198, 199 ff.; *Wybitul/Baus*, CR 2019, 494, 499.
33 Vgl. AG Lehrte v. 3.2.2021 – 9 C 139/20 Rz. 8.
34 Vgl. BGH v. 3.9.2020 – III ZR 136/18 Rz. 43 – Auskunft, Erfüllung, Pflichtverletzung, Schaden; OLG Dresden v. 31.8.2021 – 4 U 324/21 Rz. 18; LG Düsseldorf v. 28.10.2021 – 16 O 128/20 Rz. 30 ff.
35 LAG Baden-Württemberg v. 17.3.2021 – 21 Sa 43/20 Rz. 65.
36 LG Bonn v. 1.7.2021 – 15 O 372/20 Rz. 28, CR 2021, 600; LG Bonn v. 1.7.2021 – 15 O 356/20 Rz. 30.
37 Vgl. LG Mosbach v. 27.1.2020 – 5 T 4/20 Rz. 15 f.
38 *Engeler/Quiel*, NJW 2019, 2201, 2202 f.
39 Vgl. *Nowak/Bornholdt*, RDV 2020, S. 191 ff.; *Weik*, DuD 2020, 98, 98 ff.

Das OLG Stuttgart[40], das LG Stuttgart[41], das LG Köln[42], das LAG Niedersachsen[43] und das ArbG Bonn[44] entnehmen dem Wortlaut von Art. 15 Abs. 3 Satz 1 DSGVO, dass die betroffene Person einen Anspruch nur auf die Kopie der personenbezogenen Daten hat, die Gegenstand der Verarbeitung sind. Der Anspruch umfasse nicht über die personenbezogenen Daten hinausgehende Informationen. Da der Auskunftsanspruch gem. Art. 15 Abs. 1 DSGVO den Zweck verfolge, es der betroffenen Person zu ermöglichen, die Rechtmäßigkeit der Datenverarbeitung zu überprüfen, sei es nicht erforderlich, im Rahmen des Anspruchs auf Übermittlung einer Kopie der personenbezogenen Daten mehr zu übermitteln, als zur Überprüfung der Rechtmäßigkeit der Datenverarbeitung erforderlich ist. Hierfür sei es ausreichend, dass die betroffene Person die in Art. 15 Abs. 1 DSGVO genannten **Angaben in Kopie** erhält.

24

Das LAG Baden-Württemberg meint, dass der Anspruch auf Erteilung einer Kopie im Sinne des Art. 15 Abs. 3 Satz 1 DSGVO nicht über die Informationen hinausgeht, die der Verantwortliche dem Betroffenen gem. Art. 15 Abs. 1 DSGVO zu erteilen hat. Nachdem der Normzweck in der Transparenz und der Rechtmäßigkeitskontrolle der Verarbeitung der Daten durch den Betroffenen liege, sei zudem davon auszugehen, dass der Auskunftsersuchende gem. Art. 15 Abs. 3 Satz 1 DSGVO die verarbeiteten Daten in einem **einheitlichen Dokument** erhalten soll. Dieses Dokument wiederum müsse nicht notwendig aus nur einer einzigen Kopie, sondern könne auch aus einer Mehrzahl oder gar Vielzahl von Kopien bestehen[45].

25

Das VG Schwerin versteht den Begriff einer „Kopie" so, dass entweder das „Recht auf Auskunft über diese personenbezogenen Daten" nach Art. 15 Abs. 1 DSGVO bereits ein Auskunftsrecht über sämtliche Informationen beinhaltet, welches durch Art. 15 Abs. 3 DSGVO dahingehend erweitert wird, dass dem Betroffenen auch die Überlassung einer Kopie der Daten zusteht, oder im Recht auf Kopie nach Art. 15 Abs. 3 DSGVO ein eigenständiger Anspruch auf Überlassung der vollständigen Informationen zu sehen ist[46].

26

Das OLG München[47] das OVG Münster[48] und das LG Köln[49] sind der Auffassung, dass es sich bei Art. 15 Abs. 3 DSGVO um einen **eigenständigen Anspruch** handelt, der neben dem Anspruch aus Art. 15 Abs. 1 DSGVO steht. Dies legten Wortlaut und Systematik der Vorschrift nahe. Daher bestehe ein umfassender Anspruch, dem Betroffenen alle vorhandenen personenbezogenen Daten in Kopie zu übermitteln. Vieles spricht dafür, dass sich diese Auffassung durchsetzen wird, nach der sich der Anspruch auf Kopie nach Art. 15 Abs. 3 DSGVO anders als der Auskunftsanspruch aus Art. 15 Abs. 1 DSGVO nicht lediglich auf eine abstrakte Zusammenstellung der verarbeiteten Daten bezieht, sondern auf die Informationen

27

40 OLG Stuttgart v. 17.6.2021 – 7 U 325/20 Rz. 80.
41 LG Stuttgart v. 4.11.2020 – 18 O 333/19 Rz. 80.
42 LG Köln v. 18.3.2019 – 26 O 25/18 Rz. 19.
43 LAG Niedersachsen v. 9.6.2020 – 9 Sa 608/19 Rz. 66; LAG Niedersachsen v. 22.10.2021 – 16 Sa 761/20 Rz. 214.
44 ArbG Bonn v. 16.7.2020 – 3 Ca 2026/19 Rz. 93 f.
45 LAG Baden-Württemberg v. 17.3.2021 – 21 Sa 43/20 Rz. 50 f.
46 VG Schwerin v. 29.4.2021 – 1 A 1343/19 Rz. 56.
47 OLG München v. 4.10.2021 – 3 U 2906/20 Rz. 26, CR 2021, 730 = ITRB 2022, 29 (*Vogt*).
48 OVG Münster v. 8.6.2021 – 16 A 1582/20 Rz. 92 ff.
49 LG Köln v. 16.2.2022 – 28 O 303/20 Rz. 44 ff.

in der Form, wie sie dem Verantwortlichen vorliegen, also regelmäßig auf **tatsächliche Ablichtungen oder Ausdrucke**, aus denen auch der Kontext der Information hervorgeht[50].

28 Möchte man verhindern, dass der Anspruch auf Herausgabe von Kopien gem. Art. 15 Abs. 3 Satz 1 DSGVO zu datenschutzfremden Zwecken missbraucht wird, führt an einer **teleologischen Reduktion** der Norm kein Weg vorbei. Nicht jede Mail, die der Mitarbeiter eines Unternehmens je geschrieben oder empfangen hat, weist einen Bezug zu seiner Person aus, der es gebietet, dass der Mitarbeiter Kopien der Mail erhält, um zu prüfen, ob das Unternehmen Personendaten datenschutzkonform verarbeitet (Erwägungsgrund 63 Satz 1 DSGVO). Vielmehr liegt hinreichender Personenbezug nur vor, wenn die Mail bzw. das Dokument **aussagekräftige („biographische") Informationen über die Person des Betroffenen** enthält und diese Informationen im Vordergrund des Dokuments stehen. Die Dokumente aus einer Personal-, Kranken- oder Kundenakte weisen demnach beispielsweise einen hinreichenden Personenbezug auf, um eine Anwendung des Art. 15 Abs. 3 Satz 1 DSGVO zu rechtfertigen, nicht jedoch geschäftliche Korrespondenz oder Protokolle über Sitzungen und Besprechungen, an denen der Betroffene lediglich mitgewirkt oder teilgenommen hat. E-Mail-Korrespondenz mit Leistungsbeurteilungen über den Betroffenen sind auf dessen Person fokussiert und daher von Art. 15 Abs. 3 Satz 1 DSGVO erfasst, nicht jedoch Arbeitszeugnisse über Dritte, die der Betroffene verfasst hat, oder Protokolle über Kundengespräche, die von dem Betroffenen aufgezeichnet worden sind[51].

29 In einem Klageantrag müssen die begehrten Kopien so präzise bezeichnet sein, dass sie sich im Vollstreckungsverfahren identifizieren lassen. Dies ergibt sich aus dem Erfordernis der **Bestimmtheit des Klageantrags** (§ 253 Abs. 2 Nr. 2 ZPO)[52]. Ein Antrag, der sich auf Kopien von „Leistungs- und Verhaltensdaten" richtet, ist nicht hinreichend bestimmt[53].

2. Schadensersatz und Schmerzensgeld

30 Nach **Art. 82 Abs. 1 DSGVO** hat jede Person, der wegen eines Verstoßes gegen die DSGVO ein materieller oder immaterieller Schaden entstanden ist, einen Anspruch auf Schadensersatz gegen den Verantwortlichen oder gegen den Auftragsverarbeiter. Ergänzend verlangt **Erwägungsgrund 146 Satz 3 DSGVO**, dass der Begriff des Schadens weit und auf eine Art und Weise ausgelegt wird, die den Zielen der DSGVO in vollem Umfang entspricht.

a) Anspruchsvoraussetzungen

31 Der Anspruch aus Art. 82 DSGVO erfasst nach dem Schutzzweck der Norm nur solche Sachverhalte, in denen die **Art der Informationserlangung** gerügt wird und der **Vorwurf einer**

---

50 *Brink/Joos*, ZD 2019, 483, 484 ff.; *Härting*, CR 2019, 219, 220 f.; *König*, CR 2019, 295, 295; *Koreng*, NJW 2021, 2692, 2693; a.A. *Arend/Möhrke-Sobolewski*, PinG 2019, 245, 246 ff.; *Dausend*, ZD 2019, 103, 106 f.; *Zikesch/Sörup*, ZD 2019, 239, 240 ff.

51 *Arend/Möhrke-Sobolewski*, PinG 2019, 245, 250; *Härting*, CR 2019, 219, 224; a.A. LG Leipzig v. 23.12.2021 – 3 O 1268/21 Rz. 99 f.; *Korch/Chatard*, CR 2020, 438, 442 f.

52 BAG v. 27.4.2021 – 2 AZR 342/20 Rz. 14 ff., CR 2021, 528 = ITRB 2021, 256 (*Aghamiri*); LAG Sachsen v. 17.2.2021 – 2 Sa 63/20 Rz. 125 ff.

53 BAG v. 16.12.2021 – 2 AZR 235/21 Rz. 23 ff., CR 2022, 437 = ITRB 2022, 128 (*Aghamiri*); a.A. LAG Baden-Württemberg v. 20.12.2018 – 17 Sa 11/18 Rz. 203 ff.; LAG Baden-Württemberg v. 17.3.2021 – 21 Sa 43/20 Rz. 42 ff.

intransparenten Datenverarbeitung im Raum steht, es also um das Recht auf informationelle Selbstbestimmung geht. Knüpft die Beeinträchtigung dagegen an das Ergebnis des Kommunikationsprozesses, nämlich die Veröffentlichung und Verbreitung der personenrelevanten Daten, an, so ist allein der Schutzbereich des allgemeinen Persönlichkeitsrechts betroffen, und eine Anwendung des Art. 82 DSGVO kommt nicht in Betracht[54]. Dies ist die Konsequenz der „Recht auf Vergessen I"-Entscheidung des BVerfG[55].

Der Entschädigungsanspruch aus Art. 82 Abs. 1 DSGVO beschränkt sich nicht auf schwerwiegende Persönlichkeitsrechtsverletzungen[56]. Erwägungsgrund 146 Satz 3 DSGVO spricht dafür, auch bei eher geringfügigen DSGVO-Verstößen, wie etwa der Nutzung einer Mailadresse für unerwünschte Werbung, einen Anspruch auf Ersatz des **immateriellen Schadens** zu bejahen[57]. Wie sich dies in die eher zurückhaltende Rechtsprechung zum Ausgleich immaterieller Schäden nach deutschem Recht einordnet, bleibt abzuwarten[58].   32

Kein Ersatzanspruch besteht allerdings bei **Bagatellverstößen** ohne ernsthafte Beeinträchtigung bzw. für bloß individuell empfundene Unannehmlichkeiten[59]. Dem Betroffenen muss ein spürbarer Nachteil entstanden sein, und es muss um eine objektiv nachvollziehbare, mit gewissem Gewicht erfolgte Beeinträchtigung von persönlichkeitsbezogenen Belangen gehen[60]. Datenschutzverstoß und **Schaden** sind nicht gleichzusetzen. Es bedarf daher stets der Feststellung, dass es sowohl zu einem Datenschutzverstoß als auch zu einem Schaden gekommen ist[61].   33

Als **Nichtvermögensschäden** kommen die öffentliche Bloßstellung durch Zugänglichmachen personenbezogener Daten für Dritte[62], soziale Diskriminierung, Hemmung in der freien Persönlichkeitsentfaltung, Reduzierung des Menschen auf ein Datenverarbeitungsobjekt,   34

---

54 OLG Düsseldorf v. 16.2.2021 – 16 U 269/20 Rz. 7.
55 BVerfG v. 6.11.2019 – 1 BvR 16/13 Rz. 91, CR 2020, 30 = AfP 2020, 35 = ITRB 2020, 28 (*Rössel*) – Recht auf Vergessen I; OLG Düsseldorf v. 16.2.2021 – 16 U 269/20 Rz. 10 f.
56 OLG Brandenburg v. 21.6.2021 – 1 U 69/20 Rz. 20; LG Hamburg v. 4.9.2020 – 324 S 9/19 Rz. 34; LG Mainz v. 12.11.2021 – 3 O 12/20 Rz. 75; LAG Berlin-Brandenburg v. 18.11.2021 – 10 Sa 443/21 Rz. 57; *Paal/Aliprandi*, ZD 2021, 241, 245; *Weber*, CR 2021, 379, 380.
57 Vgl. BVerfG v. 14.1.2021 – 1 BvR 2853/19 Rz. 19; LG Karlsruhe v. 2.8.2019 – 8 O 26/19 Rz. 19; LAG Hamm v. 11.5.2021 – 6 Sa 1260/20 Rz. 65; LAG Niedersachsen v. 22.10.2021 – 16 Sa 761/20 Rz. 228; ArbG Dresden v. 26.8.2020 – 13 Ca 1046/20 Rz. 15; ArbG Düsseldorf v. 5.3.2020 – 9 Ca 6557/18 Rz. 102; *Kohn*, ZD 2019, 498, 500; a.A. OLG Dresden v. 11.6.2019 – 4 U 760/19 Rz. 13; vgl. auch LG Essen v. 23.9.2021 – 6 O 190/21 Rz. 53.
58 Vgl. *Oetker* in MünchKomm/BGB, § 253 BGB Rz. 27.
59 *Weber*, CR 2021, 379, 380; a.A. OLG Koblenz v. 18.5.2022 – 5 U 2141/21 Rz. 78; *Paal/Aliprandi*, ZD 2021, 241, 245 f.
60 AG Dietz v. 7.11.2018 – 8 C 130/18 Rz. 6; AG Hannover v. 9.3.2020 – 531 C 10952/19 Rz. 23; *Paal*, MMR 2020, 14, 16 f.; *Paal/Aliprandi*, ZD 2021, 241, 241.
61 OLG Dresden v. 14.12.2021 – 4 U 1278/21 Rz. 52; OLG Frankfurt v. 2.3.2022 13 U 206/20 Rz. 70; OLG Koblenz v. 18.5.2022 – 5 U 2141/21 Rz. 77; OLG Stuttgart v. 31.3.2021 – 9 U 34/21 Rz. 60 ff.; LG Köln v. 16.2.2022 – 28 O 303/20 Rz. 81 ff.; LG Leipzig v. 23.12.2021 – 3 O 1268/21 Rz. 122; LG München I v. 2.9.2021 – 13 O 10931/20 Rz. 26; LG München I v. 9.12.2021 – 31 O 16606/20 Rz. 39; *Buchner/Wessels*, ZD 2022, 251, 254 f.; *Dittrich/Ippach*, RDV 2021, 77, 81; *Paal/Aliprandi*, ZD 2021, 241, 245; *Wybitul/Leibold*, ZD 2022, 207, 210; a.A. LAG Hamm v. 14.12.2021 – 17 Sa 1185/20 Rz. 154.
62 *Kohn*, ZD 2019, 498, 500.

psychische Auswirkungen bei der betroffenen Person infolge des Datenschutzverstoßes oder Identitätsdiebstahl bzw. -betrug in Betracht[63].

35 Zu weit geht es[64], wenn das AG Pfaffenhofen für einen Schmerzensgeldanspruch ein „ungutes Gefühl" genügen lässt, „dass personenbezogene Daten Unbefugten bekannt geworden sind"[65], da dies zu uferlosen Ansprüchen führen würde, ohne jede Anknüpfung an objektiv messbare Voraussetzungen[66]. Ob bereits „Unsicherheit" und ein „Kontrollverlust"[67] oder eine „Schmach"[68] für einen ersatzfähigen Schaden ausreichen, ist gleichfalls zweifelhaft.

36 Um eine Bagatelle handelt es sich, wenn eine Bank versehentlich einen wenige Blätter umfassenden Kontoauszug an den **falschen Empfänger** verschickt. Art, Schwere, Dauer und Umfang eines solchen Datenschutzverstoßes rechtfertigen die Zuerkennung eines Schmerzensgelds nicht[69].

37 Die **Sperrung oder Löschung von Daten** erfüllt zwar den Tatbestand einer Datenverarbeitung gem. Art. 4 Nr. 2 DSGVO[70], stellt für sich allein aber noch keinen Schaden im Sinne des Art. 82 Abs. 1 DSGVO dar[71]. Das LG Essen verneinte daher einen Schmerzensgeldanspruch bei einem im der Post verlorengegangenen USB-Stick. Der Verlust eines USB-Sticks, auf dem sich ungesicherte persönliche und wirtschaftliche Informationen befinden, könne zwar durchaus zu einem „unguten Gefühl" führen. Dies allein reiche jedoch für ein Schmerzensgeld nicht aus[72]. Das LG Karlsruhe verneinte einen Schmerzensgeldanspruch gegen Mastercard beim **Abhandenkommen von Kreditkartendaten** wegen einer Datenpanne, da es an konkreten Beeinträchtigungen fehlte[73].

38 Für eine objektive Pflichtverletzung und einen kausalen Schaden trägt der Anspruchsteller die **Darlegungs- und Beweislast**[74]. Ein Schaden muss entstanden sein, der bloße Verstoß gegen eine Bestimmung der DSGVO reicht für die Entstehung eines Entschädigungsanspruchs

---

63 *Wybitul/Haß/Albrecht*, NJW 2018, 113, 114.
64 *Paal/Aliprandi*, ZD 2021, 241, 245; *Wybitul/Leibold* ZD 2022, 207, 211 f.; a.A. *Buchner/Wessels* ZD 2022, 251, 254.
65 AG Pfaffenhofen v. 9.9.2021 – 2 C 133/21 Rz. 45; vgl. auch OLG Koblenz v. 18.5.2022 – 5 U 2141/21 Rz. 85.
66 LG Köln v. 3.8.2021 – 5 O 84/21 Rz. 28.
67 Vgl. OLG Düsseldorf v. 28.10.2021 – 16 U 275/20 Rz. 51; LAG Berlin-Brandenburg v. 18.11.2021 – 10 Sa 443/21 Rz. 58; LAG Hamm v. 11.5.2021 – 6 Sa 1260/20 Rz. 65 f.
68 Vgl. OLG Frankfurt v. 2.3.2022 – 13 U 206/20 Rz. 75, ITRB 2022, 101 (*Kartheuser*).
69 LG Köln v. 7.10.2020 – 28 O 71/20 Rz. 17.
70 OLG Dresden v. 31.8.2021 – 4 U 324/21 Rz. 25, CR 2022, 24 = ITRB 2022, 86 (*Kartheuser*).
71 OLG Dresden v. 11.12.2019 – 4 U 1680/19 Rz. 25; OLG Dresden v. 20.8.2020 – 4 U 784/20 Rz. 32, ITRB 2021, 8 (*Wübbeke*).
72 LG Essen v. 23.9.2021 – 6 O 190/21 Rz. 55, CR 2022, 97 = ITRB 2022, 35 (*Dovas*); vgl. auch LG München I v. 2.9.2021 – 23 O 10931/20 Rz. 26.
73 LG Karlsruhe v. 9.2.2021 – 4 O 67/20 Rz. 34 ff.
74 *Wybitul/Leibold*, ZD 2022, 207, 213; OLG Brandenburg v. 21.6.2021 – 1 U 69/20 Rz. 20; OLG Brandenburg v. 11.8.2021 – 1 U 69/20 Rz. 4 f.; OLG Bremen v. 16.7.2021 – 1 W 18/21 Rz. 2; LG Frankfurt/M. v. 18.9.2020 – 2-27 O 100/20 Rz. 47; LG Frankfurt/M. v. 18.1.2021 – 2-30 O 147/20 Rz. 33 ff.; LG Frankfurt/M. v. 1.11.2021 – 2-01 S 191/20 Rz. 78; LG Köln v. 3.8.2021 – 5 O 84/21 Rz. 27; vgl. auch *Paal*, MMR 2020, 14, 17; *Weber*, CR 2021, 379, 380 f.

nicht aus[75]. Die Rechenschaftspflicht nach Art. 5 Abs. 2 DSGVO ändert nichts daran, dass der Kläger im Schadensersatzprozess die Darlegungs- und Beweislast für eine haftungsbegründende Verletzung von Pflichten des Verantwortlichen trägt[76]. Die pauschale Behauptung von Datenschutzverstößen genügt diesen Anforderungen nicht.

Nach **Art. 82 Abs. 3 DSGVO** wird der Verantwortliche oder der Auftragsverarbeiter von der Haftung befreit, wenn er nachweist, dass er in keinerlei Hinsicht für den Umstand verantwortlich ist, durch den der Schaden eingetreten ist. Aus Art. 82 Abs. 3 DSGVO ergibt sich somit zugleich, dass es sich bei dem Schadensersatz gem. Art. 82 DSGVO um eine Verschuldenshaftung und **keine Gefährdungshaftung** handelt[77].   39

Die Beweislastumkehr gem. Art. 82 Abs. 3 DSGVO gilt für das **Verschulden**[78], nicht jedoch für die objektive Verletzung einer datenschutzrechtlichen Pflicht[79] und für einen daraus resultierenden Schaden.   40

b) Anspruchshöhe

Der Schadensersatzanspruch nach Art. 82 Abs. 1 DSGVO dient nicht allein der Kompensation, sondern auch der Prävention. Damit fügt sich der datenschutzrechtliche Schadensersatzanspruch in eine allgemeine europäische Entwicklung ein, wonach Schadensersatzansprüchen explizit und viel deutlicher als im deutschen Diskurs eine **Präventionsfunktion** zukommt. Bei jeder Entscheidung ist deshalb zu berücksichtigen, ob sie einen ausreichenden Anreiz setzt, künftige Datenschutzverstöße und daraus resultierende Schäden zu vermeiden[80].   41

Das BAG hat in einem Vorlagebeschluss den EuGH um Entscheidung gebeten, ob die Höhe eines immateriellen Schadenersatzes der Schwere des mit ihm geahndeten Verstoßes gegen die DSGVO zu entsprechen hat, wobei eine wirklich **abschreckende Wirkung** – gegebenenfalls mit spezial- bzw. generalpräventivem Charakter – zu gewährleisten, zugleich aber der allgemeine Grundsatz der Verhältnismäßigkeit zu wahren ist[81]. Der EuGH könnte diese Gelegenheit nutzen, um dazu Stellung zu nehmen, ob die Kriterien für die Bemessung eines   42

---

75 LG Bonn v. 1.7.2021 – 15 O 372/20 Rz. 41; LG Bonn v. 1.7.2021 – 15 O 356/20 Rz. 40 f.; LG Düsseldorf v. 28.10.2021 – 16 O 128/20 Rz. 35; LG Hamburg v. 4.9.2020 – 324 S 9/19 Rz. 34; LG Karlsruhe v. 9.2.2021 – 4 O 67/20 Rz. 31 f.; LG Köln v. 3.8.2021 – 5 O 84/21 Rz. 24; AG Dietz v. 7.11.2018 – 8 C 130/18 Rz. 6; AG Frankfurt/M. v. 10.7.2020 – 385 C 155/19 (70) Rz. 28 ff.; *Wybitul*, NJW 2021, 1190, 1194; *Wybitul/Leibold*, ZD 2022, 207, 209; a.A. *Buchner/Wessels*, ZD 2022, 251, 253; BAG v. 26.8.2021 – 8 AZR 253/20 (A) Rz. 33; LG Saarbrücken v. 22.11.2021 – 5 O 151/19 Rz. 49 ff.
76 OLG Stuttgart v. 31.3.2021 – 9 U 34/21 Rz. 42 ff.; *Dittrich/Ippach*, RDV 2021, 77, 78 f.
77 OLG Koblenz v. 18.5.2022 – 5 U 2141/21 Rz. 72; a.A. BAG v. 26.8.2021 – 8 AZR 253/20 (A) Rz. 39.
78 A.A. BAG v. 26.8.2021 – 8 AZR 253/20 (A) Rz. 40; LAG Hamm v. 14.12.2021 – 17 Sa 1185/20 Rz. 151.
79 A.A. *Kohn*, ZD 2019, 498, 500 f.
80 OLG Dresden v. 30.11.2021 – 4 U 1158/21 Rz. 13; *Korch*, NJW 2021, 978, 979; a.A. *Wybitul*, NJW 2021, 1190, 1192 f. = ITRB 2022, 82 (*Vogt*).
81 BAG v. 26.8.2021 – 8 AZR 253/20 (A) Rz. 35 ff.

Bußgelds (Art. 83 Abs. 2 DSGVO) auf die Bemessung der Höhe eines Schmerzensgeldanspruchs entsprechende Anwendung finden[82].

43 Nach Ansicht des LG Bonn[83] und des LG Düsseldorf[84] löst die nach Art. 12 Abs. 3 Satz 1 DSGVO **verspätete Erfüllung von Auskunftsansprüchen** nach Art. 15 DSGVO grundsätzlich keinen Schadensersatzanspruch gem. Art. 82 DSGVO aus, da die Verletzung von Informationsrechten der betroffenen Person nicht dazu führt, dass die Datenverarbeitung selbst verordnungswidrig ist[85]. Das ArbG Neumünster[86] sprach hingegen für eine verspätete Auskunft einen Betrag von 1.500 € zu, und das LAG Niedersachen[87] hat für eine **verspätete und unvollständige Auskunft** nach Art. 15 DSGVO ein Schmerzensgeld von 1.250 € zuerkannt. Das LAG Berlin-Brandenburg sprach 2.000 € für zwei unvollständige Auskünfte zu[88]. Das ArbG Düsseldorf hielt für eine verspätete und unvollständige Auskunft sogar ein Schmerzensgeld von 5.000 €für angemessen[89].

44 Für eine **fehlgeleitete Mail** in einem Bewerbungsverfahren erachtete das LG Darmstadt ein Schmerzensgeld in Höhe von 1.000 € für angemessen[90]. Das LG Mainz verpflichtete eine Auskunftei zur Zahlung eines Schmerzensgeldes in Höhe von 5.000 € für einen **datenschutzwidrigen Negativeintrag**, durch den der Kläger eine „massive Beeinträchtigung seines sozialen Ansehens im Sinne der Einschätzung seiner Kreditwürdigkeit durch Dritte" erlitten hatte. Das AG Hildesheim hielt ein Schmerzensgeld von 800 € für angemessen für die (nach Auffassung des Gerichts datenschutzwidrig) **verabsäumte Löschung von Kundendaten** auf einem PC, der einem anderen Kunden weiterverkauft wurde[91]. Das AG Pfaffenhofen sprach einem Anwalt 300 € für eine **Spam-Mail** zu bei gleichzeitigem Verstoß gegen Informations- und Auskunftspflichten aus Art. 14 und Art. 15 DSGVO[92]. Das LG Heidelberg sprach 25 € für eine Spam-Mail zu[93].

45 4.000 € Schmerzensgeld musste ein **Psychotherapeut** zahlen, der Informationen über den Alkoholmissbrauch und die Notwendigkeit einer psychiatrischen Behandlung an den Anwalt der Ehefrau seines Patienten weitergab im Zusammenhang mit einem Umgangsverfahren hinsichtlich der gemeinsamen Kinder[94]. 1.000 € Schmerzensgeld wurde einem Arbeitnehmer zugesprochen für die Nichterfüllung des Auskunftsanspruchs nach Art. 15 Abs. 1 DSGVO[95]. Für die datenschutzwidrige Veröffentlichung des **Fotos einer Arbeitnehmerin** „in einem auf ihre Hautfarbe bezogenen Zusammenhang" musste ein Arbeitgeber 5.000 €

---

82 Vgl. OLG Frankfurt v. 14.4.2022 – 3 U 21/20 Rz. 56; LG München I v. 9.12.2021 – 31 O 16606/20 Rz. 44.
83 LG Bonn v. 1.7.2021 – 15 O 372/20 Rz. 41, CR 2021, 600; LG Bonn v. 1.7.2021 – 15 O 356/20 Rz. 40 f.
84 LG Düsseldorf v. 28.10.2021 – 16 O 128/20 Rz. 35.
85 LG Bonn v. 1.7.2021 – 15 O 372/20 Rz. 41, CR 2021, 600; LG Bonn v. 1.7.2021 – 15 O 356/20 Rz. 40 f.; vgl. auch LG Leipzig v. 23.12.2021 – 3 O 1268/21 Rz. 124 ff.
86 ArbG Neumünster v. 11.8.2020 – 1 Ca 247 c/20 Rz. 57 f.
87 LAG Niedersachsen v. 22.10.2021 – 16 Sa 761/20 Rz. 230 ff.
88 LAG Berlin-Brandenburg v. 18.11.2021 – 10 Sa 443/21 Rz. 5.
89 ArbG Düsseldorf v. 5.3.2020 – 9 Ca 6557/18 Rz. 103; *Wybitul/Brams*, CR 2020, 571, 571 ff.
90 LG Darmstadt v. 26.5.2020 – 13 O 244/19 Rz. 71, CR 2021, 386.
91 AG Hildesheim v. 5.10.2020 – 43 C 145/19 Rz. 46 ff.
92 AG Pfaffenhofen v. 9.9.2021 – 2 C 133/21 Rz. 48 f.
93 LG Heidelberg v. 26.3.2022 – 4 S 1/21 Rz. 39.
94 AG Pforzheim v. 25.3.2020 – 13 C 160/19 Rz. 46 ff.
95 LAG Hamm v. 11.5.2021 – 6 Sa 1260/20 Rz. 67 ff., ITRB 2022, 9 (*Aghamiri*).

zahlen[96]. Ein ausländischer Arbeitnehmer erhielt 1.500 € zugesprochen, nachdem der Arbeitgeber die Ausländerbehörde und die Arbeitsagentur über **Krankmeldungen** informiert hatte[97]. Das AG Pforzheim hielt die Weitergabe von Patientendaten an ein **Abrechnungszentrum** durch einen Logopäden für datenschutzwidrig und erkannte ein Schmerzensgeld von 1.500 € zu[98]. Das LAG Hamm hielt die Übermittlung von Daten einer Beschäftigten an ein anderes Konzernunternehmen für rechtswidrig und sprach der Betroffenen 2.000 € zu[99].

Das OLG Dresden sprach der **„Zielperson" eines Detektivbüros** ein Schmerzensgeld von   46
5.000 € zu[100]. Für die Versendung einer **Gesundheitsakte** an eine verkehrte E-Mail-Adresse durch eine Krankenkasse hielt das OLG Düsseldorf ein Schmerzensgeld von 2.000 € für angemessen[101]. Das OLG Frankfurt sprach einem Bankkunden 500 € zu, nachdem dessen Kontoauszug an einen Dritten weitergeleitet und der SCHUFA eine unzutreffende „frühere Adresse" mitgeteilt worden war[102]. Das LG München I hielt für den Abfluss diverser Kundendaten bei einem **Finanzdienstleister** ein Schmerzensgeld von 2.500 € für angemessen[103]. Für den nach Auffassung des LG München I datenschutzwidrigen Einsatz von **Google Fonts** sprach das Gericht ein Schmerzensgeld von 100 € zu[104].

Für die verspätete Entfernung des **Namens einer Arbeitnehmerin** von der Website des Arbeitgebers hielt das ArbG Neuruppin ein Schmerzensgeld von 1.000 € für angemessen[105].   47
Das ArbG Wiesbaden sprach einem Arbeitnehmer, dessen WhatsApp-Kommunikation durchsucht wurde, eine Entschädigung in Höhe eines Bruttomonatsgehalts zu[106].

II. Löschung, Beseitigung, Unterlassung, Auslistung

Neben Ansprüchen auf Auskunft, Kopien, Schadensersatz und Schmerzensgeld kommen zi-   48
vilrechtlich auch Ansprüche auf Löschung, Beseitigung, Unterlassung und „Auslistung" in Betracht.

In der Überschrift des **Art. 17 DSGVO** wird das **Recht auf Löschung** personenbezogener   49
Daten als **„Recht auf Vergessenwerden"** bezeichnet. Dem entspricht es, dass Art. 17 und Art. 19 DSGVO den Verantwortlichen nicht nur zur Löschung, sondern auch zu einer Benachrichtigung Dritter verpflichten. Die Benachrichtigungspflichten knüpfen an eine bereits erfolgte Datenübermittlung an Dritte an. Art. 19 Satz 1 DSGVO verpflichtet den Verantwortlichen zur Benachrichtigung von Datenempfängern im Falle der Berichtigung, Löschung und Sperre. Ergänzend schreibt Art. 19 Satz 2 DSGVO eine Information des Betroffenen über die Datenempfänger vor für den Fall, dass der Betroffene eine solche Information an-

---

96 ArbG Münster v. 25.3.2021 – 3 Ca 391/20 Rz. 33 ff.
97 ArbG Dresden v. 26.8.2020 – 13 Ca 1046/20 Rz. 16 ff.
98 AG Pforzheim v. 7.1.2022 – 2 C 381/21 Rz. 12.
99 LAG Hamm v. 14.12.2021 – 17 Sa 1185/20 Rz. 155 ff.
100 OLG Dresden v. 30.11.2021 – 4 U 1158/21 Rz. 13, ITRB 2022, 82 (*Vogt*).
101 OLG Düsseldorf v. 28.10.2021 – 16 U 275/20 Rz. 57 ff., ITRB 2022, 102 (*Vogt*).
102 OLG Frankfurt v. 14.4.2022 – 3 U 21/20 Rz. 58; vgl. auch OLG Koblenz v. 18.5.2022 – 5 U 2141/21 Rz. 99.
103 LG München I v. 9.12.2021 – 31 O 16606/20 Rz. 45.
104 LG München I v. 20.1.2022 – 3 O 17493/20 Rz. 37.
105 ArbG Neuruppin v. 14.12.2021 – 2 Ca 554/21 Rz. 26 ff.
106 ArbG Mannheim v. 20.5.2021 – 14 Ca 135/20 Rz. 139 f.

fordert. Art. 17 Abs. 2 DSGVO erweitert die Benachrichtigungspflichten bei Daten, die der Verantwortliche „öffentlich gemacht" hat, um Pflichten zur Unterbindung einer weiteren Verbreitung[107].

50 Der Löschungsanspruch (Art. 17 DSGVO) ist ein Anspruch auf **Beseitigung eines rechtswidrigen Zustands** (vgl. § 1004 Satz 1 BGB). Daneben sieht die DSGVO **keinen Unterlassungsanspruch** des Betroffenen vor (vgl. § 1004 Satz 2 BGB)[108], so dass es keineswegs selbstverständlich ist, dass ein solcher Anspruch besteht[109]. Aus bloßen Schutzerwägungen[110] lässt sich ein solcher Anspruch jedenfalls nicht überzeugend ableiten. Das VG Regensburg leitet aus Art. 21 Abs. 1 Satz 2 DSGVO einen Unterlassungsanspruch ab[111], betont aber zugleich, dass die Betroffenenrechte nach Art. 12 ff. DSGVO abschließend zu verstehen sind und eine Anwendung des § 1004 Satz 2 BGB ausschließen[112].

51 Auch bei Ansprüchen gegen Google auf „**Auslistung" von Suchergebnissen** geht es um Beseitigung und um Löschung nach Art. 17 DSGVO. Dabei stellt sich jeweils die Frage, ob und inwieweit sich Google auf den Ausschlussgrund des **Art. 17 Abs. 3 lit. a DSGVO** berufen kann. Danach besteht kein Anspruch auf Löschung, wenn die jeweilige Verarbeitung personenbezogener Daten zur Ausübung des Rechts auf **freie Meinungsäußerung und Information** erforderlich ist.

52 Art. 17 Abs. 3 lit. a DSGVO gilt auch für **besonders sensible Daten (Art. 9 DSGVO)**. Wenn ein Suchmaschinenbetreiber mit einem Antrag auf Auslistung von Links befasst ist und sich unter den betroffenen Daten besondere Kategorien personenbezogener Daten im Sinne des Art. 9 Abs. 1 DSGVO befinden, muss er anhand der in Art. 9 Abs. 2 lit. g DSGVO angeführten Gründe eines wichtigen bzw. erheblichen öffentlichen Interesses prüfen, ob die Aufnahme des Links zu der fraglichen Website erforderlich ist, um das durch **Art. 11 GRCh** geschützte Recht auf freie Information auszuüben, dass den Internetnutzern zusteht, die potenziell Interesse an einem Zugang zu dieser Website mittels einer solchen Suche haben. Zwar überwiegen die durch die Art. 7 und Art. 8 GRCh geschützten Rechte der betroffenen Person nach Ansicht des EuGH im Allgemeinen gegenüber dem Recht der Internetnutzer auf freie Information. Der Ausgleich könne in besonders gelagerten Fällen aber von der Art der betreffenden Information, von deren Sensibilität für das Privatleben der betroffenen Person und vom Interesse der Öffentlichkeit am Zugang zu der Information abhängen, das u.a. **je nach der Rolle, die die Person im öffentlichen Leben spielt**, variieren könne[113].

53 Wenn Google einem „Auslistungsantrag" nach Art. 17 Abs. 1 DSGVO stattzugeben hat, muss die **Auslistung** nicht in allen Versionen der Suchmaschine vorgenommen werden, sondern

---

107 *Härting*, DSGVO, Rz. 718 ff.
108 LG München I v. 7.11.2019 – 34 O 13123/19 Rz. 34; LG Wiesbaden v. 20.1.2022 – 10 O 14/21 Rz. 37 ff.
109 A.A. LAG Hamm v. 14.12.2021 – 17 Sa 1185/20 Rz. 98.
110 Vgl. OLG Dresden v. 14.12.2021 – 4 U 1278/21 Rz. 46; OLG Frankfurt v. 2.3.2022 – 13 U 206/20 Rz. 38; OLG Frankfurt v. 14.4.2022 – 3 U 21/20 Rz. 29; OLG München v. 19.1.2021 – 18 U 7243/19 Rz. 62; LG Darmstadt v. 26.5.2020 – 13 O 244/19 Rz. 38 f.; LG Frankfurt/M. v. 28.6.2019 – 2-03 O 315/17 Rz. 43 ff.; LG Frankfurt/M. v. 15.10.2020 – 2-03 O 356/20 Rz. 2; *Sundermann*, RDV 2020, 317, 318 f.
111 VG Regensburg v. 6.8.2020 – RN 9 K 19.1061 Rz. 24.
112 VG Regensburg v. 6.8.2020 – RN 9 K 19.1061 Rz. 19.
113 EuGH v. 24.9.2019 – C-136/17 Rz. 66, ECLI:EU:C:2019:773.

nur in allen Versionen der EU-Mitgliedstaaten[114]. Aus Art. 17 DSGVO ergibt sich nicht, dass der Unionsgesetzgeber entschieden hat, den in dieser Bestimmung verankerten Rechten eine Reichweite zu verleihen, die über das Hoheitsgebiet der EU-Mitgliedstaaten hinausgeht, und dass er einem Wirtschaftsteilnehmer, der wie Google in den Anwendungsbereich der DSGVO fällt, eine Pflicht zur Auslistung hätte auferlegen wollen, die auch für die nicht-mitgliedstaatlichen nationalen Versionen seiner Suchmaschine gilt[115].

Der BGH hat für die Auslistungsfälle eine pragmatische Linie bei der Anwendung des Art. 17 Abs. 3 lit. a DSGVO gefunden. Art. 17 Abs. 3 lit. a DSGVO führt den **BGH** zu einer umfassenden **„Gesamtabwägung der widerstreitenden Grundrechte"**, die auch die Grundrechte der Inhalteanbieter umfasst, um deren Veröffentlichung es geht, und die Informationsinteressen der Suchmaschinennutzer (Art. 11 GRCh)[116]. Dies deckt sich mit der Argumentation des BVerfG in der „Recht auf Vergessen II"-Entscheidung[117]. Art. 17 Abs. 1 DSGVO gilt nach der Rechtsprechung des BGH insgesamt nicht, soweit die Datenverarbeitung zur Ausübung des Rechts auf freie Meinungsäußerung und Information erforderlich ist (Art. 17 Abs. 3 lit. a DSGVO). Dieser Umstand ist Ausdruck der Tatsache, dass das Recht auf Schutz personenbezogener Daten kein uneingeschränktes Recht ist, sondern im Hinblick auf seine gesellschaftliche Funktion gesehen und unter Wahrung des Verhältnismäßigkeitsprinzips gegen andere Grundrechte abgewogen werden muss[118]. Im Hinblick auf die in rechtlicher wie tatsächlicher Hinsicht gebotene umfassende Prüfung muss die Abwägung nach Auffassung des BGH jeweils zu demselben Ergebnis führen unabhängig davon, ob der Abwägungsvorgang seinen Ausgangspunkt in der Frage nimmt, ob die Verarbeitung der Daten allgemein zur Wahrung der berechtigten Interessen des Suchmaschinenbetreibers oder eines Dritten erforderlich war (Art. 6 Abs. 1 Satz 1 lit. f DSGVO), ob die Verarbeitung speziell der Daten aus Gründen eines erheblichen öffentlichen Interesses erforderlich war (Art. 9 Abs. 2 lit. g DSGVO) oder ob der Suchmaschinenbetreiber zwingende schutzwürdige Gründe für die Verarbeitung nachweisen kann, die die Interessen, Rechte und Freiheiten des Betroffenen überwiegen (Art. 21 Abs. 1 Satz 2 DSGVO)[119].

54

Wer Google auf „Auslistung" in Anspruch nimmt, muss sich nicht darauf verweisen lassen, vorrangig das Presseorgan, das für den verlinkten Artikel verantwortlich ist, in Anspruch zu nehmen. Die Haftung des Suchmaschinenbetreibers ist nicht subsidiär, da ein wirksamer und umfassender Schutz der betroffenen Person nicht erreicht werden kann, wenn diese grundsätzlich vorher oder parallel beim Inhalteanbieter die Löschung der sie betreffenden Informationen erwirken müsste. Die Tätigkeit eines Suchmaschinenbetreibers ist ein für sich stehender Akt der Datenverarbeitung, der folglich auch hinsichtlich der damit einhergehenden Grundrechtsbeschränkungen eigenständig zu beurteilen ist. Daher kann die Ab-

55

---

114 EuGH v. 24.9.2019 – C-507/17 Rz. 73, ECLI:EU:C:2019:772.
115 EuGH v. 24.9.2019 – C-507/17 Rz. 62, ECLI:EU:C:2019:772; vgl. auch LG Frankfurt/M. v. 26.10.2017 – 2-03 O 190/16 Rz. 55 f.
116 BGH v. 27.7.2020 – VI ZR 405/18 Rz. 23 ff., CR 2020, 804; vgl. auch OLG Celle v. 29.12.2016 – 13 U 85/16 Rz. 9 ff.; OLG Celle v. 1.6.2017 – 13 U 178/16 Rz. 19 ff.; OLG Frankfurt v. 6.9.2018 – 16 U 193/17 Rz. 66 ff.; OLG Hamburg v. 7.9.2021 – 7 U 121/17 Rz. 27 ff.; OLG Hamm v. 29.6.2021 – I-4 U 189/20 Rz. 16 ff.; OLG Karlsruhe v. 10.6.2020 – 6 U 129/18 Rz. 66 ff.; LG Frankfurt/M. v. 28.6.2019 – 2-03 O 315/17 Rz. 54 ff.; VG Hamburg v. 1.6.2021 – 17 K 2977/19 Rz. 76 ff.
117 BVerfG v. 6.11.2019 – 1 BvR 276/17 Rz. 96 ff., CR 2020, 40 = AfP 2020, 50 = ITRB 2020, 29 (*Rössel*) – Recht auf Vergessen II.
118 BGH v. 3.5.2022 – VI ZR 832/20 Rz. 16 – Artikel in Magazin „M".
119 BGH v. 3.5.2022 – VI ZR 832/20 Rz. 17 – Artikel in Magazin „M".

wägung im Rahmen des Anspruches aus Art. 17 Abs. 1 DSGVO gegen den Suchmaschinenbetreiber zu einem anderen Ergebnis führen als im Rahmen des Anspruchs gegen den Betreiber der verlinkten Website, da sowohl die berechtigten Interessen, die die Datenverarbeitung rechtfertigen, unterschiedlich sein können als auch die Folgen, die die Verarbeitungen für die betroffene Person, insbesondere für ihr Privatleben, haben[120].

56   Weist die namensbezogene Suchabfrage bei Google auf einen mehr als 30 Jahre alten Artikel über einen Mord an prioritärer Stelle hin, so ist davon auszugehen, dass das hierdurch entstehende Bild des Betroffenen auch heute maßgeblich von den besonders schweren Taten und Tatvorwürfen dominiert wird. Unabhängig von der feststellbaren tatsächlichen Häufigkeit namensbezogener Suchabfragen kann schon die ständig drohende Möglichkeit und die damit verbundene Angst, jederzeit unvorbereitet aufs Neue mit seiner Vergangenheit konfrontiert zu werden, den Betroffenen dazu bewegen, mit neuen sozialen Kontakten vorsichtig zu sein, sich zurückzuziehen und die Öffentlichkeit zu meiden. Daher besteht nach Ansicht des BGH ein Auslistungsanspruch[121].

III. Wettbewerbsrechtliche Ansprüche

1. Früheres Recht

57   Vor Inkrafttreten der DSGVO war umstritten, ob Normen des Datenschutzrechts, insbesondere die §§ 4, 28 ff. BDSG a.F.[122] und § 13 Abs. 1 TMG a.F.[123] Marktverhaltensregeln i.S.d. § 3a UWG sind[124]. Im Fall des **§ 13 Abs. 1 TMG a.F.** ging das KG davon aus, dass eine wettbewerbsbezogene Schutzfunktion allenfalls insoweit vorhanden war, als die Vorschrift den Verbraucher vor unerwünschter Werbung und der damit einhergehenden Beeinträchtigung der Privatsphäre schützen sollte[125]. Soweit es keine Gefahr **unerwünschter Werbung** gebe, sei ein Verstoß gegen § 13 Abs. 1 TMG a.F. nicht wettbewerbswidrig[126]. Das OLG Hamburg widersprach dem und leitete die Wettbewerbsbezogenheit des § 13 Abs. 1 TMG a.F. daraus ab, dass die Norm Anforderungen der EU-Datenschutzrichtlinie (DSRL) umsetzte und es zu den Zwecken der DSRL gehörte, im Interesse eines unverfälschten Wettbewerbs europaweit einheitliche Regeln für den Datenverkehr aufzustellen[127]. Dem schlossen sich das OLG Köln[128] und das LG Düsseldorf[129] an.

---

120 BGH v. 3.5.2022 – VI ZR 832/20 Rz. 12 – Artikel in Magazin „M".
121 BGH v. 3.5.2022 – VI ZR 832/20 Rz. 54 – Artikel in Magazin „M".
122 OLG Frankfurt v. 28.7.2016 – 6 U 93/15 Rz. 22; OLG Karlsruhe v. 9.5.2012 – 6 U 38/11 Rz. 32 m. Anm. *Schneider*, NJW 2012, 3315 f.; *Linsenbarth/Schiller*, WRP 2013, 576, 580; a.A. OLG München v. 12.1.2012 – 29 U 3926/11 Rz. 26 m. Anm. *Schröder*, ZD 2012, 331 f. = CR 2012, 269.
123 KG Berlin v. 29.4.2011 – 5 W 88/11 Rz. 32 ff., CR 2011, 468.
124 *Härting/Dinc*, IPRB 2018, 253, 253 f.; *Härting/Strubel*, IPRB 2011, 231, 231 f.; *Huppertz/Ohrmann*, CR 2011, 449, 451; *Wolff*, ZD 2018, 248, 248 f.
125 KG Berlin v. 29.4.2011 – 5 W 88/11 Rz. 38, CR 2011, 468; a.A. KG Berlin v. 14.4.2020 – 18 U 19/19 Rz. 168.
126 Zustimmend LG Frankfurt/M. v. 16.10.2014 – 2-03 O 27/14 Rz. 89; wohl auch LG Berlin v. 4.2.2016 – 52 O 394/15 Rz. 20 ff.
127 OLG Hamburg v. 27.6.2013 – 3 U 26/12 Rz. 38; auch LG Düsseldorf v. 9.3.2016 – 12 O 151/15 Rz. 51, CR 2016, 372.
128 OLG Köln v. 11.3.2016 – 6 U 121/15 Rz. 36, CR 2016, 578 = ITRB 2016, 224 (*Kartheuser*).
129 LG Düsseldorf v. 9.3.2016 – 12 O 151/15 Rz. 34, CR 2016, 372.

Das LG Berlin ließ die Frage offen und vermochte jedenfalls keinen spürbaren Wettbewerbs- 58
verstoß zu erkennen, als ein Makler verklagt wurde, der ein Online-Kontaktformular bereit-
hielt, ohne den Nutzer über die Speicherung der vom Nutzer selbst eingegebenen Daten zu
informieren[130]. Das OLG Köln ging hingegen in einem ähnlichen Fall von einem spürbaren
Wettbewerbsverstoß aus und wies darauf hin, dass es möglich sei, dass sich ein Verbraucher
durch eine Unterrichtung nach § 13 TMG a.F. vom Ausfüllen des Kontaktformulars abhal-
ten lässt[131]. Auch das Einbinden des „Gefällt mir"-Plugins von Facebook auf einer Website
stellte nach Ansicht des LG Düsseldorf einen spürbaren Wettbewerbsverstoß i.S.d. § 3a
UWG i.V.m. § 13 Abs. 1 TMG a.F. dar, wenn der Verbraucher nicht vorher über die Verwendung und Weiterleitung der Nutzerdaten an Facebook aufgeklärt wurde[132].

Auch das in **§ 4 Abs. 1 BDSG a.F.** enthaltene Verbot mit Erlaubnisvorbehalt wurde vielfach 59
als Vorschrift zur Regelung des Marktverhaltens i.S.d. § 3a UWG angesehen[133]. Dies sollte
jedenfalls dann gelten, wenn sich der Marktteilnehmer auf **§ 28 BDSG a.F.** oder einen anderen Erlaubnistatbestand beruft, um die Nutzung personenbezogener Daten für **Werbezwe-**
cke zu rechtfertigen[134]. Die Gegenansicht berief sich darauf, dass das Datenschutzrecht Ausfluss des Persönlichkeitsrechts sei, bei dem es um den Schutz von Individualrechtspositio-
nen geht und nicht um den Schutz in der Rolle als Marktteilnehmer[135].

Personenbezogene Daten sind schon lange zu einem **Wirtschaftsgut** geworden. Zugleich sind 60
Verbraucher erheblich sensibler, wenn es um Datenschutz geht. Datenschutz ist ein **Wettbe-**
werbsfaktor geworden, sodass es nur eine Frage der Zeit ist, bis sich die Auffassung durchsetzt, dass Verstöße gegen das Datenschutzrecht ausnahmslos als wettbewerbswidrig gem.
§ 3a UWG anzusehen sind[136]. Das Datenschutzrecht wird zudem in den kommenden Jahren
auch schon deshalb verstärkt die Zivilgerichte beschäftigen, weil es in den Katalog der „ver-
braucherschutzgesetzwidrigen Praktiken" gem. **§ 1 Abs. 2 UKlaG** aufgenommen wurde (§ 2
Abs. 2 Satz 1 Nr. 11 UKlaG)[137]. Verbraucherschutzverbände, Wettbewerbsvereine und Mitbewerber sind somit nicht mehr auf § 3a UWG angewiesen, wenn sie privatrechtlich gegen
Datenschutzverstöße vorgehen möchten. § 2 Abs. 1 UWG gewährt ihnen einen materiellen
Unterlassungs- und Beseitigungsanspruch[138].

Eine nicht ganz unbedeutende Einschränkung findet sich in § 2 Abs. 2 Satz 1 Nr. 11 UKlaG: 61
Gegen Datenschutzverstöße bietet das UKlaG nur dann eine Handhabe, wenn Daten zu
Zwecken der Werbung, der Markt- und Meinungsforschung, des Betreibens einer Auskunf-

---

130 LG Berlin v. 4.2.2016 – 52 O 394/15 Rz. 25.
131 OLG Köln v. 11.3.2016 – 6 U 121/15 Rz. 46, CR 2016, 578 = ITRB 2016, 224 (*Kartheuser*).
132 LG Düsseldorf v. 9.3.2016 – 12 O 151/15 Rz. 34, CR 2016, 372.
133 OLG Köln v. 14.8.2009 – 6 U 70/09 Rz. 5; OLG Köln v. 19.11.2010 – 6 U 73/10 Rz. 13, CR 2011,
   680 m. Anm. *Eckhardt*; OLG Karlsruhe v. 9.5.2012 – 6 U 38/11 Rz. 32 m. Anm. *Schneider*, NJW
   2012, 3315 f.; OLG Köln v. 17.1.2014 – 6 U 167/13 Rz. 18 ff.; a.A. OLG München v. 12.1.2012 –
   29 U 3926/11 Rz. 26 m. Anm. *Schröder*, ZD 2012, 331 f. = CR 2012, 269.
134 OLG Köln v. 14.8.2009 – 6 U 70/09 Rz. 5; OLG Köln v. 19.11.2010 – 6 U 73/10 Rz. 13, CR 2011,
   680 m. Anm. *Eckhardt*; OLG Karlsruhe v. 9.5.2012 – 6 U 38/11 Rz. 34 m. Anm. *Schneider*, NJW
   2012, 3315 f.
135 OLG München v. 12.1.2012 – 29 U 3926/11 Rz. 26 m. Anm. *Schröder*, ZD 2012, 331 f. = CR
   2012, 269.
136 Vgl. LG Düsseldorf v. 9.3.2016 – 12 O 151/15 Rz. 51, CR 2016, 372.
137 Vgl. *Jaschinski/Piltz*, WRP 2016, 420, 420 ff.
138 Vgl. OLG Frankfurt v. 28.7.2016 – 6 U 93/15 Rz. 22.

tei, des Erstellens von Persönlichkeits- und Nutzungsprofilen, des Adresshandels, des sonstigen Datenhandels oder zu vergleichbaren kommerziellen Zwecken erhoben, verarbeitet oder genutzt werden. Dies ist nicht der Fall, wenn Daten eines Verbrauchers ausschließlich für die Begründung, Durchführung oder Beendigung eines rechtsgeschäftlichen oder rechtsgeschäftsähnlichen Schuldverhältnisses mit dem Verbraucher erhoben, verarbeitet oder genutzt werden (§ 2 Abs. 2 Satz 2 UKlaG). Die **Verarbeitung von Kundendaten** fällt somit nur dann unter das UKlaG, wenn die Daten (auch) zu Werbezwecken verwendet werden.

2. Verstöße gegen die DSGVO

62   Nach Auffassung des OLG Naumburg können **Regelungen der DSGVO** als Marktverhaltensregeln im Sinne des § 3a UWG anzusehen sein, sofern die jeweilige DSGVO-Norm eine Regelung des Marktverhaltens zum Gegenstand hat. Daher sei es wettbewerbswidrig, wenn ein Apotheker die Plattform Amazon Marketplaces nutzt, um Kunden zu gewinnen und dabei Gesundheitsdaten ohne Einwilligung der Kunden erhebt (Art. 9 Abs. 2 lit. a DSGVO). Der Apotheker setze damit die Plattform als Werbeträger ein. Dies ziele auf den Markt ab und berühre die wettbewerblichen Interessen der Marktteilnehmer[139].

63   Auch nach Ansicht des OLG Stuttgart können DSGVO-Bestimmungen Marktverhaltensregeln im Sinne des § 3a UWG sein. Art. 80 DSGVO enthalte keine abschließende Regelung über die Rechtsdurchsetzung von Verstößen gegen die DSGVO[140]. Insbesondere die **Informationspflichten gem. Art. 13 DSGVO** seien als Marktverhaltensregelungen einzuordnen; ein hiergegen gerichteter Verstoß sei auch regelmäßig als spürbar zu bewerten[141]. Für den Verbraucher könne es bei der Anbahnung eines Geschäftes von Bedeutung sein, für welchen Zweck die Daten verarbeitet und wie lange sie gespeichert werden sollen. Je weiter die Zweckerklärung reiche und je länger die Daten gespeichert werden, desto eher bestehe die Gefahr für eine vom Verbraucher unerwünschte Datenverarbeitung durch den Unternehmer oder gar für einen Datenmissbrauch durch Dritte. Insbesondere in den Fällen einer kostenlosen oder günstigen Gegenleistung erkennen Verbraucher nach Ansicht des OLG Stuttgart durchaus, dass die Verarbeitung ihrer Daten Teil des Geschäftsmodells ist. Die zu erteilenden Informationen zur Datenerhebung stellten somit Informationen dar, die dem Verbraucher eine informierte Entscheidung über die Geschäftsanbahnung ermöglichen[142].

3. Abmahn- und Klagebefugnisse

64   Die **Klagebefugnisse der Verbraucherschutzverbände** gegen Datenschutzverstöße nach § 3 Abs. 1 Satz 1 Nr. 1 i.V.m. § 2 Abs. 1 und 2 Satz 1 Nr. 11 UKlaG sowie gegen datenschutzwidrige Allgemeine Geschäftsbedingungen nach § 3 Abs. 1 Satz 1 Nr. 1 i.V.m. § 1 Satz 1 UKlaG sowie gegen datenschutzwidrige Wettbewerbshandlungen nach § 8 Abs. 3 Nr. 3 UWG i.V.m. § 3a UWG und § 4 Abs. 2 UKlaG waren Gegenstand eines Vorlagebeschlusses des BGH[143].

---

139 OLG Naumburg v. 7.11.2019 – 9 U 39/18 Rz. 57 ff., ITRB 2020, 85 (*Kartheuser*); OLG Naumburg v. 7.11.2019 – 9 U 6/19 Rz. 66 ff., CR 2020, 184 = ITRB 2020, 4 (*Kunczik*).
140 OLG Stuttgart v. 27.2.2020 – 2 U 257/19 Rz. 41 ff., CR 2020, 386 = ITRB 2020, 108 (*Dovas*).
141 OLG Stuttgart v. 27.2.2020 – 2 U 257/19 Rz. 81 ff., CR 2020, 386 = ITRB 2020, 108 (*Dovas*).
142 OLG Stuttgart v. 27.2.2020 – 2 U 257/19 Rz. 86, CR 2020, 386 = ITRB 2020, 108 (*Dovas*).
143 BGH v. 28.5.2020 – I ZR 186/17, CR 2020, 542 – App-Zentrum.

Der EuGH hatte die höchst streitige Frage[144] zu entscheiden, ob diese Befugnisse mit **Art. 80 Abs. 2 DSGVO** in Einklang stehen[145].

Nach Art. 80 Abs. 1 DSGVO hat die betroffene Person das Recht, eine Einrichtung, Organisationen oder Vereinigung ohne Gewinnerzielungsabsicht zu beauftragen, in ihrem Namen eine Beschwerde einzureichen und in ihrem Namen die in Art. 77, 78 und 79 DSGVO genannten Rechte wahrzunehmen, sofern dieses im Recht der Mitgliedstaaten vorgesehen ist. Nach Art. 80 Abs. 2 DSGVO können die Mitgliedstaaten zudem vorsehen, dass jede der in Art. 80 Abs. 1 DSGVO genannten Einrichtungen, Organisationen oder Vereinigungen unabhängig von einem Auftrag der betroffenen Person in diesem Mitgliedstaat das Recht hat, bei der gem. Art. 77 DSGVO zuständigen Aufsichtsbehörde eine Beschwerde einzulegen und die in Art. 78 und Art. 79 DSGVO aufgeführten Rechte in Anspruch zu nehmen, wenn ihres Erachtens die Rechte einer betroffenen Person gemäß dieser Verordnung infolge einer Datenverarbeitung verletzt worden sind[146]. 65

Art. 80 Abs. 2 DSGVO lässt den Mitgliedstaaten einen **Ermessensspielraum** hinsichtlich seiner Umsetzung. Damit die in dieser Bestimmung vorgesehene Verbandsklage ohne Beauftragung im Bereich des Schutzes personenbezogener Daten erhoben werden kann, müssen die Mitgliedstaaten daher von der ihnen durch diese Bestimmung eingeräumten Möglichkeit Gebrauch machen, diese Art der Vertretung betroffener Personen in ihrem nationalen Recht vorzusehen. Die Tatsache, dass Verbände zur Wahrung von Verbraucherinteressen befugt sind, unabhängig von der Verletzung der Rechte einer von diesem Verstoß individuell und konkret betroffenen Person eine Verbandsklage auf Unterlassung von gegen diese Verordnung verstoßenden Verarbeitungen zu erheben, trägt dazu bei, die Rechte der betroffenen Personen zu stärken und ihnen ein hohes Schutzniveau zu gewährleisten. Außerdem könnte sich die Erhebung einer solchen Verbandsklage, da sie es ermöglicht, zahlreiche Verletzungen der Rechte der von der Verarbeitung ihrer personenbezogenen Daten betroffenen Personen zu verhindern, als wirksamer erweisen als die Klage, die eine einzelne, von einer Verletzung ihres Rechts auf Schutz ihrer personenbezogenen Daten individuell und konkret betroffene Person gegen den Verletzer erheben kann. Daher hat der EuGH die Klagebefugnisse der Verbraucherschutzverbände bejaht[147]. 66

Von einer **Befugnis der Mitbewerber** des Verletzers, die Rechte der betroffenen Person ohne deren Zustimmung wahrzunehmen, ist in Art. 80 Abs. 2 DSVO nicht die Rede. Daher haben das LG Bochum[148] und das LG Wiesbaden[149] die Auffassung vertreten, dass dem Mitbewerber kein Anspruch zusteht, gegen Datenschutzverletzungen nach § 8 Abs. 3 Nr. 1 UWG vorzugehen. Art. 80 DSGVO, der keine Anspruchsberechtigung und Klagebefugnis des Mit- 67

---

144 Vgl. KG Berlin v. 20.12.2019 – 5 U 9/18 Rz. 162 ff.; *Wolff*, ZD 2018, 248, 249 ff.

145 EuGH v. 28.4.2022 – C-319/20, ECLI:EU:C:2022:322, CR 2022, 434 = AfP 2022, 224 m. Anm. *Seegel* = ITRB 2022, 147 (*Rössel*) – Meta Platforms Ireland.

146 BGH v. 28.5.2020 – I ZR 186/17 Rz. 33 ff., CR 2020, 542 – App-Zentrum.

147 EuGH v. 28.4.2022 – C-319/20 Rz. 59 ff., ECLI:EU:C:2022:322, CR 2022, 434 = AfP 2022, 224 m. Anm. *Seegel* = ITRB 2022, 147 (*Rössel*) – Meta Platforms Ireland.

148 LG Bochum v. 7.8.2018 – 12 O 85/18 Rz. 15.

149 LG Wiesbaden v. 5.11.2018 – 5 O 214/18 Rz. 37 ff.; a.A. OLG Hamburg v. 25.10.2018 – 3 U 66/17 Rz. 53 ff.

bewerbers vorsehe, treffe eine abschließende Regelung[150]. Der EuGH hat dies in seiner „Meta Platforms Ireland"-Entscheidung offengelassen[151].

IV. Medienprivileg

1. Früheres Recht

68 Der EuGH bejahte bereits frühzeitig die **Anwendbarkeit** des Datenschutzrechts auf Internet-Veröffentlichungen und wies zugleich auf die Notwendigkeit hin, ein angemessenes Gleichgewicht zu schaffen mit der Kommunikationsfreiheit, die durch Art. 11 GRCh und Art. 10 EMRK geschützt ist[152]. Zum Schutz der Kommunikationsfreiheit stellte Art. 9 DSRL Unternehmen und Hilfsunternehmen der Presse von den Bestimmungen des Datenschutzrechts weitgehend frei, soweit sie personenbezogene Daten ausschließlich zu eigenen, journalistisch-redaktionellen oder literarischen Zwecken erheben, verarbeiten oder nutzen. Es galt das **Medienprivileg**[153], das durch § 41 BDSG a.F. und Art. 57 RStV sowie durch die Datenschutzgesetze der Bundesländer in deutsches Recht umgesetzt wurde.

69 Das Medienprivileg ist Ausfluss der **Presse- und Rundfunkfreiheit**. Ohne die Erhebung, Verarbeitung und Nutzung personenbezogener Daten, auch ohne Einwilligung der jeweils Betroffenen, wäre eine sinnvolle journalistische Arbeit nicht möglich; Presse und Rundfunk könnten ihre in Art. 5 Abs. 1 Satz 2 GG, Art. 10 Abs. 1 Satz 2 EMRK, Art. 11 Abs. 1 Satz 1 GrCh anerkannten und garantierten Aufgaben nicht wahrnehmen[154].

70 Daten werden dann zu **journalistisch-redaktionellen Zwecken** verarbeitet, wenn die Zielrichtung in einer Veröffentlichung für einen unbestimmten Personenkreis besteht. Es muss die Absicht einer Berichterstattung i.S.d. Art. 5 Abs. 1 Satz 2 GG gegeben sein. Alle Tätigkeiten, die der Erfüllung der Aufgaben einer **funktional verstandenen Presse** bzw. des Rundfunks dienen, werden vom Medienprivileg erfasst. Hierzu zählt insbesondere die publizistische Verwertung personenbezogener Daten im Rahmen einer in den Schutzbereich des Art. 5 Abs. 1 GG, Art. 10 Abs. 1 Satz 2 EMRK, Art. 11 Abs. 1 Satz 1 GrCh fallenden Veröffentlichung[155]. Sowohl das Einstellen von journalistisch-redaktionellen Inhalten ins Internet als

---

150 A.A. *Wolff*, ZD 2018, 248, 251 f.; vgl. auch *Härting/Dinc*, IPRB 2018, 253, 254 f.

151 EuGH v. 28.4.2022 – C-319/20 Rz. 50, ECLI:EU:C:2022:322, CR 2022, 434 = AfP 2022, 224 m. Anm. *Seegel* = ITRB 2022, 147 (*Rössel*) – Meta Platforms Ireland.

152 EuGH v. 6.11.2003 – C-101/01, ECLI:EU:C:2003:596, AfP 2004, 248 = CR 2004, 286 = ITRB 2004, 147 = MMR 2004, 95 ff.

153 Richtlinie 95/46/EG des Europäischen Parlaments und des Rates v. 24.10.1995 zum Schutz natürlicher Personen bei der Verarbeitung personenbezogener Daten und zum freien Datenverkehr, ABl. EG Nr. L 281, 31.

154 BGH v. 15.12.2009 – VI ZR 227/08, AfP 2010, 77 = CR 2010, 184 m. Anm. *Kaufmann* = ITRB 2010, 125 = NJW 2010, 757 ff.; BGH v. 9.2.2010 – VI ZR 243/08, AfP 2010, 162 = CR 2010, 480 = NJW 2010, 2432, 2435; BGH v. 20.4.2010 – VI ZR 245/08, WRP 2010, 1051, 1054 f.; BGH v. 1.2.2011 – VI ZR 345/09, AfP 2011, 172 = WRP 2011, 582, 586; BGH v. 22.2.2011 – VI ZR 114/09, AfP 2011, 176 = WRP 2011, 586, 591; BGH v. 22.2.2011 – VI ZR 346/09, AfP 2011, 180 = WRP 2011, 591, 596; vgl. auch BGH v. 23.6.2009 – VI ZR 196/08, NJW 2009, 2888 – spickmich.de.; OLG Frankfurt v. 8.3.2012 – 16 U 125/11 Rz. 24 ff., CR 2012, 399 = ITRB 2012, 151.

155 BGH v. 15.12.2009 – VI ZR 227/08, AfP 2010, 77 = CR 2010, 184 m. Anm. *Kaufmann* = ITRB 2010, 125 = NJW 2010, 757 ff.; BGH v. 9.2.2010 – VI ZR 243/08, AfP 2010, 162 = CR 2010,

auch ihr (dauerhaftes) Bereithalten zum Abruf ist Teil des in den Schutzbereich des Art. 5 Abs. 1 GG, Art. 10 Abs. 1 EMRK, Art. 11 Abs. 1 GrCh fallenden Publikationsvorgangs. Damit gilt für sämtliche dieser Inhalte das Medienprivileg, das insbesondere eine Anwendung des Verbotsprinzips ausschließt[156].

In einer Entscheidung des EuGH aus dem Jahre 2008 ging es um einen finnischen Informa- 71
tionsdienst, der den Abruf öffentlich publizierter Steuerdaten einzelner Staatsbürger per SMS ermöglichte. Für diesen Dienst bejahte der EuGH die Anwendbarkeit des Medienprivilegs. Es handele sich um einen Dienst, der allein zu **journalistischen Zwecken** erfolge und daher dem Datenschutzrecht nicht uneingeschränkt unterliege. Journalistische Tätigkeiten seien nicht Medienunternehmen vorbehalten und könnten legitimerweise mit der Absicht verbunden werden, Gewinn zu erzielen[157].

2. Art. 85 DSGVO

Art. 85 DSGVO ist an die Stelle des Art. 9 DSRL getreten und enthält einen Vorbehalt für 72
Gesetze der Mitgliedstaaten zum Schutz der freien Kommunikation[158]: Im BDSG n.F. findet sich keine Bestimmung mehr, die § 41 BDSG a.F. entspricht. An die Stelle des Art. 57 RStV ist Art. 12 MStV getreten, der den Rahmen des Art. 85 DSGVO im Bereich des Rundfunks ausfüllt[159].

Ein weites Verständnis des Journalismus fordert Erwägungsgrund 153 Satz 7 DSGVO. Nicht 73
auf dieser Linie liegt es, dass der EuGH Google in seiner „**Google Spain**"-Entscheidung eine Berufung auf das Medienprivileg versagte, ohne dies näher zu begründen[160]. Google Search und andere Suchmaschinen unterfallen auch nach Auffassung des BGH nicht der Öffnungsklausel der Art. 85 DSGVO. Die automatisierte bloße Auflistung von redaktionellen Beiträgen stelle keine eigene journalistisch-redaktionelle Gestaltung dar[161].

Das Filmen von Polizeibeamten in einer Polizeidienststelle per Video während der Aufnah- 74
me einer Aussage und die Veröffentlichung des so aufgezeichneten Videos bei **YouTube** kann

---

480 = NJW 2010, 2432, 2436; BGH v. 20.4.2010 – VI ZR 245/08, WRP 2010, 1051, 1055; BGH v. 1.2.2011 – VI ZR 345/09 Rz. 26, AfP 2011, 172 = WRP 2011, 582, 586; BGH v. 22.2.2011 – VI ZR 114/09, AfP 2011, 176 = WRP 2011, 586, 591; BGH v. 22.2.2011 – VI ZR 346/09, AfP 2011, 180 = WRP 2011, 591, 596.

156 BGH v. 15.12.2009 – VI ZR 227/08, AfP 2010, 77 = CR 2010, 184 m. Anm. *Kaufmann* = ITRB 2010, 125 = NJW 2010, 757 ff.; BGH v. 9.2.2010 – VI ZR 243/08, AfP 2010, 162 = CR 2010, 480 = NJW 2010, 2432, 2435; BGH v. 20.4.2010 – VI ZR 245/08, WRP 2010, 1051 ff.; BGH v. 1.2.2011 – VI ZR 345/09 Rz. 28, AfP 2011, 172 = WRP 2011, 582, 586; BGH v. 22.2.2011 – VI ZR 114/09, AfP 2011, 176 = WRP 2011, 586, 591; BGH v. 22.2.2011 – VI ZR 346/09, AfP 2011, 180 = WRP 2011, 591, 596.

157 EuGH v. 16.12.2008 – C-73/07, ECLI:EU:C:2008:727, CR 2009, 229; EuGH v. 4.5.2017 – C-13/16 Rz. 52, ECLI:EU:C:2017:336.

158 *Flisek/Thiess*, IPRB 2018, 112, 113 ff.

159 OLG Köln v. 18.7.2019 – 15 W 21/19, Rz. 32 ff., CR 2019, 656 = AfP 2019, 522 m. Anm. *Bienwald*.

160 EuGH v. 13.5.2014 – C-131/12 Rz. 85, ECLI:EU:C:2014:317, AfP 2014, 245 = CR 2014, 460 = *Minnerup*, ITRB 2014, 150 – Google Spain.

161 BVerfG v. 6.11.2019 – 1 BvR 276/17 Rz. 36 – Recht auf Vergessen II; BGH v. 27.7.2020 – VI ZR 405/18 Rz. 14, CR 2020, 804.

laut einer neueren Entscheidung des EuGH eine Verarbeitung personenbezogener Daten allein zu journalistischen Zwecken darstellen, sofern aus dem Video hervorgeht, dass die Aufzeichnung und Veröffentlichung ausschließlich zum Ziel haben, Informationen, Meinungen oder Ideen in der Öffentlichkeit zu verbreiten[162].

75 Schwer mit einem weiten Verständnis journalistischer Zwecke ist eine Entscheidung des OVG Lüneburg zur Veröffentlichung eines Fotos auf der **Facebook-Fanpage** der SPD zu vereinbaren. Das OVG Lüneburg meint, journalistische Zwecke seien nur dann zu bejahen, wenn die Verarbeitung im Zusammenhang mit der „meinungsrelevanten Tätigkeit eines Medienakteurs" steht. Bei Art. 85 Abs. 2 DSGVO handele es sich nicht um ein „allgemeines Meinungsprivileg". Die Privilegierung gelte nach Erwägungsgrund 153 DSGVO nur für Tätigkeiten, die „ausschließlich" zu journalistischen Zwecken erfolgen. Die Veröffentlichung des streitigen Fotos diene indes nicht ausschließlich journalistischen Zwecken, sondern dazu, auf „parteipolitische Aktivitäten" und „ihre Erfolge" aufmerksam zu machen. Daran ändere auch der Umstand nichts, dass mit der Veröffentlichung des Posts auch meinungsbildende Zwecke verfolgt wurden. Denn der bloße Umstand, dass eine Datenveröffentlichung auch einen Informationswert für die öffentliche Meinungsbildung habe bzw. ein Ausdruck einer persönlichen Ansicht sei, mache aus der Datenveröffentlichung noch keine journalistische Tätigkeit im Sinne des Art. 85 Abs. 2 DSGVO[163].

76 Nicht unter das Medienprivileg fällt die reine Übermittlung von erhobenen Daten an Nutzer, da die bloße automatische Auflistung von redaktionellen Beiträgen noch keine eigene **journalistisch-redaktionelle Gestaltung** darstellt[164]. Erst wenn die meinungsbildende Wirkung für die Allgemeinheit prägender Bestandteil des Angebots und nicht nur schmückendes Beiwerk ist, kann von einer solchen Gestaltung gesprochen werden[165]. Bei spickmich.de waren diese Voraussetzungen nach Auffassung des BGH nicht erfüllt, sodass das Bewertungsportal nicht unter das Medienprivileg fällt[166]. Dasselbe gilt für ein Portal zur Bewertung von Autofahrern (fahrerbewertung.de)[167] und für das **Ärztebewertungsportal** Jameda[168]. Es fehlt an einem Mindestmaß an inhaltlicher Bearbeitung. Hierfür genüge allein die technische Erfassung von bewertenden Drittbeiträgen und die automatisierte, wenn auch strukturierte, Zusammenstellung von Bewertungen Dritter und das Errechnen von Durchschnitts- und Gesamtnoten nicht[169].

77 Für **Kunden-, Werks-, Partei- und Vereinspublikationen** ist grundsätzlich anerkannt, dass das Medienprivileg Anwendung findet. Vereine, Parteien oder sonstige Unternehmen, die Mitglieder-, Kunden- oder sonstige Publikationen erstellen, können das Medienprivileg aber

---

162 EuGH v. 4.5.2017 – C-13/16 Rz. 69, ECLI:EU:C:2017:336, CR 2017, 504; EuGH v. 14.2.2019 – C-345/17 Rz. 69, CR 2019, 301 = AfP 2019, 222 m. Anm. *Ory* = ITRB 2019, 104.
163 OVG Lüneburg v. 19.1.2021 – 11 LA 16/20 Rz. 40 f.
164 AG Rockenhausen v. 9.8.2016 – 2 C 341/16 Rz. 56 ff.
165 Vgl. VGH Baden-Württemberg v. 25.3.2014 – 1 S 169/14 Rz. 23.
166 BGH v. 23.6.2009 – VI ZR 196/08, NJW 2009, 2888 – spickmich.de.
167 OVG Münster v. 19.10.2017 – 16 A 770/17 Rz. 69 ff.
168 BGH v. 23.9.2014 – VI ZR 358/14 Rz. 13 – Ärztebewertung II.
169 BGH v. 20.2.2018 – VI ZR 30/17 Rz. 10, CR 2018, 500 = AfP 2018, 230 = ITRB 2018, 153 – Ärztebewertung III; BGH v. 12.10.2021 – VI ZR 488/19 Rz. 16 ff., AfP 2022, 47 = ITRB 2022, 78 (*Oelschlägel*) – Ärztebewertung IV; BGH v. 12.10.2021 – VI ZR 489/19 Rz. 16 ff. – Ärztebewertung V; BGH v. 15.2.2022 – VI ZR 692/20 Rz. 12, AfP 2022, 241 = ITRB 2022, 148 (*Oelschlägel*) – Ärztebewertung VI; OLG München v. 19.1.2021 – 18 U 7243/19 Rz. 57 ff.

nur in Anspruch nehmen, wenn die für die Publikationen zuständige Abteilung **organisatorisch selbständig** ist. Tauglicher Adressat des Medienprivilegs sind nur organisatorisch in sich geschlossene, gegenüber den sonstigen (betrieblichen) Stellen abgeschottete, in der redaktionellen Tätigkeit autonome Organisationseinheiten[170]. Nach Ansicht des BVerwG genügt es diesen Anforderungen nicht, wenn der Vorstand einer **Wählervereinigung** seine von der Meinungsäußerungsfreiheit geschützten Beiträge zur Unterrichtung der Öffentlichkeit und zur öffentlichen Auseinandersetzung auf der Website veröffentlicht. Denn es fehle insoweit an einer eigenständigen, vom sonstigen Handeln des Vorstandes abgegrenzten, autonomen redaktionellen Stelle innerhalb des Vereins, die diese Informationsbearbeitung zu einer Verarbeitung „allein" bzw. „ausschließlich" zu eigenen journalistischen Zwecken werden lassen könnte. Aus dem Umstand, dass journalistische Tätigkeiten nicht Medienunternehmen vorbehalten sind, folge nicht, dass jegliche Verbreitung und Veröffentlichung von Informationen, Meinungen oder Ideen in der Öffentlichkeit „allein zu journalistischen Zwecken" erfolgt[171].

3. „Recht auf Vergessen I"

In seinen Entscheidungen zu **Online-Archiven** verneinte der BGH eine Anwendbarkeit des Datenschutzrechts und stützte dies auf das Medienprivileg[172]. Diese Linie hat das **BVerfG** in seiner Entscheidung zu „**Recht auf Vergessen I**" fortgesetzt, indem es den verfassungsrechtlichen Maßstab für einen Streit um ein Online-Archiv nicht in dem Recht auf informationelle Selbstbestimmung, sondern in den äußerungsrechtlichen Schutzgehalten des allgemeinen Persönlichkeitsrechts gesehen hat[173]. Mit dieser Entscheidung hat das BVerfG das Äußerungsrecht einer Prüfung anhand der Maßstäbe des Datenschutzrechts entzogen. Dies lässt sich als eine **faktische Umsetzung des Art. 85 DSGVO** in deutsches Recht ansehen. 78

Der **BGH** hat sich der Sichtweise des BVerfG angeschlossen und datenschutzrechtliche Ansprüche verneint in einem Fall, in dem es um wörtliche Zitate aus einem Anwaltsschriftsatz ging, gegen die sich der Verfasser mit einer Klage wandte. Der BGH verwies darauf, dass sich die Klage nicht gegen eine Pflicht zur Preisgabe von Daten oder gegen eine intransparente Nutzung von Daten, sondern gegen einen Bericht über den Kläger richtete, der der Information der Öffentlichkeit dient und dem Kläger selbst ohne weiteres zugänglich war. Der Kläger mache geltend, dass dieser Bericht ihn in seinem Persönlichkeitsrecht verletzt. Damit gehe es um die Verbreitung von Äußerungen im Rahmen gesellschaftlicher Kommunikation und nicht um informationelle Selbstbestimmung[174]. 79

---

170 BVerwG v. 29.10.2015 – 1 C 32/15 Rz. 5.

171 BVerwG v. 29.10.2015 – 1 C 32/15 Rz. 5.

172 BGH v. 15.12.2009 – VI ZR 227/08, AfP 2010, 77 = CR 2010, 184 m. Anm. *Kaufmann* = ITRB 2010, 125 = NJW 2010, 757 ff.; BGH v. 9.2.2010 – VI ZR 243/08, AfP 2010, 162 = CR 2010, 480 = NJW 2010, 2432, 2435 f.; BGH v. 20.4.2010 – ZR 245/08, WRP 2010, 1051, 1054 f.; BGH v. 1.2.2011 – VI ZR 345/09 Rz. 23 ff., AfP 2011, 172 = WRP 2011, 582, 586; BGH v. 22.2.2011 – VI ZR 114/09, AfP 2011, 176 = WRP 2011, 586, 591; BGH v. 22.2.2011 – VI ZR 346/09, AfP 2011, 180 = WRP 2011, 591, 596.

173 BVerfG v. 6.11.2019 – 1 BvR 16/13 Rz. 79 ff. – Recht auf Vergessen I; *Härting*, IPRB 2020, 20, 21 f.

174 BGH v. 26.11.2019 – VI ZR 12/19 Rz. 30, AfP 2020, 149; vgl. auch BGH v. 7.7.2020 – VI ZR 246/19 Rz. 11, AfP 2020, 508 m. Anm. *Schertz* – Ehescheidung; BGH v. 29.9.2020 – VI ZR 449/19 Rz. 15, AfP 2020, 488 m. Anm. *Ory* – G20-Gipfel; BGH v. 16.2.2021 – VI ZA 6/20.

80 Die von der Rechtsprechung zu § 823 Abs. 1 BGB entwickelten Grundsätze für eine journalistische Wortberichterstattung haben also auch unter der Geltung der DSGVO nach wie vor Bestand. Ebenso gelten für die **journalistische Bildberichterstattung** die Bestimmungen der **§ 22 und § 23 KUG** fort und füllen den Art. 85 DSGVO gesetzten Rahmen aus[175].

V. Grundbegriffe des Datenschutzes

1. Personenbezug

a) Früheres Recht

81 Nach § 3 Abs. 1 BDSG a.F. waren personenbezogene Daten Einzelangaben über persönliche oder sachliche Verhältnisse einer bestimmten oder bestimmbaren natürlichen Person. Datenschutzbehörden neigten zu einer weiten Auslegung und hielten alle Daten für personenbezogen, bei denen nicht auszuschließen ist, dass sie mit einer natürlichen Person in Verbindung gebracht werden können („**absoluter Personenbezug**"). Die Gegenmeinung hielt einen Personenbezug nur dann für gegeben, wenn sich ein solcher Bezug für den Datenverarbeiter ohne unverhältnismäßigen Aufwand herstellen lässt („**relativer Personenbezug**")[176].

82 Die Angabe einer Mobilfunknummer in einer Kleinanzeige für ein Fahrzeug hatte nach Ansicht des OLG Dresden jedenfalls dann Personenbezug, wenn dort zusätzlich ein auf die Person hindeutender Nutzername sowie ein Hinweis auf den Standort des Wagens am Wohnort der Person angegeben ist. Infolge dieser Angaben sei es für einen größeren Personenkreis möglich, den Betroffenen zu identifizieren[177].

b) Personenbezug nach der DSGVO

83 Die DSGVO wartet in Art. 4 Nr. 1 DSGVO mit einer langen Definition auf. Personenbezug haben danach alle Informationen, die sich auf eine identifizierte oder identifizierbare natürliche Person (im Folgenden „betroffene Person") beziehen. Als **identifizierbar** wird eine natürliche Person angesehen, die direkt oder indirekt, insbesondere mittels Zuordnung zu einer Kennung wie einem Namen, zu einer Kennnummer, zu Standortdaten, zu einer Online-Kennung oder zu einem oder mehreren besonderen Merkmalen, die Ausdruck der physischen, physiologischen, genetischen, psychischen, wirtschaftlichen, kulturellen oder sozialen Identität dieser natürlichen Person sind, identifiziert werden kann.

84 Erwägungsgrund 30 DSGVO lässt sich einerseits so verstehen, dass **jede Kennung** Personenbezug haben soll und somit auch Maschinen- und Sachdaten vielfach dem Datenschutzrecht unterfallen. Andererseits stellt **Erwägungsgrund 26 Satz 3 und 4 DSGVO** – anders als Art. 4 Nr. 1 und Erwägungsgrund 30 DSGVO – auf den **Aufwand** ab, der mit einer Identifizierung verbunden ist.

85 Insgesamt lässt sich feststellen, dass die DSGVO eine klare Festlegung zur Relativität oder Absolutheit des Personenbezugs vermeidet. Die Tendenz geht jedoch zu einem **weiten Begriff**

---

175 OLG Köln v. 18.6.2018 – 15 W 27/18 Rz. 5 ff.; *Ehmann*, ZD 2020, 65, 66 f.; *Tinnefeld/Conrad*, ZD 2018, 391, 397; vgl. auch LG Frankfurt/M. v. 26.9.2019 – 2-03 O 402/18 Rz. 74.
176 *Härting*, NJW 2013, 2065, 2066.
177 OLG Dresden v. 6.1.2021 – 4 U 1928/20 Rz. 4.

des **Personenbezugs** und zu dem Bestreben, den Anwendungsbereich des Datenschutzrechts denkbar weit zu fassen. Statt einer kurzen Definition wird die Begriffsbestimmung über drei verschiedene Vorschriften verteilt. Eine dieser Vorschriften gibt ein „relatives" Verständnis des Personenbezugs erkennen, während die beiden anderen Vorschriften von einem „absoluten" Verständnis geprägt sind[178].

Die Auslegung des Begriffs der **Identifizierbarkeit** gem. Art. 4 Nr. 1 DSGVO ist streitig. Teilweise wird für eine „**relative**" Betrachtungsweise plädiert. Ein und dieselbe E-Mail-Adresse kann beispielsweise nach dieser Auffassung bei der einen verantwortlichen Stelle (Art. 4 Nr. 7 DSGVO) ein personenbezogenes Datum sein und bei der anderen Stelle nicht[179]. Die Gegenauffassung lehnt jegliche Relativierung ab und lässt es ausreichen, dass (theoretisch-abstrakt) Möglichkeiten denkbar sind, das Datum mit einer natürlichen Person in Verbindung zu bringen[180].   86

Hinter der Kontroverse um die Relativität des Begriffs der Identifizierbarkeit steht der Gesichtspunkt des „**Zusatzwissens**"[181]. Der Empfänger einer E-Mail mit der Absenderangabe hase69@gmy.de benötigt derartiges „Zusatzwissen", um die E-Mail-Adresse mit der natürlichen Person in Verbindung zu bringen, die Inhaber des Mail-Accounts ist. Wer jegliche Relativierung der Identifizierbarkeit ablehnt, lässt es ausreichen, dass eine Verknüpfung der Mail-Adresse mit einer natürlichen Person in irgendeiner Form (objektiv) möglich ist. Es kommt bei einer solchen Sichtweise nicht darauf an, wer über das zur Verknüpfung notwendige „Zusatzwissen" verfügt. Vielmehr reicht es aus, dass dieses „Zusatzwissen" objektiv vorhanden ist. Schon wenn irgendwo im Internet Seiten abrufbar sind, die die E-Mail-Adresse mit dem Accountinhaber in Verbindung bringen, genügt dies für eine „**absolute**" Identifizierbarkeit[182]. Selbst wenn ausschließlich der Provider, bei dem der Mail-Account geführt wird, Kenntnis von der Identität des Accountinhabers hat, liegt eine „absolute" Identifizierbarkeit vor. Für die Anhänger eines absoluten Begriffs der Identifizierbarkeit spielt es keine Rolle, ob unverhältnismäßiger Aufwand oder gar kriminelle Energie erforderlich sind, um die Mail-Adresse zu deanonymisieren[183].   87

Vom Standpunkt eines **relativen Begriffs** der Identifizierbarkeit lässt sich keine generelle Aussage darüber treffen, ob die E-Mail-Adresse ein personenbezogenes Datum ist. Einerseits können **Dritte**, die Kenntnis von einer Mail-Adresse erlangen, den Schleier des Fantasienamens im Normalfall nicht ohne erheblichen Aufwand lüften mit der Folge, dass es an einer Personenbezogenheit der Adresse fehlt. Andererseits kann der **Provider** des Mail-Accounts   88

---

178 *Härting*, DSGVO Rz. 281 ff.; *Härting*, ITRB 2016, 36, 37.
179 *Gola* in Gola, Art. 4 DSGVO Rz. 18 ff.; *Klar/Kühling* in Kühling/Buchner, Art. 4 DSGVO Rz. 26; *Hofmann/Johannes*, ZD 2017, 221, 222 ff.
180 *Klabunde* in Ehmann/Selmayr, Art. 4 DSGVO Rz. 17; *Schreiber* in Plath, Art. 4 DSGVO Rz. 8; *Schild* in Wolff/Brink, BeckOK Datenschutzrecht, Art. 4 DSGVO Rz. 15; *Pahlen-Brandt*, K&R 2008, 288.
181 *Eßer* in Auernhammer, Art. 4 DSGVO Rz. 20; *Buchholtz/Stentzel* in Gierschmann/Schlender/Stentzel/Veil, Art. 4 DSGVO Rz. 11; *Klar/Kühling* in Kühling/Buchner, Art. 4 DSGVO Rz. 25 ff.; *Ernst* in Paal/Pauly, Art. 4 DSGVO Rz. 11; *Arning/Rothkegel* in Taeger/Gabel, Art. 4 DSGVO Rz. 35.
182 Vgl. *Schaar*, Datenschutz im Internet, Rz. 153.
183 Vgl. *Pahlen-Brandt*, K&R 2008, 288, 290.

ohne größeren Aufwand feststellen, welche Person den Account nutzt. Die Mail-Adresse ist daher für den Provider ein personenbezogenes Datum[184].

89 Die **„Breyer"-Entscheidung des EuGH** war für die Klärung des Begriffs des Personenbezugs wenig hilfreich. Dort ging es um die Frage, ob dynamische IP-Adressen, die der Betreiber einer Website (das Bundesjustizministerium) beim Besuch der Website erfasst und speichert, aus Sicht des Websitebetreibers Personenbezug haben. Der EuGH bejahte dies mit der Begründung, dass der Websitebetreiber „offenbar" rechtliche Möglichkeiten habe, sich bei Cyberangriffen an die Strafverfolgungsbehörde zu wenden, damit diese bei den Providern Auskünfte über die Identität der Websitebesucher einholen. Somit hat der EuGH „relativ" argumentiert und darauf abgestellt, ob der Websitebetreiber eine realistische Möglichkeit hat, den Nutzer einer IP-Adresse zu identifizieren. Im Ergebnis ließ der EuGH jedoch einen vergleichbar seltenen Fall („Cyberangriffe") ausreichen, um daraus einen Personenbezug abzuleiten. Dies wiederum kommt einem „absoluten" Begriff nahe[185].

90 Eine **Verabsolutierung** der Identifizierbarkeit gem. Art. 4 Nr. 1 DSGVO führt in letzter Konsequenz dazu, dass man kaum noch Daten mehr finden wird, die nicht personenbezogen sind. Je größer die Datenflut in vernetzten Systemen wird, desto seltener werden Fälle, in denen es tatsächlich (objektiv) unmöglich ist, ein bestimmtes Datum mit einer bestimmten Person in Verbindung zu bringen, sei es auch nur die Person, die die Daten ins Netz gestellt hat.

c) Abgrenzung zu Sachdaten

91 Mühe bereitet immer wieder die Abgrenzung zwischen Personendaten und **Sachdaten**. Sachdaten können somit zugleich personenbezogene Daten sein[186]. Dies ist der Fall, wenn die Daten die Sache identifizieren und in dem nach dem jeweiligen Lebenszusammenhang zur Beschreibung der **Person-Sach-Beziehung** notwendigen Umfang charakterisieren. Demnach ist der Hinweis, eine bestimmte Sache sei unter bestimmten örtlichen und zeitlichen Umständen an eine Person übermittelt worden, (auch) ein personenbezogenes Datum[187].

92 Der **EuGH** nimmt die Abgrenzung zwischen Sach- und Personendaten anhand eines kontextbezogenen Ansatzes vor. Demnach kann der Personenbezug aus einem Inhalts-, Zweck- oder Ergebniselement, einer Kombination einzelner Elemente oder der Verwirklichung aller Elemente resultieren[188]. Das **Inhaltselement** ist verwirklicht, wenn direkte oder indirekte Informationen über eine Person gegeben werden. Ein direkter Personenbezug besteht, wenn Aussagen über eine Person getroffen werden, der indirekte Personenbezug ist anzunehmen, wenn Beziehungsaussagen getätigt werden; zum Beispiel bei einer Aussage über den Wert einer Immobilie. Hier bezieht sich die Aussage formal auf das Objekt, sie bezieht sich aber zugleich auf den Eigentümer des Objekts, da die originär sachbezogene Information mit einer

---

184 *Klar/Kühling* in Kühling/Buchner, Art. 4 DSGVO Rz. 28 ff.
185 EuGH v. 19.10.2016 – C-582/14 Rz. 32 ff., CR 2016, 791 m. Anm. *Nink* = ITRB 2016, 267; vgl. auch BGH v. 16.5.2017 – VI ZR 135/13 Rz. 25 f., CR 2017, 662 m. Anm. *Keppeler* = ITRB 2017, 204.
186 VG Gelsenkirchen v. 8.3.2021 – 20 K 4117/19 Rz. 48 ff.; VG Wiesbaden v. 4.11.2019 – 6 K 460/16.WI Rz. 53; *Krügel*, ZD 2017, 455, 457 ff.
187 BVerwG v. 24.3.2010 – 6 A 2/09 Rz. 35.
188 EuGH v. 20.12.2017 – C 434/16 Rz. 35; VG Schwerin v. 29.4.2021 – 1 A 1343/19 Rz. 22.

Kennziffer in Form der Georeferenzierung versehen ist. Dadurch wird ein Bezug zu dem Lebensbereich einer konkreten Person hergestellt[189].

Ein **Zweckelement** ist gegeben, wenn durch die Informationen die Beurteilung, Behandlung 93 oder Beeinflussung einer Person möglich wird. Dies wird insbesondere angenommen, wenn verschiedene Informationen verknüpft werden, um etwa Muster zu erkennen und entsprechende Analysen zu erstellen, anhand derer die Interaktion mit einer Person erfolgt. Das **Ergebniselement** ist verwirklicht, wenn – auch unabhängig von einem Inhalts- oder Zweckelement – die Möglichkeit besteht, dass sich die Angabe auf die Rechte und Interessen einer konkreten Person auswirken kann, so etwa bei Informationen über die wirtschaftliche Nutzung und Verwertung von Immobilien[190].

Das **Wertgutachten für ein Grundstück** enthält zwar ausschließlich Sachdaten, dennoch ist 94 auch ein Personenbezug zu bejahen, wenn das Gutachten zum Zweck der Vermögenserfassung des Eigentümers erstellt wird[191].

Die schriftlichen **Antworten eines Prüflings** in einer berufsbezogenen Prüfung und etwaige 95 Anmerkungen des Prüfers zu diesen Antworten stellen „personenbezogene Daten" im Sinne des Art. 4 Nr. 1 DSGVO dar[192]. Denn der Inhalt dieser Antworten spiegelt den Kenntnisstand und das Kompetenzniveau des Prüflings in einem bestimmten Bereich sowie gegebenenfalls seine Gedankengänge, sein Urteilsvermögen und sein kritisches Denken wider. Im Fall einer handschriftlich verfassten Prüfung enthalten die Antworten zudem kalligrafische Informationen. Des Weiteren zielt die Sammlung dieser Antworten darauf ab, die beruflichen Fähigkeiten des Prüflings und seine Eignung zur Ausübung des betreffenden Berufs zu beurteilen. Schließlich kann sich die Verwendung dieser Informationen, die insbesondere im Erfolg oder Scheitern des Prüflings der in Rede stehenden Prüfung zum Ausdruck kommt, insoweit auf dessen Rechte und Interessen auswirken, als sie beispielsweise seine Chancen, den gewünschten Beruf zu ergreifen oder die gewünschte Anstellung zu erhalten, bestimmen oder beeinflussen kann[193].

2. Haushaltsausnahme

Nicht nur Behörden und Unternehmen gehen mit personenbezogenen Daten um. Auf Laptops, Smartphones und anderen Endgeräten verarbeiten auch **Privatleute** in großem Umfang Daten. Dies geschieht nicht immer konfliktfrei. Ein erheblicher Teil der Beschwerden, die bei den Aufsichtsbehörden eingehen, richtet sich gegen Videokameras der Nachbarn, gegen Postings auf Seiten sozialer Netzwerke oder gegen eine namentliche Erwähnung im Beitrag eines privaten Bloggers[194].

Das Verbotsprinzip und die zahlreichen anderen Anforderungen des Datenschutzrechts sind 97 auf Behörden und Unternehmen zugeschnitten. Der private Datenverarbeiter wäre mit einer Einhaltung all dieser Anforderungen überfordert. Folglich gibt es für die private Datenver-

---

189 VG Schwerin v. 29.4.2021 – 1 A 1343/19 Rz. 23.
190 VG Schwerin v. 29.4.2021 – 1 A 1343/19 Rz. 24 f.
191 VG Schwerin v. 29.4.2021 – 1 A 1343/19 Rz. 30.
192 EuGH v. 20.12.2017 – C 434/16 Rz. 62.
193 EuGH v. 20.12.2017 – C 434/16 Rz. 37 ff.
194 *Härting*, DSGVO, Rz. 306.

arbeitung eine **Befreiung vom Datenschutzrecht** – die „Haushaltsausnahme", die sich in Art. 2 Abs. 2 lit. c DSGVO findet[195]. Danach gilt das Datenschutzrecht nicht, wenn die Erhebung, Verarbeitung oder Nutzung von Daten ausschließlich für persönliche oder familiäre Tätigkeiten erfolgt[196]. Aus Erwägungsgrund 18 DSGVO ergibt sich, dass die „Haushaltsausnahme" jedenfalls für private elektronische Korrespondenz, private Adressverzeichnisse, die private Nutzung sozialer Netzwerke und andere private Internetaktivitäten gilt[197]. Die „Haushaltsausnahme" ist eng auszulegen[198]. Betreibt ein privater Hausbesitzer ein Kamerasystem zum Schutz vor Einbrechern, kann er sich auf die „Haushaltsausnahme" nicht berufen, sofern sich die Videoüberwachung nicht auf das eigene Grundstück beschränkt, sondern auch **öffentlichen Raum** (Straßen, Bürgersteige) erfasst[199].

98   Nach der Rechtsprechung des EuGH ist die Haushaltsausnahme dahin auszulegen, dass sie nur Tätigkeiten betrifft, die zum Privat- oder Familienleben von Privatpersonen gehören. Daher kann eine Tätigkeit nicht als ausschließlich persönlich oder familiär im Sinne des Art. 2 Abs. 2 lit. c DSGVO angesehen werden, wenn sie zum Gegenstand hat, personenbezogene Daten einer unbegrenzten Zahl von Personen zugänglich zu machen, oder wenn sie sich auch nur teilweise auf den öffentlichen Raum erstreckt und dadurch auf einen Bereich außerhalb der privaten Sphäre desjenigen gerichtet ist, der die Daten verarbeitet[200].

99   Der Umstand, dass es um eine **vereinsinterne Streitigkeit** geht, reicht nicht aus, um von einer familiären oder privaten Verarbeitung auszugehen. Sobald der Datenumgang im Rahmen einer wirtschaftlichen oder geschäftlichen Tätigkeit erfolgt, kann nicht mehr von der Ausnahmefallgruppe des Art. 2 Abs. 2 lit. c DSGVO gesprochen werden[201].

100   Je mehr „User Generated Content" verbreitet wird, desto mehr werden **„persönliche Aktivitäten"** einzelner Bürger zu einer Gefahr für die Persönlichkeitsrechte. Daher gibt es schon lange keinen überzeugenden Grund mehr für eine Haushaltsausnahme, die den Betroffenen jeglichen Datenschutz verweigert. Nur in Verbindung mit dem rigorosen Verbotsprinzip wird die Haushaltsausnahme überhaupt noch verständlich, da es eine übermäßige Belastung des einzelnen Internetnutzers wäre, wenn er bei der digitalen Kommunikation dem strengen Regulierungsregiment unterworfen würde, die nach der DSGVO für die Datenverarbeitung gilt[202].

3. Einwilligung

101   Die Einwilligung ist ein wichtiger Erlaubnistatbestand (Art. 6 Abs. 1 lit. a DSGVO), für den die Erfordernisse der **Freiwilligkeit** und der **Informiertheit** gelten. Die Einwilligung ist ein Rechtsgeschäft, durch die ein abstrakt-generelles Verbot durch eine konkret-individuelle Eingriffserlaubnis modifiziert wird[203].

---

195 Vgl. *Rein*, PinG 2021, 27 ff.
196 *Härting*, DSGVO, Rz. 308; *Härting*, ITRB 2016, 36, 38.
197 *Härting*, DSGVO, Rz. 312; *Härting*, ITRB 2016, 36, 38.
198 EuGH v. 10.7.2018 – C-25/17 Rz. 37, ECLI:EU:C:2018:551, ITRB 2019, 3 – Zeugen Jehovas.
199 EuGH v. 11.12.2014 – C-212/13 Rz. 27 ff., ECLI:EU:C:2014:2428, CR 2015, 100 = ITRB 2015, 108.
200 EuGH v. 10.7.2018 – C-25/17 Rz. 42, ECLI:EU:C:2018:551, ITRB 2019, 3 – Zeugen Jehovas.
201 LG Frankfurt/M. v. 1.11.2021 – 2-01 S 191/20 Rz. 36.
202 *Härting*, DSGVO, Rz. 307; *Härting*, ITRB 2016, 36, 38.
203 *Ohly*, GRUR 2012, 983, 985.

Dem für die Verarbeitung von Daten Verantwortlichen (Art. 4 Nr. 7 DSGVO) obliegt der 102
Nachweis, dass die betroffene Person ihre Einwilligung in die Verarbeitung von personenbezogenen Daten durch aktives Verhalten bekundet hat und dass sie vorher eine Information
über alle Umstände im Zusammenhang mit dieser Verarbeitung in verständlicher und leicht
zugänglicher Form in einer klaren und einfachen Sprache erhalten hat, die sie in die Lage
versetzt, die Konsequenzen dieser Einwilligung leicht zu ermitteln, sodass gewährleistet ist,
dass die Einwilligung in voller Kenntnis der Sachlage erteilt wird[204].

a) Begriff der Einwilligung

Nach **Art. 4 Nr. 11 DSGVO** ist eine Einwilligung jede freiwillig, für den bestimmten Fall, in 103
informierter Weise und unmissverständlich abgegebene Willensbekundung in Form einer
Erklärung oder einer sonstigen eindeutigen bestätigenden Handlung, mit der die betroffene
Person zu verstehen gibt, dass sie mit der Verarbeitung der sie betreffenden personenbezogenen Daten einverstanden ist. Die Einwilligung braucht nicht ausdrücklich („in Form einer
Erklärung") abgegeben werden, eine **konkludente, unzweideutige Handlung** („eindeutige
bestätigende Handlung"; „unmissverständlich") reicht aus. Dies bedeutet, dass der Klick mit
der Maus auf ein Kästchen ausreicht. Nicht ausreichend ist das **Stillschweigen**[205], so dass es
nicht genügt, dem Betroffenen lediglich die Möglichkeit zu geben, vorformulierte Einwilligungserklärungen zu streichen oder ein Häkchen zu entfernen, das in einem Klickfeld voreingestellt ist[206] (Erwägungsgrund 32 Satz 3 DSGVO).

Wie **konkret** die Einwilligung **gefasst** sein muss, hängt von den Umständen des Einzelfalls 104
in der konkreten Verwendungssituation ab. Je größer die mit der Verarbeitung verbundene
Gefährdung des Betroffenen, desto detaillierter müssen Inhalt, Zweck und Ausmaß der Einwilligung bzw. der Datenverarbeitung gefasst sein. Zweck des **Bestimmtheitsgrundsatzes**
bei der Zweckangabe ist, dass der Betroffene die Reichweite seiner Einwilligungserklärung
überblicken kann und dass der Verantwortliche wirksame Grenzen für seine Datenverarbeitung vorfindet[207].

Nach Art. 7 Abs. 3 Satz 1 DSGVO hat die betroffene Person das Recht, ihre Einwilligung je- 105
derzeit zu widerrufen. Durch den Widerruf der Einwilligung wird die Rechtmäßigkeit der
aufgrund der Einwilligung bis zum Widerruf erfolgten Datenverarbeitung nach Art. 7 Abs. 3
Satz 2 DSGVO nicht berührt. Dies kann zu Spannungen führen, wenn der Widerruf erfolgt,
obwohl der Verbraucher einen Vertrag geschlossen hat, der ihn nach § 312 Abs. 1a BGB zur
Bereitstellung personenbezogener Daten verpflichtet.

Gemäß § 327q Abs. 1 BGB bleibt die Wirksamkeit des Vertrages von der Ausübung von da- 106
tenschutzrechtlichen Betroffenenrechten (wie z.B. einem Auskunftsverlangen nach Art. 15
DSGVO) und der Abgabe datenschutzrechtlicher Erklärungen durch den Verbraucher nach
Vertragsschluss unberührt[208].

---

204 EuGH v. 11.11.2020 – C-61/19 Rz. 52, ECLI:EU:C:2020:901, CR 2021, 159 – Orange Românâ
     SA.
205 KG Berlin v. 27.12.2018 – 23 U 196/13 Rz. 46, CR 2019, 308 = ITRB 2019, 180.
206 EuGH v. 11.11.2020 – C-61/19 Rz. 37, ECLI:EU:C:2020:901, CR 2021, 159 – Orange Românâ
     SA.
207 *Veil*, NJW 2018, 3337, 3340.
208 *Metzger* in MünchKomm/BGB, § 327q BGB Rz. 6; *Buchmann/Panfili*, K&R 2022, 232, 237 f.

107 § 327q Abs. 2 BGB räumt dem Unternehmer ein **Kündigungsrecht** ohne Einhaltung einer Kündigungsfrist für den Fall ein, dass der Verbraucher eine von ihm erteilte datenschutzrechtliche Einwilligung widerruft oder einer weiteren Verarbeitung seiner personenbezogenen Daten widerspricht[209]. Dies setzt allerdings voraus, dass dem Unternehmer unter Berücksichtigung des weiterhin zulässigen Umfangs der Datenverarbeitung und unter Abwägung der beiderseitigen Interessen die Fortsetzung des Vertragsverhältnisses bis zum vereinbarten Vertragsende oder bis zum Ablauf einer gesetzlichen oder vertraglichen Kündigungsfrist nicht zugemutet werden kann (§ 327q Abs. 2, 2. Halbsatz BGB).

108 § 327q Abs. 3 BGB schließt jegliche **Ersatzansprüche des Unternehmers** gegen den Verbraucher aus, die infolge der Ausübung von Datenschutzrechten oder der Abgabe datenschutzrechtlicher Erklärungen die zulässige Datenverarbeitung einschränken[210].

b) Kopplungsverbot

109 Von einem Kopplungsverbot spricht man, wenn es untersagt ist, vertragliche Leistungen oder andere Vorteile davon abhängig zu machen, dass der Betroffene in die Verarbeitung personenbezogener Daten einwilligt. Ob und inwieweit die DSGVO ein solches Kopplungsverbot enthält, ist streitig[211].

110 Liest man **Erwägungsgrund 43 Satz 2 DSGVO**, scheint die Sache klar. Für „nicht erforderliche" Daten gilt ein Kopplungsverbot mit der Folge, dass Einwilligungen unwirksam sind. Weniger deutlich formuliert ist jedoch **Art. 7 Abs. 4 DSGVO**, der die Unwirksamkeit der Einwilligung nicht als zwingende, sondern lediglich als mögliche Folge einer Kopplung bezeichnet und für eine Abwägung im Einzelfall Raum lässt.

111 Teilweise wird aus Erwägungsgrund 43 Satz 2 DSGVO ein „hartes" Kopplungsverbot abgeleitet[212]. Teilweise wird aus Art. 7 Abs. 4 DSGVO auf „Schlupflöcher" aus dem Kopplungsverbot geschlossen. Danach soll etwa eine Einwilligung schon dann „freiwillig" und somit wirksam sein, wenn der Kunde die Wahl zwischen verschiedenen Anbietern einer Leistung hat[213]. Vermittelnd wird zudem ein Vorrang des Art. 7 Abs. 4 DSGVO vertreten, so dass die Wirksamkeit einer „gekoppelten" Einwilligung von einer Abwägung im Einzelfall abhänge[214]. Feststellen lässt sich jedenfalls, dass die DSGVO das Geschäftsmodell „Dienstleistung gegen Entgelt" erschwert[215].

---

209 *Buchmann/Panfili*, K&R 2022, 232, 238 f.

210 Vgl. *Buchmann/Panfili*, K&R 2022, 232, 239.

211 Vgl. *Becker*, CR 2021, 230, 233 ff.; *Engeler*, ZD 2018, 55, 58 ff.; *Golland*, MMR 2018, 130, 130 ff., *Härting*, ITRB 2017, 42, 42; *Krohm/Müller-Peltzer*, ZD 2017, 551, 551 ff.; *Schätzle*, PinG 2017, 203 ff.; *Veil*, NJW 2018, 3337, 3340 f.

212 Vgl. *Laue* inLaue/Kremer, DSGVO, § 2 Rz. 21 f.; *Nebel* in Roßnagel, DSGVO, § 3 Rz. 70; *Albrecht*, CR 2016, 88, 91; *Krohm*, ZD 2016, 368, 373.

213 *Plath* in Plath, Art. 7 DSGVO Rz. 22.

214 Vgl. *Frenzel* in Paal/Pauly, Art. 7 DSGVO Rz. 18; *Buchner*, DuD 2016, 155, 158; *Piltz*, K&R 2016, 557, 562; *Schantz*, NJW 2016, 1841, 1845.

215 *Dammann*, ZD 2016, 307, 311; *Krohm/Müller-Peltzer*, ZD 2017, 551, 553 f.; *Ziegenhorn/von Heckel*, NVwZ 2016, 1585, 1587 f.

c) Informiertheit der Einwilligung

In Erwägungsgrund 42 Satz 3 DSGVO finden sich Mindestvorgaben an die Informiertheit   112
der Einwilligung, die sich in der Angabe der **Identität des Verantwortlichen** und in Angaben zu den Zwecken erschöpfen, denen die Datenverarbeitung dient. Zugleich muss sich die
Einwilligung nach Erwägungsgrund 32 Satz 4 und 5 DSGVO auf **alle Verarbeitungszwecke**
erstrecken, so dass auf jeden dieser Zwecke hinzuweisen ist[216].

Eine Einwilligung ist auch dann wirksam, wenn sie **unvernünftig** erscheint[217]. Es steht dem   113
Betroffenen frei, eine Datenverarbeitung zu billigen, an der er selbst kein Interesse hat oder
die dem äußeren Anschein nach gegen sein Interesse gerichtet sein mag[218].

d) AGB-Kontrolle

Wie nach früherem Recht[219] kann eine Einwilligungserklärung auch nach der **DSGVO** Be-   114
standteil von AGB sein[220], sofern die Erklärung im Text **deutlich hervorgehoben, leicht zugänglich** und **klar und einfach formuliert** ist (Art. 7 Abs. 2 Satz 1 DSGVO). Den Anforderungen an eine informierte Einwilligung genügt es, wenn die Einwilligung durch ein An-
klickfeld erteilt wird und in unmittelbarer Nähe des **Anklickfelds** klar und deutlich auf die
Datenschutzerklärung verwiesen wird, die dann über einen Hyperlink abrufbar ist. Ebenso
genügt es, wenn auf Allgemeine Geschäftsbedingungen verwiesen wird, die eine – hervorgehobene – Einwilligungserklärung enthalten.

In seinen Entscheidungen zu „Payback"[221] und HappyDigits[222] hat der BGH betont, dass es   115
zulässig ist, die Einwilligungserklärung in **Allgemeine Geschäftsbedingungen** aufzunehmen, ohne dass es – zusätzlich zu dem von § 305 Abs. 2 BGB geforderten Einverständnis
des Kunden mit den AGB – noch des Ankreuzens eines **gesonderten Anklickfeldes** bedarf
(„Opt In")[223]. Die vorformulierte Einwilligung ist allerdings so zu gestalten, dass dem Nutzer Umfang und Inhalt der Einwilligungserteilung nicht verborgen bleiben können, so dass
sich die Einwilligungserklärung als ein bewusster und autonomer Willensakt darstellt. Die
Einwilligungsklausel sollte daher so platziert und drucktechnisch so gestaltet sein, dass der
Betroffene auf die mit der Unterschriftsleistung verbundene Einwilligungserklärung und ein
Ankreuzkästchen mit einer Abwahlmöglichkeit geradezu gestoßen wird[224]. Statt eines sol-

---

216 Vgl. *Härting*, DSGVO, Rz. 371 ff.
217 *Ohly*, GRUR 2012, 983, 984.
218 VG Berlin v. 24.5.2011 – 1 K 133/10 Rz. 29.
219 Vgl. OLG Frankfurt v. 24.1.2018 – 13 U 165/16 Rz. 49, CR 2018, 234.
220 A.A. LG Dresden v. 11.1.2019 – 1a O 1582/18 Rz. 39, CR 2019, 604.
221 BGH v. 16.7.2008 – VIII ZR 348/06, BGHZ 177, 253 ff. = CR 2008, 720 m. Anm. *Brisch/Laue* =
    ITRB 2008, 219 – Payback.
222 BGH v. 11.11.2009 – VIII ZR 12/08, ITRB 2010, 153 = CR 2010, 87 ff. – HappyDigits.
223 BGH v. 16.7.2008 – VIII ZR 348/06, BGHZ 177, 253 ff. = CR 2008, 720 m. Anm. *Brisch/Laue* =
    ITRB 2008, 219 – Payback; BGH v. 11.11.2009 – VIII ZR 12/08, ITRB 2010, 153 = CR 2010,
    87 ff. – HappyDigits; vgl. auch OLG Frankfurt v. 17.12.2015 – 6 U 30/15 Rz. 30, CR 2016,
    256.
224 Vgl. BGH v. 16.7.2008 – VIII ZR 348/06, BGHZ 177, 253 ff. = CR 2008, 720 m. Anm. *Brisch/
    Laue* = ITRB 2008, 219 – Payback.

chen Ankreuzkästchens reicht es nach Auffassung des BGH auch aus, wenn **fettgedruckt** auf die **Möglichkeit der Streichung** der Einwilligungsklausel hingewiesen wird[225].

116 Es verstößt gegen das **Transparenzgebot** (§ 307 Abs. 1 Satz 2 BGB), wenn eine Einwilligungs-erklärung an versteckter Stelle mitten in einem vorformulierten Text untergebracht ist[226]. Dasselbe gilt, wenn die Klausel als Bevollmächtigung zur Weitergabe von Daten an Dritte „zur Formulierung von bedarfsgerechten Angeboten und Informationen" ausgestaltet ist, da diese Formulierung dazu führen kann, dass der Verwender die Daten nach Gutdünken wei-tergibt[227]. Intransparent ist auch eine Klausel über das Einverständnis mit der Verwendung von „Vertragsdaten aus meinen Verträgen mit der UE GmbH von dieser bis zum Ende des Kalenderjahres, das auf die Beendigung des jeweiligen Vertrages folgt, zur individuellen Kundenberatung"[228].

117 Eine Klausel in Allgemeinen Geschäftsbedingungen, nach der der Nutzer eines Onlinespiels dem Spielebetreiber die Befugnis gibt, im Namen des Nutzers „Statusmeldungen, Fotos und mehr" über Facebook zu verbreiten, ohne dass der Nutzer weiß, welche Daten zu welchem Zweck und an wen übermittelt werden, ist wegen **unangemessener Benachteiligung** des Nutzers unwirksam (§ 307 Abs. 1 Satz 1 BGB)[229]. Gegen § 307 Abs. 1 Satz 1 BGB verstößt es auch, wenn der Internetnutzer vor Abgabe einer Einwilligungserklärung eine Liste mit 59 vorgestellten Unternehmen aufrufen und prüfen soll, von welchem Unternehmen er keine Werbung wünscht, um sodann bei diesen Unternehmen den „Abwählen"-Button anzukli-cken[230].

118 Nach § 305 Abs. 1 BGB gilt das AGB-Recht nur für Vertragsbedingungen. Wenn daher Ein-willigungserklärungen in die vorformulierten Bedingungen für ein **Gewinnspiel** aufgenom-men werden, ohne dass ein Vertragsschluss beabsichtigt ist, sind diese Erklärungen der In-haltskontrolle nach den §§ 307 ff. BGB entzogen. Allerdings gilt dies nur, wenn die Einwil-ligungserklärung nicht abgegeben werden muss, um an dem Gewinnspiel teilzunehmen. Wird eine solche Erklärung verlangt, liegt ein Vertragsverhältnis und kein einseitiges Rechts-geschäft (Auslobung bzw. Preisausschreiben, §§ 657, 661 BGB) vor[231]. Vertragsbedingungen liegen auch vor bei den **Nutzungsbedingungen unentgeltlicher Dienste**, wenn die Nut-zungsbedingungen so abgefasst sind, dass der Anbieter einen rechtsgeschäftlichen Bindungs-willen zum Ausdruck bringt, indem er von dem Nutzer eine Registrierung verlangt[232].

4. Vertrag

119 Nach **Art. 6 Abs. 1 Satz 1 lit. b DSGVO** ist die Verarbeitung personenbezogener Daten recht-mäßig, wenn sie zur **Erfüllung eines Vertrages** oder zur Durchführung vorvertraglicher Maßnahmen erforderlich ist. Die Formulierung „zur Erfüllung eines Vertrages" darf nicht im rechtstechnischen Sinne zu eng verstanden werden. Neben der „Erfüllung" im engeren

---

225 Vgl. BGH v. 11.11.2009 – VIII ZR 12/08, ITRB 2010, 153 = CR 2010, 87 ff. – HappyDigits.
226 LG Bonn v. 31.10.2006 – 11 O 66/06, ITRB 2007, 84 = CR 2007, 237 f.
227 LG Dortmund v. 23.2.2007 – 8 O 194/06; vgl. auch OLG Köln v. 23.11.2007 – 6 U 95/07, AfP 2008, 661 = WRP 2008, 1130 ff.
228 OLG Köln v. 2.6.2017 – 6 U 182/16 Rz. 20 ff., CR 2018, 58 = ITRB 2017, 232.
229 KG Berlin v. 22.9.2017 – 5 U 155/14 Rz. 106 ff., CR 2018, 304.
230 OLG Frankfurt v. 17.12.2015 – 6 U 30/15 Rz. 26, CR 2016, 256.
231 KG Berlin v. 26.8.2010 – 23 U 34/10, NJW 2011, 466.
232 Vgl. KG Berlin v. 21.3.2019 – 23 U 268/13 Rz. 62 ff., CR 2019, 827.

Sinne sind die Vorbereitung und Anbahnung des Vertrages, dessen Durchführung sowie auch dessen Abwicklung insbesondere zur Erfüllung von Gewährleistungspflichten oder sekundären Leistungspflichten erfasst. Auch vorvertragliche Maßnahmen können eine Verarbeitung legitimieren, allerdings nur, wenn sie „auf Anfrage der betroffenen Person erfolgen"[233].

Liegt ein Vertrag i.S.d. Art. 6 Abs. 1 Satz 1 lit. b DSGVO vor, so muss die Verarbeitung zur Durchführung des Vertrages bzw. der Vertragsanbahnung **objektiv erforderlich** sein, damit der Erlaubnistatbestand zur Anwendung kommen kann. Eine Verarbeitung von personenbezogenen Daten ist als erforderlich anzusehen, wenn sie für die Erreichung des Geschäftszwecks **jedenfalls förderlich** ist. Dies gilt umso mehr, wenn die Verwendung der Daten auch im Interesse der betroffenen Person geschieht, etwa um einen besseren Service oder eine schnellere Abwicklung zu ermöglichen. Neben der Verarbeitung der sogenannten „Stammdaten", wie Namen, Anschrift und Zahlungsinformationen, können grundsätzlich je nach Einzelfall zusätzlich die Verarbeitung von weiteren Daten, etwa die Verarbeitung des Geburtsdatums, zumindest des Geburtsjahrs, zur Verifizierung der Geschäftsfähigkeit bzw. eines Mindestalters oder zur Unterscheidung mehrerer gleichnamiger Kunden zulässig sein[234].

Der Vertrag, um dessen Erfüllung es geht, muss mit der Person, deren Daten verarbeitet werden, geschlossen worden sein. Nicht erforderlich ist es, dass der Vertragspartner des Betroffenen und der die Daten verarbeitende Verantwortliche personenidentisch sind. Daher sind auf Grundlage von Art. 6 Abs. 1 Satz 1 lit. b DSGVO auch **Datenverarbeitungen durch unbeteiligte Dritte** legitimiert, die für die Erfüllung eines Vertrags, deren Partei der Betroffene ist, erforderlich sind[235].

5. Berechtigte Interessen

a) Maßstab

Um festzustellen, ob eine Datenverarbeitung von einem **„berechtigten Interesse"** im Sinne des Art. 6 Abs. 1 Satz 1 lit. f DSGVO gedeckt ist, muss zunächst das **„Interesse"** festgestellt werden, das der Datenverarbeitung zugrunde liegt. Für diese Feststellung ist der Zweck maßgebend, den der Verantwortliche verfolgt. In Betracht kommt jedes von der Rechtsordnung gebilligte – wirtschaftliche oder ideelle – Interesse. Erst wenn das „Interesse" identifiziert ist, das der Datenverarbeitung zugrunde liegt, lässt sich die **„Berechtigung"** untersuchen. Bei der „Berechtigung" handelt es sich um eine reine Wertungsfrage[236]. Für diese Wertung lassen sich insbesondere aus den allgemeinen Datenschutzprinzipien des Art. 5 Abs. 1 DSGVO Maßstäbe ableiten[237].

Nach Erwägungsgrund 47 Satz 1 bis 4 DSGVO kommt es bei der Beurteilung nach Art. 6 Abs. 1 Satz 1 lit. f DSGVO auf die **„vernünftigen Erwartungen"** der Betroffenen an. Auch

120

121

122

123

---

233 VG Hannover v. 9.11.2021 – 10 A 502/19 Rz. 29, ITRB 2022, 38 (*Kunczik*).

234 VG Hannover v. 9.11.2021 – 10 A 502/19 Rz. 29, ITRB 2022, 38 (*Kunczik*); VG Mainz v. 20.2.2020 – 1 K 467/19.MZ Rz. 31; vgl. auch *Engeler*, ZD 2018, 55, 57 f.; *Heinzke/Engel*, ZD 2020, 189, 189 ff.

235 VG Mainz v. 20.2.2020 – 1 K 467/19.MZ Rz. 30, CR 2020, 390; a.A. *Wolff/Kosmider*, ZD 2021, 13, 14; vgl. auch *Britz/Indenhuck*, PinG 2019, 44, 44 ff.

236 *Härting/Gössling/Dimov*, ITRB 2017, 169, 169 ff.

237 Vgl. *Robrahn/Bremert*, ZD 2018, 291, 291 ff.

die „**Direktwerbung**" kann ein „berechtigtes Interesse" sein (Erwägungsgrund 47 Satz 7 DSGVO)[238].

124 Nach Auffassung des LG Hamburg fehlt es Facebook an einem überwiegenden berechtigten Interesse, eine Kanzleiseite für einen Anwalt ohne dessen Einwilligung anzulegen. Der Anwalt werde von bestehenden oder potentiellen Mandanten gegen seinen Willen mit Facebook in Verbindung gebracht, obwohl er sich bewusst gegen eine Präsenz bei Facebook entschieden habe. Da es sich bei Facebook nicht um einen Suchdienst oder ein Branchenverzeichnis handelt, sondern um ein Soziales Netzwerk, das in der Öffentlichkeit u.a. wegen des Umgangs mit Nutzerdaten umstritten ist, bestehe bei einer Rechtsanwaltskanzlei, für deren Tätigkeit Vertraulichkeit, Seriosität und Schutz von Mandantendaten von wesentlicher Bedeutung sind, ein erhebliches Interesse, von bestehenden oder potentiellen Mandanten nicht gegen ihren Willen mit einem solchen Netzwerk in Verbindung gebracht zu werden. Daran vermöge der Umstand, dass auch die Bundesregierung Facebook nutzt, nichts zu ändern[239].

b) Bewertungsportale

125 Bei den Bewertungsportalen kommt es immer wieder zu Streit über die Reichweite „berechtigter Interessen". In seiner Entscheidung zu „**spickmich.de**", die noch nach altem Recht erging (§ 29 Abs. 1 Nr. 1 BDSG a.F.), nahm der BGH eine Abwägung zwischen dem Recht der betroffenen Lehrerin auf informationelle Selbstbestimmung und der Meinungsfreiheit vor, auf die sich der Portalbetreiber berief. Diese Abwägung fiel im Ergebnis zugunsten des Portals aus mit der Folge, dass die Veröffentlichung der Bewertungsdaten durch **berechtigte Interessen** legitimiert war[240]. Zum selben Ergebnis gelangte der BGH zunächst bei dem Arztbewertungsportal „**Jameda**"[241].

126 Um Wertungswidersprüche zu vermeiden, bedarf es bei der Anwendung des Art. 6 Abs. 1 Satz 1 lit. f DSGVO einer **Parallelwertung zum Persönlichkeitsschutz**. Sofern es um Informationen geht, die nicht dem Bereich der rein privaten Lebensgestaltung zuzuordnen sind, sondern zur Sozialsphäre gehören, ist daher eine wahrheitsgemäße Veröffentlichung grundsätzlich erlaubt[242]. Dies gilt allerdings nur, soweit ein Portal wie Jameda die Rolle eines „**neutralen Informationsvermittlers**" wahrt[243]. Hieran fehlt es, wenn Jameda durch die Art der Werbung, die Jameda Ärzten auf dem an potentielle Patienten gerichteten Bewertungsportal anbietet, einzelnen Ärzten verdeckte Vorteile gewährt. In einem solchen Fall kann Jameda die auf das Grundrecht der Meinungs- und Medienfreiheit (Art. 5 Abs. 1 Satz 1 GG,

---

238 *Plath/Grages*, CR 2018, 770, 770 f.

239 LG Hamburg v. 13.2.2020 – 312 O 372/18 Rz. 37, CR 2020, 342 = ITRB 2020, 161 (*Neugebauer*).

240 BGH v. 23.6.2009, NJW 2009, 2888, 2888 ff. – spickmich.de; vgl. auch LG Köln v. 13.1.2010 – 28 O 578/09, AfP 2010, 198 = ITRB 2010, 101 = CR 2010, 198, 201 f.; LG Köln v. 17.3.2010 – 28 O 612/09, MMR 2010, 369, 369 ff. m. Anm. *Vierkötter*.

241 BGH v. 23.9.2014 – VI ZR 358/13 Rz. 29 ff., AfP 2014, 529 = CR 2015, 116 – Ärztebewertung II; vgl. auch OLG Frankfurt v. 8.3.2012 – 16 U 125/11 Rz. 25 ff., CR 2012, 399 = ITRB 2012, 151; LG Hamburg v. 20.9.2010 – 325 O 111/10 Rz. 32.

242 Vgl. OLG Hamburg v. 2.8.2011 – 7 U 134/10 Rz. 14, AfP 2012, 58 = CR 2012, 188 = ITRB 2011, 276.

243 BGH v. 15.2.2022 – VI ZR 692/20 Rz. 25, AfP 2022, 241 = ITRB 2022, 148 (*Oelschlägel*) – Ärztebewertung VI.

Art. 11 GRCh, Art. 10 EMRK) gestützte Rechtsposition nur mit geringerem Gewicht geltend machen. Es fehlt dann an überwiegenden berechtigten Interessen gem. Art. 6 Abs. 1 Satz 1 lit. f DSGVO[244].

Allerdings gilt für den Portalbetreiber **kein strenges Gleichbehandlungsgebot** mit der Folge, dass eine Ungleichbehandlung von nichtzahlenden und zahlenden Ärzten stets zur Unzulässigkeit der Datenverarbeitung im Rahmen des Portalbetriebs führt. Ein solcher Automatismus ließe sich schon mit der nach Art. 6 Abs. 1 Satz 1 lit. f DSGVO gebotenen Abwägung unter Berücksichtigung der konkreten Umstände des jeweiligen Einzelfalls nicht vereinbaren. Maßgeblich ist, welche konkreten Vorteile der Portalbetreiber zahlenden gegenüber nichtzahlenden Ärzten gewährt und ob die sich daraus ergebende Ungleichbehandlung in einer Gesamtschau mit allen anderen Umständen des konkreten Einzelfalls dazu führt, dass die Interessen des gegen seinen Willen in das Portal aufgenommenen Arztes die berechtigten Interessen des Portalbetreibers und der Portalnutzer überwiegen. Gegen ein Überwiegen der Interessen des Arztes spricht es, wenn dem ohne seine Einwilligung in dem Portal geführten Arzt durch die konkrete Gestaltung des Bewertungsportals kein Nachteil droht, der über die Verarbeitung seiner für den Portalbetrieb erforderlichen personenbezogenen Daten (Name, Fachrichtung, Praxisanschrift, weitere Kontaktdaten) als solche und die mit der Bewertungsmöglichkeit verbundenen, von jedem Arzt grundsätzlich hinzunehmenden Gefahren erheblich hinausgeht. An einem erheblichen Nachteil fehlt es, wenn der nichtzahlende Arzt durch seine Aufnahme in das Bewertungsportal – von dem mit der Verarbeitung seiner personenbezogenen Daten stets verbundenen Eingriff in seine Rechte aus Art. 7 GRCh und den mit der Bewertungsmöglichkeit einhergehenden Beeinträchtigungen abgesehen – nicht entscheidend schlechter steht, als er ohne seine Aufnahme in das Portal stünde[245].

6. Informationspflichten

Um Transparenz geht es bei den **Informationspflichten. Art. 13 DSGVO** regelt die Informationspflichten für den Fall, dass personenbezogene Daten beim Betroffenen erhoben werden. Für personenbezogene Daten, die nicht beim Betroffenen erhoben worden sind, gilt **Art. 14 Abs. 1 und 2 DSGVO**.

Die DSGVO hat zahlreiche Informationspflichten neu ein eingeführt[246]. Möchte der Datenverarbeiter etwa den Verarbeitungsprozess auf Einwilligungen der Betroffenen stützen, muss er die Betroffenen gem. Art. 13 Abs. 2 lit. c DSGVO auf die **Widerruflichkeit der Einwilligung** hinweisen. Zudem bedarf es der Belehrung, dass ein Widerruf nichts an der Rechtmäßigkeit der bis zum Widerruf erfolgten Verarbeitung ändert. Möchte der Datenverarbeiter den Verarbeitungsprozess auf **berechtigte Interessen** gem. Art. 6 Abs. 1 Satz 1 lit. f DSGVO stützen, muss er angeben, um welche Interessen es sich handelt (Art. 13 Abs. 1 lit. d und Art. 14 Abs. 2 lit. b DSGVO). Vorgeschrieben sind zudem Angaben zur **Speicherdauer**

127

128

129

---

244 BGH v. 20.2.2018 – VI ZR 30/17 Rz. 17 ff., CR 2018, 500 = AfP 2018, 230 = ITRB 2018, 153 – Ärztebewertung III.

245 BGH v. 12.10.2021 – VI ZR 488/19 Rz. 39 f., AfP 2022, 47 = ITRB 2022, 78 (*Oelschlägel*) – Ärztebewertung IV; BGH v. 12.10.2021 – VI ZR 489/19 Rz. 39 f. – Ärztebewertung V; BGH v. 15.2.2022 – VI ZR 692/20 Rz. 29, AfP 2022, 241 = ITRB 2022, 148 (*Oelschlägel*) – Ärztebewertung VI.

246 *Härting*, DSGVO, Rz. 56 ff.

personenbezogener Daten. Ist dies nicht möglich, müssen die Kriterien angegeben werden, nach denen sich die Speicherdauer bestimmt (Art. 13 Abs. 2 lit. a und Art. 14 Abs. 2 lit. a DSGVO).

130 Die Betroffenen sind nach der DSGVO auf ihre **Rechte** auf Zugang, Berichtigung, Sperrung, Löschung, Widerspruch und Datenübertragbarkeit (Art. 15 bis Art. 21 DSGVO) hinzuweisen (Art. 13 Abs. 2 lit. b und Art. 14 Abs. 2 lit. c DSGVO). Ist ein **Profiling** oder eine andere Art von automatisierter Einzelentscheidung gem. Art. 22 DSGVO beabsichtigt, ist hierauf hinzuweisen. Zudem bedarf es sinnhafter Angaben zur verwendeten „**Logik**" und eines Hinweises auf die Bedeutung und die beabsichtigten Konsequenzen des Profilings für den Betroffenen (Art. 13 Abs. 2 lit. f und Art. 14 Abs. 2 lit. g DSGVO). Es bedarf nach Art. 13 Abs. 2 lit. d und Art. 14 Abs. 2 lit. e DSGVO eines Hinweises auf das **Beschwerderecht** der Betroffenen bei einer Aufsichtsbehörde (Art. 77 Abs. 1 DSGVO). Bei Daten, die nicht bei dem Betroffenen erhoben worden sind, muss der Datenverarbeiter zudem nach Art. 14 Abs. 2 lit. f DSGVO die **Quellen** offenlegen, aus denen die Daten stammen. Handelt es sich um öffentlich zugängliche Quellen, ist dies gleichfalls anzugeben.

131 Für die **Form der Informationen**[247] finden sich in Art. 12 Abs. 1 und 7 sowie in Erwägungsgrund 58 DSGVO Regelungen, aus denen sich – in Verbindung mit dem allgemeinen Transparenzgebot (Art. 5 Abs. 1 lit. a, 3. Fall DSGVO) – ableiten lässt, dass alle Informationen für den Nutzer leicht erreichbar sein müssen und auf einer Website oder in anderer Weise elektronisch bereitgehalten werden können. Die Informationen sind in leicht verständlicher Weise und in **Alltagssprache** zu formulieren. Dabei gilt das Gebot der Prägnanz. Ausschweifende Formulierungen sind zu vermeiden, und es kann geboten sein, die Informationen grafisch aufzubereiten. Hierzu eignen sich standardisierte **Bildsymbole**, die in einer gut sichtbaren, leicht verständlichen Form zu verwenden sind.

7. Gemeinsame Verantwortlichkeit

132 Legen zwei oder mehr Verantwortliche gemeinsam die Zwecke der und die Mittel zur Verarbeitung fest, so sind sie gemeinsam Verantwortliche (**Art. 26 Abs. 1 Satz 1 DSGVO**). Sie sind verpflichtet, in einer Vereinbarung in transparenter Form festzulegen, wer von ihnen welche Verpflichtung gemäß der Verordnung erfüllt, insbesondere was die Wahrnehmung der Rechte der betroffenen Person angeht, und wer welchen Informationspflichten gem. Art. 13 und Art. 14 DSGVO nachkommt (Art. 26 Abs. 1 Satz 2 DSGVO)[248].

133 Der Betreiber einer **Facebook-Fanpage** handelt – gemeinsam mit Facebook (Art. 26 DSGVO) – als Verantwortlicher (Art. 4 Nr. 7 DSGVO) bei der Verarbeitung personenbezogener Daten der Besucher dieser Fanpage. Das Bestehen einer gemeinsamen Verantwortlichkeit hat aber nicht zwangsläufig eine gleichwertige Verantwortlichkeit der verschiedenen Akteure zur Folge, die von einer Verarbeitung personenbezogener Daten betroffen sind. Vielmehr können diese Akteure in die Verarbeitung personenbezogener Daten in verschiedenen Phasen und in unterschiedlichem Ausmaß in der Weise einbezogen sein, dass der Grad der Verantwort-

---

247 *Härting*, DSGVO, Rz. 64 ff.
248 *Gierschmann*, ZD 2020, 69, 69 ff.; *Härting*, ITRB 2018, 167, 167 ff.; *Kartheuser/Nabulsi*, MMR 2018, 717, 717 ff.; *Kremer*, CR 2019, 225, 225 ff.; *Monreal*, CR 2019, 797, 797 ff.; *Schreiber*, ZD 2019, 55, 55 ff.; *Specht-Riemenschneider/Schneider*, MMR 2019, 503, 503 ff.; vgl. auch AG Mannheim v. 11.9.2019 – 5 C 1733/19 WEG Rz. 24 ff.

lichkeit eines jeden von ihnen unter Berücksichtigung aller maßgeblichen Umstände des Einzelfalls zu beurteilen ist[249].

Auch der Betreiber einer Website, der in die Website ein **Social Plugin** einbindet, dass den 134 Browser des Besuchers dieser Website veranlasst, Inhalte des Anbieters dieses Plugins anzufordern und hierzu personenbezogene Daten des Besuchers an diesen Anbieter zu übermitteln, ist – gemeinsam mit dem Anbieter des Plugins (Art. 26 DSGVO) – Verantwortlicher im Sinne von Art. 4 Nr. 7 DSGVO. Diese Verantwortlichkeit ist jedoch auf den Vorgang oder die Vorgänge der Datenverarbeitung beschränkt, für den bzw. für die er tatsächlich über die Zwecke und Mittel entscheidet, d.h. das Erheben der in Rede stehenden Daten und deren Weitergabe durch Übermittlung[250].

Ebenso kann eine Religionsgemeinschaft gemeinsam mit ihren als Verkündiger tätigen Mit- 135 gliedern als gemeinsam Verantwortliche für die Verarbeitung personenbezogener Daten (Art. 26 DSGVO) angesehen werden, die durch diese Mitglieder im Rahmen einer **Verkündigungstätigkeit von Tür zu Tür** erfolgen, die von der Gemeinschaft organisiert und koordiniert wird und zu der sie ermuntert, ohne dass es hierfür erforderlich wäre, dass die Gemeinschaft Zugriff auf die Daten hat oder ihren Mitgliedern nachweislich schriftliche Anleitungen oder Anweisungen zu diesen Datenverarbeitungen gegeben hat[251].

8. Drittlandtransfer

Die **Art. 44 ff. DSGVO** sehen strenge Auflagen vor für die Übermittlung personenbezogener 136 Daten in Drittländer außerhalb der EU. Der österreichische Aktivist **Max Schrems** hat aufgrund dieser Bestimmungen diverse Verfahren gegen Facebook eingeleitet und zum Teil auch Erfolge erzielt. Nicht nur die USA sind ein Drittland im Sinne der Art. 44 ff. DSGVO. Aufmerksamkeit hat jedoch beispielsweise der Datentransfer nach China weder von Max Schrems noch von anderer Seite erfahren.

Nachdem der EuGH 2015 bereits den Angemessenheitsbeschluss zu dem „**Safe Harbor**"-Ab- 137 kommen der EU mit den USA für ungültig erklärt hatte[252], folgte knapp fünf Jahre später eine entsprechende Entscheidung zu dem Nachfolgeabkommen – zum „**Privacy Shield**"[253]. Bis auf Weiteres fehlt es daher an einem wirksamen Angemessenheitsbeschluss als Grundlage für einen **Datentransfer in die USA** nach Art. 45 DSGVO. Unsicherheit besteht auch über die Tragfähigkeit von **EU-Standardvertragsklauseln** (Art. 46 DSGVO), da der EuGH

---

249 EuGH v. 5.6.2018 – C-210/16 Rz. 42 f., ECLI:EU:C:2018:388 – Wirtschaftsakademie Schleswig-Holstein; *Härting/Gössling*, NJW 2018, 2523, 2523 ff.; *Jung/Hansch*, ZD 2019, 143, 144; *Kartheuser/Nabulsi*, MMR 2018, 717, 719 f.; *Lee/Cross*, MMR 2019, 559, 560; vgl. auch OVG Schleswig v. 25.11.2021 – 4 LB 20/13 Rz. 142 ff.

250 EuGH v. 29.7.2019 – C-40/17 Rz. 85, ECLI:EU:C:2019:629 – Fashion ID; *Gierschmann*, ZD 2020, 69, 70 f.; *Kremer*, CR 2019, 676, 676 ff.; *Lee/Cross*, MMR 2019, 559, 561; *Menke*, PinG 2020, 162, 162 ff.; *Monreal*, CR 2019, 797, 804 ff.; *Spittka/Mantz*, NJW 2019, 2742, 2742 ff.

251 EuGH v. 10.7.2018 – C-25/17 Rz. 75, ECLI:EU:C:2018:551 – Zeugen Jehovas; *Kartheuser/Nabulsi*, MMR 2018, 717, 720 = ITRB 2019, 3.

252 EuGH v. 6.10.2015 – C-362/14, ECLI:EU:C:2015:650, CR 2015, 633 m. Anm. *Härting* – Safe Harbor/Schrems I.

253 EuGH v. 16.7.2020 – C-311/18 Rz. 150 ff., ECLI:EU:C:2020:559 – Privacy Shield/Schrems II; *Grasmück/Kollmar*, IPRB 2020, 212, 212 ff.; *Günther*, PinG 2020, 192, 192 ff.; *Paal/Kumkar*, MMR 2020, 733, 734 ff.

die Datenschutzbehörden für verpflichtet erachtet, eine auf Standarddatenschutzklauseln, die von der Europäischen Kommission erarbeitet wurden, gestützte Übermittlung personenbezogener Daten in ein Drittland auszusetzen oder zu verbieten, wenn die Behörde der Auffassung ist, dass die Klauseln in diesem Drittland nicht eingehalten werden oder nicht eingehalten werden können[254].

138 Als Grundlage für einen Datentransfer in die USA kommen des Weiteren **Binding Corporate Rules** in Betracht (Art. 47 DSGVO), aber auch die **Ausnahmebestimmungen des Art. 49 DSGVO,** auf die der EuGH in seiner Schrems II-Entscheidung am Schluss[255] ausdrücklich hingewiesen hat.

VI. Profiling, Targeting, Tracking

139 Amazon, Google und Facebook gehören zu den Vorreitern des Phänomens, das man als „Profiling" bezeichnet. Mit diesem Begriff bezeichnet man die systematische Auswertung des **Nutzerverhaltens.** Es wird erfasst, für welche Seiten, Bücher, Anzeigen und Suchbegriffe ein Besucher der Website sich interessiert hat. Algorithmen errechnen sodann, welche Suchergebnisse, Waren oder Werbeanzeigen den Besucher voraussichtlich interessieren werden. Der Internetnutzer erhält auf diese Weise „maßgeschneiderte", zielgerichtete („**targeted**") Werbung und erfährt (nur noch) das, was ihn mutmaßlich interessiert[256].

140 Grundlegend für die datenschutzrechtliche Beurteilung des Targeting und Tracking sind die rechtliche Bewertung von Cookies und IP-Adressen, die für das Targeting meist verarbeitet werden müssen[257]. Mit dem Begriff des „Profiling" hält die DSGVO zudem eine Definition vor, die Tracking Tools erfassen kann.

1. Cookies

141 Cookies sind **Dateien,** die von einem Internetdienst auf dem Rechner des Nutzers – zumeist ohne dessen Kenntnis[258] – abgelegt werden[259], um Informationen über den Nutzer zu sammeln[260]. Auf einem Cookie wird regelmäßig eine Identifikationsnummer (Kennung) gespeichert, die bei wiederholten Nutzungsvorgängen (unbemerkt) an den Anbieter übertragen und von diesem ausgewertet wird[261]. Die Diskussion um die datenschutzrechtliche Beurteilung von Cookies ist so alt wie das Internet selbst[262]. Da die Versendung des Cookies bei jedem Aufruf der Seiten des jeweiligen Anbieters zu einer **Übertragung personenbezogener Daten** führt, sind die Voraussetzungen des Art. 4 Nr. 1 DSGVO erfüllt.

---

254 EuGH v. 16.7.2020 – C-311/18 Rz. 121, ECLI:EU:C:2020:559, CR 2020, 529 = ITRB 2020, 180 (*Rössel*) – Privacy Shield/Schrems II.
255 EuGH v. 16.7.2020 – C-311/18 Rz. 202, ECLI:EU:C:2020:559, CR 2020, 529 = ITRB 2020, 180 (*Rössel*) – Privacy Shield/Schrems II.
256 Vgl. *Rammos*, K&R 2011, 692, 692 ff.
257 Vgl. *Ernst*, WRP 2020, 962, 962 ff.; *Scharpf*, K&R 2022, 153, 153 ff.; *Schulz*, RDV 2020, 302, 302 ff.
258 *Hillenbrand-Beck/Greß*, DuD 2001, 389, 390.
259 *Meyer*, WRP 2002, 1028, 1029.
260 Vgl. *Schaar*, Datenschutz im Internet, Rz. 178.
261 *Lapp*, ITRB 2001, 113, 113.
262 Vgl. *Bizer*, DuD 1998, 277, 277 ff.

Die Übertragung von Daten beschränkt sich bei einem Cookie auf eine Kennung, die für   142
den Internetanbieter die Funktion erfüllt, den Nutzer zu identifizieren, ohne dass dem Internetanbieter eine Deanonymisierung möglich ist[263]. Um „anonyme Cookies" unter dem Gesichtspunkt des Art. 4 Nr. 1 DSGVO zu beurteilen, bedarf es jedoch weniger eines Blicks auf den einzelnen Cookie als einer Betrachtung der Ergebnisse, zu denen die Verwendung von Cookies führt: Durch den Cookie entsteht bei dem Internetanbieter, der die Cookies setzt, ein **Nutzungsprofil**[264]. Die natürliche Person, die hinter dem Nutzungsprofil steht, ist allenfalls theoretisch identifizierbar. Über das „Zusatzwissen", das die Kennung mit einem konkreten Nutzer in Verbindung bringt, verfügt nur der Nutzer selbst. Dieses „Zusatzwissen" reicht nur dann für eine Personenbezogenheit der Profildaten aus, wenn man den Begriff der Identifizierbarkeit aus Art. 4 Nr. 1 DSGVO weit versteht. Der Wortlaut des Art. 4 Nr. 1 **DSGVO** legt allerdings die (weite) Deutung nahe, dass jede „Kennung" per se Personenbezug haben soll. Diese Deutung wird durch Erwägungsgrund 30 DSGVO verstärkt, da dort „Cookie-Kennungen" ausdrücklich erwähnt werden als Mittel zur Identifizierung einer Person[265].

§ 25 TTDSG hat den jahrzehntelangen Streit um die Einwilligungsbedürftigkeit von Cookies   143
endgültig geklärt[266]. Die Speicherung von Informationen in der Endeinrichtung des Endnutzers oder der Zugriff auf Informationen, die bereits in der Endeinrichtung gespeichert sind, sind nach § 25 Abs. 1 Satz 1 TTDSG nur zulässig, wenn der Endnutzer auf der Grundlage von klaren und umfassenden Informationen eingewilligt hat. Die **Cookie-Banner**, die den Internetnutzer auf Schritt und Tritt begleiten, werden daher auch in den nächsten Jahren nicht verschwinden. Zugleich wird zu klären sein, wie weit die **Ausnahmen von dem Einwilligungserfordernis** reichen, die § 25 Abs. 2 TTDSG vorsieht[267]. Nach § 25 Abs. 2 Nr. 1 TTDSG ist eine Einwilligung nicht erforderlich, wenn der alleinige Zweck der Speicherung von Informationen in der Endeinrichtung des Endnutzers oder der alleinige Zweck des Zugriffs auf bereits in der Endeinrichtung des Endnutzers gespeicherte Informationen die Durchführung der **Übertragung einer Nachricht** über ein öffentliches Telekommunikationsnetz ist. Dasselbe gilt nach § 25 Abs. 2 Nr. 2 TTDSG, wenn die Speicherung von Informationen in der Endeinrichtung des Endnutzers oder der Zugriff auf bereits in der Endeinrichtung des Endnutzers gespeicherte Informationen unbedingt erforderlich ist, damit der Anbieter eines Telemediendienstes einen vom Nutzer **ausdrücklich gewünschten Telemediendienst** zur Verfügung stellen kann.

Werden Cookies bereits gespeichert, für die die Ausnahmen des § 25 Abs. 2 TTDSG nicht   144
gelten und die daher einwilligungsbedürftig sind, bevor der Nutzer das Einwilligungsfeld im Cookie-Banner anklicken kann, verstößt dies gegen § 25 TTDSG und kann zudem als Irreführung gem. § 5 Abs. 1 Satz 1 UWG anzusehen sein[268]. Die AGB-Klausel „Durch die weitere Nutzung der Website stimmen Sie der Verwendung von Cookies zu" weicht von wesentli-

---

263 Vgl. *Hoeren*, DuD 1998, 455, 455.
264 *Schaar*, DuD 2000, 275, 275.
265 *Härting*, DSGVO, Rz. 279, 279 f.
266 Vgl. auch EuGH v. 1.10.2019 – C-673/17 Rz. 44 ff.; BGH v. 28.5.2020 – I ZR 7/16 Rz. 47 ff., CR 2020, 557 m. Anm. *Stögmüller* = ITRB 2020, 205 (*Vogt*) – Cookie-Einwilligung II.
267 *Golland*, NJW 2021, 2238, 2239 f.; *Nebel*, CR 2021, 666, 671 f.; *Piltz*, CR 2021, 555, 561 f.; *Piltz/Zwerschke*, PinG 2021, 218, 218 ff.; vgl. LG Köln v. 29.10.2020 – 31 O 194/20 Rz. 6, CR 2021, 163 = ITRB 2021, 59 (*Kartheuser*).
268 LG Frankfurt/M. v. 19.10.2021 – 3-06 O 24/21 Rz. 25 ff., CR 2022, 96 = ITRB 2022, 87 (*Dovas*).

chen Grundgedanken des § 25 Abs. 1 TTDSG ab und ist daher unwirksam nach § 307 Abs. 1 Satz 1 BGB[269].

145 Für eine wirksame Einwilligung genügte dem LG Rostock ein **Cookie-Banner** nicht, da sämtliche Cookies vorausgewählt waren und durch Betätigung des grün unterlegten „Cookie zulassen"-Buttons „aktiviert" wurden. Zwar habe der Verbraucher die Möglichkeit, sich die Details anzeigen zu lassen und einzelne Cookies abzuwählen. Tatsächlich werde der Verbraucher jedoch regelmäßig den Aufwand eines solchen Vorgehens scheuen und deshalb den Button ohne vorherige Information über die Details betätigen. Damit wisse der Verbraucher aber gerade nicht, welche Tragweite seine Erklärung hat, sodass es an einer informierten Einwilligung gem. § 4 Nr. 11 DSGVO fehle. Auch der Umstand, dass der Nutzer die Möglichkeit habe, über den Bereich „Nur notwendige Cookies verwenden" seine Einwilligung auf technisch notwendige Cookies zu beschränken, ändere an der Beurteilung nichts, da dieser Button nicht als anklickbare Schaltfläche zu erkennen sei und daher von einer Vielzahl der Verbraucher nicht als gleichwertige Einwilligungsmöglichkeit wahrgenommen werde[270].

2. IP-Adressen

146 Eine IP-Adresse ist eine **Ziffernfolge**, die bei einer Internetnutzung entsteht. Die Nummer gibt Auskunft darüber, von welchem Internet-Anschluss in einem bestimmten Zeitraum das Internet genutzt wurde. Statische IP-Adressen sind einem bestimmten Anschluss bei der Einwahl ins Internet fest zugeordnet. Dynamische IP-Adressen sind hingegen Adressen, die vom jeweiligen Access Provider bei jeder Einwahl neu vergeben werden. Die Nutzung **dynamischer IP-Adressen** ist der Normalfall.

147 Bei **dynamischen IP-Adressen** stellt sich die Frage, ob die Adressen personenbezogene Daten i.S.d. Art. 4 Nr. 1 DSGVO darstellen. In der „Breyer"-Entscheidung stellte der EuGH darauf ab, ob der Websitebetreiber eine realistische Möglichkeit hat, den Nutzer einer IP-Adresse zu identifizieren, und bejahte dies im konkreten Fall, ohne eine generelle Aussage zum Personenbezug von IP-Adressen zu treffen[271] (s. Rz. 89). Die pauschale Aussage, IP-Adressen stellten stets personenbezogene Daten dar, wenn sie von einem Online-Dienst beim Zugriff auf Internetseiten gespeichert werden[272], ist falsch.

3. Tracking Tools

148 Viele Website-Betreiber nutzen **Google Analytics** und andere Tracking Tools, um das **Nutzerverhalten** auszuwerten. Google Analytics ermöglicht einem Websitebetreiber die Analyse der Besucher der Website durch statistisch aufbereitete Auswertungsergebnisse. Durch Google Analytics lässt sich erfassen, wie Besucher auf die Website kommen, welche Seiten sie aufrufen, an welcher Stelle sie die Website verlassen und wie lange sie sich auf der Website aufhalten. Darüber hinaus gibt Google Analytics darüber Aufschluss, aus welchen Ländern und Regionen die Besucher stammen. Google Analytics ermöglicht damit dem Betreiber einer

---

269 LG Köln v. 13.4.2021 – 31 O 36/21 Rz. 2.
270 LG Rostock v. 15.9.2020 – 3 O 762/19 Rz. 76 f., CR 2021, 698.
271 EuGH v. 19.10.2016 – C-582/14 Rz. 32 ff., CR 2016, 791 m. Anm. *Nink* = ITRB 2016, 267; vgl. auch BGH v. 16.5.2017 – VI ZR 135/13 Rz. 25 f., CR 2017, 662 m. Anm. *Keppeler* = ITRB 2017, 204.
272 LG Dresden v. 11.1.2019 – 1a O 1582/18 Rz. 27, CR 2019, 604.

Website, Informationen über die Besucher und deren Gewohnheiten zu erhalten und sich auf diese Gewohnheiten einzustellen. Das Tracking dient der Erfolgskontrolle im **Online-Marketing** und ist beispielsweise für Betreiber von Webshops von erheblicher Bedeutung.

Google Analytics nutzt die Spuren, die ein Nutzer im Netz hinterlässt. Diese Spuren beste-   149
hen im Wesentlichen aus Cookies und IP-Adressen und rufen immer wieder den Datenschutz auf den Plan[273]. Einerseits ist eine Auswertung des Nutzerverhaltens geradezu unerlässlich zur Verbesserung von Internetangeboten – beispielsweise für eine automatische Wahl der Muttersprache des Nutzers. Auch ermöglicht das Tracking eine zielgerechte Lieferung von Informationen und Werbung, abgestimmt auf die Bedürfnisse und Gewohnheiten des Nutzers. Andererseits entsteht eine **Big Brother-Situation.** Auf Google-Servern werden zahlreiche Daten gespeichert, ohne dass der Nutzer einen Überblick über die gespeicherten Daten und deren Verwendung hat. Dies mag nicht so sehr stören, wenn es um Daten geht aus einer Suchanfrage zum nächsten Urlaubsziel. Anders verhält sich dies jedoch bei dem diskreten Besuch von Chat-Foren oder dem Aufruf von Pornoseiten.

Art. 6 Abs. 1 Satz 1 lit. f DSGVO erleichtert das Webtracking. Maßgeblich für die „berech-   150
tigten Interessen" des Verantwortlichen sind nach Erwägungsgrund 47 Satz 1 DSGVO die „vernünftigen Erwartungen" der Betroffenen. Die „vernünftigen Erwartungen" der Betroffenen werden in aller Regel das Webtracking legitimieren. Der durchschnittliche Internetnutzer weiß, dass bei den meisten Online-Diensten über Cookies, IP-Adressen und andere „Online-Kennungen" (vgl. Erwägungsgrund 30 DSGVO) ein Webtracking stattfindet. Nur wenn ein solches Webtracking durch neuere Technologien fortentwickelt werden und zusätzlich an Intensität gewinnen sollte, wird man einwenden können, dass die betroffenen Internetnutzer hiermit nicht rechnen können und das Webtracking nicht mehr den „vernünftigen Erwartungen" der Betroffenen entspricht[274].

4. Profiling

Das Profiling wird in **Art. 4 Nr. 4 DSGVO** definiert als „jede Art der automatisierten Ver-   151
arbeitung personenbezogener Daten, die darin besteht, dass diese personenbezogenen Daten verwendet werden, um bestimmte persönliche Aspekte, die sich auf eine natürliche Person beziehen, zu bewerten, insbesondere um Aspekte bezüglich Arbeitsleistung, wirtschaftliche Lage, Gesundheit, persönliche Vorlieben, Interessen, Zuverlässigkeit, Verhalten, Aufenthaltsort oder Ortswechsel dieser natürlichen Person zu analysieren oder vorherzusagen".

Die Definition ist weit und stellt die Datenauswertung zu Zwecken der Analyse oder Prog-   152
nose in den Mittelpunkt. Aufgrund der weiten Definition fallen auch das **Scoring** und das **Screening** unter die neue gesetzliche Definition des Profiling[275]. Das Profiling wird als eine besonders risikoreiche Form der Datenverarbeitung angesehen. Der Verantwortliche, der eine Profilbildung beabsichtigt, muss vorab stets eine **Datenschutz-Folgeabschätzung** vornehmen (Art. 35 Abs. 3 lit. a DSGVO). Besonders hervorgehoben wird das Profiling zudem beim Widerspruchsrecht (Art. 21 Abs. 1 und 2 DSGVO). Auf den Datenbestand, der mittels „Profiling" ausgewertet wird, finden die allgemeinen Bestimmungen der DSGVO uneinge-

---

273 Vgl. *Gabriel/Cornels*, MMR 11/2008, XIV ff.; *Ott*, K&R 2009, 308, 308 ff.; *Steidle/Pordesch*, DuD 2008, 324, 324 ff.
274 *Härting*, DSGVO, Rz. 436, 436 f.
275 *Härting*, DSGVO, Rz. 607; *Härting*, ITRB 2016, 209.

schränkt Anwendung. Erwägungsgrund 72 Satz 1 DSGVO stellt dies klar. Daten, die erhoben, gespeichert und vorgehalten werden, um sie mit Big Data-Techniken auszuwerten, unterliegen somit insbesondere dem Gebot der **Datenminimierung** gem. Art. 5 Abs. 1 lit. c DSGVO und dem **Verbotsprinzip** gem. Art. 6 Abs. 1 DSGVO[276].

153 In Erwägungsgrund 71 Satz 6 DSGVO findet sich eine Verpflichtung zur **„Neutralität von Algorithmen"**. Ähnlich wie für das Scoring in § 31 Abs. 1 Nr. 2 BDSG werden für das Profiling ein „geeignetes mathematisches oder statistisches Verfahren" und der Ausschluss diskriminierender Rechenverfahren verlangt. Das „Neutralitätsgebot" findet sich nur an dieser Stelle der DSGVO, ohne dass ersichtlich wird, wie eine Konkretisierung erfolgen soll und welche Sanktionen gelten, wenn Algorithmen eingesetzt werden, die den Anforderungen des Erwägungsgrunds 71 Satz 6 DSGVO nicht genügen[277].

154 Nach **Art. 22 Abs. 1 DSGVO** gilt für die Datenanalyse das Gebot einer menschlichen Intervention. Das Gebot setzt voraus, dass die Datenanalyse auf eine Entscheidung abzielt, die entweder **rechtliche Wirkung** hat (z.B. Kreditvergabe) oder jedenfalls zu einer **„erheblichen Beeinträchtigung"** des Betroffenen führt. Dies wird in Erwägungsgrund 71 Satz 1 und 2 DSGVO anhand von Beispielen konkretisiert. Art. 22 DSGVO ist demnach beispielsweise auf das Scoring („Online-Kreditantrag") und auf die automatisierte Bearbeitung von Bewerbungen um einen Arbeitsplatz („Online-Einstellungsverfahren") anwendbar[278]. Ob **personalisierte Werbung** mit einer „erheblichen Beeinträchtigung" des Betroffenen verbunden ist, ist unklar. Hierzu finden sich keinerlei Hinweise in Art. 22 DSGVO oder Erwägungsgrund 71 DSGVO. Einerseits sprechen die in Erwägungsgrund 71 Satz 1 DSGVO genannten Beispiele (Scoring, E-Recruiting) dagegen, dass die Personalisierung von Werbung eine „erhebliche Beeinträchtigung" des Betroffenen darstellt, da personalisierte Werbung nicht so weitreichende Folgen für die Lebensführung hat wie ein verweigerter Kredit oder eine gescheiterte Bewerbung. Andererseits spricht die Aufnahme des „Profilings" in die Überschrift des Art. 22 DSGVO dafür, dass Art. 22 DSGVO das Profiling möglichst umfassend regeln und daher auch die personalisierte Werbung erfassen möchte[279].

155 Nach Art. 22 Abs. 2 lit. a DSGVO bedarf es keiner menschlichen Intervention, wenn die automatisierte Einzelentscheidung zum Abschluss oder zur Erfüllung eines **Vertrages** erforderlich ist. Dies ist immer dann der Fall, wenn das Profiling zu den Dienstleistungen gehört, die der Verantwortliche vertraglich schuldet. Wer ein Unternehmen mit Energieverbrauchsanalysen im „Smart Home" beauftragt, hat einen vertraglichen Anspruch auf „automatisierte Entscheidungen im Einzelfall" und bedarf nicht des Schutzes durch das Gebot menschlicher Intervention[280]. Die Entscheidung über einen **Kreditantrag** fällt nicht unter die Ausnahme des Art. 22 Abs. 2 lit. a DSGVO. Aus Sicht des Kreditgebers mag ein Scoring vor Vertragsschluss sinnvoll, nützlich und sogar unerlässlich sein. Objektiv erforderlich ist das Scoring für den Vertragsschluss jedoch nicht[281].

---

276 *Härting*, DSGVO, Rz. 609; *Härting*, ITRB 2016, 209, 210.
277 *Härting*, DSGVO, Rz. 633; *Härting*, ITRB 2016, 209, 210.
278 *Härting*, DSGVO, Rz. 617; *Härting*, ITRB 2016, 209, 211.
279 *Härting*, DSGVO, Rz. 618; *Härting*, ITRB 2016, 209, 211.
280 *Härting*, DSGVO, Rz. 620; *Härting*, ITRB 2016, 209, 211.
281 *Härting*, DSGVO, Rz. 621; *Härting*, ITRB 2016, 209, 211.

Art. 22 Abs. 2 lit. c DSGVO lässt das Profiling auf der Grundlage einer **„ausdrücklichen** 156 **Einwilligung"** zu. Anders als nach Art. 7 Abs. 1 i.V.m. Art. 4 Nr. 11 DSGVO reicht eine konkludente, „unmissverständliche" Einwilligung nicht aus.

Auch wenn das Profiling zum Abschluss oder zur Erfüllung eines Vertrages notwendig ist 157 (Art. 22 Abs. 2 lit. a DSGVO) oder eine ausdrückliche Einwilligung des Betroffenen vorliegt (Art. 22 Abs. 2 lit. c DSGVO), darf es nur eingesetzt werden, wenn dem Betroffenen das **Recht auf Erwirkung des Eingreifens einer Person** seitens des Verantwortlichen, auf Darlegung des eigenen Standpunkts und auf Anfechtung der Entscheidung eingeräumt wird. Dies ergibt sich aus Art. 22 Abs. 3 DSGVO. Die Nutzung **besonders sensitiver Daten** (Art. 9 DSGVO) ist zudem beim Profiling nach Art. 22 Abs. 4 DSGVO auch zum Zwecke des Abschlusses oder der Erfüllung eines Vertrages nur dann erlaubt, wenn der Betroffene ausdrücklich eingewilligt hat, und nach Erwägungsgrund 71 Satz 5 DSGVO sollen **Daten Minderjähriger** beim Profiling nicht verwendet werden[282].

VII. Telekommunikationsgeheimnis

1. Verfassungsrecht, Telekommunikationsrecht, Strafprozessrecht

Das Telekommunikationsgeheimnis ist verfassungsrechtlich in **Art. 10 GG** und auf einfach- 158 rechtlicher Ebene in **§ 3 TTDSG** verankert. Verfassungsrechtlich ist das Fernmeldegeheimnis eine „spezielle Garantie", die Art. 2 Abs. 1 i.V.m. Art. 1 Abs. 1 GG verdrängt[283].

Nach § 3 Abs. 1 Satz 1 TTDSG gilt das – vom Gesetz als **„Fernmeldegeheimnis"** bezeichnete 159 – Telekommunikationsgeheimnis nicht nur für den Inhalt der Telekommunikation, sondern auch für die bloße Beteiligung an einem „Telekommunikationsvorgang" und für alle anderen „näheren Umstände" der Telekommunikation einschließlich erfolgloser Verbindungsversuche (§ 3 Abs. 1 Satz 2 TTDSG). § 3 Abs. 3 Satz 1 TTDSG gestaltet das Telekommunikationsgeheimnis näher aus und untersagt es Anbietern und Betreibern (§ 3 Abs. 2 TTDSG), sich oder anderen über das für die Erbringung der Telekommunikationsdienste oder für den Betrieb der Telekommunikationsnetze oder der Telekommunikationsanlagen einschließlich des Schutzes ihrer technischen Systeme erforderliche Maß hinaus Kenntnis vom Inhalt oder den näheren Umständen der Telekommunikation zu verschaffen[284]. Gemäß § 3 Nr. 59 TKG gilt als „Telekommunikation" jedes Aussenden, Übermitteln und Empfangen von Signalen mittels Telekommunikationsanlagen, so dass das Fernmeldegeheimnis auch auf **E-Mails** anwendbar ist.

Gemäß § 3 Abs. 2 Satz 1 Nr. 2 TKG ist jeder **Anbieter** von ganz oder teilweise **geschäftsmäßig** 160 **angebotenen Telekommunikationsdiensten** zur Wahrung des Fernmeldegeheimnisses verpflichtet. Als „Telekommunikationsdienste" gelten nach § 3 Nr. 61 TKG Dienste, die in der Regel gegen Entgelt über Telekommunikationsnetze erbracht werden. Hierzu gehören sowohl Internetzugangsdienste als auch interpersonelle Telekommunikationsdienste (§ 3 Nr. 61 lit. a

---

282 *Härting*, DSGVO, Rz. 631; *Härting*, ITRB 2016, 209, 211.
283 BVerfG v. 2.3.2010 – 1 BvR 256/08, 1 BvR 263/08, 1 BvR 586/08, CR 2010, 232 m. Anm. *Heun*
   = NJW 2010, 833, 836 = ITRB 2010, 74 – Vorratsdatenspeicherung; vgl. auch *Löwer* in
   v. Münch/Kunig, Art. 10 GG Rz. 80.
284 Vgl. BGH v. 20.8.2015 – StB 7/15 Rz. 1232, CR 2015, 718 = ITRB 2015, 276.

und b TTDSG). „Interpersonelle Telekommunikationsdienste" werden in § 3 Nr. 24 TKG definiert als gewöhnlich gegen Entgelt erbrachte Dienste, die einen direkten interpersonellen und interaktiven Informationsaustausch über Telekommunikationsnetze zwischen einer endlichen Zahl von Personen ermöglichen, wobei die Empfänger von den Personen bestimmt werden, die die Telekommunikation veranlassen oder daran beteiligt sind. Eine Ausnahme gilt dabei für Dienste, die eine interpersonelle und interaktive Telekommunikation lediglich als untrennbar mit einem anderen Dienst verbundene untergeordnete Nebenfunktion ermöglichen.

161 Über die sachliche und zeitliche Reichweite des Telekommunikationsgeheimnisses hatte das **BVerfG** in dem „**Handydaten-Fall**" zu entscheiden, in dem es um die Beschlagnahme des Mobiltelefons einer Richterin und um die Frage ging, ob das Telekommunikationsgeheimnis die Befugnisse von Ermittlungsbehörden bei der Einsichtnahme in Kommunikationsverbindungsdaten einschränkt, die auf dem Mobiltelefon abgespeichert sind[285]. Das BVerfG hat dies mit der Begründung verneint, dass das Fernmeldegeheimnis nur den eigentlichen Telekommunikationsvorgang erfasst, nicht jedoch die Daten, die aufgrund eines Telekommunikationsvorgangs entstanden sind. Dass die beschlagnahmende Ermittlungsbehörde Einsicht in Verbindungsdaten nehmen könne, stelle nicht die Verwirklichung einer spezifischen Gefahr der Telekommunikation dar, sondern beruhe darauf, dass es die betroffene Richterin unterlassen habe, die Nachrichten nach deren Eingang zu löschen oder auf andere Weise gegen eine Einsichtnahme durch Dritte zu sichern. Inhalte und Verbindungsdaten seien mit Zugang bei dem Empfänger nicht mehr den erleichterten und unbemerkten Zugriffsmöglichkeiten Dritter ausgesetzt, die sich aus der fehlenden Beherrschbarkeit und Überwachungsmöglichkeit des Übertragungsvorgangs durch die Kommunikationsteilnehmer ergeben. Die gespeicherten Inhalte und Verbindungsdaten ließen sich nicht von Daten unterscheiden, die der Nutzer selbst angelegt hat[286]. Auch in seinen Entscheidungen zur **Online-Durchsuchung**[287] und zur **Vorratsdatenspeicherung**[288] hat das BVerfG die Grenzen des Fernmeldegeheimnisses für elektronische Nachrichten eng gefasst und betont, dass das Fernmeldegeheimnis nur vor der Überwachung eines „**laufenden Kommunikationsvorgangs**" schützt.

162 Um E-Mail-Daten, die sich nicht auf einem Endgerät des Nutzers befanden, ging es in einer weiteren Entscheidung des BVerfG zu E-Mails und dem Telekommunikationsgeheimnis. Das BVerfG hatte zu entscheiden, ob und inwieweit E-Mails beim Provider als Beweismittel sichergestellt und beschlagnahmt werden dürfen[289]. Dies war seit vielen Jahren streitig[290]. Überwiegend wurde gefordert, die **Sicherstellung und Beschlagnahme** am Fernmeldegeheimnis (Art. 10 Abs. 1 GG) zu messen[291]. Die Gegenauffassung lehnte dies ab, da es bei

---

285 BVerfG v. 2.3.2006 – 2 BvR 2099/04, ITRB 2006, 105 = CR 2006, 383 – Handydaten.

286 BVerfG v. 2.3.2006 – 2 BvR 2099/04, ITRB 2006, 105 = CR 2006, 383, 386 – Handydaten.

287 BVerfG v. 27.2.2008 – 1 BvR 370/07, 1 BvR 595/07, CR 2008, 306 = ITRB 2008, 75 = NJW 2008, 822 – Online-Durchsuchung.

288 BVerfG v. 13.11.2010 – 2 BvR 1124/10 Rz. 13, ITRB 2011, 175.

289 BVerfG v. 16.6.2009 – 2 BvR 902/06, CR 2009, 584 m. Anm. *Brunst* = NJW 2009, 2431, 2341 ff.

290 Vgl. *Palm/Roy*, NJW 1996, 1791, 1791 ff.

291 *Bruns* in Karlsruher Kommentar StPO, § 100a StPO Rz. 32; *Zöller*, GA 2000, 573; LG Hamburg v. 8.1.2008 – 619 Qs 1/08, ITRB 2008, 79 = CR 2008, 322; LG Hanau v. 23.9.1999 – 3 Qs 149/99, MMR 2000, 175.

dem Zugriff auf E-Mails, die bei einem Provider gespeichert sind, nicht um einen Eingriff in einen „laufenden Kommunikationsvorgang" gehe[292].

Auf **einfachgesetzlicher Ebene** standen sich sogar drei Auffassungen gegenüber: Überwiegend wurde gefordert, die Sicherstellung und Beschlagnahme von E-Mails an § **100a StPO** zu messen[293]. Da E-Mails beim Provider durch das Fernmeldegeheimnis (Art. 10 Abs. 1 GG) geschützt seien, müssten die gleichen Maßgaben gelten wie für die in § 100a StPO geregelte Überwachung der Telekommunikation[294]. Wie das Abhören eines Telefonats sei auch die Sicherstellung und Beschlagnahme von E-Mails beim Provider nur bei schweren Straftaten zulässig[295]. Vereinzelt wurde die Auffassung vertreten, dass es sich bei einer Beschlagnahme von E-Mails um eine **Postbeschlagnahme** gem. § **99 StPO** handelt[296]. § 99 StPO enthält im Unterschied zu § 100a StPO keine Beschränkung auf schwere Straftaten, engt jedoch die zu beschlagnahmenden Beweismittel erheblich ein und gestattet lediglich die Beschlagnahme von „Postsendungen", die sich an einen Beschuldigten richten oder die von einem Beschuldigten herrühren und verfahrensrelevant sind. Eine weitere Auffassung lehnte die Parallele zur Postbeschlagnahme ab und verneinte auch einen Eingriff in das Telekommunikationsgeheimnis, da es bei dem Zugriff auf E-Mails, die bei einem Provider gespeichert sind, nicht um einen Eingriff in einen „laufenden Kommunikationsvorgang" gehe[297]. Demzufolge sei § 100a StPO nicht anwendbar, und es reichten für eine Sicherstellung und Beschlagnahme die allgemeinen Voraussetzungen des § **94 StPO** aus[298].

163

Die drei verschiedenen Positionen zur Sicherstellung und Beschlagnahme von E-Mails beim Provider sind ein Beleg dafür, dass sich die E-Mail in einem rechtlichen **Niemandsland** zwischen Telekommunikation, Datensatz und elektronischer Post bewegt. Wer den telekommunikativen Charakter der E-Mail betont, landet bei § 100a StPO. Die Parallele zur herkömmlichen Briefpost führt zu § 99 StPO. Die Bewertung der E-Mail als (beliebigen) Datensatz bedeutet, dass über § 94 StPO hinaus keine weiteren strafprozessualen Anforderungen für die Beschlagnahme gelten. Der **BGH**[299] hat sich in einer sehr kurzen Entscheidung für die Parallele zur Briefpost entschieden und die Auffassung vertreten, dass § 99 StPO anwendbar sei, da es bei gespeicherten E-Mails an einem „Telekommunikationsvorgang" fehle. Berücksichtige man das heutige Kommunikationsverhalten, so seien E-Mails in jeder Hin-

164

292 *Bruns* in Karlsruher Kommentar StPO, § 100a StPO Rz. 19; *Palm/Roy*, NJW 1996, 1791, 1793 ff.; LG Ravensburg v. 9.12.2002 – 2 Qs 153/02, ITRB 2004, 10 = CR 2003, 933.

293 *Bruns* in Karlsruher Kommentar StPO, § 100a StPO Rz. 20; *Zöller*, GA 2000, 573; LG Hamburg v. 8.1.2008 – 619 Qs 1/08, ITRB 2008, 79 = CR 2008, 322; LG Hanau v. 23.9.1999 – 3 Qs 149/99, MMR 2000, 175, 175.

294 *Günther*, Münchkomm/StPO, § 100a StPO Rz. 138; *Zöller*, GA 2000, 573; LG Hamburg v. 8.1.2008 – 619 Qs 1/08, ITRB 2008, 79 = CR 2008, 322; LG Hanau v. 23.9.1999 – 3 Qs 149/99, MMR 2000, 175, 175.

295 *Günther*, Münchkomm/StPO, § 100a StPO Rz. 139; *Zöller*, GA 2000, 573; LG Hamburg v. 8.1.2008 – 619 Qs 1/08, ITRB 2008, 79 = CR 2008, 322; LG Hanau v. 23.9.1999 – 3 Qs 149/99, MMR 2000, 175, 175.

296 *Bär*, MMR 2008, 215, 218; *Bär*, MMR 2000, 176, 177; vgl. auch AG Reutlingen v. 31.10.2011 – 5 Ds 43 JS 18155/10 jug Rz. 8.

297 *Bruns* in Karlsruher Kommentar StPO, § 100a StPO Rz. 19; *Palm/Roy*, NJW 1996, 1791, 1793 ff.; LG Ravensburg v. 9.12.2002 – 2 Qs 153/02, ITRB 2004, 10 = CR 2003, 933, 933 f.

298 *Bruns* in Karlsruher Kommentar StPO, § 100a StPO Rz. 19; *Palm/Roy*, NJW 1996, 1791, 1793 ff.; LG Ravensburg v. 9.12.2002 – 2 Qs 153/02, ITRB 2004, 10 = CR 2003, 933, 933.

299 BGH v. 31.3.2009 – 1 StR 76/09, ITRB 2009, 196 = CR 2009, 446.

sicht vergleichbar mit Postsendungen und Telegrammen, sodass die Beschlagnahme von E-Mails als Postbeschlagnahme gem. § 99 StPO anzusehen sei.

165   Das **BVerfG** hat die Geltung des Telekommunikationsgeheimnisses beim Provider bejaht und dies mit Schutzwürdigkeitsargumenten begründet: Da sich der E-Mail-Server des Providers dem unmittelbaren Zugriff des E-Mail-Nutzers entziehe, seien die dort gespeicherten Nachrichten Gefahren ausgesetzt, die der Gefahrensituation bei „laufender Kommunikation" vergleichbar seien. Der Nutzer habe keine technische Möglichkeit, die Weitergabe von E-Mails durch den Provider zu verhindern. Dieser technisch bedingte **Mangel an Beherrschbarkeit** begründe die **besondere Schutzbedürftigkeit** durch das Fernmeldegeheimnis. Art. 10 Abs. 1 GG müsse daher auch für E-Mails gelten, die sich im Herrschaftsbereich des Providers befinden[300]. Dabei sei es ohne Belang, ob E-Mails nur zwischen- oder schon endgespeichert wurden[301]. Selbst für endgespeicherte E-Mails gelte das Schutzbedürfnis, das Art. 10 Abs. 1 GG zugrunde liege[302].

166   Das BVerfG ließ ausdrücklich offen, wie die beim Provider gespeicherten E-Mails **telekommunikationsrechtlich** zu bewerten sind. **§ 3 Nr. 22 TKG** a.F. (jetzt § 3 Nr. 59 TKG) definiere Telekommunikation zwar als technischen Vorgang des Aussendens, Übermittelns und Empfangens von Signalen mittels Telekommunikationsanlagen und beziehe sich somit nicht ausdrücklich auch auf „**statische Zustände**". Der Begriff des Fernmeldegeheimnisses gem. Art. 10 GG sei indes autonom – losgelöst vom TKG – auszulegen[303]. Wie E-Mails beim Provider nach § 3 Abs. 1 TTDSG zu bewerten sind, ist durch das Urteil des BVerfG somit nicht entschieden.

167   Recht überraschend möchte das BVerfG **keine Parallele zum Abhören** ziehen. Die Beschlagnahme beim Provider sei zwar ein Eingriff in Art. 10 Abs. 1 GG. Dieser Eingriff sei jedoch in seiner Intensität nicht mit dem Abhören vergleichbar. Für die Beschlagnahme von E-Mails auf dem Providerserver bedürfe es daher nicht – wie in § 100a StPO – einer Beschränkung auf schwere Straftaten. Es reiche für eine Beschlagnahme von E-Mails vielmehr aus, dass die Voraussetzungen des **§ 94 StPO** gegeben sind. Letztlich ordnet das BVerfG somit die E-Mail beim Provider zwar der Telekommunikation zu. Bei den Eingriffsvoraussetzungen wird die Mail dann jedoch wie jeder beliebige andere Datensatz behandelt, für deren Sicherstellung und Beschlagnahme die niedrigschwelligen Anforderungen des § 94 StPO ausreichen. BGH und BVerfG sind sich somit in einem zentralen Punkt einig: Die Beschlagnahme von E-Mails, die beim Provider gespeichert sind, stellt **keinen Eingriff in einen „laufenden Kommunikationsvorgang"** dar. Nichtsdestotrotz behandelt das BVerfG die Beschlagnahme aufgrund von Schutzerwägungen wie einen solchen Eingriff. Dieser argumentative Spagat war unvermeidlich, um von den Entscheidungen zu „Handydaten"[304] und zur Online-Durchsuchung[305] nicht abrücken zu müssen.

---

300 BVerfG v. 16.6.2009 – 2 BvR 902/06, CR 2009, 584 m. Anm. *Brunst* = NJW 2009, 2431, 2432.
301 A.A. *Störing*, CR 2009, 475 ff.
302 Vgl. auch BGH v. 14.10.2020 – 5 StR 229/19 Rz. 15 ff.; *Härting*, CR 2009, 581, 582 f.
303 BVerfG v. 16.6.2009 – 2 BvR 902/06, CR 2009, 584 m. Anm. *Brunst* = NJW 2009, 2431, 2432; vgl. *Behling*, BB 2010, 892, 894.
304 BVerfG v. 2.3.2006 – 2 BvR 2099/04, ITRB 2006, 105 = CR 2006, 383 – Handydaten.
305 BVerfG v. 27.2.2008 – 1 BvR 370/07, 1 BvR 595/07, ITRB 2008, 75 = CR 2008, 306 – Online-Durchsuchung.

Angesichts der im Vergleich zur Beschlagnahme nach § 94 StPO deutlich strengeren Anfor- 168
derungen ist der Zugriff auf E-Mails, die beim Provider gespeichert sind, erst recht bei einer
rechtmäßig angeordneten Telekommunikationsüberwachung nach § 100a Abs. 1 Satz 1 StPO
zulässig[306].

Das BVerfG setzt eine Linie fort, die beispielsweise auch bei der Entscheidung zur Online- 169
Durchsuchung[307] deutlich zutage getreten ist[308]: Einerseits werden durch feinsinnige, **aus-
differenzierte Schutzbereichserwägungen** „filigrane"[309] Grundrechtsabgrenzungen getroffen. Andererseits werden moderate Anforderungen an Eingriffsnormen aufgestellt, die dem
Gesetzgeber **weitgehende Eingriffsbefugnisse** belassen. Als einzige materielle Schranke
bleibt – grundrechtsübergreifend – der „Kernbereich privater Lebensführung"[310]. Doch auch
Intimitäten sind nur insoweit grundrechtsfest, als Ermittlungsbehörden, die von solchen Intimitäten Kenntnis erlangen, angefallene Daten unverzüglich löschen bzw. vernichten müssen[311]. Liest man die Entscheidungen des BVerfG zum „Großen Lauschangriff"[312], zur Online-Durchsuchung[313], zur Beschlagnahme von E-Mails beim Provider[314] oder auch zur Be-
standsdatenauskunft[315], so fragt man sich, weshalb es überhaupt noch darauf ankommen
soll, welches Grundrecht betroffen ist, wenn doch die Eingriffsvoraussetzungen – im Wesentlichen die Verhältnismäßigkeit und der absolute Schutz des „Kernbereichs persönlicher
Lebensgestaltung" – jeweils identisch sind.

2. E-Mails und Internet am Arbeitsplatz

Der Datenschutz am Arbeitsplatz ist gesetzlich nach wie vor nur rudimentär geregelt. § 26 170
BDSG ist die einzige gesetzliche Regelung, in der es spezifisch um Personendaten aus einem
Beschäftigungsverhältnis geht[316]. Nach § 26 Abs. 1 Satz 1 BDSG dürfen personenbezogene
Daten eines Beschäftigten verarbeitet werden, wenn dies für die Begründung, Durchführung
oder Beendigung des **Beschäftigungsverhältnisses** erforderlich ist. Gemäß § 26 Abs. 1 Satz 2
BDSG dürfen Arbeitnehmerdaten zur Aufdeckung von Straftaten nur verwendet werden,
wenn zu dokumentierende tatsächliche Anhaltspunkte den **Verdacht der Begehung einer
Straftat** begründen. Des Weiteren dürfen bei der Aufdeckung von Straftaten schutzwürdige

---

306 BGH v. 14.10.2020 – 5 StR 229/19 Rz. 23 ff.
307 BVerfG v. 27.2.2008 – 1 BvR 370/07, 1 BvR 595/07, ITRB 2008, 75 = CR 2008, 306 – Online-
   Durchsuchung.
308 Vgl. *Bartsch*, CR 2008, 613, 617; *Kutscha*, NJW 2008, 1042, 1044; *Sachs/Krings*, JuS 2008, 481,
   486.
309 *Gurlit*, RDV 2006, 43, 49.
310 Vgl. BVerfG v. 16.6.2009 – 2 BvR 902/06, CR 2009, 584 m. Anm. *Brunst* = NJW 2009, 2431,
   2436 f.
311 Vgl. BVerfG v. 16.6.2009 – 2 BvR 902/06, CR 2009, 584 m. Anm. *Brunst* = NJW 2009, 2431,
   2436 f.
312 BVerfG v. 3.3.2004 – 1 BvR 2378/98, 1 BvR 1084/99, CR 2004, 343.
313 BVerfG v. 27.2.2008 – 1 BvR 370/07, 1 BvR 595/07, ITRB 2008, 75 = CR 2008, 306 – Online-
   Durchsuchung.
314 BVerfG v. 16.6.2009 – 2 BvR 902/06, CR 2009, 584 m. Anm. *Brunst* = NJW 2009, 2431.
315 BVerfG v. 24.1.2012 – 1 BvR 1299/05, CR 2012, 245 m. Anm. *Schnabel*; BVerfG v. 27.5.2020 –
   1 BvR 1873/13.
316 *Bierekoven*, CR 2010, 203; *Hoppe/Braun*, MMR 2010, 80, 80 f.; *Salvenmoser/Hauschka*, NJW
   2010, 331, 333; *Schmidt*, DuD 2010, 207, 208.

Interessen des Beschäftigten nicht überwiegen, insbesondere dürfen die Art und das Ausmaß der Datenverarbeitung im Hinblick auf den Anlass nicht unverhältnismäßig sein[317].

a) E-Mails

aa) Datenschutz: § 26 BDSG

171   E-Mails enthalten im Normalfall jedenfalls die Namen der Kommunikationsteilnehmer und somit personenbezogene Daten[318]. Auf E-Mails ist daher – ebenso wie auf WhatsApp-Nachrichten[319] – § 26 BDSG anwendbar. Sofern nach § 26 Abs. 1 Satz 1 BDSG zulässig erhobene Daten den Verdacht einer Pflichtverletzung begründen, dürfen sie für die Zwecke und unter den Voraussetzungen des § 26 Abs. 1 Satz 2 BDSG auch verarbeitet und genutzt werden[320].

172   § 26 Abs. 1 Satz 2 BDSG entfaltet keine „Sperrwirkung" dergestalt, dass eine anlassbezogene Datenerhebung durch den Arbeitgeber ausschließlich zur Aufdeckung von Straftaten zulässig wäre und sie nicht nach § 26 Abs. 1 Satz 1 BDSG zulässig sein könnte. Allerdings muss die Erhebung, Verarbeitung und Nutzung der personenbezogenen Daten auch nach § 26 Abs. 1 Satz 1 BDSG „erforderlich" sein. Es hat eine Verhältnismäßigkeitsprüfung zu erfolgen. Die Erhebung, Verarbeitung und Nutzung der personenbezogenen Daten müssen geeignet, erforderlich und unter Berücksichtigung der gewährleisteten Freiheitsrechte angemessen sein, um den erstrebten Zweck zu erreichen. Es dürfen keine anderen, zur Zielerreichung gleich wirksamen und das Persönlichkeitsrecht der Arbeitnehmer weniger einschränkenden Mittel zur Verfügung stehen. Die Verhältnismäßigkeit im engeren Sinne (Angemessenheit) ist gewahrt, wenn die Schwere des Eingriffs bei einer Gesamtabwägung nicht außer Verhältnis zu dem Gewicht der ihn rechtfertigenden Gründe steht. Die Datenerhebung, -verarbeitung oder -nutzung darf keine übermäßige Belastung für den Arbeitnehmer darstellen und muss der Bedeutung des Informationsinteresses des Arbeitgebers entsprechen. Dies beurteilt sich ggf. für jedes personenbezogene Datum gesondert[321].

173   Bei der Interessenabwägung stellt eine „berechtigte Privatheitserwartung" des Betroffenen einen beachtlichen Faktor dar (Erwägungsgrund 47 DSGVO), der selbst dann zugunsten des Nichtverarbeitungsinteresses des Arbeitnehmers den Ausschlag geben kann, wenn das Verarbeitungsinteresse des Arbeitgebers hoch ist. So dürfen Arbeitnehmer grundsätzlich erwarten, dass besonders eingriffsintensive Maßnahmen nicht ohne einen durch Tatsachen begründeten Verdacht einer Straftat oder schweren Pflichtverletzung ergriffen werden und insbesondere nicht „ins Blaue hinein" oder wegen des Verdachts bloß geringfügiger Verstöße eine heimliche Überwachung und ggf. „Verdinglichung" von ihnen gezeigter Verhaltensweisen erfolgt[322].

174   Weniger intensiv in das allgemeine Persönlichkeitsrecht des Arbeitnehmers eingreifende Datenerhebungen, -verarbeitungen und -nutzungen nach § 26 Abs. 1 Satz 1 BDSG können auch ohne Vorliegen eines durch Tatsachen begründeten Anfangsverdachts – zumal einer Straftat oder anderen schweren Pflichtverletzung – erlaubt sein. Das gilt vor allem für nach

---

317 Vgl. *Bierekoven*, CR 2010, 203, 205.
318 Vgl. *Behling*, BB 2010, 892, 895; *Wolff/Mulert*, BB 2008, 442, 446.
319 ArbG Mannheim v. 20.5.2021 – 14 Ca 135/20 Rz. 98 ff.
320 BAG v. 31.1.2019 – 2 AZR 426/18 Rz. 50.
321 BAG v. 31.1.2019 – 2 AZR 426/18 Rz. 51; Hessisches LAG v. 21.9.2018 – 10 Sa 601/18 Rz. 83.
322 BAG v. 31.1.2019 – 2 AZR 426/18 Rz. 53; Hessisches LAG v. 21.9.2018 – 10 Sa 601/18 Rz. 83.

abstrakten Kriterien durchgeführte, keinen Arbeitnehmer besonders unter Verdacht stellende offene Überwachungsmaßnahmen, die der Verhinderung von Pflichtverletzungen dienen. So kann es aber auch liegen, wenn der Arbeitgeber aus einem nicht willkürlichen Anlass prüfen möchte, ob der Arbeitnehmer seine vertraglichen Pflichten vorsätzlich verletzt hat, und er – der Arbeitgeber – dazu auf einem Dienstrechner gespeicherte Dateien einsieht, die nicht ausdrücklich **als „privat" gekennzeichnet** oder doch offenkundig „privater" Natur sind. Das gilt jedenfalls dann, wenn die Maßnahme offen erfolgt und der Arbeitnehmer im Vorfeld darauf hingewiesen worden ist, welche legitimen Gründe eine Einsichtnahme in – vermeintlich – dienstliche Ordner und Dateien erfordern können, und dass er Ordner und Dateien durch eine Kennzeichnung als „privat" von einer Einsichtnahme ohne „qualifizierten" Anlass ausschließen kann. Der Arbeitnehmer muss dann billigerweise mit einem jederzeitigen Zugriff auf die vermeintlich rein dienstlichen Daten rechnen. Zugleich kann er „private" Daten in einen gesicherten Bereich verbringen[323].

§ 26 BDSG trifft **keine abschließende Regelung** zur Zulässigkeit der Verarbeitung persönlicher Daten von Beschäftigten, so dass ein Rückgriff auf die allgemeinen Regelungen der DSGVO möglich bleibt[324].   175

bb) Telekommunikationsgeheimnis: § 3 TTDSG

Zur Wahrung des Telekommunikationsgeheimnisses ist nach § 3 Abs. 2 Nr. 2 TTDSG jeder „Anbieter von ganz oder teilweise geschäftsmäßig angebotenen Telekommunikationsdiensten" verpflichtet. Fraglich ist, ob und unter welchen Voraussetzungen der Arbeitgeber seinen Mitarbeitern „geschäftsmäßig" als Anbieter von Telekommunikationsdienstleistungen gegenübertritt[325]. Am Arbeitsplatz kommt dies nur bei einer **Privatnutzung** von E-Mails in Betracht.   176

Eine Anwendung des § 3 TTDSG auf die betriebsinterne private Nutzung von E-Mails wird vielfach kritisiert[326]. Gegen die Einstufung eines **Arbeitgebers** als **Anbieter von Telekommunikationsdiensten** spricht der Zweck des TKG und des TTDSG[327]. Es ist nicht ersichtlich, wie ein Arbeitgeber, der Mitarbeitern E-Mail-Accounts zur privaten Nutzung zur Verfügung stellt, im Telekommunikationsmarkt in einen Wettbewerb zu anderen Anbietern treten könne[328].   177

Ungeachtet dieser Einwände entspricht es der im Schrifttum überwiegend vertretenen Auffassung, dass die Voraussetzungen des § 3 Abs. 2 Nr. 2 TTDSG erfüllt sind, wenn das Unternehmen seinen Beschäftigten die private Nutzung von E-Mail-Accounts erlaubt[329]. Der Ar-   178

---

323 BAG v. 31.1.2019 – 2 AZR 426/18 Rz. 54.
324 VG Hamburg v. 16.1.2020 – 17 K 3920/19 Rz. 57.
325 Vgl. *Gola*, RDV 2021, 305, 305 ff.; *Laoutoumai/Hoppe*, K&R 2019, 296 ff.; *Rossow*, DuD 2022, 93, 93 ff.; *Wünschelbaum*, NJW 2022, 1561, 1561 ff.
326 *Barton*, CR 2003, 839, 843; *Gundermann*, K&R 1998, 48, 51; *Schimmelpfennig/Wenning*, DB 2006, 2290, 2292 f.; *Wuermeling/Felixberger*, CR 1997, 230, 231 ff.
327 Vgl. *Barton*, CR 2003, 839, 843; *Schimmelpfennig/Wenning*, DB 2006, 2290, 2292 f.
328 Vgl. *Barton*, CR 2003, 843; vgl. auch *Kempermann*, ZD 2012, 12, 12 ff.
329 Vgl. *Heidrich/Tschoepe*, MMR 2004, 75, 76; *Rath/Karner*, K&R 2007, 446, 450 f.; *Schuster*, ZIS 2010, 68, 70 f.; *Weißnicht*, MMR 2003, 448, 449; *Wolf/Mulert*, BB 2008, 442, 446; OLG Karlsruhe v. 10.1.2005 – 1 Ws 152/04, AfP 2005, 210 = CR 2005, 288; Hessisches LAG v. 21.9.2018 – 10 Sa 601/18 Rz. 72; a.A. LAG Berlin-Brandenburg v. 16.2.2011 – 4 Sa 2132/10 Rz. 36 f., CR 2011,

beitgeber ist danach bei **erlaubter Privatnutzung von E-Mail-Accounts** als „geschäftsmäßiger" Betreiber von Telekommunikationsanlagen anzusehen und unterliegt dem Telekommunikationsgeheimnis[330]. Dies führt in letzter Konsequenz dazu, dass das Einverständnis sowohl des Arbeitnehmers als auch des jeweiligen Kommunikationspartners erforderlich ist, wenn Dritte private E-Mails mitlesen können[331].

cc) Privatnutzung

179 Ein **Anspruch** auf eine private Nutzung von E-Mails besteht am Arbeitsplatz nicht. Darüber hinaus ist § 3 TTDSG keine Verpflichtung des Arbeitgebers zu entnehmen, die E-Mail-Verwaltung so einzurichten, dass private E-Mails ohne Zugriffsmöglichkeiten Dritter versandt und empfangen werden können. Dies ergibt sich daraus, dass § 3 TTDSG in Unternehmen nicht per se anwendbar ist, sondern allenfalls dann, wenn der Arbeitgeber die private E-Mail-Kommunikation gestattet. Hängt die Anwendbarkeit des § 3 TTDSG jedoch von einer solchen (einseitigen) Erlaubnis ab, kann es dem Arbeitgeber nicht verwehrt sein, die **Modalitäten** der E-Mail-Verwaltung **einseitig festzulegen** und damit den Rahmen für die Gestattung der Privatnutzung auszugestalten[332].

180 Wenn ein Mitarbeiter weiß, dass er private E-Mails versendet und empfängt, die von Dritten mitgelesen werden können, so nutzt er bewusst ein Kommunikationsmittel ohne Geheimnisschutz. Würde er einwenden, mit der Offenheit der E-Mail-Verwaltung nicht einverstanden zu sein, wäre dies als unbeachtliche protestatio facto contraria zu werten. Wer im Zug sein Mobiltelefon benutzt, gibt den Geheimnisschutz ebenso freiwillig auf wie der Arbeitnehmer, der offen private E-Mails versendet und empfängt. Wer als Arbeitnehmer ein **für Dritte einsehbares Postfach** für private E-Mails nutzt, erklärt sich mit dem Mitlesen durch Dritte (konkludent) einverstanden[333].

181 Auch der Versender einer E-Mail kann nicht auf Geheimnisschutz vertrauen, wenn er eine E-Mail mit privatem Inhalt an eine **betriebliche E-Mail-Adresse** richtet (z.B. Murat.Meier@musterbetrieb.de). Der Versender wird nicht immer wissen, ob der private E-Mail-Verkehr in dem konkreten Betrieb überhaupt gestattet ist. Zudem entzieht es sich regelmäßig seiner Kenntnis, wie die E-Mail-Verwaltung erfolgt, ob in Form eines zentralen Posteingangs oder durch separate Mail-Accounts. Schließlich ist es bei betrieblichen E-Mail-Adressen keineswegs unüblich, dass „Mitlesemöglichkeiten" durch andere Mitarbeiter bestehen. Wer über eine betriebliche E-Mail-Adresse kommuniziert, nimmt das Mitlesen in Kauf und erklärt sich hiermit (konkludent) einverstanden, sodass er kein schutzwürdiges Interesse an der Vertraulichkeit seiner E-Mail besitzt[334].

---

611 m. Anm. *Störing* = ITRB 2011, 228; LAG Berlin-Brandenburg v. 14.1.2016 – 5 Sa 657/15 Rz. 116, CR 2016, 442 = CR 2016, 520 = ITRB 2016, 131; LAG Niedersachsen v. 31.5.2010 – 12 Sa 875/09 Rz. 45, ITRB 2011, 228 f. (*Rössel*); ArbG Weiden v. 17.5.2017 – 3 Ga 6/17 Rz. 19; VG Karlsruhe v. 27.5.2013 – 2 K 3249/12 Rz. 63, CR 2013, 428.

330 *Altenburg/Reinersdorf/Leister*, MMR 2005, 135, 136 f.; *Lejeune*, CR 2005, 290 f.; *Nägele/Meyer*, K&R 2004, 312, 312 ff.

331 Vgl. BVerfG v. 25.3.1992 – 1 BvR 1430/88, CR 1992, 431; *Klesczewski* in Berliner Kommentar, TKG, § 88 TKG Rz. 33; *Balsmeier/Weißnicht*, K&R 2005, 537, 540; *Hannebeck/Neunhoeffer*, K&R 2006, 112, 113 f.; *Schimmelpfennig/Wenning*, DB 2006, 2290, 2292.

332 Vgl. *Däubler*, K&R 2000, 323, 325.

333 Vgl. *Ernst*, NZA 2002, 585, 589.

334 Vgl. *Balsmeier/Weißnicht*, K&R 2005, 541; *Jofer/Wegerich*, K&R 2002, 235, 237.

Der Schutz von E-Mail-Zugriffsrechten in einem Unternehmen, das den privaten E-Mail-   182
Verkehr gestattet, ist von Relevanz, wenn den Mitarbeitern eigene, gegen den Zugriff Dritter
gesicherte Mail-Accounts zugewiesen werden. In einem solchen Fall kann der Arbeitnehmer von der Vertraulichkeit des privaten E-Mail-Verkehrs ausgehen[335].

Fraglich ist, ob sich der Arbeitnehmer dagegen wehren kann, wenn das Passwort seines Mail-   183
Accounts „geknackt" wird, weil er krankheitsbedingt abwesend ist und der Vorgesetzte meint,
Einblick in das geschützte Postfach nehmen zu müssen. Ebenso stellt sich die Frage, welche
Zugriffsrechte der Arbeitgeber nach dem Ausscheiden eines Mitarbeiters aus dem Unter-
nehmen hat, wenn der Mail-Account noch besteht.

Ist die E-Mail einmal in dem Account des Arbeitnehmers eingegangen, so stellt sie einen Da-   184
tensatz dar, der sich substantiell nicht von anderen Daten unterscheidet, die auf dem Emp-
fängerserver gespeichert sind. Es fehlt an einem „**laufenden Telekommunikationsvorgang**"
mit der Folge, dass sich die Maßstäbe des BVerfG aus den Fällen „Handydaten"[336] und „Online-Durchsuchung"[337] anlegen lassen, nach denen ein Eingriff in das Telekommunikationsgeheimnis zu verneinen ist[338].

Je nach der Art der E-Mail-Verwaltung im Unternehmen sind Sachverhalte denkbar, die Paral-   185
lelen zu der Beschlagnahme beim Provider[339] aufweisen. So ist es üblich, dass auf einem **zen-**
tralen Server eine Zwischenspeicherung von Mails erfolgt. Nach den Maßgaben des BVerfG
stellt der Zugriff auf Mails, die auf einem zentralen Server zwischengespeichert sind, einen
Eingriff in das Fernmeldegeheimnis dar. Letztlich richtet sich damit die Rechtsnatur der
E-Mail nach dem Zugriffsort: Die beim Provider (oder beim Arbeitgeber auf einem zentralen E-Mail-Server) zwischen- oder endgespeicherten Mails unterliegen dem Fernmeldegeheimnis; dieselben E-Mails, die sich auf dem Endgerät des Arbeitnehmers befinden, stammen aus einem abgeschlossenen Kommunikationsvorgang und unterfallen daher nicht mehr
einem umfassenden Geheimnisschutz nach § 3 TTDSG. Eine solche Differenzierung mag
auf verfassungsrechtlicher Ebene geboten sein. Bei der Auslegung des Telekommunikations-
rechts scheint es jedoch angezeigt, im Interesse praktikabler Regelungen **§ 3 TTDSG** nicht
anzuwenden, wenn sich eine Mail – sei es auch auf dem zentralen Server des Unternehmens
– in einem „**statischen Zustand**" befindet[340].

dd) Ausspähen von Daten

Wenn die an Murat.Meier@musterbetrieb.de gerichtete E-Mail im Account des Empfängers   186
eintrifft und dort aber von Dritten unter Umgehung des Passworts des Empfängers gelesen
wird, fehlt es demnach an einem Eingriff in einen „laufenden Telekommunikationsvorgang".
Wenn man aus diesem Grund eine Verletzung des Telekommunikationsgeheimnisses ver-

---

335 Vgl. *Ernst*, NZA 2002, 589.
336 BVerfG v. 2.3.2006 – 2 BvR 2099/04, ITRB 2006, 105 = CR 2006, 383 – Handydaten.
337 BVerfG v. 27.2.2008 – 1 BvR 370/07, 1 BvR 595/07, CR 2008, 306 = ITRB 2008, 75 = NJW 2008,
822 – Online-Durchsuchung.
338 LAG Berlin-Brandenburg v. 14.1.2016 – 5 Sa 657/15 Rz. 116, CR 2016, 442 = CR 2016, 520 =
ITRB 2016, 131.
339 Vgl. BVerfG v. 16.6.2009 – 2 BvR 902/06, CR 2009, 584 m. Anm. *Brunst* = NJW 2009, 2431.
340 Vgl. BVerfG v. 16.6.2009 – 2 BvR 902/06, CR 2009, 584 m. Anm. *Brunst* = NJW 2009, 2431,
2432; *Behling*, BB 2010, 892, 894.

neint, stellt dies den Betroffenen keineswegs schutzlos. Strafrechtlich findet statt § 206 Abs. 2 StGB der Tatbestand des **§ 202a StGB** (Ausspähen von Daten) Anwendung[341].

187   Eine Strafbarkeit nach § 202a StGB setzt voraus, dass die gespeicherte E-Mail im Postfach des Arbeitnehmers gegen den unberechtigten Zugang besonders gesichert ist. Eine **besondere Sicherung** ist anzunehmen, wenn diese geeignet erscheint, einen wirksamen, wenn auch nicht absoluten Schutz zu erreichen und namentlich auch das Interesse an der Geheimhaltung deutlich zu dokumentieren[342]. Bei passwortgeschützten E-Mail-Postfächern ist dies zu bejahen[343].

188   Fraglich ist, unter welchen Voraussetzungen eine **Zugriffsbefugnis** des Arbeitgebers sowie des Systemadministrators eine Strafbarkeit ausschließen kann. Der Systemadministrator hat kraft seiner Aufgaben Zugriff auf den Arbeitnehmer-Account. Die Einrichtung eines passwortgeschützten E-Mail-Postfachs durch den Arbeitgeber erfolgt zudem in der Regel mit der Zielrichtung, die E-Mail-Kommunikation gegen den Zugriff betriebsfremder Personen sowie nicht autorisierter Mitarbeiter zu schützen und dient nicht dazu, den Arbeitgeber – über den Systemadministrator – vom Zugriff auszuschließen[344]. Jedenfalls der Systemadministrator kann sich daher auf eine „Befugnis" zum Zugriff auf den Account berufen.

189   Soweit es nicht um den Systemadministrator oder andere zum Zugriff autorisierte Personen geht, kommt es nach § 202a StGB darauf an, ob der betroffene Arbeitnehmer – tatsächlich oder auch nur mutmaßlich – mit dem Zugriff einverstanden ist und es aus diesem Grund an einem „unbefugten" Ausspähen fehlt[345]. Liegt kein – zumindest mutmaßliches – **Einverständnis** vor, kann eine Rechtfertigung nach § 34 StGB in Betracht (**rechtfertigender Notstand**) kommen – wie etwa bei der drohenden Schädigung des Eigentums des Arbeitgebers durch Viren oder wenn ein Vermögensschaden abzuwenden ist, der eintreten würde, wenn der Arbeitgeber keine Kenntnis von E-Mails erlangt, die sich in dem passwortgeschützten Bereich befinden.

ee) Archivierte E-Mails

190   Welche Auswirkungen die vom BVerfG vertretene Beschränkung des Fernmeldegeheimnisses auf „laufende Kommunikationsvorgänge" hat, zeigt sich an einer Entscheidung des **VGH Kassel** zu archivierten E-Mails[346]. Der VGH Kassel hat in dieser Entscheidung bestätigt, dass ein Unternehmen auf Anforderung der BaFin archivierte E-Mails herauszugeben hat und sich nicht auf das Fernmeldegeheimnis berufen kann. Zur Begründung hat der VGH Kassel im Wesentlichen darauf abgestellt, dass es sich bei archivierten E-Mails nicht um Mails aus einem „laufenden Kommunikationsvorgang" handelt.

---

341 Vgl. OLG München v. 4.12.2019 – 15 U 3688/18 Rz. 17, ITRB 2020, 83 (*Vogt*).
342 *Heger* in Lackner/Kühl, StGB, § 202a StGB Rz. 4.
343 *Lenckner* in Schönke/Schröder, StGB, § 202a StGB Rz. 10; *Schünemann* in LK-StGB, § 202a StGB Rz. 16.
344 Vgl. *Barton*, CR 2003, 839, 842; *Jofer/Wegerich*, K&R 2002, 235, 239; LAG Hamm v. 4.2.2004 – 9 Sa 502/03, DuD 2004, 633, 633 ff.
345 *Heger* in Lackner/Kühl, StGB, § 202a StGB Rz. 7; *Schünemann* in LK-StGB, § 202a StGB Rz. 11.
346 VGH Kassel v. 19.5.2009 – 6 A 2672/08.Z, CR 2009, 605 = ITRB 2009, 218.

Eine archivierte Mail befindet sich nicht mehr auf dem Weg vom Absender zum Empfänger.   191
Daher ist es auch im Lichte der BVerfG-Entscheidung zur Beschlagnahme beim Provider[347]
richtig, dass der VGH Kassel einen Eingriff in das Fernmeldegeheimnis verneint hat. Das Urteil zur Beschlagnahme beim Provider ist nicht dahingehend zu verstehen, dass alle E-Mails,
die nicht auf einem Endgerät des Nutzers gespeichert sind, als Mails aus einem „laufenden
Kommunikationsvorgang" gelten[348].

ff) Dienstliche Nutzung

Einigkeit besteht darüber, dass das Fernmeldegeheimnis gem. § 3 TTDSG nicht gilt, wenn   192
der Dienstherr bzw. Arbeitgeber die private E-Mail-Kommunikation weder erlaubt noch
duldet. Wenn das Fernmeldegeheimnis nicht einschlägig ist, kann der Arbeitgeber bzw.
Dienstherr grundsätzlich **frei entscheiden**, wem es gestattet ist, E-Mails zu lesen, die an Mitarbeiter gerichtet sind bzw. von Mitarbeitern versandt werden. Bei einer **heimlichen Kontrolle** dienstlicher E-Mails können sich allerdings aus § 26 BDSG und aus dem Allgemeinen
Persönlichkeitsrecht Einschränkungen ergeben.

Der EGMR hat daran erinnert, dass der Begriff des „Privatlebens" nach **Art. 8 EMRK** beruf-   193
liche Tätigkeiten umfassen kann, die in der Öffentlichkeit ausgeübt werden. Art. 8 EMRK
schützt daher auch **elektronische Mitteilungen**, die **am Arbeitsplatz** gesendet oder empfangen werden. Der Begriff „Korrespondenz" gilt für die Versendung und den Empfang von
Nachrichten, selbst dann, wenn dafür der Rechner des Arbeitgebers benutzt wird[349]. Bei der
Überwachung solcher Korrespondenz sind Verhältnismäßigkeit und Verfahrensgarantien gegen Willkür wesentlich. Wenn geprüft wird, ob sie gegeben sind, ist zu berücksichtigen, ob
der Arbeitnehmer über die Möglichkeit informiert worden ist, dass der Arbeitgeber Überwachungsmaßnahmen wegen der Korrespondenz oder sonstiger Kommunikation trifft, das
Ausmaß der Überwachung durch den Arbeitgeber und inwieweit sie in das Privatleben des
Arbeitnehmers eindringt, ob die Überwachung zeitlich begrenzt war und wie viele Personen
Zugang zu den Ergebnissen haben, ob der Arbeitgeber legitime Gründe zur Rechtfertigung
der Überwachung der Kommunikation und Prüfung ihres Inhalts angeführt hat, ob es möglich gewesen wäre, ein Überwachungssystem einzurichten, das weniger stark in die Rechte
eingreift, als die inhaltliche Prüfung des Schriftverkehrs des Arbeitnehmers, die Folgen der
Überwachung für den Arbeitnehmer und der Gebrauch, den der Arbeitgeber vom Ergebnis
der Überwachung gemacht hat, insbesondere ob er sie dazu benutzt hat, das Ziel zu erreichen, auf das er sich berufen hat, und ob für den Arbeitnehmer angemessene Garantien vorgesehen waren, besonders, wenn die Überwachung stark in seine Rechte eingegriffen hat[350].
Solche Garantien müssen insbesondere sicherstellen, dass der Arbeitgeber vom Inhalt der
Kommunikation nur Kenntnis nehmen darf, wenn der Arbeitnehmer vorher von dieser
Möglichkeit unterrichtet worden ist. Außerdem muss der Arbeitnehmer ein Gericht anrufen
können[351].

---

347 BVerfG v. 16.6.2009 – 2 BvR 902/06, CR 2009, 584 m. Anm. *Brunst* = NJW 2009, 2431.
348 Vgl. auch Hessisches LAG v. 21.9.2018 – 10 Sa 601/18 Rz. 77.
349 EGMR v. 5.9.2017 – 61496/08 Rz. 70 ff. – Bărbulescu/Rumänien.
350 EGMR v. 5.9.2017 – 61496/08 Rz. 121 – Bărbulescu/Rumänien.
351 EGMR v. 5.9.2017 – 61496/08 Rz. 122 – Bărbulescu/Rumänien.

b) Internet

aa) Privatnutzung

194 Immer wieder müssen sich Gerichte mit der Frage befassen, ob und unter welchen Voraussetzungen die unerlaubte private Nutzung des Internet am Arbeitsplatz einen **außerordentlichen Kündigungsgrund** (§ 626 BGB) darstellen kann. Das **BAG** legt strenge Maßstäbe an und betont, dass der Arbeitnehmer bei einer privaten Internetnutzung während der Arbeitszeit grundsätzlich seine **(Hauptleistungs-)Pflicht zur Arbeit** verletzt. Die private Nutzung des Internets dürfe die Erbringung der arbeitsvertraglich geschuldeten Arbeitsleistung nicht erheblich beeinträchtigen. Die Pflichtverletzung wiege umso schwerer, je mehr der Arbeitnehmer bei der privaten Nutzung des Internet seine Arbeitspflicht in zeitlicher und inhaltlicher Hinsicht vernachlässigt[352].

195 Ein außerordentliches Kündigungsrecht hat das BAG[353] bei einem Arbeitnehmer bejaht, der an zumindest zwei Tagen nicht nur kurzfristig und unerheblich, sondern stundenlang seiner Arbeitspflicht nicht nachgekommen ist, indem er während der Arbeitszeit privat im Internet surfte. Die Arbeitspflichtverletzung werde nicht dadurch relativiert, dass der Arbeitgeber dem Arbeitnehmer die private Nutzung des Internet – nach den Angaben des Arbeitnehmers – gestattet bzw. diese geduldet hätte. Eine **Gestattung oder Duldung** – ohne weitere Erklärungen – würde sich nach Ansicht des BAG allenfalls auf eine Nutzung im normalen bzw. angemessenen zeitlichen Umfang erstrecken. Nur eine **„exzessive" Nutzung** des Internet während der Arbeitszeit berechtigt allerdings den Arbeitgeber, das Arbeitsverhältnis ohne vorherige Abmahnung zu kündigen[354]. Hieran fehlt es, wenn dem Arbeitnehmer nur eine „minutenweise" unerlaubte Privatnutzung nachgewiesen werden kann[355].

196 Neben der Verletzung der Arbeitspflicht ist es für eine außerordentliche Kündigung auch von Gewicht, wenn eine erhebliche Menge von Daten aus dem Internet auf betriebliche Datensysteme heruntergeladen wird und hiermit einerseits die Gefahr möglicher **Vireninfizierungen** oder anderer Störungen des – betrieblichen – Betriebssystems verbunden sein kann oder andererseits Daten auf das System gelangen, bei deren Rückverfolgung es zu einer **Rufschädigung** des Arbeitgebers kommen kann, beispielsweise weil strafbare oder pornografische Darstellungen heruntergeladen werden[356]. Bei (nur) „erotischen" Inhalten, die auf das Betriebssystem geladen werden, kann es an der Gefahr einer Rufschädigung fehlen[357]. Die Belastung des Arbeitgebers mit **Kosten** kann ein Gesichtspunkt sein, der bei einer unerlaubten

---

352 BAG v. 7.7.2005 – 2 AZR 581/04, NJW 2006, 530 ff.; BAG v. 27.4.2006 – 2 AZR 386/05, CR 2007, 38 = NJW 2006, 2939 ff.; vgl. auch LAG Rheinland-Pfalz v. 26.2.2010 – 6 Sa 682/09, ITRB 2010, 177 f. (*Aghamiri*).

353 BAG v. 7.7.2005 – 2 AZR 581/04, NJW 2006, 530 ff.; vgl. auch BAG v. 27.4.2006 – 2 AZR 386/05, CR 2007, 38 = ITRB 2007, 31 = NJW 2006, 2939 ff.

354 Vgl. LAG Berlin-Brandenburg v. 14.1.2016 – 5 Sa 657/15 Rz. 75 ff., CR 2016, 442 = CR 2016, 520 = ITRB 2016, 131.

355 BAG v. 31.5.2007 – 2 AZR 200/06, AfP 2008, 119 = CR 2008, 110 = ITRB 2007, 251 = NJW 2007, 2653 ff.; vgl. auch OVG Lüneburg v. 14.9.2011 – 18 LP 15/10 Rz. 30 ff.; LAG Köln v. 18.7.2012 – 9 Sa 209/12 Rz. 70 ff.

356 BAG v. 7.7.2005 – 2 AZR 581/04, NJW 2006, 530 ff.; BAG v. 27.4.2006 – 2 AZR 386/05, CR 2007, 38 = ITRB 2007, 31 = NJW 2006, 2939 ff.

357 BAG v. 31.5.2007 – 2 AZR 200/06, AfP 2008, 119 = CR 2008, 110 = ITRB 2007, 251 = NJW 2007, 2653 ff.

Privatnutzung des Internet für ein außerordentliches Kündigungsrecht des Arbeitgebers sprechen kann[358].

Der Arbeitnehmer hat keinen Anspruch auf private Internetnutzung. Vielmehr ist der Arbeitgeber im Rahmen seines **Direktionsrechts** berechtigt, dem Arbeitnehmer eine solche Nutzung vollständig zu untersagen. Um Missverständnisse zu vermeiden, wird dem Arbeitgeber allgemein empfohlen, klare Richtlinien für die private Internetnutzung am Arbeitsplatz aufzustellen[359].   197

bb) Kontrollbefugnisse

Die Internetnutzung erfolgt per Telekommunikation. Auf den am Arbeitsplatz genutzten Rechnern hinterlässt die Nutzung **Datenspuren**. Dabei stellt sich sowohl die Frage nach telekommunikationsrechtlichen Schranken als auch nach datenschutzrechtlichen Vorgaben für Kontrollmaßnahmen. Darüber hinaus kann die Überwachung des Arbeitnehmers dessen Allgemeines Persönlichkeitsrecht verletzen.   198

(1) Telekommunikationsrecht

Erlaubt der Arbeitgeber seinen Mitarbeitern nicht nur die private E-Mail-Kommunikation, sondern auch die private Nutzung des Internet, stellt sich die Frage, ob **§ 3 TTDSG** einer Überwachung des Nutzungsverhaltens grundsätzlich entgegensteht[360]. Gute Gründe sprechen **dagegen**, das Fernmeldegeheimnis gem. § 3 TTDSG auf die Internetnutzung zu erstrecken. In seiner Handydaten-Entscheidung hat das BVerfG betont, dass Verbindungsdaten, die beim Empfänger anfallen, nicht Art. 10 GG unterliegen und somit – jedenfalls grundrechtlich – nicht durch das Telekommunikationsgeheimnis geschützt sind[361]. Die **Nutzungsspuren** auf betrieblichen Rechnern sind mit Verbindungsdaten, die auf Mobiltelefonen gespeichert werden, ohne weiteres vergleichbar. Bei der Internetnutzung ist die Telekommunikation zudem – anders als bei der E-Mail – kein Mittel der individuellen Kommunikation, sondern ein **Mittel zur Nutzung eines Telemediendienstes**. Die Internetnutzung ist daher der Übersendung von E-Mails nicht gleichzusetzen.   199

Wer die Internetnutzung – mit der Folge des Schutzes durch § 3 TTDSG und Art. 10 GG – bereits als Telekommunikation ansieht, lässt den Zweck des Fernmeldegeheimnisses außer Acht: Das Fernmeldegeheimnis schützt das **flüchtige Wort**; bei der Internetnutzung gibt es kein vergleichbares Schutzinteresse. Warum zudem das Fernsehen per Internet beispielsweise den strengen Schutzvoraussetzungen des § 3 TTDSG unterliegen soll, nicht jedoch das terrestrische Fernsehen, ist in keiner Weise ersichtlich.   200

Der Grundrechtsschutz nach Art. 10 GG erstreckt sich nicht auf die außerhalb eines laufenden Kommunikationsvorgangs im Herrschaftsbereich des Kommunikationsteilnehmers gespeicherten Inhalte und Umstände der Kommunikation. Der Schutz des Fernmeldegeheimnisses endet in dem Moment, in dem die E-Mail beim Empfänger angekommen und der   201

---

358 BAG v. 7.7.2005 – 2 AZR 581/04, NJW 2006, 530, 530 ff.
359 *Härting*, ITRB 2008, 88.
360 Vgl. *Rath/Karner*, K&R 2007, 446, 450 f.
361 BVerfG v. 2.3.2006 – 2 BvR 2099/04, ITRB 2006, 105 = CR 2006, 383 – Handydaten.

Übertragungsvorgang beendet ist[362]. Entsprechendes gilt für abgespeicherten **Chatprotokol-le**, die nach Abschluss des Chatgesprächs auf dem Arbeitsplatzrechner eines Beschäftigten verblieben sind. Auch diese sind lediglich die gespeicherten Inhalte und Umstände einer abgeschlossenen Kommunikation[363].

(2) Datenschutzrecht

202 Die Spuren, die die Internetnutzung auf den betrieblichen Rechnern hinterlässt, lassen in aller Regel Rückschlüsse auf den Mitarbeiter zu, der die betreffenden Seiten besucht hat. Bei der Aufzeichnung der besuchten Internetseiten handelt es sich somit um eine **Speicherung personenbezogener Daten** gem. Art. 4 Nr. 1 DSGVO. Ebenso wie es dem Arbeitgeber gestattet ist, Telefonverbindungen zum Zwecke der betriebsinternen Kontrolle zu speichern, besteht die Befugnis zur Speicherung der besuchten Internetseiten. Dies ergibt sich aus § 26 **Abs. 1 Satz 1 BDSG.** Unabhängig von dem genauen Umfang einer Erlaubnis zur privaten Internetnutzung lässt sich die **Erforderlichkeit** der Datenspeicherung gem. § 26 Abs. 1 Satz 1 BDSG jedenfalls daraus ableiten, dass der Arbeitgeber nur durch eine Aufzeichnung und Speicherung der Nutzungsdaten die Voraussetzungen dafür schaffen kann, dass nachvollziehbar ist, wann und von welcher Stelle aus rechtswidrige Seiten besucht wurden, sollten von behördlicher oder anderer dritter Seite Vorwürfe erhoben werden[364]. Zur Missbrauchskontrolle ist auch eine Auswertung der Nutzungsdaten zulässig[365].

(3) Allgemeines Persönlichkeitsrecht

203 Aus den Allgemeinen Persönlichkeitsrechten der Beschäftigten lassen sich Grenzen der Kontrollbefugnisse des Arbeitgebers ableiten. Der Arbeitnehmer, der sich einer ständigen Überwachung seines Internetverhaltens ausgesetzt sieht, verliert die Möglichkeit, unbefangen im Internet zu recherchieren, um seine beruflichen Aufgaben zu erledigen oder auch – im Falle der erlaubten Privatnutzung – privaten Interessen nachzugehen. Insoweit ist eine deutliche Parallele erkennbar zur dauerhaften Videoüberwachung, zu der der Arbeitgeber – im Normalfall – nicht berechtigt ist. Grundlage für das **grundsätzliche Verbot des „gläsernen Mitarbeiters"** ist das Allgemeine Persönlichkeitsrecht, das ein ständiges routinemäßiges Ausspähen des Arbeitnehmers verbietet[366].

204 Das Allgemeine Persönlichkeitsrecht schützt den Arbeitnehmer vor einer lückenlosen technischen Überwachung am Arbeitsplatz durch **heimliche Videoaufnahmen**. Durch eine solche Kontrolle wird nicht lediglich eine Aufsichtsperson ersetzt. Vielmehr wird der Arbeitnehmer, der davon ausgehen muss, dass der Arbeitgeber bei bestimmten Gelegenheiten zum Mittel der heimlichen Videoaufzeichnung greift, einem ständigen Überwachungsdruck aus-

---

362 BVerfG v. 2.3.2006 – 2 BvR 2099/04, ITRB 2006, 105 = CR 2006, 383, 386 – Handydaten; BVerfG v. 27.2.2008 – 1 BvR 370/07, 1 BvR 595/07, CR 2008, 306 = ITRB 2008, 75 = NJW 2008, 822 – Online-Durchsuchung.
363 LAG Hamm v. 10.7.2012 – 14 Sa 1711/10 Rz. 175, CR 2012, 758 = ITRB 2013, 34.
364 Vgl. OVG Lüneburg v. 14.9.2011 – 18 LP 15/10 Rz. 36.
365 LAG Berlin-Brandenburg v. 14.1.2016 – 5 Sa 657/15 Rz. 103 ff.
366 Vgl. EGMR v. 17.10.2019 – 1874/13 Rz. 91 – López Ribalda u.a. / Spanien; BAG v. 27.3.2003 – 2 AZR 51/02, NJW 2003, 3436, 3437; Hess. LAG v. 25.10.2010 – 7 Sa 1586/09, MMR 2011, 346, 347 = ITRB 2011, 182.

gesetzt, dem er sich während seiner Tätigkeit nicht entziehen kann[367]. Ähnlich verhält sich dies beim Keylogging[368] und bei der Internetnutzung: Der Arbeitnehmer, der sich einer ständigen Überwachung seiner Internetnutzung ausgesetzt sieht, verliert die Möglichkeit, sich **unbefangen** im Internet zu bewegen.

Eingriffe in das Persönlichkeitsrecht des Arbeitnehmers können durch die Wahrnehmung   205
überwiegender schutzwürdiger Interessen des Arbeitgebers gerechtfertigt sein. Bei einer Kollision des Allgemeinen Persönlichkeitsrechts mit den Interessen des Arbeitgebers ist somit durch eine **Güterabwägung** im Einzelfall zu ermitteln, ob das Allgemeine Persönlichkeitsrecht den Vorrang verdient[369]. Was die Internetnutzung betrifft, erscheint es verhältnismäßig, wenn der Arbeitgeber **stichprobenartige Kontrollen** durchführt, um die Einhaltung von **Richtlinien** bei der Internetnutzung am Arbeitsplatz zu überwachen. Dies gilt insbesondere für den Fall eines generellen oder partiellen Verbots der privaten Internetnutzung am Arbeitsplatz. Des Weiteren ist der Arbeitgeber zu Überprüfungen befugt, wenn der Verdacht einer Nutzung **rechtswidriger Inhalte** am Arbeitsplatz besteht. Eine solche Befugnis besteht auch, wenn **sonstige betriebliche Interessen** eine Überwachung rechtfertigen. Dies kann etwa der Fall sein, wenn Arbeitsabläufe im Betrieb zu optimieren sind.

---

367 Vgl. BAG v. 27.3.2003 – 2 AZR 51/02, NJW 2003, 3436, 3437; BAG v. 28.3.2019 – 8 AZR 421/17 Rz. 39; BAG v. 23.8.2018 – 2 AZR 133/18, Rz. 44; Hess. LAG v. 25.10.2010 – 7 Sa 1586/09, MMR 2011, 346, 347 = ITRB 2011, 182 = ITRB 2019, 6.
368 Vgl. BAG v. 27.7.2017 – 2 AZR 681/16 Rz. 33, CR 2018, 27 = ITRB 2017, 275.
369 Vgl. BAG v. 27.3.2003 – 2 AZR 51/02, NJW 2003, 3436, 3437; LAG Hamm v. 10.7.2012 – 14 Sa 1711/10 Rz. 188, CR 2012, 758 = ITRB 2013, 34; LAG Rheinland-Pfalz v. 24.1.2019 – 5 Sa 226/18 Rz. 48 ff.

B. Persönlichkeitsrechte

I. Kommunikation im Netz

206 Die Kommunikation im Netz kann Persönlichkeitsrechte gefährden und verletzen. Wer frei seine Meinung über einen Lehrer[370] oder Arzt[371] äußert, hat dadurch auch die Möglichkeit der **Beleidigung** und **Herabwürdigung**. Wer einen eBay-Verkäufer beurteilen darf, hat die Gelegenheit zur **Fehlinformation** interessierter Leser[372]. Und wer Fotos ins Internet einstellen darf, kann peinliche Partybilder von Personen veröffentlichen mit potentiell unangenehmen Folgen für die Betroffenen[373].

207 Es ist verständlich, dass die Betroffenen versucht haben, sich dagegen zu wehren, dass sie im Internet als „Neger-Kalle“[374] oder als „Hassprediger“[375] bezeichnet wurden. Ähnliches gilt für den PoC-Fußball-Nationalspieler, dessen Trikotnummer auf der Homepage einer rechten Par-

---

370 Vgl. BGH v. 23.6.2009 – VI ZR 196/08, BGHZ 181, 328 ff. = AfP 2009, 401 = CR 2009, 593 = ITRB 2009, 195 – spickmich.de.
371 OLG Frankfurt v. 8.3.2012 – 16 U 125/11, CR 2012, 399 = ITRB 2012, 151.
372 Vgl. *Dörre/Kochmann*, ZUM 2007, 30 ff.
373 Vgl. AG Ingolstadt v. 3.2.2009 – 10 C 2700/08, ITRB 2009, 269.
374 Vgl. LG Hamburg v. 25.5.2007 – 324 O 468/06.
375 Vgl. OLG Brandenburg v. 23.4.2007 – 1 U 10/06, AfP 2007, 567 = NJW-RR 2007, 1641 ff.

tei mit dem Schriftzug „Weiß – nicht nur eine Trikotfarbe! Für eine echte NATIONAL-Mannschaft" abgebildet war[376], und für den Chefredakteur einer Zeitung aus dem rechten Spektrum, der im Internet als „Vordenker und Rädelsführer der rechten Szene" und als „Drahtzieher im Hintergrund" bezeichnet wurde, der seinen Anhängern „als Deckmantel für Gewalt eine krude politische Ideologie liefert"[377].

Allerdings vermittelt das Grundrecht aus Art. 2 Abs. 1 i.V.m. Art. 1 Abs. 1 GG seinem Träger 208
keinen Anspruch darauf, öffentlich nur so dargestellt zu werden, wie es seinem Selbstbild entspricht oder ihm selbst genehm ist[378]. Es gewährleistet insbesondere **keine umfassende Verfügungsbefugnis** über die Darstellung der eigenen Person im Sinne einer ausschließlichen Herrschaft des Grundrechtsträgers über den Umgang der Öffentlichkeit mit Aussagen oder Verhaltensweisen, deren er sich öffentlich entäußert hat[379].

Ob Bewertungsportale, Online-Archive[380] oder auch Google Street View[381]: Keine Diskussi- 209
on über Persönlichkeitsrechte und Datenschutz im Internet kommt an einer **Abwägung** zwischen den Persönlichkeitsrechten und der Kommunikationsfreiheit vorbei[382]. Dabei steht der Schutz von Persönlichkeitsrechten (einschließlich der Unternehmenspersönlichkeitsrechte[383]) den Vorzügen gegenüber, die ein freier **Meinungsmarkt** für den demokratischen, globalen Informationsaustausch eröffnet[384].

Das Grundrecht aus **Art. 5 Abs. 1 GG** schützt die Selbstbestimmung des einzelnen Grund- 210
rechtsträgers über die Entfaltung seiner Persönlichkeit in der Kommunikation mit anderen. Bereits hieraus bezieht das Grundrecht sein in eine Abwägung mit dem Allgemeinen Persönlichkeitsrecht einzustellendes Gewicht, das durch ein mögliches öffentliches Informationsinteresse lediglich weiter erhöht werden kann[385]. Zum Selbstbestimmungsrecht der Presse oder auch des journalistischen Laien als Träger der Meinungsfreiheit gehört auch das Recht, den **Gegenstand der Berichterstattung** frei zu wählen. Es ist nicht die Aufgabe der Gerichte zu entscheiden, ob ein bestimmtes Thema überhaupt berichtenswert ist oder nicht[386].

Wegen der Freiheitsvermutung, die für Publikationsrechte spricht, ist es verfehlt, für Ver- 211
öffentlichungen ein „**Informationsinteresse**" der Öffentlichkeit zu fordern[387]. Journalismus ist auch dann durch Art. 5 GG geschützt, wenn Beiträge über eine Person mit fragwürdiger journalistischer Qualität veröffentlicht werden, für die sich kein „Informationsinteresse" be-

---

376 Vgl. LG Berlin v. 18.5.2006 – 27 O 372/06, AfP 2006, 386 ff.
377 Vgl. OLG Braunschweig v. 18.9.2000 – 2 W 211/00, ITRB 2001, 105 = MMR 2001, 163 ff.
378 BVerfG v. 25.1.2012 – 1 BvR 2499/09, 1 BvR 2503/09 Rz. 37, AfP 2012, 143.
379 BGH v. 25.10.2011 – VI ZR 332/09 Rz. 20, AfP 2012, 47 – Persönlichkeitsrecht.
380 Vgl. BGH v. 15.12.2009 – VI ZR 228/08 – dradio.de.
381 Vgl. *Jahn/Striezel*, K&R 2009, 753 ff.; *Forgó/Krügel/Müllenbach*, CR 2010, 616 ff.
382 Vgl. *Härting*, CR 2009, 21, 21 ff.
383 Vgl. OLG München v. 23.4.2010 – 18 W 688/10.
384 Vgl. *Ballhausen/Roggenkamp*, K&R 2008, 403, 403 ff.; *Greve/Schärdel*, MMR 2008, 644 ff.; *Plog*, CR 2007, 668 ff.
385 BVerfG v. 18.2.2010 – 1 BvR 2477/08, AfP 2010, 145 = CR 2010, 380 = ITRB 2010, 224 = GRUR 2010, 544, 545 f.; BVerfG v. 9.3.2010 – 1 BvR 1891/05 Rz. 29, AfP 2010, 365; BGH v. 25.10.2011 – VI ZR 332/09 Rz. 27, AfP 2012, 47 – Persönlichkeitsrecht.
386 BVerfG v. 9.3.2010 – 1 BvR 1891/05 Rz. 29, AfP 2010, 365; BGH v. 14.10.2010 – I ZR 191/08, AfP 2011, 249 = CR 2011, 467 m. Anm. *Arlt* = CR 2011, 401 = ITRB 2011, 124 – AnyDVD; BGH v. 22.11.2011 – VI ZR 26/11 Rz. 19, CR 2012, 343 = AfP 2012, 53.
387 *Eberle*, MMR 2008, 508, 508 ff.

gründen lässt. Für die Veröffentlichung von Fotos einzelner Personen als „Beiwerk" einer Landschaft oder Sehenswürdigkeit gilt die Erlaubnisnorm des § 23 Abs. 1 Nr. 2 KUrhG[388] auch dann, wenn es sich um ein schlechtes Foto handelt ohne informativen Nutzwert.

II. Besonderheiten der Online-Publikation

212 Online-Publikationen sind nicht in jeder Hinsicht mit Print-Publikationen vergleichbar. Als **Unterschiede** werden gemeinhin die unkontrollierbare, weltweite Verbreitung von Internet-Informationen, die Anonymität von Äußerungen, die „Prangerwirkung" des Internet und die leichte Auffindbarkeit über Suchmaschinen, sowie die Dauerhaftigkeit der Online-Veröffentlichung genannt[389]. Der **EGMR** vertritt die Auffassung, dass nutzergenerierte, ausdrucksstarke Aktivitäten im Internet eine noch nie dagewesene Möglichkeit für die Ausübung der Meinungsäußerungsfreiheit darstellen. Neben diesen Vorteilen können allerdings auch gewisse Gefahren auftreten. Rufschädigende und andere Formen von klar unrechtmäßiger Rede, einschließlich Hassrede und Anstachelung zu Gewalt, können verbreitet werden wie nie zuvor, und zwar weltweit und binnen Sekunden und bleiben manchmal dauerhaft online verfügbar. Es müsse daher ein **Ausgleich** geschaffen werden, der sowohl das Wesen der Persönlichkeitsrechte als auch der Kommunikationsfreiheit wahrt[390].

213 Anonymität war seit jeher ein Mittel zur Vermeidung von Repressalien und ungewollter Aufmerksamkeit. Sie ist geeignet, den freien Fluss von Ideen und Informationen auf bedeutende Weise zu fördern, vor allem im Internet. Gleichzeitig sind jedoch nach Auffassung des EGMR die Leichtigkeit, der Umfang und die Geschwindigkeit der Verbreitung von Informationen im Internet zu berücksichtigen, sowie die Langlebigkeit der einmal offengelegten Informationen, was die Wirkung von unrechtmäßiger Rede im Internet im Vergleich zu traditionellen Medien erheblich verschlimmern kann[391].

1. Weltweite Verbreitung

214 Der EuGH hat die „**Ubiquität**" der Verbreitung von Informationen in seiner „**Google Spain**"-Entscheidung betont. In der weltweiten Abrufbarkeit sieht der EuGH somit einen Umstand, der das Gewicht einer Persönlichkeitsrechtsverletzung im Internet gegenüber einer Print-Publikation erhöht[392].

215 Die Größe des Leser- bzw. Adressatenkreises („**weltweite Abrufbarkeit**") kann indes für sich allein kein Grund sein, bei der Abwägung zwischen Persönlichkeitsrechten und der Meinungs- und Informationsfreiheit im Internet andere Maßstäbe anzulegen als bei Offline-Publikationen. Die Meinungs- und Informationsfreiheit gilt für Medien mit einem hohen Verbreitungsgrad genauso wie für Medien mit beschränktem Adressatenkreis. Die Persönlichkeitsrechte setzen dem Betreiber eines kleinen lokalen Fernsehsenders dieselben Grenzen, die auch für die großen privaten und öffentlich-rechtlichen Sender gelten. Ebenso gelten bei

---

388 Vgl. *Jahn/Striezel*, K&R 2009, 753, 757.
389 *Ballhausen/Roggenkamp*, K&R 2008, 403, 404.
390 EGMR v. 16.6.2015 – 64659/09 Rz. 110 – Delfi AS vs. Estonia.
391 EGMR v. 16.6.2015 – 64659/09 Rz. 147 – Delfi AS vs. Estonia.
392 EuGH v. 13.5.2014 – C-121/12 Rz. 80 – Google Spain.

der Abwägung zwischen Persönlichkeitsrechten und Meinungsfreiheit für überregionale Tageszeitungen keine anderen Maßgaben als für eine Stadtteilzeitung mit geringer Auflage.

Kann die Auflagenhöhe kein Bezugspunkt für gesteigerte Anforderungen an Eingriffe in Persönlichkeitsrechte sein, so bedeutet dies für Online-Publikationen, dass sich **allein** aus der größeren Reichweite einer solchen Publikation nicht folgern lässt, bei der Abwägung zwischen Persönlichkeitsrechten und der Kommunikationsfreiheit andere Maßstäbe gelten zu lassen als bei Offline-Publikationen. Allerdings ist die „Ubiquität" der abrufbaren Informationen ein Umstand, der in die Abwägung einbezogen wird und gegen die Rechtmäßigkeit einer Verbreitung sprechen kann.   216

Eine **Geldentschädigung** wegen der Verletzung des Allgemeinen Persönlichkeitsrechts durch eine Internetveröffentlichung ist nicht generell höher zu bemessen als eine Entschädigung wegen eines Print-Artikels in den Print-Medien. Sowohl die Frage, ob die Verletzung des Persönlichkeitsrechts so schwerwiegend ist, dass die Zahlung einer Geldentschädigung erforderlich ist als auch deren Höhe, können nur aufgrund der gesamten Umstände des Einzelfalls beurteilt werden. Ein rufschädigender Artikel – beispielsweise auf der Titelseite – einer weit verbreiteten Tageszeitung mit hoher Auflage kann das Ansehen des Betroffenen wesentlich nachhaltiger schädigen, als eine Internetmeldung in einem weniger bekannten Portal, das nur begrenzte Nutzerkreise anspricht[393].   217

2. Anonymität und Namensnennung

Für den Gesichtspunkt der **Anonymität** gilt Ähnliches: Zwar ist es durchaus typisch für Online-Publikationen, dass der Verfasser einer Äußerung anonym oder zumindest schwer erkennbar ist. Dies mag die Rechtsverfolgung aus Sicht des in seinem Persönlichkeitsrecht verletzten Betroffenen erschweren und die Frage nach einer Störerhaftung Dritter aufwerfen[394]. Keineswegs lässt sich jedoch begründen, dass eine anonyme Äußerung unter einem geringeren Schutz des Art. 5 Abs. 1 GG steht, als eine Äußerung, die unter Namensnennung erfolgt. Hinter einer anonymen Meinungsäußerung steht oft ein **legitimes Bedürfnis** nach Geheimhaltung. Der Schüler, der seinen Lehrer kritisieren möchte, wird Sanktionen befürchten, wenn er seinen Namen nennt. Die Möglichkeit der anonymen Bewertung trägt somit dazu bei, dass dem Schüler die Ausübung der Meinungsfreiheit erleichtert wird. Dies schließt es aus, die Meinungsfreiheit bei anonymen Äußerungen erheblich stärker einzuschränken, als dies bei Äußerungen unter Namensnennung der Fall ist[395].   218

Eine Beschränkung der Meinungsfreiheit auf Äußerungen, die einem bestimmten Individuum zugerechnet werden, wäre mit Art. 5 Abs. 1 Satz 1 GG nicht vereinbar. Die Verpflichtung, sich namentlich zu einer bestimmten Meinung zu bekennen, würde die Gefahr begründen, dass der Einzelne sich aus Furcht vor Repressalien oder sonstigen negativen Auswirkungen dahingehend entscheidet, seine Meinung nicht zu äußern. Dieser Gefahr der **Selbstzensur** soll durch das Grundrecht auf freie Meinungsäußerung entgegen gewirkt werden[396].   219

---

393 BGH v. 17.12.2013 – VI ZR 211/12 Rz. 53, AfP 2014, 135 = CR 2014, 312 = ITRB 2014, 102 – Sächsische Korruptionsaffäre.

394 Vgl. EGMR v. 16.6.2015 – 64659/09 Rz. 147 ff. – Delfi AS vs. Estonia.

395 Vgl. BGH v. 23.6.2009 – VI ZR 1968/08, NJW 2009, 2888 – spickmich.de; OLG Frankfurt v. 8.3.2012 – 16 U 125/11 Rz. 28 ff., CR 2012, 399 = ITRB 2012, 151.

396 OLG Hamm v. 3.8.2011 – I-3 U 196/10 Rz. 4, CR 2012, 128 = ITRB 2011, 253 f. (*Rössel*).

220   Da es umgekehrt zur Aufgabe der Presse gehört, Verfehlungen – auch konkreter Personen – aufzuzeigen, darf sie zur Erfüllung ihrer Aufgaben nicht grundsätzlich auf eine **anonymisierte Berichterstattung** verwiesen werden. Mit Blick auf die Kontrollfunktion der Presse, die Öffentlichkeit berührende Missstände ans Licht zu holen und zur Diskussion und weiteren Aufklärung zu stellen, kann die personalisierte Darstellungsweise ein zulässiges Mittel sein, die Aufmerksamkeit der Öffentlichkeit auf Missstände zu lenken[397].

3. „Prangerwirkung"

221   Bereits im Jahre 2001 wies das BVerfG auf eine mögliche **„Prangerwirkung"** von Online-Publikationen hin[398]. Es ging um einen „Schuldnerspiegel" – eine Sammlung von Berichten über die Abwicklung von Zahlungen, geordnet nach den Namen der Schuldner. Dem Betreiber des „Schuldnerspiegels" waren bestimmte Äußerungen durch eine einstweilige Verfügung untersagt worden. Das BVerfG wies die Verfassungsbeschwerde mit der Begründung ab, dass der Rechtsweg noch nicht erschöpft sei. Dabei verwies das BVerfG darauf, dass die Problematik der „Prangerwirkung" schwierige rechtliche Fragen aufwerfe, die noch nicht höchstrichterlich entschieden seien[399].

222   Die „Prangerwirkung" lag nach Auffassung des BVerfG darin, dass der „Schuldnerspiegel" für eine unkontrollierbare und unbegrenzte Öffentlichkeit verfügbar war und die Nutzbarkeit durch eine Vielzahl von **Suchdiensten** erleichtert wurde, die ein systematisches Auffinden von Informationen aus großen Datenmassen ermöglichen. Diese Besonderheiten des Internets führten dazu, dass eine Information schnell für alle verfügbar ist, die an ihr interessiert sind, und dass die Information mit anderen relevanten Informationen leicht kombiniert werden kann[400].

223   Ähnlich hat der **EuGH** in seinem „**Google Spain**"-Urteil argumentiert. Die Google-Suche mit dem Namen einer Person ermögliche es jedem Internetnutzer, mit der Ergebnisliste einen strukturierten Überblick über die zu der betreffenden Person im Internet zu findenden Informationen zu erhalten, welche potentiell zahlreiche Aspekte von deren Privatleben betreffen und welche ohne die betreffende Suchmaschine nicht oder nur sehr schwer hätten miteinander verknüpft werden können und somit ein mehr oder weniger detailliertes Profil der Person zu erstellen[401].

224   Wegen der „Prangerwirkung" erachtete es der VGH Bayern für rechtmäßig, einem 13-jährigen Schüler einen „verschärften Verweis" zu erteilen, weil er im Netz ein Diskussionsforum über einen Lehrer eröffnet hatte. Durch die Einrichtung des Forums habe der Schüler einer unbestimmten Anzahl von Forumsteilnehmern die Gelegenheit verschafft, im Schutze eigener Anonymität einer interessierten Öffentlichkeit den namentlich bezeichneten Lehrer mit

---

397 OLG Düsseldorf v. 7.11.2019 – 16 U 161/18 Rz. 21; OLG Saarbrücken v. 30.6.2017 – 5 U 16/16 Rz. 74.

398 BVerfG v. 9.10.2001 – 1 BvR 622/01, AfP 2002, 178 = CR 2002, 363 = ITRB 2002, 126 = NJW 2002, 741 ff.

399 BVerfG v. 9.10.2001 – 1 BvR 622/01, AfP 2002, 178 = CR 2002, 363 = ITRB 2002, 126 = NJW 2002, 741 ff.

400 BVerfG v. 9.10.2001 – 1 BvR 622/01, AfP 2002, 178 = CR 2002, 363 = ITRB 2002, 126 = NJW 2002, 741, 742.

401 EuGH v. 13.5.2014 – C-121/12 Rz. 80 – Google Spain.

seinen (angeblich) charakteristischen Wesensmerkmalen zu präsentieren und ihn bis über die Grenze der Beleidigung hinaus als Person abzuqualifizieren. Der „Internet-Pranger" habe eine einschüchternde Wirkung, weil der betroffene Lehrer damit rechnen müsse, dass anonyme Schmähungen oder auch unzutreffende Tatsachenbehauptungen zu seiner Person jederzeit seinem persönlichen und sozialen Umfeld bekannt werden können[402].

4. Perpetuierung

Ein weiterer Unterschied zwischen Online- und Offline-Publikationen liegt in dem **Zeitmoment**. Die Schülerzeitung mit den Lehrerbeurteilungen wird in der Regel nur so lange verbreitet, bis die nächste Ausgabe erscheint. Einträge in eine Lehrerbewertungsportal sind dagegen – jedenfalls theoretisch – unendlich lang abrufbar[403].   225

Der Zeitfaktor kann sich auf das Informationsinteresse auswirken, das einer Veröffentlichung zugrunde liegt. So lässt sich bei der Beurteilung von Lehrenden ein Informationsinteresse nur so lange bejahen, wie die Lehrer tatsächlich im Dienst sind. Für die fortdauernde Veröffentlichung von Bewertungen über pensionierte Lehrer gibt es kein Publikationsinteresse, das den mit einer Veröffentlichung einhergehenden Eingriff in Persönlichkeitsrechte legitimieren kann.   226

In seiner „**Google Spain**"-Entscheidung hat der **EuGH** das Zeitmoment betont und den Standpunkt vertreten, eine ursprünglich rechtmäßige Verbreitung von Informationen könne nach Ablauf einer gewissen Zeit rechtswidrig werden und der Sache nach ein „Recht auf Vergessen" bejaht[404]. Allerdings hat das **BVerfG** in seiner „**Recht auf Vergessen I**"-Entscheidung zurecht darauf hingewiesen, dass aus dem allgemeinen Persönlichkeitsrecht kein „Recht auf Vergessen" in einem grundsätzlich allein von den Betroffenen beherrschbaren Sinn folgt. Die Herausbildung der Persönlichkeit vollziehe sich auch in Kommunikationsprozessen und damit in Wechselwirkung mit der freien Beurteilung Dritter und einer – mehr oder weniger breiten – Öffentlichkeit. Welche Informationen als interessant, bewundernswert, anstößig oder verwerflich erinnert werden, unterliege nicht der einseitigen Verfügung des Betroffenen. Aus dem allgemeinen Persönlichkeitsrecht folge damit nicht das Recht, alle früheren personenbezogenen Informationen, die im Rahmen von Kommunikationsprozessen ausgetauscht wurden, aus dem Internet löschen zu lassen. Insbesondere gebe es kein Recht, öffentlich zugängliche Informationen nach freier Entscheidung und allein eigenen Vorstellungen zu filtern und auf die Aspekte zu begrenzen, die Betroffene für relevant oder für das eigene Persönlichkeitsbild als angemessen erachten. Erst recht stelle das Grundgesetz die dauerhafte Auseinandersetzung mit Taten und Tätern nicht in Frage, denen als öffentliche Personen Prägekraft für das Selbstverständnis des Gemeinwesens insgesamt zukommt. Das allgemeine Persönlichkeitsrecht sei „kein Rechtstitel gegen ein Erinnern in historischer Verantwortung"[405].   227

---

402 VGH Bayern v. 10.3.2010 – 7 B 09.1906, CR 2010, 616 (Ls.); *Wienen*, ITRB 2012, 160.
403 Vgl. *Grevel/Schärdel*, MMR 2008, 644, 648.
404 EuGH v. 13.5.2014 – C-121/12 Rz. 92 ff. – Google Spain.
405 BVerfG v. 6.11.2019 – 1 BvR 16/13, Rz. 107, CR 2020, 30 = AfP 2020, 35 = ITRB 2020, 28 (*Rössel*) – Recht auf Vergessen I.

III. Sphärentheorie; Tatsachen; Werturteile

228 Bei der Abwägung zwischen dem Persönlichkeitsschutz und der Kommunikationsfreiheit bietet die deutsche Rechtsprechung ein Bild, das gelegentlich verwirrt. Einerseits wird nach der **„Sphärentheorie"** darauf abgestellt, wie intensiv der Eingriff in Persönlichkeitsrechte ist, um anhand der Intensität eine Abwägung mit dem Informationsinteresse vorzunehmen, das für die Freiheit der Kommunikation spricht. Andererseits wird zwischen **Tatsachenbehauptungen** und **Werturteilen** unterschieden. Während der Freiraum der Kommunikation bei der Verbreitung wahrer Tatsachen und bei Werturteilen sehr groß ist, sind unwahre Tatsachenbehauptungen grundsätzlich verboten.

229 Das oft unverbundene Nebeneinander der „Sphärentheorie" und der Differenzierung zwischen Tatsachenbehauptungen und Werturteilen erschwert bisweilen die **Vorhersehbarkeit der Abwägung** bei gerichtlichen Auseinandersetzungen.

1. Sphären der Persönlichkeit

230 Um die Schutzbedürftigkeit des Persönlichkeitsrechts im konkreten Fall ermitteln zu können, wurden in der Rechtsprechung und Literatur bestimmte **Lebensbereiche** herausgearbeitet, in welchen sich die Persönlichkeit unterschiedlich stark verwirklicht. Anerkannt sind die Intimsphäre, die Privatsphäre und die Sozial- bzw. Individualsphäre[406]. Der Schutz dieser Sphären wird abgestuft gewährt. Vorgänge aus dem Intimbereich verdienen den stärksten Schutz vor Indiskretionen, wohingegen der Schutz für Vorgänge aus dem Sozialbereich schwach ausfällt[407].

231 Mit der Einordnung in eine bestimmte Persönlichkeitssphäre ist keine Vorentscheidung über die Rechtswidrigkeit des Eingriffs verbunden; die **„Sphärentheorie"** wird aus diesem Grund gelegentlich kritisiert[408]. Die Eingriffsintensität bedarf stets einer **Abwägung mit dem Gewicht des Interesses**, das mit der Veröffentlichung verfolgt wird. Je gewichtiger dieses Interesse ist, desto schwächer wird der Persönlichkeitsschutz. Insbesondere die Pressefreiheit kann erhebliche Eingriffe in den Persönlichkeitsschutz legitimieren[409].

a) Intimsphäre

232 Am stärksten geschützt ist die Intimsphäre, wobei der Schutz flankiert wird von dem **absoluten Schutz des Kernbereichs** höchstpersönlicher Lebensgestaltung, den das BVerfG entwickelt hat. Auch der EGMR hat den erhöhten Schutz der Intimsphäre in einem Fall betont, in dem es um die Veröffentlichung eines Buches ging, das sich in einigen Passagen mit dem Sexualleben des ehemaligen finnischen Premierministers befasste[410]. Die **Intimsphäre** um-

---

406 BVerfG v. 15.1.1970 – 1 BvR 13/68, NJW 1970, 122 – Scheidungsakten; BVerfG v. 8.3.1972 – 2 BvR 28/71, NJW 1972, 1123 – Ärztekartei; BVerfG v. 3.6.1980 – 1 BvR 185/77, AfP 1980, 149 = NJW 1980, 2070 – Eppler-Zitat; BVerfG v. 15.12.1999 – 1 BvR 653/96, AfP 2000, 76 = NJW 2000, 1021 – Caroline von Monaco II; *Sprau* in Grüneberg, § 823 BGB Rz. 87.

407 *Wenzel*, Wort- und Bildberichterstattung, 5. Kapitel, Rz. 39.

408 *Klass* in Erman, Anh § 12 BGB Rz. 7.

409 BVerfG v. 3.6.1980 – 1 BvR 185/77, AfP 1980, 149 = NJW 1980, 2070 – Eppler-Zitat.

410 EGMR v. 14.1.2014 – 69939/10 Rz. 56; EGMR v. 14.1.2014 – 73579/10 Rz. 51, AfP 2014, 317.

fasst den Bereich menschlichen Lebens, der der Öffentlichkeit bei verständiger Würdigung nicht preisgegeben werden soll[411]. Der Schutz der Intimsphäre umfasst insbesondere das Recht, **Aufzeichnungen geheim zu halten**, von denen niemand oder nur eine Person, auf deren Verschwiegenheit man vertrauen kann, Kenntnis nehmen soll[412].

Nach der Rechtsprechung des BVerfG gewährt das Grundgesetz dem Einzelnen im **Kern-** 233 **bereich höchstpersönlicher, privater Lebensgestaltung** einen unantastbaren Bereich zur Entfaltung der Persönlichkeit, der wegen seiner besonderen Nähe zur Menschenwürde absolut geschützt und einer Einschränkung durch Abwägung nach Maßgabe des **Verhältnis- mäßigkeitsgrundsatzes** nicht zugänglich ist. Die Beurteilung, ob ein Sachverhalt diesem Kernbereich zuzuordnen ist, hängt davon ab, ob der Betroffene ihn geheim halten will, ob er nach seinem Inhalt höchstpersönlichen Charakters ist und in welcher Art und Intensität er aus sich heraus die Sphäre anderer oder die Belange der Gemeinschaft berührt[413].

Wie sich der Kernbereich der Persönlichkeit zur Intimsphäre verhält, ist unklar. Einiges 234 spricht dafür, dass der Kernbereich enger zu verstehen ist als der vor allem durch den BGH geprägte Intimsphärenschutz. Der Schutz der Intimsphäre ist – anders als der Kernbereich höchstpersönlicher Lebensgestaltung – nicht absolut.

Der Bereich der **Sexualität** gehört nicht mehr zwangsläufig und nicht in jedem Fall zum 235 Kernbereich privater Lebensgestaltung[414]. Je akzeptabler es wird, über Sexualität in der Öf- fentlichkeit zu sprechen, desto weniger lässt sich sagen, dass die Sexualität stets der Intim- sphäre zuzurechnen ist. In neueren Entscheidungen zu einer Berichterstattung über „intime Fotos"[415] bzw. über eine „Sex-Flaute" beim Lebensgefährten einer Prominenten[416] ließ der BGH offen, ob ein Eingriff in die Intimsphäre vorlag und ging davon aus, dass „zumindest der **innere Bereich der Privatsphäre** betroffen" sei.

Der Schutz der Intimsphäre entfällt, wenn der Betroffene von sich aus intime Angelegenhei- 236 ten der Öffentlichkeit zugänglich macht. Er kann sich dann nicht mehr auf den Schutz des Kernbereichs privater Lebensgestaltung und der Intimsphäre berufen[417]. Eine Rolle bei der Beurteilung der Selbstöffnung kann dabei die Frage spielen, in welchem Umfang und in wel- cher Intensität der Betroffene Tatsachen selbst der Öffentlichkeit preisgegeben hat. Der Dis- kretionsschutz entfällt lediglich in dem Umfang, in dem der Betroffene seine Privatsphäre konkret geöffnet hat. Die jeweilige Veröffentlichung muss mit dem von dem Betroffenen der Öffentlichkeit zugänglich gemachten Teilbereich seiner Intimsphäre korrespondieren[418].

Wer freiwillig an der Produktion professionell hergestellter, kommerzieller Pornofilme in für 237 den Zuschauer erkennbarer Weise mitwirkt, begibt sich mit diesem Bereich seiner Sexualität in die Öffentlichkeit und damit in die **Sozialsphäre**. Er kann sich gegenüber einer Bericht-

---

411 *Wenzel*, Wort- und Bildberichterstattung, 5. Kapitel, Rz. 40.
412 BVerfG v. 15.1.1970 – 1 BvR 13/68, NJW 1970, 122 – Scheidungsakten; OLG Nürnberg v. 10.8.2017 – 13 U 851/17 Rz. 38.
413 BGH v. 25.10.2011 – VI ZR 332/09 Rz. 11, AfP 2012, 47 – Persönlichkeitsrecht.
414 A.A. OLG Köln v. 14.2.2012 – 15 U 123/11 Rz. 38.
415 BGH v. 30.4.2019 – VI ZR 360/18 Rz. 10, AfP 2019, 443.
416 BGH v. 14.12.2021 – VI ZR 403/19 Rz. 13 – „Sex-Flaute".
417 BGH v. 25.10.2011 – VI ZR 332/09 Rz. 12, AfP 2012, 47 – Persönlichkeitsrecht.
418 LG Frankfurt/M v. 27.9.2018 – 2-03 O 320/17 Rz. 92.

erstattung über diesen Teil seines Wirkens nicht auf den Schutz seiner Intimsphäre berufen[419].

238 **Sexualstraftaten** gehören nicht der Intimsphäre des Tatverdächtigen an, da sie einen gewalttätigen Übergriff in das Recht auf sexuelle Selbstbestimmung und zumeist auch in das Recht auf körperliche Unversehrtheit des Opfers beinhalten[420]. Die Veröffentlichung einer Liste mit Namen von Personen, die wegen **Filesharing von Pornos** abgemahnt worden sind, stellt hingegen die Personen in der Öffentlichkeit bloß und verletzt die Intimsphäre[421].

239 Es gibt keinen generellen Schutz davor, Vorbild für eine **fiktive Figur** in einem Roman oder Film zu werden. Die Kunstfreiheit gebietet es, zunächst von der Fiktionalität eines Spielfilms auszugehen, sodass derjenige, der sich in seinem Persönlichkeitsrecht verletzt sieht, die Unrichtigkeit oder Ehrenrührigkeit der von ihm beanstandeten Passagen nachzuweisen hat. Wer zudem als Opfer sexuellen Missbrauchs an der hessischen Odenwaldschule mit einem Buch an die Öffentlichkeit gegangen ist, muss es hinnehmen, wenn er sich in einer Verfilmung als eines der Missbrauchsopfer wiedererkennt[422].

b) Privatsphäre

240 Bei dem Recht auf Achtung der **Privatsphäre** geht es um den Schutz eines autonomen Bereichs der eigenen Lebensgestaltung, in dem der Betroffene seine Individualität unter Ausschluss anderer entwickeln und wahrnehmen kann. Dazu gehört in diesem Bereich auch das Recht, für sich zu sein, sich selbst zu gehören und den Einblick durch andere auszuschließen[423].

241 Der Schutz der Privatsphäre ist thematisch und räumlich bestimmt. Er umfasst insbesondere Angelegenheiten, die wegen ihres **Informationsinhalts** typischerweise als „privat" eingestuft werden, weil ihre öffentliche Erörterung oder Zurschaustellung als unschicklich gilt, das Bekanntwerden als peinlich empfunden wird oder nachteilige Reaktionen der Umwelt auslöst[424]. Die Privatsphäre beschränkt sich nicht auf den privaten Raum, sondern kann auch einen **Spaziergang in der Öffentlichkeit** umfassen, wenn es sich um einen rein privaten Moment handelt und der Betroffene nicht mit einer Beobachtung rechnen muss[425].

242 Spiegelbildlich zum Begriff des „inneren Bereichs der Privatsphäre" benutzt der BGH in neueren Entscheidungen den Begriff der **„äußeren Privatsphäre"**, um den vergleichsweise schwachen Schutz der Privatsphäre bei der Berichterstattung über das Scheidungsverfahren einer Prominenten[426] zu kennzeichnen

---

419 BGH v. 25.10.2011 – VI ZR 332/09 Rz. 13, AfP 2012, 47 – Persönlichkeitsrecht; BGH v. 14.12.2021 – VI ZR 403/19 Rz. 16 – „Sex-Flaute".
420 BGH v. 19.3.2013 – VI ZR 93/12 Rz. 24, AfP 2013, 250 = CR 2013, 462.
421 LG Essen v. 11.4.2013 – 4 O 405/12.
422 LG Hamburg v. 3.6.2016 – 324 O 78/15 Rz. 68 ff.
423 BGH v. 25.10.2011 – VI ZR 332/09 Rz. 15, AfP 2012, 47 – Persönlichkeitsrecht.
424 BGH v. 25.10.2011 – VI ZR 332/09 Rz. 17 ff., AfP 2012, 47 – Persönlichkeitsrecht; BGH v. 22.11.2011 – VI ZR 26/11 Rz. 10, CR 2012, 343 = AfP 2012, 53; BGH v. 18.9.2012 – VI ZR 291/10 Rz. 12, AfP 2012, 551; BGH v. 10.11.2020 – VI ZR 62/17 Rz. 15 – Abschiedsgruß.
425 LG Köln v. 10.10.2012 – 28 O 195/12 Rz. 21.
426 BGH v. 7.7.2020 – VI ZR 246/19 Rz. 36, AfP 2020, 508 m. Anm. *Schertz* – Ehescheidung; BGH v. 7.7.2020 – VI ZR 250/19 Rz. 35, CR 2020, 734.

Ein Eingriff in die Privatsphäre kann vorliegen, wenn Fotos von der Außenansicht des Wohn- 243
hauses einer Person gegen deren Willen unter Namensnennung veröffentlicht oder verbreitet werden. Durch die Veröffentlichung einer solchen Aufnahme wird die Anonymität aufgehoben und die Gefahr geschaffen, dass das Wohnhaus in seiner Eignung als **Rückzugs-
bereich** individueller Lebensgestaltung beeinträchtigt wird, etwa wenn die Veröffentlichung
geeignet ist, eine erhöhte Beobachtung des Anwesens durch Dritte hervorzurufen oder
Schaulustige anzuziehen[427]. Entsprechendes gilt für die Veröffentlichung der Kontaktdaten
eines privaten Grundstückeigentümers, gegen den sich Proteste einer Bürgerinitiative richten[428]. Dasselbe gilt für die Veröffentlichung von **Satellitenaufnahmen** eines privaten Wohn-
grundstücks, die gleichfalls einen Eingriff in die Privatsphäre darstellt. Allerdings fehlt es an
der Rechtswidrigkeit, wenn die Identität der Bewohner nicht offenbart wird und das Informationsinteresse der Öffentlichkeit überwiegt[429].

Die Veröffentlichung eines Immobilienangebots im Internet unter Beifügung einer Vielzahl 244
von Fotos, die Innenräume, Garten und Garage zeigen, kann einen Eingriff in die Privatsphäre darstellen. Dies gilt allerdings nur, wenn die Bewohner namentlich genannt werden
oder zumindest für einen Teil des Zuschauer- oder Adressatenkreises aufgrund der dargestellten Umstände hinreichend erkennbar sind, wobei die **Erkennbarkeit** in einem mehr oder
minder großen Bekanntenkreis bzw. in der näheren persönlichen Umgebung genügt[430].

Zur Privatsphäre gehören Informationen über das Bestehen einer **Liebesbeziehung**, deren 245
Bekanntwerden der Betroffene – aus welchen Gründen auch immer – nicht wünscht, sondern vielmehr geheim halten möchte[431].

Der Schutz der Privatsphäre entfällt, wenn der Grundrechtsträger seine **Privatsphäre nach** 246
außen öffnet und bestimmte, für gewöhnlich als privat geltende Angelegenheiten der Öffentlichkeit preisgibt[432]. Wer an einem kommerziellen Pornofilm mitwirkt, kann sich daher
auch auf den Schutz der Privatsphäre nicht berufen[433]. Gleichwohl reicht die Veröffentlichung von Aktaufnahmen in Zeitschriften nicht aus, um jegliche Details aus dem sexuellen
Privatleben der Betroffenen zu offenbaren, soweit die Begebenheiten der privaten Offen-
barungen vor den Veröffentlichungen der Aktaufnahmen erfolgt ist. Vielmehr muss eine innere Beziehung zwischen den veröffentlichten Details und den Aktaufnahmen bestehen.

Zur Privatsphäre gehören **Erkrankungen**, wobei Ausnahmen bei wichtigen Politikern, Wirt- 247
schaftsführern oder Staatsoberhäuptern bestehen können[434]. Eine Berufung auf die Privatsphäre scheidet aus, wenn der Betroffene selbst Details zu seinem Gesundheitszustand gegenüber der Öffentlichkeit preisgegeben hat. Wer über seinen Gesundheitszustand öffentlich
redet, kann dann nicht gleichzeitig den öffentlichkeitsabgewandten Schutz seiner Privat-

---

427 KG Berlin v. 6.2.2012 – 10 U 50/11 Rz. 34.
428 LG Bamberg v. 8.8.2014 – 3 S 40/14 Rz. 20 ff.
429 LG Itzehoe v. 11.6.2020 – 10 O 84/20 Rz. 60 ff., CR 2021, 390 = AfP 2020, 440.
430 OLG Saarbrücken v. 17.6.2015 – 5 U 56/14 Rz. 26, CR 2016, 261 = ITRB 2016, 5.
431 LG Frankfurt/M. v. 21.12.2017 – 2-03 O 130/17 Rz. 47.
432 BGH v. 25.10.2011 – VI ZR 332/09 Rz. 16, AfP 2012, 47 – Persönlichkeitsrecht; BGH v.
    29.11.2016 – VI ZR 382/15 Rz. 12 – Michael Schumacher; BGH v. 10.11.2020 – VI ZR 62/17
    Rz. 19, CR 2021, 62 – Abschiedsgruß.
433 BGH v. 25.10.2011 – VI ZR 332/09 Rz. 17 ff., AfP 2012, 47 – Persönlichkeitsrecht.
434 BGH v. 18.9.2012 – VI ZR 291/10 Rz. 17, AfP 2012, 551.

sphäre geltend machen[435]. Wenn sich öffentliche Äußerungen des Betroffenen allerdings auf allgemein und abstrakt gehaltene Angaben zu seinem grundsätzlichen Gesundheitszustand beschränken, denen keinerlei Einzelheiten über das genaue Ausmaß seiner gesundheitlichen Beeinträchtigungen zu entnehmen sind, bleibt der Schutz der Privatsphäre hinsichtlich dieser Einzelheiten erhalten[436].

248 Das **Geburtsdatum** gehört zur Privatsphäre einer Person. Anders als die ungefähre Altersangabe, die sich nach dem äußeren Erscheinen einer Person richtet, steht das Geburtsdatum einer Person nicht auf die Stirn geschrieben. Allerdings ist zu berücksichtigen, dass die Bedeutung des Geburtsdatums, das in der heutigen Gesellschaft nicht nur im Behördenverkehr, sondern auch im privaten Geschäftsverkehr häufig abgefragt wird, nicht als sonderlich hoch eingeschätzt wird[437].

249 Dem Beitritt zu einem **Verein**, einer politischen **Partei** oder einer anderen (etwa politischen oder religiösen) Gruppierung kommt – ebenso wie dem bloßen Bestehen einer Mitgliedschaft in einer solchen Vereinigung – grundsätzlich keine Publizität zu. Soweit ein Mitglied lediglich eine passive Zugehörigkeit anstrebt und sich nach außen hin nicht offen zur Mitgliedschaft bekennen will, ist dies zu respektieren. Die Mitgliedschaft ist der **Privatsphäre** zuzuordnen, solange der Betroffene nicht mit seiner Mitgliedschaft von sich aus in die Öffentlichkeit getreten ist[438].

250 Ein Eingriff in die Privatsphäre einer ehemaligen Politikerin liegt vor, wenn durch die Berichterstattung über den Suizid ihres Sohnes ihr Recht verletzt wird, mit der Trauer um ihren verstorbenen Sohn allein zu bleiben und insoweit in Ruhe gelassen zu werden. Bei **Personen des politischen Lebens** besteht zwar ein gesteigertes Informationsinteresse des Publikums unter dem Gesichtspunkt demokratischer Transparenz und Kontrolle. Hierdurch wird der Kreis berechtigter Informationsinteressen der Öffentlichkeit erweitert und ist nicht auf skandalöse, sittlich oder rechtlich zu beanstandende Verhaltensweisen begrenzt. Bringt ein Politiker jedoch durch sein Verhalten zum Ausdruck, dass er zukünftig in Privatheit leben will, indem er sich aus der Öffentlichkeit zurückzieht, nimmt das öffentliche Informationsinteresse mit zunehmendem Abstand von diesem Ereignis ab[439].

251 Die politische Bedeutung und die Berechtigung des öffentlichen Interesses an einem hochrangigen Politiker enden nicht schon mit seinem Rücktritt; die besondere Bedeutung des Amtes wirkt vielmehr nach. Es besteht ein berechtigtes Interesse der Öffentlichkeit, darüber informiert zu werden, wie ein hochrangiger Politiker sein Leben nach dem Abschied aus der aktiven Politik gestaltet. Ein Politiker ist daher auch nach seinem Ausscheiden aus der Politik nicht wie jedwede Privatperson zu behandeln, sondern bleibt – jedenfalls für eine Übergangszeit – trotz des Amtsverlustes politische Person, die **Leitbild- oder Kontrastfunktionen** erfüllen kann und deren Verhalten weiterhin Gegenstand öffentlicher Diskussionen sein darf. Dies gilt in besonderer Weise für einen ehemaligen Bundespräsidenten, dessen politisches und gesellschaftliches Engagement regelmäßig nicht mit dem Ausscheiden aus dem Amt endet[440].

---

435 BGH v. 29.11.2016 – VI ZR 382/15 Rz. 9 ff. – Michael Schumacher.
436 BGH v. 29.11.2016 – VI ZR 382/15 Rz. 13 – Michael Schumacher.
437 AG München v. 6.11.2015 – 142 C 30130/14 Rz. 18.
438 BGH v. 20.12.2011 – VI ZR 261/10 Rz. 18 – Babyklappen.
439 OLG Dresden v. 12.7.2011 – 4 U 188/11 Rz. 24, AfP 2012, 168.
440 BGH v. 6.2.2018 – VI ZR 76/17 Rz. 23.

Kinder haben ein Recht auf ungehinderte Entwicklung zur Persönlichkeit – auf „Person 252
werden". Dies umfasst nicht nur die Privatsphäre, sondern auch die kindgemäße Entwicklung und Entfaltung in der Öffentlichkeit. Der konkrete Umfang des Rechts des Kindes auf
ungestörte kindliche Entwicklung ist vom Schutzzweck her unter Berücksichtigung der Ent-
wicklungsphasen des Kindes zu bestimmen[441]. Die Veröffentlichung der Abstammung, des
Vornamens und des Alters des Kindes eines bekannten Fernsehmoderators in einer Zeitschrift greift in die Persönlichkeitsrechte des Kindes ein. Wenn die geschützten Informationen indes aufgrund von Presseberichten bereits einer großen Zahl von Personen bekannt geworden und zudem im Internet leicht zugänglich sind, ist das Gewicht des Eingriffs in die
Rechtsposition des Kindes vergleichsweise gering, so dass die Abwägung mit der Presse-
und Meinungsfreiheit zugunsten des Zeitschriftenverlags ausfällt[442].

Eine Beeinträchtigung des Allgemeinen Persönlichkeitsrechts eines Kindes in dessen Ausprä- 253
gung als **Recht auf ungestörte kindgemäße Entwicklung** liegt vor, wenn der Name des
Kindes in einem Buch einer Lehrerin genannt und die Fähigkeiten und Verhaltensweisen
des Kindes in der Grundschule öffentlich bekannt gegeben werden. Die Verletzung wird
nicht dadurch beseitigt, dass sich das Kind oder der Erziehungsberechtigte im Nachhinein
dazu äußert[443].

Bei **Heranwachsenden** kann die Berichterstattung über eine Beziehung einen Eingriff in ei- 254
nen besonders sensiblen Bereich darstellen. Heranwachsende sollen eine gewisse Schutzbedürftigkeit dahingehend genießen, dass es ihnen zugestanden sein soll, auf dem Weg zu einer gereiften Persönlichkeit unbeeinträchtigt Beziehungen zu Partnern führen zu können,
ohne dabei von einer breiten Öffentlichkeit beobachtet zu werden[444].

c) Sozialsphäre

Die Sozialsphäre umfasst den Bereich menschlichen Lebens, von welchem jedermann Kennt- 255
nis nehmen kann und eventuell sogar Kenntnis nehmen soll. Es ist die Sphäre, die der **Öffentlichkeit zugekehrt ist**. In diesem Bereich besteht kein persönlichkeitsrechtlicher Schutz
vor Indiskretion. Aus diesem Grund ist es für den Persönlichkeitsschutz im Sozialbereich
auch regelmäßig ohne Belang, ob der Vorgang absichtlich oder unabsichtlich in den Bereich
der Öffentlichkeit gelangt ist[445]. Ein subjektives Geheimhaltungsinteresse allein kann jedenfalls nicht ausreichen, um Sachverhalte der Privat- oder Intimsphäre zuzuordnen[446].

Bei der **beruflichen Betätigung** reicht der Persönlichkeitsschutz weniger weit als der Schutz 256
des privaten Bereichs[447]. Das Wirken des Menschen im Berufs- und Erwerbsleben vollzieht
sich im Allgemeinen nicht im Geheimen. Vielmehr bringt es die Entfaltung der Persönlichkeit im Wirtschaftsleben mit sich, dass die Person sich der öffentlichen Kritik stellen muss.
Wer aktiv handelnd im Wirtschaftsleben steht, setzt sich in einem demokratischen Gemein-

---

441 BGH v. 15.9.2015 – VI ZR 175/14 Rz. 18, AfP 2015, 564.
442 BGH v. 5.11.2013 – VI ZR 304/12 Rz. 21, AfP 2014, 58 = CR 2014, 135.
443 BGH v. 15.9.2015 – VI ZR 175/14 Rz. 24 ff., AfP 2015, 564.
444 LG Frankfurt/M. v. 21.12.2017 – 2-03 O 130/17 Rz. 49.
445 *Wenzel*, Wort- und Bildberichterstattung, 5. Kapitel, Rz. 71.
446 OLG Hamburg v. 11.7.1960 – 8 U 72/59, MDR 1960, 1008 m.w.N.
447 BGH v. 24.10.1961 – VI ZR 204/60, NJW 1962, 32 – Waffenhandel.

wesen auch der Kritik seiner Betätigung aus, der er nicht unter Berufung auf einen persönlichen Geheimbereich ausweichen kann[448].

257 Die Offenbarung **wirtschaftlicher Schwierigkeiten** einer Person kann deren Sozialprestige und wirtschaftliche Betätigungsmöglichkeiten erheblich einschränken. Allerdings bedingt die Beteiligung am Wirtschaftsverkehr die Offenlegung gewisser personenbezogener Informationen. Ohne einen wechselseitigen Informationsfluss unter Teilnehmern an einem ökonomischen Prozess ist keine gewerbliche Betätigung möglich. Dies spricht für die Zulässigkeit einer Berichterstattung[449]. Das Recht auf **Schutz des guten Rufs** ist zwar – als Teil des Rechts auf Achtung des Privatlebens – auch von Art. 8 EMRK geschützt. Um Art. 8 EMRK ins Spiel zu bringen, muss der Angriff auf den guten Ruf einer Person jedoch eine bestimmte Schwere erreichen und die Ausübung ihres Rechts auf Achtung des Privatlebens beeinträchtigen[450].

258 Das mit einer Geschäftsführerin im Rahmen einer Fernsehsendung geführte **Interview** zu einem arbeitsrechtlichen Thema fällt laut OLG Celle grundsätzlich in den Bereich ihrer Sozialsphäre[451]. Auch wenn die Veröffentlichung dieses Beitrages im Internet erfolge und sich ein entsprechender Link durch die bloße Eingabe des Namens der Betroffenen in eine Suchmaschine finden lasse, begründe dies keine Verletzung der Privatsphäre[452]. Zur Sozialsphäre gehören auch **Äußerungen in sozialen Netzwerken**, sofern die Äußerungen für jedermann ohne Einschränkung aufrufbar sind[453].

259 Im **politischen Bereich** reicht bereits die Übernahme einer Funktion in einer politischen Gruppierung aus, um diese Tätigkeit der Sozialsphäre zuzuordnen, selbst wenn der Betroffene dabei nicht öffentlichkeitswirksam aufgetreten ist, weil jede Funktion in einer politischen Gruppierung, die darauf ausgerichtet ist, Anhänger für ihre Überzeugung zu gewinnen, notwendigerweise auf Außenwirkung angelegt ist[454]. Wird ein **Politiker beim Einkaufen** beobachtet, bewegt er sich in der Sozialsphäre, da es um Wahrnehmungen geht, die typischerweise durch die Öffentlichkeit des Ortes ermöglicht wurden und keine indiskrete Beobachtung im Einzelnen voraussetzen. Zwar ist Privatsphäre nicht allein räumlich zu verstehen. Privatheit und die daraus abzuleitende berechtigte Erwartung, nicht in den Medien abgebildet zu werden, erfordern nicht notwendig eine durch räumliche Abgeschiedenheit geprägte Situation, sondern können in Momenten der Entspannung oder des Sich-Gehen-Lassens außerhalb der Einbindung in die Pflichten des Berufs und des Alltags auch außerhalb örtlicher Abgeschiedenheit entstehen. Bei der Erledigung eines Einkaufs handelt es sich jedoch um keinen derartigen „Moment der Entspannung"[455].

260 Das Auftreten eines **Anwalts** als Parteivertreter in öffentlichen **Gerichtsverhandlungen** gehört zu dessen Sozialsphäre. Daran ändert sich auch nichts, wenn der Anwalt in Folgeprozessen als Privatperson geklagt hat. Wer sich als „Prominentenanwalt" zudem beruflich in

---

448 BGH v. 24.10.1961 – VI ZR 204/60, NJW 1962, 32 – Waffenhandel.
449 OLG Brandenburg v. 9.7.2012 – 1 U 19/11 Rz. 41.
450 EGMR v. 16.6.2015 – 64569/09 Rz. 137 – Delfi AS/Estland.
451 OLG Celle v. 29.12.2016 – 13 U 85/16, AfP 2017, 90 = CR 2017, 408. = ITRB 2017, 53.
452 OLG Celle v. 29.12.2016 – 13 U 85/16, AfP 2017, 90 = CR 2017, 408. = ITRB 2017, 53.
453 OLG München v. 1.3.2018 – 29 U 1156/17 Rz. 39, AfP 2018, 250 = ITRB 2018, 156.
454 OLG Düsseldorf v. 7.11.2019 – 16 U 161/18 Rz. 20.
455 BGH v. 6.2.2018 – VI ZR 76/17 Rz. 28.

einem Umfeld von Personen von hohem Bekanntheitsgrad bewegt, muss damit rechnen, dass sein persönliches Verhalten zum Gegenstand öffentlicher Erörterungen wird. Gleichermaßen vorhersehbar ist für ihn, dass er sich auch dann im Blickfeld der Öffentlichkeit bewegt, wenn er sich gegen eine Berichterstattung über seine Person mit gerichtlichen Schritten zu wehren versucht[456].

Das BVerfG hat die Verurteilung zur Unterlassung wörtlicher **Zitate aus anwaltlichen Schreiben** als unzulässigen Eingriff in das Grundrecht auf Meinungsfreiheit (Art. 5 GG) angesehen. Das Grundrecht aus Art. 2 Abs. 1 i.V.m. Art. 1 Abs. 1 GG vermittele keinen Anspruch darauf, öffentlich nur so dargestellt zu werden, wie es dem Betroffenen selbst genehm ist. Daher begegne bereits die Annahme, dass die Veröffentlichung des Zitats das Allgemeine Persönlichkeitsrecht des Anwalts beeinträchtige, erheblichen Bedenken[457].   261

Zur Sozialsphäre gehören auch Angaben zu **arbeitsgerichtlichen Verfahren**, in denen abgewiesene Bewerber (angebliche „AGG-Hopper") Entschädigungsansprüche nach dem Allgemeinen Gleichbehandlungsgesetz (AGG) geltend machen. Dies gilt auch für Daten und Vorbringen aus Schriftsätzen, die nicht ausdrücklich in einer öffentlichen Sitzung des Gerichts erörtert worden sind[458].   262

2. Tatsachen und Werturteile

Neben dem Abstellen auf die jeweils betroffene Sphäre der Persönlichkeit gibt es noch ein **zweites Gleis der Abwägung** zwischen Persönlichkeitsrechten und Kommunikationsfreiheit. Bei wahren Tatsachenbehauptungen und bei Werturteilen ist die Zulässigkeit die Regel und das Verbot die Ausnahme. Umgekehrt verhält es sich bei der Behauptung und Verbreitung unwahrer Tatsachen.   263

Die **zutreffende Sinndeutung** einer Äußerung ist in jedem Fall unabdingbare Voraussetzung für die richtige rechtliche Würdigung ihres Aussagegehalts. Um dies zu beurteilen, ist der **Aussagegehalt** festzustellen. Maßgeblich für die Deutung einer Äußerung ist weder die subjektive Absicht des sich Äußernden noch das subjektive Verständnis der von der Äußerung Betroffenen, sondern der Sinn, den sie nach dem Verständnis eines **unvoreingenommenen und verständigen Durchschnittsrezipienten** hat. Dabei ist vom Wortlaut der Äußerung auszugehen. Dieser legt ihren Sinn aber nicht abschließend fest. Er wird vielmehr auch von dem sprachlichen Kontext, in dem die umstrittene Äußerung steht und von den erkennbaren Begleitumständen, unter denen sie fällt, bestimmt. Die Äußerung darf nicht aus dem sie betreffenden Kontext herausgelöst einer rein isolierten Betrachtung zugeführt werden[459].   264

---

456 LG Hamburg v. 28.1.2011 – 325 O 196/10 Rz. 35 f., ITRB 2011, 156 f. (*Lederer*).
457 BVerfG v. 18.2.2010 – 1 BvR 2477/08, AfP 2010, 145 = CR 2010, 380 = ITRB 2010, 224 = GRUR 2010, 544, 545.
458 OLG Stuttgart v. 11.4.2013 – 2 U 111/12 Rz. 65.
459 BVerfG v. 11.12.2013 – 1 BvR 194/13 Rz. 19, AfP 2014, 133; BGH v. 16.11.2004 – VI ZR 298/03, AfP 2005, 70 = NJW 2005, 279 ff.; BGH v. 27.5.2014 – VI ZR 153/13 Rz. 19, AfP 2014, 449; BGH v. 16.12.2014 – VI ZR 39/14 Rz. 8, AfP 2015, 41 = CR 2015, 251 – Hochleistungsmagneten; BGH v. 29.11.2016 – VI ZR 382/15 Rz. 22 – Michael Schumacher; OLG Dresden v. 16.1.2018 – 4 W 1066/17 Rz. 3; OLG Düsseldorf v. 7.11.2019 – 16 U 161/18 Rz. 20; LG Berlin v. 26.10.2010 – 27 O 577/10; LG Frankfurt/M. v. 14.3.2019 – 2-03 O 440/18 Rz. 44.

Die isolierte Betrachtung eines umstrittenen Äußerungsteils wird den Anforderungen an eine zuverlässige Sinnermittlung regelmäßig nicht gerecht[460].

a) Tatsachenbehauptungen

265 Eine **Tatsachenbehauptung** liegt vor, wenn eine Äußerung – jedenfalls im Kern – dem Wahrheitsbeweis zugänglich ist[461]. Bei Tatsachenbehauptungen gilt die **Wahrheitspflicht**.

266 Unabhängig vom Wahrheitsgehalt können nur Tatsachenbehauptungen Gegenstand eines Anspruchs auf **Gegendarstellung** sein, wenn die Behauptung in einem journalistisch-redaktionell gestalteten Telemedium veröffentlicht wird (vgl. § 56 RStV[462]). Ein Informationsangebot, das sich auf den Internetseiten einer Anwaltskanzlei findet, kann die Voraussetzungen des § 56 RStV erfüllen[463].

aa) Abgrenzung zum Werturteil

267 Tatsachenbehauptungen sind durch die **objektive Beziehung** zwischen Äußerung und Wirklichkeit charakterisiert. Demgegenüber werden Werturteile und Meinungsäußerungen durch die subjektive Beziehung des sich Äußernden zum Inhalt seiner Aussage geprägt[464].

268 Bei der Frage, ob eine Äußerung ihrem Schwerpunkt nach als Meinungsäußerung oder als Tatsachenbehauptung anzusehen ist, kommt es entscheidend auf den **Gesamtkontext** der fraglichen Äußerung an[465]. Wenn sich eine Äußerung als Zusammenspiel von Tatsachenbehauptungen und Werturteilen darstellt und hierbei in entscheidender Weise durch die Elemente der **Stellungnahme**, des **Dafürhaltens** oder **Meinens** geprägt wird, wird die Äußerung insgesamt als Werturteil angesehen[466]. Sind Tatsachenbehauptungen und Werturteile miteinander verbunden bzw. gehen sie ineinander über, kommt es für die rechtliche Einordnung darauf an, was im Vordergrund steht und damit überwiegt[467].

269 Eine **Trennung** der tatsächlichen und der wertenden Bestandteile einer Äußerung ist nur zulässig, wenn dadurch ihr Sinn nicht verfälscht wird. Wo dies nicht möglich ist, muss die Äußerung im Interesse eines wirksamen Grundrechtsschutzes insgesamt als Meinungsäußerung angesehen werden, weil andernfalls eine wesentliche Verkürzung des Grundrechts-

---

460 BVerfG v. 24.7.2013 – 1 BvR 444/13, 1 BvR 527/13 Rz. 18, AfP 2013, 389; BGH v. 18.11.2014 – VI ZR 76/14 Rz. 19, AfP 2015, 36; OLG Hamm v. 14.11.2013 – 4 U 88/13 Rz. 34.

461 BGH v. 16.11.2004 – VI ZR 298/03, AfP 2005, 70 = NJW 2005, 279 ff.; LG Berlin v. 26.10.2010 – 27 O 577/10; *Seitz* in Götting/Schertz/Seitz, § 60 Rz. 62 f.; *Wendt* in v. Münch/Kunig, Art. 5 GG Rz. 9; *Specht-Riemenschneider/Lorbach*, DuD 2021, 375, 377.

462 Vgl. KG Berlin v. 30.1.2012 – 10 U 85/11, AfP 2012, 474.

463 OLG Bremen v. 14.1.2011 – 2 U 115/10, ITRB 2011, 101 = MMR 2011, 337 f.

464 BGH v. 16.12.2014 – VI ZR 39/14 Rz. 8, AfP 2015, 41 = CR 2015, 251 – Hochleistungsmagneten; BGH v. 28.7.2015 – VI ZR 340/14 Rz. 24, CR 2015, 671 = AfP 2015, 425; OLG Celle v. 25.5.2021 – 5 U 27/21 Rz. 26.

465 BGH v. 16.12.2014 – VI ZR 39/14 Rz. 9, AfP 2015, 41 = CR 2015, 251 – Hochleistungsmagneten.

466 KG Berlin v. 20.6.2011 – 10 U 170/10 Rz. 11; OLG Naumburg v. 20.9.2012 – 9 U 59/12 Rz. 8; LG Karlsruhe v. 1.3.2019 – 6 O 71/18 Rz. 69.

467 OLG Frankfurt v. 11.10.2012 – 16 U 25/12 Rz. 29; LG Frankfurt/M. v. 14.3.2019 – 2-03 O 440/18 Rz. 43; *Schuhmacher*, IPRB 2013, 103 f.

schutzes droht[468]. Im **Zweifel** handelt es sich bei gemischten Aussagen somit immer um Meinungsäußerungen.

Bei **satirischen Beiträgen** muss zur Ermittlung des Aussagegehalts die Aussage ohne satirische Elemente betrachtet werden. Für die rechtliche Beurteilung kommt es dann darauf an, ob für den Empfänger eine bewusste Verfremdung oder Übertreibung vorliegt und daher die Unrichtigkeit der Aussage erkennbar ist[469]. Sofern der Schwerpunkt eines Zeitungsbeitrags in einer ironischen Meinungsäußerung liegt, handelt es sich um keine Tatsachenbehauptung[470]. Bei der Verwendung von **Emoticons** ist eine Auslegung vorzunehmen, um den Aussagegehalt festzustellen, der durch die Emoticons vermittelt wird[471].   270

Ist ein Fragesatz nicht auf eine Antwort durch einen Dritten gerichtet oder nicht für verschiedene Antworten offen, so handelt es sich ungeachtet der geläufigen Bezeichnung als „**rhetorische Frage**" tatsächlich nicht um eine Frage. Fragesätze oder Teile davon, die nicht zur Herbeiführung einer inhaltlich noch nicht feststehenden Antwort geäußert werden, bilden vielmehr Aussagen, die sich entweder als Werturteil oder als Tatsachenbehauptung darstellen und rechtlich wie solche zu behandeln sind. Rhetorische Fragen sind nur scheinbare Fragen[472]. **Echte Fragen** stehen unter dem Gesichtspunkt der Meinungsfreiheit den Werturteilen gleich. Die Unterscheidung zwischen echten und rhetorischen Fragen muss mit Hilfe von Kontext und Umständen der Äußerung erfolgen[473].   271

Die Mitteilung, dass der Betroffene über ein **bestimmtes Vermögen** verfügt und damit in einer Rangliste der Vermögen einen bestimmten Platz einnimmt, ist eine reine Tatsachenbehauptung. Dies ergibt sich daraus, dass über den Wert eines Vermögens Beweis erhoben werden kann[474]. Dasselbe gilt für den Vorwurf eines „**Plagiats**", wenn damit behauptet wird, dass konkrete Textstellen übernommen wurden[475]. Bei der Bezeichnung einer Person als „**rechtsextrem**" handelt es sich nicht um eine Tatsachenbehauptung, sondern um ein Werturteil. Durch eine Beweiserhebung lässt sich nicht feststellen, wann ein Beitrag „rechtsextrem" ist, wann sich ein Denken vom „klassisch rechtsradikalen verschwörungstheoretischen Weltbild" unterscheidet und wann man „es sich gefallen lassen muss, rechtsradikal genannt zu werden"[476]. Ein Werturteil liegt auch in dem Vorwurf, dass es sich bei einem Bewerber um einen „**AGG-Hopper**" handelt. Der Begriff bezeichnet eine Person, die die in § 15 AGG geschaffenen Diskriminierungsschutzregelungen als Einnahmequelle entdeckt hat und auszunutzen versucht[477].   272

Begriffe wie „**Schwindel**" oder „**Betrug**" sind in der Alltagssprache nicht als Behauptung der Verwirklichung eines rechtlich präzise bestimmten Straftatbestandes zu verstehen, sondern als Vorwurf der bewussten Verbrauchertäuschung, sodass ein Werturteil anzunehmen   273

---

468 BVerfG v. 24.7.2013 – 1 BvR 444/13, 1 BvR 527/13 Rz. 18, AfP 2013, 389.
469 BGH v. 10.1.2017 – VI ZR 562/15 Rz. 14, AfP 2017, 157.
470 BVerfG v. 21.12.2016 – BvR 1081/15, AfP 2017, 229.
471 Vgl. LAG Baden-Württemberg v. 22.6.2016 – 4 Sa 5/16 Rz. 38 ff., CR 2017, 120 = ITRB 2016, 249.
472 BGH v. 27.9.2016 – VI ZR 250/13 Rz. 14, AfP 2017, 48 – Mal PR-Agent, mal Reporter.
473 BGH v. 27.9.2016 – VI ZR 250/13 Rz. 14, AfP 2017, 48 – Mal PR-Agent, mal Reporter.
474 LG München I v. 6.4.2011 – 9 O 3039/11 Rz. 56, AfP 2011, 288.
475 LG Frankfurt/M. v. 14.3.2019 – 2-03 O 440/18 Rz. 53 ff.
476 BVerfG v. 17.9.2012 – 1 BvR 2979/10 Rz. 26 ff., AfP 2012, 549 = CR 2013, 59.
477 OLG Stuttgart v. 11.4.2013 – 2 U 111/12 Rz. 80.

ist[478]. Die Begriffe „**absichtlich**" und „**bewusst**" sind schwierige Rechtsbegriffe, die eine wertende Betrachtung erfordern und bei Verwendung in einem nicht juristischen Text einen wertenden Gebrauch nahelegen. Eindeutig wertend sind zudem Begriffe wie „**völlig unverständlich**", „**jeglicher Logik entbehrend**" oder „**unmenschlich diskriminierend**"[479]. Dasselbe gilt für die Einstufung eines Fonds als „**riskant**"[480]. Eine Bewertung in einem Online-Portal, bei dem einem Unternehmen ein „**miserabler Service**" nachgesagt wird, stellt ein Werturteil dar, solange die Aussage für sich alleine steht und keine Gründe dafür angegeben werden, warum der Service schlecht gewesen sein soll[481].

274 In der Äußerung „In der Anleitung steht ganz klar, man muss den Innenraum messen, das ist falsch! Damit wird das Ganze zu kurz!" liegt eine gemischte Aussage aus Tatsachenbehauptung und Werturteil, die im Zusammenhang zu beurteilen ist und insgesamt ein Werturteil darstellt. Der Schwerpunkt der Äußerung liegt in der wertenden Aussage, dass der Äußernde die Montageanleitung für falsch hält und ihre Befolgung zu einem nicht gewünschten Ergebnis führt[482].

Werden mehrere Äußerungen gedanklich miteinander verbunden, sodass aus den einzelnen Äußerungen eine ganze, sich zuspitzende Behauptung wird, die dem Beweis zugänglich ist, so handelt es sich trotz eines ironischen Anklangs um eine Tatsachenbehauptung[483].

bb) Wahre Tatsachen

275 Die Verbreitung von wahren Tatsachen ist im Normalfall durch Art. 5 Abs. 1 Satz 1 GG legitimiert. Wahre Aussagen müssen in der Regel hingenommen werden, auch wenn sie nachteilig für den Betroffenen sind[484]. Allerdings gelten gewisse Abstufungen, je nach der Sphäre der Persönlichkeit, auf die sich die Aussage bezieht.

276 Die Verbreitung wahrer Tatsachen aus der **Privat- oder Intimsphäre** setzt grundsätzlich ein hinreichendes öffentliches Informationsinteresse voraus[485]. Wahre Tatsachenbehauptungen, die die **Sozialsphäre** betreffen, dürfen hingegen nur im Falle schwerwiegender Auswirkungen auf das Persönlichkeitsrecht mit negativen Sanktionen verknüpft werden[486]. Dies kann ausnahmsweise der Fall sein, wenn die Aussagen geeignet sind, eine erhebliche Breitenwirkung zu entfalten und eine besondere **Stigmatisierung** des Betroffenen nach sich zu ziehen, so dass sie zum Anknüpfungspunkt für eine soziale Ausgrenzung und Isolierung zu werden

---

478 BGH v. 16.12.2014 – VI ZR 39/14 Rz. 10, CR 2015, 251 = AfP 2015, 41 – Hochleistungsmagneten.
479 BVerfG v. 24.7.2013 – 1 BvR 444/13, 1 BvR 527/13 Rz. 19, AfP 2013, 389.
480 LG Hamburg v. 19.3.2021 – 324 O 60/20 Rz. 71 ff.
481 LG Köln v. 8.5.2013 – 28 O 452/12 Rz. 37.
482 OLG München v. 12.2.2015 – 27 U 3365/14 Rz. 25 ff.
483 OLG Frankfurt v. 30.4.2013 – 16 W 21/13 Rz. 16 ff.
484 BGH v. 18.12.2018 – VI ZR 439/17 Rz. 12, CR 2019, 430 = AfP 2019, 236 – Strafverfahren gegen Steuerberater.
485 Vgl. *Seitz* in Götting/Schertz/Seitz, § 60 Rz. 61 f.; *Wendt* in v. Münch/Kunig, Art. 5 GG Rz. 84.
486 BVerfG v. 25.1.2012 – 1 BvR 2499/09, 1 BvR 2503/09 Rz. 39, AfP 2012, 143; BVerfG v. 23.6.2020 – 1 BvR 1240/14 Rz. 16; BGH v. 25.10.2011 – VI ZR 332/09 Rz. 25, AfP 2012, 47 – Persönlichkeitsrecht; BGH v. 20.12.2011 – VI ZR 261/10 Rz. 14 – „Babyklappen"; OLG Hamm v. 3.8.2011 – I-3 U 196/10 Rz. 6, CR 2012, 128; ITRB 2011, 253 f. (*Rössel*); *Bethge* in Sachs, Art. 5 GG Rz. 27.

drohen[487], wenn ein Persönlichkeitsschaden zu befürchten ist, der außer Verhältnis zu dem Interesse an der Verbreitung der Wahrheit steht[488], oder wenn es um die Mitteilung solcher Tatsachen und Handlungen geht, die dem **Kern der Privatsphäre** zuzurechnen sind und deshalb im Grundsatz einer öffentlichen Erörterung entzogen sind, wobei etwa Details privater Beziehungen und persönliche Ausdrucksformen der Sexualität zum Kern der Privatsphäre gehören[489].

Eine nicht hinnehmbare Beeinträchtigung der freien Persönlichkeitsentfaltung auch durch eine wahre Tatsachenberichterstattung kann nach einer neueren Entscheidung des BVerfG – insbesondere angesichts der **allgemeinen Verfügbarkeit und großen Breitenwirkung** personenbezogener Informationen über das Internet – unter besonderen Umständen auch aus einer unzumutbar anprangernden Wirkung einer zutreffenden Meldung erwachsen. Dies kann sich zum Beispiel aus der außergewöhnlichen Art und Weise und der Hartnäckigkeit einer Berichterstattung ergeben oder daraus, dass eine einzelne Person aus einer Vielzahl vergleichbarer Fälle herausgegriffen und zum „Gesicht" einer personalisierten und individualisierenden Anklage für ein damit verfolgtes Sachanliegen gemacht wird. Das BVerfG betont, dass Einzelne nicht hinnehmen müssen, ohne dass sie dafür Anlass gegeben haben, in aller Öffentlichkeit mit ihrem gesamten, teils lange zurückliegenden Verhalten konfrontiert und förmlich zermürbt zu werden[490]. **277**

Im Rahmen der **Abwägung** ist von maßgeblicher Bedeutung, ob Medien im konkreten Fall eine Angelegenheit von öffentlichem Interesse ernsthaft und sachbezogen erörtern, damit den Informationsanspruch des Publikums erfüllen und zur Bildung der öffentlichen Meinung beitragen oder ob sie lediglich die Neugier der Leser nach privaten Angelegenheiten prominenter Personen befriedigen. Je größer der **Informationswert für die Öffentlichkeit** ist, desto mehr muss das Schutzinteresse desjenigen, über den informiert wird, hinter den Informationsbelangen der Öffentlichkeit zurücktreten. Umgekehrt wiegt aber auch der Schutz der Persönlichkeit des Betroffenen umso schwerer, je geringer der Informationswert für die Allgemeinheit ist[491]. **278**

Bei der Prüfung der Frage, ob und in welchem Ausmaß die Berichterstattung einen Beitrag zur öffentlichen Meinungsbildung leistet und welcher Informationswert ihr damit beizumessen ist, ist von erheblicher Bedeutung, welche Rolle dem Betroffenen in der Öffentlichkeit zukommt. Dabei ist zu unterscheiden zwischen **Politikern**, sonstigen im öffentlichen Leben oder im Blickpunkt der Öffentlichkeit stehenden Personen („**public figures**") und **Privatpersonen**, wobei einer Berichterstattung über letztere engere Grenzen als in Bezug auf **279**

---

487 BGH v. 15.12.2009 – VI ZR 227/08, AfP 2010, 77 = CR 2010, 184 m. Anm. *Kaufmann* = ITRB 2010, 125 = NJW 2010, 757 ff.; BGH v. 9.2.2010 – VI ZR 243/08, AfP 2010, 162 = CR 2010, 480 = WRP 2010, 642 ff. = WRP 2010, 906 ff.; BGH v. 25.10.2011 – VI ZR 332/09 Rz. 25, AfP 2012, 47 – Persönlichkeitsrecht; BGH v. 18.12.2018 – VI ZR 439/17 Rz. 12 – Strafverfahren gegen Steuerberater; OLG Frankfurt v. 4.2.2021 – 16 U 47/20 Rz. 61; LG Hamburg v. 20.9.2019 – 312 O 482/18, Rz. 49; LG Hamburg v. 1.2.2019 – 324 O 84/18 Rz. 58.
488 BVerfG v. 29.6.2016 – 1 BvR 3487/14 Rz. 14, AfP 2016, 430 = CR 2016, 734 = ITRB 2016, 221.
489 BVerfG v. 23.6.2020 – 1 BvR 1240/14 Rz. 17, AfP 2020, 307.
490 BVerfG v. 23.6.2020 – 1 BvR 1240/14 Rz. 18, AfP 2020, 307.
491 BGH v. 2.5.2017 – VI ZR 262/16 Rz. 25, AfP 2017, 310 m. Anm. *Bergmann*.

den Kreis sonstiger Personen des öffentlichen Lebens gezogen sind und der Schutz der Politiker am schwächsten ist[492].

280 Stets abwägungsrelevant ist die **Intensität des Eingriffs** in das allgemeine Persönlichkeitsrecht. Diese ist als gering zu werten, wenn es sich um zutreffende Tatsachen handelt, die entweder belanglos sind oder sich allenfalls oberflächlich mit der Person des Klägers beschäftigen, ohne einen tieferen Einblick in seine persönlichen Lebensumstände zu vermitteln, ohne herabsetzend oder ehrverletzend zu sein[493].

281 Ob die **Veröffentlichung eines rechtskräftigen Urteils im Internet unter voller Namensnennung** der Parteien zulässig ist, ist im Rahmen einer Abwägung zwischen dem Recht auf freie Meinungsäußerung und dem Persönlichkeitsrecht des Betroffenen festzustellen[494]. Enthält das veröffentlichte Urteil keine für die Öffentlichkeit erheblichen Informationen und geht es allein um einen persönlichen Konflikt der Parteien untereinander, so überwiegt das Persönlichkeitsrecht. Wenn wahrheitsgemäß über einen **arbeitsgerichtlichen Prozess** berichtet wird, bedarf es keines „öffentlichen Informationsinteresses", um die Veröffentlichung zu rechtfertigen[495]. Mandanten eines Anwalts müssen sich indes eine **Namensnennung** nicht schon deshalb gefallen lassen, weil sie in eine rechtliche Auseinandersetzung verwickelt sind[496].

282 Eine Anwaltskanzlei muss es sich gefallen lassen, wenn wahrheitsgemäß über ihre intensive **Abmahntätigkeit** berichtet wird[497]. Ebenso muss es ein „Impfgegner" hinnehmen, wenn über einen seiner Beiträge – zutreffend – berichtet wird, den er in einer **Yahoo-Nachrichtengruppe** versandt hat. Auch wenn es sich um eine geschlossene Nachrichtengruppe handelt, kennen sich die Teilnehmer nicht persönlich. Daher ist der Beitrag nicht der Privatsphäre, sondern der Sozialsphäre zuzurechnen[498]. Auch fehlt es an einer Verletzung des Allgemeinen Persönlichkeitsrechts, wenn infolge der Eingabe eines Namens in die **Google-Suchmaschine** wahre Tatsachen gelistet werden, die dem Bereich der Sozialsphäre des Betroffenen entspringen[499]. Erlaubt ist es auch, in einer „**Transparenzliste**" wahrheitsgemäß über Zuwendungen von Pharmaunternehmen an namentlich genannte Ärzte zu berichten[500].

---

492 BGH v. 2.5.2017 – VI ZR 262/16 Rz. 26, AfP 2017, 310 m. Anm. *Bergmann*; BGH v. 9.4.2019 – VI ZR 533/16 Rz. 14, AfP 2019, 333 – Eine Mutter für das Waisenkind.

493 BGH v. 2.5.2017 – VI ZR 262/16 Rz. 28, AfP 2017, 310 m. Anm. *Bergmann*; BGH v. 7.7.2020 – VI ZR 246/19 Rz. 43, AfP 2020, 508 m. Anm. *Schertz* – Ehescheidung; BGH v. 7.7.2020 – VI ZR 250/19 Rz. 42, CR 2020, 734.

494 Vgl. BVerfG v. 12.12.2007 – 1 BvR 1625/06, NJW 2008, 838 f.; BGH v. 21.11.2006 – VI ZR 259/05, AfP 2007, 44 = NJW-RR 2007, 619 ff.; KG Berlin v. 30.1.2007 – 9 U 131/06, AfP 2007, 562 = K&R 2007, 535 f.; OLG Hamburg v. 9.7.2007 – 7 W56/07, ZUM 2008, 66; OLG Hamburg v. 16.2.2010 – 7 U 88/09, ITRB 2010, 154 (*Maisch*); OLG Hamm v. 11.12.2007 – 4 U 132/07, MMR 2008, 547 f.; OLG Hamm v. 7.2.2008 – I-4 U 154/07, MMR 2008, 750 ff.; OLG München v. 16.10.2007 – 29 W 2325/07, AfP 2008, 79 = NJW 2008, 768 ff.; LG Hamburg v. 31.7.2009 – 324 O 33/09, MMR 2010, 60 (Ls.); vgl. auch VGH Baden-Württemberg v. 23.7.2010 – 1 S 501/10, MMR 2011, 277 ff.; LG Berlin v. 17.9.2009 – 21 O 410/06, ITRB 2010, 58 f. (*Intveen*).

495 A.A. LG Hamburg v. 23.11.2015 – 324 O 90/15 Rz. 42.

496 Vgl. LG Essen v. 26.9.2012 – 4 O 263/12; LG Köln v. 31.10.2012 – 14 O 407/12 Rz. 32 ff.; *Schmitt-Gaedke/Arz*, WRP 2012, 1491, 1493.

497 OLG Köln v. 18.1.2011 – 15 U 130/10, MMR 2011, 481, 482.

498 OLG Stuttgart v. 10.11.2010 – 4 U 96/10, MMR 2011, 280 f.; LG Stuttgart v. 6.5.2010 – 17 O 341/09, K&R 2010, 837 f. (Vorinstanz).

499 OLG Köln v. 31.5.2016 – 15 U 197/15, CR 2017, 575.

500 LG Hamburg v. 20.9.2019 – 312 O 482/18 Rz. 49 ff.

Es geht um die Sozialsphäre, wenn sich ein Zahnmediziner gegen die Veröffentlichung eines   283
von ihm erstatteten Gutachtens im Internet wehrt. Ob sich ein Überwiegen des Persönlichkeitsschutzes allein aus dem „Inhalt der Veröffentlichung", dem Verstreichen mehrerer Jahre
seit Gutachtenerstattung und wirtschaftlichen Eigeninteressen ableiten lässt, die der Veröffentlichung zugrunde liegen[501], erscheint zweifelhaft. Wer auf Internet-Portalen wahrheitsgemäß über seinen namentlich genannten früheren Vermieter berichtet, dieser habe nach
Beendigung des Mietverhältnisses die Kaution erst nach Einschaltung der Staatsanwaltschaft, sowie nach einer Klage und nach Einleitung des Zwangsvollstreckungsverfahrens er-
stattet, kann sich auch dann auf den Schutz des Art. 5 Abs. 1 GG berufen, wenn der Vorfall
schon einige Jahre zurück liegt[502].

Der Präsident eines Verbraucherschutzvereins darf als **„Betrüger"** und **„Krimineller"** bezeich-   284
net werden, wenn er die Unwahrheit der zugrundeliegenden Behauptungen nicht darlegt[503].
Dasselbe gilt für die Bezeichnung eines Schäferhundevereins-Richters als **„korrupt"**, wenn
dieser nachweislich eine Provision i.H.v. 70.000 € für einen Hundeverkauf vereinnahmt hatte und in dem Kaufvertrag eine bestimmte Platzierung des Hundes in einer „Siegerschau"
zugesichert wurde, bei der der Richter für die Bewertung der Hunde verantwortlich war[504].
Ebenso muss es der Vorstand eines Vereins, der „Kinderhäuser und „Babyklappen" betreibt,
hinnehmen, dass er öffentlich mit seiner lange zurückliegenden Vergangenheit als **Aktivist
in einer linksextremen Partei** konfrontiert wird[505].

Die Berichterstattung über den **Gesundheitszustand** einer berühmten Person und eine me-   285
dizinische Kommentierung sind der Presse nicht generell untersagt, wenn bereits von Seiten
des Betroffenen Details öffentlich bekannt gegeben wurden[506]. Ein **ehemaliger Pornodar-
steller**, der als Lebensgefährte einer bekannten Schauspielerin öffentlich in Erscheinung tritt,
muss es dulden, dass über seine Mitwirkung an Pornofilmen und die Tatsache berichtet
wird, dass er keine Kondome verwendete[507]. Ein Professor muss es hinnehmen, dass in einem Wikipedia-Eintrag wahrheitsgemäß auf seine **Mitgliedschaft in katholischen Studen-
tenverbindungen** hingewiesen wird[508].

Werden in einer **eBay-Bewertung** die Mängel gekaufter Steuergeräte geschildert, handelt es   286
sich um eine Tatsachenbehauptung. Ist die Behauptung wahr, muss der Verkäufer nicht nur
die Behauptung hinnehmen, sondern auch den Zusatz: „VORSICHT!!!!! Vorsicht lieber wo-
anders kaufen!!!!!!"[509]. Die wahrheitsgemäße, namentliche Berichterstattung über den **Verantwortlichen für schwere Spekulationsverluste** einer Bank, die zu 50 % im Eigentum des
Landes Kärnten stand, dient dem Informationsinteresse der Öffentlichkeit und ist von der
Meinungsfreiheit gedeckt[510]. Ein Informationsbedürfnis besteht auch bei möglichen **Verfeh-**

---

501 OLG Hamburg v. 23.2.2010 – 7 U 90/09, ITRB 2010, 277 = CR 2010, 685.
502 BVerfG v. 29.6.2016 – 1 BvR 3487/14 Rz. 13 ff., AfP 2016, 430 = CR 2016, 734 = ITRB 2016,
     221.
503 LG Krefeld v. 1.7.2010 – 5 O 144/09.
504 OLG Koblenz v. 6.2.2014 – 3 U 1049/13 Rz. 43.
505 BGH v. 20.12.2011 – VI ZR 261/10 Rz. 18 – Babyklappen.
506 BGH v. 29.11.2016 – VI ZR 382/15 Rz. 27.
507 BGH v. 25.10.2011 – VI ZR 332/09 Rz. 27, AfP 2012, 47 – Persönlichkeitsrecht.
508 LG Tübingen v. 18.7.2012 – 7 O 525/10 Rz. 329, CR 2013, 124 = ITRB 2013, 59.
509 LG Bonn v. 24.6.2014 – 8 S 23/13 Rz. 28.
510 Vgl. EGMR v. 25.10.2016 – 60818/10 Rz. 43 ff.

lungen von Führungskräften einer durch die Finanzkrise ins Wanken geratenen Bank, deren Anteile überwiegend von der öffentlichen Hand gehalten wurden[511].

cc) Falsche Behauptungen

287 Unwahre Tatsachenbehauptungen fallen nicht von vornherein aus dem Schutzbereich der Meinungsfreiheit heraus[512]. Zwar sind unrichtige Informationen unter dem Gesichtspunkt der Meinungsfreiheit **kein schützenswertes Gut**[513]. Außerhalb des Schutzbereichs von Art. 5 Abs. 1 Satz 1 GG liegen aber nur **bewusst unwahre Tatsachenbehauptungen** und Aussagen, deren Unwahrheit bereits im Zeitpunkt der Äußerung **unzweifelhaft** feststeht. Alle übrigen Tatsachenbehauptungen mit Meinungsbezug genießen den Grundrechtsschutz, auch wenn sie sich später als unwahr herausstellen[514], wobei der (fehlende) Wahrheitsgehalt bei der Abwägung mit den betroffenen Persönlichkeitsrechten ins Gewicht fällt[515].

288 Eine rechtswidrige Falschbehauptung liegt vor, wenn jemandem Äußerungen in den Mund gelegt werden, die er nicht getätigt hat und die seinen selbst definierten sozialen Geltungsanspruch beeinträchtigen. Der maßgebliche Grund für diesen Schutz liegt darin, dass mit dem Zitat ist eine objektive Tatsache über den Betroffenen behauptet wird, weshalb das **Zitat** eine besonders scharfe Waffe im Meinungskampf ist. Ist es unrichtig, verfälscht oder entstellt, so greift dies in das Persönlichkeitsrecht des Kritisierten umso tiefer ein, als er hier sozusagen als Zeuge gegen sich selbst ins Feld geführt wird[516].

289 Von einer unrichtigen Wiedergabe einer Äußerung geht das OLG Frankfurt bereits aus, wenn der Eindruck erweckt wird, der Zitierte habe sich eindeutig in einem bestimmten Sinne geäußert, obwohl seine Aussage **mehrere Interpretationen** zulässt und der Zitierende nicht kenntlich macht, dass es sich um seine Interpretation einer mehrdeutigen Aussage handelt. Maßgebend für die Feststellung der Frage, ob eine Äußerung zutreffend wiedergegeben werde oder nicht, sei dabei nicht das vertretbare Verständnis eines Durchschnittslesers oder Durchschnittshörers, sondern das, was der Zitierte gemessen an seiner Wortwahl, dem Kontext seiner Gedankenführung und dem darin erkennbar gemachten Anliegen zum Ausdruck gebracht hat[517].

---

511 BGH v. 18.11.2014 – VI ZR 76/14 Rz. 24 ff., AfP 2015, 36.
512 Vgl. OLG Köln v. 22.11.2011 – 15 U 91/11 Rz. 11, CR 2012, 116 = ITRB 2012, 79.
513 BVerfG v. 3.6.1980 – 1 BvR 797/78, BVerfGE 54, 208, 219 = AfP 1980, 151; BVerfG v. 29.2.2012 – 1 BvR 2883/11 Rz. 14; BGH v. 28.7.2015 – VI ZR 340/14 Rz. 31, CR 2015, 671 = AfP 2015, 425; OLG Hamburg v. 22.3.2011 – 7 U 128/09; LG Frankfurt/M. v. 1.6.2018 – 2-03 T 4/18 Rz. 13; LG Köln v. 15.8.2012 – 28 O 199/12 Rz. 23; *Bethge* in Sachs, Art. 5 GG Rz. 28; *Seitz* in Götting/Schertz/Seitz, § 60 Rz. 63.
514 Vgl. BVerfG v. 22.6.1982 – 1 BvR 1376/79, AfP 1982, 215; BVerfG v. 11.1.1994 – 1 BvR 434/87, AfP 1994, 118; BVerfG v. 13.4.1994 – 1 BvR 23/94, AfP 1994, 126; BVerfG v. 10.11.1998 – 1 BvR 1531/96.
515 BVerfG v. 13.2.1996 – 1 BvR 262/91, BVerfGE 94, 1, 8.
516 OLG Dresden v. 24.8.2018 – 4 U 873/18 Rz. 5; LG Frankfurt/M. v. 8.4.2022 – 2-03 O 188/21 Rz. 79, AfP 2022, 264 = ITRB 2022, 153 (*Kartheuser*).
517 OLG Frankfurt v. 16.4.2020 – 16 U 9/20 Rz. 24, AfP 2020, 223.

dd) Wahrheitsbeweis

Die Unwahrheit einer Äußerung ist vielfach zum Zeitpunkt der Äußerung ungewiss und stellt sich erst später – etwa durch eine gerichtliche Klärung – heraus[518]. Da die Ermittlung der Wahrheit von Tatsachenbehauptungen oft außerordentlich schwierig ist, trägt derjenige, der sich nachteilig über einen Dritten äußert, eine erweiterte Darlegungslast, die ihn anhält, Belegtatsachen für seine Behauptung anzugeben[519]. Ist der sich Äußernde nicht in der Lage, seine Behauptung mit Belegtatsachen zu erhärten, wird sie wie eine unwahre Aussage behandelt, mit der Folge, dass ein **Unterlassungsanspruch** grundsätzlich besteht[520]. Bei Unterlassungsansprüchen wird zudem die Beweisregel des **§ 186 StGB** in das Deliktsrecht übernommen, so dass der Äußernde gehalten ist, die Wahrheit einer Tatsachenbehauptung zu beweisen[521]. 290

Begehrt der Kläger nicht nur Unterlassung, sondern **Widerruf** bzw. **Richtigstellung**, liegt die volle Beweislast (für die Unwahrheit) beim Kläger. Dies gilt auch für Äußerungen, die geeignet sind, den Betroffenen verächtlich zu machen oder in der öffentlichen Meinung herabzuwürdigen. § 186 StGB gilt für den Widerrufsanspruch weder direkt noch entsprechend[522]. 291

ee) Sorgfaltspflichten

Aus **§ 193 StGB** ergibt sich eine bedeutsame Einschränkung für Ansprüche auf Unterlassung unbewiesener Behauptungen. Eine Tatsachenbehauptung, deren Wahrheitsgehalt ungeklärt ist, darf nach § 193 StGB nicht untersagt werden, wenn die Behauptung eine die Öffentlichkeit wesentlich berührende Angelegenheit betrifft und der Äußernde sie zur Wahrnehmung berechtigter Interessen für erforderlich halten darf[523]. Zur Beurteilung der „Erforderlichkeit" kommt es darauf an, ob dem sich Äußernden eine **Verletzung von Sorgfaltspflichten** zur Last gelegt werden kann. 292

Die Pflichten zur sorgfältigen Recherche über den Wahrheitsgehalt richten sich nach den Aufklärungsmöglichkeiten. Sie sind für die **Medien** strenger als für Privatleute. An die Wahrheitspflicht dürfen im Interesse der Meinungsfreiheit keine Anforderungen gestellt werden, die die Bereitschaft zum Gebrauch des Grundrechts herabsetzen und so den freien Kommunikationsprozess einschnüren. Allerdings ist zu berücksichtigen, dass die Wahrheitspflicht Ausdruck der Schutzpflicht ist, die aus dem Allgemeinen Persönlichkeitsrecht folgt. Je schwerwiegender die Äußerung das Persönlichkeitsrecht beeinträchtigt, desto höhere Anforderungen sind an die Erfüllung der Sorgfaltspflichten zu stellen[524]. 293

---

518 Vgl. OLG Köln v. 22.11.2011 – 15 U 91/11 Rz. 11, CR 2012, 116 = ITRB 2012, 79.
519 Vgl. BGH NJW 1974, 1710, 1711.
520 Vgl. BVerfG v. 10.11.1998 – 1 BvR 1531/96, BVerfGE 99, 185, 199.
521 BGH v. 11.12.2012 – VI ZR 314/10 Rz. 15, AfP 2013, 57 = CR 2013, 184; LG Köln v. 8.6.2011 – 28 O 859/10 Rz. 19; AG Hamburg v. 26.1.2011 – 36 A C 243/10.
522 BGH v. 22.4.2008 – VI ZR 83/07, AfP 2008, 381 = NJW 2008, 2262 ff.; a.A. KG Berlin v. 22.9.2011 – 10 U 131/10 Rz. 19; OLG Dresden v. 3.5.2012 – 4 U 1883/11 Rz. 24.
523 BGH v. 11.12.2012 – VI ZR 314/10 Rz. 26, AfP 2013, 57 = CR 2013, 184; OLG Düsseldorf v. 7.11.2019 – 16 U 161/18 Rz. 21.
524 BGH v. 11.12.2012 – VI ZR 314/10 Rz. 28 ff., AfP 2013, 57 = CR 2013, 184.

294   Der Presse obliegt eine besondere Sorgfaltspflicht bei der Verbreitung nachteiliger Tatsachen[525]. Für den Laien gilt dagegen das **Laienprivileg**. Von ihm kann eine gesteigerte Sorgfalt nur verlangt werden, soweit er Tatsachenbehauptungen aus seinem eigenen Erfahrungs- und Kontrollbereich aufstellt.

295   Bei Vorgängen von öffentlichem Interesse, namentlich solchen aus nicht transparenten Politik- und Wirtschaftsbereichen, ist es dem Laien regelmäßig nicht möglich, Beweise oder auch nur Belegtatsachen auf Grund eigener Nachforschungen beizubringen. Er ist auf die Berichterstattung durch die Medien angewiesen. Würde man dem Laien auch insoweit nachprüfbare Angaben abverlangen, so hätte dies zur Folge, dass er herabsetzende Tatsachen, die er der Presse entnommen hat, überhaupt nicht mehr aufgreifen und zur Stützung seiner Meinung anführen dürfte. Damit träte aber nicht nur eine Lähmung der individuellen Meinungsfreiheit ein. Vielmehr würde auch der gesellschaftliche Kommunikationsprozess verengt, wenn Presseberichte, die ihre meinungsbildende Funktion erfüllen, vom Einzelnen, der sich auf Grund solcher Berichte eine Meinung gebildet hat, nicht mehr verwertet werden dürften, weil er den Beweis für ihre Wahrheit nicht antreten kann.

296   Ob und inwieweit sich ein **Blogger** auf das „Laienprivileg" berufen kann, ist unklar[526]. Das LG Köln verneinte dies für den Betreiber eines Forums, das Motorsport-Interessierten seit mehr als zehn Jahren „einen Ort des Austauschs über ihren Sport" und über die Geschehnisse rund um die Finanzierung des Nürburgringprojekts bot. Der Forenbetreiber beschränkte sich im konkreten Fall nicht darauf, durch einzelne Äußerungen punktuell an der öffentlichen Auseinandersetzung mitzuwirken, sondern schaffte durch das Forum eine auf Dauer angelegte mediale Öffentlichkeit („60.000 Einträge")[527]. Umgekehrt meinten das LG Duisburg[528] und das LG Augsburg[529], dass Beiträge des Nutzers eines Bewertungsportals nicht zum redaktionellen Teil eines Informationsdienstes gem. § 53 Abs. 1 Satz 1 Nr. 5 StPO gehören. Daher stehe dem Betreiber des Dienstes kein Zeugnisverweigerungsrecht zu, wenn er nach der Identität eines Nutzers gefragt werde[530].

ff) Verdachtsberichterstattung

297   Voraussetzung einer **Verdachtsberichterstattung** – sei es, dass über laufende polizeiliche oder staatsanwaltschaftliche Ermittlungen, sei es, dass über selbst recherchierte Missstände berichtet wird – ist ein Mindestbestand an **Beweistatsachen**, der für den Wahrheitsgehalt der Information spricht und ihr damit überhaupt erst „Öffentlichkeitswert" verleiht[531]. Hierbei ist auch die Übernahme einer Agenturmeldung zulässig, sofern ersichtlich ist, dass der Autor sich die enthaltenen Behauptungen nicht zu eigen macht und selbst über keine eigenen Erkenntnisquellen verfügt[532]. Zugleich sind die Anforderungen an die journalistische Sorg-

---

525 Vgl. OLG Köln v. 22.11.2011 – 15 U 91/11 Rz. 11, CR 2012, 116 = ITRB 2012, 79.
526 Vgl. KG Berlin v. 29.1.2009 – 10 W 73/08 Rz. 3.
527 Vgl. LG Köln v. 11.5.2011 – 28 O 72/11 Rz. 42; *Lüghausen*, IPRB 2011, 250, 250 f.
528 LG Duisburg v. 6.11.2012 – 32 Qs-245 UJs 89/11-49/12, CR 2013, 334.
529 LG Augsburg v. 19.3.2013 – 1 Qs 151/13 Rz. 10 ff., AfP 2013, 159 = CR 2013, 333 = ITRB 2013, 158.
530 Vgl. *Ernst*, CR 2013, 318 ff.; *Wienen*, ITRB 2013, 114, 114 ff.
531 BGH v. 16.2.2016 – VI ZR 367/15 Rz. 24, CR 2016, 406 – Online-Archiv einer Tageszeitung; BGH v. 16.11.2021 – VI ZR 1241/20 Rz. 20, AfP 2022, 142 – „Mitverschwörer bei Abgasmanipulation"; BGH v. 22.2.2022 – VI ZR 1175/20 Rz. 29 – Traumfrau gesucht.
532 OLG Dresden v. 25.1.2022 – 4 U 2052/21 Rz. 26 ff.

faltspflicht umso höher anzusetzen, je schwerer und nachhaltiger das Ansehen des Betroffenen durch die Veröffentlichung beeinträchtigt wird. Sie darf **keine Vorverurteilung** enthalten, also durch eine präjudizierende Darstellung den unzutreffenden Eindruck erwecken, der Betroffene sei bereits überführt. Unzulässig ist eine auf Sensationen abzielende, bewusst einseitige oder verfälschende Darstellung. Auch die zur Verteidigung des Betroffenen vorgetragenen Tatsachen und Argumente müssen berücksichtigt werden, was regelmäßig die Einholung einer Stellungnahme des Verdächtigen erforderlich macht. Schließlich muss es sich um einen Vorgang von gravierendem Gewicht handeln, dessen Mitteilung durch ein Informationsbedürfnis der Allgemeinheit gerechtfertigt ist[533].

Die Anforderungen an die pressemäßige Sorgfalt und die Wahrheitspflicht dürfen nicht überspannt und insbesondere nicht so bemessen werden, dass darunter die Funktion der Meinungsfreiheit leidet. Dürfte die Presse, falls der Ruf einer Person gefährdet ist, nur solche Informationen verbreiten, deren Wahrheit im Zeitpunkt der Veröffentlichung bereits mit Sicherheit feststeht, so könnte sie ihre durch Art. 5 Abs. 1 GG verfassungsrechtlich gewährleisteten Aufgaben bei der öffentlichen Meinungsbildung nicht durchweg erfüllen[534]. Dabei ist zu beachten, dass ihre ohnehin begrenzten Mittel zur Ermittlung der Wahrheit durch den **Zwang zur aktuellen Berichterstattung** verkürzt sind. 298

Geht es um eine Berichterstattung über den **Verdacht einer Straftat**, so ist zu berücksichtigen, dass Straftaten zum Zeitgeschehen gehören, dessen Vermittlung Aufgabe der Medien ist. Die Verletzung der Rechtsordnung und die Beeinträchtigung individueller Rechtsgüter, die Sympathie mit den Opfern, die Furcht vor Wiederholungen solcher Straftaten und das Bestreben, dem vorzubeugen, begründen grundsätzlich ein anzuerkennendes **Interesse der Öffentlichkeit** an näherer Information über Tat und Täter. Dieses ist umso stärker, je mehr sich die Tat in Begehungsweise und Schwere von der gewöhnlichen Kriminalität abhebt. Bei schweren Gewaltverbrechen ist in der Regel ein über bloße Neugier und Sensationslust hinausgehendes Interesse an näherer Information über die Tat und ihrem Hergang, über die Person des Täters und seine Motive sowie über die Strafverfolgung anzuerkennen[535]. Je weiter das Ermittlungsverfahren seinen Fortgang nimmt, desto eher geht das Informationsinteresse dem Geheimhaltungsinteresse vor. In allen Fällen aber ist zu beachten, dass Berichte über polizeiliche oder staatsanwaltschaftliche Ermittlungen für den Beschuldigten die Gefahr schwerer Nachteile mit sich bringen[536]. 299

Die bloße Tatsache der Einleitung eines **Ermittlungsverfahrens** als solche genügt nicht für die erforderliche Annahme des Vorliegens eines Mindestbestands an Beweistatsachen. Die Staatsanwaltschaft hat schon beim Vorliegen eines Anfangsverdachts Ermittlungen aufzunehmen (§ 152 Abs. 2 i.V.m. § 160 Abs. 1 StPO). Dafür ist bereits ausreichend, dass aufgrund zureichender tatsächlicher Anhaltspunkte nach kriminalistischer Erfahrung die bloße Möglichkeit einer verfolgbaren Straftat gegeben ist. Die Schwelle für die Annahme eines Anfangsverdachts liegt damit niedrig[537]. Da jedermann **Strafanzeige** erstatten kann, sie also für 300

---

533 BGH v. 17.12.2013 – VI ZR 211/12 Rz. 26, CR 2014, 312 = AfP 2014, 135 = ITRB 2014, 102 – Sächsische Korruptionsaffäre; BGH v. 18.11.2014 – VI ZR 76/14 Rz. 15 f., AfP 2015, 36; BGH v. 12.4.2016 – VI ZR 505/14 Rz. 39; KG Berlin v. 21.12.2020 – 10 U 59/19 Rz. 72; OLG Dresden v. 3.5.2012 – 4 U 1883/11 Rz. 26.
534 *Zielbauer*, RDV 2021, 460, 462.
535 BGH v. 19.3.2013 – VI ZR 93/12 Rz. 18, AfP 2013, 250 = CR 2013, 462.
536 OLG Dresden v. 3.5.2012 – 4 U 1883/11 Rz. 29.
537 BGH v. 16.2.2016 – VI ZR 367/15 Rz. 26, CR 2016, 406 – Online-Archiv einer Tageszeitung.

sich betrachtet nicht viel besagt, gehen auch bei einer bloßen Strafanzeige die Geheimhaltungsinteressen des Betroffenen regelmäßig vor, solange nicht ein besonderes Informationsinteresse besteht[538]. Bei einem nach § 153a StPO eingestellten Verfahren überwiegt das Persönlichkeitsrecht grundsätzlich das Recht auf freie Meinungsäußerung, da es an einer Schuldfeststellung fehlt[539].

301   Behörden sind in ihrer Informationspolitik unmittelbar an die Grundrechte gebunden und Amtsträger haben die erforderliche Abwägung zwischen dem Informationsrecht der Presse und dem Allgemeinen Persönlichkeitsrecht vorzunehmen, wenn sie vor der Frage stehen, ob die Presse über amtliche Vorgänge informiert werden soll. Dabei ist regelmäßig die Annahme gerechtfertigt, dass eine unmittelbar an die Grundrechte gebundene, auf Objektivität verpflichtete Behörde wie die **Staatsanwaltschaft** die Öffentlichkeit erst dann unter Namensnennung über ein Ermittlungsverfahren unterrichten wird, wenn sich der zugrundeliegende Tatverdacht bereits einigermaßen erhärtet hat. Dies entlastet die Medien allerdings nicht von der Aufgabe der Abwägung und Prüfung, ob im Übrigen nach den Grundsätzen der Verdachtsberichterstattung eine Namensnennung des Betroffenen gerechtfertigt ist[540].

302   Ist die behauptete oder verbreitete Tatsache eine Straftat, so ist der **Beweis der Wahrheit** nach **§ 190 Satz 1 StGB** erbracht, wenn der Betroffene wegen dieser Tat rechtskräftig verurteilt worden ist. Diese Bestimmung kommt auch demjenigen zugute, der den Straftatvorwurf schon vor der strafrechtlichen Verurteilung und deren Rechtskraft kundgetan hat. Da der Wahrheitsgehalt der beanstandeten Tatsachenbehauptungen in einem solchen Fall nicht als ungeklärt anzusehen ist, beurteilt sich die rechtliche Zulässigkeit auch für die Zeit vor Rechtskraft des Strafurteils rückblickend nicht nach den Grundsätzen der Verdachtsberichterstattung. Insbesondere kann sich der Betroffene, selbst wenn dies zuträfe, nicht darauf berufen, dass die jeweiligen Journalisten ihren Recherchepflichten nicht genügt hätten und es im Zeitpunkt der Veröffentlichung an einem Mindestbestand an Beweistatsachen gefehlt habe, die für den Wahrheitsgehalt der Information sprechen und ihr damit erst „Öffentlichkeitswert" verleihen würden[541].

b) Werturteile

303   Bei Werturteilen hat Art. 5 Abs. 1 GG ein besonders hohes Gewicht. Es gilt zwar insbesondere das Verbot der herabsetzenden Schmähkritik[542]. Solange aber die **Grenze zur Schmähkritik, Formalbeleidigung oder zu Angriffen auf die Menschenwürde** nicht überschritten wird, kann ein Werturteil nur untersagt werden, wenn ein besonders schwerwiegender Eingriff in das Persönlichkeitsrecht vorliegt und kein legitimierendes Informationsinteresse feststellbar ist[543]. Im Hinblick auf Art. 5 GG macht selbst eine überzogene, unmäßige oder ausfällige Kritik eine Äußerung noch nicht zur unzulässigen Schmähung. Auch extremistische

---

538 BGH v. 16.2.2016 – VI ZR 367/15 Rz. 26, CR 2016, 406 – Online-Archiv einer Tageszeitung.
539 LG Münster v. 26.11.2013 – 4 O 13/13 Rz. 46 f.
540 BGH v. 16.2.2016 – VI ZR 367/15 Rz. 28, CR 2016, 406 – Online-Archiv einer Tageszeitung.
541 BGH v. 18.6.2019 – VI ZR 80/18 Rz. 39, AfP 2019, 563; BGH v. 17.12.2019 – VI ZR 249/18 Rz. 31, AfP 2020, 143 – Kommunalpolitiker; KG Berlin v. 21.12.2020 – 10 U 59/19 Rz. 73.
542 Vgl. OLG Nürnberg v. 2.2.2010 – 3 U 2135/09; *Seitz* in Götting/Schertz/Seitz, § 60 Rz. 65 f.; *Wendt* in v. Münch/Kunig, Art. 5 GG Rz. 14a.
543 Vgl. *Wendt* in v. Münch/Kunig, Art. 5 GG Rz. 14a.

Äußerungen in sozialen Netzwerken („**Hate Speech**") stehen grundsätzlich unter dem Schutz des Art. 5 GG[544].

Zu beachten ist, dass Art. 5 GG nicht nur sachlich-differenzierte Äußerungen schützt, son- 304 dern gerade Kritik auch pointiert, polemisch und überspitzt erfolgen darf; insoweit liegt die Grenze zulässiger Meinungsäußerungen nicht schon da, wo eine polemische Zuspitzung für die Äußerung sachlicher Kritik nicht erforderlich ist. Einen Sonderfall bilden hingegen **herabsetzende Äußerungen**, die sich als Formalbeleidigung oder Schmähung darstellen. Dann ist ausnahmsweise **keine Abwägung** zwischen der Meinungsfreiheit und dem Persönlichkeitsrecht notwendig, weil die Meinungsfreiheit regelmäßig hinter den Ehrenschutz zurücktreten wird. Diese für die Meinungsfreiheit einschneidende Folge gebietet es, hinsichtlich des Vorliegens von Formalbeleidigungen und Schmähkritik **strenge Maßstäbe** anzuwenden. Wegen seines die Meinungsfreiheit verdrängenden Effekts ist der Begriff der Schmähkritik von Verfassungs wegen eng zu verstehen[545].

Auch eine überzogene oder gar ausfällige Kritik macht eine Äußerung für sich genommen 305 noch nicht zur Schmähung. Eine Äußerung nimmt diesen Charakter erst dann an, wenn nicht mehr die Auseinandersetzung in der Sache, sondern – jenseits auch polemischer und überspitzter Kritik – die **Diffamierung der Person** im Vordergrund steht. Sie liegt bei einer die Öffentlichkeit wesentlich berührenden Frage nur ausnahmsweise vor und ist nach der Rechtsprechung des BVerfG „eher auf die **Privatfehde** beschränkt"[546].

Erfolgen allein auf die persönliche Kränkung zielende Äußerungen „**unter den Kommuni-** 306 **kationsbedingungen des Internets**", sind sie nach einer neueren Entscheidung des BVerfG „nicht selten auch von Privatfehden losgelöst". Sie können persönlich nicht bekannte Personen, auch des öffentlichen Lebens, betreffen, die im Schutz der Anonymität des Internets ohne jeden nachvollziehbaren Bezug zu einer Sachkritik grundlos aus verwerflichen Motiven wie Hass- oder Wutgefühlen heraus verunglimpft und verächtlich gemacht werden[547].

Um **Formalbeleidigungen** kann es sich bei mit Vorbedacht und nicht nur in der Hitze einer 307 Auseinandersetzung verwendeten, nach allgemeiner Auffassung besonders krassen, aus sich heraus herabwürdigenden Schimpfwörtern – etwa aus der Fäkalsprache – handeln. Auch dort ist es – wie bei der Schmähkritik – im Regelfall **nicht erforderlich, in eine Grundrechtsabwägung einzutreten**. In Fällen der Formalbeleidigung ist das Kriterium der Strafbarkeit nicht der fehlende Sachbezug einer Herabsetzung, sondern die kontextunabhängig gesellschaftlich absolut missbilligte und tabuisierte Begrifflichkeit und damit die spezifische Form dieser Äußerung. Dem liegt zugrunde, dass die Bezeichnung anderer Personen mit solchen Begriffen sich gerade ihrer allein auf die Verächtlichmachung zielenden Funktion bedient,

---

544 Vgl. *Härting*, IPRB 2015, 265.
545 BVerfG v. 8.2.2017 – 1 BvR 2973/14 Rz. 14, CR 2017, 332; BVerfG v. 19.12.2021 – 1 BvR 1073/20 Rz. 29; BGH v. 16.12.2014 – VI ZR 39/14 Rz. 18, CR 2015, 251 = AfP 2015, 41 – Hochleistungsmagneten; OLG Frankfurt v. 11.10.2012 – 16 U 25/12 Rz. 31; LG Lübeck v. 28.10.2010 – 14 S 135/10; *Schuhmacher*, IPRB 2013, 103, 103 f.
546 BVerfG v. 17.9.2012 – 1 BvR 2979/10 Rz. 30, AfP 2012, 549 = CR 2013, 59; BVerfG v. 2.7.2013 – 1 BvR 1751/12 Rz. 15, AfP 2013, 388; BVerfG v. 8.2.2017 – 1 BvR 2973/14 Rz. 14; BVerfG v. 19.2.2019 – 1 BvR 1954/17 Rz. 11; OLG Karlsruhe v. 23.4.2003 – 6 U 189/02, AfP 2003, 452 = NJW 2003, 2029 ff.
547 BVerfG v. 19.5.2020 – 1 BvR 362/18 Rz. 18.

um andere unabhängig von einem etwaigen sachlichen Anliegen herabzusetzen. Sie ist daher in aller Regel unabhängig von den konkreten Umständen als Beleidigung zu werten[548].

308 Um Fälle der Formalbeleidigung im verfassungsrechtlichen Sinn handelt es sich bei Beleidigungen nicht immer schon dann, wenn im Sinne des **§ 192 StGB** unabhängig von einem Wahrheitsbeweis „das Vorhandensein einer Beleidigung aus der Form der Behauptung oder Verbreitung oder aus den Umständen, unter welchen sie geschah, hervorgeht". Fachrechtlich werden auch diese Fallkonstellationen unter den Begriff der Formalbeleidigung gefasst und können als Beleidigung strafbar sein. Eine Verurteilung setzt hier aber – dem Normalfall entsprechend – eine grundrechtlich angeleitete Abwägung voraus[549].

309 Eine weitere „absolute" Grenze der Meinungsfreiheit stellt die **Menschenwürde (Art. 1 Abs. 1 GG)** dar. Da die Menschenwürde als Wurzel aller Grundrechte mit keinem Einzelgrundrecht abwägungsfähig ist, muss die Meinungsfreiheit stets zurücktreten, wenn eine Äußerung die Menschenwürde eines anderen verletzt. Allerdings bedarf es einer sorgfältigen Begründung, wenn ausnahmsweise angenommen werden soll, dass der Gebrauch der Meinungsfreiheit auf die unantastbare Menschenwürde durchschlägt. Eine Menschenwürdeverletzung kommt nur in Betracht, wenn sich eine Äußerung nicht lediglich gegen einzelne Persönlichkeitsrechte richtet, sondern einer konkreten Person den ihre menschliche Würde ausmachenden Kern der Persönlichkeit abspricht[550].

310 Aus dem Nichtvorliegen einer solchen Verletzung der Menschenwürde, Schmähung oder Formalbeleidigung folgt noch keine Vorfestlegung dahingehend, dass das allgemeine Persönlichkeitsrecht bei der dann gebotenen **Abwägungsentscheidung** zurückzutreten habe. Eine solche Vorfestlegung ergibt sich auch nicht aus der **Vermutung zugunsten der freien Rede**. Als solche begründet die Vermutungsregel keinen generellen Vorrang der Meinungsfreiheit gegenüber dem Persönlichkeitsschutz. Aus ihr folgt aber, dass auch dann, wenn Meinungsäußerungen die Ehre anderer beeinträchtigen und damit deren Persönlichkeitsrechte betreffen, diese nur nach Maßgabe einer Abwägung sanktioniert werden können. Dabei ist diese Abwägung offen und verlangt eine der konstitutiven Bedeutung der Meinungsfreiheit Rechnung tragende Begründung in Fällen, in denen Äußerungen im oben genannten Sinne im Wege der Abwägung hinter dem Persönlichkeitsschutz zurücktreten sollen[551].

311 Die als „Hassprediger"[552] und als „Vordenker der rechten Szene"[553] im Internet angeprangerten Personen mussten sich von den angerufenen Gerichten entgegenhalten lassen, dass es sich jeweils um Werturteile handelte, die durch ein überwiegendes **Informationsinteresse** der Öffentlichkeit legitimiert waren[554]. Dasselbe galt für den Psychologen, der als Anführer einer „Sekte" bezeichnet wurde, die „Gehirnwäsche" betreibe[555]. Der Betreiber eines Hotels

---

548 BVerfG v. 19.5.2020 – 1 BvR 362/18 Rz. 20.
549 BVerfG v. 19.5.2020 – 1 BvR 362/18 Rz. 20.
550 BVerfG v. 19.5.2020 – 1 BvR 362/18 Rz. 21.
551 BVerfG v. 14.6.2019 – 1 BvR 2433/19 Rz. 16.
552 OLG Brandenburg v. 23.4.2007 – 1 U 10/06, AfP 2007, 567 = NJW-RR 2007, 1641 ff.; LG Stuttgart v. 19.5.2015 – 17 O 1450/14, AfP 2015, 465.
553 OLG Braunschweig v. 18.9.2000 – 2 W 211/00, MMR 2001, 163 ff. = ITRB 2001, 105.
554 Vgl. OLG Brandenburg v. 23.4.2007 – 1 U 10/06, AfP 2007, 567 = NJW-RR 2007, 1641 ff. sowie OLG Braunschweig v. 18.9.2000 – 2 W 211/00, MMR 2001, 163, 163 ff. = ITRB 2001, 105.
555 LG Hamburg v. 7.8.2009 – 325 O 97/09.

mit dem Namen „Hühnerhof" muss sich den Kommentar „Nicht Hühnerhof, sondern Hühnerstall" in einem Bewertungsportal gefallen lassen[556].

Das bei der Abwägung anzusetzende Gewicht der Meinungsfreiheit ist umso höher, je mehr   312
die Äußerung darauf zielt, einen **Beitrag zur öffentlichen Meinungsbildung** zu leisten, und
umso geringer, je mehr es hiervon unabhängig lediglich um die emotionalisierende Verbreitung von Stimmungen gegen einzelne Personen geht. Bei der Gewichtung der durch eine
Äußerung berührten grundrechtlichen Interessen ist zudem davon auszugehen, dass der
Schutz der Meinungsfreiheit gerade aus dem besonderen Schutzbedürfnis der **Machtkritik**
erwachsen ist und darin unverändert seine Bedeutung findet. Teil dieser Freiheit ist, dass
Bürgerinnen und Bürger von ihnen als verantwortlich angesehen Amtsträgerinnen und
Amtsträger in anklagender und personalisierter Weise für deren Art und Weise der Machtausübung angreifen können, ohne befürchten zu müssen, dass die personenbezogenen Elemente solcher Äußerungen aus diesem Kontext herausgelöst werden und die Grundlage für
einschneidende gerichtliche Sanktionen bilden. In die Abwägung ist daher einzustellen, ob
die Privatsphäre der Betroffenen oder ihr öffentliches Wirken mit seinen -– unter Umständen weitreichenden – gesellschaftlichen Folgen Gegenstand der Äußerung ist und welche
Auswirkungen auf die persönliche Integrität der Betroffenen von einer Äußerung ausgehen können[557].

„Unter den Bedingungen der Verbreitung von Informationen durch ‚soziale Netzwerke' im   313
Internet" liegt nach einer neueren Entscheidung des BVerfG ein wirksamer **Schutz der Persönlichkeitsrechte von Amtsträgerinnen und Politikern** über die Bedeutung für die jeweils
Betroffenen hinaus **im öffentlichen Interesse**, was das Gewicht dieser Rechte in der Abwägung verstärken könne. Denn eine Bereitschaft zur Mitwirkung in Staat und Gesellschaft
könne nur erwartet werden, wenn für diejenigen, die sich engagieren und öffentlich einbringen, ein hinreichender Schutz ihrer Persönlichkeitsrechte gewährleistet sei[558].

Im **politischen Meinungskampf** kann es daher erlaubt sein, den Gegner als „rechtsextrem"   314
zu bezeichnen[559] oder ihm die „Missachtung jeglichen Anstandes" und „menschenverachtende Zustimmung" zur Verschandelung eines Wahlfotos vorzuwerfen[560]. Dies gilt auch für
die Bezeichnung eines Grünen-Abgeordneten als „Obergauleiter der SA-Horden" als Gegenreaktion auf ähnliche Beschimpfungen („braune Horden, „rechtsextreme Idioten")[561] und
für den Tweet eines Politikers der Grünen über einen AfD-Funktionär, der den Friseurberuf
ausübt, mit der Empfehlung an das Publikum, die Dienste des Friseurs in Zukunft nicht
mehr in Anspruch zu nehmen („Ab sofort empfehle ich, nicht mehr zum Friseur ... zu gehen. Inhaber ist ein #AFDler. Man weiß nie, wo ... die Schere ansetzt."). Bei der Mitgliedschaft in der AfD handelt es sich um eine wahre Tatsachenbehauptung und bei dem Ausspruch „Man weiß nie, wo die Schere ansetzt" um eine sarkastische und in zulässiger Form

---

556 OLG Stuttgart v. 11.9.2013 – 4 U 88/13 Rz. 82 ff., CR 2014, 204 = AfP 2014, 87 = ITRB 2013,
     273.
557 BVerfG v. 19.12.2021 – 1 BvR 1073/20 Rz. 31 f., CR 2022, 337 m. Anm. *Groß/Fey* = AfP 2022,
     134 m. Anm. *Lehr*.
558 BVerfG v. 6.11.2019 – 1 BvR 16/13 Rz. 108, CR 2020, 30 = AfP 2020, 35 = ITRB 2020, 28 (*Rössel*)
     – Recht auf Vergessen I; BVerfG v. 19.5.2020 – 1 BvR 2397/19 Rz. 32; BVerfG v. 19.12.2021 –
     1 BvR 1073/20 Rz. 35, CR 2022, 337 m. Anm. *Groß/Fey* = AfP 2022, 134 m. Anm. *Lehr*.
559 BVerfG v. 17.9.2012 – 1 BvR 2979/10, AfP 2012, 549 = CR 2013, 59.
560 LG Lübeck v. 28.10.2010 – 14 S 135/10.
561 BVerfG v. 8.2.2017 – 1 BvR 2973/14 Rz. 17, CR 2017, 332 = AfP 2017, 308.

zugespitzte Äußerung im Wahlkampf[562]. Wer im öffentlichen Meinungskampf zu einem abwertenden Urteil Anlass gegeben hat, muss eine scharfe Reaktion auch dann hinnehmen, wenn sie das persönliche Ansehen mindert[563].

315   Die Bezeichnung einer ehemaligen Landrätin und Landtagsabgeordneten als „durchgeknallte Frau" in einer bekannten Kolumne eines Online-Mediums ist nicht vom Grundrecht auf Meinungsfreiheit gedeckt, wenn dies einen Absatz zusammenfasst, in dem es heißt: „Sie sind die frustrierteste Frau, die ich kenne. Ihre Hormone sind dermaßen durcheinander, dass Sie nicht mehr wissen, was wer was ist. Liebe, Sehnsucht, Orgasmus, Feminismus, Vernunft." Es handelt sich um eine in den **Intimbereich** übergreifende Verächtlichmachung[564].

316   Die Grenze zur Schmähkritik ist bei einer erbitterten Auseinandersetzung zwischen zwei Anwälten noch nicht überschritten, wenn der Begriff des **„Winkeladvokaten"** verwendet wird[565]. Dasselbe gilt, wenn ein Anwalt in einem Medienbericht als „umstrittener Anwalt" bezeichnet[566] oder wenn eBay-Kunden im Hinblick auf einen Händler „Finger weg" empfohlen wird[567], da in solchen Äußerungen keine bloße Diffamierung zu sehen ist.

317   Nach Auffassung des VGH Bayern fehlt es an einer Schmähkritik, wenn sich eine O2-Mitarbeiterin über ihren Facebook-Account mit den Worten „kotzen die mich an von O2" und „solche Penner" über ihren Arbeitgeber äußert. Der VGH Bayern meint, die verwendeten Begriffe knüpften ihrer Bedeutung nach an ein Verhalten des Arbeitgebers an, nämlich an dessen angebliches Gebaren im Zusammenhang mit der Abwicklung eines Vertragsverhältnisses für das von der Klägerin privat betriebene Handy. Es handele sich nicht um eine Schmähkritik, sondern um eine **sprachlich pointierte Bewertung** im Kontext einer sachlichen Aussage[568].

318   Formulierungen wie „Als Geschäftspartner ist absolute Vorsicht zu verwalten", „Mit dieser Firma Geschäfte zu machen rate ich ab", „Hier rate ich dringend ab Geschäfte zu machen", „Äußerst bedenkliches Geschäftsgebaren" und „Diese Firma kann ich nicht empfehlen" stellen keine Schmähkritik dar, sondern Meinungsäußerungen, die grundsätzlich zulässig sind[569].

IV. Briefe und E-Mails

319   Gelegentlich werden Briefe und E-Mails im Internet veröffentlicht und es stellt sich die Frage, ob dies gegen den Willen des Verfassers zulässig ist. Das **Postgeheimnis** beantwortet die Frage einer Veröffentlichungsbefugnis nur für Briefe und auch dort nur partiell, da es den Versender (und den Empfänger) nur gegen das heimlich-unbefugte Öffnen einer Postsendung schützt[570]. Der Empfänger eines Schreibens kann das Postgeheimnis nicht verletzen[571].

---

562 OLG Dresden v. 5.5.2015 – 4 U 1676/14 Rz. 22, AfP 2016, 157 = ITRB 2016, 33.
563 BVerfG v. 11.11.2021 – 1 BvR 11/20 Rz. 22, AfP 2022, 39.
564 BVerfG v. 11.12.2013 – 1 BvR 194/13 Rz. 24 ff., AfP 2014, 133.
565 BVerfG v. 2.7.2013 – 1 BvR 1751/12 Rz. 17 ff., AfP 2013, 388.
566 OLG Dresden v. 26.9.2012 – 4 W 1036/12 Rz. 7, AfP 2013, 333.
567 OLG Düsseldorf v. 11.3.2011 – I-15 W 14/11 Rz. 14, ITRB 2011, 126.
568 VGH Bayern v. 29.2.2012 – 12 C 12.264 Rz. 28 ff., ITRB 2012, 153 f. (*Aghamiri*).
569 LG Hamburg v. 3.5.2019 – 324 O 358/18 Rz. 55 ff., CR 2020, 796 = ITRB 2020, 88 (*Oelschlägel*).
570 *Löwer* in v. Münch/Kunig, Art. 10 GG Rz. 16.
571 *Löwer* in v. Münch/Kunig, Art. 10 GG Rz. 20.

Gibt er den Inhalt eines Briefs gegen den Willen des Absenders Dritten preis, kann es nur um eine Verletzung des Allgemeinen Persönlichkeitsrechts des Briefverfassers gehen.

Der BGH hob das Allgemeine Persönlichkeitsrecht als **sonstiges Recht** gem. § 823 Abs. 1 BGB in einer Entscheidung aus dem Jahre 1954 aus der Taufe und leitete daraus zugleich ein „Bestimmungsrecht" des Briefeschreibers für Veröffentlichungen ab[572]. Da jede sprachliche Festlegung eines bestimmten Gedankeninhaltes Ausfluss der Persönlichkeit des Verfassers sei, habe der Verfasser ein **Bestimmungsrecht** darüber, ob und in welcher Form seine sprachliche Gedankenfeststellung der Öffentlichkeit zugänglich gemacht werden soll. Dieses Bestimmungsrecht gelte unabhängig davon, ob der Festlegungsform eine Urheberschutzfähigkeit zugebilligt werden könne oder nicht[573]. Das BGH-Urteil ist nicht zuletzt wegen des zeithistorischen Hintergrunds lesenswert: Es ging um den Bankier Hjalmar Schacht, der in der NS-Zeit eine ebenso exponierte wie umstrittene Figur war und 1953 eine Privatbank gegründet hatte. In diesem Zusammenhang hatte eine Wochenzeitung an seine Vergangenheit erinnert. Hiergegen wandte sich der Anwalt des Bankiers mit einem Brief, den die Zeitung sodann in gekürzter Form als Leserbrief veröffentlichte, ohne den Anwalt oder dessen Klienten zu fragen. In der Kürzung und in der Veröffentlichung als „Leserbrief" sah der BGH sowohl eine **„Irreführung"** des Publikums als auch die „Behauptung einer unwahren Tatsache"[574].

320

1. Schutz des Briefes

Da das Allgemeine Persönlichkeitsrecht ein **offener Tatbestand** ist[575], verbieten sich pauschale Antworten auf die Frage, ob Briefe Dritten zur Kenntnis gegeben oder veröffentlicht werden dürfen. Es bedarf in jedem Einzelfall einer abwägenden Bewertung der Intensität der Rechtsverletzung einerseits und eines Preisgabe- bzw. Veröffentlichungsinteresses andererseits[576]. Art. 5 GG steht nach **heutigem Verständnis** einem „absoluten Bestimmungsrecht" des Briefeschreibers über Veröffentlichungen entgegen[577].

321

Umgekehrt liegt es in der Natur der vorzunehmenden Güter- und Interessenabwägung, dass die Rechtswidrigkeit einer Veröffentlichung von dem Interesse abhängt, das mit der Veröffentlichung verfolgt wird. Die Veröffentlichung erotischer Briefe eines Popmusikers in der Boulevardpresse ist daher anders zu bewerten als Liebesgrüße eines Politikers an eine wegen terroristischer Delikte verurteilte Straftäterin. Nur im letztgenannten Fall besteht ein überragendes **öffentliches Interesse**, das unter dem Gesichtspunkt der Pressefreiheit (Art. 5 Abs. 1 GG) den Eingriff in die Intimsphäre rechtfertigt[578].

322

Ob eine ungenehmigte Veröffentlichung privater Briefe einen unzulässigen Eingriff in das Persönlichkeitsrecht darstellt, hängt auch maßgeblich davon ab, ob sich aus dem Inhalt ein

323

---

572 BGH v. 25.2.1954 – I ZR 211/53 – Schacht-Briefe, BGHZ 13, 334.
573 BGH v. 25.5.1954 – BGHZ 13, 334 – Leserbrief.
574 *Härting*, IPRB 2012, 134, 134.
575 *Sprau* in Grüneberg, § 823 BGB Rz. 95.
576 Vgl. BVerfG v. 25.1.2012 – 1 BvR 2499/09, 1 BvR 2503/09, AfP 2012, 143 – Wortberichterstattung über Prominente.
577 *Härting*, IPRB 2012, 134, 135.
578 Vgl. *Härting*, IPRB 2010, 280 ff.

erkennbares **persönliches Geheimhaltungsinteresse** ergibt[579]. Der schlichte Geburtstagsgruß ist anders zu bewerten als der von Intimitäten durchzogene Liebesbrief. Das Geheimhaltungsinteresse des Verfassers tritt in der Regel hinter dem Informationsinteresse der Öffentlichkeit zurück, wenn der veröffentlichte Brief politisch brisante Angelegenheiten betrifft oder einen sonstigen Beitrag zum **„geistigen Meinungskampf"**[580] leistet.

324   Ein „Alter Herr" konnte die Publikation eines Briefes an die Mitglieder einer Burschenschaft nicht verhindern, in welchem er den Ausschluss eines Studenten aus der Verbindung auf Grund eines Artikels zum Nationalsozialismus kritisiert hatte. Der Artikel und der Ausschluss waren zuvor in der Öffentlichkeit diskutiert worden[581]. Dem „Alten Herren" ging es daher nicht besser als dem Inhaber einer Bank, der die Veröffentlichung von Geschäftsbriefen in einem Bericht über die Beteiligung seines Bankhauses an einem kontroversen Waffenhandel dulden musste[582].

325   Auch wenn ein Brief unter Verletzung des Briefgeheimnisses abgefangen wurde, ist den Medien die Publikation nicht von vornherein verwehrt[583]. Würde der Presse ein **absolutes Publikationsverbot** bezüglich Informationen auferlegt werden, die rechtswidrig erlangt wurden, so würde die **Kontrollaufgabe der Presse** übermäßig beeinträchtigt werden[584]. Gleiches gilt für die Freiheit des Informationsflusses, die durch die Pressefreiheit erhalten und gesichert werden soll[585].

326   Auch die Publikation **rechtswidrig recherchierter bzw. erlangter Informationen** fällt in den Schutzbereich des Art. 5 Abs. 1 GG[586]. Erforderlich ist allerdings in einem solchen Fall ein besonders stark ausgeprägtes Informationsbedürfnis der Öffentlichkeit, um einen Eingriff in Persönlichkeitsrechte zu rechtfertigen. Ein solches Interesse fehlte im Falle der Veröffentlichung eines unter Verletzung des Fernmeldegeheimnisses angefertigten Transkripts eines Gesprächs zwischen Helmut Kohl und Kurt Biedenkopf über die bevorstehende Kanzlerkandidatur[587].

327   In Fällen, in denen der Publizierende sich die Informationen widerrechtlich durch **Täuschung** in der Absicht verschafft hat, sie gegen den Getäuschten zu verwerten, hat die Veröffentlichung grundsätzlich zu unterbleiben. Eine Ausnahme von diesem Grundsatz kommt nur in Betracht, wenn die Bedeutung der Information für die Unterrichtung der Öffentlichkeit und für die öffentliche Meinungsbildung eindeutig die Nachteile überwiegt, die der Rechtsbruch für den Betroffenen und die Geltung der Rechtsordnung nach sich ziehen muss. Das wird in der Regel dann nicht der Fall sein, wenn die in der dargelegten Weise widerrechtlich

---

579 OLG Hamburg v. 23.2.2010 – 7 U 90/09, CR 2010, 685 = ITRB 2010, 277 = MMR 2010, 494, 494; *Nipperdey*, Das Allgemeine Persönlichkeitsrecht, Ufita 30, 15 m.w.N.
580 BVerfG v. 15.1.1958 – 1 BvR 400/51, NJW 1958, 257 – Lüth-Urteil; BGH v. 24.10.1961 – VI ZR 204/60, NJW 1962, 32 – Waffenhandel.
581 BGH v. 22.12.1959 – VI ZR 175/58, BGHZ 31, 308 – Alte Herren.
582 BGH v. 24.10.1961 – VI ZR 204/60, BGHZ 36, 77 – Waffenhandel.
583 *Härting*, IPRB 2012, 134, 135.
584 BGH v. 10.3.1987 – VI ZR 244/85, CR 1988, 390 = AfP 1987, 508 = NJW-RR 1987, 1433 – BND-Interna.
585 KG Berlin v. 18.4.2011 – 10 U 149/10, ZUM 2011, 570, ITRB 2011, 177 f. (*Unterbusch*).
586 OLG Braunschweig v. 24.11.2011 – 2 U 89/11 Rz. 13, AfP 2012, 265.
587 BGH v. 19.12.1978 – VI ZR 137/77 – Telefongespräch; vgl. auch OLG Köln v. 5.5.2015 – 15 U 193/14, AfP 2015, 430 – Kohls Ghostwriter.

beschaffte und verwertete Information Zustände oder Verhaltensweisen offenbart, die ihrerseits nicht rechtswidrig sind[588].

2. Schutz der E-Mail

Auch die Veröffentlichung von E-Mails tangiert das Allgemeine Persönlichkeitsrecht. Der   328
Einzelne hat grundsätzlich ein Recht darauf, selbst zu bestimmen, ob und wie er sich in der
Öffentlichkeit darstellt. Dies umfasst auch das Recht des Verfassers einer Mail, den Inhalt
geheim zu halten, wenn die Mail nicht für die Öffentlichkeit bestimmt war[589].

Nach Auffassung des LG Köln kann die Veröffentlichung von vertraulichen **geschäftlichen**   329
E-Mails im Internet das Allgemeine Persönlichkeitsrecht des Absenders, namentlich „die
Geheimsphäre" verletzen[590]. Die E-Mail bleibe dieser „Geheimsphäre" zugehörig, auch wenn
sie über das Internet versandt werde. Anders sei dies allenfalls bei Mails, die an einen nicht
abgegrenzten Personenkreis – quasi massenhaft – verschickt werden. Richte sich eine E-Mail
(nur) an eine konkrete Person, so sei die E-Mail in jeder Hinsicht vergleichbar mit einem
verschlossenen Brief, bei dem der Absender – anders als etwa im Falle einer offen versandten
Postkarte – nicht damit rechnen müsse, dass Dritte von dem Inhalt Kenntnis nehmen[591].

Die Gleichsetzung von E-Mails und Briefen überzeugt nur insoweit, als nicht zu leugnen ist,   330
dass der Verfasser einer Mail ähnliche Geheimhaltungsinteressen geltend machen kann wie
der Versender eines herkömmlichen Briefs[592]. Wer indes Mitteilungen per E-Mail versendet,
weiß, dass Mails nicht in gleicher Weise gegen den Zugriff Dritter geschützt sind wie die
Briefpost. Nicht selten haben – insbesondere bei geschäftlichen Mailadressen – mehrere Personen Einblick in den Mail-Account; Einzelheiten sind dem Absender typischerweise nicht
genau bekannt. Darüber hinaus liegt es in der Natur einer Mail, dass der Empfänger sie auf
vergleichsweise einfache Weise Dritten zur Kenntnis geben (insbesondere weiterleiten) kann.
Wer die Mail als Kommunikationsweg wählt, beschreitet bewusst einen Weg, der weniger
Gewähr für Vertraulichkeit bietet als der Brief. Dies spricht keineswegs gegen einen **Vertrau-**
lichkeitsschutz von Mails, wohl aber dafür, ihn auf der „ersten Waagschale" schwächer zu
gewichten als bei der herkömmlichen Briefpost[593].

Letztlich unterliegt die **Erlaubnis zur Veröffentlichung** von Mails derselben Abwägung mit   331
Art. 5 GG, die auch für Briefe gilt. Dies führt bei Mails, die lediglich die **Sozialsphäre** berühren, zu einem vergleichsweise schwachen Schutz der Vertraulichkeit. Enthält eine Mail
beispielsweise Äußerungen, die einen in der Öffentlichkeit umstrittenen Burschenschaftstag
betreffen, spricht das beträchtliche öffentliche Interesse an dem Vorgang für die Zulässigkeit
der Veröffentlichung[594]. Auch E-Mails, die die Kündigung eines Arbeitsverhältnisses betreffen, entstammen der Sozialsphäre. Aus der „Sensibilität" von Kündigungen lässt sich kein
gesteigerter Schutz ableiten[595].

---

588 BGH v. 30.9.2014 – VI ZR 490/12 Rz. 21, AfP 2014, 534 = CR 2015, 35 = ITRB 2015, 32 – Innenminister unter Druck.
589 LG Braunschweig v. 5.10.2011 – 9 O 1956/11 Rz. 84, ITRB 2012, 33 f. (*Engels*).
590 LG Köln v. 6.9.2006 – 28 O 178/06, CR 2007, 195 = MMR 2006, 758.
591 A.A. OLG Saarbrücken v. 13.6.2012 – 5 U 5/12-2 Rz. 38.
592 Vgl. KG Berlin v. 18.4.2011 – 10 U 149/10, ZUM 2011, 570, ITRB 2011, 177 f. (*Unterbusch*).
593 Vgl. OLG Saarbrücken v. 13.6.2012 – 5 U 5/12 Rz. 38.
594 OLG Braunschweig v. 24.11.2011 – 2 U 89/11 Rz. 6 ff., AfP 2012, 265.
595 A.A. LG Hamburg v. 23.11.2015 – 324 O 90/15 Rz. 38.

332   Die **Vertraulichkeits- und Geheimsphäre** schützt das Interesse eines Kommunikationsteilnehmers daran, dass der Inhalt einer privaten Kommunikation nicht an die Öffentlichkeit
gelangt und die Kommunikationsinhalte nicht in verkörperter Form für die Öffentlichkeit
verfügbar werden. Einen generellen deliktischen Schutz des Geheimhaltungswillens durch
das Persönlichkeitsrecht gibt es allerdings nicht[596].

333   Im Falle eines früheren Landesministers entschied der BGH, dass die Veröffentlichung von
Mailverkehr mit seiner damaligen Geliebten über Unterhaltszahlungen durch die Presse rechtmäßig war. Der Minister habe die wirtschaftliche Verantwortung für sein nichteheliches
Kind aus Eigeninteresse auf den Steuerzahler abgewälzt. Dies sei für die Beurteilung der persönlichen Eignung als Minister und Landtagsabgeordneter von maßgeblicher Bedeutung für
die Öffentlichkeit gewesen. Somit habe ein überwiegendes Informationsinteresses der Allgemeinheit bestanden[597]. An einem öffentlichen Informationsinteresse fehlte hingegen es
bei einer privaten Nachricht eines Adligen, in der er erklärte, warum er berechtigt ist, seinen
Adelstitel zu tragen. Die Nachricht enthielt zahlreiche Rechtschreibfehler und die Veröffentlichung dürfte mit der Absicht der Bloßstellung des Absenders erfolgt sein[598].

334   Eine Veröffentlichungsbefugnis kann auch bestehen, wenn ein Dritter – etwa als „Hacker" –
rechtswidrig oder gar auf strafbare Weise in den Besitz der Mail gelangt ist. Im Rahmen der
Interessenabwägung ist zwar von Belang, ob die Mail rechtmäßig erlangt worden ist. Nicht
jede rechtswidrig erlangte Information führt jedoch dazu, dass diese nicht veröffentlicht
werden kann[599].

335   Wenn in einem **Disclaimer** Weitergabe- und Veröffentlichungsverbote ausgesprochen wer-
den, kommt diesen Verboten keine besondere rechtliche Relevanz zu. Als lediglich einseitige
Erklärungen sind sie nicht geeignet, rechtliche Verpflichtungen des Empfängers auf Unter-
lassen der Weitergabe der betroffenen E-Mail zu begründen. Allenfalls lässt sich solchen
Erklärungen ein Hinweis auf die Rechtslage entnehmen, wonach die Veröffentlichung der
Mails einen Eingriff in Persönlichkeitsrechte des Absenders darstellt[600].

336   Mit E-Mails gleichzusetzen sind **Nachrichten in sozialen Netzwerken und über Messenger-Dienste.** Auch hier hat der Absender einer persönlichen Nachricht ein schutzwürdiges
Interesse, dass die gesendeten Nachrichten weder vom Empfänger noch von Dritten veröffentlicht werden. Auch dieses Geheimhaltungsinteresse kann jedoch durch ein öffentliches
Informationsinteresse überwogen werden.

3. Schutz von Anwaltsschreiben

337   Für Anwaltspost gilt **kein Sonderrecht.** Insbesondere ergibt sich aus Art. 12 Abs. 1 GG kein
gesteigerter Vertraulichkeitsschutz[601]. Der Anwalt arbeitet typischerweise nicht im Verborge-

---

596 BGH v. 26.11.2019 – VI ZR 20/19 Rz. 24.
597 BGH v. 30.9.2014 – VI ZR 490/12 Rz. 32 ff., AfP 2014, 534 = CR 2015, 35 = ITRB 2015, 32 – In-
    nenminister unter Druck.
598 OLG Hamburg v. 4.2.2013 – 7 W 5/13 Rz. 1, CR 2013, 601 = ITRB 2013, 204.
599 Vgl. LG Braunschweig v. 5.10.2011 – 9 O 1956/11 Rz. 86, ITRB 2012, 33 f. (*Engels*).
600 OLG Saarbrücken v. 13.6.2012 – 5 U 5/12 Rz. 33.
601 LG Berlin v. 24.8.2010 – 27 O 184/07; a.A. KG Berlin v. 12.1.2007 – 9 U 102/06, AfP 2007, 234
    = K&R 2007, 317; KG Berlin v. 29.9.2009 – 9 W 135/09, AfP 2009, 608 = ITRB 2010, 178 f. (*Int-
    veen*).

nen, er streitet in aller Öffentlichkeit für das Recht (vgl. § 169 GVG). Daher kann ein Anwalt typischerweise gegen eine Verbreitung seiner Korrespondenz oder deren Veröffentlichung ein allenfalls **schwaches Geheimhaltungsinteresse** geltend machen. Zitate aus anwaltlichen Schreiben, auch wenn diese nicht für die Öffentlichkeit bestimmt gewesen sind, entstammen nicht der Privatsphäre des Verfassers, sondern der **Sozialsphäre**[602], sodass es regelmäßig keines „berechtigten Informationsinteresses" bedarf, um eine Verbreitung und Veröffentlichung von anwaltlicher Korrespondenz im Internet zu rechtfertigen[603].

Auch eine Identifizierung und Namensnennung kann ein Rechtsanwalt in aller Regel nicht   338
verhindern. Ein Anwalt, der in einer öffentlichen Verhandlung auftritt, hat grundsätzlich keinen Anspruch auf Unterlassung der Nennung seines Namens[604]. Er kann sich auch nicht darauf berufen, in Folge einer solchen Berichterstattung mit der Person des Angeklagten oder dessen Straftat geistig und moralisch in Verbindung gebracht zu werden oder in den **Verdacht der Publizitätssucht** zu kommen[605]. Die Nennung des Namens ist jedenfalls dann zulässig, wenn für die Mitteilung des Anwaltsnamens ein öffentliches Informationsinteresse besteht[606].

V. Bewertungsportale

Bewertungsportale sind ein gutes Beispiel für die Transparenz, die durch Online-Dienste ge-   339
schaffen werden kann. eBay und Amazon waren die Vorreiter. Zum Erfolgskonzept der On-line-Plattformen gehörte es, dass Kunden (bei Amazon) die gekauften Bücher rezensieren und (bei eBay) ihre Erfahrungen mit einem getätigten Kauf kundtun konnten. Portale zur Bewertung von Ärzten, Lehrern, Hotels, Restaurants und anderen Dienstleistern gibt es heute in unüberschaubarer Vielzahl und Vielfalt.

Nicht jeder Lehrer und Professor ist ein guter Didakt. Wenn Schüler und Studenten ihre Leh-   340
rer und Professoren beurteilen, kann dies das (selbst)kritische Bewusstsein der Lehrenden fördern und zu einer Verbesserung des Unterrichts an Schulen und Hochschulen beitragen. Für **Bewertungsportale** wie spickmich.de und meinprof.de gilt unter dem Gesichtspunkt der Transparenz und Informationsvielfalt nichts anderes wie beispielsweise für eBay-Bewertungen[607].

---

602 BGH v. 26.11.2019 – VI ZR 20/19 Rz. 26; KG Berlin v. 3.3.2006 – 9 U 117/05; KG Berlin v. 31.10.2006 – 9 W 152/06; KG Berlin v. 12.1.2007 – 9 U 102/06, AfP 2007, 234 = K&R 2007, 317; KG Berlin v. 20.2.2009 – 9 W 30/09, MMR 2009, 478 f.; KG Berlin v. 18.3.2010 – 10 U 139/09; LG Berlin v. 21.1.2010 – 27 O 938/09; *Brennecke*, IPRB 2011, 32 f.
603 LG Berlin v. 24.8.2010 – 27 O 184/07; LG Köln v. 7.7.2010 – 28 O 721/09; LG Köln v. 13.10.2010 – 28 O 300/10; LG Köln v. 13.10.2010 – 28 O 332/10; a.A. KG Berlin v. 12.1.2007 – 9 U 102/06, AfP 2007, 234 = K&R 2007, 317; KG Berlin v. 29.9.2009 – 9 W 135/09, AfP 2009, 608 = ITRB 2010, 178 f. (*Intveen*).
604 *Wenzel*, Wort- und Bildberichterstattung, 5. Kapitel, Rz. 72.
605 LG Berlin v. 18.4.1996 – 27 O 15/96, AfP 1997, 938.
606 KG Berlin v. 16.3.2007 – 9 U 88/06; vgl. auch BVerwG v. 1.10.2014 – 6 C 35/13 Rz. 35 ff.; AG Charlottenburg v. 1.7.2010 – 239/09.
607 Vgl. LG Hannover v. 13.5.2009 – 1 O 77/08, MMR 2009, 870; LG Köln v. 10.6.2009 – 28 S 4/09, ITRB 2009, 250 (*Engels*); AG Bonn v. 9.1.2013 – 113 C 28/12, CR 2013, 263; AG Brühl v. 11.2.2008 – 28 C 447/07, ITRB 2008, 201 f. (*Schwartmann*); *Hoeren*, CR 2005, 498 ff.

341 Das **Bewertungssystem** bei eBay trägt dazu bei, dem Käufer Sicherheit zu geben bei der Auswahl eines zuverlässigen Vertragspartners. Zugleich motiviert das Bewertungssystem Verkäufer zu einem Service, der den Kunden zufrieden stellt. Nichts Anderes gilt für die Bewertung der Leistungen von Professoren: Dem Studenten eröffnet eine solche Bewertung die Möglichkeit, Lehrveranstaltungen zu besuchen, die sich durch eine besonders hohe Qualität des Dozenten auszeichnen. Zugleich kann eine Bewertung dazu beitragen, dass sich Hochschullehrer verstärkt darum bemühen, ihren Studenten ertragreiche Lehrveranstaltungen zu bieten. Misst man somit die Bewertung allein an den **Kriterien der Informationsvielfalt** und des Stellenwertes eines freien Informationsaustausches für einen transparenten Leistungsvergleich, so leisten Bewertungsportale wertvolle Beiträge für die gesellschaftlichen Bereiche, für die sie jeweils geschaffen worden sind.

342 Nichts anderes gilt für **Ärzte-Bewertungsportale**, die in den letzten Jahren für viel Streitstoff gesorgt haben[608]. Die Portale ermöglichen den Patienten eine wichtige Hilfestellung bei der Arztwahl, auch wenn Ärzte oft der Meinung sind, dass Patienten die Qualität ihrer Leistungen nicht fachkundig einschätzen können.

1. Kritik an Personen

343 Der „**Faktor Mensch**" schafft Unsicherheit bei den Bewertungen und kann die Funktionstüchtigkeit der Bewertungsportale beeinträchtigen. Denn es liegt in dem Wesen einer Bewertung, dass sie nicht immer fair, gerecht und sachlich-objektiv ausfällt. So kann es bei den Bewertungsportalen für Ärzte, Lehrer und Professoren nicht überraschen, dass sich die Ärzte und die Lehrenden durch ihre Patienten, Schüler und Studenten gelegentlich ungerecht beurteilt fühlen. Wird ein – vermeintlich oder tatsächlich – tüchtiger Lehrer in einem Bewertungsportal mit „4,3"[609] beurteilt, stellt sich die Frage, ob und inwieweit das Persönlichkeitsrecht den Lehrer vor der Verbreitung einer solchen (rufschädigenden) Bewertung schützt.

344 Gehen Ärzte gegen einzelne Bewertungen vor, gelten die allgemeinen Regeln zum Schutz des Allgemeinen Persönlichkeitsrechts. Für **Tatsachenbehauptungen** heißt dies, dass ein Beseitigungs- und Unterlassungsanspruch besteht, wenn die behaupteten Tatsachen nicht der Wahrheit entsprechen[610]. Der Aussagegehalt einer Bewertung ist dahingehend zu verstehen, dass der Bewertende in irgendeiner Form mit dem Leistungsangebot des Bewerteten in Kontakt gekommen ist. Die angesprochenen Verkehrskreise gehen auf Grund des Kontexts, in dem die Bewertung steht, in naheliegender Weise davon aus, dass hier eine als Patient oder potentieller Patient der Arztpraxis der Antragsteller gemachte Erfahrung bewertet wird. Hat

---

608 Vgl. BGH v. 23.9.2014 – VI ZR 358/13, AfP 2014, 529 = CR 2015, 116 – Ärztebewertung II; BGH v. 20.2.2018 – VI ZR 30/17 – Ärztebewertung III; BGH v. 12.10.2021 – VI ZR 488/19 – Ärztebewertung IV; BGH v. 12.10.2021 – VI ZR 489/19 – Ärztebewertung V; BGH v. 15.2.2022 – VI ZR 692/20; OLG Düsseldorf v. 8.8.2014 – 16 U 30/14; OLG Düsseldorf v. 18.12.2015 – 16 U 2/15; OLG Frankfurt v. 8.3.2012 – 16 U 125/11; OLG Frankfurt v. 18.6.2015 – 16 W 29/15; OLG Frankfurt v. 22.12.2016 – 16 U 71/15; OLG Köln v. 5.1.2017 – 15 U 121/16; OLG München v. 17.10.2014 – 18 W 1933/14; LG Hamburg v. 21.9.2018 – 324 O 110/18; LG Kiel v. 6.12.2013 – 5 O 372/13, ITRB 2014, 156; LG München I v. 20.8.2013 – 25 O 9554/13; LG Wuppertal v. 29.3.2019 – 17 O 178/18.

609 Vgl. BGH v. 23.6.2009 – VI ZR 1968/08, NJW 2009, 2888 ff. – spickmich.de; OLG Köln v. 3.7.2008 – 15 U 43/08, CR 2008, 512 = ITRB 2008, 170 = MMR 2008, 672 ff.

610 OLG Frankfurt v. 22.12.2016 – 16 U 71/15 Rz. 25 ff.; OLG München v. 17.10.2014 – 18 W 1933/14 Rz. 20 ff.; OLG München v. 28.10.2014 – 18 U 1022/14 Rz. 22.

es keinen **Behandlungskontakt** gegeben, liegt eine wahrheitswidrige Tatsachenbehauptung vor, die das Persönlichkeitsrecht des Arztes rechtswidrig verletzt[611].

Wenn Schüler und Studenten die Leistungen von Lehrern und Professoren[612] oder wenn Patienten die Leistungen ihrer Ärzte[613] beurteilen, geht es oft um reine **Werturteile**. Ob ein Lehrer „gut vorbereitet" ist, lässt sich ebenso wenig anhand der Kriterien von „wahr" und „unwahr" beurteilen wie die Schulnote 4,3. Da ein schlechtes Zeugnis auch keine Schmähkritik darstellt, müssen die durch **Art. 5 Abs. 1 GG** geschützten Informationsinteressen mit der Schwere abgewogen werden, mit der in das Persönlichkeitsrecht der Lehrenden eingegriffen wird[614]. Die **Benotung** stellt grundsätzlich ein Werturteil dar[615]. Steht und fällt die Benotung jedoch mit einer **wahrheitswidrigen Tatsachenbehauptung**, ist die Benotung rechtswidrig, auch wenn es sich nicht um eine Schmähkritik handelt[616]. 345

Werturteile sind im Übrigen bis zur Grenze der Schmähkritik zulässig[617]. Das OLG Frankfurt sah in der Äußerung „Eine solche Behandlung schadet und gefährdet nicht nur den einzelnen, das Vertrauen in den Berufsstand der gesamten Ärzteschaft wird untergraben" ein erlaubtes Werturteil, das unter dem Schutz des Art. 5 Abs. 1 GG steht[618]. Wenn ein Immobilienmakler zum Zwecke der Förderung seiner Geschäfte aktiv den Auftritt in einem Bewertungsportal gesucht hat, spricht für einen Schutz durch Art. 5 Abs. 1 GG der Umstand, dass **Online-Kundenbewertungssysteme gesellschaftlich erwünscht** sind und verfassungsrechtlichen Schutz genießen. Das Interesse von Verbraucherinnen und Verbrauchern, sich zu Produkten zu äußern und sich vor dem Kauf über Eigenschaften, Vorzüge und Nachteile eines Produkts aus verschiedenen Quellen, zu denen auch Bewertungen anderer Kunden gehören, zu informieren oder auszutauschen, wird durch die Meinungs- und Informationsfreiheit des Art. 5 Abs. 1 GG geschützt[619]. 346

---

611 OLG Dresden v. 6.3.2018 – 4 U 1403/17 Rz. 28; OLG Nürnberg v. 17.7.2019 – 3 W 1470/19 Rz. 38; a.A. LG Augsburg v. 17.8.2017 – 22 O 560/17 Rz. 22; vgl. auch OLG Brandenburg v. 11.3.2019 – 1 U 15/18 Rz. 32; OLG Brandenburg v. 5.3.2020 – 1 U 80/19 Rz. 3; OLG Dresden v. 22.7.2020 – 4 U 652/20 Rz. 8; LG Braunschweig v. 28.11.2018 – 9 O 2616/17 Rz. 39; LG Frankenthal v. 18.9.2018 – 6 O 39/18 Rz. 63; LG Lübeck v. 13.6.2018 – 9 O 59/17; LG München I v. 20.11.2019 – 11 O 7732/19 Rz. 45 f.
612 Vgl. BGH v. 23.6.2009 – VI ZR 1968/08, NJW 2009, 2888 ff. – spickmich.de; OLG Köln v. 27.11.2007 – 15 U 142/07, AfP 2008, 85 = CR 2008, 112 = MMR 2008, 101, 103; OLG Köln v. 3.7.2008 – 15 U 43/08, CR 2008, 512 = ITRB 2008, 170 = MMR 2008, 672, 673; LG Berlin v. 31.5.2007 – 27 S 2/07, AfP 2009, 102 = CR 2007, 744 = ITRB 2007, 201 = MMR 2007, 668, 668; LG Duisburg v. 18.4.2008 – 10 O 350/07, CR 2008, 540 = MMR 2008, 691, 692; LG Köln v. 30.1.2008 – 28 O 319/07, ITRB 2008, 122 = K&R 2008, 188, 189.
613 OLG Frankfurt v. 8.3.2012 – 16 U 125/11, CR 2012, 399 = ITRB 2012, 151.
614 Vgl. BGH v. 23.6.2009 – VI ZR 1968/08, NJW 2009, 2888, 2889 – spickmich.de; OLG Köln v. 27.11.2007 – 15 U 142/07, AfP 2008, 85 = CR 2008, 112 = MMR 2008, 101, 103; OLG Köln v. 3.7.2008 – 15 U 43/08, CR 2008, 512 = ITRB 2008, 170 = MMR 2008, 672, 673.
615 OLG Hamm v. 13.3.2018 – 26 U 4/18 Rz. 34; LG Kiel v. 6.12.2013 – 5 O 372/13 Rz. 18 ff., ITRB 2014, 156; LG München I v. 20.8.2013 – 25 O 9554/13 Rz. 33 ff.
616 OLG Frankfurt v. 22.12.2016 – 16 U 71/15 Rz. 27; OLG Hamm v. 13.3.2018 – 26 U 4/18 Rz. 35 ff.; OLG München v. 17.10.2014 – 18 W 1933/14 Rz. 30 ff.
617 OLG Düsseldorf v. 18.12.2015 – 16 U 2/15 Rz. 60 ff., CR 2016, 543 = ITRB 2016, 130.
618 OLG Frankfurt v. 18.6.2015 – 16 W 29/15 Rz. 19 ff.
619 BGH v. 14.1.2020 – VI ZR 496/18 Rz. 46, CR 2020, 405; OLG Schleswig v. 16.2.2022 – 9 U 134/21 Rz. 39.

347   Der Schutz des Art. 5 Abs. 1 GG gilt auch für eine **Kontrolle und Bewertung von Nutzer-beiträgen** durch den Betreiber eines Bewertungsportals zu dem Zweck, dessen Funktions-fähigkeit zu schützen und zu unterstützen. Denn zunächst bestehen generell die Gefahren unwahrer, beleidigender oder sonst unzulässiger Aussagen und des Missbrauchs des Bewer-tungsportals durch das Einstellen von Mehrfachbewertungen durch ein und dieselbe Person sowie von Bewertungen ohne realen Erfahrungshintergrund. Darüber hinaus können bei ei-nem Bewertungsportal individuelle Benutzungsregeln mit weitergehenden Bewertungsanfor-derungen existieren, deren Einhaltung von den Nutzern erwartet wird. Schließlich kann ein Bewertungsportal zur Meinungsbildung der sich informierenden Nutzer dadurch beitragen, dass es Nutzerbeiträge – (auch) unter Berücksichtigung der genannten Gesichtspunkte oder unabhängig davon – selbst beurteilt[620].

348   Die Bezeichnung eines Zahnarztes als „unfreundlich, arrogant, überheblich und inkompe-tent" in einer Internet-Bewertung kann ein von der Meinungsfreiheit geschütztes Werturteil darstellen. Die Grenze zur Schmähkritik ist nach Auffassung des OLG Oldenburg nicht überschritten, wenn die ehrrührigen Bezeichnungen einen Zusammenhang mit der Behand-lung durch den Zahnarzt aufweisen[621].

349   Wird aus einzelnen Bewertungen eine **Gesamtbewertung** vorgenommen, steht es dem Por-talbetreiber frei, zwischen den einzelnen Bewertungen eine Gewichtung vorzunehmen. Ein Anspruch auf die Angabe einer mathematisch korrekt ermittelten Gesamtbewertung besteht nicht, zumal dies bedeuten würde, dass der Portalbetreiber jede offensichtliche Gefälligkeits-bewertung mitberücksichtigen müsste[622].

2. Kritik an Unternehmen

350   Geht es in einem Bewertungsportal nicht um Personen, sondern um Unternehmen, kommt ein Eingriff in den eingerichteten und ausgeübten Gewerbebetrieb und in das Unterneh-menspersönlichkeitsrecht (§ 823 Abs. 1 BGB) in Betracht. Das **Unternehmenspersönlich-keitsrecht** schützt den durch Art. 2 Abs. 1 i.V.m. Art. 19 Abs. 3 GG, Art. 8 Abs. 1 EMRK ge-währleisteten sozialen Geltungsanspruch von Kapitalgesellschaften als Wirtschaftsunterneh-men[623]. Die Reichweite dieses Rechts ist ebenso offen wie die Reichweite des Allgemeinen Persönlichkeitsrechts einer natürlichen Person, sodass es jeweils einer Abwägung der wider-streitenden grundrechtlich geschützten Belange bedarf. Bei dieser Abwägung sind die beson-deren Umstände des Einzelfalles sowie die betroffenen Grundrechte gebührend zu berück-sichtigen[624].

351   Der Schutz des § 823 Abs. 1 BGB wird zudem gegen jede Beeinträchtigung des **Rechts am eingerichteten und ausgeübten Gewerbebetrieb** gewährt, wenn die Störung einen unmit-telbaren Eingriff in den gewerblichen Tätigkeitskreis darstellt. Durch den dem eingerichte-ten und ausgeübten Gewerbebetrieb gewährten Schutz soll das Unternehmen in seiner wirt-

---

620 BGH v. 14.1.2020 – VI ZR 496/18 Rz. 47, CR 2020, 405.
621 OLG Oldenburg v. 20.4.2018 – 13 U 93/17 Rz. 7.
622 OLG Hamburg v. 10.11.2015 – 7 U 18/15 Rz. 18; vgl. auch KG Berlin v. 10.12.2015 – 10 U 26/15.
623 BGH v. 28.7.2015 – VI ZR 340/14 Rz. 27, CR 2015, 671 = AfP 2015, 425; BGH v. 14.1.2020 – VI ZR 496/18 Rz. 34.
624 KG Berlin v. 9.11.2010 – 5 U 69/09 Rz. 59 ff., AfP 2011, 272.

schaftlichen Tätigkeit und in seinem Funktionieren vor widerrechtlichen Eingriffen bewahrt bleibt[625]. Ein solcher Eingriff kann in den Äußerungen Dritter liegen, insbesondere bei unwahren Tatsachenbehauptungen. Erforderlich ist allerdings eine **Schadensgefahr**, die über die bloße Belästigung oder sozialübliche Behinderung hinausgeht und geeignet ist, das Unternehmen in empfindlicher Weise zu beeinträchtigen[626].

Schutzgegenstand des Rechts am eingerichteten und ausgeübten Gewerbetrieb ist alles, was   352
in seiner Gesamtheit den Betrieb zur Entfaltung und Betätigung in der Wirtschaft befähigt und damit den wirtschaftlichen Wert des Betriebs als bestehender Einheit ausmacht, also nicht nur den Bestand des Betriebs, sondern auch einzelne Erscheinungsformen, Geschäftsideen und Tätigkeitskreise, Kundenstamm und Geschäftsbeziehungen, Organisationsstruktur, Know-How und Good Will. Schutzgegenstand des Rechts ist auch der „gute Ruf" eines Unternehmens, das unternehmerische Ansehen, das maßgeblich durch Bewertungen auf Bewertungsportalen mitbestimmt wird, so dass in **einer Löschung von positiven Bewertungen** ein Eingriff in den Schutzbereich des Rechts am eingerichteten und ausgeübten Gewerbetrieb liegen kann[627].

Ein **Gewerbebetrieb** muss sich der Kritik seiner Leistung stellen. Selbst eine geschäftsschädi-   353
gende Kritik ist daher nicht allein schon aus diesem Grund äußerungsrechtlich unzulässig. Zur äußerungsrechtlichen Beurteilung kritischer Aussagen über getestete Waren oder Leistungen eines Unternehmens bedarf es vielmehr einer Güter- und Pflichtenabwägung, in deren Rahmen der Bedeutung des in Art. 5 Abs. 1 GG gewährleisteten Grundrechtsschutzes auf freie Meinungsäußerung des Kritikers Rechnung zu tragen ist. Die Grenzen zulässiger Kritik sind weit, da es sich um einen Beitrag zum **geistigen Meinungskampf** in einer die Öffentlichkeit berührenden Frage handelt und daher eine Vermutung für die Zulässigkeit der freien Rede spricht[628].

Ein **Boykottaufruf** kann als rechtswidriger Eingriff in das Recht am eingerichteten und aus-   354
geübten Gewerbebetrieb anzusehen sein. Dabei hängt es von einer Abwägung der wechselseitig betroffenen Interessen ab, ob die Meinungsfreiheit (Art. 5 Abs. 1 Satz 1 GG) einen solchen Aufruf rechtfertigt. Maßgeblich sind zunächst die Motive und das Ziel und der Zweck des Aufrufs. Findet dieser seinen Grund nicht in eigenen Interessen wirtschaftlicher Art, sondern in der Sorge um politische, wirtschaftliche, soziale oder kulturelle Belange der Allgemeinheit, dient er also der Einwirkung auf die öffentliche Meinung, dann spricht dies für einen Vorrang der Meinungsfreiheit, auch wenn durch den Aufruf private, wirtschaftliche Interessen beeinträchtigt werden. Die Verfolgung der Ziele des Aufrufenden darf indes das Maß der nach den Umständen notwendigen und angemessenen Beeinträchtigung des Angegriffenen nicht überschreiten. Die Mittel der Durchsetzung des Boykottaufrufs müssen zudem verfassungsrechtlich zu billigen sein; das ist grundsätzlich der Fall, wenn der Aufrufende sich gegenüber dem Adressaten auf den **Versuch geistiger Einflussnahme und Überzeugung** beschränkt, also auf Mittel, die den geistigen Kampf der Meinungen gewährleisten, nicht aber, wenn zusätzlich Machtmittel eingesetzt werden, die der eigenen Meinung Nach-

---

625 BGH v. 14.1.2020 – VI ZR 496/18 Rz. 35, CR 2020, 405.
626 OLG Hamm v. 19.2.2021 – 7 U 54/20 Rz. 5.
627 OLG München v. 27.2.2020 – 29 U 2584/19 Rz. 28, CR 2021, 423 = ITRB 2020, 210 (*Rössel*).
628 BGH v. 14.1.2020 – VI ZR 496/18 Rz. 52; OLG Köln v. 3.5.2011 – 15 U 194/10 Rz. 8, AfP 2011, 489 = CR 2020, 405.

druck verleihen sollen und die innere Freiheit der Meinungsbildung zu beeinträchtigen drohen[629].

355 Auch die **Veröffentlichung rechtswidrig beschaffter oder erlangter Informationen** ist vom Schutz der Meinungsfreiheit (Art. 5 Abs. 1 GG) umfasst. Andernfalls wäre die Funktion der Presse als „Wachhund der Öffentlichkeit" beeinträchtigt, zu der es gehört, auf Missstände von öffentlicher Bedeutung hinzuweisen. Darüber hinaus könnte die Freiheit des Informationsflusses, die gerade durch die Pressefreiheit erhalten und gesichert werden soll, leiden. Unter diesem Gesichtspunkt würde ein gänzlicher Ausschluss der Verbreitung rechtswidrig beschaffter Informationen aus dem Schutzbereich des Art. 5 Abs. 1 GG dazu führen, dass der Grundrechtsschutz von vornherein auch in Fällen entfiele, in denen es seiner bedarf[630].

VI. Online-Archive

356 Immer wieder haben sich Gerichte mit der Frage zu befassen, ob verurteilte Straftäter von Zeitungsverlagen verlangen können, dass ihr Name anonymisiert wird in Beiträgen, die in **Online-Archive** eingestellt worden sind[631]. Die jeweiligen Kläger berufen sich auf das Lebach-Urteil des BVerfG[632], nach der eine Berichterstattung über Straftäter unter Namensnennung jedenfalls dann unzulässig ist, wenn sie dazu geeignet ist, eine erheblich neue oder zusätzliche Beeinträchtigung des Täters zu bewirken und seine Wiedereingliederung in die zivilisierte Gesellschaft zu gefährden.

357 Das OLG Frankfurt vertrat in mehreren Entscheidungen den Standpunkt, dass die Einstellung eines Beitrags in ein Online-Archiv zu keiner erheblichen neuen Beeinträchtigung des Persönlichkeitsrechts eines **Straftäters** führt. Durch die Bereithaltung eines zu einem früheren Zeitpunkt erschienenen – zulässigen – Artikels in einem Archiv, werde der Betroffene nicht erneut „an das Licht der Öffentlichkeit gezerrt", da sich der Äußerungsgehalt in einem

---

629 BVerfG v. 8.10.2007 – 1 BvR 292/02 Rz. 22 ff. – Boykottaufruf; OLG München v. 15.11.2012 – 29 U 1481/12 Rz. 38, ITRB 2013, 53; OLG Oldenburg v. 28.1.2014 – 13 U 111/13 Rz. 22.

630 BGH v. 10.4.2018 – VI ZR 396/16 Rz. 21, AfP 2018, 222 – Filmaufnahmen aus Bio-Hühnerställen.

631 BGH v. 15.12.2009 – VI ZR 227/08, AfP 2010, 77 = CR 2010, 184 m. Anm. *Kaufmann* = ITRB 2010, 125 = NJW 2010, 757 ff.; BGH v. 9.2.2010 – VI ZR 243/08, AfP 2010, 162 = CR 2010, 480 = NJW 2010, 2432 ff.; BGH v. 20.4.2010 – VI ZR 245/08, WRP 2010, 1051 ff.; BGH v. 1.2.2011 – VI ZR 345/09, AfP 2011, 172; BGH v. 1.2.2011 – VI ZR 345/09, AfP 2011, 172 = WRP 2011, 582 ff.; BGH v. 22.2.2011 – VI ZR 114/09, AfP 2011, 176 = WRP 2011, 586 ff.; BGH v. 22.2.2011 – VI ZR 346/09, AfP 2011, 180 = WRP 2011, 591 ff.; BGH v. 8.5.2012 – VI ZR 217/08, AfP 2012, 372 = CR 2012, 525; BGH v. 30.10.2012 – VI ZR 4/12, AfP 2013, 50 = CR 2013, 40; BGH v. 13.11.2012 – VI ZR 330/11, CR 2013, 110 = AfP 2013, 54; KG Berlin v. 19.10.2001 – 9 W 132/01, AfP 2006, 561 ff.; OLG Frankfurt v. 20.9.2006 – 16 W 54/06, AfP 2006, 568 f.; OLG Frankfurt v. 22.5.2007 – 11 U 72/06, ITRB 2008, 27 = MMR 2008, 182 ff.; OLG Frankfurt v. 12.7.2007 – 16 U 2/07, ZUM 2007, 915 ff.; OLG Hamburg v. 18.12.2007 – 7 U 77/07, AfP 2008, 95 ff.; OLG Köln v. 14.11.2005 – 15 W 60/05, AfP 2007, 126 f.; LG Hamburg v. 18.1.2008 – 324 O 507/07, AfP 2008, 226 ff.

632 BVerfG v. 5.6.1973 – 1 BvR 536/72, BVerfGE 35, 202 ff. („Lebach I") und BVerfG v. 25.11.1999 – 1 BvR 248/98, 1 BvR 755/98, NJW 2000, 1859 („Lebach II"); vgl. auch BVerfG v. 10.6.2009 – 1 BvR 1107/09, AfP 2009, 365 = ITRB 2010, 26 = MMR 2009, 683 ff.

Hinweis auf eine in der Vergangenheit zulässige Berichterstattung erschöpfe[633]. Im Übrigen stehe ein (Online-) Pressearchiv unter dem besonderen Schutz der Informationsfreiheit gem. Art. 5 Abs. 1 GG. Das Archiv sei eine durch Art. 5 Abs. 1 GG geschützte Quelle, die nicht dadurch verändert werden dürfe, dass ein ursprünglich zulässiger Bericht nachträglich gelöscht wird. Eine Löschung würde zu einer „Verfälschung der historischen Abbildung" führen, die der **besonderen Bedeutung** von Archiven nicht gerecht werde[634].

Der BGH schloss sich dieser Sichtweise an und verwies darauf, dass der Eingriff in das Per-   358
sönlichkeitsrecht nicht schwer wiegt, wenn sich ein Beitrag nur auf den für Altmeldungen vorgesehenen Seiten eines Online-Nachrichtendienstes befindet. Bei einem solchen Dienst bestehe ein anerkennenswertes Interesse der Öffentlichkeit an der Möglichkeit, vergangene **zeitgeschichtliche Ereignisse** zu recherchieren. Ein generelles Verbot der Einsehbarkeit und Recherchemöglichkeit bzw. ein Gebot der Löschung aller früheren den Straftäter identifizierenden Darstellungen in Online-Archiven würde dazu führen, dass **Geschichte getilgt** und der Straftäter vollständig immunisiert würde[635].

Ausschlaggebend war für den BGH auch eine weitere Überlegung: Es sei zu beachten, dass   359
ein Anonymisierungsanspruch einen **abschreckenden Effekt** auf den Gebrauch der Meinungs- und Pressefreiheit hätte. Ein Medienorgan könnte seinen verfassungsrechtlichen Auftrag, in Wahrnehmung der Meinungsfreiheit die Öffentlichkeit zu informieren, nicht effektiv wahrnehmen, wenn es ihm verwehrt wäre, dem interessierten Publikum den Zugriff auf frühere – zulässige – Beiträge uneingeschränkt zu ermöglichen. Wäre der Anbieter verpflichtet, sämtliche archivierten Beiträge von sich aus immer wieder auf ihre Rechtmäßigkeit zu kontrollieren, bestünde die Gefahr, dass der Anbieter entweder ganz von einer Archivierung absehen oder bereits bei der erstmaligen Sendung die Umstände ausklammern würde, die das weitere Vorhalten des Beitrags später rechtswidrig werden lassen könnten, an deren Zugänglichkeit die Öffentlichkeit aber ein schützenswertes Interesse hat[636].

Wenn in ein Online-Archiv ein Beitrag eingestellt wird, in dem ein Straftäter namentlich ge-   360
nannt wird, obwohl dies im Hinblick auf sein Rehabilitierungsinteresse bereits zum Zeitpunkt der **Erstveröffentlichung** unzulässig war, kann der Betroffene von dem Archivbetrei-

---

633 OLG Frankfurt v. 20.9.2006 – 16 W 54/06, AfP 2006, 568 f.; OLG Frankfurt v. 22.5.2007 – 11 U 72/06, ITRB 2008, 27 = MMR 2008, 182 ff.; OLG Frankfurt v. 12.7.2007 – 16 U 2/07, ZUM 2007, 915 ff.; vgl. auch KG Berlin v. 19.10.2001 – 9 W 132/01, AfP 2006, 561.

634 OLG Frankfurt v. 12.7.2007 – 16 U 2/07, ZUM 2007, 915 ff.; a.A. LG Hamburg v. 18.1.2008 – 324 O 507/07, AfP 2008, 226 ff.

635 BGH v. 15.12.2009 – VI ZR 227/08, AfP 2010, 77 = CR 2010, 184 m. Anm. *Kaufmann* = ITRB 2010, 125 = NJW 2010, 757 ff.; BGH v. 9.2.2010 – VI ZR 243/08, AfP 2010, 162 = CR 2010, 480 = NJW 2010, 2432, 2435; BGH v. 20.4.2010 – VI ZR 245/08, WRP 2010, 1051, 1054; BGH v. 1.2.2011 – VI ZR 345/09 Rz. 21, AfP 2011, 172 = WRP 2011, 582, 585; BGH v. 22.2.2011 – VI ZR 114/09, AfP 2011, 176 = WRP 2011, 586, 590; BGH v. 22.2.2011 – VI ZR 346/09, AfP 2011, 180 = WRP 2011, 591, 595; BGH v. 4.5.2012 – VI ZR 217/08 Rz. 44, AfP 2012, 372 = CR 2012, 525; BGH v. 13.11.2012 – VI ZR 330/11 Rz. 19, CR 2013, 110 = AfP 2013, 54.

636 BGH v. 15.12.2009 – VI ZR 227/08, AfP 2010, 77 = CR 2010, 184 m. Anm. *Kaufmann* = ITRB 2010, 125 = NJW 2010, 757 ff.; BGH v. 9.2.2010 – VI ZR 243/08, AfP 2010, 162 = CR 2010, 480 = NJW 2010, 2432, 2435; BGH v. 20.4.2010 – VI ZR 245/08, WRP 2010, 1051, 1054; BGH v. 1.2.2011 – VI ZR 345/09 Rz. 21, AfP 2011, 172 = WRP 2011, 582, 585; BGH v. 22.2.2011 – VI ZR 114/09, AfP 2011, 176 = WRP 2011, 586, 590; BGH v. 22.2.2011 – VI ZR 346/09, AfP 2011, 180 = WRP 2011, 591, 595; BGH v. 8.5.2012 – VI ZR 217/08 Rz. 45, AfP 2012, 372 = CR 2012, 525; BGH v. 18.12.2018 – VI ZR 439/17 Rz. 26 – Strafverfahren gegen Steuerberater.

ber eine Anonymisierung verlangen[637]. Ist eine **Berichterstattung über ein Ermittlungsverfahren** unter Namensnennung rechtmäßig, ändert eine spätere Einstellung des Verfahrens nichts an der Rechtmäßigkeit[638]. Trotz der Einstellung eines Ermittlungsverfahrens kann zudem ein öffentliches Informationsinteresse an einem Bericht fortbestehen[639]. Allerdings kann der namentlich genannte Betroffene nach Auffassung des OLG Düsseldorf im Falle einer Berichterstattung über ein Ermittlungsverfahren von dem Archivbetreiber eine **Ergänzung der Nachricht** verlangen, wenn das Ermittlungsverfahren eingestellt wird[640].

361   Auf die Möglichkeit eines Nachtrags weist auch das BVerfG in einer neueren Entscheidung hin. Bei der abwägenden Berücksichtigung der durch ein weiteres Vorhalten von Presseberichten berührten, grundrechtlich geschützten Interessen seien im Sinne **praktischer Konkordanz** auch vermittelnde Lösungen zu erwägen. Hierzu könne unter Umständen auch ein klarstellender Nachtrag über den Ausgang rechtlich formalisierter Verfahren wie Disziplinarverfahren, strafrechtlicher Ermittlungs- oder Hauptsacheverfahren gehören, solange dies auf besondere Fälle begrenzt bleibt und der Presse hierbei nur eine sachlich-distanzierte Mitteilung geänderter Umstände abverlangt wird. Die Zuerkennung solcher Nachtragsansprüche als besondere Form der Folgenbeseitigung müsse allerdings die grundlegende Freiheit der Presse, ihre Berichterstattungsgegenstände selbst zu wählen und nicht zu neuerlichen Nachforschungen und Bewertungen vergangener Berichterstattungsgegenstände verpflichtet zu werden, unangetastet lassen[641].

362   In Anknüpfung an das „**Google Spain**"-Urteil des EuGH[642] hat das OLG Hamburg den Standpunkt vertreten, dass der Betreiber eines Online-Archivs gehalten ist, dafür Sorge zu tragen, dass ältere Beiträge nicht mehr durch bloße Eingabe des Namens des Betroffenen in eine Suchmaschine auffindbar sind. Soweit berechtigte Interessen der Allgemeinheit oder einzelner Angehöriger der Allgemeinheit daran bestehen, über ältere Presseartikel vergangene Geschehen zu recherchieren, erfordere es dieses Interesse nicht, dass die betreffenden Beiträge ohne jeden Aufwand dadurch zugänglich sind, dass sie durch bloße Eingabe des Namens der von der Berichterstattung betroffenen Person aufgerufen werden können[643]. Diese Auffassung dürfte sich durchsetzen[644]. Der BGH betont in neueren Entscheidungen, dass die Einschränkung oder Unterbindung der Auffindbarkeit eines Archivartikels über die Google-Suchmaschine ein entscheidender Umstand sein kann, der bei der notwendigen Abwägung dafür spricht, dass der Artikel im Online-Archiv verbleiben kann[645].

---

637   BGH v. 16.2.2016 – VI ZR 367/15 Rz. 31 ff., CR 2016, 406 – Online-Archiv einer Tageszeitung; OLG Hamburg v. 15.3.2011 – 7 U 44/10; OLG Hamburg v. 15.3.2011 – 7 U 45/10.
638   Vgl. BGH v. 30.10.2012 – VI ZR 4/12 Rz. 23, AfP 2013, 50 = CR 2013, 40.
639   Vgl. BGH v. 30.10.2012 – VI ZR 4/12 Rz. 28, AfP 2013, 50 = CR 2013, 40.
640   OLG Düsseldorf v. 27.10.2010 – 15 U 79/10, NJW 2011, 788, 790 f.
641   BVerfG v. 7.7.2020 – 1 BvR 146/17 Rz. 17, CR 2020, 596 = AfP 2020, 302 m. Anm. *Mann* = ITRB 2020, 227 (*Rössel*).
642   EuGH v. 13.5.2014 – C-121/12 – Google Spain.
643   OLG Hamburg v. 7.7.2015 – 7 U 29/12 Rz. 20, AfP 2015, 447 = CR 2016, 86 = ITRB 2015, 230.
644   Vgl. *Trentmann*, MMR 2016, 731, 734 f.
645   BGH v. 18.12.2018 – VI ZR 439/17 Rz. 20 ff., CR 2019, 430 = AfP 2019, 236 – Strafverfahren gegen Steuerberater; BGH v. 22.9.2020 – VI ZR 476/19 Rz. 12 f., CR 2021, 133 = AfP 2020, 494 = ITRB 2021, 3 (*Rössel*).

Mit dem fortdauernden **Vorhalten einer Gegendarstellung** in einem Online-Archiv greift 363
ein Verlag in das allgemeine Persönlichkeitsrecht des Betroffenen in seiner Ausprägung als
Recht der persönlichen Ehre und des guten Rufes ein. Durch die Bezugnahme auf die Erstmitteilung werden die dort enthaltenen (unwahren) Vorwürfe in der Gegendarstellung ge-
spiegelt und damit – wenn auch in verneinter und damit für sich genommen zutreffender
Form – in Erinnerung gerufen. Auch wenn die hier maßgeblichen Behauptungen der Erstmitteilung in der Gegendarstellung in Abrede sowie in einer redaktionellen Anmerkung
richtig gestellt werden, machen sie diese doch gleichsam im Reflex weiterhin zugänglich, geben Anlass und eröffnen Raum für Spekulation und beeinträchtigen damit das Ansehen des
Betroffenen[646]. Der BGH hielt in diesem Fall das weitere Vorhalten im Online-Archiv für
rechtswidrig, obwohl die Gegendarstellung nicht mehr über Google auffindbar war. Allerdings wies der Fall die Besonderheit auf, dass sich die Erstmitteilung, auf die sich die Gegendarstellung bezogen hatte, nicht mehr im Online-Archiv befand, sodass ein Veröffentlichungs-
interesse an der Gegendarstellung nicht recht ersichtlich war[647].

VII. Recht am eigenen Bild

Nach § 22 Kunsturhebergesetz (KUG) dürfen Fotos („Bildnisse") nur mit Einwilligung des 364
Betroffenen verbreitet oder öffentlich zur Schau gestellt werden[648]. Unter einem **„Bildnis"**
wird die erkennbare Wiedergabe des äußeren Erscheinungsbildes einer Person verstanden.
Die Identifizierbarkeit im engeren Familien- und Freundeskreis genügt nicht; die Erkennbarkeit muss mindestens für einen Personenkreis vorhanden sein, den der Betroffene nicht
mehr ohne weiteres selbst überblicken kann[649]. Eine **Erkennbarkeit** kann auch dann gegeben sein, wenn lediglich einzelne Körperteile zu sehen sind. Bei einem Autounfall können
auch Faktoren wie das Kfz-Zeichen, der Fahrzeugtyp oder das in dem Begleittext genannte
Alter und der Wohnort des Unfallopfers im Rahmen einer Gesamtschau zu berücksichtigen
sein[650].

Zur Erkennbarkeit der abgebildeten Person gehört nicht notwendig die Abbildung der Ge- 365
sichtszüge. Es genügt, wenn der Abgebildete, mag auch sein Gesicht kaum oder gar nicht erkennbar sein, durch Merkmale, die sich aus dem Bild ergeben und die gerade ihm eigen
sind, erkennbar ist. Das Recht am eigenen Bild wird schon dann beeinträchtigt, wenn der
Abgebildete begründeten Anlass hat, anzunehmen, er könne als abgebildet identifiziert werden. Auch wird nicht verlangt, dass schon der nur flüchtige Betrachter den Abgebildeten auf
dem Bild erkennen kann. Entscheidend ist der Zweck des § 22 KUG, die Persönlichkeit davor zu schützen, gegen ihren Willen in Gestalt der Abbildung für andere verfügbar zu werden. Der besondere Rang des Anspruchs darauf, dass die Öffentlichkeit die Eigensphäre der
Persönlichkeit und ihr **Bedürfnis nach Anonymität** respektiert, verlangt eine Einbeziehung
auch solcher Fallgestaltungen in den Schutz dieser Vorschrift[651].

---

646 BGH v. 28.9.2021 – VI ZR 1228/20 Rz. 17 f., AfP 2021, 520 = ITRB 2022, 28 (*Rössel*).
647 BGH v. 28.9.2021 – VI ZR 1228/20 Rz. 25 ff., AfP 2021, 520 = ITRB 2022, 28 (*Rössel*).
648 Vgl. AG Menden/S. v. 3.2.2010 – 4 C 526/09, CR 2010, 539 = ITRB 2010, 156 = NJW 2010,
   1614.
649 LAG Rheinland-Pfalz v. 30.11.2012 – 6 Sa 271/12 Rz. 58; LG Berlin v. 31.10.2019 – 27 O 185/19
   Rz. 32; LG Essen v. 10.7.2014 – 4 O 157/14 Rz. 29; AG Kerpen v. 4.11.2010 – 102 C 108/10
   Rz. 22.
650 LG Essen v. 10.7.2014 – 4 O 157/14 Rz. 29 ff.
651 BGH v. 29.9.2020 – VI ZR 445/19 Rz. 18 f.

366 Unter einer **Verbreitung** ist grundsätzlich jede Art der Weitergabe zu verstehen[652]. Hieran fehlt es, wenn ein Bildarchiv einem Presseunternehmen ein Bild zur Verfügung stellt. In der Bereithaltung und Überlassung von Bildern durch ein Archiv liegt eine Hilfstätigkeit ohne Außenwirkung, die das Persönlichkeitsrecht des Abgebildeten (noch) nicht tangiert[653]. Nach Ansicht des LG Heidelberg fehlt es auch beim Upload von Bildern in eine Cloud an einer durch § 22 KUG erfassten Handlung. Beim **Cloud-Computing** handele es sich um virtuellen Speicherplatz, auf den nur der Nutzer zugreifen kann. Daher fehle es am Merkmal der Öffentlichkeit und somit an einer öffentlichen Zurschaustellung nach § 22 Abs. 1 KUG. Auch an einer Verbreitung fehle es, da nicht ersichtlich sei, dass auch der Betreiber der Cloud Zugriff auf die Bilder habe. Selbst wenn ein solcher Zugriff technisch möglich wäre, sei dem Cloud-Nutzer ein solcher Zugriff nur zurechenbar, wenn der Nutzer den Zugriff veranlasst oder gewollt habe[654]. Wird ein **Foto per E-Mail versendet**, liegt eine Verbreitung vor[655].

367 § 22 KUG gewährt keinen Schutz gegen die **Herstellung** oder den **Besitz** von Fotos. Da das Recht am eigenen Bild jedoch eine besondere Erscheinungsform des Allgemeinen Persönlichkeitsrechts (§ 823 Abs. 1 BGB) darstellt, kann auch die Herstellung, die Verschaffung oder der Besitz eines Bildes einen unzulässigen Eingriff in das Persönlichkeitsrecht bedeuten. Dies muss jeweils unter Würdigung aller Umstände des Einzelfalls und durch Vornahme einer umfassenden Güter- und Interessenabwägung entschieden werden[656]. Wenn durch die Anfertigung von Fotos das Allgemeine Persönlichkeitsrecht des Abgebildeten verletzt wurde und der Besitz an den Fotos Folge dieser Verletzung ist, besteht ein Löschungsanspruch aus § 1004 Abs. 1 Satz 1 i.V.m. § 823 Abs. 1 BGB[657].

368 Die Anfertigung von Fotos durch eine Privatperson gegen den Willen der Betroffenen lässt sich nicht mit Belangen der Allgemeinheit wie dem Naturschutz oder einem „Recht auf eine effektive Anzeige" rechtfertigen. Dies entschied das LG Bonn in einem Fall, in dem jemand einen Hundebesitzer fotografiert hatte, der einen Hund in einem Naturschutzgebiet unangeleint ausführte und damit eine Ordnungswidrigkeit beging[658].

1. Einwilligung

369 Das Recht am eigenen Bild steht zur Disposition des Abgebildeten, die Verbreitung oder Veröffentlichung bedarf grundsätzlich der Einwilligung. Die **Beweislast** für das Vorliegen einer Einwilligung trägt derjenige, der ein Foto veröffentlicht[659].

a) Voraussetzungen

370 Die Einwilligung kann **konkludent** erklärt werden. Für die Annahme einer konkludenten Einwilligung reicht es jedoch nicht, dass eine gefilmte Person bemerkt, dass sie aufgezeich-

---

652 LG Heidelberg v. 2.12.2015 – 1 O 54/15 Rz. 27, CR 2016, 313; vgl. *Specht* in Dreier/Schulze, § 22 KUG Rz. 9.
653 BGH v. 7.12.2010 – VI ZR 34/09.
654 LG Heidelberg v. 2.12.2015 – 1 O 54/15 Rz. 27, CR 2016, 313.
655 LG Frankfurt/M. v. 26.9.2019 – 2-03 O 402/18 Rz. 71.
656 LG Aschaffenburg v. 31.10.2011 – 14 O 21/11 Rz. 24; *Härting/Slowioczek*, IPRB 2012, 165, 166.
657 BGH v. 13.10.2015 – VI ZR 271/14 Rz. 31, AfP 2016, 243 – Intime Fotos.
658 LG Bonn v. 7.1.2015 – 5 S 47/14 Rz. 7 ff.
659 LG Berlin v. 20.11.2007 – 27 O 811/07; *Ohly*, GRUR 2012, 983, 988 f.

net wird und zwei Mal in die Kamera blickt[660]. Hingegen liegt eine konkludente Einwilligung vor bei der Veröffentlichung von Fotos einer Hostess bei einem Event, wenn die Hostess vor dem Event in einem Infoblatt darüber informiert wurde, dass Fotos aufgenommen werden[661]. Dasselbe gilt, wenn ein Lehrer sich für ein Klassenfoto fotografieren lässt[662].

In der Teilnahme an einer öffentlichen Veranstaltung liegt keine konkludente Einwilligung   371
in die Veröffentlichung von herausgeschnittenen Einzelbildern der Person. Ein Bildnis wird nicht dadurch zum allgemeinen Gebrauch freigegeben, dass der Abgebildete sich in einem öffentlichen Raum bewegt und weiß, dass dort Fotos gefertigt werden[663].

Voraussetzung einer wirksamen Einwilligung ist, dass dem Betroffenen Art, Umfang und   372
Zweck der Veröffentlichung oder Verbreitung des Fotos bekannt sind. Je intensiver die geplante Veröffentlichung in die Privatsphäre des Betroffenen eingreift, desto klarer muss er über Verwendung und Art des Beitrags aufgeklärt werden[664].

Wird ein Streit auf dem Handy gefilmt und äußert der Gefilmte, man könne ihn „ruhig fo-   373
tografieren", liegt nach Ansicht des LG Duisburg keine wirksame Einwilligung vor. Die Aussage sei im Eifer des Gefechts getätigt worden, so dass von keiner „Ernstlichkeit" auszugehen sei[665].

b) Reichweite

Die Reichweite der Einwilligung in die Veröffentlichung auf einer bestimmten **Plattform** rich-   374
tet sich nach der Kenntnis des Abgebildeten von dem **Veröffentlichungskontext**[666]. Bei jeder gesonderten Art der Verbreitung ist zu fragen, ob der Abgebildete mit einer solchen Verbreitung rechnen musste und ob der Plattformbetreiber daher redlicherweise von einer Einwilligung ausgehen konnte[667]. Wer sich mit der Ausstrahlung von Bildaufnahmen im Fernsehen einverstanden erklärt, muss in aller Regel damit rechnen, dass der **Fernsehbeitrag** auch online verbreitet ist[668].

Wer ein Foto selbst im Internet veröffentlicht, ohne das Bild gegen den Zugriff Dritter zu si-   375
chern, muss mit den nach den Umständen **üblichen Nutzungshandlungen** rechnen. Ein innerer Vorbehalt, die Nutzung nur durch bestimmte Blogs und Foren freizugeben, ist unbeachtlich, solange dieser Vorbehalt nach außen nicht in Erscheinung tritt[669]. An einer üblichen Nutzungshandlung fehlt es bei einer eigenständigen werbemäßigen und üblicherweise

---

660 LG Berlin v. 30.5.2013 – 27 O 632/12 Rz. 28 – Technoviking.
661 BGH v. 11.11.2014 – VI ZR 9/14 Rz. 7 f., CR 2015, 306 – Hostess auf Eventportal.
662 VG Koblenz v. 6.9.2019 – 5 K 101/19 Rz. 26.
663 OLG Frankfurt v. 21.4.2016 – 16 U 251/15 Rz. 24, CR 2016, 733.
664 LG Berlin v. 26.7.2012 – 27 O 14/12 Rz. 17; vgl. *Härting*, IPRB 2013, 213, 214.
665 LG Duisburg v. 17.10.2016 – 3 O 381/15 Rz. 48.
666 Vgl. OLG Karlsruhe v. 26.5.2006 – 14 U 27/05, AfP 2007, 76 = AfP 2006, 467 = MMR 2006, 752 f.; LG Berlin v. 18.9.2008 – 27 O 870/07, MMR 2008, 758; LG Bielefeld v. 18.9.2007 – 6 O 360/07, NJW-RR 2008, 715 ff.; *Seitz* in Götting/Schertz/Seitz, § 60 Rz. 76.
667 Vgl. LG Köln v. 20.2.2013 – 28 O 431/12 Rz. 34 ff., IPRB 2013, 106 f. (*Elgert*); *Seitz* in Götting/Schertz/Seitz, § 60 Rz. 76.
668 Vgl. OLG Frankfurt v. 24.2.2011 – 16 U 172/10 Rz. 27, IPRB 2011, 152 f. (*Schuhmacher*).
669 OLG Köln v. 22.6.2011 – 28 O 819/10 Rz. 18 f., CR 2012, 59 = ITRB 2011, 281.

vergütungspflichtigen Verwendung eines Bildes. Eine solche Verwendung bedarf daher einer gesonderten Einwilligung[670].

376 Wer Bilder auf die Profilseite eines **sozialen Netzwerks** einstellt, stimmt der Abrufbarkeit der Bilder innerhalb des jeweiligen sozialen Netzwerks zu. Hierin liegt noch keine (stillschweigende) Einwilligung in die weitergehende Verbreitung des Bildes[671]. Ebenso wenig liegt in dem Hochladen von Fotos auf die Profilseite eines sozialen Netzwerks eine Einwilligung in die Abrufbarkeit der Fotos durch Internetnutzer, die sich nicht bei dem sozialen Netzwerk registriert haben[672]. Wenn der Nutzer des Networks allerdings nicht von der Möglichkeit Gebrauch macht, den Zugriff auf seine Profildaten für Suchmaschinen zu sperren (Opt-Out), ist dies als Einverständnis mit der Verwendung des Bildes durch eine Personensuchmaschine zu verstehen[673]. Wer ein Foto auf seinen Account bei einem sozialen Netzwerk hochlädt, ohne von möglichen Zugriffssperren Gebrauch zu machen, willigt damit allerdings nicht zugleich in die Weiterverbreitung des Fotos durch Dritte außerhalb des Kreises der zugriffsberechtigten Mitglieder des Netzwerks im Rahmen eines gänzlich anderen Kontextes ein[674].

c) Bildbearbeitung; Doppelgänger

377 Wenn ein bearbeitetes Bild veröffentlicht wird, bedarf es einer Einwilligung, die sich auch auf die Bearbeitung erstreckt, sofern die Bearbeitung mit einer das Aussehen verändernden **Bildmanipulation** verbunden ist. Der Träger des Persönlichkeitsrechts hat zwar kein Recht darauf, von Dritten nur so wahrgenommen zu werden, wie er sich selbst gerne sehen möchte, wohl aber ein Recht, dass ein fotografisch erstelltes Abbild nicht manipulativ entstellt ist, wenn es Dritten ohne Einwilligung des Abgebildeten zugänglich gemacht wird[675].

378 Einer gesonderten Einwilligung bedarf es im Normalfall nicht, wenn sich die Bearbeitung auf Veränderungen beschränkt, die **reproduktionstechnisch** bedingt und für den Aussagegehalt unbedeutend sind. Durch derartige Änderungen wird die in der bildhaften Darstellung mitschwingende Tatsachenbehauptung über die Realität des Abgebildeten nicht verändert[676].

379 Wird eine Person erkennbar durch eine andere Person – beispielsweise einen Schauspieler – dargestellt, steht der Bildnisschutz dem Schauspieler zu, der in diesem Fall auch in seiner Rolle noch „eigenpersönlich" und damit als er selbst erkennbar bleibt. Als Bildnis der dargestellten Person ist die Darstellung (erst) dann anzusehen, wenn der täuschend echte Eindruck erweckt wird, es handele sich um die dargestellte Person selbst, wie dies etwa bei dem Einsatz eines **Doppelgängers oder „look-alike"** oder einer nachgestellten berühmten Szene oder Fotografie der Fall sein kann. Dabei ist nicht von Bedeutung, auf welchen Merkmalen des äußeren Erscheinungsbilds dieser Eindruck beruht; er muss sich nicht aus den Gesichtszügen, sondern kann sich auch aus anderen, die betreffende Person kennzeichnenden Ein-

---

670 LG Memmingen v. 4.5.2011 – 12 S 796/10 Rz. 15.
671 LG Frankfurt/M. v. 26.9.2019 – 2-03 O 402/18 Rz. 72.
672 OLG Dresden v. 13.2.2018 – 4 U 1234/17 Rz. 6; OLG München v. 17.3.2016 – 29 U 368/16 Rz. 25, AfP 2016, 278.
673 OLG Köln v. 9.2.2010 – 15 U 107/09, ITRB 2010, 201 = CR 2010, 530 f.; OLG Köln v. 22.6.2011 – 28 O 819/10, CR 2012, 59 = ITRB 2011, 281.
674 OLG München v. 17.3.2016 – 29 U 368/16 Rz. 25, AfP 2016, 278.
675 LG Hamburg v. 14.10.2011 – 324 O 196/11 Rz. 26 f., AfP 2011, 612.
676 Vgl. LG Hamburg v. 14.10.2011 – 324 O 196/11 Rz. 27, AfP 2011, 612.

zelheiten ergeben. Auch die Beifügung des Namens der dargestellten Person kann dazu beitragen. Für die Annahme eines Bildnisses der dargestellten Person reicht es in solchen Fällen aus, wenn ein nicht unerheblicher Teil des angesprochenen Publikums glaubt, es handele sich um die dargestellte Person[677].

d) Erlöschen

Der Betroffene kann sich bei Erteilung der Einwilligung ein freies **Widerrufsrecht** vorbehalten. Auch ohne Widerruf kann es zu einem Erlöschen der Einwilligung kommen, wenn die Einwilligung entweder befristet oder gegenständlich so eingeschränkt erteilt wurde, dass sich aus dem Zeitablauf oder der Veränderung von Umständen ein Erlöschen der Einwilligung ergibt[678]. **380**

Sofern kein freies Widerrufsrecht vereinbart wurde, kann ein **Widerruf** aus wichtigem Grund[679] bzw. – entsprechend § 42 UrhG – bei von außen feststellbaren veränderten Umständen erfolgen, die auf einer gewandelten inneren Einstellung basieren, so dass es dem Betroffenen nicht mehr zumutbar ist, an der einmal gegebenen Einwilligung noch festgehalten zu werden[680]. **381**

Wenn der Widerruf zwei Tage nach Erteilung der Einwilligung erklärt wird, spricht die **zeitliche Nähe** gegen eine Wirksamkeit des Widerrufs[681]. Die Einwilligung in die Ausstrahlung eines Fernsehinterviews kann zudem nicht schon deshalb widerrufen werden, weil der Interviewte mit dem kritischen Inhalt eines Fernsehberichts nicht einverstanden ist[682]. **382**

Werden während einer Beziehung im Einvernehmen intime Foto- oder Filmaufnahmen hergestellt, ist die Gestattung des Besitzes dieser Aufnahmen konkludent auf die Dauer der Beziehung begrenzt, so dass mit dem Ende der Beziehung ein Löschungsanspruch besteht[683]. **383**

e) Beschäftigtenfotos

Nach früherer Ansicht des BAG musste bei der Veröffentlichung von **Fotos eines Arbeitnehmers** dessen Einwilligung schriftlich erfolgen. § 22 KUG sei verfassungskonform auszulegen, um einen Wertungswiderspruch mit dem Schriftformerfordernis des § 4a Abs. 1 Satz 3 BDSG a.F. zu vermeiden[684]. Diese Auffassung ist seit Inkrafttreten der **DSGVO** nicht mehr vertretbar. Anders als nach § 4a Abs. 1 Satz 3 BDSG a.F. ist für die Einwilligung nach Art. 4 Nr. 11 DSGVO keine Schriftform vorgeschrieben[685]. **384**

---

677 BGH v. 24.2.2022 – I ZR 2/21 Rz. 16 f., AfP 2022, 232 – Tina Turner, SIMPLY THE BEST.
678 Vgl. *Fricke* in Wandtke/Bullinger, Uhrheberrecht, § 22 KUG Rz. 17 a.E.
679 OLG Frankfurt v. 24.2.2011 – 16 U 172/10 Rz. 30, IPRB 2011, 152, 152 f. (*Schuhmacher*).
680 Vgl. *Fricke* in Wandtke/Bullinger, Urheberrecht, § 22 KUG Rz. 19 f.; BAG v. 19.2.2015 – 8 AZR 1011/13 Rz. 52, ITRB 2015, 227.
681 A.A. LG Düsseldorf v. 27.10.2010 – 12 O 309/10.
682 Vgl. OLG Frankfurt v. 24.2.2011 – 16 U 172/10 Rz. 32, IPRB 2011, 152 f. (*Schuhmacher*).
683 BGH v. 13.10.2015 – VI ZR 271/14 Rz. 37 ff., AfP 2016, 243 – Intime Fotos.
684 BAG v. 11.12.2014 – 8 AZR 1010/13 Rz. 26, AfP 2015, 358 = CR 2015, 453 m. Anm. *Werkmeister/Schröder* = ITRB 2015, 133.
685 Vgl. *Härting*, DSGVO, Rz. 353 ff.

385   Hat ein **Arbeitnehmer** sich damit einverstanden erklärt, dass ein Foto von ihm auf der Unternehmenswebsite veröffentlicht wird und ist diese Website für Suchmaschinen optimiert worden, so kann davon ausgegangen werden, dass der Arbeitnehmer auch damit einverstanden ist, dass das Foto in einer **Personensuchmaschine** angezeigt wird[686].

386   Die Einwilligung des Arbeitnehmers in die Veröffentlichung eines **Fotos im Internet** entfällt nicht automatisch (ohne Widerruf) mit dessen Ausscheiden aus dem Unternehmen[687]. Die Einwilligung kann vielmehr über die **Beendigung des Arbeitsverhältnisses** hinausreichen, wenn das Foto nur allgemeinen Illustrationszwecken dient und der (ehemalige) Arbeitnehmer nicht besonders herausgestellt wird[688]. Anders verhält es sich, wenn der Arbeitgeber mit dem Foto des Arbeitnehmers bewusst dessen individuelle Persönlichkeit für sich werbend einsetzt[689]. Wird dem Arbeitnehmer vertraglich ein freies Widerrufsrecht eingeräumt, ist ein Widerruf wirksam, ohne dass ein wichtiger Grund vorzuliegen braucht[690].

2. Personen der Zeitgeschichte

387   Bei Personen aus dem Bereich der **Zeitgeschichte** ist eine Veröffentlichung gem. § 23 Abs. 1 Nr. 1 KUG auch ohne Einwilligung des Betroffenen zulässig, wenn der Veröffentlichung kein berechtigtes Interesse des Abgebildeten entgegensteht (§ 23 Abs. 2 KUG)[691]. Der Begriff des Zeitgeschehens umfasst alle Fragen von allgemeinem gesellschaftlichem Interesse. Dazu können auch Veranstaltungen von nur **regionaler oder lokaler Bedeutung** gehören[692].

388   Ein Informationsinteresse besteht bei einer Person der Zeitgeschichte nicht schrankenlos. Vielmehr wird der Einbruch in die persönliche Sphäre des Abgebildeten durch den Grundsatz der **Verhältnismäßigkeit** begrenzt[693].

a) Abwägung

389   Die Beurteilung, ob ein Bildnis dem Bereich der Zeitgeschichte i.S.d. § 23 Abs. 1 Nr. 1 KUG zuzuordnen ist, erfordert bei einer medialen Veröffentlichung eine **Abwägung** zwischen den Rechten des Abgebildeten aus Art. 1 Abs. 1, 2 Abs. 1 GG und Art. 8 Abs. 1 EMRK einerseits und den Rechten der Presse aus Art. 5 Abs. 1 GG, Art. 10 Abs. 1 EMRK andererseits[694]. Da-

---

686 LG Hamburg v. 16.6.2010 – 325 O 448/09, CR 2010, 750.
687 LAG Schleswig-Holstein v. 23.6.2010 – 3 Sa 72/10, K&R 2011, 69 f. m. Anm. *Willert.*
688 LAG Rheinland-Pfalz v. 30.11.2012 – 6 Sa 271/12 Rz. 71.
689 LAG Köln v. 10.7.2009 – 7 Ta 126/09, ITRB 2010, 155 f. (*Aghamiri*).
690 ArbG Frankfurt/M. v. 20.6.2012 – 7 Ca 1649/12 Rz. 70.
691 Vgl. OLG Dresden v. 16.4.2010 – 4 U 127/10, AfP 2010, 402; OLG Düsseldorf v. 8.3.2010 – I-20 U 188/09, AfP 2010, 182 = K&R 2010, 423 ff. m. Anm. *Hild/Khöber.*
692 BGH v. 8.4.2014 – VI ZR 197/13 Rz. 10, AfP 2014, 324 – Mieterfest.
693 BGH v. 9.2.2010 – VI ZR 243/08, AfP 2010, 162 = CR 2010, 480 = WRP 2010, 642 ff. = WRP 2010, 906 ff.; BGH v. 7.6.2011 – VI ZR 108/10 Rz. 17, AfP 2011, 356 – Bild im Gerichtssaal; LG Köln v. 16.6.2010 – 28 O 318/10; *Härting/Slowioczek*, IPRB 2012, 165, 166.
694 BGH v. 26.10.2010 – VI ZR 190/08 – Rosenball in Monaco, MDR 2011, 60 ff. m.w.N.; BGH v. 7.6.2011 – VI ZR 108/10 Rz. 17, AfP 2011, 356 – Bild im Gerichtssaal; BGH v. 28.5.2013 – VI ZR 125/12 Rz. 12, AfP 2013, 399 – Eisprinzessin Alexandra; BGH v. 11.6.2013 – VI ZR 209/12 Rz. 9, AfP 2013, 401 – Teilnehmerin an Mahnwache; BGH v. 21.4.2015 – VI ZR 245/14 Rz. 14, AfP 2015, 337 = CR 2015, 528; BGH v. 27.9.2016 – VI ZR 310/14 Rz. 8; OLG Frankfurt v. 21.4.2016 – 16 U 251/15 Rz. 29, CR 2016, 733.

bei ist der Beurteilung ein normativer Maßstab zugrunde zu legen, welcher die Pressefreiheit und zugleich den Schutz der Persönlichkeit und ihrer Privatsphäre ausreichend berücksichtigt.

Maßgeblich für den Begriff der Zeitgeschichte (§ 23 Abs. 1 Nr. 1 KUG) ist das **Informations-** **390** **interesse** der Öffentlichkeit[695]. Der Begriff des Zeitgeschehens ist zugunsten der Pressefreiheit in einem weiten Sinn zu verstehen; er umfasst nicht nur Vorgänge von historisch-politischer Bedeutung, sondern alle Fragen von allgemeinem gesellschaftlichem Interesse[696], zu denen auch Sportereignisse zählen können[697]. Zum Kern der Presse- und Meinungsbildungsfreiheit gehört es, dass die Presse in den gesetzlichen Grenzen nach ihren eigenen publizistischen Kriterien entscheiden kann, was sie für berichtenswert hält und was nicht[698]. Die Zulässigkeit der Bildberichterstattung hängt nicht davon ab, ob der Abgebildete einen „berechtigten Anlass" für die Verbreitung des Bilds gegeben hat[699].

Bei der Gewichtung des Informationsinteresses im Verhältnis zu dem kollidierenden Persön- **391** lichkeitsschutz kommt dem Gegenstand der Berichterstattung maßgebliche Bedeutung zu. Entscheidend ist insbesondere, ob die Medien im konkreten Fall eine Angelegenheit von **öffentlichem Interesse** ernsthaft und sachbezogen erörtern, damit den Informationsanspruch des Publikums erfüllen und zur Bildung der öffentlichen Meinung beitragen oder ob sie – ohne Bezug zu einem zeitgeschichtlichen Ereignis – lediglich die **Neugier der Leser** befriedigen[700].

Wird ein Teilnehmer einer **Demonstration** fotografiert, hat das herausgeschnittene Einzel- **392** bild nach Auffassung des OLG Frankfurt keinen Informationswert für die öffentliche Meinungsbildung, so dass eine Veröffentlichung rechtswidrig ist[701]. Der BGH hielt hingegen eine identifizierende Bildberichterstattung über die Auseinandersetzungen während des **G20-Gipfels in Hamburg 2017** aufgrund des hohen öffentlichen Informationsinteresses für zulässig[702].

Die **Flüchtlingskrise 2015/2016** stellte einen Vorgang von historisch-politischer Bedeutung **393** dar. Aufgabe der Presse war es daher, das Meinungsbild in der Gesellschaft aufzugreifen. Hierzu konnten auch **Aussagen auf Facebook**, etwa Kommentare oder Postings, in die Berichterstattung einbezogen werden. Nach Auffassung des OLG München waren jedoch die Namen und Fotos der jeweiligen Facebook-Nutzer bei der Wiedergabe ihrer Äußerungen

695 BGH v. 18.9.2012 – VI ZR 291/10 Rz. 28, AfP 2012, 551.
696 BGH v. 28.5.2013 – VI ZR 125/12 Rz. 13 f., AfP 2013, 399 – Eisprinzessin Alexandra.
697 LG Frankfurt/M. v. 5.10.2017 – 2-03 O 352/16 Rz. 41, CR 2018, 236.
698 BGH v. 9.2.2010 – VI ZR 243/08, AfP 2010, 162 = CR 2010, 480 = WRP 2010, 642 ff. = WRP 2010, 906 ff.; BGH v. 7.6.2011 – VI ZR 108/10 Rz. 17, AfP 2011, 356 – Bild im Gerichtssaal; LG Köln v. 16.6.2010 – 28 O 318/10, ZUM-RD 2010, 632 ff.; *Härting/Slowioczek*, IPRB 2012, 165, 166.
699 BGH v. 9.4.2019 – VI ZR 533/16 Rz. 7, AfP 2019, 333 – Eine Mutter für das Waisenkind.
700 Vgl. BGH v. 9.2.2010 – VI ZR 243/08, AfP 2010, 162 = CR 2010, 480 = WRP 2010, 642 ff. = WRP 2010, 906 ff.; BGH v. 7.6.2011 – VI ZR 108/10 Rz. 19, AfP 2011, 356 – Bild im Gerichtssaal; BGH v. 22.11.2011 – VI ZR 26/11 Rz. 25, CR 2012, 343 = AfP 2012, 53; BGH v. 31.5.2012 – I ZR 234/10 Rz. 36 – Playboy am Sonntag; BGH v. 18.9.2012 – VI ZR 291/10 Rz. 23, AfP 2012, 551; OLG Köln v. 8.10.2018 – 15 U 110/18 Rz. 18.
701 OLG Frankfurt v. 21.4.2016 – 16 U 251/15 Rz. 24, CR 2016, 733.
702 BGH v. 29.9.2020 – VI ZR 445/19 Rz. 26 ff.

für eine sachbezogene Erörterung nicht relevant. Die Presse habe kein berechtigtes Interesse, Namen und Fotos in einer Zeitung oder online kenntlich zu machen.[703]

394 Wer sich anlässlich einer „**Mahnwache**" mit einem Journalisten vor laufender Kamera auf ein beiderseits engagiert geführtes Streitgespräch über sein politisches Anliegen einlässt und dadurch an herausgehobener Stelle aktiv am öffentlichen Meinungsbildungsprozess über ein außenpolitisches Ereignis teilnimmt, muss sich grundsätzlich eine kritische und auch satirisch gefärbte Auseinandersetzung mit seinem Standpunkt in einem daraufhin veröffentlichten Fernsehbeitrag gefallen lassen[704].

395 Frauen, die **zufällig** im Hintergrund eines Fotos auftauchen, das auf Mallorca von einem prominenten Fußballer aufgenommen wurde, sind keine Personen der Zeitgeschichte. Ihre Gesichter sind bei der Veröffentlichung des Fotos unkenntlich zu machen[705]. Ein hinreichendes Informationsinteresse ist indes gegeben bei einem mit einem Bild illustrierten Bericht über die **private Beziehung eines Landtagsabgeordneten** mit einer bekannten Schauspielerin. Eine solche Berichterstattung ist auch dann vom öffentlichen Informationsinteresse gedeckt, wenn sie Darstellungen enthält, die man als belanglos oder spekulativ bewerten kann. Es ist nicht zulässig, Medienprodukte, die das Zeitgeschehen darstellen, ausschließlich an derartigen weitgehend subjektiven Wertungen zu messen[706].

396 Teilnehmer an einem **Mieterfest** haben gegen den Veranstalter keinen Anspruch auf Unterlassung, Schadensersatz und Geldentschädigung, wenn ohne ihre Einwilligung in einer an die Mieter gerichteten Informationsbroschüre Fotos von dem Mieterfest veröffentlicht werden, auf denen die Teilnehmer zu sehen sind. Die Beeinträchtigung der Rechte der Abgebildeten ist gering und tritt hinter das schützenswerte Interesse der veranstaltenden Genossenschaft zurück, ihre Mieter im Bild über den Ablauf und die Atmosphäre der Veranstaltung zu informieren[707].

397 Der Schutz des Art. 5 Abs. 1 GG erstreckt sich auch auf **kommerzielle Meinungsäußerungen** und auf reine **Werbung**, die einen wertenden, meinungsbildenden Inhalt hat, und zwar auch auf die Veröffentlichung eines Bildnisses, das die Meinungsäußerung transportiert oder ergänzt[708]. Dabei ist der Informationsgehalt der Bildberichterstattung im Gesamtkontext, in den das Personenbildnis gestellt ist, zu ermitteln, insbesondere unter Berücksichtigung der zugehörigen Textberichterstattung, wobei die Wahrnehmung der Leser maßgeblich ist[709]. Wenn indes mit der Verwendung eines Bildes über eine bloße Aufmerksamkeitswerbung hinaus der **Werbe- und Imagewert** des Abgebildeten ausgenutzt wird und die Person des Abgebildeten als Vorspann für die Anpreisung des Presseerzeugnisses vermarktet wird, spricht dies gegen die Zulässigkeit einer werbenden Berichterstattung[710]. Dabei hat ein Ein-

---

703 OLG München v. 17.3.2016 – 29 U 368/16 Rz. 31 f., AfP 2016, 278.
704 BGH v. 11.6.2013 – VI ZR 209/12 Rz. 13, AfP 2013, 401 – Teilnehmerin an Mahnwache.
705 BGH v. 21.4.2015 – VI ZR 245/14 Rz. 28, AfP 2015, 337 = CR 2015, 528.
706 BGH v. 22.11.2011 – VI ZR 26/11 Rz. 29, CR 2012, 343 = AfP 2012, 53 – Die INKA Story.
707 BGH v. 8.4.2014 – VI ZR 197/13 Rz. 11 f., AfP 2014, 324 – Mieterfest.
708 OLG Frankfurt v. 7.8.2018 – 11 U 156/16 Rz. 36, AfP 2018, 437.
709 OLG Dresden v. 21.8.2018 – 4 U 1822/17 Rz. 25, AfP 2018, 423 m. Anm. *Franz*; OLG Köln v. 21.2.2019 – 15 U 46/18 Rz. 34.
710 Vgl. OLG Düsseldorf v. 23.7.2013 – I-20 U 190/12 Rz. 14, AfP 2014, 454; LG Köln v. 20.2.2013 – 28 O 431/12 Rz. 39, IPRB 2013, 106 f. (*Elgert*); ArbG Frankfurt/M. v. 20.6.2012 – 7 Ca 1649/12 Rz. 89.

griff besonderes Gewicht, wenn die Werbung den Eindruck erweckt, die abgebildete Person identifiziere sich mit dem beworbenen Produkt, empfehle es oder preise es an. Dies gilt auch dann, wenn – ohne dass der Bildberichterstattung eine ausdrückliche Empfehlung des Abgebildeten für das Produkt entnommen werden kann – durch ein unmittelbares Nebeneinander der Ware und des Abgebildeten in der Werbung das Interesse der Öffentlichkeit an der Person und deren Beliebtheit auf die Ware übertragen wird, weil der Betrachter der Werbung eine gedankliche Verbindung zwischen dem Abgebildeten und dem beworbenen Produkt herstellt, die zu einem Imagetransfer führt. Dagegen hat der Eingriff geringeres Gewicht, wenn die Abbildung einer prominenten Person in der Werbung weder Empfehlungscharakter hat noch zu einem Imagetransfer führt, sondern lediglich die Aufmerksamkeit des Betrachters auf das beworbene Produkt lenkt[711].

b) Schutz der Privatsphäre

Die Beeinträchtigung des Persönlichkeitsrechts wiegt schwerer, wenn die visuelle Darstellung thematisch die **Privatsphäre** berührt oder wenn der Betroffene nach den Umständen typischerweise die berechtigte Erwartung haben durfte, nicht in den Medien abgebildet zu werden[712]. Dies spricht gegen eine Befugnis zur Veröffentlichung von Bildern eines prominenten Untersuchungshäftlings, die ihn bei einem Rundgang auf dem Gefängnishof zeigen[713]. Auch die Abbildung eines Prominenten auf der Titelseite einer Zeitung ist nicht erlaubt, wenn der Prominente in seinen privaten Räumen gezeigt wird und das Bild offenkundig dazu dienen soll, für den Kauf der Zeitung zu werben[714]. | 398

Trauerfeierlichkeiten sind grundsätzlich als ein der Privatsphäre zugehöriger Vorgang anzusehen. Die Angehörigen – insbesondere die eines Verbrechensopfers – haben einen zu achtenden Anspruch darauf, dass ihre Trauer respektiert und nicht zum Gegenstand öffentlicher Berichterstattung gemacht wird. Insbesondere im Fall eines tragischen Todes ist den Angehörigen in aller Regel das Recht einzuräumen, die Öffentlichkeit von der Beerdigung auszuschließen und damit eine Bildberichterstattung zu verhindern[715]. | 399

Bei der Abwägung mit dem Schutz der Privatsphäre spricht es für eine Befugnis zur Veröffentlichung, wenn Prominente in der Vergangenheit ihre Persönlichkeit freiwillig und umfassend kommerzialisiert und medial ausgewertet haben. Sie haben sich dadurch in privater Hinsicht der Öffentlichkeit **selbst geöffnet** und ein öffentliches Interesse an ihren privaten Verhältnissen begründet. Da der verfassungsrechtliche Schutz der Privatsphäre nicht im Interesse der **Kommerzialisierung** der eigenen Person gewährleistet ist, haben sich Prominente, die in der Vergangenheit im Interesse der eigenen Vermarktung auch private Umstände freiwillig bekannt gemacht haben, insoweit ihres Rechts auf Privatheit begeben. Wer gewöhnlich als privat geltende Umstände der Öffentlichkeit präsentiert, kann sich insoweit nicht mehr auf den öffentlichkeitsabgewandten Bereich der Privatsphäre berufen. Presse- | 400

---

711 BGH v. 31.5.2012 – I ZR 234/10 Rz. 25 – Playboy am Sonntag; BGH v. 21.1.2021 – I ZR 120/19 Rz. 41, AfP 2021, 143 = ITRB 2021, 130 (*Oelschlägel*) – Clickbaiting; OLG Dresden v. 21.8.2018 – 4 U 1822/17 Rz. 31 ff.; OLG Köln v. 21.2.2019 – 15 U 46/18 Rz. 42 ff.
712 BGH v. 31.5.2012 – I ZR 234/10 Rz. 35 – Playboy am Sonntag; *Gounalakis*, NJW 2020, 3692, 3692 ff.
713 LG Köln v. 16.6.2010 – 28 O 318/10, ZUM-RD 2010, 632, 632 ff.
714 BGH v. 31.5.2012 – I ZR 234/10 Rz. 21 ff. – Playboy am Sonntag.
715 LG Frankfurt/O. v. 25.6.2013 – 16 S 251/12 Rz. 33, AfP 2013, 438.

fotos von einer Schauspielerin bei ihrer Entlassung aus einer Entzugsklinik sind daher erlaubt, wenn die Schauspielerin vorher zu diesem Thema selbst ausführlich in mehreren Interviews Stellung genommen und private Einblicke in ihr Familienleben zugelassen hatte[716].

401   Eine Klage des ehemaligen Berliner Bürgermeisters Klaus Wowereit gegen die BILD-Zeitung blieb erfolglos. Die Zeitung hatte im Rahmen ihrer Berichterstattung zu einem Misstrauensvotum mehrere Fotos von Wowereit veröffentlicht, die ihn am Vorabend der Abstimmung in einem bekannten Restaurant zeigten. Der BGH ging davon aus, dass die Veröffentlichung des Fotos in privater Situation im Zusammenhang mit einem bedeutenden politischen Ereignis im Rahmen des § 23 KUG gerechtfertigt sein kann[717]. Begebe sich ein Politiker in einer derartigen politischen und persönlichen brisanten Lage in ein bekanntes Restaurant, ist dies der Sozialsphäre zuzuordnen[718].

402   Durch eine Inszenierung im Rahmen einer „Homestory" kann ein Foto, das in Privaträumen entstanden ist, seinen privaten Charakter weitgehend verlieren[719].

c) Minderjährige

403   Bei der Abbildung eines **Minderjährigen** im Rahmen einer Bildberichterstattung sind zum Schutz des Kindeswohls höhere Maßstäbe an ein öffentliches Informationsinteresse zu stellen als bei der Berichterstattung über Erwachsene[720]. Der Schutzgehalt des Allgemeinen Persönlichkeitsrechts erfährt eine Verstärkung durch Art. 6 Abs. 1 und 2 GG, der den Staat verpflichtet, die Lebensbedingungen des Kindes zu sichern, die für sein gesundes Aufwachsen erforderlich sind und zu denen insbesondere die elterliche Fürsorge gehört[721].

404   Das Recht jedes Kindes auf Entwicklung der Persönlichkeit umfasst sowohl die Privatsphäre als auch die kindgemäße Entfaltung in öffentlichen Räumen. Zur Entwicklung der Persönlichkeit gehört es, sich in der Öffentlichkeit angemessen bewegen zu lernen, ohne dadurch das Risiko einer Medienberichterstattung über das eigene Verhalten auszulösen. Dies gilt auch für Kinder, deren Eltern prominente Personen sind[722].

405   Wie bei den Erwachsenen bedarf es auch bei Fotos, die von Minderjährigen gefertigt und veröffentlicht werden, in jedem Einzelfall einer **Abwägung** zwischen Persönlichkeitsschutz und dem Informationsinteresse der Öffentlichkeit. So ist es einem Großvater, der sich mit dem Jugendamt um das Sorgerecht an seinem Enkelsohn streitet, nicht von vornherein verwehrt, einen selbst gefertigten und im Internet verbreiteten Bericht mit einem Foto des Kindes zu illustrieren. Wird der Streit in der Öffentlichkeit geführt und besteht ein überwiegendes Informationsinteresse der Öffentlichkeit, ist die Verbreitung des Bildes auch ohne Einwilligung des Sorgeberechtigten erlaubt[723].

---

716 LG Köln v. 14.8.2013 – 28 O 144/13 Rz. 49 ff.
717 BGH v. 27.9.2016 – VI ZR 310/14 Rz. 9.
718 BGH v. 27.9.2016 – VI ZR 310/14 Rz. 12.
719 OLG Frankfurt v. 7.5.2020 – 16 U 220/19 Rz. 45.
720 OLG Dresden v. 13.2.2018 – 4 U 1234/17 Rz. 7; LG Köln v. 14.8.2013 – 28 O 144/13 Rz. 57.
721 BGH v. 28.5.2013 – VI ZR 125/12 Rz. 19, AfP 2013, 399 – Eisprinzessin Alexandra.
722 BGH v. 28.5.2013 – VI ZR 125/12 Rz. 19, AfP 2013, 399 – Eisprinzessin Alexandra; LG Köln v. 14.8.2013 – 28 O 144/13 Rz. 57.
723 OLG Karlsruhe v. 2.2.2011 – 1 (7) Ss 371/10-AK 99/10.

d) Straftaten, Gerichtsverfahren, Polizisten

Bei **Straftaten** besteht häufig ein legitimes Interesse an der Bildberichterstattung über einen   406
Angeklagten, weil sie oft durch die Persönlichkeit des Täters geprägt sind und Bilder präg-
nant und unmittelbar über die Person des Täters informieren können[724]. Ein Angeklagter
kann durch einen Strafprozess zur Person der Zeitgeschichte gem. § 23 Abs. 1 Nr. 1 KUG
werden[725], nicht jedoch dessen Ehefrau[726]. Ein kontextgemäßes Porträtfoto, das den Angeklagten in keiner ihn verächtlich machenden Weise zeigt und für sich keine weitere Persön-
lichkeitsbeeinträchtigung enthält, kann daher bei einem Prozess wegen einer schweren Straftat erlaubt sein. Gegen eine solche Erlaubnis spricht auch nicht, dass Aufnahmen verwendet
werden, deren Anfertigung durch ein sitzungspolizeiliches Verbot gem. § 176 GVG verboten
worden war[727].

Geht es um die Berichterstattung über eine Straftat, ist zu berücksichtigen, dass eine solche   407
Tat zum Zeitgeschehen gehört, dessen Vermittlung Aufgabe der Medien ist. Die **Verletzung
der Rechtsordnung** begründet grundsätzlich ein anzuerkennendes Interesse der Öffentlichkeit an näherer Information über Tat und Täter. Dieses wird umso stärker sein, je mehr sich
die Tat in Begehungsweise, Schwere oder wegen anderer Besonderheiten von der gewöhnlichen Kriminalität abhebt[728].

Bei der Abwägung des Informationsinteresses der Öffentlichkeit an einer Berichterstattung   408
mit der damit zwangsläufig verbundenen Beeinträchtigung des Persönlichkeitsrechts des Täters verdient für die **aktuelle Berichterstattung** über Straftaten das Informationsinteresse
im Allgemeinen den Vorrang. Denn wer den Rechtsfrieden bricht, muss sich nicht nur den
hierfür verhängten strafrechtlichen Sanktionen beugen, sondern er muss auch dulden, dass
das von ihm selbst erregte Informationsinteresse der Öffentlichkeit auf den dafür üblichen
Wegen befriedigt wird. Die Beeinträchtigung des Persönlichkeitsrechts muss aber in ange-
messenem Verhältnis zur Schwere des Fehlverhaltens und seiner sonstigen Bedeutung für
die Öffentlichkeit stehen. Für die Abwägung bedeutsam ist auch, ob die Berichterstattung
allein der Befriedigung der Neugier des Publikums dient oder ob sie einen Beitrag zur Meinungsbildung in einer demokratischen Gesellschaft leistet und die Presse mithin ihre Funktion als „Wachhund der Öffentlichkeit" wahrnimmt[729].

Zugunsten des Persönlichkeitsschutzes ist bei der Berichterstattung über **Gerichtsverfahren**   409
zudem zu berücksichtigen, dass die den Täter identifizierende Bildberichterstattung über eine Straftat einen erheblichen Eingriff in die Persönlichkeitssphäre des Betroffenen darstellt,
weil auch hierdurch sein Fehlverhalten öffentlich bekannt gemacht und seine Person in den
Augen des Publikums negativ qualifiziert wird. In Gerichtsverfahren gewinnt der Persönlichkeitsschutz der Verfahrensbeteiligten eine über den allgemein in der Rechtsordnung anerkannten Schutzbedarf hinausgehende Bedeutung. Dies gilt vor allem für den **Schutz der**

---

724 OLG Dresden v. 27.11.2017 – 4 W 993/17 Rz. 3, AfP 2018, 153.
725 BGH v. 7.6.2011 – VI ZR 108/10 Rz. 20, AfP 2011, 356 – Bild im Gerichtssaal.
726 AG München v. 15.6.2012 – 158 C 28716/11 Rz. 25, CR 2013, 128.
727 BGH v. 7.6.2011 – VI ZR 108/10 Rz. 24 ff., AfP 2011, 356 – Bild im Gerichtssaal.
728 BGH v. 18.12.2018 – VI ZR 439/17 Rz. 13, CR 2019, 430 = AfP 2019, 236 – Strafverfahren gegen
    Steuerberater.
729 BGH v. 18.12.2018 – VI ZR 439/17 Rz. 14, CR 2019, 430 = AfP 2019, 236 – Strafverfahren gegen
    Steuerberater.

Angeklagten im Strafverfahren, die sich in der Regel unfreiwillig der Verhandlung und damit der Öffentlichkeit stellen müssen[730].

410 Geht es nicht um ein Strafverfahren, sondern um ein **verwaltungsgerichtliches Verfahren**, ist die Berichterstattung für die Betroffenen weniger belastend. Denn sie werden der Öffentlichkeit nicht als Straftäter vorgeführt. Für die Berichterstattung, die ein verwaltungsgerichtliches Verfahren begleitet und wahrheitsgemäß ein Verhalten schildert, das öffentlich-rechtlich verboten ist, können sich die Betroffenen ferner nicht auf die Unschuldsvermutung des Art. 6 Abs. 2 EMRK und auf ihr Resozialisierungsinteresse berufen. Die Bildveröffentlichung mag für die Betroffenen eine nicht unerhebliche Belastung darstellen. Es ist jedoch nicht erkennbar, dass sie ohne Weiteres eine Stigmatisierung, Ausgrenzung oder Prangerwirkung zur Folge hat[731].

411 Mit zeitlicher Distanz zum Strafverfahren und nach Befriedigung des aktuellen Informationsinteresses der Öffentlichkeit gewinnt das Interesse des Betroffenen, von einer Reaktualisierung seiner Verfehlung verschont zu bleiben, zunehmend an Bedeutung. Das allgemeine Persönlichkeitsrecht bietet Schutz vor einer zeitlich uneingeschränkten Befassung der Medien mit der Person des Straftäters. Hat die das öffentliche Interesse veranlassende Tat mit dem Abschluss des Strafverfahrens die gebotene Reaktion der Gemeinschaft erfahren und ist die Öffentlichkeit hierüber hinreichend informiert worden, so lassen sich fortgesetzte oder wiederholte Eingriffe in das Persönlichkeitsrecht des Betroffenen mit Blick auf sein Interesse an der **Wiedereingliederung in die Gemeinschaft** nicht ohne weiteres rechtfertigen. Eine vollständige Immunisierung vor der ungewollten Darstellung persönlichkeitsrelevanter Geschehnisse ist damit jedoch nicht gemeint. Das allgemeine Persönlichkeitsrecht vermittelt dem Betroffenen keinen uneingeschränkten Anspruch darauf, in der Öffentlichkeit überhaupt nicht mehr mit seiner Verfehlung konfrontiert zu werden. Selbst die Verbüßung der Straftat führt nicht dazu, dass ein Täter den uneingeschränkten Anspruch erwirbt, mit der Tat „allein gelassen zu werden". Maßgeblich ist vielmehr stets, in welchem Ausmaß das Persönlichkeitsrecht einschließlich des Resozialisierungsinteresses des Straftäters von der Berichterstattung unter den konkreten Umständen des Einzelfalls beeinträchtigt wird[732].

412 Soweit das Bild des Angeklagten nicht schon als solches eine für die öffentliche Meinungsbildung bedeutsame Aussage enthält, ist der Informationsgehalt einer **Bildberichterstattung** im Kontext der dazu gehörenden **Wortberichterstattung** zu ermitteln. Neben den Umständen der Gewinnung der Abbildung ist für die Gewichtung der Belange des Persönlichkeitsschutzes bedeutsam, in welcher Situation der Betroffene erfasst und wie er dargestellt wird[733].

413 Auch das **Opfer einer spektakulären Straftat** kann eine relative Person der Zeitgeschichte sein und es im Einzelfall hinnehmen müssen, in Tatort-Videos deutlich erkennbar zu sein, die online veröffentlicht werden[734]. Anders verhält es sich bei einem **gewöhnlichen und alltäglichen Polizeieinsatz**, bei dem das Recht am eigenen Bild eine Verpixelung des Gesichts

---

730 BGH v. 7.6.2011 – VI ZR 108/10 Rz. 22, AfP 2011, 356 – Bild im Gerichtssaal; BGH v. 18.12.2018 – VI ZR 439/17 Rz. 15, CR 2019, 430 – Strafverfahren gegen Steuerberater.

731 BGH v. 17.12.2019 – VI ZR 504/18 Rz. 19, AfP 2020, 137 m. Anm. *Mann.*

732 BVerfG v. 23.6.2020 – 1 BvR 1240/14 Rz. 19; BGH v. 18.12.2018 – VI ZR 439/17 Rz. 16, CR 2019, 430 = AfP 2019, 236 – Strafverfahren gegen Steuerberater; LG Hamburg v. 1.2.2019 – 324 O 84/18 Rz. 58.

733 BGH v. 7.6.2011 – VI ZR 108/10 Rz. 23, AfP 2011, 356 – Bild im Gerichtssaal.

734 LG Essen v. 5.6.2014 – 4 O 107/14.

des Polizeibeamten gebietet[735]. Zu weit geht es jedoch, wenn das OLG Celle meint, es spreche „wesentlich gegen die Zulässigkeit der Abbildung" eines Polizisten, dass es aufgrund der „Prägnanz" des Bildes nahelag, dass es sich im Internet „verselbstständigte" und „als Symbol für unverhältnismäßige Polizeigewalt, möglicherweise auch für einen Polizeistaat, Verwendung finden würde"[736]. Mit einem derartigen Argument führt das Gericht Umstände in die Abwägung ein, die sich nicht aus dem Persönlichkeitsschutz ableiten lassen. Ganz im Gegenteil: Wenn ein Bild „unverhältnismäßige Polizeigewalt" darstellt, spricht dies für ein erhöhtes öffentliches Informationsinteresse, denn in einem solchen Fall ist die Presse in ihrer Funktion als „Wachhund der Öffentlichkeit" von erhöhter Bedeutung.

3. Weitere Erlaubnistatbestände

Bilder, auf denen Personen nur als **Beiwerk** neben einer Landschaft oder sonstigen Örtlichkeit erscheinen, dürfen gem. § 23 Abs. 1 Nr. 2 KUG ohne Einwilligung des Betroffenen verbreitet werden. Voraussetzung für die Anwendung dieser Vorschrift ist, dass die abgebildete Person in der Aufmerksamkeit der Betrachter weitgehend in den Hintergrund tritt.   414

Für die Sportfotografie kann diese Legitimation nur von Belang sein, soweit es um Personen – Zuschauer oder Sportler – geht, die zufällig auf ein Foto geraten. Wird ein Fußballer oder sonstiger Sportler bei einem Sportevent fotografiert, geht es dem Hersteller des Bildes jedoch gerade darum, den Sportler „vor der Linse" zu haben. Der Sportler ist damit kein bloßes „Beiwerk" i.S.d. § 23 Abs. 1 Nr. 2 KUG[737].   415

Einer Einwilligung bedarf es des Weiteren nicht, wenn Personen fotografiert werden, die Teil einer Versammlung oder ähnlichen **Menschenansammlung** sind (§ 23 Abs. 1 Nr. 3 KUG). Dies setzt voraus, dass es dem Fotografen darum geht, eine Veranstaltung abzubilden, ohne einzelne Teilnehmer hervorzuheben. Zwar dürfen Personen auf den Bildern auch im Vordergrund erkennbar sein, soweit sie das Geschehnis prägen. Die isolierte Abbildung einer einzelnen Person ist indes nicht durch § 23 Abs. 1 Nr. 3 KUG gedeckt.   416

Gemäß § 23 Abs. 1 Nr. 3 KUG dürfen Bilder, auf denen die Teilnehmer oder Zuschauer einer **Sportveranstaltung** abgebildet sind, ohne Einwilligung dieser Personen verbreitet werden, wenn es dem Fotografen darum geht, die Veranstaltung selbst abzubilden, ohne einzelne Personen oder ihre Teilnahme daran hervorheben zu wollen. § 23 Abs. 1 Nr. 3 KUG kann nur die Fotografie des Publikums legitimieren, nicht jedoch das Fotografieren einzelner Besucher oder Sportler[738].   417

Nach § 23 Abs. 1 Nr. 4 KUG dürfen nicht auf Bestellung gefertigte Bildnisse ohne Einwilligung verbreitet und zur Schau gestellt werden, wenn dies einem **höheren Interesse der Kunst** dient. Hierfür reicht es jedoch nicht aus, dass das Foto eines Golfprofis in Pop-Art-Manier verfremdet wird, ohne dass ein künstlerischer Gehalt ersichtlich ist[739].   418

---

735 OLG Oldenburg v. 21.7.2015 – 13 U 51/14 Rz. 14, CR 2016, 259; vgl. auch OLG Frankfurt v. 19.5.2021 – 13 U 318/19 Rz. 23 ff., AfP 2021, 360.
736 OLG Celle v. 23.9.2021 – 13 U 55/20 Rz. 37.
737 *Härting/Slowioczek*, IPRB 2012, 165, 166.
738 *Härting/Slowioczek*, IPRB 2012, 165, 167.
739 OLG Düsseldorf v. 23.7.2013 – I-20 U 190/12 Rz. 18 ff., AfP 2014, 454.

VIII. „Recht am Bild der eigenen Sache"

419 Ein **„Recht am Bild der eigenen Sache"** ist der zivilrechtlichen Eigentumsordnung unbekannt. Allerdings gilt nach Auffassung des BGH eine Einschränkung, wenn ein fremdes Grundstück betreten wird, um Fotos von Gebäuden und Gartenanlagen zu fertigen und diese Fotos kommerziell zu verwerten. Die Entscheidung über den Zutritt zu einem Grundstück stehe nach § 903 BGB im Belieben des Grundstückseigentümers. Er sei nicht gezwungen, den Zugang zu seinem Grundstück nur vollständig zu gestatten oder vollständig zu versagen und könne den Zutritt auch nur eingeschränkt öffnen und sich etwa das Fotografieren seines Anwesens und die Verwertung solcher Fotografien vorbehalten[740]. Zum Zuweisungsgehalt des **Grundstückseigentums** gehöre auch das Recht des Grundstückseigentümers, darüber zu entscheiden, wer die wirtschaftlichen Vorteile ziehen darf, die das Betreten oder Benutzen des Grundstücks eröffnet[741].

420 Dies müsste konsequenterweise auch dann gelten, wenn lediglich Fotos von Sanitärarbeiten in einem fremden Badezimmer gefertigt werden[742] oder wenn Fotos einer fremden Kuh[743] oder eines fremden Gemäldes[744] im Internet verbreitet werden. Wegen fehlender Entscheidungserheblichkeit ließ der BGH allerdings bislang offen, ob seine Rechtsprechung zu Fotoaufnahmen auf Grundstücken auf bewegliche Sachen übertragen werden kann[745]. Nicht übertragbar ist die Auffassung des BGH – jedenfalls ab einer bestimmten Flughöhe – auf **Drohnen**, da es an einem Eingriff in das Grundstückseigentum fehlt[746].

IX. Auskunftsansprüche nach § 21 Abs. 2 TTDSG

421 Nach § 21 Abs. 2 Satz 1 TTDSG darf der Anbieter von Telemedien im Einzelfall Auskunft über bei ihm vorhandene Bestandsdaten erteilen, soweit dies zur Durchsetzung zivilrechtlicher Ansprüche wegen der Verletzung absolut geschützter Rechte aufgrund rechtswidriger Inhalte, die von § 10a Abs. 1 TMG oder § 1 Abs. 3 NetzDG erfasst werden, erforderlich ist. In diesem Umfang ist er gegenüber dem Verletzten zur Auskunft auch verpflichtet (§ 21 Abs. 2 Satz 2 TTDSG). Der Betreiber eines Bewertungsportals ist unter den Voraussetzungen des § 21 Abs. 2 TTDSG befugt, ohne Einwilligung des Nutzers dessen personenbezogene Daten zur Erfüllung eines **Auskunftsanspruchs** wegen einer Persönlichkeitsrechtsverletzung an den Betroffenen zu übermitteln. Die Auskunftsverpflichtung gilt jedenfalls für alle Videosharingplattform-Anbieter (§ 10a Abs. 1 TMG) sowie für alle Telemediendiensteanbieter, die mit Gewinnerzielungsabsicht Plattformen im Internet betreiben, die dazu bestimmt sind, dass Nutzer beliebige Inhalte mit anderen Nutzern teilen oder der Öffentlichkeit zugänglich machen (soziale Netzwerke, § 1 Abs. 1 Satz 1 NetzDG), mit Ausnahme von Plattformen mit

---

740 BGH v. 17.12.2010 – V ZR 45/10, AfP 2011, 158 = CR 2011, 398 = NJW 2011, 749, 750; BGH v. 1.3.2013 – V ZR 14/12 Rz. 14, CR 2013, 408 – Preußische Gärten und Parkanlagen II; BGH v. 19.12.2014 – V ZR 324/13 Rz. 8.
741 BGH v. 1.3.2013 – V ZR 14/12 Rz. 16, CR 2013, 408 – Preußische Gärten und Parkanlagen II; BGH v. 19.12.2014 – V ZR 324/13 Rz. 8.
742 Vgl. AG Donaueschingen v. 10.6.2010 – 11 C 81/10.
743 A.A. AG Köln v. 22.6.2010 – 111 C 33/10.
744 A.A. AG Hamburg v. 30.8.2012 – 35a C 332/11 Rz. 21.
745 BGH v. 19.12.2014 – V ZR 324/13 Rz. 9; vgl. auch AG Mettmann v. 16.6.2015 – 25 C 384/14 Rz. 29.
746 Vgl. *Golz*, IPRB 2015, 11, 12.

journalistisch-redaktionell gestalteten Angeboten, die vom Diensteanbieter selbst verantwortet werden und Plattformen, die zur Individualkommunikation oder zur Verbreitung spezifischer Inhalte bestimmt sind (§ 1 Abs. 1 Satz 2 und 3 NetzDG). Weitergehend gilt § 21 Abs. 2 Satz 1 TTDSG aber auch für alle Diensteanbieter gem. § 2 Nr. 1 TMG[747].

Für den Erlass einer gerichtlichen Anordnung gem. § 21 Abs. 2 TMG reicht zwar die bloße Behauptung einer Rechtsverletzung nicht aus. Der nach § 26 FamFG geltende Amtsermittlungsgrundsatz sichert im Interesse der Nutzer verfahrensrechtlich ab, dass es nicht vorschnell zur Herausgabe von Daten kommt[748]. Allerdings trifft die Beteiligten nach § 27 Abs. 1 FamFG eine Obliegenheit zur Mitwirkung bei der Ermittlung des Sachverhaltes. Der Diensteanbieter ist daher verpflichtet, Zweifel am Vorliegen einer Straftat konkret zu benennen, soweit dies möglich ist, ohne hierdurch bereits die Identität des Nutzers aufzudecken. Hierzu ist er grundsätzlich auch in der Lage, weil er aufgrund seiner materiellen Prüfpflicht gehalten ist, vom Bewertenden zusätzliche Angaben und ggf. Belege für die Richtigkeit der infrage stehenden Tatsachenbehauptungen zu verlangen[749]. 422

Eine gerichtliche Anordnung über die Zulässigkeit der Auskunftserteilung setzt stets voraus, dass dem Antragsteller materiell ein Auskunftsanspruch zusteht (§ 21 Abs. 3 Satz 2 TTDSG)[750]. Für die Herleitung eines Auskunftsanspruchs aus § 242 BGB reicht es deswegen aus, dass zwischen dem Verletzten und dem Diensteanbieter ein Rechtsverhältnis bestand, aus dem sich nach den Vorgaben der Rechtsprechung zur Störerhaftung Prüfpflichten des Diensteanbieters ergeben haben. Der Umstand, dass der Diensteanbieter diesen Prüfpflichten nachgekommen ist und deswegen selbst nicht mehr auf Beseitigung der Störung in Anspruch genommen werden kann, erledigt die sich aus diesem gesetzlichen Schuldverhältnis ergebende Nebenpflicht zur Auskunftserteilung über die Nutzerdaten der Person, die den beanstandeten Eintrag verfasst hat, nicht[751]. 423

---

747 BGH v. 24.9.2019 – VI ZB 39/18 Rz. 46 ff., CR 2020, 419 = ITRB 2020, 31 (*Engels*) – Auskunft zu Bestandsdaten; OLG Köln v. 11.3.2021 – 15 W 10/21 Rz. 56 ff.

748 BGH v. 24.9.2019 – VI ZB 39/18 Rz. 57, CR 2020, 419 = ITRB 2020, 31 (*Engels*) – Auskunft zu Bestandsdaten.

749 OLG Celle v. 7.12.2020 – 13 W 80/20 Rz. 17 f.; OLG Celle v. 23.9.2021 – 5 W 39/21 Rz. 32, CR 2022, 62.

750 BGH v. 24.9.2019 – VI ZB 39/18 Rz. 58, CR 2020, 419 = ITRB 2020, 31 (*Engels*) – Auskunft zu Bestandsdaten; OLG Köln v. 11.3.2021 – 15 W 10/21 Rz. 71; OLG Köln v. 29.4.2021 – 15 W 29/21 Rz. 4; a.A. OLG Schleswig v. 23.3.2022 – 9 Wx 23/21 Rz. 44.

751 OLG Celle v. 23.9.2021 – 5 W 39/21 Rz. 37, CR 2022, 62; a.A. OLG Köln v. 29.4.2021 – 15 W 29/21 Rz. 5.

C. Vertragsrecht

I. Elektronische Willenserklärungen

424 Verträge, die über das Internet geschlossen werden, lassen sich als **Online-Verträge** bezeichnen. Offline wie online bedarf es zum Zustandekommen eines Vertrages übereinstimmender Willenserklärungen der Vertragspartner[752].

---

752 Vgl. *Ellenberger* in Grüneberg, Einf. v. § 145 BGB Rz. 1.

1. Objektiver Tatbestand

Eine Willenserklärung ist die Äußerung eines unmittelbar auf die Herbeiführung eines Rechts-   425
erfolges gerichteten Willens. Sie bringt einen Rechtsfolgewillen zum Ausdruck und somit einen Willen, der auf die Begründung, inhaltliche Änderung oder Beendigung eines privaten
Rechtsverhältnisses abzielt[753]. Der objektive Tatbestand einer Willenserklärung liegt vor, wenn
es der nach außen erkennbare Sinn einer Äußerung (oder eines sonstigen Verhaltens mit Er-
klärungswert) ist, dass hierdurch ein **Rechtsgeschäft** geschaffen werden soll, das die in der
Erklärung bestimmten, willentlicher Gestaltung zugänglichen Rechtsfolgen herbeiführt[754].

Willenserklärungen, die online abgegeben werden, lassen sich als „digitale" oder „elektroni-   426
sche" Willenserklärungen bezeichnen. Unterscheiden lassen sich dabei Willenserklärungen,
die (lediglich) digital übermittelt werden und Erklärungen, die darüber hinaus auch elektronisch erzeugt werden[755].

a) Elektronisch übermittelte Willenserklärungen

Ob Warenbestellung per Mausklick im Online-Shop oder Anfrage nach anwaltlicher Bera-   427
tung per E-Mail: Der Weg zum Vertrag führt über Willenserklärungen, die elektronisch übermittelt werden. Derartige Willenserklärungen unterscheiden sich lediglich hinsichtlich des
Übermittlungsweges von anderen rechtsgeschäftlichen Erklärungen. Es kann kein Zweifel
daran bestehen, dass die Äußerung eines Rechtsfolgewillens vorliegt, die den objektiven Tatbestand einer „echten" Willenserklärung erfüllt[756].

b) Elektronisch erzeugte Willenserklärungen

Rechtsgeschäftliche Erklärungen können in der Weise „erzeugt" werden, dass sie auf Grund   428
der Programmierung von Software automatisch entstehen. Sowohl der Inhalt als auch der
Zeitpunkt der Abgabe der Willenserklärung kann sehr weitgehend einem automatisierten
Vorgang überlassen werden. Am Ende einer **Kette von Programmierschritten,** die zur Erzeugung einer derartigen Erklärung notwendig sind, steht allerdings immer eine Person, die
Urheber der „elektronischen Willenserklärung" ist. Der objektive Tatbestand einer Willenserklärung ist somit auch bei der „automatisierten" Willenserklärung gegeben[757].

---

753 *Ellenberger* in Grüneberg, Einf. v. § 116 BGB Rz. 1; *Jauernig* in Jauernig, vor § 116 BGB Rz. 2;
    Neuner, AT, § 27 Rz. 2 f.
754 *Leenen/Häublein*, 2. Kap., § 5 Rz. 3.
755 Vgl. *Köhler/Fetzer*, Recht des Internet, S. 59.
756 BGH v. 7.11.2001 – VIII ZR 13/01, AfP 2002, 179 = CR 2002, 213 m. Anm. *Wiebe* = ITRB 2002,
    53 = NJW 2002, 363, 364; OLG Hamm v. 14.12.2000 – 2 U 58/00, CR 2001, 117 m. Anm. *Ernst*
    = ITRB 2001, 28 = NJW 2001, 1142; OLG Oldenburg v. 11.1.1993 – 13 U 133/92, CR 1993, 558,
    558 ff.; AG Kassel v. 16.2.1990 – 81 C 5096/89, CR 1992, 94, 95 ff.; *Ellenberger* in Grüneberg,
    Einf. v. § 116 BGB Rz. 1; *Kitz* in Hoeren/Sieber/Holznagel, Handbuch Multimedia-Recht,
    Teil 13.1 Rz. 8 ff.; *Fritzsche/Malzer*, DNotZ 1995, 3, 8 ff.; *Krüger/Bütter*, WM 2001, 221, 223;
    Mehrings, MMR 1998, 30, 31.
757 BVerfG v. 8.12.1992 – 1 BvR 326/89; OLG Frankfurt v. 20.11.2002 – 9 U 94/02, CR 2003, 450 =
    ITRB 2003, 145 = MDR 2003, 677; OLG Hamm v. 12.1.2004 – 13 U 165/03, CR 2004, 949 =
    NJW 2004, 2601; OLG Oldenburg v. 11.1.1993 – 13 U 133/92, CR 1993, 558; LG Köln v.
    16.4.2003 – 9 S 289/02, ITRB 2003, 264 = CR 2003, 613; *Kitz* in Hoeren/Sieber/Holznagel,
    Handbuch Multimedia-Recht, Teil 13.1 Rz. 58; *Fritzsche/Malzer*, DNotZ 1995, 3, 4 und 7 ff.;

429 Auch bei der Verwendung autonomer Systeme liegt eine objektive Willenserklärung vor, die einem Nutzer zugerechnet werden kann. Wer im **Smart-Home** dem Kühlschrank das Einkaufen überlässt und die Auswahl der zu bestellenden Produkte automatisiert, wird dennoch Vertragspartner des Verkäufers[758].

2. Subjektiver Tatbestand

a) Idealtypus der Willenserklärung

430 Zu einer „idealtypischen" Willenserklärung gehört ein subjektiver Tatbestand, der sich aus dem Handlungswillen, dem Erklärungsbewusstsein und dem Geschäftswillen zusammensetzt[759]. Am **Handlungswillen** fehlt es bei einem unbewussten, nicht willensgesteuerten Verhalten, das dennoch als Ausdruck des Willens erscheint, es solle ein Rechtsgeschäft geschaffen werden[760]. Ohne **Erklärungsbewusstsein** handelt, wer mit seinem Verhalten nicht den Willen und das Bewusstsein verbindet, im rechtsgeschäftlichen Raum zu agieren[761]. Der **Geschäftswille** fehlt demjenigen, der sich schon über den Text seiner Erklärung irrt oder seinen Worten eine andere als die rechtlich maßgebliche Bedeutung beimisst[762].

b) Fehlen des Geschäftswillens

431 Fehlt es am Geschäftswillen, so liegt dennoch eine Willenserklärung vor, die nach Maßgabe der §§ 119 ff. BGB angefochten werden kann[763]. Schon dies zeigt, dass der subjektive Tatbestand eine idealtypische Willenserklärung beschreibt, ohne dass damit eine Aussage über die Mindestanforderungen an eine Willenserklärung verbunden ist.

c) Fehlen des Erklärungsbewusstseins

432 Ein Fall fehlenden **Erklärungsbewusstseins** liegt beispielsweise vor, wenn der Erklärende per Mausklick Informationsmaterial über eine bestimmte Ware abrufen möchte, nach der Gestaltung der aufgerufenen Internetseite durch den Mausklick jedoch bereits die Ware bestellt. Der Internetnutzer führt in einem solchen Fall die Handlung bewusst aus, hat dabei aber nicht den Willen und das Bewusstsein, eine rechtsgeschäftlich relevante Äußerung abzugeben[764]. Der BGH und die herrschende Lehre nehmen in den Fällen fehlenden Erklärungsbewusstseins eine **differenzierende Wertung** vor. Danach ist das Verhalten des Erklärenden als Willenserklärung anzusehen, wenn ihm zwar die Vorstellung von einer rechtsge-

---

Heun, CR 1994, 595, 595 ff.; *Köhler*, AcP 182 (1982), 126, 133; *Mehrings*, MMR 1998, 30, 31; *Melullis*, MDR 1994, 109; *Redeker*, NJW 1984, 2390, 2391.

758 *Sosnitza*, CR 2016, 764, 767; *Paulus*, JuS 2019, 960, 961.

759 *Wendtland* in BeckOK/BGB, § 133 BGB Rz. 5; BGH v. 22.6.1956 – I ZR 198/54, BGHZ 21, 102, 106; *Brox*, AT, § 4 Rz. 15 f.; *Flume*, AT II, S. 46; *Ellenberger* in Grüneberg, Einf. v. § 116 BGB Rz. 1; *Jauernig* in Jauernig, vor § 116 BGB Rz. 4 ff.; *Neuner*, AT, § 32 Rz. 1 ff.

760 *Leenen/Häublein*, 2. Kap., § 5 Rz. 23.

761 *Leenen/Häublein*, 2. Kap., § 5 Rz. 25.

762 *Leenen/Häublein*, 2. Kap., § 5 Rz. 27.

763 *Jauernig* in Jauernig, vor § 116 BGB Rz. 6; *Kramer* in MünchKomm/BGB, vor § 116 BGB Rz. 28; *Neuner*, AT, § 41 Rz. 51 ff.; *Leenen/Häublein*, 2. Kap., § 5 Rz. 32.

764 *Kitz* in Hoeren/Sieber/Holznagel, Handbuch Multimedia-Recht, Teil 13.1 Rz. 62; vgl. auch *Köhler/Fetzer*, Recht des Internets, S. 68, Rz. 195.

schäftlichen Handlung fehlt, er jedoch beim Erklärungsempfänger **fahrlässig** das Vertrauen auf einen bestimmten Erklärungsinhalt hervorgerufen hat[765].

Die Grenze der Zurechnung von Willenserklärungen, die ohne Erklärungsbewusstsein abgegeben werden, ist erreicht, wenn der Empfänger durch die Gestaltung seiner Internetseite den Irrtum des Erklärenden selbst hervorgerufen hat. Ist die Internetseite – bewusst oder unbewusst – missverständlich gestaltet, so ist für den Empfänger erkennbar, dass sich der Erklärende möglicherweise im Irrtum befand. Er darf in einem solchen Fall die Erklärung nicht als Ausdruck eines Rechtsfolgewillens verstehen[766]. Schon aus der Lehre vom **normativen Empfängerhorizont** lässt sich in einem solchen Fall herleiten, dass es an einer Äußerung fehlt, die als rechtsgeschäftliche Erklärung zu werten ist. 433

Entgegen der herrschenden Meinung kommt es bei fehlendem Erklärungsbewusstsein auf die – dem Recht der Willenserklärung wesensfremde – Frage, ob der Erklärende seinen Irrtum verschuldet hat, nicht an[767]. Vielmehr muss das entscheidende Kriterium die objektiv zu beurteilende Frage sein, wie der Erklärungsempfänger den Erklärenden verstehen durfte. Hat der Internetanbieter seine Website missverständlich gestaltet, so dass es zu einer Erklärung mit fehlendem Erklärungsbewusstsein kommt, scheitert die Zurechnung der Willenserklärung nicht am fehlenden Verschulden auf Seiten des Erklärenden, sondern – nach der Lehre vom normativen Empfängerhorizont – an der **Erkennbarkeit des Irrtums** für den Erklärungsempfänger. 434

d) Fehlen des Handlungswillens

Wird eine Erklärung ohne **Handlungswillen,** beispielsweise auf Grund einer Reflexbewegung abgegeben, so ist die Lehre nahezu einhellig der Auffassung, dass weder eine „echte" noch eine „fehlerhafte" Willenserklärung vorliegt, sondern es an einer Willenserklärung gänzlich fehlt[768]. Wer somit vor dem Rechner einschläft und auf die Tastatur oder Maus sinkt und dadurch einen Übermittlungsvorgang auslöst, der dem Empfänger den Eindruck einer Willenserklärung vermittelt, gibt nach herrschender Meinung keine rechtsgeschäftliche Erklärung ab[769]. Das Vertrauen des Empfängers auf eine (vermeintliche) Bestellung soll keinen Schutz verdienen. 435

Bei vernünftiger, interessengerechter Wertung[770] sollte es auch in den Fällen fehlenden Handlungswillens darauf ankommen, wie der Empfänger redlicherweise das verstehen darf, was er auf seinem Computerbildschirm vorfindet. Im Zeitalter moderner Kommunikationstechnik kann das Risiko versehentlichen Handelns nicht einschränkungslos dem Empfänger einer Willensäußerung aufgebürdet werden, da der Empfänger üblicherweise keine Möglichkeit hat, sich von dem Handlungswillen des Erklärenden zu überzeugen. Nur wenn aus Sicht 436

---

765 BGH v. 7.6.1984 – IX ZR 66/83, NJW 1984, 2279; BGH v. 2.11.1989 – IX ZR 197/88, BGHZ 109, 171, 177; OLG Köln v. 8.12.2006 – 19 U 109/06, ITRB 2007, 204 = CR 2007, 598, 599; *Brox*, AT, § 14 Rz. 8; *Ellenberger* in Grüneberg, Einf. v. § 116 BGB Rz. 17; vgl. *Neuner*, AT, § 33 Rz. 6; *Medicus*, AT, Rz. 130; a.A. *Canaris*, NJW 1984, 2281.

766 *Kitz* in Hoeren/Sieber/Holznagel, Handbuch Multimedia-Recht, Teil 13.1 Rz. 65.

767 Vgl. *Leenen/Häublein*, 2. Kap., § 5 Rz. 34.

768 *Armbrüster* in MünchKomm/BGB, vor § 116 BGB Rz. 22; *Ellenberger* in Grüneberg, Einf. v. § 116 BGB Rz. 16; *Flume*, AT II, S. 46; *Neuner*, AT, § 32 Rz. 12 f.; *Medicus*, AT, Rz. 129.

769 *Kitz* in Hoeren/Sieber/Holznagel, Handbuch Multimedia-Recht, Teil 13.1 Rz. 61.

770 Vgl. *Leenen/Häublein*, 2. Kap., § 5 Rz. 35.

des Empfängers begründeter Anlass besteht, am Handlungswillen zu zweifeln, kommt eine abweichende Wertung in Betracht. Die für einen sachgerechten Interessenausgleich zu befürwortende Grenzziehung lässt sich ohne weiteres durch die Anwendung der Lehre vom normativen Empfängerhorizont erreichen.

e) Irrelevanz des subjektiven Tatbestandes

437 Im Ergebnis spricht alles dafür, die notwendigen Tatbestandsmerkmale einer Willenserklärung ausschließlich objektiv zu bestimmen[771]. Wird daher eine Erklärung abgegeben, die aus der Sicht des Empfängers als Äußerung eines Rechtsfolgewillens verstanden werden darf, so ist der Tatbestand einer Willenserklärung erfüllt. Bei fehlendem Handlungswillen bzw. fehlendem Erklärungsbewusstsein schaffen die Vorschriften des **Anfechtungsrechts** (§§ 119 ff. BGB) einen angemessenen Ausgleich zwischen den Schutzinteressen des Absenders und denjenigen des Empfängers.

3. Wirksamkeit elektronischer Willenserklärungen

a) Abgabe

438 Die Abgabe gilt als Voraussetzung für das Wirksamwerden einer Willenserklärung. Hierzu ist nach der gängigen Definition notwendig, dass der Erklärende seinen rechtsgeschäftlichen Willen erkennbar so geäußert hat, dass an der Endgültigkeit der Äußerung kein Zweifel besteht[772]. Mit anderen Worten: Die Erklärung muss mit dem Willen des Erklärenden in den Verkehr gebracht worden sein[773].

439 Auf den **Zeitpunkt der Abgabe** einer Willenserklärung kann es ankommen, wenn beispielsweise der Erklärende zwischen der Abgabe und dem Zugang seiner Erklärung stirbt oder geschäftsunfähig wird (§ 130 Abs. 2 BGB). Des Weiteren ist der Abgabezeitpunkt maßgeblich für die Frage, ob das Widerrufsrecht fristgerecht ausgeübt worden ist (§ 355 Abs. 1 BGB).

440 Wird eine Willenserklärung per **E-Mail** abgegeben, so ist der Abgabezeitpunkt ohne weiteres bestimmbar. Letzter Schritt bei der Erstellung und Versendung einer E-Mail ist das „Abschicken" der Nachricht per Mausklick. Wird die Nachricht abgeschickt, so wird die Nachricht damit in den Verkehr gebracht[774]. Ohne größere Schwierigkeiten lässt sich der Abgabezeitpunkt auch bei anderen elektronisch übermittelten Willenserklärungen bestimmen. Bei der Übermittlung eines ausgefüllten **Online-Formulars** oder beim **Chat** bedarf es zur Versendung der jeweiligen Daten stets eines (letzten) Mausklicks bzw. Tastendrucks. Durch diesen Klick erfolgt die Abgabe der Erklärung. Bei **digital erzeugten Erklärungen** legt der Erklärende mit der Programmierung der Software zugleich den Abgabezeitpunkt fest. Ebenso wie die Programmierung den Inhalt der Erklärung vorab bestimmt, erfolgt auch vorab eine Definition des Zeitpunkts der Abgabe, die in der endgültigen Freigabe der Erklärung liegt[775].

---

771 *Leenen/Häublein*, 2. Kap., § 5 Rz. 31 ff.

772 *Wendtland* in BeckOK/BGB, § 130 BGB Rz. 5; *Einsele* in MünchKomm/BGB, § 130 BGB Rz. 13; *Ellenberger* in Grüneberg, § 130 BGB Rz. 4; *Flume*, AT II, S. 225 f.

773 BGH v. 30.5.1975 – V ZR 206/73, BGHZ 65, 13, 14; BGH v. 11.5.1979 – V ZR 177/77, NJW 1979, 2032; *Köhler*, AT, § 6 Rz. 12.

774 *Fritzsche/Malzer*, DNotZ 1995, 3, 11; *Heermann*, K&R 1999, 6, 8.

775 *Holzbach/Süßenberger* in Moritz/Dreier, Rechtshandbuch zum E-Commerce, Teil C Rz. 147.

Probleme können bei der Abgabe von Willenserklärungen entstehen, wenn die Erklärung 441
ohne Zutun des Erklärenden in den Rechtsverkehr gelangt. Schickt beispielsweise ein Mitarbeiter eine E-Mail ab, die sein Kollege – nach dem Eindruck des Mitarbeiters versehentlich
– im „Entwürfe"-Postfach „vergessen" hat, so erreicht die Erklärung den Empfänger, ohne
dass auf Seiten des Erklärenden ein **willentlicher Entäußerungsakt** feststellbar ist[776]. An einem willentlichen Entäußerungsakt fehlt es auch, wenn das Versehen dem Erklärenden
selbst unterläuft. Nicht selten werden E-Mail-Adressen falsch eingegeben oder übernommen
oder Absende-Buttons versehentlich angeklickt. Bei Programmierfehlern können zudem auch
elektronisch erzeugte Erklärungen in den Verkehr gelangen, ohne dass der Erklärende eine
Erklärungshandlung gegenüber dem Empfänger vornehmen wollte.

Die herrschende Meinung befürwortet eine Lösung des Lehrbuchfalls einer versehentlich ab- 442
gegebenen Willenserklärung durch dieselben Kriterien, die nach überwiegender Auffassung
für die Fälle fehlenden Erklärungsbewusstseins gelten[777]. Nicht willentlich abgegebene Willenserklärungen sollen demnach den willentlich abgegebenen Willenserklärungen gleichzustellen sein, wenn der Erklärende das **„In-Verkehr-Bringen"** zu vertreten hat[778].

Interessengerechter und dogmatisch überzeugender erscheint es, auch die Rechtsfolgen ver- 443
sehentlich abgegebener Willenserklärungen ausschließlich nach den anerkannten Auslegungskriterien für Willenserklärungen – objektiv – zu beurteilen und den **normativen Empfängerhorizont** für maßgebend zu erachten. Darf der Empfänger einer Erklärung redlicherweise davon ausgehen, dass ihn die Erklärung mit dem Willen des Erklärenden erreicht hat, so
verdient sein Vertrauen auf eine wirksame Willenserklärung Schutz. Dem Erklärenden bleibt
dann die Möglichkeit, von den nicht gewollten Folgen seiner Erklärung durch Anfechtung
Abstand zu nehmen, wobei § 122 BGB den Empfänger ausreichend vor Schäden schützt, die
auf Grund seines Vertrauens auf eine wirksame Willenserklärung entstehen[779].

Die elektronische Übermittlung von Erklärungen ist ein **Massenphänomen.** Für den Emp- 444
fänger einer elektronisch übermittelten Erklärung ist die Motivationslage des Erklärenden in
aller Regel nicht erkennbar. Nur wenn der Empfänger – etwa durch eine bewusst unübersichtliche Ausgestaltung eines Bestellformulars – selbst den Irrtum des Erklärenden (mit)ver-
ursacht, wird man sagen können, dass er nicht auf einen Abgabewillen vertrauen durfte.

b) Zugang

Für die Wirksamkeit einer Willenserklärung ist gem. § 130 Abs. 1 Satz 1 BGB deren Zugang 445
erforderlich, wenn die Willenserklärung **in Abwesenheit** des Empfängers abgegeben wird.

Nicht als Erklärungen unter Abwesenden, sondern als **Erklärungen gegenüber Anwesenden** 446
gelten Willenserklärungen, die mittels Fernsprechers oder einer sonstigen technischen Einrichtung abgegeben werden (§ 147 Abs. 1 Satz 2 BGB). Die Erweiterung des § 147 Abs. 1

---

776 *Ellenberger* in Grüneberg, § 130 BGB Rz. 4.
777 *Kitz* in Hoeren/Sieber/Holznagel, Handbuch Multimedia-Recht, Teil 13.1 Rz. 79; *Einsele* in
  MünchKomm/BGB, § 130 BGB Rz. 14; *Ellenberger* in Grüneberg, § 130 BGB Rz. 4; *Neuner*, AT,
  § 41 Rz. 37 ff.; *Taupitz/Kritter*, JuS 1999, 839, 840.
778 Vgl. *Ellenberger* in Grüneberg, § 130 BGB Rz. 4; *Neuner*, AT, § 41 Rz. 8 ff.; *Medicus*, AT,
  Rz. 130.
779 *Wendtland* in BeckOK/BGB, § 130 BGB Rz. 6; *Leenen/Häublein*, 2. Kap., § 5 Rz. 64; *Koch*, Internet-Recht, S. 121; *Vehslage*, AnwBl. 2002, 86; vgl. auch *Jauernig* in Jauernig, § 130 BGB Rz. 1.

Satz 2 BGB auf „sonstige technische Einrichtungen" dient der Erfassung elektronischer Techniken, die eine unmittelbare Kommunikation von Person zu Person ermöglichen[780].

447 § 147 Abs. 1 Satz 2 BGB findet nur auf die Formen elektronischer Kommunikation Anwendung, die unter dem Gesichtspunkt der Unmittelbarkeit mit dem Telefonat vergleichbar sind. Der Chat ist demnach als Kommunikation unter Anwesenden anzusehen, nicht jedoch die Übermittlung von E-Mails[781].

aa) Erklärung unter Anwesenden

448 Da § 130 Abs. 1 Satz 1 BGB auf Willenserklärungen unter Anwesenden keine Anwendung findet, ist deren Zugang für das Wirksamwerden nicht erforderlich. Allerdings gilt die **„eingeschränkte Vernehmungstheorie"**[782], die für das Wirksamwerden einer Willenserklärung unter Anwesenden grundsätzlich verlangt, dass der Empfänger die Erklärung tatsächlich wahrnimmt[783]. Nicht oder falsch verstandene Erklärungen werden nur wirksam, wenn der Erklärende nach den für ihn erkennbaren Umständen davon ausgehen darf, dass der Empfänger die Erklärung richtig und vollständig verstanden hat[784]. Wird eine Willenserklärung per Chat abgegeben, so wird sie wirksam, sobald sie den Empfänger erreicht. **Verständnisfehler** gehen zu Lasten des Empfängers, wenn der Erklärende redlicherweise davon ausgehen durfte, vollständig und richtig verstanden zu werden.

bb) Erklärung unter Abwesenden

449 Wird eine Willenserklärung unter Abwesenden abgegeben, bedarf es zum Wirksamwerden der Erklärung des Zugangs (§ 130 Abs. 1 Satz 1 BGB).

450 ■ Übersicht:

– **Zugang bei Unternehmern:** Zugang tritt mit Eingang der E-Mail bei dem Provider ein, bei dem der Unternehmer Mail-Accounts unterhält. Sofern kein „Service rund um die Uhr" angeboten wird, tritt Zugang nur während der üblichen Geschäftszeiten ein.

– **Zugang bei Verbrauchern:** Wenn Verbraucher E-Mails zur rechtsgeschäftlichen Kommunikation nutzen, erfolgt der Zugang spätestens einen Tag nach Versendung, da von dem Empfänger ein täglicher Abruf von E-Mails erwartet werden kann.

– **Störungen im Verantwortungsbereich des Empfangsproviders:** Zugang tritt dennoch ein, da der Provider Empfangsbote ist.

– **Störungen außerhalb des Bereichs des Empfangsproviders:** Zugang scheitert an der fehlenden Möglichkeit des Empfängers, die E-Mail zur Kenntnis zu nehmen.

---

780 *H.-W. Eckert* in BeckOK/BGB, § 147 BGB Rz. 6; *Ellenberger* in Grüneberg, § 147 BGB Rz. 5; *Spindler/Wiebe* in Spindler/Schuster, § 147 BGB Rz. 2.

781 *Spindler/Wiebe* in Spindler/Schuster, § 147 BGB Rz. 2; *Vehslage*, AnwBl. 2002, 86, 88.

782 *Wendtland* in BeckOK/BGB, § 130 BGB Rz. 28; *Leenen/Häublein*, 2. Kap., § 6 Rz. 53.

783 *Einsele* in MünchKomm/BGB, § 130 BGB Rz. 28; *Ellenberger* in Grüneberg, § 130 BGB Rz. 14; *Flume*, AT II, S. 240; *Neuner*, AT, § 33 Rz. 28; *Medicus*, AT, Rz. 48.

784 *Ellenberger* in Grüneberg, § 130 BGB Rz. 14; *Neuner*, AT, § 33 Rz. 41; *Medicus*, AT, Rz. 48 ff.

– **Störungen wegen Inkompatibilität von Software:** Zugang tritt dennoch ein, wenn der Absender nicht mit der Inkompatibilität rechnen musste.

– **Störungen wegen überfüllter Mailbox:** Wird der Absender von dem Fehlschlag der Übermittlung benachrichtigt und unternimmt er nach Erhalt der Benachrichtigung unverzüglich einen weiteren (erfolgreichen) Übermittlungsversuch, so kann sich der Empfänger nicht auf den Fehlschlag der (rechtzeitigen ersten) Übermittlung berufen. Erhält der Absender keine Nachricht von dem Fehlschlag, so kann er redlicherweise mit der Kenntnisnahme rechnen, so dass Zugang eintritt, ohne dass es eines weiteren Übermittlungsversuchs bedarf.

Nach der gängigen Definition ist eine empfangsbedürftige Willenserklärung unter Abwesenden i.S.d. § 130 Abs. 1 Satz 1 BGB zugegangen, wenn sie so in den Machtbereich des Empfängers gelangt ist, dass dieser unter normalen Verhältnissen die Möglichkeit hat, vom Inhalt der Erklärung Kenntnis zu nehmen[785].   451

Die Zugangsdefinition wird allgemein so verstanden, dass sie auf zwei gleichrangige Merkmale abstellt, nämlich zum einen auf die Ankunft im sog. **„Machtbereich"** des Empfängers und zum anderen auf dessen **Möglichkeit zur Kenntnisnahme** der Erklärung[786]. Elektronisch übermittelte Willenserklärungen liefern jedoch ein anschauliches Beispiel dafür, dass der „Machtbereich" des Empfängers nur eine Hilfskonstruktion ist zur Beantwortung der allein entscheidenden Frage, ob und wann der Erklärende damit rechnen darf, dass der Empfänger die Erklärung zur Kenntnis nimmt.   452

Wird eine E-Mail versandt, so gelangt sie zunächst auf den **Server des Providers,** bei dem der Empfänger einen Mail-Account eingerichtet hat. Dass die Nachricht bereits damit den Machtbereich des Empfängers erreicht, dessen Computer sich unter Umständen auf einem anderen Kontinent befindet, lässt sich zwar vertreten. Hierzu bedarf es jedoch einer Argumentation, die den Begriff des „Machtbereichs" weit über dessen natürlichen Wortsinn hinaus strapaziert. Zugleich lässt sich die Möglichkeit der Kenntnisnahme ohne weiteres bejahen, wenn der Empfänger jederzeit durch eine Datenabfrage bei dem Provider Zugriff auf die E-Mail nehmen kann[787]. An einer Möglichkeit der Kenntnisnahme fehlt es, wenn die Übermittlung fehlschlägt, beispielsweise wegen technischer Fehler oder einer **falschen Adressierung.** Eine E-Mail an den Empfänger X, die mit x@tonline.de anstatt x@t-online.de adressiert wird und deshalb nicht übermittelt werden kann, geht X nicht zu.   453

Anders sieht es aus, wenn der Empfänger die E-Mail nicht zur Kenntnis nimmt, weil ein automatischer **Mailfilter,** der Viren- und Spam-Mails ausfiltern soll, die Mail gelöscht hat. Unabhängig davon, ob die Mail schon bei dem Provider des Empfängers oder erst auf dem Computer des Nutzers gefiltert wird, ist jedenfalls für den Erklärenden die fehlende Möglichkeit der Kenntnisnahme durch den Empfänger nicht erkennbar. Daher ist der Zugang   454

---

785 BGH v. 3.11.1976 – VIII ZR 140/75, BGHZ 67, 271, 275; BGH v. 13.2.1980 – VIII ZR 5/79, NJW 1980, 990, 991; BGH v. 27.10.1982 – V ZR 24/82, NJW 1983, 929, 930; *Brox,* AT, § 7 Rz. 9; *Flume,* AT II, S. 230; *Leenen/Häublein,* 2. Kap., § 6 Rz. 23.

786 *Wendtland* in BeckOK/BGB, § 130 BGB Rz. 9; *Ellenberger* in Grüneberg, § 130 BGB Rz. 5; *Flume,* AT II, S. 230; *Neuner,* AT, § 33 Rz. 14.

787 LG Nürnberg v. 7.5.2002 – 2 HK O 9434/01, NJW-RR 2002, 1721, 1722; AG Frankfurt/M. v. 23.10.2008 – 30 C 730/08-25; *Ernst,* NJW-CoR 1997, 165, 166; *Godefroid,* AnwBl. 2000, 374, 375; *Herwig,* MMR 2001, 145, 146; *Mehrings,* MMR 1998, 30, 33; *Taupitz/Kritter,* JuS 1999, 839, 841; *Ultsch,* NJW 1997, 3007, 3007 ff.

trotz des Spam-Filters zu bejahen. Für ein Anwaltsmandat hat das LG Bonn sogar angenommen, dass es sich um eine schuldhafte Pflichtverletzung des Rechtsanwalts handelt, wenn dieser nicht täglich den Spam-Ordner kontrolliert[788]. Das OLG Hamm hat demgegenüber die Auffassung vertreten, bei einer Nachricht, die als Word-Datei im Anhang einer E-Mail versandt wird, erfolge der Zugang erst bei tatsächlicher Kenntnisnahme durch den Empfänger. Im Hinblick darauf, dass wegen des Virenrisikos allgemein davor gewarnt wird, Anhänge von E-Mails unbekannter Absender zu öffnen, könne von dem Empfänger in einem solchen Fall nicht verlangt werden, den Dateianhang zu öffnen[789].

455 Scheitert der rechtzeitige Zugang einer Willenserklärung an dem Fehlen geeigneter **Empfangsvorkehrungen,** so kann sich der Empfänger auf den verspäteten Zugang nicht berufen. Dieser allgemein anerkannte Grundsatz gilt auch für digitale Willenserklärungen[790] und leitet sich aus § 242 BGB ab[791] bzw. daraus, dass der Absender, der vom Fehlen geeigneter Vorrichtungen nichts weiß, mit der Kenntnisnahme durch den Empfänger rechnen kann. Wer seinen Mail-Account stilllegt oder Mails nicht zur Kenntnis nimmt[792], muss seine Geschäfts- bzw. Vertragspartner, von denen die Übersendung von Willenserklärungen zu erwarten ist, unverzüglich über das Zugangshindernis informieren. Verletzt er diese Obliegenheiten, ist ihm der Einwand des verspäteten Zugangs verwehrt.

456 **Zugangsstörungen** können vielfältige Ursachen und Erscheinungsformen haben. So kann der Zugang einer E-Mail an Netzstörungen scheitern. Dies geht zu Lasten des Absenders, da der Empfänger keine Möglichkeit der Kenntnisnahme hat und keine Verantwortung für die Störung trägt[793]. Nach dem Leitbild des § 120 BGB trägt der Absender einer Nachricht grundsätzlich die Gefahr der Übermittlung[794].

457 Anders zu beurteilen sind Störungen im Bereich des **Providers,** bei dem der Empfänger seinen Mail-Account unterhält. Der Inhaber des Accounts bedient sich des Providers, um elektronische Erklärungen entgegenzunehmen. Dies spricht dafür, den Provider als Empfangsboten anzusehen. Kommt es auf Grund von technischen Störungen bei dem Provider des Empfängers dazu, dass Nachrichten verspätet, falsch oder überhaupt nicht übermittelt werden, geht dies zu Lasten des Empfängers[795]. Kann eine beim Provider gespeicherte E-Mail daher wegen eines Computerabsturzes nicht abgerufen werden, so kann sich der Empfänger der Mail nicht darauf berufen, die Nachricht nicht oder erst verspätet erhalten zu haben.

458 Gelegentlich scheitert die elektronische Übermittlung von Daten an der **Inkompatibilität der Software,** die die Parteien verwenden. Auch in einem solchen Fall ist die Absendersicht

---

788 LG Bonn v. 10.1.2014 – 15 O 189/13 Rz. 59, ITRB 2014, 133.

789 OLG Hamm v. 9.3.2022 – 4 W 119/20 Rz. 15.

790 *Kitz* in Hoeren/Sieber/Holznagel, Handbuch Multimedia-Recht, Teil 13.1 Rz. 113 ff.; *Holzbach/ Süßenberger* in Moritz/Dreier, Rechtshandbuch zum E-Commerce, Teil C Rz. 172; *Spindler/Wiebe* in Spindler/Schuster, § 130 BGB Rz. 15.

791 *Brox,* AT, § 7 Rz. 23; *Einsele* in MünchKomm/BGB, § 130 BGB Rz. 35 ff.

792 Vgl. OLG Düsseldorf v. 26.3.2009 – I-7 U 28/08, ITRB 2010, 129, 129 ff. (*Intveen*).

793 *Köhler/Fetzer,* Recht des Internet, S. 64 f. Rz. 184 ff.; *Spindler/Wiebe* in Spindler/Schuster, § 130 BGB Rz. 15.

794 *Spindler/Wiebe* in Spindler/Schuster, § 130 BGB Rz. 15.

795 *Kitz* in Hoeren/Sieber/Holznagel, Handbuch Multimedia-Recht, Teil 13.1 Rz. 83 ff.; *Strömer,* Online-Recht, S. 315; a.A. *Nowak,* MDR 2001, 841, 842; differenzierend: *Köhler/Fetzer,* Recht des Internet, S. 64 ff.

maßgebend[796]. Kann der Absender redlicherweise erwarten, dass seine Nachricht lesbar ist, so geht die Nachricht trotz fehlender Lesbarkeit zu. Anderenfalls scheitert der Zugang an der fehlenden Kompatibilität.

Die Übermittlung einer E-Mail kann auch daran scheitern, dass die **Kapazitätsgrenze des**   459
Mail-Accounts des Empfängers erreicht ist und der Account daher wegen Überfüllung keine weiteren Nachrichten aufnehmen kann. Zumeist wird der Absender von dem Fehlschlag der Übermittlung benachrichtigt („Bounce-Mail"), so dass er nicht von einer Kenntnisnahme durch den Empfänger ausgehen kann. Unternimmt der Absender in einem solchen Fall einen weiteren, erfolgreichen Übermittlungsversuch, so kann sich der Empfänger gem. § 242 BGB auf den verspäteten Zugang nicht berufen, da er die Verantwortung für den Fehlschlag des ersten Übermittlungsversuchs trägt[797].

Erlangt der Absender keine Kenntnis von der Überfüllung des Mail-Accounts, so kann er   460
redlicherweise die Kenntnisnahme durch den Empfänger erwarten[798]. Der Zugang der Erklärung tritt somit ein, ohne dass ein zweiter Übermittlungsversuch notwendig ist.

Kommt es auf den **Zeitpunkt des Zugangs** einer Willenserklärung an, so ist auf ähnliche   461
Kriterien abzustellen wie bei postalisch oder per Telefax übermittelten Willenserklärungen. Wer geschäftlich seine E-Mail-Adresse benutzt, muss damit rechnen, dass ihm während der üblichen Geschäftszeiten Nachrichten und Erklärungen per E-Mail zugehen[799]. Mails, die während dieser Zeiten eingehen, gehen am selben Tag zu. Bei einer Versendung außerhalb der üblichen Geschäftszeiten, d.h. insbesondere nachts oder am Wochenende, tritt der Zugang am nächsten Geschäftstag ein[800].

Von einem Verbraucher kann man keinen ständigen Abruf von E-Mails erwarten, so dass   462
zeitkritische, insbesondere fristwahrende Erklärungen an Verbraucher nicht per E-Mail übermittelt werden sollten[801]. Bei Verbrauchern, die E-Mails als rechtsgeschäftlichen Kommunikationsweg nutzen, ist allerdings davon auszugehen, dass diese jedenfalls einmal am Tag ihre Mails abrufen. Der Zugang erfolgt daher spätestens einen Tag nach Versendung[802].

Das Internet kennt keinen Ladenschluss. Dementsprechend gehört es zu den Vorzügen von   463
Internetangeboten, dass rund um die Uhr Bestellungen entgegengenommen und bearbeitet werden. Werden daher elektronische Willenserklärungen an den Betreiber eines Internetshops übermittelt, gehen die Erklärungen sofort bei Eingang in den Mail-Account zu, da der Absender stets mit der sofortigen Kenntnisnahme rechnen darf.

---

796 Vgl. *Borges*, Verträge im elektronischen Geschäftsverkehr, S. 265.
797 *Kitz* in Hoeren/Sieber/Holznagel, Handbuch Multimedia-Recht, Teil 13.1 Rz. 103 f.; *Holzbach/Süßenberger* in Moritz/Dreier, Rechtshandbuch zum E-Commerce, Teil C Rz. 170; *Spindler/Wiebe* in Spindler/Schuster, § 130 BGB Rz. 15.
798 Vgl. *Kitz* in Hoeren/Sieber/Holznagel, Handbuch Multimedia-Recht, Teil 13.1 Rz. 94 f.; *Köhler/Fetzer*, Recht des Internet, S. 64 ff.; *Spindler/Wiebe* in Spindler/Schuster, § 130 BGB Rz. 15.
799 OLG Köln v. 1.12.1989 – 6 U 10/89, NJW 1990, 1608, 1609 für Btx; LG Nürnberg v. 7.5.2002 – 2 HK O 9434/01, NJW-RR 2002, 1721; AG Meldorf v. 29.3.2011 – 81 C 1601/10 Rz. 21; *Koch*, Internet-Recht, S. 107 ff.; *Dietrich*, K&R 2002, 138, 142; *Engels*, ITRB 2007, 157, 158; *Ernst*, NJW-CoR 1997, 165, 166; *Heun*, CR 1994, 595, 598; *Mehrings*, MMR 1998, 30, 33; *Paefgen*, JuS 1988, 592, 594; *Thalmair*, NJW 2011, 14, 16; *Ultsch*, NJW 1997, 3007, 3007 ff.
800 *Thalmair*, NJW 2011, 14, 16; *Ultsch*, NJW 1997, 3007, 3007 ff.
801 Vgl. *Redeker*, IT-Recht, Rz. 927.
802 *Spindler* in Spindler/Schuster, § 130 BGB Rz. 10.

cc) Zugangsbeweis

464 Ist der Zugang einer E-Mail streitig, so trägt der Absender nach allgemeinen Grundsätzen das Beweisrisiko. Der Zugangsbeweis lässt sich weder allein mit dem Ausdruck einer E-Mail noch mit dem Datensatz führen, den die E-Mail verkörpert. Auch eine Verschlüsselung und elektronische Signaturen geben für den Zugangsbeweis nichts her[803]. Geführt werden kann der Zugangsbeweis allerdings mit einer **Eingangsbestätigung** des Empfängers[804].

465 Vereinzelt geblieben ist die Auffassung, dass ein **Anscheinsbeweis** für den Zugang einer Mail gelte, wenn keine „Bounce-Mail" zurückkommt, das heißt eine Mail, in der der Versender über die fehlgeschlagene Zustellung unterrichtet wird[805]. Die Annahme eines solchen Anscheinsbeweises geht zu weit, da es keine gesicherten Erkenntnisse darüber gibt, mit welcher Wahrscheinlichkeit sich auf eine erfolgreiche Übermittlung schließen lässt, wenn keine „Bounce-Mail" beim Versender eingeht[806].

466 Die praktische Tragweite des Beweisrisikos beim Zugang von E-Mails wird vielfach überschätzt. In unzähligen Prozessen werden E-Mail-Ausdrucke zu Beweiszwecken verwendet, ohne dass der Zugangsbeweis Schwierigkeiten bereitet. Dies ist nicht zuletzt darauf zurückzuführen, dass sich der Zugang einer E-Mail oft bereits daraus ergibt, dass der Empfänger die E-Mail beantwortet hat.

467 **Praxistipp**

Um Schwierigkeiten bei dem Zugangsbeweis zu vermeiden, empfiehlt es sich, den Empfänger der Mail um eine Eingangsbestätigung zu bitten. Wenn die Eingangsbestätigung verweigert wird, ist eine anderweitige Zustellung – etwa per Telefax oder per Einschreiben mit Rückschein – zu erwägen.

II. Zustandekommen von Online-Verträgen

468 Nach dem Modell der §§ 145 ff. BGB kommt ein Vertrag durch die Annahme eines Antrages zustande. Auch bei Internetverträgen stellt sich daher die Frage, welche Anforderungen an einen Antrag i.S.d. § 145 BGB zu stellen sind. Des Weiteren ist zu überlegen, welche Besonderheiten es im elektronischen Geschäftsverkehr für die Annahme eines Antrages gibt.

469 ■ Übersicht:

Antrag und Annahme

– **Website mit Bestellformular:** in aller Regel bloße invitatio ad offerendum;

– **Bestellung per Formular:** Antrag gem. § 145 BGB;

– **Eingangsbestätigung:** unverzügliche Übersendung erforderlich im elektronischen Geschäftsverkehr (§ 312i Abs. 1 Satz 1 Nr. 3 BGB); Eingangsbestätigung kann, muss jedoch nicht zugleich Annahmeerklärung sein;

---

803 Vgl. *Heermann*, K&R 1999, 6, 9.
804 *Mankowski*, NJW 2004, 1901, 1906; *Mrosk*, NJW 2013, 1481, 1484.
805 AG Frankfurt/M. v. 23.10.2008 – 30 C 730/08-25.
806 LAG Köln v. 11.1.2022 – 4 Sa 315/21 Rz. 59.

– **Annahmeerklärung:** Vertragsschluss durch ausdrückliche Annahmeerklärung oder Warenversand; im elektronischen Geschäftsverkehr keine Entbehrlichkeit des Zugangs kraft Verkehrssitte (§ 151 Satz 1 BGB).

1. Antrag

Wer auf einer Website Waren oder Dienstleistungen zur sofortigen Bestellung anbietet, begibt sich damit in das Stadium der **Vertragsanbahnung.** Für den Nutzer einer solchen Website stellt sich die Frage, ob er im Falle einer Bestellung damit rechnen muss, dass eine vertragliche Bindung entsteht. Für die Frage, ob eine Waren- bzw. Dienstleistungspräsentation im Internet bereits als Antrag zum Vertragsschluss i.S.d. §§ 145 ff. BGB oder als bloße Aufforderung zur Abgabe von Angeboten (**invitatio ad offerendum**) zu werten ist, ist der **Verständnishorizont des Internetnutzers** maßgebend[807].   470

Für den Nutzer einer Website ist erkennbar, dass die Website von einer unbegrenzten Vielzahl von Personen aufgerufen werden kann und somit für den Anbieter eine Situation entstehen kann, in der die Bestellungen die vorhandenen **Kapazitäten** übersteigen. Der Wille desjenigen, der vertragliche Leistungen im Internet anbietet, ist erkennbar darauf gerichtet, zunächst Bestellungen entgegenzunehmen und sodann selbst zu entscheiden, ob und in welchem Umfang er auf Grund dieser Bestellungen vertragliche Bindungen eingehen möchte. Das Leistungsangebot im Internet ist daher im Normalfall nicht als Antrag zum Abschluss von Verträgen gem. §§ 145 ff. BGB, sondern als invitatio ad offerendum zu werten[808]. Der Mausklick des Internetnutzers, durch den das ausgefüllte Bestellformular abgeschickt wird, ist als Antrag zu qualifizieren[809].   471

Der erkennbare Wille des Internetanbieters, durch die Warenpräsentation noch keine Bindung einzugehen, ergibt sich auch daraus, dass der Anbieter anderenfalls keine Möglichkeit hätte, vor Vertragsschluss die **Bonität** seiner Kunden zu prüfen. Der Internethändler hat ein schutzwürdiges Interesse daran, das Risiko eines Forderungsausfalls so gering wie möglich zu halten und zahlungsunwillige sowie querulatorische Kunden abzulehnen[810]. Durch eine Verweigerung der Annahme kann der Händler Verträge mit Kunden verhindern, die unerwünscht sind. Ein (außervertraglicher) Anspruch auf Unterlassung von Bestellungen gegen derartige Kunden besteht allerdings nicht[811].   472

---

807 Vgl. BGH v. 12.3.1992 – IX ZR 141/91, NJW 1992, 1446, 1447; OLG Oldenburg v. 11.1.1993 – 13 U 133/92, CR 1993, 558; *Kitz* in Hoeren/Sieber/Holznagel, Handbuch Multimedia-Recht, Teil 13.1 Rz. 177 ff.

808 BGH v. 16.10.2012 – X ZR 37/12 Rz. 14, CR 2013, 186; OLG Frankfurt v. 20.11.2002 – 9 U 94/02, CR 2003, 450 = ITRB 2003, 145 = MDR 2003, 677; OLG Nürnberg v. 10.6.2009 – 14 U 622/09, MMR 2010, 31; AG Dortmund v. 19.7.2018 – 425 C 970/18 Rz. 30; AG Butzbach v. 14.6.2002 – 51 C 25/02 (71), CR 2002, 765 = NJW-RR 2003, 54, 55; AG Hamburg-Barmbek v. 21.11.2003 – 820 C 111/03, NJW-RR 2004, 1284; AG Westerburg v. 14.3.2003 – 21 C 26/03, CR 2003, 699; *Hoeren*, Internetrecht, S. 186; *Koch*, Internet-Recht, S. 103 ff.; *Kuhn*, Rechtshandlungen mittels EDV und Telekommunikation, S. 112 für Btx; *Härting*, ITRB 2004, 61; *Kaiser/Voigt*, K&R 1999, 445, 446; *Lauktien/Varadinek*, ZUM 2000, 466, 467; *Leenen/Häublein*, 3. Kap., § 8 Rz. 24; *Waldenberger*, BB 1996, 2365; a.A. *Mehrings*, MMR 1998, 30, 32.

809 OLG Brandenburg v. 2.10.2020 – 11 U 170/19 Rz. 3; AG Dortmund v. 19.7.2018 – 425 C 970/18 Rz. 30.

810 OLG Nürnberg v. 10.6.2009 – 14 U 622/09, MMR 2010, 31.

811 LG Ulm v. 13.1.2015 – 2 O 8/15 Rz. 10 f., ITRB 2016, 227.

473   Eine andere Beurteilung ist gerechtfertigt, wenn es für den Nutzer der Website – ausnahmsweise – nicht erkennbar ist, dass der Anbieter ein Interesse am Vorbehalt der Annahme eines Antrags hat. Dies kann etwa der Fall sein bei kostenpflichtigen **Online-Datenbanken**, bei denen der Anbieter ein erkennbares Interesse an der möglichst häufigen Nutzung der Datenbank hat, ohne dass sich Kapazitätsprobleme stellen. Will der Anbieter auch in diesen Fällen erst nach einer Prüfung der Identität des Kunden kontrahieren, muss er dies auf der Website deutlich machen.

474   Wenn Waren oder Dienstleistungen nicht auf einer eigenen Website, sondern auf einem Portal wie mobile.de angeboten werden, gelten keine Besonderheiten. Auch dort ist das Interesse des Anbieters daran offenkundig, von nicht erfüllbaren vertraglichen Verpflichtungen (**Doppelverkauf**) freigehalten zu werden. Daher stellen auch derartige Präsentationen keinen Antrag gem. § 145 BGB dar[812].

475   Es steht dem Händler ohne weiteres frei, einen Vertrag nur mit Kunden zu schließen, die zeitgleich mit der Bestellung bereits den Kaufpreis bezahlen. Es gibt keinen Grundsatz, dass die **Entgegennahme des Kaufpreises** zwingend eine bereits bestehende vertragliche Grundlage voraussetzt. Ebenso wenig gibt es einen Grundsatz, dass die Entgegennahme der Zahlung zwingend auf einen Rechtsbindungswillen des Verkäufers schließen lässt[813].

476   Bietet der Verkäufer **PayPal** als Zahlungsmethode an und wird diese vom Käufer zur Zahlung des Kaufpreises genutzt, so tritt mit der Gutschrift auf dem PayPal-Konto des Verkäufers Erfüllung ein (§ 362 Abs. 1 BGB)[814]. Allerdings vereinbaren die Kaufvertragsparteien bei der Nutzung dieser Zahlungsmethode in der Regel stillschweigend, dass die getilgte Kaufpreisforderung wiederbegründet wird, wenn PayPal nach einem erfolgreichen **Käuferschutzverfahren** das PayPal-Konto des Verkäufers rückbelastet[815].

477   Ähnlich verhält es sich nach Auffassung des BGH bei „Amazon.de A-bis-z-Garantie“. Die geschuldete Kaufpreiszahlung sei mit der von Amazon veranlassten Gutschrift des Kaufpreises auf dem Amazon-Konto des Verkäufers bewirkt, sodass die Kaufpreisforderung erlischt (§ 362 Abs. 1 BGB). Mit der einverständlichen Vertragsabwicklung über Amazon Marketplace vereinbaren die Kaufvertragsparteien nach Ansicht des BGH jedoch zugleich stillschweigend, dass die Kaufpreisforderung wiederbegründet wird, wenn das Amazon-Konto des Verkäufers aufgrund eines erfolgreichen „A-bis-z-Garantieantrags“ rückbelastet wird[816].

478   Stellt ein Makler ein Online-Inserat ein, handelt es sich um eine invitatio ad offerendum, sofern er im Inserat nicht ausdrücklich auf die zu zahlende Maklerprovision hinweist. Derjenige, der sich an einen Makler wendet, der mit „Angeboten“ werbend im geschäftlichen Verkehr auftritt, erklärt damit noch nicht schlüssig seine Bereitschaft zur Zahlung einer Maklerprovision für den Fall, dass ein Vertrag über das angebotene Objekt zustande kommt. Der Interessent darf, soweit ihm Gegenteiliges nicht bekannt ist, davon ausgehen, dass der Makler das Objekt von dem Verkäufer an die Hand bekommen hat und deshalb mit der angetragenen Weitergabe von Informationen eine Leistung für den Verkäufer erbringen will. Ohne

---

812   OLG Stuttgart v. 12.7.2006 – 12 U 91/06, MMR 2006, 819.
813   A.A. *Föhlisch/Stariradeff*, NJW 2016, 353, 354 ff.
814   BGH v. 22.11.2017 – VIII ZR 213/16 Rz. 18, CR 2018, 177.
815   BGH v. 22.11.2017 – VIII ZR 213/16 Rz. 31, CR 2018, 177; BGH v. 22.11.2017 – VIII ZR 83/16 Rz. 28, CR 2018, 391.
816   BGH v. 1.4.2020 – VIII ZR 18/19 Rz. 19 ff., CR 2020, 402 = ITRB 2020, 160 (*Wübbeke*).

weiteres braucht der Kaufinteressent in einem solchen Fall nicht damit zu rechnen, dass der Makler von ihm eine Provision erwartet[817].

2. Annahme

Geht bei dem Leistungsanbieter eine Bestellung ein, hängt es allein von seinem Willen ab, ob der Vertrag zu den Bedingungen der Bestellung zustande kommt. Der Leistungsanbieter hat die Möglichkeit, den Vertrag durch eine Annahmeerklärung zustande zu bringen[818].   479

Hierbei hat der Leistungsanbieter die **Annahmefristen** zu berücksichtigen, die sich aus den §§ 147 ff. BGB ergeben. Hat der Besteller keine Annahmefrist **bestimmt** (§ 148 BGB), so kommt es bei einem Antrag unter Abwesenden gem. § 147 Abs. 2 BGB auf den Zeitraum an, in welchem der Antragende den Eingang der Antwort unter regelmäßigen Umständen erwarten darf. Dieser Zeitraum ist im Normalfall kürzer zu bemessen als bei postalischer Übermittlung[819], da der Besteller nach dem Grundsatz der Korrespondenz der Beförderungsmittel[820] mit einer beschleunigten Annahme per E-Mail rechnen kann.   480

§ 312i Abs. 1 Satz 1 Nr. 3 BGB verpflichtet den Unternehmer, der über das Internet Bestellungen entgegennimmt, zur unverzüglichen Bestätigung des Bestellungseingangs. Der Unternehmer kann diese **Eingangsbestätigung** mit einer Annahmeerklärung verbinden. Möchte er sich – wie zumeist – die Entscheidung über den Vertragsschluss noch vorbehalten, so wird er sich um eine Formulierung bemühen, die dies klar zum Ausdruck bringt[821].   481

Um der Verpflichtung zu einer Eingangsbestätigung gem. § 312i Abs. 1 Satz 1 Nr. 3 BGB nachzukommen, haben viele Anbieter den Bestellvorgang so eingerichtet, dass der Besteller **automatisch** eine **Bestätigungsmail** erhält. Geht aus dem Inhalt einer solchen Mail nicht hervor, dass sich der Anbieter die Entscheidung über den Vertragsschluss noch offen halten möchte, so ist die Mail als Annahmeerklärung zu werten[822]. Ein Vertrag ist dann auf Grund einer digital erzeugten Willenserklärung des Anbieters zustande gekommen. Hierfür reicht allerdings die bloße Bestätigung der „Aufnahme" einer Bestellung nicht aus[823].   482

„**Auftragsbestätigung**" ist ein Rechtsbegriff, der allgemein die Annahme eines Vertragsangebotes bezeichnet. Wird daher in einer Bestätigungsmail die Überschrift „Auftragsbestäti-   483

---

817 OLG Köln v. 3.12.2015 – 24 U 21/14 Rz. 4.
818 Vgl. *Leenen/Häublein*, 3. Kap., § 8 Rz. 40.
819 LG Hamburg v. 9.7.2004 – 317 S 130/03, CR 2005, 227 = ITRB 2005, 59 = NJW-RR 2004, 1568, 1569.
820 *Busche* in MünchKomm/BGB, § 147 BGB Rz. 33.
821 Vgl. BGH v. 16.10.2012 – X ZR 37/12 Rz. 19, CR 2013, 186; OLG Frankfurt v. 20.11.2002 – 9 U 94/02; OLG Nürnberg v. 10.6.2009 – 14 U 622/09, MMR 2010, 31, 31 ff.; AG Butzbach v. 14.6.2002 – 51 C 25/02 (71), CR 2002, 765 = MMR 2002, 765; *Härting*, ITRB 2004, 61, 65.
822 Vgl. BGH v. 16.10.2012 – X ZR 37/12 Rz. 19, CR 2013, 186; OLG Frankfurt v. 20.11.2002 – 9 U 94/02, CR 2003, 450 = ITRB 2003, 145 = MDR 2003, 677; LG Köln v. 16.4.2003 – 9 S 289/02, ITRB 2003, 264 = CR 2003, 613; LG Wiesbaden v. 20.11.2002 – 6 O 188/01; AG Butzbach v. 14.6.2002 – 51 C 25/02 (71), CR 2002, 765 = NJW-RR 2003, 54, 55; AG Wolfenbüttel v. 14.3.2003 – 17 C 477/02, CR 2003, 622 = MMR 2003, 492.
823 LG Hamburg v. 9.7.2004 – 317 S 130/03, CR 2005, 227 = ITRB 2005, 59 = NJW-RR 2004, 1568; LG Hamburg v. 15.11.2004 – 328 S 24/04, CR 2005, 605 = MMR 2005, 121 m. Anm. *Lindhorst*.

gung" verwendet, ohne im Text klarzustellen, dass es sich noch nicht um eine Annahmeerklärung handelt, ist von einer Annahmeerklärung auszugehen[824]. Das allgemeine Sprachverständnis legt es zudem nahe, dass das Versprechen, umgehend oder alsbald mit der Bearbeitung des Auftrages zu beginnen („Vielen Dank für Ihren Auftrag. Wir werden Ihre Bestellung umgehend bearbeiten."), so verstanden wird, als beginne der Unternehmer nunmehr mit der Ausführung des Vertrages und nicht dahin, dass der Auftrag zunächst geprüft werde[825].

484 **Praxistipp**

Internetanbieter sollten bei der Formulierung von Eingangsbestätigungen gem. § 312i Abs. 1 Satz 1 Nr. 3 BGB darauf achten, dass die Bestätigung nicht als Annahmeerklärung missverstanden werden kann: „Ihre Bestellung vom xx.yy.20zz ist bei uns eingegangen. Eine Entscheidung über die Annahme Ihrer Bestellung behalten wir uns vor. Sie erhalten von uns hierüber gesondert Nachricht."

485 Im Versandhandel gilt der Zugang einer Annahmeerklärung kraft Verkehrssitte als entbehrlich[826] mit der Folge, dass ein Vertrag gem. **§ 151 Satz 1 BGB** auch ohne Zugang einer Annahmeerklärung geschlossen wird. Der Vertrag kommt zustande, sobald der Versandhändler die bestellte Ware aussondert und absendet[827]. Die Annahmeerklärung liegt in der Aussonderung und Absendung der Ware und bedarf keines Zugangs.

486 Ein **formularmäßiger Zugangsverzicht** in den AGB eines Händlers verstößt allerdings gegen § 307 Abs. 1 Satz 1 BGB. Ein solcher Verzicht ist nachteilhaft für den Vertragspartner, weil dieser wegen des Verzichts keine Kenntnis vom genauen Zeitpunkt des Zustandekommens des Vertrags hat. Diese Kenntnis ist für den Vertragspartner aber gerade in Fällen des Erwerbs über das Internet wichtig, weil er – auch vor dem Hintergrund eines gesetzlichen Widerrufsrechts (§ 312g Abs. 1 BGB) – bis zur Kenntnis unter Umständen alternative Angebote prüft und in diesem Zusammenhang entsprechende Dispositionen vornimmt. Demgegenüber ist ein nachvollziehbares Interesse der Vertragspartner für die Vereinbarung eines Zugangsverzichts für den Fall der Versendung der Ware nicht erkennbar[828].

3. Bestellbutton

487 Seit 2012 gilt die sog. „**Button-Lösung**" für Online-Bestellungen von Verbrauchern[829]. Gemäß § 312j Abs. 4 BGB kommt ein Vertrag im elektronischen Geschäftsverkehr nur zustande, wenn der Unternehmer seine Website so ausgestaltet hat, dass der Verbraucher mit seiner Bestellung ausdrücklich bestätigt, dass er sich zur Zahlung verpflichtet. Erfolgt die Bestellung über eine „Schaltfläche" (insbesondere über einen **Button**), muss die „Schaltfläche" gut lesbar mit nichts anderem als den Wörtern „zahlungspflichtig bestellen" oder einer entsprechenden eindeutigen Formulierung beschriftet sein (§ 312j Abs. 3 BGB).

488 Neben der in § 312j Abs. 3 BGB ausdrücklich aufgeführten Beschriftung „zahlungspflichtig bestellen" sind auch Formulierungen wie „kostenpflichtig bestellen", „zahlungspflichtigen

---

824 AG Dortmund v. 19.7.2018 – 425 C 970/18 Rz. 31.
825 OLG Düsseldorf v. 19.5.2016 – 16 U 72/15 Rz. 53 f., ITRB 2016, 172.
826 *H.-W. Eckert* in BeckOK/BGB, § 151 BGB Rz. 9; *Busche* in MünchKomm/BGB, § 151 BGB Rz. 5; *Ellenberger* in Grüneberg, § 151 BGB Rz. 4.
827 Vgl. *Kaiser/Voigt*, K&R 1999, 445, 447.
828 LG München I v. 15.2.2022 – 33 O 4638/21 Rz. 50.
829 Vgl. *Bierekoven*, ITRB 2012, 186, 186 ff.

Vertrag schließen" oder „**kaufen**"[830] zulässig, da diese unmissverständlich erkennen lassen, dass mit der Betätigung der Schaltfläche eine finanzielle Verpflichtung eingegangen wird. Bei eBay und anderen Auktionsplattformen ist zudem die Formulierung „Gebot abgeben" oder „Gebot bestätigen" ausreichend[831]. Es dürfen jedoch keine Zusätze verwendet werden, die den Verbraucher von der Information über die Kostenpflichtigkeit ablenken[832].

Formulierungen wie „**bestellen**" oder „Bestellung abschicken"[833] reichen nicht aus[834], da derartige Formulierungen nicht dazu geeignet sind, die Entgeltlichkeit einer Leistung für den Verbraucher hinreichend deutlich zu machen, zumal im Internet zahlreiche kostenfreie Leistungen wie beispielsweise Newsletter-Abos, Social Media-Mitgliedschaften oder Produktproben „bestellt" werden können[835].   **489**

Es genügt den gesetzlichen Anforderungen nicht, wenn sich am rechten Rand der Bildschirmseite ein dezenter Hinweis auf den Preis befindet und die Bestellung durch Klicken eines Buttons erfolgt, der mit „Jetzt anmelden" beschriftet ist[836]. Die Beschriftung des Bestellbuttons mit „Jetzt verbindlich anmelden! (zahlungspflichtiger Reisevertrag)" erfüllt dagegen die gesetzlichen Anforderungen, da aus der Beschriftung hinreichend deutlich wird, dass die Betätigung des Buttons zu einer Zahlungsverpflichtung führen kann[837].   **490**

Da bei der Beurteilung im Rahmen eines Bestellvorgangs eine auf dem Bestellbutton verwendete Formulierung wie „Buchung abschließen" den Worten „zahlungspflichtig bestellen" im Sinne dieser Bestimmung „entspricht", kommt es allein auf die Worte auf dem Button an. Die nähere Ausgestaltung des Bestellvorgangs ist für § 312j Abs. 3 BGB unerheblich[838].   **491**

Ein Verstoß gegen § 312j Abs. 3 BGB liegt vor, wenn ein **kostenloser Probezeitraum** automatisch in eine zahlungspflichtige Mitgliedschaft übergeht und sich aus dem Bestellbutton („jetzt kostenlos testen") die Entgeltlichkeit nicht ergibt[839]. Auch die Beschriftung „Jetzt gratis testen – danach kostenpflichtig" verstößt in einer solchen Konstellation gegen § 312j Abs. 3 BGB[840]. Dies hindert den Betreiber allerdings nicht daran, den Verbraucher außerhalb des Buttons darauf hinzuweisen, dass der erste Monat kostenlos ist[841]. Auch die Verwendung eines Dash Buttons, dessen Betätigung zum unmittelbaren Vertragsabschluss führt, stellt einen Verstoß gegen § 312j Abs. 3 BGB dar[842].   **492**

---

830 A.A. AG Köln v. 28.4.2014 – 142 C 354/13 Rz. 21, CR 2015, 196 = ITRB 2014, 276.
831 BT-Drucks. 12/7745, 12.
832 BT-Drucks. 12/7745, 12.
833 OLG Hamm v. 19.11.2013 – 4 U 65/13 Rz. 42, CR 2014, 326 = ITRB 2014, 131.
834 BT-Drucks. 17/7745, 12.
835 BT-Drucks. 12/7745, 12.
836 LG Leipzig v. 26.7.2013 – 8 O 3495/12 Rz. 21, CR 2014, 344.
837 A.A. LG Berlin v. 17.7.2013 – 97 O 5/13 Rz. 19.
838 EuGH v. 7.4.2022 – C-249/21 Rz. 34, ECLI:EU:C:2022:269, CR 2022, 335.
839 LG München I v. 11.6.2013 – 33 O 12678/13 Rz. 9.
840 KG Berlin v. 20.12.2019 – 5 U 24/19 Rz. 33 und 37; OLG Köln v. 3.2.2016 – 6 U 39/15 Rz. 42 ff., CR 2016, 407 = ITRB 2016, 128; OLG Köln v. 7.10.2016 – 6 U 48/16 Rz. 33, CR 2017, 251 = ITRB 2017, 56.
841 KG Berlin v. 20.12.2019 – 5 U 24/19 Rz. 49, CR 2020, 470.
842 LG München v. 1.3.2018 – 12 O 730/17, CR 2018, 669 = ITRB 2018, 180.

4. Weitere Pflichten des Unternehmers

493 Zu Beginn des Bestellvorgangs hat der Unternehmer dem Verbraucher klar und deutlich an-zugeben, ob **Lieferbeschränkungen** bestehen und welche **Zahlungsmittel** akzeptiert werden (§ 312j Abs. 1 BGB). Soll der Vertrag zwischen Unternehmer und Verbraucher **entgeltliche Nebenleistungen** beinhalten, so müssen diese mit dem Verbraucher ausdrücklich vereinbart werden und dürfen bei einem Vertragsschluss im elektronischen Geschäftsverkehr nicht durch Voreinstellungen des Unternehmers herbeigeführt werden (§ 312a Abs. 3 BGB).

494 Vereinbarungen, durch die ein Verbraucher verpflichtet wird, ein **gesondertes Entgelt** dafür zu zahlen, dass er ein bestimmtes **Zahlungsmittel** nutzt, sind unwirksam, wenn dem Ver-braucher keine gängige und zumutbare unentgeltliche Zahlungsmöglichkeit angeboten wird oder das vereinbarte Entgelt über die Kosten hinaus geht, die dem Unternehmer durch die Nutzung des Zahlungsmittels entstehen (§ 312a Abs. 4 BGB)[843]. Um ein gängiges und zu-mutbares Zahlungsmittel handelt es sich bei der „Sofortüberweisung"[844], nicht hingegen bei einer „Visa Entropay"-Karte[845] oder einer „Viabuy Prepaid MasterCard"[846].

III. Zustandekommen von Verträgen auf Plattformen

1. Grundlagen

495 Auktionsplattformen gehören zu den am häufigsten frequentierten Websites im Netz. So-wohl weltweit als auch in Deutschland ist **eBay** mit großem Abstand Marktführer. Das **Grund-modell** ist bei allen Auktionsplattformen gleich: Private Verkäufer und Händler präsentieren Waren und Dienstleistungen und haben die Möglichkeit, ihre Angebote umfangreich zu be-schreiben und mit Fotos zu versehen. Der Mindestpreis ist in der Regel beliebig wählbar. Ein wertvolles Kraftfahrzeug kann somit beispielsweise zu einem Mindestpreis von 1 € ange-boten werden.

496 Innerhalb eines festgelegten Zeitraums von zumeist mehreren Tagen haben Interessenten die Gelegenheit, **Gebote** abzugeben. Der Ablauf bei den Geboten entspricht dem Ablauf einer typischen Offline-Auktion: Es muss jeweils das aktuelle Höchstgebot überboten werden, um die anderen Interessenten – zumindest zeitweise – aus dem Rennen zu werfen. Für das Ende der Auktion wird vorab ein bestimmter Zeitpunkt festgelegt. Wer zu diesem Zeitpunkt das höchste Gebot abgegeben hat, hat die Ware bzw. Dienstleistung ersteigert und ist Vertrags-partner des Anbieters geworden.

497 Die genaue Funktionsweise der Auktionen und deren Ablauf werden in Allgemeinen Ge-schäftsbedingungen bzw. **Nutzungsbedingungen** des Plattformbetreibers geregelt. Die Teil-nahme an einer Auktion setzt zumeist eine vorherige **Registrierung** unter Anerkennung der Nutzungsbedingungen voraus. Dies gilt sowohl für die Verkäufer als auch für die Käufer.

---

843 Vgl. auch *Schirmbacher/Grasmück*, ITRB 2014, 66, 66 ff.; LG Aschaffenburg v. 13.7.2016 – 1 HK O 66/15.

844 OLG Frankfurt v. 24.8.2016 – 11 U 123/15 Rz. 33 ff.

845 BGH v. 20.5.2010 – Xa ZR 68/09 Rz. 45, CR 2010, 674 = ITRB 2010, 273; LG Berlin v. 12.1.2016 – 15 O 557/14; LG Hamburg v. 1.10.2015 – 327 O 166/15 Rz. 20 ff.; LG Hamburg v. 18.11.2016 – 315 O 28/16 Rz. 44; vgl. auch LG Hamburg v. 18.11.2016 – 315 O 28/16 Rz. 44.

846 BGH v. 18.11.2021 – I ZR 195/20 Rz. 29.

Nicht zu Unrecht bezeichnen die Plattformbetreiber ihre Angebote als **Marktplätze.** Die 498
Funktion der Plattformen liegt darin, Anbieter und Nachfrager von Waren und Dienstleistungen zusammenzubringen und die Bestimmung des Preises dem Ablauf der Auktion zu
überlassen. An den Geschäften, die auf den Plattformen getätigt werden, sind die Betreiber
der Plattformen nicht unmittelbar beteiligt.

Die Plattformbetreiber verdienen an den Versteigerungen mit. Zahlen muss regelmäßig (nur) 499
der Verkäufer. Üblich sind sowohl **Angebotsgebühren,** die auch dann fällig werden, wenn sich
kein Käufer findet, als auch **Verkaufsprovisionen,** deren Höhe von dem Erlös abhängt, den
der Verkäufer erzielt.

Um Transparenz zu schaffen und die Anonymität der Beteiligten zu durchbrechen, haben 500
eBay und andere Anbieter **Bewertungssysteme** eingeführt. Diese Bewertungssysteme ermöglichen es den Beteiligten, nach Vollzug einer Transaktion zu bekunden, ob und inwieweit sie
zufrieden mit den Leistungen des Partners waren. Die Bewertungen sind für alle Plattformnutzer sichtbar, so dass sich die Nutzer ein Bild davon verschaffen können, wie erfahren
und zuverlässig die einzelnen Anbieter und Bieter sind[847]. Nach den Nutzungsbedingungen
der Plattformbetreiber kann eine Vielzahl von negativen Bewertungen zu einem Kündigungsrecht des Betreibers bzw. zu dem Recht, das betreffende Mitgliedskonto zu sperren,
führen[848].

2. Kaufverträge

An einem Vertrag, der über eine Versteigerungsplattform geschlossen wird, sind **drei Partei-** 501
en beteiligt: der Verkäufer, der Bieter und der Plattformbetreiber. Der Kaufvertrag kommt
jedoch ausschließlich zwischen dem Bieter und dem Verkäufer zustande.

Denkbar ist, dass der Plattformbetreiber als Versteigerer i.S.d. § 156 BGB auftritt. In diesem 502
Fall kommt der Vertrag mit dem Zuschlag durch den Auktionator zustande (vgl. § 156 Satz 1

---

847 Zum Rechtsschutz gegen eBay-Bewertungen: *Petershagen*, NJW 2008, 953, 953 ff.; OLG Düsseldorf v. 11.3.2011 – I-15 W 14/11 Rz. 15, ITRB 2011, 126; OLG Oldenburg v. 3.4.2006 – 13 U
   71/05, ITRB 2006, 276 = CR 2006, 694, 694 ff.; LG Bad Kreuznach v. 13.7.2006 – 2 O 290/06,
   AfP 2008, 327 = CR 2007, 335 = MMR 2006, 823; LG Düsseldorf v. 18.2.2004 – 12 O 6/04, ITRB
   2004, 197 = CR 2004, 623, 623 ff. = MMR 2004, 496, 496 ff.; LG Konstanz v. 28.7.2004 – 11 S
   31/04, NJW-RR 2004, 1635, 1636 = MMR 2005, 54; AG Dannenberg/E. v. 13.12.2005 – 31 C
   452/05, MMR 2006, 567, 567 ff.; AG Detmold v. 10.11.2006 – 8 C 338/06, MMR 2007, 472,
   472 ff.; AG Eggenfelden v. 16.8.2004 – 1 C 196/04, ITRB 2004, 269 = CR 2004, 858, 858 ff.; AG
   Erlangen v. 26.5.2004 – 1 C 457/04, ITRB 2004, 220 = CR 2004, 780, 780 f. = MMR 2004, 635;
   AG Frankfurt/M. v. 21.10.2010 – 29 C 1485/10-81, CR 2011, 57, 57 ff.; AG Hamburg-Wandsbek
   v. 22.12.2005 – 712 C 465/05, CR 2006, 424 ff.; AG Koblenz v. 21.6.2006 – 151 C 624/06, CR
   2007, 540 = AfP 2008, 327 = ITRB 2006, 278 = NJW-RR 2006, 1643, 1644 ff.; AG Koblenz v.
   2.4.2004 – 142 C 330/04, CR 2005, 72 = JurPC Web-Dok. 217/2004 = MMR 2004, 638, 638 f.;
   AG Peine v. 15.9.2004 – 18 C 234/04, NJW-RR 2005, 275, 275 ff.; AG Schönebeck v. 28.11.2005
   – 4 C 525/05, JurPC Web-Dok. 117/2006; *Schlömer/Dittrich*, K&R 2012, 160, 163.
848 Vgl. KG Berlin v. 5.8.2005 – 13 U 4/05, CR 2005, 818 m. Anm. *Spindler* = NJW-RR 2005, 1630,
   1630 ff.; OLG Brandenburg v. 17.6.2009 – Kart W 11/09, ITRB 2009, 270 = K&R 2009, 592,
   592 f.; OLG Brandenburg v. 15.1.2009 – 12 W 1/09, MMR 2009, 262, 262 f.; OLG Brandenburg
   v. 18.5.2005 – 7 U 169/04, CR 2005, 662 = MMR 2005, 698, 698 f.

BGB)[849]. Dies setzt jedoch voraus, dass tatsächlich ein **Zuschlag** erfolgt. Dies ist lediglich bei „Live-Auktionen" auf Chatbasis der Fall[850].

503 Bei den üblichen Online-Versteigerungen entscheidet nicht der Hammerschlag des Auktionators, sondern der Zeitablauf darüber, welcher Bieter den Zuschlag erhält. Es handelt sich nicht um einen Vertragsschluss durch Zuschlag gem. § 156 Satz 1 BGB. Vielmehr ist dies ein „normaler" Vertragsschluss durch Antrag und Annahme in der Variante eines **Verkaufs gegen Höchstgebot**[851]. Mit der Einstellung seiner Ware auf die Auktionsplattform bietet der Verkäufer gem. § 145 BGB an, sie an denjenigen zu verkaufen, der innerhalb der Bietfrist das höchste Gebot abgegeben hat[852]. Jeder Bieter erklärt daraufhin mit der Abgabe seines Gebotes die Annahme des Angebots für den Fall, dass er bei Ablauf der Bietzeit das höchste Angebot abgegeben haben sollte[853].

504 Anders als bei der Einstellung von Waren in einen Internetshop entspricht es nicht dem Willen und den Interessen der Parteien, in dem Einstellen der Ware auf Versteigerungsplattformen lediglich eine invitatio ad offerendum zu sehen[854]. Unabhängig von der Person des Käufers und dem letztlich erzielten Höchstpreis soll vielmehr zu den per Versteigerung ermittelten Konditionen kontrahiert werden.

505 Neben den typischen Versteigerungen bieten Versteigerungsplattformen auch einen sog. **Sofortkauf** an. Dabei bestimmt der Verkäufer einen Preis, zu dem er – ohne weitere Versteigerung – bereit ist, die Ware abzugeben. Nutzt ein Bieter die Sofortkauf-Option, ist die „Auktion" beendet, der Vertrag kommt durch Angebot und Annahme gem. den §§ 145 ff. BGB zustande[855].

506 Auch das Angebot einer Ware zum Sofortkauf auf einer Internetplattform stellt keine bloße invitatio ad offerendum, sondern ein **verbindliches Angebot** an denjenigen, der sich durch das Anklicken der „Sofort-Kaufen"-Option zu dem Vertragsschluss unter den im Angebot

---

849 *Holzbach/Süßenberger* in Moritz/Dreier, Rechtshandbuch zum E-Commerce, Teil C Rz. 309.

850 *v. Samson-Himmelstjerna/Rücker* in Bräutigam/Leupold, Online-Handel, S. 793; *Hartung/Hartmann*, MMR 2001, 278, 279.

851 BGH v. 7.11.2001 – VIII ZR 13/01, AfP 2002, 179 = CR 2002, 213 m. Anm. *Wiebe* = ITRB 2002, 53 = NJW 2002, 363, 364; KG Berlin v. 17.6.2011 – 7 U 179/10 Rz. 5, CR 2011, 616; KG Berlin v. 26.7.2018 – 4 U 31/16 Rz. 8; LG Berlin v. 16.3.2004 – 18 O 533/03, NJW-RR 2004, 1061, 1062; LG Berlin v. 20.7.2004 – 4 O 293/04, CR 2004, 940 = ITRB 2005, 28 = NJW 2004, 2831, 2832; AG Kehl v. 19.4.2002 – 4 C 716/01, CR 2004, 60; *v. Samson-Himmelstjerna/Rücker* in Bräutigam/Leupold, Online-Handel, S. 793; *Günther*, ITRB 2002, 93; Mehrings, BB 2002, 469.

852 BGH v. 7.11.2001 – VIII ZR 13/01, AfP 2002, 179 = CR 2002, 213 m. Anm. *Wiebe* = ITRB 2002, 53 = NJW 2002, 363, 364.

853 BGH v. 7.11.2001 – VIII ZR 13/01, AfP 2002, 179 = CR 2002, 213 m. Anm. *Wiebe* = ITRB 2002, 53 = NJW 2002, 363, 364; BGH v. 8.6.2011 – VIII ZR 305/10 Rz. 15, CR 2011, 608 m. Anm. *Küppers* = ITRB 2011, 199; *Klees/Keisenberg*, MDR 2011, 1214, 1214; *Spindler*, ZIP 2001, 809, 810.

854 BGH v. 7.11.2001 – VIII ZR 13/01, AfP 2002, 179 = CR 2002, 213 m. Anm. *Wiebe* = ITRB 2002, 53 = NJW 2002, 363, 364; OLG Brandenburg v. 2.10.2020 – 11 U 170/19 Rz. 3; OLG Hamm v. 14.12.2000 – 2 U 58/00, ITRB 2001, 28 = CR 2001, 117; AG Menden/S. v. 10.11.2003 – 4 C 183/03, NJW 2004, 1329; *Ernst*, Vertragsgestaltung im Internet, S. 271.

855 LG Memmingen v. 23.6.2004 – 1H O 1016/04, CR 2004, 850 = NJW 2004, 2389, 2390; LG Saarbrücken v. 7.1.2004 – 2 O 255/03, MMR 2004, 556, 556 ff.; AG Moers v. 11.2.2004 – 532 C 109/03, CR 2004, 706 = NJW 2004, 1330.

genannten Bedingungen bereit erklärt[856]. Die Erklärung eines Verkäufers, der eine Ware zum Sofortkauf anbietet, ist nicht mit der Erklärung eines Verkäufers vergleichbar, der seine Ware in einem gewöhnlichen Onlineshop anbietet. Jedenfalls bei eBay steht die „Sofort-Kaufen"-Option nur so lange zur Verfügung, wie der oder die zu diesen Bedingungen angebotenen Artikel überhaupt verfügbar sind. Ist der oder sind die zum Sofortkauf angebotenen Artikel bereits verkauft worden, ist die Wahl der „Sofort-Kaufen"-Option nicht mehr möglich. Da der Verkäufer in Hinblick auf seine Vorratshaltung nicht weiter schutzbedürftig ist, ist seine Willenserklärung als ein verbindliches Angebot anzusehen, das der Käufer durch Anklicken der „Sofort-Kaufen"-Option annehmen kann[857].

Um einen möglichst hohen Preis zu erzielen, werden bei Online-Auktionen gelegentlich Scheingebote abgegeben. Erfolgen solche Scheingebote mit dem Einverständnis des Verkäufers, sind sie nach § 117 Abs. 1 BGB nichtig, sodass zwischen dem Verkäufer und dem vor dem Scheingebot Höchstbietenden ein Kaufvertrag zustande kommt und der Verkäufer entweder zur Erfüllung oder zum Ersatz eines etwaigen Nichterfüllungsschadens verpflichtet ist[858]. Bietet der Verkäufer unter einem Zweitaccount bei seinem eigenen Angebot mit, kommt es nach Auffassung des BGH nicht auf § 117 Abs. 1 BGB an, da gem. § 145 BGB ein Angebot „einem anderen" angetragen wird, also nur von einem personenverschiedenen Bieter angenommen werden kann. Der Verkäufer kann daher nicht selbst Adressat seines eigenen Angebots werden, so dass es an einer wirksamen Annahme fehlt. Das über ein zweites Mitgliedskonto unzulässig auf ein eigenes Angebot abgegebene Gebot eines Anbieters ist unwirksam und bleibt in der Reihe der abgegebenen Gebote unberücksichtigt. Ein regulärer Bieter muss es deshalb auch nicht übertreffen, um Meistbietender zu werden oder zu bleiben[859].

507

3. Nutzungsbedingungen

Neben den Vertrag zwischen Käufer und Verkäufer treten die Verträge, die der Betreiber der Versteigerungsplattform mit den einzelnen Nutzern schließt. Diese Verträge sind die Grundlage für die Gebühren- und Provisionsansprüche des Plattformbetreibers gegen die Nutzer bzw. Verkäufer. Darüber hinaus regeln die Nutzungsverträge beispielsweise die Voraussetzungen, unter denen der Plattformbetreiber den Nutzungsvertrag kündigen oder einen Account – vorläufig oder endgültig – sperren kann[860].

508

Die Nutzungsbedingungen der Plattformbetreiber haben eine **Doppelfunktion:** Zum einen gestalten sie das Vertragsverhältnis zwischen dem Betreiber und dem Nutzer der Plattform aus. Zum anderen regeln sie die Funktionsweise und den Ablauf der einzelnen Versteigerun-

509

---

856 OLG Jena v. 9.6.2007 – 2 W 124/07, WRP 2007, 1008 (Ls.); LG Köln v. 30.11.2010 – 18 O 150/10 Rz. 20; AG Bremen v. 25.5.2007 – 9 C 142/07 Rz. 21; a.A. *Hoffmann*, MMR 2006, 676, 677.
857 OLG Jena v. 9.6.2007 – W 124/07, WRP 2007, 1008 (Ls.); LG Memmingen v. 23.6.2004 – 1H O 1016/04, CR 2004, 850 = NJW 2004, 2389, 2390; *Bonke/Gellmann*, NJW 2006, 3169, 3171.
858 OLG Frankfurt v. 27.6.2014 – 12 U 51/13 Rz. 17 ff., ITRB 2014, 249; OLG München v. 26.9.2018 – 20 U 749/18 Rz. 10 ff.; OLG Frankfurt v. 26.3.2021 – 15 U 102/18 Rz. 54 f.
859 BGH v. 24.8.2016 – VIII ZR 100/15 Rz. 21 ff., CR 2017, 247 = ITRB 2017, 52; KG Berlin v. 14.4.2020 – 18 U 19/19 Rz. 4.
860 Vgl. OLG Brandenburg v. 12.11.2008 – 6 W 183/08; OLG Brandenburg v. 15.1.2009 – 12 W 1/09, MMR 2009, 262, 262 ff.; OLG Brandenburg v. 17.6.2009 – Kart W 11/09, ITRB 2009, 270 = K&R 2009, 592, 592 ff.

gen und somit den Abschluss der einzelnen Kaufverträge[861]. Der Plattformnutzer darf davon ausgehen, dass sich die anderen Nutzer an die Nutzungsbedingungen halten. Daher gelten die Pflichten der Nutzer, die sich aus den Nutzungsbedingungen ergeben, auch für die einzelnen Kaufverträge, sofern sich nicht aus individuellen Vereinbarungen der einzelnen Nutzer etwas anderes ergibt.

510 Die **lückenfüllende Funktion** der Nutzungsbedingungen bei der Auslegung der einzelnen Verträge, die über die Plattform geschlossen werden, entspricht dem Parteiwillen. Daher ist es weder sachgerecht noch erforderlich, umständliche rechtliche Konstruktionen zu entwickeln[862], um eine „Drittwirkung" der Nutzungsbedingungen zu begründen.

511 Der lückenfüllende Gehalt der Nutzungsbedingungen wird deutlich, wenn Verkäufer ihre Angebote mit Zusätzen versehen, die den Nutzungsbedingungen widersprechen. Dies ist beispielsweise bei gelegentlichen Versuchen der Fall, Auktionsangebote als **unverbindlich** zu bezeichnen, um je nach Höhe des Höchstgebots noch entscheiden zu können, ob ein Verkauf tatsächlich erfolgt. Dies verstößt in aller Regel gegen die Nutzungsbedingungen der Plattform, hat jedoch keine Auswirkungen auf das Verhältnis zum Bieter. Wird in einem „Angebot" eindeutig gesagt, dass es sich lediglich um eine Preisumfrage handelt[863] oder der ermittelte Preis lediglich Verhandlungsbasis sei[864] oder heißt es, der Anbieter behalte sich einen „Zwischenverkauf" vor[865], so fehlt es bei dem Verkäufer erkennbar am Rechtsbindungswillen und ein Vertrag kommt nicht zustande. Die individuellen Angaben des Versteigerers haben bei der Vertragsauslegung **Vorrang** vor den Nutzungsbedingungen der Plattform[866].

512 Wer sich unter einem **Phantasienamen** bei eBay anmeldet, verstößt damit zwar gegen die Nutzungsbedingungen. Dennoch kann er in rechtlich wirksamer Weise an Auktionen teilnehmen, da sich aus dem Verstoß gegen die Nutzungsbedingungen kein gesetzlicher Grund für die Nichtigkeit abgegebener Willenserklärungen ableiten lässt[867].

513 Ähnlich wie bei eBay verhält es sich bei Amazon Marketplace. Die Amazon-AGB werden in einen Kaufvertrag, der über Amazon Marketplace abgeschlossen wird, wirksam einbezogen, wenn beide Vertragsparteien bereits bei Beginn der Nutzung der Plattform der Geltung der AGB zugestimmt haben. Der Erklärungsgehalt der bei Abschluss des Kaufvertrags abgegebenen Willenserklärungen richtet sich dann nach den den Kauf von Marketplace-Artikeln betreffenden AGB von Amazon[868].

4. Abbruch von Versteigerungen

514 Aus den Nutzungsbedingungen ergibt sich im Normalfall, dass die „Stornierung" eines Angebots bzw. der **Abbruch** einer Internetauktion nur in seltenen Ausnahmefällen erlaubt

---

861 Vgl. *Koch*, CR 2005, 502, 502 ff.
862 Vgl. *Koch*, CR 2005, 501, 504 ff.
863 LG Darmstadt v. 24.1.2002 – 3 O 289/01, CR 2003, 295 = NJW-RR 2002, 1139.
864 AG Kerpen v. 25.5.2001 – 21 C 53/01, MMR 2001, 711.
865 OLG Düsseldorf v. 11.10.2013 – I-22 U 54/13 Rz. 3 ff., ITRB 2014, 28.
866 Vgl. BGH v. 15.2.2017 – VIII ZR 59/16 Rz. 12, ITRB 2017, 99; OLG Saarbrücken v. 18.4.2008 – 4 W 93/08-17, OLGReport Saarbrücken 2008, 621; LG Osnabrück v. 5.10.2004 – 12 S 573/04, CR 2005, 536 = MMR 2005, 125, 126; AG Meppen v. 26.7.2004 – 8 C 742/04, CR 2005, 147, 147 ff.
867 A.A. AG Kerpen v. 27.6.2014 – 104 C 106/14 Rz. 19, CR 2014, 817 = ITRB 2014, 255.
868 BGH v. 1.4.2020 – VIII ZR 18/19 Rz. 14, CR 2020, 402 = ITRB 2020, 160 (*Wübbeke*).

ist[869]. Dies entspricht der Regel des § 145 BGB: Der Antrag ist bindend, wenn die Gebundenheit nicht ausgeschlossen ist. In den Nutzungsbedingungen von eBay findet sich die Regelung, dass der Anbietende das Verkaufsangebot zurücknehmen kann, wenn er gesetzlich dazu berechtigt ist. Ein solcher Vorbehalt, der die Bindungswirkung des Verkaufsangebots einschränkt, verstößt nicht gegen Grundsätze über die Bindungswirkung von Angeboten (§ 145 BGB), sondern ist wirksam (§ 307 Abs. 1 Satz 1 BGB)[870].

Heißt es in den Nutzungsbedingungen der Plattform, ein Recht zur Rücknahme eines Angebots bestehe im Falle einer Beschädigung der Kaufsache, so besteht das Rücknahmerecht unabhängig davon, ob zugleich ein gesetzlicher Anfechtungsgrund (§ 119 BGB) vorliegt[871]. Dafür reicht der bloße Verdacht einer Beschädigung jedoch nicht aus[872]. Der in den Nutzungsbedingungen unter „Weitere Informationen" enthaltene Hinweis „Wenn das Angebot noch 12 Stunden oder länger läuft, können Sie es ohne Einschränkungen vorzeitig beenden" befreit den Anbieter nicht von den in den Nutzungsbedingungen unmittelbar zuvor ausdrücklich mitgeteilten rechtlichen Erfordernissen einer zulässigen vorzeitigen Angebotsbeendigung[873]. 515

Wenn es zu einem Abbruch kommt, ohne dass die in den Nutzungsbedingungen genannten Voraussetzungen vorliegen und ohne dass sich der Versteigerer eine vorzeitige Beendigung der Versteigerung ausdrücklich (individuell) vorbehalten hat, geht der Abbruch ins Leere. Der Antrag bleibt gem. **§ 145 BGB** bindend mit der Folge eines Vertragsschlusses mit dem Bieter, der zum Zeitpunkt des Abbruchs der Versteigerung das höchste Gebot abgegeben hatte[874]. Der Einwand des Rechtsmissbrauchs (§ 242 BGB) greift hiergegen nur, wenn der Höchstbietende nachweisbar als „Abbruchjäger" auf den Abbruch der Versteigerung spekuliert hat, um im Nachhinein Schadensersatz geltend zu machen[875]. Ein Kaufvertrag kommt 516

---

869 Vgl. BGH v. 8.6.2011 – VIII ZR 305/10 Rz. 8, CR 2011, 608 m. Anm. *Küppers* = ITRB 2011, 199; LG Berlin v. 20.7.2004 – 4 O 293/04, CR 2004, 940 = ITRB 2005, 28 = NJW 2004, 2831, 2832; LG Bochum v. 18.12.2012 – 9 S 166/12 Rz. 41, CR 2013, 264; LG Bonn v. 5.6.2012 – 18 O 314/11 Rz. 36; LG Coburg v. 1.6.2004 – 22 O 43/04, K&R 2004, 543, 546 ff.; AG Bad Kissingen v. 28.9.2006 – I C 0122/06, K&R 2007, 176 (Ls.); AG Bremen v. 5.12.2012 – 23 C 317/12; AG Dieburg v. 4.7.2011 – 20 C 65/11 Rz. 21 ff.; AG Essen-Borbeck v. 22.8.2019 – 14 C 26/18 Rz. 18 ff.; AG Nürtingen v. 16.1.2012 – 11 C 1881/11 Rz. 22 ff.; *Petershagen*, CR 2015, 589, 589 ff.

870 BGH v. 8.1.2014 – VIII ZR 63/13 Rz. 20, CR 2014, 194; OLG Hamm v. 4.11.2013 – 2 U 94/13 Rz. 17, ITRB 2014, 52.

871 LG Heidelberg v. 12.12.2014 – 3 S 27/14 Rz. 11; AG Krefeld v. 7.6.2013 – 5 C 352/12 Rz. 5; vgl. auch BGH v. 8.6.2011 – VIII ZR 305/10 Rz. 23, CR 2011, 608 m. Anm. *Küppers* = ITRB 2011, 199; BGH v. 10.12.2014 – VIII ZR 90/14 Rz. 14.

872 AG Offenbach v. 17.12.2013 – 38 C 329/13 Rz. 14.

873 BGH v. 10.12.2014 – VIII ZR 90/14 Rz. 16; OLG Celle v. 9.7.2014 – 4 U 24/14 Rz. 18 ff.; a.A. AG Darmstadt v. 25.6.2014 – 303 C 243/13 Rz. 51 ff.

874 BGH v. 20.7.2021 – VIII ZR 91/19 Rz. 11 ff.; KG Berlin v. 25.1.2005 – 17 U 72/04, NJW 2005, 1053, 1054; OLG Oldenburg v. 28.7.2005 – 8 U 93/05, MMR 2006, 766, 767 f.; LG Berlin v. 15.5.2007 – 31 O 270/05, MMR 2007, 802, 803; LG Detmold v. 22.2.2012 – 10 S 163/11 Rz. 5; LG Leipzig v. 28.3.2019 – 8 S 462/17 Rz. 26; AG Dieburg v. 15.4.2015 – 20 C 945/14 Rz. 26 ff.; AG Gummersbach v. 28.6.2010 – 10 C 25/10, ITRB 2010, 229; a.A. LG Aurich v. 3.2.2014 – 2 O 565/13 Rz. 22 ff.

875 BGH v. 22.5.2019 – VIII ZR 182/17 Rz. 24 ff.; AG Alzey v. 26.6.2013 – 28 C 165/12 Rz. 16 f.; AG Offenbach v. 17.12.2013 – 38 C 329/13 Rz. 21; vgl. auch OLG Schleswig v. 23.8.2021 – 16 U 119/20 Rz. 72 ff.

nicht zustande, wenn das höchste Gebot zum Zeitpunkt des Auktionsabbruchs unter dem Mindestgebot lag[876].

IV. Zustandekommen von Verträgen bei Apps

517 Auch beim Angebot **kostenloser oder kostenpflichtiger Apps** über einen App-Store (etwa Google Play oder Apple App Store) handelt es sich um keine bloße invitatio ad offerendum, sondern um einen Antrag gem. § 145 BGB[877]. Regelmäßig tritt der App-Store-Anbieter als Stellvertreter des App-Anbieters auf, sodass durch den Download einer App ein Vertrag zwischen Nutzer und App-Anbieter zustande kommt[878].

518 Neben dem Vertrag mit dem App-Anbieter kann ein Vertragsschluss mit dem App-Store-Betreiber in Betracht kommen. Dies ist in den Nutzungsbedingungen des App-Store-Betreibers geregelt. Der App-Store-Betreiber stellt dem App-Anbieter die Plattform und die Download-Möglichkeit für den Nutzer zur Verfügung, möchte jedoch nicht für eine fehlerhafte bzw. schadhafte App verantwortlich sein[879]. Folglich ist im Zweifel nicht von einem Vertragsschluss zwischen App-Store-Betreiber und Nutzer auszugehen. Bei Schäden oder in sonstigen Gewährleistungsfällen muss sich der Nutzer daher direkt an den App-Anbieter wenden[880], da in diesem Verhältnis kein Zweifel am Zustandekommen eines Vertrages besteht.

V. Wirksamkeit von Online-Verträgen

519 Die Frage der Wirksamkeit eines online geschlossenen Vertrages kann sich sowohl bei rechtsgeschäftlichen und gesetzlichen Formerfordernissen als auch bei einer Anfechtung des Vertrages stellen. Auch die Beteiligung von Minderjährigen und Stellvertretern kann Wirksamkeitsfragen aufwerfen.

1. Gesetzliche Formerfordernisse

520 Die **gesetzlichen Formvorschriften** erfüllen durchweg den Zweck, den Erklärenden vor einer übereilten Bindung zu schützen (Warnfunktion)[881] und zu dokumentieren, ob und mit welchem Inhalt ein Rechtsgeschäft zustande gekommen ist (Beweisfunktion)[882]. Notarielle Beurkundungsvorschriften dienen zudem der Sicherstellung sachkundiger Beratung und Be-

---

876 AG Neuwied v. 8.7.2013 – 42 C 430/13 Rz. 21.
877 *Degmair*, K&R 2013, 213, 215.
878 *Klein/Datta*, CR 2016, 587, 589; *Lachenmann*, ITRB 2015, 99, 100; a.A. *Mankowski*, CR 2013, 508, 509.
879 *Klein/Datta*, CR 2016, 587, 589.
880 *Klein/Datta*, CR 2016, 587, 590.
881 BGH v. 7.5.1971 – V ZR 62/69, BGHZ 56, 159, 163; *Wendtland* in BeckOK/BGB, § 125 BGB Rz. 1; *Jauernig* in Jauernig, § 125 BGB Rz. 3; *Einsele* in MünchKomm/BGB, § 125 BGB Rz. 8; *Ellenberger* in Grüneberg, § 125 BGB Rz. 2; *Köhler*, AT, § 12 Rz. 3.
882 *Wendtland* in BeckOK/BGB, § 125 BGB Rz. 1; *Jauernig* in Jauernig, § 125 BGB Rz. 3; *Einsele* in MünchKomm/BGB, § 125 BGB Rz. 9; *Ellenberger* in Grüneberg, § 125 BGB Rz. 3; *Köhler*, AT, § 12 Rz. 3; *Medicus*, AT, Rz. 178.

lehrung der Beteiligten (Beratungsfunktion)[883]; einzelne Formgebote sollen ferner eine wirksame behördliche Überwachung ermöglichen (Kontrollfunktion)[884].

Die **§§ 126 bis 129 BGB** normieren diverse Formanforderungen. Die strengste Form ist die notarielle Beurkundung (§ 128 BGB). Ist eine solche Beurkundung notwendig, ist ein formgerechter Online-Vertragsschluss unmöglich. Ein per E-Mail geschlossener Grundstückskaufvertrag ist gem. § 311b Abs. 1 Satz 1, § 125 Satz 1 BGB nichtig. Auch die Wahrung der Form der öffentlichen Beglaubigung (§ 129 BGB) ist online nicht möglich. **521**

▓ **Übersicht:** **522**

Form

– **Schriftform (§ 126 BGB):** erfordert „eigenhändige Unterschrift" eines Dokuments und ist daher auf elektronischem Weg nicht erfüllbar.

– **Elektronische Form (§ 126a BGB):** nur erfüllt bei Verwendung einer qualifizierten elektronischen Signatur gem. Art. 3 Nr. 12 eIDAS-VO.

– **Textform (§ 126b BGB):** lesbare Erklärung auf einem dauerhaften Datenträger; Übermittlung per Telefax oder E-Mail genügt, sofern der Erklärende seinen Namen nennt.

– **Telekommunikative Übermittlung (§ 127 Abs. 2 Satz 1 BGB):** jede Übermittlung per Telefax oder E-Mail, auch ohne Namensnennung und ohne Kennzeichnung des Abschlusses der Erklärung.

Elektronische Form

– **Elektronische Signatur** (Art. 3 Nr. 10 eIDAS-VO): jede Form der Beifügung von Signaturdaten reicht (z.B. die eingescannte Unterschrift).

– **Fortgeschrittene elektronische Signatur** (Art. 3 Nr. 11 eIDAS-VO): jede Form der asymmetrischen Verschlüsselung.

– **Qualifizierte elektronische Signatur** (Art. 3 Nr. 12 eIDAS-VO): nur bei Verwendung eines „sicheren" Verfahrens der asymmetrischen Verschlüsselung unter Einsatz von Signaturen, die von einem „Qualifizierten Vertrauensdienst" (Art. 3 Nr. 17 eIDAS-VO) zertifiziert und bei diesem hinterlegt worden sind.

a) Schriftform

Die Voraussetzungen des **§ 126 Abs. 1 BGB** („echte" Schriftform) lassen sich auf elektronischem Wege nicht erfüllen, da eine Urkunde erforderlich ist, die von dem Aussteller eigenhändig durch Namensunterschrift oder mittels notariell beglaubigten Handzeichens unterzeichnet worden ist. Die Unterzeichnung eines Verbraucherdarlehensvertrages auf einem elek- **523**

---

883 *Wendtland* in BeckOK/BGB, § 125 BGB Rz. 1; *Jauernig* in Jauernig, § 125 BGB Rz. 3 (hier Belehrungsfunktion); *Einsele* in MünchKomm/BGB, § 125 BGB Rz. 8; *Ellenberger* in Grüneberg, § 125 BGB Rz. 5; *Köhler*, AT, § 12 Rz. 3; *Medicus*, AT, Rz. 178.

884 BGH v. 26.2.1970 – KZR 5/69, BGHZ 53, 304, 306; BGH v. 9.4.1970 – KZR 7/69, BGHZ 54, 145, 148; *Medicus*, AT, Rz. 178; BGH v. 26.2.1970 – KZR 17/68.

tronischen Schreibtablett genügt daher nicht dem Schriftformerfordernis des § 492 Abs. 1 Satz 1 BGB[885].

b) Elektronische Form

524 § 126a Abs. 1 BGB regelt die elektronische Form und schreibt hierfür eine Hinzufügung des Namens des Ausstellers sowie eine **qualifizierte elektronische Form** vor. Bei einem Vertrag bedarf es entsprechender Erklärungen aller Parteien (§ 126a Abs. 2 BGB). Gemäß § 126 Abs. 3 BGB steht die elektronische Form der Schriftform gleich, sofern das Gesetz die elektronische Form nicht ausdrücklich ausschließt. Ein solcher Ausschluss gilt beispielsweise für die Bürgschaftserklärung (§ 766 Satz 2 BGB), für das abstrakte Schuldversprechen (§ 780 Satz 2 BGB) und für das abstrakte Schuldanerkenntnis (§ 781 Satz 2 BGB).

525 Die maßgebliche Begriffsbestimmung für die **qualifizierte elektronische Signatur** findet sich mittlerweile in Art. 3 Nr. 12 eIDAS-VO[886]. Eine qualifizierte elektronische Signatur setzt danach eine elektronische Signatur (Art. 3 Nr. 10 eIDAS-VO) voraus, die die Merkmale einer fortgeschrittenen elektronischen Signatur (Art. 3 Nr. 11 eIDAS-VO, Art. 26 eIDAS-VO) aufweist und überdies die Sicherheitsanforderungen an eine qualifizierte elektronische Signatur (Art. 3 Nr. 15, 23 eIDAS-VO) erfüllt[887].

526 Als „**elektronische Signatur**" gelten nach Art. 3 Nr. 10 eIDAS-VO Daten in elektronischer Form, die anderen elektronischen Daten beigefügt oder logisch mit ihnen verbunden werden und die der Unterzeichner zum Unterzeichnen verwendet. Elektronische Signaturen haben per se keinen Sicherheitswert, da auch eine ohne weiteres kopierbare oder entfernbare **eingescannte Unterschrift** diese Voraussetzungen erfüllt[888].

527 Mit dem Begriff der „**fortgeschrittenen elektronischen Signatur**" (Art. 3 Nr. 11 i.V.m. Art. 26 eIDAS-VO) sind **asymmetrische Verschlüsselungsverfahren** gemeint. Die Verschlüsselung erfolgt dabei mit einem privaten Schlüssel, den nur der Versender kennt. Die Entschlüsselung erfolgt bei dem Empfänger mittels des öffentlichen Schlüssels des Absenders und gelingt nur dann, wenn die Nachricht tatsächlich von dem Absender unter Verwendung seines privaten Schlüssels stammt[889].

528 Art. 26 eIDAS-VO umschreibt die Anforderungen an eine asymmetrische Verschlüsselung mit vier Merkmalen. Zunächst muss es sich um eine Signatur handeln, die ausschließlich einem bestimmten Unterzeichner zugeordnet ist und (mittels des öffentlichen Schlüssels) eine Identifizierung des Inhabers ermöglicht. Die Signatur muss zudem mit Mitteln erzeugt werden, die der Schlüsselinhaber unter seiner alleinigen Kontrolle halten kann. Schließlich ist auch erforderlich, dass die Signatur mit den Bezugsdaten so verknüpft ist, dass eine nachträgliche Veränderung der Bezugsdaten erkannt werden kann (Art. 26 lit. a bis lit. d eIDAS-VO)[890].

---

885 OLG München v. 4.6.2012 – 19 U 771/12 Rz. 20 ff., CR 2013, 115 = ITRB 2012, 269.
886 Verordnung (EU) Nr. 910/2014 des Europäischen Parlaments und des Rates vom 23.7.2014 über elektronische Identifizierung und Vertrauensdienste für elektronische Transaktionen im Binnenmarkt und zur Aufhebung der Richtlinie 1999/93/EG.
887 *Einsele* in MünchKomm/BGB, § 126a BGB Rz. 7.
888 *Einsele* in MünchKomm/BGB, § 126a BGB Rz. 8.
889 *Borges*, Verträge im elektronischen Geschäftsverkehr, S. 104 ff.
890 *Einsele* in MünchKomm/BGB, § 126a BGB Rz. 8.

Zertifizierung und **Sicherheit der Signaturerstellungseinheit** sind die Wesensmerkmale ei- 529
ner **„qualifizierten elektronischen Signatur"** gem. Art. 3 Nr. 12 eIDAS-VO[891], die der „Porsche" unter den Signaturen ist. „Qualifizierte elektronische Signaturen" müssen hinsichtlich
der öffentlichen und privaten Schlüssel alle Anforderungen erfüllen, die auch eine „fortgeschrittene elektronische Signatur" erfüllen muss. Die „qualifizierte elektronische Signatur"
muss auf einem zum Zeitpunkt ihrer Erzeugung gültigen qualifizierten Zertifikat beruhen
und mit einer qualifizierten Signaturerstellungseinheit erzeugt werden (Art. 3 Nr. 12, 15, 23
eIDAS-VO). Beim qualifizierten Zertifikat handelt es sich um einen elektronischen Iden-
titätsnachweis des Signaturerstellers[892].

c) Textform

Die Textform (§ 126b BGB) stellt einen **formerleichterten Tatbestand** dar[893]. Sie ist beispiels- 530
weise vorgeschrieben für die Widerrufsbelehrung gem. Art. 246 Abs. 3 EGBGB, für Kündi-
gungserklärungen des Verbrauchers bei Dauerschuldverhältnissen gem. § 312h BGB und für
das Mieterhöhungsverlangen im Wohnraummietrecht (§ 558a Abs. 1 BGB).

Für die Textform ist es gem. **§ 126b BGB** erforderlich, dass eine lesbare Erklärung, in der 531
die Person des Erklärenden genannt ist, auf einem dauerhaften Datenträger abgegeben wird.
Ein dauerhafter Datenträger ist jedes Medium, das es dem Empfänger ermöglicht, eine auf
dem Datenträger befindliche, an ihn persönlich gerichtete Erklärung so aufzubewahren oder
zu speichern, dass sie ihm während eines für ihren Zweck angemessenen Zeitraums zugänglich ist (§ 126b Satz 2 Nr. 1 BGB). Das Medium muss zudem dazu geeignet sein, die Erklärung unverändert wiederzugeben (§ 126b Satz 2 Nr. 2 BGB).

Als dauerhafte Datenträger sind daher alle körperlichen Trägermedien, insbesondere USB- 532
Sticks, CDs und Festplatten zu verstehen. E-Mails, die auf Servern gespeichert werden, die
nicht mehr im Einflussbereich des Absenders stehen, sind auf einem dauerhaften Datenträger abgegeben. Dies bedeutet, dass eine Belehrung des Verbrauchers per E-Mail erfolgen
kann[894]. Es genügt, dass E-Mails vom Empfänger gespeichert oder ausgedruckt werden können. Nicht erforderlich ist, dass die jeweilige E-Mail tatsächlich ausgedruckt oder gespeichert wird[895]. Von § 126b BGB ist das (unterschriebene) **Telefax** ebenso erfasst wie die (einfach signierte) **E-Mail**[896].

2. Vereinbarte Form

Bei **rechtsgeschäftlichen Formgeboten** fällt die Anwendung der §§ 125 ff. BGB leichter. So- 533
weit sich aus dem Parteiverhalten herleiten lässt, dass die digital übermittelte Willenserklärung – sei sie elektronisch, fortgeschritten-elektronisch, qualifiziert-elektronisch oder auch
überhaupt nicht signiert – ausreichen soll, wird eine Schriftformklausel entweder entspre-

---

891 Vgl. *Roßnagel*, NJW 2001, 1814, 1820.
892 *Einsele* in MünchKomm/BGB, § 126a BGB Rz. 11.
893 Vgl. *Lüdemann/Adams*, K&R 2002, 8, 9.
894 Bundesregierung, BT-Drucks. 14/2658, 40; *Bülow/Artz*, NJW 2000, 2049, 2055; *Härting*, K&R
     2001, 310, 312 f.; *Kamanabrou*, WM 2000, 1417, 1423; *Klein/Härting*, ITRB 2013, 134; *Meents*,
     CR 2000, 610, 612; *Roth*, JZ 2000, 1013, 1017.
895 *Ellenberger* in Grüneberg, § 126b BGB Rz. 3; *Thalmair*, NJW 2011, 14, 17.
896 *Einsele* in MünchKomm/BGB, § 126b BGB Rz. 4 ff.

chend auszulegen sein oder eine (ausdrückliche oder stillschweigende) Abänderung bzw. Änderung einer Schriftformklausel zu bejahen sein. Die Neigung der Rechtsprechung, dem übereinstimmenden Parteiwillen Vorrang vor vertraglichen Schriftformklauseln einzuräumen[897], ermöglicht sach- und interessengerechte Einzelfallentscheidungen.

534 Die flexible Handhabung rechtsgeschäftlicher Formabreden kommt in § 127 BGB deutlich zum Ausdruck. Nach § 127 Abs. 2 Satz 1 BGB reicht die **„telekommunikative Übermittlung"** zur Wahrung einer Schriftformabrede im Zweifel aus. Hiermit ist die digitale Übermittlung per E-Mail[898] oder auch die Übermittlung per Telefax gemeint, nicht aber das reine Telefonat[899]. Neben der E-Mail stellen auch Chatdienste, SMS-Dienste und Messenger-Dienste wie WhatsApp Möglichkeiten für eine „telekommunikative Übermittlung" dar.

535 Der weitgehenden Flexibilität bei der Auslegung rechtsgeschäftlicher Formabreden dient auch § 127 Abs. 3 Satz 1 BGB. Danach reicht bei der rechtsgeschäftlich vereinbarten elektronischen Form im Zweifel die einfache elektronische Signatur (Art. 3 Nr. 10 eIDAS-VO) aus[900].

536 **Praxistipp**

Um Auslegungsstreit zu vermeiden, empfiehlt es sich, Schriftformklauseln sehr präzise zu fassen und ausdrücklich zu regeln, ob die Abgabe von Erklärungen per E-Mail genügen soll.

Eine „weiche Klausel" kann beispielsweise lauten: „Änderungen und Ergänzungen dieses Vertrages bedürfen der Textform (§ 126b BGB)."

Ein Beispiel für eine „harte Klausel": „Änderungen und Ergänzungen dieses Vertrages bedürfen der Schriftform. Dies gilt auch für Änderungen dieser Schriftformklausel. Die Übermittlung von Erklärungen per Telefax, E-Mail oder auf andere telekommunikative Weise reicht zur Wahrung der Schriftform nicht aus."

537 Nach § 309 Nr. 13b BGB sind Klauseln in **Allgemeinen Geschäftsbedingungen** unwirksam, die eine strengere Form als die Textform für Erklärungen vorsehen, die dem AGB-Verwender oder einem Dritten gegenüber abzugeben sind, sofern kein Vertrag vorliegt, für den durch Gesetz notarielle Beurkundung vorgeschrieben ist. Sieht das Gesetz für Verträge keine Schriftform vor, so können in AGB daher für Erklärungen des Vertragspartners keine Schriftform oder andere strengere Formen als die Textform nach § 126b BGB verlangt werden. Eine strengere Form ist bereits dann zu bejahen, wenn die Voraussetzungen des § 126b BGB zu Lasten des Vertragspartners modifiziert oder die Anforderungen an den dauerhaften Datenträger verschärft werden. Eine Einschränkung der elektronischen Übermittlung der Erklärung durch E-Mail, Fax oder SMS oder ein Ausschluss sind daher unwirksam.

3. Anfechtung von Verträgen

538 Die Frage der Vertragsanfechtung stellt sich bei Online-Verträgen vor allem dann, wenn einem der Vertragspartner bei der Dateneingabe Fehler unterlaufen sind oder wenn es zu Fehlern bei der Datenübermittlung gekommen ist.

---

897 Vgl. BGH v. 22.4.1982 – III ZR 122/80, WM 1982, 902; *Ellenberger* in Grüneberg, § 125 BGB Rz. 17; *Leenen/Häublein*, 3. Kap., § 9 Rz. 206.
898 OLG München v. 26.1.2012 – 23 U 3798/11 Rz. 11, CR 2014, 136 = ITRB 2013, 254.
899 *Ellenberger* in Grüneberg, § 127 BGB Rz. 2; Bundesregierung, BT-Drucks. 14/4987, 43.
900 Vgl. *Jauernig* in Jauernig, § 127 BGB Rz. 3.

a) Erklärungsirrtum

Gemäß § 119 Abs. 1, Alt. 2 BGB ist ein Vertrag wegen Erklärungsirrtums anfechtbar, wenn   539
der Erklärende eine Erklärung dieses Inhalts überhaupt nicht abgeben wollte[901]. Werden online Waren oder Dienstleistungen bestellt, so ist ein Erklärungsirrtum sowohl auf Seiten des
Bestellers als auch bei dem Internetanbieter vorstellbar.

aa) Irrtum des Bestellers

§ 312i Abs. 1 Satz 1 Nr. 1 BGB verpflichtet den Unternehmer zwar, dem Kunden im elektro-   540
nischen Geschäftsverkehr Mittel zur Verfügung zu stellen, mit deren Hilfe er Eingabefehler
vor Abgabe seiner Bestellung erkennen und berichtigen kann. Verhindern lassen sich **Eingabefehler** jedoch nicht. Ob einfacher Tippfehler – Bestellung von 21 statt 12 Exemplaren
eines Buches – oder die versehentliche Betätigung eines Auswahlbuttons: Wann immer dem
Besteller bei der Erklärungshandlung Fehler unterlaufen, besteht ein Anfechtungsrecht wegen Erklärungsirrtums gem. § 119 Abs. 1, Alt. 2 BGB. Das Internet hat die Lehrbuchfälle des
Verschreibens, Vertippens, Versprechens und Vergreifens[902] um den Fall des **„Verklickens"**
bereichert[903].

Wer einen Vertrag wegen Erklärungsirrtums anficht, setzt sich regelmäßig einem **Schadens-**   541
ersatzanspruch gem. § 122 Abs. 1 BGB aus. Der Anspruch bemisst sich nach dem Schaden,
den der Vertragspartner durch sein Vertrauen auf die Wirksamkeit des Vertrages erlitten
hat[904]. Hat der Online-Anbieter beispielsweise nach Eingang der irrtümlichen Bestellung die
Ware bereits geliefert, so kann er vom Besteller gem. § 122 Abs. 1 BGB den Ersatz der Trans-
portkosten beanspruchen.

Der Schadensersatzanspruch ist gem. § 122 Abs. 2 BGB ausgeschlossen, wenn der Geschädigte   542
den Irrtum kannte oder infolge von Fahrlässigkeit nicht kannte[905]. Ein derartiger Fall liegt
vor, wenn der Online-Anbieter schuldhaft seine Verpflichtungen aus **§ 312i Abs. 1 Satz 1
Nr. 1 BGB** bzw. aus **Art. 246c Nr. 3 EGBGB** verletzt. Ist beispielsweise eine Bestellseite verwirrend gestaltet und fehlt der durch Art. 246c Nr. 3 EGBGB vorgeschriebene Hinweis auf
Mittel zur Erkennung und Beseitigung von Eingabefehlern, so hat der Anbieter einen hieraus resultierenden Irrtum des Bestellers fahrlässig (mit)verursacht. Ein Schadensersatzanspruch besteht gem. § 122 Abs. 2 BGB nicht.

bb) Irrtum des Anbieters

Fehler können bei der Online-Bestellung nicht nur dem Besteller, sondern auch dem Anbie-   543
ter unterlaufen. Die Palette reicht dabei von einfachen Tippfehlern bei der Gestaltung der
Website bis zu einer **fehlerhaften Kalkulations-Software.** Die Bestellseiten von Internetshops sind oft so programmiert, dass Produkt- und Preisangaben automatisiert erzeugt wer-

---

901 Vgl. *Brox*, AT, § 17 Rz. 15, § 18 Rz. 7; *Medicus*, AT, Rz. 124.
902 *Brox*, AT, § 18 Rz. 7; *Wendtland* in BeckOK/BGB, § 119 BGB Rz. 30; *Jauernig* in Jauernig, § 119
    BGB Rz. 6; *Neuner*, AT, § 41 Rz. 38; *Medicus*, AT, Rz. 132 ff.
903 Vgl. LG Berlin v. 15.5.2007 – 31 O 270/05, MMR 2007, 802, 802 f.; LG München v. 17.6.2008 –
    34 O 1300/08, K&R 2009, 63, 64; AG Bremen v. 5.12.2012 – 23 C 317/12.
904 *Brox*, AT, § 18 Rz. 44 ff.; *Medicus*, AT, Rz. 145.
905 *Kitz* in Hoeren/Sieber/Holznagel, Handbuch Multimedia-Recht, Teil 13.1 Rz. 230.

den. Fehler bei der Eingabe der Grunddaten oder bei der Programmierung können dazu führen, dass falsche Preisangaben entstehen, ohne dass der Inhaber des Shops dies bemerkt.

544 Auf ein Anfechtungsrecht kommt es nicht an, wenn ein **Eingabe- oder Softwarefehler** für den Besteller ohne weiteres **erkennbar** ist[906]. Wird beispielsweise ein neuer Roman versehentlich für 2,85 € statt für 28,50 € auf einer Website angeboten, so darf der Besteller eine Antwortmail, in der die Annahme des Kaufangebots (ohne ausdrückliche Angabe des Preises) erklärt wird, nicht als Einverständnis mit einem Kauf zum Schnäppchenpreis werten. Dass der Roman tatsächlich zum üblichen Preis von 28,50 € angeboten werden soll, ist ohne weiteres erkennbar. Es fehlt in einem solchen Fall an zwei übereinstimmenden Vertragserklärungen zum Kauf des Buches zum Preis von 2,85 €, sodass schon kein Vertragsschluss vorliegt. Infolgedessen erübrigt sich die Frage nach einem Anfechtungsgrund von vornherein.

545 Ein erkennbarer Fehler lag auch vor, wenn – im Jahre 2008 – Flachbildschirme versehentlich zu 199,99 € statt 1.999 € angeboten wurden, ohne dass der Preis auch nur ansatzweise als Sonderangebot oder „Schnäppchen" gekennzeichnet war. Das Fehlen eines vertraglichen Anspruchs auf Lieferung der Bildschirme zu diesem Preis ergab sich daraus, dass ein Kaufvertrag zu diesem Preis mangels einer entsprechenden Vertragserklärung des Anbieters nicht zustande gekommen war. Eines Rückgriffs auf § 242 BGB bedurfte es nicht[907].

546 Die Grenze vom unbeachtlichen Motivirrtum zum ohne weiteres erkennbaren Fehler ist auch dann überschritten, wenn ein **Rechenfehler evident** ist[908]. Dies ist beispielsweise der Fall, wenn die Addition von Preisen in einem Warenkorb erkennbar falsche Ergebnisse ergibt. Werden drei CDs à 15,90 € im Warenkorb mit einem Gesamtpreis von 7,70 € (statt 47,70 €) berechnet, so darf der Besteller die kommentarlose Annahme der Bestellung redlicherweise nicht als Einverständnis mit dem niedrigen Preis verstehen[909]. Einer Anfechtung des Vertrages durch den Online-Anbieter bedarf es nicht, der Vertrag ist vielmehr wegen Dissenses gar nicht erst zustande gekommen[910].

547 Kein Erklärungsirrtum liegt vor, wenn es auf Grund eines **Softwarefehlers** zu einer falschen Preisangabe kommt, ohne dass der Fehler erkennbar ist. Wird beispielsweise eine Pauschalreise auf Grund eines Rechenfehlers zu 1.500 € statt 3.500 € angeboten, so ist der Antrag des Bestellers, der auf die Berechnung Bezug nimmt, als Antrag zu 1.500 € zu werten. Erklärt der Internetanbieter daraufhin – ohne Überprüfung des Preises – die Annahme, so kommt ein Vertrag zu 1.500 € zustande, der nicht wegen Erklärungsirrtums anfechtbar ist. Der Internetanbieter hat sich nicht bei der Erklärungshandlung, sondern bei der (computergestützten) Kalkulation des Reisepreises geirrt. Es liegt ein unbeachtlicher Motivirrtum in der Variante eines (einseitigen) Kalkulationsirrtums vor[911].

---

906 OLG München v. 15.11.2002 – 19 W 2631/02, CR 2003, 532 = NJW 2003, 367; vgl. auch OLG Stuttgart v. 12.7.2006 – 12 U 91/06, MMR 2006, 819; *Härting*, ITRB 2004, 61, 63; a.A. OLG Düsseldorf v. 19.5.2016 – 16 U 72/15 Rz. 47 und 67, ITRB 2016, 172.
907 A.A. OLG Nürnberg v. 10.6.2009 – 14 U 622/09, MMR 2010, 31, 32.
908 Vgl. LG Flensburg v. 3.9.2002 – 1 S 38/02.
909 *Härting*, ITRB 2004, 61, 62.
910 *Härting*, ITRB 2004, 61, 63.
911 AG Frankfurt/M. v. 13.6.1989 – 30 C 1270/89-45, CR 1990, 469 für Btx; *Wendtland* in BeckOK/ BGB, § 119 BGB Rz. 33; *Ellenberger* in Grüneberg, § 119 BGB Rz. 18; *Härting*, ITRB 2004, 61, 63; *Taupitz/Kritter*, JuS 1999, 839, 843.

Bei **Eingabefehlern,** die zu einer falschen Auspreisung von Waren führen und für den Be- 548
steller nicht erkennbar sind, liegt eine Konstellation vor, die ohne weiteres vergleichbar ist
mit der falschen Auspreisung von Waren im Supermarkt[912]. Die Warenpräsentation auf der
Website stellt eine invitatio ad offerendum dar und ist Grundlage der Bestellung, die als Antrag gem. § 145 BGB zu werten ist. Wird auf Grund des Antrages die Ware geliefert, so ergibt die Auslegung der Vertragserklärungen (§§ 133, 157 BGB) im Normalfall, dass ein Vertrag zu dem „falschen Preis" zustande gekommen ist[913]. Dem Anbieter ist in einem solchen
Fall bei seiner Erklärungshandlung (der Annahme) kein Irrtum unterlaufen, da er bei der
Annahme **keine konkrete Preisvorstellung** hatte. Vielmehr lag der Irrtum im Vorfeld der
Erklärung und ist daher nicht als Erklärungsirrtum gem. § 119 Abs. 1, Alt. 2 BGB (und auch
nicht als Inhaltsirrtum gem. § 119 Abs. 1, Alt. 1 BGB[914] oder als Übermittlungsirrtum gem.
§ 120 BGB[915]) anzusehen, sodass kein Anfechtungsrecht besteht[916].

Der BGH hat dies anders gesehen und die Grenze zwischen Motivirrtum und Erklärungsirr- 549
tum gelockert, indem er es für einen Erklärungsirrtum ausreichen ließ, dass dem Erklärenden ein solcher Irrtum bei Abgabe der invitatio ad offerendum unterlief und der Irrtum bei
Abgabe der Vertragserklärung (unerkannt) **„fortwirkte"**[917]. Die Verfälschung des ursprünglich richtig Erklärten auf dem Weg zum Empfänger durch eine unerkannt fehlerhafte Software sei als Irrtum in der Erklärungshandlung anzusehen. Denn es bestehe kein Unterschied, ob sich der Erklärende selbst verschreibt bzw. vertippt oder ob die Abweichung vom
gewollten Erklärungstatbestand auf dem weiteren Weg zum Empfänger eintritt. Dies ergebe
sich auch aus § 120 BGB, der als gesetzlich geregelter Spezialfall des Erklärungsirrtums anzusehen sei[918].

Zu dem Einwand, dass lediglich ein Irrtum in der Willensbildung bzw. in der **Erklärungs-** 550
vorbereitung vorgelegen habe, meinte der BGH, dass der Internetanbieter seinen Erklä-
rungswillen fehlerfrei gebildet habe, indem der (höhere) Kaufpreis festgelegt wurde und dieser Betrag in die Produktdatenbank der Internetseite übernommen werden sollte. Dies unterscheide den Fall von einem verdeckten Kalkulationsirrtum, bei dem der Fehler bereits im
Stadium der Willensbildung unterläuft[919].

---

912 Vgl. *Hoeren,* AGB bei Internet- und Softwareverträgen, E-Commerce-Verträge, Rz. 51; LG Köln
v. 16.4.2003 – 9 S 289/02, CR 2003, 613 = ITRB 2003, 264 = MMR 2003, 481, 482.
913 Vgl. OLG Frankfurt v. 20.11.2002 – 9 U 94/02, CR 2003, 450 = ITRB 2003, 145 = MDR 2003,
677; LG Köln v. 16.4.2003 – 9 S 289/02, CR 2003, 613 = ITRB 2003, 264 = MMR 2003, 481; *Re-*
deker, IT-Recht, Rz. 919; *Lauktien/Varadinek,* ZUM 2000, 466, 467.
914 A.A. *Leenen/Häublein,* 4. Kap., § 14 Rz. 50.
915 A.A. OLG Hamm v. 12.1.2004 – 13 U 165/03, CR 2004, 949 = NJW 2004, 2601.
916 LG Essen v. 13.2.2003 – 16 O 416/02, AfP 2004, 302 = MMR 2004, 49, 50; LG Köln v. 16.4.2003
– 9 S 289/02, CR 2003, 613, 614; *Redeker,* IT-Recht, Rz. 860; *Härting,* ITRB 2004, 61, 63; a.A.
AG Lahr v. 21.12.2004 – 5 C 245/04, CR 2006, 568 = ITRB 2005, 180 = NJW 2005, 991, 992.
917 BGH v. 26.1.2005 – VIII ZR 79/04, CR 2005, 355 m. Anm. *Ernst* = ITRB 2005, 128 = NJW 2005,
976, 977; vgl. auch OLG Frankfurt v. 20.11.2002, OLGR 2003, 88 m. Anm. *von Dümig,* EWiR
03, 953; a.A. LG Köln v. 16.4.2003 – 9 S 289/02, CR 2003, 613 = ITRB 2003, 264 = MMR 2003,
481.
918 Vgl. *Ellenberger* in Grüneberg, § 119 BGB Rz. 10; *Hefermehl* in Soergel, § 119 BGB Rz. 11; *Neu-*
ner, AT, § 41 Rz. 40; BGH v. 26.1.2005 – VIII ZR 79/04, CR 2005, 355 m. Anm. *Ernst* = ITRB
2005, 128 = NJW 2005, 976, 977.
919 BGH v. 26.1.2005 – VIII ZR 79/04, CR 2005, 355 m. Anm. *Ernst* = ITRB 2005, 128 = NJW 2005,
976, 977.

551　Die vom BGH befürwortete Erweiterung des Anfechtungsrechts auf Irrtümer, die dem Erklärenden im Vorfeld seiner Vertragserklärung unterlaufen sind, lässt sich mit dem Wortlaut des § 119 Abs. 1, Alt. 2 BGB nicht vereinbaren[920]. Darüber hinaus verwischt der Gesichtspunkt des „Fortwirkens" die **bewährte Grenze** zwischen Motiv- und Erklärungsirrtum.

552　Die **Beweislast** für einen Erklärungsirrtum liegt bei dem Erklärenden. Hat dieser auf seiner Website und sodann noch einmal in einer „Auftragsbestätigung" einen Stückpreis von 24 € für Generatoren angegeben, deren Verkehrswert bei mehr als dem Hundertfachen dieses Betrages liegt und kann er nicht präzise erklären, wie es zu dieser fehlerhaften Angabe gekommen ist, ist ein Erklärungsirrtum nicht bewiesen mit der Folge, dass kein Anfechtungsrecht gem. § 119 Abs. 1, Alt. 2 BGB besteht[921].

553　Ein Anfechtungsrecht setzt bei einem Eingabefehler jedenfalls voraus, dass dieser für die Vertragserklärung des Anbieters **ursächlich** war. Hieran fehlt es, wenn der „falsche" Preis länger als eine Woche nach Entdeckung des Eingabefehlers keine Korrektur erfahren hat[922].

b) Übermittlungsfehler

554　Die Übermittlung elektronischer Nachrichten ist eine weitere Fehlerquelle beim Abschluss von Online-Verträgen. Kommt es zu Übermittlungsfehlern, so ist der Erklärende gem. § 120 BGB zur Anfechtung berechtigt, wenn der Übermittlungsfehler einer Person oder Einrichtung unterlaufen ist, die der Erklärende eingesetzt hat[923]. Das Anfechtungsrecht nach § 120 BGB ist somit beschränkt auf Übermittlungsfehler des Erklärungsboten. Kein Anfechtungsgrund liegt dagegen vor, wenn einem Empfangsboten ein Übermittlungsfehler unterläuft[924].

555　Als **Erklärungsbote** ist der Provider anzusehen, bei dem der Erklärende einen Mail-Account eingerichtet hat. Kommt es bei diesem Provider zu einem Übermittlungsfehler, so ist der Erklärende gem. § 120 BGB zur Anfechtung seiner falsch übermittelten Vertragserklärung berechtigt[925].

556　Kein Anfechtungsrecht nach § 120 BGB besteht im umgekehrten Fall eines Übermittlungsfehlers im Bereich des Providers, bei dem der Erklärungsempfänger einen Mail-Account eingerichtet hat. Der Provider des Empfängers ist **Empfangsbote,** sodass dem Empfänger Erklärungen mit Eingang bei dem Provider gem. § 130 Abs. 1 Satz 1 BGB zugehen. Kann der Empfänger die beim eigenen Provider vollständig und fehlerfrei eingegangene Nachricht nicht oder nur unzulänglich abrufen bzw. lesen, so ändert dies nichts am Zugang der vollständigen und richtigen Nachricht. In Ermangelung eines rechtlich relevanten Übermittlungsfehlers kommt eine Anfechtung nach § 120 BGB nicht in Betracht.

557　Bietet ein Computerhändler per E-Mail eine Festplatte zum Preis von 100 € an und wird diese Erklärung in dem Mail-Account des Empfängers richtig gespeichert, aber auf Grund eines Übertragungsfehlers vom Empfänger in einer Fassung abgerufen, bei der der Preis 10 € beträgt, so liegt eine Vertragserklärung über 100 € vor. Bei dem Provider als Empfangsbote ist

---

920 Vgl. *Leenen/Häublein*, 4. Kap., § 14 Rz. 44 ff.
921 OLG Düsseldorf v. 19.5.2016 – 16 U 72/15 Rz. 62 f., ITRB 2016, 172.
922 AG Fürth v. 3.7.2008 – 340 C 1198/08, CR 2008, 808, 809.
923 *Armbrüster* in MünchKomm/BGB, § 120 BGB Rz. 1; *Brox*, AT, § 17 Rz. 15 f.
924 *Wendtland* in BeckOK/BGB, § 120 BGB Rz. 4; *Ellenberger* in Grüneberg, § 120 BGB Rz. 2.
925 Vgl. OLG Frankfurt v. 20.11.2002 – 9 U 94/02; BGH v. 26.1.2005 – VIII ZR 79/04.

diese Erklärung in richtiger Fassung eingegangen. Nimmt der Empfänger das Angebot ohne näheren Kommentar an, kommt ein Vertrag zum Kaufpreis von 100 € zustande, ohne dass sich die Frage einer Anfechtung nach § 120 BGB stellt. Der Empfänger kann sich allerdings von der vertraglichen Bindung durch Anfechtung wegen Inhaltsirrtums gem. § 119 Abs. 1, Alt. 1 BGB lösen. Er hat nämlich durch die Annahme des Antrages über 100 € eine Erklärung abgegeben, über deren Inhalt er sich gem. § 119 Abs. 1, Alt. 1 BGB im Irrtum befand.

Bei Fehlern auf dem Übertragungsweg vom Erklärenden zum Mail-Account des Empfängers ist dagegen § 120 BGB anwendbar. Die Erklärung wird in der unrichtigen Fassung – d.h. im Beispielsfall mit einem Kaufpreis von 10 € – wirksam, kann jedoch vom Erklärenden gem. § 120 BGB angefochten werden.   558

c) Andere Anfechtungsgründe

Auch ein **Inhaltsirrtum** (§ 119 Abs. 1, Alt. 1 BGB) kann zur Anfechtung berechtigen. Dies kommt beispielsweise in Betracht, wenn der Besteller angibt, englischsprachige Vertragsklauseln nicht richtig verstanden zu haben. Für einen solchen Irrtum ist allerdings der Anfechtende darlegungs- und beweispflichtig[926].   559

Hat jemand auf einem Internetportal, welches den Abschluss von Reiseverträgen ermöglicht, eine Unterkunft für zwei Personen in einem Doppelzimmer gebucht, so kann er den Vertragsschluss gem. § 119 Abs. 1, Alt. 1 BGB anfechten, wenn er das Angebot auf einer Ergebnisliste auffindet, welche er zuvor mit Suchkriterien eingeschränkt hat, die auf die Buchung einer Unterkunft für zwei Personen in jeweils einem Doppelzimmer zur Einzelnutzung abzielten[927].   560

Wer sich durch die Anpreisung nackter Tatsachen zu einem kostenpflichtigen Download von Bildern oder Videos verleiten lässt und auf den heruntergeladenen Dateien statt pornographischer Inhalte nutzlose Gebrauchsanleitungen vorfindet, ist wegen **arglistiger Täuschung** zur Anfechtung berechtigt (§ 123 Abs. 1, Alt. 1 BGB).   561

Erweckt ein Schreiben durch seine Aufmachung den Eindruck eines behördlichen Schreibens oder einer Rechnung, ist der Empfänger zur Anfechtung wegen arglistiger Täuschung (§ 123 Abs. 1, Alt. 1 BGB) berechtigt, wenn es sich um ein Angebotsschreiben handelt, das der Empfänger angenommen hat, ohne zu erkennen, dass das Angebotsschreiben Angaben hinsichtlich der Entgeltlichkeit und der Laufzeit des abzuschließenden Vertrags enthielt[928].   562

d) Anfechtung bei Internetauktionen

Für die Anfechtung von Kaufverträgen, die über eBay und andere Plattformen geschlossen werden, gelten keine Besonderheiten. Ein Anfechtungsgrund liegt beispielsweise vor, wenn der enttäuschte Käufer nach Erhalt der Ware angibt, sich über ihre Beschaffenheit geirrt zu   563

---

926 Vgl. AG Schöneberg v. 31.3.2005 – 9 C 516/04, MMR 2005, 637.
927 AG Bielefeld v. 26.3.2019 – 404 C 133/1 Rz. 17.
928 BGH v. 22.2.2005 – X ZR 123/03 Rz. 13; AG Bergisch Gladbach v. 28.7.2011 – 60 C 182/11 Rz. 7; AG Düsseldorf v. 23.11.2011 – 42 C 11568/11 Rz. 2; AG Köln v. 6.6.2011 – 114 C 128/11 Rz. 8; AG München v. 27.4.2011 – 213 C 4124/11 Rz. 26; *Hampe/Köhler*, MMR 2011, 722, 725.

haben oder arglistig getäuscht worden zu sein. Die Anfechtungsrechte gem. § 119 BGB und § 123 Abs. 1 BGB stehen dem Käufer uneingeschränkt zu[929].

564 Ein Anfechtungsrecht des Verkäufers wegen Inhaltsirrtums (§ 119 Abs. 1, Alt. 1 BGB) – und nicht etwa wegen Erklärungsirrtums (§ 119 Abs. 1, Alt. 2 BGB)[930] – besteht auch, wenn der Verkäufer einen Artikel unter der Rubrik **„Sofort-Kaufen"** zu 1 € anbietet, ohne sich darüber im Klaren zu sein, dass er hierdurch keine Auktion in Gang setzt, sondern einen Antrag gem. § 145 BGB abgibt, der von jedermann durch einfache Annahmeerklärung („sofort") zustande gebracht werden kann[931].

565 Der Käufer hat ein Anfechtungsrecht gem. § 119 Abs. 1, Alt. 1 BGB, wenn er auf eBay ein E-Bike mittels der Sofort-Kaufen-Funktion erworben und dabei übersehen hat, dass der Verkäufer – abweichend vom neben dem Sofort-Kaufen-Button stehenden Preis von 100 € – deutlich sichtbar und unmissverständlich in der Angebotsüberschrift und der Beschreibung erklärt hat, dass er 2.600 € verlangt[932]. Kein Anfechtungsrecht hat der Verkäufer, wenn der erzielte Erlös nicht seinen Vorstellungen entspricht. Wird beispielsweise ein gebrauchtes Fahrzeug, das ca. 10.000 € wert ist, für lediglich 1.000 € ersteigert, so lässt sich weder aus § 119 BGB noch aus § 123 BGB ein Anfechtungsrecht ableiten[933].

566 Auch die Voraussetzungen des § 138 Abs. 1 BGB liegen nicht vor, wenn der Verkäufer durch die Angabe eines (zu) niedrigen **Mindestgebots** das Risiko eingegangen ist, deutlich unter Wert zu verkaufen[934]. Dies gilt selbst dann, wenn ein Rübenroder, der 60.000 € wert ist, mit einem Mindestgebot von 1 € angeboten und zu lediglich 51 € ersteigert wird[935]. Die allgemeinen Grundsätze zum wucherähnlichen Geschäft können nicht auf den Fall der Internetauktion übertragen werden. Ist das Missverhältnis zwischen Leistung und Gegenleistung besonders grob, so rechtfertigt dies nicht den Schluss auf eine verwerfliche Gesinnung des Begünstigten[936].

567 In einem Fall, in dem ein Porsche, der mehr als 75.000 € wert war, für 5,50 € ersteigert worden war, erachtete das OLG Koblenz es für rechtsmissbräuchlich gem. **§ 242 BGB**, wenn sich der Ersteigerer auf die Gebundenheit beruft[937]. Grundsätzlich komme die Annahme einer

---

929 BGH v. 28.3.2012 – VIII ZR 244/11 Rz. 20; OLG Oldenburg v. 30.10.2003 – 8 U 136/03, CR 2004, 298, 299; OLG Oldenburg v. 27.9.2006 – 4 U 25/06, CR 2007, 462 = NJW-RR 2007, 268, 268 ff.; LG Bonn v. 12.11.2004 – 1 O 307/04 Rz. 33 ff.; LG München v. 7.8.2008 – 34 S 20431/04 Rz. 19; AG Dresden v. 29.4.2005 – 103 C 10078/04, ITRB 2006, 57, 57 ff. (*Gebler*); AG Kehl v. 16.9.2003 – 4 C 290/03, JurPC Web-Dok. 267/2003; *Günther*, ITRB 2002, 93, 94.

930 A.A. AG Kassel v. 23.4.2009 – 421 C 746/09.

931 Vgl. AG Lahnstein v. 15.12.2004 – 2 C 471/04, JurPC Web-Dok 34/2005; AG Stollberg v. 30.3.2006 – 3 C 535/05; AG Syke v. 27.9.2004 – 24 C 988/04, MMR 2004, 825, 826.

932 BGH v. 15.2.2017 – VIII ZR 59/16 Rz. 25 ff., CR 2017, 523 = ITRB 2017, 99.

933 Vgl. LG Coburg v. 1.6.2004 – 22 O 43/04, K&R 2004, 543, 547; AG Wiesbaden v. 6.9.2000 – 92 C 2306/00, CR 2001, 52 = ITRB 2001, 38.

934 OLG Nürnberg v. 26.2.2014 – 12 U 336/13 Rz. 172, CR 2014, 316; OLG Oldenburg v. 30.10.2003 – 8 U 136/03, CR 2004, 298, 299; vgl. auch AG Gummersbach v. 28.6.2010 – 10 C 25/10, ITRB 2010, 229.

935 OLG Köln v. 8.12.2006 – 19 U 109/06, ITRB 2007, 204 = CR 2007, 598, 599 ff.

936 BGH v. 28.3.2012 – VIII ZR 244/10 Rz. 20, CR 2012, 460 m. Anm. *Juretzek* = ITRB 2012, 173; vgl. *Kulke*, NJW 2012, 2697, 2698.

937 OLG Koblenz v. 3.6.2009 – 5 U 429/09, ITRB 2010, 8 = CR 2010, 49, 49 ff.; vgl. auch OLG Düsseldorf v. 19.5.2016 – 16 U 72/15 Rz. 66, ITRB 2016, 172.

unangemessenen Benachteiligung des Anbieters und Verkäufers nur in krassen Ausnahmefällen in Betracht. Der Anbieter sei nämlich durch die Möglichkeit der Angabe eines Mindestgebotes, der Größe der Bietschritte sowie der Bietzeit in der Lage, sein Risiko zu begrenzen. Nutze er dies nicht, müsse er sich an der Folge grundsätzlich festhalten lassen. Dies könne allerdings uneingeschränkt nur dann gelten, wenn die Auktion auch tatsächlich bis zum Ende der Bietzeit durchgeführt wurde[938]. Wenn eine Versteigerung vorzeitig **abgebrochen** wird, muss nach Auffassung des OLG Koblenz „der konkrete Einzelfall betrachtet werden". Es komme dann darauf an, ob der Abbruch als „willkürlich" anzusehen sei. Dies sei bei dem Abbruch der Porsche-Auktion nicht der Fall gewesen, da ein „nur noch als extrem zu bezeichnendes Missverhältnis" zwischen dem Preis und dem Wert des Porsches vorgelegen habe[939].

Die Argumentation des OLG Koblenz ist kaum nachvollziehbar und unverhohlen ergebnisorientiert: Ein „krasses Missverhältnis" zwischen dem Wert der Kaufsache und deren Preis mag als sittenwidrig anzusehen sein (§ 138 BGB). Wenn es jedoch – wie in dem Porsche-Fall – an einer Sittenwidrigkeit fehlt, weil sich ein **Risiko** verwirklicht hat, das der Verkäufer sehenden Auges eingegangen ist, ist es keineswegs rechtsmissbräuchlich, wenn der Käufer sich auf die Wirksamkeit des Vertrages beruft.   568

4. Geschäftsfähigkeit

Die Betätigung der Maus ist kinderleicht. Die Willenserklärung, die der Sechsjährige per Mausklick abgibt, ist dennoch gem. § 105 Abs. 1 i.V.m. § 104 Nr. 1 BGB nichtig. Der Empfänger der Willenserklärung kann sich nicht auf Vertrauensschutz berufen. Der gute Glaube an die Geschäftsfähigkeit des Vertragspartners genießt keinen Schutz[940].   569

Heikle Fragen können sich bei der Nutzung des Internet durch beschränkt geschäftsfähige **Minderjährige** stellen. Der 17-Jährige, der im Internet hinter dem Rücken seiner Eltern kostenpflichtige Pornoangebote nutzt, schließt unwirksame Verträge (§ 107 und § 108 BGB) und ist daher nicht zur Zahlung verpflichtet.   570

Auch gegenüber dem 17-Jährigen kann sich der Vertragspartner nicht auf Vertrauensschutz berufen[941]. Dies gilt insbesondere auch dann, wenn der Minderjährige **wahrheitswidrige Angaben** über sein Alter gemacht hat. Die gelegentlich mögliche Geltendmachung von Ansprüchen nach Bereicherungsrecht und Deliktsrecht[942] kann die Defizite des Minderjährigenrechts nicht immer ausgleichen.   571

5. Stellvertretung

Wenn per Bestellbutton, Chat oder E-Mail rechtsgeschäftlich in oder unter fremdem Namen kommuniziert wird, sind die §§ 164 ff. BGB anwendbar.   572

---

938 OLG Koblenz v. 3.6.2009 – 5 U 429/09, ITRB 2010, 8 = CR 2010, 49, 49 ff.
939 OLG Koblenz v. 3.6.2009 – 5 U 429/09, ITRB 2010, 8 = CR 2010, 49, 49 ff.; vgl. auch LG Berlin v. 21.5.2012 – 52 S 140/11 Rz. 31, CR 2012, 477; a.A. AG Gummersbach v. 28.6.2010 – 10 C 25/10, ITRB 2010, 229.
940 BGH v. 25.4.1988 – II ZR 17/87, ZIP 1988, 829, 831; *Ellenberger* in Grüneberg, Einf. v. § 104 BGB Rz. 3.
941 *Ellenberger* in Grüneberg, Einf. v. § 104 BGB Rz. 3.
942 Vgl. *Wendtland* in BeckOK/BGB, § 105 BGB Rz. 8.

a) Handeln unter fremdem Namen

aa) Entsprechende Anwendung der §§ 164 ff. BGB

573 Die Person, die über das Internet eine Vertragserklärung abgibt, ist nicht immer mit dem Inhaber des Internetanschlusses identisch. Ebenso wenig muss der Versender einer E-Mail identisch sein mit dem Inhaber des Mail-Accounts. Auch bei einem eBay- oder Amazon-Account kann es vorkommen, dass eine dritte Person (z.B. der Ehegatte) den Account nutzt, ohne dass dies für den Empfänger einer Nachricht erkennbar ist[943].

574 Bei einem Handeln unter fremdem Namen liegt ein Geschäft des Namensträgers vor, wenn das Auftreten des Handelnden auf eine bestimmte andere Person hinweist und die Gegenpartei der Ansicht sein durfte, der Vertrag komme mit dieser Person zustande. Ein **Eigengeschäft** des Handelnden liegt dagegen vor, wenn die Benutzung des fremden Namens bei der Gegenpartei keine falsche Identitätsvorstellung hervorgerufen hat, diese also mit dem Handelnden abschließen will. Dies ist anzunehmen, wenn der andere Teil keine konkreten Vorstellungen über die Identität des Handelnden hatte[944]. Der Erklärende und der Vertragspartner sind in einem solchen Fall identisch, was zur Folge hat, dass die §§ 164 ff. BGB außer Betracht bleiben[945].

575 Ein erkennbares Eigengeschäft liegt vor, wenn eine Internet-Bestellung unter einem offenkundigen **Phantasienamen** („Lady Gaga") abgegeben wird. Ersichtlich geht es in einem solchen Fall dem Besteller um ein Eigengeschäft und nicht um ein Handeln für die „echte" Lady Gaga. Die Frage, ob Lady Gaga den Besteller gem. § 167 BGB bevollmächtigt hat, stellt sich nicht.

576 Wird bei der Nutzung eines fremden Namens beim Geschäftspartner der Anschein erweckt, es solle mit dem Namensträger ein Geschäft abgeschlossen werden und wird dabei eine **falsche Vorstellung** über die Identität des Handelnden hervorgerufen, so fehlt es an einem Eigengeschäft. Die Regeln über die Stellvertretung (§§ 164 ff. BGB) und die hierzu entwickelten Grundsätze finden entsprechend Anwendung, obwohl dem Handelnden der Vertretungswille fehlt[946].

577 Zwar sind die Voraussetzungen für eine direkte Anwendung des Stellvertretungsrechts (**§§ 164 ff. BGB**) bei einem Handeln „unter fremdem Namen" nicht erfüllt, da nicht erkennbar ist, dass der Handelnde mit dem Namensträger nicht identisch ist. Die analoge Anwendbarkeit der §§ 164 ff. BGB ist jedoch allgemein anerkannt[947]. Die vertragliche Verpflichtung

---

943 Vgl. BGH v. 11.5.2011 – VIII ZR 289/09, CR 2011, 455 m. Anm. *Mankowski* = ITRB 2011, 148.

944 BGH v. 11.5.2011 – VIII ZR 289/09 Rz. 10, CR 2011, 455 m. Anm. *Mankowski* = ITRB 2011, 148; LG Kassel v. 15.4.2008, NJW-RR 2009, 781; AG Hamburg-St. Georg v. 24.2.2009 – 918 C 463/08, MMR 2009, 436 (Ls.).

945 BGH v. 11.5.2011 – VIII ZR 289/09 Rz. 10, CR 2011, 455 m. Anm. *Mankowski* = ITRB 2011, 148; *Flume*, AT II, S. 775; *Ellenberger* in Grüneberg, § 164 BGB Rz. 12.

946 BGH v. 11.5.2011 – VIII ZR 289/09 Rz. 12, CR 2011, 455 m. Anm. *Mankowski* = ITRB 2011, 148.

947 BGH v. 3.3.1966, BGHZ 45, 193, 195; BGH v. 11.5.2011 – VIII ZR 289/09 Rz. 12, CR 2011, 455 m. Anm. *Mankowski* = ITRB 2011, 148; OLG München v. 5.2.2004 – 19 U 5114/03, CR 2004, 845 = K&R 2004, 352, 353; OLG Oldenburg v. 11.1.1993 – 13 U 133/92, CR 1993, 558, 559 (zu Btx); *Brox*, AT, § 24 Rz. 15; *Medicus*, AT, Rz. 82; *Ellenberger* in Grüneberg, § 164 BGB Rz. 10.

des Namensträgers hängt entsprechend § 164 BGB von der Vertretungsmacht des Handelnden ab. War dieser zur Abgabe der Vertragserklärung bevollmächtigt, kommt ein Vertrag mit dem Namensträger zustande. Anderenfalls haftet der Handelnde gegenüber dem Vertragspartner gem. § 179 Abs. 1 BGB.

bb) Anwendungsfälle

Gibt der Erklärende beim Vertragsschluss seine **Identität** nicht zu erkennen, so muss bei dem Vertragspartner der Eindruck entstehen, dass er einen Vertrag mit dem Inhaber des betreffenden Internetanschlusses bzw. dem Inhaber der verwendeten E-Mail-Adresse oder des betreffenden Accounts schließt. Aus der Sicht des Vertragspartners tritt der Nutzer unter dem Namen desjenigen in Erscheinung, der Inhaber des Anschlusses bzw. der E-Mail-Adresse oder des Accounts ist[948].   578

Bestellt der Angestellte im Internet Büromaterialien für das Unternehmen, bei dem er beschäftigt ist, so geht aus der Bestellung nicht zwingend hervor, welche Person die Bestellung getätigt hat. Der Empfänger erhält eine Bestellung des Angestellten „unter dem Namen" des Unternehmens und somit keine Erklärung „im fremden Namen"[949].   579

Ein Handeln unter fremdem Namen liegt auch vor, wenn **Online-Accounts** (z.B. bei Amazon) durch Dritte verwendet werden, ohne dass dies erkennbar ist. Aus Sicht des Vertragspartners ist in einem solchen Fall der Inhaber des Accounts und nicht der Dritte derjenige, der Vertragserklärungen abgibt[950]. Bestellt die Tochter über das **Mobiltelefon** ihres Vaters Spielwaren, liegt ebenfalls ein Fall des Handelns unter fremdem Namen vor, da der Verkäufer davon ausgehen darf, dass er den Vertrag über die Spielwaren mit dem Inhaber des Mobilfunkvertrages und somit mit dem Vater schließt[951].   580

Bei **Online-Versteigerungen** kommen Verträge mit der Person zustande, die hinter dem verwendeten Mitgliedsnamen steht[952]. Die Handelnden treten vielfach unter einem selbst gewählten Phantasienamen (z.B. „uhren10115") auf. Der Phantasiename löst bei dem Vertragspartner die Vorstellung aus, dass die Person handelt, die Inhaber des jeweiligen Accounts ist[953].   581

Eine Fehlvorstellung über die Identität des Handelnden ist ausgeschlossen, wenn aus einem Angebot klar hervorgeht, wer Vertragspartner werden soll. Wird daher bei eBay ein Pkw zur Versteigerung angeboten unter ausdrücklichem Hinweis darauf, dass die 85-jährige Großmutter des Accountinhabers als Verkäuferin auftritt, kommt der Vertrag mit der alten Dame zustande und nicht mit dem Inhaber des Accounts[954].   582

---

948 BGH v. 11.5.2011 – VIII ZR 289/09 Rz. 12, CR 2011, 455 m. Anm. *Mankowski* = ITRB 2011, 148.
949 OLG München v. 5.2.2004 – 19 U 5114/03, CR 2004, 845 = K&R 2004, 352.
950 BGH v. 11.5.2011 – VIII ZR 289/09 Rz. 10, CR 2011, 455 m. Anm. *Mankowski* = ITRB 2011, 148; *Herresthal*, K&R 2008, 705, 705.
951 Vgl. AG Berlin-Mitte v. 28.7.2008 – 12 C 52/08, MMR 2008, 696, 696 f. m. Anm. *Mankowski*.
952 AG Hamburg-St. Georg v. 24.2.2009 – 918 C 463/08, MMR 2009, 436 (Ls.).
953 LG Kassel v. 15.4.2008 – 9 O 2539/06, NJW-RR 2009, 781.
954 A.A. LG Kassel v. 15.4.2008 – 9 O 2539/06, NJW-RR 2009, 781.

583 Bei einem Bargeschäft fehlt es dem Verkäufer vielfach an einer Vorstellung über die Identität des Käufers. Wenn der Käufer daher den eBay-Account seiner Lebensgefährtin nutzt und mit dem Verkäufer Barzahlung gegen Abholung vereinbart, handelt es sich um ein Eigengeschäft des Käufers, der Vertragspartner des Verkäufers wird. Denn aus der Perspektive des Verkäufers ist entscheidend, wer bei der Abwicklung des Rechtsgeschäftes durch Übergabe des Kaufpreises und Entgegennahme des Kaufgegenstandes erkennbar als Käufer auftritt[955].

b) Rechtsscheinshaftung

584 Werden Verträge unter fremdem Namen und ohne Zustimmung des Namensinhabers geschlossen, so stellt sich die Frage, ob die Voraussetzungen für eine **Haftung des Namensinhabers** nach den Grundsätzen der Duldungs- oder Anscheinsvollmacht erfüllt sind[956].

aa) Duldungsvollmacht

585 Eine Duldungsvollmacht liegt vor, wenn der Vertretene es willentlich geschehen lässt, dass ein anderer für ihn wie ein Vertreter auftritt und der Geschäftspartner dieses Dulden nach Treu und Glauben dahingehend versteht und auch verstehen darf, dass der als Vertreter Handelnde zu den vorgenommenen Erklärungen bevollmächtigt ist. Bei einem unter Verwendung einer fremden Identität getätigten Geschäft des Namensträgers finden diese Grundsätze mit der Maßgabe entsprechende Anwendung, dass auf das **Verhalten des Namensträgers** abzustellen ist[957]. Es kommt somit darauf an, ob der Namensträger es willentlich hat geschehen lassen, dass ein anderer unter seinem Namen im Rechtsverkehr auftritt.

586 Nimmt die Mutter es hin, dass ihre Tochter wiederholt unter dem Namen ihrer Mutter online Waren bestellt, so muss sich die Mutter das Handeln ihrer Tochter zurechnen lassen. Der Vertragspartner darf das Dulden der Bestellungen nach Treu und Glauben dahingehend verstehen, dass die Mutter ihre Tochter zur Vornahme der Bestellungen bevollmächtigt hat. Es liegt eine Duldungsvollmacht der Tochter vor; der Mutter ist der Einwand der fehlenden Vertretungsmacht abgeschnitten[958]. Auch wer Benutzernamen und Kennwort eines Accounts an Dritte weitergibt, handelt fahrlässig und kann somit kraft **Duldungsvollmacht** zum Vertragspartner werden, wenn die Zugangsdaten für ein Gebot genutzt werden[959].

bb) Anscheinsvollmacht

587 Eine Anscheinsvollmacht ist gegeben, wenn der Vertretene das Handeln des Scheinvertreters nicht kennt, er es aber bei pflichtgemäßer Sorgfalt hätte erkennen und verhindern können und wenn der Geschäftsgegner annehmen durfte, der Vertretene kenne und billige das Han-

---

955 LG Dessau-Roßlau v. 15.4.2016 – 4 O 590/12 Rz. 49 ff.

956 Vgl. *Ellenberger* in Grüneberg, § 172 BGB Rz. 6 ff.; BGH v. 11.5.2011 – VIII ZR 289/09 Rz. 14 ff., CR 2011, 455 m. Anm. *Mankowski* = ITRB 2011, 148; LG Ravensburg v. 13.6.1991 – 2 S 6/91, CR 1992, 472 = NJW-RR 1992, 111, 111 f. für Btx.

957 BGH v. 11.5.2011 – VIII ZR 289/09 Rz. 15, CR 2011, 455 m. Anm. *Mankowski* = ITRB 2011, 148.

958 Vgl. BGH v. 13.5.1992 – IV ZR 79/91, VersR 1992, 989, 990.

959 Vgl. OLG Celle v. 9.7.2014 – 4 U 24/14 Rz. 12 ff.; LG Aachen v. 15.12.2006 – 5 S 184/06, CR 2007, 605, 605 f. m. Anm. *Mankowski*; AG Bremen v. 20.10.2005 – 16 C 168/05, ITRB 2006, 132 = CR 2006, 136 f. m. Anm. *Wenn.*

deln des Vertreters. Bei einem Handeln unter fremdem Namen ist bei Anwendung dieser Grundsätze auf das **Verhalten des Namensträgers** abzustellen[960].

Gemeinhin wird zudem ein Missbrauchsverhalten verlangt, das sich nicht auf ein einmaliges missbräuchliches Handeln beschränkt, sondern eine gewisse Dauer und Häufigkeit aufweist[961]. Dies würde bedeuten, dass beispielsweise eine Haftung des Inhabers einer unbefugt verwendeten E-Mail-Adresse zu verneinen ist, wenn es sich um einen einmaligen Fall handelt. Um den Adressinhaber in die Haftung zu nehmen, müsste der Empfänger der Mail ein **wiederholtes Handeln** des Scheinvertreters nachweisen. Darüber hinaus müsste er darlegen und beweisen, dass der Adressinhaber den Missbrauch bei pflichtgemäßer Sorgfalt hätte erkennen und verhindern können. 588

Ermöglicht der Inhaber eines eBay-Accounts durch eine nachlässige Aufbewahrung der Zugangsdaten den einmaligen Missbrauch seines Kontos durch einen Familienangehörigen, so liegen nach Auffassung des BGH die Voraussetzungen einer Anscheinsvollmacht nicht vor, da es an „einer gewissen Häufigkeit oder Dauer der unbefugten Verwendung" durch den Scheinvertreter fehlt. Ein Erklärungsempfänger könne nicht mit hinreichender Sicherheit davon ausgehen, dass sich – trotz der Identifikationsfunktion der Zugangsdaten – hinter dem Mitgliedsnamen auch tatsächlich der Inhaber des Accounts verbirgt[962]. 589

Für eine rechtsgeschäftliche Haftung reicht es nach Auffassung des BGH nicht aus, dass der Inhaber die Zugangsdaten unzureichend vor dem Zugriff des Handelnden geschützt hat[963]. Dies stützt der BGH auf die Überlegung, dass das Gesetz (§§ 164, 177, 179 BGB analog) das Risiko einer fehlenden Vertretungsmacht des Handelnden dem Geschäftsgegner und nicht demjenigen zuweise, in oder unter dessen Namen jemand als Vertreter oder scheinbarer Namensträger auftritt. Eine Durchbrechung dieser **Risikozuweisung** sei nicht bereits dann gerechtfertigt, wenn der Namensträger das Handeln des Dritten bei pflichtgemäßer Sorgfalt hätte erkennen und verhindern können. Vielmehr sei für eine Zurechnung der von dem Dritten abgegebenen Erklärung zu fordern, dass der Geschäftsgegner annehmen durfte, der Namensträger kenne und billige das Verhalten des Dritten. Nur unter dieser zusätzlichen Voraussetzung verdiene ein vom Namensträger verursachter Rechtsschein im Rechtsverkehr Schutz[964]. 590

Die Möglichkeiten des Empfängers einer online übermittelten Erklärung, einen Missbrauch zu erkennen, sind wesentlich geringer als die Möglichkeiten des Inhabers eines Internet- 591

---

960 BGH v. 12.3.1981 – III ZR 60/80, NJW 1981, 1727, 1728; BGH v. 13.5.1992 – IV ZR 79/91, VersR 1992, 989, 990; BGH v. 5.3.1998 – III ZR 183/96, NJW 1998, 1854; BGH v. 11.5.2011 – VIII ZR 289/09 Rz. 16, CR 2011, 455 m. Anm. *Mankowski* = ITRB 2011, 148; OLG Bremen v. 21.6.2012 – 3 U 1/12 Rz. 28, CR 2012, 681 = ITRB 2012, 221; OLG Hamm v. 16.11.2006 – 28 U 84/06, NJW 2007, 611, 612; OLG Oldenburg v. 11.1.1993 – 13 U 133/92, CR 1993, 558, 559 für Btx.

961 BGH v. 9.6.1986 – II ZR 193/85, WM 1986, 901; BGH v. 11.5.2011 – VIII ZR 289/09 Rz. 15, CR 2011, 455 m. Anm. *Mankowski* = ITRB 2011, 148; BGH v. 26.1.2016 – XI ZR 91/14 Rz. 61 ff., ITRB 2016, 171; *Ellenberger* in Grüneberg, § 172 BGB Rz. 12.

962 BGH v. 11.5.2011 – VIII ZR 289/09 Rz. 18, CR 2011, 455 m. Anm. *Mankowski* = ITRB 2011, 148.

963 BGH v. 11.5.2011 – VIII ZR 289/09 Rz. 19, CR 2011, 455 m. Anm. *Mankowski* = ITRB 2011, 148; OLG Bremen v. 21.6.2012 – 3 U 1/12 Rz. 29, CR 2012, 681 = ITRB 2012, 221; vgl. *Härting/ Strubel*, BB 2011, 2185, 2189; *Schlömer/Dittrich*, K&R 2012, 160.

964 BGH v. 11.5.2011 – VIII ZR 289/09 Rz. 20, CR 2011, 455 m. Anm. *Mankowski* = ITRB 2011, 148.

anschlusses bzw. einer E-Mail-Adresse oder eines eBay-Accounts, den Zugang Unbefugter zu dem Anschluss bzw. dem Account – insbesondere durch Passwortschutz – zu verhindern. Hat der Vertretene fahrlässig Vorkehrungen gegen einen Missbrauch versäumt, so leuchtet es nicht ein, dass er nicht bereits für den ersten Missbrauchsfall haftbar gemacht werden soll.

592   Auch wenn man an den herkömmlichen Anforderungen an eine Anscheinsvollmacht festhält, liegen deren Voraussetzungen jedenfalls vor, wenn eine Unternehmerin ihrem Sohn mehrmals innerhalb einer gewissen Zeit und bei drei getrennten Anlässen erlaubt, mit der Kundennummer der Mutter und einer die Firma des Unternehmens enthaltenden **E-Mail-Adresse** Bestellungen zu tätigen. Soweit in einem solchen Fall nicht bereits eine Duldungsvollmacht zu bejahen ist, ergibt sich eine wirksame Stellvertretung jedenfalls aus einer Anscheinsvollmacht[965].

593   Die Unterscheidung zwischen einem einmaligen Missbrauchsfall und dem Fall des dauerhaften bzw. häufigen Missbrauchs ist willkürlich. Es erscheint sach- und interessengerecht, eine Rechtsscheinhaftung schon im **ersten Missbrauchsfall** zu bejahen und die fahrlässige Ermöglichung des Missbrauchs durch den Vertretenen für dessen Haftung ausreichen zu lassen. Die Grundsätze der Anscheinsvollmacht bedürfen einer entsprechenden Erweiterung[966]. Eine Haftung kraft **Anscheinsvollmacht** ist daher auch zu bejahen, wenn der Inhaber eines eBay-Accounts mit den Zugangsdaten sorglos umgeht, indem er sie beispielsweise auf einem „Merkzettel" notiert, der an einem für Dritte zugänglichen Computer befestigt ist[967].

594   Gleichfalls zu bejahen ist eine Anscheinsvollmacht, wenn jemand es einem anderen durch Übergabe der beglaubigten Kopie seines Personalausweises ermöglicht, im Internet eine falsche Identität anzunehmen und dort Rechtsgeschäfte unter dem falschen Namen einzugehen (**„Identitätsdiebstahl"**). Es reicht für die Annahme einer Anscheinsvollmacht aus, dass der Inhaber des Personalausweises den Datenmissbrauch hätte erkennen und verhindern können[968].

595   Eine Anscheinsvollmacht mag indes zu verneinen sein, wenn Benutzername und Kennwort weitergegeben werden an einen Dritten zur Tätigung kleinerer Geschäfte und der Dritte die Accountdaten zum Kauf eines Luxusfahrzeuges zu einem Kaufpreis von 74.900 € missbraucht[969].

cc) Zurechnung gem. § 67 Abs. 6 Satz 1 TKG

596   Parallelen zu Internetgeschäften gab es in zahlreichen Fällen, in denen Gerichte vor geraumer Zeit über Gebühren für R-Gespräche zu entscheiden hatten[970]. **R-Gespräche** waren un-

---

965 Vgl. LG Frankfurt/M. v. 15.12.2004 – 3-13 O 28/04.
966 Vgl. LG Darmstadt v. 28.8.2014 – 28 O 36/14 Rz. 47 ff., CR 2014, 749 = ITRB 2014, 250; LG Ravensburg v. 13.6.1991 – 2 S 6/91, CR 1992, 472 = NJW-RR 1992, 111; *Härting/Strubel*, BB 2011, 2185, 2189.
967 A.A. BGH v. 11.5.2011 – VIII ZR 289/09 Rz. 19, CR 2011, 455 m. Anm. *Mankowski* = ITRB 2011, 148; LG Bonn v. 19.12.2003 – 2 O 472/03, CR 2004, 218 m. Anm. *Winter* = MMR 2004, 179; AG Erfurt v. 14.9.2001 – 28 C 2354/01, CR 2002, 767.
968 AG Hamburg-St. Georg v. 24.2.2009 – 918 C 463/08, MMR 2009, 436 (Ls.).
969 OLG Köln v. 13.1.2006 – 19 U 120/05, CR 2006, 489 = ITRB 2006, 129 = NJW 2006, 1676 f.
970 LG Frankfurt/M. v. 26.11.2004 – 2/16 S 126/04, MMR 2005, 488; LG Paderborn v. 30.11.2004 – 5 S 142/04, MMR 2005, 480; AG Braunschweig v. 17.3.2004 – 114 C 5637/03, CR 2004, 752 =

ter Jugendlichen sehr beliebt. In einem Fall, den der BGH zu entscheiden hatte[971], war es – nach den Angaben der beklagten Mutter – der Freund der minderjährigen Tochter, der mit R-Gesprächen dafür sorgte, dass der Mutter stolze 593,06 € in Rechnung gestellt wurden. Die Klärung der **Vertragsverhältnisse** bereitete dem BGH wenig Schwierigkeiten: Der Telekommunikationsdienstleister, der die R-Gespräche anbot, hatte eine Bandansage geschaltet. Aus dieser Bandansage ging zweifelsfrei hervor, dass mit einem Tastendruck ein Vertrag zustande kommen soll. Die Bandansage und der Tastendruck reichten dem BGH aus, um von einem Vertragsschluss zu den angebotenen Konditionen (2,9 Cent/Sekunde) auszugehen[972].

Vertragspartner kann bei anonymen Telekommunikationsdienstleistungen aus der (maßgeblichen) Sicht des Dienstleisters nur der Anschlussinhaber sein. Dies war in dem vom BGH zu entscheidenden Fall die Mutter der 16-jährigen Tochter. Da der Vertragsschluss somit unter dem Namen der Mutter erfolgte, stellte sich die Frage, ob der Mutter der Tastendruck der Tochter nach den Grundsätzen der **Anscheinsvollmacht** zuzurechnen war (§ 164 Abs. 1 BGB). Der BGH verneinte dies mit der Begründung, dass die „Unterhaltung eines funktionstüchtigen Telefonanschlusses" keinen Vertrauenstatbestand schaffen könne[973].   597

In Anknüpfung an seine Dialer-Entscheidung[974] ließ der BGH es dabei jedoch nicht bewenden und prüfte ergänzend, ob eine Zurechnung nach dem Rechtsgedanken des **§ 16 Abs. 3 Satz 3 TKV** (jetzt: **§ 67 Abs. 6 Satz 1 TKG**) in Frage kommt. Soweit der Teilnehmer nachweist, dass ihm die Inanspruchnahme von Leistungen des Anbieters **nicht zugerechnet** werden kann, hat der Anbieter nach § 16 Abs. 3 Satz 3 TKV/§ 67 Abs. 6 Satz 1 TKG keinen Anspruch auf Entgelt gegen den Teilnehmer.   598

Aus § 16 Abs. 3 Satz 3 TKV/§ 67 Abs. 6 Satz 1 TKG leitete der BGH den Grundsatz ab, dass es bei Telekommunikationsdienstleistungen für eine Zurechnung des Handelns des Vertreters ausreicht, wenn der Anschlussinhaber die Nutzung des Anschlusses zu vertreten hat. Im konkreten Fall verneinte der BGH dies, da keine zumutbaren Maßnahmen ersichtlich waren, mit denen die Mutter R-Gespräche ihrer Tochter hätte verhindern können. Insbesondere seien der Mutter eine vollständige Sperrung des Telefonanschlusses oder die vorsorgliche Ausschaltung des Tonwahlverfahrens nicht zumutbar gewesen[975].   599

Über den Umweg des § 16 Abs. 3 Satz 3 TKV/§ 67 Abs. 6 Satz 1 TKG gelang dem BGH im Ergebnis eine sachgerechte Abgrenzung von **Risikosphären**[976]. Ob es indes dieses Umwegs   600

ITRB 2004, 242 = MMR 2004, 705; AG Fürth v. 11.10.2004 – 1 C 59/04 (13), MMR 2005, 489; AG Hamburg-Altona v. 16.12.2004 – 316 C 369/04, MMR 2005, 485; AG Nettetal v. 9.6.2004 – 19 C 91/04, MMR 2005, 490; AG Limburg v. 8.12.2004 – 4 C 1366/04, MMR 2005, 488; AG Völklingen v. 23.2.2005 – 5c C 575/04, MMR 2005, 482; vgl. auch LG Saarbrücken v. 22.6.2011 – 10 S 60/10 Rz. 14 ff.; AG Lebach v. 21.6.2011 – 13 C 653/10 Rz. 22.

971 BGH v. 16.3.2006 – III ZR 152/05, CR 2006, 454 m. Anm. *Klees* = ITRB 2006, 159 = NJW 2006, 1971.

972 BGH v. 16.3.2006 – III ZR 152/05, CR 2006, 454 m. Anm. *Klees* = ITRB 2006, 159 = NJW 2006, 1971; *Härting*, BGH-R 2006, 868, 868 ff.

973 BGH v. 16.3.2006 – III ZR 152/05, CR 2006, 454 m. Anm. *Klees* = ITRB 2006, 159 = NJW 2006, 1971, 1972; *Härting*, BGH-R 2006, 868, 868 ff.

974 BGH v. 14.3.2004, BGHZ 158, 205; vgl. *Härting/Schirmbacher*, CR 2004, 334, 334 ff.

975 BGH v. 16.3.2006 – III ZR 152/05, CR 2006, 454 m. Anm. *Klees* = ITRB 2006, 159 = NJW 2006, 1971, 1973; *Härting*, BGH-R 2006, 868, 869.

976 Vgl. OLG Köln v. 22.1.2010 – 6 U 119/09, CR 2010, 369 = ITRB 2010, 157 = K&R 2010, 204, 205; LG Saarbrücken v. 28.4.2009 – 9 O 312/08, ITRB 2010, 103 = CR 2010, 173, 173 ff. m.

bedarf oder ob es nicht vorzugswürdig ist, die Grundsätze der Anscheinsvollmacht im Bereich der anonymen Massenkommunikationen zu modernisieren, ist fraglich[977].

601 Auf § 67 Abs. 6 Satz 1 TKG (damals § 45i Abs. 4 Satz 1 TKG) können sich nur **Anbieter von Telekommunikationsdiensten** berufen, nicht jedoch Anbieter von Zahlungsdiensten („Pay-by-Call"-Verfahren)[978].

c) Beweisanforderungen

602 Häufig steht fest, dass von einem bestimmten Account aus Bestellungen getätigt bzw. Gebote oder sonstige Erklärungen abgegeben wurden, ohne dass sich der Urheber der Erklärung ermitteln lässt. Typischerweise bestreitet der Accountinhaber, selbst die Erklärung abgegeben zu haben und stellt lediglich Mutmaßungen darüber auf, wie es zu der Abgabe einer Erklärung von dem Account aus gekommen sein könnte. Die Palette der „Verdächtigen" reicht von kriminellen Hackern über den eigenen Ehegatten bis zu mysteriösen Unbekannten. Bürdet man in einem solchen Fall dem Vertragspartner den vollen Beweis auf, dass tatsächlich der Accountinhaber den Vertragsschluss vorgenommen hat, so entwertet man den **Passwortschutz**, der doch gerade dazu beitragen soll, das Vertrauen in die Identität des Nutzers zu stärken[979].

603 Passwortgeschützte Kommunikation lässt sich nur wirksam schützen, indem man die Grundsätze des **Anscheinsbeweises** anwendet[980]. Wenn ein Nutzer, dessen Passwort nachweisbar benutzt wurde, einwendet, er „wisse von nichts", so spricht die Lebenserfahrung für eine hohe Wahrscheinlichkeit, dass der Nutzer den betreffenden Vorgang entweder „vergessen" oder durch Fahrlässigkeit Dritten den Zugang zu dem Passwort eröffnet hat. Der Fall unterscheidet sich letztlich nicht von der Benutzung eines Geldautomaten mit einer Bankkarte nebst Geheimnummer[981]. Auch dort spricht – jedenfalls nach herrschender Meinung – ein Anscheinsbeweis dafür, dass der Karteninhaber die Karte selbst genutzt oder durch Fahrlässigkeit einen Missbrauch ermöglicht hat[982].

Anm. *Gräber*; AG Berlin-Mitte v. 7.8.2009 – 15 C 423/08, MMR 2009, 783, 783 ff. m. Anm. *Mankowski*; AG Lebach v. 21.6.2011 – 13 C 653/10 Rz. 22.

977 *Härting*, BGH-R 2006, 868, 869.

978 BGH v. 6.4.2017 – III ZR 368/16 Rz. 36, CR 2017, 470 = ITRB 2017, 205.

979 *Ernst*, MDR 2003, 1091, 1093; *Mankowski*, MMR 2004, 181.

980 *Ernst*, MDR 2003, 1091; *Herresthal*, K&R 2008, 705, 710; *Mankowski*, MMR 2004, 181; *Winter*, MMR 2002, 836; vgl. LG Coburg v. 29.4.2014 – 21 O 135/13; a.A. OLG Bremen v. 21.6.2012 – 3 U1/12 Rz. 28 ff.; OLG Hamm v. 16.11.2006 – 28 U 84/06, NJW 2006, 611, 612; OLG Köln v. 6.9.2002 – 19 U 16/02, AfP 2003, 188 = CR 2003, 55 = ITRB 2003, 23 = MMR 2002, 813; OLG Naumburg v. 2.3.2004 – 9 U 145/03; LG Arnsberg v. 12.4.2011 – 3 S 155/10 Rz. 35; LG Bonn v. 7.8.2001 – 2 O 450/00, AfP 2002, 274 = CR 2002, 293 m. Anm. *Hoeren* = MMR 2002, 255; LG Bonn v. 19.12.2003 – 2 O 472/03, CR 2004, 218 m. Anm. *Winter* = MMR 2004, 179; *Roßnagel/Pfitzmann*, NJW 2003, 1209; *Wiebe*, MMR 2002, 257, 258.

981 A.A. *Wiebe*, MMR 2002, 257, 258.

982 BGH v. 5.10.2004 – XI ZR 210/03, ITRB 2005, 51; OLG Frankfurt v. 7.5.2002 – 8 U 268/01, WM 2002, 2101, 2102 ff.; OLG Stuttgart v. 13.3.2002 – 9 U 63/01, NJW-RR 2002, 1274, 1275; LG Darmstadt v. 10.11.1999 – 2 O 571/97, WM 2000, 911, 913; AG Berlin-Charlottenburg v. 16.12.2002 – 202 C 177/02, WM 2003, 1174, 1175; AG Hohenschönhausen v. 9.5.2001 – 11 C 430/99, WM 2002, 1057; *Kümpel*, Bank- und Kapitalmarktrecht, Rz. 951 ff.; *Ernst*, MDR 1993, 1091; *Gößmann*, WM 1998, 1264, 1264 f.; *Haertlein*, EWiR 2003, 891, 892; *Hensen*, EWiR 2002,

Ein besonders sensibler Bereich ist das **Online-Banking**. Wenn eine Überweisung – wie üblich – unter Verwendung einer Persönlichen Identifikationsnummer (**PIN**) und einer Transaktionsnummer (**TAN**) erfolgt, war lange streitig, ob dies – per Anscheinsbeweis – den Schluss zulässt, dass der Kontoinhaber die Überweisung entweder selbst getätigt oder beim Umgang mit PIN und TAN seine vertraglichen Sorgfaltspflichten verletzt hat[983].   604

Gemäß § 675j Abs. 1 Satz 1 BGB ist ein Zahlungsvorgang gegenüber dem Zahlenden wirksam, wenn er diesem vorher zugestimmt hat (**Autorisierung**). Ist die Autorisierung eines ausgeführten Zahlungsvorgangs streitig, hat der Zahlungsdienstleister nachzuweisen, dass eine Authentifizierung erfolgt ist und der Zahlungsvorgang ordnungsgemäß aufgezeichnet, verbucht sowie nicht durch eine Störung beeinträchtigt wurde (§ 675w Satz 1 BGB). Eine **Authentifizierung** ist erfolgt, wenn der Zahlungsdienstleister die Nutzung eines bestimmten Zahlungsauthentifizierungsinstruments – einschließlich seiner personalisierten Sicherheitsmerkmale – mit Hilfe eines Verfahrens überprüft hat (§ 675w Satz 2 BGB). Einen entsprechenden Nachweis erbringt die Bank, wenn sie die Nutzung von PIN und TAN nachweisen kann[984]. Es liegt nahe, an diesen Nachweis einen Anscheinsbeweis für eine Sorgfaltspflichtverletzung durch den Bankkunden anzuknüpfen, wobei allerdings die Beschränkung der Haftung des Kunden auf grobes Verschulden (§ 675w Satz 3 Nr. 4 BGB) zu berücksichtigen ist. Nur bei einem groben Verschulden ist der Kunde verpflichtet, für den Schaden einzustehen, der durch den Missbrauch entstanden ist[985].   605

Der BGH hat einen **Anscheinsbeweis** in Anknüpfung an § 675w Satz 1 und 2 BGB grundsätzlich bejaht, zugleich jedoch aus § 675w Satz 3 BGB **Einschränkungen** abgeleitet. Für eine Anwendung der Grundsätze des Anscheinsbeweises im Zahlungsdiensterecht bei dem Nachweis einer Autorisierung durch ein vereinbartes Zahlungsauthentifizierungsinstrument reiche allein die korrekte Aufzeichnung der Nutzung dieses **Zahlungsauthentifizierungsinstruments** nicht aus. Vielmehr müssen nach Auffassung des BGH dessen **allgemeine praktische Sicherheit** und die **Einhaltung des Sicherheitsverfahrens** im konkreten Einzelfall feststehen. Zudem bedürfe die Erschütterung des Anscheinsbeweises nicht zwingend der Behauptung und ggf. des Nachweises technischer Fehler des dokumentierten Authentifizierungsverfahrens. Zur Erschütterung des Anscheinsbeweises genügen nach Ansicht des BGH die Darlegung und ggf. der Nachweis aller Tatsachen, die die **ernsthafte Möglichkeit eines Missbrauchs** nahelegen[986].   606

Der BGH hatte sich bereits vor Inkrafttreten des § 675w BGB dafür ausgesprochen, dass von einem Bankkunden eine besondere Umsicht beim Umgang mit Daten gefordert werden kann,   607

669, 670; *Werner*, MMR 1998, 1264, 1269 ff.; a.A. OLG Hamm v. 17.3.1997 – 31 U 72/96, CR 1997, 339 = NJW 1997, 1711; LG Bonn v. 19.12.2003 – 2 O 472/03, CR 2004, 218 m. Anm. *Winter* = MMR 2004, 179, 181.

983 Vgl. KG Berlin v. 29.11.2010 – 26 U 159/09 Rz. 67, CR 2011, 405 = ITRB 2011, 77; OLG München v. 23.1.2012 – 17 U 3527/11 Rz. 16; LG Berlin v. 11.8.2009 – 37 O 4/09, MMR 2010, 137 (Ls.); LG Berlin v. 8.11.2011 – 21 O 80/11 Rz. 15; LG Mannheim v. 16.5.2008 – 1 S 189/07, MMR 2008, 765 m.Anm. *Mühlenbrock/Sesing*; AG Krefeld v. 6.7.2012 – 7 C 605/11 Rz. 17; AG Wiesloch v. 20.6.2008 – 4 C 57/08, ITRB 2008, 221 = CR 2008, 600, 601 ff. m. Anm. *Erfurth*.

984 Vgl. LG Darmstadt v. 28.8.2014 – 28 O 36/14 Rz. 30 f., CR 2014, 749 = ITRB 2014, 250.

985 Vgl. BGH v. 26.1.2016 – XI ZR 91/14 Rz. 67 ff., ITRB 2016, 171.

986 BGH v. 26.1.2016 – XI ZR 91/14 Rz. 23 ff., ITRB 2016, 171; OLG Schleswig v. 29.10.2018 – 5 U 290/18 Rz. 79.

die der Geheimhaltung unterliegen[987]. Dies gelte unabhängig von der Art des missbräuchlichen Angriffs (z.B. **Phishing** oder **Pharming**)[988]. Wenn ein Bankkunde beim Einloggen in sein Online-Konto zur gleichzeitigen Eingabe von zehn TAN aufgefordert werde, müsse er misstrauisch werden, da nach den Usancen der Banken für den Zugang zum Online-Banking niemals eine, geschweige denn mehrere TAN, sondern alleine Kontonummer und PIN abgefragt werden. Gebe der Kunde die angeforderten TAN dennoch ein, so handele er fahrlässig, da er einen missbräuchlichen Angriff trotz massiver Anhaltspunkte und Warnungen nicht erkannt habe[989].

VI. Allgemeine Geschäftsbedingungen

608   Der Fernabsatz von Waren und Dienstleistungen im Internet ist ein **Massengeschäft.** Typischerweise erfolgt der Vertragsschluss auf der Grundlage von Vertragsbedingungen, die der Anbieter dem Vertragspartner als festen Bestandteil seiner Leistung vorgibt. Damit ist der Anwendungsbereich des AGB-Rechts (§§ 305 ff. BGB) eröffnet.

609   Die Formulierung und Gestaltung von AGB ist oft eine lästige Pflichtübung, die dadurch erledigt wird, dass schlechte Geschäftsbedingungen der Konkurrenz schlecht kopiert und als eigene AGB ins Netz gestellt werden: **„Copy and Paste".** Rasant verbreiten sich auf diese Weise schlechte Formulierungen und unsinnige, unverständliche und unpassende Klauseln.

1. Anwendungsbereich des AGB-Rechts

610   Allgemeine Geschäftsbedingungen sind alle für eine Vielzahl von Verträgen vorformulierten Vertragsbedingungen, die eine Vertragspartei der anderen Partei bei Abschluss eines Vertrages stellt (§ 305 Abs. 1 BGB). Wenn ein Unternehmer auf einer Website Waren oder Dienstleistungen anbietet, gibt er in aller Regel einen **vorformulierten Vertragsinhalt** vor[990]. Nur wenn er die Vertragsbedingungen ernstlich zur Disposition stellen würde, der Besteller also die Möglichkeit hätte, die Vertragsbedingungen zu beeinflussen, wäre das Kriterium der Vorformulierung nicht erfüllt[991].

611   Regelmäßig gelten Vertragsbedingungen nicht als gestellt, wenn die andere Vertragspartei in der Auswahl der in Betracht kommenden Vertragstexte frei ist und die Gelegenheit hat, alternativ eigene Textvorschläge mit effektiver Durchsetzungsmöglichkeit in die Verhandlungen einzubringen[992]. Ein Stellen von Vertragsbedingungen entfällt aber nicht bereits dann,

---

987 BGH v. 24.4.2012 – XI ZR 96/11 Rz. 28, CR 2012, 466 = ITRB 2012, 172.
988 BGH v. 24.4.2012 – XI ZR 96/11 Rz. 27, CR 2012, 466 = ITRB 2012, 172; LG Köln v. 10.9.2019 – 21 O 116/19 Rz. 26.
989 BGH v. 24.4.2012 – XI ZR 96/11 Rz. 29, CR 2012, 466 = ITRB 2012, 172; vgl. auch LG Köln v. 10.9.2019 – 21 O 116/19 Rz. 24 f.
990 Vgl. LG Köln v. 29.1.2003 – 26 O 33/02, ITRB 2003, 191 = CR 2003, 697; für Btx: LG Aachen v. 24.1.1991 – 6 S 192/90, CR 1991, 222 = NJW 1991, 2159; LG Wuppertal v. 16.5.1990 – 8 S 21/90, CR 1992, 93 = NJW-RR 1991, 1148.
991 BGH v. 18.11.1982 – VII ZR 305/81, BGHZ 85, 305, 308; BGH v. 27.4.1988 – VIII ZR 84/87, BGHZ 104, 232, 236 = CR 1988, 656; BGH v. 17.2.2010 – VIII ZR 67/09, CR 2010, 386, 388; *Brox*, AT, § 10 Rz. 6; *Köhler*, AT, § 16 Rz. 8; *Grüneberg* in Grüneberg, § 305 BGB Rz. 8.
992 BGH v. 20.1.2016 – VIII ZR 26/15 Rz. 25, CR 2016, 285.

wenn die vorformulierten Vertragsbedingungen dem anderen Vertragsteil mit der Bitte übersandt werden, Anmerkungen oder Änderungswünsche mitzuteilen[993].

Das AGB-Recht gilt nicht nur für das „Kleingedruckte", sondern für alle standardmäßig verwendeten Vertragsinhalte, die der Online-Anbieter vorgibt. Wenn beispielsweise ein Bestellformular nur die wesentlichen Vertragsklauseln nennt und im Übrigen per **Hyperlink** auf „Allgemeine Geschäftsbedingungen" verwiesen wird, ist das AGB-Recht nicht nur auf die Vertragsbestandteile anzuwenden, die ausdrücklich als „Allgemeine Geschäftsbedingungen" bezeichnet werden, sondern auch auf die Klauseln, die in dem Bestellformular zu finden sind[994].   612

Der Anwendungsbereich des AGB-Rechts bleibt auch dann eröffnet, wenn in einem Bestellformular mit **Varianten** gearbeitet wird. Bietet ein Unternehmer beispielsweise die zeitlich befristete Nutzung von Software an und gibt er dem Kunden die Wahl zwischen verschiedenen Varianten für die Nutzungsdauer (z.B. 6 Monate, 1 Jahr oder 2 Jahre), so handelt es sich bei dem Vertrag dennoch um Allgemeine Geschäftsbedingungen i.S.d. § 305 Abs. 1 BGB. Von der Anwendung des AGB-Rechts bleibt lediglich die Klausel über die Nutzungsdauer ausgenommen[995].   613

Wird bei einem Vertrag ein aus dem Internet heruntergeladenes **Vertragsformular** verwendet, so handelt es sich um Vertragsbedingungen, die für eine mehrfache Verwendung vorformuliert sind[996]. Dass das Formular von einem Dritten erstellt wurde, ist nach § 305 Abs. 1 BGB unerheblich. Sofern das Formular von einem Verhandlungspartner einseitig in den Vertrag eingebracht wurde, liegen Allgemeine Geschäftsbedingungen gem. § 305 Abs. 1 BGB vor.   614

Wenn Nutzungsbedingungen – etwa bei einem Social Network – Bestandteil eines Vertrages werden sollen, handelt es sich um Allgemeine Geschäftsbedingungen (§ 305 Abs. 1 BGB)[997]. Ihre Einbeziehung richtet sich nach § 305 Abs. 2 BGB, sofern es sich bei den Nutzern nicht um Unternehmer handelt (§ 310 Abs. 1 BGB).   615

Die Nutzungsbedingungen nebst „Gemeinschaftsstandards" von **Facebook** erfüllen die Voraussetzungen des § 305 Abs. 1 BGB und unterliegen damit den Einschränkungen des AGB-Rechts[998].   616

2. Einbeziehung in den Vertrag

Ist der Vertragspartner des Anbieters ein Verbraucher (vgl. § 310 Abs. 1 Satz 1 BGB), kann die Frage, ob Geschäftsbedingungen gem. § 305 Abs. 2 BGB wirksam in den Vertrag einbezogen worden sind, erhebliche Schwierigkeiten bereiten[999].   617

---

993 BGH v. 20.1.2016 – VIII ZR 26/15 Rz. 29, CR 2016, 285.
994 *Becker* in BeckOK/BGB, § 305 BGB Rz. 58; *Grüneberg* in Grüneberg, § 305 BGB Rz. 14.
995 BGH v. 7.2.1996 – IV ZR 16/95, NJW 1996, 1676, 1677; BGH v. 13.11.1997 – X ZR 135/95, NJW 1998, 1066, 1067; *Grüneberg* in Grüneberg, § 305 BGB Rz. 12.
996 OLG Hamm v. 13.1.2011 – I-2 U 143/10 Rz. 16; OLG Oldenburg v. 27.5.2011 – 6 U 14/11 Rz. 17.
997 *Spindler*, CR 2019, 238, 240; OLG Dresden v. 8.8.2018 – 4 W 577/18 Rz. 17, CR 2018, 590 = AfP 2018, 525 = ITRB 2018, 225; OLG Hamm v. 15.9.2020 – I-29 U 6/20 Rz. 127.
998 BGH v. 29.7.2021 – III ZR 179/20 Rz. 32, CR 2022, 179 = AfP 2022, 147 = ITRB 2021, 229 (*Rössel*).
999 Vgl. *Köhler*, AT, § 16 Rz. 9 ff.

618 ▪ **Übersicht**

Einbeziehung

– Der Verwender muss den Vertragspartner bei Vertragsschluss auf die Geschäftsbedingungen **ausdrücklich hinweisen** (§ 305 Abs. 2 Nr. 1 BGB).

– Der Verwender muss dem Vertragspartner die Möglichkeit verschaffen, **in zumutbarer Weise** von dem Inhalt der Geschäftsbedingungen **Kenntnis** zu nehmen (§ 305 Abs. 2 Nr. 2 BGB).

– Der Vertragspartner muss der Geltung der Geschäftsbedingungen **zustimmen** (§ 305 Abs. 2, letzter Halbsatz BGB).

619   Die strengen Einbeziehungsvoraussetzungen des § 305 Abs. 2 BGB gelten nur gegenüber **Verbrauchern** (§ 13 BGB). Kommt der Vertrag mit einem Unternehmer (§ 14 BGB) zustande, ist § 305 Abs. 2 BGB gem. § 310 Abs. 1 Satz 1 BGB nicht anwendbar.

a) Ausdrücklicher Hinweis

620   Der zur Einbeziehung von Geschäftsbedingungen in einen Vertrag gem. § 305 Abs. 2 Nr. 1 BGB notwendige Hinweis muss zum einen „bei Vertragsschluss" angegeben werden. Zum anderen muss der Hinweis „ausdrücklich" erfolgen. Üblich ist ein **Hyperlink,** durch den auf Allgemeine Geschäftsbedingungen verwiesen wird. Ein solcher Hyperlink kann als ausdrücklicher Hinweis auf die Geschäftsbedingungen genügen[1000].

621   An einem ausreichenden **Hinweis** auf die Geschäftsbedingungen fehlt es, wenn sich der Verweis auf die AGB an einer Stelle findet, die weit von dem Bestellformular entfernt ist. Da die Hinweispflicht „bei Vertragsschluss" besteht, ist eine **zeitliche und räumliche Nähe** zu der tatsächlichen Bestellung notwendig. Befindet sich der Hyperlink zu den AGB nur auf der Startseite einer umfangreichen Website, ist die Entfernung von dem Hinweis zu dem Bestellbutton in der Regel zu groß, um das Erfordernis eines Hinweises „bei Vertragsschluss" zu erfüllen[1001].

622   Wer als gewerblicher Händler bei Amazon registriert ist, muss seinen Kunden bei Vertragsschluss darauf hinweisen, dass der Kaufvertrag nur unter Zugrundelegung der eigenen, bei Amazon abrufbaren Geschäftsbedingungen zustande kommen soll. Anderenfalls scheitert eine Einbeziehung[1002].

623   Hinsichtlich des zweiten Erfordernisses des § 305 Abs. 2 Nr. 1 BGB, nämlich der **„Ausdrücklichkeit"** des Hinweises, muss man unterscheiden: Ist der Hyperlink von einem Durchschnittskunden auch bei flüchtiger Betrachtung der Website nicht zu übersehen und ist er

---

1000 OLG Hamm v. 14.12.2000 – 2 U 58/00, CR 2001, 117 m. Anm. *Ernst* = ITRB 2001, 28 = NJW 2001, 1142; LG Bielefeld v. 30.10.1991 – 1 S 174/90, NJW-RR 1992, 955; LG Essen v. 13.2.2003 – 16 O 416/02, AfP 2004, 302 = MMR 2004, 49; LG Münster v. 21.1.2000 – 4 O 424/99, DB 2000, 663, 664; für Btx: AG Kassel v. 16.2.1990 – 81 C 5096/89, CR 1992, 94 = NJW-RR 1991, 1146, 1147; *Grüneberg* in Grüneberg, § 305 BGB Rz. 36 ff.; *Härting/Schätzle*, ITRB 2011, 40, 40; *Ernst*, Vertragsgestaltung im Internet, Rz. 189; *Mehrings*, BB 1998, 2373, 2378.
1001 *Moritz*, CR 2000, 61, 64.
1002 LG Wiesbaden v. 21.12.2011 – 11 O 65/11 Rz. 17.

darüber hinaus klar als Hinweis auf verbindliche Vertragsbestimmungen formuliert, so genügt er den Anforderungen des § 305 Abs. 2 Nr. 1 BGB[1003]. Ist der Hinweis dagegen auf einer unübersichtlichen Internetseite – etwa zwischen einer Vielzahl anderer Hyperlinks – versteckt und kann der durchschnittliche Leser den Hinweis leicht übersehen, kann von einer „Ausdrücklichkeit" des Hinweises i.S.d. § 305 Abs. 2 Nr. 1 BGB nicht mehr die Rede sein[1004]. Eine Einbeziehung in den Vertrag scheitert auch dann an der fehlenden „Ausdrücklichkeit" des Hinweises, wenn der Hinweis unklar oder missverständlich bezeichnet ist[1005] (z.B. bei einer deutschsprachigen Internetseite und einem englischsprachigen Hyperlink: „Terms of Payment"[1006]).

Auch der **Betreiber einer Plattform** muss den Verbraucher bei der Registrierung ausdrück- | 624
lich auf die Nutzungsbedingungen **hinweisen** (§ 305 Abs. 2 Nr. 1 BGB)[1007]. Dafür ist es ausreichend, wenn die Nutzungsbedingungen über einen **Hyperlink** aufzurufen sind[1008]. Dieser muss deutlich gestaltet und formuliert sein und sollte sich auf der gleichen Seite befinden, über die der Registrierungsvorgang eingeleitet wird[1009].

Für ein Angebot auf Änderung des Vertrags unter **Einbeziehung neuer Nutzungsbedingun-** | 625
gen genügt ein Pop-Up-Fenster, durch das der Nutzer gebeten wird, sich unter anderem die aktualisierten Nutzungsbedingungen anzusehen und zu lesen[1010].

Praxistipp | 626

Um den Anforderungen des § 305 Abs. 2 Nr. 1 BGB gerecht zu werden, empfiehlt es sich, in dem Bestellformular einen deutlich gestalteten und formulierten Hinweis auf die AGB zu platzieren. Der Hinweis kann mit einem Link auf die AGB verbunden werden. Über ein Klickfeld kann zudem das Einverständnis des Kunden dokumentiert werden.

b) Möglichkeit der Kenntnisnahme

Eine Einbeziehung von Allgemeinen Geschäftsbedingungen in einen Vertrag setzt weiterhin | 627
voraus, dass der Vertragspartner die Möglichkeit hat, die Geschäftsbedingungen in zumutbarer Weise zur Kenntnis zu nehmen (§ 305 Abs. 1 Nr. 2 BGB). Diese Frage stellt sich, wenn der Nutzer die Geschäftsbedingungen nur über eine **Kette von Hyperlinks** erreichen kann.

1003 Vgl. LG Bielefeld v. 30.10.1991 – 1 S 174/90, NJW-RR 1992, 955; LG Osnabrück v. 10.11.1995 – 2 O 60/94, CR 1996, 227, 228; AG Kassel v. 16.2.1990 – 81 C 5096/89, NJW-RR 1991, 1146, 1147; *Habersack* in Ulmer/Brandner/Hensen, § 305 BGB Rz. 135b; *Horn*, MMR 2002, 209; *Koehler*, MMR 1998, 289, 291; *Köhler*, NJW 1998, 185, 189; *Moritz*, CR 2000, 61, 64.

1004 OLG Hamburg v. 13.6.2002 – 3 U 168/00, AfP 2003, 187 = CR 2002, 915 = MMR 2002, 677; *Habersack* in Ulmer/Brandner/Hensen, § 305 BGB Rz. 123 ff., 135b, 149a; *Löhnig*, NJW 1997, 1688, 1688 f.

1005 OLG Frankfurt v. 29.8.2012 – 6 W 84/12 Rz. 2, CR 2013, 48; *Habersack* in Ulmer/Brandner/Hensen, § 305 BGB Rz. 124; *Koehler*, MMR 1998, 289, 293 f.

1006 *Hau* in Wolf/Lindacher/Pfeiffer, IntGV Rz. 40 f.; a.A. *Schmidt* in Ulmer/Brandner/Hensen, Anh. § 305 BGB Rz. 14.

1007 *Solmecke/Dam*, MMR 2012, 72.

1008 Vgl. *Härting* in Niebling, AnwaltKommentar AGB-Recht, Rz. 1196.

1009 *Härting/Schätzle*, ITRB 2011, 40, 41.

1010 BGH v. 29.7.2021 – III ZR 179/20 Rz. 35, CR 2022, 179 = AfP 2022, 147 = ITRB 2021, 229 (*Rössel*).

Gelangt man von der Angebotsseite bzw. von dem Bestellformular zu den Geschäftsbedingungen nur über zahlreiche Hyperlinks, ist die Grenze der (Un-)Zumutbarkeit erreicht[1011].

628 Praxistipp

Um den Anforderungen des § 305 Abs. 2 Nr. 2 BGB gerecht zu werden, empfiehlt es sich, den auf dem Bestellformular platzierten Hyperlink unmittelbar zu den AGB zu führen und „Linkketten" zu vermeiden.

629 Für § 305 Abs. 2 Nr. 2 BGB genügt es, wenn die Geschäftsbedingungen durch Anklicken des Wortes „AGB" auf der Bestellseite aufgerufen werden können[1012]. Die **Verwendung von Links** gehört zu den im Internet üblichen Gepflogenheiten. Verwender von Allgemeinen Geschäftsbedingungen können daher davon ausgehen, dass Verbraucher, die sich für ihre Bestellung des Internets bedienen, mit solchen Links ohne weiteres umgehen können[1013]. Bei einem Vertragsschluss im elektronischen Geschäftsverkehrs muss nach § 312i Abs. 1 Satz 1 Nr. 4 BGB die Möglichkeit der **Speicherung** gegeben sein. Die Möglichkeit einer Speicherung ist allerdings keine Voraussetzung für eine Einbeziehung der AGB in den Vertrag.

630 Verweisen die Allgemeinen Geschäftsbedingungen des Betreibers eines Internetportals auf die Reisebedingungen des jeweiligen Reiseveranstalters, ohne dass diese selbst abrufbar sind, so reicht dies für eine wirksame Einbeziehung nicht aus. Auch das bloße Angebot, die AGB zu übersenden, genügt nicht[1014].

631 Werden Verträge offline geschlossen, stellt sich die Frage, ob es zumutbar ist, den Vertragspartner auf die Möglichkeit zu verweisen, Allgemeine Geschäftsbedingungen online zu lesen. Die weite Verbreitung von Internetanschlüssen und Smartphones sowie die Bequemlichkeit für den Verbraucher, der am heimischen Bildschirm in aller Ruhe das „Kleingedruckte" studieren kann, sprechen dafür, dass es dem Verbraucher zumutbar ist, Geschäftsbedingungen im Internet zu lesen, wenn er bei einem **Offline-Vertragsschluss** auf die genaue Fundstelle im Netz hingewiesen wird.

632 Werden für die Teilnahme an einem Gewinnspiel im Rundfunk „Teilnahmebedingungen" verwendet, reicht es für die Einbeziehung in den Spielvertrag als AGB gem. § 305 Abs. 2 BGB aus, wenn im Radio ein Hinweis auf die Internetpräsenz des Senders gegeben wird und die „Teilnahmebedingungen" dort abrufbereit zur Verfügung stehen. Wie der Hinweis durch deutlich sichtbaren Aushang am Ort des Vertragsschlusses genügen kann (§ 305 Abs. 2 Nr. 1, Alt. 2 BGB), kann auch die Abrufbarkeit im Internet für eine Einbeziehung ausreichen[1015].

1011 Vgl. *Koch*, Internetrecht, S. 78.
1012 Vgl. OLG Hamburg v. 13.6.2002 – 3 U 168/00, AfP 2003, 187 = CR 2002, 915 = WM 2003, 581, 583; OLG Hamm v. 14.12.2000 – 2 U 58/00, CR 2001, 117 m. Anm. *Ernst* = ITRB 2001, 28 = ZIP 2001, 291, 292; *Becker* in BeckOK/BGB, § 305 BGB Rz. 59; *Basedow* in MünchKomm/BGB, § 305 BGB Rz. 76; *Lapp* in jurisPK/BGB, § 305 BGB Rz. 86; *Grüneberg* in Grüneberg, § 305 BGB Rz. 36; *Waldenberger*, BB 1996, 2365, 2368 f.
1013 BGH v. 14.6.2006 – I ZR 75/03, AfP 2006, 601 = CR 2006, 773 = ITRB 2006, 271 = NJW 2006, 2976, 297.
1014 LG Dortmund v. 15.6.2010 – 8 O 352/09 Rz. 14; LG München v. 15.1.2009 – 12 O 13709/08, WRP 2009, 753, 756.
1015 A.A. AG Meldorf v. 15.9.2009 – 87 C 554/09 Rz. 21 f., CR 2010, 725.

Alles andere wäre gänzlich impraktikabel, weil sonst in jedem einzelnen Hinweis auf das Gewinnspiel ein umfänglicher Hinweis auf die AGB erfolgen müsste[1016].

Besondere Schwierigkeiten wirft die Gestaltung von Nutzungsbedingungen bei **Smartphone-Apps** auf, mit Hilfe derer der Nutzer die Plattform nutzen kann. Bei einer beschränkten Bildschirmoberfläche eines Endgerätes kann dem Nutzer eine kleine Schriftgröße oder ein langes und häufiges Scrollen nicht zugemutet werden[1017]. Der Plattformbetreiber sollte erwägen, ob es möglich ist, die AGB auf Kernbestimmungen zu beschränken und nur wenige Displayseiten zu verwenden[1018]. Alternativ können zentrale Klauseln vorangestellt werden. Dem Nutzer ist es in einem solchen Fall zumutbar, die weiteren Klauseln über einen Laptop oder PC zur Kenntnis zu nehmen[1019].   633

Für die Möglichkeit der **Kenntnisnahme neuer Nutzungsbedingungen** genügt ein Pop-Up-Fenster, durch das der Nutzer gebeten wird, sich unter anderem die aktualisierten Nutzungsbedingungen durchzulesen, wenn das Pop-Up-Fenster eine Schaltfläche mit der Aufschrift „LOS GEHT'S" enthält, durch deren Anklicken die aktualisierten Nutzungsbedingungen aufgerufen und ausgedruckt werden können[1020]. Die Möglichkeit der Kenntnisnahme ist in einem solchen Fall auch zumutbar. Dabei bedarf es jedenfalls dann keiner besonderen Hervorhebung der geänderten Klauseln, wenn bei der Neufassung der Nutzungsbedingungen nicht lediglich einzelne Klauseln geändert, sondern diese vollständig umstrukturiert werden. Eine **Hervorhebung der geänderten Passagen** wäre in einem solchen Fall kaum möglich und für die Nutzer nicht mit einer schnelleren Erfassbarkeit der vorgenommenen Änderungen verbunden[1021].   634

Das **Transparenzgebot** ist in § 307 Abs. 1 Satz 2 BGB seit dem Jahr 2002 gesetzlich normiert. Daher ist die Auffassung überholt, dass unübersichtliche und/oder schwer verständliche Geschäftsbedingungen mangels zumutbarer Kenntnisnahme nicht Vertragsbestandteil werden können[1022]. Die Einbeziehung von Geschäftsbedingungen ist ausschließlich von formalen Gesichtspunkten abhängig, die in § 305 Abs. 2 BGB zusammengefasst sind. Verstöße gegen das Transparenzgebot führen nach § 307 Abs. 1 Satz 2 BGB zur Unwirksamkeit der betreffenden Klauseln, ohne dass deren Einbeziehung in den Vertrag fraglich wird.   635

c) Einverständnis

Nach § 305 Abs. 2 BGB bedarf es zur Einbeziehung der Geschäftsbedingungen in den Vertrag des – ausdrücklichen oder stillschweigenden[1023] – Einverständnisses des Verbrauchers. Ein **stillschweigendes Einverständnis** des Kunden mit den AGB liegt regelmäßig vor bei einer Bestellung über eine Website, die den Anforderungen des § 305 Abs. 2 Nr. 1 und 2 BGB   636

1016 LG Hannover v. 30.3.2009 – 1 O 77/08, MMR 2009, 870 (Ls.).
1017 Vgl. *Härting* in Niebling, AnwaltKommentar AGB-Recht, Rz. 1047; *Härting/Schätzle*, ITRB 2011, 41; *Janal*, NJW 2016, 3201, 3205.
1018 *Janal*, NJW 2016, 3201, 3203.
1019 *Janal*, NJW 2016, 3201, 3205.
1020 BGH v. 29.7.2021 – III ZR 179/20 Rz. 36, CR 2022, 179 = AfP 2022, 147 = ITRB 2021, 229 (*Rössel*).
1021 BGH v. 29.7.2021 – III ZR 179/20 Rz. 37, CR 2022, 179 = AfP 2022, 147 = ITRB 2021, 229 (*Rössel*).
1022 BGH v. 9.5.2001 – IV ZR 138/99, NJW 2001, 2013.
1023 Vgl. *Grüneberg* in Grüneberg, § 305 BGB Rz. 41; *Brox*, AT, § 10 Rz. 12.

genügt. Hat der Anbieter bei der Gestaltung seiner Website den Nutzer ausdrücklich auf die AGB hingewiesen und ihm eine zumutbare Möglichkeit der Kenntnisnahme gegeben, so darf er die Bestellung nach den Auslegungskriterien der §§ 133, 157 BGB als Einverständnis mit der Geltung der Allgemeinen Geschäftsbedingungen werten[1024].

637 Die Präsentation von Waren und Dienstleistungen auf einer Website stellt in der Regel keine Willenserklärung, sondern eine invitatio ad offerendum dar. Durch die Bestellung gibt der Kunde einen Antrag gem. § 145 BGB ab. Wenn der Unternehmer bis dahin einen Hinweis auf seine AGB versäumt hat, kann er dies daher in der Annahmeerklärung nicht ohne weiteres nachholen. Ein **nachträglicher Hinweis** auf die AGB stellt eine Modifikation des Antrages dar, die nach § 150 Abs. 2 BGB nur wirksam wird, wenn der Antragende zustimmt. Äußert sich der Besteller nach Erhalt der Annahmeerklärung nicht, lässt sich sein Schweigen jedenfalls dann nicht als Zustimmung zu den AGB werten, wenn der Besteller Verbraucher ist[1025].

638 **Praxistipp**

Das Bestellformular sollte eine ausdrückliche Einverständniserklärung enthalten[1026], die mit einem Klickfeld versehen werden kann:

„Mit der Geltung der Allgemeinen Geschäftsbedingungen bin ich einverstanden."

639 Weit verbreitet, aber nach § 309 Nr. 12 Satz 1 lit. b BGB unwirksam[1027] sind weitergehende Klauseln, die die Kenntnisnahme bestätigen („Ich habe die AGB gelesen und verstanden und bin mit der Geltung der AGB einverstanden."). Auf derartige Klauseln sollte man verzichten.

d) Beweisfragen

640 Art. 246c Nr. 2 EGBGB sieht eine Belehrung darüber vor, ob der **Vertragstext** nach dem Vertragsschluss von dem Unternehmer **gespeichert** wird und ob er dem Kunden zugänglich ist[1028]. Daraus ergibt sich allerdings keine Verpflichtung des Unternehmers zur nachvertraglichen Speicherung des Vertragstextes. Beruft sich der Verwender auf seine AGB, trägt er nach den allgemeinen Grundsätzen des Beweisrechts das Risiko des Nachweises, dass die AGB bei Vertragsschluss in einer bestimmten **Fassung** abrufbar waren[1029].

641 **Praxistipp**

Um Streit darüber vorzubeugen, welche Fassung der AGB jeweils abrufbar war, ist dem Anbieter eine lückenlose Dokumentation aller Änderungen zu empfehlen. Umgekehrt sollte sich der Nutzer gegen Streit über AGB-Änderungen absichern durch eine sofortige Speicherung und/oder einen sofortigen Ausdruck der AGB bei Vertragsschluss.

1024 OLG Hamburg v. 13.6.2002 – 3 U 168/00, AfP 2003, 187 = CR 2002, 915 = MMR 2002, 677; *Ernst*, Vertragsgestaltung im Internet, Rz. 184; *Löhnig*, NJW 1997, 1688, 1689.
1025 Vgl. KG Berlin v. 6.1.1994 – 10 U 1276/93, NJW-RR 1994, 1265.
1026 Vgl. *Horn*, MMR 2002, 209, 210.
1027 BGH v. 28.3.1996 – III ZR 95/95, NJW 1996, 1819; LG München v. 14.8.2003 – 12 O 2393/03, ITRB 2004, 75 = CR 2004, 221, 224; *Grüneberg* in Grüneberg, § 309 BGB Rz. 106 ff.
1028 Vgl. *Micklitz*, EuZW 2001, 133, 141.
1029 Vgl. OLG Hamburg v. 13.6.2002 – 3 U 168/00, AfP 2003, 187 = CR 2002, 915 = MMR 2002, 677.

e) Überraschende Klauseln

Gemäß **§ 305c Abs. 1 BGB** werden einzelne Klauseln nicht Vertragsbestandteil, wenn sie so ungewöhnlich sind, dass der Vertragspartner nicht mit ihnen zu rechnen braucht. Wird in den Geschäftsbedingungen eines Softwareverkäufers eine Klausel **„versteckt"**, die den Käufer zur Abnahme und Bezahlung zukünftiger Updates der Software verpflichtet, so handelt es sich gem. § 305c Abs. 1 BGB um eine überraschende Klausel, die nicht Vertragsbestandteil wird. Dasselbe gilt, wenn sich eine Zahlungspflicht des Kunden ausschließlich aus den AGB eines Gewinnspielanbieters ergibt[1030]. Wird der Besucher einer Internetseite – durch die Verwendung der Begriffe „free", „gratis" und „umsonst" – in den Glauben versetzt, der Betreiber eines Dienstes biete den kostenlosen Versand von SMS an, braucht der Nutzer nicht damit zu rechnen, dass in den AGB die Entgeltlichkeit des Versands festgelegt wird[1031].

642

Nicht überraschend sind Klauseln, die es Nutzern von Social-Media-Plattformen verbieten, sogenannte Hassnachrichten (**„Hate Speech"**) zu verbreiten[1032]. Dies gilt auch dann, wenn hierunter auch Meinungsäußerungen unterhalb der Schwelle zur Schmähkritik sowie außerhalb von § 1 Abs. 2 NetzDG fallen[1033].

643

Weit verbreitet waren vor geraumer Zeit Internetdienste, deren Websites den Eindruck kostenloser Leistungsangebote vermittelten, obwohl im Kleingedruckten eine **Entgeltpflicht** geregelt war (insbesondere **„Abofallen"**)[1034]. Derartige AGB-Klauseln stellen ein Paradebeispiel überraschender Klauseln gem. § 305c Abs. 1 BGB dar. Die Klauseln werden nicht Vertragsbestandteil, so dass sich die Frage der Inhaltskontrolle nach den §§ 307 ff. BGB gar nicht erst stellt[1035]. Ebenso können Klauseln unwirksam sein, die dem Betreiber einer Plattform umfassende Rechte zur wirtschaftlichen Verwertung der Inhalte und zur zeitlich unbegrenzten Einräumung von Rechten an Dritte verleihen und dem Betreiber überdies eine unbeschränkte Weitergabe der Inhalte an Dritte gestatten[1036].

644

1030 KG Berlin v. 18.9.2009 – 5 U 81/07; AG München v. 16.1.2007, CR 2007, 816; vgl. auch LG Potsdam v. 1.12.2021 – 6 S 21/21 Rz. 27.

1031 AG Hamm v. 26.3.2008 – 17 C 62/08, NJW-RR 2009, 1078.

1032 OLG Hamm v. 15.9.2020 – I-29 U 6/20 Rz. 126 ff.

1033 OLG Dresden v. 8.8.2018 – 4 W 577/18 Rz. 20, CR 2018, 590 = AfP 2018, 525 = ITRB 2018, 225.

1034 Vgl. OLG Frankfurt v. 17.12.2010 – 1 Ws 29/09, CR 2009, 190, 190 ff.; OLG Frankfurt v. 4.12.2008 – 6 U 187/07, ITRB 2009, 105 = CR 2009, 253, 253 ff.; LG Berlin v. 21.10.2011 – 50 S 143/10 Rz. 16; LG Hamburg v. 8.7.2010 – 327 O 634/09 Rz. 32; LG Hamburg v. 10.12.2010 – 406 O 50/10 Rz. 20; LG Hanau v. 7.1.2007, MMR 2008, 288, 288 ff.; LG Mannheim v. 14.1.2010 – 10 S 53/09, MMR 2010, 241, 241 ff.; AG Hamburg-St. Georg v. 4.2.2010 – 922 C 445/09 Rz. 6; AG Frankfurt/M. v. 23.3.2011 – 29 C 2583/10 Rz. 11; AG Karlsruhe v. 12.8.2009 – 9 C 93/09, NJW-RR 2010, 68 ff.; AG Mainz v. 1.3.2011 – 89 C 284/10 Rz. 18; AG Marburg/L. v. 8.2.2010 – 91 C 981/09, GRUR-RR 2010, 265; AG München v. 18.2.2009 – 262 C 18519/08, ITRB 2009, 201 (*Engels*); AG Osnabrück v. 19.10.2010 – 66 C 83/10 Rz. 15; *Buchmann/Majer/Hertfelder/Vögelein*, NJW 2009, 3189, 3189 ff.; *Hövel/Hansen*, CR 2010, 252, 252 ff.

1035 *Härting/Schätzle*, ITRB 2011, 40, 41; a.A. AG Gummersbach v. 30.3.2009 – 10 C 221/08, MMR 2009, 490.

1036 *Schwenke*, WRP 2013, 39.

3. Transparenzgebot

645 AGB-Klauseln sind wegen unangemessener Benachteiligung des Vertragspartners unwirksam, wenn sie nicht klar und verständlich formuliert sind. Dies gilt nicht nur für Klauseln, die von Rechtsvorschriften abweichen oder diese ergänzen, sondern auch für Klauseln, die geltendes Recht intransparent darstellen (§ 307 Abs. 3 Satz 2 BGB).

a) Lesbarkeit

646 Geschäftsbedingungen sind **leserfreundlich** zu gestalten[1037]. Das bedeutet zum einen, dass eine Schriftgröße benutzt wird, die das Lesen nicht übermäßig erschwert. Zum anderen ist eine übersichtliche Gestaltung der Bedingungen erforderlich, die beispielsweise nicht gegeben ist, wenn die AGB im Fließtext auf dem Bildschirm erscheinen – ohne Punkt, ohne Komma und ohne Untergliederung in Absätze.

b) Übersichtlichkeit und Verständlichkeit

647 Allgemeine Geschäftsbedingungen müssen ein **Mindestmaß an Übersichtlichkeit** aufweisen[1038]. Darüber hinaus müssen AGB-Klauseln in ihrem Kernbereich klar und für einen Durchschnittskunden verständlich sein[1039]. Der Umfang der Geschäftsbedingungen muss zudem im Verhältnis zur Bedeutung des Geschäfts vertretbar sein[1040]. Je länger das Kleingedruckte, desto beschwerlicher die Lektüre. Aus dem Transparenzgebot lässt sich ableiten, dass AGB nicht übertrieben **langatmig und verschachtelt** gefasst sein dürfen, da dies dem Vertragspartner die Lektüre und das Verständnis der Klauseln unzumutbar erschwert[1041].

648 Eine Fluggesellschaft verstößt gegen das Transparenzgebot, wenn für einen Kunden auf Grund der vielfältigen, im Internet unterschiedlich aufgestellten Bedingungen nicht hinreichend deutlich wird, welche Bedingungen für die jeweils gewählte Reise gelten[1042]. Zum ausgewiesenen Preis eines Veranstaltungstickets in den AGB geregelte („**versteckte**") Zusatzkosten verstoßen ebenfalls gegen das Transparenzgebot aus § 307 Abs. 2 Satz 1 BGB[1043].

1037 Vgl. *Fuchs* in Ulmer/Brandner/Hensen, § 307 BGB Rz. 335; *Köhler*, NJW 1998, 185, 188 f.; *Löhnig*, NJW 1997, 1688, 1688 f.

1038 AG Kassel v. 16.2.1990 – 81 C 5096/89, CR 1992, 94 = NJW-RR 1991, 1146, 1147; *Grüneberg* in Grüneberg, § 305 BGB Rz. 37; *Habersack* in Ulmer/Brandner/Hensen, § 305 BGB Rz. 150 ff.; *Köhler*, NJW 1998, 185, 189.

1039 LG Aachen v. 24.1.1991 – 6 S 192/90, CR 1991, 222 = NJW 1991, 2159, 2160; LG Freiburg v. 7.4.1992 – 9 S 139/90, CR 1993, 433 = NJW-RR 1992, 1018; LG Köln v. 29.1.2003 – 26 O 33/02, ITRB 2003, 191 = CR 2003, 697; *Grüneberg* in Grüneberg, § 305 BGB Rz. 39; *Habersack* in Ulmer/Brandner/Hensen, § 305 BGB Rz. 151; *Wolf* in Wolf/Lindacher/Pfeiffer, § 305 BGB Rz. 88; *Köhler*, NJW 1998, 185, 189.

1040 OLG Köln v. 19.2.2020 – 6 U 184/19 Rz. 39; LG Aachen v. 24.1.1991 – 6 S 192/90, CR 1991, 222 = NJW 1991, 2159, 2160; LG Bielefeld v. 30.10.1991 – 1 S 174/90, NJW-RR 1992, 955; LG Freiburg v. 7.4.1992 – 9 S 139/90, CR 1993, 433 = NJW-RR 1992, 1018; LG Wuppertal v. 16.5.1990 – 8 S 21/90, CR 1992, 93 = NJW-RR 1991, 1148, 1149; *Habersack* in Ulmer/Brandner/Hensen, § 305 BGB Rz. 152 ff.; *Wolf* in Wolf/Lindacher/Pfeiffer, § 305 BGB Rz. 80; *Basedow* in MünchKomm/BGB, § 305 BGB Rz. 80; *Köhler*, NJW 1998, 185, 189.

1041 LG Köln v. 29.1.2003 – 26 O 33/02, ITRB 2003, 191 = CR 2003, 697.

1042 AG Frankfurt/M. v. 21.2.2006 – 31 C 2972/05, NJW 2006, 3010, 3011 m. Anm. *Kappus*.

1043 OLG Bremen v. 15.6.2017 – 5 U 16/16 Rz. 23 ff., CR 2018, 114.

Nach dem Transparenzgebot muss die Klauselfassung der Gefahr vorbeugen, dass der Kunde   649
von der Durchsetzung bestehender Rechte abgehalten wird. Eine Klausel, die die Rechtslage
unzutreffend oder missverständlich darstellt und es auf diese Weise dem Verwender ermöglicht, begründete Ansprüche unter Hinweis auf die in der Klausel getroffene Regelung abzuwehren, ist unwirksam[1044].

c) Fremdsprachen

Werden englischsprachige oder andere **fremdsprachliche Geschäftsbedingungen** verwendet,   650
stellt sich die Frage, ob schon allein aus diesem Grunde die Verständlichkeit für den Durchschnittskunden fehlt. Sachgerecht ist es, darauf abzustellen, in welcher Sprache der Internetanbieter dem Besteller gegenübertritt und ob er davon ausgehen darf, dass der Besteller die verwendete Sprache spricht[1045]. Benutzt der Anbieter auf seiner Website durchgängig die englische Sprache, so ist es dem Besteller zumutbar, seinerseits auf Englisch zu kommunizieren.

Das Kammergericht hat **WhatsApp** dazu verurteilt, es zu unterlassen, Dienstleistungen ge-   651
genüber Verbrauchern in Deutschland anzubieten und dabei AGB zu verwenden, die nicht
in deutscher Sprache verfügbar sind. Ein Verbraucher müsse bei einem mit „Datenschutz
und AGB" betitelten Link und bei sonstiger Verwendung der deutschen Sprache nicht mit
fremdsprachigen AGB rechnen. Es könne nicht erwartet werden, dass ein Verbraucher komplexe juristische Regelwerke in englischer Sprache versteht[1046].

Wer fremdsprachige Vertragsgespräche führt, übernimmt damit das Risiko sprachlich be-   652
dingter **Missverständnisse**[1047]. Lässt sich der Besteller auf einen Anbieter ein, der ausschließlich eine fremde Sprache verwendet, ist es ihm zuzumuten, auch das „Kleingedruckte" in der
ausländischen Sprache zur Kenntnis zu nehmen[1048].

4. Inhaltskontrolle

AGB-Klauseln, die gem. § 305 Abs. 2 BGB Vertragsbestandteil geworden sind, unterliegen   653
der **Inhaltskontrolle**, sofern sie von Vorschriften des dispositiven Rechts abweichen (§ 307
Abs. 3 Satz 1 BGB). Sehen beispielsweise die Geschäftsbedingungen eines PC-Händlers einen
weitgehenden Gewährleistungsausschluss vor, so sind die Ausschlussklauseln an den Anfor-

---

1044 BGH v. 27.9.2000 – VIII ZR 155/99, BGHZ 145, 203, 220 f.; BGH v. 21.9.2005 – VIII ZR
      284/04, CR 2006, 74 = NJW 2005, 3567, 3569; BGH v. 5.10.2005 – VIII ZR 382/04, CR 2006,
      120 = ITRB 2006, 50 = K&R 2006, 33, 36; BGH v. 20.5.2010 – Xa ZR 68/09 Rz. 41 ff., CR 2010,
      674 = ITRB 2010, 273; *Wilschke*, VuR 2012, 171, 177.
1045 Vgl. *Habersack* in Ulmer/Brandner/Hensen, § 305 BGB Rz. 151.
1046 KG Berlin v. 8.4.2016 – 5 U 156/14, CR 2016, 602 = ITRB 2016, 174; vgl. auch LG Berlin v.
      9.5.2014 – 15 O 44/13 Rz. 8, CR 2014, 676 = ITRB 2014, 180.
1047 *Pützhoven*, Verbraucherschutz im Fernabsatz, S. 66; *Ruff*, Vertriebsrecht im Internet, S. 239;
      Fuchs, ZIP 2000, 1273, 1278.
1048 BGH v. 28.3.1996 – III ZR 95/95, NJW 1996, 1819, 1819; *Schmidt* in Ulmer/Brandner/Hensen,
      Anh. § 305 BGB Rz. 14 ff.; *Habersack* in Ulmer/Brandner/Hensen, § 305 BGB Rz. 124; *Lauktien/Varadinek*, ZUM 2000, 466, 470; *Koehler*, MMR 1998, 289, 293 ff.

derungen des § 309 Nr. 7 und Nr. 8 BGB zu messen. Für Verträge, die über das Internet geschlossen werden, gelten bei der Inhaltskontrolle keine Besonderheiten[1049].

654   Eine AGB-Klausel, nach der die Kunden des Verwenders Bewertungen innerhalb sozialer Medien nur im gegenseitigen Einvernehmen abgeben und abgegebene Bewertungen des Kunden auf Verlangen des Verwenders dauerhaft entfernt werden müssen, ist nach Auffassung des LG Koblenz gem. § 307 Abs. 1 BGB unwirksam, weil sie die Meinungsfreiheit einschränkt[1050].

1049 Vgl. OLG Hamm v. 13.1.2011 – I-2 U 143/10 Rz. 15; OLG München v. 12.04.2018 – 29 U 2138/17 Rz. 19 ff.; OLG Oldenburg v. 27.5.2011 – 6 U 14/11 Rz. 16.
1050 OLG Koblenz v. 13.10.2021 – 2 U 279/21 Rz. 17 ff.

D. Verträge über Internetdienstleistungen

I. Überblick

Verträge über Internet-Dienstleistungen sind Verträge, die Online-Dienste betreffen wie bei-   655
spielsweise den Zugang zum Internet, die Nutzung von Social Media, die Gestaltung von
Websites (Webdesign) oder die Bereithaltung eines E-Mail-Accounts. Bei diesen Verträgen
stellen die **Vertragsgestaltung** und die Gestaltung von Allgemeinen Geschäftsbedingungen
erhebliche Herausforderungen dar. Zunächst gilt es, die technischen und wirtschaftlichen
Abläufe zu erfassen, die den Dienstleistungen zugrunde liegen. Sodann bedarf es im Hinblick
auf § 307 Abs. 1 BGB einer vertragstypologischen Einordnung dieser Vorgänge. Schließlich
sind die typischen Konfliktfelder herauszuarbeiten, die einer Regelung bedürfen.

■ **Übersicht:**   656

Internet-Dienstleistungen

– *Zugang zum Internet:* Access Provider-Verträge;

– *Präsenz im Internet:* Host Provider-Verträge (Bereitstellung von Speicherplatz für eine
  über das Internet abrufbare Website);

- *Gestaltung eines Internetauftritts:* Webdesignverträge;

- *Pflege eines Internetauftritts:* Website-Wartungsverträge;

- *Unterhaltung eines E-Mail-Accounts:* E-Mail-Accountverträge;

- *Registrierung, Verwaltung, Übertragung und „Vermietung" von Internetadressen:* Domainverträge;

- *Online-Marketing:* Werbeverträge, Suchmaschinen-Optimierung, Newsletter;

- *Nutzung von Online-Ressourcen:* Application Service Providing (ASP) und Cloud Computing;

- *Nutzung von Online-Diensten:* Nutzungsbedingungen und Plattformverträge.

II. Webdesignverträge

657 Um im Internet präsent zu sein, bedarf es der Gestaltung und Erstellung einer Website. Dies ist die Aufgabe von Webdesignern.

1. Vertragsgegenstand

658 Eine Website besteht aus **Software.** Ein Vertrag über die Erstellung einer Website unterscheidet sich daher nur wenig von anderen Verträgen über die Erstellung von (Individual-)Software.

659 Der Webdesigner, der mit der Erstellung einer Website beauftragt wird, sagt nicht lediglich eine Dienstleistung, sondern einen klar definierten Erfolg zu. Daher gilt für den Webdesignvertrag Werkvertragsrecht (§§ 631 ff. BGB)[1051]. Nach **§ 650 Abs. 1 Satz 1 BGB** findet allerdings auf einen Werkvertrag, der die Lieferung beweglicher Sachen zum Gegenstand hat, grundsätzlich **Kaufrecht** Anwendung[1052].

660 Die Diskussion, ob Software als bewegliche[1053] Sache[1054] anzusehen ist, ist nach der Schuldrechtsreform vor 20 Jahren neu entfacht[1055]. Völlig unbeabsichtigt hatte der Gesetzgeber mit

---

1051 *Härting* in Redeker, Handbuch der IT-Verträge, Teil 3.1 Rz. 4; *Kosmides* in Schneider, Handbuch des EDV-Rechts, Teil W Rz. 657 ff.; *Härting,* ITRB 2001, 20.

1052 Vgl. *Sprau* in Grüneberg, Einf. § 631 BGB Rz. 2; *Ayad,* DB 2001, 2697, 2700; *Däubler,* NJW 2001, 3729, 3733; *Thewalt,* CR 2002, 1, 2; Begründung des Regierungsentwurfs, BT-Drucks. 14/6040, 268.

1053 Vgl. *Härting* in Redeker, Handbuch der IT-Verträge, Teil 3.1 Rz. 9; *Thewalt,* CR 2002, 1, 4 m.w.N.

1054 Vgl. *Schmidt* in Erman, § 90 BGB Rz. 3; *Günther,* Produkthaftung für Informationsgüter, S. 194 ff.; *Marly,* Praxishandbuch Softwarerecht, Rz. 710 ff.; *Ellenberger* in Grüneberg, § 90 BGB Rz. 2; *Redeker,* IT-Recht, Rz. 297; *Hoeren,* GRUR 1988, 340, 343; *Hoeren,* CR 1988, 908, 911; *Thewalt,* CR 2002, 1, 4; BGH v. 18.10.1989 – VIII ZR 325/88, CR 1990, 112 m. Anm. *Heymann* = CR 1990, 24 = NJW 1990, 320; BGH v. 14.7.1993 – VIII ZR 147/92, CR 1993, 600 = CR 1993, 681 = NJW 1993, 2436, 2437; BGH v. 22.12.1999 – VIII ZR 299/98, CR 2000, 207; a.A. *Bartsch,* CR 2001, 649, 655; *Kort,* DB 1994, 1505, 1506; *Mehrings,* NJW 1986, 1904, 1905.

1055 Vgl. *Ayad,* DB 2001, 2697, 2701; *Bartsch,* CR 2001, 649, 655; *Bauer/Witzel,* ITRB 2003, 62, 62 ff.; *Diedrich,* CR 2002, 473, 475 f.; *Goldmann/Redecke,* MMR 2002, 3, 3 ff.; *Frank,* ITRB

der damals als § 651 ins BGB eingebrachten Norm eine Regelung geschaffen, die – jedenfalls dem Wortlaut nach – Individualsoftware-Verträge, die zuvor dem Werkvertragsrecht unterfallen waren, weitgehend in das Kaufrecht verschoben[1056].

Da die **Verschiebung vom Werkvertrags- zum Kaufrecht** eindeutig gewollt war[1057], überzeugte es nicht recht, wenn gefordert wurde, für Software das Rad zurückzudrehen und Softwareverträge dem Kaufrecht weitestgehend zu entziehen[1058]. Weshalb für Software etwas anderes gelten soll als für andere „Unikate", ist nicht ersichtlich. Die Rechtsprechung, die Software bereits nach früherem Recht als Sache behandelt hatte[1059], hatte zudem meist zu praktikablen Ergebnissen geführt.   661

Die Leistung des Webdesigners ist für den Kunden nur von Nutzen, wenn er die fertige Website auch „in den Händen" hält. Daher begründet der Webdesignvertrag stets auch eine **Lieferverpflichtung**[1060]. Unerheblich ist, ob die Lieferung auf einem herkömmlichen Datenträger (CD oder USB-Stick) oder online per Datenfernübertragung erfolgt[1061]. Selbst wenn der Webdesigner die fertige Website direkt auf den Server des Kunden überträgt, liegt die Lieferung einer Sache vor. Ob die Lieferung an den Vertragspartner oder einen Dritten (z.B. den Host Provider des Kunden) erfolgt, spielt für die rechtliche Einordnung des Vertrages keine Rolle[1062].   662

Eine Website ist – jedenfalls im Regelfall – keine **vertretbare Sache** i.S.d. § 650 Abs. 1 Satz 3, § 91 BGB[1063]. Die Vertretbarkeit richtet sich danach, ob das Werk auch für andere Kunden verwendbar ist[1064]. Das Wesen einer Website liegt in deren individuellem Zuschnitt auf den Kunden, so dass es regelmäßig an einer Vertretbarkeit fehlt. In Zweifelsfällen lassen sich die Abgrenzungskriterien zwischen Standard- und Individualsoftware[1065] fruchtbar machen.   663

Ist ein Webdesignvertrag in aller Regel als Vertrag über die Herstellung und Lieferung einer nicht vertretbaren beweglichen Sache gem. § 650 Abs. 1 Satz 3 BGB anzusehen, findet **Kauf-**   664

2011, 231; *Hoene/Zeifang*, ITRB 2003, 228, 229 f.; *Kotthoff*, K&R 2002, 105, 105 ff.; *Plath*, ITRB 2002, 98, 100; *Schneider/Bischof*, ITRB 2002, 273; *Thewalt*, CR 2002, 1, 4 ff.

1056 *Schneider* in Schneider, Handbuch des EDV-Rechts, Teil M Rz. 143.; *Bauer/Witzel*, ITRB 2003, 62, 63; *Goldmann/Redecke*, MMR 2003, 3; *Hoene/Zeifang*, ITRB 2003, 228, 230; *Mankowski*, MDR 2003, 854, 857; *Schneider/Bischof*, ITRB 2002, 273; *Schneider*, CR 2003, 317, 321; *Spindler/Klön*, CR 2003, 81, 83.

1057 Gesetzesbegründung, BT-Drucks. 14/6040, 268.

1058 So im Ergebnis auch *Bauer/Witzel*, ITRB 2003, 62, 63; *Goldmann/Redecke*, MMR 2003, 3; *Hoene/Zeifang*, ITRB 2003, 228, 230; *Kotthoff*, K&R 2002, 105; *Mankowski*, MDR 2003, 854, 857; *Plath*, ITRB 2002, 98, 100; *Schneider/Bischof*, ITRB 2002, 273; *Thewalt*, CR 2002, 1, 4.

1059 BGH v. 18.10.1989 – VIII ZR 325/88, CR 1990, 112 m. Anm. *Heymann* = CR 1990, 24 = NJW 1990, 320; BGH v. 14.7.1993 – VIII ZR 147/92, CR 1993, 600 = CR 1993, 681 = NJW 1993, 2436, 2437; BGH v. 22.12.1999 – VIII ZR 299/98, CR 2000, 207.

1060 *Härting* in Redeker, Handbuch der IT-Verträge, Teil 3.1 Rz. 10; *Thewalt*, CR 2002, 1, 4.

1061 *Härting*, FernAbsG, § 1 Rz. 53 f.; *Marly*, Praxishandbuch Softwarerecht, Rz. 668; *Lorenz*, JuS 2000, 833, 840; *Roth/Schulze*, RIW 1999, 924, 928; *Schmitt*, CR 2001, 838, 841 und 843; *Ulmer*, ITRB 2001, 140, 140 f.; a.A. *Redeker*, NJW 1992, 1739.

1062 Vgl. *Rath-Glawatz/Dietrich*, AfP 2000, 505, 506.

1063 *Härting* in Redeker, Handbuch der IT-Verträge, Teil 3.1 Rz. 11.

1064 *Schmidt* in Erman, § 91 BGB Rz. 2; *Ellenberger* in Grüneberg, § 91 BGB Rz. 1.

1065 Vgl. *Marly*, Praxishandbuch Softwarerecht, Rz. 671 ff. m.w.N.

recht Anwendung[1066]. Daneben treten einzelne Vorschriften (§§ 642, 643, 645, 649, 650 BGB) des Werkvertragsrechts[1067].

665 Der **BGH** hielt auch nach der Schuldrechtsreform daran fest, dass Software als Sache anzusehen ist[1068]. In einer Entscheidung zu „Internet-System-Verträgen" äußerte sich der BGH allerdings unklar[1069] zur Anwendbarkeit des § 651 BGB (heute § 650 Abs. 1 BGB) auf Webdesignverträge[1070]. Einerseits hieß es, ein solcher Vertrag dürfte – ebenso wie ein Vertrag über die Erstellung oder Bearbeitung einer speziellen, auf die Bedürfnisse des Auftraggebers abgestimmten Software – regelmäßig als Werkvertrag i.S.d. § 631 BGB und „unter Umständen auch" als Werklieferungsvertrag anzusehen sein. Andererseits betonte der BGH, dass die „individuelle Website" – anders als beim Werklieferungsvertrag – nicht als bewegliche Sache an den Kunden **„geliefert"** werde, sondern auf den Servern und in der Verfügung des Anbieters verbleibe[1071]. Der BGH schien es somit als entscheidend anzusehen, ob der Webdesigner dem Kunden nach Auftragserledigung den fertigen Datensatz überlässt oder lediglich dafür sorgt, dass die Website auf dem Server eines Providers abgespeichert wird und abrufbar ist[1072].

666 Die weitgehende Verdrängung des Werkvertragsrechts durch das Kaufrecht bestätigte der **BGH** in einer Entscheidung, in der es um einen Vertrag über die Herstellung und Lieferung von Bauteilen ging, die für die Errichtung einer Siloanlage benötigt wurden. Zu den vertraglich geschuldeten Leistungen gehörten auch umfangreiche **Planungsleistungen**[1073]. Dass geistige Leistungen und nicht die Lieferung eines Gegenstandes den Schwerpunkt von Softwareerstellungsverträgen bilden, ist eines der Kernargumente der Kritiker einer Anwendung des § 650 Abs. 1 BGB[1074].

667 Der BGH erteilte derartigen Einwänden eine Absage[1075]. Kaufrecht sei auf sämtliche Verträge mit einer Verpflichtung zur Lieferung herzustellender oder zu erzeugender beweglicher Sachen anzuwenden. Dies gelte auch dann, wenn zu den Leistungspflichten neben der Lieferpflicht andere zusätzliche wesentliche Leistungen gehören, insbesondere Planungs-, Konstruktions-, Integrations- und Anpassungsleistungen.

668 **Planungsleistungen,** die als Vorstufe zu der vertraglich geschuldeten Lieferung einer herzustellenden Sache anzusehen seien, könnten der Beurteilung des Vertrages nach den Vorschriften über den Kauf regelmäßig nicht entgegenstehen. Eine Ausnahme könne allenfalls dann

---

1066 *Härting*, ITRB 2002, 218, 219; a.A. *Ayad*, DB 2001, 2697, 2704; *Bartsch*, CR 2001, 649, 655; vgl. auch *Redeker*; IT-Recht, Rz. 297.
1067 Vgl. *Sprau* in Grüneberg, § 650 BGB Rz. 6 ff.; BT-Drucks. 14/7052, 205.
1068 BGH v. 15.11.2006 – XII ZR 120/04, ITRB 2007, 55 = CR 2007, 75, 75 ff. m. Anm. *Lejeune*.
1069 Vgl. *Fritzemeyer*, NJW 2011, 2920; *Hilber/Rabus*, CR 2010, 331, 331.
1070 BGH v. 4.3.2010 – III ZR 79/09, CR 2010, 327 m. Anm. *Hilber/Rabus* = K&R 2010, 343 ff. m Anm. *Pohle* = BB 2010, 1047, 1048 f. m. Anm. *Schirmbacher*.
1071 BGH v. 4.3.2010 – III ZR 79/09, CR 2010, 327, 327 ff. m. Anm. *Hilber/Rabus* = K&R 2010, 343, 343 ff. m. Anm. *Pohle* = BB 2010, 1047, 1048 f. m. Anm. *Schirmbacher*.
1072 A.A. *Redeker*, ITRB 2008, 65, 66.
1073 BGH v. 23.7.2009 – VII ZR 151/08, NJW 2009, 2877.
1074 Vgl. *Redeker*, IT-Recht, Rz. 297b ff.; *Witte* in Redeker, Handbuch der IT-Verträge, Teil 1.4 Rz. 13 f.; *Redeker* in Schneider/Westphalen, Teil D Rz. 85; vgl. auch *Schneider* in Lehmann/ Meents, Kap. 4 Rz. 540 ff.; *Koch*, ITRB 2008, 234.
1075 BGH v. 23.7.2009 – VII ZR 151/08, NJW 2009, 2877, 2877 ff.; *Frank*, ITRB 2011, 232.

gelten, wenn die Planungsleistungen so dominieren, dass sie den Schwerpunkt des Vertrages bilden und deshalb die Anwendung des Werkvertragsrechts erforderlich erscheine[1076].

Auch wenn der Vertrag über die Planung, Herstellung und Lieferung einer komplexen baulichen Anlage nicht in allen Punkten mit einem Softwareerstellungsvertrag vergleichbar ist, spricht einiges dafür, dass der BGH bei Anlegung identischer Auslegungsmaßstäbe § 650 Abs. 1 BGB auch auf Softwareerstellungsverträge anwenden wird[1077]. Mit Gewissheit lässt sich das indes nicht vorhersagen. In einem Fall, in dem ein Dienstleister Software „geliefert", installiert und angepasst hatte, nahm der BGH die Anwendbarkeit von Werkvertragsrecht an, ohne auch nur auf § 650 Abs. 1 BGB einzugehen[1078].

669

Praxistipp

670

Angesichts der unklaren Rechtsprechung des BGH empfiehlt es sich, jedwede „Lieferung" von Datensätzen bei der Vertragsgestaltung auszuschließen bzw. zu vermeiden, wenn die Anwendung des Werkvertragsrechts erwünscht ist[1079]. Umgekehrt wird man eine „Lieferung" vereinbaren, wenn man den Weg in das Kaufrecht beschreiten möchte.

In **Allgemeinen Geschäftsbedingungen** lässt sich § 650 Abs. 1 BGB nicht ohne weiteres abbedingen. Teilweise wird die Zulässigkeit solcher Klauseln mit dem Argument gänzlich verneint, dass das BGB die einzelnen Vertragsordnungen nicht den Parteien zur Wahl stelle[1080]. Diese Einschätzung ist indes zu pauschal, es gilt vielmehr im Einzelfall eine Inhaltskontrolle gem. § 307 BGB[1081].

671

2. Projektablauf und Pflichtenheft

■ **Übersicht:**

672

Jedenfalls bei größeren Aufträgen ist folgender **Projektablauf** üblich[1082]:

– **Verhandlungsphase:** Der Auftraggeber verhandelt mit dem Designer über ein Konzept für die Website, das neben den Funktionalitäten der Website auch die Gestaltung umfasst. Der Webdesigner erarbeitet Gestaltungs- und Strukturvorschläge, die er dem Auftraggeber präsentiert.

– **Konzeptphase:** Nachdem grundsätzlich geklärt worden ist, welche Funktionalitäten auf die Website aufgenommen werden sollen, welchen Umfang die Website haben soll und welche Gestaltungsmittel eingesetzt werden, erarbeitet der Webdesigner ein Strukturkonzept. Zu der Struktur gehören ein Verzeichnis über die hierarchische Gliederung der einzelnen Websites (Strukturbaum) und die Platzierung von Links.

1076 BGH v. 23.7.2009 – VII ZR 151/08, NJW 2009, 2877, 2879 f.
1077 *Hoffmann*, MMR 2010, 25; *Schweinoch*, CR 2009, 640, 640 f.; *Schweinoch*, CR 2010, 1, 7; *Taeger*, NJW 2010, 25, 28 f.; für eine grds. Anwendbarkeit von § 651 BGB: *Lapp*, jurisPR-ITR 3/2010 Anm. 5 D; AG Oldenburg v. 17.4.2015 – 8 C 8028/15 Rz. 17; a.A. *Müller-Hengstenberg*, NJW 2010, 1181, 1183 f.
1078 BGH v. 5.6.2014 – VII ZR 276/13 Rz. 13 f., CR 2014, 568 = ITRB 2014, 198.
1079 Vgl. *Koch*, ITRB 2008, 233, 236 f.
1080 *Fritzemeyer*, NJW 2011, 2921.
1081 *Fritzemeyer*, NJW 2011, 2921.
1082 Vgl. *Härting* in Redeker, Handbuch der IT-Verträge, Teil 3.1 Rz. 15 ff.; *Härting*, ITRB 2001, 20, 21.

- **Entwurfsphase:** Anhand des Strukturkonzepts erstellt der Webdesigner eine Basisversion der Website. Die Basisversion beinhaltet die wesentlichen gestalterischen Merkmale und die notwendigen Grundfunktionalitäten. Zu den notwendigen Grundfunktionalitäten gehören insbesondere die Links, die die einzelnen Websites miteinander verbinden.

- **Herstellungsphase:** Der Auftraggeber überlässt dem Webdesigner sämtliche Inhalte, die auf die Website aufgenommen werden sollen (Texte, Fotos, Graphiken u.Ä.). Der Webdesigner erstellt mit Hilfe der Inhalte und auf der Basis des Entwurfs die fertige Website.

673 Selbstverständlich kommt es bei den Phasen vielfach zu Überlappungen. So kann es sein, dass Teilbereiche einer Website bereits vollständig fertig gestellt sind, während in anderen Bereichen noch über die Struktur und die einzubindenden Funktionalitäten diskutiert wird. Insgesamt ist die Erstellung einer Website ein **interaktiver Prozess,** der ständige Abstimmungen zwischen dem Auftraggeber und dem Auftragnehmer erfordert. Der Webdesigner ist auf die kontinuierliche Mitwirkung des Auftraggebers angewiesen. Die Inhalte, die auf die Website aufgenommen werden sollen, werden in aller Regel von dem Auftraggeber bereitgestellt. Ohne Inhalte würden Websites Fragmente bleiben.

674 Bei größeren Projekten ist es für alle Beteiligten sinnvoll, die Zusammenarbeit mit der Erstellung eines Pflichtenhefts zu beginnen, das sodann Bestandteil des Webdesignvertrages wird[1083]. Nur durch ein ausführliches **Pflichtenheft** lässt sich klar und präzise festlegen, welchen Anforderungen die Website genügen soll.

675 Vielfach wendet der Webdesigner bereits vor Abschluss eines schriftlichen Vertrages erhebliche Zeit mit der Erarbeitung von **Vorschlägen** und **Entwürfen** und der Erstellung eines **Pflichtenhefts** auf. Ähnlich wie bei Architekten in der **Vorentwurfsphase**[1084] kann dann Streit darüber entstehen, ob diese Leistungen vom Auftraggeber auch zu vergüten sind, wenn es letztlich nicht zu einer Auftragserteilung kommt[1085]. Um derartigen Streit zu vermeiden, sollte sich der Webdesigner frühzeitig absichern. Dies kann durch einen **„Letter of Intent"**[1086] geschehen, in dem festgelegt wird, zu welchen Konditionen die Leistungen des Webdesigners zu vergüten sind für den Fall, dass es später nicht zum Abschluss eines Webdesignvertrages kommt.

676 Der Webdesigner kann sich für die Erstellung von **Entwürfen** eine gesonderte Vergütung zusichern lassen. Zudem besteht die Möglichkeit, klarzustellen, dass der Kunde nicht zu einer wirtschaftlichen Verwertung von Entwürfen berechtigt ist.

677 **Praxistipp**

Eine Klausel über die wirtschaftliche Verwertung von Entwürfen kann beispielsweise lauten[1087]:

„An Entwürfen und Konzepten des Webdesigners, die der Erarbeitung des endgültigen Designkonzeptes dienen, werden dem Kunden keine Nutzungsrechte eingeräumt. Wünscht der Kunde eine

---

1083 *Härting* in Redeker, Handbuch der IT-Verträge, Teil 3.1 Rz. 36, 43 ff.
1084 Vgl. BGH v. 24.6.1999 – VII ZR 196/98, MDR 1999, 1438.
1085 *Schneider* in Schneider, Handbuch des EDV-Rechts, Teil Q Rz. 792; *Alpert*, CR 2001, 213, 213 ff.
1086 Vgl. *Härting* in Redeker, Handbuch der IT-Verträge, Teil 3.1 Rz. 48; OLG Frankfurt v. 31.10.1996 – 3 U 184/94, OLGReport Frankfurt 1997, 49; OLG Köln v. 21.1.1994, OLGReport Köln 1994, 61.
1087 Vgl. *Härting/Kuon*, ITRB 2007, 98.

Nutzung von Entwürfen und Konzepten aus der Entwurfsphase, bedarf es für die Einräumung von Nutzungsrechten einer gesonderten Vereinbarung mit dem Webdesigner."

3. Nutzungsrechte

Damit der Auftraggeber die Leistungen des Webdesigners nutzen kann, bedarf es der **Ein-**   678
räumung von Nutzungsrechten (§§ 31 ff. UrhG). Eine solche Rechtseinräumung kann zwar auch stillschweigend erfolgen[1088]. Zur Vermeidung von Streitigkeiten empfiehlt es sich jedoch, im Webdesignvertrag detailliert die Reichweite der Rechtseinräumung zu regeln.

Wird bei der Erstellung der Website **Standardsoftware** verwendet, so ist es aus Sicht des Auf-   679
traggebers ratsam, sicherzustellen, dass der Webdesigner über die notwendigen Nutzungsrech-te verfügt. Daher empfiehlt sich eine entsprechende ausdrückliche Zusage nebst Haftungs- und Freistellungsklauseln für den Fall, dass die Zusage nicht eingehalten wird.

Zu den zweckmäßigen Regelungen gehört eine klare Vereinbarung, ob und inwieweit der   680
Auftraggeber zu **Änderungen des Designs** berechtigt ist (§ 23 Abs. 1 Satz 1 UrhG und § 69c Nr. 2 UrhG). Wird dem Auftraggeber ein **Bearbeitungsrecht** nach § 23 Abs. 1 Satz 1 UrhG und § 69c Nr. 2 UrhG eingeräumt, ist er in der Lage, ohne erneute Beauftragung des Web-designers Änderungen an dem Webdesign vorzunehmen[1089]. Wird ihm das Bearbeitungsrecht hingegen nicht gewährt, bleibt der Auftraggeber bei Änderungen auf die Hilfe bzw. das Ein-verständnis des Webdesigners angewiesen.

Eng mit dem Bearbeitungsrecht verknüpft ist die Frage, ob der Auftraggeber vom Webdesig-   681
ner die **Offenlegung des Quellcodes** und darüber hinaus eine Dokumentation erwarten kann. Ohne Quellcode und – bei aufwendigen Websites – ohne eine **Dokumentation** wer-den dem Auftraggeber Änderungen erheblich erschwert. Klare Regelungen hinsichtlich des Quellcodes und einer Dokumentation sind ratsam, um streitige Auseinandersetzungen[1090] zu vermeiden.

Gutes Webdesign kann für andere Websites übernommen werden oder auch die Grundlage   682
für Design außerhalb des Netzes sein – beispielsweise für die Gestaltung einer Geschäftsaus-stattung. Werden zwischen den Parteien insoweit keine ausdrücklichen Absprachen getrof-fen, ist dies für den Auftraggeber ungünstig. **Vertragszweck** i.S.d. § 31 Abs. 5 Satz 1 UrhG (s. Rz. 1251) ist regelmäßig nicht mehr als die Erstellung einer Website, so dass Nutzungen, die über die auftragsgemäß erstellte Website hinausgehen, einer ausdrücklichen Rechtsein-räumung bedürfen[1091].

Aus Sicht des Webdesigners sind die **Nutzungsrechte** das einzig wirksame Druckmittel für   683
den Fall, dass der Kunde seinen Zahlungsverpflichtungen nicht nachkommt. Typisch ist die Frage des Webdesigners, ob er es seinem zahlungsunwilligen Kunden untersagen kann, die bereits fertig gestellte und noch nicht bezahlte Website ins Netz zu stellen. Dies ist nicht der

---

1088 *J.B. Nordemann* in Fromm/Nordemann, Urheberrecht, § 34 UrhG Rz. 14 ff.; *Härting*, ITRB 2001, 20, 21.
1089 *A. Nordemann* in Fromm/Nordemann, Urheberrecht, §§ 23/24 UrhG Rz. 2 ff.
1090 Vgl. OLG Karlsruhe v. 18.3.2019 – 10 U 13/18 Rz. 24; LG München v. 11.11.2004 – 7 O 1888/04, AfP 2005, 413 = CR 2005, 187, 187; *Härting* in Redeker, Handbuch der IT-Verträge, Teil 3.1 Rz. 186.
1091 *Härting* in Redeker, Handbuch der IT-Verträge, Teil 3.1 Rz. 200 ff.

Fall, wenn der Webdesigner es zugelassen hat, dass die Website vor der Zahlung der vereinbarten Vergütung bereits im Netz frei geschaltet wird, und wenn vertraglich keine Regelung
getroffen wurde, die dem Webdesigner eine **Handhabe zur Untersagung** gibt.

684 Um den Webdesigner in einer solchen Situation nicht hilflos dastehen zu lassen, kommt eine Regelung in Betracht, die die Einräumung von Nutzungsrechten gem. § 158 Abs. 1 BGB
im Wege der **aufschiebenden Bedingung** davon abhängig macht, dass die vertraglich geschuldete Vergütung vollständig bezahlt wird[1092]. Eine solche Regelung ist wirksam, da sich die
Einräumung von urheberrechtlichen Nutzungsrechten ohne weiteres mit Bedingungen gem.
§ 158 BGB verknüpfen lässt[1093].

685 **Praxistipp**

Eine Klausel über die urheberrechtlichen Nutzungsrechte kann beispielsweise lauten[1094]:

„Das gesamte Design ist als persönliche geistige Schöpfung des Webdesigners durch das Urheberrechtsgesetz (UrhG) geschützt, dessen Bestimmungen auch dann Anwendung finden, wenn die nach
§ 2 UrhG erforderliche Schöpfungshöhe nicht erreicht ist.

Der Anbieter räumt dem Kunden das ausschließliche, räumlich und zeitlich unbeschränkte Recht
ein, die Website zu nutzen. Dieses Recht umfasst auch das Bearbeitungsrecht gem. § 23 Abs. 1 Satz 1
UrhG und § 69c Nr. 2 UrhG. Die Einräumung der Nutzungsrechte wird indes erst wirksam (§ 158
Abs. 1 BGB), wenn der Kunde die geschuldete Vergütung vollständig an den Anbieter entrichtet hat.

Der Anbieter verpflichtet sich – unverzüglich nach Zahlung der geschuldeten Vergütung – zur Überlassung des der Website zugrundeliegenden Quellcodes in der dem Pflichtenheft zu entnehmenden
Programmiersprache. Unverzüglich nach Zahlung der Vergütung wird der Anbieter dem Kunden zudem eine geeignete Benutzerdokumentation überlassen. In der Dokumentation müssen die Funktionalitäten der Software so beschrieben sein, dass ein geschulter Programmierer innerhalb angemessener Zeit in der Lage ist, den Quellcode zwecks Weiterentwicklung der Software umzuarbeiten. Die
Dokumentation des Quellcodes ist dem Kunden im gleichen Format zur Verfügung zu stellen wie
der Quellcode selbst.

An geeigneten Stellen werden in die Website Hinweise auf die Urheberstellung des Anbieters aufgenommen. Der Kunde ist nicht berechtigt, diese Hinweise ohne Zustimmung des Anbieters zu entfernen.

Das Nutzungsrecht gilt nur für die Nutzung der Website insgesamt bzw. von Bestandteilen der Website im Internet. Der Kunde ist nicht berechtigt, einzelne Gestaltungselemente der Website oder die
vollständige Website in anderer Form – insbesondere in gedruckter Form – zu nutzen."

4. Abnahme

686 Da unklar ist, ob die werkvertraglichen Bestimmungen der § 640 und § 641 BGB für Webdesignverträge gelten (s. Rz. 659 ff.), empfiehlt es sich, eine Regelung darüber zu treffen, ob
und inwieweit es für die Fälligkeit der Vergütung einer Abnahme der Leistungen des Webdesigners bedarf. Falls eine Abnahme von den Vertragspartnern gewünscht wird, empfiehlt
es sich, dies **ausdrücklich zu vereinbaren.** Umgekehrt ist eine Klausel über den Verzicht auf
eine Abnahme ratsam, wenn dies dem Willen der Vertragspartner entspricht.

1092 *Härting* in Redeker, Handbuch der IT-Verträge, Teil 3.1 Rz. 178 ff.; *Härting,* ITRB 2001, 20,
22.
1093 Vgl. LG München v. 11.11.2004 – 7 O 1888/04, AfP 2005, 413 = CR 2005, 187, 188.
1094 Vgl. *Härting* in Redeker, Handbuch der IT-Verträge, Teil 3.1 Rz. 18 ff.; *Härting/Kuon,* CR 2004,
527.

Da in der Regel keine gesonderten Abnahmetests oder -prüfungen stattfinden, sondern on- 687
line gearbeitet wird, ist es für den Auftraggeber ratsam, klarzustellen, dass die Online-Schaltung noch nicht als Abnahme anzusehen ist (**Abnahme durch Ingebrauchnahme**). Aus Sicht
des Webdesigners ist es demgegenüber ratsam, eine Abnahmefiktion zu vereinbaren, wonach
ab Online-Schaltung eine Frist läuft. Meldet der Auftraggeber innerhalb dieser Frist keine
wesentlichen Mängel, gilt die Website als abgenommen.

5. Change Management

Wie allgemein bei Softwareerstellungsverträgen ist das Change Management auch bei Web- 688
designverträgen ein **häufiger Streitpunkt.** Insbesondere wenn ein Festpreis vereinbart ist, führen Änderungswünsche des Auftraggebers vielfach zu Streit über die Vergütung des Mehrauf-
wandes. Change-Management-Klauseln dienen dazu, eine klare Abgrenzung zu schaffen, ob
und unter welchen Voraussetzungen für Änderungswünsche des Auftraggebers eine gesonderte Vergütung anfällt und ob ersparter Aufwand des Auftragnehmers zu einer Ermäßigung
der Vergütung führt[1095]. Eine vergleichsweise einfache Art des Change Management ist die
Festlegung von Phasen, bei deren Abschluss jeweils eine Freigabe durch den Auftraggeber
erfolgt. Änderungswünsche, die bereits freigegebene Arbeitsergebnisse betreffen, lösen dann
eine gesonderte Vergütungspflicht aus.

Ein effektives Change Management steht und fällt mit der Genauigkeit der **Vereinbarungen** 689
über den Auftragsumfang[1096]. Bei einer detaillierten Festlegung der Aufgaben des Webdesigners fällt es vergleichsweise leicht, eine präzise Regelung zu treffen, nach der beispielsweise Änderungswünsche vom Webdesigner nur gegen eine – im Einzelnen vorab festgelegte
– Vergütung berücksichtigt werden müssen, wobei schon die Prüfung der Änderungswünsche entgeltpflichtig ist. Sofern die Anforderungen an die Website vertraglich nur sehr allgemein beschrieben sind, lassen sich auch für das Change Management nur sehr allgemeine
Regelungen treffen[1097].

6. Haftung

Sowohl der Webdesigner als auch der Auftraggeber verwenden bei der Erstellung einer Web- 690
site zumeist **urheberrechtlich geschütztes Material** (z.B. Bilder, Texte oder Software). Beide
Vertragspartner haben ein Interesse daran, vor Ansprüchen Dritter geschützt zu sein für den
Fall, dass keine ausreichenden urheberrechtlichen Nutzungsrechte bestehen. Daher bietet es
sich an, eine Versicherung der Parteien in den Vertrag aufzunehmen, dass für den Fall der
Verwendung urheberrechtlich geschützten Materials jeweils die Partei, die das Material in
die Website einbringt, dafür verantwortlich ist, dass alle notwendigen Nutzungsrechte erworben worden sind. Darüber hinaus ist es sinnvoll, eine umfassende Freistellung von Ansprüchen Dritter zu vereinbaren[1098].

Das AG Oldenburg vertrat die Auffassung, dass ein Webdesigner einen Kartenausschnitt, 691
den er vom Kunden zur Einbindung in die Website erhält, auf Urheberrechtsverstöße prüfen

---

1095 Vgl. *Härting* in Redeker, Handbuch der IT-Verträge, Teil 3.1 Rz. 135 ff.; *Schneider* in Schneider,
     Handbuch des EDV-Rechts, Teil Q Rz. 373 ff.
1096 *Schneider* in Schneider, Handbuch des EDV-Rechts, Teil Q Rz. 376 ff.
1097 Vgl. *Härting* in Redeker, Handbuch der IT-Verträge, Teil 3.1 Rz. 129 ff.
1098 *Winteler* in Moritz/Dreier, Rechtshandbuch zum E-Commerce, Teil B Rz. 651.

muss. Für die Urheberrechtsverletzung hafteten der Webdesigner und der Kunde nach Ansicht des Gerichts als Gesamtschuldner gem. § 421 BGB. Das Gericht verurteilte den Webdesigner zur Übernahme von 50 % des entstandenen Schadens[1099].

692 Bindet der Webdesigner Fotos in die Website ein, die er selbst beschafft hat, hat er vorab zu prüfen, ob für die **Nutzung der Fotos** Lizenzgebühren anfallen und ob ein Copyrightvermerk erforderlich ist. Diese Pflicht geht mit einer Pflicht zur Aufklärung des Kunden über die Entgeltlichkeit der Nutzung einher[1100].

693 Wird ein Webdesigner mit der **Erstellung eines Logos** beauftragt, stellt sich die Frage, wie weit seine vertraglichen Verpflichtungen im Hinblick auf das Logo reichen. Insbesondere bedarf es einer Absprache, ob dem Webdesigner eine markenrechtliche Prüfung des Logos obliegt. Ohne ausdrückliche vertragliche Vereinbarung kann der Kunde eine Prüfung im Hinblick auf **Markenrechtsverletzungen** erwarten, wenn er den Webdesigner mit einer groß angelegten Werbekampagne beauftragt und eine nicht nur geringfügige Vergütung vereinbart wird[1101]. Wird jedoch nur eine bescheidene Vergütung vereinbart, die nicht einmal für eine umfassende Markenrecherche kostendeckend ist, so muss der Kunde davon ausgehen, dass sich die Leistungen des Webdesigners auf den Kreativbereich beschränken werden[1102].

7. Mitwirkungspflichten

694 Vielfach haben die Parteien unterschiedliche Vorstellungen darüber, in welcher **Form** und in welchen **Formaten** dem Webdesigner die Inhalte zur Verfügung zu stellen sind. Ein Webdesigner, der erwartet, dass ihm Texte in elektronisch lesbarer Form überlassen werden, sieht sich Mehraufwand ausgesetzt, wenn ihm der Kunde Druckseiten zukommen lässt, die zunächst eingescannt werden müssen.

695 Um Streit zu vermeiden, empfiehlt es sich, die Mitwirkungspflichten des Auftraggebers möglichst präzise zu definieren[1103]. Es ist ratsam, einen **Zeitplan** zu vereinbaren, der für die Mitwirkungsleistungen des Auftraggebers Termine festsetzt und für klare Verhältnisse sorgt, wenn sich die Parteien darüber streiten, wer für Verzögerungen verantwortlich ist.

8. Fertigstellung

696 Internetauftritte sind vielfach einer von mehreren Bestandteilen größerer Werbe- und Marketingaktionen des Auftraggebers. Verzögerungen bei der Fertigstellung einer Website können erhebliche Folgewirkungen haben, wenn z.B. eine umfangreiche Werbeaktion geplant ist, bei der die Internetadresse genutzt werden soll. Ähnlich wie bei einem Bauvertrag empfiehlt es sich, einen genauen Zeitplan festzulegen, der für jede **Projektphase** einen Kalendertag vorsieht, an dem die jeweilige Phase abzuschließen ist (vgl. § 286 Abs. 2 Nr. 1 BGB)[1104].

1099 AG Oldenburg v. 17.4.2015 – 8 C 8028/15 Rz. 23 ff.
1100 LG Bochum v. 16.8.2016 – 9 S 17/16 Rz. 6 ff., CR 2016, 754 = ITRB 2016, 272.
1101 KG Berlin v. 4.2.2011 – 19 U 109/10 Rz. 5.
1102 KG Berlin v. 4.2.2011 – 19 U 109/10 Rz. 5 f.
1103 Vgl. *Härting* in Redeker, Handbuch der IT-Verträge, Teil 3.1 Rz. 121 ff.
1104 *Schmidt* in Spindler, Vertragsrecht der Internetprovider, Teil VIII Rz. 34 ff.

Je mehr der Auftraggeber auf eine rechtzeitige Fertigstellung der Website angewiesen ist und 697
je schwieriger es für den Auftraggeber im Verzögerungsfall ist, die Höhe des entstehenden
Schadens nachzuweisen, desto mehr bietet es sich an, **Schadenspauschalen** und **Vertragsstrafen** für Verzögerungen zu vereinbaren, wobei in Standardverträgen die Beschränkungen des
§ 309 Nr. 5 und Nr. 6 BGB zu berücksichtigen sind.

9. Pflege

Websites bedürfen der laufenden Pflege und Aktualisierung. Zum einen müssen **Fehler** be- 698
hoben werden, die gelegentlich auftreten wie z.B. bei Links, die geändert werden müssen,
wenn die Zielseite eine neue Adresse erhalten hat. Zum anderen lebt ein gelungener Internetauftritt von einer ständigen **Aktualisierung** durch Einstellung neuer Inhalte. Dies kann
zu einem erheblichen Pflegeaufwand führen.

Wird der Webdesigner zugleich mit der Erstellung einer Website und mit deren laufender 699
Pflege und Aktualisierung beauftragt, gilt es zunächst, die Leistungen, die von dem Webdesigner im Rahmen seiner **Gewährleistungspflicht** für die Erstellung der Website geschuldet werden, von den Leistungen abzugrenzen, die der Webdesigner als Pflege- und Aktuali-
sierungsleistungen erbringt[1105].

Verträge über die „Wartung" oder „Pflege" von Software, EDV-Programmen oder Websites 700
sind als Werkverträge einzuordnen, soweit sie auf die Aufrechterhaltung der Funktionsfähigkeit und die Beseitigung von Störungen (und somit: auf einen Tätigkeitserfolg) gerichtet
sind. Ihre Qualifizierung als Dienstvertrag liegt hingegen nahe, wenn es an einer solchen Er-
folgsausrichtung fehlt und die laufende Serviceleistung (Tätigkeit) als solche geschuldet
ist[1106].

Anders als (zumeist) bei einem Softwarepflegevertrag muss der Webdesigner vielfach nicht 701
nur tätig werden, wenn der Auftraggeber dies auf Grund von Funktionsstörungen ausdrücklich verlangt. Vielmehr wird dem Webdesigner die Aufgabe übertragen, von sich aus regelmäßig die Funktionstüchtigkeit der Website zu überwachen. Dies ist eine primär tätigkeits-
bezogene Leistung, auf die das **Dienstvertragsrecht** anwendbar ist[1107].

Die Umsetzung einer **inhaltlichen Aktualisierung** der Website (z.B. Einstellung neuer Texte 702
und Fotos) ist demgegenüber eine Verpflichtung, die dem **Werkvertragsrecht** unterfällt. Zwischen der ursprünglichen Erstellung der Website und den einzelnen Aktualisierungsschritten
besteht kein Unterschied. Jeder Aktualisierungsschritt ist ein Erfolg, den der Webdesigner
gem. § 631 Abs. 1 BGB zusichert.

Die Regelungen zur Websitepflege, die selbstverständlich auch Gegenstand eines gesonderten 703
Vertrages sein können, sollten **Intervalle** definieren, in denen die Website zu überwachen
bzw. zu aktualisieren ist. Darüber hinaus bedarf es der Festlegung des genauen **Prozedere bei
Aktualisierungen,** wobei sich jedenfalls bei größeren Projekten eine Abstimmung mit dem
Auftraggeber im Rahmen eines Phasenmodells anbietet.

1105 *Härting* in Redeker, Handbuch der IT-Verträge, Teil 3.1 Rz. 89.
1106 BGH v. 4.3.2010 – III ZR 79/09, CR 2010, 327, 327 ff. m. Anm. *Hilber/Rabus* = K&R 2010, 343,
    343 ff. m. Anm. *Pohle* = BB 2010, 1047, 1049 m. Anm. *Schirmbacher*.
1107 *Cichon*, Internetverträge, Rz. 477 ff.; *Härting*, CR 2001, 37, 40.

704 Übernimmt der Webdesigner das Hosting der Website und beauftragt er zu diesem Zweck einen Provider mit dem Hosting, kann der Kunde im Falle des Datenverlusts Ansprüche gegen den Webdesigner geltend machen. Unmittelbare Ansprüche des Kunden gegen den Host Provider kommen nicht in Betracht, da es wegen der Haftung des Webdesigners an einem besonderen Schutzbedürfnis fehlt, um eine Schutzwirkung des Hostingvertrages zugunsten des Kunden anzunehmen[1108].

III. Providerverträge

705 Bei den Providerverträgen lassen sich der Access Provider-Vertrag, der Host Provider-Vertrag und der E-Mail-Account-Vertrag unterscheiden. Hinzu kommen Internet-System-Verträge.

1. Internet-System-Verträge

706 Vielfach werden verschiedene Leistungspflichten in einem **„Internet-System-Vertrag"** gebündelt, durch den sich der Anbieter zur Recherche und Registrierung einer Domain („Domainservice"), zur Zusammenstellung der Webdokumentation – Bild- und Textmaterial – durch einen Webdesigner („Vor-Ort-Beratung"), zur Gestaltung und Programmierung einer individuellen Internetpräsenz nach bestimmten, einzeln aufgeführten Vorgaben, zum Hosting der Website nebst E-Mail-Accounts sowie zu Beratungs- und Betreuungsleistungen verpflichtet[1109]. Zu den Leistungspflichten, die der Provider in einem „Internet-System-Vertrag" übernimmt, kann auch die Suchmaschinenoptimierung zählen[1110].

a) Vertragstypologische Einordnung

707 Ein solcher „Internet-System-Vertrag" ist nach Auffassung des BGH insgesamt als **Werkvertrag** gem. § 631 BGB anzusehen[1111]. Gegenstand des Vertrages sei die auf einen bestimmten Zeitraum festgelegte Gewährleistung der Abrufbarkeit einer von dem Anbieter erstellten und betreuten Website im Internet und somit nicht ein schlichtes Tätigwerden, sondern die Herbeiführung eines Erfolges. Die „Abrufbarkeit" der Website sei nicht als eine Garantie für den jederzeitigen Zugriff über das Internet – die der Webhostbetreiber wegen der technischen Gestaltung des Internets nicht übernehmen kann – zu verstehen. Vielmehr sei die Website so bereitzustellen, dass sie für Internetnutzer abgerufen werden kann, wenn das Internet im üblichen Rahmen den Zugriff ermöglicht[1112]. Dementsprechend sei der Vertrag – anders als der lediglich auf die Verschaffung des Zugangs zum Internet angelegte Access Provider-Vertrag – nicht als Dienstvertrag, sondern als Werkvertrag einzuordnen[1113]. Dieser

---

1108 LG Hamburg v. 13.5.2015 – 318 O 220/15 Rz. 23.
1109 Vgl. BGH v. 4.3.2010 – III ZR 79/09, CR 2010, 327, 327 ff. m. Anm. *Hilber/Rabus* = K&R 2010, 343, 343 ff. m. Anm. *Pohle* = BB 2010, 1047, 1047 ff. m. Anm. *Schirmbacher*; LG Schweinfurt v. 9.7.2010 – 24 S 42/10, MIR 2010, Dok. 121.
1110 Vgl. AG Düsseldorf v. 17.7.2008 – 39 C 5988/08, MMR 2009, 219 (Ls.).
1111 BGH v. 27.1.2011 – VII ZR 133/10 Rz. 9, CR 2011, 176.
1112 Vgl. *Redeker*, IT-Recht, Rz. 1105.
1113 BGH v. 4.3.2010 – III ZR 79/09, CR 2010, 327, 327 ff. m. Anm. *Hilber/Rabus* = K&R 2010, 343, 343 ff. m. Anm. *Pohle* = BB 2010, 1047, 1049 m. Anm. *Schirmbacher*; LG Schweinfurt v. 9.7.2010 – 24 S 42/10, MIR 2010, Dok. 121; LG Düsseldorf v. 12.1.2011 – 23 S 27/10 Rz. 43; LG Düsseldorf v. 28.7.2011 – 7 O 311/10 Rz. 47.

Einordnung stehe nicht entgegen, dass Internet-System-Verträge auf eine bestimmte Zeitdauer angelegt sind und somit Züge eines **Dauerschuldverhältnisses** aufweisen[1114].

b) Vorauszahlungspflicht

Wird der Kunde in den AGB eines Internet-System-Vertrages mit einer Laufzeit von drei 708 Jahren zu jährlichen **Vorauszahlungen** verpflichtet, stellt sich die Frage der Wirksamkeit nach § 307 BGB. Denn eine Klausel, die den Kunden abweichend von der gesetzlichen Regelung zur Vorleistung verpflichtet, ist nur dann zulässig, wenn für sie ein **sachlich rechtfertigender Grund** gegeben ist und den berechtigten Interessen des Kunden hinreichend Rechnung getragen wird, insbesondere keine überwiegenden Belange des Kunden entgegenstehen[1115].

Nach Auffassung des BGH liegen bei einem Internet-System-Vertrag sachlich rechtfertigende 709 Gründe für eine **Vorleistungspflicht** des Kunden zunächst darin, dass der Anbieter bereits zu Beginn der Vertragslaufzeit die Website zu erstellen und einzurichten sowie die Abrufbarkeit dieser Website im Internet herbeizuführen hat. Der Anbieter habe daher ein **berechtigtes Interesse** daran, nicht lange Zeit oder gar bis zum Ende der Vertragslaufzeit auf das Entgelt warten zu müssen[1116]. Ferner könne dem Anbieter die Zahlung kleiner monatlicher Ratenbeträge einen nicht unerheblichen buchhalterischen Aufwand bereiten und sich eine monatliche Ratenzahlung aus seiner nachvollziehbaren Perspektive deshalb als impraktikabel erweisen. Die Vorauszahlung etwa eines Drittels der vereinbarten Gesamtvergütung beeinträchtige zudem die Druckmittel des Kunden für die Durchsetzung seines Anspruchs auf vertragsgerechte Erfüllung (ohne Erfordernis einer Prozessführung) nur in einem verhältnismäßig geringen Umfang[1117]. Damit hält eine solche Klausel einer Inhaltskontrolle nach § 307 BGB jedenfalls dann stand, wenn die Klausel gegenüber einem Unternehmer verwendet wird (§ 14 Abs. 1, § 310 Abs. 1 BGB)[1118].

c) Kündigungsrecht

Wird in Allgemeinen Geschäftsbedingungen das freie **Kündigungsrecht** des Kunden (§ 648 710 BGB) eingeschränkt oder ausgeschlossen, so sind derartige Klauseln wegen unangemessener Benachteiligung gem. § 307 Abs. 1 Satz 1 BGB unwirksam[1119].

1114 LG Schweinfurt v. 9.7.2010 – 24 S 42/10, MIR 2010, Dok. 121.
1115 BGH v. 4.3.2010 – III ZR 79/09, CR 2010, 327, 327 ff. m. Anm. *Hilber/Rabus* = K&R 2010, 343, 343 ff. m. Anm. *Pohle* = BB 2010, 1047, 1048 m. Anm. *Schirmbacher*; vgl. auch *Wurmnest* in MünchKomm/BGB, § 309 Nr. 2 BGB Rz. 13; *Grüneberg* in Grüneberg, § 309 BGB Rz. 13; *Coester-Waltjen* in Staudinger, § 309 Nr. 2 BGB Rz. 7; *Dammann* in Wolf/Lindacher/Pfeiffer, Rz. V 505 ff.; BGH v. 23.5.1984 – VIII ZR 27/83, NJW 1985, 850, 851; BGH v. 24.9.2002 – KZR 38/99, NJW-RR 2003, 834, 836; BGH v. 20.6.2006 – X ZR 59/05, NJW 2006, 3134, 3134.
1116 Vgl. *Härting* in Niebling, AnwaltKommentar AGB-Recht, Rz. 1218.
1117 BGH v. 4.3.2010 – III ZR 79/09, CR 2010, 327, 327 ff. m. Anm. *Hilber/Rabus* = K&R 2010, 343, 343 ff. m. Anm. *Pohle* = BB 2010, 1047, 1050 m. Anm. *Schirmbacher*.
1118 BGH v. 4.3.2010 – III ZR 79/09, CR 2010, 327, 327 ff. m. Anm. *Hilber/Rabus* = K&R 2010, 343, 343 ff. m. Anm. *Pohle* = BB 2010, 1047, 1048 m. Anm. *Schirmbacher*; LG Düsseldorf v. 9.9.2009 – 22 S 28/09, MMR 2010, 243, 243 f.; LG Düsseldorf v. 2.12.2005 – 22 S 115/05.
1119 BGH v. 27.1.2011 – VII ZR 133/10 Rz. 11, 14, 16, CR 2011, 176; LG Schweinfurt v. 9.7.2010 – 24 S 42/10, MIR 2010, Dok. 121; LG Essen v. 16.12.2016 – 16 O 174/16 Rz. 29.

711   Das freie Kündigungsrecht gem. § 648 Satz 1 BGB wird nicht ausgeschlossen, wenn in einem Vertrag eine feste Laufzeit vereinbart und eine ausdrückliche Regelung für das **außerordentliche Kündigungsrecht** des Kunden getroffen wird[1120]. Die Regelung einer festen Vertragslaufzeit von vier Jahren lässt – ohne ausdrücklichen Ausschluss des ordentlichen Kündigungsrechts – das Recht gem. § 648 Satz 1 BGB unberührt[1121].

712   Kündigt der Kunde nach § 648 Satz 1 BGB, so ist der Anbieter nach § 648 Satz 2 BGB berechtigt, die vereinbarte **Vergütung** zu verlangen. Er muss sich jedoch dasjenige anrechnen lassen, was er infolge der Aufhebung des Vertrags an Aufwendungen erspart oder durch anderweitige Verwendung seiner Arbeitskraft erwirbt oder böswillig zu erwerben unterlässt. Dabei ist es unbeachtlich, wie lange der Vertrag Bestand hatte. Ob bis zur Kündigung des Vertrages nur wenige Stunden, einige Tage, Wochen oder Jahre verstreichen, ist für die Rechtsfolgen des Vertragsschlusses und die durch § 648 BGB eröffnete Kündigungsmöglichkeit mit den Abrechnungsnotwendigkeiten des § 648 Satz 2 BGB ohne Belang[1122].

713   Es ist **Sache des Anbieters**, die Höhe der gem. § 648 Satz 2 BGB anfallenden Kosten schlüssig zu begründen[1123]. Dies hat in der Regel durch eine **Gegenüberstellung** von Kosten für die Erbringung der vertraglichen Leistungen und des vertraglichen Entgelts zu erfolgen. Der Anbieter muss somit nicht nur darlegen, welche Leistungen er bereits erbracht hat und welche Leistungen noch nicht erbracht worden sind, sondern auch darlegen, welcher Teil der vereinbarten Vergütung auf die erbrachten und welcher Teil auf die noch nicht erbrachten Leistungen entfällt[1124].

714   Gemäß § 648 Satz 3 BGB wird vermutet, dass dem Anbieter 5 vom Hundert der auf den noch nicht erbrachten Teil der Leistung entfallenden vereinbarten Vergütung zustehen. Da die Vermutung nur für die noch nicht erbrachten Leistungen gilt, kann sich der Anbieter nur dann auf die **5 %-Klausel** berufen, wenn er detailliert darlegt, welche Leistungen konkret erbracht wurden und welche nicht[1125].

715   Die Vermutung des § 648 Satz 3 BGB soll dem Besteller die Anspruchsdurchsetzung erleichtern und ändert nichts daran, dass der Besteller die Darlegungs- und Beweislast für ersparte Aufwendungen trägt[1126]. Dass eine Kündigung für den Besteller teuer werden kann, zeigt ein Urteil des OLG Düsseldorf, in dem einem Provider nach der Kündigung ein Vergütungsanspruch i.H.v. rund 20 % des Gesamtvertragswertes zugesprochen wurde, ohne dass bereits Leistungen erbracht worden waren[1127].

1120 BGH v. 27.1.2011 – VII ZR 133/10 Rz. 16, CR 2011, 176; vgl. aber LG Essen v. 16.12.2016 – 16 O 174/16 Rz. 30 ff.
1121 A.A. LG Düsseldorf v. 12.1.2011 – 23 S 27/10 Rz. 49 und LG Essen v. 16.12.2016 – 16 O 174/16 Rz. 32 ff.; vgl. *Härting* in Niebling, Anwaltskommentar AGB-Recht, Rz. 1062.
1122 OLG Düsseldorf v. 12.4.2016 – 23 U 149/14 Rz. 3, CR 2017, 256 = ITRB 2017, 35.
1123 BGH v. 28.7.2011 – VII ZR 223/10 Rz. 14 ff.; BGH v. 27.1.2011 – VII ZR 133/10 Rz. 18 ff., CR 2011, 176; BGH v. 24.3.2011 – VII ZR 111/10 Rz. 12.
1124 BGH v. 28.7.2011 – VII ZR 223/10 Rz. 14; BGH v. 24.3.2011 – VII ZR 111/10 Rz. 12; LG Düsseldorf v. 12.1.2011 – 23 S 27/10 Rz. 62.
1125 BGH v. 28.7.2011 – VII ZR 223/10 Rz. 14; BGH v. 27.1.2011 – VII ZR 133/10 Rz. 18 ff., CR 2011, 176; LG Düsseldorf v. 28.7.2011 – 7 O 311/10 Rz. 49, 51.
1126 LG Düsseldorf v. 3.6.2016 – 22 S 469/15 Rz. 11.
1127 OLG Düsseldorf v. 5.12.2013 – I-5 U 135/12.

2. Access Provider-Verträge

Bei einem Access Provider-Vertrag geht es um den **Zugang zum Internet.** Der Access Provi-   716
der verpflichtet sich, einen solchen Zugang einzurichten und für die Dauer des Vertrages
aufrechtzuerhalten[1128]. Wird eine dieser Pflichten während der Vertragsdauer durch den
Access Provider verletzt, so ist er gem. § 280 BGB zum Schadensersatz verpflichtet.

Der BGH hat die Nutzbarkeit des Internet als ein **Wirtschaftsgut** qualifiziert und somit dem   717
Kunden die Möglichkeit der Geltendmachung eines Schadensersatzanspruchs im Falle des
Ausfalls des Internetzugangs eröffnet[1129]. Der Schadensersatz bemisst sich nach den marktüblichen, durchschnittlichen Kosten, die für die Bereitstellung eines Internetanschlusses mit
der vereinbarten Kapazität für den betreffenden Zeitraum angefallen wären, abzgl. der auf
Gewinnerzielung gerichteten und sonstigen, eine erwerbswirtschaftliche Nutzung betreffenden Wertfaktoren[1130].

a) Vertragstypologische Einordnung

Die Einordnung des Access Provider-Vertrages als Werk-, Dienst- oder Mietvertrag ist strei-   718
tig, da er Elemente jeder dieser Vertragsformen enthält[1131]. Gegen eine Kategorisierung als
Mietvertrag[1132] spricht, dass dem Access Provider damit eine Verpflichtung zur Aufrechterhaltung eines ständigen Zuganges aufgebürdet wird, die der Access Provider weder übernehmen will noch kann[1133]. Aus technischen Gründen kann ein jederzeitiger, hundertpro-
zentiger Zugang nicht gewährleistet werden. Dies lässt sich schwer in Einklang mit dem Ty-
pus des Mietvertrages bringen, der impliziert, dass der Vermieter eine störungsfreie Nutzung
jederzeit gewährleistet[1134].

Entscheidend spricht gegen die Einordnung eines Access Provider-Vertrages als Mietvertrag   719
zudem eine weitere Überlegung: Der Vermieter ist nach dem gesetzlichen Leitbild des Mietvertrages verpflichtet, dem Mieter den Gebrauch der Sache während der Mietzeit zu gewähren. Mit der bloßen Nutzung des Rechners des Access Providers ist dem Kunden jedoch wenig geholfen. Es kommt dem Kunden vielmehr gerade auf den Zugang zu anderen Servern
und die Inhalte anderer Anbieter an[1135].

Befremdlich sind Versuche, **Werkvertragsrecht** auf Access Provider-Verträge anzuwenden[1136].   720
Die erkennbar begrenzten Leitungskapazitäten stehen mit der werkvertraglichen Erfolgshaf-
tung (§ 631 BGB) nicht in Einklang. Es soll zudem der Entscheidung des Nutzers überlassen

---

1128 *Härting*, CR 2001, 37, 38; *Riehmer/Hessler*, CR 2000, 170, 171; *Wischmann*, MMR 2000, 461.
1129 BGH v. 24.1.2013 – III ZR 98/12 Rz. 16 ff., ITRB 2013, 98 – Ausfall des Internetzugangs; a.A
       Weingart, CR 2016, 315, 319 (über § 280 Abs. 1 und 2, § 286 BGB).
1130 BGH v. 24.1.2013 – III ZR 98/12 Rz. 22, CR 2013, 294 = ITRB 2013, 98 – Ausfall des Internet-
       zugangs; AG Düsseldorf v. 31.3.2014 – 20 C 8948/13 Rz. 14.
1131 Vgl. AG Bad Segeberg v. 17.11.2016 – 9 C 210/14 Rz. 30, CR 2017, 336.
1132 AG Meldorf v. 29.3.2011 – 81 C 1403/10 Rz. 6 ff., CR 2011, 517.
1133 *Härting*, CR 2001, 37, 38; *Spindler*, K&R 1999, 488, 490.
1134 *Spindler*, K&R 1999, 488, 492.
1135 *Härting/Müßig*, K&R 2009, 233, 233; *Wischmann*, MMR 2000, 461, 463.
1136 *Spindler* in Spindler, Vertragsrecht der Internetprovider, Teil IV Rz. 83; *Spindler*, K&R 1999,
       488, 490.

bleiben, ob er während der Vertragslaufzeit tatsächlich Gebrauch von dem Internetzugang macht[1137]. Darüber hinaus wird es dem Willen der Parteien eines Access Provider-Vertrages nicht gerecht, jeden einzelnen Zugriff des Vertragspartners auf das Internet als selbständigen Werkvertrag anzusehen[1138]. Somit bleibt nur eine Einordnung als **Dienstvertrag** übrig[1139]. Der Dienst, den der Access Provider schuldet, ist die Eröffnung und Aufrechterhaltung des Zugangs in das World Wide Web. Der BGH hat sich dieser Auffassung angeschlossen und auf die Parallele zu Telefonieverträgen verwiesen[1140].

721 Erreicht die DSL-Geschwindigkeit im Vergleich zu der versprochenen Geschwindigkeit deutlich niedrigere Werte, hat der Kunde ein außerordentliches Kündigungsrecht gem. § 626 BGB. Das AG München bejahte ein außerordentliches Kündigungsrecht in einem Fall, in dem die Geschwindigkeit dauerhaft um 60 bis 70 % gemindert war[1141].

b) Haftungsbeschränkungen

722 Die größte Sorge der Access Provider bei der Ausarbeitung von Geschäftsbedingungen ist eine **Haftungsbeschränkung für Netzausfälle**[1142]. Vielfach liest man daher in Provider-AGB den Satz, dass für Funktionsausfälle keine Haftung übernommen wird oder dass lediglich eine Erreichbarkeit des Internet zu einem bestimmten Prozentsatz (z.B. 98 %) geschuldet ist. Nach dem Postbank-Urteil des BGH[1143] verstoßen derartige Klauseln indes regelmäßig gegen § 309 Nr. 7 BGB[1144]. Darüber hinaus ist fraglich, ob die Sorge der Access Provider hinsichtlich einer Haftung für Netzausfälle tatsächlich berechtigt ist. Solange ausreichend Zugangskapazitäten geschaffen werden und somit der Internetzugriff nicht aus Gründen scheitert, die der Provider zu verantworten hat, fehlt es an einer **Haftungsgrundlage**. In Betracht kommt zwar theoretisch ein Anspruch aus den § 280 Abs. 1, § 282, § 241 Abs. 2 BGB[1145]. Ohne eine Pflichtverletzung und ohne Verschulden des Providers scheidet eine Haftung jedoch aus. Die wenigen Fälle, in denen Zugangsschwierigkeiten tatsächlich aus dem Verantwortungsbereich des Access Providers stammen, lassen sich durch eine allgemeine Beschrän-

---

1137 AG Meldorf v. 29.3.2011 – 81 C 1403/10 Rz. 9, CR 2011, 517.

1138 *Härting*, CR 2001, 37, 38; *Härting/Müßig*, K&R 2009, 233, 234; *Wischmann*, MMR 2000, 461, 465.

1139 *Härting*, CR 2001, 37, 38; *Jessen*, ZUM 1998, 282, 287; *Koch*, BB 1996, 2049, 2057; *Schuppert*, CR 2000, 227, 229; *Wischmann*, MMR 2000, 461, 465; LG Hamburg v. 17.9.1996 – 404 O 135/96, CR 1997, 157.

1140 BGH v. 11.11.2010 – III ZR 57/10 Rz. 9 ff., CR 2011, 163 = ITRB 2011, 76 – Vorzeitige Kündigung eines DSL-Vertrags; BGH v. 23.3.2005 – III ZR 338/04, CR 2005, 816, 816 f. m. Anm. *Schuppert*; vgl. auch *Härting/Müßig*, K&R 2009, 233, 233 ff.; BGH v. 4.3.2010 – III ZR 79/09, CR 2010, 327, 327 f. m. Anm. *Hilber/Rabus* = K&R 2010, 343, 343 ff. m. Anm. *Pohle* = BB 2010, 1047, 1048 m. Anm. *Schirmbacher*.

1141 AG München v. 7.11.2014 – 223 C 20760/14 Rz. 7 ff.

1142 Vgl. *Härting* in Niebling, AnwaltKommentar AGB-Recht, Rz. 1208.

1143 BGH v. 12.12.2000 – XI ZR 138/00, AfP 2001, 539 = CR 2001, 181 m. Anm. *Stögmüller* = ITRB 2001, 76 = MMR 2001, 225 m. Anm. *Struck* = K&R 2001, 217 m. Anm. *Härting*; vgl. auch *Härting/Schirmbacher*, StuB 2001, 573.

1144 LG Karlsruhe v. 12.1.2007 – 13 O 180/04 KfH I, ITRB 2007, 106 = CR 2007, 396, 397; *Spindler*, CR 1999, 626, 626 ff.

1145 Vgl. *Schuppert*, CR 2000, 227, 233; *Wischmann*, MMR 2000, 461, 465.

kung der Haftung des Providers auf **grobe Fahrlässigkeit** im Rahmen des gem. § 309 Nr. 7 BGB Zulässigen auffangen[1146].

Der Markt der Access Provider ist ein hart umkämpfter und sehr dynamischer **Massenmarkt.** 723
Um im Wettbewerb zu bestehen, müssen die Anbieter ihr Leistungsspektrum an die sich ständig wandelnden technischen und wirtschaftlichen Gegebenheiten anpassen. Daraus ergibt sich das Bedürfnis, die Vertragsbeziehungen zu den Kunden möglichst flexibel auszugestalten und Anpassungen bei den Leistungsangeboten, den Leistungskonditionen und auch bei den Preisen kurzfristig zu ermöglichen. Entsprechende Klauseln müssen sich allerdings an den strengen Anforderungen des § 308 Nr. 4 und 5 BGB sowie an § 307 Abs. 1 Satz 1 und 2 BGB messen lassen[1147].

c) Leistungsänderungsklauseln

Wer Millionen von Standardverträgen mit Verbrauchern schließt, kann nicht jeden Kunden 724
individuell ansprechen, wenn sich einzelne Vertragsbedingungen ändern sollen. Dies gilt in besonderem Maße für die **Leistungsspezifikationen.** Nach **§ 308 Nr. 4 BGB** ist es in Allgemeinen Geschäftsbedingungen unzulässig, ein Recht des Verwenders zu vereinbaren, die versprochene Leistung zu ändern oder von ihr abzuweichen, wenn nicht die Vereinbarung der Änderung oder Abweichung unter Berücksichtigung der Interessen des Verwenders für den anderen Vertragsteil zumutbar ist.

Aus dem **Transparenzgebot** (§ 307 Abs. 1 Satz 2 BGB) leitet der BGH ab, dass es weder aus- 725
reicht, Änderungsklauseln unter den schlichten Vorbehalt der Zumutbarkeit zu stellen[1148], noch die Änderungsklausel – ohne nähere Konkretisierung – durchgreifen zu lassen, wenn für die Änderung ein „triftiger" Grund vorliegt. Vielmehr bedarf es der konkreten – unmissverständlichen – **Benennung von Gründen**, die den Anbieter zu einer Leistungsänderung berechtigen sollen[1149]. Bei der Gestaltung von Anpassungsklauseln muss man sich somit bemühen, vorausschauend Anforderungen für Anpassungsrechte des Verwenders zu definieren. Dabei ist es die Aufgabe des Vertragsgestalters, das Kriterium der Zumutbarkeit (§ 308 Nr. 4 BGB) mit Leben zu füllen und triftige Gründe[1150] konkret zu formulieren, die den Anbieter zur einseitigen Änderung von Vertragskonditionen berechtigen[1151].

Zulässig sind nach Ansicht des BGH Klauseln, die dem Anbieter eine **einseitige Anpassungs-** 726
befugnis gewähren, wenn sich die Marktverhältnisse erheblich ändern[1152]. Die Anpassungs-

---

1146 Vgl. *Spindler* in Spindler, Vertragsrecht der Internetprovider, Teil IV Rz. 93; *Spindler*, CR 1999, 626, 631 f.
1147 Vgl. *Härting*, BB 2007, 2648; BGH v. 11.10.2007 – III ZR 63/07, AfP 2008, 660 = CR 2008, 104 = ITRB 2008, 57 = MMR 2008, 36 = BB 2007, 2644.
1148 BGH v. 11.10.2007 – III ZR 63/07, AfP 2008, 660 = CR 2008, 104 = ITRB 2008, 57 = MMR 2008, 36, 38; vgl. auch OLG Koblenz v. 30.9.2010 – 2 U 1388/09 Rz. 28, CR 2011, 471 = ITRB 2011, 55; *Roloff* in Erman, § 308 BGB Rz. 33; *Schmidt* in Ulmer/Brandner/Hensen, § 308 Nr. 4 BGB Rz. 9 m.w.N.
1149 BGH v. 11.10.2007 – III ZR 63/07, AfP 2008, 660 = CR 2008, 104 = ITRB 2008, 57 = MMR 2008, 36, 37.
1150 Vgl. BGH v. 23.6.2005 – VII ZR 200/04, NJW 2005, 3420, 3421; LG Düsseldorf v. 28.12.2011 – 12 O 501/10.
1151 LG Düsseldorf v. 28.12.2011 – 12 O 501/10; *Härting*, BB 2007, 2648, 2648.
1152 Vgl. *Härting* in Niebling, Anwaltskommentar AGB-Recht, Rz. 1054.

voraussetzungen bedürfen dabei zwar der Konkretisierung. Je komplexer und dynamischer der betroffene Markt jedoch ist, desto weniger streng sind die Anforderungen an die Formulierung[1153].

727 Nach § 308 Nr. 4 BGB ist eine Klausel unwirksam, nach der der DSL-Provider lediglich die am Wohnort des Kunden maximal mögliche **Bandbreite** bereitstellen muss[1154]. Dasselbe gilt für eine Klausel, die die angebotene Bandbreite als „**Maximalbandbreite**" bezeichnet und – kleingedruckt – dahingehend „konkretisiert", dass eine bestimmte Zugangsbandbreite und Übertragungszeit nicht geschuldet wird[1155]. Wären derartige Klauseln wirksam, müsste der Kunde die vollen Gebühren für die bestellten Leistungen (volle Bandbreite) bezahlen, ohne dass diese tatsächlich zur Verfügung gestellt werden. Hinzu kommt das Risiko, dass der Kunde im Hinblick auf die versprochene Bandbreite unter Umständen Investitionen tätigen wird im Vertrauen darauf, dass der Provider in der Lage ist, die Leistung vertragsgemäß zu erbringen[1156].

728 Möchte der Verwender den Anforderungen des § 308 Nr. 4 BGB gerecht werden, so muss er die tatsächlichen Gründe, unter welchen die geschuldete Bandbreite geändert wird, **eindeutig und detailliert in der Klausel benennen**[1157]. Diese muss somit für den Kunden sowohl transparent als auch inhaltlich hinreichend bestimmt sein.

729 Access Provider dürfen beim Abschluss von Verträgen über Internet-Flatrates im Festnetzbereich nicht vorsehen, dass die Surfgeschwindigkeit ab Erreichen eines bestimmten Übertragungsvolumens reduziert wird. Solche Klauseln sind für die Kunden überraschend (§ 305c Abs. 1 BGB) und unangemessen benachteiligend (§ 307 Abs. 1 BGB). Dies ergibt sich daraus, dass der durchschnittliche Kunde mit dem Begriff „Flatrate" einen Festpreis für eine bestimmte Surfgeschwindigkeit verbindet und nicht mit Einschränkungen rechnet. Auch wird das Verhältnis zwischen Leistung und Gegenleistung empfindlich gestört, wenn bei Verträgen mit besonders hoher Übertragungsgeschwindigkeit die Drosselung der Geschwindigkeit dazu führt, dass weniger als 10 % der ursprünglich vereinbarten Mindestübertragungsgeschwindigkeit zur Verfügung stehen[1158].

d) Preisanpassungsklauseln

730 Besonders sensibel sind Preisanpassungsklauseln. Als **Preisnebenabreden** unterliegen auch diese Klauseln der Inhaltskontrolle (§ 307 Abs. 2 BGB)[1159]. Sie sind keineswegs per se unwirksam und können sogar im Interesse des Kunden liegen, da der Anbieter von Risikozuschlägen Abstand nehmen kann, wenn er vertraglich zur Erhöhung von Preisen berechtigt

---

1153 BGH v. 11.10.2007 – III ZR 63/07, AfP 2008, 660 = CR 2008, 104 = ITRB 2008, 57 = MMR 2008, 36, 38; vgl. auch BGH v. 3.6.1998 – VIII ZR 317/97, NJW 1998, 3114, 3116.

1154 LG Düsseldorf v. 28.12.2011 – 12 O 501/10 Rz. 22 f.; AG Fürth v. 7.5.2009 – 340 C 3088/08, MMR 2009, 872 (Ls.).

1155 A.A. AG Oldenburg v. 16.3.2010 – 7 C 7487/09, MMR 2010, 497 f.

1156 AG Fürth v. 7.5.2009 – 340 C 3088/08, MMR 2009, 872 (Ls.); AG München v. 7.11.2014 – 223 C 20760/14 Rz. 10.

1157 OLG Düsseldorf v. 27.9.2012 – I-6 U 11/12 Rz. 38.

1158 LG Köln v. 30.10.2013 – 26 O 211/13 Rz. 42 ff., CR 2014, 38 = ITRB 2013, 277.

1159 Vgl. *Grüneberg* in Grüneberg, § 307 BGB Rz. 47; BGH v. 21.9.2005 – VIII ZR 38/05, NJW-RR 2005, 1717.

ist[1160]. Die Anpassungsbefugnis muss allerdings nach Auffassung des BGH so formuliert werden, dass sie sich auf nachträgliche Kostenerhöhungen beschränkt und die Erzielung eines „zusätzlichen Gewinns" ausschließt[1161].

Räumt sich der Provider in einer AGB-Klausel die Befugnis ein, im Falle einer Überschreitung des vereinbarten monatlichen Datenvolumens den Vertrag auf einen **höheren Tarif** umzustellen, so ist dies nach § 307 Abs. 1 Satz 1 BGB unwirksam. Es handelt sich um eine Preisnebenabrede, die der AGB-Kontrolle nicht entzogen ist. Eine automatische Umstellung des Tarifs stellt dabei eine unangemessene Benachteiligung des Kunden i.S.d. § 307 Abs. 1 Satz 1 BGB dar[1162]. 731

Das OLG München befasste sich mit einer Klausel in einem Mobilfunkvertrag, der zufolge nach Verbrauch des im Tarif enthaltenen Inklusiv-Datenvolumens pro Abrechnungszeitraum bis zu dreimal automatisch weitere 100 MB zum Preis von jeweils 2 € bereitgestellt werden. Das Gericht vertrat die Auffassung, dass diese Klausel nach § 307 Abs. 3 Satz 1 BGB nicht der Inhaltskontrolle unterliege. Es handele sich um eine Festlegung der Hauptleistungspflicht. Allein der Umstand, dass für die Inanspruchnahme eines bestimmten Datenvolumens pro Abrechnungszeitraum ein Pauschalpreis vorgesehen ist, führe nicht dazu, dass bei Überschreiten dieses Volumens eine neue, nicht bereits von Anfang an vertraglich geschuldete Leistung des Mobilfunkanbieters in Anspruch genommen werde[1163]. 732

e) Fingierte Erklärungen

Vertragsänderungen lassen sich auch durch fingierte Erklärungen bewirken. Eine Klausel, die das Schweigen des Kunden auf die **Mitteilung von Änderungen** als Zustimmung gelten lässt, ist wirksam, wenn dem Vertragspartner eine angemessene Frist zur Abgabe einer ausdrücklichen Erklärung eingeräumt wird und der Verwender sich verpflichtet, den Vertragspartner bei Beginn der Frist auf die vorgesehene Bedeutung seines Verhaltens besonders hinzuweisen (§ 308 Nr. 5 BGB). Allerdings ist die Grenze des Zulässigen (§ 307 Abs. 1 Satz 1 BGB) überschritten, wenn sich ein solcher Änderungsmodus auch auf die vertraglichen Hauptleistungspflichten erstreckt[1164]. Gestalterisch stellt sich die Aufgabe, die Zustimmungsfiktion so zu formulieren, dass sie sich eindeutig (§ 307 Abs. 1 Satz 2 BGB) weder auf die Hauptleistung des Anbieters noch auf das Entgelt bezieht[1165]. 733

3. Host Provider-Verträge

Um im Internet mit einer Website präsent zu sein, benötigt man **Speicherplatz,** den typischerweise ein Host Provider zur Verfügung stellt. Der Host Provider speichert die Website 734

1160 Vgl. *Härting* in Niebling, AnwaltKommentar AGB-Recht, Rz. 1214; *Härting*, BB 2007, 2648.
1161 BGH v. 11.10.2007 – III ZR 63/07, AfP 2008, 660 = CR 2008, 104 = ITRB 2008, 57 = MMR 2008, 36, 37; BGH v. 13.12.2006 – VIII ZR 25/06, NJW 2007, 1054, 1055 f.
1162 Vgl. OLG Koblenz v. 30.9.2010 – 2 U 1388/09 Rz. 66 f., CR 2011, 471 = ITRB 2011, 55.
1163 OLG München v. 8.12.2016 – 29 U 668/16 Rz. 38.
1164 BGH v. 11.10.2007 – III ZR 63/07, AfP 2008, 660 = CR 2008, 104 = ITRB 2008, 57 = MMR 2008, 36, 38.
1165 Vgl. *Härting* in Niebling, AnwaltKommentar AGB-Recht, Rz. 1216; *Härting*, BB 2007, 2648, 2649.

auf einem eigenen Server oder auf dem Server eines Dritten und sorgt dafür, dass die Website über das Internet abrufbar ist[1166].

a) Vertragstypologische Einordnung

735 Die Zusage einer Abrufbarkeit der Website „rund um die Uhr" ähnelt der Verpflichtung des Access Providers, der die ständige Möglichkeit der Einwahl in das Internet verspricht. Die Gewährleistung der Abrufbarkeit stellt sich daher als **dienstvertragliches Element** dar[1167]. Die Überlassung von Speicherplatz ist dagegen als **mietvertragliche Verpflichtung** zu qualifizieren[1168].

736 In seiner Entscheidung zu „Internet-System-Verträgen" hat der **BGH** die Auffassung vertreten, der Host Provider-Vertrag weise neben einigen dienst- und mietvertraglichen Elementen vor allem werkvertragliche Aspekte auf. Die Gewährleistung der Abrufbarkeit der Website im Internet habe werkvertraglichen Charakter. Liege hierin der Schwerpunkt des Vertrages, liege es nahe, insgesamt einen **Werkvertrag** i.S.d. § 631 BGB anzunehmen[1169]. Die Ausführungen des BGH zum Host Provider-Vertrag sind schwer nachvollziehbar, zumal der BGH betont, dass es an einer „Garantie" des Providers für den jederzeitigen Zugriff über das Internet fehle, da der Provider wegen der technischen Gegebenheiten des Internet eine solche Garantie nicht übernehmen könne[1170]. In der **Vertragspraxis** muss man jedoch von einer Anwendbarkeit des Werkvertragsrechts ausgehen.

737 Host Provider sind nach Auffassung des LG Duisburg verpflichtet, auch dann Backups von den Websites ihrer Kunden zu machen, wenn dies vertraglich nicht ausdrücklich vereinbart wurde. Dies ergebe sich aus der für den Host Provider geltenden Erhaltungs- und Obhutspflicht[1171]. Im Falle eines vollständigen Verlusts der Website schuldet der Provider jedoch nach Ansicht des OLG Düsseldorf nicht die vollen Herstellungskosten. Es ist vielmehr ein Abzug alt für neu vorzunehmen[1172].

b) Rechtswidrige Inhalte

738 Eine große Sorge des Host Providers ist es, dass der Kunde den überlassenen Speicherplatz für rechtswidrige (z.B. illegale pornographische oder extremistische) Inhalte nutzt. Nach **§ 10 Satz 1 TMG** ist der Host Provider nur von einer Schadensersatzhaftung für Inhalte be-

---

1166 OLG Hamburg v. 11.4.2018 – 8 U 69/16 Rz. 31, CR 2018, 594 = ITRB 2018, 229.
1167 *Härting*, CR 2001, 37, 39; *Hilber/Rabus*, CR 2010, 331, 332; *Schuppert*, CR 2000, 227, 229; *Wulf*, CR 2004, 43, 45; AG Berlin-Charlottenburg v. 11.1.2002 – 208 C 192/01, AfP 2002, 274 = CR 2002, 297 m. Anm. *Runte* = MMR 2002, 258 = ITRB 2002, 108.
1168 *Härting*, CR 2001, 37, 39; *Koch*, BB 1996, 2049, 2054 f.; *Schuppert*, CR 2000, 227, 228; *Spindler*, BB 1999, 2037, 2037; *Wulf*, CR 2004, 43, 45; a.A. *Söbbing*, MMR 2007, 479, 479 f.
1169 BGH v. 4.3.2010 – III ZR 79/09, CR 2010, 327, 327 ff. m. Anm. *Hilber/Rabus* = K&R 2010, 343, 343 ff. m. Anm. *Pohle* = BB 2010, 1047, 1048 f. m. Anm. *Schirmbacher*; vgl. auch *Redeker*, IT-Recht, Rz. 1105; *Söbbing*, MMR 2007, 479, 480; so auch OLG Brandenburg v. 22.11.2011 – Kart U 4/09 Rz. 50 f.
1170 BGH v. 4.3.2010 – III ZR 79/09, CR 2010, 327, 327 ff. m. Anm. *Hilber/Rabus* = K&R 2010, 343, 343 ff. m. Anm. *Pohle* = BB 2010, 1047, 1049 m. Anm. *Schirmbacher*.
1171 LG Duisburg v. 25.7.2014 – 22 O 102/12 Rz. 42, CR 2014, 752 = ITRB 2014, 252; offen gelassen durch OLG Düsseldorf v. 30.12.2014 – I-22 U 130/14 Rz. 4, CR 2015, 390.
1172 OLG Düsseldorf v. 30.12.2014 – I-22 U 130/14 Rz. 8 ff., CR 2015, 390.

freit[1173], von denen er keine Kenntnis hat, sowie im Falle grob fahrlässiger Unkenntnis. Auf Beseitigungs- und Unterlassungsansprüche soll § 10 Satz 1 TMG zudem gar nicht erst anwendbar sein[1174] (s. Rz. 2146). Daher ist es zumindest zweckmäßig, den Kunden **ausdrücklich versichern zu lassen**, dass er keine rechtswidrigen Inhalte auf seine Website aufnehmen wird.

Darüber hinaus sollte für den Fall, dass der Kunde gegen die Unterlassungsverpflichtung verstößt, ausdrücklich ein außerordentliches Kündigungsrecht aus wichtigem Grund geregelt werden. Zusätzlich bietet es sich an, umfassende Freistellungsvereinbarungen in den Providervertrag aufzunehmen für den Fall, dass Dritte den Host Provider wegen rechtswidriger Inhalte in Anspruch nehmen.
739

4. E-Mail-Account-Verträge

Zu den Festlegungen, die in einem E-Mail-Account-Vertrag getroffen werden sollten, gehört – ähnlich wie beim Host Providing – die Haftung für rechtswidrige Inhalte, die in Form von Mails abgespeichert und/oder versendet werden. Von praktischer Bedeutung sind daneben Festlegungen zum **Umfang des Speicherplatzes**, den der Account umfasst, und eine Regelung der Voraussetzungen, unter denen der Provider zur **Löschung von Mails** – etwa bei Erschöpfung des Speicherplatzes – berechtigt ist.
740

Wird im Rahmen eines Vertragsverhältnisses von einem Vertragspartner für den anderen ein E-Mail-Account angelegt, entspricht es den nachvertraglichen Nebenpflichten, von einer Löschung des Accounts nach Beendigung des Vertragsverhältnisses so lange abzusehen, bis klar ist, dass die andere Partei an den auf dem Account gespeicherten Mails kein Interesse mehr hat[1175]. Um Streit zu vermeiden, empfiehlt es sich, **vertragliche Regelungen für die Löschbefugnisse** des Providers zu treffen.
741

a) Vertragstypologische Einordnung

Wie bei dem Host Provider-Vertrag bestehen die Leistungen des Anbieters von E-Mail-Accounts aus zwei verschiedenartigen Elementen. Einerseits stellt der Anbieter von E-Mail-Accounts Speicherplatz für Mails zur Verfügung. Andererseits trägt der Anbieter dafür Sorge, dass Mails auch tatsächlich versendet und abgerufen werden können[1176]. Dementsprechend ist der E-Mail-Account-Vertrag ein gemischter Vertrag, auf den sowohl Miet- als auch Dienstvertragsrecht anzuwenden ist, je nachdem, um welche der Vertragspflichten des Providers es im Einzelfall geht[1177]. Aus der BGH-Entscheidung zu Internet-System-Verträgen dürfte sich allerdings ergeben, dass der BGH[1178] auch für den E-Mail-Account-Vertrag von der Anwendung des **Werkvertragsrechts** ausgehen dürfte. Dies ist in der Vertragspraxis zu berücksichtigen.
742

1173 Vgl. *Kosmides* in Schneider, Handbuch des EDV-Rechts, Teil B Rz. 1054.

1174 Vgl. *Härting*, CR 2001, 271, 275 ff.

1175 OLG Dresden v. 5.9.2012 – 4 W 961/12 Rz. 10, CR 2013, 196 = ITRB 2013, 56.

1176 Vgl. *Härting*, CR 2001, 37, 40 f.

1177 *Schneider*, Verträge über Internet-Access, S. 215.

1178 Vgl. BGH v. 4.3.2010 – III ZR 79/09, CR 2010, 327, 327 ff. m. Anm. *Hilber/Rabus* = K&R 2010, 343, 343 ff. m. Anm. *Pohle* = BB 2010, 1047, 1049 m. Anm. *Schirmbacher*.

743 Der Anbieter haftet bei Störungen und der Nichterreichbarkeit des E-Mail-Accounts auf Schadensersatz für nicht übermittelte E-Mails[1179]. Es empfiehlt sich daher, in die AGB des Anbieters eine Haftungsbeschränkung auf grobe Fahrlässigkeit im Rahmen des gem. § 309 Nr. 7 BGB Zulässigen aufzunehmen.

b) Löschung von Spam- und Viren-Mails

744 Spam- und Viren-Mails sind eine Plage. Um der Flut unerwünschter Mails einigermaßen Herr zu werden, ist der Einsatz von **Filtersoftware** für die Provider unerlässlich. Für die Vertragsgestaltung bedeutet dies die Herausforderung einer „wasserdichten" Absicherung der Provider gegen den Vorwurf einer Straftat nach § 206 Abs. 2 Nr. 2 StGB[1180].

745 Ebenso wie für das Telefonat gilt auch für die E-Mail das verfassungsrechtlich in Art. 10 Abs. 1 GG geschützte **Telekommunikationsgeheimnis.** Für die Provider von E-Mail-Accounts ergibt sich daraus die Aufgabe, die Anforderungen des § 3 TTDSG zu beachten. E-Mails dürfen beim Provider grundsätzlich weder mitgelesen noch abgefangen werden.

746 Verstöße gegen das Telekommunikationsgeheimnis sind durch § 206 StGB strafrechtlich sanktioniert. Schwierigkeiten bereitet dabei vor allem der Tatbestand des **§ 206 Abs. 2 Nr. 2 StGB,** der erfüllt ist, wenn ein Inhaber oder Beschäftigter eines Post- oder Telekommunikationsunternehmens unbefugt eine ihm zur Übermittlung anvertraute Sendung unterdrückt. Ob und inwieweit diese Norm auf E-Mail-Korrespondenz überhaupt anwendbar ist, ist streitig[1181]. Bei der Vertragsgestaltung muss man jedoch – unter dem Gesichtspunkt des „sichersten Wegs" – davon ausgehen, dass die Strafnorm auf E-Mails Anwendung finden kann. Daher bedarf es der Aufnahme von Klauseln, die den Provider gegen strafrechtliche Vorwürfe absichern, wenn er Software einsetzt, um Spam-Mails und Mails mit Viren oder anderer Schadsoftware auszufiltern.

747 § 206 Abs. 2 Nr. 2 StGB setzt voraus, dass es sich bei der Mail um eine „zur Übermittlung anvertraute Sendung" handelt, die der Provider unbefugt unterdrückt. Da es jedenfalls einer unbefugten Unterdrückung bedarf, schließt das **Einverständnis des Absenders mit der Unterdrückung** der Mail von vornherein den Strafvorwurf aus[1182]. Der Inhaber eines E-Mail-Accounts ist Herr seiner Mails. Er kann entscheiden, welche Nachrichten überhaupt von seinem Account versendet (oder ausgefiltert) werden sollen. Und er kann frei darüber entscheiden, ob und inwieweit eingehende Mails in einem automatisierten Verfahren gelöscht werden sollen, ohne dass er vorab von deren Inhalten Kenntnis erlangt[1183].

748 Das **Herrschaftsrecht des Empfängers** über die bei ihm eingehenden Mails bedeutet nicht, dass der Provider per se verpflichtet ist, für den Account-Inhaber jegliche eingehende Mail abrufbar zu halten. Vielmehr unterliegt die Reichweite der Beförderungspflicht der freien vertraglichen Vereinbarung[1184].

1179 OLG Naumburg v. 11.7.2013 – 2 U 4/13 Rz. 14 ff., ITRB 2013, 275.
1180 *Härting*, ITRB 2007, 242; vgl. OLG Karlsruhe v. 10.1.2005 – 1 Ws 152/04, AfP 2005, 210 = CR 2005, 288.
1181 Vgl. *Fischer*, StGB, § 206 StGB Rz. 13; *Schmittmann/Lorenz*, K&R 2007, 609, 612 f.; *Härting*, ITRB 2007, 242; *Härting*, CR 2007, 311, 315.
1182 *Spindler/Ernst*, CR 2004, 437, 439; *Härting*, ITRB 2007, 242; *Härting*, CR 2007, 311, 315.
1183 *Härting*, ITRB 2007, 242, 243.
1184 *Härting*, ITRB 2007, 242, 243; *Kitz*, CR 2005, 450, 453.

§ 206 Abs. 2 Nr. 2 StGB setzt eine **zivilrechtliche Beförderungspflicht** voraus; der verstär- 749
kende Schutz der Beförderungspflicht ist zugleich das Schutzanliegen der Norm[1185]. Daher
empfiehlt es sich, bei der Formulierung einer Klausel zu Spam- und Viren-Mails ausdrücklich auf die Beförderungspflicht Bezug zu nehmen und diese für die fraglichen Mails **vollständig auszuschließen.** Der Ausschluss sollte sich auf **alle Verdachtsfälle** erstrecken, um
eine möglichst breitflächige Ausfilterung zu legitimieren[1186].

Aus Sicht des Providers ist es ratsam, das Recht zum Einsatz von Filtersoftware zu regeln, 750
ohne zugleich eine Verpflichtung zu begründen. Eine Verpflichtung zur Filterung liegt nicht
im Interesse des Providers, da diesem anderenfalls bei Mails, die Schadsoftware transportie-
ren, vertragliche **Schadensersatzansprüche** (§ 280 Abs. 1 BGB) drohen[1187].

Praxistipp 751

Um gar nicht erst die Frage eines konkludenten oder mutmaßlichen Einverständnisses des Kunden
thematisieren zu müssen, empfiehlt es sich, in die Vertragsbedingungen des Providers eine Klausel
aufzunehmen, die das Einverständnis des Kunden mit dem Einsatz von Filtersoftware klar zum Ausdruck bringt[1188]:

„Der Provider ist zur Beförderung von E-Mails nicht verpflichtet, wenn der Verdacht besteht, dass
die E-Mails virenbehaftet sind oder sonstige Schadsoftware gleich welcher Art (z.B. Trojaner) enthalten. Eine Beförderungspflicht besteht ebenso wenig bei Mails, bei denen der Verdacht besteht, dass es
sich um Werbe-Mails handelt, die dem bzw. den Empfängern ohne deren Einverständnis übermittelt
werden (Spam-Mails).

Um Viren-Mails und Spam-Mails zu erkennen und von der Beförderung auszuschließen, ist der Provider berechtigt, geeignete Filtersoftware zum Einsatz zu bringen. Eine Verpflichtung zum Einsatz
derartiger Software besteht nicht."

Klauseln über den Ausschluss der Beförderung von Spam- und Viren-Mails halten einer **In-** 752
haltskontrolle nach § 307 Abs. 1 Satz 1 BGB stand[1189]. Im Ausfiltern von Mails, die den Empfänger schädigen oder belästigen können, liegt keine unangemessene Benachteiligung des
Vertragspartners. Dies schon deshalb, weil der Provider ein schutzwürdiges Interesse daran
hat, keinen Tatbeitrag zu rechtswidrigen Handlungen zu leisten[1190].

Vielfach finden sich in Nutzungsbedingungen für E-Mail-Accounts weitreichende Formulie- 753
rungen, die jegliche Verantwortung des Providers dafür ausschließen wollen, dass versehentlich Mails ausgefiltert werden, die weder virenbehaftet sind noch unerwünschte Werbung
enthalten. Derartige Klauseln müssen sich an § 309 Nr. 7 BGB messen lassen. Die Beförderungspflicht ist bei Verträgen über E-Mail-Accounts die Hauptpflicht des Providers. Schon
aus diesem Grund halten Klauseln, die die Verantwortung des Providers für die **„versehentliche" Ausfilterung** von E-Mails beschränken oder gar ausschließen, den Anforderungen
des § 309 Nr. 7 BGB nicht stand[1191].

1185 *Härting*, ITRB 2007, 242; *Härting*, CR 2007, 311, 316.
1186 *Härting*, ITRB 2007, 242.
1187 *Härting*, ITRB 2007, 242.
1188 *Härting*, ITRB 2007, 242.
1189 Vgl. *Härting* in Niebling, AnwaltKommentar AGB-Recht, Rz. 1220.
1190 *Härting*, ITRB 2007, 242, 243; *Härting*, CR 2007, 311, 314 f.
1191 *Härting*, ITRB 2007, 242, 243.

IV. Domainverträge

754 Beim **Domainhandel** geht es darum, dass der registrierte Domaininhaber seine Berechtigung an der Domain gegen Zahlung eines Entgelts auf einen neuen Inhaber überträgt (Domainkauf). Nicht ganz so weit verbreitet ist die Domainpacht: Der registrierte Domaininhaber gestattet dem Vertragspartner für eine bestimmte Zeitdauer die Nutzung der Domain, ohne dass die Domain auf den Nutzer übertragen wird[1192]. Zu guter Letzt kann die Verwaltung von Domains Vertragsgegenstand sein (Domainservice).

1. Domainregistrierung

755 Eine Domainnutzung setzt zwingend die Registrierung der Domain bei einer der zentralen Vergabestellen (z.B. bei der DENIC e.G.) voraus[1193] (s. auch Rz. 1885 ff.). In aller Regel wird die Registrierung indes durch den Host Provider erledigt. Bei der Registrierung handelt es sich um eine **fremdnützige Tätigkeit** des Providers, die als Werkvertrag (§ 631 BGB) und zugleich als eine entgeltliche Geschäftsbesorgung i.S.d. § 675 Abs. 1 BGB anzusehen ist[1194].

756 Bei den Vergabestellen gilt das Prinzip des **„First Come – First Served" (Prioritätsprinzip)**[1195], s. Rz. 1903. Aus Sicht des Providers ist es daher notwendig, den Kunden über dieses Prinzip aufzuklären und jegliche Gewähr dafür auszuschließen, dass die Registrierung tatsächlich erfolgen wird[1196].

757 Hauptleistungspflicht des Anbieters ist es, die Domain auf den Kunden anzumelden und anschließend zu verwalten. Dabei muss die Anmeldung in zwei Schritten erfolgen. Zunächst überprüft der Anbieter, ob die begehrte Domain bereits registriert wurde. Nur wenn dies nicht der Fall ist, obliegt es ihm, die Domain auch tatsächlich für den Kunden anzumelden[1197]. Der Provider ist im Zweifel verpflichtet, den Kunden als **Domaininhaber** eintragen zu lassen. Diese Verpflichtung erfüllt der Provider nicht bereits dadurch, dass er selbst Domaininhaber wird und dem Kunden die Domainnutzung ermöglicht[1198].

758 Hat ein Provider vertraglich zugesichert, eine Domain innerhalb eines Arbeitstages zu registrieren, so ist er dem Kunden unter dem Gesichtspunkt einer positiven Vertragsverletzung (**§ 280 Abs. 1 BGB**) zum Schadensersatz verpflichtet, wenn er den Auftrag nur zögerlich bearbeitet, so dass die gewünschte Domain zwischenzeitlich an eine andere Person vergeben wird[1199].

1192 Vgl. zum Domain-Sharing: *Viefhues*, MMR 2000, 334.

1193 Vgl. BGH v. 25.10.2012 – VII ZR 146/11, CR 2013, 38 = ITRB 2013, 27 = K&R 2013, 46, 46 ff. m. Anm. *Strömer*; *Marwitz*, ZUM 2001, 398.

1194 BGH v. 4.3.2010 – III ZR 79/09, CR 2010, 327, 327 ff. m. Anm. *Hilber/Rabus* = K&R 2010, 343, 343 ff. m. Anm. *Pohle* = BB 2010, 1047, 1049 m. Anm. *Schirmbacher*.

1195 BGH v. 25.10.2012 – VII ZR 146/11 Rz. 35, CR 2013, 38 = ITRB 2013, 27.

1196 *Ernst*, Vertragsgestaltung im Internet, Rz. 468.

1197 *Reinholz* in Redeker, Handbuch der IT-Verträge, Teil 3.5 Rz. 81.

1198 Vgl. OLG München v. 5.12.2002 – 6 U 5770/01, CR 2004, 228 = ITRB 2004, 59 = NJW-RR 2003, 1423 = MMR 2003, 795 = K&R 2003, 415; LG Hamburg v. 20.1.2009 – 312 O 706/08, MMR 2010, 244 (Ls.).

1199 LG Görlitz v. 31.8.2004 – 1 O 127/03, CR 2005, 225, 225 f.

Aus Sicht des Kunden ist es bedeutsam, dass der Provider verpflichtet wird, dafür Sorge zu tragen, dass die Registrierung während der **gesamten Vertragslaufzeit** aufrechterhalten bleibt und Gebühren, die die Vergabestelle für die Registrierung erhebt, tatsächlich an diese gezahlt werden[1200]. Wird die Zahlung der Gebühren versäumt, kann die Domain verloren gehen und erheblicher Schaden entstehen[1201]. 759

Gleichfalls aus Sicht des Kunden ist der Fall des **Providerwechsels**[1202] regelungsbedürftig. Für .de-Domains gibt es das **AuthInfo-Verfahren**. Das Verfahren basiert auf der Übermittlung eines individuellen Providerwechsel-Passworts (sog. AuthInfo). Möchte ein Domaininhaber seinen Provider wechseln, veranlasst er bei seinem aktuellen Provider das Setzen eines individuellen Passwortes. Dieses wird verschlüsselt (sog. **Hash**), bei der DENIC hinterlegt und ist 30 Tage gültig. Nach Mitteilung des Klartextpasswortes durch den Domaininhaber an den neuen Provider veranlasst dieser den Wechsel bei der DENIC unter Verwendung des Passworts. Alternativ kann das Passwort auch direkt von dem neuen Provider bei der DENIC angefordert werden, welche dieses an den Domaininhaber sendet[1203]. 760

Um einen möglichst zügigen Providerwechsel zu erreichen, empfiehlt es sich aus Kundensicht, in den Vertrag mit dem Provider eine Verpflichtung aufzunehmen, einem AuthInfo-Verfahren jederzeit zuzustimmen und das Verschlüsselungsverfahren unverzüglich in der Form durchzuführen, wie es von der DENIC verlangt wird. Daneben sind Verpflichtungen zum sorgfältigen Umgang mit dem Passwort sinnvoll, damit nicht unberechtigte Dritte einen Providerwechsel durchführen. 761

2. Domainkauf

Die Übertragung einer Domain erfolgt in mehreren Akten. Hierfür muss ein komplettes Schuldverhältnis in Form einer **Vertragsübernahme** übertragen werden[1204]. Da die Domain kein körperlicher Gegenstand i.S.d. § 90 BGB, sondern ein **Nutzungsrecht** an einer bestimmten Internetadresse darstellt, erfolgt die Übertragung im Wege der Abtretung (§ 413 BGB i.V.m. § 398 BGB). Zwar ist im BGB nur die Abtretung einer einzelnen Forderung vorgesehen, eine komplette Vertragsübernahme hingegen nicht geregelt, dennoch können die Grundsätze der Abtretung auf die Vertragsübernahme angewendet werden[1205]. 762

Die Hauptpflicht des Domainverkäufers ist es, sämtliche Erklärungen abzugeben bzw. beizubringen, die nach den Bestimmungen der jeweiligen Vergabestelle zur Übertragung der Domain notwendig sind. Der Domainkauf ist ein Rechtskauf gem. **§ 453 Abs. 1 BGB.** Daher gelten für die Gewährleistung die Bestimmungen des Rechtsmangels (§ 435 BGB). 763

1200 *Reinholz* in Redeker, Handbuch der IT-Verträge, Teil 3.5 Rz. 82.
1201 LG Frankfurt/M. v. 30.4.2004 – 2-8 S 83/03, CR 2004, 852, 852 f.
1202 Vgl. *Cichon*, Internetverträge, Rz. 354.
1203 Vgl. DENIC, Informationen zum Providerwechsel mit individuellem Passwort (AuthInfo), abrufbar unter: https://www.denic.de/domains/de-domains/providerwechsel/erzeugung-und-hinterlegung-einer-authinfo/.
1204 *Reinholz* in Redeker, Handbuch der IT-Verträge, Teil 3.4 Rz. 31.
1205 *Reinholz* in Redeker, Handbuch der IT-Verträge, Teil 3.4 Rz. 31.

3. Domainpacht

764 Von einer Domainpacht spricht man bei einer **Domainüberlassung auf Zeit.** Der Domaininhaber gibt seine Registrierung nicht preis, sondern bleibt bei der Vergabestelle als Domaininhaber eingetragen und gestattet seinem Vertragspartner die Nutzung der Domain für eine bestimmte Zeitdauer.

765 Eine Anwendung des Mietrechts kommt bei einer Domainpacht nicht in Betracht, da einer Domain die Sachqualität fehlt (vgl. § 90 BGB)[1206]. In Betracht kommt allenfalls eine Rechtspacht (vgl. § 581 Abs. 1 BGB)[1207]. Im Hinblick auf die eigentliche Tätigkeit des „Verpächters" liegt es jedoch näher, die zeitweise Domainüberlassung als **Dienstvertrag** anzusehen. Der Domaininhaber schuldet die Weiterleitung der Domain an die IP-Adresse des Kunden. Diese Verpflichtung ist dem Wesen nach tätigkeitsbezogen und hat mit einer „Fruchtziehung" gem. § 581 Abs. 1 Satz 1 BGB wenig gemein.

766 Wenn in einem Vertrag über die Verpachtung der Domain medizin.de „eine Gewinnbeteiligung von 15 % auf alle mit medizin.de erzielten Umsätze" vereinbart wird, folgt hieraus keine Verpflichtung des Pächters, möglichst hohe Umsätze zu erzielen. Zur Vereinbarung von Gebrauchs- und Betriebspflichten bedarf es einer besonderen Vereinbarung. Wenn der Verpächter somit **Mindestumsätze** sicherstellen möchte, ist es notwendig, entsprechende Vereinbarungen in den Vertrag aufzunehmen[1208].

4. Domainservice

767 Nicht selten treten bei der Registrierung und Verwaltung von Domains **Treuhänder** in Erscheinung, und zwar als Domaininhaber oder auch als Admin-C, die für die Verwaltung der Website verantwortlich sind (s. Rz. 1888). Die Registrierung bzw. Verwaltung von Domains ist eine Dienstleistung, die sich als „Domainservice" bezeichnen lässt. Neben dem Vertrag mit einem Treuhänder oder einem **Admin-C** über die Registrierung und Verwaltung einer Domain haben sich weitere Modelle herausgebildet. Dazu gehören etwa Verträge über das **Domain-Parking** oder über die Bewertung einer Domain[1209].

768 Für den **Admin-C** bestehen bei einer treuhänderischen Verwaltung einer Domain erhebliche Haftungsrisiken, da immer wieder versucht wird, den Admin-C als Störer für rechtswidrige Inhalte verantwortlich zu machen, die über die Domain abrufbar sind (s. Rz. 2078), oder gar haftbar zu machen für Rechtsverstöße durch E-Mails, die von einem Account der Domain versendet wird, für die der Admin-C verantwortlich ist[1210].

1206 *Schuppert* in Spindler, Vertragsrecht der Internetprovider, Teil VI Rz. 12; *Härting*, CR 2001, 37, 41.

1207 Vgl. OLG Köln v. 13.5.2002 – 19 U 211/01, AfP 2003, 381 = CR 2002, 832 = MMR 2003, 191 m. Anm. *Runte*.

1208 LG Nürnberg v. 16.10.2008 – 6 O 9057/07, CR 2009, 123.

1209 Vgl. *Reinholz* in Redeker, Handbuch der IT-Verträge, Teil 3.5 Rz. 33 ff.

1210 *Härting*, ITRB 2005, 282, 282; LG Berlin v. 26.9.2005 – 16 O 718/05.

Praxistipp 769

Wer als Admin-C die Verantwortung für eine Domain übernimmt, ist gut beraten, den Vertragspartner (d.h. den Domaininhaber) zur Unterlassung jedweder Spam-Mails zu verpflichten. Eine „Don't Spam"-Klausel kann beispielsweise lauten[1211]:

„Der Domaininhaber verpflichtet sich, die Domain nicht zur Versendung von unerwünschten Werbe-Mails zu nutzen.

Als Werbe-Mail gilt jede Mail, die – schwerpunktmäßig oder auch nur nebenbei – Mitteilungen enthält, die den Empfänger auf gewerbliche Angebote von Waren oder Dienstleistungen gleich welcher Art hinweisen. Dies gilt auch für E-Mails, die nicht ausdrücklich werben, jedoch so ausgestaltet sind, dass sie aus Sicht des Empfängers – jedenfalls nebenbei – werbenden Charakter haben.

Die Versendung von Werbe-Mails gleich welcher Art ist dem Domaininhaber nur gestattet, wenn er vorab die ausdrückliche Zustimmung des jeweiligen Empfängers über den Empfang der Mail eingeholt hat.

Der Domaininhaber wird alle Personen, denen er die Einrichtung von E-Mail-Accounts unter der vertragsgegenständlichen Domain und/oder die Nutzung derartiger Accounts gestattet, zur Einhaltung der sich aus den vorstehenden Absätzen ergebenden Pflichten ausdrücklich verpflichten."

Bei der Gestaltung von Domainverträgen kann auch Regelungsbedarf für die Frage bestehen, 770 wer für namens- und kennzeichenverletzende Domainnamen haftet. Haftungsrisiken können für den Domaininhaber selbst dann entstehen, wenn er die Domain im Auftrag eines Dritten registriert hat und der Auftraggeber ein **Kennzeichen- oder Namensrecht** an dem Domainnamen innehat[1212].

Nach der Auffassung, die der BGH in seiner Entscheidung zu grundke.de vertreten hat, ver- 771 letzt die **Auftragsregistrierung** einer Domain Namens- oder Kennzeichenrechte eines Dritten nicht, wenn der Auftraggeber über gleichgewichtige Namens- oder Kennzeichenrechte am Domainnamen verfügt[1213] (s. Rz. 2069). Allerdings muss für andere Namensträger bzw. Kennzeichenrechtsinhaber die Chance bestehen, eine Auftragsregistrierung festzustellen. Hierfür reicht es nach Ansicht des BGH aus, dass der Auftraggeber unter dem Domainnamen einen Internetauftritt unterhält[1214].

Praxistipp 772

Aus Sicht des Dienstleisters empfiehlt sich eine Vertragsklausel, die den Kunden verpflichtet, alsbald einen eigenen Internetauftritt unter der Domain einzurichten[1215]:

„Der Kunde verpflichtet sich, alsbald – spätestens aber einen Monat – nach Registrierung der Domain durch den Treuhänder einen eigenen Internetauftritt unter der Domain einzurichten und dauerhaft abrufbar zu halten."

1211 *Härting*, ITRB 2005, 282.
1212 *Reinholz*, ITRB 2008, 69.
1213 BGH v. 8.2.2007 – I ZR 59/04, AfP 2008, 236 = CR 2007, 590 = ITRB 2007, 224 – grundke.de; vgl. *Reinholz*, ITRB 2008, 69.
1214 BGH v. 8.2.2007 – I ZR 59/04, AfP 2008, 236 = CR 2007, 590 = ITRB 2007, 224 – grundke.de; vgl. *Reinholz*, ITRB 2008, 69.
1215 *Reinholz*, ITRB 2008, 69, 70.

V. Cloud Computing

1. Application Service Providing

773   Mit ASP (Application Service Providing) bezeichnet man die entgeltliche Bereitstellung von Softwareanwendungen für den Kunden zur **Online-Nutzung** über das Internet oder andere Netze[1216]. Der Begriff stammt aus einer Zeit, in der es noch kein Cloud Computing gab, und ist heute nicht mehr gebräuchlich.

774   Da es bei ASP-Verträgen darum ging, dem Kunden eine Sache (Software) auf Zeit zur Nutzung zu überlassen, war auf diese Verträge kein Dienstvertragsrecht, sondern **Mietrecht** (§§ 535 ff. BGB) anwendbar[1217]. Der Anwendbarkeit von Mietrecht stand dabei nicht entgegen, dass der Kunde keinen Besitz an der Software bzw. an Datenträgern erlangte, da der Mietvertrag keine Besitzverschaffung, sondern lediglich eine Gebrauchsüberlassung voraussetzt. Ist – wie beim ASP-Vertrag – eine Besitzverschaffung für den vertragsgemäßen Gebrauch nicht erforderlich, genügt es für die Gebrauchsgewährung, wenn dem Mieter der Zugang zur Mietsache verschafft wird, der auch online erfolgen kann[1218].

775   Der Anwendung von Mietvertragsrecht stand nicht entgegen, dass in dem ASP-Vertrag üblicherweise weitere Leistungen wie Programmpflege, Programmupdates, Datensicherung, Hotlineservice und Einweisung in die Software vereinbart wurden, die anderen Vertragstypen (Dienst- oder Werkvertrag) zugeordnet werden können. Insoweit handelte es sich bei dem ASP-Vertrag um einen **zusammengesetzten Vertrag,** bei dem jeder Vertragsteil nach dem Recht des auf ihn zutreffenden Vertragstypus zu beurteilen ist, soweit dies nicht im Widerspruch zum Gesamtvertrag steht[1219].

2. Cloud Computing

776   Cloud Computing hat das Application Service Providing begrifflich schon lange abgelöst als ein **Vertriebsmodell von IT-Anwendungen,** bei dem der Nutzer jederzeit online auf Ressourcen und Daten zugreifen kann, ohne mit Soft- und Hardwarekosten belastet zu werden[1220]. Es handelt sich um einen Oberbegriff für vielfältige Dienste[1221].

777   Cloud-Computing-Dienste lassen sich in vier **Unterkategorien** aufteilen. Bei Infrastructure as a service (IaaS) werden dem Kunden Rechenleistung, Datenspeicher und Kommunikati-

---

1216   BGH v. 4.3.2010 – III ZR 79/09, CR 2010, 327, 327 ff. m. Anm. *Hilber/Rabus* = K&R 2010, 343, 343 ff. m. Anm. *Pohle* = BB 2010, 1047, 1048 m. Anm. *Schirmbacher*; vgl. auch *Redeker*, ITRB 2008, 65, 65 ff.

1217   BGH v. 15.11.2006 – XII ZR 120/04, ITRB 2007, 55 = CR 2007, 75 = NJW 2007, 2394; OLG Hamburg v. 15.12.2011 – 4 U 85/11 Rz. 22, CR 2012, 359 = ITRB 2012, 102; a.A. *Redeker*, IT-Recht, Rz. 1129 ff.

1218   BGH v. 4.3.2010 – III ZR 79/09, CR 2010, 327, 327 ff. m. Anm. *Hilber/Rabus* = K&R 2010, 343, 343 ff. m. Anm. *Pohle* = BB 2010, 1047, 1048 m. Anm. *Schirmbacher*; BGH v. 15.11.2006 – XII ZR 120/04, CR 2007, 75 m. Anm. *Lejeune* = ITRB 2007, 55 = NJW 2007, 2394, 2394 f.

1219   BGH v. 15.11.2006 – XII ZR 120/04, ITRB 2007, 55 = CR 2007, 75, 76 = NJW 2007, 2394; vgl. auch BGH v. 19.12.2001 – XII ZR 233/99, NJW 2002, 1336, 1337.

1220   *Sujecki*, K&R 2012, 312.

1221   *Wicker*, MMR 2012, 783.

onsleistungen als Gesamtpaket zur Verfügung gestellt[1222]. Mit Platform as a Service (PaaS) werden Computerplattformen (z.B. Software-Entwicklungsplattformen) zur Verfügung gestellt[1223]. Wird dem Kunden eine Software zur Nutzung bereitgestellt, so handelt es sich um Software as a service (SaaS)[1224]. Von Hardware as a service (HaaS) spricht man, wenn dem Kunden Hardware zur Nutzung überlassen wird[1225].

Cloud-Computing-Verträge sind – ebenso wie ASP-Verträge – dem Schwerpunkt nach als Mietverträge i.S.d. § 535 BGB anzusehen. Der Anbieter schuldet nicht nur Dienste wie den Transport von Daten und Ressourcen. Vielmehr werden dem Kunden Ressourcen und Daten gegen Entgelt zur Nutzung (§ 535 BGB) überlassen[1226].   778

VI. Werbeverträge

Im Internet existieren seit jeher vielfältige Formen der Werbung[1227]. Im Mittelpunkt stand dabei zunächst die **Verlinkung**. Der Betreiber einer Website verpflichtete sich gegenüber dem Werbenden dazu, einen funktionstüchtigen Link zu dessen Website zu installieren, eingebettet beispielsweise in einen Werbebanner[1228]. In den letzten Jahren hat sich der Schwerpunkt der Online-Werbung stark in den Bereich der **Suchmaschinen-Optimierung** verlagert. Auch **Newsletter** sind ein wichtiges Werbemittel.   779

1. Verlinkung

Ob Werbeverträge als Werkverträge oder als Dienstverträge[1229] anzusehen sind, ist streitig. Bei Verträgen über Online-Werbung sprechen Parallelen zu „Offline-Werbeverträgen" – Plakatwerbung und ähnliche Werbeformen – für eine Einordnung als **Werkvertrag**.   780

Für die Abgrenzung von Dienst- und Werkvertrag ist der im Vertrag zum Ausdruck kommende Wille der Parteien maßgebend. Es kommt darauf an, ob die Dienstleistung als solche oder deren Erfolg als Arbeitsergebnis geschuldet wird. Bei der **Plakatwerbung** verhält es sich so, dass ein bestimmtes Arbeitsergebnis als geschuldete Leistung vereinbart wird: Der Auftragnehmer verpflichtet sich, an geeigneten Standorten Plakate des Auftraggebers anzubringen. Der dauernde Aushang der Plakate während der Vertragszeit ist der vertragsgemäß geschuldete Erfolg. Dabei kommt es nicht auf die einzelne Tätigkeit des Unternehmers, sondern auf die einheitliche und fortdauernde, planmäßig erzielte Werbewirkung an[1230].   781

Nichts anderes gilt, wenn sich der Auftragnehmer verpflichtet, die Werbespots des Auftraggebers auf einer **Videowand** an einem Bahnhofsvorplatz mit einer bestimmten Wiederho-   782

1222 *Sujecki*, K&R 2012, 313; *Wicker*, MMR 2012, 783.

1223 *Sujecki*, K&R 2012, 313.

1224 *Wicker*, MMR 2012, 783.

1225 *Wicker*, MMR 2012, 783.

1226 Vgl. BGH v. 4.3.2010 – III ZR 79/09 Rz. 19, CR 2010, 327 m. Anm. *Hilber/Rabus*; *Wicker*, MMR 2012, 785.

1227 Vgl. *Leupold/Bräutigam/Pfeiffer*, WRP 2000, 575, 579 ff.

1228 *Härting*, CR 2001, 37, 42.

1229 So noch in der 3. Aufl., Rz. 428; vgl. auch *Schuppert* in Spindler, Vertragsrecht der Internetprovider, Teil IX Rz. 3.

1230 BGH v. 19.6.1984 – X ZR 93/83, NJW 1984, 2406, 2406 ff.

lungsfrequenz zu zeigen. Die Parteien haben ein bestimmtes Arbeitsergebnis vereinbart: die Präsentation von Werbevideos an einer bestimmten Stelle für den vertraglich festgelegten Zeitraum. Es handelt sich aus diesem Grunde nicht um einen Dienstvertrag, sondern um einen Werkvertrag.

783 Auch bei Verträgen über **Online-Werbung** steht es einer Einordnung als Werkvertrag nicht entgegen, dass der Vertrag auf eine bestimmte Zeitdauer angelegt ist und somit Züge eines Dauerschuldverhältnisses aufweist und dass dem Kunden kein körperlicher Gegenstand als „Werkleistung" übereignet wird. Angesichts des auf einen Erfolg bezogenen Vertragszwecks kommt diesen Umständen kein entscheidendes Gewicht zu[1231].

784 Zu den Eckpunkten eines Internet-Werbevertrages gehört es, die genaue Ausgestaltung der Werbung und/oder des Links zu definieren und Festlegungen zu treffen, an welcher Stelle einer Website Werbung geschaltet werden soll[1232]. Meist bedarf es einer Vereinbarung der **Zielseite**, auf die ein Link führen soll, und einer Definition der Zeiten, zu denen die Werbung abrufbar sein soll.

785 Für die **Vergütung** von Werbung im Netz gibt es unterschiedliche Modelle. Teilweise wird eine zeitbezogene Pauschalvergütung vereinbart, teilweise richtet sich Vergütung nach der Anzahl der Mausklicks, durch die ein Link aktiviert wird (z.B. 0,10 € pro Mausklick). Auch Mischformen (Grundvergütung zzgl. Zahlung per Klick) sind üblich.

786 Der Betreiber einer Website, auf die per Link Werbung eingebettet werden soll, hat ein Interesse daran, dass über den Link keine rechtswidrigen Inhalte abrufbar sind, für die er haftbar gemacht werden kann[1233]. Um Risiken zu minimieren, empfiehlt es sich, den Werbetreibenden **ausdrücklich versichern zu lassen**, dass auf der Zielseite keine rechtswidrigen Inhalte verbreitet werden. Als Sanktion für eine Verletzung dieser Verpflichtung kommt ein außerordentliches Kündigungsrecht des Website-Betreibers ebenso in Betracht wie eine Berechtigung, den Link mit sofortiger Wirkung stillzulegen. Zudem sollte man an die Formulierung einer Klausel zur Freistellung des Website-Betreibers von Ansprüchen Dritter denken.

2. Suchmaschinen-Optimierung

787 Bei der Suchmaschinen-Optimierung handelt es sich um den Versuch, eine Website bei der Eingabe bestimmter Suchworte (Keywords) möglichst weit nach oben in die Ergebnisliste von Google und anderen Suchmaschinen zu bringen[1234]. Im Normalfall ist kein bestimmter Erfolg – im Sinne einer konkret definierten Platzierung – geschuldet, sondern lediglich die Bemühung des Dienstleisters, eine möglichst hohe Positionierung zu erreichen. Dies spricht für die Anwendung des **Dienstvertragsrechts** (§§ 611 ff.)[1235]. Dies gilt auch für einen gemischten Vertrag mit Beratung, Google Adwords-Dienstleistungen und Webcontrolling[1236].

1231 BGH v. 22.3.2018 – VII ZR 72/17 Rz. 13; BGH v. 4.3.2010 – III ZR 79/09, CR 2010, 327, 327 ff. m. Anm. *Hilber/Rabus* = K&R 2010, 343, 343 ff. m. Anm. *Pohle* = BB 2010, 1047, 1049 f. m. Anm. *Schirmbacher*.

1232 Vgl. *Schuppert* in Spindler, Vertragsrecht der Internetprovider, Teil IX Rz. 11 ff.

1233 *Plaß*, WRP 2000, 599, 599 ff.

1234 *Schirmbacher*, Online-Marketing und Social-Media-Recht, S. 418 f.

1235 LG Köln v. 20.2.2015 – 12 O 186/13 Rz. 37, CR 2016, 129; a.A. OLG Köln v. 16.1.2014 – 19 U 149/13 Rz. 11.

1236 Vgl. OLG Köln v. 16.1.2014 – 19 U 149/13 Rz. 12.

Werkvertragsrecht kann Anwendung finden, wenn die Vertragsparteien die Vergütung von bestimmten Zielen oder Erfolgen abhängig machen[1237].

3. Newsletter

Beim Vertrieb von Waren und Dienstleistungen über das Netz ist die Möglichkeit einer **ge-** 788 **zielten Werbung** an besonders interessierte Kundengruppen von erheblicher Bedeutung. Newsletter, die per E-Mail versendet werden, sind dabei ein wichtiges Hilfsmittel. Auf den Versand von Newslettern im Auftrag von Werbetreibenden haben sich einige Dienstleister mittlerweile spezialisiert.

Bei Verträgen über den Versand von Newslettern handelt es sich im Regelfall um eine **ent-** 789 **geltliche Geschäftsbesorgung** gem. § 675 BGB[1238]. Der Dienstleister verpflichtet sich – gegen Vergütung – zur regelmäßigen Versendung von Newslettern an die Empfänger, deren Mailadressen mit Hilfe eines Formulars gesammelt werden, das in die Website des Kunden integriert ist.

Unabhängig davon, ob die Mailadressen zunächst auf den internen Servern des Unterneh- 790 mers gespeichert und sodann an den Dienstleister weitergegeben oder aber online sofort nach der Eingabe in das Formular an den Dienstleister weitergeleitet werden, ist stets der Kunde und nicht der Dienstleister als **Daten erhebende** (verantwortliche) **Stelle** (Art. 4 Nr. 7 DSGVO) anzusehen[1239]. Der Kunde hat gegen den Dienstleister einen Anspruch auf Herausgabe der Adressen gem. §§ 675, 667 Alt. 1 BGB[1240].

VII. Plattformverträge und Nutzungsbedingungen

1. Nutzungsverträge

Internetauktionen, Social Networks, Diskussionsforen: Eine Vielzahl von Plattformen ver- 791 langt für die Nutzung von Diensten eine **Registrierung des Nutzers.** Bei der Registrierung wird in aller Regel eine Erklärung des Nutzers über die Anerkennung der Nutzungsbedingungen verlangt[1241].

Mit dem Verlangen nach einer Registrierung bringt der Plattformbetreiber zum Ausdruck, 792 dass er die Nutzung der Plattform von bindenden Erklärungen des Nutzers abhängig macht. Die im Zusammenhang mit einer Registrierung abgegebenen Erklärungen bringen daher einen Rechtsbindungswillen zum Ausdruck, so dass die Nutzungsbedingungen des Anbieters Bestandteil eines **Plattformvertrages** werden. Verträge dieser Art werden beispielsweise bei Auktions-Plattformen (s. Rz. 495 ff.) geschlossen. Ähnliches gilt für Diskussionsforen[1242] und Social Networks.

1237 Vgl. OLG Köln v. 16.1.2014 – 19 U 149/13 Rz. 11.
1238 OLG Düsseldorf v. 27.9.2012 – I-6 U 241/11 Rz. 21, 23, CR 2012, 801 = ITRB 2013, 30.
1239 OLG Düsseldorf v. 27.9.2012 – I-6 U 241/11 Rz. 27, CR 2012, 801 = ITRB 2013, 30.
1240 OLG Düsseldorf v. 27.9.2012 – I-6 U 241/11 Rz. 21, 23, 27, CR 2012, 801 = ITRB 2013, 30.
1241 *Härting/Schätzle*, ITRB 2011, 40.
1242 Vgl. *Maume*, MMR 2007, 620, 621; LG München v. 25.10.2006 – 30 O 11973/05, CR 2007, 264, 265 m. Anm. *Redeker*.

793 Für den bloßen Besuch einer Internetplattform bedarf es keiner rechtsgeschäftlichen Erklärung. Allerdings hat der Betreiber der Plattform ein **„virtuelles Hausrecht"**[1243]. Ebenso wie der Betreiber eines Einkaufszentrums mit mehreren Geschäften kann der Plattformbetreiber in **Nutzungsbedingungen** festlegen, wer zum Besuch der Plattform berechtigt ist. Unerwünschte User, die den Besuch der Website zu rechtswidrigen Handlungen nutzen, lassen sich auf diese Art und Weise aus dem Nutzerkreis ausschließen.

794 Nach früherem Recht wäre niemand auf die Idee gekommen, einen Vertragsschluss bereits dann zu bejahen, wenn ein Website-Nutzer dem **Einsatz von Cookies und Tracking Tools** zustimmt. Vielmehr bestand stets Einigkeit darüber, dass es beim Besuch einer Website nur dann zu einem Vertragsschluss kommt, wenn der Nutzer einen Registrierungsvorgang durchläuft, den der Betreiber der Website als Voraussetzung für die Nutzung der Website fordert. Dementsprechend war auch die Rechtsqualität von Nutzungsbedingungen sehr unterschiedlich, je nachdem, ob es einen Registrierungsvorgang gab. Bei registrierten Nutzern, die Vertragspartner der Seitenbetreiber waren, waren die Nutzungsbedingungen AGB, so dass auf die Nutzungsbedingungen die §§ 305 ff. BGB anwendbar sind. Bei nicht-registrierten Nutzern waren die Nutzungsbedingungen als Ausgestaltung des „virtuellen Hausrechts" anzusehen und daher gleichfalls rechtlich verbindlich, ohne dass die Bedingungen den Schranken der §§ 305 ff. BGB unterlagen[1244].

795 Maßgeblich für den fehlenden Vertragsschluss beim einfachen Websitebesuch war stets der fehlende Rechtsbindungswille beider Seiten. Nach dem maßgeblichen Empfängerhorizont (§§ 133, 157 BGB) möchte weder der Seitenbetreiber bindende Verpflichtungen gegenüber dem Besucher der Website übernehmen, noch möchte der Besucher rechtliche Verpflichtungen eingehen. Hieran hat sich auch durch **§ 312 Abs. 1a Satz 1/§ 327 Abs. 3 BGB** nichts geändert. Die Frage, ob mit dem Verbraucher ein Vertrag geschlossen wird oder es sich bloß um eine andere Sonderverbindung oder eine einem unverbindlichen Gefälligkeitsverhältnis ähnliche Beziehung handelt, wird durch § 312 Abs. 1a Satz 1/§ 327 Abs. 3 BGB nicht beantwortet und bleibt – wie bislang – einer Einzelfallbetrachtung überlassen[1245].

796 Allerdings findet sich in der Gesetzesbegründung zu § 312 Abs. 1a Satz 1/§ 327 Abs. 3 BGB eine Passage, die darauf hindeutet, dass sich durch die Neuregelung die Gewichte verschoben haben. Dort heißt es zwar, dass es für einen Vertragsschluss nach wie vor darauf ankomme, ob ein Rechtsbindungswille der Parteien anzunehmen ist. Hierfür komme es allerdings unter anderem auf ein **eigenes Interesse des Leistenden** an der erbrachten Leistung und auf eine **„grundrechtliche Relevanz ...** wegen des betroffenen Schutzbereiches des Rechts auf informationelle Selbstbestimmung" an[1246]. Dies könnte dafür sprechen, dass die Nutzung einer Website durch einen Verbraucher – auch ohne Registrierung – im Zweifel zum Vertragsschluss führt, wenn der Verbraucher bei dem Besuch – etwa im Zusammenhang mit eingesetzten Tracking Tools – personenbezogene Daten bereitstellt (§ 312 Abs. 1a Satz 1/ § 327 Abs. 3 BGB)[1247].

1243 *Maume*, MMR 2007, 620, 620 ff.; OLG Köln v. 25.8.2000, MMR 2001, 52; LG München v. 25.10.2006 – 30 O 11973/05, CR 2007, 264, 264 f. m. Anm. *Redeker*.
1244 *Härting/Schätzle*, ITRB 2011, 40.
1245 *Wendehorst* in MünchKomm/BGB, § 312 BGB Rz. 44.
1246 BT-Drucks 19/27653, S. 40.
1247 *Metzger* in MünchKomm/BGB, § 327 BGB Rz. 17; *Wendehorst* in MünchKomm/BGB, § 312 BGB Rz. 45; *Nikol/Rost*, NJW 2022, 975, 979.

Social-Media-Plattformen basieren auf Verträgen zwischen ihren Nutzern und dem jeweiligen Plattformbetreiber. Bei diesen Verträgen handelt es sich um einen Vertrag über die Nutzung eines sozialen Netzwerks, welcher miet-, werk- und dienstvertragliche Elemente enthält[1248]. 797

2. Transparenzgebot

Bei der Inhaltskontrolle gem. § 307 BGB ist im Hinblick auf die Nutzungsbedingungen insbesondere das **Transparenzgebot** zu beachten (§ 307 Abs. 1 Satz 2 BGB). Die Bedingungen müssen für den Durchschnittsnutzer mühelos lesbar sein und ein Mindestmaß an Übersichtlichkeit aufweisen (s. Rz. 608 ff.). Problematisch sind daher beispielsweise Nutzungsbedingungen, die auf fremdem Recht basieren und dadurch häufig Unklarheiten mit sich bringen, da sie zu wenig an die **Begrifflichkeiten** und **Besonderheiten** des deutschen Rechts und der deutschen Sprache angepasst sind[1249] (s. Rz. 650 ff.). 798

Häufiger Kritikpunkt an Nutzungsbedingungen ist deren **Umfang**. Aus dem Transparenzgebot lässt sich ableiten, dass die Nutzungsbedingungen nicht übertrieben langatmig gefasst sein dürfen, da dies eine Lektüre unzumutbar erschwert[1250] (s. bereits Rz. 798). 799

3. Nutzungsrechte

Üblich ist es, dass der Plattformbetreiber ein **unbeschränktes, unwiderrufliches** und **auf Dritte übertragbares** Nutzungsrecht an Inhalten eingeräumt erhält, die der Nutzer auf die Plattform lädt. Dies ist insbesondere im Hinblick auf § 16 UrhG und § 19a UrhG erforderlich, d.h. für die Speicherung auf dem Server und für die Abrufbarkeit im Internet[1251]. Gleichfalls üblich, aber umstritten sind Klauseln, die den Betreiber berechtigen, Inhalte auch nach Beendigung des Nutzungsvertrages auf der Plattform zu **verbreiten**[1252]. Derartige Klauseln müssen sich seit 2022 bei einer Inhaltskontrolle (§ 307 Abs. 1 Satz 1 BGB) an § 327p BGB messen lassen, wenn es um Nutzer der Plattform geht, die Verbraucher sind[1253]. 800

Nach Maßgabe des § 327p Abs. 1 BGB darf der Verbraucher das digitale Produkt nach Vertragsbeendigung nicht mehr selbst nutzen, es aber auch nicht Dritten zur Verfügung stellen. Dies darf der Unternehmer auch sicherstellen, indem er etwa den Zugang des Verbrauchers zum digitalen Produkt oder dessen Nutzerkonto sperrt[1254]. 801

Komplementär zu diesen den Unternehmer begünstigenden Vorgaben regelt § 327p Abs. 2 Satz 1 BGB, dass auch der Unternehmer die vom Verbraucher mit dem digitalen Produkt erstellten Inhalte nicht einfach weiternutzen darf. Dies betrifft typischerweise digitale Bilder, Video- oder Audiodateien, aber wohl auch nicht-digitale Inhalte wie 3D-Drucke[1255]. 802

1248 LG Frankfurt/M. v. 3.9.2020 – 2-03 O 282/19 Rz. 28.
1249 *Schwenke*, WRP 2013, 38; *Solmecke/Dam*, MMR 2012, 72.
1250 Vgl. *Härting/Schätzle*, ITRB 2011, 41.
1251 *Härting/Schätzle*, ITRB 2011, 42.
1252 *Härting/Schätzle*, ITRB 2011, 42.
1253 Mehr dazu bei *Matutis*, GRUR-Prax 2022, 195, 197.
1254 *Wendehorst*, NJW 2021, 2913, 2918.
1255 *Spindler*, MMR 2021, 528, 529 a.E.

803 Bei allen Inhalten des Verbrauchers, die personenbezogene Daten enthalten (wie Lichtbilder einer Person in einem sozialen Netzwerk), gelten die üblichen Regelungen der DSGVO (z.B. Recht auf und Pflicht zur Löschung personenbezogener Daten)[1256]. In Fällen hingegen, in denen es sich bei den Verbraucherinhalten nicht um personenbezogene Daten handelt (z.B. Katzenvideos), stehen dem Unternehmer nach § 327p Abs. 2 Satz 2 Nr. 1 bis 4 BGB Ausnahmen von einer solchen Löschpflicht zur Seite[1257]. Urheberrechtlich bedeutet dies, dass bei Inhalten (unentgeltliche) Nutzungsrechte des Unternehmers fortbestehen[1258], wenn diese Inhalte

- außerhalb des Kontextes des vom Unternehmer bereitgestellten digitalen Produkts keinen Nutzen haben (z.B. Profilbild, welches eine verstorbene Person zeigt);

- ausschließlich mit der Nutzung des vom Unternehmer bereitgestellten digitalen Produkts durch den Verbraucher zusammenhängen (z.B. individuell erstellte Benutzeroberfläche);

- vom Unternehmer mit anderen Daten aggregiert wurden und nicht oder nur mit unverhältnismäßigem Aufwand disaggregiert werden können;

- vom Verbraucher gemeinsam mit anderen erzeugt wurden, sofern andere Verbraucher die Inhalte weiterhin nutzen können (z.B. Spiellandschaft eines Online-Computerspiels).

804 In diesen Fällen können Verbraucherinhalte vom Unternehmer weiter genutzt werden, auch wenn der Verbraucher Urheberrechte an diesen hat.

4. Haftungsbeschränkung

805 Nach dem Postbank-Urteil des BGH[1259] verstoßen Klauseln gegen § 309 Nr. 7 BGB, die die Verantwortlichkeit des Betreibers für die störungsfreie Funktionsfähigkeit der Plattform nur zu einem bestimmten Prozentsatz begründen. Ratsam und unbedenklich ist jedoch ein **klarstellender Hinweis** darauf, dass eine Verantwortung für Störungen nicht übernommen wird, deren Gründe außerhalb des Einflussbereiches des Betreibers liegen[1260]. Die Haftung für leichte Fahrlässigkeit kann zudem in den Grenzen des § 309 Nr. 7 BGB beschränkt werden.

5. Rechtsverstöße

806 Bei der Nutzung von Social Networks und anderen Plattformen hat der Anbieter ein Interesse an Vorsorge gegen Rechtsverletzungen, die Nutzer über die Plattform begehen. Der Nutzer sollte ausdrücklich dazu angehalten werden, sich bei der Plattformnutzung an das geltende Recht zu halten. Darüber hinaus ist jede Formulierung zu vermeiden, die den Eindruck erwecken könnte, dass sich der Plattformbetreiber Inhalte der Nutzer zu eigen macht[1261]. In Missbrauchsfällen sollte dem Betreiber das Recht eingeräumt sein, Inhalte zu

---

1256 Vgl. *Buchmann/Panfili*, K&R 2022, 73, 77; *Spindler/Sein*, MMR 2019, 488, 492.
1257 *Metzger* in MünchKomm/BGB, § 327p BGB Rz. 8; *Spindler/Sein*, MMR 2019, 488, 492.
1258 Vgl. *Matutis*, GRUR-Prax 2022, 195, 197.
1259 BGH v. 12.12.2000 – XI ZR 138/00 Rz. 20, AfP 2001, 539 = CR 2001, 181 m. Anm. *Stögmüller* = ITRB 2001, 76 – Postbank.
1260 *Härting/Schätzle*, ITRB 2011, 42.
1261 BGH v. 12.11.2009 – I ZR 166/07 Rz. 23, 26, 27, 32, AfP 2010, 369 = CR 2010, 468 m. Anm. *Hoeren/Plattner* = ITRB 2010, 174 – marions-kochbuch.de.

sperren bzw. den Nutzungsvertrag zu **kündigen**[1262]. Diese Sanktionen lassen sich um Freistellungsklauseln ergänzen.

Der Betreiber eines Online-Marktplatzes, der auf eine klare Rechtsverletzung eines Nutzers 807 konkret hingewiesen wird, darf das betroffene Angebot nach Auffassung des OLG Brandenburg einschränkenden Maßnahmen unterwerfen, ohne den Nutzer vorher anzuhören und ohne die vorgetragene Rechtsverletzung einer intensiven Prüfung zu unterziehen, auch wenn sich der Betreiber ein solches Recht nicht ausdrücklich vertraglich vorbehalten hat[1263]. Eine Gemeinde, die ein Internetportal als kommunale Einrichtung betreibt, kann einen Nutzer sperren, wenn dieser Nutzer über eine (Sub-)Domain des Portals beleidigende Äußerungen verbreitet[1264].

6. Verstöße gegen Nutzungsbedingungen und „Gemeinschaftsstandards"

Eine Klausel in den Nutzungsbedingungen von Amazon, in der sich **Amazon** die Schließung 808 von Konten, die Vorenthaltung von Services und die Entfernung oder Veränderung von Inhalten bei Verstößen gegen die Nutzungsbedingungen oder gegen gesetzliche Bestimmungen vorbehält, ist nach Ansicht des OLG Köln unwirksam. Die Klausel eröffne dem Anbieter die Möglichkeit, entgeltlich erworbene Nutzungsrechte jederzeit wieder zu entziehen, ohne dass es für den Nutzer transparent sei, unter welchen Bedingungen eine Sperrung oder Löschung erfolge[1265].

Bei **eBay-Versteigerungen** sind Klauseln, die „Spaßbieter" zur Zahlung einer Vertragsstrafe 809 verpflichten, nichtig, da der Begriff „Spaßbieter" unterschiedlich verstanden werden kann. Spaßbieter ist insbesondere nicht, wer grundsätzlich rechtlich anerkannte Gründe vorbringt, warum er an einem Vertrag nicht mehr festhalten möchte[1266].

Mithilfe von Nutzungsbedingungen legen **Betreiber sozialer Netzwerke** fest, unter welchen 810 Voraussetzungen sie sich das Recht vorbehalten, sowohl Inhalte als auch Accounts ihrer Nutzer zu sperren oder zu löschen. An entsprechenden Klauseln haben insbesondere Betreiber sozialer Netzwerke mit mindestens zwei Millionen im Inland registrierten Nutzern Interesse, für die nach § 1 Abs. 2 Netzwerkdurchsetzungsgesetz (NetzDG) umfangreiche Pflichten zur schnellen Reaktion auf Beschwerden über rechtswidrige Inhalte gelten (**§ 3 NetzDG**).

Betreiber von sozialen Netzwerken sind nicht dazu verpflichtet, mit jedermann zu kontra- 811 hieren. Auch sie kommen in den Genuss der verfassungsrechtlich geschützten **Vertragsfreiheit**. Insbesondere ist es Betreibern von sozialen Netzwerken grundsätzlich nicht zuzumuten, eine wie auch immer geartete Pflicht zu ertragen, als Intermediäre für Äußerungen von Hassorganisationen und deren Unterstützern zu fungieren. Grundsätzlich begegnet der Ausschluss solcher Nutzer aus einem sozialen Netzwerk kraft dessen Nutzungsbedingungen keinen Bedenken. Einem mittelbaren Kontrahierungszwang, der dem entgegenstünde, unterliegen Betreiber soziale Netzwerke nicht[1267].

1262 *Härting/Schätzle*, ITRB 2011, 41.
1263 OLG Brandenburg v. 9.1.2017 – 6 W 95/16 Rz. 9 ff., CR 2017, 323 = ITRB 2017, 78.
1264 OVG Nordrhein-Westfalen v. 19.5.2015 – 15 A 86/14 Rz. 20 ff.
1265 OLG Köln v. 26.2.2016 – 6 U 90/15 Rz. 78 ff., CR 2016, 458 = ITRB 2016, 125.
1266 OLG Frankfurt v. 12.5.2016 – 22 U 205/14 Rz. 38 ff.
1267 OLG Dresden v. 16.6.2020 – 4 U 2890/19 Rz. 33.

812 Der **BGH** wendet auf Nutzungsbedingungen sozialer Plattformen § 307 Abs. 1 Satz 1 BGB an und nimmt bei der Prüfung der Angemessenheit von Klauseln zum Ausschluss von Hassrede eine umfassende Grundrechtsabwägung vor[1268]. Dabei fallen zugunsten der Nutzer deren Grundrechte auf Meinungsfreiheit (Art. 5 Abs. 1 GG) und Gleichheit (Art. 3 Abs. 1 GG)[1269] ebenso ins Gewicht wie die Grundrechte des Netzwerkbetreibers auf Berufsfreiheit (Art. 12 GG)[1270] und Meinungsfreiheit (Art. 5 GG)[1271] sowie weitere Interessen und Grundrechte der Beteiligten. Im Ergebnis meint der BGH, es genüge zum Ausgleich aller Rechte und Interessen, wenn eine Löschung von Postings und eine Sperrung von Profilen nur aus „**sachlichem Grund**" erfolgen dürfe und wenn der Betreiber ein Verfahren bereithält, das vor einer Löschung oder Sperrung einen Interessenausgleich ermöglicht („**Grundrechtsschutz durch Verfahren**")[1272]. Dies lehnt sich an die Blogeintrag-Entscheidung des BGH aus dem Jahre 2011[1273] ebenso an wie an die „Stadionverbot"-Entscheidung des BVerfG aus dem Jahre 2018[1274].

813 Im Rahmen des **Interessenausgleichs** muss sich der Betreiber eines sozialen Netzwerks in seinen Nutzungsbedingungen dazu verpflichten, einen Nutzer über die Entfernung seines Beitrags zumindest unverzüglich nachträglich und über eine beabsichtigte Sperrung seines Nutzerkontos vorab zu informieren und ihm den Grund dafür mitzuteilen. Außerdem muss er dem Nutzer die Möglichkeit zur Gegendarstellung einräumen, an die sich eine Neubescheidung durch die Plattform anschließt, mit der die Möglichkeit der Wiederzugänglichmachung des entfernten Beitrags einhergeht. Fehlen derartige Vorgaben in den Geschäftsbedingungen, sind sie gem. § 307 Abs. 1 Satz 1 BGB unwirksam[1275].

814 Im Ergebnis mag man die Linie des BGH vernünftig finden, wobei abzuwarten bleibt, ob sich Streit und Unsicherheiten – in Form zahlreicher Gerichtsverfahren[1276] – in Zukunft

---

1268 BGH v. 27.1.2022 – III ZR 12/21 Rz. 45; vgl. auch OLG Braunschweig v. 5.2.2021 – 1 U 9/20 Rz. 151; OLG Schleswig-Holstein v. 26.2.2020 – 9 U 125/19 Rz. 78; *Mörsdorf*, NJW 2021, 3158 Rz. 12.
1269 BGH v. 27.1.2022 – III ZR 12/21 Rz. 45.
1270 BGH v. 27.1.2022 – III ZR 3/21 Rz. 32 ff., ITRB 2022, 75 (*Rössel*).
1271 Vgl. BGH v. 27.1.2022 – III ZR 12/21 Rz. 45; BGH v. 27.1.2022 – III ZR 3/21 Rz. 37, ITRB 2022, 75 (*Rössel*); OLG Schleswig v. 26.2.2020 – 9 U 125/19 Rz. 42.
1272 BGH v. 29.7.2021 – III ZR 191/20 Rz. 92 ff.
1273 BGH v. 25.10.2011 – VI ZR 93/10 Rz. 27 ff., CR 2012, 103 = AfP 2012, 50 = ITRB 2012, 28.
1274 BVerfG v. 11.4.2018 – 1 BvR 3080/09 Rz. 45 ff.
1275 BGH v. 29.7.2021 – III ZR 179/20 Rz. 85, CR 2022, 179 = AfP 2022, 147 = ITRB 2021, 229 (*Rössel*).
1276 Vgl. OLG Brandenburg v. 30.11.2020 – 1 U 37/19; OLG Brandenburg v. 25.2.2021 – 1 U 68/20; OLG Brandenburg v. 3.5.2021 – 1 U 68/20; OLG Braunschweig v. 5.2.2021 – 1 U 9/20; OLG Celle v. 20.1.2022 – 13 U 84/19; OLG Dresden v. 19.11.2019 – 4 U 1471/19; OLG Dresden v. 6.12.2019 – 4 U 2198/19; OLG Dresden v. 11.12.2019 – 4 U 1680/19; OLG Dresden v. 12.5.2020 – 4 U 1523/19; OLG Dresden v. 16.6.2020 – 4 U 2890/19; OLG Dresden v. 30.11.2021 – 4 U 2056/21; OLG Dresden v. 8.3.2022 – 4 U 1050/21; OLG München v. 17.7.2018 – 18 W 858/18; OLG München v. 24.8.2018 – 18 W 1294/18; OLG München v. 28.12.2018 – 18 W 1955/18; OLG München v. 26.9.2019 – 18 U 1310/19; OLG München v. 18.2.2020 – 18 U 3465/19; OLG Oldenburg v. 1.7.2019 – 13 W 16/19; OLG Rostock v. 18.3.2021 – 2 U 19/20; OLG Rostock v. 25.5.2021 – 2 U 8/19; OLG Rostock v. 29.9.2021 – 2 U 4/20; OLG Schleswig v. 26.2.2020 – 9 U 125/19; OLG Stuttgart v. 23.1.2019 – 4 U 214/18; LG Bamberg v. 18.10.2018 – 2 O 248/18; LG Bremen v. 20.6.2019 – 7 O 1618/18; LG Frankenthal v. 8.9.2020 – 6 O 23/20; LG Frankfurt/M. v. 10.9.2018 – 2-03 O 310/18; LG Frankfurt/M. v. 3.9.2020 – 2-03 O 48/19; LG

nicht fortsetzen werden bei der Bestimmung von Kriterien für einen „sachlichen Grund". Dass „Hassrede" prinzipiell einen „sachlichen Grund" für eine Löschung oder Sperrung darstellt, hat der BGH jedenfalls deutlich zum Ausdruck gebracht[1277].

Alle bisherigen Entscheidungen des BGH zum Sperren und Löschen[1278] betrafen **Facebook**. Ob und inwieweit sich die vom BGH aufgestellten Grundsätze auf kleinere soziale Netzwerke übertragen lassen, ist nicht ersichtlich. Die tragenden Gründe der Facebook-Entscheidungen stellen jedenfalls nicht auf die herausragend große Nutzerzahl bei Facebook und auf die Marktmacht von Facebook ab, so dass auch den Betreibern kleinerer Plattformen zu raten ist, die BGH-Grundsätze zu beachten und umzusetzen.   815

Selbst wenn am Ergebnis wenig zu beanstanden sein mag, gibt die Länge der Begründung der BGH-Entscheidungen Rätsel auf. Denn im Kern reduziert sich die umständliche Grundrechtsabwägung auf ein **Willkürverbot (Art. 3 GG)**. Sowohl das Erfordernis eines „sachlichen Grundes" als auch die Verpflichtung zur Bereithaltung eines angemessenen Anhörungsverfahrens lassen sich ohne Weiteres aus Art. 3 GG ableiten. Dies zeigt sich anschaulich, wenn man die – vergleichsweise kurze – „Stadionverbot"-Entscheidung des BVerfG liest[1279]. Dass eine willkürliche Benachteiligung zugleich unangemessen im Sinne des § 307 Abs. 1 Satz 1 BGB ist, liegt auf der Hand und dürfte jedem einleuchten. So einfach wollte es sich der BGH jedoch augenscheinlich nicht machen.   816

7. „Klarnamenpflicht"

Dem Internet ist die anonyme Nutzung immanent[1280]. Dementsprechend schreibt § 19 Abs. 2 TTDSG (vormals § 13 Abs. 6 Satz 1 TMG) Anbietern von Telemedien vor, die Nutzung von Telemedien und deren Bezahlung anonym oder unter Pseudonym zu ermöglichen. Eine Ausnahme ist lediglich für den Fall vorgesehen, dass dies technisch nicht möglich oder unzumutbar ist.   817

Von dieser gesetzlichen Vorgabe abweichende Regelungen im Rahmen von Nutzungsbedingungen einer Social-Media-Plattform müssen sich an § 307 Abs. 1 BGB messen lassen[1281]. Zu unterscheiden ist hier zwischen dem Innenverhältnis der Vertragsparteien – also zwischen Nutzer und Plattformbetreiber – und der Möglichkeit des Nutzers, nach außen gegenüber Dritten unerkannt zu bleiben.   818

Eine Klarnamenpflicht hält in Nutzungsbedingungen einer Inhaltskontrolle stand, wenn die betreffende Klausel Nutzer zur Verwendung des Klarnamens nur bei der Registrierung und im Verhältnis zum Betreiber der Plattform verpflichtet[1282]. Zur Prävention oder Repression   819

Görlitz v. 29.11.2019 – 1 O 295/19; LG Köln v. 27.7.2018 – 24 O 187/18; LG Mannheim v. 13.5.2020 – 14 O 32/19.

1277 BGH v. 29.7.2021 – III ZR 191/20 Rz. 103; BGH v. 27.1.2022 – III ZR 12/21 Rz. 47.
1278 BGH v. 29.7.2021 – III ZR 179/20, CR 2022, 179 = AfP 2022, 147 = ITRB 2021, 229 (*Rössel*); BGH v. 29.7.2021 – III ZR 191/20; BGH v. 27.1.2022 – III ZR 12/21.
1279 BVerfG v. 11.4.2018 – 1 BvR 3080/09 Rz. 45 ff.
1280 BGH v. 23.9.2014 – VI ZR 358/13 Rz. 41, CR 2015, 116 = AfP 2014, 529; BGH v. 20.2.2018 – VI ZR 30/17 Rz. 14, CR 2018, 500 = AfP 2018, 230 = ITRB 2018, 153; BGH v. 27.1.2022 – III ZR 3/21 Rz. 63, ITRB 2022, 75 (*Rössel*).
1281 BGH v. 27.1.2022 – III ZR 3/21 Rz. 18, ITRB 2022, 75 (*Rössel*).
1282 BGH v. 27.1.2022 – III ZR 3/21 Rz. 41, ITRB 2022, 75 (*Rössel*).

rechtswidrigen Verhaltens seiner Nutzer darf der Betreiber eines sozialen Netzwerks die Verwendung von Klarnamen jedes Nutzers verlangen[1283]. Wenn gegen eine solche „Klarnamenpflicht" verstoßen wird, darf der Betreiber das entsprechende Nutzerkonto auch sperren[1284]. Dem Betreiber eines sozialen Netzwerks ist es erlaubt, die Identität eines Nutzers nach seinen Nutzungsbedingungen zu überprüfen. Fordert der Betreiber den Nutzer hierzu auf und verweigert dieser die Prüfung, so steht dem Betreiber auch das Recht zu, den geschlossenen Vertrag zu kündigen[1285].

820   Problematisch sind indes Klauseln, die die Plattformnutzer dazu verpflichten, ihren realen Namen nach außen hin – also im Verhältnis zu anderen Nutzern – zu verwenden. Dies ist mit wesentlichen Grundgedanken der gesetzlichen Regelung des § 19 Abs. 6 Satz 1 TTDSG nicht vereinbar und stellt eine unangemessene Benachteiligung des Nutzers entgegen den Geboten von Treu und Glauben (§ 307 Abs. 2 Nr. 1 BGB) dar[1286].

1283 OLG München v. 8.12.2020 – 18 U 5493/19 Rz. 44.
1284 OLG München v. 8.12.2020 – 18 U 5493/19 Rz. 85; LG Frankfurt/M. v. 3.9.2020 – 2-03 O 282/19 Rz. 41 ff.
1285 LG Frankfurt/M. v. 3.9.2020 – 2-03 O 282/19 Rz. 76 und 81.
1286 BGH v. 27.1.2022 – III ZR 3/21 Rz. 19, ITRB 2022, 75 (*Rössel*).

E. Fernabsatzrecht

I. Anwendungsbereich

821 Der Anwendungsbereich des Fernabsatzrechts wird in **§ 312c Abs. 1 BGB** definiert. Fernabsatzverträge sind danach Verträge, bei denen der Unternehmer oder eine in seinem Namen oder Auftrag handelnde Person und der Verbraucher für die Vertragsverhandlungen und den Vertragsschluss ausschließlich Fernkommunikationsmittel verwenden. Eine Ausnahme gilt, wenn der Vertrag nicht im Rahmen eines für den Fernabsatz organisierten Vertriebs- oder Dienstleistungssystems geschlossen wird.

822 ▪ **Übersicht:**

Fernabsatzvertrag

– Vertrag zwischen **Unternehmer** und **Verbraucher**;

– Vertragsanbahnung und Vertragsschluss unter ausschließlicher Verwendung von **Fernkommunikationsmitteln**;

– Ausnahme: Fehlen eines für den Fernabsatz organisierten **Vertriebs- oder Dienstleistungssystems**;

– **§ 312 Abs. 1 BGB: Ausnahme** für unentgeltliche Verträge;

– **§ 312 Abs. 2 bis 8 BGB:** Bereichsausnahmen für bestimmte Vertragstypen.

1. Unternehmer und Verbraucher

823 Das Fernabsatzrecht ist **Verbraucherschutzrecht**; es gilt daher nur im Verhältnis zwischen Unternehmer und Verbraucher. Der Privatverkauf ist vom Fernabsatzrecht ebenso wenig erfasst wie Verträge zwischen Unternehmern.

a) Verbraucher (§ 13 BGB)

824 Verbraucher ist gem. § 13 BGB jede natürliche Person, die ein Rechtsgeschäft zu Zwecken abschließt, die überwiegend weder ihrer gewerblichen noch ihrer selbständigen beruflichen Tätigkeit zugerechnet werden können. Der Verbraucherschutz setzt demnach voraus, dass eine natürliche Person zu **überwiegend privaten Zwecken** einen Vertrag schließt.

825 Nutzt ein Unternehmer einen Vertriebskanal im Fernabsatz, führt dies nur dann zur Anwendung des Fernabsatzrechts, wenn sich die Angebote des Unternehmers nicht nur an andere Unternehmer, sondern auch an Verbraucher (§ 13 BGB) richten. Der Unternehmer hat daher grundsätzlich die Möglichkeit, das **Fernabsatzrecht dadurch auszuschließen**, dass er nur mit anderen Unternehmern kontrahiert. Der Verbraucher, der unter Vorspiegelung unternehmerischen Handelns in einem solchen Fall Bestellungen tätigt, kann sich auf die Schutz-

bestimmungen des Fernabsatzrechts nicht berufen (§ 242 BGB: venire contra factum proprium)[1287].

Eine **formularmäßige Bestätigung** des Kunden, nicht Unternehmer zu sein, mag noch nicht für einen Ausschluss von Verbrauchern aus dem Kundenkreis genügen[1288]. Es geht jedoch zu weit, vom Unternehmer, der seinen Kundenkreis einschränken möchte, eine Anforderung von Nachweisen über die Unternehmereigenschaft der Kunden zu verlangen[1289].   826

Um eine Beschränkung des Kundenkreises vorzunehmen, die die Anwendbarkeit des Fernabsatzrechts eindeutig ausschließt, bedarf es neben **deutlicher Hinweise** an geeigneter Stelle[1290] auch einer **tatsächlichen Sicherstellung**, dass Verbraucher ausgeschlossen sind. Wird von einem Nutzer verlangt, dass er eine gewerbliche Nutzung bestätigt, muss dies hinreichend klar und hervorgehoben zum Ausdruck gebracht werden. Eine Bezugnahme auf AGB reicht dazu nicht ohne weiteres aus[1291]. Geringere Anforderungen sind bei Online-Shops zu stellen, die ausschließlich Produkte vertreiben, bei denen nicht anzunehmen ist, dass sie von Verbrauchern bestellt werden[1292].   827

Praxistipp   828

Wer als Unternehmer Verbraucher aus seinem Kundenkreis ausschließen und dadurch die Anwendung des Fernabsatzrechts vermeiden möchte, sollte entsprechende Hinweise klar und unmissverständlich und in hervorgehobener Weise auf seine Website aufnehmen. Er sollte zudem dokumentieren, welche Maßnahmen er ergreift, um Bestellungen durch Verbraucher auch tatsächlich auszuschließen.

b) Unternehmer (§ 14 BGB)

Unternehmer ist nach der Definition des § 14 Abs. 1 BGB eine natürliche oder juristische Person oder eine rechtsfähige Personengesellschaft[1293], die bei dem Abschluss eines Rechtsgeschäfts in Ausübung einer gewerblichen oder selbständigen beruflichen Tätigkeit handelt. Dieser Definition unterfallen juristische Personen des öffentlichen Rechts ebenso wie Kapital- und Personenhandelsgesellschaften sowie Freiberufler[1294]. Dasselbe gilt für Gesellschaften bürgerlichen Rechts, die gewerblich oder selbständig (frei)beruflich tätig werden[1295].   829

Unter einer **gewerblichen Tätigkeit** gem. § 14 Abs. 1 BGB versteht man das dauerhafte, entgeltliche und planmäßige Anbieten von Waren oder Dienstleistungen am Markt[1296]. Ein dauerhaft-planmäßiges Auftreten am Markt reicht für eine unternehmerische Tätigkeit auch   830

1287 Vgl. BGH v. 22.12.2004 – VIII ZR 91/04, NJW 2005, 1045 ff.; OLG Hamm v. 28.2.2008 – 4 U 196/07, K&R 2008, 379, 380 = MMR 2008, 469, 470 ff.
1288 Vgl. OLG Hamm v. 28.2.2008 – 4 U 196/07, K&R 2008, 379, 380 f. = MMR 2008, 469, 470 ff.
1289 A.A. OLG Hamm v. 20.9.2011 – 4 U 73/11 Rz. 31; *Kastner/Tews*, WRP 2005, 1335, 1338.
1290 LG Leipzig v. 26.7.2013 – 8 O 3495/12 Rz. 23 ff., CR 2014, 344.
1291 Vgl. OLG Hamm v. 16.11.2016 – 12 U 52/16 Rz. 37 ff., CR 2017, 183 = ITRB 2017, 31.
1292 Vgl. LG Berlin v. 9.2.2016 – 102 O 3/16 Rz. 49.
1293 Kritisch *Flume*, ZIP 2000, 1427, 1428; *Hensen*, ZIP 2000, 1151.
1294 *Härting*, FernAbsG, Einl. Rz. 59 ff.
1295 Vgl. *Ellenberger* in Grüneberg, § 14 BGB Rz. 3.
1296 Vgl. *Ellenberger* in Grüneberg, § 14 BGB Rz. 2; *Becker/Föhlisch*, NJW 2005, 3377, 3377 f.; *Meyer*, K&R 2007, 572 f.

dann aus, wenn eine Gewinnerzielungsabsicht fehlt[1297]. Im Interesse eines wirksamen Verbraucherschutzes kann es bei der Auslegung des § 14 Abs. 1 BGB nur auf **objektive Kriterien** ankommen. Welche Absichten ein Anbieter am Markt verfolgt, ist aus Sicht des schutzbedürftigen Verbrauchers unerheblich[1298].

831 Für ein unternehmerisches Handeln reicht es aus, wenn das Rechtsgeschäft im Zuge der Aufnahme einer gewerblichen oder selbständigen beruflichen Tätigkeit geschlossen wird. Auch der **Existenzgründer** ist Unternehmer i.S.d. § 14 Abs. 1 BGB[1299]. Ebenso ist derjenige, der lediglich ein **Kleingewerbe** betreibt, ein Unternehmer i.S.d. § 14 Abs. 1 BGB. Dabei kommt es nicht darauf an, ob mit dem Gewerbe tatsächlich Gewinne erzielt werden und erst recht nicht darauf, ob die Einkünfte aus dem Kleingewerbe geeignet sind, den Lebensunterhalt des Gewerbetreibenden zu decken[1300]. Die **Beweislast**[1301] für die **Unternehmereigenschaft** des Vertragspartners liegt bei demjenigen, der sich darauf beruft[1302].

832 Nicht jedes Geschäft, das ein Unternehmer tätigt, erfolgt im Rahmen seiner gewerblichen bzw. selbständigen beruflichen Tätigkeit. Die Rechtsanwältin, die einen Satellitenempfänger bestellt, handelt daher als Verbraucherin, wenn die Empfangsanlage in ihren Privaträumen installiert werden soll[1303].

c) „Dual Use"

833 Die **Abgrenzung** zwischen privatem und geschäftlichem Handeln fällt bei Gegenständen schwer, die für beide Zwecke nutzbar sind („Dual Use"), und richtet sich in einem solchen Fall danach, welcher Zweck bei Vertragsschluss erkennbar im Vordergrund stand[1304]. Maßgeblich ist eine objektive Betrachtungsweise unter Berücksichtigung der Erklärungen der Parteien und der sonstigen Umstände bei Vertragsschluss. Subjektive Vorstellungen des Käufers, die für den Verkäufer nicht erkennbar sind, spielen keine Rolle[1305].

834 Aus der negativen Formulierung des zweiten Halbsatzes der Vorschrift des § 13 BGB wird deutlich, dass rechtsgeschäftliches Handeln einer natürlichen Person grundsätzlich als Verbraucherhandeln anzusehen ist und bei etwa verbleibenden Zweifeln, welcher Sphäre das konkrete Handeln zuzuordnen ist, **zugunsten der Verbrauchereigenschaft** zu entscheiden ist. Anders ist dies nur dann, wenn Umstände vorliegen, nach denen das Handeln aus der Sicht des anderen Teils eindeutig und zweifelsfrei einer gewerblichen oder selbständigen beruflichen Tätigkeit zuzurechnen ist[1306].

1297 BGH v. 29.3.2006 – VIII ZR 173/05, NJW 2006, 2250, 2251; *Fischer*, WRP 2008, 193, 195; *Meyer*, K&R 2007, 572, 577; *Schlömer/Dittrich*, K&R 2006, 373, 376.
1298 BGH v. 29.3.2006 – VIII ZR 173/05, NJW 2006, 2250, 2251.
1299 BGH v. 24.2.2005 – III ZB 36/04, K&R 2005, 326; *Becker/Föhlisch*, NJW 2005, 3377, 3377.
1300 LG Arnsberg v. 22.12.2011 – 9 O 12/11 Rz. 3.
1301 Vgl. *Fischer*, WRP 2008, 193, 195.
1302 AG Gemünden a.M. v. 13.1.2004 – 10 C 1212/03, JurPC Web-Dok. 95/2006; *Becker/Föhlisch*, NJW 2005, 3377, 3378; *Bamberger* in BeckOK/BGB, § 14 BGB Rz. 41.
1303 AG Siegburg v. 23.2.2005 – 117 C 262/04, NJW-RR 2005, 1583.
1304 BGH v. 7.4.2021 – VIII ZR 191/19 Rz. 16, CR 2021, 826; vgl. *Becker/Föhlisch*, NJW 2005, 3377, 3378.
1305 OLG Karlsruhe v. 6.10.2011 – 9 U 8/11 Rz. 25.
1306 BGH v. 30.9.2009 – VIII ZR 7/09, CR 2010, 43 = K&R 2010, 37, 38 f. m. Anm. *Buchmann* = MMR 2010, 92 f. m. Anm. *Föhlisch*.

Für ein **unternehmerisches Handeln** reicht nach Auffassung des BGH bei einer Rechts- 835
anwältin die Angabe einer beruflichen Rechnungs-, Liefer- und E-Mail-Adresse nicht aus[1307].
Anders zu beurteilen ist nach Auffassung des AG München die Bestellung einer Wasch-
maschine im Namen einer Physiotherapie-Praxis. In einem solchen Fall liege ein unternehmerisches Handeln vor, auch wenn der Besteller als Lieferadresse seine Privatadresse angegeben habe. Für den Händler sei nicht erkennbar gewesen, dass es sich bei dieser Adresse nicht
um eine weitere Adresse bzw. einen Lagerraum der Praxis, sondern um eine Privatwohnung
gehandelt habe[1308].

Bei einem **Autokauf** genügt es für ein Handeln als Unternehmer nicht, wenn der Käufer ei- 836
ne Teilfläche des Fahrzeugs für einen Werbeaufkleber nutzt und hiermit Gewinn erzielt[1309].
Bei einem gemischt genutzten Fahrzeug kommt es für die **Verbrauchereigenschaft** darauf
an, ob die Nutzung als Firmenfahrzeug überwiegt. Nur dann liegt kein Handeln als Verbraucher vor[1310]. Ist ein Verkäufer in den „**Gelben Seiten**" als gewerblicher Händler eingetragen,
kann er sich bei Verkäufen über eine Internetplattform nicht darauf berufen, nur Privatver-
käufe zu tätigen[1311].

Eine natürliche Person, die gleichzeitig eine Reihe von Anzeigen, in denen **neue und ge-** 837
brauchte Waren zum Verkauf angeboten werden, auf einer Website veröffentlicht, wird hierdurch allein nicht zum Unternehmer, sondern ist nur dann als Unternehmer einzustufen,
wenn sie tatsächlich im Rahmen einer gewerblichen, handwerklichen oder beruflichen Tätigkeit handelt[1312]. Ein Rechtsanwalt, der mit einer Bank einen Kreditvertrag schließt, in
dem der Zweck des Kredits nicht spezifiziert wird, ist als Verbraucher anzusehen, wenn der
Vertrag nicht mit seiner beruflichen Tätigkeit in Verbindung steht. Der Umstand, dass die
Kreditforderung durch eine Hypothek an einem Kanzleigrundstück gesichert ist, die der Anwalt selbst bestellt hat, ist dabei irrelevant[1313].

d) Besonderheiten bei eBay

Die **Handelsplattform** eBay kann ein Sprungbrett in eine gewerbliche Tätigkeit sein. Dabei 838
ist die Abgrenzung zwischen (noch) privater und (schon) gewerblicher Tätigkeit schwierig[1314]. Als **Leitlinie** lässt sich der Maßstab anlegen, ob ein gelegentlicher Verkauf privater
Gegenstände oder eine beständige Nutzung von eBay als Verkaufsplattform vorliegt[1315]. Wer
hin und wieder seinen **privaten Keller ausräumt** und die „Fundstücke" bei eBay versteigert,
handelt sporadisch und nicht planmäßig, auch wenn er noch so viele Gegenstände verstei-

---

1307 BGH v. 30.9.2009 – VIII ZR 7/09, CR 2010, 43 = K&R 2010, 37, 38 f. m. Anm. *Buchmann* =
  MMR 2010, 92 f. m. Anm. *Föhlisch*; a.A. LG Hamburg v. 16.12.2008 – 309 S 96/08, CR 2009,
  261, 262 (Vorinstanz).
1308 AG München v. 10.10.2013 – 222 C 16325/13 Rz. 23.
1309 LG Köln v. 15.5.2008 – 37 O 1054/07; LG Wuppertal v. 5.11.2008 – 3 O 220/08.
1310 Vgl. LG Wuppertal v. 24.6.2008 – 5 O 13/08.
1311 OLG Hamm v. 18.3.2010 – 4 U 177/09 Rz. 16 f., ITRB 2010, 206.
1312 EuGH v. 4.10.2018 – C-105/17 Rz. 45.
1313 EuGH v. 3.9.2015 – C-110/14 Rz. 30, ECLI:EU:C:2015:538.
1314 Vgl. LG Hof v. 29.8.2003 – 22 S 28/03, CR 2003, 854 = VuR 2004, 109; LG Schweinfurt v.
  30.12.2003 – 110I O 32/03, WRP 2004, 654; AG Gemünden a.M. v. 13.1.2004 – 10 C
  1212/03.
1315 Vgl. *Meyer*, K&R 2007, 572, 574 ff.

gert[1316]. Wer dagegen über einen längeren Zeitraum Marmelade kocht und über eBay versteigert, handelt planmäßig-gewerblich, auch wenn die Umsätze bescheiden sind. Mit den genannten Kriterien wurde die Unternehmereigenschaft eines Verkäufers auf eBay angenommen, der innerhalb von zwei Jahren mehr als 200 Verkäufe oder Käufe getätigt hatte[1317].

839 Wenn sich ein eBay-Nutzer selbst als Unternehmer bezeichnet, muss er sich gefallen lassen, dass Regelungen angewendet werden, die für Unternehmer gelten. Daher gilt für den **eBay-Powerseller** eine tatsächliche Vermutung unternehmerischen Handelns[1318]. Diese Vermutung wird indes nur durch den Powerseller-Status begründet, den eBay vergibt, und nicht bereits dadurch, dass ein eBay-Nutzer die von eBay festgelegten Powerseller-Kriterien erfüllt. Nicht die eBay-Nutzungsbedingungen sind für den Unternehmerstatus maßgebend[1319], sondern das Auftreten des Anbieters als Powerseller, da dies gegenüber dem Verbraucher ein dauerhaft-planmäßiges und somit unternehmerisches Handeln zum Ausdruck bringt.

840 Ist der Versteigerer kein Powerseller und bestehen die Angebote des Versteigerers auch nicht vorwiegend aus Neuware, so kommt es bei der Beurteilung der Voraussetzungen des § 14 Abs. 1 BGB auf andere, **schwächere Indizien** an. Derartige Kriterien sind eine hohe Anzahl von Angeboten[1320], ein längerer Zeitraum der kontinuierlichen Nutzung von eBay für Verkaufsangebote[1321], die Anzahl von Bewertungen[1322], die Verwendung unternehmenstypischer Hilfsmittel wie Allgemeiner Geschäftsbedingungen[1323], die Einrichtung eines eBay-Shops[1324] sowie der Ankauf von Ware zum Weiterverkauf[1325]. Umgekehrt lassen ein Über-

---

1316 Vgl. *Föhlisch* in Hoeren/Sieber/Holznagel, Handbuch Multimedia-Recht, Teil 13.4 Rz. 15.
1317 AG Kassel v. 2.5.2018 – 435 C 419/18 Rz. 6.
1318 OLG Frankfurt v. 21.3.2007 – 6 W 27/07, CR 2007, 682 = ITRB 2007, 231 = MMR 2007, 378; OLG Frankfurt v. 4.7.2007 – 6 W 66/07, K&R 2007, 585; OLG Karlsruhe v. 27.4.2006 – 4 U 119/04, ITRB 2007, 11 = CR 2006, 689, 690; OLG Koblenz v. 17.10.2005 – 5 U 1145/05, CR 2006, 209 = ITRB 2006, 78 = NJW 2006, 1438; OLG Zweibrücken v. 28.6.2007 – 4 U 210/06, CR 2007, 681 = WRP 2007, 1005, 1006; LG Mainz v. 6.7.2005 – 3 O 184/04, NJW 2006, 783 = CR 2006, 131, 132.
1319 A.A. LG Coburg v. 19.10.2006 – 1HK O 32/06, CR 2007, 191, MMR 2007, 399, 400 = K&R 2007, 106, 107; AG Bad Kissingen v. 4.4.2005 – 21 C 185/04, CR 2006, 74 = NJW 2005, 2463; *Fischer*, WRP 2008, 193, 196.
1320 OLG Frankfurt v. 21.3.2007 – 6 W 27/07, CR 2007, 682 = ITRB 2007, 231 = MMR 2007, 378; OLG Frankfurt v. 4.7.2007 – 6 W 66/07, K&R 2007, 585; OLG Zweibrücken v. 28.6.2007 – 4 U 210/06, CR 2007, 681 = WRP 2007, 1005, 1006; LG Berlin v. 5.9.2006 – 103 O 75/06, ITRB 2008, 10 = MMR 2007, 401; LG Mainz v. 6.7.2005 – 3 O 184/04, NJW 2006, 783 = CR 2006, 131, 132.
1321 OLG Frankfurt v. 4.7.2007 – 6 W 66/07, K&R 2007, 585; LG Mainz v. 6.7.2005 – 3 O 184/04, NJW 2006, 783 = CR 2006, 131, 132.
1322 OLG Karlsruhe v. 27.4.2006 – 4 U 119/04, ITRB 2007, 11 = CR 2006, 689, 690; LG Hanau v. 28.9.2006 – 5 O 51/06, MMR 2007, 339; AG Wernigerode v. 22.2.2007 – 10 C 659/06, MMR 2007, 402, 403.
1323 Vgl. OLG Zweibrücken v. 28.6.2007 – 4 U 210/06, CR 2007, 681 = WRP 2007, 1005; LG Coburg v. 19.10.2006 – 1HK O 32/06, CR 2007, 191, 192, MMR 2007, 399, 400 = K&R 2007, 106, 107; LG Mainz v. 6.7.2005 – 3 O 184/04, NJW 2006, 783 = CR 2006, 131, 132.
1324 OLG Frankfurt v. 21.3.2007 – 6 W 27/07, CR 2007, 682 = ITRB 2007, 231 = MMR 2007, 378; OLG Frankfurt v. 4.7.2007 – 6 W 66/07, K&R 2007, 585.
1325 OLG Zweibrücken v. 28.6.2007 – 4 U 210/06, CR 2007, 681 = WRP 2007, 1005, 1006; LG Berlin v. 5.9.2006 – 103 O 75/06, ITRB 2008, 10 = MMR 2007, 401; LG Hanau v. 28.9.2006 – 5 O 51/06, MMR 2007, 339; LG München I v. 7.4.2009 – 33 O 1936/08, MMR 2009, 504 (Ls.).

wiegen der Ankäufe über die Verkäufe und ein damit verbundener Nettoverlust nicht ohne weiteres auf ein Handeln als Verbraucher schließen[1326].

Wer bei eBay innerhalb weniger Wochen 18 Schmuckstücke, acht Handtaschen, vier Son-   841
nenbrillen und drei Paar Schuhe zum Verkauf anbietet und mehr als 25 Bewertungen von Käufern erhält, handelt als **Unternehmer**[1327]. Unternehmer ist auch, wer 250 neue Akkus gleicher Art verkauft, innerhalb eines Jahres 60 Bewertungen erhält und immer wieder darauf hinweist, dass neben der angebotenen Menge zu dem genannten Preis auch größere weitere Mengen zur Verfügung stünden[1328].

Das „Aufräumen eines Kleiderschrankes" reicht für eine unternehmerische Tätigkeit nicht   842
aus. Von einem solchen „Aufräumen" kann indes nach Auffassung des LG Hannover nicht die Rede sein, wenn eine Vielzahl neuer Bekleidungsstücke bei eBay versteigert wird[1329]. Das Angebot neuer Ware ist ein **Indiz für ein planmäßiges Handeln** des Versteigerers[1330], das die Voraussetzungen des § 14 Abs. 1 BGB erfüllt. Wenn der Versteigerer sich hingegen darauf beschränkt, Gegenstände zu verkaufen, die „im Haushalt nicht mehr benötigt" werden, spricht dies gegen ein unternehmerisches Tätigwerden[1331].

Wer „tonnenweise Hardware" anbietet, bringt damit die Absicht nicht nur gelegentlichen   843
Handelns zum Ausdruck[1332]. Die **private Sphäre** wird zudem verlassen, wenn zahlreiche gleichartige Waren in kürzeren zeitlichen Abständen gekauft oder verkauft werden[1333].

Auch wenn Waren angeboten werden, die aus einer privaten Sammlung stammen, können   844
die Voraussetzungen des § 14 Abs. 1 BGB vorliegen. Verkäufe aus einem privaten Bestand sind zwar grundsätzlich nicht dem unternehmerischen Bereich zuzuordnen. Wenn jedoch eine **kontinuierliche Verkaufstätigkeit** über einen Zeitraum von mehr als einem Jahr vorliegt und eine Sammlung verkauft wird, die weit über 100.000 Stück umfasst, wird die Grenze zu einem planmäßigen, auf eine gewisse Dauer angelegten Anbieten entgeltlicher Leistungen überschritten[1334].

2. Entgeltliche Verbraucherverträge

Die Regelungen des Fernabsatzrechts sind nach § 312 Abs. 1 BGB nur auf Verbraucherver-   845
träge i.S.d. § 310 Abs. 3 BGB anwendbar, die eine **entgeltliche Leistung** des Unternehmers zum Gegenstand haben. Auf Verträge über die Nutzung kostenfreier Internetportale ist das Fernabsatzrecht nicht anwendbar. Nach der neuen Vorschrift des § 312 Abs. 1a Satz 1 BGB

1326 A.A. LG Coburg v. 19.10.2006 – 1HK O 32/06, CR 2007, 191, 192, MMR 2007, 399, 400 = K&R 2007, 106, 107.
1327 BGH v. 4.12.2008 – I ZR 3/06, CR 2009, 538, 539 = K&R 2009, 467, 469 – Ohrclips.
1328 OLG Hamm v. 17.1.2013 – 4 U 147/12 Rz. 28.
1329 LG Hannover v. 15.4.2005 – 18 O 115/05, WRP 2005, 1194.
1330 Vgl. OLG Frankfurt v. 22.12.2004 – 6 W 153/04, CR 2005, 883 = ITRB 2006, 53 = NJW 2005, 1438; LG Berlin v. 5.9.2006 – 103 O 75/06, ITRB 2008, 10 = MMR 2007, 401.
1331 A.A. AG Bad Kissingen v. 4.4.2005 – 21 C 185/04, CR 2006, 74 = NJW 2005, 2463.
1332 OLG Hamburg v. 27.2.2007 – 5 W 7/07, WRP 2008, 522 (Ls.).
1333 LG Leipzig v. 18.10.2005 – 05 O 2910/05, WRP 2006, 617.
1334 OLG Frankfurt v. 21.3.2007 – 6 W 27/07, CR 2007, 682 = ITRB 2007, 231 = MMR 2007, 378.

gelten allerdings auch Verträge als Verbraucherverträge, bei denen der Verbraucher dem Unternehmer **personenbezogene Daten** bereitstellt oder sich hierzu verpflichtet[1335].

846 Das Fernabsatzrecht gilt für **Warenlieferungen** und für Verträge über die Erbringung von **Dienstleistungen**. Erfasst werden auch Maklerverträge[1336], Werkverträge, Geschäftsbesorgungs- und Mietverträge, nicht aber Bürgschaften. Auch **Finanzdienstleistungen** sind vom Anwendungsbereich des Fernabsatzrechts erfasst. Das Fernabsatzrecht ist auch auf den **Mandatsvertrag** anwendbar, den ein Anwalt mit einem Verbraucher per Fernkommunikation schließt[1337]. Weder aus dem Sinn und Zweck des Fernabsatzrechts noch aus der typischen individuellen Beratungssituation lassen sich überzeugende Argumente ableiten, § 312c Abs. 1 BGB entgegen dem Wortlaut nicht auch für Mandatsverträge gelten zu lassen[1338].

3. Vertragsschluss per Fernkommunikationsmittel

847 Das prägende Merkmal eines Fernabsatzvertrages ist die ausschließliche Verwendung von **Fernkommunikationsmitteln** bei den Vertragsverhandlungen und dem Abschluss des Vertrages. Fernkommunikationsmittel sind nach § 312c Abs. 2 BGB alle Kommunikationsmittel, die zur Anbahnung oder zum Abschluss eines Vertrages zwischen einem Verbraucher und einem Unternehmer ohne gleichzeitige körperliche Anwesenheit der Vertragsparteien eingesetzt werden können. Als Beispiele führt das Gesetz Briefe, Kataloge, Telefonanrufe, Telekopien, E-Mails, SMS sowie Rundfunk und Telemedien auf. Der Beispielskatalog des § 312c Abs. 2 BGB ist nicht abschließend zu verstehen[1339].

848 Ein Fernabsatzvertrag liegt nur vor, wenn der Vertrag unter **ausschließlicher Verwendung** von Fernkommunikationsmitteln verhandelt und abgeschlossen wird[1340]. Die Regeln über Fernabsatzgeschäfte sind nicht anwendbar, wenn im Verlauf des vertragsrechtlichen Kontinuums von der Anbahnung des Vertrages bis zum Vertragsschluss ein direkter Kontakt zwischen den vor Ort gleichzeitig körperlich anwesenden Vertragsparteien stattgefunden hat[1341]. Der Sinn und Zweck des Fernabsatzrechts liegt darin, den Verbraucher vor Nachteilen zu schützen, die daraus resultieren, dass er vor Vertragsschluss weder die vom Vertragspartner angebotene Ware oder Dienstleistung noch den Vertragspartner selbst sehen und prüfen konnte[1342]. Gab es im Zuge der Vertragsanbahnung eine solche Möglichkeit, bestehen keine spezifischen fernabsatzrechtlichen Risiken, auch wenn die Vertragserklärungen später per E-Mail oder auf andere Weise im Wege der Fernkommunikation ausgetauscht

---

1335 *Martens* in BeckOK/BGB, § 312 BGB Rz. 10.
1336 BGH v. 7.7.2016 – I ZR 68/15 Rz. 23, 33; OLG Düsseldorf v. 13.6.2014 – I-7 U 37/13 Rz. 42; OLG Hamm v. 20.10.2016 – 18 U 152/15 Rz. 54.
1337 Vgl. *Härting*, NJW 2016, 2937.
1338 BGH v. 23.11.2017 – IX ZR 204/16 Rz. 11, CR 2018, 311; a.A. AG Charlottenburg v. 15.9.2015 – 216 C 194/15 Rz. 43.
1339 Begründung des Regierungsentwurfs, BT-Drucks. 17/12637, 50 f.
1340 OLG Oldenburg v. 12.3.2020 – 14 U 284/19 Rz. 19.
1341 *Föhlisch* in Hoeren/Sieber/Holznagel, Handbuch Multimedia-Recht, Teil 13.4 Rz. 31; *Wendehorst* in MünchKomm/BGB, § 312c BGB Rz. 15; *Grüneberg* in Grüneberg, § 312c BGB Rz. 4; vgl. auch die Gesetzesbegründung, BT-Drucks. 14/2658, 30 f.; BGH v. 12.11.2015 – I ZR 168/14 Rz. 28.
1342 Erwägungsgrund 14 FARL; Bundesregierung, BT-Drucks. 14/2658, 15 f.; vgl. auch *Moritz/Dreier*, Rechtshandbuch zum E-Commerce, Teil B Rz. 302; *Dickie*, JCP 21 (1998), 217, 217 f.

werden[1343]. Umgekehrt steht es einer Einordnung als Fernabsatzvertrag nicht entgegen, wenn ein Kaufvertrag per Fernkommunikationsmittel geschlossen wird, die Ware aber dem Käufer im Geschäft des Verkäufers persönlich übergeben wird. Für die Einordnung eines Kaufvertrags als Fernabsatzvertrag ist es unerheblich, wie die Zahlung des Kaufpreises oder die Übereignung der Ware erfolgt[1344]. Die **Darlegungs- und Beweislast** für die ausschließliche Verwendung von Fernkommunikationsmitteln bei den Vertragsverhandlungen und beim Vertragsschluss trägt der Verbraucher[1345].

Dem Abschluss eines Fernabsatzvertrages steht nicht entgegen, dass der Verbraucher geraume Zeit vor Vertragsschluss das Ladenlokal des Verkäufers aufgesucht hat. Um die §§ 312c ff. BGB auszuschließen, ist entscheidend, ob sich der Verbraucher während des Anbahnungskontakts über alle für den Vertragsschluss wesentlichen Umstände informieren konnte und der Vertrag im **unmittelbaren zeitlichen Zusammenhang** mit diesem persönlichen Kontakt zustande gekommen ist[1346]. Liegen zwischen dem Vertragsabschluss per E-Mail und dem persönlichem Kontakt mehr als eineinhalb Monate, ist ein unmittelbarer zeitlicher Zusammenhang nicht mehr gegeben[1347]. 849

Umgekehrt lässt sich das Fernabsatzrecht nicht dadurch umgehen, dass die gesamte Vertragsanbahnung aus der Ferne erfolgt, der Vertragsschluss jedoch so organisiert wird, dass die Vertragserklärung für den Unternehmer erst zeitgleich mit der Warenlieferung abgegeben wird[1348]. Eine entsprechende Konstruktion wählten Unternehmer vereinzelt, um dem Fernabsatzrecht zu entgehen. Der **Postbedienstete**, der die Ware (z.B. das Mobiltelefon) auslieferte, wurde vom Unternehmer bevollmächtigt, die vertragliche Annahmeerklärung abzugeben. Dies eröffnete das Argument, es fehle an einem Fernabsatzvertrag, da die Annahme nicht aus der Ferne, sondern unter Anwesenden erklärt werde[1349]. Bei wertender Betrachtung kann die **Verzögerung des Vertragsschlusses**, die ausschließlich der Umgehung des Fernabsatzrechts dienen soll, nichts daran ändern, dass aus Sicht des Verbrauchers Vertragsverhandlungen und Vertragsschluss aus der Distanz erfolgen. Der Postbedienstete ist mangels jeglichen Spielraums bei der Abgabe der Willenserklärung als bloßer **Erklärungsbote** anzusehen. Er ist nicht befugt und in aller Regel auch nicht in der Lage, den Kunden über die Vertragsleistung Auskunft zu geben. Die Übermittlung einer Vertragserklärung durch einen solchen Boten erfüllt die Voraussetzungen eines ausschließlich per Fernkommunikationsmittel geschlossenen Vertrages[1350]. Anders ist dies hingegen bei einem **Online-Lieferservice** zu bewerten, bei dem der Verbraucher zwar online Waren auswählt, aber erst an der 850

1343 *Micklitz/Schirmbacher* in Spindler/Schuster, § 312c BGB Rz. 8; *Wendehorst* in MünchKomm/ BGB, § 312c BGB Rz. 19; *Grüneberg* in Grüneberg, § 312c BGB Rz. 4; *Marx*, WRP 2000, 1227, 1229; *Riehm*, Jura 2000, 505, 508; vgl. auch die Gesetzesbegründung, BT-Drucks. 14/2658, 30 f.

1344 AG Charlottenburg v. 18.2.2016 – 211 C 213/15 Rz. 14.

1345 Vgl. BGH v. 12.11.2015 – I ZR 168/14 Rz. 27 f.

1346 LG Berlin v. 12.3.2013 – 83 S 52/12.

1347 AG Frankfurt/M. v. 6.6.2011 – 31 C 2577/10 Rz. 22.

1348 OLG Schleswig v. 3.7.2003 – 7 U 240/01, NJW 2004, 231; OLG Schleswig v. 28.8.2003 – 7 U 240/01, CR 2004, 300; a.A. LG Flensburg v. 16.11.2001 – 4 O 128/01.

1349 Vgl. OLG Schleswig v. 3.7.2003 – 7 U 240/01, NJW 2004, 231; OLG Schleswig v. 28.8.2003 – 7 U 240/01, CR 2004, 300; LG Flensburg v. 16.11.2001 – 4 O 128/01.

1350 BGH v. 21.10.2004 – III ZR 380/03, CR 2005, 126 = ITRB 2005, 52 = NJW 2004, 3699, 3700; *Föhlisch* in Hoeren/Sieber/Holznagel, Handbuch Multimedia-Recht, Teil 13.4 Rz. 38; *Kaestner/ Tews*, WRP 2005, 1335, 1337.

Haustüre entscheidet, welche Waren er rechtsverbindlich erwerben möchte und welche er ablehnt[1351].

4. Vertriebs- oder Dienstleistungssystem

851 Das Fernabsatzrecht ist nicht anwendbar, wenn der Vertrag nicht im Rahmen eines für den Fernabsatz organisierten Vertriebs- oder Dienstleistungssystems geschlossen wird. Dies soll ausschließen, dass einen Unternehmer die Rechtsfolgen des Fernabsatzrechts treffen, wenn er **nur sporadisch** Bestellungen per Fernkommunikation entgegennimmt[1352]. Im Zweifel hat der Unternehmer zu **beweisen**, dass er über kein für den Fernabsatz organisiertes Vertriebs- oder Dienstleistungssystem verfügt[1353].

852 Die Existenz eines organisierten Vertriebs- oder Dienstleistungssystems verlangt, dass der Unternehmer mit personeller und sachlicher Ausstattung innerhalb seines Betriebs die **organisatorischen Voraussetzungen** geschaffen hat, die notwendig sind, um regelmäßig im Fernabsatz zu tätigende Geschäfte zu bewältigen. Dabei sind an die Annahme eines solchen Vertriebs- oder Dienstleistungssystems insgesamt keine hohen Anforderungen zu stellen. Nur Geschäfte, die unter gelegentlichem, eher zufälligem Einsatz von Fernkommunikationsmitteln geschlossen werden, scheiden aus dem Anwendungsbereich aus[1354].

853 Bei der Abgrenzung zwischen „gelegentlichen" und **„systematischen" Distanzgeschäften** ist darauf abzustellen, ob der Unternehmer innerhalb seines Betriebs einen eigenen **Vertriebskanal** für den Fernabsatz eingerichtet hat[1355]. Dies ist der Fall, wenn der Unternehmer Fernkommunikationsmittel wie z.B. Websites, Online- oder Rundfunkwerbung zur Massenwerbung nutzt und zugleich Verbraucher dazu auffordert, im Wege der Fernkommunikation Bestellungen vorzunehmen[1356]. Wirbt der Unternehmer mit der Möglichkeit der Online-Bestellung, spricht dies für das Bestehen eines Fernabsatzsystems gem. § 312c Abs. 1 BGB[1357]. Dabei muss nicht nur irgendein Fernabsatzsystem bestehen, sondern eines, das auf das jeweilige Fernkommunikationsmittel ausgerichtet ist. Wer z.B. grundsätzlich nur online kontrahiert, braucht das Fernabsatzrecht nicht zu beachten, wenn er ausnahmsweise eine telefonische Bestellung entgegennimmt[1358].

854 Der Anwendungsbereich des Fernabsatzrechts ist nicht schon dann eröffnet, wenn der Inhaber eines Geschäfts **ausnahmsweise** eine telefonische Bestellung entgegennimmt und die Ware dem Kunden nicht in seinem Ladenlokal übergibt, sondern mit der Post versendet. Der Betreiber eines stationären Ladenlokals, der seine Leistungen ausschließlich vor Ort er-

---

1351 OLG Köln v. 7.2.2014 – 6 U 81/13, CR 2014, 668.
1352 Vgl. Begründung des Regierungsentwurfs, BT-Drucks. 14/2658, 30; *Bülow/Artz*, NJW 2000, 2049, 2053; *Kamanabrou*, WM 2000, 1417, 1421.
1353 BGH v. 12.11.2015 – I ZR 168/14 Rz. 28.
1354 BGH v. 7.7.2016 – I ZR 30/15 Rz. 51.
1355 *Föhlisch* in Hoeren/Sieber/Holznagel, Handbuch Multimedia-Recht, Teil 13.4 Rz. 40; *Neises*, NZM 2000, 889, 891.
1356 *Härting/Schirmbacher*, MDR 2000, 917, 918; *Piepenbrock/Schmitz*, K&R 2000, 378, 379.
1357 *Kamanabrou*, WM 2000, 1417, 1420 f.; *Lorenz*, JuS 2000, 833, 838; *Meents*, CR 2000, 610, 611.
1358 *Härting*, FernAbsG, § 1 Rz. 86.

bringt, soll nicht vollständig davon abgehalten werden, telefonische oder Online-Bestellungen entgegen zu nehmen[1359].

Bewirbt ein **Immobilienmakler** von ihm vertriebene Immobilien auf einem Online-Marktplatz (z.B. „Immobilienscout24"), stellt er den Kontakt zu Kunden auf elektronischem und telefonischem Wege her. Kommt dadurch ein Vertrag zustande, nutzt er ein organisiertes Vertriebs- und Dienstleistungssystem. Es ist unerheblich, dass die Erfüllung eines solchen Maklervertrags nicht auf elektronischem Wege erfolgt[1360]. Werden Waren und Dienstleistungen über Internetplattformen wie eBay oder auch mobile.de angeboten, so reicht die einmalige bzw. sporadische Nutzung der Plattform noch nicht aus, um ein „systematisches" Handeln des Unternehmers zu bejahen. Wenn indes ein Kraftfahrzeughändler pro Jahr 10 bis 20 Fahrzeuge über eine Online-Plattform anbietet, genügt dies zur Annahme eines **planmäßig genutzten Vertriebskanals**[1361].   855

Ein für den Fernabsatz organisiertes Vertriebssystem ist bei der systematischen Nutzung von Fahrzeugvermittlungsportalen durch einen Gebrauchtwagenhändler anzunehmen, wenn dessen personelle und sachliche Organisation grundsätzlich darauf eingestellt ist, auf elektronischem oder telefonischem Wege eingehende Kundenanfragen dergestalt zu bearbeiten, dass ein Vertragsschluss unter ausschließlicher Nutzung von Fernkommunikationsmitteln erzielt wird. Auf die Anzahl der tatsächlich auf diese Weise abgeschlossenen Verträge kommt es demgegenüber nicht an[1362].   856

5. Ausnahmen (§ 312 Abs. 2 bis 8 BGB)

§ 312 Abs. 2 bis 8 BGB enthalten höchst unterschiedliche **Ausnahmefälle**, in denen die §§ 312c ff. BGB nicht oder nur teilweise anwendbar sind. Dies gilt vor allem für Geschäfte, bei denen die Erfüllung von Informationspflichten und die Einräumung eines Widerrufsrechts nicht praktikabel oder für den Unternehmer unzumutbar sind.   857

a) Bau- und Immobilienverträge

Gemäß § 312 Abs. 2 Nr. 2 und 3 BGB sind **Bau-**[1363] **und Immobilienverträge** vom Fernabsatzrecht ausgenommen. Erfasst von § 312 Abs. 2 Nr. 3 BGB sind auch Verträge über erhebliche Umbaumaßnahmen an bestehenden Gebäuden. Die Immobilienfinanzierung fällt nicht unter die Ausnahmebestimmungen[1364]. § 312 Abs. 2 Nr. 2 BGB erfasst zudem keine Grundstücksmaklerverträge[1365].   858

1359 BGH v. 7.7.2016 – I ZR 30/15 Rz. 51.
1360 BGH v. 7.7.2016 – I ZR 30/15 Rz. 52.
1361 LG Stendal v. 23.1.2007 – 22 S 138/06.
1362 OLG Celle v. 3.6.2020 – 7 U 1903/19 Rz. 8 f.
1363 Kritisch *Föhlisch* in Hoeren/Sieber/Holznagel, Handbuch Multimedia-Recht, Teil 13.4 Rz. 54; *Härting/Schirmbacher*, MDR 2000, 917, 918; *Riehm*, Jura 2000, 505, 509.
1364 Vgl. EuGH v. 13.12.2001 – C-481/99, ECLI:EU:C:2001:684, NJW 2002, 281 = EuZW 2002, 84 m. Anm. *Reich/Rörig-Heininger*; *Rott*, VuR 2002, 49, 49 ff.
1365 BGH v. 7.7.2016 – I ZR 68/15 Rz. 44.

b) Pauschalreisen und Beförderungsverträge

859 Auf Pauschalreiseverträge im Sinne der § 651a und § 651c BGB sind die Bestimmungen des Fernabsatzrechts nur höchst eingeschränkt anwendbar (§ 312 Abs. 7 BGB). Insbesondere besteht bei Pauschalreiseverträgen **kein Widerrufsrecht** des Verbrauchers, da § 312g BGB nicht anwendbar ist. Dasselbe gilt nach § 312 Abs. 8 BGB für Verträge über die **Beförderung von Personen.**

860 **Beförderung** ist jede Form des organisierten Transports[1366]. Dabei ist es unerheblich, ob der Verbraucher transportiert wird oder selbst die Steuerung übernimmt. Auch Automietverträge fallen unter die Ausnahme, da die Unternehmen bei solchen Verträgen Vorkehrungen für die Erbringung der vereinbarten Leistung zu dem bei der Bestellung festgelegten Zeitpunkt treffen müssen und folglich im Stornierungsfall die gleichen Nachteile haben wie andere Unternehmen aus dem Beförderungssektor[1367].

c) Teilzeit-Wohnrechte-Verträge

861 Nicht unter das Fernabsatzrecht fallen **Teilzeit-Wohnrechte-Geschäfte,** langfristige Urlaubsprodukte, Vermittlungen und Tauschsysteme (§ 312 Abs. 2 Nr. 6 BGB). Die frühere Ausnahme für **Fernunterrichtsverträge** (§ 312 Abs. 3 Nr. 1 BGB a.F.) ist entfallen. In § 3 Abs. 2 und § 4 Fernunterrichtsschutzgesetz (FernUSG) wurden Verweisungen aufgenommen, die klarstellen, dass die §§ 312c ff. BGB Anwendung finden, wenn ein Fernunterrichtsvertrag im Fernabsatz abgeschlossen wird.

d) Haushaltsgegenstände des täglichen Bedarfs

862 Die Ausnahme des § 312 Abs. 2 Nr. 8 BGB gilt für die Lieferung von **Getränken, Lebensmitteln und anderen Haushaltsgegenständen** des täglichen Bedarfs, die am Wohnsitz, Aufenthaltsort oder Arbeitsplatz eines Verbrauchers im Rahmen häufiger und regelmäßiger Fahrten geliefert werden. Gemeint sind die Geschäfte fliegender Händler[1368]. Prototypen der Ausnahmevorschrift sind die Pizzalieferung[1369] und der Lieferdienst eines Lebensmittel- oder Getränkemarktes[1370].

863 Um eine sinnwidrige Aushöhlung des Fernabsatzrechts zu vermeiden, ist der Begriff des Haushaltsgegenstandes des täglichen Bedarfs mit Augenmaß auszulegen. Angesichts der Gleichstellung der Haushaltsgegenstände mit Lebensmitteln und Getränken kommen nur **verbrauchbare Güter** in Betracht[1371]. Eine Digitalkamera ist nicht von § 312 Abs. 2 Nr. 8 BGB

1366 *Härting,* FernAbsG, § 1 Rz. 149.
1367 EuGH v. 10.3.2005 – C-336/03, ECLI:EU:C:2005:150, CR 2005, 651 m. Anm. *Junker* = ITRB 2005, 176 = NJW 2005, 3055, 3056.
1368 BT-Drucks. 14/2658, 33; *Roth,* JZ 2000, 1013, 1016; kritisch *Roth/Schulze,* RIW 1999, 924, 925.
1369 *Föhlisch* in Hoeren/Sieber/Holznagel, Handbuch Multimedia-Recht, Teil 13.4 Rz. 50; *Wendehorst* in MünchKomm/BGB, § 312 BGB Rz. 86; *Bodewig,* DZWir 1997, 447, 450; *Härting/Schirmbacher,* MDR 2000, 917, 918; *Wendehorst,* DStR 2000, 1311, 1314.
1370 *Micklitz* in Micklitz/Tonner, Vertriebsrecht, § 312b BGB Rz. 80.
1371 *Härting,* FernAbsG, § 1 Rz. 130; *Roth/Schulze,* RIW 1999, 924, 925.

erfasst[1372]. Auch **Zeitschriftenabonnements** fallen nicht unter den Ausnahmetatbestand des § 312 Abs. 2 Nr. 8 BGB. Bei Zeitschriften handelt es sich nicht um Haushaltsgegenstände des täglichen Bedarfs[1373]. Zudem liegt keine „**Lieferung im Rahmen häufiger und regelmäßiger Fahrten**" vor, wenn der Verlag nicht selbst die Lieferung vornimmt[1374].

e) Warenautomaten; öffentliche Fernsprecher

Gemäß § 312 Abs. 2 Nr. 9 BGB sind Verträge aus dem Anwendungsbereich der §§ 312c ff. BGB ausgenommen, die unter Verwendung von **Warenautomaten** oder **automatisierten Geschäftsräumen** geschlossen werden. § 312 Abs. 2 Nr. 11 BGB klammert Verträge zur Nutzung einer einzelnen, von einem Verbraucher hergestellten Telefon-, Internet- oder Telefaxverbindung (**Call-by-Call**) aus dem Anwendungsbereich des Fernabsatzrechts aus. § 312 Abs. 2 Nr. 10 BGB enthält eine entsprechende Ausnahme für Verträge mit Betreibern von Telekommunikationsmitteln, die mit Hilfe **öffentlicher Münz- und Kartentelefone** zu deren Nutzung geschlossen werden. Diese Vorschrift ist weder auf Downloads aus dem Internet[1375] noch auf Verträge über den Zugang zum Internet[1376] anwendbar. **864**

f) Finanzdienstleistungen als Dauerschuldverhältnisse

Finanzdienstleistungsverträge sind häufig Dauerschuldverhältnisse. Werden Transaktionen auf Grundlage solcher Dauerschuldverbindungen vorgenommen, wäre es unzweckmäßig, dem Dienstleister bei jeder einzelnen Transaktion Informationspflichten aufzuerlegen und dem Verbraucher ein Widerrufsrecht einzuräumen. § 312 Abs. 5 BGB sieht daher vor, dass das Fernabsatzrecht nur für den **Grundvertrag** gilt und nicht für einzelne Transaktionen, die im Rahmen des Dauerschuldverhältnisses vorgenommen werden[1377]. **865**

g) Versicherungsverträge

Nach § 312 Abs. 6 BGB gelten die Vorschriften über Fernabsatzverträge nicht für **Versicherungsverträge** und deren Vermittlung. Der Fernabsatz von Versicherungen ist allerdings im Wesentlichen identischen Regelungen unterworfen, welche in den **§§ 7 ff. VVG** Platz gefunden haben. **866**

h) Weitere Ausnahmen

Notariell beurkundete Verträge (§ 312 Abs. 2 Nr. 1 BGB) und **Bargeschäfte**, bei denen die Leistung bei Abschluss der Verhandlungen sofort erbracht und bezahlt wird und das vom **867**

1372 LG Kleve v. 22.11.2002 – 5 S 90/02, CR 2003, 773 = NJW-RR 2003, 196 = MMR 2003, 424.
1373 BGH v. 9.6.2011 – I ZR 17/10 Rz. 6, AfP 2012, 39 = CR 2012, 110 – Computer-Bild; OLG Hamburg v. 17.12.2009 – 3 U 55/09 Rz. 53, AfP 2010, 582 = CR 2011, 61.
1374 BGH v. 9.6.2011 – I ZR 17/10 Rz. 6, AfP 2012, 39 = CR 2012, 110 – Computer-Bild; OLG Hamburg v. 17.12.2009 – 3 U 55/09 Rz. 57, AfP 2010, 582 = CR 2011, 61; vgl. *Busch* in BeckOGK BGB, § 312 BGB Rz. 55.
1375 Vgl. LG Hamburg v. 21.12.2000 – 310 O 425/00, ITRB 2001, 177 = CR 2001, 475, 476.
1376 Vgl. LG Hamburg v. 21.12.2000 – 310 O 425/00, ITRB 2001, 177 = CR 2001, 475, 476.
1377 *Härting/Schirmbacher*, CR 2002, 809, 810; *Koch/Maurer*, WM 2002, 2443, 2481, 2490; *Riesenhuber*, WM 1999, 1441, 1443.

Verbraucher zu zahlende Entgelt 40 € nicht überschreitet (§ 312 Abs. 2 Nr. 12 BGB), sind vom Anwendungsbereich der §§ 312c ff. BGB ausgeschlossen. Eine weitere Ausnahme stellen Verträge über den Verkauf beweglicher Sachen auf Grund von **Zwangsvollstreckungsmaßnahmen** oder anderen gerichtlichen Maßnahmen dar (§ 312 Abs. 2 Nr. 13 BGB).

868 Für Verträge über **soziale Dienstleistungen** – wie Kinderbetreuung oder Unterstützung von dauerhaft oder vorübergehend hilfsbedürftigen Familien oder Personen, einschließlich Langzeitpflege – sieht § 312 Abs. 3 BGB teilweise Ausnahmen von den §§ 312c ff. BGB vor. Dasselbe gilt nach § 312 Abs. 4 BGB für Verträge über die **Vermietung von Wohnraum**.

II. Informationspflichten

869 Die fernabsatzrechtlichen Informationspflichten sind in § 312d BGB sowie § 312f Abs. 2 BGB i.V.m. Art. 246a §§ 1 und 2 EGBGB geregelt und überschneiden sich zum Teil mit den Informationspflichten im elektronischen Geschäftsverkehr (§ 312i BGB und § 312j BGB i.V.m. Art. 246c EGBGB, Art. 246a § 1 Abs. 1 Satz 1 Nr. 1, 4, 5, 11, 12 EGBGB). Zu unterscheiden sind **vor- und nachvertragliche Informationspflichten**[1378].

870 Die **vorvertragliche Information** soll es dem Verbraucher ermöglichen, eine informierte Entscheidung über den Vertragsschluss zu treffen[1379]. Die Informationen sind in klarer und verständlicher Form zur Verfügung zu stellen (Art. 246a § 4 Abs. 1 EGBGB). Entscheidend ist, dass dem Verbraucher die Angaben zur Verfügung stehen und er sie für seine Vertragsentscheidung nutzen kann. Gemäß Art. 246a § 4 Abs. 3 Satz 1 EGBGB müssen die Informationen in einer dem eingesetzten Kommunikationsmittel angepassten Weise zur Verfügung gestellt werden. Ob die Informationen lediglich mündlich, auf einer Website, per Messenger oder schwarz auf weiß gedruckt erteilt werden, spielt keine Rolle. Auch bei **Finanzdienstleistungen** sind vorvertragliche Informationen in einer dem eingesetzten Kommunikationsmittel angepassten Weise zur Verfügung zu stellen (Art. 246b § 1 Abs. 1 EGBGB), ohne dass eine bestimmte Form vorgeschrieben ist.

871 Die **nachvertragliche Information** dient in erster Linie der dauerhaften Verfügbarkeit der Information im Falle von Auseinandersetzungen nach dem Vertragsschluss. Nicht zuletzt aus Beweisgründen soll Klarheit darüber bestehen, mit wem über welches Produkt kontrahiert wurde und welche Rechte dem Verbraucher zustehen. Vor diesem Hintergrund ist es essentiell, dass die Informationen nicht flüchtig, sondern dauerhaft zur Verfügung stehen. Daher ist für die nachvertraglichen Informationen **Textform (§ 126b BGB)** vorgeschrieben.

872 Ausnahmen und Erleichterungen bei den Informationspflichten gelten für Verträge über soziale Dienstleistungen (§ 312 Abs. 3 BGB) und für Verträge über die Vermietung von Wohnraum (§ 312 Abs. 4 BGB).

1378 Vgl. *Schirmbacher/Engelbrecht*, ITRB 2014, 89 ff.
1379 Begründung des Regierungsentwurfs, BT-Drucks. 14/2658, 38; vgl. auch *Moritz/Dreier*, Rechtshandbuch zum E-Commerce, Teil B Rz. 306.

1. Vorvertragliche Informationspflichten

§ 312d Abs. 1 Satz 1 BGB i.V.m. Art. 246a EGBGB verpflichtet den Unternehmer zur vorver- 873
traglichen Information des Verbrauchers. Hierbei ist es unerheblich, ob zu einem späteren
Zeitpunkt tatsächlich ein Vertrag zustande kommt[1380]. Die Verpflichtungen, die sich aus
Art. 246a EGBGB ergeben, hat der Unternehmer ohne Rücksicht auf einen späteren Vertragsschluss bei jeder Art der Vertragsanbahnung im Fernabsatz einzuhalten. Art. 246a EGBGB
reglementiert die **Verbraucherwerbung**[1381] und ist daher materiell dem Wettbewerbsrecht
zuzuordnen.

Die Pflichtangaben im Fernabsatz nach § 312d Abs. 1 Satz 1 BGB i.V.m. Art. 246a EGBGB 874
sind zu unterscheiden von den Pflichtangaben im elektronischen Geschäftsverkehr nach
§ 312j Abs. 2 BGB (s. Rz. 969 ff.). Auch wenn die Informationen weitgehend identisch sind,
unterscheiden sich die Zeitpunkte, zu denen die Informationen erteilt werden müssen.
Pflichtangaben nach § 312d Abs. 1 Satz 1 BGB i.V.m. Art. 246a EGBGB können frühzeitig
dem Verbraucher mitgeteilt werden – etwa bereits bei der Werbung. Dies befreit den Unternehmer jedoch nicht von der Verpflichtung, den Verbraucher (nochmals) vorvertraglich
nach § 312j Abs. 2 BGB „unmittelbar" vor dessen Vertragserklärung zu informieren. Es bestehen somit im Fernabsatz **doppelte vorvertragliche Informationspflichten**, die sich inhaltlich überlappen.

Besonderheiten gelten für Verträge über Finanzdienstleistungen. Die Informationen, die dem 875
Verbraucher vorvertraglich bei Finanzdienstleistungsverträgen im Fernabsatz zu erteilen sind,
sind in § 312d Abs. 2 BGB i.V.m. Art. 246b EGBGB geregelt.

■ **Übersicht:** 876

**Vorvertragliche Information (§ 312d Abs. 1 Satz 1 BGB i.V.m. Art. 246a EGBGB bzw. für
Finanzdienstleistungen § 312d Abs. 2 BGB i.V.m. Art. 246b EGBGB)**

– **Wann:**

– (rechtzeitig) vor Abgabe der Vertragserklärung des Verbrauchers;

– bei Telefongesprächen Angabe von Zweck des Anrufs, der Identität bzw. der Identität
des Auftraggebers bereits zu Beginn des Gesprächs (§ 312a Abs. 1 BGB).

– **Wie:**

– in einer dem eingesetzten Fernkommunikationsmittel entsprechenden Weise;

– klar und verständlich;

– nur bei Finanzdienstleistungen auf einem dauerhaften Datenträger.

– **Was:**

– die Einzelheiten des Vertrages gem. Art. 246a § 1 EGBGB;

– bei Finanzdienstleistungen die Pflichtangaben gem. Art. 246b § 1 EGBGB.

1380 LG Magdeburg v. 29.8.2002 – 36 O 115/02 (014), NJW-RR 2003, 409 = ITRB 2004, 6.
1381 *Härting*, CR 2000, 691, 691 ff.; *Micklitz/Schirmbacher*, WRP 2006, 148, 150.

877 **Praxistipp**

Wenn es – etwa wegen des Fehlens eines Vertriebs- oder Dienstleistungssystems – an den Voraussetzungen des § 312c Abs. 1 BGB fehlt, gilt ein (reduzierter) Katalog von vorvertraglichen Pflichtangaben gem. § 312a Abs. 2 BGB i.V.m. Art. 246 EGBGB.

a) Zeitpunkt und Form

878 Art. 246a § 1 EGBGB soll dem Verbraucher die Möglichkeit geben, eine **informierte Entscheidung** über den Vertragsschluss zu treffen, ohne durch kurze Überlegungsfristen unter Druck gesetzt zu werden[1382]. Daher hat die Belehrung vor Abgabe der **Vertragserklärung des Verbrauchers** zu erfolgen (Art. 246a § 4 Abs. 1 EGBGB). Gemäß Art. 246a § 4 Abs. 3 Satz 1 EGBGB ist der Unternehmer verpflichtet, den Verbraucher in einer dem eingesetzten Fernkommunikationsmittel angepassten Weise zu informieren. Damit ist nicht der Inhalt der Information gemeint, für den das Gebot der Klarheit und Verständlichkeit gilt (Art. 246a § 4 Abs. 1 EGBGB), sondern die äußere Form der Pflichtangaben.

879 Die nach Art. 246a § 1 Abs. 2 Satz 1 Nr. 1 EGBGB erforderlichen Informationen sind grundsätzlich unmittelbar in dem für den Fernabsatz benutzten Fernkommunikationsmittel selbst zu erteilen[1383]. Auf Websites genügt die Abrufbarkeit einer Internetseite mit den Pflichtangaben über einen **Hyperlink**, da die Benutzung von Links zum Abruf von Informationen dem gängigen Aufbau von Websites entspricht, die jedem Internetnutzer bekannt ist[1384]. Bei der Beschriftung des jeweiligen Links ist zu beachten, dass keine irreführende Bezeichnung gewählt wird[1385]. Aus dem Link bzw. der Beschreibung muss sich zweifelsfrei ergeben, dass und ggf. welche Informationen sich auf der verlinkten Seite befinden[1386]. Die Pflichtangaben müssen sich – bei der Verwendung von Hyperlinks – nicht zwingend direkt auf der verlinkten Seite befinden[1387]. Ausreichend ist die Bereitstellung von Pflichtangaben auf einer „**Mich**"-**Seite** von eBay, da der eBay-Nutzer die Angaben an dieser Stelle erwarten darf[1388].

1382 OLG Hamburg v. 23.12.2004 – 5 U 17/04, MMR 2005, 318, 319; vgl. auch Begründung des Regierungsentwurfs, BT-Drucks. 14/2658, 38.

1383 BGH v. 11.4.2019 – I ZR 54/16 Rz. 15.

1384 EuGH v. 5.7.2012 – C-49/11 Rz. 25 ff., ECLI:EU:C:2012:419, CR 2012, 793; *Wendehorst* in MünchKomm/BGB, Art. 246a EGBGB § 3 Rz. 2; *Fuchs*, ZIP 2000, 1273, 1277; *Günther*, ITRB 2002, 9, 10; *Härting*, CR 2000, 691, 693; *Hoenike/Hülsdunk*, MMR 2002, 415, 417; *Kamanabrou*, WM 2000, 1417, 1422; *Mankowski*, CR 2001, 767, 771 f.; *Ott*, WRP 2003, 945, 955; *Schafft*, K&R 2002, 45; *Steins*, WM 2002, 56; a.A. *Arnold*, CR 1997, 526, 530; OLG Frankfurt v. 17.4.2001 – 6 W 37/01, AfP 2002, 88 = CR 2001, 782 m. Anm. *Vehslage* = MMR 2001, 529 m. Anm. *Steins* = K&R 2002, 43 m. Anm. *Schafft* = ITRB 2002, 54 (*Niclas*).

1385 Vgl. OLG Frankfurt v. 14.12.2006 – 6 U 129/06, CR 2007, 387 = NJW-RR 2007, 482 = MMR 2007, 322; OLG Hamm v. 16.6.2009 – I-4 U 51/09, K&R 2009, 813 f.; *Becker/Föhlisch*, NJW 2005, 3377, 3379.

1386 *Aigner/Hofmann*, MMR Beilage 8/2001, 30, 33.

1387 OLG München v. 11.9.2003 – 29 U 2681/03, ITRB 2004, 4 = CR 2004, 53.

1388 KG v. 11.5.2007 – 5 W 116/07, CR 2007, 595 = MMR 2007, 791 = K&R 2007, 406; LG Traunstein v. 18.5.2005 – 1 HK 5016/04, ZUM 2005, 663, 664; *Schlömer/Dittrich*, K&R 2007, 433, 434; a.A. OLG Hamm v. 14.4.2005 – 4 U 2/05, ITRB 2005, 231 = CR 2005, 666; LG Berlin v. 9.10.2007 – 137 C 293/07; *Becker/Föhlisch*, NJW 2005, 3377, 3379; vgl. auch OLG Hamm v. 4.8.2009 – 4 U 11/09, MMR 2010, 29 f.; LG Bochum v. 30.11.2005 – 13 O 147/05.

Eine **Zwangsführung** derart, dass der Verbraucher die Lektüre der Informationen bestätigen muss, ist nicht erforderlich[1389]. Selbstverständlich muss der Verbraucher die Informationen auch nicht tatsächlich zur Kenntnis nehmen[1390]. 880

Die Seite, auf der die Pflichtangaben zusammengestellt sind, muss **übersichtlich**, und die Informationen müssen **unmittelbar erkennbar** sein. Sind die Angaben im unteren Teil der Bestellseite versteckt oder nur nach mehrmaligem Scrollen – teilweise oder vollständig – sichtbar, fehlt es an einer mediengerechten Information[1391]. Die Notwendigkeit des **Scrollens** verletzt indes nicht per se die Anforderungen des Art. 246a § 4 Abs. 3 Satz 1 EGBGB; es kommt vielmehr auf die Länge der Scrollleiste und die Ausgestaltung im Einzelfall an[1392]. 881

Ungenügend ist es, wenn der Verbraucher erst dann Informationen erhält, wenn er die unterhalb des jeweiligen Produkts befindliche Schaltfläche anklickt, auf der neben dem Symbol eines Einkaufswagens „bestellen" steht. Dies lässt für einen durchschnittlichen Verbraucher den Schluss zu, dass er sich bereits mit dem Anklicken der Schaltfläche **rechtlich bindet** und die nachfolgenden Angaben lediglich der Abwicklung der verbindlichen Bestellung dienen[1393]. 882

Die Pflichtangaben können dem Verbraucher grundsätzlich auch als Bestandteil längerer **Allgemeiner Geschäftsbedingungen** mitgeteilt werden, sollten dann aber – etwa durch Hervorhebung – leicht erkennbar sein. Erforderlich ist in einem solchen Fall zudem, dass sich im Rahmen des Bestellvorganges ein klarer Hinweis darauf findet, dass die Pflichtangaben in den Allgemeinen Geschäftsbedingungen enthalten sind und der Verbraucher diese ohne weiteres aufrufen kann, etwa durch einen Link, der direkt zu den entsprechenden Passagen in den Allgemeinen Geschäftsbedingungen führt[1394]. 883

1389 *Wendehorst* in MünchKomm/BGB, Art. 246a EGBGB, § 3 Rz. 2; *Fuchs*, ZIP 2000, 1273, 1277; *Günther*, ITRB 2002, 9, 10; *Härting*, CR 2000, 691, 693; *Hoenike/Hülsdunk*, MMR 2002, 415, 417; *Kamanabrou*, WM 2000, 1417, 1422; *Mankowski*, CR 2001, 767, 771 f.; *Ott*, WRP 2003, 945, 955; *Schafft*, K&R 2002, 45; *Steins*, WM 2002, 56; BGH v. 20.7.2006 – I ZR 228/03, AfP 2006, 557 = ITRB 2006, 270 = NJW 2006, 3633; a.A. *Arnold*, CR 1997, 526, 530; OLG Frankfurt v. 17.4.2001 – 6 W 37/01, AfP 2002, 88 = CR 2001, 782 m. Anm. *Vehslage* = MMR 2001, 529 m. Anm. *Steins* = K&R 2002, 43 m. Anm. *Schafft* = ITRB 2002, 54 (*Niclas*); offen gelassen in OLG Frankfurt v. 14.12.2006 – 6 U 129/06, CR 2007, 387 = NJW-RR 2007, 482 = MMR 2007, 322.
1390 *Aigner/Hofmann*, MMR Beilage 8/2001, 30, 32; *Fuchs*, ZIP 2000, 1273, 1277; *Mankowski*, CR 2001, 767, 771 f.; a.A. wohl OLG Frankfurt v. 17.4.2001 – 6 W 37/01, AfP 2002, 88 = CR 2001, 782 m. Anm. *Vehslage* = MDR 2001, 744 = MMR 2001, 529 m. Anm. *Steins* = K&R 2002, 43 m. Anm. *Schafft* = ITRB 2002, 54 (*Niclas*).
1391 *Föhlisch* in Hoeren/Sieber/Holznagel, Handbuch Multimedia-Recht, Teil 13.4 Rz. 85 ff.; *Mankowski*, CR 2001, 767, 770 f.; anders: *Wilmer* in Wilmer/Hahn, Fernabsatzrecht, Teil 2 VII, Rz. 13; *Ott*, WRP 2003, 945, 954; zu § 6 TDG: OLG Brandenburg v. 13.6.2006 – 6 U 121/05, MDR 2007, 43; OLG Frankfurt v. 9.5.2007 – 6 W 61/07, CR 2008, 124 f. = K&R 2007, 417; OLG München v. 12.2.2004 – 29 U 4564/03, CR 2004, 843 = MMR 2004, 321 = AfP 2004, 147; LG Itzehoe v. 4.12.2006 – 5 O 118/06.
1392 *Föhlisch* in Hoeren/Sieber/Holznagel, Handbuch Multimedia-Recht, Teil 13.4 Rz. 86; *Schlömer/Dittrich*, K&R 2007, 433, 434.
1393 LG Bonn v. 15.7.2009 – 16 O 76/09, WRP 2009, 1314 (Ls.).
1394 LG Berlin v. 20.10.2015 – 103 O 80/15 Rz. 20, CR 2016, 756 = ITRB 2016, 177.

884 **Werbung** ist vielfach der Initialzünder für Fernabsatzverträge. Sind in dieser Werbung bereits sämtliche Verbraucherinformationen gem. Art. 246a § 1 EGBGB enthalten, kommt der Unternehmer seinen Informationspflichten zum frühestmöglichen Zeitpunkt nach[1395]. Die vollständige Aufnahme aller Pflichtangaben in die **Werbung** ist in vielen Fällen zwar ratsam, aber keineswegs notwendig, um die Anforderungen des § 312d Abs. 1 BGB i.V.m. Art. 246a § 1 EGBGB zu erfüllen. Daher bedarf es auch keiner vollständigen Mitteilung aller durch Art. 246a § 1 EGBGB vorgeschriebenen Angaben in **Sponsored Links** oder in der Radiowerbung[1396].

885 Für eine pflichtgemäße Information des Verbrauchers genügt es, dass dem Verbraucher die Pflichtangaben **telefonisch** vor Entgegennahme einer Bestellung mitgeteilt werden. Dem Verbraucher steht es in einem solchen Fall frei, von einer Bestellung Abstand zu nehmen. Der durchschnittlich informierte, aufgeklärte und aufmerksame Verbraucher wird durch einen derartigen Ablauf nicht unzumutbar unter Druck gesetzt[1397]. Auch die Belehrung auf der **Rückseite einer Urkunde**, die der Verbraucher ohne weiteres zur Kenntnis nehmen kann, kann den gesetzlichen Anforderungen genügen[1398].

886 Die Pflichtangaben müssen dem Verbraucher bei jedem **neuen Vertragsschluss** mitgeteilt werden. Bereits registrierte Nutzer eines Datingportals müssen daher bei einem Upgrade zu einer kostenpflichtigen Premiummitgliedschaft (erneut) ausdrücklich über ihr Widerrufsrecht belehrt werden[1399].

887 Bei einem **Kauf auf Probe**, bei dem die Absendung des Bestellscheins durch den Kunden ohne dessen weiteres Zutun ein Fernabsatzgeschäft auslöst, sobald der Unternehmer die Annahme erklärt, muss der Unternehmer den Informationspflichten aus Art. 246a § 4 Abs. 1 EGBGB vor Absendung des Bestellscheins nachkommen[1400].

888 **Praxistipp**

Um den Anforderungen des Art. 246a § 4 Abs. 3 EGBGB gerecht zu werden, empfiehlt es sich, die allgemeinen Pflichtangaben auf einer Seite zusammenzufassen und an möglichst auffälliger Stelle einen Hyperlink auf diese Seite zu setzen. Der Hyperlink kann beispielsweise mit „Pflichtangaben nach dem Fernabsatzrecht" bezeichnet werden – oder mit „Impressum und Pflichtangaben", wenn gleichzeitig die Anforderungen des § 5 TMG erfüllt werden sollen.

889 Art. 246a § 3 EGBGB schafft **Erleichterungen** für den Fall, dass der Vertragsschluss über ein Kommunikationsmittel erfolgt, das nur begrenzten Raum oder begrenzte Zeit für Informationen bietet.

890 Bei der Beurteilung der Frage, ob im konkreten Fall auf dem für die Darstellung der Informationen verwandten Kommunikationsmittel nur **begrenzter Raum bzw. begrenzte Zeit** zur Verfügung steht, sind sämtliche technischen Eigenschaften der Werbebotschaft des Un-

---

1395 Vgl. Begründung des Regierungsentwurfs, BT-Drucks. 14/2658, 38.
1396 OLG Hamburg v. 23.12.2004 – 5 U 17/04, MMR 2005, 318, 319; OLG Hamburg v. 16.11.2005 – 5 W 130/05, ITRB 2006, 104 = CR 2006, 209; *Kaestner/Tews*, WRP 2005, 1335, 1338.
1397 OLG Hamburg v. 23.12.2004 – 5 U 17/04, MMR 2005, 318, 319; *Kaestner/Tews*, WRP 2005, 1335, 1339.
1398 Vgl. BGH v. 31.10.2002 – I ZR 132/00, AfP 2003, 93 = WRP 2003, 266 = MDR 2003, 404 = NJW-RR 2003, 1481.
1399 LG Frankfurt/O. v. 13.8.2013 – 16 S 238/12 Rz. 57.
1400 BGH v. 11.4.2019 – I ZR 54/16 Rz. 147 ff. – Werbeprospekt mit Bestellpostkarte II.

ternehmers zu beurteilen. Insbesondere ist relevant, ob – unter Berücksichtigung des Raumes und der Zeit, die von der Botschaft eingenommen werden, sowie der Mindestgröße des Schrifttyps, der für einen adressierten Durchschnittsverbraucher angemessen ist –, alle Pflichtangaben objektiv in dieser Botschaft dargestellt werden könnten[1401].

Die Werbebotschaft muss grundsätzlich allerdings nicht gegenüber den Verbraucherinformationen zurücktreten. Als objektiv in einem Werbemittel darstellbar gelten verpflichtende Verbraucherinformationen jedoch regelmäßig dann, wenn für sie bei Verwendung eines für den durchschnittlichen Adressaten der Werbung angemessenen Schrifttyps **nicht mehr als ein Fünftel** des für die Werbung verfügbaren Raums benötigt wird[1402]. 891

Art. 246b § 2 Abs. 1 Satz 1 Nr. 2 EGBGB schreibt für die vorvertragliche Information bei **Finanzdienstleistungsverträgen** grundsätzlich vor, dem Verbraucher die Pflichtangaben auf einem **dauerhaften Datenträger** zur Verfügung zu stellen. Dies bedeutet, dass Fernabsatzverträge über Finanzdienstleistungen einer vorvertraglichen Kommunikation per E-Mail, Telefax oder herkömmlicher Post bedürfen. Davon ausgenommen sind Verträge, die auf Verlangen des Verbrauchers telefonisch oder unter Verwendung eines anderen Kommunikationsmittels geschlossen werden, welches die Mitteilung in Textform vor Vertragsschluss nicht gestattet. In diesem Fall genügen vorvertraglich eine formfreie Unterrichtung und die unverzügliche Übermittlung der Informationen nach Vertragsschluss (Art. 246b § 2 Abs. 1 Satz 2 EGBGB). 892

Art. 246b § 1 Abs. 2 Satz 1 EGBGB sieht einen **reduzierten Katalog** von Pflichtangaben vor, wenn die vorvertragliche Information über einen Finanzdienstleistungsvertrag telefonisch erfolgt. Dies gilt allerdings nur, wenn der Unternehmer den Verbraucher darüber informiert hat, dass auf Wunsch weitere Informationen übermittelt werden können und welcher Art diese Informationen sind, und der Verbraucher ausdrücklich auf die Übermittlung der weiteren Informationen vor Abgabe seiner Vertragserklärung verzichtet hat (Art. 246b § 1 Abs. 2 Satz 2 EGBGB). 893

b) Klarheit und Verständlichkeit

Sprachlich ist das **Gebot der Klarheit und Verständlichkeit (Art. 246a § 4 Abs. 1 EGBGB)** zu befolgen. Verbraucherinformationen sind so abzufassen, dass der Unternehmer vernünftigerweise erwarten kann, dass der Verbraucher die Informationen versteht[1403]. Inwieweit **fremdsprachige Belehrungen** diesen Anforderungen genügen, richtet sich nach den Umständen des Einzelfalls: Wendet sich der Unternehmer in englischer Sprache an Verbraucher, kann man von dem Internetnutzer englische Sprachkenntnisse erwarten[1404]. Ist die Verhandlungssprache allerdings deutsch, fehlt es an einer transparenten Information, wenn die Informationen lediglich in einer Fremdsprache angeboten werden[1405]. 894

1401 EuGH v. 23.1.2019 – C-430/17 Rz. 47, ECLI:EU:C:2019:47; vgl. auch *Schirmbacher*, WRP 2015, 1402, 1404.
1402 BGH v. 11.4.2019 – I ZR 54/16 Rz. 33 – Werbeprospekt mit Bestellpostkarte II.
1403 Begründung des Regierungsentwurfs, BT-Drucks. 14/2658, 38.
1404 *Wendehorst* in MünchKomm/BGB, Art. 246a EGBGB Rz. 59; *Roth*, JZ 2000, 1013, 1016.
1405 *Grüneberg* in Grüneberg, Art. 246a § 4 EGBGB Rz. 2; Art. 246 EGBGB Rz. 4; *Schirmbacher* in Spindler/Schuster, Art. 246a EGBGB Rz. 215 ff.

895 Die Pflichtangaben sind so zu formulieren, dass der rechtsunkundige Durchschnittsbürger in der Lage ist, die Angaben ohne Einholung von Rechtsrat zu verstehen[1406]. Das Gebot der Klarheit und Verständlichkeit wird daher nicht gewahrt bei der Verwendung **juristischer Fachbegriffe**, deren Bedeutung dem Laien unbekannt ist. Zulässig ist die Verwendung unbestimmter Rechtsbegriffe wie „wichtiger Grund" oder „angemessene Frist", da die Bedeutung derartiger Begriffe für den juristischen Laien nachvollziehbar ist[1407]. Der Hinweis auf den Einsatz der Textform ist dagegen erklärungsbedürftig[1408].

896 Das Gebot der Klarheit und Verständlichkeit gilt nur für die Angaben, zu denen der Unternehmer nach Art. 246a § 1 EGBGB verpflichtet ist. Nicht zu den Pflichtangaben zählt der **persönliche Anwendungsbereich** des Fernabsatzrechts. Der Unternehmer muss Verbraucher nicht umfassend und verständlich über § 13 BGB belehren oder gar prüfen, ob die Adressaten einer Widerrufsbelehrung Verbraucher oder Unternehmer sind. Eine solche Prüfung ist ihm bei einem Fernabsatzgeschäft häufig ohnehin nicht möglich[1409].

897 Gegen die Pflicht, den Verbraucher über die Bedingungen und das Verfahren bei Ausübung des Widerrufsrechts zu informieren, verstößt ein Unternehmer, wenn die von ihm verwandte Widerrufsbelehrung und das Muster-Widerrufsformular unterschiedliche und insofern widersprüchliche Widerrufsempfänger enthalten und der Verbraucher auch nicht erkennen kann, ob ihm ein Wahlrecht zusteht[1410].

c) Inhalt der Pflichtangaben

898 Bis Juni 2010[1411] waren die Pflichtangaben in der – jederzeit leicht zu ändernden[1412] – Verordnung über Informations- und Nachweispflichten nach bürgerlichem Recht (**BGB-InfoV**) geregelt[1413]. Heute finden sich die Regelungen in Art. 246a § 1 EGBGB.

aa) Wesentliche Eigenschaften der Waren oder Dienstleistungen

899 Nach Art. 246a § 1 Abs. 1 Satz 1 Nr. 1 EGBGB muss über die **„wesentlichen Eigenschaften"** der Ware oder Dienstleistung in dem für das Kommunikationsmittel und für die Waren und Dienstleistungen angemessenen Umfang unterrichtet werden. Für die Frage, welche Eigenschaften einer Ware oder Dienstleistung wesentlich sind, kommt es auf die Sicht des

---

1406 Vgl. BGH v. 24.11.1988 – III ZR 188/87, NJW 1989, 222; BGH v. 24.3.1999 – IV ZR 90/98, NJW 1999, 2279, 2280; BGH v. 19.10.1999 – XI ZR 8/99, NJW 2000, 651, 652; BGH v. 9.5.2001 – IV ZR 121/00, NJW 2001, 2014, 2016; *Schirmbacher* in Spindler/Schuster, Art. 246a EGBGB Rz. 216.

1407 Vgl. BGH v. 2.2.1994 – VIII ZR 262/92, NJW 1994, 1004, 1005; *Grüneberg* in Grüneberg, § 307 BGB Rz. 22.

1408 LG München I v. 19.2.2004 – 2 O 15288/03.

1409 BGH v. 9.11.2011 – I ZR 123/10 Rz. 26 f., CR 2012, 549 – Überschrift zur Widerrufsbelehrung; a.A. LG Kiel v. 9.7.2010 – 14 O 22/10 Rz. 19.

1410 OLG Hamm v. 30.11.2017 – I-4 U 88/17 Rz. 38.

1411 Gesetz v. 29.7.2009 zur Umsetzung der Verbraucherkreditrichtlinie, des zivilrechtlichen Teils der Zahlungsdiensterichtlinie sowie zur Neuordnung der Vorschriften über das Widerrufsrecht- und Rückgaberecht, BGBl. I 2009, 2355.

1412 Begründung des Gesetzesentwurfs, BT-Drucks. 14/6040, 274.

1413 Gesetz v. 26.11.2001 zur Modernisierung des Schuldrechts, BGBl. I 2001, 3138, 3177.

durchschnittlichen Verbrauchers an. Es bedarf einer wertenden Betrachtung im Einzelfall[1414]. Subjektive Einschätzungen und Erwartungen einzelner Verbraucher können keine Rolle spielen. Der Fernabsatz ist ein Massengeschäft, für dessen Ausgestaltung **objektive Maßstäbe** gelten müssen[1415].

In Anknüpfung an die Rechtsprechung des EuGH zu **irreführenden Werbeangaben**[1416] ist auf die mutmaßliche Erwartung eines durchschnittlich informierten, aufmerksamen und verständigen Verbrauchers abzustellen. Es kommt darauf an, ob ein bestimmtes Leistungsmerkmal für einen verständigen Durchschnittsverbraucher und dessen Entschluss für oder gegen den Vertragsschluss von nicht ganz nebensächlicher Bedeutung ist[1417]. **900**

bb) Informationen zum Unternehmer

Art. 246a § 1 Abs. 1 Satz 1 Nr. 2 EGBGB verpflichtet den Unternehmer zur Kundgabe seiner **Identität**. Hierzu gehören auch der Vorname[1418] und zudem die **Geschäftsanschrift** (Art. 246a § 1 Abs. 1 Satz 1 Nr. 3 EGBGB) sowie (falls vorhanden) die Telefaxnummer und E-Mail-Adresse. Es sind Anschriften anzugeben, die für die Vertragsabwicklung zwischen dem Unternehmer, dem Vertreter oder Beauftragten und dem Verbraucher maßgeblich sind. Die bloße Angabe eines Postfachs reicht daher aus. **901**

Entgegen dem Wortlaut der Norm ist die Angabe einer **Telefonnummer** nicht zwingend vorgeschrieben. Art. 246a § 1 Abs. 1 Satz 1 Nr. 2 EGBGB soll dem Verbraucher eine schnelle Kontaktaufnahme und effiziente Kommunikation mit dem Unternehmer ermöglichen. Stellt der Unternehmer dies auf andere Weise sicher (etwa durch ein Rückrufsystem, per E-Mail oder per Chat), ist die Angabe einer Telefonnummer entbehrlich[1419]. **902**

Handelt der Anbieter im Auftrag eines anderen Unternehmers, ist über die Identität und Anschrift des **Auftraggebers** zu informieren (Art. 246a § 1 Abs. 1 Satz 1 Nr. 2 EGBGB). Weiter ist nach Art. 246a § 1 Abs. 1 Nr. 3 EGBGB die Anschrift des Auftraggebers anzugeben, an die sich ein Verbraucher mit jeder Beschwerde wenden kann, falls diese Anschrift von der Anschrift gem. Art. 246a § 1 Abs. 1 Satz 1 Nr. 2 EGBGB abweicht. **903**

cc) Preisangaben

Art. 246a § 1 Abs. 1 Nr. 5 EGBGB überschneidet sich weitgehend mit der Preisangabenverordnung (PAngV)[1420] und verpflichtet den Unternehmer zur Information über den **Gesamtpreis** der Ware oder Dienstleistung einschließlich aller Steuern und Abgaben. Anzugeben **904**

1414 OLG Hamburg v. 13.8.2014 – 5 W 14/14 Rz. 5, CR 2015, 261.
1415 Vgl. *Härting*, FernAbsG, § 2 Rz. 81.
1416 EuGH v. 16.7.1998 – C-210/96, ECLI:EU:C:1998:369, NJW 1998, 3183 – Gut Springenheide;
   EuGH v. 28.1.1999 – C-303/97, ECLI:EU:C:1999:35, NJW 1999, 2430 – Sektkellerei Kessler;
   EuGH v. 13.1.2000 – C-220/98, ECLI:EU:C:2000:8, NJW 2000, 1173 – Lifting.
1417 *Wendehorst* in MünchKomm/BGB, § 312a BGB Rz. 18; *Härting*, CR 2000, 691, 694.
1418 KG Berlin v. 13.2.2007 – 5 W 34/07, AfP 2008, 238 = ITRB 2007, 204 = MMR 2007, 440 =
   K&R 2007, 212.
1419 EuGH v. 10.7.2019 – C-649/17 Rz. 53; BGH v. 19.12.2019 – I ZR 163/16 Rz. 16; OLG Köln v.
   8.7.2016 – 6 U 180/15 Rz. 48 ff., ITRB 2016, 269 = CR 2020, 464.
1420 Neugefasst durch Gesetz v. 18.10.2002, BGBl. I 2002, 4197.

sind alle Entgelte, die als Bestandteile des Gesamtpreises aufgefasst werden, nicht dagegen zusätzliche Kosten für zusätzliche Leistungen[1421].

905 Für den Verkauf eines Grundwerks mit Ergänzungslieferungen soll nach Ansicht des LG Bonn die Angabe eines Seitenpreises für die weiteren Lieferungen unter Angabe des voraussichtlichen jährlichen Lieferumfangs nicht ausreichen[1422]. Dies widerspricht der in Art. 246a § 1 Abs. 1 Nr. 5 EGBGB enthaltenen Einschränkung, nach der es genügt, eine **Berechnungsgrundlage** anzugeben, die dem Verbraucher eine Überprüfung des Preises ermöglicht, wenn kein genauer Preis angegeben werden kann[1423].

906 Art. 246a § 1 Abs. 1 Nr. 7 EGBGB sieht zudem die Angabe zusätzlich anfallender **Fracht-, Liefer- und Versandkosten** sowie sonstiger Kosten vor. Liefer- und Versandkosten sind insbesondere auch dann anzugeben, wenn der Verbraucher die Wahl zwischen Selbstabholung und Versendung der Ware hat[1424]. Können die Liefer- und Versandkosten vorab nicht berechnet werden, genügt die schlichte Angabe, dass solche (zusätzlichen) Kosten anfallen können.

907 In Art. 246a § 1 Abs. 1 Satz 1 Nr. 8 EGBGB findet sich eine Sonderregelung für **Preisinformationen bei Dauerschuldverhältnissen**. Anzugeben sind die Gesamtkosten, die pro Abrechnungszeitraum anfallen. Werden Festbeträge in Rechnung gestellt, bedarf es zudem – zusätzlich – einer Angabe der monatlichen Gesamtkosten. Lassen sich die Gesamtkosten vernünftigerweise nicht im Voraus berechnen, ist die Art der Preisberechnung anzugeben.

dd) Zahlungs-, Liefer- und Leistungsbedingungen

908 Art. 246a § 1 Abs. 1 Satz 1 Nr. 7 EGBGB verpflichtet zur Information über die **Zahlungs-, Liefer- und Leistungsbedingungen** sowie über **Fälligkeiten**[1425]. Mit den Leistungsbedingungen sind auch etwaige **Leistungsvorbehalte** erfasst.

909 Der Unternehmer ist verpflichtet, über den Termin zu informieren, bis zu dem er die Waren liefern oder die Dienstleistung erbringen muss. Da der Unternehmer nicht weiß, wann der Kunde seine Bestellung aufgeben wird, kann das nur so verstanden werden, dass damit Angaben zur **Lieferzeit in Form einer Frist** gemeint sind[1426]. Den Informationspflichten aus § 312d Abs. 1 Satz 1 BGB i.V.m. Art. 246a § 1 Abs. 1 Satz 1 Nr. 10 EGBGB genügt ein Unternehmer nicht, wenn er Werbung treibt mit der Angabe „Der Artikel ist bald verfügbar". Hierbei ist der Lieferzeitraum nicht hinreichend bestimmbar angegeben mit der Folge, dass der Verbraucher keine Kenntnis darüber hat, bis zu welchem Zeitpunkt spätestens die bestellte Ware an ihn ausgeliefert wird[1427].

1421 Vgl. *Härting*, FernAbsG, § 2 Rz. 119.
1422 LG Bonn v. 17.1.2002 – 14 O 178/01, VuR 2002, 257.
1423 Vgl. LG Frankfurt/M. v. 13.2.2002 – 2/6 O 5/02, WRP 2002, 1309.
1424 Vgl. *Schirmbacher*, CR 2002, 643.
1425 *Härting*, FernAbsG, § 2 Rz. 124 ff.
1426 Vgl. *Schirmbacher/Schmidt*, CR 2014, 107, 109; vgl. auch OLG München v. 8.10.2014 – 29 W 1935/14 Rz. 3, CR 2015, 199.
1427 OLG München v. 17.5.2018 – 6 U 3815/17 Rz. 51, CR 2019, 54.

ee) Widerrufsrecht

Art. 246a § 1 Abs. 2 EGBGB verpflichtet den Unternehmer zur Information über das Wider- 910
rufsrecht.

(1) Bedingungen, Fristen, Verfahren

Die Informationspflicht erstreckt sich auf die Bedingungen, die Fristen und das Verfahren 911
für die Ausübung des Widerrufsrechts gem. § 355 Abs. 1 BGB. Zudem ist dem Verbraucher
bereits vorvertraglich das **Muster-Widerrufsformular** gem. Anlage 2 des EGBGB zur Verfügung zu stellen (Art. 246a § 1 Abs. 2 Satz 1 Nr. 1 EGBGB)[1428]. Dies umfasst etwa die Verpflichtung des Unternehmers, dem von ihm für seine Werbung genutzten Werbeprospekt
das Muster-Widerrufsformular beizufügen[1429].

Zu den Pflichtangaben zählt, dass der Widerruf **keiner Begründung** bedarf, welche Forma- 912
lien einzuhalten sind und dass der Kunde das Muster-Widerrufsformular verwenden kann[1430].
Darüber hinaus sind dem Verbraucher der **Name und die ladungsfähige Anschrift** desjenigen mitzuteilen, gegenüber der Widerruf zu erklären ist. Eine vollständige und richtige
Widerrufsbelehrung gebietet auch die Nennung von Telefonnummer, Telefaxnummer und
E-Mail-Adresse, sofern diese verfügbar sind[1431]. Erforderlich ist zudem ein Hinweis auf die
Dauer und den Beginn der **Widerrufsfrist** sowie darauf, dass zur Fristwahrung die **rechtzeitige Absendung** der Widerrufserklärung genügt (§ 355 Abs. 1 Satz 5 BGB). Es bedarf nicht
nur einer Belehrung des Verbrauchers über seine Pflichten im **Widerrufsfall**, sondern auch
über seine Rechte, insbesondere über das Recht, vom Unternehmer die Rückgewähr er-
brachter Leistungen und die Herausgabe gezogener Nutzungen zu verlangen[1432].

Die Angabe einer **Postfachadresse** als Widerrufsadresse genügt den Anforderungen an eine 913
Belehrung des Verbrauchers über sein Widerrufsrecht. Der Umstand, dass der Verbraucher
bei bloßer Angabe einer Postfachadresse seine Widerrufserklärung regelmäßig nicht selbst in
den Hausbriefkasten des Widerrufsempfängers einwerfen kann, steht dem mit der Einräumung des Widerrufsrechts bezweckten Verbraucherschutz nicht entgegen, zumal für den
Verbraucher (auch) bei Angabe einer Postfachanschrift als Widerrufsadresse die Möglichkeit
besteht, seine Widerrufserklärung durch **Einwurfeinschreiben** an den Unternehmer zu übersenden[1433].

Der Verkäufer, der einen geschäftlichen Telefonanschluss unterhält, darf diesen Anschluss 914
nicht für die Entgegennahme von Widerrufserklärungen „sperren"[1434]. Er kann sich auch

---

1428 Vgl. auch *Schirmbacher/Grasmück*, ITRB 2014, 20 ff.
1429 BGH v. 11.4.2019 – I ZR 54/16 Rz. 23 ff. – Werbeprospekt mit Bestellpostkarte II.
1430 Vgl. auch *Schirmbacher/Schmidt*, CR 2014, 107, 116.
1431 LG Bochum v. 6.8.2014 – 13 O 102/14, ITRB 2015, 39.
1432 BGH v. 12.4.2007 – VII ZR 122/06, ITRB 2007, 203 = CR 2007, 529, 530 = WRP 2007, 794,
      795 = MMR 2007, 514, 515; vgl. *Schlömer/Dittrich*, K&R 2007, 433, 435 f.; *Witt*, NJW 2007,
      3759 ff.
1433 BGH v. 25.1.2012 – VIII ZR 95/11 Rz. 13, CR 2012, 268.
1434 OLG Schleswig v. 10.1.2019 – 6 U 37/17 Rz. 26, CR 2019, 390 = ITRB 2019, 107 (*Engels*); *Föh-
      lisch/Stariradeff*, CR 2019, 511, 514.

nicht darauf berufen, bei ihm sei kein Mitarbeiter zur Bearbeitung von telefonischen Widerrufserklärungen eingesetzt[1435].

915 Eine Verpflichtung des Unternehmers, dem Verbraucher stets eine Telefonnummer zur Verfügung zu stellen, damit der Verbraucher mit dem Unternehmer in Kontakt treten kann, besteht nicht[1436]. Fehlt der Widerrufsbelehrung jedoch die Angabe einer **Telefonnummer** zur Erklärung des Widerrufs, obwohl der Verkäufer eine geschäftliche Telefonnummer unterhält, ist die Widerrufsbelehrung nicht ordnungsgemäß[1437].

(2) Weitere Belehrungen

916 Wenn der Verbraucher die **Rücksendekosten** zu tragen hat, schreibt Art. 246a § 1 Abs. 2 Satz 1 Nr. 2 EGBGB eine entsprechende Information vor. Zudem ist er über die Höhe der Kosten zu belehren, wenn die Waren auf Grund ihrer Beschaffenheit nicht auf dem normalen Postweg zurückgesendet werden können.

917 Es verstößt nicht gegen Informationspflichten aus § 312d BGB, Art. 246a § 1 Abs. 2 EGBGB, wenn der Unternehmer eine Belehrung über das „Widerrufsrecht für den Kauf nicht paketfähiger Ware (Speditionsware)" und eine weitere über das „Widerrufsrecht für den Kauf paketfähiger Ware (Standardware)" vorhält und dem Käufer nur im letzten Fall die Kosten der Rücksendung aufgebürdet werden[1438].

918 Bei **Dienstleistungs- und Energieverträgen** gilt eine detaillierte Belehrungspflicht über die **Wertersatzpflicht** gem. § 357 Abs. 8 BGB (Art. 246a § 1 Abs. 2 Satz 1 Nr. 3 EGBGB).

919 Eine Informationspflicht besteht, wenn sich aus § 312g Abs. 2 Satz 1 Nr. 1, 2, 5 und 7 bis 13 ergibt, dass der Verbraucher **kein Widerrufsrecht** hat (Art. 246 § 1 Abs. 3 Nr. 1 EGBGB). Zu informieren ist zudem über die Voraussetzungen des Fortfalls eines Widerrufsrechts nach § 312g Abs. 2 Nr. 3, 4 und 6 sowie nach § 356 Abs. 4 und 5 BGB (Art. 246 § 1 Abs. 3 Nr. 2 EGBGB). Die Belehrung über das Nichtbestehen eines Widerrufsrechts kann sich auf die **Wiedergabe des Textes** der gesetzlichen Ausnahmevorschriften beschränken. Es ist zwar nicht von der Hand zu weisen, dass Auslegungszweifel bei diesen Bestimmungen bestehen. Diese würden aber nicht dadurch beseitigt, dass der Händler im Einzelfall den jeweiligen Fernabsatzvertrag einem Ausschlusstatbestand zuordnet. Vielmehr würden dem Verbraucher weniger Informationen zur Verfügung gestellt, als wenn der Wortlaut des Gesetzes wiedergegeben wird. Die Wiedergabe des Gesetzeswortlautes ermöglicht es dem Verbraucher, sich eine abweichende Meinung zu bilden und entsprechend zu reagieren[1439].

1435 OLG Hamm v. 24.3.2015 – 4 U 30/15 Rz. 8, CR 2015, 462.
1436 EuGH v. 5.5.2022 – C-179/21 Rz. 40, ECLI:EU:C:2022:353, CR 2022, 448; EuGH v. 14.5.2020 – C-266/19 Rz. 35, ECLI:EU:C:2020:384, CR 2020, 457; EuGH v. 10.7.2019 – C-649/17 Rz. 48, ECLI:EU:C:2019:576, CR 2019, 526 = ITRB 2019, 199.
1437 OLG Schleswig v. 10.1.2019 – 6 U 37/17 Rz. 23, CR 2019, 390 = ITRB 2019, 107 (*Engels*).
1438 OLG Köln v. 23.4.2021 – 6 U 149/20 Rz. 41.
1439 BGH v. 9.12.2009 – VIII ZR 219/08, CR 2010, 388 = ITRB 2010, 50 = NJW 2010, 989, 991 f. = ZGS 2010, 136; KG v. 27.6.2014 – 5 U 162/12 Rz. 33 ff., ITRB 2014, 228; vgl. *Härting/Schätzle*, ZGS 2010, 168, 171.

(3) Unzutreffende und irreführende Angaben

Eine Widerrufsbelehrung ist nur dann ordnungsgemäß, wenn sie für den Verbraucher ein- 920
deutig klarstellt, welche einzelnen Bedingungen für die Ausübung des Rechts gelten und
welche Folgen die Ausübung des Rechts hat. Es dürfen somit **keine unterschiedlichen Belehrungen** gleichzeitig erteilt werden, weil der Verbraucher dadurch irritiert wird und letztlich nicht weiß, welche der Belehrungen richtig ist und gelten soll[1440].

Auf der sicheren Seite steht ein Unternehmer, der sich eng an die gesetzlichen Formulierun- 921
gen hält. Eine Verweisung auf eine konkret bezeichnete gesetzliche Vorschrift stellt, wenn
der **Gesetzestext** für jedermann ohne weiteres zugänglich ist, keinen Verstoß gegen das Deut-
lichkeitsgebot dar, sondern dient im Gegenteil der Verständlichkeit, Übersichtlichkeit und
Vollständigkeit der Belehrung[1441].

Nur vollständig **zutreffende Belehrungen** lösen den Ablauf der Widerrufsfrist aus (§ 356 922
Abs. 3 Satz 1 BGB). Wer die Ausübung des Widerrufsrechts von der Rücksendung der Ware
im **originalverpackten Zustand** abhängig macht, setzt die Frist nicht in Gang[1442]. Auch **irreführende Zusätze** verhindern den Fristbeginn[1443]. Auf die Standard-Widerrufsbelehrung,
die Amazon an seine Kunden verschickt, können sich Online-Händler nicht berufen, die
über Amazon Marketplace Waren verkaufen, wenn die Belehrung nicht von den Händlern
selbst stammt und zudem nicht der Händler, sondern Amazon als Empfänger des Widerrufs
bezeichnet wird[1444].

Es ist irreführend und unzutreffend, wenn dem Verbraucher vorvertraglich mitgeteilt wird, 923
die Widerrufsfrist beginne „frühestens mit Erhalt dieser Belehrung", wenn der Hinweis fehlt,
dass es für den Fristbeginn zusätzlich des **Erhalts der Ware** bedarf (§ 356 Abs. 2 Nr. 1
BGB)[1445]. Dasselbe gilt, wenn aus dem Hinweis nicht hervorgeht, dass es für den Fristbeginn
auf eine **Belehrung in Textform** ankommt[1446].

Die Ausübung des Widerrufsrechts darf in der Widerrufsbelehrung an keine weiteren als die 924
gesetzlichen Voraussetzungen geknüpft werden. Unwirksam ist daher beispielsweise ein Aus-

---

1440 OLG Hamm v. 24.5.2012 – I-4 U 48/12 Rz. 46.
1441 BGH v. 24.1.2017 – XI ZR 183/15 Rz. 24.
1442 Vgl. LG Arnsberg v. 25.3.2004 – 8 O 33/04, WRP 2004, 792.
1443 Vgl. BGH v. 4.7.2002 – I ZR 55/00, AfP 2002, 552 = NJW 2002, 3396 = WRP 2002, 1263.
1444 AG Mettmann v. 6.8.2014 – 21 C 304/13 Rz. 13.
1445 BGH v. 1.3.2012 – III ZR 83/11 Rz. 15; KG v. 18.7.2006 – 5 W 156/06, ITRB 2006, 222 = CR
2006, 680, 682 = K&R 2006, 415, 418; OLG Düsseldorf v. 30.10.2007 – 20 U 107/07, VuR 2008,
55, 58; KG v. 5.12.2006 – 5 W 295/06, ITRB 2007, 104 = CR 2007, 331, 332 f. = MMR 2007,
185 = K&R 2007, 104, 106; OLG Hamburg v. 12.9.2007 – 5 W 129/07, CR 2008, 116, 117 =
K&R 2007, 655, 656; OLG Hamm v. 15.3.2007 – 4 W 1/07, AfP 2008, 238 = ITRB 2007, 127 =
CR 2007, 387 = MMR 2007, 377, 378 = K&R 2007, 324, 325; OLG Hamm v. 12.3.2009 – 4 U
225/08, VuR 2009, 353 f.; OLG München v. 26.6.2008 – 29 U 2250/08, K&R 2008, 620, 621 =
MMR 2008, 677, 678; OLG Naumburg v. 13.7.2007 – 10 U 14/07 (Hs), CR 2008, 247, 250; LG
Bielefeld v. 5.11.2008 – 18 O 34/08, MMR 2008, 364 (Ls.); LG Köln v. 20.3.2007 – 31 O 13/07,
CR 2008, 130.
1446 BGH v. 9.12.2009 – VIII ZR 219/08, CR 2010, 388 = ITRB 2010, 50 = NJW 2010, 989, 990 =
ZGS 2010, 136; vgl. *Härting/Schätzle*, ZGS 2010, 168, 170 f.

schluss des Widerrufsrechts für **benutzte oder beschädigte Ware**[1447]. Eine Widerrufsbeleh-rung, der zufolge kein Widerrufsrecht für „getragene und mit Gebrauchsspuren versehene Unterwäsche" besteht, ist unzutreffend[1448]. Eine unzutreffende Widerrufsbelehrung liegt auch vor, wenn die Ausübung des Rechts von der Rücksendung der Ware „in der **Originalver-packung**" abhängig gemacht wird[1449].

(4) Musterbelehrung

925 Der Unternehmer kann seine Informationspflichten zum Widerrufsrecht dadurch erfüllen, dass er das in der Anlage 1 des EGBGB vorgesehene Muster für die Widerrufsbelehrung dem Verbraucher zutreffend ausgefüllt in Textform übermittelt. Die Verwendung der **Muster-Wi-derrufsbelehrung** vermeidet Streit über die richtige Formulierung der Informationen.

926 **Praxistipp**

Die Verwendung der Muster-Widerrufsbelehrung für die vorvertragliche Information über das Wi-derrufsrecht ist dringend zu empfehlen.

927 Die dem Verbraucher gem. § 356 Abs. 3 Satz 1 BGB mitzuteilende Widerrufsbelehrung ge-nügt den gesetzlichen Anforderungen, wenn das Muster der Anlage 1 des EGBGB zutreffend ausgefüllt und dem Verbraucher in Textform (§ 126b BGB) übermittelt wird (Art. 246a § 1 Abs. 2 Satz 2 BGB). Das **Belehrungsmuster**, das dem EGBGB als Anlage 1 beigefügt ist[1450], dient dazu, die Widerrufsbelehrung zu erleichtern[1451]. Das Muster ist als Hilfestellung ge-dacht bei dem Versuch, das Dickicht der Belehrungspflichten zu durchdringen[1452].

928 Auf die **Muster-Widerrufsbelehrung** darf ein Unternehmer gem. Art. 246a § 1 Abs. 2 Satz 2 EGBGB vertrauen, wenn die Belehrung vollständig übernommen wird[1453]. **Geringfügige**

1447 LG Düsseldorf v. 17.5.2006 – 12 O 496/05, AfP 2007, 77 = CR 2006, 858 = ITRB 2007, 12 = WRP 2006, 1270, 1271; LG Regensburg v. 15.3.2007 – 1 HK O 2719/06, WRP 2007, 1020; *Schlömer/Dittrich*, K&R 2007, 117, 122.

1448 OLG Frankfurt v. 14.12.2006 – 6 U 129/06, CR 2007, 387 = MMR 2007, 322, 323.

1449 OLG Frankfurt v. 10.11.2005 – 1 U 127/05, CR 2006, 195, 196; OLG Hamburg v. 20.12.2006 – 5 U 105/06, WRP 2007, 1121; OLG Hamm v. 10.12.2004 – 11 U 102/04, NJW-RR 2005, 1582; LG Coburg v. 9.3.2006 – 1 HK O 95/05, CR 2007, 59, 60 = K&R 2006, 533, 534; LG Düsseldorf v. 17.5.2006 – 12 O 496/05, AfP 2007, 77 = ITRB 2007, 12 = WRP 2006, 1270, 1271; LG Frank-furt/M. v. 9.3.2005 – 2-02 O 341/04, CR 2006, 210; LG Frankfurt/M. v. 21.7.2006 – 2/2 O 404/05, CR 2007, 267, 268; LG Konstanz v. 5.5.2006 – 8 O 94/05 KfH, WRP 2006, 1156; LG Stuttgart v. 29.5.2006 – 37 O 44/06 KfH, WRP 2006, 1156; *Becker/Föhlisch*, NJW 2005, 3377, 3381; *Kaestner/Tews*, WRP 2005, 1335, 1340 f.; *Schlömer/Dittrich*, K&R 2007, 117, 121.

1450 Gesetz v. 29.7.2009 zur Umsetzung der Verbraucherkreditrichtlinie, des zivilrechtlichen Teils der Zahlungsdiensterichtlinie sowie zur Neuordnung der Vorschriften über das Widerrufs-recht- und Rückgaberecht, BGBl. I 2009, 2355, 2389 ff.; vgl. auch *Schirmbacher*, BB 2009, 1088, 1091.

1451 Vgl. die Gesetzesbegründung, BT-Drucks. 14/7052, 208; *Schirmbacher*, BB 2009, 1088, 1089.

1452 Vgl. *Bodendiek*, MDR 2003, 1 ff.; *Marx/Bäuml*, WRP 2004, 162 ff.; *Masuch*, NJW 2002, 2931 f.; *Schirmbacher*, BB 2009, 1088, 1088.

1453 BGH v. 1.12.2010 – VIII ZR 82/10 Rz. 15, CR 2011, 257; BGH v. 28.6.2011 – XI ZR 349/10 Rz. 36, CR 2011, 753 = ITRB 2012, 5; BGH v. 1.3.2012 – III ZR 83/11 Rz. 17; BGH v. 15.8.2012 – VIII ZR 378/11 Rz. 10, CR 2012, 726; *Föhlisch*, MMR 2007, 139, 142; *Schirmbacher*, BB 2009, 1088, 1088; OLG Düsseldorf v. 30.10.2007 – 20 U 107/07, VuR 2008, 55, 58; OLG München v.

Änderungen, die keine inhaltliche Bearbeitung darstellen, führen nicht dazu, dass die Wirkungen des Art. 246a § 1 Abs. 2 Satz 2 EGBGB entfallen[1454]. **Ergänzungen** der Muster-Widerrufsbelehrung sind unproblematisch, wenn sie den Inhalt der Belehrung verdeutlichen. Nicht hierzu zählen jedoch Erklärungen, die einen eigenen Inhalt aufweisen und weder für das Verständnis noch für die Wirksamkeit der Widerrufsbelehrung von Bedeutung sind und die deshalb von ihr ablenken[1455].

Wird eine Widerrufsbelehrung, die der Musterbelehrung nach Anlage 1 des EGBGB entspricht, mit den Worten „Verbraucher haben das folgende Widerrufsrecht:" eingeleitet, dient der Zusatz ausschließlich der (zulässigen) **Verdeutlichung** der Belehrung[1456]. Ein Unternehmer, der die Muster-Widerrufsbelehrung verwendet, kann sich hingegen auf die Schutzwirkung des Art. 246a § 1 Abs. 2 Satz 2 EGBGB nicht berufen, wenn der Verbraucher durch eine **weitere – formal oder inhaltlich nicht ordnungsgemäße – Belehrung** irregeführt oder von einer rechtzeitigen Ausübung seines Rechts abgehalten wird[1457].   929

Praxistipp   930

Größere Abweichungen vom Mustertext führen nicht zwingend zu einer Wirkungslosigkeit der Widerrufsbelehrung. Werden trotz der Abweichungen die Anforderungen des Art. 246a § 1 Abs. 2 Satz 1 Nr. 1 EGBGB eingehalten, genügt dies für einen Beginn der Widerrufsfrist (§ 356 Abs. 3 Satz 1 BGB).

Dennoch ist es ratsam, von größeren Abweichungen abzusehen, da dies jeglichen Streit über die Ordnungsgemäßheit der Widerrufsbelehrung vermeidet.

ff) Fernkommunikationskosten

Zu informieren ist über die Kosten für den Einsatz des für den Vertragsabschluss genutzten Fernkommunikationsmittels, sofern dem Verbraucher Kosten berechnet werden, die über die Kosten für die bloße Nutzung des Fernkommunikationsmittels hinausgehen (Art. 246a § 1 Abs. 1 Satz 1 Nr. 9 EGBGB).   931

Wird für eine Service-Hotline eine **0180-Rufnummer** genutzt, berechnen sich die Kosten für die bloße Nutzung des Fernkommunikationsmittels nach den Kosten eines Anrufs unter einer gewöhnlichen geografischen Festnetznummer oder einer Mobilfunknummer. Sofern diese Kosten durch die 0180-Rufnummer nicht überstiegen werden, besteht auch dann keine Informationspflicht, wenn der betreffende Unternehmer mit der 0180-Rufnummer Gewinne erzielt[1458].   932

26.6.2008 – 29 U 2250/08, K&R 2008, 620, 622 = MMR 2008, 677, 678; OLG Stuttgart v. 4.2.2008 – 2 U 71/07, CR 2009, 61 = MMR 2008, 616, 617.

1454 OLG Frankfurt v. 7.7.2014 – 23 U 172/13 Rz. 38 ff., CR 2015, 319; a.A. OLG Celle v. 21.5.2015 – 13 U 38/14 Rz. 36 ff., CR 2015, 600; vgl. auch BGH v. 1.12.2010 – VIII ZR 82/10 Rz. 17, CR 2011, 257; LG Kiel v. 25.3.2009 – 5 O 206/08, MMR 2009, 723 (Ls.); LG Stuttgart v. 30.9.2005 – 38 O 79/05 KfH, MMR 2006, 341, 342.

1455 BGH v. 9.11.2011 – I ZR 123/10 Rz. 24, CR 2012, 549 – Überschrift zur Widerrufsbelehrung.

1456 BGH v. 9.11.2011 – I ZR 123/10 Rz. 23 ff., CR 2012, 549 – Überschrift zur Widerrufsbelehrung.

1457 BGH v. 20.5.2021 – III ZR 126/19 Rz. 15, CR 2021, 614 = ITRB 2021, 203 (*Vogt*) – Unwirksamkeit einer Widerrufsbelehrung.

1458 Vgl. EuGH v. 2.3.2017 – C-568/15 Rz. 32, ECLI:EU:C:2017:154, ITRB 2017, 99 = CR 2017, 408.

gg) Gewährleistung, Garantien und Kundendienst

933 Zu den Pflichtangaben gehören sowohl eine Information über das Verfahren des Unternehmers zum **Umgang mit Beschwerden** (Art. 246a § 1 Abs. 1 Nr. 10 EGBGB) und Angaben zu **Gewährleistungsrechten** des Verbrauchers als auch – falls vorhanden – zum Bestehen und den Bedingungen von **Kundendienst**, Kundendienstleistungen und **Garantien** (Art. 246a § 1 Abs. 1 Nr. 11 und 12 EGBGB).

934 Es ist nicht die Aufgabe des Unternehmers, den Verbraucher über den genauen Inhalt gesetzlicher Bestimmungen aufzuklären. Es reicht aus, wenn ein Hinweis erfolgt, dass **gesetzliche Gewährleistungsrechte** für zwei Jahre bestehen[1459]. Der Unternehmer ist verpflichtet, den Verbraucher über vertragliche Gewährleistungs- und Garantiebedingungen aufzuklären, die von gesetzlichen Bestimmungen abweichen[1460].

935 Die Informationspflicht des Unternehmers über das Bestehen und die Bedingungen einer **Garantie** nach Art. 246a § 1 Abs. 1 Nr. 12 EGBGB wird nicht allein dadurch ausgelöst, dass der Unternehmer dem Verbraucher eine Garantie versprochen hat. Es bedarf vielmehr eines berechtigten Interesses des Verbrauchers daran, Informationen über die Garantie zu erhalten, um damit seine Entscheidung treffen zu können, ob er sich vertraglich an den Unternehmer binden möchte. Ein solches **berechtigtes Interesse** liegt insbesondere dann vor, wenn der Unternehmer die gewerbliche Garantie des Herstellers zu einem zentralen oder entscheidenden Merkmal seines Angebots macht. Für die Feststellung, ob die Garantie ein solches zentrales oder entscheidendes Merkmal darstellt, sind Inhalt und allgemeine Gestaltung des Angebots hinsichtlich der betroffenen Ware zu berücksichtigen sowie die Bedeutung der Erwähnung der gewerblichen Garantie des Herstellers als Verkaufs- oder Werbeargument, die Positionierung der Erwähnung der Garantie im Angebot, die Gefahr eines Irrtums oder einer Verwechslung, die durch diese Erwähnung bei einem normal informierten, angemessen aufmerksamen und verständigen Durchschnittsverbraucher hinsichtlich der unterschiedlichen Garantierechte, die er geltend machen kann, oder hinsichtlich der tatsächlichen Identität des Garantiegebers hervorgerufen werden könnte, das Vorliegen von Erläuterungen zu den weiteren mit der Ware verbundenen Garantien im Angebot und jeder weitere Gesichtspunkt, der ein **objektives Schutzbedürfnis** des Verbrauchers begründen kann[1461].

936 Nicht hinreichend informiert ist der Verbraucher, wenn der Unternehmer ihn trotz eines berechtigten Interesses an einer Belehrung lediglich über die Laufzeit („5 Jahre Garantie") in Kenntnis setzt, nicht jedoch über die Bedingungen der Garantie[1462]. An einem berechtigten Informationsinteresse über eine Garantie fehlt es hingegen in der Regel, wenn der Unternehmer weder in einem Angebot noch in sonstiger Weise vor der Abgabe der Erklärung des Verbrauchers eine Herstellergarantie erwähnt[1463].

937 Unter **Kundendienst** i.S.d. Art. 246a § 1 Abs. 1 Satz 1 Nr. 12 EGBGB sind Leistungen des Unternehmers zur Betreuung des Kunden nach Vertragsschluss bzw. – bei Dauerschuldver-

---

1459 *Wendehorst* in MünchKomm/BGB, § 312a BGB Rz. 29.
1460 BGH v. 4.10.2007 – I ZR 22/05, AfP 2008, 295 = ITRB 2008, 250 = NJW 2008, 1595, 1597 = K&R 2008, 372, 375; *Fuchs*, ZIP 2000, 1273, 1279; *Härting*, CR 1999, 507, 510; zweifelnd *Aigner/Hofmann*, MMR Beilage 8/2001, 30, 34.
1461 EuGH v. 5.5.2022 – C-179/21, ECLI:EU:2022:353, CR 2022, 448.
1462 OLG Hamm v. 25.8.2016 – 4 U 1/16 Rz. 53 ff.
1463 OLG Celle v. 26.3.2020 – 13 U 73/19 Rz. 59; OLG Hamm v. 26.11.2019 – I-4 U 22/19 Rz. 29.

hältnissen – während der Vertragsdauer zu verstehen, zu denen sich der Unternehmer bei Vertragsschluss verpflichtet hat[1464]. Der Begriff des Kundendienstes umfasst insbesondere Schulungs-, Wartungs-, Instandhaltungs-, Instandsetzungs- und Reparaturverpflichtungen des Unternehmers[1465].

Aus Art. 246a § 1 Abs. 1 Satz 1 Nr. 12 EGBGB ist keine umfassende Aufklärungspflicht des Unternehmers über sämtliche Serviceleistungen abzuleiten, die der Unternehmer anbietet. Vielmehr beschränkt sich die Hinweispflicht des Unternehmers auf den Kundendienst, den der Unternehmer auf Grund des geschlossenen Vertrages schuldet[1466]. Bei einem **Wartungsvertrag** bedeutet dies beispielsweise eine Angabe der geschuldeten Wartungsleistungen sowie Informationen zur Erreichbarkeit der Mitarbeiter, die für die Wartungsleistungen zuständig sind. Nicht zu den Pflichtangaben über den Kundendienst gehören allgemeine Angaben zu Serviceleistungen des Unternehmers (z.B. Service-Hotlines), die der Unternehmer gegen ein zusätzliches Entgelt anbietet. 938

hh) Laufzeit und Kündigungsbedingungen

Bei **Dauerschuldverhältnissen** verpflichtet Art. 246a § 1 Abs. 1 Satz 1 Nr. 14 EGBGB den Unternehmer zur Angabe der Laufzeit des Vertrages bzw. (bei unbefristeten oder sich automatisch verlängernden Dauerschuldverhältnissen) zur Information über die Kündigungsbedingungen. Wenn es eine **Mindestdauer** der Verpflichtungen gibt, die der Verbraucher mit dem Vertrag eingeht, ist der Verbraucher auch hierüber zu belehren (Art. 246a § 1 Abs. 1 Satz 1 Nr. 15 EGBGB). Dauerschuldverhältnisse sind Schuldverhältnisse, aus denen ständig neue Leistungs-, Neben- und Schutzpflichten entstehen[1467]. Hierzu zählen Miet- und Dienstverträge ebenso wie Sukzessivlieferungsverträge, Darlehens-, Wartungs- und Providerverträge[1468] sowie Telekommunikationsverträge. Wesentliche Merkmale dieser Verträge sind die zeitliche Dimension und die ständige Pflichtenanspannung beider Parteien[1469]. 939

jj) Sonstige Pflichtangaben

Falls vorhanden, ist auch über einschlägige **Verhaltenskodizes** und über Bezugsmöglichkeiten dieser Kodizes zu belehren (Art. 246a § 1 Abs. 1 Nr. 13 EGBGB). Wenn der Unternehmer vom Verbraucher die Stellung einer Kaution oder die Leistung anderer **finanzieller Sicherheiten** verlangen kann, besteht eine Belehrungspflicht über die Sicherheiten und deren Bedingungen (Art. 246a § 1 Abs. 1 Satz 1 Nr. 16 EGBGB). Art. 246a § 1 Abs. 1 Satz 1 Nr. 17 EGBGB begründet die Pflicht, über die Funktionsweise **digitaler Inhalte** (falls vorhanden), einschließlich anwendbarer **technischer Schutzmaßnahmen** für solche Inhalte, zu informieren. Diese Informationspflicht erstreckt sich gegebenenfalls auch auf wesentliche **Beschränkungen der Interoperabilität und Kompatibilität** digitaler Inhalte mit Hard- und Software (Art. 246a § 1 Abs. 1 Satz 1 Nr. 18 EGBGB). Zu guter Letzt hat der Unternehmer nach Art. 246a § 1 Abs. 1 Nr. 19 EGBGB die Voraussetzungen des Zugangs zu einem **außergericht-** 940

1464 Vgl. *Wendehorst* in MünchKomm/BGB, § 312a BGB Rz. 30.
1465 *Härting*, FernAbsG, § 2 Rz. 178.
1466 A.A. *Wendehorst* in MünchKomm/BGB, § 312a BGB Rz. 30.
1467 *Grüneberg* in Grüneberg, § 314 BGB Rz. 2.
1468 AG Ulm v. 29.10.1999 – 2 C 1038/99, EWiR 2000, 273, 273 m. Anm. *Hoeren*.
1469 *Grüneberg* in Grüneberg, § 314 BGB Rz. 2.

lichen Beschwerde- und Rechtsbehelfsverfahren anzugeben, falls sich der Unternehmer einem solchen Verfahren unterworfen hat.

kk) Besondere Informationspflichten für Finanzdienstleistungen

941 In Art. 246b § 1 Abs. 1 EGBGB sind Informationen zusammengefasst, die ausschließlich für Finanzdienstleistungen gelten. Hierzu zählt die Angabe der **Hauptgeschäftstätigkeit** des Unternehmens (Art. 246b § 1 Abs. 1 Nr. 2). Da es der Anbieter weitgehend in der Hand hat, sein Hauptgeschäft zu definieren, ist der Informationswert für den Kunden gering[1470].

942 Einen Hinweis auf spezielle, mit der Finanzdienstleistung verbundene **Risiken** verlangt Art. 246b § 1 Abs. 1 Nr. 8 EGBGB. Danach ist gegebenenfalls auf den Umstand hinzuweisen, dass sich die Finanzdienstleistung auf Finanzinstrumente bezieht, die wegen ihrer spezifischen Merkmale oder der durchzuführenden Vorgänge mit speziellen Risiken behaftet sind, oder deren Preis Schwankungen auf dem Finanzmarkt unterliegt, auf die der Unternehmer keinen Einfluss hat. Außerdem hat eine Belehrung dahingehend zu erfolgen, dass in der Vergangenheit erwirtschaftete Erträge kein Indikator für künftige Erträge sind[1471].

943 Art. 246b § 1 Abs. 1 Nr. 14 EGBGB schreibt Angaben über die **Kündigungsbedingungen** einschließlich etwaiger Vertragsstrafen vor. Dies bezieht sich sowohl auf Kündigungsrechte des Verbrauchers als auch auf Möglichkeiten des Anbieters, den Vertrag einseitig zu beenden. Gemeint sind sowohl außerordentliche als auch ordentliche Kündigungen.

944 In Art. 246b § 1 Abs. 1 Nr. 15 und 16 EGBGB sind Hinweispflichten auf das **anwendbare Recht** und das **zuständige Gericht** vorgesehen[1472]. Allerdings entfalten diese Mitteilungen keine Rechtswirkung hinsichtlich des tatsächlich anwendbaren Rechts und des tatsächlichen Gerichtsstandes[1473]. Anzugeben sind der Gerichtsstand und das Recht, das nach (zutreffender oder auch unzutreffender) Ansicht des Anbieters einschlägig ist[1474].

945 Art. 246b § 1 Abs. 1 Nr. 17 EGBGB greift das **Sprachenproblem**[1475] auf. Zum einen soll der Verbraucher darüber informiert werden, in welcher Sprache die Vertragsbedingungen und die vorvertraglichen Informationen mitgeteilt werden[1476]. Zum anderen soll der Anbieter sich ausdrücklich verpflichten, für die Dauer des Vertrages nur die genannten Sprachen zu verwenden. Hierdurch soll es dem Finanzdienstleister verwehrt werden, zwar vorvertraglich mit dem Verbraucher in deutscher Sprache zu kommunizieren, den Vertrag dann jedoch in einer Sprache abzuwickeln, derer der Verbraucher nicht mächtig ist[1477].

946 Um **außergerichtliche Rechtsbehelfe**[1478], **Garantiefonds** und **Entschädigungsregeln** geht es in Art. 246b § 1 Abs. 1 Nr. 18 und 19 EGBGB.

1470 *Härting/Schirmbacher*, DB 2003, 1777, 1779.
1471 Vgl. *Härting/Schirmbacher*, CR 2002, 809, 811.
1472 Vgl. *Heiss*, IPRax 2003, 100, 102 f.
1473 *Heiss*, IPRax 2003, 100, 102.
1474 *Härting/Schirmbacher*, CR 2002, 809, 812.
1475 Vgl. allgemein *Micklitz*, ZEuP 2003, 635 ff.; *Rott*, ZVglRWiss 98 (1999), 382 ff.
1476 Kritisch *Heiss*, IPRax 2003, 100, 103 f.
1477 *Micklitz/Schirmbacher*, EUREDIA 2003, 457, 477 f.
1478 Vgl. *Ehrhardt-Rauch*, VuR 2003, 341, 343; *Felke/Jordans*, WM 2004, 166, 171.

d) Verhältnis zum AGB-Recht

Das Kammergericht vertritt die Auffassung, dass eine Verletzung der vorvertraglichen Informationspflichten schon dann vorliegt, wenn der Verbraucher zwar zutreffend über den Vertragsinhalt informiert wird, der angebotene Vertrag jedoch Klauseln enthält, die gegen das **AGB-Recht** verstoßen (§§ 307 ff. BGB). Die mit § 307 Abs. 2 Nr. 1 und § 309 Nr. 2a BGB nicht in Einklang stehende Formulierung „Teillieferungen und Teilabrechnungen sind zulässig" verstoße daher auch gegen Art. 246a § 1 Abs. 1 Nr. 10 EGBGB[1479]. Diese Argumentation ist nicht überzeugend, da das Anliegen der vorvertraglichen Informationspflichten gem. § 312d Abs. 1 BGB und § 312j BGB nicht darin liegt, den Abschluss von Verträgen zu gewährleisten, die inhaltlich den Wirksamkeitserfordernissen des AGB-Rechts entsprechen.   947

2. Nachvertragliche Informationspflichten

Nach § 312f Abs. 2 BGB ist der Unternehmer verpflichtet, dem Verbraucher einen dauerhaften Datenträger zur Verfügung zu stellen mit einer **Bestätigung des Vertragsinhalts**[1480]. Die Verpflichtung ist innerhalb einer angemessenen Frist nach Vertragsschluss, spätestens aber bei der Lieferung der Ware oder vor Beginn der Ausführung der Dienstleistung, zu erfüllen (§ 312f Abs. 2 Satz 1 BGB). Die Bestätigung muss die in Art. 246a EGBGB genannten Angaben enthalten, es sei denn, der Unternehmer hat dem Verbraucher diese Informationen bereits vor Vertragsschluss in Erfüllung seiner Informationspflichten nach § 312d Abs. 1 BGB auf einem dauerhaften Datenträger zur Verfügung gestellt. Dies soll sicherstellen, dass sich der Verbraucher nach Vertragsschluss jederzeit über seine wesentlichen vertraglichen Rechte informieren kann.   948

Bei Verträgen über die Lieferung von **digitalen Daten** ist in der Vertragsbestätigung festzuhalten, dass der Verbraucher vor Ausführung des Vertrages ausdrücklich zugestimmt hat, dass der Unternehmer mit der Ausführung des Vertrags vor Ablauf der Widerrufsfrist beginnt. Des Weiteren muss die Kenntnis des Verbrauchers vom Verlust des Widerrufsrechts sichergestellt werden für den Fall, dass der Unternehmer mit ausdrücklicher Zustimmung des Verbrauchers mit der Ausführung des Vertrags vor Ablauf der Widerrufsfrist beginnt (§ 312f Abs. 3 i.V.m. § 356 Abs. 5 BGB)[1481].   949

Nach § 126b BGB ist ein **dauerhafter Datenträger** jedes Medium, das es dem Empfänger ermöglicht, eine auf dem Datenträger befindliche, an ihn persönlich gerichtete Erklärung so aufzubewahren oder zu speichern, dass sie ihm während eines für ihren Zweck angemessenen Zeitraums zugänglich und geeignet ist, die Erklärung unverändert wiederzugeben. Als dauerhafter Datenträger sind daher alle körperlichen Trägermedien, insbesondere USB-Sticks, CDs und Festplatten zu verstehen. Auch Erklärungen per E-Mail, die auf Servern gespeichert werden, die nicht mehr im Einflussbereich des Absenders stehen, werden auf einem dauerhaften Datenträger abgegeben. Dies bedeutet, dass eine Belehrung des Verbrauchers per **E-Mail** erfolgen kann[1482].   950

1479 Vgl. KG v. 3.4.2007 – 5 W 73/07, CR 2007, 682 = ITRB 2008, 12 = NJW 2007, 2266, 2268; KG v. 25.1.2008 – 5 W 344/07, WRP 2008, 383 (Ls.).

1480 Vgl. *Wendehorst* in MünchKomm/BGB, § 312f BGB Rz. 2; *Koch* in Erman, § 312f BGB Rz. 2.

1481 Vgl. auch *Schmidt-Kessel*, K&R 2014, 475 ff.

1482 Bundesregierung, BT-Drucks. 14/2658, 40; *Bülow/Artz*, NJW 2000, 2049, 2055; *Härting*, K&R 2001, 310, 312 f.; *Kamanabrou*, WM 2000, 1417, 1423; *Klein/Härting*, ITRB 2013, 134; *Meents*, CR 2000, 610, 612; *Roth*, JZ 2000, 1013, 1017.

951　Werden die Pflichtangaben auf einer Website zum **Download** oder **Ausdruck** bereit gehalten, ist zu differenzieren: Wenn der Verbraucher im konkreten Fall tatsächlich die Angaben auf seinen Rechner herunterlädt oder die Pflichtangaben ausdruckt, kann kein Zweifel daran bestehen, dass eine Mitteilung in Textform vorliegt, die den Anforderungen des § 312f Abs. 2 BGB genügt[1483]. Solange allerdings kein Download und kein Ausdruck erfolgen, soll es an einer pflichtgemäßen nachvertraglichen Belehrung fehlen[1484].

952　Der Download war in früheren Zeiten ein **mühsamer Vorgang**, so dass es richtig war, für eine Belehrung auf „dauerhaftem Datenträger" (§ 361a Abs. 3 BGB a.F.) mehr zu verlangen als eine bloße Bildschirmanzeige[1485]. Heutzutage ist der Download jedoch – ebenso wie ein Seitenausdruck – schnell und leicht. Hinzu kommt, dass § 312i Abs. 1 Satz 1 Nr. 4 BGB den Unternehmer dazu verpflichtet, dem Vertragspartner die Möglichkeit zu verschaffen, die Vertragsbestimmungen einschließlich der Allgemeinen Geschäftsbedingungen bei Vertragsschluss abzurufen und in wiedergabefähiger Form zu speichern. Daher ist es nicht mehr ohne weiteres einsichtig, weshalb die Möglichkeit des Downloads bzw. eines Seitenausdrucks nicht genügen soll, um die nachvertraglichen Belehrungspflichten zu erfüllen[1486].

953　In seiner **„Holzhocker"**-Entscheidung vertrat der BGH dennoch den Standpunkt, das Fernabsatzrecht gebe vor, dass die dem Verbraucher nachvertraglich zu erteilenden Informationen nicht nur vom Unternehmer in einer zur dauerhaften Wiedergabe geeigneten Weise abgegeben werden, sondern auch dem Verbraucher in einer zur dauerhaften Wiedergabe geeigneten Weise zugehen müssen. Die bloße Möglichkeit des Downloads reiche somit nicht aus[1487].

1483　KG v. 5.12.2006 – 5 W 295/06, ITRB 2007, 104 = CR 2007, 331, 332 = MMR 2007, 185, 186 = K&R 2007, 104, 105; OLG Jena v. 9.6.2007 – 2 W 124/07, WRP 2007, 1008; OLG Köln v. 3.8.2007 – 6 U 60/07, MMR 2007, 713, 715; K&R 2007, 655, 656; OLG Hamburg v. 24.8.2006 – 3 U 103/06, CR 2006, 854, 855; OLG Hamburg v. 12.9.2007 – 5 W 129/07, CR 2008, 116, 117; *Klein/Härting*, ITRB 2013, 134.

1484　*Buchmann*, K&R 2007, 14, 16; *Klein/Härting*, ITRB 2013, 134; *Schlömer/Dittrich*, K&R 2006, 373, 377; KG v. 18.7.2006 – 5 W 156/06, ITRB 2006, 222 = CR 2006, 680, 681 = K&R 2006, 415, 417; KG v. 5.12.2006 – 5 W 295/06, ITRB 2007, 104 = CR 2007, 331, 332 = MMR 2007, 185, 185 = K&R 2007, 104, 105; OLG Hamburg v. 24.8.2006 – 3 U 103/06, CR 2006, 854 = K&R 2006, 526, 527; OLG Jena v. 9.6.2007 – 2 W 124/07, WRP 2007, 1008; OLG Köln v. 3.8.2007 – 6 U 60/07, MMR 2007, 713, 715; OLG Stuttgart v. 4.2.2008 – 2 U 71/07, CR 2009, 61 = MMR 2008, 616, 617; LG Hanau v. 12.6.2007 – 5 O 34/07, MIR 2007, Dok. 255; LG Heilbronn v. 23.4.2007 – 8 O 90/07 St, CR 2008, 129, 129 = MMR 2007, 536, 536; LG Kleve v. 2.3.2007 – 8 O 128/06, MMR 2007, 332; AG Wuppertal v. 1.12.2008 – 32 C 152/08, ITRB 2009, 176 f. (*Hüsch*); a.A. LG Flensburg v. 23.8.2006 – 6 O 107/06, CR 2007, 112, 113 = MMR 2006, 686, 687; LG Paderborn v. 28.11.2006 – 6 O 70/06, CR 2007, 465 = MMR 2007, 191.

1485　Vgl. Gesetzesbegründung, BT-Drucks. 14/7052, 195; LG Heilbronn v. 23.4.2007 – 8 O 90/07 St, CR 2008, 129, 129 = MMR 2007, 535, 536; zu § 361a Abs. 3 BGB a.F.: *Bülow/Artz*, NJW 2000, 2049, 2055; *Fuchs*, ZIP 2000, 1273, 1279; *Fuchs*, EWiR 2001, 549, 550; *Härting*, K&R 2001, 310, 312; *Kamanabrou*, WM 2000, 1417, 1423; *Marx*, WRP 2000, 1227, 1231; *Roth*, JZ 2000, 1013, 1017; LG Kleve v. 22.11.2002 – 5 S 90/02, CR 2003, 773 = NJW-RR 2003, 196 = MMR 2003, 424; a.A. *Gaertner/Gierschmann*, DB 2000, 1601, 1602; OLG München v. 25.1.2001 – 29 U 4113/00, CR 2001, 401 m. Anm. *Mankowski* = MMR 2001, 536, 537.

1486　Vgl. LG Flensburg v. 23.8.2006 – 6 O 107/06, CR 2007, 112, 113 = MMR 2006, 686, 687; LG Paderborn v. 28.11.2006 – 6 O 70/06, CR 2007, 465 = MMR 2007, 191.

1487　BGH v. 29.4.2010 – I ZR 66/08 Rz. 17 ff., CR 2010, 804 = ITRB 2011, 29 – Holzhocker; vgl. auch EuGH v. 5.7.2012 – C-49/11 Rz. 32 ff., CR 2012, 793; BGH v. 15.5.2014 – III ZR 368/13 Rz. 26, CR 2014, 736 = ITRB 2014, 199.

Die – jedem Unternehmer zu empfehlende – Belehrung des Verbrauchers per **E-Mail** unter- 954
scheidet sich letztlich nur graduell von einer Belehrung per Bildschirmanzeige: Auch bei der
Übersendung einer E-Mail ist es keineswegs sicher, dass der Empfänger die Mail tatsächlich
abruft und auf seinem Rechner speichert. Dass der Unternehmer keine Vorkehrungen treffen muss, um eine Abspeicherung der Belehrungsmail durch den Verbraucher zu gewährleisten, versteht sich von selbst. Weshalb Entsprechendes nicht gelten soll für eine nachvertragliche Belehrung auf einer Bildschirmseite, leuchtet nicht ein.

Bei **Finanzdienstleistungen** kann der Verbraucher während der Laufzeit des Vertrages gem. 955
§ Art. 246b § 2 Abs. 2 EGBGB jederzeit verlangen, dass der Unternehmer ihm die Vertragsbestimmungen einschließlich der Allgemeinen Geschäftsbedingungen in **Papierform** zur Verfügung stellt. Erforderlich ist keine Schriftform gem. § 126 BGB, sondern nur die Verwendung von Papier.

Die Verpflichtung aus Art. 246b § 2 Abs. 2 EGBGB bedeutet, dass der Unternehmer einem 956
entsprechenden Verlangen des Verbrauchers zwischen Vertragsschluss und Vertragsbeendigung nachzukommen hat[1488]. Diese Pflicht endet also erst in dem Zeitpunkt, in dem auch
der Vertrag beendet ist. Eine **Aufbewahrungspflicht** über das Ende des Vertrages hinaus besteht fernabsatzrechtlich nicht.

3. Informationspflichten im E-Commerce

§ 312i und § 312j BGB regeln die Verpflichtungen des Unternehmers im **elektronischen Ge-** 957
schäftsverkehr. **§ 312i BGB** regelt Pflichten, die der Unternehmer stets zu beachten hat,
und zwar sowohl beim Vertragsschluss mit einem Verbraucher als auch beim Vertragsschluss
mit einem anderen Unternehmer. Dahingegen enthält **§ 312j BGB** Pflichten, die ausschließlich beim Vertragsschluss mit Verbrauchern gelten.

§ 312i und § 312j BGB gelten unabhängig davon, ob im Einzelfall die Voraussetzungen eines 958
Fernabsatzvertrages gem. § 312c BGB vorliegen. Zudem gelten die Ausnahmebestimmungen
des § 312 Abs. 2 bis 6 BGB für § 312i und § 312j BGB nicht. Auch wenn somit einer der
Ausnahmefälle des § 312 Abs. 2 BGB vorliegt oder wenn es nicht um einen Fernabsatzvertrag i.S.d. § 312c Abs. 1 BGB geht, treffen den Unternehmer dennoch die Pflichten aus
§ 312i und § 312j BGB, wenn er online Verträge schließt.

a) Allgemeine Pflichten

§ 312i BGB ist zu beachten, wenn bei der Geschäftsanbahnung **Telemedien** (vgl. § 1 Abs. 1 959
TMG) eingesetzt werden[1489]. Die Norm gilt nicht nur gegenüber Verbrauchern (§ 13 BGB),
sondern auch im Geschäftsverkehr mit anderen Unternehmern (§ 14 BGB)[1490]. Kein elektronischer Geschäftsverkehr liegt vor, wenn der Vertragsschluss per **individueller Kommuni-**
kation erfolgt, wie dies insbesondere bei einem Vertragsschluss per E-Mail der Fall ist[1491]
(§ 312i Abs. 2 Satz 1 BGB).

1488 *Härting/Schirmbacher*, DB 2003, 1777, 1781.
1489 Vgl. Regierungsentwurf, BT-Drucks. 14/6040, 170 f.
1490 *Schirmbacher* in Spindler/Schuster, § 312i BGB Rz. 19.
1491 *Gierschmann*, DB 2000, 1315, 1318.

960 Nach § 312i Abs. 1 Satz 1 Nr. 1 BGB hat der Unternehmer dem Kunden im elektronischen Geschäftsverkehr angemessene, wirksame und zugängliche technische Mittel zur Verfügung zu stellen, damit der Kunde **Eingabefehler** erkennen und berichtigen kann[1492]. Zudem schreibt § 312i Abs. 1 Satz 1 Nr. 2 BGB i.V.m. Art. 246c Nr. 3 EGBGB vor, dass der Kunde vor Vertragsschluss über die Art und Weise zu belehren ist, in der die Verpflichtung gem. § 312i Abs. 1 Satz 1 Nr. 1 BGB umgesetzt wird[1493].

961 **Praxistipp**

Um den Anforderungen des § 312i Abs. 1 Satz 1 Nr. 1 BGB zu genügen, empfiehlt es sich, die Bestellmaske eines Internetshops so einzurichten, dass alle Bestellangaben zusammengefasst auf dem Bildschirm zur Bestätigung erscheinen, bevor der Bestellbutton endgültig betätigt werden kann. Hierdurch erhält der Kunde die Möglichkeit, seine Angaben im Hinblick auf etwaige Tippfehler noch einmal zu kontrollieren. Art und Weise, wie Eingabefehler erkannt und berichtigt werden können, sollten möglichst präzise beschrieben werden oder so eingängig sein, dass jedermann dies ohne weiteres erkennen kann.

962 Nach Eingang einer jeden Bestellung ist der Unternehmer zu einer unverzüglichen Bestätigung der Bestellung verpflichtet (§ 312i Abs. 1 Satz 1 Nr. 3 BGB). In der Praxis erfolgt die Bestätigung zumeist per automatisierter E-Mail. Bei der Formulierung einer (automatisierten) **Bestätigungsmail** ist Vorsicht geboten, um zu vermeiden, dass die Mail (ungewollt) als Annahmeerklärung zu verstehen ist (s. Rz. 482).

963 **Vertragsbestimmungen** einschließlich Allgemeiner Geschäftsbedingungen müssen bei Vertragsschluss abruf- und speicherbar sein (§ 312i Abs. 1 Satz 1 Nr. 4 BGB). Dies gilt indes nur, wenn und soweit ausformulierte Vertragsbestimmungen existieren. Eine Verpflichtung zur Erstellung von Geschäftsbedingungen begründet § 312i Abs. 1 Satz 1 Nr. 4 BGB nicht.

964 **Praxistipp**

Soweit auf einer Website Vertragsklauseln und/oder Allgemeine Geschäftsbedingungen verwendet werden, ist darauf zu achten, dass die Klauseln (auch) zum Download bereitgehalten werden.

965 § 312i Abs. 1 Satz 1 Nr. 2 BGB i.V.m. Art. 246c Nr. 1 EGBGB verpflichtet den Unternehmer zur Belehrung des Kunden über die einzelnen Schritte, die zu einem Vertragsschluss führen. Dies bedeutet, dass dem Kunden vor Benutzung der Bestellmaske mitzuteilen ist, wie das **Bestellsystem** funktioniert.

966 Art. 246c Nr. 2 EGBGB sieht eine Belehrung darüber vor, ob der **Vertragstext** nach dem Vertragsschluss von dem Unternehmer **gespeichert** wird und ob er dem Kunden zugänglich ist[1494]. Während § 312i Abs. 1 Satz 1 Nr. 4 BGB den Unternehmer verpflichtet, den Vertragstext bei Vertragsschluss verfügbar zu halten, geht es bei Art. 246c Nr. 2 EGBGB um die Zeit nach Vertragsschluss. Aus Art. 246c Nr. 2 EGBGB ergibt sich keine Pflicht, den Vertragstext über den Vertragsschluss hinaus zu speichern[1495]. Wenn es an einer solchen Speicherung fehlt, ist der Kunde hierüber lediglich zu belehren.

1492 Vgl. *Grigoleit*, WM 2001, 597, 601; *Hassemer*, MMR 2001, 635, 636.
1493 *Micklitz*, EuZW 2001, 133, 141.
1494 Vgl. *Micklitz*, EuZW 2001, 133, 141.
1495 *Härting*, MDR 2002, 61, 63; *Spindler*, ZUM 1999, 775, 790 für den Richtlinienentwurf; *Grigoleit*, WM 2001, 597, 602; vgl. auch *Roth*, ITRB 2002, 248, 249.

Art. 246c Nr. 4 EGBGB ergänzt die Informationspflichten des Unternehmers um eine Verpflichtung, den Kunden über die für den Vertragsschluss zur Verfügung stehenden **Sprachen**
zu unterrichten[1496]. Der Unternehmer muss dem Kunden mitteilen, ob er Bestellungen auch
in anderen Sprachen als in Deutsch entgegennimmt. Ob mit derartig kleinlichen Informationspflichten dem Kunden wirklich gedient ist, darf bezweifelt werden[1497]. Einer Information: „Die einzige für den Vertragsschluss zur Verfügung stehende Sprache ist Deutsch" bedarf
es jedenfalls nicht[1498]. 967

Art. 246c Nr. 5 EGBGB verpflichtet zur Information über sämtliche einschlägigen **Verhaltenskodizes**, denen sich der Unternehmer unterwirft, sowie über die Möglichkeit eines elektronischen Zugangs zu diesen Regelwerken[1499]. 968

b) Zusätzliche Pflichten gegenüber Verbrauchern

Wird ein Vertrag im elektronischen Geschäftsverkehr mit einem **Verbraucher** geschlossen,
ist der Unternehmer gem. § 312j Abs. 2 BGB verpflichtet, dem Verbraucher einige Pflichtangaben klar und verständlich **in hervorgehobener Weise** zur Verfügung zu stellen, bevor
der Verbraucher seine Bestellung abgibt, soweit es sich nicht um einen Vertrag über Finanzdienstleistungen handelt (§ 312j Abs. 5 Satz 2 BGB). Dies betrifft die wesentlichen Merkmale
der Ware oder Dienstleistung, gegebenenfalls die Mindestlaufzeit des Vertrags, den Gesamtpreis sowie Liefer- und Versandkosten (Art. 246a § 1 Abs. 1 Satz 1 Nr. 1, 5, 7 und 15 EGBGB).
Nach § 312j Abs. 1 BGB ist der Unternehmer des Weiteren verpflichtet, spätestens bei Beginn des Bestellvorgangs (also bevor der Verbraucher die Ware in den Warenkorb legt) klar
und deutlich anzugeben, ob Lieferbeschränkungen bestehen und welche Zahlungsmittel akzeptiert werden. 969

Der richtige Ort für diese Informationen ist die Seite am Ende des Bestellvorgangs, die die
Daten der Bestellung zusammenfasst und den Bestellbutton enthält – die übliche **„Bestellübersicht"**[1500]. Unzureichend für § 312j Abs. 2 BGB ist es, die Informationen nur zu Beginn
des Bestellvorgangs bereitzustellen. Vor Abgabe der Bestellung müssen die Informationen
wiederholt werden[1501]. 970

Eine Platzierung der „Bestellübersicht" oberhalb des „Kaufen"-Buttons ist nicht zwingend
erforderlich. Die Angaben müssen lediglich in einen unmittelbaren **räumlichen Zusammenhang** zum Button stehen und können daher auch unterhalb des Buttons positioniert
werden, solange der unmittelbare räumliche Zusammenhang gewahrt bleibt und nicht lediglich ein Link zu den Pflichtangaben gesetzt wird[1502]. 971

Befindet sich ein Produktbild mit der jeweiligen Bezeichnung des Artikels unterhalb des Bestellbuttons, wobei für den Verbraucher diese Produktinformationen erst dann sichtbar 972

1496 Vgl. *Micklitz*, EuZW 2001, 133, 141.
1497 Vgl. *Grigoleit*, WM 2001, 597, 603.
1498 *Micklitz* in Micklitz/Tonner, Vertriebsrecht, § 312e BGB Rz. 93.
1499 Vgl. Regierungsentwurf, BT-Drucks. 14/6040, 171; *Grigoleit*, WM 2001, 597, 603 f.
1500 *Bergt*, NJW 2012, 3541, 3541.
1501 LG Arnsberg v. 14.1.2016 – 8 O 119/15 Rz. 28.
1502 OLG Köln v. 8.5.2015 – 6 U 137/14 Rz. 31 ff., ITRB 2015, 231; OLG Köln v. 7.10.2016 – 6 U
48/16 Rz. 16, CR 2017, 251 = ITRB 2017, 56; BGH v. 28.11.2019 – I ZR 43/19, ITRB 2020, 80
(*Kunczik*); OLG München v. 31.1.2019 – 29 U 1582/18 Rz. 30 f.

werden, wenn er das nur durch Scrollen sichtbare Produktbild anklickt, genügt dies nicht den gesetzlichen Vorgaben des § 312j Abs. 1 BGB i.V.m. Art. 246a § 1 Abs. 1 Satz 1 Nr. 1 EGBGB[1503].

973 Wird der Kaufinteressiert animiert, durch Einloggen bei Amazon („1-click®"- „Dash Button") sofort eine Bestellung in einem Amazon-Shop vorzunehmen, ohne dass er sämtliche Pflichtangaben auf der Eingangsseite sehen konnte, so ist es nicht ausreichend, wenn sich die Pflichtangaben auf einer separaten Seite oder ganz am Ende der Eingangsseite finden und nur durch Scrollen erreichbar sind, da nicht erwartet werden kann, dass der Verbraucher diese Angaben zur Kenntnis nehmen wird[1504].

974 Für Online-Verträge mit Verbrauchern sieht § 312k Abs. 2 Satz 1 BGB für Dauerschuldverhältnisse eine Verpflichtung zur Bereithaltung eines „Kündigungsbuttons" vor. Der Button muss gut lesbar mit nichts anderem als den Wörtern „Verträge hier kündigen" oder einer ähnlich eindeutigen Formulierung beschriftet sein (§ 312k Abs. 2 Satz 2 BGB). Verstöße gegen die Verpflichtung zu einem „Kündigungsbutton" führen zu einem jederzeitigen fristlosen Kündigungsrecht des Verbrauchers (§ 312k Abs. 6 BGB)[1505].

975 Werden die Schaltflächen und die Bestätigungsseite nicht entsprechend den Absätzen 1 und 2 zur Verfügung gestellt, kann ein Verbraucher einen Vertrag, für dessen Kündigung die Schaltflächen und die Bestätigungsseite zur Verfügung zu stellen sind, jederzeit und ohne Einhaltung einer Kündigungsfrist kündigen.

4. Sanktionen

976 Der Unternehmer, der die Informationspflichten verletzt, die sich aus den §§ 312a, 312d, 312f, 312i und 312j BGB ergeben, hat **wettbewerbsrechtliche Abmahnungen**[1506] durch die Konkurrenz und die Inanspruchnahme durch Verbraucherschutzverbände bzw. Wettbewerbsvereine (vgl. § 2 Abs. 2 Nr. 1 lit. b UKlaG und § 8 Abs. 3 Nr. 2 und 3 UWG) zu befürchten. Denkbar sind auch Schadensersatzansprüche des (potenziellen oder tatsächlichen) Vertragspartners aus den §§ 280, 241 Abs. 2 und § 311 Abs. 2 BGB[1507].

III. Widerrufsrecht (§ 312g BGB)

977 Neben den Informationspflichten des Unternehmers ist das Widerrufsrecht des Verbrauchers das zweite **Schutzinstrument** des Fernabsatzrechts. Das Widerrufsrecht ist in § 312g BGB geregelt und wird in den §§ 355 ff. BGB näher ausgestaltet[1508].

1503 OLG Nürnberg v. 29.5.2020 – 3 U 3878/19 Rz. 50.
1504 OLG Bremen v. 5.10.2012 – 2 U 49/12 Rz. 26, CR 2012, 798 = ITRB 2013, 4; OLG München v. 10.1.2019 – 29 U 1091/18 Rz. 90.
1505 *Rehfeldt*, IPRB 2021, 193 ff.
1506 Zur Abmahnung allgemein: *Reinholz*, ITRB 2009, 180 ff.
1507 Vgl. Regierungsentwurf, BT-Drucks. 14/6040, 173; *Grüneberg* in Grüneberg, § 312d BGB Rz. 4; *Schirmbacher* in Spindler/Schuster, § 312d BGB Rz. 46 ff.; *Grigoleit*, NJW 2002, 1151, 1156.
1508 Vgl. *Mankowski*, WM 2001, 793 ff. und 833 ff.

1. Gesetzliches Widerrufsrecht

Das Widerrufsrecht des Verbrauchers ergibt sich aus **§ 312g Abs. 1 BGB**. Es soll den Verbraucher beim Fernabsatz schützen, da er in der Regel keine Möglichkeit hat, vor Abschluss des Vertrags die Ware zu sehen oder die Eigenschaften der Dienstleistung zu untersuchen[1509]. Zweck dieses Rechts ist es, Informationsdefizite auszugleichen, indem dem Verbraucher eine angemessene Bedenkzeit eingeräumt wird, in der er die Möglichkeit hat, die erworbene Ware oder Dienstleistung zu prüfen und auszuprobieren[1510].

Ein Widerrufsrecht besteht auch bei Verträgen, die wegen Sittenwidrigkeit oder wegen des Verstoßes gegen ein gesetzliches Verbot **nichtig** sind (§ 134 BGB und § 138 BGB). Es ist kein Grund ersichtlich, weshalb der Verbraucher auf Grund der Nichtigkeit eines Vertrages nicht zum Widerruf berechtigt sein soll[1511].

Die Ausübung des Widerrufsrechts bedarf **keiner Begründung** (§ 355 Abs. 1 Satz 4 BGB). Es besteht somit keine Notwendigkeit für den Verbraucher, den Widerruf in irgendeiner Weise zu rechtfertigen.

978

979

980

a) Widerrufsfrist

Die Widerrufsfrist beträgt **14 Tage** (§ 355 Abs. 2 Satz 1 BGB). Die Frist beginnt allerdings erst mit Erteilung einer Widerrufsbelehrung (§ 356 Abs. 3 Satz 1 BGB). Bei einem Verbrauchsgüterkauf (§ 474 Abs. 1 BGB) beginnt die Frist zudem grundsätzlich erst nach **Eingang der Waren** beim Empfänger (§ 356 Abs. 2 Nr. 1 lit. a BGB). Bei **Energieversorgungsverträgen** und bei Verträgen über nicht auf einem körperlichen Datenträger befindliche **digitale Inhalte** beginnt die Widerrufsfrist nicht vor Vertragsschluss (§ 356 Abs. 2 Nr. 2 BGB).

981

aa) Widerrufsbelehrung

Die **Widerrufsbelehrung** wird in § 356 Abs. 3 Satz 1 BGB vorgeschrieben. Ihr Inhalt ist umfassend in Art. 246a § 1 Abs. 2 EGBGB geregelt (s. Rz. 910). Weder in § 356 Abs. 3 Satz 1 BGB noch in Art. 246a § 1 Abs. 2 EGBGB findet sich eine zwingende Formvorschrift für die Widerrufsbelehrung. Zwar bedarf es einer Übermittlung in Textform (§ 126b BGB), wenn die Muster-Widerrufsbelehrung verwendet wird (Art. 246a § 1 Abs. 2 Satz 2 BGB). Die Verwendung des Musters ist jedoch nicht vorgeschrieben. Für den Fall, dass die Belehrung ohne das Muster vorgenommen wird, gibt es **keine gesetzlich vorgeschriebene Form**[1512]. Der

982

1509 EuGH v. 3.9.2009 – C-489/07, ECLI:EU:C:2009:502, NJW 2009, 3015 Rz. 20 = CR 2009, 671 = ITRB 2010, 26; EuGH v. 23.1.2019 – C-430/17, ECLI:EU:C:2019:47, NJW 2019, 1363 Rz. 45; EuGH v. 27.3.2019 – C-681/17, ECLI:EU:C:2018:1041, NJW 2019, 1507 Rz. 33 = CR 2019, 321 = ITRB 2019, 127.

1510 EuGH v. 3.9.2009 – C-489/07, ECLI:EU:C:2009:502, NJW 2009, 3015 Rz. 20 = CR 2009, 671 = ITRB 2010, 26; EuGH v. 23.1.2019 – C-430/17, ECLI:EU:C:2019:47, NJW 2019, 1363 Rz. 45; EuGH v. 27.3.2019 – C-681/17, ECLI:EU:C:2018:1041, NJW 2019, 1507 Rz. 33 = CR 2019, 321 = ITRB 2019, 127; *Wendehorst* in MünchKomm/BGB, § 312g BGB Rz. 1; *Grundmann*, CML Rev. 39 (2002), 269, 276; *Rekaiti/van den Bergh*, JCP 23 (2000), 371, 380; *Roth*, JZ 2001, 475, 481.

1511 BGH v. 25.11.2009 – VIII ZR 318/08, CR 2010, 188 = NJW 2010, 610, 611 m. Anm. *Möller*; vgl. *Schirmbacher*, BB 2010, 273.

1512 A.A. *Wendehorst*, NJW 2014, 577, 583 f.

Wortlaut des Art. 6 Abs. 1 lit. h der Verbraucherrechte-Richtlinie lässt offen, in welcher Form der Verbraucher über das Muster-Widerrufsformular zu informieren ist[1513]. Die Muster-Widerrufsbelehrung in Anh. I Teil A der Richtlinie verweist jedoch auf das „beigefügte Muster-Widerrufsformular" – das könnte darauf hindeuten, dass dem Verbraucher jedenfalls das Muster-Widerrufsformular zu übermitteln ist[1514].

bb) Eingang der Ware beim Verbraucher

983 Bei einem **Verbrauchsgüterkauf** (§ 474 Abs. 1 BGB) beginnt die Frist nicht, bis der Verbraucher oder ein von ihm benannter Dritter die Waren erhalten hat (§ 356 Abs. 2 Nr. 1 lit. a BGB). Bei Bestellung mehrerer Waren bzw. bei Teilsendungen beginnt die Frist mit dem Erhalt der letzten Ware bzw. des letzten Stücks (§ 356 Abs. 2 Nr. 1 lit. b und c BGB) und bei regelmäßiger Lieferung von Waren über einen festgelegten Zeitraum mit Erhalt der ersten Ware (§ 356 Abs. 2 Nr. 1 lit. d BGB). Der Unternehmer soll es nicht durch **verzögerte Lieferung** in der Hand haben, die Prüfung der Ware durch den Verbraucher dadurch zu umgehen, dass er die Ware erst nach Ablauf der Widerrufsfrist versendet[1515]. Das Standardbeispiel für eine regelmäßige Lieferung von Waren über einen festgelegten Zeitraum (§ 356 Abs. 2 Nr. 1 lit. d BGB) ist die Lieferung eines mehrbändigen Lexikons[1516].

984 Für einen Erhalt der Ware reicht es aus, dass der Käufer **Besitz** an der bestellten Ware erlangt hat. Dies ist der Fall, wenn es alleine in seiner Entscheidung liegt, ob er die gelieferten Pakete behalten oder zurückschicken möchte. Weist er sodann den Paketboten an, die Pakete zurückzuschicken, ändert dies an dem zwischenzeitlichen Besitz nichts – mit der Folge, dass die Widerrufsfrist läuft[1517].

985 Wird die Ware an einen Nachbarn oder einen anderen Dritten ausgeliefert, beginnt mit der Auslieferung die **Widerrufsfrist**, wenn der Verbraucher den Dritten zu der Annahme der Lieferung ermächtigt („benannt", § 356 Abs. 2 Nr. 1 BGB) hat. Handelt der Dritte dagegen eigenmächtig, beginnt die Frist erst, wenn der Verbraucher Besitz an der Ware erlangt[1518].

986 Bei einem **Kauf auf Probe** (§§ 454 f. BGB), der in der Regel unter der aufschiebenden Bedingung der Billigung geschlossen wird (§ 454 Abs. 1 Satz 2 BGB), soll die Widerrufsfrist jedenfalls nicht vor Ablauf der Billigungsfrist beginnen. Dies folgt nach Ansicht des BGH daraus, dass das Widerrufsrecht als **besonderes Rücktrittsrecht** zu verstehen ist, das den gesamten Vertrag zu Fall bringt und deshalb schon denklogisch einen nicht mehr einseitig beeinflussbaren Vertragsschluss voraussetzt. Bei einem Kauf auf Probe sei dies der Zeitpunkt des Ablaufs der Billigungsfrist, so dass dem Verbraucher in einer solchen Konstellation ab diesem Zeitpunkt das Widerrufsrecht zustehe. Zudem hätten die §§ 454 f. BGB und die §§ 312c, 355 BGB unterschiedliche Ziele, was einen Parallellauf der Fristen ausschließe[1519].

1513 BGH v. 14.6.2017 – I ZR 54/16 Rz. 31 – Werbeprospekt mit Bestellpostkarte.
1514 BGH v. 14.6.2017 – I ZR 54/16 Rz. 31 – Werbeprospekt mit Bestellpostkarte; *Heinig*, MdR 2012, 323, 326; *Schmidt/Brönneke*, VuR 2013, 448, 455; *Klocke*, VuR 2015, 293, 296; *Schirmbacher* in Spindler/Schuster, Art. 246a § 4 EGBGB Rz. 123; Wendehorst in MünchKomm/BGB, Art. 246a § 4 EGBGB Rz. 33.
1515 Vgl. *Tonner* in Micklitz/Tonner, Vertriebsrecht, § 312d BGB Rz. 8.
1516 *Härting*, FernAbsG, § 3 Rz. 33; *Fritsche* in MünchKomm/BGB, § 356 BGB Rz. 15 ff.
1517 AG Dieburg v. 4.11.2015 – 20 C 218/15 (21) Rz. 21 f.
1518 AG Winsen v. 28.6.2012 – C 1812/11 Rz. 5 ff.
1519 BGH v. 17.3.2004 – VIII ZR 265/03, BB 2004, 1246.

cc) Ende der Widerrufsfrist

■ Übersicht: 987

Ende der Widerrufsfrist

– 14 Tage nach Fristbeginn;

– bei einer Dienstleistung, bei der der Verbraucher nicht zur Zahlung eines Preises verpflichtet ist, bei vollständiger Erbringung der Dienstleistung durch den Unternehmer (§ 356 Abs. 4 Nr. 1 BGB);

– bei einer entgeltlichen Dienstleistung, bei der der Verbraucher zur Zahlung eines Preises verpflichtet ist, gleichfalls bei vollständiger Erbringung der Dienstleistung durch den Unternehmer, jedoch erst, wenn die Erfüllung mit ausdrücklicher Zustimmung des Verbrauchers erfolgte (§ 356 Abs. 4 Nr. 2 BGB), wobei bei einem Vertrag über eine Finanzdienstleistung der Vertrag zusätzlich auch vom Verbraucher vollständig erfüllt worden sein muss (§ 356 Abs. 4 Nr. 4 BGB);

– bei Beginn der Ausführung des Vertrages durch den Unternehmer mit ausdrücklicher Zustimmung des Verbrauchers, wenn es sich um einen Vertrag über die Lieferung von nicht auf einem körperlichen Datenträger befindlichen digitalen Inhalten handelt (§ 356 Abs. 5 BGB);

– mit Entsiegelung der Packung von Gesundheits- und Hygieneartikeln (§ 312g Abs. 2 Nr. 3 BGB);

– mit Vermischung, wenn die Waren nach der Lieferung auf Grund ihrer Beschaffenheit untrennbar mit anderen Gütern vermischt werden (§ 312g Abs. 2 Nr. 4 BGB);

– mit Entsiegelung der Packung von Ton- oder Videoaufnahmen oder Computersoftware (§ 312g Abs. 2 Nr. 6 BGB) oder

– bei fehlender oder mangelhafter Widerrufsbelehrung spätestens zwölf Monate und 14 Tage nach Vertragsschluss und (ggf.) Erhalt der Ware (§ 356 Abs. 3 Satz 2 BGB), sofern es sich nicht um einen Vertrag über eine Finanzdienstleistung handelt (§ 356 Abs. 3 Satz 3 BGB: „ewiges Widerrufsrecht").

Die Widerrufsfrist beträgt **14 Tage** (§ 355 Abs. 2 Satz 1 BGB). Dies gilt auch dann, wenn der 988 Verbraucher erst nach Vertragsschluss und somit verspätet über sein Widerrufsrecht belehrt wird (vgl. § 356 Abs. 3 Satz 1 BGB). Fehlt es an einer ordnungsgemäßen Belehrung, so erlischt das Widerrufsrecht spätestens **zwölf Monate und 14 Tage** nach Vertragsschluss und Warenlieferung (§ 356 Abs. 3 Satz 2 i.V.m. § 356 Abs. 2 und § 355 Abs. 2 Satz 2 BGB).

dd) Besonderheiten bei Dienstleistungen und digitalen Inhalten

Auch auf Verträge über Dienstleistungen ist § 355 Abs. 2 Satz 1 BGB anwendbar, so dass ei- 989 ne Widerrufsfrist von 14 Tagen gilt[1520]. Allerdings erlischt das Widerrufsrecht bei einer Dienstleistung, bei der der Verbraucher zur Zahlung eines Preises verpflichtet ist, gem. § 356 Abs. 4 Nr. 2 BGB, wenn der Unternehmer die **Dienstleistungen vollständig erbracht** hat und mit der Ausführung der Dienstleistung erst begonnen hat, nachdem der Verbraucher

---

1520 BGH v. 13.12.2018 – I ZR 51/17 Rz. 20.

dazu seine ausdrückliche Zustimmung gegeben hat und gleichzeitig seine Kenntnis davon bestätigt hat, dass er sein Widerrufsrecht bei vollständiger Vertragserfüllung durch den Unternehmer verliert[1521]. Der Umfang der Pflichten, deren Erfüllung zum Erlöschen des Widerrufsrechts führen kann, bestimmt sich nach dem Gegenstand des Vertrags; es müssen all jene Pflichten erfüllt sein, die für die Erbringung der Hauptleistung erforderlich sind. Hauptleistungspflichten sind bei einem gegenseitigen Vertrag die den Vertrag prägenden, sein „Wesen" charakterisierenden Leistungspflichten. Welche Pflichten als von wesentlicher Bedeutung anzusehen sind, bestimmt sich nach den Umständen des jeweiligen Vertragsverhältnisses[1522].

990 Maßgeblich für das Erlöschen des Widerrufsrechts ist allein die vollständige Erfüllung durch den Unternehmer. Nur bei **Finanzdienstleistungen** ist es für das Erlöschen des Widerrufsrechts zusätzlich erforderlich, dass der Vertrag vom Verbraucher gleichfalls vollständig erfüllt wurde (§ 356 Abs. 4 Nr. 4 BGB)[1523].

991 Bei einer Dienstleistung, bei der der Verbraucher nicht zur Zahlung eines Preises verpflichtet ist, erlischt das Widerrufsrecht bei vollständiger Erbringung der Dienstleistung durch den Unternehmer (§ 356 Abs. 4 Nr. 1 BGB).

992 Besonderheiten gibt es auch bei Verträgen über die Lieferung von **digitalen Inhalten**, die sich nicht auf einem körperlichen Datenträger befinden. Dort erlischt das Widerrufsrecht, wenn der Unternehmer mit der **Ausführung des Vertrages begonnen** hat, nachdem der Verbraucher ausdrücklich zugestimmt hat und seine Kenntnis davon bestätigt hat, dass er durch seine Zustimmung mit Beginn der Ausführung des Vertrags sein Widerrufsrecht verliert (§ 356 Abs. 5 BGB)[1524]. Anders als bei Dienstleistungen verliert der Verbraucher somit sein Widerrufsrecht bereits, sobald der Unternehmer mit seiner vertraglichen Leistung beginnt, und nicht erst nach vollständiger Erbringung dieser Leistung.

993 Ein Verzicht auf das Widerrufsrecht nach § 356 Abs. 5 BGB kann erst wirksam erklärt werden, nachdem das Widerrufsrecht bereits entstanden ist. Dies ist nicht gegeben, wenn ein Internetangebot so gestaltet ist, dass der Nutzer mit dem **Anklicken des Bestellbuttons** zugleich einer sofortigen Vertragsausführung zustimmt[1525].

b) Ausnahmen vom Widerrufsrecht

994 § 312g Abs. 2 Satz 1 BGB enthält **Ausnahmen** vom Widerrufsrecht[1526]. Weitergehende Ausnahmen sind nicht vorgesehen, so dass beispielsweise auch bei Sonderaktionen, Restposten und sonstiger preisreduzierter Ware ein Widerrufsrecht des Verbrauchers gilt[1527]. Allein der Umstand, dass die Rücksendung für den Verbraucher mit Aufwand verbunden oder eine

---

1521 BGH v. 6.5.2021 – III ZR 169/20 Rz. 20 f., CR 2021, 616.
1522 BGH v. 6.5.2021 – III ZR 169/20 Rz. 21 f., CR 2021, 616.
1523 *Poelzig/Reimschüssel*, Anm. zu EuGH v. 11.9.2019 – C-143/18, NJW 2019, 3290, 3293.
1524 Vgl. *Schirmbacher/Creutz*, ITRB 2014, 44, 45 f.
1525 LG Berlin v. 30.6.2016 – 52 O 340/15 Rz. 115 ff.; LG Karlsruhe v. 25.5.2016 – 18 O 7/16 Rz. 45 ff., CR 2016, 603 m. Anm. *Ernst* = ITRB 2016, 226; LG Köln v. 21.5.2019 – 31 O 372/17 Rz. 24.
1526 Vgl. *Schirmbacher/Schmidt*, CR 2014, 107, 112 ff.
1527 LG Waldshut-Tiengen v. 7.7.2003 – 3 O 22/03 KfH, WRP 2003, 1148.

Rücksendung in Originalverpackung (s. Rz. 924) unmöglich ist, rechtfertigt es nicht, zu Lasten des Verbrauchers das Widerrufsrecht auszuschließen.

■ **Übersicht:** 995

Ausnahmen vom Widerrufsrecht

- Verträge über Waren, die auf Grund von **Kundenspezifikationen** angefertigt werden (§ 312g Abs. 2 Satz 1 Nr. 1 BGB);

- Verträge über **schnell verderbliche Waren** (§ 312g Abs. 2 Satz 1 Nr. 2 BGB);

- Verträge über die Lieferung versiegelter Waren, die nach Entfernung der Versiegelung aus Gründen des **Gesundheitsschutzes** oder der **Hygiene** nicht zur Rückgabe geeignet sind (unechte Ausnahme, da bis zur Entsiegelung ein Widerrufsrecht besteht, § 312g Abs. 2 Satz 1 Nr. 3 BGB);

- Verträge über die Lieferung von Waren, wenn diese **untrennbar mit anderen Gütern vermischt** werden (unechte Ausnahme, da bis zur Vermischung ein Widerrufsrecht besteht, § 312g Abs. 2 Satz 1 Nr. 4 BGB);

- Verträge über **alkoholische Getränke**, deren Preis bei Vertragsschluss vereinbart wurde, die aber frühestens 30 Tage nach Vertragsschluss geliefert werden können und deren aktueller Wert von Schwankungen auf dem Markt abhängt, auf die der Unternehmer keinen Einfluss hat (§ 312g Abs. 2 Satz 1 Nr. 5 BGB);

- Verträge über versiegelt verpackte **Ton- oder Videoaufnahmen oder Computersoftware** (unechte Ausnahme, da bis zur Entsiegelung ein Widerrufsrecht besteht, § 312g Abs. 2 Satz 1 Nr. 6 BGB);

- Verträge über **Zeitungen oder Zeitschriften** mit Ausnahme von Abonnement-Verträgen (§ 312g Abs. 2 Satz 1 Nr. 7 BGB);

- Verträge über die Lieferung von Waren oder über Dienstleistungen, einschließlich Finanzdienstleistungen, deren Preis von **Schwankungen auf dem Finanzmarkt** abhängt, auf die der Unternehmer keinen Einfluss hat und die innerhalb der Widerrufsfrist auftreten können (§ 312g Abs. 2 Satz 1 Nr. 8 BGB);

- Verträge über Dienstleistungen verschiedener Art im **Freizeitbereich**, wenn der Vertrag für die Erbringung der Dienstleistungen einen **spezifischen Termin oder Zeitraum** vorsieht (§ 312g Abs. 2 Satz 1 Nr. 9 BGB)

- Verträge, die per **öffentlich zugänglicher Versteigerung** zustande kommen (§ 312g Abs. 2 Satz 1 Nr. 10 BGB);

- Verträge über **dringende Reparatur- oder Instandhaltungsarbeiten** (§ 312g Abs. 2 Satz 1 Nr. 11 BGB)

- Verträge über **Wett- und Lotterie-Dienstleistungen** (§ 312g Abs. 2 Satz 1 Nr. 12 BGB);

- **notariell beurkundete Verträge** (§ 312g Abs. 2 Satz 1 Nr. 13 BGB)

aa) Sonderanfertigungen

Nach § 312g Abs. 2 Satz 1 Nr. 1 BGB besteht kein Widerrufsrecht bei Verträgen zur Lieferung von Waren, die nicht vorgefertigt sind und für deren Herstellung eine individuelle 996

Auswahl oder Bestimmung durch den Verbraucher maßgeblich ist oder die eindeutig auf die persönlichen Bedürfnisse des Verbrauchers zugeschnitten sind (Sonderanfertigung)[1528]. Eine solche Lieferung von Waren als Sonderanfertigung liegt bei Werklieferungsverträgen gem. § 650 Abs. 1 Satz 1 BGB vor, wenn die vom Verbraucher bestellte Ware erst nach Vertragsschluss auf Grund der Anweisungen des Verbrauchers hergestellt werden kann[1529]. Unter den Begriff der Ware fallen alle beweglichen Güter, die einen Geldwert haben und Gegenstand von Handelsgeschäften sein können[1530].

997 Eine Sonderanfertigung i.S.d. § 312g Abs. 2 Satz 1 Nr. 1 BGB ist nicht bereits dann zu bejahen, wenn der Kunde die **Ausstattung** der Ware unter mehreren Varianten auswählt[1531]. Vielmehr muss es sich um eine Ware handeln, die kein standardisiertes Massenprodukt ist und für die der Unternehmer nicht ohne weiteres einen anderen Abnehmer finden kann[1532]. Da es nur in einem solchen Fall gerechtfertigt ist, das Widerrufsrecht auszuschließen, greift die Ausnahme nicht bei Waren, bei denen **Standardkomponenten im Baukastensystem** angeboten werden wie beispielsweise bei Notebooks (Build-to-order-Verfahren), deren Komponenten der Kunde selbst zusammenstellen kann[1533]. Die Abgrenzung zwischen einem Standardprodukt und einer Sonderanfertigung erfolgt danach, ob der Unternehmer durch die Rücknahme erhebliche wirtschaftliche Nachteile erleiden würde, die dadurch entstehen, dass die Ware erst auf Bestellung des Kunden nach dessen besonderen Wünschen angefertigt wurde, oder ob es sich um Nachteile handelt, die mit der Rücknahme bereits produzierter Ware stets verbunden sind. Entscheidend ist stets, ob sich die Ware ohne größeren Kostennachteil nach der Rücksendung wieder auseinanderbauen und erneut verkaufen lässt[1534].

998 Wird eine **Couch-Garnitur** in einem variantenreichen Baukastensystem angeboten und wird erst nach Eingang der Bestellung mit der Herstellung begonnen, liegt eine Sonderanfertigung vor, so dass ein Widerrufsrecht nicht besteht. Im Unterschied zu einem Notebook, das im Baukastensystem angeboten wird, beschränkt sich der Möbelbau nicht auf die Zusammenfügung fertiger Einzelkomponenten, und es ist damit zu rechnen, dass das nach den Wünschen des Kunden hergestellte Sofa schwer verkäuflich ist[1535].

1528 Vgl. EuGH v. 21.10.2020 – C-529/19 Rz. 24; BGH v. 20.10.2021 – I ZR 96/20 Rz. 16.
1529 *Härting*, FernAbsG, § 3 Rz. 68.
1530 *Meier*, NJW 2011, 2397.
1531 *Härting*, FernAbsG, § 3 Rz. 68.
1532 *Wendehorst* in MünchKomm/BGB, § 312g BGB Rz. 15; LG Stendal v. 23.1.2007 – 22 S 138/06; a.A. *Waldenberger*, K&R 1999, 345, 351.
1533 *Fischer*, DB 2003, 1103, 1104 f.; *Wendehorst*, EWiR § 3 FernAbsG 1/03, 711, 712; BGH v. 19.3.2003 – VIII ZR 295/01, CR 2003, 480 = ITRB 2003, 143 = NJW 2003, 1665 = DB 2003, 1109 = VuR 2003, 353; OLG Dresden v. 23.8.2001 – 8 U 1535/01, CR 2002, 180 = MDR 2002, 79 = ITRB 2002, 27; OLG Frankfurt v. 28.11.2001 – 9 U 148/01, CR 2002, 638 m. Anm. *Schirmbacher* = ITRB 2002, 261 (*Intveen*); AG Köpenick v. 25.8.2010 – 6 C 369/09 Rz. 10.
1534 BGH v. 19.3.2003 – VIII ZR 295/01, CR 2003, 480 = ITRB 2003, 143 = NJW 2003, 1665 = DB 2003, 1109 = VuR 2003, 353; OLG Dresden v. 23.8.2001 – 8 U 1535/01, CR 2002, 180 = MDR 2002, 79 = ITRB 2002, 27; OLG Frankfurt v. 28.11.2001 – 9 U 148/01, CR 2002, 638 m. Anm. *Schirmbacher* = ITRB 2002, 261 (*Intveen*); *Wendehorst* in MünchKomm/BGB, § 312g BGB Rz. 17; *Fischer*, DB 2003, 1103, 1104 f.
1535 LG Düsseldorf v. 12.2.2014 – 23 S 111/13 Rz. 8 ff., CR 2014, 397 = ITRB 2014, 104; AG Siegburg v. 25.9.2014 – 115 C 10/14 Rz. 19 ff.; a.A. AG Dortmund v. 28.4.2015 – 425 C 1013/15 Rz. 17 ff., CR 2015, 466 = ITRB 2015, 161.

§ 312g Abs. 2 Satz 1 Nr. 1 BGB ist nicht auf **Persönlichkeitsanalysen** anwendbar, die der 999
Betreiber eines Online-Partnervermittlungsportals aufgrund der Angaben eines Nutzers erstellt. Zum einen handelt es sich hierbei nicht um eine Warenlieferung, sondern um eine
Dienstleistung. Der Schwerpunkt der Leistung liegt in der Beratung, nicht in der Lieferung
einer PDF-Datei[1536]. Zudem wird die Persönlichkeitsanalyse nach einer Rücknahme nicht in
ihre Einzelteile getrennt, sondern gelöscht. Ihr Aufbau lässt jedoch typischerweise erkennen,
dass sie aus vorgefertigten allgemeinen Ausführungen besteht und ohne weiteres auf andere
Nutzer übertragbar und weiterverwendbar ist[1537].

Kaum zu unterscheiden von der Sonderanfertigung ist der weitere in § 312g Abs. 2 Satz 1 1000
Nr. 1 BGB aufgeführte Fall von Waren, die eindeutig auf die **persönlichen Bedürfnisse** zugeschnitten sind[1538]. Auch ein solcher Fall ist nur denkbar, wenn Waren nach den individuellen Vorgaben des Verbrauchers hergestellt werden[1539].

bb) Verderbliche Waren

Ein Widerrufsrecht ist nach § 312g Abs. 2 Satz 1 Nr. 2 BGB ausgeschlossen, wenn die Ware 1001
schnell verderben kann oder wenn ihr Verfallsdatum schnell überschritten wird. Außer leicht
verderblichen Lebensmitteln können auch andere **verderbliche Verbrauchsgüter** unter diesen Ausnahmetatbestand fallen[1540]. Ein Beispiel sind Schnittblumen[1541], die eine Rücküber-
sendung an den Unternehmer in aller Regel nicht überleben würden. **Keine leichte Verderb-**
lichkeit ist bei wurzelnackten, lebenden Bäumen anzunehmen. Dies gilt auch für den Fall,
dass der Käufer die Bäume nach der Lieferung nicht einpflanzt, so dass sie absterben[1542].

Nicht erfasst von § 312g Abs. 2 Nr. 2 BGB ist die Abgabe von Arzneimitteln im Fernabsatz 1002
wegen unmöglicher Wiederveräußerung nach Abgabe und Rücksendung („rechtliche Verderblichkeit") über den normierten Fall der schnellen Verderblichkeit oder des schnellen
Überschreitens des Verfallsdatums hinaus[1543].

cc) Gesundheitsschutz und Hygiene

§ 312g Abs. 2 Satz 1 Nr. 3 BGB nimmt Verträge über die Lieferung von **versiegelten Waren** 1003
vom Widerrufsrecht aus, wenn die Waren aus Gründen des Gesundheitsschutzes oder der
Hygiene nicht zur Rückgabe geeignet sind. Die Versiegelung muss so gestaltet sein, dass
durch das Öffnen eine offenkundige und irreversible Beschädigung der Verpackung bewirkt
wird[1544]. Unter die Vorschrift fallen alle Waren, die bei bestimmungsgemäßer Nutzung intensiv mit dem Körper in Kontakt kommen wie z.B. Zahnbürsten, In-Ear-Kopfhörer, Hör-

---

1536 LG Hamburg v. 31.1.2012 – 312 O 93/11 Rz. 54 ff.; vgl. *Meier,* NJW 2011, 2396, 2397.
1537 LG Berlin v. 26.3.2013 – 16 O 180/12.
1538 Vgl. *Ruff,* Vertriebsrecht im Internet, S. 274.
1539 Vgl. *Härting,* FernAbsG, § 3 Rz. 71; *Wendehorst* in MünchKomm/BGB, § 312g BGB Rz. 15.
1540 Vgl. *Wendehorst* in MünchKomm/BGB, § 312g BGB Rz. 22.
1541 *Gößmann,* MMR 1998, 88, 90.
1542 OLG Celle v. 4.12.2012 – 2 U 154/12 Rz. 9 f., CR 2013, 196.
1543 KG Berlin v. 9.11.2018 – 5 U 185/17 Rz. 26, CR 2019, 254 = ITRB 2019, 58; OLG Karlsruhe v.
     9.2.2018 – 4 U 87/17 Rz. 58.
1544 *Wendehorst* in MünchKomm/BGB, § 312g BGB Rz. 26.

geräte, Kontaktlinsen und Erotikspielzeug[1545]. § 312g Abs. 2 Satz 1 Nr. 3 BGB gilt auch für **Kosmetika**[1546] und **erotische Artikel**[1547] und **Arzneimittel**[1548]. Die Ausnahme gilt nur, wenn die Versiegelung **tatsächlich entfernt** wird. Bis zu einer solchen Entfernung der Versiegelung bleibt das Widerrufsrecht zunächst bestehen[1549].

1004 Bei **Parfums** legt die Nähe zu (anderen) Kosmetika eine Gleichbehandlung und einen Ausschluss vom Widerrufsrecht nahe[1550]. Zu weit geht es, wenn es in einer Widerrufsbelehrung heißt, Kosmetika würden nur „in einem unbenutzten Zustand" zurückgenommen, da unklar bleibt, was unter einer „Benutzung" zu verstehen ist[1551].

1005 Fragen des Gesundheitsschutzes können sich bei **Lebensmitteln** stellen, die lose oder flüssig sind und in versiegelten Behältnissen verkauft werden. Wenn eine mögliche Verunreinigung durch den Erstkäufer eine Weiterveräußerung unmöglich macht, erlischt das Widerrufsrecht bei Bruch des Siegels. Dies kann z.B. auf Alkoholika oder losen Tee zutreffen[1552].

1006 Keine Ausnahme gilt für **Textilien**, die sich trotz etwaiger Gebrauchsspuren reinigen und weiterverkaufen lassen. Eine Widerrufsbelehrung, die das Widerrufsrecht für „getragene und mit Gebrauchsspuren versehene Unterwäsche" ausschließt, ist unzutreffend[1553]. Waren, die sich wieder verkehrsfähig machen lassen, lassen das Widerrufsrecht nicht erlöschen[1554]. Sofern der Unternehmer die Verkehrsfähigkeit der Waren etwa durch Reinigung wiederherstellen kann, liegt grundsätzlich kein Ausschluss vor[1555]. Folglich ist ein auch **WC-Sitz** nicht vom Widerrufsrecht ausgeschlossen[1556].

dd) Vermischung mit anderen Gütern

1007 Nach § 312g Abs. 2 Satz 1 Nr. 4 BGB gibt es kein Widerrufsrecht bei Waren, die nach der Lieferung auf Grund ihrer Beschaffenheit untrennbar mit anderen Gütern vermischt werden. Wie bei § 312g Abs. 2 Satz 1 Nr. 3 BGB besteht bei der Lieferung zunächst ein Widerrufsrecht, das dann jedoch entfällt, sobald es zu einer Vermischung kommt. Vom Widerruf ist daher **Heizöl** ausgeschlossen, wenn das Heizöl sich im Tank des Verbrauchers mit einem anderem Heizöl vermischt[1557].

1545 *Schirmbacher* in Spindler/Schuster, § 312g BGB Rz. 23.
1546 Vgl. OLG Köln v. 27.4.2010 – 6 W 43/10, CR 2011, 53.
1547 *Becker/Föhlisch*, NJW 2005, 3377, 3379.
1548 *Becker/Föhlisch*, NJW 2005, 3377, 3379; *Mand*, NJW 2008, 190, 191 f.; a.A. AG Köln v. 31.5.2007 – 111 C 22/07, NJW 2008, 236.
1549 KG Berlin v. 9.11.2018 – 5 U 185/17 Rz. 27, CR 2019, 254 = ITRB 2019, 58.
1550 Vgl. *Schirmbacher* in Spindler/Schuster, § 312g BGB Rz. 24.
1551 OLG Köln v. 27.4.2010 – 6 W 43/10, CR 2011, 53.
1552 Vgl. *Schirmbacher* in Spindler/Schuster, § 312g BGB Rz. 25.
1553 OLG Frankfurt v. 14.12.2006 – 6 U 129/06, CR 2007, 387 = MMR 2007, 322, 323.
1554 BGH v. 15.11.2017 – VIII ZR 194/16 Rz. 9; BGH v. 3.7.2019 – VIII ZR 194/16 Rz. 19; *Schirmbacher* in Spindler/Schuster, § 312g BGB Rz. 26.
1555 BGH v. 15.11.2017 – VIII ZR 194/16 Rz. 11.
1556 LG Düsseldorf v. 14.9.2016 – 12 O 357/15 Rz. 39.
1557 *Schirmbacher* in Spindler/Schuster, § 312g BGB Rz. 35; Regierungsentwurf, BT-Drucks. 14/2658, 44; vgl. auch die Stellungnahme des Bundesrates, BT-Drucks. 14/2920, 4 und die Erwiderung der Bundesregierung, BT-Drucks. 14/2920, 13.

ee) Alkoholische Getränke

Nach § 312g Abs. 2 Satz 1 Nr. 5 BGB ist das Widerrufsrecht ausgeschlossen bei Verträgen 1008
zur Lieferung alkoholischer Getränke, deren Preis bei Vertragsschluss vereinbart wurde, die
aber frühestens 30 Tage nach Vertragsschluss geliefert werden können und deren aktueller
Wert von Schwankungen auf dem Markt abhängt, auf die der Unternehmer keinen Einfluss
hat. Die Ausnahme ist auf **Weine** zugeschnitten, die bereits im Frühjahr bestellt, aber erst
im Herbst geliefert werden („vin en primeur"[1558]). Der Verbraucher soll nicht davon profitieren, dass sich der Preis bis zur Lieferung der Ware nach unten entwickelt[1559].

ff) Entsiegelte Datenträger

Nach § 312g Abs. 2 Satz 1 Nr. 6 BGB besteht kein Widerrufsrecht bei Verträgen über die Lie- 1009
ferung von **Audio- oder Videoaufzeichnungen** oder von **Software** in einer versiegelten Packung, sofern die Versiegelung nach der Lieferung entfernt worden ist. Wie bei § 312g Abs. 2
Satz 1 Nr. 3 BGB ist das Widerrufsrecht bei der Lieferung zunächst nicht ausgeschlossen ist,
erlischt jedoch, sobald eine Entsiegelung erfolgt[1560].

§ 312g Abs. 2 Satz 1 Nr. 6 BGB schützt **Urheberrechte**[1561]. Würde man ein Widerrufsrecht 1010
des Verbrauchers bei der Lieferung bespielter Ton- und Bildträger sowie Software unbeschränkt zulassen, würde dies die unkontrollierte Anfertigung von Raubkopien ermöglichen.
Der Verbraucher könnte die Ton-, Bild- bzw. Datenträger in aller Ruhe vervielfältigen und
sodann an den Unternehmer zurücksenden.

Das Widerrufsrecht des Verbrauchers hängt davon ab, ob der Unternehmer den jeweiligen 1011
Datenträger versiegelt geliefert hat. Sieht der Unternehmer von einer Versiegelung ab, so
bleibt dem Verbraucher das Widerrufsrecht mit sämtlichen Missbrauchsmöglichkeiten erhalten[1562]. Bei der Lieferung eines versiegelten Datenträgers sorgt § 312g Abs. 2 Satz 1 Nr. 6
BGB dagegen für eine befriedigende Lösung, indem das Schicksal des Widerrufsrechts in die
Hand des Verbrauchers gelegt wird, der mit der **Entsiegelung** des Datenträgers das Widerrufsrecht verliert[1563].

Von einer Versiegelung kann nur bei einer gewissen **Festigkeit der Verbindung** zwischen Wa- 1012
re und Umhüllung die Rede sein. Der bloße Verschluss einer CD- oder DVD-Hülle mit han-
delsüblichen Klebestreifen[1564] reicht für eine Versiegelung ebenso wenig aus wie eine schlichte Cellophanhülle, da einer solchen Verpackung die **Prüf- und Besinnungsfunktion** fehlt[1565].
Wird Hard- und Software zusammen verkauft, kann sich der Unternehmer trotz Versiegelung nicht auf einen Ausschluss des Widerrufsrechts für das **Gesamtpaket** berufen[1566].

1558 Vgl. Erwägungsgrund 49 der Richtlinie 2011/83/EU (VRRL).
1559 Vgl. *Schirmbacher* in Spindler/Schuster, § 312g BGB Rz. 37.
1560 Vgl. *Wendehorst* in MünchKomm/BGB, § 312g BGB Rz. 33; *Kamanabrou*, WM 2000, 1417,
     1425.
1561 Vgl. Regierungsentwurf, BT-Drucks. 14/2658, 44; *Härting/Schirmbacher*, MDR 2000, 917, 921;
     Micklitz, ZEuP 1999, 875, 887.
1562 Vgl. *Arnold*, CR 1997, 526, 531 f.; *Härting*, CR 1999, 507, 510.
1563 Regierungsentwurf, BT-Drucks. 14/2658, 44.
1564 Vgl. LG Dortmund v. 26.10.2006 – 16 O 55/06.
1565 OLG Hamm v. 30.3.2010 – 4 U 212/09, K&R 2010, 411, 412 m. Anm. *Dehisselse*.
1566 AG Aachen v. 28.6.2004 – 80 C 238/04; *Becker/Föhlisch*, NJW 2005, 3377, 3380.

1013 Die Entsiegelung lässt das Widerrufsrecht nur entfallen, wenn sie vom Verbraucher selbst oder auf dessen Veranlassung vorgenommen wird. Eine **undifferenzierte Belehrung** des Verbrauchers darüber, dass kein Widerrufsrecht bestehe, wenn „die gelieferten Datenträger vom Kunden oder einem Dritten entsiegelt worden sind", ist daher unzutreffend[1567].

1014 § 312g Abs. 2 Satz 1 Nr. 6 BGB lässt sich nicht erstrecken auf andere, in der Ausnahmebestimmung nicht genannte Waren (z.B. elektrische Geräte[1568], Kontaktlinsen[1569] oder Bücher), die in Schutzverpackungen geliefert werden. Ebenso wenig fallen Musik- und Videoaufzeichnungen sowie Apps und andere Softwareprodukte, die per Download erworben werden, unter § 312g Abs. 2 Satz 1 Nr. 6 BGB[1570].

1015 Anwendbar ist § 312g Abs. 2 Satz 1 Nr. 6 BGB nur, wenn tatsächlich eine **physische Versiegelung** gebrochen wird. **Passwortschutz** kann allenfalls dann als eine solche Sperre angesehen werden, wenn ein Passwort gerade zum Urheberrechtsschutz (und nicht beispielsweise nur zur Sicherheit des berechtigten Benutzers des Computers) eingerichtet wurde[1571].

gg) Zeitungsabonnements

1016 § 312g Abs. 2 Satz 1 Nr. 7 BGB sieht eine Ausnahme vom Widerrufsrecht für Verträge über die Lieferung von **Zeitungen, Zeitschriften und Illustrierten** vor. Abonnement-Verträge sind von dem Ausschluss nicht erfasst. Auch ein Vertrag über die Lieferung eines Kino(jahres)kalenders erfüllt die Voraussetzungen des § 312g Abs. 2 Satz 1 Nr. 7 BGB nicht[1572].

hh) Spekulative Verträge

1017 Durch § 312g Abs. 2 Satz 1 Nr. 8 BGB werden Verträge über die Lieferung von Waren oder die Erbringung von Finanzdienstleistungen vom Widerrufsrecht ausgenommen, deren Preis auf dem Finanzmarkt **Schwankungen** unterliegt, auf die der Unternehmer keinen Einfluss hat und die innerhalb der Widerrufsfrist auftreten können. Beispiele sind Aktien, sonstige Wertpapiere, Devisen, Derivate und Geldmarktinstrumente[1573]. Durch § 312g Abs. 2 Satz 1 Nr. 8 BGB soll verhindert werden, dass der Verbraucher die Widerrufsfrist dazu nutzt, auf Kosten des Unternehmers zu spekulieren[1574].

1018 Auch der Handel mit **Edelmetallen** ist von § 312g Abs. 2 Satz 1 Nr. 8 BGB erfasst, da es sich hierbei um Waren handelt, deren Preis täglichen Schwankungen unterliegt. Dies gilt gerade auch für den Fall, dass ein **Festpreis** vereinbart ist, da der Festpreis dem Verbraucher überhaupt erst die Möglichkeit eröffnet, auf einen Preisanstieg zu spekulieren[1575]. § 312g Abs. 2

1567 LG Hamburg v. 14.10.2005 – 406 O 166/05; vgl. *Schlömer/Dittrich*, K&R 2006, 373, 376.
1568 LG Düsseldorf v. 17.5.2006 – 12 O 496/05, AfP 2007, 77 = CR 2006, 858 = ITRB 2007, 12 = WRP 2006, 1270, 1271.
1569 OLG Hamburg v. 20.12.2006 – 5 U 105/06, WRP 2007, 1121.
1570 *Mankowski*, CR 2013, 508, 511.
1571 LG Frankfurt/M. v. 18.12.2002 – 2/1 S 20/02, CR 2003, 412 = ITRB 2003, 170; *Günther*, ITRB 2002, 9, 12.
1572 OLG Hamburg v. 27.3.2003 – 5 U 113/02, AfP 2003, 449 = CR 2003, 927 = NJW 2004, 1114, 1115.
1573 Regierungsentwurf, BT-Drucks. 15/2946, 45.
1574 *Domke*, BB 2007, 341, 341.
1575 A.A. LG Wuppertal v. 26.4.2012 – 9 S 205/10 Rz. 9.

Satz 1 Nr. 8 BGB soll verhindern, dass der Verbraucher zu einem (vermeintlich) günstigen Preis kauft und das Widerrufsrecht dazu nutzt, sich im Falle eines Preisverfalls von den Folgen eines für ihn nachteiligen Geschäfts zu befreien.

Der Ausschluss des Widerrufsrechts gilt auch beim Kauf von **Zertifikaten**[1576]. Mit dem (schwankenden) Preis, auf den § 312g Abs. 2 Satz 1 Nr. 8 BGB Bezug nimmt, ist nicht nur der unmittelbar auf dem Finanzmarkt gebildete Börsenpreis gemeint, sondern auch der den Marktpreis mittelbar beeinflussende Basiswert, der seinerseits Schwankungen auf dem Finanzmarkt unterliegt. Dies lässt sich schon daraus schließen, dass Derivate ausdrücklich in dem Beispielskatalog des § 312g Abs. 2 Satz 1 Nr. 8 BGB erwähnt werden[1577].   **1019**

Der Handel mit **Heizöl** ist nach Auffassung des BGH nicht von § 312g Abs. 2 Satz 1 Nr. 8 BGB erfasst. Der Erwerb von Heizöl durch den Verbraucher weise keinen spekulativen Kern auf, und das Geschäft diene nicht dazu, durch Weiterveräußerung einen finanziellen Gewinn zu erzielen[1578]. Bis zur Vermischung (§ 312g Abs. 2 Satz 1 Nr. 4 BGB) besteht somit ein Widerrufsrecht des Verbrauchers.   **1020**

jj) Freizeitbetätigungen

Nach § 312g Abs. 2 Satz 1 Nr. 9 BGB ist das Widerrufsrecht ausgeschlossen bei Verträgen zur Erbringung von Dienstleistungen in den Bereichen Beherbergung zu anderen Zwecken als zu Wohnzwecken, Beförderung von Waren, Kraftfahrzeugvermietung, Lieferung von Speisen und Getränken sowie zur Erbringung weiterer Dienstleistungen im Zusammenhang mit Freizeitbetätigungen, wenn der Vertrag für die Erbringung einen **spezifischen Termin oder Zeitraum** vorsieht. Durch die Vorschrift soll der Unternehmer davor geschützt werden, dass er bestimmte **Kapazitäten** bei Vertragsschluss reserviert, diese aber aufgrund des Widerrufs nicht mehr anderweitig genutzt werden können[1579].   **1021**

Beherbergung ist die nur vorübergehende touristische Unterbringung. Der Begriff der **Freizeitbetätigungen** erfasst beispielsweise die Online-Bestellung von Konzertkarten oder den Kauf einer Eintrittskarte für eine Kinovorstellung über das Telefon oder das Internet. Die Ausnahme gilt nicht nur für den Ticketverkauf durch den Veranstalter, sondern auch für den Kauf bei einem **Tickethändler**. Ebenso wie beim Veranstalter besteht auch beim Händler das Bedürfnis, ein Widerrufsrecht auszuschließen, wenn es sich um eine Eintrittskarte für eine termingebundene Veranstaltung handelt.   **1022**

Beförderung von Waren meint jeden vom Unternehmer durchgeführten Transport, insbesondere Umzüge, aber auch die Entsorgung von Sachen[1580]. Personenbeförderungsverträge sind gem. § 312 Abs. 2 Nr. 5 BGB insgesamt vom Fernabsatzrecht ausgenommen[1581].   **1023**

1576 BGH v. 27.11.2012 – XI ZR 439/11 Rz. 22; OLG Karlsruhe v. 13.9.2011 – 17 U 104/10 Rz. 24, 27, 34, ITRB 2012, 31.
1577 BGH v. 27.11.2012 – XI ZR 439/11 Rz. 22.
1578 BGH v. 17.6.2015 – VIII ZR 249/14 Rz. 26, ITRB 2015, 250; a.A. LG Duisburg v. 22.5.2007 – 6 O 408/06, MMR 2008, 356; LG Bonn v. 31.7.2014 – 6 S 54/14 Rz. 14 ff.
1579 Erwägungsgrund 49 VRRL; Begr. Regierungsentwurf BT-Drucks. 17/12637, 57.
1580 Begr. Regierungsentwurf BT-Drucks. 17/12637, 57.
1581 Vgl. *Schirmbacher* in Spindler/Schuster, § 312g BGB Rz. 56.

1024 § 312g Abs. 2 Satz 1 Nr. 9 BGB gilt für **Autovermietungsverträge**, unabhängig davon, um welche Art Fahrzeug es sich handelt. Sowohl Pkw als auch Transporter und Nutzfahrzeuge fallen unter die Vorschrift, und auch Verträge mit Carsharing-Unternehmen sind von § 312g Abs. 2 Satz 1 Nr. 9 BGB erfasst. Das Kfz-Leasing fällt dagegen nicht unter die Ausnahmevorschrift[1582].

1025 Voraussetzung für die Anwendung des § 312g Abs. 2 Satz 1 Nr. 9 BGB ist stets die Vereinbarung eines **genauen Zeitpunkts** oder **Zeitraums** für die Erbringung der Dienstleistungen. Hieran fehlt es, wenn ein Gutschein für die eintägige Anmietung eines Ferraris ausgestellt und eine Einlösung des Gutscheins innerhalb eines Jahres vereinbart wird, der genaue Zeitpunkt der Anmietung jedoch offen ist[1583].

1026 Auch das Angebot eines Online-Kurses zur Vorbereitung auf die theoretische Prüfung für den Sportbootführerschein fällt nicht unter den Ausnahmetatbestand, da keine Leistungserbringung zu einem **bestimmten Zeitpunkt** vorliegt[1584]. Bei einem Deutsche-Bahn-Ticket mit einer Gültigkeitsdauer von nahezu drei Monaten handelt es sich dagegen nach Auffassung des OLG Frankfurt um eine Dienstleistung mit Vereinbarung eines genauen Zeitraums für die Leistungserbringung, so dass kein Widerrufsrecht besteht[1585].

kk) Versteigerungen

1027 Gemäß § 312g Abs. 2 Satz 1 Nr. 10 BGB ist das Widerrufsrecht ausgeschlossen bei Verträgen, die in der Form von Versteigerungen geschlossen werden, bei welchen der Verbraucher die Möglichkeit der **persönlichen Anwesenheit** hat. Für **Online-Versteigerungen** gilt diese Ausnahme nicht.

ll) Dringende Reparaturen und Instandhaltungsarbeiten

1028 Nach § 312g Abs. 2 Satz 1 Nr. 11 BGB sind Verträge vom Widerrufsrecht ausgeschlossen, bei denen der Verbraucher den Unternehmer **ausdrücklich aufgefordert** hat, ihn aufzusuchen, um dringende Reparaturen oder Instandhaltungsarbeiten vorzunehmen. Dies gilt nicht für weitere bei dem Besuch erbrachte Dienstleistungen, die der Verbraucher nicht ausdrücklich verlangt hat, oder für Waren, die bei dem Besuch geliefert werden und bei der Instandhaltung oder Reparatur nicht unbedingt als Ersatzteile benötigt werden.

mm) Wett- und Lotteriegeschäfte

1029 Das **spekulative Element** ist für Wett- und Lotteriegeschäfte kennzeichnend. Ein Widerrufsrecht würde diese Geschäfte mit Unsicherheiten belasten und die Abwicklung von Wetten und Lotterien erheblich erschweren. Dies erklärt den Ausschluss des Widerrufsrechts bei Fernabsatzverträgen zur Erbringung von Wett- und Lotterie-Dienstleistungen (§ 312g Abs. 2

1582 Vgl. *Schirmbacher* in Spindler/Schuster, § 312g BGB Rz. 57.
1583 Vgl. AG Hamburg v. 7.6.2006 – 644 C 100/06.
1584 Vgl. OLG Hamm v. 21.2.2013 – I-4 U 135/12 Rz. 24 ff.; LG Bielefeld v. 5.6.2012 – 15 O 49/12 Rz. 14 (Vorinstanz).
1585 Vgl. OLG Frankfurt v. 15.4.2010 – 6 U 49/09.

Satz 1 Nr. 12 BGB)[1586]. Die Ausnahme gilt allerdings nicht für den telefonischen Vertragsschluss.

Nicht unter § 312g Abs. 2 Satz 1 Nr. 12 BGB fallen Verträge mit Internet-**Lottotippgemein-** 1030
schaften. Bei diesen Verträgen handelt es sich nicht um Verträge über eine Wett- oder Lotteriedienstleistung, sondern um Geschäftsbesorgungsverträge[1587].

nn) Notariell beurkundete Verträge

§ 312g Abs. 2 Satz 1 Nr. 13 BGB schließt notariell beurkundete Verträge vom Widerrufsrecht 1031
aus. Bei Fernabsatzverträgen über Finanzdienstleistungen gilt dies nur, wenn der Notar bestätigt, dass der Unternehmer seine Informationspflichten gem. § 312d Abs. 2 BGB erfüllt
hat. Die Vorschrift greift vorwiegend bei Verträgen, die **ohne gesetzliche Pflicht** beurkundet
werden, da § 312 Abs. 2 Nr. 1 BGB beurkundungspflichtige Verträge vom gesamten Anwendungsbereich der §§ 312 ff. BGB weitgehend ausschließt[1588].

2. Vertragliches Widerrufsrecht

Schon aus einem Umkehrschluss aus § 312m BGB ergibt sich, dass Vereinbarungen, die von 1032
den Vorschriften der §§ 312c ff. BGB zum Vorteil des Verbrauchers abweichen, ohne weiteres wirksam sind[1589]. Daher steht dem Verbraucher ein Widerrufsrecht zu, wenn in einem
Fernabsatzvertrag ein solches Widerrufsrecht **vereinbart** wird, obwohl die Voraussetzungen
eines gesetzlichen Widerrufsrechts nicht erfüllt sind. Der Unternehmer kann dem Verbraucher auch ohne weiteres – wie durchaus oft üblich – freiwillig eine **längere Widerrufsfrist**
von mehr als zwei Wochen (vgl. § 355 Abs. 2 Satz 1 BGB) einräumen[1590].

Wenn ein Unternehmer in Unkenntnis eines gesetzlichen Ausschlussgrundes ein Widerrufs- 1033
recht des Verbrauchers in den Fernabsatzvertrag aufnimmt, kann er sich nicht auf § 312g
Abs. 2 BGB berufen. Entsprechendes gilt für den Fall, dass der Unternehmer eine Widerrufsbelehrung verwendet, aus der sich nicht ergibt, dass das Widerrufsrecht nur für Verbraucher
gelten soll. Durch eine solche Belehrung wird auch Kunden, die keine Verbraucher sind, ein
(vertragliches) Widerrufsrecht eingeräumt[1591]. Verwendet eine Bank gegenüber einem Sicherungsgeber eine Widerrufsbelehrung, obwohl kein gesetzliches Widerrufsrecht besteht, liegt
darin die Einräumung eines **vertraglichen Widerrufsrechts**[1592]. Auch die Formulierung „Sie
können Ihre Erklärung innerhalb von zwei Wochen widerrufen." darf vom Vertragspartner
so verstanden werden, dass er auch dann den Vertrag widerrufen kann, wenn die Voraussetzungen für ein gesetzliches Widerrufsrecht nicht vorliegen[1593].

1586 Vgl. *Schirmbacher* in Spindler/Schuster, § 312g BGB Rz. 72.
1587 OLG Karlsruhe v. 27.3.2002 – 6 U 200/01, AfP 2002, 461 = ITRB 2002, 200 = CR 2002, 682,
683; *Busch* in BeckOGK BGB, § 312g BGB Rz. 68.1.
1588 *Schulte-Nölke* in Schulze, BGB, § 312g BGB Rz. 8.
1589 *Grüneberg* in Grüneberg, § 312k BGB Rz. 2; *Micklitz/Schirmbacher* in Spindler/Schuster, § 312g
BGB Rz. 4.
1590 OLG Frankfurt v. 7.5.2015 – 6 W 42/15, CR 2015, 601.
1591 AG Cloppenburg v. 2.10.2012 – 21 C 193/12 Rz. 31, CR 2013, 127 = ITRB 2013, 83; vgl. *Ebnet*,
NJW 2011, 1030 f.
1592 OLG Nürnberg v. 10.1.2012 – 14 U 1314/11 Rz. 27 ff.
1593 *Ebnet*, NJW 2011, 1031.

3. Ausübung des Widerrufsrechts und Widerrufsfolgen

a) Widerrufserklärung

1034 Die Widerrufserklärung ist eine empfangsbedürftige Willenserklärung, die **formfrei** gegenüber dem Unternehmer (§ 355 Abs. 1 Satz 2 BGB) abgegeben werden kann. Dabei ist es nicht erforderlich, dass das Wort „Widerruf" verwendet wird[1594]. Allerdings muss für den Erklärungsempfänger eindeutig erkennbar werden, dass das konkrete Vertragsverhältnis beendet werden soll (§ 355 Abs. 1 Satz 3 BGB)[1595]. Der Widerruf ist ein **Gestaltungsrecht**[1596] und daher grundsätzlich unwiderruflich[1597] und bedingungsfeindlich[1598]. Beweispflichtig für den Zugang des Widerrufs ist der Verbraucher[1599].

1035 Der Widerruf muss weder begründet sein, noch muss ein berechtigtes Interesse des Verbrauchers vorliegen. Vielmehr ist es der freien Entscheidung des Verbrauchers überlassen, ob er von seinem Widerrufsrecht Gebrauch macht. Der Ausübung des Widerrufsrechts steht auch nicht § 242 BGB (Rechtsmissbrauch) entgegen, wenn der Verbraucher vor dem Widerruf zunächst den Unternehmer (vergeblich) um einen nachträglichen Preisnachlass gebeten hatte.[1600].

1036 Für die Ausübung des Widerrufsrechts sieht § 355 Abs. 1 BGB nicht mehr ausdrücklich vor, dass das Recht durch **Rücksendung der Sache** ausgeübt werden kann. Dies schließt es indes nicht aus, die Rücksendung als Widerrufserklärung zu verstehen[1601]. Die bloße Verweigerung der Annahme eines Pakets reicht jedenfalls zur Ausübung des Widerrufsrechts nicht aus[1602].

b) Rückgewähr

1037 Wird das Widerrufsrecht ausgeübt, sind die Parteien gem. § 355 Abs. 3 Satz 1 i.V.m. § 357 Abs. 1 BGB verpflichtet, die jeweils empfangenen Leistungen innerhalb einer Höchstfrist von 14 Tagen zurückzugewähren. Der Vertrag wird in ein **Rückgewährschuldverhältnis** umgewandelt[1603], wobei der Unternehmer bei einem Verbrauchsgüterkauf (§ 474 Abs. 1 BGB) die Rückzahlung verweigern kann, bis er die Waren zurückerhalten hat oder der Verbraucher den Nachweis erbracht hat, dass er die Waren abgesandt hat (§ 357 Abs. 4 Satz 1 BGB).

1038 Nach § 357 Abs. 3 Satz 1 BGB muss der Unternehmer für die Rückzahlung dasselbe **Zahlungsmittel** verwenden, das der Verbraucher bei seiner Zahlung verwendet hat. Eine AGB-

---

1594 BGH v. 12.1.2017 – I ZR 198/15 Rz. 42 ff., CR 2018, 58.
1595 AG Schopfheim v. 19.3.2008 – 2 C 14/08, MMR 2008, 427.
1596 *Grüneberg* in Grüneberg, § 355 BGB Rz. 2; *Fritsche* in MünchKomm/BGB, § 355 BGB Rz. 3; *Boemke*, AcP 197 (1997), 161, 178; *Bülow*, ZIP 1999, 1293; *Gernhuber*, WM 1998, 1797, 1800; *Windel*, JuS 1996, 812, 815; a.A. BGH v. 14.1.1991 – II ZR 190/89, NJW 1991, 1052, 1053 f. = MDR 1991, 413; BGH v. 16.10.1995 – II ZR 298/94, NJW 1996, 57, 58 f. = MDR 1996, 247 f.
1597 *Ellenberger* in Grüneberg, Überbl. v. § 104 BGB Rz. 17; vgl. LAG Düsseldorf v. 16.1.1975 – 14 Sa 1237/74, DB 1975, 1081.
1598 *Ellenberger* in Grüneberg, Überbl. v. § 104 BGB Rz. 17.
1599 *Fritsche* in MünchKomm/BGB, § 355 BGB Rz. 52.
1600 BGH v. 16.3.2016 – VIII ZR 146/15 Rz. 16 ff., CR 2016, 389 = ITRB 2016, 150.
1601 Vgl. *Hoffmann/Schneider*, NJW 2015, 2529.
1602 AG Dieburg v. 4.11.2015 – 20 C 218/15 (21).
1603 *Grüneberg* in Grüneberg, Einf. v. § 346 BGB Rz. 6; *Gaier* in MünchKomm/BGB, vor § 346 BGB Rz. 31 ff.

Klausel, die so formuliert ist, dass der Eindruck entsteht, der Rückzahlungsanspruch werde auf einen Gutschriftanspruch beschränkt, verstößt gegen das Transparenzgebot (§ 307 Abs. 1 Satz 2 BGB)[1604]. Die Klausel „Sobald wir die Rücksendung erhalten und überprüft haben, wird eine Erstattung beziehungsweise eine Ersatzlieferung von uns veranlasst.", ist gleichfalls unwirksam (§ 307 Abs. 1 Satz 1 BGB), da dadurch die gesetzlich vorgeschriebene Zug-um-Zug-Rückabwicklung unterlaufen wird[1605].

c) Rücksendekosten

Gemäß § 357 Abs. 5 Satz 1 BGB trägt der Verbraucher die unmittelbaren Kosten für die Rücksendung gelieferter Waren. Diese Verpflichtung gilt, sofern der Unternehmer den Verbraucher auf die Kostentragungspflicht in der Widerrufsbelehrung hingewiesen hat (Art. 246a § 1 Abs. 2 Satz 1 Nr. 2 EGBGB). Von der Kostentragungspflicht des Verbrauchers sind nur die **unmittelbaren Rücksendekosten** erfasst, also jene Kosten, die der Versender (gleich ob Verbraucher oder Unternehmer) an das Logistikunternehmen zu zahlen hat. Nicht erfasst sind zusätzliche „Stornokosten" oder „Rücksendeentgelte", die nicht für die eigentliche Transportleistung des Spediteurs anfallen[1606]. Keine Rücksendekosten i.S.d. § 357 Abs. 5 Satz 1 BGB (und damit nicht auf den Verbraucher abwälzbar) sind „Kosten des Widerrufs"[1607].   1039

Jedem Unternehmer steht es frei, vertraglich mit dem Verbraucher zu regeln, dass er und nicht der Verbraucher die Rücksendekosten trägt (§ 357 Abs. 6 Satz 2 BGB). Der Unternehmer, der die Rücksendekosten übernimmt (§ 357 Abs. 5 Satz 2 BGB), darf diese Übernahme (vertraglich) von bestimmten Voraussetzungen abhängig machen. Auch darf er in seinen Geschäftsbedingungen um eine Verauslagung der Rücksendekosten – zur Vermeidung eines Strafportos – bitten[1608]. Gleiches gilt für eine Belehrung, die eine Rückerstattung der Rücksendekosten auf den niedrigsten Satz beschränkt[1609]. Der Unternehmer darf die Übernahme der Rücksendekosten auch davon abhängig machen, dass die **Originalverpackung** bei der Rücksendung verwendet wird. Geschäftsbedingungen wie „Unfrei versandte Rücksendungen werden nicht angenommen"[1610] oder „Wichtiger Hinweis: Bitte senden Sie uns die Ware in der Originalverpackung zurück, legen Sie den beigefügten Rücksendeschein ausgefüllt dazu und verwenden Sie für die Rücksendung den Retourenaufkleber (nur für Artikel dieser Lieferung)"[1611] sind zulässig.   1040

d) Hinsendekosten

Bei den Hinsendekosten ist zwischen den Kosten einer **Standardlieferung** und zusätzlichen Kosten zu unterscheiden. Die Kosten für eine Standardlieferung trägt im Falle des Widerrufs   1041

1604 BGH v. 5.10.2005 – VIII ZR 382/04, CR 2006, 120 = ITRB 2006, 50 = NJW 2006, 211, 213.
1605 OLG Düsseldorf v. 13.11.2014 – I-15 U 46/14 Rz. 113.
1606 Vgl. *Schirmbacher* in Spindler/Schuster, § 357 BGB Rz. 12.
1607 Vgl. LG Stuttgart v. 30.9.2005 – 38 O 79/05 KfH, MMR 2006, 341, 342.
1608 OLG Hamburg v. 20.4.2007 – 3 W 83/07, CR 2008, 183 = MMR 2008, 57, 58; OLG München v. 7.2.2012 – 29 W 212/12 Rz. 5; vgl. auch *Kaestner/Tews*, WRP 2005, 1335, 1343.
1609 OLG Hamburg v. 5.7.2007 – 5 W 90/07, 5 W 91/07, CR 2008, 606 = ITRB 2008, 129 (*Stadler*).
1610 Vgl. OLG Hamburg v. 24.1.2008 – 312 O 929/07, CR 2008, 196, 197; LG Münster v. 4.4.2007 – 2 O 594/06, MMR 2008, 130; *Kaestner/Tews*, WRP 2005, 1335, 1341 f.
1611 Vgl. OLG Hamm v. 10.12.2004 – 11 U 102/04, NJW-RR 2005, 1582 f.; *Kaestner/Tews*, WRP 2005, 1335, 1342; *Schlömer/Dittrich*, K&R 2007, 433, 436.

nach § 357 Abs. 2 BGB stets der Unternehmer. Der Verbraucher hat **zusätzliche Kosten** zu tragen, die entstanden sind, weil sich der Verbraucher für eine andere Art der Lieferung als die vom Unternehmer angebotene günstigste Standardlieferung entschieden hat (§ 357 Abs. 2 Satz 2 BGB).

e) Wertersatz

1042   Wenn der Verbraucher sein Widerrufsrecht ausübt, nachdem er die Ware bereits genutzt bzw. die Dienstleistung in Anspruch genommen hat, stellt sich die Frage eines Anspruchs des Unternehmers auf Wertersatz. Für **Dienstleistungen** und Energieverträge ist dies in § 357a Abs. 2 BGB geregelt. Für den Wertersatz bei **Warenlieferungen** gilt § 357a Abs. 1 BGB. Bei **gemischten Verträgen**, bei denen zusätzlich zur Erbringung der Dienstleistung eine Ware geliefert wird, soll nach den Gesetzesmaterialien der Wertersatz für die Waren nach § 357a Abs. 1 BGB, der Wertersatz für die Dienstleistung über § 357a Abs. 2 BGB bestimmt werden[1612]. Für Verträge über die Lieferung von nicht auf einem körperlichen Datenträger befindlichen **digitalen Inhalten** trifft § 357a Abs. 3 BGB eine Sonderregelung und schließt jeden Wertersatzanspruch aus.

aa) Dienstleistungen und Energieverträge

1043   **Wertersatz für Leistungen** steht dem Unternehmer nach § 357a Abs. 2 BGB bei Verträgen über Dienstleistungen und bei Verträgen über die Lieferung von Wasser, Gas oder Strom in nicht bestimmten Mengen oder nicht begrenztem Volumen und bei Verträgen über die Lieferung von Fernwärme zu. Der Anspruch besteht, wenn der Unternehmer seiner Belehrungspflicht gem. Art. 246a § 1 Abs. 2 Satz 1 Nr. 1 und 3 EGBGB nachgekommen ist. Erforderlich ist zudem, dass der Unternehmer auf ausdrückliches Verlangen des Verbrauchers mit der Leistung vor Ablauf der Widerrufsfrist begonnen hat.

1044   Der Wertersatz berechnet sich in den Fällen des § 357a Abs. 2 BGB nach dem vereinbarten Gesamtpreis (§ 357 Abs. 8 Satz 4 BGB). Ist der vereinbarte Gesamtpreis unverhältnismäßig hoch, ist der Wertersatz auf der Grundlage des Marktwerts der erbrachten Leistung zu berechnen (§ 357a Abs. 2 Satz 5 BGB). Soweit die Dienstleistung erst teilweise erbracht worden ist, ist ein entsprechender Anteil des Gesamtpreises zu entrichten[1613]. Dabei ist auf den im Vertrag vereinbarten Preis für die Gesamtheit der vertragsgegenständlichen Leistungen abzustellen und der geschuldete Betrag zeitanteilig zu berechnen[1614]. Eine Ausnahme hiervon gilt nur, wenn der geschlossene Vertrag ausdrücklich vorsieht, dass eine oder mehrere der Leistungen gleich zu Beginn der Vertragsausführung vollständig und gesondert zu einem getrennt zu zahlenden Preis erbracht werden. In einem solchen Fall ist bei der Berechnung des dem Unternehmer zustehenden Betrags der volle für eine solche Leistung vorgesehene Preis zu berücksichtigen[1615].

1612 Erwägungsgrund 50 der Richtlinie 2011/83/EU (VRRL).
1613 *Schirmbacher* in Spindler/Schuster, § 357 BGB Rz. 50 f.
1614 BGH v. 6.5.2021 – III ZR 169/20 Rz. 30, CR 2021, 616.
1615 EuGH v. 8.10.2020 – C-641/19 Rz. 29, ECLI:EU:C:2020:808, CR 2020, 743 = ITRB 2020, 275 (*Vogt*).

bb) Warenlieferungen

Nach § 357a Abs. 1 BGB hat der Verbraucher Wertersatz für einen **Wertverlust der Ware** zu leisten, soweit er die Ware in einer Art und Weise genutzt hat, die über die Prüfung der Eigenschaften und der Funktionsweise hinausgeht (§ 357a Abs. 1 Nr. 1 BGB). Dies allerdings gilt nur, wenn der Unternehmer den Verbraucher ordnungsgemäß über sein Widerrufsrecht unterrichtet hat (§ 357a Abs. 1 Nr. 2 BGB). Die **Höhe** der Wertminderung hängt von dem Produkt ab. Wenn ein Rasierer durch Ingebrauchnahme wertlos geworden ist, entspricht der vom Verbraucher zu leistende Wertersatz dem Wert des Rasierers[1616]. Während Rasierer, Getränke oder Unterwäsche so gut wie unverkäuflich sind, nachdem sie in Gebrauch genommen worden sind, merkt man DVD-Playern und Vasen nicht ohne weiteres an, dass sie bereits intensiv genutzt wurden[1617]. 1045

Der Verbraucher ist stets zur **Prüfung der Eigenschaften und der Funktionsweise** berechtigt, ohne zum Wertersatz verpflichtet zu sein (§ 357a Abs. 1 Nr. 1 BGB). Die Abgrenzung zwischen der Prüfung einerseits und der Ingebrauchnahme und Nutzung andererseits bereitet vielfach Schwierigkeiten und bedarf einer Einzelfallbetrachtung. Um die Entscheidung zu erleichtern, ist es hilfreich, Parallelen zu der Situation im **Ladengeschäft** zu ziehen[1618]. Da die Lage des im Fernabsatz einkaufenden Verbrauchers der des Kunden im stationären Handel möglichst angeglichen werden soll, müssen dem Verbraucher dieselben Prüfmöglichkeiten eingeräumt werden wie in einem stationären Laden, jedoch keine darüberhinausgehenden Vorteile[1619]. 1046

Beispiele für eine Nutzung, die **keine Wertersatzpflicht auslöst**, sind das Anschließen und Ausprobieren eines Notebooks, das Anziehen von Kleidung zu Hause vor dem Spiegel und das Durchblättern eines Buches unter Lektüre einzelner Seiten. Ersatzpflichtig sind dagegen die Nutzung des Notebooks für das Schreiben einer Seminararbeit, das Tragen der Kleidung auf einer Party oder auch die komplette Lektüre des Buches[1620]. 1047

Der Aufbau eines Möbelstücks löst noch keine Ersatzpflicht aus. Kauft daher ein Verbraucher im Fernabsatz ein **Wasserbett**, schuldet er im Falle des Widerrufs keinen Ersatz für die Wertminderung, die dadurch eintritt, dass er die Matratze zu Prüfzwecken mit Wasser befüllt hat[1621]. 1048

Beim Kauf eines **Katalysators** besteht ein Wertersatzanspruch, wenn der Käufer den Katalysator einbaut und zu einer Probefahrt aufbricht. Dies gilt insbesondere dann, wenn der Katalysator nach der Probefahrt und dem Wiederausbau deutliche Gebrauchs- und Einbauspuren aufweist und daher wertlos ist. Auch im stationären Handel hätte der Verbraucher den Katalysator dergestalt ausprobieren können, dass er dessen Wirkungsweise auf sein oder ein vergleichbares Kraftfahrzeug nach Einbau hätte testen können[1622]. 1049

1616 AG Backnang v. 17.6.2009 – 4 C 810/08, K&R 2009, 747.
1617 *Schirmbacher*, BB 2009, 2165, 2166 f.
1618 *Fritsche* in MünchKomm/BGB, § 357a BGB Rz. 8; *Föhlisch*, NJW 2011, 32.
1619 BGH v. 12.10.2016 – VIII ZR 55/15 Rz. 17, CR 2017, 126 = ITRB 2017, 30; *Buchmann/Föhlisch*, K&R 2011, 434.
1620 Vgl. *Fritsche* in MünchKomm/BGB, § 357a BGB Rz. 7.
1621 BGH v. 3.11.2010 – VIII ZR 337/09 Rz. 19 ff., CR 2011, 33 = ITRB 2011, 52.
1622 BGH v. 12.10.2016 – VIII ZR 55/15 Rz. 17 ff., CR 2017, 126 = ITRB 2017, 30.

F. Urheberrecht

I. „Copyright"

Das „Recht zur Kopie" – das „**Copyright**" – ist der Dreh- und Angelpunkt des Urheberrechts 1050
– dies nicht nur in Deutschland und Europa, sondern weltweit. Nach geltendem Urheberrecht ist die Kopie grundsätzlich verboten und bedarf einer Erlaubnis des Urhebers.

Das **Kopierverbot** lässt sich im Zeitalter der digitalen Kopie nicht mehr umfassend durch- 1051
setzen. Versuche der Musikindustrie, die Verbreitung von Kopien durch Digital Rights Management (DRM)[1623] und durch massenhafte Abmahnungen[1624] einzudämmen, wirken wie
ein letztes Aufbäumen gegen eine Entwicklung, die sich nicht aufhalten lässt.

Das Internet ist nichts anderes als eine riesige Kopiermaschine. Ob Texte, Grafiken, Bilder, 1052
Videos oder Musik: Im Internet dreht sich alles um die **Verbreitung und Vervielfältigung
von Inhalten** unterschiedlichster Ausprägungen.

Aus der Sicht des Urhebers bietet das Internet große Chancen und erhebliche Risiken. Schnell 1053
und millionenfach baut das Internet Brücken vom Urheber zum Nutzer. So einfach der Nutzer über das Netz erreichbar ist, so unkontrollierbar ist die Vervielfältigung von Inhalten.

Das Urheberrecht hat bislang keine überzeugende Antwort auf die Herausforderungen des 1054
Internets gefunden. Man muss kein Prophet sein, um vorherzusagen, dass es im 22. Jahr-
hundert kein Kopierverbot in der heutigen Form mehr geben wird. Dies muss keineswegs
bedeuten, dass das Urheberrecht vollständig obsolet wird. Vielmehr ist zu hoffen, dass es bei
der gesellschaftlichen Achtung des Werts geistiger Arbeit bleibt. Ein neues, internettaugli-
ches Urheberrecht wird **neue Schutzinstrumentarien** entwickeln müssen, die an die Stelle
des Kopierverbots treten. Diskussionen um eine „Kultur-Flatrate"[1625] könnten ein erster
Schritt sein zu einer Rundumerneuerung, die das Urheberrecht dringend benötigt.

II. Schutzgegenstände

Durch das Urheberrecht sind Inhalte vielfältiger Art geschützt. Spezifische Regeln gibt es zu- 1055
dem zum Schutz von Datenbanken und Sammelwerken sowie zum Schutz von Software.

1623 *Dreyer/Kotthoff/Meckel/Hentsch*, Urheberrecht, § 17 Rz. 33.
1624 *Schirmbacher*, Online-Marketing und Social-Media-Recht, S. 695.
1625 Vgl. *Spindler*, Rechtliche und Ökonomische Machbarkeit der Kulturflatrate, Gutachten erstellt
im Auftrag der Bundestagsfraktion „Bündnis90/Die Grünen" v. März 2013.

1. Schutz von Inhalten

1056   Für den Schutz von Inhalten ist § 2 UrhG maßgebend. Schutzvoraussetzung ist stets das Vorliegen einer **persönlichen geistigen Schöpfung** (§ 2 Abs. 2 UrhG). Die Reichweite des Schutzes hängt von der **Werkart** ab, der die Inhalte zuzuordnen sind (§ 2 Abs. 1 UrhG)[1626].

1057   Nicht jeder Inhalt ist urheberrechtlich geschützt. Damit Inhalte als persönliche geistige Schöpfung und somit gem. § 2 Abs. 2 UrhG als **Werk** qualifiziert werden können, müssen sie von einem Menschen geschaffen sein, individuelle Züge tragen und sich dadurch von anderen Werken unterscheiden. Es bedarf einer gewissen **Gestaltungshöhe**[1627]. Das Erfordernis der Gestaltungshöhe dient der Abgrenzung schutzwürdiger Produkte menschlicher Kreativität von bloßen Ergebnissen menschlichen Fleißes. Es gilt ein unterschiedlicher Maßstab je nach Schutzgegenstand[1628].

1058   Die Gestaltung einer Website in ihrer Gesamtheit und hinsichtlich einzelner Bestandteile kann als persönliche geistige Schöpfung gem. § 2 Abs. 2 UrhG dem Urheberrechtsschutz zugänglich sein. Angesichts der Gestaltungsvariationen von Websites, die in der Regel aus verschiedenen Elementen bestehen, fällt eine schematische Einstufung einer Gestaltungsform „Website" in die Kategorien des Urheberrechts naturgemäß schwer[1629].

a) Texte

1059   Texte können **Sprachwerke** i.S.d. § 2 Abs. 1 Nr. 1 UrhG sein. Dies setzt voraus, dass die Texte Raum für eine individuelle Gestaltung lassen und keine Form der Darstellung vorliegt, welche sich aus der Natur der Sache ergibt oder durch Zweckmäßigkeit oder sachliche Notwendigkeiten vorgegeben ist[1630].

1060   Als Sprachwerke geschützt können literarische Texte sein, aber auch alle Arten von Beschreibungen[1631], Bedienungsanleitungen[1632], Buchrezensionen[1633], Kochrezepte, Werbeslogans, Nachrichtenbeiträge, Interviewäußerungen[1634], Vertragstexte, Formulare, Geschäftsbedingungen, Rätsel und Spiele. Die Schutzfähigkeit kann sich aus der sprachlichen Form oder aus dem Inhalt ergeben[1635]. Ist der **Inhalt** durch sachliche Notwendigkeiten vorgegeben – wie beispielsweise bei einem Wetterbericht – kann sich der Schutz allein aus der (individuellen) **Form** ableiten. Bei literarischen Texten ergibt sich der urheberrechtliche Schutz dagegen

---

1626   *Loewenheim* in Schricker/Loewenheim, Urheberrecht, § 2 UrhG Rz. 2; *Bullinger* in Wandtke/Bullinger, Urheberrecht, § 2 UrhG Rz. 25.

1627   Vgl. *A. Nordemann* in Fromm/Nordemann, Urheberrecht, § 2 UrhG Rz. 20, 30; *Haberstumpf*, Handbuch des Urheberrechts, Rz. 73 f.; *Rehbinder*, Urheberrecht, Rz. 152.

1628   *A. Nordemann* in Fromm/Nordemann, Urheberrecht, § 2 UrhG Rz. 30; *Loewenheim* in Schricker/Loewenheim, Urheberrecht, § 2 UrhG Rz. 29 f.

1629   *Ludwig*, IPRB 2021, 138, 139.

1630   Vgl. *Loewenheim* in Schricker/Loewenheim, Urheberrecht, § 2 UrhG Rz. 56; *Bullinger* in Wandtke/Bullinger, Urheberrecht, § 2 UrhG Rz. 48.

1631   Vgl. OLG Köln v. 30.9.2011 – 6 U 82/11.

1632   Vgl. OLG Frankfurt v. 26.5.2015 – 11 U 18/14, CR 2016, 20 = ITRB 2015, 204.

1633   LG München I v. 12.2.2014 – 21 O 7543/12 Rz. 40 ff.

1634   LG Hamburg v. 27.5.2011 – 308 O 343/09 Rz. 24 ff.

1635   *Nordemann* in Loewenheim, Handbuch des Urheberrechts, § 9 Rz. 13; *Loewenheim* in Schricker/Loewenheim, Urheberrecht, § 2 UrhG Rz. 102.

aus dem Inhalt, ohne dass es weiterer Anforderungen an die Form der Darstellung bedarf. Karl Valentins „Mögen hätte ich schon wollen, aber dürfen habe ich mich nicht getraut" ist urheberrechtlich geschützt[1636].

Die Schutzfähigkeit fehlt, wenn weder die Form noch der Inhalt eines Textes individuelle Züge tragen. Dies kann bei **werbemäßigen Beschreibungen** der Fall sein. Derartige Beschreibungen sind nur dann geschützt, wenn sie in ihrer Gesamtheit eine individuelle schöpferische Tätigkeit erkennen lassen. Bei Texten, die Gebrauchszwecken dienen, ist ein deutliches Überragen des Alltäglichen, des Handwerksmäßigen und der mechanisch-technischen Aneinanderreihung des Materials erforderlich. **Gebrauchstexte**, deren Formulierungen zwar in ihrer Art und Weise ansprechend sind, sich aber ansonsten durch nichts von den üblicherweise in der Werbung verwendeten Beschreibungen unterscheiden, genießen keinen urheberrechtlichen Schutz[1637]. 1061

Ausgenommen vom Urheberrechtsschutz sind Anordnungen, die durch Zweckmäßigkeit, Logik oder sachliche Erfordernisse vorgegeben sind[1638]. Die für einen urheberrechtlichen Schutz notwendige Gestaltungshöhe kann sich bei einem Internetauftritt indes daraus ergeben, dass eine Website sprachlich so geschickt gestaltet ist, dass sie an der Spitze der Google-Suchergebnisse erscheint (**Suchmaschinenoptimierung**)[1639]. 1062

Je kürzer ein Text ist, umso höhere Anforderungen gelten für die **Originalität**, um einfache Redewendungen für den allgemeinen Gebrauch freizuhalten. So fehlt es dem Untertitel eines Buches „Wenn das Haus nasse Füße hat" an einer besonderen sprachlichen Gestaltung, so dass von einer reinen Inhaltsangabe und von keinem Urheberrechtsschutz auszugehen ist[1640]. Auch an den urheberrechtlichen Schutz von **Tweets** sind hohe Anforderungen zu stellen[1641]. 1063

Zeitungsartikel und Zeitschriftenartikel stellen – ebenso wie **Pressemitteilungen**[1642] – in der Regel persönliche geistige Schöpfungen dar[1643]. Die vielfältigen Möglichkeiten, ein Thema darzustellen, und die fast unerschöpfliche Vielzahl der Ausdrucksmöglichkeiten führen dazu, dass ein Artikel nahezu unvermeidlich die Individualprägung seines Autors erhält. 1064

Die Texte von Nachrichtenagenturen weisen typischerweise kaum individuelle Charakteristika auf; ein ausgeprägter persönlicher Schreibstil ist in der Regel ebenso wenig erwünscht wie eine markante rhetorische Gestaltung. Dennoch sind auch **Nachrichtentexte** in der Re- 1065

1636 LG München I v. 4.8.2011 – 7 O 8226/11, AfP 2011, 610.
1637 LG Frankenthal v. 3.11.2020 – 6 O 102/20 Rz. 52.
1638 *Loewenheim* in Schricker/Loewenheim, Urheberrecht, § 2 UrhG Rz. 138; LG Berlin v. 26.1.2006 – 58 S 75/06, ZUM-RD 2006, 573, 573 ff.
1639 OLG Rostock v. 27.6.2007 – 2 W 12/07, CR 2007, 737, 738 = AfP 2008, 661 = ITRB 2007, 249 (*Wolff*); LG Köln v. 12.8.2009 – 28 O 396/09, MMR 2010, 110 f.; a.A. *Kühn/Koch*, CR 2018, 648, 652.
1640 OLG Köln v. 8.4.2016 – 6 U 120/15 Rz. 17 ff., AfP 2016, 548 = CR 2016, 457.
1641 LG Bielefeld v. 3.1.2017 – 4 O 144/16 Rz. 7, CR 2017, 541.
1642 Vgl. LG Hamburg v. 31.1.2007 – 308 O 793/06, ZUM 2007, 871, 872 = ITRB 2007, 180 f. (*Stadler*).
1643 Vgl. *Loewenheim* in Schricker/Loewenheim, Urheberrecht, § 2 UrhG Rz. 142; BGH v. 16.1.1997 – I ZR 9/95, CR 1997, 403 m. Anm. *Loewenheim* = AfP 1997, 624 = GRUR 1997, 459, 460 f. – CB-infobank I; KG Berlin v. 30.4.2004 – 5 U 98/02, AfP 2004, 278 = CR 2004, 688 = MMR 2004, 540, 541; LG München I v. 14.4.2011 – 7 O 4277/11 Rz. 33 ff., CR 2011, 542 = ITRB 2011, 258.

gel urheberrechtsschutzfähig. Die vielfältigen Möglichkeiten, ein Thema darzustellen, führen fast unvermeidlich zu einer individuellen Prägung des Artikels[1644]. Eine Grenze der Schutzfähigkeit ist erst dort zu ziehen, wo es sich um kurze Artikel rein tatsächlichen Inhalts handelt, etwa um kurze Meldungen oder Informationen, bei denen die Darstellung im Bereich des Routinemäßigen bleibt[1645]. Ein aus elf Wörtern bestehender Auszug eines Presseartikels kann allerdings bereits schutzfähig sein[1646].

1066   **Vertragsmuster** und **Allgemeine Geschäftsbedingungen** können Sprachwerke darstellen, sofern die Form und Art der Sammlung, die Einteilung des dargebotenen Stoffes und die Art der Darstellung individuelle schöpferische Züge trägt, die über eine bloß handwerks- oder routinemäßig erbrachte Leistung deutlich hinausgehen und das Vertragsmuster bzw. die Allgemeinen Geschäftsbedingungen in ihrer konkreten Gestaltung aus der Masse des Alltäglichen herausheben[1647].

1067   Für die Schutzfähigkeit eines Vertragsmusters sprechen die vorgenommene Stoffsammlung und eine folgerichtige und übersichtliche Anordnung, die den Parteien und Dritten im Konfliktfall einen schnellen Überblick über die Regelungsbereiche verschafft. Zudem kommt es darauf an, ob der Verfasser den Stoff in eine unmissverständliche sprachliche Form kleidet, die einerseits einer juristischen Überprüfung standhält, andererseits aber auch den Benutzern als juristischen Laien wenigstens so verständlich bleibt, dass sie die eingegangenen Rechte und Pflichten erkennen können. Dies alles spricht für eine individuelle schöpferische Leistung, die eine rein handwerksmäßige Leistung deutlich überragt. Dabei steht der Rückgriff auf übliche Formulierungen in einzelnen Klauseln oder auf eine gebräuchliche Anordnung der Beurteilung als urheberrechtsschutzfähiges Werk nicht entgegen[1648].

1068   Zu weit geht es, wenn es das OLG Brandenburg für den urheberrechtlichen Schutz von Vertragswerken nicht genügen lässt, dass die Verträge „individuell, zweckmäßig und möglicherweise sogar gelungen" sind und stattdessen verlangt, dass es sich um „Spitzen- bzw. Ausnahmeprodukte" handeln muss[1649]. Nach diesem Maßstab wären Gebrauchstexte in aller Regel dem Schutz des Urheberrechts entzogen, ohne dass ersichtlich ist, weshalb die Auslegung des § 2 Abs. 1 Nr. 1 UrhG für diese Werkgruppe derart restriktiv sein soll.

1069   Bei **Geschäftsbriefen** findet der erforderliche schöpferische Gehalt seinen Niederschlag und Ausdruck in erster Linie in der Form und Art der Sammlung, Einteilung und Anordnung des dargebotenen Stoffes und nicht ohne weiteres auch – wie bei literarischen Werken – in der von der Gedankenformung und -führung geprägten sprachlichen Gestaltung des dar-

---

1644 OLG Karlsruhe v. 10.8.2011 – 6 U 78/10 Rz. 17.

1645 *Loewenheim* in Schricker/Loewenheim, Urheberrecht, § 2 UrhG Rz. 142; KG Berlin v. 30.4.2004 – 5 U 98/02, AfP 2004, 278 = CR 2004, 688 = MMR 2004, 540, 541; LG München v. 15.11.2006 – 21 O 22557/05, AfP 2007, 156 = AfP 2009, 101 = CR 2007, 465, 466.

1646 EuGH v. 16.7.2009 – C-5/08, ECLI:EU:C:2009:465, CR 2009, 757 = K&R 2009, 707, 709 – Elektronischer Pressespiegel.

1647 Vgl. BGH v. 10.10.1991 – I ZR 147/89, CR 1992, 162 = GRUR 1993, 34, 36 – Bedienungsanleitung; OLG Köln v. 27.2.2009 – 6 U 193/08, CR 2009, 568 = ITRB 2009, 223 = K&R 2009, 488, 489; LG Berlin v. 4.8.2005 – 16 O 83/05, CR 2005, 894, 895; AG Köln v. 8.8.2013 – 137 C 568/12.

1648 LG Berlin v. 4.8.2005 – 16 O 83/05, CR 2005, 894, 895.

1649 OLG Brandenburg v. 16.3.2010 – 6 U 50/09.

gebotenen Inhalts[1650]. Die Frage, ob ein Geschäftsbrief eine hinreichende schöpferische Eigentümlichkeit hat, bemisst sich nach dem geistig-schöpferischen Gesamteindruck der konkreten Gestaltung, gegebenenfalls im Gesamtvergleich mit vorbestehenden Gestaltungen. Lassen sich nach Maßgabe des Gesamtvergleichs mit dem Vorbekannten schöpferische Eigenheiten feststellen, so sind diese der durchschnittlichen Gestaltertätigkeit gegenüberzustellen. Die Urheberrechtsschutzfähigkeit erfordert ein deutliches Überragen des Alltäglichen, des Handwerksmäßigen, der mechanisch-technischen Aneinanderreihung des Materials[1651].

Bei hinreichender schöpferischer Eigentümlichkeit kann ein **Anwaltsschriftsatz** zwar als Sprachwerk geschützt sein. Es bedarf hierfür jedoch eines deutlichen Überragens des Alltäglichen, des Handwerksmäßigen, der mechanisch-technischen Aneinanderreihung des Materials[1652]. Die Abfassung eines Anwaltsschreibens als „presserechtliches Warnschreiben" reicht für sich allein nicht aus[1653].   1070

Ein Anwaltsschriftsatz verliert als Teil eines amtlichen Werks (§ 5 UrhG) seine Schutzfähigkeit, wenn er durch Bezugnahme und feste Verbindung Bestandteil einer gerichtlichen Entscheidung wird[1654].   1071

Bei entsprechender Schöpfungshöhe können auch **Filmbeschreibungen** nach § 2 Abs. 1 Nr. 1 UrhG geschützt sein[1655]. Dasselbe gilt für Texte zur Beschreibung von Fernsehsendungen[1656].   1072

Nach Auffassung des LG Hamburg sind **Interviewfragen** urheberrechtlich geschützt, wenn sie einen gewissen Grad an Individualität aufweisen. Dem Interviewten sei es daher nicht gestattet, ohne Erlaubnis des Interviewers die Fragen zu veröffentlichen[1657].   1073

Bei **wissenschaftlichen und technischen Sprachwerken** (z.B. einem Verkehrswertgutachten für ein Grundstück) kann die persönliche geistige Schöpfung nicht mit dem schöpferischen Gehalt des wissenschaftlichen oder technischen Inhalts der Darstellung begründet werden. Das wissenschaftliche oder technische Gedankengut eines Werkes kann nicht Gegenstand des Urheberrechtsschutzes sein. Die Urheberrechtsschutzfähigkeit von Sprachwerken kann ihre Grundlage allein in der Form der Darstellung finden[1658].   1074

Bei einem **technischen Regelwerk** (wie zum Beispiel einer DIN-Norm) kann die schöpferische Leistung auch in der sprachlichen Vermittlung eines komplexen technischen Sachver-   1075

1650 Vgl. BGH v. 21.11.1980 – I ZR 106/78, GRUR 1981, 352, 353 – Staatsexamensarbeit; BGH v. 27.2.1981 – I ZR 29/79, GRUR 1981, 520, 521 – Fragensammlung; BGH v. 29.3.1984 – I ZR 32/82, GRUR 1984, 659, 660 – Ausschreibungsunterlagen; BGH v. 9.5.1985 – I ZR 52/83, BGHZ 94, 276, 285 = CR 1985, 22 – Inkasso-Programm; BGH v. 17.4.1986 – I ZR 213/83, GRUR 1986, 739, 740 – Anwaltsschriftsatz; LG München v. 12.7.2006 – 21 O 22918/05, ITRB 2007, 181 (*Wolff*).
1651 Vgl. BGH v. 9.5.1985 – I ZR 52/83, BGHZ 94, 276, 285 = CR 1985, 22 – Inkasso-Programm; LG München v. 12.7.2006 – 21 O 22918/05, ITRB 2007, 181 (*Wolff*).
1652 BGH v. 17.4.1986 – I ZR 213/83, GRUR 1986, 739, 740 – Anwaltsschriftsatz; OLG München v. 16.10.2007, ZUM 2008, 991, 992.
1653 OLG München v. 16.10.2007 – 29 W 2325/07, ZUM 2008, 991, 992.
1654 LG Köln v. 7.7.2010 – 28 O 721/09.
1655 LG Köln v. 23.9.2009 – 28 O 250/09, ZUM 2010, 369, 369 ff.
1656 LG Leipzig v. 22.5.2009 – 05 O 2742/08, K&R 2009, 663, 665.
1657 LG Hamburg v. 8.11.2012 – 308 O 388/12, CR 2013, 123 = AfP 2013, 73.
1658 KG Berlin v. 11.5.2011 – 24 U 28/11 Rz. 6; OLG Hamburg v. 27.7.2017 – 3 U 220/15 Kart Rz. 125.

halts liegen. Technische Regelwerke sind mit Betriebsanleitungen vergleichbar, bei denen es ebenfalls darum geht, ein – häufig komplexes – technisches Regelwerk in gut verständlicher, klarer Sprache auszudrücken[1659].

1076 Eine hinreichende Schöpfungshöhe ist erreicht, wenn demjenigen, der ein – inhaltlich vorgegebenes – komplexes technisches Regelwerk in Worte fasst, für die Konzeption und Ausführung der sprachlichen Darstellung ein nicht unerheblicher gestalterischer Spielraum verbleibt. Dies ist der Fall ist, wenn die fraglichen Regelungen auf vielfältige Weise hätten dargestellt und gegliedert werden können und der gewählte Weg durch eine klare Konzeption der Gliederung und eine insgesamt gut verständliche und einleuchtende Darstellung des Stoffes gekennzeichnet ist[1660].

1077 **DIN-Normen** können demnach als Sprachwerke urheberrechtlich geschützt sein, wenn sich der Inhalt nicht auf die technischen Gegebenheiten begrenzt, sondern eine eigene geistige Schöpfung darstellt[1661]. DIN-Normen sind keine amtlichen Werke (§ 5 Abs. 1 und 2 UrhG), sondern private Normwerke (§ 5 Abs. 3 UrhG), die durch das Urheberrecht geschützt sind, wenn sie als persönliche geistige Schöpfungen den Anforderungen des § 2 Abs. 2 UrhG genügen[1662].

1078 Eine **Stellenanzeige** erfüllt regelmäßig nicht die Anforderungen einer hinreichenden Schöpfungshöhe, so dass kein urheberrechtlich geschütztes Sprachwerk vorliegt[1663]. Etwas Anderes gilt allerdings, wenn sich die Anzeige von der Masse des Alltäglichen abhebt. Hierzu genügt es nicht, dass ein individuelles Anforderungsprofil an Bewerber ausgeschrieben wird, das durch Vorgaben und Sachzwänge einer Stellenausschreibung geprägt ist.

b) Musik

1079 Musik kann nach § 2 Abs. 1 Nr. 2 UrhG geschützt sein. Dies setzt eine Komposition voraus, die auf einer **menschlich-gestalterischen Tätigkeit** beruht[1664]. Der Einsatz von Computern bei der Schöpfung der Musik schließt den urheberrechtlichen Schutz nicht aus. Wird indes die Klangfolge von einem Computer vollständig vorgegeben, fehlt es an einer menschlichen Schöpfung[1665].

1080 Bei Musikwerken liegt die schöpferische Eigentümlichkeit in ihrer individuellen ästhetischen Ausdruckskraft. Für den individuellen ästhetischen Gehalt gelten keine hohen Anforderungen. Auf den künstlerischen Wert kommt es nicht an[1666].

1659 OLG Hamburg v. 27.7.2017 – 3 U 220/15 Kart Rz. 125.
1660 OLG Hamburg v. 27.7.2017 – 3 U 220/15 Kart Rz. 126.
1661 LG Hamburg v. 31.3.2015 – 308 O 206/13 Rz. 54, CR 2016, 223.
1662 OLG Hamburg v. 27.7.2017 – 3 U 220/15 Kart Rz. 132 ff.
1663 KG Berlin v. 18.7.2016 – 24 W 57/16, K&R 2016, 615.
1664 *Loewenheim* in Schricker/Loewenheim, Urheberrecht, § 2 UrhG Rz. 145; *Bullinger* in Wandtke/Bullinger, Urheberrecht, § 2 UrhG Rz. 70.
1665 *Wirtz* in Bröcker/Czychowski/Schäfer, Praxishandbuch Geistiges Eigentum im Internet, § 8 Rz. 69; *A. Nordemann* in Fromm/Nordemann, Urheberrecht, § 2 UrhG Rz. 122; *Loewenheim* in Schricker/Loewenheim, Urheberrecht, § 2 UrhG Rz. 151; *Czychowski* in Loewenheim, Handbuch des Urheberrechts, § 9 Rz. 65.
1666 LG Köln v. 14.7.2010 – 28 O 128/08 Rz. 27.

Eine individuelle schutzfähige Leistung kann sich nicht nur aus der Melodie und dem Einsatz der musikalischen Ausdrucksmittel der Rhythmik, des Tempos, der Harmonik und des Arrangements ergeben, sondern auch aus der Art und Weise des Einsatzes der einzelnen Instrumente, also der Durchführung der **Instrumentierung** und **Orchestrierung.** Nicht dem Urheberrechtsschutz zugänglich ist das rein handwerkliche Schaffen unter Verwendung formaler Gestaltungselemente, die auf den Lehren von Harmonik, Rhythmik und Melodik beruhen oder die – wie Tonfolgen einfachster Art oder bekannte rhythmische Strukturen – sonst zum musikalischen Allgemeingut gehören[1667]. 1081

Zwar sind weder der „Sound" noch akustische Signale oder einzelne Töne oder Akkorde geschützt[1668]; jedoch können auch kurze Tonfolgen oder Teile von Musikstücken[1669] geschützt sein. Demgegenüber genießen akustische Signale, Pausenzeichen oder dem Bereich der Werbung zuzuordnende Erkennungszeichen in der Regel keinen Urheberrechtsschutz. Mit zunehmender Länge, wie z.B. bei manchen Handy-Klingeltönen, können allerdings auch derartige Hörzeichen urheberrechtlich schutzfähig sein[1670]. Als urheberrechtliches Werk geschützt ist ein Musikstück, das im Wege des **Samplings** aus einzelnen Bestandteilen anderer Musikstücke entstanden ist, sofern die Zusammenstellung der einzelnen Bestandteile individuelle Züge trägt[1671]. 1082

Es stellt keinen Wertungswiderspruch dar, kleinsten Partikeln eines Film- oder Tonträgers Leistungsschutz zuzubilligen, während **Teile eines Musikwerks** nur dann Urheberrechtsschutz genießen, wenn sie für sich genommen den urheberrechtlichen Schutzvoraussetzungen genügen. Die Unterschiede im Schutzumfang ergeben sich aus den gänzlich unterschiedlichen Schutzgegenständen dieser Rechte. Während das verwandte Schutzrecht am Tonträger den Schutz der wirtschaftlichen, organisatorischen und technischen Leistung des Tonträgerherstellers zum Gegenstand hat, schützt das Urheberrecht am Musikwerk die persönliche geistige Schöpfung des Komponisten[1672]. 1083

c) Kunst, Grafik, Design

§ 2 Abs. 1 Nr. 4 UrhG schützt Werke der **bildenden Kunst**, wobei der Begriff der bildenden Kunst Werke der **Gebrauchskunst**, d.h. Bedarfs- und Gebrauchsgegenstände mit künstlerischer Formgebung[1673] mit umfasst. Zu den Werken der bildenden Kunst, die urheberrechtlich geschützt sind, gehören beispielsweise zwei- oder dreidimensionale Figuren, aber auch grafisch gestaltete Bildschirmschoner sowie sonstige Grafiken und Layout-Elemente, sofern die von § 2 Abs. 2 UrhG geforderte Gestaltungshöhe erreicht wird[1674]. 1084

1667 BGH v. 16.4.2015 – I ZR 225/12.
1668 *Loewenheim* in Schricker/Loewenheim, Urheberrecht, § 2 UhG Rz. 146; *Bullinger* in Wandtke/
    Bullinger, Urheberrecht, § 2 UrhG Rz. 71 m.w.N.
1669 Vgl. AG München v. 3.4.2012 – 161 C 19021/11 Rz. 21, CR 2014, 60.
1670 LG Köln v. 14.7.2010 – 28 O 128/08 Rz. 27.
1671 *Wirtz* in Bröcker/Czychowski/Schäfer, Praxishandbuch Geistiges Eigentum im Internet, § 8
    Rz. 69; *Loewenheim* in Schricker/Loewenheim, Urheberrecht, § 2 UrhG Rz. 150; *Bullinger* in
    Wandtke/Bullinger, Urheberrecht, § 2 UrhG Rz. 71.
1672 BGH v. 6.12.2017 – I ZR 186/16 Rz. 20, CR 2018, 250 – Konferenz der Tiere.
1673 *Loewenheim* in Schricker/Loewenheim, Urheberrecht, § 2 UrhG Rz. 181.
1674 *Wirtz* in Bröcker/Czychowski/Schäfer, Praxishandbuch Geistiges Eigentum im Internet, § 8
    Rz. 72.

1085 In seiner Geburtstagszug-Entscheidung hat der BGH seine frühere Rechtsprechung aufgegeben, nach der der Urheberrechtsschutz für Werke der angewandten Kunst, die einem Schutz nach dem **Designgesetz (DesignG)** zugänglich sind, ein deutliches Überragen der Durchschnittsgestaltung voraussetzt. An den Urheberrechtsschutz von Werken der angewandten Kunst sind grundsätzlich keine anderen Anforderungen zu stellen als an den Urheberrechtsschutz von Werken der zweckfreien bildenden Kunst oder des literarischen und musikalischen Schaffens. Es genügte daher, dass sie eine Gestaltungshöhe erreichen, die es nach Auffassung der für Kunst empfänglichen und mit Kunstanschauungen einigermaßen vertrauten Kreise rechtfertigt, von einer „künstlerischen" Leistung zu sprechen.[1675]

1086 Unter den Begriff der bildenden Kunst fallen alle eigenpersönlichen Schöpfungen, die mit den Darstellungsmitteln der Kunst durch formgebende Tätigkeit hervorgebracht werden. Diesen Schutz können grundsätzlich auch **Computeranimationen oder -grafiken** genießen, wenn sie nicht lediglich auf der Tätigkeit des Computers beruhen. Allerdings ist bei der Beurteilung, ob die weiterhin erforderliche Gestaltungshöhe erreicht ist, zu berücksichtigen, dass die ästhetische Wirkung der Gestaltung einen Urheberrechtsschutz jedenfalls nur dann begründen kann, soweit sie nicht dem Gebrauchszweck geschuldet ist, sondern auf einer künstlerischen Leistung beruht. Eine eigene geistige Schöpfung des Urhebers setzt voraus, dass ein **Gestaltungsspielraum besteht** und vom Urheber dafür genutzt wird, seinen schöpferischen Geist in origineller Weise zum Ausdruck zu bringen[1676].

1087 Bei **Gebrauchsgegenständen**, die durch den Gebrauchszweck bedingte Gestaltungsmerkmale aufweisen, ist der Spielraum für eine künstlerische Gestaltung regelmäßig eingeschränkt. Deshalb stellt sich bei ihnen in besonderem Maße die Frage, ob sie über ihre von der Funktion vorgegebene Form hinaus künstlerisch gestaltet sind und diese Gestaltung eine Gestaltungshöhe erreicht, die einen Urheberrechtsschutz rechtfertigt[1677].

1088 Eine **Website** kann in ihrer konkreten visuellen Gestaltung des Weiteren als Werk der angewandten Kunst gem. § 2 Abs. 1 Nr. 4 UrhG urheberrechtlichen Schutz genießen. Ausschlaggebend ist der Gesamteindruck der Gestaltung. Künstlerische Individualität kann sich dort nicht entfalten, wo eine bestimmte Formgebung durch den Gebrauchszweck oder technische Gegebenheiten vorgegeben oder üblich ist[1678]

d) Fotos

1089 Soweit auf einer Website Fotos verwendet werden, kommt ein Schutz als Lichtbildwerk (§ 2 Abs. 1 Nr. 5 UrhG) oder Lichtbild (§ 72 UrhG) in Betracht. Handelt es sich um Fotos, die durch eine schöpferische Leistung entstanden sind (§ 2 Abs. 2 UrhG), sind die Schutzvoraussetzungen des § 2 Abs. 1 Nr. 5 UrhG erfüllt. Fehlt es an einem schöpferischen Akt, besteht **ergänzender Leistungsschutz** nach § 72 UrhG. Da § 72 UrhG das Lichtbild dem Lichtbild-

---

1675 BGH v. 13.11.2013 – I ZR 143/12 Rz. 26, CR 2014, 161 m. Anm. *Vonau* – Geburtstagszug.

1676 KG Berlin v. 16.1.2019 – 2 U 12/16 Kart Rz. 57 ff., CR 2020, 232.

1677 KG Berlin v. 16.1.2019 – 2 U 12/16 Kart Rz. 57, CR 2020, 232.

1678 *Kühn/Koch*, CR 2018, 648, 652; *Ludwig*, IPRB 2021, 138, 139; vgl. auch LG Hamburg v. 14.1.2022 – 308 O 130/19 Rz. 60 ff., CR 2022, 383 m. Anm. *Wiebe/Kreutz* = CR 2022, 195 = ITRB 2022, 58 (*Rössel*).

werk weitestgehend gleichstellt[1679], hat die Unterscheidung zwischen Lichtbildwerken und Lichtbildern kaum eine praktische Bedeutung[1680].

Eine Fotografie erreicht den Schutz als **Lichtbildwerk** gem. § 2 Abs. 1 Nr. 5 UrhG, wenn sie das Ergebnis der eigenen geistigen Schöpfung darstellt. Andere Kriterien zur Bestimmung der Schutzfähigkeit sind nicht anzuwenden, insbesondere keine qualitativen oder ästhetischen. Dies bedeutet, dass es nicht eines besonderen Maßes an schöpferischer Gestaltung bedarf. Auch durchschnittliche und unterdurchschnittliche fotografische Gestaltungen genießen als Lichtbildwerke Schutz, sofern eine unterscheidbare Gestaltung vorliegt und ein anderer Fotograf das Foto möglicherweise anders gestaltet hätte, indem er den Blickwinkel, den Ausschnitt oder die Beleuchtung anders gewählt, einen anderen Geschehensmoment festgehalten, die abgebildeten Personen anders gruppiert oder das Foto zu einem anderen Zeitpunkt aufgenommen hätte[1681]. **1090**

Für den Schutz von Fotos nach § 2 Abs. 1 Nr. 5 und § 72 UrhG kommt es nicht auf die **Herstellungsform** an. Das Aufnahmeverfahren ist ebenso unerheblich wie das Trägermaterial. Erzeugnisse, die ähnlich wie herkömmliche Lichtbildwerke bzw. Lichtbilder hergestellt werden (insbesondere digital erzeugte Fotos), werden den Lichtbildwerken bzw. Lichtbildern in § 2 Abs. 1 Nr. 5 bzw. § 72 UrhG gleichgestellt[1682]. Es muss sich nicht um Bilder handeln, die unter Benutzung „strahlender Energie" erzeugt wurden[1683], so dass auch eine Bildbearbeitung am Computer nichts an der Schutzfähigkeit gem. § 2 Abs. 1 Nr. 5 bzw. § 72 UrhG ändert[1684]. **1091**

Der **technische Reproduktionsvorgang** allein begründet aber noch keinen Lichtbildschutz. Vielmehr ist ein Mindestmaß an – zwar nicht schöpferischer, aber doch persönlicher – geistiger Leistung erforderlich, das schon bei einfachen Fotografien regelmäßig erreicht ist, allerdings im Falle von Lichtbildern fehlt, die sich lediglich als bloße Vervielfältigung anderer Lichtbilder darstellen, bei denen also ein Original-Lichtbild so getreu wie möglich reproduziert (kopiert) wird. Der Lichtbildschutz erfordert, dass das Lichtbild als solches originär, das heißt als **Urbild**, geschaffen worden ist[1685]. **1092**

Fotografien von Gemälden sind jedenfalls dann als eigenständig geschützte Lichtbilder zu qualifizieren, wenn sie einen erheblichen Arbeitsaufwand erfordern, um etwa geeignete Lichtverhältnisse herzustellen[1686]. Die Fotografie eines Gemäldes erfüllt zudem auch den Tatbestand einer Vervielfältigung des Gemäldes (§ 16 UrhG)[1687]. **1093**

1679 Vgl. *Vogel* in Schricker/Loewenheim, Urheberrecht, § 72 UrhG Rz. 1; *Bullinger* in Wandtke/Bullinger, Urheberrecht, § 2 UrhG Rz. 112.
1680 *Hullen*, ITRB 2008, 156, 157.
1681 LG Köln v. 27.5.2021 – 14 O 285/19 Rz. 44.
1682 *Wirtz* in Bröcker/Czychowski/Schäfer, Praxishandbuch Geistiges Eigentum im Internet, § 8 Rz. 78; *Loewenheim* in Schricker/Loewenheim, Urheberrecht, § 2 UrhG Rz. 210; *Nordemann* in Loewenheim, Handbuch des Urheberrechts, § 9 Rz. 128.
1683 A.A. OLG Köln v. 20.3.2009 – 6 U 183/08 Rz. 8, ITRB 2010, 127 = CR 2010, 223, 223 ff.
1684 A.A. OLG Hamm v. 24.8.2004 – 4 U 51/04, AfP 2005, 209 = ITRB 2005, 60 = MMR 2005, 106, 107 = K&R 2005, 141, 143.
1685 BGH v. 20.12.2018 – I ZR 104/17 Rz. 23, CR 2019, 247 – Museumsfotos.
1686 LG Berlin v. 31.5.2016 – 15 O 428/15, AfP 2016, 453.
1687 OLG Stuttgart v. 31.5.2017 – 4 U 204/16 Rz. 87.

1094 Die Aufnahme einer Fotografie von einem (auch zweidimensionalen) Werk erfordert Entscheidungen des Fotografen über eine Reihe von gestalterischen Umständen, zu denen Standort, Entfernung, Blickwinkel, Belichtung und Ausschnitt der Aufnahme zählen. Auch wenn der Fotograf diese Entscheidungen an handwerklich-technischen Fragestellungen ausrichtet und das Ziel einer möglichst originalgetreuen Abbildung verfolgt, spricht dies nicht gegen das Vorliegen einer persönlichen geistigen Leistung[1688].

1095 Charakteristische Merkmale der Fotografie sind zum einen der Einsatz von strahlender Energie und zum anderen die Abbildung eines im Moment der Bilderschaffung vorhandenen körperlichen Gegenstandes. Daher lehnen das Kammergericht und das LG Berlin eine Erstreckung des Lichtbildschutzes auf **Computergrafiken** ab. Zwar sei es unstimmig, wenn ein einfaches Lichtbild eines Parfumflakons bereits (leistungs-)schutzfähig ist, während eine aufwändig hergestellte und bearbeitete Visualisierung allenfalls Schutz als Werk der angewandten Kunst in Anspruch nehmen kann, obwohl beide Abbildungen dem Betrachter in ihren Grundzügen denselben optischen Eindruck vermitteln. Dieser Bruch sei jedoch im Gesetz angelegt, sodass es Aufgabe des Gesetzgebers sei, die bestehenden Regelungen unter Berücksichtigung der technischen Entwicklung sinnvoll anzupassen[1689].

1096 Das Kammergericht und das LG Berlin erkennen selbst die Unstimmigkeit. Denn im Herstellungsprozess unterscheiden sich digitale Fotos nicht grundlegend von einer grafischen Visualisierung[1690]. Wenn digitale Fotos durch § 72 UrhG geschützt sind, ist nicht einzusehen, weshalb es des Gesetzgebers bedarf, um Computergrafiken gleichzustellen.

1097 Der Lichtbildschutz gilt auch für Aufnahmen gemeinfreier Werke[1691]. Denn der Schutz nach § 72 UrhG hindert die Allgemeinheit nicht an der geistigen Auseinandersetzung mit dem gemeinfreien Werk, weil er lediglich der Vervielfältigung des konkret betroffenen Fotos entgegensteht[1692].

e) Videos

1098 Für **Filmwerke** i.S.d. § 2 Abs. 1 Nr. 6 und §§ 88 ff. UrhG sowie für **Laufbilder** i.S.d. § 95 UrhG gilt Ähnliches wie für Lichtbildwerke bzw. Lichtbilder. Unabhängig von der Art der Herstellung sind Videos als Filmwerke i.S.d. § 2 Abs. 1 Nr. 6 und §§ 88 ff. UrhG geschützt, sofern sie eine persönliche geistige Schöpfung beinhalten. Fehlt es an den Voraussetzungen des § 2 Abs. 2 UrhG, findet die Schutznorm des § 95 UrhG Anwendung. § 95 UrhG stellt einfache Laufbilder ohne schöpferischen Gehalt den urheberrechtlich geschützten Filmwerken weitgehend gleich[1693].

1688 BGH v. 20.12.2018 – I ZR 104/17 Rz. 26, CR 2019, 247 – Museumsfotos.

1689 KG Berlin v. 16.1.2019 – 2 U 12/16 Kart Rz. 75 ff., CR 2020, 232; LG Berlin v. 20.6.2017 – 16 O 59/16 Rz. 40.

1690 KG Berlin v. 16.1.2019 – 2 U 12/16 Kart Rz. 77, CR 2020, 232; LG Berlin v. 20.6.2017 – 16 O 59/16 Rz. 41.

1691 LG Berlin v. 31.5.2016 – 15 O 428/15, AfP 2016, 453.

1692 BGH v. 20.12.2018 – I ZR 104/17 Rz. 30, CR 2019, 247 – Museumsfotos.

1693 *Bullinger* in Wandtke/Bullinger, Urheberrecht, § 95 UrhG Rz. 1 f.

Der Schutz als Filmwerk bzw. Laufbild gilt unabhängig von deren Art und Inhalt, so dass beispielsweise auch kurze Musikvideoclips, computeranimierte Sequenzen und Werbefilme schutzfähig sind[1694]. Dasselbe gilt für die Live-Übertragung von Fußballspielen[1695].   1099

Auch **Computerspiele**[1696] sind – je nach Gestaltungshöhe – als Filmwerke oder Laufbilder geschützt[1697]. Bei Browsergames kann dies – zumindest als Filmwerk – aufgrund der einfachen Darstellung zu verneinen sein[1698].   1100

f) Zeichnungen, Karten, Pläne, Tabellen

Darstellungen wissenschaftlicher oder technischer Art wie Zeichnungen, Pläne, Karten, Skizzen, Tabellen und plastische Darstellungen werden durch § 2 Abs. 1 Nr. 7 UrhG geschützt. Hierzu zählen u.a. **kartografische Gestaltungen** (z.B. Stadtpläne)[1699].   1101

Stadtpläne und Landkarten können selbst dann, wenn sie in der Gesamtkonzeption (insbesondere bei der Gestaltung des Kartenbildes) keine schöpferischen Züge aufweisen (wie z.B. bei der Erarbeitung eines einzelnen topografischen Kartenblatts nach einem vorbekannten Muster), urheberrechtlich schutzfähig sein. Auch bei einer Bindung an vorgegebene Zeichenschlüssel und Musterblätter kann dem Entwurfsbearbeiter oder Kartografen ein für die Erreichung des Urheberrechtsschutzes genügend großer Spielraum für individuelle kartografische Leistungen bleiben. Die Anforderungen an die **schöpferische Eigentümlichkeit** sind bei kartografischen Gestaltungen gering; bei der Beurteilung, ob die Mindestanforderungen an die schöpferische Eigentümlichkeit i.S.d. § 2 Abs. 2 UrhG erfüllt sind, wird ein großzügiger Maßstab angewendet[1700]. Allerdings folgt aus einem geringen Maß an Eigentümlichkeit auch ein entsprechend enger Schutzumfang für das betreffende Werk[1701].   1102

Eine grafische **Bildschirmoberfläche** kann nach § 2 Abs. 1 Nr. 7 UrhG geschützt sein. Bei der Beurteilung der notwendigen Schöpfungshöhe ist insbesondere die Anordnung oder spezi-   1103

1694 *Loewenheim* in Schricker/Loewenheim, Urheberrecht, § 2 UrhG Rz. 215; *Nordemann* in Loewenheim, Handbuch des Urheberrechts, § 9 Rz. 162.

1695 OLG Frankfurt v. 14.12.2021 – 11 U 53/21 Rz. 24 ff.; LG Frankenthal v. 1.10.2019 – 6 O 46/19 Rz. 27 ff.

1696 *Loewenheim* in Schricker/Loewenheim, Urheberrecht, § 2 UrhG Rz. 217; vgl. LG München I v. 17.2.2004, ZUM-RD 2004, 373, 373 ff. – Moorhuhn.

1697 Vgl. *Wirtz* in Bröcker/Czychowski/Schäfer, Praxishandbuch Geistiges Eigentum im Internet, § 8 Rz. 81.

1698 *Bleckat*, K&R 2016, 794, 796.

1699 Vgl. BGH v. 23.6.2005 – I ZR 227/02, AfP 2005, 468 = CR 2005, 852 = WRP 2005, 1173, 1176 – Karten-Grundsubstanz; OLG Hamburg v. 28.4.2006 – 5 U 199/05, AfP 2007, 76 = K&R 2006, 528, 528; AG München v. 31.3.2010 – 161 C 15642/09.

1700 BGH v. 20.11.1986 – I ZR 160/84, CR 1987, 285 = GRUR 1987, 360, 361 – Werbepläne; BGH v. 2.7.1987 – I ZR 232/85, CR 1988, 205 = GRUR 1988, 33, 35 = WRP 1988, 233, 234 – Topografische Landeskarten; BGH v. 28.5.1998 – I ZR 81/96, BGHZ 139, 68, 73 – Stadtplanwerk; BGH v. 23.6.2005 – I ZR 227/02, AfP 2005, 468 = CR 2005, 852 = WRP 2005, 1173, 1176 – Karten-Grundsubstanz; OLG Zweibrücken v. 28.2.2019 – 4 U 37/18 Rz. 19.

1701 Vgl. BGH v. 2.7.1987 – I ZR 232/85, CR 1988, 205 = GRUR 1988, 33, 35 = WRP 1988, 233, 234 – Topografische Landeskarten; BGH v. 23.6.2005 – I ZR 227/02, AfP 2005, 468 = CR 2005, 852 = WRP 2005, 1173, 1176 – Karten-Grundsubstanz.

fische Konfiguration aller Komponenten zu berücksichtigen, aus denen sich die Oberfläche zusammensetzt[1702].

g) Presseveröffentlichungen

1104 Nach der umstrittenen[1703] Bestimmung des § 87g Abs. 1 Satz 1 UrhG hat der **Presseverleger** das ausschließliche Recht, seine Presseveröffentlichung im Ganzen oder in Teilen für die Online-Nutzung durch Anbieter von Diensten der Informationsgesellschaft öffentlich zugänglich zu machen und zu vervielfältigen. Das **Leistungsschutzrecht** gilt für die Dauer von zwei Jahren nach Veröffentlichung (§ 87j Satz 1 UrhG).

1105 Eine Presseveröffentlichung ist nach § 87f Abs. 1 Satz 1 UrhG eine hauptsächlich aus Sprachwerken journalistischer Art bestehende Sammlung, die eine Einzelausgabe in einer unter einem einheitlichen Titel **periodisch erscheinenden oder regelmäßig aktualisierten Veröffentlichung** darstellt und dem Zweck dient, die Öffentlichkeit über Nachrichten oder andere Themen zu informieren. Auf das Medium kommt es nicht an, so dass nicht nur Printerzeugnisse erfasst sind (§ 87f Abs. 1 Satz 1 Nr. 3 UrhG).

1106 Nach § 87g Abs. 2 Nr. 3 und 4 UrhG gilt das Leistungsschutzrecht nicht für das **Setzen von Hyperlinks** auf eine Presseveröffentlichung und für die **Nutzung einzelner Wörter oder sehr kurzer Auszüge** aus einer Presseveröffentlichung.

1107 Von dem Leistungsschutzrecht umfasst sind damit nicht nur Beiträge in Printmedien wie Zeitungen und Zeitschriften, sondern auch Beiträge, die in Blogs und anderen **Online-Publikationen** erscheinen, sofern es sich um Publikationen handelt, in denen es regelmäßig (periodisch) zu Veröffentlichungen kommt.

2. Schutz von Sammelwerken und Datenbanken

a) Sammelwerke und Datenbankwerke

1108 Ein **Sammelwerk** (§ 4 Abs. 1 UrhG) ist eine Sammlung von Werken, Daten oder unabhängigen Elementen, die auf Grund der Auswahl oder Anordnung der Elemente eine persönliche geistige Schöpfung darstellt. Hierzu zählen beispielsweise wissenschaftliche Sammlungen[1704], Lexika[1705], Festschriften[1706], Rezeptsammlungen[1707] und Liederbücher[1708].

1109 Auch Ausstellungen sind als Sammelwerke durch § 4 Abs. 1 UrhG geschützt, wenn die Auswahl oder Anordnung der einzelnen Exponate eine persönliche geistige Schöpfung ist. In der Auswahl, Anordnung und Einteilung der Ausstellungsstücke sowie der verbindenden Texte (als Bestandteil der Anordnung) kommt die persönliche geistige Schöpfung zum Ausdruck,

---

1702 Vgl. EuGH v. 22.12.2010 – C-393/09 Rz. 48, ECLI:EU:C:2010:816, CR 2011, 221; OLG Hamburg v. 29.2.2012 – 5 U 10/10 Rz. 36 ff.; *Marly*, GRUR 2011, 204, 204 ff.
1703 Vgl. *Ensthaler/Blanz*, GRUR 2012, 1104, 1104 ff.; *Kühne*, CR 2013, 169, 169 ff.; *Ott*, K&R 2012, 556, 556 ff.; *Spindler*, CR 2020, 277, 281 ff.; *Wimmers*, CR 2012, 663, 663 ff.
1704 OLG Hamm v. 26.2.2008 – 4 U 157/07, AfP 2008, 515 = CR 2008, 517, 517 ff.
1705 *Bullinger* in Wandtke/Bullinger, Urheberrecht, § 4 UrhG Rz. 7.
1706 *Bullinger* in Wandtke/Bullinger, Urheberrecht, § 4 UrhG Rz. 7.
1707 LG Frankfurt/M. v. 28.3.2012 – 2-06 O 387/11.
1708 *Bullinger* in Wandtke/Bullinger, Urheberrecht, § 4 UrhG Rz. 7.

sofern sich die Ausstellung nicht auf die Präsentation mehr oder weniger zufällig zusammengetragener Objekte beschränkt[1709].

Ein **Datenbankwerk** ist ein Sammelwerk, dessen Elemente systematisch oder methodisch angeordnet und einzeln mit Hilfe elektronischer Mittel oder auf andere Weise zugänglich sind (§ 4 Abs. 2 UrhG).   **1110**

Für einen Schutz als Datenbankwerk genügt es, dass die Auswahl oder Anordnung des Inhalts der Datenbank eine eigene **geistige Schöpfung** des Urhebers ist. Es reicht aus, dass die Sammlung in ihrer Struktur, die durch Auswahl oder Anordnung des Inhalts der Datenbank geschaffen worden ist, einen individuellen Charakter hat[1710].   **1111**

Spielpläne einer Mannschaftssportmeisterschaft genießen in aller Regel keinen Schutz nach § 4 Abs. 2 UrhG[1711]. Bei der Spielansetzung, die größtenteils computergestützt erfolgt, sind bestimmte Kriterien wie z.B. die Anzahl der Heim- und Auswärtsspiele, das abwechselnde Heimrecht der Teams, die TV-Übertragungszeiten, Kollisionen mit Terminen in europäischen und internationalen Cup-Wettbewerben und die Wünsche der Vereine zu berücksichtigen. Dabei wird dem Datenbankhersteller bei der Auswahl und Anordnung der Daten zwar eine geistige Leistung, aber keine Kreativität abverlangt. Die Struktur der Datenbank, auf die es allein ankommt, ist nicht Ausdruck individuellen Schaffens, sondern Ergebnis einer rein handwerklichen Tätigkeit[1712].   **1112**

Websites oder Teile davon können bei entsprechender Auswahl und Anordnung der einzelnen Elemente als Sammelwerk und bei einer systematischen oder methodischen Anordnung der einzelnen Elemente auch als Datenbankwerk geschützt sein[1713]. Keine geschützten Datenbankwerke sind weniger auf individuelle Auswahl und Anordnung, sondern auf Vollständigkeit ausgelegte Datenbanken wie Telefonteilnehmerverzeichnisse, Börsencharts oder News-Ticker[1714].   **1113**

b) Datenbanken

Anstelle oder neben § 4 Abs. 2 UrhG kann der **Leistungsschutz** als (einfache) Datenbank gem. §§ 87a ff. UrhG treten[1715]. Dieser Schutz setzt keine persönliche geistige Schöpfung vo-   **1114**

1709 LG München I v. 31.1.2018 – 37 O 17964/17 Rz. 22, CR 2018, 469 = ITRB 2018, 158.
1710 BGH v. 24.5.2007 – I ZR 130/04, AfP 2007, 361 = AfP 2007, 363 = CR 2007, 556 = ITRB 2007, 198 = K&R 2007, 465, 467 – Gedichttitelliste I; vgl. auch *Dreier* in Dreier/Schulze, UrhG, § 4 UrhG Rz. 12, 19; *Schack*, Urheber- und Urhebervertragsrecht, Rz. 289; *Leistner* in Schricker/Loewenheim, Urheberrecht, § 4 UrhG Rz. 49 ff.; *v. Lewinski* in Walter, Europäisches Urheberrecht, Datenbank-RL Art. 3 Rz. 8 f.; *Marquardt* in Wandtke/Bullinger, Urheberrecht, § 4 UrhG Rz. 11.
1711 Vgl. EuGH v. 1.3.2012 – C-604/10, ECLI:EU:C:2012:115 – Football Dataco m. Anm. *Reinholz*, K&R 2012, 338 f.
1712 *Reinholz*, K&R 2012, 338, 339; vgl. auch *Heermann/John*, K&R 2011, 753, 756; *Reinholz*, GRUR-Prax, 2011, 438, 441; a.A. *Summerer/Blask*, SpuRt 2005, 50.
1713 *Kühn/Koch* CR 2018, 648, 651; *Lapp*, ITRB 2020, 40, 41.
1714 *Lapp*, ITRB 2020, 40, 41.
1715 Eingefügt durch Art. 7 IuKDG in Umsetzung der Richtlinie Nr. 96/9 (EG) des Europäischen Parlaments und des Rates v. 11.3.1996 über den rechtlichen Schutz von Datenbanken; vgl. *Wiebe*, CR 2014, 1, 1 ff.

raus[1716] und greift ein, wenn der Datenbankhersteller zur Beschaffung, Überprüfung oder Darstellung der Inhalte eine nach Art und Umfang wesentliche Investition getätigt hat (§ 87a Abs. 1 Satz 1 UrhG). Geschützt sind nicht nur elektronische, sondern auch nicht-elektronische Datenbanken[1717].

1115 Quellen- und Referenzdatenbanken waren die Datenbanken der ersten Generation. Es handelt sich um klassische Sammlungen von Datensätzen alphanumerischer, aus Ziffern und Buchstaben bestehender Daten, welche so auch vom Nutzer wahrgenommen werden. Durch technische Weiterentwicklungen sind Datenbanken der zweiten Generation sowie datenbankähnliche Informationsstrukturen entstanden, etwa Hypertextsysteme, Multimedia-Datenbanken und Wissensbasen für Expertensysteme. Durch neue technische Möglichkeiten verschiebt sich der Fokus immer stärker von der Datenbank als Ganzem zu den einzelnen Daten[1718].

aa) Schutzvoraussetzungen

1116 Die Anforderungen an die „**unabhängigen Elemente**", aus denen die Datenbank besteht, sind niedrig. Es genügt, dass es sich um Bestandteile handelt, die sich voneinander trennen lassen, ohne dass der Wert ihres informativen, literarischen, künstlerischen, musikalischen oder sonstigen Inhalts dadurch beeinträchtigt wird[1719]. Jeder selbständige Informationswert reicht aus, ohne dass es darauf ankommt, ob eine Herauslösung aus der Datenbank zu einer Minderung dieses Informationswerts führt[1720].

1117 Das Erfordernis eines selbständigen Aussagegehalts der einzelnen Elemente soll sicherstellen, dass die Elemente nicht erst aus ihrer inhaltlichen Verbindung heraus Sinn ergeben; die einzelnen Elemente dürfen mithin nicht inhaltlich aufeinander bezogen und auch nicht in einem einheitlichen Schaffensvorgang miteinander verschmolzen sein[1721].

1118 Bei der Beurteilung des selbständigen Informationswerts ist nicht nur auf den Hauptzweck oder auf einen typischen Nutzer der Datenbank abzustellen. Vielmehr ist die Beurteilung des selbständigen Informationswerts eines aus einer Sammlung herausgelösten Elements durch jeden Dritten maßgebend, der sich für das herausgelöste Element interessiert[1722].

1119 Eine **systematische oder methodische Anordnung** liegt vor, wenn nicht lediglich ungeordnet Daten zusammengestellt werden, wie dies beispielsweise bei einer einfachen Preisliste der Fall ist. Entscheidend ist die Wiederauffindbarkeit einzelner Datenbankelemente durch ein Abfragetool[1723]. Die darüber hinaus von § 87a Abs. 1 Satz 1 UrhG geforderte **Zugänglichkeit der einzelnen Daten** bedeutet, dass sich die Datensammlung auf einem festen Trä-

---

1716 Vgl. *Thum* in Wandtke/Bullinger, Urheberrecht, Vor §§ 87a ff. UrhG Rz. 28.
1717 EuGH v. 29.10.2015 – C-490/14 Rz. 14 f., ECLI:EU:C:2015:735, AfP 2016, 33.
1718 *Schmidt/Zech*, CR 2017, 417, 418.
1719 EuGH v. 29.10.2015 – C-490/14 Rz. 17, ECLI:EU:C:2015:735, AfP 2016, 33.
1720 EuGH v. 29.10.2015 – C-490/14 Rz. 23 ff., AfP 2016, 33; BGH v. 10.3.2016 – I ZR 138/13 Rz. 18 ff., CR 2014, 772 – TK 50 II.
1721 *Schmidt/Zech*, CR 2017, 417, 418 f.
1722 *Schmidt/Zech*, CR 2017, 417, 419.
1723 *Thum* in Wandtke/Bullinger, Urheberrecht, § 87a UrhG Rz. 19.

ger befinden und ein technisches oder anderes Mittel vorhanden sein muss, das es ermöglicht, jedes in der Sammlung enthaltene Element aufzufinden[1724].

Mit dem Erfordernis einer nach Art oder Umfang **wesentlichen Investition** zur Beschaffung, Überprüfung oder Darstellung der Elemente hat § 87a Abs. 1 Satz 1 UrhG die in Art. 7 Abs. 1 der EG-Datenbankrichtlinie angeführte Schutzvoraussetzung übernommen. Die Richtlinie soll Investitionen in „Datenspeicher- und Datenverarbeitungs"-Systeme fördern und schützen, die zur Entwicklung des Informationsmarktes in einem Rahmen beitragen, der durch eine exponentielle Zunahme der Daten geprägt ist, die jedes Jahr in allen Tätigkeitsbereichen erzeugt und verarbeitet werden[1725]. 1120

Schutzgegenstand des § 87a Abs. 1 Satz 1 UrhG ist die Zusammenstellung von Elementen, ohne dass sich dieser Schutz auf die Elemente **(Inhalte)** selbst erstreckt. Daher kommt es für die Feststellung einer „wesentlichen Investition" nicht auf die Mittel an, die aufgewandt werden, um die Elemente zu erzeugen, aus welchen der Inhalt der Datenbank besteht[1726]. 1121

An die Wesentlichkeit der Investition sind keine hohen Anforderungen zu stellen[1727]. Es reicht aus, wenn bei objektiver Betrachtung keine ganz unbedeutenden Aufwendungen und keine von jedermann leicht aufzubringenden Investitionen erforderlich waren, um die Datenbank zu erstellen; nicht notwendig sind Investitionen von substantiellem Gewicht[1728]. 1122

Als wesentlich zu berücksichtigen sind zunächst die Investitionen, die der Erstellung der Datenbank als solche dienen – den Kosten der **Beschaffung der Inhalte**[1729]. Zu diesen Investi- 1123

1724 Vgl. EuGH v. 9.11.2004 – C-444/02, CR 2005, 412 = AfP 2005, 208 = GRUR 2005, 254, 255 – Fixtures-Fußballspielpläne II; BGH v. 21.4.2005 – I ZR 1/02, AfP 2005, 548 = ITRB 2006, 26 = CR 2006, 51, 52 = K&R 2005, 515, 516 – Marktstudien.

1725 Vgl. Richtlinie Nr. 96/9 (EG) des Europäischen Parlaments und des Rates v. 11.3.1996 über den rechtlichen Schutz von Datenbanken.

1726 EuGH v. 9.11.2004 – C-203/02, CR 2005, 10 m. Anm. *Lehmann* = AfP 2005, 207 = GRUR 2005, 244, 247 – BHB-Pferdewetten; EuGH v. 9.11.2004 – C-338/02, AfP 2005, 208 = GRUR 2005, 252, 253 – Fixtures-Fußballspielpläne I; EuGH v. 9.11.2004 – C-444/02, CR 2005, 412 = AfP 2005, 208 = GRUR 2005, 254, 256 – Fixtures-Fußballspielpläne II; EuGH v. 3.6.2021 – C-762/19 Rz. 25 – CV-Online; BGH v. 21.4.2005 – I ZR 1/02, AfP 2005, 548 = ITRB 2006, 26 = CR 2006, 51, 52 – Marktstudien; BGH v. 21.7.2005 – I ZR 170/02, WRP 2005, 1267, 1269 – HIT BILANZ; BGH v. 25.3.2010 – I ZR 47/08 Rz. 18, CR 2011, 43 = ITRB 2010, 271 – Autobahnmaut; vgl. auch KG Berlin v. 21.3.2012 – 24 U 130/10 Rz. 29, AfP 2012, 477; OLG Hamburg v. 16.4.2009 – 5 U 101/08, ITRB 2009, 174 = CR 2009, 526, 527; OLG Köln v. 28.10.2005 – 6 U 172/03, AfP 2006, 503 = CR 2006, 368, 369; OLG Köln v. 28.2.2020 – 6 U 128/19 Rz. 52: *Vogel* in Schricker/Loewenheim, Urheberrecht, § 87a UrhG Rz. 45; *Deutsch*, GRUR 2009, 1027, 1029; *Sendrowski*, GRUR 2005, 369, 371.

1727 OLG Hamburg v. 15.6.2017 – 5 U 54/12 Rz. 334, CR 2018, 22; OLG Köln v. 28.2.2020 – 6 U 128/19 Rz. 50; *Krekel*, WRP 2011, 436, 438.

1728 BGH v. 1.12.2010 – I ZR 196/08 Rz. 14 ff., CR 2011, 498 – Zweite Zahnarztmeinung II; BGH v. 22.6.2011 – I ZR 159/10 Rz. 31, CR 2011, 757 = ITRB 2011, 275 – Automobil-Onlinebörse; KG Berlin v. 21.3.2012 – 24 U 130/10 Rz. 29, AfP 2012, 477.

1729 EuGH v. 9.11.2004 – C-203/02, CR 2005, 10 m. Anm. *Lehmann* = AfP 2005, 207 = GRUR 2005, 244, 247 – BHB-Pferdewetten; EuGH v. 9.11.2004 – C-338/02, AfP 2005, 208 = GRUR 2005, 252, 253 – Fixtures-Fußballspielpläne I; EuGH v. 9.11.2004 – C-444/02, CR 2005, 412 = AfP 2005, 208 = GRUR 2005, 254, 256 – Fixtures-Fußballspielpläne II; BGH v. 21.4.2005 – I ZR 1/02, AfP 2005, 548 = ITRB 2006, 26 = CR 2006, 51, 52 – Marktstudien; BGH v. 21.7.2005 – I ZR 170/02, WRP 2005, 1267, 1269 – HIT BILANZ.

tionen zählen auch die Mittel, die zur Ermittlung von vorhandenen Elementen und deren Überprüfung und Zusammenstellung in der Datenbank eingesetzt werden.

1124 Der Begriff der „Beschaffung" bezeichnet die Suche nach vorhandenen unabhängigen Elementen und deren Sammlung in einer Datenbank im Gegensatz zu der Erzeugung der Elemente, aus denen der Inhalt einer Datenbank besteht. Es sind Investitionen geschützt, die zur Beschaffung und Sammlung von bereits vorhandenen Elementen, zu deren Suche, Auffinden, Erfassen, Aufbereiten und Art der Bereitstellung dienen[1730].

1125 Zu berücksichtigen sind auch Mittel, die der Kontrolle der Richtigkeit (**Überprüfung der Inhalte**) gewidmet werden, um die Verlässlichkeit der in der Datenbank enthaltenen Informationen sicherzustellen[1731]. Dies übersieht das OLG Hamburg, wenn es meint, Investitionen zur Überarbeitung und Erweiterung von Inhalten seien nicht zu berücksichtigen[1732].

1126 Der Begriff der mit der **Darstellung der Inhalte** der Datenbank verbundenen Investitionen bezieht sich auf die Mittel, mit denen diese Datenbank ihre Funktion der Informationsverarbeitung erhält. Dies umfasst alle Mittel, die der systematischen oder methodischen Anordnung der in der Datenbank enthaltenen Elemente und der Organisation der individuellen Zugänglichkeit dieser Elemente gewidmet sind[1733]. Insbesondere geht es dabei um Aufwendungen für die Aufbereitung und Erschließung des Datenbankinhaltes durch die Erstellung von Tabellen, Abstracts, Thesauri, Indizes und Abfragesystemen, die die für eine Datenbank charakteristische Einzelzugänglichkeit ihrer Elemente ermöglichen, sowie um Kosten des Erwerbs der zur Datenbanknutzung erforderlichen Computerprogramme und um Kosten der Herstellung eines Datenbankträgers und der Datenaufbereitung einschließlich der Optimierung der Abfragesysteme[1734].

1127 Der **Datenbankhersteller** ist nach § 87a Abs. 2 UrhG derjenige, der die wesentlichen Investitionen getätigt hat. Es kommt darauf an, wer die Initiative zur Erstellung der Datenbank ergriffen und das Risiko getragen hat, das mit einer in personeller, technischer oder finanzieller Hinsicht erheblichen Investition in den Aufbau, die Überprüfung oder die Präsentati-

---

1730 OLG Köln v. 28.2.2020 – 6 U 128/19 Rz. 54, CR 2020, 311.
1731 EuGH v. 9.11.2004 – C-203/02, CR 2005, 10 m. Anm. *Lehmann* = AfP 2005, 207 = GRUR 2005, 244, 247 – BHB-Pferdewetten; EuGH v. 9.11.2004 – C-338/02, AfP 2005, 208 = GRUR 2005, 252, 253 – Fixtures-Fußballspielpläne I; EuGH v. 9.11.2004 – C-444/02, CR 2005, 412 = AfP 2005, 208 = GRUR 2005, 254, 256 – Fixtures-Fußballspielpläne II; EuGH v. 3.6.2021 – C-762/19 Rz. 26, ECLI:EU:C:2021:434 – CV-OnlineBGH v. 21.4.2005 – I ZR 1/02, AfP 2005, 548 = ITRB 2006, 26 = CR 2006, 51, 52 – Marktstudien; BGH v. 1.12.2010 – I ZR 196/08 Rz. 21, CR 2011, 498 – Zweite Zahnarztmeinung II; OLG Hamburg v. 16.4.2009 – 5 U 101/08, ITRB 2009, 174 = CR 2009, 526, 527 f.; OLG Köln v. 28.10.2005 – 6 U 172/03, AfP 2006, 503 = CR 2006, 368, 369.
1732 OLG Hamburg v. 15.6.2017 – 5 U 54/12 Rz. 334, CR 2018, 22.
1733 EuGH v. 3.6.2021 – C-762/19 Rz. 27, ECLI:EU:C:2021:434 – CV-Online; OLG Hamburg v. 16.4.2009 – 5 U 101/08, ITRB 2009, 174 = CR 2009, 526, 528; OLG Hamburg v. 15.6.2017 – 5 U 54/12 Rz. 396.
1734 *Vogel* in Schricker/Loewenheim, Urheberrecht, § 87a UrhG Rz. 45; OLG Düsseldorf v. 7.8.2008 – 20 W 103/08, ZUM-RD 2008, 598, 598 ff.; OLG Köln v. 28.10.2005 – 6 U 172/03, AfP 2006, 503 = CR 2006, 368, 369 f.

on des Inhalts einer Datenbank verbunden ist[1735]. Auch eine juristische Person kann Inhaber der Rechte an einer Datenbank sein[1736].

bb) Beispielsfälle

Bei der Anwendung des § 87a Abs. 1 Satz 1 UrhG neigt die Rechtsprechung zu einem **großzügigen Maßstab** und hat beispielsweise bei Suchmaschinen[1737], Online-Anzeigenmärkten[1738], Internet-Nachrichtendiensten[1739], aber auch bei Gedichtsammlungen[1740], Chart-Listen[1741], Bodenrichtwertsammlungen[1742], der Sammlung von Ausschreibungsunterlagen[1743] und Autobahnmautdaten[1744], der Sammlung von Flugwetterinformationen[1745], der Sammlung europäischer Zolltarife[1746], den Angebots- und Bewertungsdatenbanken des Online-Auktionshauses eBay[1747] und bei einem Bewertungssystem für Zahnarztleistungen[1748] den Schutz als Datenbank bejaht. Wenn hausnummerngenaue Adressdaten in einer Datenbank mit den jeweiligen Kartenausschnitten verknüpft werden, liegen die Voraussetzungen des § 87a Abs. 1 Satz 1 UrhG vor[1749]. Nach Auffassung des LG München I stellt zudem jedes Kartenblatt der topografischen Karten eines Bundeslandes für sich genommen eine Datenbank i.S.v. § 87a Abs. 1 UrhG dar[1750].

1128

In seiner Entscheidung „Elektronischer Zolltarif" hat der BGH es zur Bejahung „wesentlicher Investitionen" ausreichen lassen, dass die Klägerin für die Programmwartung, ständige

1129

1735 BGH v. 1.12.2010 – I ZR 196/08 Rz. 26, CR 2011, 498 – Zweite Zahnarztmeinung II; BGH v. 22.6.2011 – I ZR 159/10 Rz. 32, CR 2011, 757 = ITRB 2011, 275 – Automobil-Onlinebörse; OLG Hamburg v. 16.4.2009 – 5 U 101/08, ITRB 2009, 174 = CR 2009, 526, 528.
1736 OLG Köln v. 28.3.2014 – 6 U 140/13 Rz. 22, CR 2014, 569 = ITRB 2014, 229.
1737 LG Berlin v. 8.10.1998 – 16 O 448/98, CR 1999, 388 = MMR 2000, 120; *Hoeren*, MMR 2001, 2, 3.
1738 BGH v. 22.6.2011 – I ZR 159/10 Rz. 27 ff., CR 2011, 757 = ITRB 2011, 275 – Automobil-Onlinebörse; LG Berlin v. 8.10.1998 – 16 O 448/98, AfP 1998, 649; LG Köln v. 2.12.1998 – 28 O 431/98, AfP 1999, 95.
1739 BGH v. 17.7.2003 – I ZR 259/00, AfP 2003, 545 = CR 2003, 920 = ITRB 2004, 26 = NJW 2003, 3406; LG München v. 18.9.2001 – 7 O 6910/01, AfP 2002, 274 = ITRB 2002, 36 = MMR 2002, 58.
1740 LG Köln v. 11.4.2001 – 28 O 141/01, ITRB 2002, 154 = ZUM 2001, 714, 715.
1741 BGH v. 21.7.2005 – I ZR 170/02, WRP 2005, 1267, 1269 f. – HIT BILANZ.
1742 BGH v. 20.7.2006 – I ZR 185/03, AfP 2007, 38 = WRP 2007, 88, 89 – Bodenrichtwertsammlung.
1743 BGH v. 28.9.2006 – I ZR 261/03, CR 2007, 560 = MMR 2007, 374, 375 – Sächsischer Ausschreibungsdienst.
1744 BGH v. 25.3.2010 – I ZR 47/08 Rz. 13 ff., CR 2011, 43 = ITRB 2010, 271 – Autobahnmaut.
1745 OLG Köln v. 15.12.2006 – 6 U 229/05, CR 2007, 802, 804 = ITRB 2007, 205 (*Schiedermair*).
1746 BGH v. 30.4.2009 – I ZR 191/05, AfP 2009, 387 = CR 2009, 735, 735 ff. – Elektronischer Zolltarif.
1747 LG Berlin v. 27.10.2005 – 16 O 743/05, MMR 2006, 46 f.; LG Berlin v. 22.12.2005 – 27 O 555/05, AfP 2007, 178 = CR 2006, 515, 516 f. = ZUM 2005, 343, 344 f.
1748 BGH v. 1.12.2010 – I ZR 196/08 Rz. 14 ff., CR 2011, 498 – Zweite Zahnarztmeinung II.
1749 KG Berlin v. 21.3.2012 – 24 U 130/10 Rz. 30, AfP 2012, 477.
1750 LG München v. 9.11.2005 – 21 O 7402/02, AfP 2006, 398 = CR 2007, 60, 60 f. = GRUR 2006, 225, 226.

Überprüfung und Einbringung von Daten sowie die Verbesserung der Darstellung Personalkosten i.H.v. insgesamt rund 900.000 € aufgewendet hatte[1751].

1130 Lange Zeit unklar war, ob die §§ 87a ff. UrhG auch für Datenbanken gelten, die im amtlichen Interesse zur allgemeinen Kenntnisnahme veröffentlicht wurden und daher als **amtliche Sammlungen** nach § 5 Abs. 2 UrhG grundsätzlich dem Urheberrechtsschutz entzogen sind[1752]. Der EuGH hat dies bejaht unter Hinweis darauf, dass nach Art. 7 Abs. 4 der EG-Datenbankrichtlinie[1753] der Datenbankschutz unabhängig davon gilt, ob die Inhalte der Datenbank für einen Schutz durch das Urheberrecht in Betracht kommen[1754].

1131 Bei der Erstellung von **Beschreibungstexten** aus bereits vorhandenen Rohdaten wird kein neues unabhängiges Datum oder sonstiges Element erzeugt, bei dem nach seiner Herauslösung noch ein hinreichender Informationswert verbliebe. Bei der Aus- oder Umformulierung von Texten aus bereits vorhandenen Herstellerangaben werden daher keine neuen Daten „beschafft". Die Umformulierung dient vielmehr lediglich der verständlicheren Darstellung von bereits vorhandenen Daten[1755].

1132 Bei umfangreichen **Sammlungen von Hyperlinks** ist zu differenzieren: Werden die Links in geordneter Form und in verschiedenen Kategorien präsentiert, ist die Anforderung einer methodischen bzw. systematischen Anordnung des Stoffes erfüllt. Werden bei „Linkseiten" lediglich ungeordnet Hyperlinks zu anderen Websites aufgelistet, genügt dies nicht den Anforderungen des § 87a Abs. 1 Satz 1 UrhG[1756]. Für einen Schutz als Datenbank i.S.d. §§ 87a ff. UrhG ist zudem auch bei einer Linkliste erforderlich, dass deren Herstellung eine wesentliche Investition erfordert hat[1757].

3. Schutz von Software

1133 Für Software gelten die urheberrechtlichen Sonderbestimmungen für **Computerprogramme** gem. §§ 69a ff. UrhG. Der Schutz setzt voraus, dass das Programm Ergebnis der eigenen geistigen Schöpfung des Urhebers ist (§ 69a Abs. 3 Satz 1 UrhG). Qualitative und ästhetische Gesichtspunkte sind für die Beurteilung des urheberrechtlichen Schutzes von Computerprogrammen unerheblich (§ 69a Abs. 3 Satz 2 UrhG)[1758]. Auch die **„Kleine Münze"** ist urheberrechtlich geschützt[1759].

1751 BGH v. 30.4.2009 – I ZR 191/05, AfP 2009, 387 = CR 2009, 735, 736 – Elektronischer Zolltarif.
1752 Vgl. BGH v. 28.9.2006 – I ZR 261/03, CR 2007, 560 = MMR 2007, 374, 374 ff. – Sächsischer Ausschreibungsdienst; vgl. auch BGH v. 20.7.2006 – I ZR 185/03, AfP 2007, 38 = WRP 2007, 88, 88 ff. – Bodenrichtwertsammlung.
1753 Richtlinie Nr. 96/9 (EG) des Europäischen Parlaments und des Rates v. 11.3.1996 über den rechtlichen Schutz von Datenbanken.
1754 EuGH v. 5.3.2009 – C-545/07, ECLI:EU:C:2009:132, CR 2009, 724 = K&R 2009, 320, 323 – Datenbank-Entnahme.
1755 OLG Köln v. 28.2.2020 – 6 U 128/19 Rz. 54, CR 2020, 311.
1756 *Köhler*, ZUM 1999, 548, 552; OLG München v. 21.11.2002 – 29 U 5766/01, CR 2003, 564.
1757 Vgl. OLG München v. 10.10.2002 – 29 U 4008/02, AfP 2004, 177 = MMR 2003, 593, 594; *Kindler*, K&R 2000, 265, 271; *Zahrt*, K&R 2001, 66, 70.
1758 Vgl. OLG Hamburg v. 22.2.2001 – 3 U 247/00, AfP 2001, 316 = ITRB 2001, 231 = CR 2001, 704, 705; *Rehbinder*, Urheberrecht, Rz. 153.
1759 *Loewenheim/Spindler* in Schricker/Loewenheim, Urheberrecht, § 69a UrhG Rz. 19; *Grützmacher* in Wandtke/Bullinger, Urheberrecht, § 69a UrhG Rz. 35.

Um die Erfordernisse des § 69a Abs. 3 Satz 1 UrhG zu erfüllen, darf sich die Programm- 1134
struktur nicht notwendig aus der Aufgabenstellung ergeben, und das Programm muss das
Ergebnis einer freien Auswahl zwischen verschiedenen Formeln und Abläufen sein und sich
nicht in der bloßen mechanisch-technischen Fortführung des Vorbekannten erschöpfen[1760].
Eine überdurchschnittliche Eigenleistung ist nicht erforderlich[1761].

Versteht man unter einem Computerprogramm jede programmierte Befehlskette, die einen 1135
Computer zur Ausführung bestimmter Funktionen veranlasst[1762], kann kein Zweifel bestehen, dass der Quellcode diese Anforderungen erfüllen kann[1763]. Insbesondere bei einfachen
HTML-Quellcodes fehlt es jedoch an einer eigenen geistigen Schöpfung i.S.d. § 69a Abs. 3
Satz 1 UrhG, so dass diese Codes urheberrechtlich nicht geschützt sind[1764]. Anders kann es
sich bei Programmierungen verhalten, die Java oder PHP verwenden[1765]. Die Schutzfähigkeit lässt sich nicht alleine mit der Benutzung einer bestimmten Programmiersprache oder
bestimmter Programme begründen, sondern ist daran zu messen, inwieweit das erstellte
Programm keine ganz einfache Gestaltung aufweist bzw. inwieweit es sich von anderen Pro-
grammen unterscheidet[1766].

Nach § 69a Abs. 2 Satz 1 UrhG gilt der Softwareschutz für alle Ausdrucksformen eines Com- 1136
puterprogramms. Begrifflich liegt es nicht fern, die **Bildschirmoberfläche**, die durch einen
urheberrechtlich geschützten Quellcode generiert wird, als **Ausdrucksform des Quellcodes**
anzusehen[1767]. Nach Auffassung des EuGH ist die grafische Oberfläche allerdings nicht mehr
als eine Schnittstelle, die eine Kommunikation zwischen dem Computerprogramm und dem
Benutzer ermöglicht[1768]. Sie ist ein integraler Bestandteil des Programms und keine eigenständige Ausdrucksform[1769]. Ein Schutz gem. § 69a Abs. 2 Satz 1 UrhG scheidet aus[1770].

1760 *Schack*, MMR 2001, 9, 13; OLG Frankfurt v. 6.11.1984 – 14 U 188/81, CR 1986, 13, 18.
1761 BGH v. 14.7.1993 – I ZR 47/91, BGHZ 123, 208, 211 = CR 1993, 752 m. Anm. *Hoeren*; BGH
v. 14.7.1993 – I ZR 47/91, NJW 1993, 3136, 3137.
1762 Vgl. *Loewenheim/Spindler* in Schricker/Loewenheim, Urheberrecht, § 69a UrhG Rz. 2.
1763 Vgl. *Czychowski* in Fromm/Nordemann, Urheberrecht, § 69a UrhG Rz. 5; *Redeker*, IT-Recht,
Rz. 6; a.A. *Grützmacher* in Wandtke/Bullinger, Urheberrecht, § 69a UrhG Rz. 18 m.w.N.
1764 Vgl. *Grützmacher* in Wandtke/Bullinger, Urheberrecht, § 69a UrhG Rz. 18; *Kühn/Koch*, CR
2018, 648, 653; *Ludwig*, IPRB 2021, 138, 139; OLG Rostock v. 27.6.2007, CR 2007, 737, 737 f.
m. Anm. *Wolff*, OLG Rostock v. 27.6.2007 – 2 W 12/07, AfP 2008, 661 = ITRB 2007, 249.
1765 Vgl. *Redeker*, IT-Recht, Rz. 6; *Schneider* in Schneider, Handbuch des EDV-Rechts, Teil G Rz. 40;
Grützmacher in Wandtke/Bullinger, Urheberrecht, § 69a UrhG Rz. 19.
1766 OLG Hamburg v. 29.2.2012 – 5 U 10/10 Rz. 29.
1767 OLG Karlsruhe v. 13.6.1994 – 6 U 52/94, CR 1994, 607, 610; *Redeker*, IT-Recht, Rz. 6; *Cichon*,
ZUM 1998, 897, 899; *Koch*, GRUR 1995, 459; a.A. OLG Düsseldorf v. 29.6.1999 –20 U 85/98,
CR 2000, 3; OLG Frankfurt v. 22.3.2005 – 11 U 64/04, ITRB 2005, 7 = CR 2006, 198, 199 =
MMR 2005, 705, 706; OLG Karlsruhe v. 14.4.2010 – 6 U 46/09, CR 2010, 427 = K&R 2010, 414,
415 m. Anm. *Otto* = GRUR-RR 2010, 234, 234 ff.; LG Köln v. 15.6.2005 – 28 O 744/04, AfP
2006, 209 = MMR 2006, 52, 55 f. = ZUM 2005, 910, 914 f.; AG Erfurt v. 10.11.2006 – 5 C
1724/06, ZUM-RD 2007, 504, 504 ff.; *Köhler*, ZUM 1999, 548; *Schack*, MMR 2001, 9, 12.
1768 EuGH v. 22.12.2010 – C-393/09 Rz. 38 ff., ECLI:EU:C:2010:816; a.A. *Barnitzke/Möller/Nord-
meyer*, CR 2011, 277, 279.
1769 Vgl. *Barnitzke/Möller/Nordmeyer*, CR 2011, 277, 279.
1770 EuGH v. 22.12.2010 – C-393/09 Rz. 38 ff., ECLI:EU:C:2010:816, CR 2011, 221; OLG Karlsruhe
v. 14.4.2010 – 6 U 46/09, K&R 2010, 414, 415 m. Anm. *Otto* = GRUR-RR 2010, 234, 234 ff.;
Barnitzke/Möller/Nordmeyer, CR 2011, 277, 279; a.A. *Härting/Kuon*, CR 2004, 527, 530; OLG
Karlsruhe v. 13.6.1994 – 6 U 52/94, CR 1994, 607.

III. Verwertungsrechte des Urhebers

1137 Die **§§ 15 ff. UrhG** regeln die Verwertungsrechte und legen fest, inwieweit der Urheber das Recht hat, sein Werk zu nutzen und Dritte von der Nutzung des Werkes auszuschließen. Die Verwertungsrechte sind die Grundlage dafür, dass der Urheber aus seinem Werk wirtschaftlichen Nutzen ziehen kann[1771].

1138 Um die §§ 15 ff. UrhG differenziert anzuwenden, bedarf es einer Unterscheidung zwischen der Verbreitung über das Internet einerseits (**Upload**) und den Vervielfältigungshandlungen beim Abruf andererseits (**Download**).

1. Öffentliche Zugänglichmachung

a) Begriff und Systematik

1139 Das Recht der öffentlichen Zugänglichmachung ist das Recht, das Werk drahtgebunden oder drahtlos der Öffentlichkeit in einer Weise zugänglich zu machen, dass es den Mitgliedern der Öffentlichkeit von Orten und zu Zeiten ihrer Wahl zugänglich ist. Die umständliche Definition lässt sich auf einen einfachen Kern zurückführen: Es geht um die **Verbreitung geschützter Werke über das Internet**[1772].

1140 Bei dem Recht der öffentlichen Zugänglichmachung handelt es sich um ein besonderes Recht der öffentlichen Wiedergabe (vgl. § 15 Abs. 2 und 3 UrhG). Da es sich hierbei um Recht handelt, das nach Art. 3 Abs. 1 der Richtlinie 2001/29/EG harmonisiert ist, bedarf es einer richtlinienkonformen Auslegung. Dabei ist zu berücksichtigen, dass Art. 3 Abs. 1 der Richtlinie 2001/29/EG diese Rechte in seinem Anwendungsbereich vollständig harmonisiert und die Mitgliedstaaten das durch diese Vorschrift begründete Schutzniveau daher weder unterschreiten noch überschreiten dürfen[1773].

1141 Der Begriff der öffentlichen Zugänglichmachung in § 69c Nr. 4 UrhG entspricht demjenigen in § 19a UrhG und ist gleichfalls in Übereinstimmung mit Art. 3 Abs. 1 der Richtlinie 2001/29/EG auszulegen[1774].

1142 Aus § 15 i.V.m. § 19a UrhG lässt sich ableiten, dass es der **Zustimmung des Urhebers** bedarf, wenn urheberrechtlich geschützte Werke über das Internet verbreitet werden. Ohne eine solche Zustimmung ist die Verbreitung – der Upload[1775] – rechtswidrig[1776]. § 52 Abs. 3

1771 *v. Ungern-Sternberg* in Schricker/Loewenheim, Urheberrecht, § 15 UrhG Rz. 6; *Heerma* in Wandtke/Bullinger, Urheberrecht, § 15 UrhG Rz. 1.

1772 *Bullinger* in Wandtke/Bullinger, Urheberrecht, § 19a UrhG Rz. 3.

1773 BGH v. 10.1.2019 – I ZR 267/15 Rz. 37, CR 2019, 821 = ITRB 2019, 201 – Cordoba II; BGH v. 28.3.2019 – I ZR 132/17 Rz. 21, CR 2019, 770 m. Anm. *Grützmacher* = ITRB 2019, 249 – Testversion; BGH v. 27.5.2021 – I ZR 119/20 Rz. 12, CR 2021, 824 – Lautsprecherfoto; OLG Hamm v. 29.10.2020 – 4 U 19/19 Rz. 57, MMR 2021, 428.

1774 BGH v. 28.3.2019 – I ZR 132/17 Rz. 25, CR 2019, 770 m. Anm. *Grützmacher* = ITRB 2019, 249 – Testversion.

1775 Vgl. LG Hamburg v. 5.9.2003 – 308 O 449/03, CR 2004, 855 = AfP 2004, 482 = MMR 2004, 558, 560.

1776 Vgl. LG München v. 30.3.2000 – 7 O 3625/98, CR 2000, 389 m. Anm. *Lehmann* = MMR 2000, 431.

UrhG stellt dies klar, indem die Zulässigkeit jeglicher öffentlichen Zugänglichmachung unter die Voraussetzung einer Einwilligung des Berechtigten gestellt wird[1777].

Der Begriff der „öffentlichen Wiedergabe" ist nach Auffassung des EuGH weit auszulegen und umfasst jegliche Wiedergabe an Mitglieder der Öffentlichkeit, die an dem Ort nicht anwesend sind, an dem die Wiedergabe ihren Ursprung nimmt[1778].   1143

Nach der Rechtsprechung des EuGH vereint die „öffentliche Wiedergabe" zwei kumulative Tatbestandsmerkmale, nämlich eine „Handlung der Wiedergabe" eines Werks und dessen „öffentliche" Wiedergabe[1779].   1144

aa) Wiedergabe

Für eine „Handlung der Wiedergabe" reicht es aus, wenn ein Werk für andere in der Weise zugänglich gemacht wird, dass sie dazu Zugang haben[1780]. So bietet die Tatsache, dass auf einer Internetseite **anklickbare Links** zu geschützten Werken bereitgestellt werden, die auf einer anderen Seite ohne Zugangsbeschränkung veröffentlicht sind, den Nutzern der erstgenannten Seite direkten Zugang zu diesen Werken[1781].   1145

Um zu beurteilen, ob ein Nutzer eine Handlung der öffentlichen Zugänglichmachung vornimmt, sind eine Reihe von Kriterien zu berücksichtigen, die unselbständig und miteinander verflochten sind[1782]. Sie sind deshalb einzeln und in ihrem Zusammenwirken mit den anderen Kriterien anzuwenden, da sie im jeweiligen Einzelfall in sehr unterschiedlichem Maß vorliegen können. Der EuGH betont dabei die **zentrale Rolle des Nutzers**. Der Nutzer nehme eine Wiedergabe vor, wenn er in voller Kenntnis der Folgen seines Verhaltens tätig   1146

1777 Vgl. AG Charlottenburg v. 17.11.2003 – 236 C 105/03, CR 2004, 859, 860.
1778 EuGH v. 19.12.2019 – C-263/18 Rz. 49, ECLI:EU:C:2019:1111, CR 2020, 158 – Tom Kabinet; EuGH v. 9.3.2021 – C-392/19 Rz. 26, ECLI:EU:C:2021:181, CR 2021, 263 = AfP 2021, 125 = ITRB 2021, 103 (*Kartheuser*) – VG Bild-Kunst; EuGH v. 22.6.2021 – C-682/18 und C-683/18 Rz. 63, ECLI:EU:C:2021:503, ITRB 2021, 175 (*Rössel*) – YouTube/Sharehoster.
1779 EuGH v. 13.2.2014 – C–466/12 Rz. 18, ECLI:EU:C:2014:76, CR 2014, 258 = AfP 2014, 243 = ITRB 2014, 74 – Svensson; EuGH v. 26.4.2017 – C 527/15 Rz. 22 – Stichting Brein I, ABl. EU 2016, Nr C 27, 6; EuGH v. 14.6.2017 – C-610/15 Rz. 24, ECLI:EU:C:2017:456, CR 2017, 813 – Stichting Brein II; EuGH v. 7.8.2018 – C-161/17 Rz. 19 – Renckhof; EuGH v. 19.12.2019 – C-263/18 Rz. 61, ECLI:EU:C:2019:1111, CR 2020, 158 – Tom Kabinet; EuGH v. 22.6.2021 – C-682/18 und C-683/18 Rz. 66, ECLI:EU:C:2021:503, ITRB 2021, 175 (*Rössel*) – YouTube/Sharehoster; BGH v. 10.1.2019 – I ZR 267/15 Rz. 39, CR 2019, 821 = ITRB 2019, 201 – Cordoba II; BGH v. 28.3.2019 – I ZR 132/17 Rz. 28, CR 2019, 770 m. Anm. *Grützmacher* = ITRB 2019, 249 – Testversion.
1780 EuGH v. 13.2.2014 – C–466/12 Rz. 19, ECLI:EU:C:2014:76, CR 2014, 258 = AfP 2014, 243 = ITRB 2014, 74 – Svensson; EuGH v. 14.6.2017 – C-610/15 Rz. 31, ECLI:EU:C:2017:456, CR 2017, 813 – Stichting Brein II; EuGH v. 7.8.2018 – C-161/17 Rz. 20, ECLI:EU:C:2018:634, CR 2018, 654 = ITRB 2018, 248 – Renckhoff; EuGH v. 17.6.2021 – C-597/19 Rz. 47, ECLI:EU:C: 2021:492, CR 2021, 550 = CR 2021, 811 = ITRB 2021, 200 (*Rössel*) – M.I.C.M; OLG Hamm v. 29.10.2020 – 4 U 19/19 Rz. 57, MMR 2021, 428.
1781 EuGH v. 13.2.2014 – C–466/12 Rz. 18, ECLI:EU:C:2014:76, CR 2014, 258 = AfP 2014, 243 = ITRB 2014, 74 – Svensson; EuGH v. 14.6.2017 – C-610/15 Rz. 32, ECLI:EU:C:2017:456, CR 2017, 813 – Stichting Brein II.
1782 EuGH v. 22.6.2021 – C-682/18 und C-683/18 Rz. 67, ECLI:EU:C:2021:503, ITRB 2021, 175 (*Rössel*) – YouTube/Sharehoster.

wird, um seinen Kunden Zugang zu einem geschützten Werk zu verschaffen, und zwar insbesondere dann, wenn ohne dieses Tätigwerden die Kunden das ausgestrahlte Werk grundsätzlich nicht empfangen könnten[1783].

1147 Irritierend sind **subjektive Kriterien**, die nach Auffassung des EuGH gleichfalls erhebliches Gewicht haben. So hebt der EuGH „die zentrale Rolle des Betreibers der Plattform und die Vorsätzlichkeit seines Handelns" hervor. Der Betreiber nehme nämlich eine „Handlung der Wiedergabe" vor, wenn er in voller Kenntnis der Folgen seines Verhaltens tätig wird, um seinen Kunden Zugang zu einem geschützten Werk zu verschaffen, und zwar insbesondere dann, wenn ohne dieses Tätigwerden die Kunden das verbreitete Werk grundsätzlich nicht abrufen könnten[1784].

1148 Um festzustellen, ob der Betreiber einer **Video-Sharing- oder Sharehosting-Plattform** in voller Kenntnis der Folgen seines Verhaltens bei der unerlaubten Wiedergabe geschützter Inhalte durch Nutzer seiner Plattform tätig wird, um anderen Internetnutzern Zugang zu solchen Inhalten zu verschaffen, sind nach Auffassung des EuGH alle Gesichtspunkte zu berücksichtigen, die die betreffende Situation kennzeichnen und es ermöglichen, direkt oder indirekt Schlussfolgerungen hinsichtlich der Frage zu ziehen, ob der Betreiber bei der unerlaubten Wiedergabe dieser Inhalte vorsätzlich tätig wird oder nicht. Der bloße Umstand, dass der Betreiber allgemein Kenntnis von der rechtsverletzenden Verfügbarkeit geschützter Inhalte auf seiner Plattform habe, genüge nicht, um anzunehmen, dass er mit dem Ziel handelt, den Internetnutzern Zugang zu diesen Inhalten zu verschaffen. Anders verhalte es sich jedoch, wenn der Betreiber, obwohl er vom Rechtsinhaber darauf hingewiesen wurde, dass ein geschützter Inhalt über seine Plattform rechtswidrig öffentlich zugänglich gemacht wurde, nicht unverzüglich die erforderlichen Maßnahmen ergreift, um den Zugang zu diesem Inhalt zu verhindern[1785].

1149 Ein Zugänglichmachen i.S.d. § 19a UrhG liegt vor, wenn Inhalte auf einem Server gespeichert sind und Dritten der Zugriff auf die gespeicherten Inhalte über das Internet möglich ist[1786]. Es reicht somit nicht aus, ein Werk auf einem Server bereitzuhalten, der mit dem Internet verbunden ist. Es bedarf vielmehr einer **Freischaltung**, die Online-Nutzern den Abruf ermöglicht[1787].

1150 Für ein Zugänglichmachen gem. § 19a UrhG genügt es, dass Inhalte durch Eingabe einer URL erreichbar sind. Eine Verlinkung mit einer Website ist nicht erforderlich. Zwar erfordert § 15 Abs. 3 Satz 1 UrhG für die öffentliche Wiedergabe, dass die Wiedergabe für die Öf-

---

1783 EuGH v. 14.6.2017 – C-610/15 Rz. 23 f., ECLI:EU:C:2017:456, CR 2017, 813 – Stichting Brein II; BGH v. 10.1.2019 – I ZR 267/15 Rz. 39, CR 2019, 821 = ITRB 2019, 201 – Cordoba II; BGH v. 9.9.2021 – I ZR 113/18 Rz. 30, CR 2022, 42 = AfP 2021, 523 = ITRB 2022, 3 (*Rössel*) – Deutsche Digitale Bibliothek II.

1784 EuGH v. 22.6.2021 – C-682/18 und C-683/18 Rz. 68, ECLI:EU:C:2021:503, ITRB 2021, 175 (*Rössel*) – YouTube/Sharehoster.

1785 EuGH v. 22.6.2021 – C-682/18 und C-683/18 Rz. 83 ff., ECLI:EU:C:2021:503, ITRB 2021, 175 (*Rössel*)– YouTube/Sharehoster.

1786 LG Hamburg v. 5.9.2003 – 308 O 449/03, CR 2004, 855 = AfP 2004, 482 = MMR 2004, 558, 560.

1787 Vgl. OLG Hamburg v. 14.3.2012 – 5 U 87/09 Rz. 91 ff., CR 2012, 411.

fentlichkeit „bestimmt" sein muss. Hierfür reicht es jedoch aus, dass Inhalte objektiv für Mitglieder der Öffentlichkeit auffindbar sind[1788].

bb) Öffentlichkeit

Für ein „öffentliches" Zugänglichmachen reicht es aus, wenn ein Werk einer Öffentlichkeit in der Weise zugänglich gemacht wird, dass deren Mitglieder an Orten und zu Zeiten ihrer Wahl dazu Zugang haben, ohne dass es darauf ankommt, ob sie diese Möglichkeit nutzen oder nicht[1789]. Der EuGH versteht unter „Öffentlichkeit" eine unbestimmte Zahl potenzieller Adressaten, die aus einer **ziemlich großen Zahl von Personen** bestehen muss[1790].   1151

Mit dem Kriterium „ziemlich große Zahl von Personen" ist gemeint, dass der Begriff der Öffentlichkeit eine Mindestschwelle enthält und eine allzu kleine oder gar unbedeutende Mehrzahl betroffener Personen ausschließt. Zur Bestimmung dieser Zahl von Personen ist die **kumulative Wirkung** zu beachten, die sich aus der Zugänglichmachung der Werke bei den potentiellen Adressaten ergibt. Dabei kommt es darauf an, wie viele Personen gleichzeitig und nacheinander Zugang zu demselben Werk haben[1791].   1152

„**Öffentlichkeit**" ist zu bejahen, wenn eine Mehrzahl von Personen Zugriff erlangt (vgl. § 15 Abs. 3 Satz 1 UrhG). Erforderlich ist eine unbestimmte Zahl potentieller Adressaten, die neben- und nacheinander Zugang zum selben Werk erhalten[1792]. Drei Personen reichen hier-   1153

1788 KG Berlin v. 28.4.2010 – 24 W 40/10 Rz. 2, CR 2010, 751 = ITRB 2010, 228; OLG Hamburg v. 9.4.2008 – 5 U 151/07, MMR 2009, 133, 134; OLG Hamburg v. 8.2.2010 – 5 W 5/10, CR 2010, 478 = ITRB 2010, 203 = K&R 2010, 355; OLG Karlsruhe v. 12.9.2012 – 6 U 58/11 Rz. 22, CR 2013, 46 = ITRB 2013, 55.

1789 EuGH v. 26.4.2017 – C 527/15 Rz. 36 – Stichting Brein I, ABl. EU 2016, Nr C 27, 6; EuGH v. 14.6.2017 – C-610/15 Rz. 31, ECLI:EU:C:2017:456, CR 2017, 813 – Stichting Brein II; EuGH v. 19.12.2019 – C-263/18 Rz. 63, ECLI:EU:C:2019:1111, CR 2020, 158 – Tom Kabinet; BGH v. 9.9.2021 – I ZR 113/18, Rz. 32, CR 2022, 42 = AfP 2021, 523 = ITRB 2022, 3 (*Rössel*) – Deutsche Digitale Bibliothek II.

1790 EuGH v. 13.2.2014 – C–466/12 Rz. 21, ECLI:EU:C:2014:76, CR 2014, 258 = AfP 2014, 243 = ITRB 2014, 74 – Svensson; EuGH v. 14.6.2017 – C-610/15 Rz. 27, ECLI:EU:C:2017:456, CR 2017, 813 – Stichting Brein II; EuGH v. 7.8.2018 – C-161/17 Rz. 22, ECLI:EU:C:2018:634, CR 2018, 654 = ITRB 2018, 248 – Renckhoff; EuGH v. 19.12.2019 – C-263/18 Rz. 68, ECLI:EU:C: 2019:1111, CR 2020, 158 – Tom Kabinet; EuGH v. 9.3.2021 – C-392/19 Rz. 31, ECLI:EU:C: 2021:181, CR 2021, 263 = AfP 2021, 125 = ITRB 2021, 103 (*Kartheuser*) – VG Bild-Kunst; EuGH v. 17.6.2021 – C-597/19 Rz. 51, ECLI:EU:C:2021:492, CR 2021, 550 = CR 2021, 811 = ITRB 2021, 200 (*Rössel*) – M.I.C.M; EuGH v. 22.6.2021 – C-682/18 und C-683/18 Rz. 69, ECLI:EU:C:2021:503, ITRB 2021, 175 (*Rössel*) – YouTube/Sharehoster; BGH v. 10.1.2019 – I ZR 267/15 Rz. 41, CR 2019, 821 = ITRB 2019, 201 – Cordoba II; BGH v. 28.3.2019 – I ZR 132/17 Rz. 32, CR 2019, 770 m. Anm. *Grützmacher* = ITRB 2019, 249 – Testversion; BGH v. 27.5.2021 – I ZR 119/20 Rz. 14, CR 2021, 824 – Lautsprecherfoto; OLG Hamm v. 29.10.2020 – 4 U 19/19 Rz. 60, MMR 2021, 428.

1791 BGH v. 27.5.2021 – I ZR 119/20 Rz. 14, CR 2021, 824 – Lautsprecherfoto.

1792 EuGH v. 7.3.2013 – C-607/11 Rz. 32 f., ECLI:EU:C:2013:147, AfP 2013, 126; EuGH v. 26.4.2017 – C-527/17 Rz. 32; EuGH v. 14.6.2017 – C-610/15 Rz. 27, ECLI:EU:C:2017:456, CR 2017, 813 – Stichting Brein II.

für nicht aus[1793], wohl aber ein Abonnentenkreis von einigen 100 Personen[1794]. Auf einen Erwerbszweck kommt es nicht an[1795].

1154 Das LG München I hat ein öffentliches Zugänglichmachen beim Posten von Fotos in einer geschlossenen **Facebook-Gruppe** bejaht. Maßgeblich sei, ob die Zugänglichmachung für eine Mehrzahl der Mitglieder der Öffentlichkeit bestimmt ist. Von einer Mehrzahl sei bei einer Gruppenstärke von ca. 390 Mitgliedern ohne weiteres auszugehen. Zudem sei auch das Kriterium der Öffentlichkeit erfüllt. Zwar sei eine Personenmehrzahl nicht öffentlich, wenn der Kreis der Personen bestimmt abgegrenzt ist und diese entweder untereinander oder durch denjenigen, der das Werk verwertet, persönlich verbunden sind. Dies könne bei einer geschlossenen Facebook-Gruppe der Fall sein, bei welcher der Administrator über die Aufnahme entscheidet. Voraussetzung wäre allerdings, dass ein enger gegenseitiger Kontakt zwischen den Gruppenmitgliedern besteht. Davon sei im konkreten Fall nicht auszugehen, da der Zugang zur Gruppe von der Administratorin auch gänzlich unbekannten Personen freigegeben werde, wobei die Administratorin allenfalls nach dem konkreten Interesse des Beitretenden fragt[1796].

cc) „Neues Publikum"

1155 Bei Werken, die bereits im Internet verbreitet werden, kann die Verbreitung auf einer **neuen Website** den Tatbestand der öffentlichen Zugänglichmachung erfüllen, wenn auf diese Weise ein „neues Publikum" erreicht wird. Dies ist nach Auffassung des EuGH der Fall, wenn die neue Wiedergabe des geschützten Werks unter Verwendung eines technischen Verfahrens, das sich von dem bisher verwendeten unterscheidet oder ansonsten für ein „neues Publikum" erfolgt, d.h. für ein Publikum, an das der Inhaber des Urheberrechts nicht gedacht hatte, als er die ursprüngliche öffentliche Wiedergabe seines Werks erlaubte[1797].

1156 Auch die Einstellung eines urheberrechtlich geschützten Werks auf einer anderen Website als der, auf der die ursprüngliche Wiedergabe mit der Zustimmung des Urheberrechtsinhabers erfolgt ist, kann somit als Zugänglichmachung eines solchen Werks für ein neues Publikum einzustufen sein. Dies ist der Fall, wenn das Publikum, an das der Urheberrechtsinhaber gedacht hatte, als er der Wiedergabe seines Werks auf der Website zugestimmt hatte, auf der es ursprünglich veröffentlicht wurde, nur aus den Nutzern dieser Website bestand und

---

1793 A.A. *Schapiro*, ZUM 2008, 273, 274 ff.

1794 OLG Zweibrücken v. 3.4.2014 – 4 U 208/12 Rz. 14, AfP 2014, 356.

1795 EuGH v. 7.3.2013 – C-607/11 Rz. 42, ECLI:EU:C:2013:147, AfP 2013, 126.

1796 LG München I v. 31.1.2018 – 37 O 17964/17 Rz. 29, CR 2018, 469 = ITRB 2018, 158.

1797 EuGH v. 13.2.2014 – C–466/12 Rz. 24, ECLI:EU:C:2014:76, CR 2014, 258 = AfP 2014, 243 = ITRB 2014, 74 – Svensson; EuGH v. 14.6.2017 – C-610/15 Rz. 28, ECLI:EU:C:2017:456, CR 2017, 813 – Stichting Brein II; EuGH v. 7.8.2018 – C-161/17 Rz. 24, ECLI:EU:C:2018:634, CR 2018, 654 = ITRB 2018, 248 – Renckhoff; EuGH v. 19.12.2019 – C-263/18 Rz. 70 – Tom Kabinet; EuGH v. 9.3.2021 – C-392/19 Rz. 32, ECLI:EU:C:2021:181, CR 2021, 263 = AfP 2021, 125 = ITRB 2021, 103 (*Kartheuser*) – VG Bild-Kunst; EuGH v. 17.6.2021 – C-597/19 Rz. 51, ECLI:EU:C:2021:492, CR 2021, 550 = CR 2021, 811 = ITRB 2021, 200 (*Rössel*) – M.I.C.M; EuGH v. 22.6.2021 – C-682/18 und C-683/18 Rz. 70, ECLI:EU:C:2021:503, ITRB 2021, 175 (*Rössel*) – YouTube/Sharehoster; BGH v. 10.1.2019 – I ZR 267/15 Rz. 42, CR 2019, 821 = ITRB 2019, 201 – Cordoba II; BGH v. 28.3.2019 – I ZR 132/17 Rz. 34, CR 2019, 770 m. Anm. *Grützmacher* = ITRB 2019, 249 – Testversion; OLG Hamm v. 29.10.2020 – 4 U 19/19 Rz. 61, MMR 2021, 428.

nicht aus den Nutzern der Website, auf der das Werk später ohne Zustimmung des Urheberrechtsinhabers eingestellt wurde[1798].

Jede Handlung, mit der ein Nutzer in voller Kenntnis der Sachlage seinen Kunden Zugang zu geschützten Werken gewährt, kann somit grundsätzlich ein „öffentliches Zugänglichmachen" darstellen[1799]. Dies gilt auch bei einer Plattform, die Nutzern Zugang zu „gebrauchten" eBooks ermöglicht[1800]. **1157**

Keine Wiedergabe für ein neues Publikum liegt vor, wenn auf einer Internetseite **anklickbare Links** zu Werken bereitgestellt werden, die auf einer anderen Internetseite mit Erlaubnis der Urheberrechtsinhaber für alle Internetnutzer frei zugänglich sind. Unterlag der Zugang zu den Werken auf der anderen Internetseite keiner beschränkenden Maßnahme, waren die Werke für sämtliche Internetnutzer frei zugänglich. Werden die betreffenden Werke den Nutzern einer Internetseite über einen anklickbaren Hyperlink zugänglich gemacht, sind diese Nutzer potentielle Adressaten der ursprünglichen Wiedergabe. Diese sind Mitglieder der Öffentlichkeit, die die Inhaber des Urheberrechts erfassen wollten, als sie die ursprüngliche Wiedergabe erlaubten. Eine solche Wiedergabe erfolgt somit nicht gegenüber einem neuen Publikum. Sie ist daher keine öffentliche Wiedergabe im Sinne von Art. 3 Abs. 1 der Richtlinie 2001/29/EG und bedarf keiner Erlaubnis der Urheberrechtsinhaber[1801]. **1158**

Wenn Hyperlinks mit Gewinnerzielungsabsicht gesetzt werden, kann nach Auffassung des EuGH von demjenigen, der sie gesetzt hat, erwartet werden, dass er die erforderlichen Nachprüfungen vornimmt, um sich zu vergewissern, dass das betroffene Werk auf der Website, zu der die Hyperlinks führen, nicht unbefugt veröffentlicht wurde. Daher sei zu vermuten, dass ein solches Setzen von Hyperlinks in voller Kenntnis der Geschütztheit des Werks und der etwaig fehlenden Erlaubnis der Urheberrechtsinhaber zu seiner Veröffentlichung im Internet vorgenommen wurde. Sofern diese Vermutung nicht entkräftet werde, stelle die Linksetzung eine öffentliche Wiedergabe dar[1802]. Dies muss man so verstehen, dass es auf das subjektive Merkmal der „vollen Kenntnis" ankommt, um – objektiv – eine öffentliche Wiedergabe annehmen zu können[1803]. **1159**

Treffend lässt sich die Rechtsprechung des EuGH als ein „Zurückrudern" bezeichnen. Solange der Nutzer lediglich Links und Frames nutzt und dadurch den Zugriff auf ein geschütztes Werk ermöglicht, verneint der EuGH eine öffentliche Wiedergabe. Dahingegen ist das Herunter- und anschließende Heraufladen von Fotos und sonstigen Werken unabhängig davon unzulässig, ob es die Öffentlichkeit nur minimal erweitert[1804]. **1160**

1798 EuGH v. 7.8.2018 – C-161/17 Rz. 35, ECLI:EU:C:2018:634, CR 2018, 654 = ITRB 2018, 248 – Renckhoff; BGH v. 28.3.2019 – I ZR 132/17 Rz. 40, CR 2019, 770 m. Anm. *Grützmacher* = ITRB 2019, 249 – Testversion; BGH v. 9.9.2021 – I ZR 113/18 Rz. 34, CR 2022, 42 = AfP 2021, 523 = ITRB 2022, 3 (*Rössel*) – Deutsche Digitale Bibliothek II.
1799 EuGH v. 14.6.2017 – C-610/15 Rz. 34, ECLI:EU:C:2017:456, CR 2017, 813 – Stichting Brein II.
1800 EuGH v. 19.12.2019 – C-263/18, ECLI:EU:C:2019:1111, CR 2020, 158 – Tom Kabinet.
1801 BGH v. 28.3.2019 – I ZR 132/17 Rz. 38, CR 2019, 770 m. Anm. *Grützmacher* = ITRB 2019, 249 – Testversion.
1802 EuGH v. 14.6.2017 – C-610/15 Rz. 49, ECLI:EU:C:2017:456, CR 2017, 813 – Stichting Brein II.
1803 LG Hamburg v. 13.6.2017 – 310 O 117/17 Rz. 60, CR 2018, 186 = ITRB 2018, 32.
1804 *Peifer*, NJW 2018, 3490, 3492 f.; OLG Düsseldorf v. 16.6.2015 – I-20 U 203/14 Rz. 25.

1161 Zu weit geht das LG München I, wenn es für ein „neues Publikum" genügen lässt, dass es sich um ein Publikum handelt, „an welches der Nutzungsberechtigte bei Erteilung seiner Zustimmung zur Einstellung (von Produktfotos) in ein Online-Angebot (nicht) gedacht hat", obwohl die Fotos mit Zustimmung des Berechtigten auf einer anderen Website frei zugänglich sind und es sich bei der Zielgruppe beider Websites jeweils „um Personen handelt, die Interesse am Kauf dieser Produkte haben"[1805]. Ein solches Verständnis eines „neuen Publikums" läuft auf ein allgemeines „Vetorecht" des Rechtsinhabers hinaus. Dies entspricht nicht den Kriterien, die der EuGH mit dem Begriff des „neuen Publikums" verbindet.

1162 Bei dem Verkauf eines **multimedialen Medienabspielers**, auf dem im Internet verfügbare Add-ons vorinstalliert wurden, handelt es sich nach Auffassung des EuGH um eine „öffentliche Wiedergabe", wenn die Add-Ons Hyperlinks zu Websites enthalten, auf denen urheberrechtlich geschützte Werke ohne Erlaubnis der Rechtsinhaber öffentlich zugänglich gemacht wurden[1806].

1163 Ein „neues Publikum" und damit ein öffentliches Zugänglichmachen ist daher zu bejahen, wenn Inhalte einer Website, deren Zugriff durch eine **Metered Paywall** beschränkt ist, auf einer anderen Website wiedergegeben werden[1807].

b) Streaming und Filesharing

aa) Streaming

1164 Beim **Streaming** (z.B. Music On Demand[1808]) sind die Voraussetzungen des § 19a UrhG erfüllt, da es für ein Zugänglichmachen nicht erforderlich ist, dass Dateien auf den Rechner des Nutzers heruntergeladen werden[1809]. § 19a UrhG ist systematisch eingerahmt von den Vortrags-, Aufführungs- und Vorführungsrechten (§ 19 UrhG) und dem Senderecht (§ 20 UrhG). In allen Fällen geht es um Formen der öffentlichen Wiedergabe, ohne dass dem Rezipienten der Verwertungshandlung etwas verbleiben muss[1810].

1165 Das **Live-Streaming** fällt unter § 20 UrhG, nicht unter § 19a UrhG, da es an einer Zugänglichkeit „zu Zeiten ihrer Wahl" fehlt[1811]. Vielmehr erfolgt die Übertragung einmalig zu Zeiten, die der Nutzer nicht bestimmen kann[1812]. Für die zeitgleiche und unveränderte Weitersendung von Fernsehsendungen über das Internet (**IPTV**) kommt § 19a UrhG nicht in Be-

---

1805 LG München I v. 20.2.2019 – 37 O 22800/16 Rz. 130, CR 2019, 672; LG München I v. 20.2.2019 – 37 O 5140/18 Rz. 59, CR 2019, 675.

1806 EuGH v. 26.4.2017 – C 527/15 Rz. 53 – Stichting Brein I, ABl. EU 2016, Nr C 27, 6.

1807 OLG München v. 14.7.2016 – 29 U 953/16 Rz. 74, CR 2017, 185 = ITRB 2017, 8.

1808 OLG Stuttgart v. 21.1.2008 – 2 Ws 328/07, MMR 2008, 474, 475; *Bullinger* in Wandtke/Bullinger, Urheberrecht, § 19a UrhG Rz. 25.

1809 OLG Hamburg v. 7.7.2005 – 5 U 176/04, AfP 2006, 502 = MMR 2006, 173, 174 = ZUM 2005, 749, 750; OLG Hamburg v. 11.2.2009 – 5 U 154/07, MMR 2009, 560, 560; *Bullinger* in Wandtke/Bullinger, Urheberrecht, § 19a UrhG Rz. 34; *Hullen*, ITRB 2008, 230, 231.

1810 OLG Hamburg v. 25.7.2008 – 5 U 154/07, ZUM 2009, 575, 577.

1811 Vgl. auch *Koch*, GRUR 2010, 574, 576.

1812 *Bullinger* in Wandtke/Bullinger, Urheberrecht, § 19a UrhG Rz. 34; *Büscher/Müller*, GRUR 2009, 558, 558 f.

tracht, da die Zeit der Nutzung nicht vom Willen des Nutzers abhängt[1813]. Es handelt sich vielmehr um eine Ausübung des Senderechts gem. § 20 UrhG.[1814].

bb) Filesharing

Beim **Filesharing** ist der Tatbestand des § 19a UrhG erfüllt, sobald die jeweilige Datei auf einen Server geladen ist, der Dritten den Zugriff auf die Datei über das Internet ermöglicht[1815]. Selbst wenn festgestellt würde, dass ein Werk zuvor auf einer Website ohne beschränkende Maßnahme, die ihr Herunterladen verhindert, und mit Zustimmung des Inhabers des Urheberrechts oder verwandter Schutzrechte veröffentlicht worden ist, bedeutet der Umstand, dass Nutzer über ein Peer-to-Peer-Netzwerk Segmente der dieses Werk enthaltenden Datei durch Hochladen innerhalb des Netzwerks zugänglich gemacht haben, dass diese Nutzer eine entscheidende Rolle bei der Zugänglichmachung dieses Werks für ein Publikum gespielt haben, an das der Inhaber des Urheberrechts nicht gedacht hatte, als er die ursprüngliche Wiedergabe erlaubte („neues Publikum")[1816].

1166

Der objektive Tatbeitrag des einzelnen Teilnehmers an einer Internettauschbörse liegt in der Bereitstellung von Dateifragmenten, die gemeinsam mit weiteren, von anderen Teilnehmern der Tauschbörse bereitgestellten Dateifragmenten auf dem Computer des herunterladenden Nutzers zur Gesamtdatei zusammengefügt werden können. Das Filesharing über Peer-to-Peer-Netzwerke dient der Erlangung und Bereitstellung funktionsfähiger Dateien. Jeder Teilnehmer eröffnet anderen Teilnehmern des Netzwerks die Möglichkeit, von ihm heruntergeladene Dateien oder Dateifragmente ihrerseits mit dem eigenen Computer herunterzuladen; der Download geht also mit dem Angebot zum Upload einher[1817].

1167

c) Links und Frames

Die urheberrechtliche Relevanz des Linking und Framing ist seit 20 Jahren streitig.

1168

aa) Ältere deutsche Rechtsprechung

In der **Paperboy-Entscheidung** vertrat der BGH zunächst den Standpunkt, es fehle bei **Deeplinks** an einer urheberrechtlichen Nutzungshandlung[1818]. Die bloße Linksetzung lasse sich weder als öffentliche Zugänglichmachung gem. § 19a UrhG noch gem. § 16 UrhG als Vervielfältigung eines Werkes ansehen. Hyperlinks auf urheberrechtlich geschützte Seiten erleichtern nach dieser Ansicht zwar den Zugriff auf das Werk und damit dessen Vervielfältigung. Es handele sich dabei jedoch lediglich um einen Verweis auf die Seiten, ohne dass der

1169

1813 *Bullinger* in Wandtke/Bullinger, Urheberrecht, § 19a UrhG Rz. 35.
1814 LG Hamburg v. 8.4.2009 – 308 O 660/08, ZUM 2009, 582, 582 ff.
1815 EuGH v. 14.6.2017 – C-610/15 Rz. 35 ff., ECLI:EU:C:2017:456, CR 2017, 813 – Stichting Brein II; *Röhl/Bosch*, NJW 2008, 1415, 1416.
1816 EuGH v. 17.6.2021 – C-597/19 Rz. 57, ECLI:EU:C:2021:492, CR 2021, 550 = CR 2021, 811 = ITRB 2021, 200 (*Rössel*) – M.I.C.M.
1817 BGH v. 6.12.2017 – I ZR 186/16 Rz. 26, CR 2018, 250 – Konferenz der Tiere.
1818 BGH v. 17.7.2003 – I ZR 259/00, AfP 2003, 545 = CR 2003, 920 = ITRB 2004, 26 = NJW 2003, 3406, 3406 ff. = BGH-R 2003, 1294, 1294 ff. m. Anm. *Elßner*; vgl. *Heydn*, NJW 2004, 1361; *Plaß*, WRP 2002, 195, 202.

Linksetzende selbst das Werk öffentlich zugänglich mache (§ 19a UrhG) oder vervielfältige (§ 16 UrhG)[1819].

1170 Für das **Framing** wurde überwiegend vertreten, dass nichts Anderes gelten könne als für die Linksetzung. Das Framing erleichtere den Zugriff auf ein Werk, das bereits öffentlich zugänglich ist (§ 19a UrhG). Zugleich trage das Framing zu Vervielfältigungshandlungen Dritter bei, ohne selbst eine Vervielfältigung zu beinhalten. Urheberrechtlich sei das Framing daher ebenso wenig relevant wie die Verwendung von Links[1820].

1171 **Embedded Content** (z.B. die Einbeziehung von YouTube-Videos auf der eigenen Website) ist nach Auffassung des OLG Düsseldorf[1821] anders zu beurteilen. Embedded Content unterscheide sich von Links dadurch, dass (urheberrechtlich geschützte) Inhalte zum unmittelbaren Abruf bereitgehalten werden. Die Einbettung fremder Inhalte bedürfe daher stets der Zustimmung des Berechtigten.

bb) Rechtsprechung des EuGH

1172 In seiner **Retriever-Sverige-Entscheidung** ist der EuGH der Auffassung der deutschen Gerichte nur zum Teil beigetreten. Einerseits liege in der Verlinkung zu einem im Internet befindlichen Werk grundsätzlich keine öffentliche Wiedergabe des Werks, wenn das Werk auf der verlinkten Seite frei zugänglich ist[1822]. Anders als der BGH sieht der EuGH jedoch in der Linksetzung grundsätzlich eine „Handlung der Wiedergabe" bzw. Zugänglichmachung[1823]. Allerdings sei eine solche Wiedergabe nur dann „öffentlich", wenn sie sich an ein „neues Publikum" richte[1824].

1173 Das **„neue Publikum"** ist seit der Retriever-Sverige-Entscheidung des EuGH der Gradmesser für das Linking und Framing. „Neu" ist ein „Publikum", das der Inhaber des Urheberrechts nicht hatte erfassen wollen, als er die ursprüngliche öffentliche Wiedergabe erlaubte[1825].

1174 In seiner **BestWater-Entscheidung** übertrug der EuGH die Grenzziehung auf das **Framing** und vertrat den Standpunkt, dass allein die Einbettung eines bereits öffentlich zugänglich ge-

---

1819 BGH v. 17.7.2003 – I ZR 259/00, AfP 2003, 545 = CR 2003, 920 = ITRB 2004, 26 = NJW 2003, 3406, 3409.

1820 *Heerma* in Wandtke/Bullinger, Urheberrecht, § 16 UrhG Rz. 24; *Ott*, WRP 2008, 393, 410; *Sosnitza*, CR 2001, 693, 700; EuGH v. 21.10.2014 – C-348/13, ECLI:EU:C:2014:2315, AfP 2014, 520 = CR 2014, 732 = ITRB 2014, 270 – BestWater; OLG Köln v. 14.9.2012 – 6 U 73/12 Rz. 8; a.A. KG Berlin v. 21.3.2012 – 24 U 130/10 Rz. 24, AfP 2012, 477; LG München v. 10.1.2007 – 21 O 20028/05, AfP 2007, 296 = AfP 2008, 432 = AfP 2009, 102 = ITRB 2007, 107 = CR 2007, 810, 811 = MMR 2007, 260, 261 f. m. Anm. *Ott*.

1821 OLG Düsseldorf v. 8.11.2011 – I-20 U 42/11 Rz. 23 f., CR 2012, 122.

1822 EuGH v. 13.2.2014 – C-466/12, ECLI:EU:C:2014:76, AfP 2014, 243 = CR 2014, 258 = ITRB 2014, 74 – Retriever Sverige.

1823 *Jani/Leenen*, GRUR 2014, 360, 362.

1824 EuGH v. 13.2.2014 – C-466/12 Rz. 24, ECLI:EU:C:2014:76, AfP 2014, 243 = ITRB 2014, 74 – Retriever Sverige; vgl. *Fusbahn*, IPRB 2015, 68, 68 ff.; *Völtz*, CR 2014, 721, 721 ff.

1825 EuGH v. 13.2.2014 – C-466/12 Rz. 24, ECLI:EU:C:2014:76, AfP 2014, 243 = ITRB 2014, 74 – Retriever Sverige; vgl. auch EuGH v. 26.4.2017 – C-527/15 Rz. 44 ff. – Stichting Brein I, ABl. EU 2016, Nr C 27, 6; EuGH v. 14.6.2017 – C-610/15 Rz. 44, ECLI:EU:C:2017:456, CR 2017, 813 – Stichting Brein II; *Fusbahn*, IPRB 2015, 68, 68 ff.; *Völtz*, CR 2014, 721, 721 ff.

machten Werkes keine öffentliche Wiedergabe darstelle, sofern das Werk nicht für ein neues Publikum zugänglich gemacht wird[1826].

In seiner **Session-ID-Entscheidung** hatte der BGH bereits ähnlich[1827] argumentiert. Es ging um einen Fall, in dem durch einen Link technische **Zugriffssperren** umgangen wurden, die den Zugang zu dem geschützten Werk erschwerten. Die Umgehung dieser Zugriffssperren genügte dem BGH, um eine unerlaubte Nutzungshandlung zu bejahen. Bediene sich der Rechteinhaber Schutzmaßnahmen, um den öffentlichen Zugang zu dem geschützten Werk nur auf dem Weg über die Startseite seiner Website zu eröffnen, greife das Setzen eines Hyperlinks, der unter Umgehung dieser Schutzmaßnahmen einen unmittelbaren Zugriff auf das geschützte Werk ermöglicht, in das Recht der öffentlichen Zugänglichmachung des Werkes ein[1828]. 1175

Genauso argumentiert der EuGH in der der **VG Bild-Kunst-Entscheidung**. Wenn ein anklickbarer Link es den Nutzern der Seite, auf der sich der Link befindet, ermögliche, beschränkende Maßnahmen zu umgehen, die auf der Seite eingesetzt werden, auf der das geschützte Werk zu finden ist, handele es sich um einen Eingriff, ohne den die betreffenden Nutzer auf die verbreiteten Werke nicht zugreifen könnten. Alle diese Nutzer seien als „neues Publikum anzusehen, das die Inhaber des Urheberrechts nicht hatten erfassen wollen, als sie die ursprüngliche Wiedergabe" erlaubten[1829]. Wenn der Urheberrechtsinhaber beschränkende Maßnahmen gegen Framing getroffen habe, um den Zugang zu seinen Werken von anderen Internetseiten als derjenigen seiner Lizenznehmer zu beschränken, stellten die ursprüngliche Zugänglichmachung auf der Ausgangswebsite und die nachfolgende Zugänglichmachung im Wege der Framing-Technik unterschiedliche öffentliche Wiedergaben dar[1830]. 1176

Um Rechtssicherheit und das ordnungsgemäße Funktionieren des Internets zu gewährleisten, ist es allerdings dem Rechteinhaber nach Auffassung des BGH nicht gestattet, seine Erlaubnis auf andere Weise als durch wirksame technische Maßnahmen (§ 95a Abs. 1 und 2 UrhG) zu beschränken. Ohne solche Maßnahmen lasse sich nur schwer überprüfen, ob sich der Rechtsinhaber dem Framing seiner Werke widersetzen wollte[1831]. 1177

Der BGH ist der Rechtsprechung des EuGH in seiner **Realität II-Entscheidung** gefolgt und hat den Standpunkt vertreten, dass ein „neues Publikum" stets vorliegt, wenn der Urheberrechtsinhaber die Veröffentlichung seines Werks auf der verlinkten Seite nicht erlaubt hat[1832]. Fehle es an einer solchen **Erlaubnis**, habe der Urheberrechtsinhaber zwangsläufig nicht an ein Publikum denken können, an das sich die Wiedergabe richtet. In einem solchen Fall richte 1178

1826 EuGH v. 21.10.2014 – C-348/13 Rz. 19, ECLI:EU:C:2014:2315, AfP 2014, 520 = CR 2014, 732 = ITRB 2014, 270 – BestWater; EuGH v. 9.3.2021 – C-392/19 Rz. 36, ECLI:EU:C:2021:181, CR 2021, 263 = AfP 2021, 125 = ITRB 2021, 103 (*Kartheuser*) – VG Bild-Kunst.

1827 Vgl. *Jani/Leenen*, NJW 2016, 3135, 3137.

1828 BGH v. 29.4.2010 – I ZR 39/08 Rz. 27, AfP 2010, 569 = CR 2011, 41 = ITRB 2011, 2 – Session-ID.

1829 EuGH v. 9.3.2021 – C-392/19 Rz. 39 f., ECLI:EU:C:2021:181, CR 2021, 263 = AfP 2021, 125 = ITRB 2021, 103 (*Kartheuser*) – VG Bild-Kunst.

1830 EuGH v. 9.3.2021 – C-392/19 Rz. 43, ECLI:EU:C:2021:181, CR 2021, 263 = AfP 2021, 125 = ITRB 2021, 103 (*Kartheuser*) – VG Bild-Kunst.

1831 BGH v. 9.9.2021 – I ZR 113/18 Rz. 37 f., CR 2022, 42 = AfP 2021, 523 = ITRB 2022, 3 (*Rössel*) – Deutsche Digitale Bibliothek II.

1832 BGH v. 9.7.2015 – I ZR 46/12, AfP 2016, 59 – Die Realität II.

sich jede Wiedergabe des Werkes durch einen Dritten an ein neues Publikum im Sinne der Rechtsprechung des EuGH[1833].

1179 Der **Playboy-Entscheidung** des EuGH[1834] ist jedoch eine Einschränkung zu entnehmen. Es ging es um den Fall einer Verlinkung auf Seiten, auf denen Nacktfotos, die ein Fotograf angefertigt hatte, ohne dessen Kenntnis und Zustimmung veröffentlicht worden waren. Nach Auffassung des EuGH kommt es in einem solchen Fall für die Feststellung einer öffentlichen Widergabe darauf an, ob der Linksetzende mit oder ohne **Gewinnerzielungsabsicht** handelte[1835]. Bestehe keine Gewinnerzielungsabsicht, so sei zu ermitteln, ob der Linksetzende die rechtswidrige Veröffentlichung auf der verlinkten Website kannte oder kennen musste. Bestehe hingegen eine Gewinnerzielungsabsicht, so werde (widerleglich) vermutet, dass der Linksetzende von der Rechtswidrigkeit wusste. Erneut entscheiden subjektive Tatbestandsmerkmale (Gewinnerzielungsabsicht und Kenntnis) über das Vorliegen eines objektiven Erfordernisses (öffentliche Wiedergabe). Eine **Verlinkung auf urheberrechtswidrige Seiten** stellt immerhin nicht stets eine öffentliche Widergabe dar, sondern nur unter den (subjektiven) Kriterien, die der EuGH in seiner Playboy-Entscheidung aufgestellt hat.

1180 Das LG Hamburg ist der Rechtsprechung des EuGH konsequent gefolgt. Dabei sieht es die Gewinnerzielungsabsicht in einem weiten Sinne: Es reiche aus, wenn die Linksetzung im Rahmen eines Internetauftritts erfolge, der insgesamt zumindest auch einer Gewinnerzielungsabsicht dient. Mit der Linksetzung müssten nicht unmittelbar Gewinne erzielt werden[1836].

1181 Die Playboy-Entscheidung des BGH ist durch die EuGH-Rechtsprechung hinfällig geworden; das Setzen von Links hat nach dieser Rechtsprechung urheberrechtliche Relevanz erlangt[1837]. Die Unterscheidungskriterien des EuGH werfen jedoch neue Probleme auf. So ist es nicht immer einfach, herauszufinden, ob ein Werk mit der Zustimmung des Berechtigten veröffentlicht wurde. Dies wird – jedenfalls bisweilen – dazu führen, dass Links aus **Unsicherheit** nicht mehr gesetzt werden[1838]. Da das Haftungsrisiko komplett auf den Verlinkenden verlagert wird, wird abzuwarten sein, wie die (nationale) Rechtsprechung den anzulegenden Sorgfaltsmaßstab konkret ausgestalten wird[1839].

2. Vervielfältigung

a) Begriff und Systematik

1182 **§ 16 UrhG** i.V.m. § 15 Abs. 1 Nr. 1 UrhG regelt das Vervielfältigungsrecht des Urhebers. Dieses Recht umfasst nach § 16 Abs. 1 UrhG jede Herstellung von Vervielfältigungsstücken, gleichviel, ob vorübergehend oder dauerhaft, in welchem Verfahren und in welcher Zahl.

1833 BGH v. 9.7.2015 – I ZR 46/12 Rz. 34, AfP 2016, 59 – Die Realität II.
1834 EuGH v. 8.9.2016 – C-160/15 Rz. 40 ff., ECLI:EU:C:2016:644, CR 2017, 43 = AfP 2017, 38 = ITRB 2017, 28.
1835 EuGH v. 8.9.2016 – C-160/15 Rz. 55, ECLI:EU:C:2016:644, CR 2017, 43 = AfP 2017, 38 = ITRB 2017, 28.
1836 LG Hamburg v. 18.11.2016 – 310 O 402/16 Rz. 47, AfP 2017, 78 = ITRB 2017, 38; s. hierzu auch *Volkmann*, CR 2017, 36, 38 f.
1837 *Jani/Leenen*, NJW 2016, 3135, 3137.
1838 Vgl. *Hofmann*, K&R 2016, 706, 707; *Spindler*, GRUR 2016, 157, 158.
1839 *Volkmann*, CR 2017, 36, 43.

Vervielfältigung ist jede **körperliche Festlegung** eines Werks, die geeignet ist, das Werk den menschlichen Sinnen auf irgendeine Weise unmittelbar oder mittelbar wahrnehmbar zu machen. Unerheblich sind dabei die Vervielfältigungstechnik sowie die Art und Anzahl der Zwischenschritte, die zur Wahrnehmung notwendig sind[1840]. Eine Vervielfältigung ist auch die Übertragung des Werkes auf Vorrichtungen zur wiederholten Wiedergabe von Bild- oder Tonfolgen (Bild- oder Tonträger), gleichviel, ob es sich um die Aufnahme einer Wiedergabe des Werkes auf einen Bild- oder Tonträger oder um die Übertragung des Werkes von einem Bild- oder Tonträger auf einen anderen handelt (§ 16 Abs. 2 UrhG)[1841].

1183

Bei dem Abruf einer Internetseite entsteht in jedem Fall eine Datenkopie im **Arbeitsspeicher** des Internetnutzers[1842]. Seit der Neufassung im Jahre 2003[1843] sind **vorübergehende Kopiervorgänge** von § 16 Abs. 1 UrhG ausdrücklich erfasst. Auch der zum Zwecke der öffentlichen Zugänglichmachung erfolgende Upload eines Werks ist keine bloße Vorbereitungshandlung. Vielmehr beeinträchtigt der Upload das Vervielfältigungsrecht des Urheberrechtsinhabers im Sinne des § 16 UrhG und kann als Rechtsverletzung eigenständig verfolgt werden[1844].

1184

b) Beispielsfälle

Beim **Streaming** stellen die nur kurzfristig in den Zwischenspeicher eines Rechners kopierten Film- bzw. Tonaufnahmen Vervielfältigungen i.S.v. § 16 Abs. 1 UrhG dar[1845]. Werden allerdings nur einzelne **Teile eines Werks** auf einem Endgerät gespeichert (z.B. einzelne Datenpakete oder Sequenzen eines Streams), fehlt es an einer Vervielfältigungshandlung i.S.d. § 16 Abs. 1 UrhG, wenn die einzelnen Fragmente selbst keinen urheberrechtlichen Schutz genießen[1846].

1185

Keine Vervielfältigung ist das **Lesen einer Seite** auf dem Bildschirm. Der bloße „Konsum" eines Werkes stellt keine urheberrechtlich relevante Nutzung dar[1847]. In der Anzeige von

1186

1840 BGH v. 4.10.1990 – I ZR 139/89, CR 1991, 150 m. Anm. *Lehmann* = CR 1991, 80 = GRUR 1991, 449, 453 – Betriebssystem; OLG Dresden v. 28.11.2006 – 14 U 1070/06, AfP 2008, 431 = ITRB 2007, 199 = CR 2007, 458, 458 f. = ZUM 2007, 203, 204; OLG Köln v. 11.1.2019 – 6 U 10/16 Rz. 75, WRP 2019, 374; LG Köln v. 28.2.2007 – 28 O 16/07, MMR 2007, 610, 611; *Schulze* in Dreier/Schulze, UrhG, § 16 UrhG Rz. 6 f.; *Loewenheim* in Schricker/Loewenheim, Urheberrecht, § 16 UrhG Rz. 5 und 9 ff.

1841 BGH v. 5.3.2020 – I ZR 6/19 Rz. 16 – musicmonster, K&R 2020, 521; BGH v. 5.3.2020 – I ZR 32/19 Rz. 19, CR 2020, 459 = ITRB 2020, 206 (*Kartheuser*) – Internet-Radio-rekorder.

1842 *Heerma* in Wandtke/Bullinger, Urheberrecht, § 16 UrhG Rz. 18; OLG München v. 10.5.2007 – 29 U 1638/06, AfP 2007, 248 = MMR 2007, 525, 527 m. Anm. *Gausling* = K&R 2007, 418, 420.

1843 Gesetz zur Regelung des Urheberrechts in der Informationsgesellschaft, BGBl. 2003, Teil 1 Nr. 46, S. 1774 ff.

1844 BGH v. 10.1.2019 – I ZR 267/15 Rz. 51, CR 2019, 821 = ITRB 2019, 201 – Cordoba II; OLG Hamm v. 29.10.2020 – 4 U 19/19 Rz. 57, MMR 2021, 428.

1845 Vgl. *Ensthaler*, NJW 2014, 1553, 1558; *Wagner*, GRUR 2016, 874, 876.

1846 EuGH v. 4.10.2011 – C-403/08 u. C-429/08 Rz. 159; *Eichelberger*, K&R 2012, 393, 394; *Koch*, ITRB 2011, 266, 267.

1847 BGH v. 4.10.1990 – I ZR 139/89, BGHZ 112, 264, 278; *Heerma* in Wandtke/Bullinger, Urheberrecht, § 16 UrhG Rz. 17; vgl. auch *Ensthaler*, NJW 2014, 1553, 1554; *Knies*, CR 2014, 140, 144; *Redlich*, K&R 2014, 73, 75.

Werken auf dem Bildschirm liegt keine eigenständige Vervielfältigungshandlung. Das bloße Sichtbarmachen eines Werks genügt als unkörperliche Wiedergabe nicht den Anforderungen an eine Vervielfältigung[1848].

1187   Nach **§ 69c Nr. 1 UrhG** umfassen die Verwertungsrechte des Urhebers eines schutzfähigen Computerprogramms die Vervielfältigung des Programms „mit jedem Mittel und in jeder Form". Der Download eines Computerprogramms stellt eine Vervielfältigung gem. § 69c Nr. 1 UrhG dar[1849]. Allerdings fällt auch jede Vervielfältigung im Zusammenhang mit dem „Laden, Anzeigen, Ablaufen, Übertragen oder Speichern des Computerprogramms" unter den Tatbestand des § 69c Nr. 1 UrhG, so dass es letztlich nicht darauf ankommt, ob im Einzelfall eine physische Kopie des Programms auf dem Rechner des Nutzers tatsächlich hergestellt wird.

1188   Bei der Verwendung von Bildern und Grafiken als „Thumbnails" in einer Bildersuchmaschine liegen sowohl Vervielfältigungshandlungen als auch ein öffentliches Zugänglichmachen vor[1850].

1189   Um eine unkontrollierte Vervielfältigung zu verhindern, kommt der Urheber bzw. Rechteinhaber schon aus praktischen Gründen nicht umhin, Inhalte mit **Zugangshindernissen** gegen einen unbefugten Zugang zu sichern. Durch die Zugangssicherung bringt der Berechtigte mit hinreichender Deutlichkeit seinen Willen zum Ausdruck, zu einer Rechtsübertragung gem. § 31 UrhG nur bei Erfüllung der jeweils aufgestellten Bedingungen bereit zu sein[1851]. Der Abruf einer geschützten Seite unter Umgehung der Zugangshindernisse ist als rechtswidrige Verletzung des Vervielfältigungsrechts des Urhebers zu werten, gegen die der Inhaber der Urheberrechte nach den §§ 97 ff. UrhG vorgehen kann[1852].

c) Kopierschutz

aa) Schutz technischer Maßnahmen

1190   Durch **technische Maßnahmen** lassen sich elektronische Dokumente gegen eine Vervielfältigung schützen. Derartige Schutzvorkehrungen sind durch **§ 95a Abs. 1 UrhG** gegen eine

---

1848 BGH v. 6.10.2016 – I ZR 25/15 Rz. 38 – World of Warcraft I.
1849 Vgl. *Czychowski* in Fromm/Nordemann, Urheberrecht, § 69c UrhG Rz. 10; *Loewenheim*, FS Piper, S. 709, 718; *Bosak*, CR 2001, 176, 181; OLG Hamburg v. 22.2.2001 – 3 U 247/00, AfP 2001, 316 = ITRB 2001, 231 = CR 2001, 704, 705; LG Berlin v. 24.7.2001 – 16 O 98/99; LG Braunschweig v. 8.7.2003 – 6 KLs 1/03, MMR 2003, 755.
1850 BGH v. 29.4.2010 – I ZR 69/08, AfP 2010, 265 = CR 2010, 463 = ITRB 2010, 175 = WRP 2010, 916, 917 ff. = MMR 2010, 475, 476 ff. m. Anm. *Rössel* – Vorschaubilder I; BGH v. 19.10.2011 – I ZR 140/10 Rz. 13, CR 2012, 333 = AfP 2012, 255 = ITRB 2012, 100 – Vorschaubilder II; LG Hamburg v. 5.9.2003 – 308 O 449/03, CR 2004, 855 = AfP 2004, 482 = MMR 2004, 558, 561; LG Hamburg v. 22.2.2006 – 308 O 743/05, AfP 2007, 77 = CR 2007, 196 = ITRB 2007, 153 = MMR 2006, 697, 698; LG Hamburg v. 26.9.2008 – 308 O 42/06, ITRB 2009, 33 = CR 2009, 47, 48 f. m. Anm. *Kleinemenke*; a.A. LG Erfurt v. 15.3.2007 – 3 O 1108/05, AfP 2008, 327 = CR 2007, 391, 392 f. m. Anm. *Berberich* = K&R 2007, 325, 325 ff. m. Anm. *Roggenkamp*; vgl. auch *Leistner/Stang*, CR 2008, 499, 502; *Ott*, ZUM 2009, 345, 345 f.; OLG Jena v. 27.2.2008 – 2 U 319/07, CR 2008, 390 = MMR 2008, 408, 409 m. Anm. *Schack*; LG Bielefeld v. 8.11.2005 – 20 S 49/05, ITRB 2006, 81 = CR 2006, 350 m. Anm. *Wimmers/Schulz*; *Ott*, ZUM 2009, 345, 345 f.
1851 Vgl. BGH v. 17.7.2003 – I ZR 259/00, AfP 2003, 545 = CR 2003, 920 = NJW 2003, 3406, 3408; *Lapp*, ITRB 2004, 114, 115.
1852 *Lippert*, CR 2001, 478, 481.

Umgehung geschützt. Das Umgehungsverbot erstreckt sich nach § 95a Abs. 3 UrhG auf die Herstellung, die Einfuhr, die Verbreitung, den Verkauf, die Vermietung, die Werbung und den gewerblichen Zwecken dienenden Besitz von Vorrichtungen, Erzeugnissen oder Bestandteilen sowie die Erbringung von Dienstleistungen, die der Umgehung von Schutzvorkehrungen dienen[1853]. § 95b UrhG schränkt das Verbot zugunsten einiger nach den §§ 45 ff. UrhG privilegierter Nutzungen ein.

§ 95a Abs. 3 UrhG ist ein **Schutzgesetz** i.S.d. § 823 Abs. 2 Satz 1 BGB[1854], so dass eine schuldhafte Verletzung der Norm den Verletzer zum Schadensersatz verpflichtet. Auch Ansprüche aus den §§ 97 ff. UrhG können bestehen[1855].   **1191**

An der Umgehung einer wirksamen technischen Maßnahme fehlt es, wenn ein Nutzer bei bestehendem digitalem Kopierschutz eine **analoge Kopie** zieht[1856]. Der Umstand, dass eine technische Schutzmaßnahme vorgenommen worden ist, macht nicht jede Umgehung oder Überwindung des Schutzes rechtswidrig. Es kommt vielmehr darauf an, ob eine konkrete Art der Nutzung vorliegt, die der Berechtigte durch wirksame technische Maßnahmen unterbinden wollte[1857].   **1192**

bb) Beispielsfälle

Wenn eine **Spielekonsole** so programmiert ist, dass sie nur in Verbindung mit Originalspielen des Konsolenherstellers genutzt werden kann, liegt in der Programmierung eine technische Schutzmaßnahme, die die Voraussetzungen des § 95a Abs. 2 UrhG erfüllt. Wird die Programmierung „geknackt", kann der Berechtigte hiergegen nach § 95a UrhG vorgehen[1858].   **1193**

Eine gem. § 95a Abs. 3 UrhG verbotene **Werbung** liegt bei dem Angebot einer Brenner-Software im Rahmen einer Online-Auktion vor[1859]. Der Begriff der Werbung umfasst jegliche Äußerung mit dem Ziel, den Absatz der verbotenen Umgehungsmittel zu fördern. Ein Handeln zu gewerblichen Zwecken ist nicht erforderlich, ein privates und einmaliges Verkaufsangebot genügt[1860].   **1194**

Das Herunterladen von Hackersoftware auf einen PC erfüllt den Tatbestand des verbotenen **Besitzes** von Umgehungsmitteln nach § 95a Abs. 3 UrhG[1861].   **1195**

1853 *Klett*, K&R 2004, 257, 259.
1854 BGH v. 17.7.2008 – I ZR 219/05, NJW 2008, 3565, 3566 – Clone-CD; LG Hamburg v. 25.4.2013 – 310 O 144/13 Rz. 29, CR 2014, 130 = ITRB 2014, 32; LG München v. 14.10.2009 – 21 O 22196/08, CR 2010, 76, 77.
1855 *Arnold*, NJW 2008, 3545, 3546.
1856 LG Frankfurt/M. v. 31.5.2006 – 2-06 O 288/06, CR 2006, 816, 817 = MMR 2006, 766, 767 m. Anm. *Arlt*.
1857 OLG Hamburg v. 20.2.2008 – 5 U 68/07, CR 2010, 125, 127.
1858 LG München I v. 13.3.2008 – 7 O 16829/07, MMR 2008, 839, 841; LG München v. 14.10.2009 – 21 O 22196/08, CR 2010, 76, 77; a.A. *Schröder*, MMR 2013, 80, 82.
1859 LG Köln v. 23.11.2005 – 28 S 6/05, ITRB 2006, 249 = CR 2006, 702, 705 = MMR 2006, 412, 415 m. Anm. *Lindhorst*.
1860 BGH v. 17.7.2008 – I ZR 219/05, NJW 2008, 3565, 3566 f. – Clone-CD; BGH v. 14.10.2010 – I ZR 191/08 Rz. 15, AfP 2011, 249 = CR 2011, 467 m. Anm. *Arlt* = CR 2011, 401 = ITRB 2011, 124 – AnyDVD; vgl. auch *Arnold*, NJW 2008, 3545, 3545 ff.
1861 OLG Celle v. 27.1.2010 – 9 U 38/09, CR 2010, 632 = ITRB 2010, 253 = MMR 2010, 347, 348.

1196   **Stream-Downloader**[1862] sind im Internet als frei zugängliche und als kostenlose Software erhältlich. Es handelt sich um Programme, die es dem Nutzer ermöglichen, die Inhalte von Portalen wie YouTube mit einem einfachen Klick herunterzuladen. Durch die Stream-Downloader können die Nutzer die Videos (oder nur deren Tonspur) dauerhaft auf ihrer Festplatte speichern.

1197   Allein der Umstand, dass YouTube und andere Streaming-Plattformen das Herunterladen von Videos standardmäßig nicht ermöglichen, lässt noch nicht auf technische Schutzmaßnahmen i.S.d. § 95a UrhG schließen[1863]. Die bloße Bereitstellung als **Stream** ohne Download-Funktion ist als Schutzmaßnahme ungeeignet und wirkungslos, da jeder Nutzer ohne besondere Fähigkeiten die kurzzeitige Speicherung der gestreamten Videos durch eine einfache, dauerhafte Kopie der Datenpakete auf seinem Rechner umgehen kann[1864]. Dass es bisweilen „kniffelig" sein kann, einen Download vorzunehmen, reicht nicht aus, um von einer wirksamen technischen Schutzmaßnahme ausgehen zu können[1865].

1198   Das **Real-Time Messaging Protocol (RTMPE)** ist eine Verschlüsselungsmethode, die verhindert, dass sich eine gestreamte Videodatei vollständig auf dem Rechner des Nutzers befindet und dort gespeichert werden kann. Nach Ansicht des LG Hamburg handelt es sich um wirksame technische Schutzmaßnahmen nach § 95a Abs. 2 UrhG[1866].

d) Vervielfältigung von Datenbankwerken

1199   Eine Verletzung des Urheberrechts an einem **Datenbankwerk** durch Vervielfältigung kann nur angenommen werden, wenn das beanstandete Werk diejenigen Strukturen hinsichtlich der Auslese und Anordnung des Stoffs enthält, die das Datenbankwerk als eine persönliche geistige Schöpfung i.S.d. § 4 UrhG ausweisen. Nur wenn die Kombination der übernommenen Elemente besondere Strukturen in deren Auslese und Anordnung aufweist und darin das Gewebe der persönlichen geistigen Schöpfung des Sammelwerkes erkennen lässt, kann eine Beeinträchtigung des Urheberrechts an dem Sammelwerk i.S.d. § 4 UrhG angenommen werden[1867].

1200   Wenn keine vollständige Übernahme vorliegt, kommt eine Urheberrechtsverletzung (§ 16 UrhG) nur in Betracht, wenn auch der entlehnte Teil den Schutzvoraussetzungen für ein Sammelwerk genügt. Dies ist bei einer Gedichttitelliste der Fall, wenn in einem Teilbereich älterer Gedichte knapp 98 % der Liste mit Gedichten übereinstimmen, die in der Gedichttitelliste aufgeführt sind, die nach § 4 Abs. 2 UrhG geschützt ist. Der übernommene Teil ist so Ausdruck der individuellen Auswahlkonzeption des Urhebers, dass er einen gem. § 4 Abs. 2 UrhG selbständig schutzfähigen Teil des Datenbankwerkes darstellt[1868].

1862   Vgl. *Härting/Thiess*, WRP 2012, 1068, 1068 ff.; *Janisch/Lachenmann*, MMR 2013, 213, 213 ff.; *Redlich*, K&R 2012, 713, 713 ff.
1863   Vgl. auch *Koch*, GRUR 2010, 574, 578.
1864   *Härting/Thiess*, WRP 2012, 1068, 1070; *Janisch/Lachenmann*, MMR 2013, 213, 214 f.; *Redlich*, K&R 2012, 713, 716 f.
1865   A.A. LG München I v. 26.7.2012 – 7 O 10502/12, CR 2012, 56, 57 = K&R 2012, 835, 836.
1866   LG Hamburg v. 25.4.2013 – 310 O 144/13 Rz. 35, CR 2014, 130 = ITRB 2014, 32; vgl. *Heinemeyer/Kreitlow*, MMR 2013, 623, 625 ff.
1867   BGH v. 27.3.2013 – I ZR 9/12 Rz. 57 – SUMO.
1868   BGH v. 24.5.2007 – I ZR 130/04, AfP 2007, 361 = AfP 2007, 363 = CR 2007, 556 = ITRB 2007, 198 = K&R 2007, 465, 467 f. – Gedichttitelliste I.

3. Bearbeitung und Umgestaltung

Nach § 23 Abs. 1 Satz 1 UrhG dürfen Bearbeitungen und andere Umgestaltungen eines 1201
Werkes nur mit Einwilligung des Urhebers veröffentlicht oder verwertet werden. Stellen
User daher Texte, Musik oder andere urheberrechtlich geschützte Werke in geänderter Form
ins Netz, bedarf dies der vorherigen Zustimmung des Urhebers.

Übersetzungen und andere Bearbeitungen eines Werkes, die persönliche geistige Schöpfun- 1202
gen des Bearbeiters sind, werden nach § 3 Satz 1 UrhG unbeschadet des Urheberrechts am
bearbeiteten Werk wie selbständige Werke geschützt. Nichtamtliche Leitsätze gerichtlicher
Entscheidungen können als Bearbeitungen der Entscheidungen gem. § 3 Satz 1 UrhG selbständig geschützt sein[1869].

Die bloße Digitalisierung eines Textes stellt keine Bearbeitung, sondern eine Vervielfältigung 1203
dar, da es an einer inhaltlichen Veränderung des (Sprach-)Werkes fehlt[1870]. Anders zu beurteilen kann die Umformatierung von Bild- oder Musikdateien sein, bei der es stets auch zu
– wenn auch geringfügigen – inhaltlichen Änderungen kommt.

Das Zuschneiden eines Bildes stellt jedenfalls dann eine Umgestaltung i.S.d. § 23 Abs. 1 1204
Satz 1 UrhG dar, wenn durch das Zuschneiden die Bildaussage verändert wird. Zeigt das
Originalbild einen größeren Ausschnitt einer Demonstration und wird ein Ausschnitt verwendet, der sich auf einen Demonstranten konzentriert, liegt eine Veränderung der Bildaussage vor[1871].

Wird eine auf einem Lichtbild abgebildete Person nachgezeichnet, liegt keine Bearbeitung 1205
oder Umgestaltung vor, da der Fotograf an den Umrissen und der Gestalt der fotografierten
Person keine Rechte besitzt. Eine andere Beurteilung kann allenfalls dann gerechtfertigt sein,
wenn außer der fotografierten Person auch besonderen Gestaltungsmittel der Fotografie
(Licht und Schatten, Grautöne, Schärfen und Unschärfen etc.) oder eine individuelle Auswahl und Anordnung des Motivs (Gruppierung von mehreren Personen, Wahl des Blick-
winkels etc.) in der Zeichnung wiederkehren[1872].

§ 23 Abs. 1 Satz 1 UrhG schützt den Urheber nur gegen die Verwertung einer Bearbeitung, 1206
nicht jedoch gegen die Bearbeitung selbst, die jedermann erlaubt ist[1873]. Einen Schutz gegen
die Bearbeitung gibt es nur bei Software (§ 69c Nr. 2 UrhG) sowie in den Fällen des § 23
Abs. 2 UrhG (bspw. bei der Bearbeitung oder Umgestaltung eines Datenbankwerkes, § 23
Abs. 2 Nr. 4 UrhG).

1869 BGH v. 21.11.1991 – I ZR 190/89, BGHZ 116, 136 ff. = AfP 1992, 69 – Leitsätze; OLG Köln v.
28.8.2008 – 6 W 110/08, AfP 2009, 428 = K&R 2008, 691, 691 f.
1870 *Wirtz* in Bröcker/Czychowski/Schäfer, Praxishandbuch Geistiges Eigentum im Internet, § 8
Rz. 132; *Völker* in Ensthaler/Weidert, Handbuch Urheberrecht und Internet, S. 172; *Nordemann* in Fromm/Nordemann, Urheberrecht, § 16 UrhG Rz. 2; *Loewenheim* in Schricker/Loe-
wenheim, Urheberrecht, § 23 UrhG Rz. 7; *Schulze*, ZUM 2000, 432, 439.
1871 OLG Köln v. 31.10.2014 – 6 U 60/14 Rz. 63, CR 2015, 44.
1872 LG Hamburg v. 22.5.2020 – 308 S 6/18 Rz. 22, AfP 2020, 356.
1873 *Bullinger* in Wandtke/Bullinger, Urheberrecht, § 23 UrhG Rz. 1; a.A. *Nordemann* in Fromm/
Nordemann, Urheberrecht, § 23 UrhG Rz. 2.

1207 Wahrt ein neu geschaffenes Werk einen hinreichenden Abstand zum benutzten Werk, so liegt keine Bearbeitung oder Umgestaltung vor, sodass es keiner Einwilligung des Urhebers bedarf (§ 23 Abs. 1 Satz 2 UrhG)[1874].

1208 § 23 Abs. 1 Satz 2 UrhG erfasst Fälle, die früher als „freie Benutzung" angesehen wurden (§ 24 Abs. 1 UrhG a.F.)[1875]. In diesen Fällen liegt ein eigenes Werkschaffen durch den Nutzer vor, wobei es entscheidend darauf ankommt, ob angesichts der Eigenart des neuen Werkes die entlehnten eigenpersönlichen Züge des geschützten Werkes verblassen[1876].

1209 Auf die Abgrenzung kommt es an, wenn im Internet kurze Zusammenfassungen (Abstracts) von Beiträgen aus Printmedien veröffentlicht werden. Für eine „freie Benutzung" spricht es, wenn die Originalbeiträge in den Abstracts stark komprimiert werden und der Gedankengang des Originals modifiziert wird. Dass Passagen des Originals wörtlich übernommen werden, schließt eine „freie Benutzung" nicht aus, wenn sich die wörtlichen Übernahmen auf einzelne Worte oder Wortfolgen von wenigen Begriffen beschränken, die Übernahmen teilweise auf Grund ihres deskriptiven Charakters kaum vermeidbar waren und der Abstract-Verfasser von einem – durch Art. 5 Abs. 1 GG geschützten – Bestreben nach möglichst hoher inhaltlicher Authentizität seines Artikels geleitet wird[1877].

1210 Genießt ein Sprachwerk allein auf Grund seiner sprachlichen Gestaltung Urheberrechtsschutz, so stellt eine inhaltliche Zusammenfassung grundsätzlich eine urheberrechtlich unbedenkliche „freie Benutzung" dar (§ 23 Abs. 1 Satz 2 UrhG). Enthält eine solche Zusammenfassung auch Formulierungen, auf denen die schöpferische Eigenart des Sprachwerks beruht, ist zu prüfen, ob eine abhängige Bearbeitung oder eine freie Benutzung vorliegt. Für diese Prüfung kommt es darauf an, ob die Zusammenfassung trotz dieser Übereinstimmungen in der Gesamtschau einen so großen äußeren Abstand zum Sprachwerk einhält, dass sie als ein selbständiges neues Werk anzusehen ist[1878].

1211 Dass sich der Leser eines „Abstracts" möglicherweise die Lektüre der dort besprochenen Werke sparen wird, ist unerheblich[1879]. Für die Beurteilung, ob eine abhängige Bearbeitung vorliegt, kommt es nicht darauf an, ob das neue Werk dazu geeignet oder bestimmt ist, das ältere Werk zu ersetzen. Dieses Kriterium besagt nichts über die schöpferische Selbständigkeit des neuen Werkes gegenüber dem älteren Werk, die für die Abgrenzung allein maßgeblich ist[1880].

1874 Vgl. OLG Frankfurt v. 11.12.2007 – 11 U 75/06, AfP 2008, 90 = NJW 2008, 770, 771.

1875 *Ahlberg/Lauber-Rönsberg* in BeckOK UrhG, § 24 UrhG Rz. 2.

1876 BGH v. 11.3.1993 – I ZR 264/91, GRUR 1994, 191, 193 – Asterix-Persiflagen; BGH v. 1.12.2010 – I ZR 12/08 Rz. 33, AfP 2011, 62 = CR 2011, 182 = ITRB 2011, 51 – Perlentaucher; BGH v. 1.12.2010 – I ZR 13/08 Rz. 33 – Notiz zur SZ; BGH v. 16.4.2015 – I ZR 225/12 Rz. 72 – Goldrapper; OLG Frankfurt v. 11.12.2007 – 11 U 75/06, AfP 2008, 90 = NJW 2008, 770, 771; OLG Hamburg v. 17.10.2012 – 5 U 166/11 Rz. 22.

1877 OLG Frankfurt v. 11.12.2007 – 11 U 75/06, AfP 2008, 90 = NJW 2008, 770, 771 f.

1878 BGH v. 1.12.2010 – I ZR 12/08 Rz. 37, AfP 2011, 62 = CR 2011, 182 = ITRB 2011, 51 – Perlentaucher; BGH v. 1.12.2010 – I ZR 13/08 Rz. 37 – Notiz zur SZ.

1879 A.A. *Sajuntz*, NJW 2011, 729, 730.

1880 BGH v. 1.12.2010 – I ZR 12/08 Rz. 45, AfP 2011, 62 = CR 2011, 182 = ITRB 2011, 51 – Perlentaucher; BGH v. 1.12.2010 – I ZR 13/08 Rz. 50 – Notiz zur SZ.

4. Nutzung fremder Datenbanken

Datenbanken sind durch § 87b Abs. 1 UrhG geschützt. Dies gilt zum einen für die Verviel- 1212
fältigung, Verbreitung oder öffentliche Wiedergabe von wesentlichen Teilen einer Datenbank
(§ 87b Abs. 1 Satz 1 UrhG). Gleichgestellt ist die wiederholte und systematische Vervielfältigung, Verbreitung oder öffentliche Wiedergabe von unwesentlichen Teilen, wenn diese
Handlungen einer normalen Auswertung der Datenbank zuwiderlaufen oder die berechtigten Interessen des Datenbankherstellers unzumutbar beeinträchtigen (§ 87b Abs. 1 Satz 2
UrhG)[1881].

a) Nutzung wesentlicher Teile

§ 87b Abs. 1 Satz 1 UrhG schützt die Datenbank gegen eine vollständige Vervielfältigung, 1213
Verbreitung oder öffentliche Wiedergabe und gegen eine Vervielfältigung, Verbreitung oder
öffentliche Wiedergabe von wesentlichen Teilen einer Datenbank.

Ob ein **„wesentlicher Teil"** einer Datenbank entnommen oder weiterverwendet wurde, ist – 1214
quantitativ – nach dem Verhältnis des Volumens der genutzten Daten zu dem gesamten Inhalt der Datenbank zu beurteilen[1882]. Auch ein quantitativ geringer Teil kann zudem die Entnahme bzw. Weiterverwendung eines „wesentlichen Teils" der Datenbank bedeuten, wenn es
sich um einen Teil handelt, der – **qualitativ** – eine erhebliche menschliche, technische oder
finanzielle Investition verkörpert[1883].

aa) Entnahme von Daten

(1) Begriff und Systematik

Der Begriff der **Vervielfältigung** entspricht demjenigen der **„Entnahme"** in Art. 7 Abs. 2 lit. a 1215
der EG-Datenbankrichtlinie. „Entnahme" bedeutet danach die ständige oder vorübergehende Übertragung der Gesamtheit oder eines wesentlichen Teils des Inhalts einer Datenbank
auf einen anderen Datenträger, ungeachtet der dafür verwendeten Mittel und der Form der
Entnahme. Erfasst ist jede unerlaubte Aneignung. Es ist unerheblich, ob die Übertragung
durch (physisches) Kopieren oder auf andere Weise erfolgt. Die Entnahme oder Vervielfältigung muss nicht unmittelbar von der Ursprungsdatenbank aus erfolgen, sondern kann auch

---

1881 LG Köln v. 11.4.2001 – 28 O 141/01, ITRB 2002, 154 = ZUM 2001, 714, 716; LG München v.
18.9.2001 – 7 O 6910/01, AfP 2002, 274 = ITRB 2002, 36 = MMR 2002, 58, 59.
1882 EuGH v. 5.3.2009 – C-545/07, CR 2009, 724 = K&R 2009, 320, 322 f. – Datenbank-Entnahme;
BGH v. 25.3.2010 – I ZR 47/08 Rz. 29, CR 2011, 43 = ITRB 2010, 271 – Autobahnmaut; BGH
v. 1.12.2010 – I ZR 196/08 Rz. 299, CR 2011, 498 – Zweite Zahnarztmeinung II; BGH v.
22.6.2011 – I ZR 159/10 Rz. 42, CR 2011, 757 = ITRB 2011, 275 – Automobil-Onlinebörse;
OLG Hamburg v. 16.4.2009 – 5 U 101/08, ITRB 2009, 174 = CR 2009, 526, 528; OLG Köln v.
14.11.2008 – 6 U 57/08, AfP 2009, 428 = ITRB 2009, 55 = K&R 2009, 52, 53; vgl. *Hermann/De-
hisselles*, K&R 2009, 23, 24.
1883 EuGH v. 5.3.2009 – C-545/07, CR 2009, 724 = K&R 2009, 320, 323 – Datenbank-Entnahme;
BGH v. 25.3.2010 – I ZR 47/08 Rz. 29, CR 2011, 43 = ITRB 2010, 271 – Autobahnmaut; BGH
v. 1.12.2010 – I ZR 196/08 Rz. 39, CR 2011, 498 – Zweite Zahnarztmeinung II; BGH v.
22.6.2011 – I ZR 159/10 Rz. 53, CR 2011, 757 = ITRB 2011, 275 – Automobil-Onlinebörse;
OLG Hamburg v. 16.4.2009 – 5 U 101/08, ITRB 2009, 174 = CR 2009, 526, 529.

indirekt über eine andere unzulässige Quelle vorgenommen werden[1884]. Der Begriff der Entnahme ist weit auszulegen[1885].

1216 Maßgeblich für den Begriff des „Vervielfältigens" ist, dass er sich auf jede Handlung bezieht, die darin besteht, sich ohne die Zustimmung der Person, die die Datenbank erstellt hat, die Ergebnisse ihrer Investition anzueignen oder sie öffentlich verfügbar zu machen und ihr damit die Einkünfte zu entziehen, die es ihr ermöglichen sollen, die Kosten dieser Investition zu amortisieren[1886].

1217 Auf die Übernahme der **Anordnung der Daten** in einer der Datenbank des Herstellers entsprechenden Gestaltung kommt es nicht an. Die andersartige Anordnung der entnommenen Daten durch den Verwender hat nicht zur Folge, dass diese ihre Eigenschaft als wesentlicher Teil der Datenbank verlieren[1887]. Ebenso wenig ist erforderlich, dass der Verwender sich die Daten durch einen unmittelbaren Zugang zur Datenbank des Herstellers verschafft[1888]. Unerheblich ist zudem, ob die Vervielfältigung „ständig" oder „vorübergehend" erfolgt (vgl. Art. 7 Abs. 2 lit. a der EG-Datenbankrichtlinie[1889]).

(2) Inhaltliche Übernahme von Daten

1218 Lange Zeit war unklar, ob die in der Datenbank befindlichen Daten durch die §§ 87a ff. UrhG mitgeschützt sind und eine ausschließlich **inhaltliche Übernahme** einer Datenbank die Voraussetzungen des § 87b UrhG erfüllen kann[1890]. Nachdem der BGH diese Frage dem EuGH zur Vorabentscheidung vorgelegt hatte[1891], sprach sich der EuGH dafür aus, den Begriff der

---

1884 BGH v. 1.12.2010 – I ZR 196/08 Rz. 39, CR 2011, 498 – Zweite Zahnarztmeinung II; BGH v. 22.6.2011 – I ZR 159/10 Rz. 38, CR 2011, 757 = ITRB 2011, 275 – Automobil-Onlinebörse.

1885 EuGH v. 3.6.2021 – C-762/19 Rz. 30, ECLI:EU:C:2021:434 – CV-Online, ABl. EU 2019, Nr C 423, 30.

1886 Vgl. EuGH v. 9.11.2004 – C-203/02, CR 2005, 10 m. Anm. *Lehmann* = AfP 2005, 207 = GRUR 2005, 244, 248 – BHB-Pferdewetten; BGH v. 21.4.2005 – I ZR 1/02, AfP 2005, 548 = ITRB 2006, 26 = CR 2006, 51, 52 f. = K&R 2005, 515, 516 f. – Marktstudien; OLG Hamburg v. 16.4.2009 – 5 U 101/08, ITRB 2009, 174 = CR 2009, 526, 528.

1887 *Sendrowski*, GRUR 2005, 369, 374; EuGH v. 9.11.2004 – C-203/02, CR 2005, 10 m. Anm. *Lehmann* = AfP 2005, 207 = GRUR 2005, 244, 251 – BHB-Pferdewetten; EuGH v. 5.3.2009 – C-545/07, CR 2009, 724 = K&R 2009, 320, 322 – Datenbank-Entnahme; BGH v. 21.7.2005 – I ZR 290/02, WRP 2005, 1267, 1270 – HIT BILANZ; OLG Hamburg v. 16.4.2009 – 5 U 101/08, ITRB 2009, 174 = CR 2009, 526, 528.

1888 BGH v. 21.7.2005 – I ZR 290/02, WRP 2005, 1267, 1269 – HIT BILANZ; BGH v. 22.6.2011 – I ZR 159/10 Rz. 39, CR 2011, 757 = ITRB 2011, 275 – Automobil-Onlinebörse; vgl. EuGH v. 9.11.2004 – C-203/02, CR 2005, 10 m. Anm. *Lehmann* = AfP 2005, 207 = GRUR 2005, 244, 248 u. 250 – BHB-Pferdewetten.

1889 Richtlinie 96/9/EG des Europäischen Parlaments und des Rates v. 11.3.1996 über den rechtlichen Schutz von Datenbanken; EuGH v. 5.3.2009 – C-545/07, ECLI:EU:C:2009:132, CR 2009, 724 = K&R 2009, 320, 321 – Datenbank-Entnahme.

1890 Vgl. *Vogel* in Schricker/Loewenheim, Urheberrecht, § 87b UrhG Rz. 12; *Thum* in Wandtke/Bullinger, Urheberrecht, § 87b UrhG Rz. 41 ff.; *Dreier* in Dreier/Schulze, UrhG, § 87b UrhG Rz. 9; *Loewenheim* in Loewenheim, Handbuch des Urheberrechts, § 43 Rz. 18; *v. Lewinski* in Walter, Europäisches Urheberrecht, Art. 7 Datenbank-RL Rz. 19; *Gaster* in Hoeren/Sieber/Holznagel, Handbuch Multimedia-Recht, Teil 7.6 Rz. 134 f.

1891 BGH v. 24.5.2007 – I ZR 130/04, AfP 2007, 361 = AfP 2007, 363 = CR 2007, 556 = ITRB 2007, 198 = K&R 2007, 468, 468 ff. – Gedichttitelliste II.

„Entnahme" weit auszulegen. Danach genügt es für eine „Entnahme", dass Daten aus einer Datenbank in eine andere Datenbank übernommen werden. Eines elektronischen Vervielfältigungsvorgangs („copy and paste") bedarf es nicht. Auch eine „manuelle Übernahme" ist als „Entnahme" anzusehen[1892]. Dies überzeugt, da anderenfalls die Fälle des „Abtippens" und des „Copy and Paste" unterschiedlich zu behandeln wären, obwohl vielfach kaum zu klären sein wird, wie die „Entnahme" von Datenbankteilen tatsächlich erfolgt ist[1893].

In dem BGH-Fall ging es um das Projekt „Klassikerwortschatz" der Universität Freiburg, das zur Veröffentlichung der „Freiburger Anthologie" geführt hat, einer Sammlung von Gedichten aus der Zeit zwischen 1720 und 1933. Als Grundlage der Anthologie hatte ein Freiburger Professor eine Liste von **Gedichttiteln** erarbeitet, die unter der Überschrift „Die 1100 wichtigsten Gedichte der deutschen Literatur zwischen 1730 und 1900" im Internet veröffentlicht wurde[1894]. 1219

Die Beklagte vertrieb eine CD-ROM „1000 Gedichte, die jeder haben muss", die im Jahr 2002 erschien. Von den Gedichten auf der CD-ROM stammten 876 aus der Zeit zwischen 1720 und 1900; hiervon waren 856 (knapp 98 %) auch in der Gedichttitelliste des Projekts „Klassikerwortschatz" benannt. Bei der Zusammenstellung der Gedichte für ihre CD-ROM hatte sich die Beklagte an dieser Liste orientiert. Sie hatte einige der dort angeführten Gedichte weggelassen, einige wenige hinzugefügt und im Übrigen die von dem Freiburger Professor getroffene Auswahl jeweils kritisch überprüft. Die Gedichttexte selbst hatte die Beklagte eigenem digitalem Material entnommen[1895]. 1220

Nachdem der EuGH entschieden hatte, dass eine derartige „manuelle" Übernahme als Entnahme gem. Art. 7 der EG-Datenbankrichtlinie und damit als Vervielfältigung i.S.d. § 87b Abs. 1 UrhG anzusehen sein kann, blieb dem BGH zu prüfen, ob die Beklagte einen in qualitativer oder quantitativer Hinsicht **wesentlichen Teil** der geschützten Datenbank übernommen hatte. Der BGH bejahte dies und verwies darauf, dass die besondere Leistung, die sich in der „Freiburger Anthologie" verkörperte, in der nach einem objektiven Verfahren vorgenommenen Auswahl einer bestimmten Zahl von Gedichten aus einem deutlich größeren Gesamtbestand lag. Hierzu sei es erforderlich gewesen, die Titel der einzelnen Gedichte zu vereinheitlichen und das Entstehungsdatum zu ermitteln. Die Beklagte habe mit ihrer Auswahl von Gedichten einen sehr großen Teil der Titelauswahl fast unverändert übernommen und damit den Tatbestand des § 87b Abs. 1 UrhG erfüllt[1896]. 1221

bb) Weiterverwendung von Daten

Die Begriffe der **Verbreitung** und **öffentlichen Wiedergabe** gem. § 87b Abs. 1 Satz 1 UrhG sind (richtlinienkonform) weit auszulegen. Über die öffentliche Zugänglichmachung der Datenbank (§ 19a UrhG) hinaus ist auch das Überlassen **einzelner Datensätze** an einzelne 1222

1892 EuGH v. 9.10.2008 – C-304/07, ECLI:EU:C:2008:552, AfP 2008, 588 = CR 2009, 4, 4 ff. m. Anm. *Milbradt/Hülsewig*; vgl. *Herrmann/Dehisselles*, K&R 2009, 23, 24.

1893 *Milbradt/Hülsewig*, CR 2009, 7, 8; vgl. LG Köln v. 6.2.2008 – 28 O 417/07, MMR 2008, 418, 418 ff.

1894 BGH v. 13.8.2009 – I ZR 130/04, CR 2010, 190 = NJW 2010, 778, 778 f. – Gedichtstitelliste III.

1895 BGH v. 13.8.2009 – I ZR 130/04, CR 2010, 190 = NJW 2010, 778, 778 f. – Gedichttitelliste III.

1896 BGH v. 13.8.2009 – I ZR 130/04, CR 2010, 190 = NJW 2010, 778, 779 – Gedichttitelliste III.

Nutzer erfasst, wenn diese Nutzer in ihrer Gesamtheit eine Öffentlichkeit bilden. Dies gilt jedenfalls für Datenbanken, deren typische Verwertung darin besteht, dass deren Nutzern nur die jeweils sie selbst betreffenden Datensätze zugänglich gemacht werden[1897].

1223 Nach der – gleichfalls weit auszulegenden[1898] – Begriffsbestimmung in Art. 7 Abs. 2 lit. b Satz 1 EG-Datenbankrichtlinie bedeutet **„Weiterverwendung"** jede Form öffentlicher Verbreitung der Gesamtheit oder eines wesentlichen Teils des Inhalts der Datenbank durch die Verbreitung von Vervielfältigungsstücken, durch Vermietung, durch Online-Übermittlung oder durch andere Formen der Übermittlung[1899]. Der Begriff entspricht den Begriffen der Verbreitung und öffentlichen Wiedergabe in § 87b Abs. 1 Satz 1 UrhG und bezieht sich auf jede Handlung, die darin besteht, den Inhalt einer geschützten Datenbank oder einen wesentlichen Teil derselben in der Öffentlichkeit zu verbreiten[1900].

1224 Der EuGH hat eine „Weiterverwendung" bejaht in dem Fall einer **Metasuchmaschine**, die dem Nutzer ein Suchformular zur Verfügung stellt mit Optionen, die mit dem Suchformular der geschützten Datenbank im Wesentlichen identisch waren, und eine „Echtzeitsuche" in der Datenbank ermöglichten[1901]. Einschränkend hat der EuGH in einer neueren Entscheidung allerdings betont, es sei ein angemessenes Gleichgewicht herzustellen zwischen dem legitimen Interesse der Hersteller von Datenbanken, die getätigten Investitionen zu amortisieren, und dem Interesse der Nutzer und der Wettbewerber, Zugang zu den in diesen Datenbanken enthaltenen Informationen zu und die Möglichkeit zu erhalten, innovative Produkte auf der Grundlage dieser Informationen zu erstellen. **Aggregatoren** könnten einen Anreiz für die Einrichtung von Datenspeicher- und Datenverarbeitungssystemen geben und zur Schaffung und Verteilung von Waren und Dienstleistungen mit einem Mehrwert im Informationssektor beitragen. Indem sie ihren Nutzern eine vereinheitlichte Schnittstelle anbieten, die es ermöglicht, Recherchen in mehreren Datenbanken durchzuführen, tragen sie zu einer besseren Strukturierung der Information bei und erleichtern die Suche im Internet. Sie tragen auch zu einem reibungslosen Funktionieren des Wettbewerbs und zur Transparenz von Angeboten und Preisen bei[1902].

b) Wiederholte und systematische Nutzung

1225 Nach § 87b Abs. 1 Satz 2 UrhG ist der Datenbankhersteller gegen die wiederholte und systematische Vervielfältigung, Verbreitung oder öffentliche Wiedergabe von nach Art und Umfang unwesentlichen Teilen der Datenbank geschützt, sofern diese Handlungen einer **normalen Auswertung** der Datenbank zuwiderlaufen oder die berechtigten Interessen des Datenbankherstellers unzumutbar beeinträchtigen.

1897 BGH v. 25.3.2010 – I ZR 47/08 Rz. 35 ff., CR 2011, 43 = ITRB 2010, 271 – Autobahnmaut.

1898 EuGH v. 19.12.2013 – C-202/12 Rz. 37, ECLI:EU:C:2013:850, CR 2014, 156 m. Anm. *Rammos* – Innoweb/Wegener; EuGH v. 3.6.2021 – C-762/19 Rz. 31, ECLI:EU:C:2021:434 – CV-Online, MR-Int 2021, 143.

1899 *Reinholz*, K&R 2013, 171, 172; EuGH v. 18.10.2012 – C-173/11 Rz. 20, ECLI:EU:C:2012:642 – Football Dataco u.a./Sportradar.

1900 EuGH v. 19.12.2013 – C-202/12 Rz. 37, ECLI:EU:C:2013:850, CR 2014, 156 m. Anm. *Rammos* – Innoweb/Wegener.

1901 EuGH v. 19.12.2013 – C-202/12 Rz. 39 ff., ECLI:EU:C:2013:850, CR 2014, 156 m. Anm. *Rammos* – Innoweb/Wegener.

1902 EuGH v. 3.6.2021 – C-762/19 Rz. 41 f., ECLI:EU:C:2021:434 – CV-Online, MR-Int 2021, 143.

§ 87b Abs. 1 Satz 2 UrhG geht auf Art. 7 Abs. 5 der EG-Datenbankrichtlinie zurück und soll einer Umgehung des Verbots des § 87 Abs. 1 Satz 1 UrhG entgegenwirken. Ziel der Vorschrift ist es, eine wiederholte und systematische Entnahme und/oder Weiterverwendung unwesentlicher Teile des Inhalts einer Datenbank zu verhindern, die durch ihre kumulative Wirkung die Investition des Datenbankherstellers schwerwiegend beeinträchtigen würde. Die Vorschrift verbietet folglich Entnahmehandlungen, die durch ihren **wiederholten und systematischen Charakter** darauf hinauslaufen, die Datenbank in ihrer Gesamtheit oder zumindest zu einem wesentlichen Teil wieder zu erstellen, sei es zum Aufbau einer eigenen Datenbank oder zur Ausübung einer anderen Tätigkeit[1903]. **1226**

Es kommt nicht darauf an, ob einzelne oder mehrere Nutzer einen in der Summe wesentlichen Teil der geschützten Datenbank **entnehmen** bzw. **vervielfältigen**[1904]. Anderenfalls verbliebe § 87b Abs. 1 Satz 2 UrhG neben § 87b Abs. 1 Satz 1 UrhG kein eigenständiger Anwendungsbereich[1905]. **1227**

Die **Wesentlichkeitsgrenze** ist bei einer größeren Datenbank mit Bewertungen von Zahnärzten überschritten, wenn ein Konkurrent Zahnärzte dazu anstiftet, Bewertungen in die eigene Datenbank zu übertragen. Ein solches Verhalten ist darauf gerichtet, einen wesentlichen Teil der von Patienten vorgenommenen Bewertungen zu übernehmen[1906]. **1228**

Wer – wie die meisten Zeitungsverlage – Verzeichnisse mit neuesten Nachrichten ins Netz stellt, wird nicht unzumutbar beeinträchtigt durch **Suchmaschinen**, die die Nachrichtenseiten durchforsten[1907]. Ein solches Aufspüren von Nachrichten gehört zu dem Wesen jeder Suchmaschine und läuft dem Zweck der Nachrichtenseiten nicht zuwider[1908]. An einer „wiederholten und systematischen Nutzung" der Online-Banking-Datenbank eines Kreditinstituts fehlt es nach Auffassung des LG Frankfurt/M., wenn der Betreiber eines Zahlungsdienstes (**„Sofortüberweisung"**) eigene Kunden punktuell auf die Datenbank des Kreditinstituts zugreifen lässt[1909]. **1229**

Eine unzumutbare Beeinträchtigung berechtigter Interessen (§ 87b Abs. 1 Satz 2 UrhG) wurde vielfach bejaht bei einem gezielten, regelmäßigen **„automatischen Abziehen"** von Daten einer Datenbank[1910]. Der Betreiber eines Online-Kleinanzeigenmarktes brauchte es nach Auffassung des LG Berlin[1911] nicht hinzunehmen, dass ein Konkurrent über seine Website den **1230**

1903 EuGH v. 9.11.2004 – C-203/02, CR 2005, 10 m. Anm. *Lehmann* = AfP 2005, 207 = GRUR 2005, 244, 244 ff. – BHB-Pferdewetten; BGH v. 1.12.2010 – I ZR 196/08 Rz. 35, CR 2011, 498 – Zweite Zahnarztmeinung II; BGH v. 22.6.2011 – I ZR 159/10 Rz. 58, CR 2011, 757 = ITRB 2011, 275 – Automobil-Onlinebörse.
1904 BGH v. 1.12.2010 – I ZR 196/08 Rz. 35, CR 2011, 498 – Zweite Zahnarztmeinung II; *Herrmann/Dehisselles*, K&R 2009, 23, 25; a.A. OLG Hamburg v. 16.4.2009 – 5 U 101/08, ITRB 2009, 174 = CR 2009, 526, 528.
1905 BGH v. 1.12.2010 – I ZR 196/08 Rz. 35, CR 2011, 498 – Zweite Zahnarztmeinung II.
1906 BGH v. 1.12.2010 – I ZR 196/08 Rz. 36, CR 2011, 498 – Zweite Zahnarztmeinung II.
1907 BGH v. 17.7.2003 – I ZR 259/00, AfP 2003, 545 = CR 2003, 920 = ITRB 2004, 26 = NJW 2003, 3406, 3410.
1908 Vgl. OLG Frankfurt v. 13.4.2000 – 6 U 197/99, MMR 2000, 488, 489; OLG Köln v. 27.10.2000 – 6 U 71/00, AfP 2001, 81 = ITRB 2001, 179 = CR 2001, 708.
1909 LG Frankfurt/M. v. 28.10.2021 – 2-03 O 299/20 Rz. 56, MMR 2022, 236.
1910 LG München v. 18.9.2001 – 7 O 6910/01, AfP 2002, 274 = ITRB 2002, 36 = MMR 2002, 58, 59.
1911 LG Berlin v. 18.10.1998 – 16 O 448/98, AfP 1998, 649.

Abruf der Kleinanzeigen aus der eigenen Datenbank ermöglicht. Ebenso wenig war es dem Betreiber eines Wetterdienstes nach Ansicht des OLG Köln[1912] erlaubt, sich durch falsche Angaben bei der Anmeldung auf der Website eines Konkurrenten den Zugang zu Flugwetterinformationen zu erschleichen, um die Daten systematisch und in großem Umfang in das eigene elektronische System aufzunehmen. eBay konnte vor dem LG Berlin[1913] aus § 87b Abs. 1 Satz 2 UrhG erfolgreich dagegen vorgehen, dass ein Unternehmen die eBay-Angebotsdatenbank systematisch dazu nutzte, Kunden eine „Konkurrenzbeobachtungsanalyse" anzubieten. Für eine nach § 87b Abs. 1 Satz 2 UrhG unzulässige Nutzung einer fremden Datenbank reichte es dem LG Köln[1914] bereits aus, dass fremde Internet-Verzeichnisse systematisch zum eigenen wirtschaftlichen Vorteil durchforstet werden.

1231 Wenn ein Unternehmen Flugtickets im Wege des **Screen Scraping** vermittelt, liegt darin nach Auffassung des OLG Frankfurt[1915] und des OLG Hamburg[1916] keine unzulässige Nutzung nach § 87b Abs. 1 Satz 2 UrhG. Die Nutzung von Datensätzen einzelner Flugverbindungen hält sich nach dieser Ansicht im Rahmen einer normalen Auswertung der Datenbank; die berechtigten Interessen der Flugunternehmen werden nicht unzumutbar beeinträchtigt. Im Rahmen der vorzunehmenden Interessenabwägung sei zu berücksichtigen, dass die Nutzung ein berechtigtes Bedürfnis der Verbraucher befriedige, kostengünstige Angebote aufzufinden, und den Flugunternehmen damit letztlich auch Kunden zugeführt werden. Dem Anliegen des klägerischen Flugunternehmens, seine Kunden ausschließlich über die Nutzung ihrer eigenen Internetseite zum etwaigen Vertragsschluss zu führen, könne kein höheres Gewicht beigemessen werden.

1232 Auf derselben Linie liegt es, wenn das OLG Hamburg eine unzumutbare Beeinträchtigung verneint beim Vertrieb einer Software, die es ermöglicht, in einem automatisierten Verfahren in sehr kurzen Zeitabständen Suchanfragen bei mehreren **Automobilbörsen** gleichzeitig durchzuführen, und dem Nutzer Suchergebnisse anzeigt, ohne dass der Nutzer die Websites der Automobilbörsen aufsuchen muss[1917].

1233 Ein über mehrere Tage automatisches Auslesen und Kopieren der Datensätze aus einer **Produkt- und Angebotsdatenbank** eines Sanitätsunternehmens durch einen Wettbewerber stellt hingegen nach der zu weit gehenden Auffassung des OLG Köln keine normale Nutzung, sondern eine wiederholte und systematische Auswertung dar, die den Interessen des Berechtigten offensichtlich zuwiderläuft und dessen berechtigte Interessen, insbesondere sein Amortisierungsinteresse, unzumutbar beeinträchtigt[1918].

1234 Das OLG Köln übersieht, dass § 87b Abs. 1 Satz 2 UrhG eine eng auszulegende **Ausnahmevorschrift** ist[1919]. Gegen eine vorschnelle Bejahung eines rechtswidrigen Eingriffs beim „Ab-

---

1912 OLG Köln v. 15.12.2006 – 6 U 229/05, CR 2007, 802, 804 f. = ITRB 2007, 205, 206 (*Stadler*).
1913 LG Berlin v. 22.12.2005 – 16 O 743/05, AfP 2007, 178 = CR 2006, 515 = ZUM 2006, 343, 343 ff.
1914 LG Köln v. 8.5.2002 – 28 O 180/02, MMR 2002, 689, 690.
1915 OLG Frankfurt v. 5.3.2009 – 6 U 221/08, ITRB 2009, 124 = CR 2009, 390, 390 f.; a.A. *Kahler/Helbig*, WRP 2012, 48, 53.
1916 OLG Hamburg v. 24.10.2012 – 5 U 38/10 m. Anm. *Schmid/Schulte-Braucks*, ITRB 2013, 77, 77 ff.
1917 OLG Hamburg v. 16.4.2009 – 5 U 101/08, ITRB 2009, 174 = CR 2009, 526, 528 ff.
1918 OLG Köln v. 28.2.2020 – 6 U 128/19 Rz. 64, CR 2020, 311.
1919 Vgl. OLG Hamburg v. 16.4.2009 – 5 U 101/08, ITRB 2009, 174 = CR 2009, 526, 528 ff.

ziehen von Daten" spricht, dass das Schutzrecht des Datenbankherstellers nicht Handlungen umfasst, mit denen eine Datenbank abgefragt wird. Zwar kann sich der Datenbankhersteller ein ausschließliches Recht auf Zugang zu seiner Datenbank vorbehalten; er kann den Zugang zur Datenbank auf bestimmte Personen beschränken oder von besonderen Voraussetzungen abhängig machen. Macht er deren Inhalt jedoch Dritten – entgeltlich oder kostenfrei – zugänglich, dann erlaubt sein Schutzrecht ihm nicht, sich den Abfragen dieser Datenbank durch Dritte zu Informationszwecken entgegenzustellen[1920].

Für den Datenbankhersteller bietet § 87b Abs. 1 UrhG im Ergebnis – auch für das „Screen   1235
Scraping"[1921] – keine Handhabe, gegen eine ungewollte Nutzung der Datenbank durch Konkurrenten vorzugehen, wenn die Datenbank frei nutzbar und online abrufbar ist. Dies führt zu der Notwendigkeit, auf technischem Weg oder über **Registrierungsverfahren** und Nutzungsbedingungen Beschränkungen zu formulieren, um ein „Schmarotzen" zu unterbinden[1922].

Der BGH hat die urheberrechtliche Beurteilung des „Screen Scraping" bislang offen gelassen[1923].   1236

IV. Lizenzen

Wer urheberrechtlich geschützte Werke nutzen möchte, bedarf hierzu eines Nutzungsrechts,   1237
das ihm der Urheber gem. den **§§ 31 ff. UrhG** einräumen kann. Übertragbar sind nur Nutzungsrechte, nicht jedoch das Urheber(persönlichkeits)recht selbst (§ 29 Abs. 1 UrhG)[1924].

1. Einräumung von Nutzungsrechten

Gemäß § 31 Abs. 1 Satz 2 UrhG besteht die Möglichkeit, ein urheberrechtliches Nutzungs-   1238
recht als einfaches oder als ausschließliches Recht einzuräumen. Das **einfache Nutzungsrecht** berechtigt den Inhaber gem. § 31 Abs. 2 UrhG, das Werk neben dem Urheber und anderen Berechtigten zu nutzen[1925]. Dagegen ermöglicht das **ausschließliche Nutzungsrecht** dem Lizenznehmer, das Werk unter Ausschluss aller anderen Personen einschließlich des Urhebers zu nutzen (§ 31 Abs. 3 Satz 1 UrhG)[1926].

1920 EuGH v. 9.11.2004 – C-203/02, CR 2005, 10 m. Anm. *Lehmann* = AfP 2005, 207 = GRUR 2005, 244, 244 ff. – BHB-Pferdewetten; EuGH v. 9.10.2008 – C-304/07, AfP 2008, 588 = CR 2009, 4 m. Anm. *Milbradt/Hülsewig* = GRUR 2008, 1077, 1077 ff. – Directmedia Publishing; BGH v. 22.6.2011 – I ZR 159/10 Rz. 64, CR 2011, 757 = ITRB 2011, 275 – Automobil-Onlinebörse.
1921 A.A. *Kahler/Helbig*, WRP 2012, 48, 53.
1922 Vgl. *Fusbahn*, IPRB 2012, 114, 117; *Jung*, K&R 2011, 710, 711.
1923 BGH v. 30.4.2014 – I ZR 224/12 Rz. 21 f., ITRB 2014, 200 – Flugvermittlung im Internet.
1924 *Ohly* in Schricker/Loewenheim, Urheberrecht, § 29 UrhG Rz. 5; *Block* in Wandtke/Bullinger, Urheberrecht, § 29 UrhG Rz. 1 f.
1925 Vgl. *Ohly* in Schricker/Loewenheim, Urheberrecht, § 31 UrhG Rz. 46; *Wandtke/Grunert* in Wandtke/Bullinger, Urheberrecht, § 31 UrhG Rz. 28.
1926 Vgl. *Ohly* in Schricker/Loewenheim, Urheberrecht, § 31 UrhG Rz. 49; *Wandtke/Grunert* in Wandtke/Bullinger, Urheberrecht, § 31 UrhG Rz. 27.

1239   Das Recht, ein Werk auf eine bestimmte Art und Weise zu nutzen (§ 31 Abs. 1 UrhG), kann einem Dritten durch eine ausdrückliche oder konkludente Willenserklärung des Berechtigten eingeräumt werden. Die Erklärung muss einen entsprechenden Rechtsbindungswillen erkennen lassen. Unter Berücksichtigung der gesamten Begleitumstände muss die Erklärung unzweideutig zum Ausdruck bringen, dass der Erklärende einem Dritten ein bestimmtes (dingliches oder schuldrechtliches, vgl. Rz. 1245) Nutzungsrecht einräumen will[1927].

1240   Die **Reichweite einer Rechtseinräumung** ist grundsätzlich frei bestimmbar. Nutzungsrechte können beliebigen räumlichen, zeitlichen oder inhaltlichen Beschränkungen unterworfen werden (§ 31 Abs. 1 Satz 2 UrhG)[1928].

1241   Das Einstellen von Inhalten in das Internet bringt es mit sich, dass diese Inhalte von anderen Internetnutzern angesehen werden können und auch auf übliche Weise – beispielsweise per Suchmaschine – gefunden werden sollen. Hierin liegt die Einräumung eines Vervielfältigungsrechts, da Vervielfältigungen zum Finden und Lesen der Inhalte notwendig sind[1929].

1242   Das Hochladen eines urheberrechtlich geschützten Werkes auf eine Internetseite lässt sich allerdings nicht generell als Angebot der **Einräumung eines (dinglichen) Vervielfältigungsrechts** an jeden potentiellen Internetnutzer werten[1930]. So besteht beispielsweise kein unzweideutiger Wille, einem Suchmaschinenbetreiber das Recht einzuräumen, Bilder verkleinert anzuzeigen, die eine Suchmaschine im Zusammenhang mit bestimmten Wörtern findet („**Thumbnails**")[1931].

1243   Ein Autor, der einen Beitrag publiziert und mit einem **Facebook-„Like-Button"** versieht, bringt damit nicht zum Ausdruck, dass jedermann berechtigt sein soll, den Beitrag zu kopieren[1932].

2. Nutzungsarten

1244   Die Befugnis des Urhebers zur Lizenzvergabe nach § 31 Abs. 1 UrhG beschränkt sich auf Nutzungen, die nach der Verkehrsauffassung hinreichend klar abgrenzbar und wirtschaftlich-technisch als einheitliche und selbständig erscheinende **Nutzungsarten** anzusehen sind[1933].

1927 BGH v. 29.4.2010 – I ZR 69/08, AfP 2010, 265 = CR 2010, 463 = ITRB 2010, 175 = WRP 2010, 916, 919 f. = MMR 2010, 475, 478 m. Anm. *Rössel* – Vorschaubilder I.

1928 Vgl. *Wandtke/Grunert* in Wandtke/Bullinger, Urheberrecht, § 31 UrhG Rz. 4 ff.

1929 BGH v. 29.4.2010 – I ZR 69/08, AfP 2010, 265 = CR 2010, 463 = ITRB 2010, 175 = WRP 2010, 916, 920 = MMR 2010, 475, 478 m. Anm. *Rössel* – Vorschaubilder I; vgl. auch LG Hamburg v. 12.4.2011 – 310 O 201/10 Rz. 19.

1930 A.A. OLG Düsseldorf v. 29.6.1999 – 20 U 85/98, CR 2000, 184, 186; *Freitag* in Kröger/Gimmy, Handbuch zum Internetrecht, S. 375; *Bechtold*, ZUM 1997, 427, 430.

1931 BGH v. 29.4.2010 – I ZR 69/08, AfP 2010, 265 = CR 2010, 463 = ITRB 2010, 175 = WRP 2010, 916, 920 = MMR 2010, 475, 478 m. Anm. *Rössel* – Vorschaubilder I.

1932 LG Frankfurt/M. v. 17.7.2014 – 2-03 S 2/14 Rz. 10, CR 2015, 52 = AfP 2015, 267 = ITRB 2014, 274.

1933 BGH v. 5.6.1985 – I ZR 53/83, BGHZ 95, 274, 283; BGH v. 8.11.1989 – I ZR 14/88, CR 1990, 403 = AfP 1990, 30 = GRUR 1990, 669, 671; BGH v. 12.12.1991 – I ZR 165/89, AfP 1992, 74 = GRUR 1992, 310, 311; BGH v. 4.7.1996 – I ZR 101/94, AfP 1997, 468 = NJW 1997, 320, 322; *J.B. Nordemann* in Fromm/Nordemann, Urheberrecht, § 31 UrhG Rz. 10; *Haberstumpf*, Handbuch des Urheberrechts, Rz. 260.

Der Begriff der Nutzungsart kennzeichnet die konkrete wirtschaftliche und technische Verwendungsform, die dem Verwertungsrecht unterliegen soll.

Die Nutzungsarten sind für die **dingliche Wirkung** von Urheberrechten maßgebend, da sich diese Wirkung jeweils auf bestimmte Nutzungsarten bezieht und beschränkt. Dagegen vermögen bloße **schuldrechtliche Vereinbarungen**, die über die Ausübung des Nutzungsrechts getroffen werden, den dinglichen Gegenstand des lizenzierten Rechts nicht festzulegen[1934]. 1245

Bei technischen Neuerungen hängt eine Einstufung als **neue Nutzungsart** davon ab, ob nur eine neue technische Möglichkeit der Übertragung derselben Inhalte unter Beibehaltung der bekannten Nutzungsmöglichkeiten vorliegt oder ob eine quantitative Erweiterung oder qualitative Verbesserung der Nutzungsmöglichkeiten spürbar ist[1935]. 1246

Sowohl aus Sicht des Nutzers als auch aus Sicht des Urhebers war die **Online-Nutzung** eine gänzlich neuartige Nutzungsart, für die es keinen Vorläufer gab. Daher ist die Verbreitung per Internet als eigenständige Nutzungsart anzusehen[1936]. Sie ist nicht identisch mit einer Verbreitung im Fernsehen (vgl. § 20 UrhG)[1937]. 1247

Die Verbreitung eines Fotos in einem **E-Paper** ist gegenüber der Verbreitung in der Printausgabe eine andere Nutzungsart[1938]. Bei Vervielfältigungen können der private oder **gewerbliche Gebrauch** eigenständige Nutzungsarten darstellen. Eine solche Unterscheidung leitet der BGH aus § 53 Abs. 1 UrhG (Privatkopie) ab[1939]. 1248

a) Aufspaltungsverbot

Eine (dingliche) **Aufspaltung** von Online-Nutzungsrechten in Vervielfältigungsrechte nach § 16 UrhG und das Recht auf öffentliche Zugänglichmachung nach § 19a UrhG ist unzulässig. Die öffentliche Zugänglichmachung gem. § 19a UrhG ist ohne Vervielfältigungsvorgänge wirtschaftlich-technisch nicht realisierbar[1940]. Eine unzulässige Aufspaltung liegt auch vor, wenn ein Recht zur „Verwertung von Musikaufnahmen in dezentralen Computernetzwerken" neben dem Recht auf öffentliche Zugänglichmachung gem. § 19a UrhG kreiert wird[1941]. 1249

Wird vertraglich vereinbart, dass ein 20-sekündiger Musikjingle für einen Fernseh-Werbespot benutzt werden darf, umfasst dies nach Auffassung des LG Köln[1942] nicht die Ausstrah- 1250

1934 BGH v. 12.12.1991 – I ZR 165/89 Rz. 21, AfP 1992, 74 – Taschenbuchlizenz.
1935 Vgl. LG München I v. 6.5.2009 – 21 O 5302/09, ZUM 2009, 681, 685.
1936 KG Berlin v. 24.7.2001 – 5 U 9539/99, MMR 2002, 58; OLG Hamburg v. 11.5.2000 – 3 U 269/98, NJW-RR 2001, 123; LG Berlin v. 14.10.1999 – 16 O 803/98, K&R 2000, 249; LG München v. 10.3.1999 – 21 O 15039/98, CR 2000, 467; *J.B. Nordemann* in Fromm/Nordemann, Urheberrecht, § 31a UrhG Rz. 35; *Haedicke*, JURA 2000, 449, 452; *Hoeren*, CR 1995, 710, 713; *Zahrt*, K&R 2001, 65, 71.
1937 Vgl. EuGH v. 7.3.2013 – C-607/11 Rz. 38 f., ECLI:EU:C:2013:147, AfP 2013, 126.
1938 OLG Zweibrücken v. 3.4.2014 – 4 U 208/12 Rz. 16, AfP 2014, 356.
1939 BGH v. 6.10.2016 – I ZR 25/15 Rz. 46 – World of Warcraft I.
1940 LG München v. 25.6.2009 – 7 O 4139/08, CR 2010, 58 = K&R 2009, 658, 659 f. m. Anm. *von Albrecht*; vgl. auch *Bullinger* in Wandtke/Bullinger, Urheberrecht, § 19a UrhG Rz. 12 f.; a.A. *Jani*, ZUM 2009, 722, 722 ff.
1941 *Jänich/Eichelberger*, MMR 2008, 576, 576 ff.
1942 LG Köln v. 14.7.2010 – 28 O 128/08 Rz. 39.

lung des Spots im Internet. Die Nutzung des Internet als Informations- und Unterhaltungs-medium stehe neben und in Konkurrenz zum Angebot der Fernsehsender. Daher handele es sich um eine selbständige und von der Fernseh-Auswertung abspaltbare Nutzungsart.

b) Zweckübertragungsgrundsatz

aa) Inhalt und Systematik

1251 Sind bei der Einräumung eines Nutzungsrechts die Nutzungsarten nicht einzeln bezeichnet worden, so bestimmen sich die Nutzungsarten nach dem von beiden Partnern zugrunde ge-legten **Vertragszweck** (§ 31 Abs. 5 Satz 1 UrhG). Entsprechendes gilt nach § 31 Abs. 5 Satz 2 UrhG für die Frage, ob überhaupt ein Nutzungsrecht eingeräumt wurde, ob es sich um ein einfaches oder ausschließliches Nutzungsrecht handelte, wie weit Nutzungsrecht und Ver-botsrecht reichen und welchen Einschränkungen das Nutzungsrecht unterliegt.

1252 Der Vertragszweck ist nicht einseitig nach den Vorstellungen des Erwerbers, sondern im We-ge der Auslegung unter objektiver Gesamtwürdigung aller Umstände nach Treu und Glau-ben unter Beachtung der Verkehrssitte zu ermitteln[1943]. Im Zweifel ist davon auszugehen, dass der Urheber Nutzungsrechte nur in dem Umfang einräumen wollte, den der Vertrags-zweck unbedingt erfordert. Dies bedeutet, dass im Allgemeinen nur diejenigen Nutzungs-rechte stillschweigend eingeräumt werden, die für das Erreichen des Vertragszwecks uner-lässlich sind[1944].

1253 Durch den Zweckübertragungsgedanken soll eine übermäßige Vergabe von Nutzungsrechten durch umfassende, pauschale Rechtseinräumungen an die Verwerterseite verhindert werden. Zweifel, ob ein gemeinsam verfolgter Zweck ermittelt werden kann, gehen zu Lasten des Verwerters[1945]. Um Unsicherheiten auszuräumen, die sich aus der Anwendung des Zweck-übertragungsgrundsatzes ergeben, empfiehlt sich eine klare vertragliche Definition der Nut-zungsarten in der Lizenz[1946].

bb) Beispielsfälle

1254 Ist einem Autor die ständige Praxis des Verlages bekannt, Zeitungsbeiträge auch auf einer bestimmten Website zu veröffentlichen, spricht dies dafür, dass eine solche Nutzung von der Rechtseinräumung erfasst ist. Dies gilt auch für die Einstellung der Beiträge in ein **Online-Archiv**[1947]. Es ist seit langem üblich, Online-Beiträge abrufbar zu halten, auch wenn sie nicht mehr aktuell sind. Die unbegrenzte Archivierung ist üblich, und die Grenzen zwischen „Aktualität" und Archivierung werden zunehmend fließend.

1255 Ein Fotograf, der es sehenden Auges hinnimmt, dass seine Fotos nicht nur in der Printaus-gabe einer Zeitung, sondern auch in einem „E-Paper" veröffentlicht werden, kann einer sol-chen Nutzung im Nachhinein nicht widersprechen, da die Duldung der Veröffentlichung in

---

1943 LG Köln v. 14.7.2010 – 28 O 128/08 Rz. 37.
1944 BGH v. 6.10.2016 – I ZR 25/15 Rz. 44 – World of Warcraft I; LG Köln v. 14.7.2010 – 28 O 128/08 Rz. 37.
1945 OLG Hamm v. 17.11.2015 – 4 U 34/15 Rz. 85.
1946 Vgl. *Grützmacher* in Lehmann/Meents, Kap. 18 Rz. 78; *Klöhn*, K&R 2008, 77, 79 f.
1947 A.A. OLG Brandenburg v. 28.8.2012 – 6 U 78/11 Rz. 67, CR 2012, 734 = ITRB 2012, 246, 246 f. (*Rössel*).

dem „E-Paper" als stillschweigende Einräumung eines entsprechenden Nutzungsrechts zu werten ist[1948].

Außerhalb des Vertragszwecks liegt es, wenn gedruckte Fachaufsätze auf etlichen Websites in gekürzter Form zum Download angeboten werden. Dies ist nicht von § 31 Abs. 5 UrhG gedeckt[1949]. **1256**

Wenn ein Fotostudio im Auftrag eines Kunden Portraitfotos fertigt und dem Kunden diese Fotos nebst einer CD mit den Bilddateien übergibt, ist damit nach § 31 Abs. 5 UrhG noch nicht die Einräumung eines Rechts zur Veröffentlichung der Fotos im Internet verbunden[1950]. **1257**

Beim Erwerb einer Software für ein **Online-Computerspiel** ist davon auszugehen, dass dem Käufer stillschweigend ein lediglich auf die private Nutzung des Spiels beschränktes Nutzungsrecht eingeräumt wird, so dass die Nutzung des Spiels zu gewerblichen Zwecken rechtswidrig ist[1951]. **1258**

Erstellt ein Sachverständiger für einen Unfallgeschädigten ein **Kfz-Gutachten** zur Vorlage bei der Versicherung, ist die Versicherung ohne Zustimmung des Sachverständigen nicht befugt, die in Papierform übergebenen Lichtbilder des Fahrzeugs zu digitalisieren und ins Internet in eine Restwertbörse einzustellen[1952]. Entsprechendes gilt, wenn ein Wertermittlungsgutachten, das für ein gerichtliches Verfahren zur Zwangsversteigerung einer Wohnung erstellt wurde, in einem Internetportal veröffentlicht werden soll[1953]. **1259**

Wenn ein Hersteller einem Händler **Produktfotos** zu Werbezwecken überlässt, beschränkt sich das Nutzungsrecht nicht auf die eigene Website des Händlers, sondern umfasst auch die Nutzung auf üblichen Vertriebskanälen wie Amazon[1954]. **1260**

Händler, die eigene Produktbilder bei Amazon einstellen, müssen nach Auffassung des OLG Köln damit rechnen, dass die Bilder durch andere Händler verwendet werden, so dass sie keine Urheberrechtsverletzung geltend machen können. Dies ergebe sich daraus, dass die Händler bei ihrer Registrierung Kenntnis von der diesbezüglichen Praxis von Amazon haben und somit stillschweigend in die Nutzung der Bilder durch andere Händler einwilligen[1955]. **1261**

Eine Klausel beim Erwerb eines eBooks, die die Weiterveräußerung verbietet, ist zulässig, da der Käufer des eBooks nur eine Nutzungsbefugnis am eBook erlangt, jedoch kein Eigentum. Dem Kunden wird nur ein Recht zum Download und zur Speicherung des eBooks eingeräumt, zur Eigentumserlangung fehlt jedoch die Körperlichkeit[1956]. Dementsprechend hat **1262**

1948 OLG Zweibrücken v. 3.4.2014 – 4 U 208/12 Rz. 17 ff., AfP 2014, 356.
1949 LG Hamburg v. 12.2.2010 – 308 O 619/08.
1950 LG Köln v. 20.12.2006 – 28 O 468/06, AfP 2009, 102 = MMR 2007, 465, 465 f. m. Anm. *Nennen*.
1951 BGH v. 6.10.2016 – I ZR 25/15 Rz. 46 – World of Warcraft I.
1952 BGH v. 29.4.2010 – I ZR 68/08, CR 2010, 540 = WRP 2010, 927, 927 ff.; OLG Hamburg v. 2.4.2008 – 5 U 242/07, CR 2009, 130 = GRUR-RR 2008, 378, 378 ff.
1953 LG Hamburg v. 15.5.2009 – 308 O 580/08, ZUM-RD 2010, 80, 80 ff.
1954 OLG Düsseldorf v. 15.12.2015 – I-20 U 3/15 Rz. 23 ff.
1955 OLG Köln v. 19.12.2014 – I-6 U 51/14.
1956 OLG Hamburg v. 4.12.2014 und v. 24.3.2015 – 10 U 5/11, AfP 2015, 430.

das OLG Hamm eine Klausel für wirksam erachtet, die die Nutzungsrechte an digitalen Downloads (z.B. eBooks oder Hörbücher) einschränkte. Begründet wurde dies mit der Gefahr, dass bei digitalen Inhalten ein unkontrollierbarer und möglicherweise urheberrechtsverletzender Sekundärmarkt entstehen könnte[1957].

c) Unbekannte Nutzungsarten

1263   Da die Online-Nutzung immer noch eine vergleichsweise neue Art der Werknutzung ist, stellt sich gelegentlich die Frage, ob **„alte" Nutzungsrechte**, die der Urheber beispielsweise einem Verlag eingeräumt hat, die Befugnis umfassen, das Werk über das Internet zugänglich zu machen.

1264   Der durch den „Zweiten Korb"[1958] Anfang 2008 abgeschaffte **§ 31 Abs. 4 UrhG** regelte den Fall, dass nach der vertraglichen Einräumung von Nutzungsrechten neue Nutzungsarten bekannt werden. Für derartige neue Nutzungsarten galt die Rechtseinräumung nicht, da die Einräumung von Nutzungsrechten für bei Vertragsschluss noch nicht bekannte Nutzungsarten unwirksam war.

aa) Vertragliche Rechtseinräumung

1265   An die Stelle des § 31 Abs. 4 UrhG ist **§ 31a UrhG** getreten. Nach § 31a Abs. 1 Satz 1 und 2 UrhG ist ein Vertrag über die Einräumung von Rechten für unbekannte Nutzungsarten zwar wirksam, bedarf jedoch der **Schriftform**. Die Schriftform ist allerdings entbehrlich, wenn der Urheber nicht unentgeltlich ein einfaches Nutzungsrecht für jedermann einräumt[1959].

1266   Die Rechtseinräumung nach § 31a Abs. 1 Satz 1 UrhG ist widerruflich. Allerdings erlischt das **Widerrufsrecht** innerhalb einer Frist von drei Monaten, nachdem der Vertragspartner an den Urheber eine Mitteilung über die beabsichtigte Aufnahme der neuen Art der Werknutzung unter der ihm zuletzt bekannten Anschrift abgesendet hat (§ 31a Abs. 1 Satz 3 UrhG). Das Widerrufsrecht erlischt auch, wenn sich die Parteien nach Bekanntwerden der neuen Nutzungsart auf eine Vergütung nach § 32c Abs. 1 UrhG geeinigt haben (§ 31a Abs. 2 UrhG)[1960].

1267   Nach § 32c Abs. 1 Satz 1 UrhG hat der Urheber einen Anspruch auf eine gesonderte **angemessene Vergütung**, wenn der Vertragspartner eine neue Art der Werknutzung nach § 31a UrhG aufnimmt[1961]. Der Vertragspartner hat den Urheber über die Aufnahme der neuen Art der Werknutzung unverzüglich zu unterrichten (§ 32c Abs. 1 Satz 3 UrhG). Sofern es an einer Vergütungsregel (§ 36 UrhG) fehlt, ist eine Vergütung angemessen, wenn sie dem entspricht, was im Geschäftsverkehr nach Art und Umfang der eingeräumten Nutzungsmöglichkeit, insbesondere nach Dauer und Zeitpunkt der Nutzung, unter Berücksichtigung aller Umstände üblicher- und redlicherweise zu leisten ist (§ 32c Abs. 1 Satz 2 UrhG i.V.m. § 32

1957 OLG Hamm v. 15.5.2014 – 22 U 60/13.
1958 Vgl. *Klett*, K&R 2008, 1 ff.; *Sprang/Ackermann*, K&R 2008, 7 ff.
1959 Vgl. *Wandtke/Grunert* in Wandtke/Bullinger, Urheberrecht, § 31a UrhG Rz. 55 f.; *Klöhn*, K&R 2008, 77, 78.
1960 Vgl. *Klöhn*, K&R 2008, 77, 78.
1961 Vgl. *Verweyen*, ZUM 2008, 217, 217 ff.

Abs. 2 UrhG)[1962]. Die Vergütung kann sehr gering sein, wenn sich mit der neuen Nutzungsart zunächst keine wesentlichen Einnahmen erzielen lassen[1963].

Das strenge Verbot der Einräumung von Nutzungsrechten für unbekannte Nutzungsarten **1268** (§ 31 Abs. 4 UrhG a.F.) galt als nicht mehr zeitgemäß[1964]. Die Neuregelung durch § 31a UrhG bleibt urheberfreundlich, da sie zwar eine extensive Lizenzierung erlaubt („für alle bekannten und unbekannten Nutzungsarten"), aber dem Urheber durch das Widerrufsrecht die Möglichkeit gibt, an Erlösen zu partizipieren, die der Lizenznehmer durch neue Nutzungsarten erzielt[1965].

bb) Übergangsregelung für Altverträge

Eine Übergangsregelung findet sich in § 137l Abs. 1 UrhG. Hat der Urheber zwischen dem **1269** 1.1.1966 und dem 1.1.2008 einem anderen alle wesentlichen Nutzungsrechte ausschließlich sowie räumlich und zeitlich unbegrenzt eingeräumt, gelten nach der **Übergangsnorm** des **§ 137l Abs. 1 Satz 1 UrhG** die zum Zeitpunkt des Vertragsschlusses unbekannten Nutzungsrechte als dem anderen ebenfalls eingeräumt, sofern der Urheber nicht der Nutzung widerspricht[1966].

§ 137l Abs. 1 UrhG dient der **„Hebung der Archivschätze"**[1967] und begründet ein **einfaches** **1270** **Nutzungsrecht**. Ein ausschließliches Nutzungsrecht lässt sich aus § 137l Abs. 1 UrhG nicht ableiten[1968].

Für die Bestimmung des **Zeitpunktes der Bekanntheit** einer Nutzungsart kommt es auf die **1271** wirtschaftliche Bedeutung an[1969]. Daher kann eine Auslegung von umfassenden, ausschließlichen Lizenzklauseln nur dann zu dem Ergebnis führen, dass die Verbreitung über das Internet erfasst ist, wenn der betreffende Vertrag aus einer Zeit stammt, zu der das Internet noch keine wirtschaftliche Bedeutung erlangt hatte. Dies war bis **ca. 1994** der Fall[1970]. Entgegen der Auffassung des OLG Hamburg[1971] waren die Möglichkeiten einer privaten oder geschäftlichen Nutzung des Internet im Jahre 1993 noch nicht in das Bewusstsein breiter Bevölkerungsteile getreten.

1962 Vgl. *Paul* in Hoeren/Sieber/Holznagel, Handbuch Multimedia-Recht, Teil 7.4 Rz. 70.
1963 *Klöhn*, K&R 2008, 77, 78.
1964 *Klett*, K&R 2008, 1, 1; *Spindler*, NJW 2008, 9, 9; *Sprang/Ackermann*, K&R 2008, 7, 9.
1965 *Klett*, K&R 2008, 1, 2; *Klöhn*, K&R 2008, 77, 79.
1966 Vgl. *Czernil*, GRUR 2009, 913, 913 ff.; *Schippan*, ZUM 2008, 844, 846 ff.
1967 Vgl. *Klöhn*, K&R 2008, 77, 81; *Schmidt-Hern*, ZUM 2008, 927, 927; *Spindler*, NJW 2008, 9, 10.
1968 *Klöhn*, K&R 2008, 77, 83; *Spindler*, NJW 2008, 9, 10; a.A. *Schmidt-Hern*, ZUM 2008, 927, 927 ff.
1969 BGH v. 11.10.1990 – I ZR 59/89, BGHZ 386, 10; *J.B. Nordemann* in Fromm/Nordemann, Urheberrecht, § 31a UrhG Rz. 23 f.; *Haberstumpf*, Handbuch des Urheberrechts, Rz. 269; *Frohne*, ZUM 2000, 810, 813; *Reber*, GRUR 1998, 792, 798.
1970 Vgl. *Haberstumpf*, Handbuch des Urheberrechts, Rz. 269; *Strömer*, Online-Recht, S. 260; *Frohne*, ZUM 2000, 810, 813; *Hoeren*, CR 1995, 710, 714; *Schwarz*, ZUM 1997, 94, 95; OLG Hamburg v. 11.5.2000 – 3 U 269/98, NJW-RR 2001, 123; LG Berlin v. 14.10.1999 – 16 O 803/98, K&R 2000, 249; vgl. LG München v. 10.3.1999 – 21 O 15039/98, CR 2000, 467, 468; vgl. LG München v. 13.9.2006 – 21 O 553/03, GRUR-RR 2007, 187, 189 = MMR 2007, 272.
1971 Vgl. OLG Hamburg v. 24.2.2005 – 5 U 62/04, K&R 2006, 46, 47.

3. Einwilligung des Berechtigten

1272 Ein rechtswidriger Eingriff in die urheberrechtlichen Befugnisse ist nicht nur dann zu verneinen, wenn der Berechtigte durch Einräumung entsprechender dinglicher Nutzungsrechte über sein Recht verfügt oder dem Nutzer die entsprechende Werknutzung schuldrechtlich gestattet hat. Daneben besteht die Möglichkeit, dass die Rechtswidrigkeit wegen einer **schlichten Einwilligung** des Berechtigten ausgeschlossen ist. Die Einwilligung in die Urheberrechtsverletzung unterscheidet sich von der dinglichen Übertragung von Nutzungsrechten und der schuldrechtlichen Gestattung dadurch, dass sie zwar als Erlaubnis zur Rechtmäßigkeit der Handlung führt, der Einwilligungsempfänger aber weder ein dingliches Recht noch einen schuldrechtlichen Anspruch oder ein sonstiges gegen den Rechtsinhaber durchsetzbares Recht erwirbt. Die Einwilligung erfordert daher auch keine auf den Eintritt einer solchen Rechtsfolge gerichtete rechtsgeschäftliche Willenserklärung[1972].

1273 Ein Berechtigter, der Texte oder Bilder im Internet ohne Einschränkungen frei zugänglich macht, muss mit den nach den Umständen üblichen Nutzungshandlungen rechnen. Da es auf den **objektiven Erklärungsinhalt** aus der Sicht des Erklärungsempfängers ankommt, ist es ohne Bedeutung, ob der Berechtigte weiß, welche Nutzungshandlungen im Einzelnen mit der üblichen Suche durch eine Suchmaschine verbunden sind. In dem Einstellen von Abbildungen in das Internet, ohne diese gegen das Auffinden durch Suchmaschinen zu sichern, liegt daher eine Einwilligung in die Wiedergabe der Werke in Vorschaubildern einer Suchmaschine („Thumbnails")[1973].

1274 Wer ein Foto als Profilbild seines Twitter-Account nutzt, willigt damit keineswegs in eine Verwendung des Fotos in Tweets Dritter ein. Denn eine solche Nutzung entspricht nicht den üblichen Nutzungshandlungen bei Twitter[1974].

1275 Eine Einwilligung kann mit Wirkung für die Zukunft widerrufen werden (§ 183 Satz 1 BGB). Wenn allerdings eine Einwilligung in die Auffindbarkeit durch eine Suchmaschine widerrufen wird, ohne dass Vorkehrungen gegen eine solche Auffindbarkeit getroffen werden, liegt in dem Widerruf eine **Verwahrung**, die unter dem Gesichtspunkt einer protestatio facto contraria **unbeachtlich** ist[1975].

1972 BGH v. 29.4.2010 – I ZR 69/08, AfP 2010, 265 = CR 2010, 463 = ITRB 2010, 175 = WRP 2010, 916, 920 = MMR 2010, 475, 479 m. Anm. *Rössel* – Vorschaubilder I; BGH v. 19.10.2011 – I ZR 140/10 Rz. 17, CR 2012, 333 = AfP 2012, 255 = ITRB 2012, 100 – Vorschaubilder II.

1973 BGH v. 29.4.2010 – I ZR 69/08, AfP 2010, 265 = CR 2010, 463 = ITRB 2010, 175 = WRP 2010, 916, 921 = MMR 2010, 475, 479 m. Anm. *Rössel* – Vorschaubilder I; BGH v. 19.10.2011 – I ZR 140/10 Rz. 18, CR 2012, 333 = AfP 2012, 255 = ITRB 2012, 100 – Vorschaubilder II; LG Erfurt v. 15.3.2007 – 3 O 1108/05, AfP 2008, 327 = CR 2007, 391, 392 m. Anm. *Berberich* = K&R 2007, 325, 326 f. m. Anm. *Roggenkamp*; LG Hamburg v. 16.6.2010 – 325 O 448/09, CR 2010, 750; a.A. OLG Jena v. 27.2.2008 – 2 U 319/07, MMR 2008, 408, 411 m. Anm. *Schack*; LG Hamburg v. 22.2.2006 – 308 O 743/05, AfP 2007, 77 = CR 2007, 196 = ITRB 2007, 153 = MMR 2006, 697, 698 f.; LG Hamburg v. 26.9.2008 – 308 O 42/06, ITRB 2009, 33 = CR 2009, 47, 51 m. Anm. *Kleinemenke*; vgl. auch *Heymann/Nolte*, K&R 2009, 759, 761 f.; *Leistner/Stang*, CR 2008, 499, 504 ff.; *Ott*, ZUM 2009, 345, 346 f.

1974 A.A. AG Köln v. 22.4.2021 – 111 C 569/19 Rz. 19, MMR 2021, 584, 584 ff.

1975 BGH v. 29.4.2010 – I ZR 69/08, AfP 2010, 265 = CR 2010, 463 = ITRB 2010, 175 = WRP 2010, 916, 921 = MMR 2010, 475, 479 m. Anm. *Rössel* – Vorschaubilder I; vgl. auch LG Hamburg v. 12.4.2011 – 310 O 201/10 Rz. 10.

Eine Einwilligung in die Wiedergabe von „Thumbnails" kommt nach Ansicht des BGH so- 1276
gar in Betracht, wenn es um Suchtreffer geht, die von einem **Nichtberechtigten** ins Internet
eingestellt worden sind. Es sei allgemein bekannt, dass Suchmaschinen nicht danach unterscheiden können, ob ein aufgefundenes Bild von einem Berechtigten oder einem Nichtberechtigten hochgeladen worden ist. Deshalb könne der Betreiber einer Suchmaschine eine
Einwilligung in die Wiedergabe von Abbildungen nur dahin verstehen, dass sie sich auch
auf die Wiedergabe von Abbildungen des Werkes oder der Fotografie erstreckt, die nicht vom
Berechtigten oder mit seiner Zustimmung von einem Dritten ins Internet eingestellt worden
sind[1976].

Die vom BGH befürwortete Legitimation eines „Thumbnails" trotz fehlender Berechtigung 1277
der Nutzung des Bildes ist eine (gewagt begründete) **Fernwirkung** einer vom Berechtigten
gegenüber Dritten erteilten Einwilligung. Wenn der Berechtigte niemandem gegenüber einer
Zustimmung zur Verbreitung eines Bildes im Netz erteilt hat, besteht auch auf der Grundlage der großzügigen Rechtsauffassung des BGH ein Unterlassungsanspruch gegen den Suchmaschinenbetreiber.

V. Schranken des Urheberrechts

Die §§ 44a ff. UrhG setzen den Rechten des Urhebers Schranken. 1278

1. Vorübergehende Vervielfältigungshandlungen

Erlaubnisfrei sind nach § 44a Nr. 1 UrhG „flüchtige" oder „begleitende" Vervielfältigungs- 1279
handlungen, die einen integralen und wesentlichen Teil eines technischen Verfahrens darstellen und die dem alleinigen Zweck dienen, eine Übertragung in einem Netz zwischen Dritten
durch einen Vermittler zu ermöglichen und keine eigenständige wirtschaftliche Bedeutung
haben. Nach § 44a Nr. 2 UrhG gilt dasselbe für vorübergehende Vervielfältigungshandlungen, die einen integralen und wesentlichen Teil eines technischen Verfahrens darstellen und
deren alleiniger Zweck es ist, eine rechtmäßige Nutzung eines Werks zu ermöglichen.

Der Zweck des § 44a UrhG liegt darin, Festlegungen, die nach der weiten Fassung des Ver- 1280
vielfältigungsbegriffs als Vervielfältigung zu qualifizieren sind, von der Verfügungsbefugnis
des Rechtsinhabers freizustellen. Dies gilt insbesondere für die Speicherung auf Netzwerk-
Servern oder in Arbeitsspeichern, die keine eigenständige wirtschaftliche Bedeutung hat,
sondern das effiziente Funktionieren der Übertragungssysteme ermöglichen soll[1977]. Das Laden in den **Arbeitsspeicher** des Computers beim Abruf einer Seite sowie das **Caching** sind
nach § 44a UrhG erlaubnisfrei, obwohl beides mit der Entstehung von Kopien der jeweiligen
Internetseiten verbunden ist[1978]. Dasselbe gilt für die Erstellung von Sicherungskopien ur-

---

1976 BGH v. 19.10.2011 – I ZR 140/10 Rz. 28, CR 2012, 333 = AfP 2012, 255 = ITRB 2012, 100 –
     Vorschaubilder II.
1977 OLG Dresden v. 28.11.2006 – 14 U 1070/06, AfP 2008, 431 = ITRB 2007, 199 = CR 2007, 458,
     458 f. = ZUM 2007, 203, 204; *Loewenheim* in Schricker/Loewenheim, Urheberrecht, § 44a
     UrhG Rz. 1.
1978 EuGH v. 5.6.2014 – C-360/13 Rz. 63, ECLI:EU:C:2014:1195; *v. Welser* in Wandtke/Bullinger,
     Urheberrecht, § 44a UrhG Rz. 3 f.; *Klett*, K&R 2004, 257, 258; vgl. auch *Knies*, CR 2014, 140,
     144; *Redlich*, K&R 2014, 73, 75.

heberrechtlich geschützter Werke zu privaten Zwecken auf einem Server, auf dem der Anbieter von **Cloud-Computing-Dienstleistungen** einem Nutzer Speicherplatz zur Verfügung stellt[1979].

1281　Die Schrankenregelung des § 44a UrhG gilt lediglich für die Verwertung des Werks in körperlicher Form (§ 15 Abs. 1 sowie § 16 Abs. 1 und 2 UrhG), nicht jedoch für einen Eingriff in das Recht auf Zugänglichmachung (§ 19a UrhG). Die öffentliche Zugänglichmachung von Bildern im Rahmen einer Bildersuche („Thumbnails") ist durch § 44a UrhG nicht legitimiert[1980]. Das Ausdrucken eines aus elf Wörtern bestehenden Auszugs eines Presseartikels erfüllt nicht die Voraussetzungen des § 44a UrhG, da es an der Voraussetzung einer „Flüchtigkeit" fehlt[1981].

1282　§ 44a UrhG setzt die rechtmäßige Nutzung eines Werks voraus (§ 44 Nr. 2 UrhG), ohne die Rechtmäßigkeit einer solchen Nutzung überhaupt erst zu begründen. Als Grundlage für eine Legitimation des Streamings scheidet § 44a UrhG daher aus[1982]. § 44a UrhG legitimiert auch nicht das Angebot von „**Online-Videorekordern**"[1983].

2. Berichterstattung über Tagesereignisse

1283　Nach § 50 UrhG ist die Vervielfältigung, Verbreitung und öffentliche Wiedergabe von Werken, die im Verlauf von Tagesereignissen wahrnehmbar werden, zulässig im Rahmen der **Berichterstattung** über ein solches Ereignis. Dies legitimiert beispielsweise die Verbreitung von Fotos eines Kunstwerks, wenn über die Eröffnung einer Ausstellung berichtet wird[1984]. Die Schrankenregelung des § 50 UrhG dient der **Meinungs- und Pressefreiheit** sowie dem Informationsinteresse der Öffentlichkeit.

1284　Unter einem **Tagesereignis** ist jedes aktuelle Geschehen zu verstehen, das für die Öffentlichkeit von Interesse ist, wobei ein Geschehen so lange aktuell ist, wie ein Bericht darüber von der Öffentlichkeit noch als **Gegenwartsberichterstattung** empfunden wird[1985]. Ein zeitlich

---

1979 EuGH v. 24.3.2022 – C-433/20 Rz. 33, ECLI:EU:C:2022:217; *Forgó/Skorjanc*, K&R 2022, 172, 172 ff. = CR 2022, 291.
1980 BGH v. 29.4.2010 – I ZR 69/08, AfP 2010, 265 = CR 2010, 463 = ITRB 2010, 175 = WRP 2010, 916, 918 f. = MMR 2010, 475, 477 m. Anm. *Rössel* – Vorschaubilder I; BGH v. 19.10.2011 – I ZR 140/10 Rz. 14, CR 2012, 333 = AfP 2012, 255 = ITRB 2012, 100 – Vorschaubilder II; vgl. auch LG Hamburg v. 26.9.2008 – 308 O 42/06, ITRB 2009, 33 = CR 2009, 47, 52 m. Anm. *Kleinemenke*; a.A. *Heymann/Nolte*, K&R 2009, 759, 764.
1981 EuGH v. 16.7.2009 – C-5/08, ECLI:EU:C:2009:465, CR 2009, 757 = K&R 2009, 707, 709 f. – Elektronischer Pressespiegel.
1982 EuGH v. 26.4.2017 – C-527/15 – Stichting Brein I, ABl. EU 2016, Nr C 27, 6; OLG Hamburg v. 7.7.2005 – 5 U 176/04, AfP 2006, 502 = MMR 2006, 173, 175; OLG Hamburg v. 25.7.2008 – 5 U 52/07; vgl. auch LG Hamburg v. 21.2.2007 – 308 O 791/06, ITRB 2008, 102 = K&R 2007, 484, 485 = ZUM 2007, 869, 870 f. (Vorinstanz); *Ensthaler*, NJW 2014, 1553, 1558; *Wagner*, GRUR 2016, 874, 882.
1983 OLG Dresden v. 28.11.2006 – 14 U 1070/06, AfP 2008, 431 = ITRB 2007, 199 = CR 2007, 458, 458 f. = ZUM 2007, 203, 204; LG Braunschweig v. 7.6.2006 – 9 O 869/06, K&R 2006, 362, 364.
1984 Vgl. AG München v. 13.8.2010 – 161 C 7783/10 Rz. 10.
1985 BGH v. 30.4.2020 – I ZR 139/15 Rz. 40, CR 2020, 547 = AfP 2020, 313 = ITRB 2020, 229 (*Rössel*) – Afghanistan Papiere II; BGH v. 30.4.2020 – I ZR 228/15 Rz. 36, AfP 2020, 320 – Reformistischer Aufbruch II; *Schönewald*, WRP 2014, 142, 144.

zurückliegendes Ereignis kann erneut zum Tagesereignis werden, wenn es wieder Gegenstand einer aktuellen Auseinandersetzung wird und dadurch abermals das Interesse der Öffentlichkeit weckt. Dabei ist auch die Mitteilung der Vorgeschichte und der Hintergründe des Tagesereignisses privilegiert, solange das aktuelle Geschehen im Vordergrund der Berichterstattung steht[1986].

Bei einer unionsrechtskonformen Auslegung des § 50 UrhG[1987] ist zu berücksichtigen, dass die Reichweite der in Art. 5 Abs. 3 Buchst. c Fall 2 der Richtlinie 2001/29/EG geregelten Ausnahme oder Beschränkung nicht vollständig harmonisiert ist. Aus der Wendung „soweit es der Informationszweck rechtfertigt" ergibt sich, dass die Mitgliedstaaten bei der Umsetzung dieser Bestimmung und bei der Anwendung der nationalen Rechtsvorschriften für ihre Umsetzung über einen erheblichen Spielraum verfügen, der ihnen eine **Interessenabwägung** ermöglicht[1988]. Dementsprechend ist eine Berichterstattung gem. § 50 UrhG nur dann privilegiert, wenn sie **verhältnismäßig** ist, d.h. mit Blick auf den Zweck der Schutzschranke, der Achtung der Grundfreiheiten des Rechts auf Meinungsfreiheit und auf Pressefreiheit, den Anforderungen der Geeignetheit, Erforderlichkeit und Angemessenheit entspricht[1989]. 1285

Nach Auffassung des BGH rechtfertigt § 50 UrhG keine dauerhafte Veröffentlichung von Fotos einer Kunstausstellung in einem **Online-Archiv**[1990]. Der I. Zivilsenat des BGH verfolgt somit im Urheberrecht eine Linie, die in einem **Spannungsverhältnis** steht zu der ständigen Rechtsprechung des VI. Zivilsenats, nach der sich aus dem Persönlichkeitsrecht grundsätzlich keine Löschungsansprüche gegenüber archivierten Beiträgen ableiten lassen (vgl. Rz. 358). Nach Auffassung des I. Zivilsenats ist es dem Betreiber eines Online-Archivs zumutbar, sein Online-Archiv so zu gestalten, dass Abbildungen nach Ablauf einer gewissen Zeitspanne – möglicherweise automatisch – gelöscht werden. Der Betreiber könne jeglichen Überprüfungsaufwand dadurch vermeiden, dass er die Berichte von vornherein ohne Abbildungen urheberrechtlich geschützter Werke in sein Online-Archiv übernimmt. Dafür, dass er die Abbildungen längere Zeit in seinem Online-Archiv zugänglich macht, könne er sich darüber hinaus die entsprechenden Nutzungsrechte einräumen lassen gegen Zahlung einer angemessenen Nutzungsvergütung[1991]. 1286

1986 BGH v. 30.4.2020 – I ZR 139/15 Rz. 40, CR 2020, 547 = AfP 2020, 313 = ITRB 2020, 229 (*Rössel*) – Afghanistan Papiere II; BGH v. 30.4.2020 – I ZR 228/15 Rz. 36, AfP 2020, 320 – Reformistischer Aufbruch II; OLG Köln v. 12.5.2021 – 6 U 146/20 Rz. 20.

1987 BGH v. 30.4.2020 – I ZR 139/15 Rz. 40, CR 2020, 547 = AfP 2020, 313 = ITRB 2020, 229 (*Rössel*) – Afghanistan Papiere II; BGH v. 30.4.2020 – I ZR 228/15 Rz. 36, AfP 2020, 320 – Reformistischer Aufbruch II; OLG Köln v. 12.5.2021 – 6 U 146/20 Rz. 20.

1988 BGH v. 30.4.2020 – I ZR 139/15 Rz. 29, CR 2020, 547 = AfP 2020, 313 = ITRB 2020, 229 (*Rössel*) – Afghanistan Papiere II; BGH v. 30.4.2020 – I ZR 228/15 Rz. 34, AfP 2020, 320 – Reformistischer Aufbruch II.

1989 BGH v. 30.4.2020 – I ZR 228/15 Rz. 48, AfP 2020, 320 – Reformistischer Aufbruch II; OLG Köln v. 12.5.2021 – 6 U 146/20 Rz. 86.

1990 BGH v. 5.10.2010 – I ZR 127/09 Rz. 11, CR 2011, 283 = ITRB 2011, 153 – Kunstausstellung im Online-Archiv; vgl. BVerfG v. 17.11.2011 – 1 BvR 1145/11.

1991 BGH v. 5.10.2010 – I ZR 127/09 Rz. 16, CR 2011, 283 = ITRB 2011, 153 – Kunstausstellung im Online-Archiv.

3. Zitatrecht

1287 Die Mischung fremder und eigener Inhalte ist ein typisches Merkmal der digitalen Kommunikation. Werden dabei Auszüge urheberrechtlich geschützter Werke übernommen, stellt sich die Frage, ob sich der Übernehmende auf das Zitatrecht gem. **§ 51 UrhG** berufen kann.

1288 Das Zitatrecht eröffnet die erlaubnisfreie Möglichkeit, veröffentlichte Werke[1992] in ein selbständiges wissenschaftliches Werk zur Erläuterung des Inhalts aufzunehmen (§ 51 Satz 2 Nr. 1 UrhG) und Stellen eines veröffentlichten Werkes (Kleinzitate) in ein selbständiges Sprachwerk einzustellen (§ 51 Satz 2 Nr. 2 UrhG) sowie einzelne Stellen eines erschienenen Werkes der Musik in ein selbständiges Musikwerk einzubinden (§ 51 Satz 2 Nr. 3 UrhG)[1993]. Von der Zitierbefugnis gem. § 51 Satz 1 und 2 UrhG umfasst ist die Nutzung einer Abbildung oder sonstigen Vervielfältigung des zitierten Werkes, auch wenn diese selbst durch ein Urheberrecht oder ein verwandtes Schutzrecht geschützt ist (§ 51 Satz 3 UrhG).

1289 Die in § 51 Satz 2 UrhG genannten Zitatweisen haben **Beispielcharakter.** § 51 Satz 1 UrhG erlaubt allgemein die Vervielfältigung, Verbreitung und öffentliche Wiedergabe eines veröffentlichten Werkes zum Zweck des Zitats, sofern die Nutzung in ihrem Umfang durch den besonderen Zweck gerechtfertigt ist. Durch § 51 Satz 1 UrhG werden u.a. auch Filmzitate und Zitate aus Multimediawerken erfasst[1994].

1290 Eine **Verlinkung**, die gegen den Willen des Urhebers erfolgt, kann durch das Zitatrecht gerechtfertigt sein[1995]. Der Wortlaut von § 51 UrhG und Art. 5 Abs. 3 Buchst. d der Richtlinie 2001/29/EG und der Begriff des Zitats fordern nicht, dass das zitierte Werk – beispielsweise durch Einrücken oder die Wiedergabe in Fußnoten – untrennbar in den Gegenstand eingebunden ist, in dem es zitiert wird[1996].

1291 Berufen kann sich der Zitierende auf das Zitatrecht nur, wenn er den Urheber des Zitats deutlich kenntlich gemacht hat (**§ 63 Abs. 1 Satz 1 UrhG**).

a) Zitatzweck

1292 Nach der Rechtsprechung des BGH kommt es bei der Beurteilung der Schutzschranke gem. § 51 UrhG maßgeblich darauf an, ob die Verwendung des fremden Werkes zum **Zweck des Zitats** geschieht. Die Zitatfreiheit soll die geistige Auseinandersetzung mit fremden Werken erleichtern. Sie gestattet es nicht, ein fremdes Werk nur um seiner selbst willen zur Kenntnis der Allgemeinheit zu bringen. Ebenso wenig reicht es aus, dass ein solches Werk in einer bloß äußerlichen, zusammenhanglosen Weise eingefügt und angehängt wird[1997].

1293 Die Verfolgung eines Zitatzwecks erfordert, dass der Zitierende eine **innere Verbindung** zwischen dem fremden Werk und den eigenen Gedanken herstellt. Zitate sollen als Belegstel-

1992 Vgl. *Bisges*, GRUR 2009, 730, 731; *Klett*, K&R 2008, 1, 3.
1993 *Lüft* in Wandtke/Bullinger, Urheberrecht, § 51 UrhG Rz. 1.
1994 *Klett*, K&R 2008, 1, 3; *Spindler*, NJW 2008, 9, 15.
1995 EuGH v. 29.7.2019 – C-516/17 Rz. 75 ff., ABl EU 2017, Nr C 392, 14 – Volker Beck; BGH v. 30.4.2020 – I ZR 228/15 Rz. 92, AfP 2020, 320 – Reformistischer Aufbruch II.
1996 BGH v. 30.4.2020 – I ZR 228/15 Rz. 92, AfP 2020, 320 – Reformistischer Aufbruch II.
1997 BGH v. 30.4.2020 – I ZR 228/15 Rz. 82, AfP 2020, 320 – Reformistischer Aufbruch II.

le oder Erörterungsgrundlage für selbständige Ausführungen des Zitierenden der Erleichterung der geistigen Auseinandersetzung dienen[1998].

An der notwendigen inneren Verbindung fehlt es regelmäßig, wenn das zitierende Werk sich nicht näher mit dem eingefügten fremden Werk auseinandersetzt, sondern es nur zur Illustration verwendet. Ebenso wenig genügt es, wenn die Verwendung des fremden Werks nur zum Ziel hat, dieses dem Endnutzer leichter zugänglich zu machen oder sich selbst eigene Ausführungen zu ersparen[1999].   **1294**

Werden Filmsequenzen um ihrer selbst willen in ein YouTube-Video integriert, ohne dass sie die Grundlage für eigene inhaltliche Ausführungen des Herstellers des Videos bilden, für die die übernommene Sequenz als Beleg oder als Erörterungsgrundlage dienen könnte, so wird dies vom Zitatrecht nicht gedeckt[2000].   **1295**

Wenn Bilder von Kunstwerken lediglich zu **Illustrationszwecken** verwendet werden, fehlt es an einem hinreichenden Zitatzweck. Dies gilt auch dann, wenn sich Online-Beiträge nicht näher mit den abgebildeten Kunstwerken auseinandersetzen, aber über Kunstausstellungen berichten, auf denen – u.a. – die abgebildeten Kunstwerke zu sehen sind. Es fehlt an einer hinreichenden Verbindung zwischen den abgebildeten Kunstwerken und eigenen Gedanken des Zitierenden[2001].   **1296**

Ebensowenig von § 51 UrhG gedeckt sind „Thumbnails" als Ergebnisse einer Bildersuche[2002]. Die Darstellung der Vorschaubilder in der Trefferliste einer Bildersuchmaschine dient dazu, das Werk um seiner selbst willen als Vorschaubild der Allgemeinheit zur Kenntnis zu bringen. Vorschaubilder werden in einem automatisierten Verfahren in die Trefferliste eingefügt, ohne dass dieser Vorgang als solcher der geistigen Auseinandersetzung mit dem übernommenen Werk dienen soll. Die von der Suchmaschine generierte Trefferliste ist lediglich Hilfsmittel zum möglichen Auffinden von Inhalten im Internet[2003].   **1297**

b) Umfang des Zitats

§ 51 UrhG legitimiert nicht die verbreiteten Versuche, das Fehlen eigener Kreativität durch die Übernahme fremden geistigen Eigentums auszugleichen[2004]. **„Sampling"** ist als integra-   **1298**

1998 BGH v. 5.10.2010 – I ZR 127/09 Rz. 22, CR 2011, 283 = ITRB 2011, 153 – Kunstausstellung im Online-Archiv; *Bisges*, GRUR 2009, 730, 731.

1999 BGH v. 29.4.2010 – I ZR 69/08, AfP 2010, 265 = CR 2010, 463 = ITRB 2010, 175 = WRP 2010, 916, 919 = MMR 2010, 475, 477 m. Anm. *Rössel* – Vorschaubilder; BGH v. 20.12.2018 – I ZR 104/17 Rz. 31 – Museumsfotos; BGH v. 30.4.2020 – I ZR 228/15 Rz. 82, AfP 2020, 320 – Reformistischer Aufbruch II.

2000 OLG Köln v. 13.12.2013 – 6 U 114/13 Rz. 31, CR 2014, 200 = AfP 2014, 160 = ITRB 2014, 77.

2001 BGH v. 5.10.2010 – I ZR 127/09 Rz. 23, CR 2011, 283 = ITRB 2011, 153 – Kunstaustellung im Online-Archiv.

2002 BGH v. 29.4.2010 – I ZR 69/08, AfP 2010, 265 = CR 2010, 463 = ITRB 2010, 175 = WRP 2010, 916, 919 = MMR 2010, 475, 477 m. Anm. *Rössel* – Vorschaubilder; LG Hamburg v. 26.9.2008 – 308 O 42/06, CR 2008, 47, 52 m. Anm. *Kleinemenke*; a.A. *Heymann/Nolte*, K&R 2009, 759, 764; vgl. auch *Ott*, ZUM 2009, 345, 347.

2003 BGH v. 29.4.2010 – I ZR 69/08, AfP 2010, 265 = CR 2010, 463 = ITRB 2010, 175 = WRP 2010, 916, 919 = MMR 2010, 475, 477 m. Anm. *Rössel* – Vorschaubilder.

2004 *Raue/Hegemann* in Hoeren/Sieber/Holznagel, Handbuch Multimedia-Recht, Teil 7.3 Rz. 109.

ler Bestandteil einer eigenen schöpferischen Leistung gestattet, aber von § 51 UrhG nicht gedeckt, wenn es entweder an einem eigenen Werk gänzlich fehlt[2005] oder durch **„Großzitate"**
die Grenze des für das eigene Werk Gebotenen überschritten wird[2006]. An einem Zitat fehlt
es zudem, wenn das zitierte Werk gar nicht erkennbar wird, sodass eine Auseinandersetzung
mit diesem Werk unmöglich ist[2007].

1299   In welchem Umfang zitiert werden darf, hängt stets von einer Gesamtabwägung sämtlicher
Umstände des Einzelfalls ab. Dabei ist der Schutz der Meinungs- und Informationsfreiheit
gem. Art. 5 Abs. 1 GG zu berücksichtigen, der im Zuge einer öffentlichen Auseinandersetzung längere Zitate rechtfertigen kann[2008].

1300   Nach Auffassung des EuGH lässt sich aus Art. 11 GRCh (Presse- und Informationsfreiheit)
keine eigene Schranke der ausschließlichen Rechte des Urhebers zur Vervielfältigung und
zur öffentlichen Wiedergabe herleiten, die über das Zitatrecht hinausgeht[2009]. Bei der Auslegung des § 51 UrhG ist jedoch – ebenso wie bei der Auslegung des § 50 UrhG – Art. 11 GRCh
angemessen zu berücksichtigen[2010].

4. Parodien

1301   Gemäß § 51a Satz 1 UrhG ist die Vervielfältigung, Verbreitung und öffentliche Wiedergabe
eines veröffentlichten Werkes zum Zweck der **Karikatur**, der **Parodie** und des **Pastiches** ohne Einwilligung des Urhebers zulässig. Diese Befugnis umfasst auch die Nutzung einer Abbildung oder sonstigen Vervielfältigung des genutzten Werkes, auch wenn diese selbst durch
ein Urheberrecht oder ein verwandtes Schutzrecht geschützt ist (§ 51a Satz 2 UrhG).

1302   § 51a UrhG ist durch das Gesetz zur Anpassung des Urheberrechts an die Erfordernisse des
digitalen Binnenmarktes vom 30.5.2021[2011] eingeführt worden und regelt größtenteils Fälle,
die zuvor als (erlaubte) „freie Benutzung" (§ 24 UrhG a.F.) galten[2012].

1303   *Eine* **Parodie** *erinnert* – ebenso wie eine **Karikatur** – *an ein bestehendes Werk, weist aber ihm*
gegenüber gleichzeitig wahrnehmbare Unterschiede auf. Es handelt sich um einen *Ausdruck*
von Humor oder eine *Verspottung*[2013]. Dagegen kann eine **Pastiche** auch einen Ausdruck der
Wertschätzung oder Ehrerbietung für das Original enthalten, etwa als Hommage. „Zitieren-

---

2005 Vgl. BGH v. 20.12.2007 – I ZR 42/05, K&R 2008, 442, 446 – TV-Total.

2006 *Dustmann* in Fromm/Nordemann, Urheberrecht, § 51 UrhG Rz. 44; vgl. *Rehbinder*, Urheberrecht, Rz. 488 ff.

2007 EuGH v. 29.7.2019 – C-476/17 Rz. 71 ff. – Metall auf Metall; BGH v. 30.4.2020 – I ZR 115/16,
Rz. 55, CR 2020, 549 = AfP 2020, 330 – Metall auf Metall IV.

2008 Vgl. LG Hamburg v. 27.5.2011 – 308 O 343/09 Rz. 28 f.

2009 EuGH v. 29.7.2019 – C-516/17 Rz. 40 ff., ECLI:EU:C:2019:625, CR 2020, 107 = AfP 2019, 424
– Volker Beck; EuGH v. 29.7.2019 – C-469/17 Rz. 55 ff., ECLI:EU:C:2019:623 – Funke Medien
NRW.

2010 EuGH v. 29.7.2019 – C-516/17 Rz. 50 ff. – Volker Beck; EuGH v. 29.7.2019 – C-469/17
Rz. 65 ff. – Funke Medien NRW; BGH v. 30.4.2020 – I ZR 139/15 Rz. 29, CR 2020, 547 = AfP
2020, 313 = ITRB 2020, 229 (*Rössel*) – Afghanistan Papiere II; BGH v. 30.4.2020 – I ZR 228/15
Rz. 34, AfP 2020, 320 – Reformistischer Aufbruch II.

2011 BGBl. 2021 I, S. 1204.

2012 *Dreier* in Dreier/Schulze, UrhG, § 51a UrhG Rz. 4.

2013 *Dreier* in Dreier/Schulze, UrhG, § 51a UrhG Rz. 13.

de, imitierende und anlehnende Kulturtechniken" sind ein prägendes Element der Pastiches, hierzu können beispielsweise Remixes, GIFs oder Samplings zählen[2014].

Nach Auffassung des OLG Köln fehlt es an den für eine Parodie nach § 51a UrhG notwendigen Unterschieden zum Originalwerk, wenn ein Fernsehsender in einer „TV-Pannenserie" Ausschnitte aus Sendungen anderer Fernsehsender zeigt[2015].   **1304**

5. Pressespiegel

Gemäß § 49 Abs. 2 UrhG ist die Vervielfältigung, Verbreitung und öffentliche Wiedergabe von **vermischten Nachrichten tatsächlichen Inhalts** und von Tagesneuigkeiten, die durch Presse oder Funk veröffentlicht worden sind, zulässig. Es handelt sich um eine Ausnahmevorschrift, die eng auszulegen ist. Wenn ein Text sich nicht auf die reine Mitteilung von Nachrichten beschränkt, sondern daneben erläuternde oder belehrende Kommentierungen, Betrachtungen oder Ergänzungen enthält, ist § 49 Abs. 2 UrhG nicht anwendbar[2016].   **1305**

Soweit es um **„Tagesereignisse"** geht, ist nach § 49 Abs. 1 Satz 1 UrhG die Vervielfältigung, Verbreitung und öffentliche Wiedergabe von Rundfunkkommentaren und Zeitungsartikeln sowie mit ihnen im Zusammenhang veröffentlichter Abbildungen zulässig[2017], wenn die Kommentare, Artikel oder Abbildungen politische, wirtschaftliche oder religiöse Fragen betreffen und nicht mit einem Vorbehalt der Rechte versehen sind. Die **unentgeltliche Nutzung** derartiger Artikel und Kommentare ist allerdings nur dann zulässig, wenn sie sich auf den Abdruck von **kurzen Auszügen** beschränkt (§ 49 Abs. 1 Satz 2 UrhG).   **1306**

Auch wenn sich § 49 Abs. 1 Satz 1 UrhG auf „Zeitungen und andere lediglich Tagesinteressen dienende Informationsblätter" bezieht, kann die Norm auch auf Zeitschriften angewendet werden, die wöchentlich oder monatlich erscheinen, sofern die Zeitschriften in erster Linie über **aktuelle politische oder wirtschaftliche Sachverhalte** berichten[2018].   **1307**

Der BGH hat in seiner Pressespiegel-Entscheidung[2019] die Anwendbarkeit des § 49 Abs. 1 Satz 1 Satz 1 UrhG auf **elektronische Pressespiegel**[2020] bejaht und sich zugleich um eine Grenzziehung bemüht. § 49 Abs. 1 UrhG legitimiert danach die Erstellung elektronischer Pressespiegel zum betriebs- oder behördeninternen Gebrauch, dies aber auch nur, wenn sie in einer Form zugänglich gemacht werden, die sich im Falle der Speicherung nicht zu einer Volltextrecherche eignet[2021].   **1308**

2014 *Mues*, IPRB 2021, 221, 222.
2015 OLG Köln v. 20.4.2018 – 6 U 116/17 Rz. 192 ff., CR 2018, 606 = AfP 2018, 429.
2016 OLG Karlsruhe v. 10.8.2011 – 6 U 78/10 Rz. 14.
2017 Vgl. *Klett*, K&R 2008, 1, 3; *Spindler*, NJW 2008, 9, 15.
2018 BGH v. 27.1.2005 – I ZR 119/02, AfP 2005, 356 = MMR 2005, 601, 602 – Wirtschaftswoche m. Anm. *Obergfell*.
2019 BGH v. 11.7.2002 – I ZR 255/00, AfP 2002, 437 = ITRB 2002, 282 = CR 2002, 827, 827 ff.
2020 Vgl. OLG Hamburg v. 6.4.2000 – 3 U 211/99, CR 2000, 658; *Biener*, MMR 1999, 691, 695; *Hoeren*, Grundzüge des Internetrechts, S. 95; *Dreier*, GRUR 1997, 859, 864 f.; *Katzenberger*, GRUR-Int. 1993, 895, 910; *Kröger*, CR 2000, 827; *Niemann*, CR 2002, 817, 827; vgl. auch Bundesregierung, BT-Drucks. 10/436, 9 für Btx; EuGH v. 16.7.2009 – C-5/08, ECLI:EU:C:2009:465, CR 2009, 757 = K&R 2009, 707, 707 ff. – Elektronischer Pressespiegel.
2021 BGH v. 11.7.2002 – I ZR 255/00, AfP 2002, 437 = ITRB 2002, 282 = CR 2002, 827, 831.

1309 Elektronische Pressespiegel, die nicht ausschließlich zum **betriebs- oder behördeninternen Gebrauch** erstellt werden, sind nach Auffassung des BGH nicht von § 49 Abs. 1 UrhG erfasst. Wer somit per Online-Dienst einen solchen Pressespiegel verbreitet, bedarf hierzu der Zustimmung aller Verlage, deren Erzeugnisse in den Pressespiegel einfließen[2022].

1310 Die vom BGH befürwortete Beschränkung des § 49 Abs. 1 UrhG auf „interne" Pressespiegel ist sachgerecht und betont die Interessen des Urhebers, da sich anders ein Missbrauch der Privilegnorm nicht vermeiden lässt[2023]. Wäre es jedermann ohne weiteres gestattet, Zeitungsbeiträge zusammenzustellen und als Pressespiegel online zu verbreiten, könnte den Zeitungsverlagen ohne großen Aufwand erheblicher Schaden zugefügt werden[2024].

1311 Weniger überzeugend ist es, wenn der BGH zwischen „Grafikdatei" und „Faksimile" auf der einen und einer **„Volltexterfassung"** auf der anderen Seite differenziert. Die .jpg-Datei soll erlaubt, die .doc-Datei dagegen verboten sein[2025]. Auch wenn das Anliegen, das hinter dieser Differenzierung steht, achtenswert ist, gibt der BGH selbst zu bedenken, dass die Umwandlung einer Grafik- in eine Textdatei alles andere als schwierig ist. Der Missbrauchsschutz, der durch die vom BGH befürwortete Beschränkung auf Grafikdateien bewirkt werden soll, ist somit schwach[2026]. Da sich zudem in § 49 Abs. 1 Satz 1 UrhG kein Anknüpfungspunkt für eine solche Unterscheidung finden lässt, sollte man es bei einer bloßen Differenzierung zwischen „internen" und „externen" Pressespiegeln belassen, ohne zwischen Dateiformaten zu unterscheiden[2027].

6. Privatkopie

1312 ■ Übersicht:

Privatkopien:

– „**natürliche Person**": Juristische Personen sind zur Anfertigung von Privatkopien nicht befugt.

– „**auf beliebigen Trägern**": Jedes Speichermedium.

– „**keine Erwerbszwecke**": Eine Kopie ist nur „privat", wenn jede kommerzielle Absicht fehlt.

– „**keine offensichtlich rechtswidrig hergestellte oder öffentlich zugänglich gemachte Vorlage**": Dem Kopierenden darf weder bekannt noch infolge grober Fahrlässigkeit unbekannt sein, dass die Vorlage rechtswidrig ist.

2022 BGH v. 11.7.2002 – I ZR 255/00, AfP 2002, 437 = ITRB 2002, 282 = CR 2002, 827, 831; ebenso KG Berlin v. 30.4.2004 – 5 U 98/02, AfP 2004, 278 = CR 2004, 688 = MMR 2004, 540, 542.

2023 Vgl. *Wirtz* in Bröcker/Czychowski/Schäfer, Praxishandbuch Geistiges Eigentum im Internet, § 8 Rz. 166; *Czychowski*, NJW 2003, 118, 120.

2024 BGH v. 11.7.2002 – I ZR 255/00, AfP 2002, 437 = ITRB 2002, 282 = CR 2002, 827, 831.

2025 BGH v. 11.7.2002 – I ZR 255/00, AfP 2002, 437 = ITRB 2002, 282 = CR 2002, 827, 831.

2026 Vgl. *Berger*, CR 2004, 360, 366.

2027 *Rogge*, Elektronische Pressespiegel, S. 200 f.; *Kröger*, CR 2000, 663; a.A. *Berger*, CR 2004, 360, 366; *Niemann*, CR 2002, 817, 827.

a) Privilegierung

Gemäß **§ 53 Abs. 1 Satz 1 UrhG** ist die Herstellung „einzelner Vervielfältigungsstücke" eines Werkes durch eine natürliche Person zum privaten Gebrauch erlaubnisfrei. Dasselbe gilt für die Herstellung von „Vervielfältigungsstücken" zum sonstigen eigenen (nicht-privaten) Gebrauch nach Maßgabe des § 53 Abs. 2 und 4 UrhG. „Vervielfältigungsstücke", die gem. § 53 Abs. 1 bis 4 UrhG auf zulässige Weise erlaubnisfrei hergestellt worden sind, dürfen gem. § 53 Abs. 6 Satz 1 UrhG weder verbreitet noch zur öffentlichen Wiedergabe genutzt werden. Einige Ausnahmen von der erlaubnisfreien Privatkopie enthält § 53 Abs. 7 UrhG. Für Computerprogramme gelten Spezialvorschriften (§ 69d und § 69e UrhG)[2028].   1313

Das Recht zur Privatkopie ist nach Auffassung des EuGH eng auszulegen. Die Privatkopieausnahme untersage zwar dem Inhaber des Urheberrechts, seine ausschließlichen Rechte gegenüber Personen geltend zu machen, die private Kopien von seinen Werken anfertigen; dies dürfe jedoch nicht dahin verstanden werden, dass sie dem Inhaber des Urheberrechts darüber hinaus auferlegt, Verletzungen seiner Rechte zu tolerieren, die mit der Anfertigung von Privatkopien einhergehen können[2029].   1314

§ 53 Abs. 1 Satz 1 UrhG gilt für den **„Gebrauch auf beliebigen Trägern"**[2030]. An der Anwendbarkeit auf elektronische Kopien kann demnach kein Zweifel bestehen[2031]. Relevant ist § 53 Abs. 1 Satz 1 UrhG bei dem **Herunterladen** von Texten, Musik- oder Videoclips oder anderen Dateien aus dem Internet[2032]. Zwei Einschränkungen sind dann zu beachten: Zum einen darf die Anfertigung der Kopie weder unmittelbar noch mittelbar zu Erwerbszwecken erfolgen und zum anderen darf keine Vorlage verwendet werden, die offensichtlich **rechtswidrig** hergestellt oder öffentlich zugänglich gemacht wurde[2033]. Dies gilt auch für gestreamte Inhalte. Die private Nutzung derartiger Inhalte ist nur dann erlaubt, wenn die Quelle nicht offensichtlich rechtswidrig ist[2034].   1315

Der Begriff der „Vervielfältigung auf beliebigen Trägern" im Sinne des § 53 Abs. 1 Satz 1 UrhG umfasst auch die Erstellung von Sicherungskopien urheberrechtlich geschützter Werke zu privaten Zwecken auf einem Server, auf dem der Anbieter von **Cloud-Computing-Dienstleistungen** einem Nutzer Speicherplatz zur Verfügung stellt[2035].   1316

b) Tauschbörsen

An der offensichtlichen Rechtswidrigkeit der Vorlage scheitert jeder Versuch, das Herunterladen von Musik und Filmen in **Tauschbörsen** zu legitimieren[2036]. Jedem Nutzer einer solchen Plattform ist klar, dass ein erheblicher Teil der Musik und Filme rechtswidrig angeboten wird. Wenn dem Nutzer im Einzelfall die Rechtswidrigkeit nicht bekannt sein sollte, so   1317

2028 *Lüft* in Wandtke/Bullinger, Urheberrecht, § 53 UrhG Rz. 8.
2029 EuGH v. 29.11.2017 – C-265/16 Rz. 32 f., ECLI:EU:C:2017:913, AfP 2018, 127 – VCAST.
2030 Vgl. Gesetz zur Regelung des Urheberrechts in der Informationsgesellschaft v. 10.9.2003, BGBl. I 2003, 1774.
2031 Vgl. *Lüft* in Wandtke/Bullinger, Urheberrecht, § 53 UrhG Rz. 12.
2032 A.A. *Meschede*, K&R 2008, 585, 587.
2033 Vgl. EuGH v. 10.4.2014 – C-435/12 Rz. 58, ECLI:EU:C:2014:254, CR 2014, 360 – ACI Adam.
2034 *Wagner*, GRUR 2016, 874, 881 m.w.N.
2035 EuGH v. 24.3.2022 – C-433/20 Rz. 33, ECLI:EU:C:2022:217, CR 2022, 291.
2036 Vgl. *Czychowski*, NJW 2003, 2409, 2411; *Meschede*, K&R 2008, 585, 585.

beruht dies im Normalfall auf grober Fahrlässigkeit[2037]. Dies reicht aus, um die „Offensichtlichkeit" der Rechtswidrigkeit zu bejahen (vgl. § 932 Abs. 2 BGB).

1318 Ebenso klar ist die Bewertung des **Herausladens** von Musik im Rahmen eines Tauschangebots: Wenn die Vorlage nicht bereits selbst eine Raubkopie ist[2038], ist der Vorgang des Herausladens zwar noch privat, dient jedoch ersichtlich der öffentlichen Zugänglichmachung[2039]. Nach **§ 53 Abs. 6 Satz 1 UrhG** dürfen Privatkopien weder verbreitet noch zu öffentlichen Wiedergaben benutzt werden[2040].

c) Online-Videorekorder

1319 Nach § 53 Abs. 1 Satz 2 UrhG umfasst die Befugnis zur Privatkopie auch die Herstellung von Vervielfältigungsstücken **durch Dritte**, sofern dies **unentgeltlich** geschieht oder es sich um Vervielfältigungen auf Papier oder einem ähnlichen Träger mittels beliebiger fotomechanischer Verfahren oder anderer Verfahren mit ähnlicher Wirkung handelt. Die Schrankenregelung des § 53 Abs. 1 Satz 2 UrhG greift bei „Online-Videorekordern" in aller Regel nicht ein, da die Angebote zumeist auf Gewinnerzielung ausgerichtet sind und es daher an einer Unentgeltlichkeit fehlt, wenn die Aufnahmen durch den Anbieter des Dienstes als Hersteller gefertigt werden[2041].

1320 Anders stellt sich dies dar, wenn die Herstellung der Aufnahme durch den Nutzer selbst erfolgt. Die Regelung des § 53 Abs. 1 Satz 1 UrhG deckt die **eigenverantwortliche Herstellung** ab[2042] und ist von der Vorstellung geprägt, dass derjenige, der die Privilegierung in Anspruch nimmt, die Kopien zum Zwecke des privaten Gebrauchs selbstständig ohne Einschal-

---

2037 *Gutmann*, MMR 2003, 706, 707.

2038 Vgl. *Wirtz* in Bröcker/Czychowski/Schäfer, Praxishandbuch Geistiges Eigentum im Internet, § 8 Rz. 163.

2039 Vgl. *Ernst* in Hoeren/Sieber/Holznagel, Handbuch Multimedia-Recht, Teil 7.1 Rz. 77; *Bullinger* in Wandtke/Bullinger, Urheberrecht, § 19a UrhG Rz. 23.

2040 Vgl. BGH v. 5.10.2010 – I ZR 127/09 Rz. 20, CR 2011, 283 = ITRB 2011, 153 – Kunstausstellung im Online-Archiv; *Schapiro*, ZUM 2008, 273, 277 ff.

2041 Vgl. BGH v. 22.4.2009 – I ZR 175/07, AfP 2009, 377 = ITRB 2010, 3 = K&R 2009, 573, 577 m. Anm. *Damm* – save.tv; BGH v. 22.4.2009 – I ZR 216/06, AfP 2009, 381 = CR 2009, 598 m. Anm. *Lüghausen* = ITRB 2009, 245 = NJW 2009, 3511, 3517 m. Anm. *Rössel* – shift.tv; BGH v. 5.3.2020 – I ZR 6/19 Rz. 22 – musicmonster; BGH v. 5.3.2020 – I ZR 32/19 Rz. 25 – Internet-RadiorekorderOLG Dresden v. 28.11.2006 – 14 U 1070/06, AfP 2008, 431 = ITRB 2007, 199 = CR 2007, 458, 461 = ZUM 2007, 203, 206; OLG Dresden v. 5.12.2006 – 14 U 1735/06, ZUM 2007, 385, 386; OLG Dresden v. 5.12.2006 – 14 U 1735/06, ITRB 2007, 230 f. (*Rössel*); LG Braunschweig v. 7.6.2006 – 9 O 869/06, K&R 2006, 362, 364; LG Leipzig v. 12.5.2006 – 05 O 4391/05, AfP 2006, 600 = K&R 2006, 426, 427 = ZUM 2006, 763, 766; LG München I v. 28.9.2016 – 37 O 1930/16 Rz. 41 ff.; vgl. *Loewenheim* in Schricker/Loewenheim, Urheberrecht, § 53 UrhG Rz. 33; *Dreier* in Dreier/Schulze, UrhG, § 53 UrhG Rz. 16.

2042 BGH v. 16.1.1997 – I ZR 9/95, AfP 1997, 624 = GRUR 1997, 459, 462 – CB-Infobank I; OLG Dresden v. 28.11.2006 – 14 U 1070/06, CR 2007, 458, 459 = ZUM 2007, 203, 205; OLG Dresden v. 5.12.2006 – 14 U 1735/06, ZUM 2007, 385, 386, ITRB 2007, 230, 230 f. (*Rössel*); OLG Köln v. 9.9.2005 – 6 U 90/05, K&R 2005, 570, 571; LG Braunschweig v. 7.6.2006 – 9 O 869/06, K&R 2006, 362, 364 ff.; LG Köln v. 28.2.2007 – 28 O 16/07, MMR 2007, 610, 611; LG Leipzig v. 12.5.2006 – 5 O 4391/05, CR 2006, 784, 785 f.; LG Leipzig v. 12.5.2006 – 05 O 4391/05, AfP 2006, 600 = K&R 2006, 426, 427; LG München v. 19.5.2005 – 7 O 5829/05, CR 2006, 787, 788 = ZUM 2006, 583, 584.

tung eines Dritten herstellt. Ob eine solche „eigenverantwortliche Herstellung" den technischen Gegebenheiten der Angebote von „Online-Videorekordern" entspricht, ist unklar[2043].

Nach Ansicht des BGH kommt es bei der Bestimmung des Herstellers einer Vervielfältigung auf eine **technische Betrachtung** an. Hersteller der Vervielfältigung sei derjenige, der die körperliche Festlegung der Kopie technisch bewerkstelligt. Dabei sei es ohne Bedeutung, ob er sich dabei technischer Hilfsmittel bedient, selbst wenn diese von Dritten zur Verfügung gestellt werden[2044]. Letztlich kommt es nach Auffassung des BGH zu einer Einzelfallprüfung darauf an, wer die körperliche Festlegung technisch bewerkstelligt[2045]. Dies gilt auch für einen Onlineservice, der es dem Nutzer ermöglicht, Webradioprogramme nach einzelnen Titeln zu durchsuchen, um diese Titel sodann als mp3-Dateien herunterzuladen (**Webradiorekorder**)[2046]. Ist der Nutzer Hersteller, so ist die Vervielfältigung durch § 53 Abs. 1 Satz 1 UrhG legitimiert[2047]. | 1321

Wenn der Dienstanbieter sich darauf beschränkt, „an die Stelle des Vervielfältigungsgeräts" zu treten und als **„notwendiges Werkzeug"** des anderen tätig zu werden, ist die Vervielfältigung nach der Rechtsprechung des BGH dem Nutzer zuzurechnen. Erschließt sich dagegen der Hersteller eine urheberrechtlich relevante Nutzung in einem Ausmaß und einer Intensität, die sich mit den Erwägungen nicht mehr vereinbaren lässt, die eine Privilegierung des Privatgebrauchs rechtfertigen, sei die Vervielfältigung dem Dienstanbieter zuzuordnen[2048]. | 1322

Nach diesen Grundsätzen ist nach Ansicht des BGH allein der Nutzer als Hersteller der Aufzeichnung eines Internet-Videorecorders anzusehen, wenn er eine Aufzeichnung unter Nutzung der vollständig automatisierten Vorrichtung des Anbieters des Internet-Videorecorders anfertigt, wobei seine Programmierung der Aufzeichnung einen Vorgang auslöst, der vollständig automatisiert ohne (menschlichen) Eingriff von außen abläuft. Die Aufzeichnung könne dem Anbieter des Online-Videorecorders selbst dann nicht zugerechnet werden, wenn dieser sich nicht darauf beschränkt, den Nutzern lediglich einen Speicherplatz für die Aufzeichnung der Sendungen zur Verfügung zu stellen, sondern ein Gesamtpaket von Leistungen anbietet[2049]. | 1323

Überlässt der Nutzer eines Musikdienstes dem Dienstanbieter nicht nur die technische Festlegung der Musiktitel, sondern auch die Suche nach dem Gegenstand der Kopie, ist der | 1324

2043 Vgl. BGH v. 22.4.2009 – I ZR 175/07, AfP 2009, 377 = ITRB 2010, 3 = K&R 2009, 573, 575 m. Anm. *Damm* – save.tv; BGH v. 22.4.2009 – I ZR 216/06, AfP 2009, 381 = ITRB 2009, 245 = NJW 2009, 3511, 3513 f. m. Anm. *Rössel* – shift.tv; vgl. zu den Auswirkungen der Entscheidungen: *Graf Fringuelli/Nink*, CR 2008, 791, 791 ff.; *Hilber/Litzka*, ZUM 2009, 730, 730 ff.; *Niemann*, CR 2009, 661, 661 ff.

2044 BGH v. 22.4.2009 – I ZR 216/06, AfP 2009, 381 = CR 2009, 598 m. Anm. *Lüghausen* = ITRB 2009, 245 = NJW 2009, 3511, 3513 – safe.tv; BGH v. 5.3.2020 – I ZR 6/19, Rz. 22 – musicmonster; vgl. auch OLG Dresden v. 12.7.2011 – 14 U 801/07 Rz. 28, AfP 2011, 594 = CR 2012, 745.

2045 Vgl. OLG Dresden v. 12.7.2011 – 14 U 801/07, AfP 2011, 594 = CR 2012, 745 = MMR 2011, 610, 611 f.; LG München I v. 9.8.2012 – 7 O 26557/11, CR 2013, 53, 55.

2046 Vgl. KG Berlin v. 28.3.2012 – 24 U 20/11 Rz. 20 ff., ITRB 2012, 126.

2047 OLG Köln v. 8.1.2021 – 6 U 45/20 Rz. 49 ff., CR 2021, 419 = AfP 2021, 91.

2048 BGH v. 22.4.2009 – I ZR 216/06, AfP 2009, 381 = CR 2009, 598 m. Anm. *Lüghausen* = ITRB 2009, 245 = NJW 2009, 3511, 3513 – safe.tv; BGH v. 5.3.2020 – I ZR 6/19 Rz. 25 – musicmonster; LG München I v. 28.9.2016 – 37 O 1930/16 Rz. 41 ff.

2049 BGH v. 5.3.2020 – I ZR 6/19 Rz. 26 – musicmonster.

Dienstanbieter Hersteller der Kopie, so dass es sich nicht um eine Privatkopie handelt, auf die § 53 Abs. 1 Satz 2 UrhG anwendbar ist. Dies gilt umso mehr, wenn der Dienstanbieter unterschiedliche Streaming-Formate von Webradios in ein einheitliches mp3-Format konvertiert. Damit stellt der Dienstanbieter den Nutzern einen weiteren Service zur Verfügung, der letztlich dazu führt, dass der Dienst einem Downloadangebot gleichsteht und eine Privilegierung des Privatgebrauchs nicht mehr rechtfertigt[2050].

1325 Für **Online-Musikrekorder** gelten nach Auffassung des BGH dieselben Maßstäbe. Werden Radiomitschnitte auf den Servern des Dienstanbieters abgelegt, die danach von den Nutzern abgerufen werden können, hänge es von der technischen Ausgestaltung ab, ob darin eine Verletzung des Vervielfältigungsrechts des Urhebers durch den Dienstanbieter zu sehen ist. Entscheide allein der Nutzer darüber, welche Musikstücke auf dem ihm zugewiesenen Speicherplatz abgelegt werden, löse er den Aufnahmevorgang aus, der dann vollkommen automatisiert ablaufe. Dieser Vorgang unterscheide sich nicht grundsätzlich von der Anfertigung der Kopie eines Musikstücks mithilfe eines Aufnahmegerätes. Auch dort sei allein der Nutzer des Gerätes und nicht dessen Hersteller oder Verkäufer als Hersteller der Kopie anzusehen[2051].

1326 Der **EuGH** hat in seiner **VCAST-Entscheidung**[2052] einen anders gelagerten Fall[2053] entschieden, in dem ein Dienstleister keine bloße Aufnahmemöglichkeit anbot, sondern Sendungen von Fernsehsendern, die nur terrestrisch zu empfangen waren, auf Speicherplatz online verfügbar machte. Die ursprüngliche Übertragung durch den Fernsehsender einerseits und die Übertragung durch den Erbringer des Aufnahmedienstes andererseits werde jeweils unter spezifischen technischen Bedingungen nach einem unterschiedlichen Verfahren zur Verbreitung der Werke durchgeführt, wobei jede von ihnen für die jeweilige Öffentlichkeit bestimmt ist. Daher handele es sich um unterschiedliche öffentliche Wiedergaben. Für jede von ihnen müsse eine Erlaubnis der betreffenden Rechtsinhaber eingeholt werden.

d) Download von Streaming-Plattformen

1327 Fälle der offensichtlichen Rechtswidrigkeit dürften bei **YouTube** und anderen Streaming-Plattformen selten sein.[2054] Auf den Plattformen werden legal verbreitete Videos neben rechtswidrigen Videos angeboten, ohne dass der Rechtsverstoß für den Nutzer erkennbar ist. Ein Indiz für die Rechtswidrigkeit einer Vorlage mag ein dubioser Account sein, von dem aus das Video hochgeladen ist. Die Accounts können jedoch so frei und anonym gestaltet werden, dass sie im Normalfall keine ernsthaften Rückschlüsse auf die Intentionen des Einstellers und seine Berechtigung zulassen.[2055] Im Ergebnis wird sich der Nutzer bei dem Download auf seine Festplatte in aller Regel auf § 53 Abs. 1 Satz 1 UrhG berufen können.

2050 LG München I v. 6.2.2019 – 37 O 484/18 Rz. 51 f., CR 2019, 747.
2051 BGH v. 5.3.2020 – I ZR 6/19 Rz. 30 – musicmonster; BGH v. 5.3.2020 – I ZR 32/19 Rz. 33, CR 2020, 459 = ITRB 2020, 206 (*Kartheuser*) – Internet-Radiorekorder; vgl. auch OLG Köln v. 8.1.2021 – 6 U 45/20 Rz. 42, CR 2021, 419 = AfP 2021, 91.
2052 EuGH v. 29.11.2017 – C-265/16 Rz. 48 ff., ECLI:EU:C:2017:913, AfP 2018, 127 – VCAST.
2053 Vgl. OLG Köln v. 8.1.2021 – 6 U 45/20 Rz. 65, CR 2021, 419 = AfP 2021, 91.
2054 Vgl. *Härting/Thiess*, WRP 2012, 1068, 1069; *Janisch/Lachenmann*, MMR 2013, 213, 216.
2055 *Vianello*, CR 2010, 728, 731.

Ein einseitig erklärtes **„Downloadverbot"**[2056] genügt nicht, um das Privatkopien-Privileg   1328
rechtswirksam auszuhebeln. Die bloße Abrufbarkeit von Nutzungsbedingungen, in denen
ein Downloadverbot niedergelegt ist, stellt bereits keinen Antrag i.S.d. § 145 BGB des Plattformbetreibers gegenüber jedermann dar, der das Portal besucht oder darauf befindliche Videos abruft[2057]. Der Wille, sich rechtlich zu binden, muss objektiv erkennbar sein. Dies ist
bei unentgeltlichen Online-Angeboten, die jedermann zugänglich sind, nicht der Fall. Aus
Sicht des Nutzers stellt die bloße Inanspruchnahme eines Internetangebots zudem keine
rechtsgeschäftlich relevante Handlung dar. Insoweit unterscheidet sich die Nutzung der
Plattform YouTube nicht von dem Anhören bzw. Ansehen frei empfangbarer Rundfunk-
und Fernsehprogramme, das erkennbar auch nicht auf das Begründen eines Vertragsverhältnisses zwischen Hörer bzw. Zuschauer und Sender gerichtet ist[2058].

e) Werke an öffentlichen Plätzen

Nach § 59 Abs. 1 Nr. 1 UrhG ist es zulässig, Werke, die sich bleibend an öffentlichen Wegen,   1329
Straßen oder Plätzen befinden, mit Mitteln der Malerei oder Graphik, durch Lichtbild oder
durch Film zu vervielfältigen, zu verbreiten und öffentlich wiederzugeben.

Bei der Veröffentlichung eines Fotos des Kreuzfahrtschiffes AIDA auf einer Website, auf   1330
dem ein urheberrechtlich geschütztes Werk angebracht ist (Kussmund), greift § 59 UrhG, so
dass es an einer Urheberrechtsverletzung fehlt. Für das Kriterium der Öffentlichkeit ist nicht
der Standpunkt des Fotografen entscheidend, sondern ob das Werk von einem der Allgemeinheit frei zugänglichen Ort wahrgenommen werden kann. Die Schrankenbestimmung
soll es dem Publikum ermöglichen, das, was es von der Straße aus mit eigenen Augen sehen
kann, als Gemälde, Zeichnung, Fotografie oder im Film zu betrachten. Maßgeblich ist die
Perspektive, aus der das betreffende Werk auf der Darstellung wahrnehmbar ist. Entspricht
diese grundsätzlich einer solchen, die für die Allgemeinheit zugänglich ist, kommt es auf
den konkreten Standort des Fotografen nicht an[2059].

VI. Urheberpersönlichkeitsrechte

1. Urheber

Der Schöpfer des Werkes ist Urheber (§ 7 UrhG) und damit **originärer Inhaber aller Urhe-**   1331
berrechte. Wirken an der Schöpfung eines Werkes mehrere Personen mit, so sind sie gem.
§ 8 Abs. 1 UrhG Miturheber.

Originärer Inhaber von Urheberrechten ist auch der Arbeitnehmer oder Beamte, der ein   1332
Werk im Rahmen seines **Arbeits- oder Dienstverhältnisses** schafft (§ 43 UrhG). Aus dem Ar-
beits- bzw. Dienstverhältnis ergibt sich indes regelmäßig, dass das Arbeitsergebnis dem Arbeitgeber bzw. Dienstherrn zusteht. Der Arbeitnehmer bzw. Beamte ist daher arbeits- bzw.
beamtenrechtlich verpflichtet, dem Arbeitgeber bzw. Dienstherrn umfassende Nutzungs-

---

2056 Vgl. *Janisch/Lachenmann*, MMR 2013, 213, 216; *Redlich*, K&R 2012, 713, 715.
2057 *Spindler* in Spindler, Vertragsrecht der Internet-Provider, Teil IV Rz. 31 f.; *Redlich*, K&R 2012,
     713, 715.
2058 *Cichon*, Internetverträge, § 6 Rz. 693; *Redlich*, K&R 2012, 713, 715.
2059 OLG Köln v. 23.10.2015 – 6 U 34/15 Rz. 46.

rechte an den Werken einzuräumen, die im Rahmen des Arbeits- bzw. Dienstverhältnisses geschaffen werden[2060].

1333 Wenn mehrere Personen an der Schöpfung eines einheitlichen Werkes mitgewirkt haben, besteht **Miturheberschaft**[2061]. Dies ist beispielsweise der Fall, wenn Grafiker und Programmierer bei der Entwicklung des Designs einer Website eng zusammenwirken. Der Quellcode und das Design der Website sind dann das Ergebnis einer gemeinschaftlichen Werkschöpfung. Die an der Schöpfung beteiligten Personen sind Miturheber gem. § 8 UrhG[2062]. Nach § 8 Abs. 2 Satz 1 UrhG stehen Miturhebern die Urheberrechte zur gesamten Hand zu.

1334 Ist streitig, wer Urheber eines Werkes ist, gilt die Vermutung des § 10 Abs. 1 UrhG. Danach stehen die Urheberrechte im Zweifel demjenigen zu, der auf dem Werk bzw. auf einem Vervielfältigungsstück des Werkes in der üblichen Weise als Urheber bezeichnet ist. Dies gilt auch im Internet[2063], da Werke im Netz stets Vervielfältigungsstücke darstellen[2064]. Der Umstand, dass in das Internet eingestellte Werke darüber hinaus in unkörperlicher Form öffentlich zugänglich gemacht werden (§ 19a UrhG) und eine solche unkörperliche öffentliche Wiedergabe die Voraussetzungen des § 10 Abs. 1 UrhG nicht erfüllt, steht einer Anwendung dieser Vorschrift nicht entgegen[2065].

1335 Fehlt es an jeglichem Urhebervermerk, gelten für die Feststellung der Urheberschaft die gewöhnlichen **Beweisregeln**. Ein Anhaltspunkt für die Urheberschaft kann in dem Besitz von Originaldateien des jeweiligen Werks liegen[2066]. Für die Frage der Urheberschaft eines Fotografen spricht ein erster Anschein, wenn er einer Person, die diese Fotos später auf ihrer Website nutzt, die entsprechenden Dateien zuvor auf einem Speichermedium übergeben hat[2067].

1336 Nach § 10 Abs. 3 Satz 1 UrhG gilt die Vermutung des § 10 Abs. 1 UrhG entsprechend für die Inhaber ausschließlicher Nutzungsrechte, soweit es sich um Verfahren des einstweiligen Rechtsschutzes handelt oder Unterlassungsansprüche geltend gemacht werden[2068].

1337 **Praxistipp**

Die international gängigen ©-Vermerke sind keine Urheberbezeichnungen, weil sie sich nicht auf die Urheberschaft, sondern nur auf die Nutzungsberechtigung beziehen. Wie weit die für ausschließlich Nutzungsberechtigte nach § 10 Abs. 3 UrhG nur entsprechend geltende Vermutungswirkung des § 10 Abs. 1 UrhG in Bezug auf den ©-Vermerk reicht, ist streitig. Denn der ©-Vermerk verweist nach seinem Wortlaut auf eine Rechteinhaberschaft nur an den Vervielfältigungsrechten. Ob insoweit auch eine exklusive Rechtseinräumung vorliegt, wird zudem nicht deutlich[2069]. Daher ist es für den Inha-

---

2060 Vgl. *Rojahn* in Schricker/Loewenheim, Urheberrecht, § 43 UrhG Rz. 2, 6.
2061 BGH v. 14.7.1993 – I ZR 47/91, BGHZ 123, 208 = CR 1993, 752 m. Anm. *Hoeren*.
2062 Vgl. *Ernst* in Hoeren/Sieber/Holznagel, Handbuch Multimedia-Recht, Teil 7.1 Rz. 27 f.
2063 BGH v. 18.9.2014 – I ZR 76/13 Rz. 35; LG Frankfurt/M. v. 20.2.2008 – 2-06 O 247/07, CR 2008, 534, 534; LG Nürnberg-Fürth v. 14.1.2011 – 4 HK O 9301/10 Rz. 45 ff.
2064 A.A. *Schulze* in Dreier/Schulze, UrhG, § 10 UrhG Rz. 6; LG München v. 14.1.2009 – 21 S 4032/08, MMR 2009, 274.
2065 BGH v. 18.9.2014 – I ZR 76/13 Rz. 35, CR 2015, 257.
2066 BGH v. 18.9.2014 – I ZR 76/13 Rz. 47, CR 2015, 257.
2067 LG München v. 21.5.2008 – 21 O 10753/07, MMR 2008, 622, 623 m. Anm. *Knopp*.
2068 OLG Hamburg v. 27.7.2017 – 3 U 220/15 Kart Rz. 85.
2069 Vgl. OLG Hamburg v. 27.7.2017 – 3 U 220/15 Kart Rz. 93 ff.

ber ausschließlicher Nutzungsrechte, der nicht selbst Urheber ist, ratsam, eine Formulierung wie „Inhaber aller urheberrechtlichen Nutzungsrechte ist ausschließlich XY" zu wählen.

Die Angabe „Jede Art der Vervielfältigung, auch auszugsweise, ist nur mit Genehmigung des DIN Deutsches Institut für Normung e.V., Berlin, gestattet." enthält nach Auffassung des OLG Hamburg keine eindeutige Erklärung der ausschließlichen Nutzungsberechtigung – nicht einmal für die Vervielfältigung –, sondern nur ein Verbot jeglicher Vervielfältigung ohne Gestattung. Daraus könne nicht im Umkehrschluss klar auf die Kundgabe der Inhaberschaft an einem ausschließlichen Nutzungsrecht geschlossen werden.   **1338**

2. Rechte des Urhebers

Zu den **Urheberpersönlichkeitsrechten**, die vertraglich zwar eingeschränkt, nicht jedoch (unter Lebenden) übertragen werden können (§ 29 Abs. 1 UrhG), gehören das Namensnennungsrecht (§ 13 UrhG), das Recht des Urhebers, darüber zu entscheiden, ob und wie sein Werk der Öffentlichkeit zugänglich gemacht werden soll (Veröffentlichungsrecht, § 12 UrhG), sowie das Recht, eine Entstellung oder andere Beeinträchtigung seines Werkes zu verbieten (§ 14 UrhG).   **1339**

a) Urheberbezeichnung

Nach **§ 13 UrhG** hat der Urheber das Recht auf Anerkennung seiner Urheberschaft. Er kann bestimmen, ob das Werk mit einer Urheberbezeichnung versehen wird und welche Bezeichnung zu verwenden ist[2070]. Dieses Bestimmungsrecht gilt auch im Internet[2071].   **1340**

Das **Namensnennungsrecht** (§ 13 UrhG) ist **vertraglich einschränkbar**[2072]. Der Urheber kann auf sein Recht zur Namensnennung verzichten. Ein solcher Verzicht kann auch konkludent erklärt werden und sich beispielsweise aus einem branchenüblichen Verzicht auf die Namensnennung ableiten[2073].   **1341**

Eine Verletzung des Namensnennungsrechts liegt vor, wenn Dritte ein Werk zugänglich machen, ohne dass die Urheberbezeichnung erkennbar wird. Dies kann beispielsweise der Fall sein, wenn ein Copyrightvermerk auf einer Internetseite angebracht wird und auf diese Seite ein **Deeplink** gesetzt wird, über den die Seite unter Ausblendung des Copyrightvermerks aufgerufen werden kann[2074]. Entsprechendes gilt beim **Framing**, wenn der Urhebervermerk weggeschnitten wird.   **1342**

Ist die Unterseite einer Website direkt erreichbar und befindet sich dort ein Foto ohne Urhebervermerk, kann dies für eine Verletzung des Namensnennungsrechts durch den **Betreiber**   **1343**

2070 Vgl. *Decker* in Hoeren/Sieber/Holznagel, Handbuch Multimedia-Recht, Teil 7.2 Rz. 25 ff.
2071 *Decker* in Hoeren/Sieber/Holznagel, Handbuch Multimedia-Recht, Teil 7.2 Rz. 28 ff.; *Bechtold*, ZUM 1997, 427, 432.
2072 *Dustmann* in Fromm/Nordemann, Urheberrecht, § 13 UrhG Rz. 12; *Dietz/Peukert* in Schricker/Loewenheim, Urheberrecht, § 13 UrhG Rz. 4.
2073 Vgl. *Dustmann* in Fromm/Nordemann, Urheberrecht, § 13 UrhG Rz. 12; *Bullinger* in Wandtke/Bullinger, Urheberrecht, § 13 UrhG Rz. 24.
2074 *Schack*, MMR 2001, 9, 14; *Schulze*, ZUM 2000, 432, 437.

der Website ausreichen. Dass sich der Urhebervermerk an anderer Stelle der Website findet, ist unerheblich[2075].

1344 Werden nicht alle Seiten einer Website mit Copyrightvermerken versehen, kann dies als Einverständnis des Inhabers der Rechte an der Website mit einer Abrufbarkeit einzelner Seiten ohne Copyrightvermerk und somit als partieller Verzicht auf das Namensnennungsrecht zu werten sein für den Fall, dass ein Deeplink auf diese Seite gesetzt oder die Seite per Framing in eine fremde Website einbezogen wird[2076].

1345 **Praxistipp**

In Verträge, die ein Website-Betreiber mit Webdesignern und Content-Providern schließt, sollten klare und detaillierte Regelungen zu Copyrightvermerken aufgenommen werden. Ob und wie Copyrightvermerke auf die Website aufzunehmen sind, bedarf der Festlegung. Darüber hinaus können Regelungen für Deeplinks und für das Framing getroffen werden.

Eine urheberfreundliche Regelung kann in einem Webdesignvertrag lauten:

„Der Auftraggeber verpflichtet sich, jede einzelne Seite der Website mit einem Copyrightvermerk zu versehen, der wie folgt lautet: _____. Der Copyrightvermerk ist auf jeder einzelnen Seite der Website mit dem Hinweis zu verbinden, dass die Setzung eines Links (einfacher Hyperlink oder Deeplink) auf die Seite und die Einbeziehung der Seite in eine fremde Website durch Framing nur gestattet ist, wenn auch der Copyrightvermerk über den Link bzw. das Frame abrufbar ist."

1346 Wenn eine Creative-Commons-Lizenz eine Urheberbenennung verlangt, genügt es nicht, wenn der Urheber nur nach dem **„Mouseover-Effekt"** angezeigt wird, also erst dann, wenn man mit der Computer-Maus eine kurze Zeit auf dem Bild verweilt[2077].

b) Erstveröffentlichung

1347 **§ 12 UrhG** gibt dem Urheber das Recht, über die Veröffentlichung des Werkes zu entscheiden. Nach § 6 Abs. 1 UrhG ist ein Werk veröffentlicht, wenn es mit Zustimmung des Berechtigten der Öffentlichkeit zugänglich gemacht worden ist.

1348 Eine Einstellung in das Internet stellt eine Veröffentlichung dar[2078]. Über das Internet wird das Werk einer Vielzahl von Personen i.S.d. § 6 Abs. 1 UrhG zugänglich gemacht[2079]. Eine erstmalige Veröffentlichung im Internet bedarf demnach der Zustimmung des Urhebers.

1349 Bei einer urheberrechtlich geschützten Kirchenglocke kann die Verbreitung von **Abbildungen** der Glocke im Internet den Tatbestand des § 12 UrhG erfüllen[2080].

2075 LG Köln v. 30.1.2014 – 14 O 427/13 Rz. 38 ff., CR 2014, 338 = AfP 2014, 284 = ITRB 2014, 79.
2076 Vgl. *Decker* in Hoeren/Sieber/Holznagel, Handbuch Multimedia-Recht, Teil 7.2 Rz. 37.
2077 LG München I v. 17.12.2014 – 37 O 8778/14 Rz. 59 ff.; vgl. auch AG Düsseldorf v. 13.9.2014 – 57 C 5593/14 Rz. 2.
2078 *Freitag* in Kröger/Gimmy, Handbuch zum Internetrecht, S. 349; *Katzenberger/Metzger* in Schricker/Loewenheim, Urheberrecht, § 6 UrhG Rz. 16.
2079 *Strömer*, Online-Recht, S. 214 f.
2080 LG Leipzig v. 11.8.2006 – 05 O 1327/06, ZUM 2006, 883, 885.

c) Entstellung, Beeinträchtigung, Verfremdung

§ 14 UrhG schützt das Integritätsinteresse des Urhebers und gibt ihm das Recht, eine Ent-   1350
stellung oder andere Beeinträchtigung seines Werkes zu verbieten, die geeignet ist, seine berechtigten geistigen oder persönlichen Interessen am Werk zu gefährden.

Eine Beeinträchtigung des Werkes liegt beispielsweise vor, wenn das Design einer Website   1351
verfremdet wird. Eine solche **Verfremdung** stellt einen direkten Eingriff in das Werk dar
und kann berechtigte Interessen des Urhebers gefährden.

Ob eine Verfremdung zulässig ist, ergibt sich aus einer **Interessenabwägung**. Dabei stehen   1352
sich das Bestands- und Integritätsinteresse des Urhebers und das Nutzungs- bzw. Gebrauchsinteresse des Werknutzers gegenüber[2081]. Je stärker die Gestaltungshöhe des Werkes und der
Eingriff sind, desto gewichtiger müssen die Gebrauchsinteressen des Werknutzers sein, um
eine Beeinträchtigung des Werkes zu rechtfertigen[2082].

Ein Eingriff in das Integritätsinteresse des Urhebers kann darin liegen, dass das Werk in ein   1353
Umfeld eingebettet wird, das die Wirkung des Werkes beeinträchtigt[2083]. Eine Abwägung
zwischen Integritäts- und Gebrauchsinteresse ist daher auch erforderlich bei der Schaltung
von Werbung auf urheberrechtlich geschützten Websites[2084] oder bei der Verknüpfung urheberrechtlich geschützter Inhalte mit anderen Inhalten, die auf das Werk zurückwirken, wie
dies beispielsweise bei der Einbettung von Inhalten in ein pornografisches oder extremisti-
sches Umfeld der Fall ist[2085].

Eine Interessenabwägung ist nicht erforderlich, wenn Eingriffsbefugnisse vertraglich klar ge-   1354
regelt sind. § 39 Abs. 1 UrhG lässt **vertragliche Einschränkungen** des Entstellungsverbots
ohne weiteres zu[2086].

Praxistipp   1355

In Verträge, die ein Website-Betreiber mit Webdesignern und Content-Providern schließt, sollten
klare und detaillierte Regelungen zu Änderungsbefugnissen und allen Umfeldfragen (insbesondere
Werbung) aufgenommen werden (s. Rz. 688 ff.).

Eine urheberfreundliche Regelung kann in einem Content-Provider-Vertrag lauten:

„Der Vertragspartner ist zu Änderungen des Contents nur berechtigt, soweit die Änderungen der
Korrektur orthografischer und ähnlicher Fehler dienen. Zudem verpflichtet sich der Vertragspartner,
auf der Internetseite, auf der der vertragsgegenständliche Content veröffentlicht wird, keine Werbung
gleich welcher Art zu schalten, ohne dass der Content-Provider vorab zugestimmt hat. Auf der gesamten Website wird dem Vertragspartner zudem untersagt, pornografische oder extremistische Inhalte gleich welcher Art zu veröffentlichen oder Hyperlinks aufzunehmen, die zu derartigen Inhalten
führen."

2081 *Dietz/Peukert* in Schricker/Loewenheim, Urheberrecht, § 14 UrhG Rz. 26.
2082 *Decker* in Hoeren/Sieber/Holznagel, Handbuch Multimedia-Recht, Teil 7.2 Rz. 52.
2083 *Wirtz* in Bröcker/Czychowski/Schäfer, Praxishandbuch Geistiges Eigentum im Internet, § 8
      Rz. 107; *Bullinger* in Wandtke/Bullinger, Urheberrecht, § 14 UrhG Rz. 3.
2084 *Decker* in Hoeren/Sieber/Holznagel, Handbuch Multimedia-Recht, Teil 7.2 Rz. 44; *Apel/Steden*,
      WRP 2001, 112, 117.
2085 Vgl. *Freitag* in Kröger/Gimmy, Handbuch zum Internetrecht, S. 351; *Schack*, MMR 2001, 9,
      14.
2086 Vgl. *Wandtke/Grunert* in Wandtke/Bullinger, Urheberrecht, § 39 UrhG Rz. 5.

Weniger urheberfreundlich ist folgende Regelung:

„Der Vertragspartner ist zu Änderungen des Contents nach freiem Ermessen berechtigt. Darüber hinaus ist der Vertragspartner – gleichfalls nach freiem Ermessen – berechtigt, über das inhaltliche und gestalterische Umfeld der Website – einschließlich Hyperlinks – zu entscheiden."

VII. Durchsetzung des Urheberrechts

1356 Die Sanktionsnormen der §§ 97 ff. UrhG regeln die Ansprüche des Inhabers von Urheberrechten in Fällen der Rechtsverletzung.

1357 ▪ Übersicht:

Ansprüche des Rechteinhabers:

– **Beseitigungsanspruch (§ 97 Abs. 1 Satz 1 UrhG):** Der Anspruch richtet sich insbesondere auf Entfernung rechtswidriger Inhalte von einer Website.

– **Unterlassungsanspruch (§ 97 Abs. 1 Satz 1 und 2 UrhG):** Der Anspruch besteht bei Wiederholungs- oder Erstbegehungsgefahr. Die gerichtliche Geltendmachung des Anspruchs setzt im Regelfall eine **Abmahnung** (§ 97a Abs. 1 Satz 1 UrhG) voraus.

– **Schadensersatzanspruch (§ 97 Abs. 2 Satz 1 bis 3 UrhG):** Der Anspruch setzt fahrlässiges oder vorsätzliches Handeln des Verletzers voraus. Die Höhe des Anspruchs bestimmt sich – nach Wahl des Verletzten – entweder nach dem tatsächlich entstandenen Schaden oder nach dem Gewinn, den der Verletzer erzielt hat, oder nach einer fiktiven Lizenzgebühr.

– **Schmerzensgeldanspruch (§ 97 Abs. 2 Satz 4 UrhG):** Der Anspruch erfasst immaterielle Schäden und besteht, wenn und soweit eine Entschädigung der Billigkeit entspricht.

– **Aufwendungsersatzanspruch (§ 97a Abs. 3 UrhG):** Der Anspruch richtet sich auf Ersatz der durch eine berechtigte Abmahnung entstandenen Kosten und ist bei Anwaltsgebühren unter den Voraussetzungen des § 97a Abs. 3 Satz 2 UrhG auf einen Gegenstandswert von 1000 € beschränkt.

1. Beseitigung und Unterlassung

1358 Der **Beseitigungsanspruch** gem. § 97 Abs. 1 Satz 1 UrhG bedeutet bei Urheberrechtsverletzungen insbesondere, dass der Verletzte verlangen kann, dass Inhalte von einer Website entfernt werden. Falls Wiederholungsgefahr besteht, kann der Verletzte darüber hinaus verlangen, dass der Verletzer gleichartige Verletzungshandlungen in Zukunft unterlässt.

1359 Ein **Unterlassungsanspruch** nach § 97 Abs. 1 Satz 2 UrhG setzt nicht zwingend voraus, dass eine Urheberrechtsverletzung bereits begangen worden ist. Ausreichend ist vielmehr eine Erstbegehungsgefahr[2087].

1360 Nach ständiger Rechtsprechung des BGH haftet auf Unterlassung, wer als Täter, Mittäter oder in mittelbarer Täterschaft den objektiven Tatbestand erfüllt; ein Verschulden ist nicht nötig[2088].

2087 Vgl. *Kitz*, NJW 2008, 2374, 2374.
2088 BGH v. 5.11.2015 – I ZR 88/13 Rz. 16 m.w.N., AfP 2016, 246 – Al di Meola.

Eine urheberrechtliche Verantwortlichkeit trifft denjenigen nicht, der als bloße Hilfsperson **1361** tätig wird und daher keine Herrschaft über die Rechtsverletzung hat. Entscheidend ist für die Einordnung als unselbständige Hilfsperson, dass dieser die verletzende Handlung in sozialtypischer Hinsicht nicht als eigene zugerechnet werden kann, weil sie aufgrund ihrer untergeordneten Stellung keine eigene Entscheidungsbefugnis hat[2089].

Keine bloße Hilfsperson ist der Onlinehändler, der autonom die Entscheidung getroffen hat, **1362** bestimmte Produkte auf seiner Internetseite Interessenten zum Kauf anzubieten. Er kann den Zugang Dritter zu seiner eigenen Internetseite jederzeit beenden oder einzelne Angebote ausschließen oder aus seinem Internetauftritt entfernen. Er kann darüber entscheiden, welche Produkte über ihre Internetplattform angeboten werden[2090].

2. Schadensersatz und Schmerzensgeld

Ein **Schadensersatzanspruch** besteht nach § 97 Abs. 2 Satz 1 UrhG bei vorsätzlichem oder **1363** fahrlässigem Handeln des Verletzers.

Bei der Nutzung urheberrechtlich geschützter Güter haben sich alle Beteiligten mit der all- **1364** gemeinüblichen Sorgfalt über Existenz und Umfang urheberrechtlicher Nutzungsbefugnisse zu informieren. Zu einer pflichtgemäßen Sorgfalt gehört auch die Prüfung der **Rechtekette**[2091]. Auf die bloße Zusage einer Agentur darf sich der Nutzer nicht verlassen, ohne sich überprüfbare Unterlagen vorlegen zu lassen[2092].

Bei **Minderjährigen** bestimmt sich eine Schadensersatzhaftung nach § 828 Abs. 3 BGB. Es **1365** kommt daher auf die **Einsichtsfähigkeit** an, von der nach Auffassung des AG Hannover auszugehen ist, wenn ein 17-Jähriger „mit professioneller Aufmachung" bei eBay in Erscheinung tritt[2093].

In seiner Entscheidung zu CAD-Software, die im Internet zum Herunterladen bereitgestellt **1366** wurde, betonte der BGH, dass besonders hohe Sorgfaltsanforderungen gelten, wenn eine solche Bereitstellung erfolgt. Eine derartige Verhaltensweise führe zu einer hochgradigen Gefährdung der Verwertungsrechte des Urhebers, weil ein ohne Einschränkungen im Internet zum Download bereitgestelltes Computerprogramm jederzeit von jedermann heruntergeladen und weiterverbreitet werden könne. Wer ein fremdes, urheberrechtlich geschütztes Computerprogramm ins Internet einstelle, dürfe sich nicht darauf verlassen, dass es sich dabei um ein Programm handelt, mit dessen öffentlicher Zugänglichmachung der Berechtigte einverstanden ist. Er müsse vielmehr zuvor sorgfältig prüfen, ob der Berechtigte das Programm zur öffentlichen Zugänglichmachung freigegeben hat[2094].

2089 BGH v. 5.11.2015 – I ZR 88/13 Rz. 20, AfP 2016, 246 – Al di Meola.
2090 BGH v. 5.11.2015 – I ZR 88/13 Rz. 20, AfP 2016, 246 – Al di Meola.
2091 OLG Hamm v. 24.6.2008 – 4 U 43/08, ZUM 2009, 159, 161; AG München v. 28.5.2014 – 142 C 29213/13.
2092 OLG München v. 15.1.2015 – 29 W 2554/14 Rz. 8; LG Bonn v. 22.4.2015 – 9 O 163/14 Rz. 15.
2093 AG Hannover v. 3.6.2008 – 439 C 2674/08, GRUR-RR 2009, 94 f.
2094 BGH v. 20.5.2009 – I ZR 239/06, CR 2009, 642 = ITRB 2010, 6 = NJW 2009, 3509, 3510 – CAD-Software; AG Charlottenburg v. 20.11.2012 – 225 C 196/12.

1367 Die drei Varianten der urheberrechtlichen **Schadensersatzberechnung**[2095] wurden bei der Umsetzung der Enforcement-Richtlinie[2096] in § 97 UrhG kodifiziert. Bei der Bemessung des Schadensersatzes kann statt des **konkreten Schadens** (§ 97 Abs. 2 Satz 1 UrhG) auch der Gewinn, den der Verletzer durch die Rechtsverletzung erzielt hat, als Grundlage für die Anspruchshöhe berücksichtigt werden (**Gewinnabschöpfung,** § 97 Abs. 2 Satz 2 UrhG). Als dritte Variante der Schadensersatzberechnung sieht § 97 Abs. 2 Satz 3 UrhG die Berechnung einer **fiktiven Lizenzgebühr** vor. § 97 Abs. 2 Satz 4 UrhG gewährt dem Verletzten schließlich ein **Schmerzensgeld,** wenn und soweit dies der Billigkeit entspricht.

1368 Die in § 97 Abs. 2 Satz 1 bis 3 UrhG geregelten **Berechnungsarten** sind bereits seit langer Zeit gewohnheitsrechtlich anerkannt[2097]. Der Verletzte ist bei der Wahl der Berechnungsmethode frei[2098]. Allerdings gilt das **Verquickungsverbot:** Die Berechnungsarten stehen in einem Ausschließlichkeitsverhältnis und können nicht nebeneinander angewendet werden[2099].

a) Verletzergewinn

1369 Bei dem Anspruch auf Herausgabe des **Verletzergewinns** geht es nicht um den Ersatz des konkret entstandenen Schadens (vgl. § 249 Abs. 1 BGB); vielmehr folgt die Herausgabe des Verletzergewinns der Erwägung, dass es unbillig wäre, dem Verletzer einen Gewinn zu belassen, der auf der unbefugten Benutzung des Ausschließlichkeitsrechts beruht[2100].

1370 Der in seinem Urheberrecht Verletzte kann jedoch nicht die Herausgabe des Gewinns beanspruchen, der auf anderen Umständen, wie etwa der Verletzung der Rechte Dritter, beruht[2101]. Dies ist eine Frage der haftungsausfüllenden Kausalität zwischen der Rechtsverletzung und dem Verletzergewinn[2102].

1371 Der Verletzergewinn, den der Betreiber eines Nachrichtenportals bzw. eines Nachrichtensenders mit der Veröffentlichung eines Videos unter Verletzung von Urheberrechten erzielt, bemisst sich nach den erzielten **Werbeeinnahmen**[2103]. Ob die Werbeinnahmen auch dann angefallen wären, wenn statt des streitigen Videos andere Nachrichten gezeigt worden wären, ist unerheblich, da § 249 Satz 1 BGB nicht anwendbar ist.

2095 *Dreier* in Dreier/Schulze, UrhG, § 97 UrhG Rz. 75; *Hullen,* ITRB 2008, 156 f., 157; OLG Brandenburg v. 15.5.2009 – 6 U 37/08, ZUM 2010, 56 ff.

2096 Richtlinie 2004/48/EG des Europäischen Parlaments und des Rates v. 29.4.2004 zur Durchsetzung der Rechte des geistigen Eigentums.

2097 Vgl. BGH v. 8.5.1956, BGHZ 20, 345, 353; vgl. *Hullen,* ITRB 2008, 156, 157; *Röhl/Bosch,* NJW 2008, 1415, 1418.

2098 *Kitz,* NJW 2008, 2374, 2374.

2099 Vgl. *Hullen,* ITRB 2008, 156, 157.

2100 Vgl. BGH v. 25.3.2010 – I ZR 122/08 Rz. 21 ff., AfP 2010, 567 – Werbung eines Nachrichtensenders, m. Anm. *Härting,* K&R 2010, 808, 808 f.

2101 BGH v. 24.7.2014 – I ZR 27/13 Rz. 21, AfP 2015, 143 = CR 2015, 530 – K-Theory.

2102 BGH v. 24.7.2014 – I ZR 27/13 Rz. 26, AfP 2015, 143 = CR 2015, 530 – K-Theory.

2103 BGH v. 25.3.2010 – I ZR 122/08 Rz. 21 ff., AfP 2010, 567 – Werbung eines Nachrichtensenders, m. Anm. *Härting,* K&R 2010, 808, 808 f.

b) Lizenzanalogie

Am gebräuchlichsten und in der Regel auch einfachsten ist die Bemessung des Schadens im Weg der **Lizenzanalogie** (§ 97 Abs. 2 Satz 3 UrhG). Grundsatz dabei ist, dass derjenige, der ein Werk ohne Erlaubnis des Berechtigten nutzt, nicht besser gestellt werden soll als derjenige, der eine entsprechende Lizenz einholt[2104].

1372

Bei der Lizenzanalogie handelt es sich um die **Fiktion eines Lizenzvertrags** mit Wirkung für die Vergangenheit[2105]. Als Lizenzgebühr angemessen ist demnach die Gebühr, die bei einer vertraglichen Einräumung ein vernünftiger Lizenzgeber gefordert und ein vernünftiger Lizenznehmer gewährt hätte[2106]. Unerheblich ist dabei, ob der Rechteinhaber eine Lizenz überhaupt hätte erteilen können – etwa weil der Rechteinhaber bereits vor der Verletzungshandlung exklusive Nutzungsrechte an Dritte vergeben hatte.

1373

Die Lizenzanalogie führt nur dann zu einem Vergütungsanspruch, wenn eine Vergütung für die vorgenommene Nutzung üblich ist. Lässt sich dies – etwa bei einer Veröffentlichung von Fotos (auch) in einem E-Paper – nicht feststellen, scheidet ein (Mehr-)Vergütungsanspruch aus[2107].

1374

aa) Lizensierungspraxis

Maßgebliche Bedeutung kommt einer zur Zeit der Verletzungshandlung am Markt durchgesetzten eigenen **Lizenzierungspraxis des Rechtsinhabers** zu[2108].

1375

Werden die vom Verletzten geforderten Lizenzsätze für die eingeräumten Nutzungsrechte auf dem Markt gezahlt, können sie einer Schadensberechnung im Wege der Lizenzanalogie auch dann zu Grunde gelegt werden, wenn sie über dem Durchschnitt vergleichbarer Vergütungen liegen. Dabei ist es unerheblich, ob der Verletzer selbst bereit gewesen wäre, für seine Nutzungshandlungen eine Vergütung in dieser Höhe zu zahlen[2109].

1376

Weicht eine Lizenzierungspraxis in Umfang und Intensität erheblich von der **tatsächlichen rechtswidrigen Nutzung** ab, dann stellt sie keinen geeigneten Maßstab dar, um die Beeinträchtigung durch die unberechtigte Nutzung angemessen in Geld auszudrücken. Wenn der Verletzer das Recht nur in einem deutlich geringeren Umfang als ein üblicher Lizenznehmer nutzt, ist im Rahmen der vorzunehmenden Schätzung ein entsprechender Abschlag von der üblichen Lizenzgebühr geboten[2110].

1377

2104 Vgl. OLG Düsseldorf v. 9.5.2006 – 20 U 138/05, NJW-RR 2007, 486, 487; AG Berlin-Charlottenburg v. 11.4.2005 – 236 C 282/04, ZUM 2005, 578, 579 f.; AG Berlin-Charlottenburg v. 8.3.2006 – 207 C 471/05, CR 2006, 712, 712 m = ITRB 2007, 40. Anm. *Fischer*; AG Hamburg v. 28.3.2006 – 36A C 181/05, ZUM 2006, 586, 589; vgl. *Hullen*, ITRB 2008, 156, 157; entwicklungsoffen für eine kumulative Betrachtung: *Kitz*, NJW 2008, 2374, 2374.

2105 Vgl. AG München v. 31.3.2010 – 161 C 15642/09.

2106 BGH v. 6.10.2005 – I ZR 266/02, AfP 2006, 51 = NJW 2006, 615, 616 – Pressefotos: OLG Frankfurt v. 11.12.2018 – 11 U 88/17 Rz. 31; OLG Köln v. 11.1.2019 – 6 U 10/16 Rz. 93; OLG Köln v. 26.2.2021 – 6 U 189/19 Rz. 37.

2107 Vgl. OLG Düsseldorf v. 13.7.2010 – I-20 U 235/08, AfP 2010, 502 = ITRB 2011, 32 (*Wolff*).

2108 OLG Hamm v. 29.10.2020 – 4 U 19/19 Rz. 127; OLG Jena v. 8.5.2019 – 2 U 494/17 Rz. 30.

2109 BGH v. 11.6.2015 – I ZR 7/14 Rz. 41, CR 2016, 399 – Tauschbörse II; OLG Frankfurt v. 11.12.2018 – 11 U 88/17 Rz. 50; *Hullen*, ITRB 2008, 156, 158.

2110 OLG Jena v. 8.5.2019 – 2 U 494/17 Rz. 54.

1378 Die Vorlage einer im Internet veröffentlichten Preisliste für Lizenzen reicht nicht aus, um die übliche Lizenzgebühr festzustellen. Mit der bloßen Vorlage der Preisliste ist nämlich noch nicht nachgewiesen, dass das Vergütungssystem **am Markt durchgesetzt** werden kann. Voraussetzung für die Annahme einer üblichen Vergütung ist, dass diese Preise auf dem Markt gezahlt werden[2111].

1379 Lizenzgebühren, die erst aufgrund von **Abmahnungen** gezahlt wurden, sind für den Nachweis einer Lizensierungspraxis ungeeignet. Wer als Verletzer einen Lizenzvertrag abschließt, um der Geltendmachung von Ansprüchen wegen der Verletzung zu entgehen, erbringt die Lizenzzahlungen nicht nur für die künftige Nutzung des lizenzierten Werks, sondern auch dafür, dass der Lizenzgeber auf die Geltendmachung von Verletzungsansprüchen verzichtet. Damit ist ein derartiger Vertragsschluss ungeeignet, den objektiven Wert der bloßen Nutzung – ohne Verzicht auf davon unabhängige Ansprüche – zu belegen, wie ihn vernünftige Vertragspartner bemessen würden und wie er für die Schadensbemessung nach der Lizenzanalogie heranzuziehen ist[2112].

bb) Branchenübliche Vergütungssätze

1380 Fehlt es an einer durchgesetzten Lizensierungspraxis, liegt es für die Festsetzung einer angemessenen Lizenzgebühr nahe, branchenübliche Vergütungssätze und Tarife als Maßstab heranzuziehen, wenn sich in dem maßgeblichen Zeitraum eine solche Übung herausgebildet hat[2113].

1381 Die Gerichte orientieren sich oft an den **Tarifen der Vergütungsgemeinschaften**, die kollektiv die Rechte ihrer Mitglieder wahrnehmen. Die Tarife müssen jedoch **Marktgeltung** erlangt haben, d.h. allgemein am Markt anerkannt sein. Dies ist der Fall bei den Tarifen der GEMA[2114], GVL, VG Wort und VG Bild-Kunst[2115]. Zu beachten ist jedoch, dass die GEMA die Rechte von Komponisten bzw. Textern wahrt, nicht jedoch die Leistungsschutzrechte des Künstlers und des Tonträgerherstellers, wie sie meist bei der Nutzung von Musikdateien im Internet betroffen sind. Der GEMA-Tarif kann in solchen Fällen keine Anwendung finden[2116].

1382 Bei der Verletzung von Fotorechten werden vielfach die Empfehlungen der **Mittelstandsgemeinschaft Foto-Marketing (MFM)** zugrunde gelegt[2117]. Diese orientieren sich an den ver-

---

2111 OLG Frankfurt v. 11.12.2018 – 11 U 88/17 Rz. 32.

2112 OLG München v. 11.4.2019 – 29 U 3773/17 Rz. 62, CR 2019, 491; a.A. OLG Frankfurt v. 11.12.2018 – 11 U 88/17 Rz. 38 ff.

2113 BGH v. 13.9.2018 – I ZR 187/17 Rz. 19, ITRB 2019, 56 – Sportwagenfoto; OLG Jena v. 8.5.2019 – 2 U 494/17 Rz. 31.

2114 Vgl. LG Düsseldorf v. 24.11.2010 – 12 O 521/09 Rz. 20 ff., CR 2011, 272; LG Hamburg v. 8.10.2010 – 308 O 710/09.

2115 *Hullen*, ITRB 2008, 156, 158; vgl. LG Frankfurt/M. v. 20.2.2008 – 2-06 O 247/07, CR 2008, 534, 535.

2116 OLG Hamburg v. 7.11.2013 – 5 U 222/10 Rz. 59.

2117 OLG Düsseldorf v. 11.11.1997 – 20 U 31/97, NJW-RR 1999, 194, 194; OLG Düsseldorf v. 9.5.2006 – 20 U 138/05, NJW-RR 2007, 486, 487; OLG Düsseldorf v. 8.11.2011 – I-20 U 42/11 Rz. 19; OLG Hamburg v. 13.6.2002 – 3 U 168/00, AfP 2003, 187 = CR 2002, 915 = MMR 2002, 677, 679; LG Düsseldorf v. 19.3.2008 – 12 O 416/06, ZUM-RD 2008, 556, 556 ff.; LG Düsseldorf v. 1.4.2009 – 12 O 277/08, MMR 2009, 652 (Ls.); LG Düsseldorf v. 29.9.2021 – 12 O

schiedenen Nutzungsarten (redaktionelle Nutzung, Nutzung für Marketingzwecke usw.), an den verwendeten Medien (Tageszeitung, Online-Nachrichten usw.) und an weiteren Faktoren, wie z.B. der Auflage des Mediums und der Größe des Bildes sowie der Dauer der Nutzung.

Die MFM-Empfehlungen geben einen Überblick darüber, wie sich in der Praxis unterschiedliche Nutzungsarten und -intensitäten quantifizieren lassen bzw. in Relation zueinander verhalten können. Daher können die MFM-Empfehlungen bei Fotos, die von Berufsfotografen aufgenommen wurden, ein Kriterium bei einer Schadensschätzung gem. § 287 ZPO sein[2118]. Dies gilt allerdings nicht für Amateurfotos, da nichts dafür ersichtlich ist, dass die MFM-Empfehlungen üblicherweise zur Bestimmung der Vergütung für eine Nutzung von Fotografien im Internet Anwendung finden, die nicht von professionellen Marktteilnehmern erstellt worden sind[2119]. Bei der einmaligen Nutzung von Produktfotos für einen privaten eBay-Verkauf kommt eine Orientierung an den MFM-Empfehlungen daher nicht in Betracht[2120]. | 1383

Die MFM-Empfehlungen dürfen auch im Übrigen nicht schematisch und unreflektiert herangezogen werden[2121]. Eine rechtliche Bindung besteht nicht, im Einzelfall kann eine abweichende Bemessung der Höhe des Schadensersatzes geboten sein[2122]. Untauglich sind die MFM-Empfehlungen bei **Creative-Commons-Lizenzen**. Die unentgeltliche Lizensierung eines Fotos unter der bloßen Pflicht, den Urheber und den Bildtitel zu benennen und die Bildquelle zu verlinken, weist stark darauf hin, dass der Urheber dieses Foto nicht zu den MFM-Sätzen tatsächlich lizensieren konnte und lizensiert hat[2123]. | 1384

Wenn der Verletzte hinsichtlich der betroffenen Fotos zeitnah zu der Verletzungshandlung einen Lizenzvertrag mit einem Dritten abgeschlossen hat, kann die hierbei vereinbarte Vergütung in der Regel zugrunde gelegt werden, und auf die MFM-Empfehlungen kommt es nicht an[2124]. Werden Auftragsfotos unerlaubt weiterverwendet, sind die MFM-Empfehlungen nach Auffassung des OLG Hamm nicht relevant, da es in den MFM-Empfehlungen an Gebühren für eine Folgelizenzierung fehlt[2125]. | 1385

111/20 Rz. 21; LG Mannheim v. 14.7.2006 – 7 S 2/03, NJOZ 2007, 4365, 4369; LG München I v. 17.5.2006 – 21 O 12175/04; AG Hamburg v. 28.3.2006 – 36A C 181/05, ZUM 2006, 586, 589; AG Hamburg v. 27.9.2010 – 36A C 375/10 Rz. 33 f.

2118 OLG Brandenburg v. 3.2.2009 – 6 U 58/07, K&R 2009, 271, 272; OLG Brandenburg v. 15.5.2009 – 6 U 37/08, ZUM 2010, 56, 56 ff.; OLG Hamburg v. 21.5.2008 – 5 U 75/07 – YACHT II; OLG Hamburg v. 2.9.2009 – 5 U 8/08, MMR 2010, 196, 197 m. Anm. *Möller*; LG Düsseldorf v. 24.10.2012 – 23 S 386/11 Rz. 8, CR 2012, 819; AG Köln v. 21.4.2011 – 137 C 691/10; AG Köln v. 24.5.2012 – 137 C 53/12; a.A. LG München I v. 17.12.2014 – 37 O 8778/14 Rz. 74.

2119 BGH v. 13.9.2018 – I ZR 187/17 Rz. 22, ITRB 2019, 56 – Sportwagenfoto; OLG Hamm v. 13.2.2014 – I-22 U 98/13 Rz. 18 f.

2120 OLG Braunschweig v. 8.2.2012 – 2 U 7/11 Rz. 47, CR 2012, 741; LG Düsseldorf v. 24.10.2012 – 23 S 66/12 Rz. 11 ff., CR 2013, 818.

2121 Vgl. OLG Hamm v. 29.10.2020 – 4 U 19/19 Rz. 133 f.; OLG Köln v. 11.1.2019 – 6 U 10/16 Rz. 96; AG Hamburg-Mitte v. 27.9.2010 – 36A C 375/09, CR 2011, 58.

2122 BGH v. 6.10.2005 – I ZR 266/02, AfP 2006, 51 = NJW 2006, 615, 616 – Pressefotos; OLG Hamm v. 13.2.2014 – I-22 U 98/13 Rz. 19; AG Hamburg v. 28.3.2006 – 36A C 181/05, ZUM 2006, 586, 589; *Hullen*, ITRB 2008, 156, 158; *Kötz/Foroghi*, IPRB 2014, 226, 227.

2123 OLG Frankfurt v. 22.10.2019 – 11 U 95/18 Rz. 40.

2124 LG Kassel v. 4.11.2010 – 1 O 772/10 Rz. 18.

2125 OLG Hamm v. 17.11.2015 – 4 U 34/15 Rz. 132 ff.

cc) Schätzung

1386 Gibt es keine branchenüblichen Vergütungssätze und Tarife, ist die Höhe der als Schadensersatz zu zahlenden Lizenzgebühr im Streitfall gem. § 287 ZPO unter Würdigung aller Umstände des Einzelfalls nach der freien Überzeugung des Gerichts zu bemessen. Dabei sind an Art und Umfang der vom Geschädigten beizubringenden Schätzgrundlagen nur geringe Anforderungen zu stellen. Dem Tatrichter kommt in den Grenzen eines freien Ermessens ein großer Spielraum zu[2126].

1387 Die Bestimmung eines fiktiven Lizenzbetrages i.H.v. 200 € je Musikaufnahme hält sich bei der Geltendmachung von 15 Verletzungsfällen noch im Rahmen dessen, was bei vertraglicher Einräumung ein vernünftiger Lizenzgeber gefordert und ein vernünftiger Lizenznehmer gewährt hätte, wenn beide die im Zeitpunkt der Entscheidung gegebene Sachlage gekannt hätten[2127]. Für das Hochladen eines fremden Amateurfotos auf Facebook hat der BGH einen Lizenzbetrag von 100 € gebilligt[2128].

dd) Aufschlag bei fehlendem Urhebervermerk

1388 Bei einem unterlassenen **Urhebervermerk** spricht die Rechtsprechung teilweise einen 100 %-Zuschlag zum üblichen Honorar als Teil der fiktiven Lizenz zu[2129]. Ein Zuschlag, der allein wegen der rechtswidrigen Nutzung zu zahlen ist, lässt sich indes schwer mit dem Gedanken der Lizenzanalogie vereinbaren[2130]. Auch ein Zuschlag von 50 %[2131] lässt sich nicht überzeugend begründen.

1389 Bei der (nicht ausreichenden – vgl. Rz. 1346) Nennung des Urhebers durch den sog. „Mouseover-Effekt" hat das AG Düsseldorf bei einer **Creative-Commons-Lizenz** einen Aufschlag

---

2126 BGH v. 11.6.2015 – I ZR 19/14 Rz. 57, CR 2016, 401 = ITRB 2016, 52 – Tauschbörse I; BGH v. 11.6.2015 – I ZR 7/14 Rz. 44, CR 2016, 399 – Tauschbörse II.

2127 BGH v. 11.6.2015 – I ZR 19/14 Rz. 65, CR 2016, 401 = ITRB 2016, 52 – Tauschbörse I; BGH v. 11.6.2015 – I ZR 7/14 Rz. 48, CR 2016, 399 – Tauschbörse II.

2128 BGH v. 13.9.2018 – I ZR 187/17 Rz. 25 ff., ITRB 2019, 56 – Sportwagenfoto.

2129 Vgl. BGH v. 13.9.2018 – I ZR 187/17 Rz. 28, ITRB 2019, 56 – Sportwagenfoto; OLG Brandenburg v. 3.2.2009 – 6 U 58/07, K&R 2009, 271, 272; OLG Brandenburg v. 15.5.2009, ZUM 2010, 56, 56 ff.; OLG Düsseldorf v. 9.5.2006 – 20 U 138/05, GRUR-RR 2006, 393, 394 ff.; OLG Düsseldorf v. 8.11.2011 – I-20 U 42/11 Rz. 19; OLG Nürnberg v. 4.3.2013 – 3 W 81/13; LG Berlin v. 7.9.1995 – 16 S 9/95, ZUM 1998, 673, 674; LG Düsseldorf v. 19.3.2008 – 12 O 416/06, ZUM-RD 2008, 556, 556 ff.; LG Düsseldorf v. 24.10.2012 – 23 S 386/11 Rz. 11; LG Düsseldorf v. 29.9.2021 – 12 O 111/20 Rz. 23; LG Frankfurt/M. v. 20.2.2008 – 2-06 O 247/07, CR 2008, 534, 535; LG München v. 18.9.2008 – 7 O 8506/07, CR 2009, 401 = MMR 2009, 137 m. Anm. *Kaufmann*; AG München v. 28.5.2014 – 142 C 29213/13; AG München v. 22.8.2014 – 142 C 12802/14.

2130 Vgl. *Kitz*, NJW 2008, 2374, 2375; OLG Hamburg v. 2.9.2009 – 5 U 8/08, MMR 2010, 196, 197 m. Anm. *Möller*; OLG Köln v. 13.4.2018 – 6 U 131/17 Rz. 42 f., CR 2018, 471; LG Kassel v. 4.11.2010 – 1 O 772/10 Rz. 19; LG Köln v. 23.9.2009 – 28 O 250/09, ZUM 2010, 369, 369 ff.; AG Köln v. 21.4.2011 – 137 C 691/10; AG Köln v. 24.5.2012 – 137 C 53/12; für eine doppelte Lizenzanalogie de lege ferenda: *Heymann*, CR 2008, 568, 575.

2131 Vgl. KG Berlin v. 21.3.2012 – 24 U 130/10 Rz. 48, AfP 2012, 477.

auf die MFM-Sätze i.H.v. 75 % vorgenommen[2132]. Das OLG Köln bemisst dagegen bei einer Creative-Commons-Lizenz den Wert der Namensnennung mit Null[2133].

Einen Mittelweg hat das KG bei Bildern aus der kostenlosen Fotodatenbank Pixelio einge- 1390 schlagen. Das Berliner Gericht vertrat den Standpunkt, dass bei der Verwendung von Pixelio-Bildern ohne Urheberkennzeichnung kein zusätzlicher Schadensersatz nach Maßgabe der MFM-Sätze in Betracht komme. Die unentgeltliche Lizenzierung der Fotos unter bloßer Urheberbenennungspflicht weise stark darauf hin, dass der Fotograf im Verletzungszeitraum ein Foto nicht zu den MFM-Sätzen tatsächlich lizenzieren konnte und lizenziert hat, sondern auf das Geschäftsmodell von Pixelio mit unentgeltlicher Lizenzierung unter Urheberbenennung ausweichen musste, etwa um sich zunächst einen gewissen Ruf zu erwerben. Dies führe allerdings nicht zu einer völligen Versagung eines Lizenzschadens, sondern zu einer moderaten Schätzung dieses Schadens auf 100 € (§ 287 ZPO)[2134].

3. Abmahnung und Abmahngebühren

§ 97a Abs. 1 Satz 1 UrhG verpflichtet den Verletzten im Regelfall zur **Abmahnung**, bevor er 1391 einen Unterlassungsanspruch gerichtlich durchsetzt. Für berechtigte Abmahnungen sieht § 97a Abs. 3 UrhG einen Anspruch auf Aufwendungsersatz vor[2135]. Bei unberechtigten oder unwirksamen Abmahnungen besteht ein umgekehrter Ersatzanspruch des Abgemahnten gegen den Abmahner nach § 97a Abs. 4 Satz 1 UrhG.

Die Abmahnung hat in klarer und verständlicher Weise Name oder Firma des Verletzten an- 1392 zugeben, die Rechtsverletzung genau zu bezeichnen, Zahlungsansprüche aufzuschlüsseln und anzugeben, inwieweit die in der Abmahnung vorgeschlagene Unterlassungsverpflichtung über die abgemahnte Rechtsverletzung hinausgeht (§ 97a Abs. 2 Satz 1 UrhG). Abmahnungen, die diese Anforderungen nicht erfüllen, sind unwirksam (§ 97a Abs. 2 Satz 2 UrhG).

Seit dem Inkrafttreten des Gesetzes gegen unseriöse Geschäftspraktiken[2136] gilt nach § 97a 1393 Abs. 3 Satz 2 UrhG i.V.m. § 49 Abs. 1 UrhG für alle Unterlassungs- und Beseitigungsansprüche (ob einfach oder nicht) ein **Regelstreitwert** von lediglich 1.000 €, wenn der Abgemahnte eine natürliche Person ist, die nicht bereits vertraglich oder auf Grund einer gerichtlichen Entscheidung zur Unterlassung verpflichtet ist und nicht im Rahmen einer gewerblichen oder selbständigen beruflichen Tätigkeit gehandelt hat[2137]. Diese – vom EuGH gebilligte[2138] – Regelung führt dazu, dass der Verletzte bei Abmahnungen in Filesharing-Fällen in der Regel auf einem erheblichen Teil der Abmahnkosten sitzen bleibt. Nur wenn dies aufgrund besonderer Umstände des Einzelfalls unbillig erscheint, sieht § 97a Abs. 3 Satz 4 UrhG eine

---

2132 AG Düsseldorf v. 3.9.2014 – 57 C 5593/14 Rz. 6.
2133 OLG Köln v. 29.6.2016 – 6 W 72/16 Rz. 12; OLG Köln v. 13.4.2018 – 6 U 131/17 Rz. 37 ff., CR 2018, 471.
2134 KG Berlin v. 7.12.2015 – 24 U 111/15 Rz. 7.
2135 *Ewert/v. Hartz*, MMR 2009, 84, 85 f.; *Hoeren*, CR 2009, 378, 378.
2136 Gesetz gegen unseriöse Geschäftspraktiken v. 27.6.2013, BT-Drucks. 17/13057; vgl. auch *Härting*, AnwBl. 2013, 879, 879 ff.
2137 Vgl. OLG Frankfurt v. 31.3.2020 – 11 U 44/19 Rz. 60 ff.; *Mantz*, CR 2014, 189, 189 ff.
2138 EuGH v. 28.4.2022 – C-559/20 Rz. 65, ECLI:EU:C:2022:317, CR 2022, 452.

Ausnahme vor[2139]. Eine solche Ausnahme kann vorliegen, wenn das Filesharing kurze Zeit nach der Erstveröffentlichung des jeweiligen Werks erfolgt[2140].

4. Auskunft

1394 Die Durchsetzung urheberrechtlicher Ansprüche wird im Internet durch die Anonymität der Verletzer erschwert. Durch die Enforcement-Richtlinie[2141] sind daher die Auskunftsansprüche des Rechteinhabers erheblich erweitert worden[2142] und haben zu zahlreichen gerichtlichen Verfahren geführt[2143]. Zu unterscheiden sind dabei Auskunftsansprüche gegen den Verletzer (§ 101 Abs. 1 UrhG) und Auskunftsansprüche gegen Dritte (§ 101 Abs. 2 UrhG)[2144].

a) Auskünfte des Verletzers

1395 Der Auskunftsanspruch gem. § 101 Abs. 1 UrhG richtet sich ausschließlich gegen den Verletzer und setzt Urheberrechtsverletzungen „in gewerblichem Ausmaß" voraus. Es sind somit allein Handlungen erfasst, die zwecks Erlangung eines unmittelbaren oder mittelbaren wirtschaftlichen oder kommerziellen Vorteils vorgenommen werden[2145].

1396 Das **gewerbliche Ausmaß** kann sich aus der Schwere und der Anzahl der Rechtsverletzungen ergeben[2146]. Eine schwere Rechtsverletzung liegt beispielsweise vor, wenn eine besonders umfangreiche Datei wie ein vollständiger Kinofilm, ein Musikalbum oder ein Hörbuch vor oder unmittelbar nach seiner Veröffentlichung in Deutschland widerrechtlich im Internet öffentlich zugänglich gemacht wird[2147]. Beim Download eines vollständigen Musikalbums scheitert eine Anwendung des § 101 Abs. 1 UrhG nicht bereits daran, dass der Wortsinn des Begriffs eines „gewerblichen Ausmaßes" überschritten ist[2148]. Ein „gewerbliches Ausmaß" ist jedenfalls nicht schon deshalb zu verneinen, weil es sich um das Album eines Künstlers handelt, das in Deutschland nur eine Woche lang auf Platz drei der Charts platziert war[2149]. Die

---

2139 OLG Frankfurt v. 31.3.2020 – 11 U 44/19 Rz. 62 ff.; OLG Nürnberg v. 28.10.2019 – 3 U 1387/19 Rz. 40.

2140 OLG Nürnberg v. 28.10.2019 – 3 U 1387/19 Rz. 42.

2141 Richtlinie 2004/48/EG des Europäischen Parlaments und des Rates v. 29.4.2004 zur Durchsetzung der Rechte des geistigen Eigentums.

2142 Vgl. *Röhl/Bosch*, NJW 2008, 1415, 1418 f.; vgl. BT-Drucks. 16/5048, 49 zu § 101 UrhG, S. 38 zu § 140b PatG.

2143 Vgl. *Jüngel/Geißler*, MMR 2008, 791; *Klett*, K&R 2009, 438, 443; *Solmecke/Kost*; K&R 2009, 772, 772 f.

2144 Vgl. BGH v. 19.4.2012 – I ZB 80/11 Rz. 13 ff., CR 2012, 600 m. Anm. *Nietsch* = ITRB 2012, 197 – Alles kann besser werden.

2145 *Bohne* in Wandtke/Bullinger, UrhG, § 101 UrhG Rz. 8.

2146 Vgl. BT-Drucks. 16/5048, 49 zu § 101 UrhG; dazu *Kitz*, NJW 2008, 2374, 2375.

2147 Vgl. Rechtsausschuss des Deutschen Bundestages, BT-Drucks. 16/8783, 50.

2148 OLG Köln v. 21.10.2008 – 6 Wx 2/08, CR 2009, 107, 107 ff.; OLG Schleswig v. 5.2.2010 – 6 W 26/09; LG Oldenburg v. 15.9.2008, MMR 2008, 832, 832 f.; LG Köln v. 2.9.2008, MMR 2008, 761 f. m. Anm. *Solmecke*; a.A. OLG Oldenburg v. 1.12.2008 – 1 W 76/08, AfP 2009, 428 = ITRB 2009, 55 = CR 2009, 104, 105.

2149 LG Hamburg v. 11.3.2009 – 308 O 75/09, CR 2009, 656, 657; a.A. LG Kiel v. 6.5.2009 – 2 O 112/09, MMR 2009, 643, 644.

Verkaufszahlen lassen keinen Rückschluss auf den wirtschaftlichen Wert eines Musikalbums zu.

Bei der Verbreitung illegaler Kopien (z.B. über **Tauschbörsen**) muss ein Umfang erreicht werden, der über das hinausgeht, was einer Nutzung zum privaten oder sonstigen eigenen Gebrauch entsprechen würde[2150]. Ein einmaliges Herunter- oder Hochladen von Dateien kann für sich allein kein „gewerbliches Ausmaß" begründen, und zwar auch dann nicht, wenn dies in einer Tauschbörse geschieht. Allerdings kann auch bei einem einmaligen Down- oder Upload die Schwelle zum „gewerblichen Ausmaß" überschritten werden, wenn eine **besonders schwere Rechtsverletzung** vorliegt. Dies ist beispielsweise der Fall beim Download einer Software mit einem Marktwert von über 400 €[2151]. Bei einem Pornofilm mag ein „gewerbliches Ausmaß" zu verneinen sein, wenn der Download erst nach der „heißen Verkaufsphase" für Neuheiten von etwa sechs Monaten erfolgt[2152]. Zu bejahen ist das „gewerbliche Ausmaß" dagegen, wenn ein Computerspiel über eine Tauschbörse in der Verkaufsphase zum Download angeboten wird[2153], oder bei dem Angebot eines Hörbuchs oder eines Kinofilms innerhalb der Verwertungsphase[2154], nicht jedoch bei einem teilweisen Hochladen eines älteren Kinofilms auf YouTube[2155]. Haltlos ist es, wenn das LG Frankenthal für einen Auskunftsanspruch „eine Anzahl von etwa 3000 Musikstücken oder 200 Filmen" verlangt[2156]. | 1397

b) Auskünfte des Providers und anderer Dritter

In Fällen **„offensichtlicher Rechtswidrigkeit"** besteht nach § 101 Abs. 2 Satz 1 UrhG auch eine Auskunftspflicht von Personen, die in gewerblichem Ausmaß rechtsverletzende Vervielfältigungsstücke in Besitz hatten (§ 101 Abs. 2 Satz 1 Nr. 1 UrhG), rechtsverletzende Dienstleistungen in Anspruch genommen (§ 101 Abs. 2 Satz 1 Nr. 2 UrhG) oder für rechtsverletzende Tätigkeiten genutzte Dienstleistungen erbracht haben (§ 101 Abs. 2 Satz 1 Nr. 3 UrhG) oder an der Herstellung, Erzeugung oder am Vertrieb offensichtlich rechtswidriger Vervielfältigungsstücke, sonstiger Erzeugnisse oder Dienstleistungen beteiligt waren (§ 101 Abs. 2 Satz 1 Nr. 4 UrhG). Das Erfordernis der Gewerblichkeit bezieht sich auf den auskunftspflichtigen Dritten. Ein gewerbliches Ausmaß der Rechtsverletzungen ist für den Auskunftsanspruch gegen den Dritten nicht erforderlich[2157]. | 1398

Mit den Dienstleistern gem. § 101 Abs. 2 Satz 1 Nr. 3 UrhG sind vor allem die **Access Provider** gemeint[2158]. Auch **Host Provider** wie YouTube[2159] oder **Sharehoster**[2160] können die Vo- | 1399

2150 OLG Zweibrücken v. 27.10.2008 – 3 W 184/08, CR 2009, 31, 31 ff.; OLG Zweibrücken v. 2.2.2009 – 3 W 195/08, MMR 2009, 702; vgl. auch *Solmecke/Kost*, K&R 2009, 772, 772 f.

2151 OLG Zweibrücken v. 2.2.2009 – 3 W 195/08, MMR 2009, 702.

2152 Vgl. LG Köln v. 30.4.2009 – 9 OH 388/09, MMR 2009, 645, 646.

2153 LG Hamburg v. 11.3.2009 – 308 O 75/09, CR 2009, 656, 656 ff.

2154 OLG Köln v. 4.6.2009 – 6 W 46/09, MMR 2010, 412, 422; OLG Köln v. 27.12.2010 – 6 W 155/10 Rz. 7 ff.

2155 OLG München v. 17.11.2011 – 29 U 3496/11 Rz. 52 ff., AfP 2012, 74 = CR 2012, 119.

2156 LG Frankenthal v. 15.9.2008 – 6 O 325/08, MMR 2008, 830, 830 ff.

2157 BGH v. 19.4.2012 – I ZB 80/11 Rz. 12, CR 2012, 600 m. Anm. *Nietsch* = ITRB 2012, 197 – Alles kann besser werden; OLG Köln v. 7.10.2013 – 6 W 84/13 Rz. 28, CR 2014, 671 = ITRB 2014, 5.

2158 Vgl. BT-Drucks. 16/5048, 49 zu § 101 UrhG; vgl. *Heymann*, CR 2008, 568, 569; *Kitz*, NJW 2008, 2374, 2375; *Kuper*, ITRB 2009, 12, 13; *Röhl/Bosch*, NJW 2008, 1415, 1419.

2159 OLG München v. 17.11.2011 – 29 U 3496/11, CR 2012, 119 = AfP 2012, 74.

2160 OLG Köln v. 25.3.2011 – 6 U 87/10 Rz. 16, CR 2011, 673 = ITRB 2011, 255.

raussetzungen des § 101 Abs. 2 Satz 1 Nr. 3 UrhG erfüllen und damit auskunftspflichtig werden[2161]. Der Auskunftsanspruch richtet sich auf Informationen, die beim Provider **vorhanden** sind. Ein Anspruch, diese Informationen gespeichert zu halten, besteht nicht[2162].

1400   Soweit § 101 Abs. 3 Nr. 1 UrhG den Auskunftsanspruch auf „Anschriften" bezieht, sind damit **Postanschriften**, nicht jedoch E-Mail- oder IP-Adressen oder Telefonnummern gemeint[2163]. Für diese Daten besteht zwar unter den Voraussetzungen des § 21 Abs. 1 TTDSG eine Auskunftsbefugnis der Provider, **wenn es sich um Bestandsdaten** handelt. Ein Auskunftsanspruch lässt sich auch aus § 21 Abs. 1 TTDSG nicht ableiten[2164].

1401   Auskunftspflichtig ist der Provider nur, wenn sowohl ein Rechtsverstoß als auch die Zuordnung zu einer bestimmten IP-Adresse „offensichtlich" ist. Hieran kann es fehlen, wenn kein aussagekräftiger Beweis für eine Zuordnung erbracht wird[2165] oder Unregelmäßigkeiten bei der Vergabe von IP-Adressen auf technische Fehler schließen lassen[2166].

1402   Nach Inkrafttreten des § 101 UrhG bestand zunächst weitgehend Einigkeit darüber, dass ein **Auskunftsanspruch** gegen den Provider gem. § 101 Abs. 2 Satz 1 Nr. 3 UrhG nur besteht, wenn durch die Herstellung oder Verbreitung von Vervielfältigungsstücken das Urheberrecht oder ein anderes nach dem UrhG geschütztes Recht in **gewerblichem Ausmaß** verletzt wurde[2167]. Dabei wurde übersehen, dass § 101 Abs. 2 Satz 1 UrhG einen eigenständigen Auskunftsanspruch gegen Dritte begründet und nicht lediglich einen Anspruch, der den Auskunftsanspruch nach § 101 Abs. 1 UrhG flankiert. Die Auskunftspflicht des Providers besteht „unbeschadet" der Voraussetzungen, die für die Auskunftspflicht des Verletzers gelten, wenn der Provider seine Dienstleistungen gewerblich erbringt[2168], wie dies in aller Regel der Fall ist.

1403   Ist zur Auskunftserteilung die Verwendung von Verkehrsdaten gem. § 3 Nr. 70 TKG erforderlich, setzt der Auskunftsanspruch eine **richterliche Anordnung** über die Zulässigkeit der Verwendung von Verkehrsdaten voraus (§ 101 Abs. 9 UrhG). Dies gilt insbesondere in Tauschbörsenfällen, wenn der Access Provider Auskunft darüber erteilen soll, welcher seiner Kunden zu einem bestimmten Zeitpunkt eine bestimmte, dynamisch vergebene **IP-Adresse** genutzt hat[2169]. Die Auskunftsverpflichtung erstreckt sich nach § 101 Abs. 3 Nr. 1 UrhG auf

---

2161 Vgl. LG Hamburg v. 12.1.2015 – 310 O 11/15 Rz. 9.
2162 OLG Frankfurt v. 12.11.2009 – 11 W 41/09 Rz. 29 ff., CR 2010, 172 = ITRB 2010, 128; OLG Hamm v. 2.11.2010 – I-4 W 119/10 Rz. 2, CR 2011, 516.
2163 EuGH v. 9.7.2020 – C-264/19 Rz. 23 ff. – Constantin Film; BGH v. 10.12.2020 – I ZR 153/17 Rz. 16 ff., CR 2021, 134 = ITRB 2021, 106 (*Rössel*) – YouTube-Drittauskunft II.
2164 Vgl. BGH v. 10.12.2020 – I ZR 153/17 Rz. 36, CR 2021, 134 = ITRB 2021, 106 (*Rössel*) – YouTube-Drittauskunft II.
2165 OLG Köln v. 20.1.2012 – 6 W 242/11 Rz. 3, CR 2012, 476 = ITRB 2012, 177.
2166 OLG Köln v. 10.2.2011 – 6 W 5/11, CR 2011, 478.
2167 Vgl. OLG München v. 17.11.2011 – 29 U 3496/11 Rz. 49, AfP 2012, 74 = CR 2012, 119; *Bierekoven*, ITRB 2009, 158, 158 ff.; *Jüngel/Geißler*; MMR 2008, 787, 787 ff.; *Kitz*, NJW 2008, 2374, 2375; *Mantz*, K&R 2009, 21, 21 f.; *Wilhelmi*, ZUM 2008, 942, 942 ff.
2168 Vgl. BGH v. 19.4.2012 – I ZB 80/11 Rz. 10 ff., CR 2012, 600 m. Anm. *Nietsch* = ITRB 2012, 197 – Alles kann besser werden; BGH v. 25.10.2012 – I ZB 13/12 Rz. 10 ff. – Two Worlds II; BGH v. 16.5.2013 – I ZB 25/12 Rz. 13; BGH v. 16.5.2013 – I ZB 44/12; vgl. auch LG Bielefeld v. 5.8.2009 – 4 OH 385/09 Rz. 6.
2169 Vgl. BT-Drucks. 16/5048, 49 zu § 101 UrhG, S. 39 zu § 140b PatG; vgl. *Czychowski/Nordemann*, NJW 2008, 1571, 1577; *Heymann*, CR 2008, 568, 571; *Hoffmann*, MMR 2009, 655, 655 ff.; *Jüngel/Geißler*, MMR 2008, 787, 790; *Kitz*, NJW 2008, 2374, 2376; *Kuper*, ITRB 2009, 12, 14 f.

den Namen und die Anschrift des Kunden, wobei mit „Anschriften" **Postanschriften** gemeint sind, nicht jedoch E-Mail- oder IP-Adressen oder Telefonnummern[2170]. Für diese Daten besteht zwar unter den Voraussetzungen des § 21 Abs. 1 TTDSG eine Auskunftsbefugnis der Provider, **wenn es sich um Bestandsdaten** handelt. Ein Auskunftsanspruch lässt sich auch aus § 21 Abs. 1 TTDSG nicht ableiten[2171]. Nicht von der Auskunftspflicht erfasst sind auch Bankdaten (s. Rz. 1400)[2172].

Auskunftsberechtigt ist neben dem Urheber auch der Inhaber ausschließlicher Nutzungsrechte[2173]. Dieser bleibt selbst dann aktivlegitimiert, wenn er einem Dritten Lizenzrechte exklusiv eingeräumt hat, soweit er ein eigenes schutzwürdiges Interesse verfolgt. Ein solches ist etwa gegeben, wenn er an dem Lizenzgewinn prozentual beteiligt ist[2174]. 1404

2170 EuGH v. 9.7.2020 – C-264/19 Rz. 23 ff. – Constantin Film; BGH v. 10.12.2020 – I ZR 153/17 Rz. 16 ff., CR 2021, 134 = ITRB 2021, 106 (*Rössel*) – YouTube-Drittauskunft II.
2171 Vgl. BGH v. 10.12.2020 – I ZR 153/17 Rz. 36, CR 2021, 134 = ITRB 2021, 106 (*Rössel*) – YouTube-Drittauskunft II.
2172 OLG Köln v. 25.3.2011 – 6 U 87/10 Rz. 31, CR 2011, 673 = ITRB 2011, 255.
2173 *Bohne* in Wandtke/Bullinger, Urheberrecht, § 101 UrhG Rz. 6.
2174 OLG Köln v. 8.2.2010 – 6 W 13/10, MMR 2010, 487, 487 f.

G. Wettbewerbsrecht

I. Grundlagen

Wer Waren und Dienstleistungen auf dem Markt anbietet, hat die Grundregeln lauteren Wett- **1405**
bewerbsverhaltens zu beachten, die im Gesetz gegen den unlauteren Wettbewerb (**UWG**)[2175]
verankert sind. Dieses hat zuletzt im Mai 2022 eine Vielzahl von Änderungen erfahren. Mit
der Omnibus-Richtlinie 2019/2161 hat der Unionsgesetzgeber u.a. die Richtlinie über un-

---

2175 Gesetz gegen den unlauteren Wettbewerb in der Fassung der Bekanntmachung v. 3.3.2010
(BGBl. I 2010, 254), zuletzt geändert durch Art. 1 G v. 26.11.2020 (BGBl. I 2020, 2568).

lautere Geschäftspraktiken (UGP-RL) reformiert[2176]. Die Änderungen wurden im UWG zum 28.5.2022 umgesetzt.

1. Schutzzwecke des UWG

1406 Zweck des UWG ist der Schutz der Konkurrenten und Verbraucher sowie der sonstigen Marktteilnehmer vor unlauterem Wettbewerb (§ 1 Abs. 1 Satz 1 UWG). Daneben schützt das UWG das Interesse der Allgemeinheit an einem unverfälschten Wettbewerb (§ 1 Abs. 1 Satz 2 UWG).

1407 ■ Übersicht:

Schutzzwecke des UWG (§ 1 Abs. 1 UWG):

– **Verbraucherschutz:** Schutz der Verbraucher vor unlauterem Wettbewerb;

– **Chancengleichheit im Wettbewerb:** Schutz der Konkurrenten vor unlauterem Wettbewerb;

– **Funktionstüchtigkeit des Marktes:** Schutz des Gemeininteresses an einem unverfälschten Wettbewerb.

1408 Das Wettbewerbsrecht erlegt der unternehmerischen Betätigung Beschränkungen auf, um gleiche Chancen aller Wettbewerber am Markt zu gewährleisten und es der Marktgegenseite zu ermöglichen, Marktentscheidungen zu treffen, die sich an der Art und Qualität der Leistungen orientieren, die die Wettbewerber anbieten[2177]. Der **„unverfälschte" Wettbewerb** ist das Ideal, das dem UWG zugrunde liegt. „Unverfälscht" ist der Wettbewerb, wenn Unternehmen auf unlautere Methoden verzichten und so einen freien Wettbewerb ermöglichen[2178].

1409 Für die Frage, ob eine Wettbewerbshandlung unlauter ist, wurde früher danach differenziert, ob die beanstandete Handlung als Versuch zu werten ist, durch Leistung zu überzeugen (**Leistungswettbewerb**), oder ob die Handlung den Zweck verfolgt, den Leistungswettbewerb durch einen nicht leistungsbezogenen Vorteil zu verzerren (unlauterer Nichtleistungswettbewerb)[2179]. Diese Differenzierung wird heute als zu eng und missverständlich angesehen, da sie bestimmte Erscheinungsformen des Wettbewerbs nicht erfassen kann[2180]. Die **Qualität** und **Preiswürdigkeit** der eigenen Leistung ist aber nach wie vor das Kernelement des wettbewerbsrechtlichen Schutzes[2181].

1410 Nach § 2 Abs. 1 Nr. 4 UWG ist **„Mitbewerber"** (und damit anspruchsberechtigt, § 8 Abs. 3 Nr. 1 UWG) jeder Unternehmer, der mit einem oder mehreren Unternehmern als Anbieter oder Nachfrager von Waren oder Dienstleistungen in einem konkreten Wettbewerbsverhält-

---

2176 *Sosnitza*, CR 2021, 329.

2177 *Ohly* in Ohly/Sosnitza, UWG, Einf. A Rz. 20.

2178 Vgl. *Köhler* in Köhler/Bornkamm/Feddersen, § 1 UWG Rz. 43.

2179 *Emmerich* in Emmerich/Lange, Unlauterer Wettbewerb, § 5 Rz. 21; BGH v. 18.12.1968 – I ZR 113/66, BGHZ 51, 236, 242 – Stuttgarter Wochenblatt I; BGH v. 30.11.1995 – I ZR 233/93, GRUR 1996, 363, 364 – Saustarke Angebote; BGH v. 26.3.1998 – I ZR 231/95, GRUR 1998, 1037, 1038 – Schmuck-Set.

2180 *Köhler* in Köhler/Bornkamm/Feddersen, § 1 UWG Rz. 44; vgl. *Ohly* in Ohly/Sosnitza, UWG, A.II. Rz. 23.

2181 *Emmerich* in Emmerich/Lange, Unlauterer Wettbewerb, § 5 Rz. 43.

nis steht. Ein konkretes Wettbewerbsverhältnis besteht, wenn beide Parteien gleichartige Waren oder Dienstleistungen abzusetzen versuchen mit der Folge, dass das konkret beanstandete Wettbewerbsverhalten des einen Wettbewerbers den anderen beeinträchtigen kann[2182].

2. Geschäftliche Handlungen

Die Regeln des UWG gelten nur für „**geschäftliche Handlungen**". Nach § 2 Abs. 1 Nr. 2 UWG versteht man unter einer „geschäftlichen Handlung" jedes Verhalten einer Person zugunsten des eigenen oder eines fremden Unternehmens, bei oder nach einem Geschäftsabschluss, das mit der Förderung des Absatzes oder des Bezugs von Waren oder Dienstleistungen oder mit dem Abschluss oder der Durchführung eines Vertrags über Waren oder Dienstleistungen unmittelbar und objektiv zusammenhängt.   1411

Der Begriff der geschäftlichen Handlung dient dazu, den Anwendungsbereich des Lauterkeitsrechts gegenüber dem allgemeinen Deliktsrecht abzugrenzen. Deshalb ist das Merkmal des „**objektiven Zusammenhangs**" funktional zu verstehen und setzt voraus, dass die Handlung bei objektiver Betrachtung darauf gerichtet ist, durch Beeinflussung der geschäftlichen Entscheidung der Verbraucher oder sonstigen Marktteilnehmer den Absatz oder Bezug von Waren oder Dienstleistungen des eigenen oder eines fremden Unternehmens zu fördern[2183].   1412

Eine geschäftliche Handlung i.S.d. § 2 Abs. 1 Nr. 1 UWG kann in einem Verhalten liegen, das sich auf die geschäftliche Entscheidung von Kunden im Rahmen eines bereits **bestehenden Vertragsverhältnisses** auswirkt. So ist die Vereinbarung eines Gewährleistungsausschlusses eine geschäftliche Handlung, weil diese Vereinbarung unabhängig von ihrer Durchsetzbarkeit geeignet ist, dem Unternehmer Kosten zu ersparen, indem er Kunden davon abhält, Gewährleistungsansprüche geltend zu machen. Der Unternehmer wird dadurch in die Lage versetzt, günstigere Preise zu kalkulieren und seinen Warenabsatz zu fördern.   1413

Eine mangelhafte oder sonst **nicht vertragsgemäße Leistung** eines Unternehmers kann zwar vertragliche Rechte des Kunden begründen. Sie stellt aber keinen lauterkeitsrechtlichen Verstoß dar. Die **Schlechtleistung** ist für sich genommen nicht darauf gerichtet, den Kunden von der Geltendmachung seiner vertraglichen Rechte abzuhalten[2184].   1414

Die Grenze zu einer geschäftlichen Handlung ist bei einer Schlechtleistung überschritten, wenn der Unternehmer mit der fraglichen Handlung auf eine **Übervorteilung** des Kunden abzielt und von vornherein nicht gewillt ist, sich an seine Ankündigungen zu halten. In diesem Fall täuscht der Unternehmer den Kunden bei Vertragsschluss über seine Leistung, und die Täuschung wird als Mittel im Wettbewerb um Kunden eingesetzt[2185].   1415

2182 OLG Dresden v. 20.6.2017 – 14 U 50/17 Rz. 26, ITRB 2017, 233.
2183 BGH v. 10.1.2013 – I ZR 190/11 Rz. 17, CR 2013, 592 – Standardisierte Mandatsbearbeitung; BGH v. 9.9.2021 – I ZR 90/20 Rz. 30, CR 2021, 737 = AfP 2021, 403 = ITRB 2021, 252 (*Rössel*) – Influencer I.
2184 BGH v. 10.1.2013 – I ZR 190/11 Rz. 26, CR 2013, 592 – Standardisierte Mandatsbearbeitung; *Köhler* in Köhler/Bornkamm/Federsen, § 2 UWG Rz. 81; *Köhler*, WRP 2009, 109, 111; *Schirmbacher*, K&R 2009, 433; a.A. *Sosnitza*, WRP 2008, 1014, 1017.
2185 BGH v. 10.1.2013 – I ZR 190/11 Rz. 37, CR 2013, 592 – Standardisierte Mandatsbearbeitung.

1416　An einer geschäftlichen Handlung fehlt es bei **redaktionellen Beiträgen** eines Medienorgans. Derartige Beiträge mögen zwar geeignet sein, den Absatz der Konkurrenz zu fördern. Dies ist jedoch nicht die **Zielrichtung** der Beiträge[2186]. Die bloße Eignung zur Absatzförderung eines Mitbewerbers reicht für die Annahme einer geschäftlichen Handlung gem. § 2 Abs. 1 Nr. 2 UWG nicht aus. Ist in dem Beitrag allerdings auch oder sogar vorrangig das Ziel der Absatzwerbung und -förderung erkennbar, handelt es sich um eine geschäftliche Handlung[2187].

1417　Der objektive Zusammenhang eines Medienbeitrags mit der Absatzförderung kann darin liegen, dass dem Leser des Beitrags der Eindruck vermittelt wird, der Urheber des Beitrags sei ein besonders fachkundiger und seriöser Anbieter oder wenn die Veröffentlichung auch darauf abzielt, die eigene Reputation und Wettbewerbsstellung des Autors zum Nachteil des kritisierten Konkurrenten zu verbessern[2188].

1418　Für die Annahme, dass die Absatzförderung im Vordergrund steht und nicht lediglich eine Information der angesprochenen Verkehrskreise erfolgt, kann eine übermäßig werbende Darstellung, die besondere Erwähnung bestimmter Unternehmen oder das Fehlen eines publizistischen Ansatzes sprechen, wobei eine Würdigung aller Umstände im Einzelfall zu erfolgen hat. Hierbei ist auch zu berücksichtigen, dass der Presse ein **weiter Spielraum** bei Form und Inhalt ihrer Beiträge zusteht. Die Presse ist berechtigt, polemisch überspitzte Äußerungen zu tätigen oder subjektiv zu berichten. Wenn ein Beitrag jede Objektivität vermissen lässt, spricht dies für eine gewerbliche Handlung[2189].

1419　Zu unterscheiden ist zwischen der Veröffentlichung selbst und deren Nennung und Verlinkung an anderer Stelle. Wird etwa in einem Newsletter auf einen redaktionellen Beitrag verwiesen, ist dessen Inhalt bei der lauterkeitsrechtlichen Bewertung des **Newslettereintrags** zwar mit zu berücksichtigen, der Hinweis teilt aber nicht insgesamt den Charakter des Beitrags. Selbst wenn der Beitrag als reine Meinungsäußerung zu qualifizieren ist und nicht dem Lauterkeitsrecht unterfällt, kann es sich bei dem Hinweis und der Verlinkung um eine geschäftliche Handlung handeln, wenn bei diesen – anders als beim Beitrag selbst – ein objektiver Zusammenhang mit der Absatzförderung besteht[2190].

1420　Das **Setzen eines Links** auf eine Website kann eine geschäftliche Handlung sein[2191]. Ein Handeln im geschäftlichen Verkehr ist jedoch nicht zwangsläufig anzunehmen, wenn eine Privatperson auf ihrer privaten Homepage auf die Website eines Unternehmens verlinkt, da die Verlinkung in aller Regel nicht dazu dient, den Absatz von Waren oder Dienstleistungen zu fördern[2192].

2186　OLG Frankfurt v. 10.12.2015 – 6 U 244/14 Rz. 23.
2187　OLG Karlsruhe v. 27.5.2020 – 6 U 36/20 Rz. 67, CR 2021, 481 = AfP 2020, 347 = ITRB 2020, 208 (*Rössel*).
2188　OLG Karlsruhe v. 27.5.2020 – 6 U 36/20 Rz. 68, CR 2021, 481 = AfP 2020, 347 = ITRB 2020, 208 (*Rössel*).
2189　OLG Köln v. 10.9.2021 – 6 U 51/21 Rz. 48, CR 2022, 193.
2190　OLG Karlsruhe v. 27.5.2020 – 6 U 36/20 Rz. 68, CR 2021, 481 = AfP 2020, 347 = ITRB 2020, 208 (*Rössel*).
2191　BGH v. 11.12.2014 – I ZR 113/13 Rz. 37 ff., CR 2015, 540 = ITRB 2015, 228 – Bezugsquellen für Bachblüten.
2192　OLG Schleswig v. 21.5.2015 – 6 U 12/14.

Die Beschreibung eines YouTube-Kanals ist als geschäftliche Handlung i.S.d. § 2 Abs. 1 Nr. 2 UWG anzusehen, wenn dabei **werbliche Formulierungen** benutzt werden[2193]. Nutzt ein **Rechtsanwalt** seine Kontakte zu Medien, um über eine Berichterstattung zu aktuellen Rechtsstreitigkeiten vorrangig potentielle Mandanten auf seine anwaltlichen Dienstleistungen aufmerksam zu machen, liegt nach Auffassung des BGH eine geschäftliche Handlung i.S.v. § 2 Abs. 1 Nr. 2 UWG vor[2194].

Auch Körperschaften des öffentlichen Rechts können geschäftliche Handlungen i.S.d. § 2 Abs. 1 Nr. 2 UWG vornehmen[2195]. Bewegt sich die **öffentliche Hand** außerhalb des ihr durch eine Ermächtigungsgrundlage zugewiesenen öffentlich-rechtlichen Aufgabenbereichs, ist ihr Handeln als geschäftliche Handlung anzusehen mit der Folge, dass sie sich an den Regeln des Wettbewerbsrechts messen lassen muss[2196].

II. Tatbestände des unlauteren Wettbewerbs

▨ **Übersicht:**

Systematik des UWG:

– **Mitbewerberschutz (§ 4 UWG):** unlauterer Wettbewerb bei Handlungen, die sich gegen Mitbewerber richten;

– **Aggressive geschäftliche Handlungen (§ 4a UWG):** Schutz der Entscheidungsfreiheit der Marktteilnehmer;

– **Rechtsbruch (§ 3a UWG):** unlauterer Wettbewerb bei Verstoß gegen gesetzliche Marktverhaltensregeln;

– **Irreführungsverbot (§§ 5 und 5 a UWG);**

– **Vergleichende Werbung (§ 6 UWG);**

– **Unzumutbare Belästigungen (§ 7 UWG):** Sonderregelungen für das Spamming in § 7 Abs. 2 Nr. 3 und 4 sowie in § 7 Abs. 3 UWG;

– **Schwarze Liste (§ 3 Abs. 3 UWG):** konkrete Verbote unlauteren Wettbewerbs gegenüber Verbrauchern;

– **Auffangklausel (§ 3 Abs. 2 UWG):** allgemeines Verbot unlauteren Wettbewerbs gegenüber Verbrauchern;

– **Generalklausel (§ 3 Abs. 1 UWG):** Verbot unlauteren Wettbewerbs.

1421

1422

1423

2193 OLG Hamburg v. 13.8.2020 – 3 U 171/19 Rz. 6.
2194 BGH v. 31.3.2016 – I ZR 160/14 Rz. 15, AfP 2016, 440 – Im Immobiliensumpf.
2195 OLG München v. 30.9.2021 – 6 U 6754/20 Rz. 87, AfP 2021, 540; OLG Schleswig v. 12.5.2016 – 6 U 22/15 Rz. 13.
2196 BGH v. 12.3.2020 – I ZR 126/18 Rz. 49 – WarnWetter-App; a.A. OLG Frankfurt v. 4.2.2016 – 6 U 156/15 Rz. 6, CR 2016, 469.

1. Mitbewerberschutz (§ 4 UWG)

1424 ◼ Übersicht:

Mitbewerberschutz (§ 4 UWG)

– Herabsetzung und **Verunglimpfung** (§ 4 Nr. 1 UWG);

– **Anschwärzung** und geschäftliche Verleumdung (§ 4 Nr. 2 UWG);

– **Ausbeutung:** unlautere Nachahmung von Waren oder Dienstleistungen (§ 4 Nr. 3 UWG);

– gezielte **Behinderung** (§ 4 Nr. 4 UWG);

a) Verunglimpfung und Verleumdung

1425 Die Tatbestände des § 4 Nr. 1 UWG und des § 4 Nr. 2 UWG sind eng verwandt. Gemäß § 4 Nr. 1 UWG ist es wettbewerbswidrig, die Kennzeichen, Waren, Dienstleistungen, Tätigkeiten oder persönlichen oder geschäftlichen Verhältnisse eines Mitbewerbers herabzusetzen oder zu verunglimpfen. Nach § 4 Nr. 2 UWG ist die Behauptung und Verbreitung geschäftsschädigender Tatsachen unlauter, sofern diese Tatsachen nicht erweislich wahr sind. § 4 Nr. 1 UWG schützt somit gegen **herabsetzende Werturteile**, während § 4 Nr. 2 UWG gegen **wahrheitswidrige Tatsachenbehauptungen** schützt.

1426 Der Mitbewerber muss in der Äußerung erkennbar gemacht, aber nicht ausdrücklich genannt werden. Es genügt ein **kollektiver Mitbewerberbezug**[2197].

1427 Gegenstand des § 4 UWG ist der Mitbewerberschutz. **Mitbewerber** ist jeder Unternehmer, der mit einem oder mehreren Unternehmern als Anbieter oder Nachfrager von Waren oder Dienstleistungen in einem konkreten Wettbewerbsverhältnis steht (§ 2 Abs. 1 Nr. 4 UWG). **Unternehmer** ist jede natürliche oder juristische Person, die geschäftliche Handlungen im Rahmen ihrer gewerblichen, handwerklichen oder beruflichen Tätigkeit vornimmt, und jede Person, die im Namen oder Auftrag einer solchen Person handelt (§ 2 Abs. 1 Nr. 8 UWG, ähnlich § 14 Abs. 1 BGB).

1428 Die Unternehmereigenschaft i.S.v. § 2 Abs. 1 Nr. 8 UWG ist danach abstrakt zu bestimmen. Für den Unternehmerbegriff kommt es nicht darauf an, ob der Anspruchsteller selbst konkret geschäftliche Handlungen der Art vornimmt wie derjenige, dessen Handeln er lauterkeitsrechtlich beanstandet[2198].

1429 Ein **konkretes Wettbewerbsverhältnis** i.S.v. § 2 Abs. 1 Nr. 4 UWG besteht, wenn beide Parteien gleichartige Waren oder Dienstleistungen abzusetzen versuchen mit der Folge, dass das konkret beanstandete Wettbewerbsverhalten des einen Wettbewerbers den anderen beeinträchtigen, das heißt im Absatz behindern oder stören, kann. Dafür ist nicht Voraussetzung, dass die Parteien auf der gleichen Vertriebsstufe tätig sind, solange sie letztlich gleichartige Waren oder Dienstleistungen innerhalb desselben Endverbraucherkreises abzusetzen versuchen[2199].

2197 OLG Frankfurt v. 18.2.2021 – 6 U 181/20 Rz. 24.
2198 BGH v. 21.1.2016 – I ZR 252/14 Rz. 18, CR 2016, 538 – Kundenbewertung im Internet.
2199 BGH v. 21.1.2016 – I ZR 252/14 Rz. 20, CR 2016, 538 – Kundenbewertung im Internet.

Herabsetzung i.S.v. **§ 4 Nr. 1 UWG** ist die sachlich nicht gerechtfertigte Verringerung der Wertschätzung des Mitbewerbers durch ein abträgliches Werturteil oder eine abträgliche wahre oder unwahre Tatsachenbehauptung; **Verunglimpfung** ist eine gesteigerte Form der Herabsetzung, die darin besteht, den Mitbewerber ohne sachliche Grundlage verächtlich zu machen[2200].   **1430**

Die Beurteilung der Frage, ob eine Werbeaussage eines Wettbewerbers einen Mitbewerber herabsetzt, erfordert eine **Gesamtwürdigung**, die die Umstände des Einzelfalls wie insbesondere den Inhalt und die Form der Äußerung, ihren Anlass, den Zusammenhang, in dem sie erfolgt ist, sowie die Verständnismöglichkeit des angesprochenen Verkehrs berücksichtigt. Dabei kommt es maßgeblich auf die Sicht des durchschnittlich informierten und verständigen Adressaten der Werbung an. Für die Bewertung maßgeblich ist der Sinngehalt der Äußerung, wie sie vom angesprochenen Verkehr verstanden wird. Bei der gebotenen Gesamtabwägung sind die Interessen der Parteien und der Allgemeinheit unter Einbeziehung der betroffenen Grundrechtspositionen und unter Beachtung des Grundsatzes der Verhältnismäßigkeit gegeneinander abzuwägen[2201].   **1431**

Nach Auffassung des LG Karlsruhe fehlt es an einer Herabsetzung einer **journalistischen Tätigkeit**, wenn Beiträge eines Bloggers bei Facebook nicht geteilt werden können ohne Hinweise wie „Weißt du wirklich, was du da gerade teilst?" oder „Sieh dir genau an, was du teilst, bevor du es teilst"[2202].   **1432**

Bei der notwendigen Gesamtwürdigung ist die **Meinungsfreiheit des Werbenden (Art. 5 Abs. 1 GG)** angemessen zu berücksichtigen. Dies gilt insbesondere bei werblichen Äußerungen über Themen von erhöhter gesellschaftlicher, politischer oder sozialer Bedeutung, die zum geistigen Meinungskampf in der Öffentlichkeit anregen sollen. Der Nachweis einer Gefährdung des an der Leistung orientierten Wettbewerbs unterliegt bei derartigen Äußerungen gesteigerten Anforderungen[2203].   **1433**

Gegenstand des **§ 4 Nr. 2 UWG** sind Tatsachenbehauptungen, die nicht erweislich wahr sind. Ist streitig, ob eine Tatsachenbehauptung wahr ist, trägt der Werbende nach dem Wortlaut des § 4 Nr. 2 UWG („soweit die Tatsachen nicht erweislich wahr sind") die Beweislast[2204].   **1434**

Wahre Tatsachenbehauptungen können herabsetzend und verunglimpfend sein und damit den Tatbestand des § 4 Nr. 1 UWG erfüllen[2205]. Eine beeinträchtigende **wahre Tatsachenbehauptung** ist umso eher zulässig, je nützlicher die Information für die Adressaten ist oder je mehr aus anderen Gründen ein berechtigtes Informationsinteresse oder hinreichender Anlass für die Kritik besteht und je sachlicher die Kritik präsentiert wird. Tatsachenbehauptungen, bei denen das Informationsinteresse der Öffentlichkeit zugleich zu eigennützigen wettbewerblichen Zwecken eingesetzt wird, sind allerdings mit Blick auf das Interesse der Allgemeinheit an einem unverfälschten Wettbewerb **strenger zu bewerten** als Äußerungen, die   **1435**

2200 BGH v. 6.5.2021 – I ZR 167/20 Rz. 22, AfP 2021, 330 – Vorsicht Falle.
2201 BGH v. 6.5.2021 – I ZR 167/20 Rz. 23 f., AfP 2021, 330 – Vorsicht Falle.
2202 LG Karlsruhe v. 20.1.2022 – 13 O 3/22 KfH Rz. 30 ff.
2203 OLG Frankfurt v. 11.3.2022 – 6 W 14/22 Rz. 18.
2204 OLG Düsseldorf v. 12.9.2019 – 15 U 48/19 Rz. 77.
2205 LG Hamburg v. 9.7.2019 – 406 HKO 22/19 Rz. 22; LG München I v. 5.5.2021 – 37 O 2254/21 Rz. 35.

nicht den lauterkeitsrechtlichen Verhaltensanforderungen, sondern lediglich dem allgemeinen Deliktsrecht unterliegen[2206].

1436 Ein Fall der wettbewerbswidrigen Verunglimpfung (§ 4 Nr. 1 UWG) liegt vor, wenn **Schmähkritik** über die Leistungen eines Konkurrenten verbreitet wird[2207]. Wird das Produkt eines Wettbewerbers im Internet als ein „hoffnungslos überteuerter Schrotthaufen" beschrieben[2208], so erfüllt dies den Tatbestand des § 4 Nr. 1 UWG. Dasselbe gilt, wenn ein redaktioneller Beitrag auf einer Verkaufsplattform veröffentlicht wird, in dem Konkurrenten als „schwarze Schafe" im Bereich des Matratzenhandels angeprangert werden[2209].

1437 Der Tatbestand des § 4 Nr. 1 UWG kann erfüllt sein, wenn ein Unternehmen im Internet **ungeschwärzte Urteile** publiziert, um einem Mitbewerber irreführende Werbung und vorsätzliche Täuschung vorzuwerfen[2210]. Hinreichender Anlass für die Veröffentlichung eines gegen einen Mitbewerber erwirkten Urteils unter seiner namentlichen Nennung kann allerdings bestehen, wenn die angesprochenen Verkehrskreise ein schutzwürdiges Interesse an der Information über die untersagten unlauteren Geschäftsmethoden des Mitbewerbers haben und eine Aufklärung angezeigt ist, um sonst drohende Nachteile bei geschäftlichen Entscheidungen von ihnen abzuwenden[2211].

1438 Wenn über einen früheren Handelsvertreter in einer **E-Mail** der Geschäftsführung eines Unternehmens an die Angestellten und freien Handelsvertreter unwahre Tatsachenbehauptungen über die Umstände der Kündigung des Handelsvertretervertrages aufgestellt werden, kann dies eine geschäftliche Verleumdung gem. § 4 Nr. 2 UWG darstellen[2212]. Wird in einem **Newsletter** behauptet, „dass sich immer noch merkwürdige Anbieter auf dem Markt befinden" und wird dies durch zwei Links zu Artikeln eines Dritten unterfüttert, so liegt darin eine Verleumdung von Mitbewerbern (§ 4 Nr. 2 UWG), die in den Artikeln namentlich genannt werden, wenn keine konkreten Umstände ersichtlich sind, die den Vorwurf des Betrugs belegen, der in den Artikeln erhoben wird[2213]. Ein **Blog** ist „Tatort" für eine wettbewerbswidrige Verunglimpfung (§ 4 Nr. 1 UWG), wenn dort herabsetzende Äußerungen über einen Konkurrenten verbreitet werden[2214].

1439 Die auf YouTube einst vorzufindenden „**GEMA-Sperrtafeln**" konnten von den angesprochenen Verkehrskreisen in der Weise verstanden werden, dass die GEMA bei der Verwertung und Einräumung von Rechten willkürlich verfährt. Die Betreiber von YouTube nahmen damit nach Auffassung des LG München I eine herabsetzende geschäftliche Handlung i.S.d. § 4 Nr. 1 UWG vor, die nicht vom Grundrecht der Meinungsäußerungsfreiheit des Art. 5 GG gedeckt war[2215].

2206 BGH v. 6.5.2021 – I ZR 167/20 Rz. 25, AfP 2021, 330 – Vorsicht Falle; OLG Frankfurt v. 25.4.2019 – 16 U 148/18 Rz. 46.
2207 BGH v. 31.3.2016 – I ZR 160/14 Rz. 35, AfP 2016, 440.
2208 Vgl. LG München v. 17.10.1996 – 4 HKO 12190/96, CR 1997, 155.
2209 OLG Hamm v. 28.1.2010 – 4 U 157/09, CR 2010, 274 = MMR 2010, 330, 331.
2210 OLG Hamm v. 7.2.2008 – 4 U 154/07, MMR 2008, 750, 750 ff.
2211 BGH v. 6.5.2021 – I ZR 167/20 Rz. 34, AfP 2021, 330 – Vorsicht Falle.
2212 OLG Köln v. 6.2.2013 – 6 U 127/12 Rz. 35.
2213 BGH v. 19.5.2011 – I ZR 147/09 Rz. 37, CR 2012, 51.
2214 OLG Hamm v. 23.10.2007 – 4 U 87/07, MMR 2008, 737, 737 f.
2215 LG München I v. 25.2.2014 – 1 HK O 1401/13 Rz. 92 – Sperrtafel.

b) Ausbeutung

Um Fälle der „Ausbeutung" geht es in § 4 Nr. 3 UWG. Unlauter ist demnach die Nachahmung   1440
von Waren oder Dienstleistungen eines Mitbewerbers, wenn die Nachahmung zu einer ver-
meidbaren Herkunftstäuschung führt (§ 4 Nr. 3 lit. a UWG), die Wertschätzung der nach-
geahmten Ware oder Dienstleistung unangemessen ausgenutzt oder beeinträchtigt wird (§ 4
Nr. 3 lit. b UWG)[2216] oder wenn die für die Nachahmung erforderlichen Kenntnisse und
Unterlagen unredlich erlangt worden sind (§ 4 Nr. 3 lit. c UWG).

Unabhängig von der Urheberrechtsfähigkeit der Inhalte einer Website[2217] kann es daher un-   1441
zulässig sein, die **Inhalte einer fremden Website** nachzuahmen, wenn dadurch der Eindruck
entsteht, die Inhalte seien tatsächlich selbst erstellt worden. Die unmittelbare Übernahme
von Ergebnissen der Arbeit Dritter kann eine unlautere Wettbewerbshandlung sein (§ 4
Nr. 3 lit. a UWG)[2218]. Werden auf einer Website kurze **Filmausschnitte von Amateur- und
Jugendfußballspielen** gezeigt, die von den Nutzern der Seite hochgeladen werden, so liegt
darin keine unmittelbare Übernahme des Leistungsergebnisses eines Dritten und somit auch
keine unzulässige Nachahmung i.S.d. § 4 Nr. 3 UWG[2219]. Vielmehr handelt es sich um eine
an das Fußballspiel anknüpfende Leistung, die sich grundlegend von der Leistung abgrenzt,
die der Verband erbringt, der das Spiel ausrichtet[2220]. Da die Vorstellung der Güte oder Qualität der Leistung des Sportverbands nicht auf die Kurzausschnitte übertragen wird, fehlt es
auch an einer Rufausnutzung nach § 4 Nr. 3 lit. b, Alt. 1 UWG[2221].

c) Behinderung

Als **gezielt** und damit gem. § 4 Nr. 4 UWG unlauter ist eine Behinderung anzusehen, wenn   1442
bei objektiver Würdigung aller Umstände die Maßnahme in erster Linie nicht auf die Förderung der eigenen wettbewerblichen Entfaltung, sondern auf die Beeinträchtigung der
wettbewerblichen Entfaltung des Mitbewerbers gerichtet ist. Es bedarf einer Beeinträchtigung der **wettbewerblichen Entfaltungsmöglichkeiten** der Mitbewerber, die über die mit
jedem Wettbewerb verbundene Beeinträchtigung hinausgeht. Unlauter ist die Beeinträchtigung erst dann, wenn gezielt der Zweck verfolgt wird, Mitbewerber an ihrer Entfaltung zu
hindern und sie dadurch zu verdrängen, oder wenn die Behinderung dazu führt, dass die be-
einträchtigten Mitbewerber ihre Leistung am Markt durch eigene Anstrengung nicht mehr
in angemessener Weise zur Geltung bringen können[2222].

Die Abgrenzung zwischen einer erlaubten und einer (unlauteren) **gezielten Behinderung** (§ 4   1443
Nr. 4 UWG) erfordert eine Betrachtung der Umstände des Einzelfalls, bei der die sich gegenüberstehenden Interessen der beteiligten Mitbewerber, Verbraucher und sonstigen Markt-

---

2216 Vgl. OLG Hamm v. 29.1.2009 – 5 U 197/08, MMR 2009, 774, 775.
2217 Vgl. *Härting/Kuon*, CR 2004, 527, 529.
2218 Vgl. *Köhler* in Köhler/Bornkamm/Feddersen, § 4 UWG Rz. 3.35.
2219 BGH v. 28.10.2010 – I ZR 60/09 Rz. 16, AfP 2011, 253 = CR 2011, 327 – Hartplatzhelden.
2220 BGH v. 28.10.2010 – I ZR 60/09 Rz. 16, AfP 2011, 253 = CR 2011, 327 – Hartplatzhelden.
2221 BGH v. 28.10.2010 – I ZR 60/09 Rz. 18, AfP 2011, 253 = CR 2011, 327 – Hartplatzhelden.
2222 BGH v. 11.1.2007 – I ZR 96/04, BGHZ 171, 73 ff. – Außendienstmitarbeiter; BGH v. 7.10.2009
      – I ZR 150/07, CR 2010, 447 = ITRB 2010, 179 = WRP 2010, 644 ff. – Rufumleitung; vgl. auch
      OLG Hamm v. 21.12.2010 – 4 U 142/10 Rz. 29; *Köhler* in Köhler/Bornkamm/Feddersen, § 4
      UWG Rz. 4.8 ff.

teilnehmer sowie der Allgemeinheit gegeneinander abzuwägen sind[2223]. Bei der Bewertung spielt auch eine Rolle, ob der Handelnde seine Ziele mit weniger einschneidenden Wirkungen erreichen könnte[2224].

1444 Eine gezielte Behinderung gem. § 4 Nr. 4 UWG liegt nach Auffassung des OLG Köln vor, wenn Internetnutzern die (kostenpflichtige) Mitgliedschaft in einer Gemeinschaft angeboten wird zur Nutzung von Breitband-Internetanschlüssen anderer Nutzer, die Flatrate-Kunden von Breitband-Anbietern sind[2225]. Die Betreiber der Gemeinschaft machten den Breitband-Anbietern aus Sicht des OLG Köln auf unfaire Weise Konkurrenz, indem sie sich für ihr Geschäftsmodell der kostenfreien Teilhabe an Internetzugängen bedienten, die die Konkurrenten ihren Kunden gegen ein erkennbar anders kalkuliertes Entgelt zur Verfügung stellen. Statt mit eigenen technischen oder organisatorischen Leistungen auf der Vorleistung eines Dritten aufzubauen, um sie marktkonform fortzuentwickeln, nutzten die Betreiber eine von den Konkurrenten unter anderen Voraussetzungen geschaffene Infrastruktur aus, um sich mit einem eigenen kommerziellen Angebot am Markt zu etablieren.

1445 **Spyware-Programme** werden von Internetnutzern oft unbewusst heruntergeladen und können Einfluss auf die im Internet angezeigten Inhalte nehmen. So lässt sich Spyware beispielsweise so einstellen, dass sich bei Aufruf der Website eines Unternehmens ein Pop-Up-Fenster mit Werbung für einen Konkurrenten öffnet. Wird die Software benutzt, um der Konkurrenz zu schaden, so ist darin eine gezielte Behinderung (**§ 4 Nr. 4 UWG**) zu sehen[2226].

1446 Ein wettbewerbsrechtliches Problem der Online-Auktionen stellen **Sniper-Programme** dar. Diese Software wird von Ersteigerern eingesetzt, um Sekunden vor Auktionsende ein (geringfügig) höheres Gebot abzugeben[2227]. Bemühungen der Betreiber von Internetauktions-Plattformen, gegen die Anbieter und Händler solcher Software vorzugehen, waren wegen gezielter Behinderung (§ 4 Nr. 4 UWG)[2228], unlauterem Verleiten zum Vertragsbruch[2229] und eines Eingriffs in den eingerichteten und ausgeübten Gewerbebetrieb gemäß den §§ 823, 1004 BGB[2230] erfolgreich.

1447 Die **Verwendung öffentlicher Mittel** im Wettbewerb ist nur dann als unlauter nach § 4 Nr. 4 UWG anzusehen, wenn besondere Umstände vorliegen, die den Einsatz dieser Mittel als rechts- oder zweckwidrig und damit als missbräuchlich erscheinen lassen. Umstände dieser Art können zum einen darin gesehen werden, dass das Preisgebaren der öffentlichen Hand die Absicht erkennen lässt, private Mitbewerber durch Preisunterbietungen vom Markt zu verdrängen. Zum anderen ist von einer gezielten Behinderung auszugehen, wenn der Mit-

---

2223 *Köhler* in Köhler/Bornkamm/Feddersen, § 4 UWG Rz. 4.11.
2224 *Köhler* in Köhler/Bornkamm/Feddersen, § 4 UWG Rz. 4.11; LG Essen v. 26.3.2009 – 4 O 69/09, CR 2009, 395 ff. = ITRB 2009, 149 (*Schwartmann*).
2225 OLG Köln v. 5.6.2009 – 6 U 223/08, ITRB 2009, 247 = CR 2009, 576 ff.
2226 LG Köln v. 12.3.2004 – 31 O 145/04, MMR 2004, 840.
2227 Vgl. *Leible/Sosnitza*, CR 2003, 344, 344 f.
2228 LG Hamburg v. 16.7.2002 – 312 O 271/02, CR 2002, 763 = MMR 2002, 755 = ITRB 2002, 283 (*Günther*).
2229 LG Berlin v. 11.2.2003 – 15 O 704/02, CR 2003, 857; LG Hamburg v. 16.7.2002 – 312 O 271/02, CR 2002, 763 = MMR 2002, 755 = ITRB 2002, 283 (*Günther*); a.A. *Leible/Sosnitza*, CR 2003, 344, 348.
2230 LG Hamburg v. 27.2.2003 – 315 O 624/02, K&R 2003, 296, 298 f.; a.A. *Leible/Sosnitza*, CR 2003, 344, 348 f.

bewerber seine Leistung am Markt durch eigene Anstrengung nicht mehr in angemessener Weise zur Geltung bringen kann, was auf Grund einer Gesamtwürdigung aller Umstände des Einzelfalls unter Berücksichtigung der Interessen der Mitbewerber, Verbraucher und sonstigen Marktteilnehmer sowie der Allgemeinheit zu prüfen ist[2231].

aa) Ausspannen und Abfangen von Kunden

Eine **Umleitung von Kundenströmen** erfüllt den Tatbestand des § 4 Nr. 4 UWG, wenn das Motiv im Vordergrund steht, mögliche Kunden vom Wettbewerber abzulenken. Wird nur beabsichtigt, Kunden zu sich hin zu lenken, ist dies eine bloße Folge des Leistungswettbewerbs und reicht für eine gezielte Behinderung nicht aus[2232].   1448

Eine unangemessene Einwirkung auf den Kunden liegt vor, wenn sich der Abfangende zwischen den Mitbewerber und dessen Kunden stellt, um dem Kunden eine Änderung seines Entschlusses, die Waren oder Dienstleistungen des Mitbewerbers in Anspruch zu nehmen, aufzudrängen[2233]. Das LG Hamburg sah daher eine unlautere Behinderung als gegeben an, wenn durch die **Zusatzfunktion eines Antivirenprogramms** („SafePrice") dem Nutzer eines Online-Shops automatisch eine Preisvergleichszeile für Konkurrenzprodukte von Mitbewerbern angezeigt wird[2234]. Keine unlautere Behinderung liegt dagegen vor, wenn ein Antivirenprogramm so programmiert ist, dass es bei der Installation kostenloser zusätzlicher Software einen Sicherheitshinweis aufzeigt und den Download blockiert[2235].   1449

bb) Virtuelles Hausrecht

Der Betreiber einer Website hat das Recht, in Nutzungsbedingungen festzulegen, welche Art der Nutzung seiner Website zulässig sein soll. Für die Ausgestaltung der Nutzungsbedingungen hat sich der Begriff des **„virtuellen Hausrechts"** eingebürgert[2236]. Maßnahmen, die auf eine Missachtung von Nutzungsbedingungen bzw. des „Hausrechts" abzielen, können den Tatbestand des § 4 Nr. 4 UWG erfüllen[2237].   1450

In einem **„Screen Scraping"** liegt nach Auffassung des BGH keine gezielte Behinderung. Wenn die Website eines Flugunternehmens systematisch und automatisiert von einem Anbieter von Pauschalreisen durchsucht wird, erfülle ein Pauschalreiseanbieter nicht dann schon den Tatbestand des § 4 Nr. 4 UWG, wenn er sich über ein Verbot hinwegsetzt, das das Flugunternehmen in den Nutzungsbedingungen seiner Website aufgestellt hat. Allerdings könne die Überwindung einer **technischen Schutzvorrichtung**, mit der ein Mitbewerber   1451

2231 OLG Nürnberg v. 26.11.2021 – 3 U 2473/21 Rz. 32 ff.
2232 OLG Hamm v. 21.12.2010 – 4 U 142/10 Rz. 29; vgl. *Köhler* in Köhler/Bornkamm/Feddersen, § 4 UWG Rz. 10.11.
2233 BGH v. 22.1.2009 – I ZR 30/07, MMR 2009, 329, 330 m. Anm. *Hoeren* = ZUM 2009, 562, 564 f. m. Anm. *Kummermehr* – Beta Layout; KG Berlin v. 9.9.2008 – 5 U 163/07, ITRB 2009, 28 = MMR 2009, 47, 48 = CR 2009, 113, 117 ff.; KG Berlin v. 26.9.2008 – 5 U 186/07, MMR 2009, 69 (Ls.); OLG Frankfurt v. 26.2.2008 – 6 W 17/08, K&R 2008, 309, 310 f. m. Anm. *Mann*; LG Düsseldorf v. 14.1.2009 – 2a O 25/08, MMR 2009, 290 (Ls.).
2234 LG Hamburg v. 28.1.2015 – 416 HKO 163/14 Rz. 27, CR 2015, 464 = ITRB 2015, 187.
2235 LG Berlin v. 19.5.2015 – 16 O 119/15 Rz. 30.
2236 Vgl. *Maume*, MMR 2007, 620, 620 ff.
2237 Vgl. OLG Hamburg v. 28.5.2009 – 3 U 191/08, ITRB 2009, 219 = CR 2009, 609, 610 f.

verhindert, dass sein Internetangebot von der Allgemeinheit genutzt werden kann, ein Umstand sein, der einen Unlauterkeitsvorwurf begründet[2238].

1452 Der Entscheidung des BGH liegt die Erwägung zugrunde, dass sich ein Unternehmer, der sein Angebot im Internet öffentlich zugänglich macht, im Interesse der Funktionsfähigkeit des Internets daran festhalten lassen muss, dass die von ihm eingestellten Informationen durch übliche Suchdienste in einem automatisierten Verfahren aufgefunden und dem Nutzer entsprechend seinen Suchbedürfnissen aufbereitet zur Verfügung gestellt werden. Er muss deshalb auch hinnehmen, dass ihm Werbeeinnahmen verlorengehen, weil die Nutzer seine Internetseite nicht aufsuchen. Dagegen ist das Allgemeininteresse an der Funktionsfähigkeit des Internets dann nicht mehr betroffen, wenn der Unternehmer durch technische Maßnahmen verhindert, dass eine automatisierte Abfrage der Daten seines Internetangebots erfolgt[2239].

1453 Der Betreiber einer Website darf einem Konkurrenten den Zugriff auf seine Seiten verwehren durch eine **IP-Sperrung**, um übermäßige Seitenaufrufe zu verhindern. Testaufrufe der Seiten durch Konkurrenten hat der Website-Betreiber zwar grundsätzlich zu dulden[2240], dies jedoch nur bis zur Grenze einer Betriebsstörung[2241].

cc) Vertragsbruch

1454 Eine **Verleitung zum Vertragsbruch** erfüllt nur im Ausnahmefall die Voraussetzungen des § 4 Nr. 4 UWG[2242]. Eine unlautere Behinderung setzt voraus, dass gezielt und bewusst darauf hingewirkt wird, dass ein anderer eine ihm obliegende Vertragspflicht verletzt[2243].

1455 Das Bereitstellen einer Online-Plattform für den **Weiterverkauf von Eintrittskarten** stellt keine Beeinträchtigung der wettbewerblichen Entfaltungsmöglichkeiten des Kartenverkäufers dar, auch wenn der Kartenverkäufer den Käufern einen solchen Weiterverkauf in seinen AGB untersagt hat[2244].

1456 Das **Ausnutzen fremden Vertragsbruchs** erfüllt den Tatbestand des § 4 Nr. 4 UWG, wenn besondere, die Unlauterkeit begründende Umstände hinzutreten. Ein systematisches und planmäßiges Vorgehen reicht für sich allein nicht aus, da ein solches Vorgehen im Wesen

---

2238 BGH v. 30.4.2014 – I ZR 224/12 Rz. 24 ff., ITRB 2014, 200 – Flugvermittlung im Internet.
2239 BGH v. 30.4.2014 – I ZR 224/12 Rz. 37, ITRB 2014, 200 – Flugvermittlung im Internet; vgl. auch BGH v. 22.6.2011 – I ZR 159/10 Rz. 69, CR 2011, 757 = ITRB 2011, 275 – Online-Automobilbörse.
2240 Vgl. LG Hamburg v. 13.7.2006 – 327 O 272/06, NJW-RR 2007, 252 = CR 2007, 120.
2241 OLG Hamburg v. 18.4.2007 – 5 U 190/06, AfP 2008, 238 = NJW 2007, 3361 f. = CR 2007, 597 f. = MMR 2008, 58 f.; OLG Hamm v. 23.10.2007 – 4 U 99/07, CR 2008, 450 = ITRB 2008, 198 = MMR 2008, 175 f.; OLG Hamm v. 10.6.2008 – 4 U 37/08, ITRB 2009, 58 = CR 2009, 121 ff. = K&R 2009, 48, 49 ff.
2242 BGH v. 11.9.2008 – I ZR 74/06, BGHZ 178, 63 ff. = CR 2009, 175 m. Anm. *Bandehzadeh/Plog* – bundesligakarten.de; BGH v. 22.6.2011 – I ZR 159/10, ITRB 2011, 275 = CR 2011, 757 ff. – Online-Automobilbörse.
2243 BGH v. 11.1.2007 – I ZR 96/04, BGHZ 171, 73 ff. – Außendienstmitarbeiter; BGH v. 7.10.2009 – I ZR 150/07, CR 2010, 447 = ITRB 2010, 179 = WRP 2010, 644 ff. – Rufumleitung.
2244 BGH v. 11.9.2008 – I ZR 74/06, BGHZ 178, 63 ff. = CR 2009, 175 m. Anm. *Bandehzadeh/Plog* – bundesligakarten.de; vgl. auch *Schreiber*, CR 2014, 791, 792.

des Wettbewerbs liegt[2245]. Eine Drittwirkung schuldrechtlicher Verpflichtungen würde zu einer Verdinglichung führen, die dem Wettbewerbsrecht fremd ist[2246].

dd) Werbeblocker

Werbeblocker sind eine Software, bei deren Installation auf dem Browser bei bestimmten Internetseiten Werbeanzeigen unterdrückt werden. Die Anbieter der Werbeblocker arbeiten zudem meist mit **„Whitelists"**. Auf diesen „Whitelists" finden sich Internetseiten, die von der Unterdrückung von Werbung ausgenommen sind. Um auf eine „Whitelist" zu gelangen, muss der Seitenbetreiber bzw. der Werbende eine Zahlung an den Anbieter des Werbeblockers leisten[2247].

1457

Das LG Hamburg verneinte eine gezielte Behinderung gem. § 4 Nr. 4 UWG mit der Begründung, dass es der Internetnutzer und nicht der Anbieter des Werbeblockers sei, der sich für die Installation der Software bewusst und freiwillig entscheide. Daher könne für die Werbeblocker nichts anderes gelten als für die vergleichbaren **TV-Werbeblocker**, bei denen der BGH[2248] einen Wettbewerbsverstoß verneint hat[2249].

1458

Ähnlich argumentierte das LG München I, das gleichfalls eine gezielte Behinderung gem. § 4 Nr. 4 UWG verneinte. Eine nicht unerhebliche Anzahl von Nutzern fühle sich durch Internetwerbung gestört, insbesondere wenn die Werbung nicht (sofort) weggeklickt werden könne oder wenn sie die Wahrnehmung des Inhalts der Seite beeinträchtige. Zwischen das Angebot zur Nutzung eines Werbeblockers und die Beeinträchtigung der Interessen des Betreibers der Seite, auf der sich Werbung befindet, trete die eigenständige Entscheidung des jeweiligen Internetnutzers, ob und in welchem Maße er Werbung sehen möchte. Er alleine habe die Möglichkeit, auf jeglichen Werbeblocker zu verzichten oder mit Hilfe des Werbeblockers Werbung zu blockieren. Dies sei Teil der grundrechtlich geschützten **negativen Informationsfreiheit** der Nutzer[2250].

1459

Auch das LG Stuttgart verneinte einen Wettbewerbsverstoß gem. § 4 Nr. 4 UWG und stellte maßgebend darauf ab, dass es dem Seitenbetreiber freistehe, „**Gegenmaßnahmen**" gegen Werbeblocker zu ergreifen. So könne er beispielsweise Nutzer bitten, vom Einsatz des Werbeblockers freiwillig abzusehen. Alternativ könne er das inhaltliche Angebot für Nutzer, die Werbeblocker einsetzen, nur eingeschränkt zur Verfügung stellen oder sie gänzlich von der Nutzung der eigenen Seiten ausschließen. Er sei nicht gezwungen, den Einsatz von Werbe-

1460

2245 BGH v. 11.9.2008 – I ZR 74/06, BGHZ 178, 63 ff., CR 2009, 175 m. Anm. *Bandehzadeh/Plog* = WRP 2009, 177, 180 f. – bundesligakarten.de; vgl. auch LG Hamburg v. 5.3.2010 – 406 O 159/09, MMR 2010, 410 ff. m. Anm. *Neuhöfer/Schmidt.*

2246 BGH v. 11.9.2008 – I ZR 74/06, BGHZ 178, 63 ff. = CR 2009, 175 m. Anm. *Bandehzadeh/Plog* – bundesligakarten.de.

2247 Vgl. *Herrmann/Schwarz*, K&R 2015, 622, 622 ff.; *Ziegelmayer*, CR 2017, 668 ff.; LG Hamburg v. 21.4.2015 – 416 HKO 159/14 Rz. 2, CR 2016, 122 = ITRB 2015, 283.

2248 BGH v. 24.6.2004 – I ZR 26/12 – Fernsehfee.

2249 LG Hamburg v. 25.11.2016 – 315 O 293/15 Rz. 45; LG Hamburg v. 21.4.2015 – 416 HKO 159/14 Rz. 52, CR 2016, 122 = ITRB 2015, 283.

2250 LG München I v. 27.5.2015 – 37 O 11843/14 Rz. 170, ITRB 2015, 183; LG München I v. 27.5.2015 – 37 O 11673/14 Rz. 199, CR 2015, 738; LG München I v. 22.3.2016 – 33 O 5017/15 Rz. 67.

blockern hinzunehmen und Nutzern, die Werbeblocker einsetzen, seine Internetseiten kostenlos zur Verfügung zu stellen[2251].

1461   Das LG Frankfurt/M. bejahte eine gezielte Behinderung durch das Angebot von Werbeblockern (§ 4 Nr. 4 UWG) und begründete dies pauschal damit, dass „eine gezielte, unmittelbare Verhinderung der Werbung" eintrete[2252]. Ebenso entschied das LG Berlin, das die Auffassung vertrat, der Betreiber der betroffenen Internetseiten verfüge über keine zumutbaren Mittel, sich den Wirkungen des Blockierprogramms zu entziehen. Insbesondere sei eine Sperre des gesamten kostenlosen Internetangebots keine gangbare Option[2253].

1462   Der **BGH** hat eine zielgerichtete Behinderung (§ 4 Nr. 4 UWG) verneint. Zwar beeinträchtige das angegriffene Geschäftsmodell durch die Unterdrückung von Werbung Werbeeinnahmen des Betreibers der betroffenen Internetseiten. Die Erzielung solcher Einnahmen verhindere der Werbeblocker jedoch grundsätzlich nicht, da es die Möglichkeit der Freischaltung von Werbung durch Aufnahme in die Whitelist gebe. Der Werbeblocker setze mithin die Funktionsfähigkeit der betroffenen Internetseiten gerade voraus. Dass die Freischaltung zahlungspflichtig sei, schmälere die Werbeeinnahmen der Betreiber von Internetseiten, belege aber zugleich das dem angegriffenen Verhalten zugrundeliegende eigenwirtschaftliche Interesse. Richte man den Blick zudem auf das Interesse solcher Internetnutzer, die mithilfe des Werbeblockers als aufdringlich eingeordnete Werbeformen nicht angezeigt bekommen möchten, erweise sich die angegriffene Geschäftsidee als **marktgängiges Dienstleistungsangebot**, das nicht in erster Linie auf die Beeinträchtigung der wettbewerblichen Entfaltung der Seitenbetreibern gerichtet sei[2254].

ee) Online-Spiele

1463   Untersagt der Anbieter eines Online-Spiels den Spielern vertraglich die Nutzung jeglicher „Schummelprogramme", so liegt die Vermutung nahe, dass die Hersteller von **„Bots"** und **„Cheats"** mit ihrem Angebot die potentiellen User zu einem Bruch ihrer vertraglichen Verpflichtungen motivieren. Hieraus wird – vorschnell – eine unlautere Behinderung gem. § 4 Nr. 4 UWG abgeleitet[2255].

1464   Die Entwicklung und der Vertrieb von „Bots" verfolgen nicht den Zweck, die Spieleanbieter an ihrer Entfaltung am Markt zu hindern oder sie gar aus dem Markt zu drängen bzw. ihre Leistungsfähigkeit auf dem Markt zu beschränken. Das Gegenteil ist der Fall: Die „Bot"-Software baut auf den jeweiligen Spielen auf, die Anbieter der „Bots" sind auf den Bestand und Erfolg der Spiele angewiesen. „Bots" erfüllen die Funktion eines **Zubehörs** zum Spiel. Wie jeder Zubehöranbieter haben die Anbieter von „Bots" ein natürliches Interesse am Er-

---

2251 LG Stuttgart v. 10.12.2015 – 11 O 238/15 Rz. 51.
2252 LG Frankfurt/M. v. 26.11.2015 – 3-06 O 105/15.
2253 LG Berlin v. 8.12.2015 – 16 O 449/15 Rz. 21.
2254 BGH v. 19.4.2018 – I ZR 154/16 Rz. 26, CR 2019, 107 = AfP 2018, 515 – Werbeblocker II; LG Hamburg v. 25.11.2016 – 315 O 293/15 Rz. 39 ff.; *Alexander*, NJW 2018, 3620, 3621.
2255 BGH v. 12.1.2017 – I ZR 253/14, CR 2017, 154 = ITRB 2017, 50 – Word of Warcraft II; OLG Hamburg v. 17.10.2012 – 5 U 168/11 Rz. 30 f.; LG Hamburg v. 30.6.2011 – 327 O 741/10 – Runes of Magic Trading (Vorinstanz); LG Hamburg v. 19.7.2012 – 312 O 322/12 Rz. 78 ff., CR 2013, 120 = ITRB 2013, 58.

folg des zugrundeliegenden Spieles. Schon dies spricht gegen die Annahme einer unlauteren Behinderung gem. § 4 Nr. 4 UWG[2256].

Ein weiterer wettbewerbsrechtlicher Verstoß könnte in der Ausnutzung des Vertragsbruches der Spielenden gesehen werden. Denn der Einsatz von „Bots" verstößt regelmäßig gegen die Nutzungsbedingungen der Spiele. Um bei einer Ausnutzung eines **fremden Vertragsbruchs** einen Verstoß gegen § 4 Nr. 4 UWG zu bejahen, müssen allerdings zu dem Vertragsbruch Umstände hinzutreten, aus denen sich eine Unlauterkeit ableiten lässt[2257]. Dies ist auf den Gedanken zurück zu führen, dass die schuldrechtlichen Bindungen im Allgemeinen keine rechtlichen Wirkungen gegenüber Dritten entfalten[2258]. | 1465

In seiner World of Warcraft II-Entscheidung hat der BGH eine unlautere Behinderung gem. § 4 Nr. 4 UWG aus dem Umstand abgeleitet, dass die „Bots" in das innere Spielsystem eingreifen und somit grundlegende **Spielregeln** sowie Prinzipien der Fairness, Gerechtigkeit und Chancengleichheit verletzen[2259]. | 1466

2. Aggressive Handlungen (§ 4a UWG)

Nach § 4a Abs. 1 Satz 1 UWG handelt unlauter, wer eine aggressive geschäftliche Handlung vornimmt, die geeignet ist, den Verbraucher oder sonstigen Marktteilnehmer zu einer geschäftlichen Entscheidung zu veranlassen, die dieser andernfalls nicht getroffen hätte. Erfasst sind nach § 4a Abs. 1 Satz 2 UWG die Fälle der **Belästigung**, der **Nötigung** und der **unzulässigen Beeinflussung**. Letztere ist gegeben, wenn der Unternehmer eine Machtposition gegenüber dem Verbraucher oder sonstigen Marktteilnehmer zur Ausübung von Druck, auch ohne Anwendung oder Androhung von körperlicher Gewalt, in einer Weise ausnutzt, die die Fähigkeit des Verbrauchers oder sonstigen Marktteilnehmers zu einer informierten Entscheidung wesentlich einschränkt (§ 4a Abs. 1 Satz 3 UWG). | 1467

Ob eine Handlung aggressiv ist, bestimmt sich nach Zeitpunkt, Ort, Art und Dauer der Handlung. Als **aggressiv** gelten die Verwendung drohender oder beleidigender Formulierungen oder Verhaltensweisen, die bewusste Ausnutzung von Unglücksfällen sowie Drohungen mit unzulässigen Handlungen (§ 4a Abs. 2 Satz 1 Nr. 2, 3 und 5 UWG). Nach § 4a Abs. 2 Nr. 4 UWG ist auch auf belastende oder unverhältnismäßige Hindernisse nichtvertraglicher Art abzustellen, mit denen der Unternehmer den Verbraucher oder sonstigen Marktteilnehmer an der Ausübung seiner vertraglichen Rechte zu hindern versucht. Hierzu zählt das Recht, den Vertrag zu kündigen oder zu einer anderen Ware oder Dienstleistung oder einem anderen Unternehmer zu wechseln[2260]. | 1468

2256 *Härting/Bielajew*, IPRB 2012, 13, 14.
2257 BGH v. 11.1.2007 – I ZR 96/04, BGHZ 171, 73 ff. – Außendienstmitarbeiter.
2258 *Härting/Bielajew*, IPRB 2012, 13, 14.
2259 BGH v. 12.1.2017 – I ZR 253/14 Rz. 67 ff., CR 2017, 154 = ITRB 2017, 50 – World of Warcraft II; vgl. auch LG Hamburg v. 30.6.2011 – 327 O 741/10 – Runes of Magic Trading; LG Hamburg v. 28.8.2018 – 312 O 32/13 Rz. 79 ff.
2260 BGH v. 19.4.2018 – I ZR 154/16 Rz. 65, CR 2019, 107 = AfP 2018, 515 – Werbeblocker II.

a) Belästigung und Nötigung

1469 **Bannerwerbung** stellt keine unlautere Belästigung des Nutzers dar (§ 4a Abs. 1 Satz 2 Nr. 1 UWG), da der Internetnutzer an Werbung gewöhnt ist und akzeptiert, dass die Werbung kostenlose Internetangebote überhaupt erst ermöglicht[2261]. Auch ein Verstoß gegen das Trennungsgebot (§ 5a Abs. 4 UWG sowie § 6 Abs. 1 Nr. 1 TMG und § 22 Abs. 1 Satz 1 MStV, s. Rz. 1713) kommt nicht in Betracht, da Banner als Werbung gemeinhin unschwer zu erkennen sind[2262].

1470 Die massive Geltendmachung von (zweifelhaften) Erfüllungsansprüchen kann nach § 4a Abs. 1 Satz 2 Nr. 2 UWG unlauter sein, wenn es zu einer massiven **Einschüchterung** kommt und die (vermeintlichen) Schuldner ohne Rücksicht auf die Berechtigung der gestellten Forderungen zahlen, um von weiterem Druck verschont zu bleiben. Es reicht allerdings nicht aus, dass die Forderung auf einem Vertrag beruht, der seinerseits unter Verwendung unlauterer Geschäftspraktiken zustande gekommen ist[2263]. Die Voraussetzungen des § 4a Abs. 1 Satz 2 Nr. 2 UWG sind erfüllt, wenn es in einer Rechnung heißt, die falsche Angabe des Geburtsdatums sei ein Betrugsdelikt, und man behalte sich eine Strafanzeige vor[2264].

1471 Durch den Hinweis „Reiseschutz nicht vergessen – ohne kann es teuer werden" übt ein **Flugunternehmen** allerdings keinen unzulässigen Druck auf den Kunden aus, so dass der Tatbestand des § 4a Abs. 2 Satz 1 Nr. 3 UWG nicht erfüllt ist. In dem Satz „ohne kann es teuer werden" liegt zwar eine Warnung. Die Warnung ist jedoch nicht geeignet, übertriebene Angst bei Verbrauchern auszulösen und Verbraucher zum Abschluss einer Reiserücktrittsversicherung zu nötigen[2265].

1472 Das OLG Köln sah in dem „Whistelisting" des Anbieters eines **Werbeblockers** eine aggressive und damit wettbewerbswidrige Praktik gem. § 4a Abs. 1 Satz 1 UWG[2266]. Die Forderung nach Zahlungen für ein „Whitelisting" stelle ein Verhalten dar, durch das eine Machtposition gegenüber den Seitenbetreibern zur **Ausübung von Druck** ausgenutzt werde (§ 4a Abs. 1 Satz 3 UWG)[2267]. Der BGH folgte dieser Argumentation nicht[2268].

b) Unangemessene Beeinflussung

1473 Ein Fall der unangemessenen Beeinflussung des Kunden lag nach Auffassung des OLG Köln vor, als ein Internetanbieter die Teilnahme des Verbrauchers an einer Verlosung von Ein-

---

2261 LG Frankfurt/M. v. 13.9.2000 – 2-06 O 248/00, ITRB 2001, 206 = K&R 2001, 173 = MMR 2001, 560.

2262 Vgl. *Pierson*, K&R 2006, 489, 492 f.

2263 Vgl. LG Düsseldorf v. 28.8.2009 – 38 O 34/09.

2264 Vgl. LG Mannheim v. 12.5.2009 – 2 O 268/08, CR 2009, 818 m. Anm. *Mankowski* = MMR 2009, 568, 568 ff.

2265 OLG Frankfurt v. 9.4.2015 – 6 U 33/14 Rz. 36, CR 2015, 735.

2266 OLG Köln v. 24.6.2016 – 6 U 149/15 Rz. 51 ff., AfP 2016, 359 = CR 2017, 115 = ITRB 2016, 194.

2267 OLG Köln v. 24.6.2016 – 6 U 149/15 Rz. 71, AfP 2016, 359 = CR 2017, 115 = ITRB 2016, 194.

2268 BGH v. 19.4.2018 – I ZR 154/16 Rz. 66, CR 2019, 107 = AfP 2018, 515 – Werbeblocker II; LG Hamburg v. 25.11.2016 – 315 O 293/15 Rz. 47 ff.; *Alexander*, NJW 2018, 3620, 3621 f.

trittskarten von der Erklärung abhängig machte, dass der Verbraucher mit der Weitergabe von persönlichen Daten an Drittunternehmen und mit **Werbeanrufen** einverstanden sei[2269].

Die Voraussetzungen eines Wettbewerbsverstoßes nach § 4a Abs. 2 Satz 1 Nr. 3 UWG liegen vor bei einer Website, die sich an **Kinder** zwischen 3 und 12 Jahren wendet, wenn die Kinder aufgefordert werden, **personenbezogene Daten** preiszugeben[2270]. Eine Ausnutzung der geschäftlichen Unerfahrenheit von Jugendlichen ist zudem anzunehmen, wenn Jugendliche im Alter von 15 bis 17 Jahren zur Überlassung von Kontaktdaten gegen ein „Entgelt" (ein **Werbegeschenk** oder die Teilnahme an einem **Gewinnspiel**) aufgefordert werden[2271]. Unlauter sind auch **In-App-Käufe** in Spiele-Apps, die sich gezielt an Kinder richten[2272].

1474

3. Rechtsbruch (§ 3a UWG)

Nach § 3a UWG handelt unlauter, wer einer gesetzlichen Vorschrift zuwiderhandelt, die jedenfalls auch dazu bestimmt ist, im Interesse der Marktteilnehmer das **Marktverhalten** zu regeln, wenn der Verstoß geeignet ist, die Interessen von Verbrauchern, sonstigen Marktteilnehmern oder Mitbewerbern spürbar zu beeinträchtigen.

1475

a) Spürbarkeit

§ 3a UWG setzt voraus, dass die Interessen von Verbrauchern, sonstigen Marktteilnehmern oder Mitbewerbern **„spürbar"** beeinträchtigt werden. Der Zweck dieser Einschränkung ist es, Verstöße gegen Marktverhaltensregeln vom Tatbestand auszunehmen, die keine nennenswerten Auswirkungen auf andere Marktteilnehmer haben, sodass kein Allgemeininteresse an der Verfolgung besteht[2273]. Allerdings ist es für eine spürbare Beeinträchtigung des Wettbewerbs nicht erforderlich, dass die unlautere geschäftliche Handlung die Interessen anderer Marktteilnehmer tatsächlich beeinträchtigt. Vielmehr genügt eine objektive Wahrscheinlichkeit. Der Verstoß muss zur Beeinträchtigung geeignet sein[2274].

1476

Bei der Bestimmung der Spürbarkeit sind die **Umstände des Einzelfalls** zu berücksichtigen wie etwa Schwere, Intensität, Risiken, Dauer und Häufigkeit der Verletzung[2275]. Spürbarkeit ist bei der Verletzung einer Informationspflicht auch bei einer **wesentlichen Information** nur gegeben, wenn der Verbraucher die ihm vorenthaltene Information benötigt, um eine informierte Entscheidung zu treffen, und deren Vorenthalten geeignet ist, den Verbraucher zu einer geschäftlichen Entscheidung zu veranlassen, die er andernfalls nicht getroffen hätte[2276].

1477

Bei der Frage, ob es besondere Umstände gibt, die eine Information entbehrlich machen, ist auf den **Informationserfolg** abzustellen. Ist dieser auf anderem Wege als durch die vorgeschriebene Information bereits erreicht worden, ist das Vorenthalten der Information nicht

1478

2269 OLG Köln v. 12.9.2007 – 6 U 63/07, K&R 2008, 48, 50.
2270 OLG Frankfurt v. 30.6.2005 – 6 U 168/04, CR 2005, 830 = NJW-RR 2005, 1280, 1281 f.
2271 BGH v. 22.1.2014 – I ZR 218/12 Rz. 31, CR 2014, 573.
2272 Vgl. *Bisges*, NJW 2014, 183, 186.
2273 *Köhler* in Köhler/Bornkamm/Feddersen, § 3a UWG Rz. 1.96.
2274 *Köhler* in Köhler/Bornkamm/Feddersen, § 3a UWG Rz. 1.97.
2275 *Ohly* in Ohly/Sosnitza, UWG, § 3a UWG Rz. 30c.
2276 BGH v. 31.10.2018 – I ZR 73/17 Rz. 31 – Jogginghosen; BGH v. 7.3.2019 – I ZR 184/17 Rz. 26 – Energieeffizienzklasse III.

geeignet, den Verbraucher zu einer geschäftlichen Entscheidung zu veranlassen, die er andernfalls nicht getroffen hätte[2277].

b) Hinweis- und Kennzeichnungspflichten

aa) Haushaltsgeräte und Pkw

1479   Wettbewerbsbezug liegt vor bei der Energieverbrauchskennzeichnungsverordnung (EnV-KV)[2278] und der Pkw-Energieverbrauchskennzeichnungsverordnung (Pkw-EnVKV) sowie den EU-Verordnungen, auf die die EnVKV und die Pkw-EnVKV verweisen. Dies gilt insbesondere für die Kennzeichnungspflichten im Fernabsatz (**§ 5 und § 6a EnVKV**[2279] und **§ 5 Pkw-EnVKV**[2280]).

1480   **§ 5 EnVKV** verpflichtet Lieferanten und Händler zu Angaben über den Energieverbrauch bestimmter **Haushaltsgeräte**, wenn die Geräte über den Versandhandel, in Katalogen, über das Internet, über Telefonmarketing oder auf einem anderen Weg angeboten werden, bei dem Interessenten die Geräte nicht ausgestellt sehen. Nach **§ 6a EnVKV** haben Lieferanten und Händler zudem sicherzustellen, dass bei der Werbung für ein bestimmtes Gerät auf dessen Energieeffizienzklasse hingewiesen wird, sofern die Werbung Informationen über den Energieverbrauch oder den Preis enthält. Dies gilt auch für LED-Monitore, die sich sowohl als Computer- als auch als Video-monitore eignen[2281].

1481   Der EnVKV liegen eine Reihe von EU-Verordnungen zugrunde, u.a. die Delegierte Verordnung (EU) Nr. 1062/2010 der Europäischen Kommission für die Kennzeichnung von Fernsehgeräten[2282]. Die Verordnung hat Wettbewerbsbezug gem. § 3a UWG. Da die europäische Verordnung im Vergleich zu der EnVKV höherrangiges Recht ist, hat sich der BGH in seinen Energieeffizienz-Entscheidungen zutreffend auf die europäische Verordnung und nicht auf die EnVKV gestützt[2283].

1482   Die Energieeffizienzklasse eines beworbenen Fernsehgeräts musste bis 2014 nicht auf derselben Internetseite wie die preisbezogene Werbung angegeben werden. Vielmehr genügte es, dass die Energieeffizienzklasse auf der Internetseite angegeben war, die sich nach Anklicken des unmittelbar unterhalb der preisbezogenen Werbung befindlichen Links mit der Bezeich-

---

2277 BGH v. 7.3.2019 – I ZR 184/17 Rz. 30 – Energieeffizienzklasse III.

2278 *Gössling/Dimov*, IPRB 2018, 154, 155 f.

2279 Vgl. BGH v. 15.12.2016 – I ZR 221/15 Rz. 24; OLG Dresden v. 24.11.2009 – 14 U 1393/09, CR 2010, 274 = MMR 2010, 465; OLG Hamm v. 11.3.2008 – 4 U 193/07, MMR 2009, 69 (Ls.).

2280 Vgl. BGH v. 4.2.2010 – I ZR 66/09 Rz. 16, AfP 2010, 467 – Gallardo Spyder; OLG Düsseldorf v. 30.4.2015 – I-15 U 66/14; OLG Frankfurt v. 6.12.2018 – 6 U 196/17 Rz. 11; OLG Köln v. 3.6.2009 – 6 W 60/09, MMR 2010, 103; OLG Köln v. 19.5.2017 – 6 U 155/16 Rz. 11; OLG Stuttgart v. 27.11.2008 – 2 W 61/08, NJW-RR 2009, 917, 919; OLG Stuttgart v. 27.11.2008 – 2 U 60/08, NJW-RR 2009, 913, 916 f.

2281 OLG Köln v. 26.2.2014 – 6 U 189/13 Rz. 9 ff., CR 2014, 409.

2282 Delegierte Verordnung (EU) Nr. 1062/2010 der Kommission v. 28.9.2010 zur Ergänzung der Richtlinie 2010/30/EU des Europäischen Parlaments und des Rates im Hinblick auf die Kennzeichnung von Fernsehgeräten in Bezug auf den Energieverbrauch, ABl. Nr. L 314 v. 30.11.2010, S. 64 und L 78 v. 24.3.2011, S. 69.

2283 BGH v. 4.2.2016 – I ZR 181/14 Rz. 13 – Energieeffizienzklasse I; BGH v. 6.4.2017 – I ZR 159/16 Rz. 17 – Energieeffizienzklasse II; OLG Köln v. 26.2.2014 – 6 U 189/13 Rz. 6, CR 2014, 409 = ITRB 2017, 230; OLG Köln v. 20.12.2013 – 6 U 56/13 Rz. 24, CR 2014, 805.

nung „Details zur Energieeffizienz" öffnete[2284]. Wenn allerdings ein ab dem 1.1.2015 mit einer neuen Modellkennung in Verkehr gebrachtes Fernsehgerät zum Verkauf angeboten wird und für dieses Fernsehgerätemodell (wie jetzt erforderlich) ein **elektronisches Etikett** bereitgestellt wurde, muss die Energieeffizienzklasse auf dem Bildschirm in der Nähe des Produktpreises erscheinen, weil dort gem. § 6a EnVKV entweder das die Energieeffizienzklasse enthaltende Etikett oder der die Energieeffizienzklasse enthaltende Pfeil darzustellen ist[2285].

Bei neuen Pkws müssen nach **§ 5 Abs. 1 Pkw-EnVKV** der Kraftstoffverbrauch und die CO_2- 1483 Emissionen angegeben werden. Dies gilt für „neue Personenkraftwagen", wobei hierunter nach § 2 Nr. 1 Pkw-EnVKV nicht nur Neuwagen fallen, sondern alle Fahrzeuge, die noch nicht zu einem anderen Zweck als dem des Weiterverkaufs oder der Auslieferung verkauft wurden[2286]. Bei einer Werbung im **Internet** gilt die Informationspflicht gem. § 5 Abs. 1 Pkw-EnVKV in dem Augenblick, in dem in der Werbung erstmalig Angaben zu Motorisierung, z.B. zu Motorleistung, Hubraum oder Beschleunigung, angezeigt werden (Anlage 4 Abschnitt II Nr. 3 Satz 2 Pkw-EnVKV)[2287].

Nach § 2 Nr. 11 Pkw-EnVKV ist **„Werbematerial"** jede Form von Informationen, die für 1484 Vermarktung und Werbung für Verkauf und Leasing neuer Personenkraftwagen in der Öffentlichkeit verwendet wird; dies umfasst auch Texte und Bilder auf Internetseiten (vgl. auch § 5 Abs. 2 Satz 1 Pkw-EnVKV). Der Begriff der Werbung umfasst demnach alle Maßnahmen eines Unternehmens, die auf die Förderung des Absatzes seiner Produkte oder Dienstleistungen gerichtet sind. Damit ist außer der unmittelbar produktbezogenen Werbung auch die mittelbare Absatzförderung – z.B. in Form der Imagewerbung, der Pressearbeit oder des Sponsoring – erfasst[2288]. Die produktbezogenen Informationspflichten gelten mithin auch für Angebote auf elektronischen Videoportalen, die der Absatzförderung dienen. Bei einer Pkw-Werbung mittels **YouTube-Videos** müssen die Pflichten nach der Pkw-EnVKV eingehalten werden[2289]. Gleiches gilt für eine elektronische Diashow[2290] und für das Teilen eines Testberichts über ein Fahrzeug durch ein Autohaus über dessen **Facebook-Seite**[2291].

bb) Textilerzeugnisse

Eine Marktverhaltensregel stellt auch die Beschreibung der Textilfaserzusammensetzung 1485 nach **Art. 16 EU-Textilkennzeichenverordnung (TextilKennzVO)**[2292] dar[2293]. Die in Art. 16

2284 BGH v. 4.2.2016 – I ZR 181/14 Rz. 14 – Energieeffizienzklasse I; vgl. auch OLG Stuttgart v. 24.10.2013 – 2 U 28/13 Rz. 45 ff., CR 2014, 809 m. Anm. *Witschel* = ITRB 2014, 272.
2285 BGH v. 4.2.2016 – I ZR 181/14 Rz. 28 – Energieeffizienzklasse I.
2286 OLG Celle v. 5.12.2013 – 13 U 154/13 Rz. 8.
2287 Vgl. OLG Köln v. 29.5.2015 – 6 U 177/14, ITRB 2015, 252; LG Wuppertal v. 31.10.2014 – 12 O 25/14.
2288 OLG Frankfurt v. 6.12.2018 – 6 U 196/17 Rz. 12.
2289 EuGH v. 21.2.2018 – C 132/17; BGH v. 13.9.2018 – I ZR 117/15 Rz. 33 ff. – YouTube-Werbekanal II; OLG Frankfurt v. 14.3.2019 – 6 U 134/15 Rz. 30 ff.; OLG Köln v. 29.5.2015 – 6 U 177/14, ITRB 2015, 252 = CR 2019, 49 = AfP 2018, 560; LG Wuppertal v. 31.10.2014 – 12 O 25/14.
2290 OLG Düsseldorf v. 30.4.2015 – I-15 U 66/14 Rz. 49 ff.
2291 OLG Celle v. 8.5.2018 – 13 U 12/18 Rz. 25 ff.; vgl. auch OLG Köln v. 19.5.2017 – 6 U 155/16 Rz. 15.
2292 *Gössling/Dimov*, IPRB 2018, 154, 156.
2293 BGH v. 24.3.2016 – I ZR 7/15 Rz. 14; OLG Köln v. 19.6.2015 – 6 U 183/14; vgl. auch LG Frankenthal v. 14.2.2008 – 2 HKO 175/07, MMR 2009, 144 (Ls.).

Abs. 1 Satz 1 TextilKennzVO bestimmte Pflicht, die in Art. 5 und 7 bis 9 TextilKennzVO auf-geführten Beschreibungen der Textilfaserzusammensetzung in Katalogen, in Prospekten, auf Verpackungen, Etiketten und Kennzeichnungen anzugeben, ist jedoch nur auf den Zeit-punkt der **Bereitstellung eines Textilerzeugnisses auf dem Markt** bezogen. Wenn ein Tex-tilerzeugnis dem Verbraucher zum Kauf angeboten wird, müssen diese Informationen für Verbraucher nach Art. 16 Abs. 1 Satz 2 TextilKennzVO zwar schon vor dem Kauf und daher zu dem Zeitpunkt deutlich sichtbar sein. Informationspflichten bestehen aber nicht in rei-nen Werbeprospekten ohne Bestellmöglichkeit[2294].

1486   Die **§§ 3 und 4 Textilkennzeichengesetz (TextilKennzG)** ergänzen Art. 16 Abs. 1 Satz 1 TextilkennzVO und enthalten gleichfalls Marktverhaltensregeln gem. § 3a UWG[2295].

cc) Weitere Informationspflichten

1487   Nach § 312g Abs. 1 BGB i.V.m. Art. 246a § 1 Abs. 2 EGBGB hat ein Unternehmer im Rah-men eines **Fernabsatzvertrages** den Verbraucher rechtzeitig vor Abgabe von dessen Ver-tragserklärung über das Bestehen eines Widerrufsrechts sowie über die Einzelheiten der Aus-übung zu informieren (s. Rz. 910). Auch hierbei handelt es sich um Marktverhaltensregeln gem. § 3a UWG[2296]. Dasselbe gilt für § 312j BGB, der die Pflichten des Unternehmers im **elektronischen Geschäftsverkehr** (s. Rz. 957 ff.) regelt[2297].

1488   Art. 14 Abs. 1 Satz 1 der Verordnung über die Online-Beilegung verbraucherrechtlicher Strei-tigkeiten (ODR-Verordnung, EU-Verordnung Nr. 524/2013) und § 36 Verbraucherstreitbei-legungsgesetz (VSBG)[2298] verpflichten den Online-Händler zu Informationen über die **On-line-Streitbeilegungs-Plattform (OS-Plattform)** sowie zu einem Link zu dieser Plattform. Es handelt sich um Marktverhaltensregeln gem. § 3a UWG[2299]. Auf einem Online-Markt-platz ist der Händler jedoch nicht verpflichtet, neben dem Betreiber des Marktplatzes zu-sätzlich einen Link zu setzen, da sich die Verpflichtung aus Art. 14 Abs. 1 Satz 1 ODR-Ver-ordnung dem Wortlaut nach auf die eigene Website beschränkt[2300].

1489   Auch **§ 8 Abs. 1 Satz 2 Altölverordnung (AltölV)** fällt in den Anwendungsbereich von § 3a UWG[2301]. Die Norm begründet eine Hinweispflicht auf Annahmestellen zur kostenlosen Altölrücknahme. Das Gesetz über die Einheiten im Messwesen und die Zeitbestimmung

---

2294 BGH v. 24.3.2016 – I ZR 7/15 Rz. 19.
2295 BGH v. 24.3.2016 – I ZR 7/15 Rz. 14.
2296 OLG Hamm v. 13.10.2011 – 4 U 99/11 Rz. 24; LG Würzburg v. 7.8.2018 – 1 HK O 434/18 Rz. 19 f.
2297 OLG Köln v. 3.2.2016 – 6 U 39/15 Rz. 13, CR 2016, 407 = ITRB 2016, 128; LG Arnsberg v. 14.1.2016 – 8 O 119/15 Rz. 29; LG Leipzig v. 16.12.2014 – 1 HK O 1295/14.
2298 *Nordholtz/Weber*, NJW 2018, 3057, 3057 ff.
2299 OLG Brandenburg v. 19.9.2017 – 6 U 19/17 Rz. 6; OLG Celle v. 24.7.2018 – 13 U 158/17 Rz. 25 ff.; OLG Dresden v. 17.1.2017 – 14 U 1462/16 Rz. 16, CR 2017, 250 = ITRB 2017, 77; OLG Frankfurt v. 11.11.2021 – 6 U 81/21 Rz. 47; OLG Hamburg v. 26.4.2018 – 3 W 39/18 Rz. 20; OLG Hamm v. 3.8.2017 – 4 U 50/17 Rz. 10; OLG München v. 22.9.2016 – 29 U 2498/16, ITRB 2017, 81; LG Bochum v. 31.3.2016 – 14 O 21/16 Rz. 10 f., CR 2016, 461.
2300 OLG Dresden v. 17.1.2017 – 14 U 1462/16 Rz. 18 ff., CR 2017, 250 = ITRB 2017, 77; a.A. OLG Hamburg v. 26.4.2018 – 3 W 39/18 Rz. 27; OLG Hamm 3.8.2017 – 4 U 50/17 Rz. 13 ff.; OLG Koblenz v. 25.1.2017 – 9 W 426/16 Rz. 10.
2301 OLG Hamburg v. 2.6.2010 – 5 W 59/10.

(**EinhZeitG**) hat gleichfalls Wettbewerbsbezug. Werden daher **Computerbildschirme** in einem Internetshop mit Größenangaben in Zoll angeboten, ohne dass die cm-Maße genannt werden, so ist der Tatbestand des § 3a UWG erfüllt[2302]. Nicht selten fehlt es allerdings in diesen Fällen an der nach § 3a UWG erforderlichen **spürbaren Beeinträchtigung** von Wettbewerbsbelangen[2303]. Auch die Warnpflichten der Verordnung über die Sicherheit von **Spielzeug** (Zweite Verordnung zum Produktsicherheitsgesetz, **2. ProdSV**) sind Marktverhaltensregeln i.S.d. § 3a UWG. Wird online Spielzeug zum Kauf angeboten, müssen die durch § 11 2. ProdSV vorgeschriebenen Warnhinweise vor dem Kauf auf der Website sichtbar sein[2304].

c) Preisangaben

Verstöße gegen die **Preisangabenverordnung (PAngV)** sind gem. § 3a UWG wettbewerbs-   1490
widrig[2305]. Dies gilt insbesondere für den Fernabsatz, für den in **§ 5b Abs. 1 Nr. 3 UWG** die Angabe des Gesamtpreises und der Lieferkosten als wesentliche Informationen bezeichnet werden, die dem Verbraucher mitzuteilen sind.

aa) Flugreisen

Für **Flugreisen** gilt ergänzend zu der PAngV Art. 23 der EU-Verordnung über gemeinsame   1491
Vorschriften für die Durchführung von Luftverkehrsdiensten in der Gemeinschaft (Luft-VO)[2306]. Hierbei handelt es sich gleichfalls um eine Marktverhaltensregel gem. § 3a UWG[2307].

Flugpreise, die für Flugdienste von einem Flughafen eines EU-Mitgliedsstaates angeboten   1492
oder veröffentlicht werden, müssen den **Gesamtpreis** ausweisen einschließlich des Flugpreises und aller anfallenden Gebühren, Zuschläge und Entgelte, die unvermeidbar und vorhersehbar sind (Art. 23 Abs. 1 Satz 2 LuftVO). Dies gilt bereits für die **erstmalige Angabe** des Preises. Es ist nicht zulässig, zunächst einen niedrigeren Preis anzugeben und erst unmittelbar vor der Buchung den tatsächlichen Gesamtpreis[2308]. Neben dem Gesamtpreis ist nach Art. 23 Abs. 1 Satz 3 Nr. 1 bis 4 LuftVO eine Aufschlüsselung vorgeschrieben in den Flugpreis, Steuern, Flughafengebühren und sonstige Zuschläge und Gebühren. Ein Luftfahrt-

---

2302 OLG Hamm v. 10.5.2010 – 4 W 48/10 Rz. 2; LG Bochum v. 30.3.2010 – I-17 O 21/10, K&R 2010, 430, 431 (Vorinstanz).

2303 Vgl. OLG Hamm v. 10.5.2010 – 4 W 48/10 Rz. 3; LG Bochum v. 30.3.2010 – I-17 O 21/10, K&R 2010, 430, 431 (Vorinstanz).

2304 OLG Hamm v. 16.5.2013 – 4 U 194/12 Rz. 18.

2305 BGH v. 25.2.1999 – I ZR 4/97, GRUR 1999, 762, 763 = WRP 1999, 845, 846 – Herabgesetzte Schlussverkaufspreise; BGH v. 5.7.2001 – I ZR 104/99, GRUR 2001, 1166, 1168 – Fernflugpreise; BGH v. 3.7.2003 – I ZR 211/01, AfP 2004, 73 = CR 2003, 816, 817 m. Anm. *Schirmbacher* = WRP 2003, 1347, 1349 – Telefonischer Auskunftsdienst; BGH v. 15.1.2004 – I ZR 180/01, WRP 2004, 490, 491 = NJW-RR 2004, 906, 907 – FrühlingsgeFlüge; BGH v. 16.7.2009 – I ZR 140/07, ITRB 2010, 98 = CR 2010, 192, 193 – Versandkosten bei Froogle; BGH v. 16.7.2009 – I ZR 50/07, ITRB 2010, 158 = WRP 2010, 370, 372 – Kamerakauf im Internet m. Anm. *Reinholz*, GRUR – Prax 2010, 90.

2306 Verordnung (EG) Nr. 1008/2008 v. 24.9.2008, ABl. EU Nr. L 293/3.

2307 BGH v. 30.7.2015 – I ZR 29/12 Rz. 16, CR 2016, 321 – Buchungssystem II.

2308 EuGH v. 15.1.2015 – C-573/13 Rz. 39 ff., ECLI:EU:C:2015:11, CR 2015, 245 = ITRB 2015, 55.

unternehmen, das sich auf die Angabe des Endpreises beschränkt, erfüllt die Vorgaben von Art. 23 Abs. 1 Satz 3 LuftVO nicht[2309].

1493 **Fakultative Zusatzkosten** sind auf klare, transparente und eindeutige Art und Weise am Beginn jedes Buchungsvorgangs mitzuteilen; die Annahme der fakultativen Zusatzkosten[2310] durch den Kunden hat auf „Opt-in"-Basis zu erfolgen (Art. 23 Abs. 1 Satz 4 LuftVO)[2311]. Abzustellen ist dabei nicht auf den Beginn der Buchung der Flugreise, sondern auf den Beginn der Buchung der jeweiligen Zusatzleistung[2312]. **Kreditkartengebühren** dürfen nicht erst kurz vor dem Ende des Buchungsvorgangs hinzugerechnet werden, wenn nicht frühzeitig auf die Kreditkartengebühren hingewiesen wird[2313].

(1) Gesamtpreis

1494 Ein Anbieter, der online **Flugreisen** anbietet, muss in den beworbenen Gesamtpreis alle Preisbestandteile einrechnen, die er selbst festlegt. Eine „Service Charge" und ein „Treibstoffzuschlag" dürfen daher nicht gesondert ausgewiesen werden[2314]. Dasselbe gilt für Kreditkartengebühren, wenn dem Verbraucher keine echte kostenfreie Zahlungsalternative geboten wird[2315], sowie für Flughafengebühren[2316] und Steuern, die von dem Flugziel und der Flugroute abhängen[2317]. In den Gesamtpreis müssen auch Check-In-Gebühren eingerechnet werden, deren Zahlung mangels einer alternativen kostenfreien Art des Check-Ins unvermeidbar ist, die Mehrwertsteuer auf die Preise für Inlandsflüge sowie „Verwaltungsgebühren" für Käufe mit einer anderen als der vom Luftfahrtunternehmen bevorzugten Kreditkarte, wenn es sich jeweils um unvermeidbare und vorhersehbare Preisbestandteile handelt[2318].

1495 **Zusatzkosten** können nicht als vermeidbar und infolgedessen fakultativ angesehen werden, wenn die Wahl, die dem Verbraucher geboten wird, von einer vom Luftfahrtunternehmen **vorgegebenen Bedingung** abhängt, wonach die betreffende Leistung nur für einen beschränkten Kreis privilegierter Verbraucher kostenlos ist, während die nicht zu diesem Kreis gehörenden Verbraucher de facto dazu gezwungen werden, entweder auf die Unentgeltlichkeit dieser Leistung oder auf den sofortigen Abschluss der Buchung zu verzichten und potenziell teure Schritte (wie die Anschaffung einer bestimmten Kreditkarte) zu unternehmen,

---

2309 EuGH v. 6.7.2017 – C-290/16 Rz. 24, ECLI:EU:C:2017:523 – AirBerlin.
2310 Vgl. LG Dresden v. 5.10.2012 – 42 HK O 299/11 Rz. 35 ff.
2311 EuGH v. 19.7.2012 – C-112/11 Rz. 14, ECLI:EU:C:2012:487.
2312 KG Berlin v. 7.10.2015 – 5 U 45/14.
2313 KG Berlin v. 1.6.2011 – 24 U 111/10 Rz. 77.
2314 BGH v. 29.9.2016 – I ZR 160/15 Rz. 31; BGH v. 30.7.2015 – I ZR 29/12 Rz. 19 ff., CR 2016, 321 – Buchungssystem II; KG Berlin v. 4.1.2012 – 24 U 90/10 Rz. 41, ITRB 2012, 101; OLG Frankfurt v. 14.2.2008 – 6 U 75/07; LG Leipzig v. 19.3.2010 – 02 HK O 1900/09, WRP 2010, 959, 961; a.A. OLG Köln v. 23.3.2007 – 6 U 227/06, MMR 2007, 792, 792.
2315 KG Berlin v. 9.12.2011 – 5 U 147/10 Rz. 27 ff.; LG Berlin v. 3.8.2005 – 97 O 62/04, WRP 2005, 2569 f.
2316 LG Berlin v. 26.6.2015 – 15 O 367/14 Rz. 16.
2317 BGH v. 3.4.2003 – I ZR 222/00, NJW 2003, 3055, 3056 – Internet-Reservierungssystem; BGH v. 29.4.2010 – I ZR 23/08 Rz. 15, CR 2010, 615 – Costa del Sol; OLG Köln v. 29.10.2004 – 6 U 126/04, ITRB 2005, 179 = MMR 2005, 251 f.
2318 EuGH v. 23.4.2020 – C-28/19 Rz. 36 – Ryanair; BGH v. 24.8.2021 – X 23/20 Rz. 15 ff. – Servicegebühr, Gepäckkosten; OLG Dresden v. 29.10.2019 – 14 U 754/19 Rz. 19 ff.

um die Bedingung zu erfüllen, wobei sie Gefahr laufen, das Angebot nicht mehr oder nicht mehr zum ursprünglich angegebenen Preis wahrnehmen zu können, wenn diese Schritte abgeschlossen sind[2319].

Luftfahrtunternehmen, die die Flugpreise für innergemeinschaftliche Flugdienste nicht in Euro ausdrücken, sind verpflichtet, für die Preisangabe eine mit dem angebotenen Dienst objektiv in Verbindung stehende **Landeswährung** zu wählen. Dies ist insbesondere bei einer Währung der Fall, die in dem Mitgliedstaat des Abflug- oder Ankunftsorts des betreffenden Flugs als gesetzliches Zahlungsmittel gilt[2320]. Kommt es während des Buchungsvorgangs zu einer Umrechnung von einer Währung in eine andere, gehören Umrechnungskosten zu den fakultativen Zusatzkosten, die anzugeben sind (Art. 23 Abs. 1 Satz 4 LuftVO)[2321]. 1496

(2) Fakultative Zusatzkosten

Bei **Check-In-Gebühren**, deren Zahlung durch den Rückgriff auf eine kostenfreie Art des Check-Ins vermieden werden kann, sowie bei der Mehrwertsteuer auf fakultative Zusatzleistungen für Inlandsflüge handelt es sich um fakultative Zusatzkosten i.S.v. Art. 23 Abs. 1 Satz 4 LuftVO[2322]. Dasselbe gilt für Zusatzentgelte für die Gepäckbeförderung[2323]. 1497

Unzulässig ist eine Ausgestaltung des Buchungsvorgangs, bei dem eine Fortsetzung der Buchung ohne Inanspruchnahme der Zusatzleistung zwar möglich ist, dieser Weg jedoch schwerer aufzufinden ist als die Hinzubuchung der Zusatzleistung[2324]. Gleiches gilt, wenn der Verbraucher nach erfolgter Abwahl der Zusatzleistung im weiteren Buchungsverlauf über die erneute Notwendigkeit der Abwahl getäuscht wird[2325]. Den Anforderungen des Art. 23 Abs. 1 Satz 4 LuftVO genügt es hingegen, wenn der Kunde den Buchungsvorgang nur dann fortsetzen kann, wenn er sich für oder gegen die Inanspruchnahme der Zusatzleistung entschieden hat[2326]. 1498

Nach Auffassung des OLG Dresden sind **Zusatzentgelte für die Gepäckbeförderung** dem Kunden auch dann bereits im Buchungsvorgang mitzuteilen, wenn der Kunde zunächst von einer Inanspruchnahme dieser Leistung absieht. Die Mitnahme auch von größeren Gepäckstücken sei für viele Fluggäste von wesentlicher Bedeutung. Auch wenn sich die Kunden zum Zeitpunkt der Buchung noch nicht dafür entschieden haben, Gepäck hinzuzubuchen, ist nicht ausgeschlossen, dass sie dies zu einem späteren Zeitpunkt noch nachholen wollen. Um die effektive Vergleichbarkeit der Preise von Flugdiensten zu ermöglichen, sei es daher notwendig, diese Preise zu Beginn des Buchungsvorgangs mitzuteilen. Nur so können die Kunden die Preise verschiedener Luftfahrtunternehmen für Flugdienste effektiv vergleichen[2327]. 1499

2319 EuGH v. 23.4.2020 – C-28/19 Rz. 33 – Ryanair; BGH v. 24.8.2021 – X 23/20 Rz. 15 ff. – Servicegebühr, Gepäckkosten; OLG Dresden v. 29.10.2019 – 14 U 754/19 Rz. 19 ff.
2320 EuGH v. 15.11.2008 – C-330/17 Rz. 39, ECLI:EU:C:2018:916 – Germanwings.
2321 LG Berlin v. 1.10.2020 – 91 O 101/18 Rz. 22 f.
2322 EuGH v. 23.4.2020 – C-28/19 Rz. 36, ECLI:EU:C:2020:301, CR 2020, 400 – Ryanair.
2323 BGH v. 24.8.2021 – X ZR 23/20 Rz. 28 ff. – Servicegebühr, Gepäckkosten.
2324 OLG Frankfurt v. 9.10.2014 – 6 U 148/13 Rz. 24, ITRB 2015, 111.
2325 BGH v. 29.9.2016 – I ZR 160/15 Rz. 25.
2326 OLG Frankfurt v. 9.4.2015 – 6 U 33/14, CR 2015, 735.
2327 OLG Dresden v. 13.11.2018 – 14 U 751/18 Rz. 23.

bb) Preisangabenverordnung

1500 § 3 Abs. 1 PAngV schreibt die Angabe der **Gesamtpreise** vor, wenn gegenüber Verbrauchern gewerbs- oder geschäftsmäßig oder regelmäßig in sonstiger Weise Waren oder Leistungen angeboten werden. Dasselbe gilt für den Fall, dass ein Anbieter von Waren oder Leistungen gegenüber Verbrauchern unter Angabe von Preisen wirbt.

1501 ■ **Übersicht:**

Preisangabenverordnung (PAngV):

– **Anwendungsbereich: Angebote** des Unternehmers an Verbraucher und **Werbung**, sofern in der Werbung Preise genannt werden (§ 3 Abs. 1 PAngV).

– **Gesamtpreis:** Es sind stets die Gesamtpreise anzugeben einschließlich aller **Preisbestandteile** (§ 3 Abs. 1 i.V.m. § 2 Nr. 3 PAngV).

– **Fernabsatz:** Im Fernabsatz bedarf es neben der Angabe eines Gesamtpreises der Angabe zusätzlicher **Liefer- und Versandkosten** (§ 6 Abs. 1 Nr. 2 PAngV) sowie der Angabe, dass die geforderten Preise die **Umsatzsteuer** und sonstige Preisbestandteile enthalten (§ 6 Abs. 1 Nr. 1 PAngV).

– **Gestaltung der Preisangaben:** Preisklarheit und Preiswahrheit; die Pflichtangaben müssen dem Angebot oder der Werbung **eindeutig zuzuordnen** und **gut wahrnehmbar gestaltet** sein (§ 1 Abs. 3 PAngV).

– **Spürbarkeit:** Bei geringfügigen Verstößen gegen die PAngV fehlt es an einem Wettbewerbsverstoß (§ 3a UWG).

cc) Werbung und Angebote

1502 Der Unternehmer ist nicht dazu verpflichtet, Preisangaben in seine **Werbung** aufzunehmen. Wenn er jedoch unter Angabe von Preisen wirbt, muss er vollständige Angaben machen[2328].

1503 Eine Werbung unter Angabe von Preisen liegt vor, wenn ein Einzelpreis oder ein bestimmter Preisbestandteil angegeben wird[2329]. Das eingesetzte Medium spielt dabei keine Rolle. Auch die Werbung in E-Mail-Newslettern muss sich an den Anforderungen der PAngV messen lassen[2330].

1504 Der Begriff des **Angebots** ist weiter als der eines Angebots nach § 145 BGB[2331]. Ausreichend ist, wenn der Kunde rechtlich zwar noch unverbindlich, tatsächlich aber schon gezielt auf den Kauf einer Ware angesprochen wird. Die Ankündigung muss ihrem Inhalt nach so konkret gefasst sein, dass sie nach der Auffassung des Verkehrs den Abschluss eines Geschäfts

---

2328 BGH v. 8.10.1998 – I ZR 187/97, CR 1999, 76 = GRUR 1999, 264, 267 – Handy für 0 DM; BGH v. 26.2.2009 – I ZR 163/06, CR 2009, 746, 747 – Dr. Clauder's Hufpflege.

2329 Vgl. OLG Düsseldorf v. 20.4.2004 – I-20 U 166/03, GRUR-RR 2005, 87, 88; OLG Stuttgart v. 17.1.2008 – 2 U 12/07, MMR 2008, 754, 754.

2330 Vgl. BGH v. 10.12.2009 – I ZR 149/07, CR 2010, 510.

2331 BGH v. 16.1.1980 – I ZR 25/78, GRUR 1980, 304, 304 f. – Effektiver Jahreszins bei Kreditangeboten; LG München I v. 31.3.2015 – 33 O 15881/14 Rz. 61; *Schirmbacher/Bühlmann*, K&R 2010, 220, 223.

auch aus der Sicht des Kunden ohne weiteres zulässt[2332]. Es reicht aus, dass der Verbraucher so viel über das Produkt und dessen Preis erfährt, dass er sich für den Kauf entscheiden kann[2333].

Eine Werbung ohne Preisangabe stellt kein Angebot i.S.d. § 3 Abs. 1 PAngV dar[2334]. An einem Angebot fehlt es auch, wenn in einer „Minigalerie" einzelne Produkte überblicksartig dargestellt werden und wegen der sehr geringen Größe der Felder der „Minigalerie" nicht anzunehmen ist, dass der Käufer eine Kaufentscheidung treffen kann. Durch einen weiterführenden Link in der Minigalerie fühlt er sich allenfalls „angelockt", weitere Informationen abzurufen[2335].

1505

Im **Online-Handel** ist demnach zu beachten, dass Warenpräsentationen mit unmittelbarer Bestellmöglichkeit preisangabenrechtlich als Angebote anzusehen sind und daher stets einer Preisangabe bedürfen. Für eine Anzeige, die ohne Preisangaben für eine Marke wirbt, gilt die PAngV dagegen nicht[2336].

1506

dd) Gesamtpreis

§ 3 Abs. 1 PAngV sieht eine Pflicht zur Angabe des Gesamtpreises vor. Die **Gesamtpreisangabe** soll verhindern, dass der Verbraucher selbst den zu zahlenden Preis ermitteln muss. Gesamtpreis ist das tatsächlich zu zahlende Gesamtentgelt (§ 2 Nr. 3 PAngV)[2337]. Anzugeben ist daher der Gesamtpreis inklusive aller Steuern, Gebühren und Zuschläge[2338]. Hierunter fallen alle unvermeidbaren und vorhersehbaren Bestandteile des Preises, die obligatorisch vom Verbraucher zu tragen sind und die die Gegenleistung in Geld für den Erwerb des betreffenden Erzeugnisses bilden. Entscheidend ist, ob die Kosten auf jeden Fall und ohne Wahlmöglichkeit des Kunden anfallen[2339].

1507

Eine „**Logistikpauschale**", die ein Händler bei jedem Kauf in fixer Höhe verlangt, ist als unvermeidbarer, vorhersehbarer und zwingend zu entrichtender Preisbestandteil anzusehen und daher in den Gesamtpreis mit einzubeziehen[2340]. Ein Online-Angebot für ein Ferienhaus muss den Preis inklusive der **Endreinigung** enthalten[2341]. Die Online-Plattform Booking.com muss bei Online-Angeboten von Hotelzimmern auch die sog. „**Tourismusabgabe**" mit in den Gesamtpreis einrechnen[2342]. Zu weit geht es, wenn das OLG Schleswig[2343] einen Verstoß

1508

2332 BGH v. 16.1.1980 – I ZR 25/78, GRUR 1980, 304, 304 f. – Effektiver Jahreszins bei Kreditangeboten; LG München I v. 31.3.2015 – 33 O 15881/14 Rz. 61; vgl. auch *Köhler* in Köhler/Bornkamm/Feddersen, § 1 PAngV Rz. 4; *Schirmbacher/Bühlmann*, K&R 2010, 220, 223.
2333 OLG Frankfurt v. 18.6.2018 – 6 U 93/17 Rz. 10.
2334 BGH v. 10.11.2016 – I ZR 29/15 Rz. 12.
2335 OLG Stuttgart v. 15.2.2018 – 2 U 96/17 Rz. 12.
2336 *Schirmbacher/Bühlmann*, K&R 2010, 220, 223.
2337 BGH v. 7.7.1983 – I ZR 113/81, GRUR 1983, 665, 666 – qm-Preisangaben.
2338 *Schirmbacher/Bühlmann*, K&R 2010, 220, 223.
2339 OLG Bamberg v. 3.3.2021 – 3 U 31/20 Rz. 31.
2340 OLG Bamberg v. 3.3.2021 – 3 U 31/20 Rz. 32.
2341 OLG Hamm v. 4.6.2013 – 4 U 22/13 Rz. 40; LG Aschaffenburg v. 14.12.2021 – 1 HK O 47/21 Rz. 35 ff.; LG Düsseldorf v. 10.10.2012 – 12 O 301/12.
2342 OLG Köln v. 14.3.2014 – 6 U 172/13, ITRB 2014, 152.
2343 OLG Schleswig v. 8.5.2007 – 6 U 73/06, WRP 2007, 1127, 1127 ff.

gegen § 3 Abs. 1 PAngV bereits darin sieht, dass für **Hotelzimmerpreise** eine Preisspanne „von … bis …" angegeben wird, obwohl es sich bei den Preisen jeweils um die Gesamtpreise (ohne Zuschläge) handelt. Vertretbar erscheint es, **Kfz-Überführungskosten** aus dem Ausland als Preisbestandteil anzusehen, der in den Gesamtpreis einzurechnen ist[2344]. Ob dies auch dann gelten kann, wenn eine Selbstabholung (fakultativ) angeboten wird[2345], ist zweifelhaft. Ein Verstoß gegen § 3 Abs. 1 PAngV liegt vor, wenn im Internet für eine **Immobilie** geworben wird, aber neben dem Kaufpreis weder die Höhe des Erbbauzinses noch die Restlaufzeit des Erbbaurechts angegeben ist[2346].

1509 Die Verpflichtung zur Bildung eines Gesamtpreises entfällt, wenn ein Gesamtpreis wegen der **Zeit- und Verbrauchsabhängigkeit** einzelner Preiskomponenten nicht gebildet werden kann[2347]. In einem solchen Fall sind die Kosten auf andere Weise hinreichend deutlich kenntlich zu machen[2348]; die einzelnen Preisbestandteile[2349] sind anzugeben[2350].

1510 Nicht erforderlich ist eine Preisangabe für **Zusatzprodukte**, die nicht notwendig mit erworben werden müssen (z.B. Verbrauchsmaterialien oder Zubehör). Anders verhält es sich jedoch, wenn mit dem Erwerb des angebotenen oder beworbenen Produkts zugleich eine Vorentscheidung im Hinblick auf ein anderes Produkt des Anbieters oder Werbenden verbunden ist. In einem solchen Fall ist der Anbietende oder Werbende verpflichtet, die für dieses andere Produkt entstehenden Kosten deutlich kenntlich zu machen. Wer daher für eine Internet-Flatrate Preise angibt, muss auf die Zusatzkosten für einen Kabelanschluss hinweisen[2351].

1511 Bei einem Vertrag zur Nutzung eines **Fitnessstudios** mit einer Festlaufzeit von 12 bzw. 18 Monaten fällt unter den Gesamtpreis außer den monatlichen Mitgliedsbeiträgen auch eine halbjährlich zu zahlende „Servicepauschale" und eine einmalig zu zahlende „Transpondergebühr", weil bei einer Festlaufzeit der Zeitraum feststeht, auf den die Einmalgebühr umzulegen ist, und die Pflicht zur Angabe nicht deshalb entfällt, weil der Bezugszeitraum nicht von vornherein feststehen würde. Infolgedessen ist es auch möglich, für den festen Vertragszeitraum einen Gesamtpreis zu bilden, der sämtliche auf den Vertrag zu zahlenden Beiträge und Gebühren einschließt, da deren Anfall bereits sicher vorhersehbar ist. Dementsprechend ist das tatsächlich zu zahlende Gesamtentgelt, also die Summe aller Einzelpreise, die zu zahlen sind, genau zu beziffern. Eine Angabe des monatlichen Preises genügt nicht, da hierin nur ein zur Ermittlung des Gesamtpreises notwendiger Berechnungsfaktor läge, der bei der Möglichkeit zur Berechnung des Gesamtpreises nicht ausreicht[2352].

2344 Vgl. KG Berlin v. 4.9.2012 – 5 U 103/11 Rz. 16, CR 2013, 673; OLG Düsseldorf v. 11.9.2007, WRP 2009, 104; LG Krefeld v. 4.9.2007, MMR 2008, 125 f.; vgl. auch LG Mönchengladbach v. 15.7.2013 – 8 O 18/13.
2345 Vgl. LG Krefeld v. 4.9.2007, MMR 2008, 125 f.
2346 LG Karlsruhe v. 7.2.2014 – 14 O 77/13 KfH III Rz. 21.
2347 BGH v. 10.12.2009 – I ZR 149/07 Rz. 33, CR 2010, 510 – Sondernewsletter; BGH v. 29.4.2010 – I ZR 23/08 Rz. 18, CR 2010, 615 – Costa del Sol.
2348 BGH v. 10.12.2009 – I ZR 149/07 Rz. 33, CR 2010, 510 – Sondernewsletter.
2349 BGH v. 17.7.2008 – I ZR 139/05 Rz. 18, CR 2009, 91 – Telefonieren für 0 Cent!
2350 KG Berlin v. 26.1.2012 – 23 W 2/12 Rz. 27, CR 2012, 261 = ITRB 2012, 154.
2351 BGH v. 10.12.2009 – I ZR 149/07 Rz. 30, CR 2010, 510 – Sondernewsletter.
2352 OLG München v. 14.10.2021 – 29 U 6100/20 Rz. 20.

ee) Verbraucher

Die Bestimmungen der PAngV gelten nur für Angebote und Werbung gegenüber **Verbrau-** **chern.** Allerdings finden die Vorschriften der PAngV keine Anwendung auf Angebote oder Werbung gegenüber Verbrauchern, die die Ware oder Leistung in ihrer selbständigen beruflichen oder gewerblichen oder in ihrer behördlichen oder dienstlichen Tätigkeit verwenden (§ 2 Nr. 9 PAngV i.V.m. § 13 BGB).

1512

Ob sich ein Angebot (auch) an Verbraucher richtet, bestimmt sich nach der Auffassung der **Verkehrskreise,** an die das Angebot gerichtet ist. Ob der Anbieter tatsächlich nur an Händler, nicht jedoch an Privatkunden verkaufen möchte, ist ohne Belang, wenn das Angebot jedenfalls den Eindruck erweckt, (auch) an Privatkunden gerichtet zu sein[2353]. Angebote im Internet lassen sich schwer auf einen ausschließlich **gewerblichen Kundenkreis** einschränken, da sich der Zugang privater Interessenten nicht ohne weiteres kontrollieren lässt. Eine entsprechende Einschränkung ist zwar möglich, bedarf indes einer deutlichen Gestaltung und konsequenten Umsetzung[2354].

1513

ff) Fernabsatz

Für den **Fernabsatz** trifft § 6 PAngV eine Sonderregelung. Danach bedarf es neben der Angabe eines Gesamtpreises der Angabe zusätzlicher Liefer- und Versandkosten (§ 6 Abs. 1 Nr. 2 PAngV) sowie der Angabe, dass die geforderten Preise die Umsatzsteuer und sonstige Preisbestandteile enthalten (§ 6 Abs. 1 Nr. 1 PAngV). § 12 Abs. 3 PAngV schreibt für Waren, die „auf Bildschirmen angeboten" werden, eine unentgeltliche gesonderte Anzeige über den Preis der fortlaufenden Nutzung vor, wenn der Preis nach **(Zeit-)Einheiten** berechnet wird.

1514

Unter **Versandkosten** fallen nur solche Kosten, die eine durch die konkrete Bestellung verursachte und auf das einzelne Stück bezogene Belastung darstellen. Hierfür ist es aus Sicht des Verbrauchers gerechtfertigt, ein gesondertes Entgelt zu bezahlen. Nicht hiervon erfasst sind Aufwendungen, die mit einer bei jeder Bestellung in gleicher Höhe anfallenden „Logistikpauschale" abgegolten werden sollen[2355].

1515

Die Verpflichtung zu der Angabe, dass der Gesamtpreis die Umsatzsteuer enthält, ist befremdlich, da es in früheren Zeiten streitig war, ob nicht die Angabe **„inklusive Mehrwertsteuer"** unter dem Gesichtspunkt einer unzulässigen Werbung mit Selbstverständlichkeiten wettbewerbswidrig ist[2356].

1516

Dem Wortlaut nach gilt § 6 Abs. 1 PAngV nur für **Angebote** an Verbraucher, wird aber erweiternd dahingehend ausgelegt, dass die Anforderungen auch dann gelten, wenn gegenüber Verbrauchern mit Preisangaben geworben wird. Gemäß § 6 Abs. 2 PAngV ist die Höhe der Kosten für zusätzliche Fracht-, **Liefer- oder Versandkosten** nur dann anzugeben, soweit diese Kosten vernünftigerweise im Voraus berechnet werden können. Die Höhe der Versandkosten in die Länder der Europäischen Union lässt sich regelmäßig ohne unzumutbaren Aufwand vorab berechnen[2357]. Wenn ein Onlineshop für Lieferungen auf deutsche Inseln er-

1517

2353 OLG Karlsruhe v. 21.5.2008 – 4 U 90/07, GRUR-RR 2009, 147, 147 ff.
2354 Vgl. OLG Hamm v. 16.11.2016 – 12 U 52/16 Rz. 41 ff.
2355 OLG Bamberg v. 3.3.2021 – 3 U 31/20 Rz. 38.
2356 Vgl. *Bornkamm/Feddersen* in Köhler/Bornkamm/Feddersen, § 5 UWG Rz. 3.154.
2357 KG Berlin v. 2.10.2015 – 5 W 196/15.

höhte Versandkosten berechnet, sind diese Kosten gem. § 6 Abs. 1 Nr. 2 PAngV anzugeben[2358]. Beim Versandhandel mit Möbeln genügen Versandkostenangaben pro Kubikmeter nicht, wenn eine konkrete Bezifferung der Kosten möglich ist[2359].

1518 Wenn keine zusätzlichen Versandkosten anfallen, so war nach § 1 Abs. 2 Satz 1 Nr. 2 PAngV auf den **kostenlosen Versand** hinzuweisen. Die Sinnhaftigkeit einer solchen Angabe war stets zweifelhaft[2360], sodass es folgerichtig ist, dass eine solche Verpflichtung mit der PAngV-Novelle 2022 entfallen ist.

1519 Bei fehlenden oder fehlerhaften Angaben zu den **Liefer- und Versandkosten** ist die Beeinträchtigung des Wettbewerbs stets „spürbar", da bei einem Verstoß gegen § 6 Abs. 1 Nr. 2 PAngV die Möglichkeit eines Preisvergleichs erheblich erschwert wird[2361]. Es fehlt an einem spürbaren Wettbewerbsverstoß, wenn in einem deutschsprachigen Internetangebot nur die **inländischen Versandkosten** angegeben werden[2362]. Ein bloßer Bagatellverstoß ist auch zu bejahen, wenn lediglich der Hinweis **„inklusive Mehrwertsteuer"** vergessen wird (§ 6 Abs. 1 Nr. 1 PAngV)[2363].

1520 **Praxistipp**

Unternehmen sind immer wieder daran zu erinnern, dass bei jeder Preisangabe nach § 6 Abs. 1 Nr. 1 PAngV auf den Umsatzsteuerhinweis („inkl. MwSt.") zu achten ist. Es spricht nichts dagegen, dies durch in geeigneter Weise gestaltete Links klarzustellen. Ungenügend ist es dagegen, die Hinweise erst zu geben, wenn die Ware bereits in den Warenkorb gelegt wurde[2364].

gg) Grundpreis

1521 Wer Verbrauchern gewerbs- oder geschäftsmäßig oder regelmäßig in sonstiger Weise Waren in Fertigpackungen, offenen Packungen oder als Verkaufseinheiten ohne Umhüllung nach Gewicht, Volumen, Länge oder Fläche anbietet oder für derartige Produkte mit Preisangaben wirbt, ist gem. **§ 4 Abs. 1 Satz 1 PAngV** zur Angabe des Grundpreises verpflichtet. Die Verpflichtung zur Grundpreisangabe bezweckt eine vereinfachte Möglichkeit zum **Preisvergleich** für den Verbraucher[2365]. Bei dem Grundpreis handelt es sich um den **Preis je Mengeneinheit** einschließlich der Umsatzsteuer und sonstiger Preisbestandteile (§ 2 Nr. 3

2358 Vgl. OLG Hamm v. 1.2.2011 – 4 U 196/10 Rz. 71 ff.

2359 OLG Hamm v. 2.7.2009 – 4 U 39/09, MMR 2009, 850.

2360 Vgl. *Schirmbacher*, CR 2003, 817, 818.

2361 *Schlegel*, MDR 2008, 417, 420; OLG Hamburg v. 3.2.2005 – 5 U 128/04, ITRB 2005, 254 = CR 2005, 366, 368; OLG Köln v. 6.8.2004 – 6 U 93/04, CR 2005, 536 = MMR 2005, 111, 112; OLG Hamburg v. 15.2.2007 – 3 U 253/06, ITRB 2007, 128 = MMR 2007, 438, 439; OLG Frankfurt v. 6.3.2008 – 6 U 85/07, K&R 2008, 462, 463 f.

2362 KG Berlin v. 7.9.2007 – 5 W 266/07, CR 2008, 259 = K&R 2007, 530, 531; KG Berlin v. 13.4.2010 – 5 W 62/10 Rz. 7, CR 2010, 526; a.A. OLG Hamm v. 28.3.2007 – 4 W 19/07, CR 2008, 197 = MMR 2007, 663, 664.

2363 *Schlegel*, MDR 2008, 417, 420; OLG Frankfurt v. 6.3.2008 – 6 U 85/07, K&R 2008, 462, 463; vgl. auch OLG Hamburg v. 15.2.2007 – 3 U 253/06, ITRB 2007, 128 = MMR 2007, 438, 439; OLG Hamburg v. 14.2.2007 – 5 U 152/06, CR 2007, 404 = ITRB 2007, 156 = MMR 2007, 723, 724 f.; LG Bielefeld v. 2.6.2006 – 15 O 53/06, CR 2006, 857 = ITRB 2007, 7 = MMR 2006, 561, 562; LG Bonn v. 22.12.2009 – 11 O 92/09, MMR 2010, 180, 181.

2364 *Schirmbacher*, CR 2008, 449, 449 f.

2365 *Köhler* in Köhler/Bornkamm/Feddersen, § 2 PAngV Rz. 1; *Schirmbacher/Bühlmann*, K&R 2010, 220, 224.

PAngV). Der Grundpreis ist **unmissverständlich, klar erkennbar und gut lesbar** anzugeben.

Die Verpflichtung zur Angabe des **Grundpreises** gem. § 4 PAngV geht auf Art. 3 Abs. 4 der EU-Richtlinie zu Preisangaben[2366] zurück. Somit handelt es sich bei Grundpreisangaben um wesentliche Informationen gem. § 5b Abs. 4 UWG, so dass die Annahme eines (nicht „spürbaren", § 3a UWG) Bagatellverstoßes nicht in Betracht kommt[2367].   1522

Nach § 6 Abs. 3 Nr. 4 PAngV gilt die Verpflichtung zur Angabe des Grundpreises nicht für Waren, die im Rahmen einer Dienstleistung angeboten werden. Die Ausnahme ist auf Gaststätten zugeschnitten, gilt jedoch nicht für einen **Pizza-Lieferdienst**[2368].   1523

hh) Gestaltung der Preisangaben

Die durch die PAngV vorgeschriebenen Hinweise müssen sich an den Grundsätzen von **Preisklarheit und -wahrheit** messen lassen (§ 1 Abs. 3 Satz 2 PAngV)[2369]. Die Pflichtangaben müssen nach § 1 Abs. 3 Satz 1 PAngV dem Angebot oder der Werbung eindeutig zuzuordnen sowie leicht erkennbar und deutlich lesbar oder sonst gut wahrnehmbar gestaltet sein. Dies richtet sich nach der allgemeinen Verkehrsauffassung und somit nach dem Eindruck, den der Verkehr den Angaben entnimmt[2370], wobei im E-Commerce auf den **durchschnittlichen Nutzer im Internet** abzustellen ist[2371].   1524

Für die Preisangaben können **Hyperlinks** verwendet werden, solange der jeweilige Link klar als Verweis auf die Preisangaben gekennzeichnet ist[2372]. Dem Durchschnittskäufer ist bekannt, dass Liefer- bzw. Versandkosten oftmals erst auf weiteren, nachfolgenden Seiten aufgeführt sind. Dass dies von einer Vielzahl von Internethändlern so gehandhabt wird, liegt u.a. darin begründet, dass Liefer- und Versandkosten in Relation zu den bestellten Waren sinken. Wer mehr bestellt, zahlt weniger Versandkosten. Zudem kann der Besteller **vielfach Einfluss** auf die Kosten nehmen, je nachdem wie schnell und sicher der Versand erfolgen soll und welchen Transporteur er auswählt. Mit der Angabe der Liefer- und Versandkosten direkt neben der beworbenen Ware wäre dem Kunden somit oftmals nicht gedient[2373].   1525

2366 Richtlinie 98/6/EG, ABl. Nr. L 080 v. 18.3.1998 S. 27 ff.
2367 Vgl. BGH v. 4.2.2010 – I ZR 66/09 Rz. 20 f., AfP 2010, 467 – Gallardo Spyder; OLG Hamm v. 9.2.2012 – I-4 U 70/11 Rz. 15; OLG Köln v. 19.10.2012 – 6 U 46/12 Rz. 10 ff., CR 2013, 249 m. Anm. *Buchmann*, K&R 2013, 122 ff.; a.A. OLG Hamm v. 10.12.2009 – 4 U 156/09, K&R 2010, 279.
2368 BGH v. 28.6.2012 – I ZR 110/11 Rz. 13 – Traum-Kombi.
2369 *Sosnitza* in Ohly/Sosnitza, UWG, § 1 PAngV Rz. 47; *Hullen*, BB 2008, 76, 76.
2370 *Hullen*, BB 2008, 76, 76; BGH v. 17.10.1980 – I ZR 132/78, GRUR 1981, 140, 141 – Flughafengebühr; BGH v. 14.11.1996 – I ZR 162/94, GRUR 1997, 479, 480 – Münzangebot.
2371 BGH v. 4.10.2007 – I ZR 143/04, CR 2008, 108, 109 m. Anm. *Kaufmann* = MMR 2008, 39 m. Anm. *Hoffmann* – Internetversandkosten; OLG Hamburg v. 12.8.2004 – 5 U 187/03, CR 2005, 128, 129; LG Bonn v. 22.12.2009 – 11 O 92/09, MMR 2010, 180, 180 f.
2372 BGH v. 4.10.2007 – I ZR 143/04, CR 2008, 108, 109 m. Anm. *Kaufmann* = MMR 2008, 39 m. Anm. *Hoffmann* – Internetversandkosten; OLG Köln v. 7.5.2004 – 6 U 4/04, CR 2004, 861 = AfP 2004, 583 = MMR 2004, 617, 617 f. = ITRB 2004, 196 f. (*Günther*); LG Hanau v. 7.12.2007 – 9 O 870/07, MMR 2008, 488, 488 f.
2373 *Hullen*, BB 2008, 76, 77; BGH v. 16.7.2009 – I ZR 50/07, ITRB 2010, 158 = WRP 2010, 370, 373 – Kamerakauf im Internet; vgl. auch *Reinholz*, GRUR-Prax. 2010, 90; LG Osnabrück v. 25.8.2021 – 18 O 140/21 Rz. 18.

1526 Nicht ausreichend ist es, die Angaben zu Liefer- bzw. Versandkosten unter Menüpunkten wie „Allgemeine Geschäftsbedingungen" oder „Service" bereitzuhalten, wenn der Bestellvorgang keine Zwangsführung über die entsprechenden Seiten vorsieht[2374]. Unzureichend ist es auch, wenn Angaben erst über zwei Links abgerufen werden können, die nicht deutlich bezeichnet sind[2375]. Überspannt werden die Anforderungen dagegen, wenn der in den Bestellvorgang eingebundene Hinweis „AGB Hier finden Sie unsere Liefer- und Zahlungsbedingungen. Zu den AGB …" nicht für ausreichend erachtet wird[2376].

1527 Es ist nicht zu beanstanden, wenn eine besonders herausgehobene Preisangabe („Tickets ab 19,90 €") durch einen hinreichend deutlich wahrnehmbaren **Sternchenhinweis** ergänzt wird, der der Preisangabe zuzuordnen ist, wenn der Sternchenhinweis zu einem Fußzeilentext führt, der ergänzende Preisangaben zu zusätzlichen Gebühren enthält[2377]. Bei Werbung für einen Telefontarif, der mit Preisen „ab 5,95 €* mtl." beworben wird, liegt daher keine Irreführung vor, wenn im Sternchenverweis darauf hingewiesen wird, dass der Tarif eine Mindestvertragslaufzeit hat und sich der Preis nach einem Jahr Laufzeit erhöht[2378]. Unzulässig ist es jedoch, eine Preisangabe „0,00 €" mit einem Sternchenhinweis zu verschen, bei dem sich erst aus der Fußzeile ergibt, dass ein Preis von 39,99 € gilt[2379].

1528 Bei der Angabe zusätzlicher Liefer- und Versandkosten (§ 6 Abs. 1 Nr. 2 PAngV) genügt der Hinweis **„zzgl. Versandkosten"** neben der Werbung für das einzelne Produkt[2380], wenn die Kosten leicht erkennbar und gut wahrnehmbar auf einer gesonderten Seite angegeben werden, die noch vor Einleitung des Bestellvorgangs notwendig aufgerufen werden muss[2381]. Es reicht aus, dem Verbraucher die Informationen gem. § 6 Abs. 1 PAngV spätestens bis zu dem Zeitpunkt zu geben, zu dem sich seine Kaufentscheidung auf eine bestimmte Ware oder Dienstleistung konkretisiert[2382].

1529 Es genügt nicht, die Pflichtangaben gem. § 6 Abs. 1 PAngV erst nach Einlegen der Ware in den **Warenkorb** auf dem Bildschirm erscheinen zu lassen. Zu diesem Zeitpunkt ist der Käufer bereits zum Vertragsschluss entschlossen. Die Information muss bereits zu einem früheren Zeitpunkt erfolgen, nämlich dann, wenn sich der Käufer „mit dem Angebot näher befasst"[2383]. Unzureichend ist es auch, wenn sich die nach § 6 Abs. 1 PAngV erforderlichen

---

2374 OLG Frankfurt v. 6.3.2008 – 6 U 85/07, K&R 2008, 462, 463; OLG Hamburg v. 12.8.2004 – 5 U 187/03, CR 2005, 128, 129.

2375 OLG Köln v. 7.5.2004 – 6 U 4/04, CR 2004, 861 = AfP 2004, 583 = ITRB 2004, 196 = MMR 2004, 617, 618.

2376 OLG Frankfurt v. 6.3.2008 – 6 U 85/07, K&R 2008, 462, 463.

2377 OLG Hamburg v. 25.3.2010 – 3 U 108/09, WRP 2010, 795 (Ls.).

2378 OLG Hamburg v. 13.4.2016 – 3 W 27/16.

2379 LG Koblenz v. 30.10.2012 – 1 HK O 177/11 Rz. 22 ff.

2380 Vgl. BGH v. 16.7.2009 – I ZR 50/07, ITRB 2010, 158 = WRP 2010, 370, 373 – Kamerakauf im Internet; vgl. *Reinholz*, GRUR-Prax. 2010, 90.

2381 *Hullen*, BB 2008, 76, 77; BGH v. 4.10.2007 – I ZR 143/04, CR 2008, 108, 109 m. Anm. *Kaufmann* = MMR 2008, 39 m. Anm. *Hoffmann* – Internetversandkosten; OLG Frankfurt v. 12.5.2004 – 6 W 72/04, ITRB 2005, 136 = CR 2005, 343 f.; a.A. OLG Hamburg v. 15.2.2007 – 3 U 253/06, ITRB 2007, 128 = MMR 2007, 438, 439; vgl. auch OLG Hamburg v. 24.2.2005 – 5 U 72/04, CR 2006, 127, 129; OLG Hamburg v. 3.2.2005 – 5 U 128/04, ITRB 2005, 254 = CR 2005, 366, 367.

2382 OLG Hamburg v. 16.1.2008 – 5 U 148/06, MMR 2008, 681, 682.

2383 BGH v. 4.10.2007 – I ZR 143/04, CR 2008, 108, 109 m. Anm. *Kaufmann* = MMR 2008, 39 m. Anm. *Hoffmann* – Internetversandkosten; vgl. auch KG Berlin v. 27.2.2009 – 5 U 162707, NJW-

Angaben am unteren Ende der Internetseite befinden und nur durch Herabscrollen sichtbar werden[2384].

Im Falle eines **Mindermengenzuschlages** genügt es nicht, wenn über den Zuschlag nur durch das Anklicken des Wortes „Versandkosten" in einem Sternchenhinweistext aufgeklärt wird. Der Verbraucher vermutet hinter dem Schlagwort „Versandkosten" keinen Zuschlag, der sich nicht unmittelbar auf die durch den Versand entstehenden Kosten bezieht[2385]. Ein Verstoß gegen § 1 Abs. 3 Satz 2 PAngV liegt bei **„Abo-Fallen"** vor, wenn sich die Kostenpflichtigkeit eines Angebots nur aus dem Kleingedruckten ergibt[2386]. Zudem kommt eine Strafbarkeit wegen (versuchten) Betruges nach § 263 Abs. 1 StGB in Betracht[2387]. 1530

Bei **komplizierten Tarifstrukturen** – wie sie etwa bei Mobilfunkverträgen üblich sind – darf der Hinweis auf die einzelnen Preisbestandteile in der Fülle anderer Informationen nicht untergehen. Dabei ist einerseits zu berücksichtigen, dass die Anbieter grundsätzlich keiner Verpflichtung unterliegen, ihr Tarifsystem einfach und übersichtlich zu gestalten. Wird ein stark differenzierendes Tarifsystem eingesetzt, muss es dem Werbenden im Interesse der Wahrnehmbarkeit und Übersichtlichkeit der wesentlichen Informationen und damit im Interesse der Preisklarheit freistehen, die verbrauchsabhängigen (variablen) Preise durch Hinweis auf die Vergütungssätze **vereinfacht** darzustellen. Andererseits dürfen Informationen, die für die Einschätzung der mit dem Vertrag einhergehenden wirtschaftlichen Belastungen von Bedeutung sind, auf keinen Fall fehlen[2388]. 1531

Bedenklich weit geht es, wenn der BGH meint, die Bewerbung eines Preises in einer **Preissuchmaschine** müsse bereits den Hinweis auf die Liefer- und Versandkosten umfassen[2389]. Nach Auffassung des BGH soll es nicht ausreichen, die Informationen gem. § 6 Abs. 1 PAngV über einen Link zugänglich zu machen, der auf der Shopseite zu finden ist, über die der Kaufinteressent gelangt, nachdem er die Preissuchmaschine bedient hat. Dabei stellt der BGH entscheidend darauf ab, dass der Verbraucher in Preisvergleichslisten **auf einen Blick** erkennen können müsse, ob der angegebene Preis die Versandkosten enthalte oder nicht. Nicht ausreichend sei es, wenn der Interessent auf die zusätzlich anfallenden Versandkosten erst dann hingewiesen werde, wenn er sich mit einem bestimmten Angebot bereits näher beschäftige[2390]. 1532

Möchte ein Online-Händler die Preise für ein Produkt erhöhen, das er in einer Preissuchmaschine bewirbt, so darf er die **Preiserhöhung** nach Auffassung des BGH nicht vorneh- 1533

RR 2009, 1344, 1345; OLG Frankfurt v. 10.1.2019 – 6 U 19/18 Rz. 28; OLG Köln v. 6.8.2004 – 6 U 36/04, CR 2005, 536 = MMR 2005, 110; OLG Stuttgart v. 17.1.2008 – 2 U 12/07, MMR 2008, 754; a.A. LG Hamburg v. 27.10.2005 – 327 O 614/05, MMR 2006, 420.

2384 OLG Hamburg v. 20.5.2008 – 3 U 225/07, CR 2009, 683, 683 f.
2385 OLG Hamm v. 28.6.2012 – 4 U 69/12 Rz. 47; *Buchmann*, K&R 2012, 90, 92.
2386 Vgl. *Blasek*, GRUR 2010, 396, 398; OLG Frankfurt v. 4.12.2008 – 6 U 186/07, K&R 2009, 197 ff. = MMR 2009, 341, 341 ff.; OLG Frankfurt v. 20.5.2010 – 6 U 33/09, CR 2010, 606; LG Hanau v. 7.12.2007 – 9 O 870/07, MMR 2008, 488 f.
2387 BGH v. 5.3.2014 – 2 StR 616/12.
2388 BGH v. 8.10.1998 – I ZR 187/97 Rz. 20, CR 1999, 76 – Handy für 0 DM.
2389 BGH v. 16.7.2009 – I ZR 140/07, ITRB 2010, 98 = CR 2010, 192 f. – Versandkosten bei Froogle; vgl. auch OLG Stuttgart v. 17.1.2008 – 2 U 12/07, MMR 754; LG Hamburg v. 13.6.2014 – 315 O 150/14.
2390 *Schirmbacher/Bühlmann*, K&R 2010, 220, 224; BGH v. 16.7.2009 – I ZR 140/07, ITRB 2010, 98 = CR 2010, 192 f. – Versandkosten bei Froogle.

men, bevor er sie nicht dem Betreiber der Preissuchmaschine angezeigt hat und dieser den neuen Preis auf die Preissuchplattform derart integriert hat, dass den Suchenden nur noch der erhöhte Preis angezeigt wird[2391]. Wird die **Preispolitik** geändert und erhebt ein Unternehmen, das in der Vergangenheit auf gesonderte Versandkosten verzichtet hat, erstmalig Zuschläge für den Versand, liegt es nach Ansicht des OLG Naumburg in der Verantwortung dieses Unternehmens, Unstimmigkeiten bei Preissuchplattformen zu vermeiden, die sich aus der Umstellung ergeben[2392].

d) Impressumspflicht

1534 Die Impressumspflicht (§ 5 TMG und § 18 MStV) dient der Transparenz des Marktes und ist daher i.S.d. **§ 3a UWG** dazu bestimmt, das Marktverhalten zu regeln[2393].

aa) Telemedien

1535 Als Telemedien gelten alle elektronischen Informations- und Kommunikationsdienste, soweit sie nicht Telekommunikationsdienste nach § 3 Nr. 61 TKG, telekommunikationsgestützte Dienste nach § 3 Nr. 63 TKG oder Rundfunk nach § 2 MStV sind (§ 1 Abs. 1 Satz 1 TMG). Die Impressumspflicht gilt für **geschäftsmäßige Telemedien** (§ 5 TMG). Ein geschäftsmäßiger Dienst liegt bei allen nachhaltigen, nicht nur gelegentlichen Tätigkeiten vor[2394].

1536 Wer – wie ein Online-Fotodienst – das Internet für **Dienstleistungen** nutzt, wird allein durch diese Dienstleistungen noch nicht Anbieter eines Telemediendienstes[2395]. Nur die Website des Dienstes fällt als Informationsdienst unter das TMG, nicht jedoch die Dienstleistung selbst. Die Versendung von **E-Mails** – anders als etwa die Bereitstellung eines Email-Dienstes oder die kommerzielle Verbreitung von Informationen über Waren-/Dienstleistungsangebote mittels Werbe-Mails – stellt als solche reine Telekommunikation ohne Dienstcharakter im Sinne des § 1 Abs. 1 Satz 1 TMG dar[2396].

1537 § 5 TMG gilt nur für Dienste, die „**in der Regel gegen Entgelt**" angeboten werden[2397]. Allerdings ist der Anwendungsbereich des § 5 TMG nicht auf kostenpflichtige Telemedien beschränkt. Lediglich Internetangebote von privaten Anbietern und von Idealvereinen, mithin nicht-kommerzielle Angebote, sind ausgenommen[2398]. Alle **kommerziellen Telemedien** unterliegen den Anforderungen des § 5 TMG. Dies steht im Einklang mit § 1 Abs. 1 Satz 2

2391 BGH v. 11.3.2010 – I ZR 123/08 Rz. 10, CR 2010, 680 – Espressomaschine; BGH v. 18.3.2010 – I ZR 16/08 Rz. 32 f., CR 2010, 809 – Versandkosten bei Froogle II; *Reinholz*, GRUR-Prax. 2010, 488; *Härting/Schätzle*, K&R 2010, 650, 652.

2392 OLG Naumburg v. 16.6.2016 – 9 U 98/15 Rz. 21 ff.

2393 *Schirmbacher*, K&R 2006, 348, 349; KG Berlin v. 20.12.2019 – 5 U 9/18 Rz. 155; OLG Frankfurt v. 14.3.2017 – 6 U 44/16 Rz. 22; OLG Frankfurt v. 9.7.2020 – 6 U 212/19 Rz. 24.

2394 *Brunst*, MMR 2004, 8, 9; *Kaestner/Tews*, WRP 2002, 1011, 1013; *Ott*, WRP 2003, 945; *Woitke*, NJW 2003, 871, 872.

2395 OLG Frankfurt v. 15.6.2004 – 11 U 5/04, AfP 2005, 414 = AfP 2005, 95 = MMR 2004, 683, 684 f. m. Anm. *Stopp*.

2396 LG Bonn v. 24.5.2017 – 1 O 369/16 Rz. 15, CR 2018, 263.

2397 Vgl. *Ott*, MMR 2007, 354, 355.

2398 Vgl. BT-Drucks. 16/3078, 14.

TMG, wonach die Regelungen des TMG für alle Anbieter unabhängig davon gelten, ob für die Nutzung ein Entgelt erhoben wird[2399].

§ 5 TMG ist jedenfalls anwendbar, wenn bei dem Anbieter eine auf Dauer angelegte Tätig- 1538 keit mit **Gewinnerzielungsabsicht** vorliegt[2400]. Keiner Impressumspflicht unterliegt dagegen die werbefreie private Homepage[2401]. Auch die Schaltung von Werbung begründet noch keine „Geschäftsmäßigkeit", wenn sie lediglich dazu dient, die laufenden Kosten der Website zu decken[2402]. Das Fehlen von Bestell- und sonstigen **Interaktionsmöglichkeiten** lässt die Impressumspflicht nicht entfallen[2403]. Die Impressumspflicht gilt zudem auch für unabsichtlich bereits konnektierte Websites, sofern diese schon Inhalt aufweisen[2404].

Normadressat ist jeweils der **Dienstanbieter**, der nicht notwendig mit dem Betreiber der je- 1539 weiligen Website identisch ist. Bei Portalen wie eBay, Amazon und mobile.de gibt es eine Vielzahl von Diensteanbietern[2405]. Dasselbe gilt, wenn unter verschiedenen Subdomains die Angebote verschiedener Anbieter bereitgehalten werden[2406] oder mehrere Unternehmen ihre Produkte in einem gemeinsamen Portal bewerben[2407]. Bei einem einheitlich gestalteten Internetauftritt sind einzelne Anbieter, die im Rahmen dieses Auftritts in Erscheinung treten, eigenständige Dienstanbieter, wenn sie erkennbar über eine gewisse **kommunikationsbezogene Eigenständigkeit** verfügen[2408].

Handelt es sich bei einem Telemedium nicht um einen kommerziellen Dienst, ist **§ 18 MStV** 1540 anwendbar[2409]. Die Betreiber von Telemedien sind nach § 18 Abs. 1 MStV zur Angabe ihres Namens und ihrer Anschrift sowie – bei juristischen Personen – zur Angabe des Namens und der Anschrift eines Vertretungsberechtigten verpflichtet, sofern die Telemedien nicht ausschließlich persönlichen oder familiären Zwecken dienen. § 18 Abs. 2 MStV sieht zusätzliche Pflichtangaben für journalistisch-redaktionell gestaltete Angebote vor[2410].

bb) Pflichtangaben

▓ Übersicht: 1541

Impressumspflicht:

– **Name und Anschrift des Betreibers der Website:** bei allen Telemedien;

2399 OLG Hamburg v. 3.4.2007 – 3 W 64/07, CR 2008, 606 = AfP 2008, 511.
2400 OLG Düsseldorf v. 18.12.2007 – I-20 U 17/07, MMR 2008, 682, 683.
2401 *Roßnagel*, NVwZ 2007, 743, 746.
2402 A.A. *Ott*, MMR 2007, 354, 355.
2403 OLG Düsseldorf v. 28.12.2010 – I-20 U 147/11; OLG Frankfurt v. 9.7.2020 – 6 U 212/19 Rz. 23.
2404 LG Essen v. 13.11.2014 – 4 O 97/14.
2405 Vgl. OLG Düsseldorf v. 18.12.2007 – I-20 U 17/07, MMR 2008, 682, 683; OLG Karlsruhe v. 27.4.2006 – 4 U 119/04, CR 2006, 689 = ITRB 2007, 11 = WRP 2006, 1038, 1041; LG München v. 3.2.2005 – 7 O 11682/04, WRP 2005, 1042, 1044.
2406 OLG Hamburg v. 9.9.2004 – 5 U 194/03, AfP 2005, 366 = CR 2005, 294, 295.
2407 LG Wiesbaden v. 27.7.2006 – 13 O 43/06, AfP 2007, 178 = CR 2007, 270 = MMR 2006, 822, 823.
2408 OLG Frankfurt v. 6.3.2007 – 6 U 115/06, AfP 2008, 431 = AfP 2009, 101 = CR 2007, 454, 455.
2409 Vgl. *Roßnagel*, NVwZ 2007, 743, 746; vgl. *Ott*, MMR 2007, 354, 355 f.
2410 Vgl. *Rumyantsev*, ZUM 2008, 33, 35.

- **Name und Anschrift eines Vertretungsberechtigten:** bei allen Telemedien, wenn der Dienst von einer juristischen Person betrieben wird;

- **E-Mail-Adresse und weitere (unmittelbare) Kontaktmöglichkeit:** bei allen Telemedien;

- **Angaben zur zuständigen Aufsichtsbehörde:** bei allen Telemedien, die im Rahmen einer Tätigkeit betrieben werden, die der behördlichen Zulassung bedarf;

- **Angabe des zuständigen Handelsregisters, Vereinsregisters, Partnerschaftsregisters oder Genossenschaftsregisters:** bei allen geschäftsmäßigen Telemedien, die von Kaufleuten oder eingetragenen Vereinen, Genossenschaften oder Partnerschaften betrieben werden;

- **Angabe der Berufsbezeichnung, des Staates, in dem die Berufsbezeichnung verliehen wurde, und der zuständigen Kammer:** bei allen Telemedien, die von kammerangehörigen Freiberuflern betrieben werden;

- **Bezeichnung der berufsrechtlichen Regelungen und dazu, wie diese zugänglich sind:** bei allen Telemedien, die von kammerangehörigen Freiberuflern betrieben werden;

- **Angabe der Umsatzsteueridentifikationsnummer:** bei allen Telemedien, deren Betreiber über eine solche Nummer verfügt.

- **Angabe zur Liquidation („in Abwicklung"):** bei Telemedien, die von Kommanditgesellschaften auf Aktien und Gesellschaften mit beschränkter Haftung betrieben wurden, die sich in Abwicklung oder Liquidation befinden.

(1) Name und Anschrift

1542 Zu den Pflichtangaben im Impressum gehören nach § 5 Abs. 1 Nr. 1 TMG Name und Anschrift des Diensteanbieters, und zwar sowohl der (ausgeschriebene) Vor- als auch der Nachname[2411]. Die Identität des Diensteanbieters muss unzweideutig aus dem Impressum hervorgehen[2412]. Anzugeben ist eine **ladungsfähige Anschrift**, an die i.S.d. § 166 ZPO zugestellt werden kann[2413]. Nicht ausreichend ist daher die Angabe eines Postfachs[2414].

1543 Bei **juristischen Personen** schreibt § 5 Abs. 1 Nr. 1 TMG die Angabe des Namens eines **Vertretungsberechtigten** vor[2415]. Da eine derartige Verpflichtung in Art. 5 E-Commerce-Richtlinie[2416] nicht vorgesehen ist, ist § 5 Abs. 1 Nr. 1 TMG allerdings in dieser Hinsicht nicht als

---

2411 Vgl. KG Berlin v. 11.4.2008 – 5 W 41/08, CR 2008, 586 = ITRB 2008, 226 = MMR 2008, 541 ff.; OLG Düsseldorf v. 4.11.2008 – I-20 U 125/08, CR 2009, 267 = MMR 2009, 266, 267.
2412 Vgl. LG Düsseldorf v. 15.12.2006 – 38 O 138/06, WRP 2007, 474 (Ls.).
2413 *Brunst*, MMR 2004, 8, 10; LG Frankfurt/M. v. 28.3.2003 – 3-12 O 151/02, MMR 2003, 597, 598.
2414 *Brunst*, MMR 2004, 8, 10; *Schneider*, MDR 2002, 1236; LG Traunstein v. 22.7.2016 – 1 HKO 168/16 Rz. 40.
2415 Vgl. *Brunst*, MMR 2004, 8, 10; *Hoß*, CR 2003, 687, 688; *Kaestner/Tews*, WRP 2002, 1011, 1013; OLG München v. 26.7.2001 – 29 U 3265/01, AfP 2002, 180 = CR 2002, 55 = NJW-RR 2002, 348 = K&R 2002, 256, 257.
2416 Richtlinie 2000/31/EG v. 8.6.2000.

Marktverhaltensregel gem. § 3a UWG anzusehen[2417]. Ein Verstoß gegen die Verpflichtung zur Angabe des Vertretungsberechtigten ist nicht wettbewerbswidrig[2418].

(2) Angaben zur elektronischen Kontaktaufnahme

Gemäß § 5 Abs. 1 Nr. 2 TMG sind Angaben erforderlich, die eine schnelle elektronische Kontaktaufnahme und eine **unmittelbare Kommunikation** mit dem Anbieter ermöglichen, einschließlich der Angabe einer E-Mail-Adresse. Erforderlich ist somit neben der Angabe einer E-Mail-Adresse die Eröffnung eines weiteren Kommunikationsweges, der beispielsweise in einer „elektronischen Anfragemaske" liegen kann[2419].   1544

An der erforderlichen Angabe der **E-Mail-Adresse** fehlt es, wenn auf dem Bildschirm lediglich der Satz „Ich freu mich auf E-Mails" zu sehen ist und der Satz als Link ausgestaltet ist, hinter dem sich die vollständige E-Mail-Adresse verbirgt[2420]. Auch ist es unzulässig, wenn die im Impressum von Google genannte E-Mail-Adresse „support-de@google.com" eine automatisch generierte E-Mail erstellt, die auf die Hilfeseiten und Kontaktformulare verweist und jede weitere Kommunikation per E-Mail verweigert[2421]. Ein Kontaktformular kann auch im Übrigen die anzugebende E-Mail-Adresse nicht ersetzen[2422].   1545

Bezüglich standardisierter Antwortmails des Internetdienstanbieters 1&1 vertrat das OLG Koblenz die Auffassung, dass die Angabe einer E-Mail-Adresse gegen § 5 Abs. 1 Nr. 2 TMG verstößt, wenn eine systematische Antwortverweigerung bei E-Mails feststellbar ist, die an diese Adresse gerichtet werden[2423]. Allerdings konnte 1&1 nicht nachgewiesen werden, dass individuelle Antworten durchgehend verweigert werden. Das OLG Koblenz betonte zu Recht, dass sich aus § 5 Abs. 1 Nr. 2 TMG **keine Antwortpflicht** des Dienstanbieters ableiten lässt[2424].   1546

Die Angabe einer **Telefonnummer** ist nicht notwendig[2425]. Allerdings kann die Telefonnummer – neben der E-Mail-Adresse – ein ausreichender weiterer Kommunikationsweg sein. Hierfür reicht es nicht aus, wenn eine **Mehrwertdienstenummer** angegeben wird, deren Nutzung erhebliche Kosten verursacht[2426].   1547

Das Kammergericht ging im Fall von WhatsApp davon aus, dass eine Verlinkung mit Twitter und Facebook neben der Angabe zweier E-Mail-Adressen nicht als weiterer Kommunika-   1548

2417 KG Berlin v. 8.4.2016 – 5 U 156/14, CR 2016, 602 = ITRB 2016, 174.
2418 KG Berlin v. 8.4.2016 – 5 U 156/14, CR 2016, 602 = ITRB 2016, 174; KG Berlin v. 21.9.2012 – 5 W 204/12 Rz. 7, AfP 2012, 583 = CR 2012, 803; LG Düsseldorf v. 18.6.2013 – 20 U 145/12 Rz. 30; LG München I v. 4.6.2019 – 33 O 6588/17 Rz. 84 ff.
2419 EuGH v. 16.10.2008 – C-298/07, ECLI:EU:C:2008:572, NJW 2008, 3553 ff. = CR 2009, 17 = ITRB 2009, 27 = MMR 2009, 25 ff. m. Anm. *Ott* = K&R 2008, 670, 670 ff. m. Anm. *Schöttle*.
2420 OLG Naumburg v. 13.8.2010 – 1 U 28/10 Rz. 11, CR 2010, 682.
2421 KG Berlin v. 23.11.2017 – 23 U 124/14 Rz. 17 ff., CR 2018, 610 = AfP 2018, 376 = ITRB 2018, 177.
2422 LG München I v. 4.6.2019 –33 O 6588/17 Rz. 89 f.
2423 OLG Koblenz v. 1.7.2015 – 9 U 1339/14 Rz. 4.
2424 OLG Koblenz v. 1.7.2015 – 9 U 1339/14 Rz. 6.
2425 EuGH v. 16.10.2008 – C-298/07, ECLI:EU:C:2008:572, NJW 2008, 3553 ff. = CR 2009, 17 = ITRB 2009, 27 = MMR 2009, 25 ff. m. Anm. *Ott* = K&R 2008, 670 ff. m. Anm. *Schöttle*.
2426 OLG Frankfurt v. 2.10.2014 – 6 U 219/13 Rz. 30, CR 2015, 50 = ITRB 2015, 7.

tionsweg ausreicht. Der Nutzer habe keine Möglichkeit, den Betreiber über die beiden **Social-Media-Dienste** zu kontaktieren, weil der Betreiber von WhatsApp Verbrauchern bei Twitter nicht „folge", demzufolge über Twitter nicht benachrichtigt werden könne, und sein Facebook-Profil in der Weise eingerichtet habe, dass die Zusendung einer Nachricht ausgeschlossen ist[2427].

(3) Registerangaben, Aufsichtsbehörde, Kammerangehörigkeit

1549 § 5 Abs. 1 Nr. 3 und 4 TMG schreibt die Angabe einer etwaig zuständigen Aufsichtsbehörde und die Angabe des Handelsregisters, Vereinsregisters, Partnerschaftsregisters oder Genossenschaftsregisters nebst Registernummer vor, sofern eine Registereintragung besteht[2428]. Diese Pflicht besteht auch für ausländische Gesellschaften[2429].

1550 Die **Aufsichtsbehörde** muss nach § 5 Abs. 1 Nr. 3 TMG nur angegeben werden, wenn eine erlaubnispflichtige Tätigkeit Gegenstand des Internetauftritts ist[2430]. Eine derartige erlaubnispflichtige Tätigkeit liegt bei § 34c Abs. 1 GewO (Maklertätigkeiten) vor[2431].

1551 § 5 Abs. 1 Nr. 5 TMG enthält Sondernormen für Telemedien, die von **kammerangehörigen Berufsträgern** betrieben werden[2432]. Rechtsanwälte, Steuerberater, Wirtschaftsprüfer, Ärzte, Zahnärzte, Tierärzte und Architekten sind danach zur Angabe ihrer Kammer nebst Berufsbezeichnung verpflichtet. Darüber hinaus bedarf es der Mit-teilung, in welchem Staat die Berufsbezeichnung verliehen wurde, und einer Bezeichnung der einschlägigen berufsrechtlichen Regelungen nebst Angabe, wie diese zugänglich sind[2433]. Die letztgenannte Verpflichtung lässt sich dadurch erfüllen, dass ein Link auf Websites gesetzt wird, auf denen die berufsrechtlichen Normen abrufbar sind[2434].

1552 Wird im Impressum eines gemeinnützigen Vereins das Vereinsregister samt Registernummer nicht angegeben, stellt dies keinen **spürbaren Wettbewerbsverstoß** (§ 3a UWG) dar, weil Verbraucher durch die fehlende Angabe des Vereinsregisters samt Registernummer nicht daran gehindert werden, gegen den Verein rechtlich vorzugehen[2435]. Auch die Angabe einer örtlich unzuständigen Aufsichtsbehörde stellt keinen Verstoß gegen § 3a UWG dar, da es an einer spürbaren Beeinträchtigung des Wettbewerbs fehlt[2436].

(4) Umsatzsteueridentifikationsnummer

1553 § 5 Abs. 1 Nr. 6 TMG verlangt die Mitteilung einer Umsatzsteueridentifikationsnummer nach § 27a UStG[2437], sofern der Dienstanbieter über eine solche Nummer verfügt. Zudem fordert

---

2427 KG Berlin v. 8.4.2016 – 5 U 156/14, CR 2016, 602 = ITRB 2016, 174.
2428 Vgl. *Brunst*, MMR 2004, 8, 11; *Hoß*, CR 2003, 687, 688; *Kaestner/Tews*, WRP 2002, 1011, 1013 f.
2429 LG Frankfurt/M. v. 28.3.2003 – 3-12 O 151/02, MMR 2003, 597, 598.
2430 OLG Frankfurt v. 28.4.2016 – 6 U 214/15 Rz. 10.
2431 LG Leipzig v. 12.6.2014 – 05 O 848/13 Rz. 42.
2432 Vgl. *Kaestner/Tews*, WRP 2002, 1011, 1014 f.
2433 *Brunst*, MMR 2004, 8, 11; *Kaestner/Tews*, WRP 2002, 1011, 1015.
2434 Vgl. zur externen Verlinkung im Impressum: *Ott*, MMR 2007, 354, 358.
2435 Vgl. LG Neuruppin v. 9.12.2014 – 5 O 199/14.
2436 LG Leipzig v. 27.5.2016 – 5 O 2272/15 Rz. 15.
2437 *Kaestner/Tews*, WRP 2002, 1011, 1015; *Schneider*, MDR 2002, 1236, 1237.

§ 5 Abs. 1 Nr. 6 TMG die Angabe der Wirtschafts-Identifikationsnummer nach § 139c AO für den Fall, dass es in Zukunft zur Vergabe derartiger Nummern tatsächlich kommen sollte.

(5) Liquidationsvermerk

Bei Aktiengesellschaften, Kommanditgesellschaften auf Aktien und Gesellschaften mit beschränkter Haftung, die sich in Abwicklung bzw. Liquidation befinden, verlangt § 5 Abs. 1 Nr. 7 TMG die Angabe eines **Liquidationsvermerks**. 1554

cc) Einbindung des Impressums

Für die **Form** des Impressums ist vorgeschrieben, dass die Informationen leicht erkennbar, unmittelbar erreichbar und ständig verfügbar zu halten sind[2438]. Dies bedeutet, dass das Impressum für den durchschnittlichen Internetnutzer ohne Mühe zu finden sein muss[2439]. Daran fehlt es, wenn das Impressum irreführend bezeichnet (z.B. „Backstage"[2440] oder „Angaben zum Datenschutz") oder in Allgemeinen Geschäftsbedingungen[2441], Nutzungsbedingungen oder auf FAQ-Seiten versteckt wird. Einer **ausdrücklichen Bezeichnung** „Impressum" bedarf es jedoch nicht[2442]. 1555

Es reicht aus, wenn das Impressum von jeder Unterseite der Website über **zwei Klicks** erreichbar ist[2443]. Dabei ist es unschädlich, wenn der erste Link mit „Kontakt" und erst der zweite Link mit „Impressum" bezeichnet ist, da beide Bezeichnungen im Internet üblich sind für die Seite mit der Anbieterkennzeichnung[2444]. Es ist auch nicht zu beanstanden, wenn das Impressum eines Powersellers bei eBay auf der **„Mich"-Seite** zu finden ist[2445]. Unzureichend ist eine Kennzeichnung der Impressumsseite mit dem Button „Info"[2446]. 1556

2438 Vgl. *Ott*, WRP 2003, 945, 946 ff.

2439 *Hoß*, CR 2003, 687, 688; a.A. *Woitke*, NJW 2003, 871, 872.

2440 OLG Hamburg v. 20.11.2002 – 5 W 80/02, AfP 2003, 477 = CR 2003, 283 = MMR 2003, 105 m. Anm. *Klute*.

2441 *Hoß*, CR 2003, 687, 688; LG Berlin v. 17.9.2002 – 103 O 102/02, AfP 2003, 477 = CR 2003, 139, 140 = MMR 2003, 202, 203; LG Stuttgart v. 11.3.2003 – 20 O 12/03, NJW-RR 2004, 911, 912.

2442 *Hoß*, CR 2003, 687, 689; *Kaestner/Tews*, WRP 2002, 1011, 1015 f.; *Ott*, WRP 2003, 945, 949; *Schneider*, MDR 2002, 1236, 1237; OLG München v. 11.9.2003 – 29 U 2681/03, ITRB 2004, 4 = CR 2004, 53, 54 m. Anm. *Schulte* = MMR 2004, 36, 37.

2443 BGH v. 20.7.2006 – I ZR 228/03, AfP 2006, 557 = CR 2006, 850 m. Anm. *Zimmerlich* = ITRB 2006, 270 = WRP 2006, 1507, 1510 – Anbieterkennzeichnung im Internet; vgl. auch *Brunst*, MMR 2004, 8, 11 f.; *Ott*, WRP 2003, 945, 947; OLG München v. 11.9.2003 – 29 U 2681/03, ITRB 2004, 4 = CR 2004, 53, 54 m. Anm. *Schulte* = NJW-RR 2004, 913 = MMR 2004, 36, 37.

2444 BGH v. 20.7.2006 – I ZR 228/03, AfP 2006, 557 = ITRB 2006, 270 = WRP 2006, 1507, 1509 f. – Anbieterkennzeichnung im Internet; vgl. auch *Hoß*, CR 2003, 687, 689; *Ott*, WRP 2003, 945, 949; *Schulte*, CR 2004, 55, 56; a.A. *Woitke*, NJW 2003, 871, 872; OLG Karlsruhe v. 27.3.2002 – 6 U 200/01, AfP 2002, 461 = ITRB 2002, 200 = CR 2002, 682, 683 = GRUR 2002, 730.

2445 KG Berlin v. 11.5.2007 – 5 W 116/07, CR 2007, 595, 596; LG Hamburg v. 11.5.2006 – 327 O 196/06, MMR 2007, 130, 131; LG Traunstein v. 18.5.2005 – 1 HKO 5016/04, ZUM 2005, 663, 664.

2446 OLG Düsseldorf v. 13.8.2013 – I-20 U 75/13.

1557 Die Impressumspflicht gilt auch für geschäftsmäßige Dienstanbieter, die eine Seite in einem **Sozialen Netzwerk** betreiben[2447]. Auch hier müssen die Impressumsangaben maximal zwei Klicks von der Hauptseite entfernt sein[2448].

1558 An einer **unmittelbaren Erreichbarkeit** fehlt es, wenn der Link zum Impressum erst nach längerem Scrollen auf dem Bildschirm erscheint[2449] oder wenn die Suche nach dem Impressum über eine ganze Kette von Links führt[2450]. Problematisch kann es auch sein, wenn sich das Impressum nur mittels bestimmter Software anzeigen lässt, die der Durchschnittsnutzer nicht auf seinem PC installiert hat[2451]. Dasselbe gilt, wenn sich die Pflichtangaben in einem versteckten Impressumslink finden und gleichzeitig ein hervorgehobener Link mit der Bezeichnung „Rechtliche Informationen des Verkäufers" verwendet wird, der zu einer Seite mit unvollständigen Informationen führt[2452].

1559 **Praxistipp**

Die Startseite einer Website sollte nach Möglichkeit – an auffälliger Stelle – mit einem Link zum Impressum versehen werden. Auf Nummer Sicher geht, wer diesen Link auch auf jeder einzelnen Seite der Website anbringt.

dd) Sanktionen

1560 Verstöße gegen die Impressumspflicht können mit **Bußgeldern** geahndet werden (§ 11 Abs. 2 Nr. 2 TMG). Schwerer wiegt indes die Gefahr wettbewerbsrechtlicher **Abmahnungen** auf der Grundlage des § 3a UWG[2453].

e) Rechtsdienstleistungen

1561 Zu den Fällen des wettbewerbswidrigen „Rechtsbruchs" (§ 3a UWG) zählen auch Verstöße gegen das Recht der freien Berufe[2454]. Ein **Freiberufler**, der bei der Gestaltung seines Internetauftritts die Grenzen der berufsrechtlichen Werbevorschriften überschreitet, handelt wettbewerbswidrig[2455].

2447 Vgl. *Haug*, NJW 2015, 661, 661 ff.; *Rockstroh*, MMR 2013, 627, 630.

2448 LG Düsseldorf v. 9.12.2011 – 38 O 103/11; LG Trier v. 1.8.2017 – 11 O 258/16 Rz. 13.

2449 OLG München v. 12.2.2004 – 29 U 4564/03, AfP 2004, 147 = CR 2004, 843 = NJW-RR 2004, 1345.

2450 *Brunst*, MMR 2004, 8, 12; *Hoß*, CR 2003, 687, 689; *Kaestner/Tews*, WRP 2002, 1011, 1016; LG Düsseldorf v. 29.1.2003 – 34 O 188/02, ITRB 2003, 147 = CR 2003, 380, 381 = MMR 2003, 340, 341; vgl. auch OLG Hamm v. 17.11.2009 – 4 U 148/09; OLG München v. 12.2.2004 – 29 U 4564/03, CR 2004, 843 = MMR 2004, 321, 322 m. Anm. *Ott* = AfP 2004, 147.

2451 *Brunst*, MMR 2004, 8, 10.

2452 OLG Hamm v. 4.8.2009 – 4 U 11/09, MMR 2010, 29, 29 f.

2453 LG Berlin v. 14.7.2004 – 102 O 161/04, WRP 2004, 1198 (Ls.).

2454 Vgl. *Köhler* in Köhler/Bornkamm/Feddersen, § 3a UWG Rz. 1.113 ff.; LG München v. 15.11.2006 – 1 HK O 7890/06, MMR 2007, 192.

2455 *Hoeren*, Grundzüge des Internetrechts, S. 155 f.; vgl. BGH v. 1.3.2001 – I ZR 300/98, NJW 2001, 2087; OLG Koblenz v. 13.2.1997 – 6 U 1500/96, NJW 1997, 1932, 1933; LG Nürnberg v. 20.5.1998 – 3 O 1435/98, CR 1998, 622 = DB 1998, 1404; LG Bremen v. 1.7.2004 – 12 O 292/04, NJW 2004, 2837.

Gemäß **§ 3 Rechtsdienstleistungsgesetz (RDG)** ist die selbständige Erbringung außergerichtlicher Rechtsdienstleistungen nur in dem Umfang zulässig, in dem sie durch Gesetz erlaubt wird. Die Bestimmung ist eine Marktverhaltensregelung i.S.v. § 3a UWG. Sie bezweckt, die Rechtsuchenden, den Rechtsverkehr und die Rechtsordnung vor unqualifizierten Rechtsdienstleistungen zu schützen, § 1 Abs. 1 Satz 2 RDG[2456]. Nicht unter das Verbot des § 3a UWG fällt das Angebot von Vertragsgeneratoren, da es an einem Tätigwerden in einer konkreten Angelegenheit im Sinne des § 2 Abs. 1 RDG fehlt[2457].   1562

Wettbewerbswidrig ist nicht allein die Erbringung unzulässiger Rechtsdienstleistungen, sondern auch die – unklare – Werbung für die Erbringung solcher Leistungen. Der Tatbestand der Irreführung (§ 5 Abs. 2 Satz 1 Nr. 1 UWG) ist erfüllt, wenn ein nicht-anwaltlicher Dienstleister den Eindruck erweckt, Rechtsdienstleistungen zu erbringen, die in Wahrheit durch „Partneranwälte" erbracht werden sollen[2458].   1563

Bei der Gestaltung der Website einer Anwaltskanzlei ist **§ 43b BRAO** zu beachten. Danach ist Anwaltswerbung unter drei Voraussetzungen erlaubt: Die Werbung muss **berufsbezogen und sachlich** sein, zudem darf es sich nicht um Werbung um einen Auftrag im Einzelfall handeln[2459].   1564

aa) Werbebeschränkungen

Werbung ist dem Rechtsanwalt nach **§ 43b BRAO** erlaubt, soweit sie über die berufliche Tätigkeit in Form und Inhalt sachlich unterrichtet und nicht auf die Erteilung eines Auftrags im Einzelfall gerichtet ist. Entgegen dem Wortlaut der Norm ist jedoch die Werbefreiheit die Regel (**Erlaubnis mit Verbotsvorbehalt**)[2460].   1565

Das BVerfG misst die Zulässigkeit von Werbebeschränkungen an Art. 12 Abs. 1 GG. Jede Beschränkung bedarf danach der **Rechtfertigung** durch einen Gemeinwohlbelang, der im Schutz des Vertrauens des Rechtsuchenden in eine integre, nicht nur Gewinninteressen verpflichtete Anwaltschaft liegen kann[2461]. Gerechtfertigt ist die Untersagung von Werbemaßnahmen, wenn die Werbung das Ansehen der gesamten Anwaltschaft in Misskredit ziehen und das Vertrauen der Öffentlichkeit in eine funktionierende Anwaltschaft insgesamt gefährden kann[2462].   1566

Legt man diesen Maßstab an Werbeaktivitäten von Anwälten an, so ist das Spektrum von Aktivitäten, die untersagt werden können, klein. Verboten werden können lediglich auf-   1567

2456 KG Berlin v. 12.5.2021 – 5 W 58/21 Rz. 52.
2457 BGH v. 9.9.2021 – I ZR 113/20 Rz. 31 ff., CR 2021, 819 = ITRB 2021, 275 (*Kartheuser*) – Vertragsdokumentengenerator.
2458 LG Bielefeld v. 1.8.2017 – 15 O 67/17 Rz. 7 ff.
2459 Vgl. *Härting/Steinbrecher*, AnwBl. 2005, 10, 11.
2460 Vgl. BVerfG v. 1.12.1999 – 1 BvR 1630/98, MDR 2000, 358 = NJW 2000, 1635; BVerfG v. 12.9.2001 – 1 BvR 2265/00, ITRB 2002, 103 = NJW 2001, 3324 = MMR 2002, 45; ferner BGH v. 27.1.2005 – I ZR 202/02, CR 2006, 56 = NJW 2005, 1644, 1644 f.; BGH v. 1.3.2001 – I ZR 300/98, NJW 2001, 2087, 2088; BGH v. 15.3.2001 – I ZR 337/98, NJW 2001, 2886, 2887 = MDR 2001, 1308, 1309.
2461 *Härting*, K&R 2002, 561, 564; vgl. BVerfG v. 17.4.2000 – 1 BvR 721/99, NJW 2000, 3195 = MDR 2000, 730 m.w.N.
2462 *Härting/Steinbrecher*, AnwBl. 2005, 10, 11.

dringliche Werbemethoden, die Ausdruck eines rein geschäftsmäßigen, ausschließlich am Gewinn orientierten Verhaltens sind[2463]. Selbst „reklamehaftes Anpreisen" kann dem Anwalt nur dann verboten werden, wenn die „Anpreisung" ganz und gar im Vordergrund steht und die Werbung mit der eigentlichen Leistung des Anwalts und dem Vertrauensverhältnis im Rahmen eines Mandates nichts mehr zu tun hat[2464].

1568 § 43b BRAO ist im Hinblick auf die Richtlinie 2006/123/EG (**EU-DienstleistungsRL**) anhand des Maßstabs des Art. 24 der Richtlinie auszulegen, der eine **Verhältnismäßigkeitsprüfung** vorschreibt. Ein Werbeverbot ist danach nur bei einer konkreten Gefährdung der von § 43b BRAO im Einklang mit dem Unionsrecht geschützten Interessen gerechtfertigt. Hieraus ergibt sich, dass sich ein Verbotsgrund im Einzelfall aus der Form, aus dem Inhalt oder aus dem verwendeten Mittel der Werbung ergeben muss[2465].

1569 Allein der Umstand, dass ein potentieller Mandant in Kenntnis von dessen konkretem Beratungsbedarf angesprochen wird, genügt den unionsrechtlichen Anforderungen nicht. Ein Werbeverbot kann vielmehr nur zum Schutz des potentiellen Mandanten vor einer Beeinträchtigung seiner Entscheidungsfreiheit durch **Belästigung, Nötigung und Überrumpelung** gerechtfertigt sein. Dabei bedarf es einer Interessenabwägung im Einzelfall, bei der der Beeinträchtigung der **Unabhängigkeit**, der **Würde** oder der **Integrität der Rechtsanwaltschaft** auch Art und Grad der Beeinträchtigung der Entscheidungsfreiheit des Verbrauchers durch Form, Inhalt oder das verwendete Mittel der Werbung zu berücksichtigen sind. Außerdem kommt es darauf an, ob und inwieweit die Interessen des Verbrauchers deshalb nicht beeinträchtigt sind, weil er sich in einer Situation befindet, in der er auf Rechtsrat angewiesen ist und ihm eine an seinem Bedarf ausgerichtete sachliche Werbung Nutzen bringen kann[2466].

bb) Sachlichkeitsgebot und „Berufsbezogenheit"

1570 Das Sachlichkeitsgebot des § 43b BRAO entspricht im Kern dem **Irreführungsverbot** gem. den §§ 5 bis 5b UWG[2467]. Das Kriterium der **„Berufsbezogenheit"** hat neben dem Sachlichkeitsgebot keinen fassbaren Bedeutungsgehalt und ist daher keine eigenständige Schranke[2468].

1571 Die Anforderungen an die **Zulässigkeit einzelner Werbemaßnahmen** auf Kanzlei-Websites waren lange streitig. Mehr oder minder dezente Hintergrundmusik, rasante Videosequenzen, frische Farben, kreative Logos und bunte Bilder: Zu welchen Gestaltungsmitteln ein Anwalt auf seiner Website greifen darf, wurde lange Zeit ebenso lustvoll wie ausführlich diskutiert[2469]. Die einen wollten Musik und Filmsequenzen ebenso wie anderes „Unterhaltungs-

---

2463 *Härting/Steinbrecher*, AnwBl. 2005, 10, 10; vgl. BVerfG v. 17.4.2000 – 1 BvR 721/99, NJW 2000, 3195 = MDR 2000, 730.

2464 Vgl. BVerfG v. 4.8.2003 – 1 BvR 2108/02, AfP 2003, 478 = AfP 2004, 72 = NJW 2003, 2816 = MDR 2003, 1263 m.w.N.

2465 BGH v. 13.11.2013 – I ZR 15/12 Rz. 19 ff. – Kommanditistenbrief; BGH v. 10.7.2014 – I ZR 188/12 Rz. 11 – Anwaltsschreiben an Fondsanleger.

2466 BGH v. 13.11.2013 – I ZR 15/12 Rz. 19 ff. – Kommanditistenbrief; BGH v. 10.7.2014 – I ZR 188/12 Rz. 11 – Anwaltsschreiben an Fondsanleger.

2467 Vgl. OLG Frankfurt v. 14.10.2004 – 6 U 198/03, NJW 2005, 1283.

2468 *Härting*, AnwBl. 2000, 343.

2469 Vgl. *Frank*, K&R 2004, 175, 180; *Hoß*, AnwBl. 2002, 377, 384; *Steinbeck*, NJW 2003, 1481, 1484.

material" vollständig untersagen[2470]. Die anderen hielten lediglich das „Einspielen von Sequenzen aus Kinofilmen" für „unangemessen"[2471]. Andere wiederum hörten gerne klassische Musik und nahmen Anstoß an „Stars aus dem Bereich der Unterhaltungsmusik", soweit deren Musik über Hintergrundmusik hinausging[2472]. Auch wurde vertreten, „das Foto eines Rechtsanwalts in der Art eines Bewerbungsfotos" sei zulässig, eine „szenische Darstellung des Rechtsanwalts" jedoch „standeswidrig"[2473].

Da Geschmack der rechtlichen Bewertung entzogen ist, sind pauschale Verbote von Gestaltungselementen unvereinbar mit Art. 12 Abs. 1 GG[2474]. **Imagewerbung** kann per se nicht sachlich oder unsachlich sein; aus dem Sachlichkeitsgebot lassen sich daher für die Imagewerbung keine handhabbaren, den Anforderungen des Art. 12 Abs. 1 GG standhaltenden Differenzierungskriterien ableiten[2475]. Berufsrechtlich nicht zu beanstanden ist auch anwaltliche Werbung auf fremden Internetseiten[2476].   1572

Einem rheinischen Anwalt ist es zu verdanken, dass sich der BGH mit den Geschmacksgrenzen anwaltlicher Werbung zu befassen hatte in einer Entscheidung, in der es um **„Schockwerbung"** auf Kaffeetassen ging. Zwar sei es einem Rechtsanwalt nicht verwehrt, für seine Werbung Bilder oder Fotografien zu verwenden, Tassen als Werbeträger einzusetzen sowie Ironie und Sprachwitz als Stilmittel zu gebrauchen. Die Grenzen zulässiger Werbung seien jedoch überschritten, wenn die Werbung darauf abzielt, gerade durch ihre reißerische und/oder sexualisierende Ausgestaltung die Aufmerksamkeit des Betrachters zu erregen, mit der Folge, dass ein etwa vorhandener Informationswert in den Hintergrund gerückt wird oder gar nicht mehr erkennbar ist. Derartige Werbemethoden seien geeignet, die Rechtsanwaltschaft als seriöse Sachwalterin der Interessen Rechtsuchender zu beschädigen und verstießen daher gegen § 43b BRAO[2477].   1573

Ob eine (unsachliche) **Irreführung** im Einzelfall vorliegt, bestimmt sich nicht aus der Sichtweise eines vollkommen naiven, unbedarften Betrachters, sondern aus der Sicht des verständigen Durchschnittsverbrauchers[2478]. Der **verständige Durchschnittsverbraucher** kommt bei dem Werbeslogan „So kommen Sie zu Ihrem Recht!" nicht auf die Idee, dass der Anwalt Erfolgsgarantien abgibt[2479]. Der Rechtsuchende, der ein durchschnittliches Leseverständnis   1574

2470 *Scheuerl*, NJW 1997, 1291, 1292 f.
2471 *Frank*, K&R 2004, 175, 180; *Steinbeck*, NJW 2003, 1481, 1484.
2472 Vgl. *Frank*, K&R 2004, 175, 180.
2473 *Steinbeck*, NJW 2003, 1481, 1484.
2474 Vgl. *Härting/Steinbrecher*, AnwBl. 2005, 10, 10.
2475 *Härting*, AnwBl. 2000, 343, 346; BVerfG v. 17.4.2000 – 1 BvR 721/99, NJW 2000, 3195, 3196.
2476 *Dahns/Krauter*, BRAK 2004, 2, 4; vgl. *Härting*, AnwBl. 2000, 343, 345; a.A. *Schmittmann*, MDR 1997, 601, 603; *Schneider*, MDR 2000, 133, 134.
2477 BGH v. 27.10.2014 – AnwZ (Brfg) 67/13 Rz. 14; vgl. auch BVerfG v. 5.3.2015 – 1 BvR 3362/14; BGH v. 7.11.2016 – AnwZ (Brfg) 47/15.
2478 Vgl. *Köhler* in Köhler/Bornkamm/Feddersen, § 1 UWG Rz. 31 ff.
2479 Vgl. BVerfG v. 12.9.2001 – 1 BvR 2265/00, ITRB 2002, 103 = NJW 2001, 3324, 3324 f.; OLG Köln v. 29.7.1998 – 6 U 66/98, NJW 1999, 63 – „Ihre Rechtsfragen sind unsere Aufgaben"; OLG Oldenburg v. 5.4.2001 – 1 U 125/00, AfP 2001, 346 = NJW 2001, 2026 – „Wenn der Steuerfahnder 3x klingelt".

aufbringt, vermag zwischen optimaler Mühewaltung und optimaler Interessenvertretung zu differenzieren[2480].

1575 Dem Rechtsanwalt ist die (wahrheitsgemäße) Angabe von **Spezialisierungen** erlaubt[2481]. Entsprechen die Fähigkeiten eines Anwalts den an einen **Fachanwalt** zu stellenden Anforderungen, besteht keine Veranlassung, dem Rechtsanwalt die Bezeichnung als „Spezialist" zu untersagen, selbst wenn beim rechtsuchenden Publikum die Gefahr einer Verwechslung mit der Bezeichnung „Fachanwalt für Familienrecht" besteht[2482]. Unzulässig ist indes die Verwendung der Bezeichnung „Fachanwalt für Markenrecht", da es einen solchen Titel nach § 1 Fachanwaltsordnung (FAO) nicht gibt[2483].

1576 Eine Kanzlei, die sich in ihrem Webauftritt als „Kanzlei Niedersachsen" bezeichnet, verstößt nicht gegen das Sachlichkeitsgebot, da der durchschnittliche Verbraucher die Bezeichnung weder als irreführende Behauptung einer Spitzenstellung noch als Behauptung einer Verbindung zur niedersächsischen Staatskanzlei, sondern als **geografische Herkunftsbezeichnung** verstehen wird[2484].

1577 Die Angabe von **Erfolgs- und Umsatzangaben** ist nach § 6 Abs. 2 Satz 1 BORA nur noch unzulässig, wenn es sich um irreführende Angaben handelt. Zu Recht wurde das frühere pauschale Verbot der Werbung mit Erfolgs- und Umsatzzahlen in Zweifel gezogen, denn das Publikum ist nicht so naiv, dass es aus Erfolgsangaben Rückschlüsse auf die Qualifikation des Anwalts zieht[2485]. Eine Gefahr für das Vertrauen in die Anwaltschaft stellen Erfolgs- und Umsatzangaben nicht dar[2486].

1578 Beharrlich diskutiert wurde lange Zeit die Zulässigkeit **„fachfremder" Angaben** zur eigenen Person und die Zulässigkeit **„fachfremder" Links**[2487]. Die Angabe etwa einer Partei- oder Vereinszugehörigkeit oder ein Hyperlink auf die Website des örtlichen Gesangsvereins ist im wesentlichen Imagewerbung[2488]. Derartige Werbemaßnahmen am Maßstab des Art. 12 Abs. 1 GG für geeignet zu halten, die Anwaltschaft in Misskredit zu bringen und das Vertrauen des Publikums in die Integrität der Anwaltschaft zu gefährden, ist verfehlt[2489]. Für das persönliche Vertrauen eines Mandanten ist es keinesfalls schädlich, wenn er nicht nur die Tätigkeitsschwerpunkte eines Rechtsanwalts erfährt, sondern auch andere persönliche, „fachfremde" Informationen[2490]. Die gegenteilige Auffassung beschränkte in nicht hinnehmbarer Weise

---

2480 *Härting/Steinbrecher*, AnwBl 2005, 10, 13; vgl. BVerfG v. 28.2.2003 – 1 BvR 189/03, BRAK 2003, 127, 128.
2481 BVerfG v. 28.7.2004 – 1 BvR 159/04, NJW 2004, 2656.
2482 BGH v. 24.7.2014 – I ZR 53/13 Rz. 21 ff. – Spezialist für Familienrecht.
2483 LG Frankfurt/M. v. 13.1.2010 – 2-06 O 521/09, MMR 2010, 336.
2484 OLG Celle v. 17.11.2011 – 13 U 168/11 Rz. 8, 10, 13.
2485 *Kleine-Cosack*, BRAO, Anh. I 1 § 6 Rz. 4; *Härting/Steinbrecher*, AnwBl. 2005, 10, 14.
2486 Vgl. OLG Nürnberg v. 22.6.2004 – 3 U 334/04, NJW 2004, 2167, 2168 f.
2487 Vgl. *Bardenz*, MDR 2001, 247, 253; *Dahns/Krauter*, BRAK 2004, 2, 4; *Schulte/Schulte*, MMR 2002, 585, 588; *Steinbeck*, NJW 2003, 1481, 1484 f.
2488 Vgl. BVerfG v. 4.8.2003 – 1 BvR 2108/02, AfP 2003, 478 = AfP 2004, 72 = NJW 2003, 2816 = MDR 2003, 1263.
2489 *Härting/Steinbrecher*, AnwBl 2005, 10, 14.
2490 *Härting*, AnwBl. 2000, 343, 345; vgl. auch *Hoß*, AnwBl. 2002, 377, 383; BVerfG v. 4.8.2003 – 1 BvR 2108/02, AfP 2003, 478 = AfP 2004, 72 = NJW 2003, 2816 = MDR 2003, 1263.

die Erwägungen des Rechtsuchenden bei der Auswahl eines Rechtsanwalts auf berufsbezogene Angaben[2491].

Auch ein **virtuelles Gästebuch** ist erlaubt, solange die Eintragungen nicht irreführend i.S.d. § 5 UWG sind. Dass das ein oder andere „Lob" eines Mandanten über die Leistungen des Rechtsanwalts, das sich in einem Gästebuch findet, das Ansehen der Anwaltschaft insgesamt gefährdet, kann man nicht ernstlich vertreten[2492]. Ein generelles Verbot von „Gästebüchern" wegen der Möglichkeit unsachlicher Drittwerbung[2493] schießt weit über das Ziel hinaus, zumal „Gästebücher" auch für kritische Bemerkungen genutzt werden können[2494].

1579

cc) Werbung um ein Einzelmandat

Das Verbot der Werbung um einen Auftrag im Einzelfall gem. § 43b BRAO wurde in der Vergangenheit restriktiv ausgelegt. Der BGH trat dem entgegen, bejahte die Zulässigkeit von **Anwalts-Rundschreiben** und betonte, dass letztlich jede Werbung von der Hoffnung motiviert ist, neue Kunden bzw. Mandanten zu gewinnen[2495]. Ohne weiteres zulässig ist daher die Bereithaltung von **Vollmachten** auf einer Kanzlei-Website zum Download[2496] oder auch die „**Online-Rechtsberatung**" per Formular[2497]. Auch der Anwalt, der auf einer Internetplattform ein Gegenangebot zu einem **Kostenvoranschlag** eines Kollegen abgibt, verstößt nicht gegen das Verbot der Werbung um ein Einzelmandat. Die berufsrechtlichen Werbebeschränkungen dürfen nicht dazu führen, dass das berechtigte Interesse des Mandanten an sachlich angemessener Information nicht befriedigt wird[2498].

1580

Die Grenze zur Unzulässigkeit ist beim Verbot der Werbung um einen Auftrag im Einzelfall erst dann überschritten, wenn eine konkret bestehende Bedarfslage dazu ausgenutzt wird, dem (potentiellen) Mandanten Hilfe aufzudrängen, wie dies beispielsweise bei einer **Mandatswerbung am Unfallort** der Fall wäre[2499]. Dasselbe gilt, wenn der Adressat durch ein Anwaltsschreiben belästigt, genötigt oder überrumpelt wird und die Gefahr besteht, dass hierdurch eine überlegte und informationsgeleitete Entscheidung für oder gegen das anwaltliche Angebot erheblich erschwert wird[2500].

1581

2491 A.A. *Steinbeck*, NJW 2003, 1481, 1483.

2492 Vgl. *Härting/Steinbrecher*, AnwBl 2005, 10, 15.

2493 Vgl. *Schmittmann*, MDR 1997, 601, 603; *Steinbeck*, NJW 2003, 1481, 1485; LG Nürnberg v. 20.5.1998 – 3 O 1435/98, CR 1998, 622 = DB 1998, 1404 ff.

2494 *Kleine-Cosack*, Werberecht, Rz. 724 ff.; a.A. wohl *v. Lewinski* in Hartung, BORA/FAO, § 6 BORA Rz. 234 f.

2495 Vgl. *Härting/Steinbrecher*, AnwBl. 2005, 10, 11; BGH v. 15.3.2001 – I ZR 337/98, NJW 2001, 2886, 2887 = MDR 2001, 1308, 1309; vgl. auch LG München v. 26.10.2006 – 7 O 16794/06, CR 2007, 467, 470.

2496 OLG München v. 20.12.2001 – 29 U 4592/01, CR 2002, 530 = ITRB 2002, 258 = NJW 2002, 760, 761.

2497 Vgl. OLG Braunschweig v. 12.9.2002 – 2 U 24/02, CR 2003, 611 = ITRB 2003, 168 = MMR 2003, 276.

2498 Vgl. BVerfG v. 8.12.2010 – I BvR 1287/08 Rz. 24 ff. – Zahnarzt Preisvergleichsportal; BGH v. 1.12.2010 – I ZR 55/08 Rz. 12, CR 2011, 465 – Zweite Zahnarztmeinung.

2499 Vgl. BGH v. 1.3.2001 – I ZR 300/98, NJW 2001, 2087, 2089; vgl. OLG Hamburg v. 26.2.2004 – 3 U 82702, NJW 2004, 1668, 1669; OLG Naumburg v. 10.7.2007 – 1 U 14/07, WRP 2007, 1502, 1503.

2500 BGH v. 13.11.2013 – I ZR 15/12 Rz. 21 ff. – Kommanditistenbrief; BGH v. 10.7.2014 – I ZR 188/12 Rz. 11 – Anwaltsschreiben an Fondsanleger.

dd) Weitere berufsrechtliche Schranken

1582 Nicht zu beanstanden ist das Bereitstellen einer Internetplattform zur Vermittlung von Terminsvertretern. Wenn der Betreiber für die Vermittlung ein Entgelt verlangt, verstößt dies nicht gegen das Provisionsverbot gem. **§ 49b Abs. 3 Satz 1 BRAO**[2501]. Ebenso wenig verstößt es gegen § 49b Abs. 3 Satz 1 BRAO, wenn anwaltliche Beratung auf einer Internetplattform versteigert wird. Das Entgelt, das der Plattformbetreiber hierfür erhält, wird nicht für die Vermittlung eines Auftrags gezahlt. Der Plattformbetreiber stellt lediglich das Medium für die Werbung zur Verfügung. Seine Leistung ist vergleichbar mit den Leistungen der herkömmlichen Werbemedien[2502]. Dies gilt auch, wenn „Leads" zu potenziellen Mandanten vermittelt und vergütet werden, da eine solche Vergütung nicht an eine tatsächliche Mandatierung anknüpft[2503].

1583 Bei den berufsrechtlichen **Mindestpreisvorschriften** der BRAO und des RVG handelt es sich um Marktverhaltensregel i.S.v. § 3a UWG. Da es allerdings für die außergerichtliche Beratung keine gesetzliche Mindestgebühr gibt, darf ein Rechtsanwalt mit einer kostenlosen Ersteinschätzung werben, ohne dadurch berufs- und wettbewerbswidrig zu handeln[2504]. § 2 Abs. 1 Nr. 11 Dienstleistungs-Informationspflichten-Verordnung (DL-InfoV) verpflichtet den Anwalt zu Angaben über seine Berufshaftpflichtversicherung. Auch hierbei handelt es sich um eine Marktverhaltensregel i.S.v. § 3a UWG[2505].

f) Ärzte, Apotheker, Gesundheit

1584 Plastische Chirurgen, aber auch andere Ärzte greifen gelegentlich zu Werbemethoden, die ihnen beruflich untersagt sind, aufgrund von Bestimmungen mit marktregelndem Inhalt (§ 3a UWG). So verstößt ein **Werbevideo eines Schönheitschirurgen** gegen berufsrechtliche Werbeverbote und ist wettbewerbswidrig, wenn der Arzt darin – musikalisch untermalt – verschiedene Sequenzen einer Bauchstraffung zeigt und zweimal den entfernten Teil der Bauchdecke – einmal auf den Händen gehalten und zum Schluss an zwei Haltehaken in die Höhe gestreckt und von allen Seiten vor die Kamera gehalten – präsentiert[2506]. „**Vorher-/Nachher-Bilder**" verstoßen gegen § 11 Abs. 1 Satz 3 Nr. 1 Heilmittelwerbegesetz (HWG), einer gleichfalls marktregelnden Norm (§ 3a UWG)[2507]. Dasselbe gilt für das Verbot einer Werbung, mit der der fälschliche Eindruck erweckt wird, dass ein Erfolg mit Sicherheit erwartet werden kann (§ 3 Satz 2 Nr. 2 lit. 1 HWG)[2508].

1585 Nach **§ 9 Satz 1 HWG** ist eine Werbung für die Erkennung oder Behandlung von Krankheiten, Leiden, Körperschäden oder krankhaften Beschwerden unzulässig, die nicht auf eigener Wahrnehmung an dem zu behandelnden Menschen oder Tier beruht (**Fernbehandlung**). Wird im Internet eine solche Fernbehandlung beworben oder angeboten, so ist sie wettbe-

---

2501 OLG Karlsruhe v. 5.4.2013 – 4 U 18/13 Rz. 4, CR 2013, 401 = ITRB 2013, 127.
2502 BVerfG v. 19.2.2008 – 1 BvR 1886/06 Rz. 24, CR 2008, 384 = ITRB 2008, 148 – Anwaltswerbung im Internet.
2503 OLG München v. 13.10.2021 – 7 U 5998/20 Rz. 57 f.
2504 LG Essen v. 10.10.2013 – 4 O 226/13 Rz. 25 ff.
2505 OLG Hamm v. 28.2.2013 – 4 U 159/12; a.A. *Haug*, NJW 2015, 661, 663 f.
2506 LG Düsseldorf v. 9.10.2020 – 38 O 45/20 Rz. 15 ff.
2507 LG Köln v. 15.4.2021 – 81 O 106/20 Rz. 36 ff., AfP 2021, 373.
2508 OLG Düsseldorf v. 24.2.2022 – 20 U 292/20 Rz. 12 f.

werbswidrig gem. § 3a UWG[2509]. Die gilt allerdings nicht, wenn es um Fernbehandlungen geht, die unter Verwendung von Kommunikationsmedien erfolgen, wenn nach allgemein anerkannten fachlichen Standards ein persönlicher ärztlicher Kontakt mit dem zu behandelnden Menschen nicht erforderlich ist (§ 9 Satz 2 HWG).

Bei der Auslegung des **Erlaubnistatbestands des § 9 Satz 2 HWG** kommt es im Ausgangspunkt auf eine abstrakte, generalisierende Bewertung an, da sich Werbung unabhängig von einer konkreten Behandlungssituation an eine Vielzahl nicht näher individualisierter Personen richtet. Außerdem ist zu berücksichtigen, dass der Gesetzgeber mit der Schaffung des Ausnahmetatbestands gem. § 9 Satz 2 HWG der Weiterentwicklung telemedizinischer Möglichkeiten Rechnung tragen wollte und von der Einhaltung anerkannter fachlicher Standards bereits dann ausgegangen ist, wenn danach eine ordnungsgemäße Behandlung und Beratung unter Einsatz von Kommunikationsmedien grundsätzlich möglich ist. Daraus ergibt sich, dass der Gesetzgeber von einem dynamischen Prozess ausgegangen ist, in dem sich mit dem Fortschritt der technischen Möglichkeiten auch der anerkannte fachliche Standard ändern kann[2510]. Der in § 9 Satz 2 HWG verwendete Begriff der allgemein anerkannten fachlichen Standards ist vielmehr unter Rückgriff auf den entsprechenden Begriff gem. **§ 630a Abs. 2 BGB** und die dazu mit Blick auf die vom Arzt zu erfüllenden Pflichten aus einem medizinischen Behandlungsvertrag entwickelten Grundsätze auszulegen. Nach dieser Bestimmung hat die Behandlung im Rahmen eines medizinischen Behandlungsvertrags nach den zum Zeitpunkt der Behandlung bestehenden, allgemein anerkannten fachlichen Standards zu erfolgen, soweit nicht etwas anderes vereinbart ist[2511]. 1586

Eine Werbung mit der Ausstellung von **Arbeitsunfähigkeitsbescheinigungen** im Wege der Fernbehandlung erfüllt nach Auffassung des OLG Hamburg nicht die Voraussetzungen des Ausnahmetatbestands des § 9 Satz 2 HWG, wenn der Arzt zu keinem Zeitpunkt in Kontakt mit dem Patienten kommt, sofern er keine Rückfragen per Telefon oder Video-Chat für notwendig hält. Zu diesem Fall komme es voraussehbar nicht, da dem Arzt nur solche Antworten übermittelt werden, die zur Diagnose einer Erkältung passen. Fälle, in denen Rückfragen angezeigt wären, werden vom System vorzeitig aussortiert. Die Anamnese beruhe ausschließlich auf den Antworten des Patienten auf die vorformulierten Fragen. Eine Abwägung im Einzelfall könne auf diese Weise nicht stattfinden[2512]. 1587

Gemäß § 3 Satz 2 Nr. 1 HWG liegt eine unzulässige Werbung vor, wenn Verfahren und Behandlungen eine **therapeutische Wirksamkeit oder Wirkungen** beigelegt werden, die sie nicht haben. Daher verstößt es gegen § 3a UWG i.V.m. § 3 Satz 2 Nr. 1 HWG, wenn mit einem dauerhaften und vorbeugenden Therapieerfolg bei einer Cellulite-Behandlung geworben wird, dies aber wissenschaftlich nicht erwiesen ist[2513]. 1588

Nach § 7 Abs. 1 Satz 1 HWG ist es bei der Werbung für Arzneimittel grundsätzlich unzulässig, Zuwendungen und sonstige Werbegaben (Waren oder Leistungen) anzubieten, anzukündi- 1589

2509 OLG München v. 2.8.2012 – 29 U 1471/12 Rz. 31 ff., AfP 2013, 63.
2510 BGH v. 9.12.2021 – I ZR 146/20 Rz. 51, CR 2022, 456 = ITRB 2022, 77 (*Kartheuser*) – Werbung für Fernbehandlung.
2511 BGH v. 9.12.2021 – I ZR 146/20 Rz. 53, CR 2022, 456 = ITRB 2022, 77 (*Kartheuser*) – Werbung für Fernbehandlung.
2512 OLG Hamburg v. 5.11.2020 – 5 U 175/19 Rz. 58 ff.; OLG Hamburg v. 29.9.2021 – 3 U 148/20 Rz. 34 ff., ITRB 2022, 56 (*Wübbeke*).
2513 KG Berlin v. 27.11.2015 – 5 U 20/14 Rz. 61 ff.

gen oder zu gewähren. Verstöße sind wettbewerbswidrig (§ 3a UWG)[2514]. Die Werbung mit der Veranstaltung eines Gewinnspiels zur Förderung des Verkaufs von verschreibungspflichtigen Arzneimitteln kann sowohl als Ankündigung einer gem. § 7 Abs. 1 Satz 1 HWG unzulässigen Werbegabe als auch als Verstoß gegen das Arzneimittelpreisrecht (§ 78 Abs. 1 Satz 1 AMG, §§ 1, 3 AMPreisV, § 129 Abs. 3 Satz 2 und 3 SGB V) verboten werden[2515].

1590 Das in **§ 4 HWG** geregelte Gebot, in die Werbung für Arzneimittel **Pflichtangaben** aufzunehmen, dient in erster Hinsicht dem Schutz der gesundheitlichen Interessen der Verbraucher und ist dementsprechend dazu bestimmt, im Interesse der Marktteilnehmer das Marktverhalten zu regeln[2516]. Allerdings verstößt eine Google-Adwords-Anzeige für ein Arzneimittel nicht allein deshalb gegen § 4 HWG, weil die Angaben nicht in der Anzeige selbst enthalten sind. Ausreichend ist ein Link, der auf die Pflichtangaben hinweist und diese auch tatsächlich und unmittelbar verlinkt[2517].

1591 Wettbewerbsbezug ist für das Arzneimittelgesetz (AMG) und die Arzneimittelpreisverordnung (AMPVO) zu bejahen, an die Versandapotheken gebunden sind. Der Betreiber einer **Versandapotheke** begeht bei einer Verletzung der Bestimmungen des AMG und der AMPVO einen Wettbewerbsverstoß nach § 3a UWG[2518]. Auch die in **§ 11 Abs. 1 Satz 1 Apothekengesetz (ApoG)** geregelten Tatbestände, die Kooperationen zwischen Apothekern und Ärzten verbieten, sind Marktverhaltensregeln gem. § 3a UWG, deren Verletzung geeignet ist, die Interessen der Verbraucher und Mitbewerber spürbar zu beeinträchtigen[2519].

1592 Auch Art. 10 Abs. 1 der Verordnung (EG) Nr. 1924/2006 über **nährwert- und gesundheitsbezogene Angaben** über Lebensmittel ist eine Marktverhaltensregel gem. § 3a UWG. Die Formulierung „zur Unterstützung einer gesunden Darmflora" kann als gesundheitsbezogene Angabe verstanden werden, die nach Art. 10 Abs. 1 der Verordnung grundsätzlich verboten ist[2520]. Dasselbe gilt für Art. 4 Abs. 3 Unterabs. 1 der Verordnung. Danach darf für Getränke mit einem Alkoholgehalt von mehr als 1,2 Volumenprozent nicht mit gesundheitsbezogenen Angaben geworben werden[2521]. Zu den Marktverhaltensregeln gehört auch die **Informationspflichten über Lebensmittel im Fernabsatz**, die sich aus Art. 14 Abs. 1 der Verordnung (EU) Nr. 1169/2011 betreffend die Information der Verbraucher über Lebensmittel (LMIV)[2522] ergeben[2523].

g) Glücksspiele

1593 Wer ohne behördliche Erlaubnis ein Online-Glücksspiel veranstaltet, macht sich nicht nur strafbar (**§ 284 StGB**), sondern handelt auch wettbewerbswidrig nach § 3a UWG[2524]. Dies

---

2514 BGH v. 29.11.2018 – I ZR 237/16 Rz. 16 – Versandapotheke.
2515 BGH v. 18.11.2021 – I ZR 214/18 Rz. 41 ff. – Gewinnspielwerbung II.
2516 BGH v. 6.6.2013 – I ZR 2/12 Rz. 9 – Pflichtangaben im Internet.
2517 BGH v. 6.6.2013 – I ZR 2/12 Rz. 18 – Pflichtangaben im Internet.
2518 OLG Frankfurt v. 29.11.2007 – 6 U 26/07, WRP 2008, 969, 971.
2519 BGH v. 12.3.2015 – I ZR 84/14 Rz. 15, CR 2015, 723 – TV-Wartezimmer.
2520 BGH v. 26.2.2014 – I ZR 178/12 Rz. 10 ff. – Praebiotik.
2521 BGH v. 17.5.2018 – I ZR 252/16 Rz. 14 – Bekömmliches Bier.
2522 *Gössling/Dimov*, IPRB 2018, 154, 154 f.
2523 KG Berlin v. 23.1.2018 – 5 U 126/16 Rz. 29; LG Mannheim v. 1.6.2017 – 23 O 73/16 Rz. 25.
2524 *Moritz/Hermann* in Moritz/Dreier, Rechtshandbuch zum E-Commerce, Teil D Rz. 563; BGH v. 14.3.2002 – I ZR 279/99, NJW 2002, 2175, 2176 = MDR 2002, 1082 – Sportwetten; BGH v.

gilt auch dann, wenn der Veranstalter Inhaber einer Erlaubnis eines anderen EU-Mitgliedstaates ist[2525]. Das Herkunftslandprinzip ist auf Gewinnspiele nicht anwendbar (§ 3 Abs. 4 Nr. 4 TMG), und auch aus der europarechtlichen Niederlassungs- und Dienstleistungsfreiheit lässt sich keine Notwendigkeit ableiten, behördliche Erlaubnisse anderer EU-Mitgliedstaaten anzuerkennen[2526]. Ein Internetverbot für Glücksspiele ist europarechtskonform, wenn dadurch die Eingrenzung der Spielsucht und der Schutz der Jugend bezweckt werden[2527]. Seit dem 1.7.2021 gilt ein neuer Glücksspielstaatsvertrag (GlüStV 2021), der in den §§ 4 ff. Erlaubnisse vorsieht und in § 5 auch Möglichkeiten der Werbung eröffnet.

h) Jugendschutz

Verstöße gegen Bestimmungen des Jugendschutzes begründen stets einen Wettbewerbsverstoß nach § 3a UWG. Dies gilt namentlich für das Jugendschutzgesetz (JuSchG) und den Jugendmedienschutz-Staatsvertrag (JMStV)[2528]. 1594

Ein Verstoß gegen das Verbot des Verkaufs von **Tabakwaren** an Jugendliche (**§ 10 Abs. 1 JuSchG**) ist unlauter[2529]. Auch das Verbot der Abgabe von Alkohol in der Öffentlichkeit an Kinder und Jugendliche (§ 9 Abs. 1 JuSchG) fällt unter § 3a UWG[2530]. Unter den Begriff der „**Öffentlichkeit**" fällt auch eine Abgabe im Fernabsatz[2531]. Entscheidend für das Vorliegen 1595

1.4.2004 – I ZR 317/01, AfP 2004, 357 = CR 2004, 613 m. Anm. *Dietlein* = AfP 2004, 481 = NJW 2004, 2158, 2159 = WRP 2004, 899, 902 – Schöner Wetten; BGH v. 14.2.2008, ZUM 2008, 594, 594 ff.; BGH v. 22.7.2021 – I ZR 194/20 Rz. 45 – Rundfunkhaftung; OLG Hamburg v. 19.8.2004 – 5 U 32/04, ITRB 2005, 109 = CR 2004, 925, 926; OLG Hamburg v. 19.1.2005 – 3 U 171/04, CR 2005, 459 = MMR 2005, 471; OLG Köln v. 21.4.2006 – 6 U 145/05, ZUM 2006, 648, 649; OLG Köln v. 30.10.2020 – 6 U 47/20 Rz. 34; OLG Oldenburg v. 18.9.2008 – 1 W 66/08, ITRB 2009, 11 = CR 2009, 43, 43 ff.; OLG Frankfurt v. 4.6.2009 – 6 U 261/07, MMR 2009, 577 (Ls.); LG Köln v. 7.4.2009 – 33 O 45/09, MMR 2009, 485, 485 f. m. Anm. *Liesching*; LG Regensburg v. 15.2.2005 – 2 S 340/01, MMR 2005, 478.

2525 *Dietlein*, CR 2004, 372, 375; *Fritzemeyer/Rinderle*, CR 2004, 367, 368; BGH v. 1.4.2004 – I ZR 317/01, AfP 2004, 357 = CR 2004, 613 m. Anm. *Dietlein* = AfP 2004, 481 = NJW 2004, 2158, 2159 = WRP 2004, 899, 902 – Schöner Wetten; OLG Hamburg v. 19.1.2005 – 3 U 171/04, CR 2005, 459, 460 = MMR 2005, 471; OLG Hamburg v. 19.8.2004 – 5 U 32/04, ITRB 2005, 109 = CR 2004, 925, 927; a.A. *Hoeller/Bodemann*, NJW 2004, 122, 125; Hessischer VGH v. 9.2.2004 – 11 TG 3060/03, CR 2004, 370, 372 m. Anm. *Dietlein*.

2526 EuGH v. 6.11.2003 – C-243/01, NJW 2004, 139 = MMR 2004, 92 – Gambelli; EuGH v. 8.9.2010 – C-316/07 u.a. Rz. 116 – Markus Stoß u.a.; BGH v. 14.3.2002 – I ZR 279/99, NJW 2002, 2175, 2176 = MDR 2002, 1082 – Sportwetten; BGH v. 1.4.2004 – I ZR 317/01, AfP 2004, 357 = AfP 2004, 481 = NJW 2004, 2158, 2159 = WRP 2004, 899, 902 – Schöner Wetten; vgl. *Fritzemeyer/Rinderle*, CR 2004, 367; a.A. *Hoeller/Bodemann*, NJW 2004, 122, 125; vgl. auch LG München I v. 27.10.2003, MMR 2004, 109.

2527 EuGH v. 8.9.2010 – C-46/08 Rz. 111, ECLI:EU:C:2010:505, CR 2011, 387 – Carmen Media.

2528 *Liesching*, K&R 2006, 394, 395; LG Leipzig v. 12.5.2006 – 05 O 4391/05, AfP 2006, 600 = K&R 2006, 426, 428; LG Wuppertal v. 19.10.2004 – 14 O 112/04; a.A. LG Düsseldorf v. 28.7.2004 – 12 O 19/04, CR 2004, 849 = MMR 2004, 764 f. m. Anm. *Liesching*.

2529 OLG Brandenburg v. 2.3.2021 – 6 U 83/19 Rz. 52; OLG Frankfurt v. 7.8.2014 – 6 U 54/14; OLG Hamm v. 10.6.2021 – 4 U 1/20 Rz. 117; OLG München v. 29.7.2004 – 29 U 2745/04, AfP 2004, 585 = MMR 2004, 755, 756 f.

2530 LG Bochum v. 23.1.2019 – 13 O 1/19 Rz. 21, ITRB 2019, 133.

2531 LG Bochum v. 23.1.2019 – 13 O 1/19 Rz. 18 f.; a.A. LG Koblenz v. 13.8.2007 – 4 HK O 120/07, MMR 2007, 725 = ITRB 2019, 133 m. Anm. *Liesching*.

einer „**Abgabe**" i.S.d. § 9 Abs. 1 JuSchG ist, dass der Minderjährige die tatsächliche Gewalt über die Substanz erhält, zum Beispiel durch Versand nach Bestellung im Internet. Das Merkmal „in der Öffentlichkeit" ist erfüllt, wenn die Ware für eine Mehrzahl von Personen, die nicht durch persönliche Beziehungen untereinander oder mit den Anbietern verbunden sind, zugänglich ist. Beim Internet handelt es sich um einen virtuellen „öffentlichen Raum", der einer Mehrzahl von Personen zugänglich ist[2532].

1596 Um **Pornografie** geht es in **§ 4 Abs. 2 Satz 2 JMStV**. Danach sind (u.a.) pornografische Angebote in Telemedien zulässig, wenn von Seiten des Anbieters sichergestellt ist, dass die Angebote ausschließlich Erwachsenen zugänglich sind. Verstöße sind wettbewerbswidrig (§ 3a UWG). Dasselbe gilt für Verstöße gegen das Verbot des Versandhandels mit **Bildträgern** nach § 12 Abs. 3 Nr. 2 JuSchG[2533].

1597 Sofern Anbieter Angebote verbreiten oder zugänglich machen, die geeignet sind, die Entwicklung von Kindern oder Jugendlichen zu einer eigenverantwortlichen und gemeinschaftsfähigen Persönlichkeit zu beeinträchtigen, haben sie dafür Sorge zu tragen, dass Kinder oder Jugendliche der betroffenen Altersstufen sie üblicherweise nicht wahrnehmen (§ 5 Abs. 1 Satz 1 JMStV). Dieser Pflicht kann der Anbieter dadurch entsprechen, dass er durch technische oder sonstige Mittel die Wahrnehmung des Angebots durch Kinder oder Jugendliche der betroffenen Altersstufe unmöglich macht oder wesentlich erschwert, oder das Angebot mit einer Alterskennzeichnung versieht, die von **geeigneten Jugendschutzprogrammen** ausgelesen werden können (§ 11 Abs. 3 Satz 1 Nr. 1 JMStV). Jugendschutzprogramme müssen zur Beurteilung ihrer Eignung einer anerkannten Einrichtung der **freiwilligen Selbstkontrolle** vorgelegt werden. Sie sind geeignet, wenn sie einen nach Altersstufen differenzierten Zugang zu Telemedien ermöglichen und eine dem Stand der Technik entsprechende Erkennungsleistung aufweisen (§ 11 Abs. 1 Satz 2 bis 4 JMStV)[2534].

j) Medien; öffentliche Hand

1598 Das Gebot der **Staatsferne der Presse**, das sich aus Art. 5 Abs. 1 Satz 2 GG ableitet, ist eine Marktverhaltensregelung[2535]. Das „offizielle Stadtportal" für München, das seit 2004 unter muenchen.de abrufbar war, war nach Auffassung des OLG München mit diesem Gebot nicht vereinbar[2536].

1599 Im Rahmen des verfassungsrechtlich gebotenen Schutzes der freien Presse kann nicht auf den Verbreitungsweg einer unzulässigen staatlichen Informationshandlung abgestellt werden. Unter Berücksichtigung der fortschreitenden Digitalisierung und der damit einhergehenden, sich verändernden Gewohnheit einer immer größer werdenden Zahl der Allgemeinheit in Bezug auf die Beschaffung von Informationen, kommt den über das Internet abrufbaren Berichterstattungen eine beträchtliche Bedeutung zu. Das verfassungsrechtliche Gebot, die Presse von staatlichen Einflüssen freizuhalten, bezieht sich gerade auch auf die Verhinderung aller mittelbaren und subtilen Einflussnahmen des Staates. Diese kann aber

---

2532 LG Bochum v. 23.1.2019 – 13 O 1/19 Rz. 18, ITRB 2019, 133.

2533 OLG München v. 29.7.2004 – 29 U 2745/04, AfP 2004, 585 = MMR 2004, 755, 756 f.; OLG Frankfurt v. 7.8.2014 – 6 U 54/14.

2534 Vgl. *Hopf*, K&R 2016, 784, 786 f.

2535 OLG München v. 30.9.2021 – 6 U 6754/20 Rz. 84, AfP 2021, 540.

2536 OLG München v. 30.9.2021 – 6 U 6754/20 Rz. 90 ff., AfP 2021, 540.

ersichtlich auch in der Verbreitung **unzulässiger staatlicher Berichterstattung über das Internet** liegen[2537].

Nach **§ 30 Abs. 1 i.V.m. § 2 Nr. 29 Medienstaatsvertrag (MStV)** bieten die in der ARD zusammengeschlossenen Landesrundfunkanstalten, das ZDF und das Deutschlandradio Telemedien an, die journalistisch-redaktionell veranlasst und journalistisch-redaktionell gestaltet sind. Dieser Auftrag umfasst nach § 30 Abs. 2 Satz 1 MStV das Angebot von Sendungen auf Abruf, von sendungsbezogenen und nichtsendungsbezogenen Telemedien sowie von Archiven. § 30 Abs. 7 Satz 1 MStV schränkt dies ein und hält fest, dass nichtsendungsbezogene **presseähnliche Angebote** unzulässig sind. Dies ist als Marktverhaltensregel gem. § 3a UWG anzusehen, da die Regelung den Zweck hat, die Betätigung öffentlich-rechtlicher Rundfunkanstalten auf dem Markt der Telemedien im Interesse des Schutzes von Presseverlagen zu begrenzen[2538]. Auch die Vorschrift des § 40 Abs. 1 Satz 3 MStV, nach der die öffentlich-rechtlichen Rundfunkanstalten kommerzielle Tätigkeiten im Wettbewerb nur unter Marktbedingungen erbringen dürfen, stellt eine Marktverhaltensregelung i.S.v. § 3a UWG dar[2539]. **1600**

Auch bei § 6 Abs. 2 Satz 1 und Abs. 2a Nr. 2 **Gesetz über den Deutschen Wetterdienst (DWDG)** handelt es sich um eine Marktverhaltensregelung (§ 3a UWG). Der DWD darf nach dieser Regelung seine Dienstleistungen im Grundsatz nur unter Marktbedingungen erbringen. Wie jeder andere Anbieter einer Anwendungssoftware für meteorologische Dienstleistungen muss er hierfür eine Vergütung verlangen oder – wenn die Software kostenlos abgegeben wird – die Leistungen mittelbar etwa durch Werbeeinnahmen finanzieren. Normen mit einem derartigen Regelungsgehalt sind Marktverhaltensregelungen. Sie haben den Zweck, die **Betätigung der öffentlichen Hand** auf einem bestimmten Markt zum Schutz privatwirtschaftlicher Mitbewerber zu begrenzen[2540]. **1601**

k) Sonstige Marktverhaltensregeln

Auch die Vorschriften zur Inhaltskontrolle von Allgemeinen Geschäftsbedingungen (**§§ 307 ff. BGB**) regeln das Marktverhalten (§ 3a UWG)[2541], indem sie Nachteile abwenden, die dem Wirtschaftsverkehr durch den nicht funktionierenden Konditionenwettbewerb drohen[2542]. Die **Verwendung unwirksamer AGB** stellt einen Verstoß gegen die „berufliche Sorgfaltspflicht" nach Art. 5 Abs. 2 UGP-Richtlinie dar[2543]. Nicht zu den Marktverhaltensregeln i.S.d. § 3a UWG gehören die **Nutzungsbedingungen** einer Online-Plattform[2544]. **1602**

2537 OLG Hamm v. 10.6.2021 – 4 U 1/20 Rz. 123, AfP 2021, 348; OLG Nürnberg v. 26.11.2021 – 3 U 2473/21 Rz. 45.

2538 BGH v. 30.4.2015 – I ZR 13/14 Rz. 57 ff., AfP 2015, 553 – Tagesschau-App; OLG Köln v. 30.9.2016 – 6 U 188/12 Rz. 32, AfP 2014, 79 = ITRB 2014, 51.

2539 BGH v. 8.11.2018 – I ZR 108/17 Rz. 39 – Deutschland-Kombi.

2540 BGH v. 12.3.2020 – I ZR 126/18 Rz. 77 – WarnWetter-App.

2541 BGH v. 31.3.2010 – I ZR 34/08 Rz. 24, 29, CR 2010, 806 = ITRB 2011, 30 – Gewährleistungsausschuss im Internet, m. Anm. *Schirmbacher*, BB 2010, 2780 f.; BGH v. 31.5.2012 – I ZR 45/11 Rz. 46 – Missbräuchliche Vertragsstrafe.

2542 Vgl. OLG Hamm v. 12.1.2012 – 4 U 107/11 Rz. 10; *Köhler* in Köhler/Bornkamm/Feddersen, § 3a UWG Rz. 1.28 f.; *Grüneberg* in Grüneberg, Überbl. v. § 305 BGB Rz. 8.

2543 OLG Hamm v. 12.1.2012 – 4 U 107/11 Rz. 10.

2544 OLG Hamm v. 21.12.2010 – 4 U 142/10 Rz. 26.

1603 **§ 476 BGB** schränkt die Möglichkeiten des Unternehmers ein, zum Nachteil des Verbrauchers von den gesetzlichen Gewährleistungsbestimmungen des Kaufrechts abzuweichen. Als Umsetzungsnorm zur EU-Verbrauchsgüterkaufrichtlinie dient § 476 BGB u.a. auch dem Abbau von Wettbewerbsverzerrungen[2545] und ist daher als Marktverhaltensregel gem. § 3a UWG anzusehen[2546]. Dasselbe gilt für **§ 479 BGB,** der die Anforderungen an Garantieerklärungen beim Verbrauchsgüterkauf regelt[2547].

1604 § 39 Abs. 3 Satz 1 i.V.m. § 51 Abs. 5 PBefG schreibt **Taxifahrern** verbindliche Tarife vor und regelt damit deren Marktverhalten[2548]. An den Betreiber der App MyTaxi richten sich die Bestimmungen des PBefG jedoch nicht, da er keine Personen i.S.d. § 1 Abs. 1 PBefG befördert, sondern lediglich Taxifahrten vermittelt[2549]. Allerdings kann der Betreiber Teilnehmer an Verstößen von Taxifahrern gegen die Bestimmungen des PBefG (etwa der Bindung an der Betriebssitz, § 47 Abs. 1 Satz 1 PBefG) sein[2550].

1605 Nach Auffassung des OLG Frankfurt ist **Uber** ein Unternehmen, das selbst Taxifahrten anbietet und nicht bloß vermittelt. Daher unterliege Uber der **Genehmigungspflicht** nach § 2 Abs. 1 Satz 1 Nr. 4 PBefG, die gleichfalls eine Marktverhaltensregelung darstellt (§ 3a UWG). Für die Feststellung der Unternehmereigenschaft komme es nicht darauf an, ob der Unternehmer eigene Fahrzeuge besitzt. Entscheidend sei vielmehr, wer aus Sicht der Fahrgäste Anbieter der Dienstleistung ist, wer also ihnen gegenüber als Vertragspartner auftritt, auch wenn er mit der faktischen Durchführung des Transports einen anderen betraut[2551].

1606 Nach § 49 Abs. 4 Satz 2 PBefG ist die unmittelbare Annahme von Beförderungsaufträgen durch **Fahrer von Mietwagen** unabhängig davon unzulässig, ob die Auftragserteilung durch die Fahrgäste selbst oder für sie handelnde Vermittler erfolgt. Es handelt sich um eine Marktverhaltensregelung gem. § 3a UWG[2552]. Dasselbe gilt für die Verpflichtung des Mietwagenfahrers zur Rückkehr an seinen Betriebssitz nach Beendigung einer Fahrt[2553].

2545 BGH v. 31.3.2010 – I ZR 34/08 Rz. 29, CR 2010, 806 = ITRB 2011, 30 – Gewährleistungsausschuss im Internet, m. Anm. *Schirmbacher*, BB 2010, 2780 f.; BGH v. 19.5.2010 – I ZR 140/08 Rz. 23 – Vollmachtsnachweis.

2546 BGH v. 31.3.2010 – I ZR 34/08 Rz. 24, 29, CR 2010, 806 = ITRB 2011, 30 – Gewährleistungsausschuss im Internet, m. Anm. *Schirmbacher*, BB 2010, 2780 f.; BGH v. 19.5.2010 – I ZR 140/08 Rz. 22 – Vollmachtsnachweis; OLG Hamm v. 16.1.2014 – 4 U 102/13 Rz. 47, CR 2014, 617.

2547 OLG Frankfurt v. 22.8.2019 – 6 U 83/19 Rz. 12; OLG Hamburg v. 26.11.2009 – 3 U 23/09, ITRB 2010, 131 = MMR 2010, 400, 401; OLG Nürnberg v. 10.12.2019 – 3 U 1021/19 Rz. 30; vgl. auch BGH v. 10.2.2022 – I ZR 38/21 Rz. 10 ff. – Zufriedenheitsgarantie.

2548 BGH v. 29.3.2018 – I ZR 34/17 Rz. 14 ff., CR 2018, 799 – Bonusaktion für Taxi App; OLG Stuttgart v. 19.11.2015 – 2 U 88/15 Rz. 74; LG Frankfurt/M. v. 19.1.2016 – 3-06 O 72/15 Rz. 29.

2549 BGH v. 29.3.2018 – I ZR 34/17 Rz. 16 ff., CR 2018, 799 – Bonusaktion für Taxi App; OLG Stuttgart v. 19.11.2015 – 2 U 88/15 Rz. 77 ff.

2550 OLG Frankfurt v. 25.6.2020 – 6 U 64/19 Rz. 30 ff.

2551 OLG Frankfurt v. 20.5.2021 – 6 U 18/20 Rz. 26 ff.

2552 BGH v. 13.12.2018 – I ZR 3/16 Rz. 29, CR 2019, 326 m. Anm. *Wimmer* = ITRB 2019, 105 – Uber Black II; OLG Frankfurt v. 20.5.2021 – 6 U 18/20 Rz. 42 ff.; LG Köln v. 25.10.2019 – 81 O 74/19; LG München I v. 10.2.2020 – 4 HK O 14935/16 Rz. 41 ff.

2553 OLG Frankfurt v. 20.5.2021 – 6 U 18/20 Rz. 56 ff.

Nach § 12 Abs. 1 Fernunterrichtsschutzgesetz (FernUSG) bedürfen **Fernlehrgänge** der be- 1607
hördlichen Zulassung, wenn sie nicht ausschließlich der Freizeitgestaltung oder der Unterhaltung dienen. Auch dies ist eine Marktverhaltensregelung gem. § 3a UWG[2554].

Einen Wettbewerbsverstoß (§ 3a UWG) begeht auch der gewerbliche Verkäufer von Elektro- 1608
geräten, der nicht gem. **§ 6 Abs. 2 ElektroG** registriert ist[2555]. Für den Wettbewerb ist es von
erheblicher Bedeutung, dass sich alle Anbieter von Elektro- und Elektronikgeräten an die
Registrierungspflicht halten[2556]. Dasselbe gilt für die Verpflichtung, Elektrogeräte mit dem
Symbol einer durchgestrichenen Abfalltonne auf Rädern dauerhaft zu kennzeichnen (**§ 9
Abs. 2 ElektroG**)[2557]. Auch ein Verstoß gegen das in **§ 4 Abs. 1 Satz 1 Batteriegesetz (BattG)**
geregelte Verbot des Vertriebs von Batterien ohne vorangegangene Anzeige gegenüber dem
Umweltbundesamt ist wettbewerbswidrig (§ 3a UWG)[2558]. Ebenso stellen die Pflichtangaben
in Immobilienanzeigen nach **§ 87 Gebäudeenergiegesetz (GEG)** (vormals § 16a Energie-
einsparverordnung (EnEV)) eine Marktverhaltensregelung dar[2559]. Zugleich handelt es sich
um wesentliche Informationen nach § 5b Abs. 4 UWG i.V.m. Art. 12 Abs. 4 der Richtlinie
2010/31/EU[2560].

Eine wettbewerbsbezogene Schutzfunktion ist zu bejahen bei dem Verbot des Verkaufs von 1609
Tabakwaren unter dem Packungspreis (Kleinverkaufspreis) gem. § 24 Abs. 1 Satz 1 Tabak-
steuergesetz (TabStG). Eine Versteigerung von Tabakwaren über eBay ist daher wettbewerbswidrig gem. § 3a UWG, wenn der Startpreis unter dem Kleinverkaufspreis liegt[2561]. Das Bewerben von Tabakwaren ist nach § 19 Tabakerzeugnisgesetz (TabakerzG) nicht nur in der
Presse und anderen Druckerzeugnissen verboten, sondern auch in Diensten der Informationsgesellschaft. Hierunter ist auch die Website eines Tabakwarenherstellers zu verstehen[2562].

4. Irreführung (§ 5 bis § 5b UWG)

Die §§ 5 bis 5b UWG verbieten die Irreführung. Dabei setzt die Annahme einer irreführen- 1610
den Handlung grundsätzlich nicht voraus, dass der Gewerbetreibende vorsätzlich eine **objektiv falsche Angabe** macht[2563]. Bei einer Geschäftspraxis, die alle Voraussetzungen einer
Irreführung erfüllt, bedarf es auch keiner weiteren Prüfung der beruflichen Sorgfalt i.S.v. § 2
Abs. 1 Nr. 9 UWG[2564].

2554 LG Berlin v. 15.2.2022 – 102 O 42/21 Rz. 17 ff.
2555 OLG Hamm v. 30.8.2012 – 4 U 59/12 Rz. 44, CR 2013, 251.
2556 Vgl. OLG Hamm v. 30.8.2012 – 4 U 59/12 Rz. 44, CR 2013, 251.
2557 OLG Frankfurt v. 25.7.2019 – 6 U 51/19 Rz. 21 ff.; OLG Hamm v. 20.7.2021 – 4 U 72/20
      Rz. 97 ff.; a.A. OLG Köln v. 20.2.2015 – 6 U 118/14 Rz. 71 ff.; *Gössling/Dimov*, IPRB 2018, 154,
      155.
2558 BGH v. 28.11.2019 – I ZR 23/19 Rz. 23 – Pflichten des Batterieherstellers.
2559 OLG Frankfurt v. 10.12.2020 – 6 U 193/18 Rz. 18; LG Düsseldorf v. 19.8.2016 – 38 O 31/16
      Rz. 22.
2560 OLG Frankfurt v. 10.12.2020 – 6 U 193/18 Rz. 23.
2561 OLG Frankfurt v. 2.6.2004 – 6 W 79/04, CR 2004, 948 = ITRB 2005, 54 = K&R 2004, 447,
      448.
2562 BGH v. 5.10.2017 – I ZR 117/16 Rz. 17 ff., ITRB 2018, 5 – Tabakwerbung im Internet.
2563 EuGH v. 16.4.2015 – C-388/13 Rz. 47 ff., ECLI:EU:C:2015:225, CR 2015, 576 – Ungarische Ver-
      braucherschutzbehörde.
2564 EuGH v. 19.9.2013 – C-435/11 Rz. 42 ff. – CHS Tour Services; EuGH v. 16.4.2015 – C-388/13
      Rz. 63, ECLI:EU:C:2015:225, CR 2015, 576 – Ungarische Verbraucherschutzbehörde; BGH v.

a) Irreführende Angaben

1611 Nach § 5 Abs. 1 Satz 1 UWG handelt unlauter, wer eine irreführende geschäftliche Handlung vornimmt. Dies setzt voraus, dass mit **Angaben** geworben wird, die unwahr oder auf sonstige Weise zur Täuschung geeignet sind (§ 5 Abs. 1 Satz 2 UWG). Unter „Angaben" werden Erklärungen objektiv nachprüfbaren Gehalts (d.h. **Tatsachen**) verstanden[2565]. Es darf sich nicht um bloße Anpreisungen handeln, die erkennbar keine Tatsachenbehauptungen sind[2566]. Irreführende Angaben können nicht nur in Worten enthalten sein, sondern auch in **bildlichen Darstellungen** und sonstigen „Veranstaltungen", die darauf zielen und geeignet sind, verbale Angaben zu ersetzen (§ 5 Abs. 4 UWG).

1612 Das allgemeine Publikum fasst eine **Produktabbildung** als maßgeblichen Teil der Produktbeschreibung auf. Somit liegt eine Irreführung vor, wenn für Sonnenschirme durch blickfangmäßige Abbildung eines Sonnenschirms inklusive der zur Beschwerung des Schirmständers erforderlichen Betonplatten geworben wird, obwohl diese Platten tatsächlich nicht zum Lieferumfang gehören[2567]. Keine Irreführung liegt bei **werbenden Begriffen** wie „hochwertig" und „Premium" vor, da diese Begriffe nichtssagend und daher nicht zur Täuschung geeignet sind[2568].

b) Durchschnittsverbraucher

1613 Irreführend ist eine Angabe, wenn sie dazu geeignet ist, beim angesprochenen Publikum, d.h. bei den durch die Wettbewerbshandlung angesprochenen Verkehrskreisen, eine unrichtige Vorstellung hervorzurufen und die Kauflust positiv zu beeinflussen[2569]. Nicht erforderlich ist die Täuschung des überwiegenden Teils der umworbenen Kunden. Es genügt, dass es sich um einen nicht ganz unbeachtlichen Anteil handelt, wobei eine **Irreführungsquote** von 10 bis 15 % nicht genügt[2570].

1614 Die betroffene Angabe muss geeignet sein, bei einem erheblichen Teil der umworbenen Verkehrskreise irrige Vorstellungen über marktrelevante Umstände hervorzurufen und die zu treffende Marktentschließung in wettbewerblich relevanter Weise zu beeinflussen[2571]. Richtet sich Werbung an Verbraucher, ist vom Leitbild des „**Durchschnittsverbrauchers**" auszu-

---

6.6.2019 – I ZR 216/17 Rz. 26, CR 2019, 753 m. Anm. *Franz* = ITRB 2019, 274 – Identitätsdiebstahl I; BGH v. 20.10.2021 – I ZR 17/21 Rz. 22, CR 2022, 379 = ITRB 2022, 100 (*Dovas*) – Identitätsdiebstahl II.

2565 *Bornkamm/Feddersen* in Köhler/Bornkamm/Feddersen, § 5 UWG Rz. 1.21; *Sosnitza* in Ohly/Sosnitza, UWG, § 5 UWG Rz. 87; *Nordemann*, Wettbewerbs- und Markenrecht, Rz. 152 ff.

2566 Vgl. *Bornkamm/Feddersen* in Köhler/Bornkamm/Feddersen, § 5 UWG Rz. 1.30 ff.; *Emmerich* in Emmerich/Lange, Unlauterer Wettbewerb, § 14 Rz. 13 ff.; BGH v. 30.10.1963 – Ib ZR 42/62, GRUR 1964, 33, 35 – Bodenbeläge.

2567 OLG Hamm v. 4.8.2015 – 4 U 66/15.

2568 OLG Schleswig v. 29.9.2014 – 6 U 2/14 Rz. 26 ff.

2569 Vgl. *Sosnitza* in Ohly/Sosnitza, UWG, § 5 UWG Rz. 105 ff.

2570 *Sosnitza* in Ohly/Sosnitza, UWG, § 5 UWG Rz. 49 f., 149 ff.; *Nordemann*, Wettbewerbs- und Markenrecht, Rz. 149 ff.; *Köhler* in Köhler/Bornkamm/Feddersen, § 1 UWG Rz. 33; *Emmerich* in Emmerich/Lange, Unlauterer Wettbewerb, § 14 Rz. 30; zur alten Rechtsprechung *Sack*, WRP 2004, 521, 521 ff.; BGH v. 6.4.1979 – I ZR 35/77, GRUR 1979, 716, 718 – Kontinent-Möbel; OLG Köln v. 26.11.1982 – 6 U 35/78, GRUR 1983, 385, 385 f. – Lübecker Marzipan II.

2571 BGH v. 22.7.2021 – I ZR 123/20 Rz. 16, CR 2021, 758 – Vorstandsabteilung.

gehen. Bei der Online-Werbung ist nicht auf den flüchtigen Betrachter, sondern auf den verständigen Verbraucher abzustellen, der sich der betreffenden Werbeangabe mit der **situationsbedingten Aufmerksamkeit** zuwendet[2572].

Bei einem **englischsprachigen Internetangebot**, das zudem noch über eine .com-Adresse abrufbar ist, kommt es auf eine Irreführungsgefahr in englischer Sprache an. Missverständnisse, die aus Übersetzungsproblemen resultieren, können eine wettbewerbsrechtlich relevante Irreführungsgefahr nicht begründen[2573]. **1615**

Die „situationsbedingte Aufmerksamkeit" des Internetnutzers geht nicht so weit, dass davon ausgegangen werden darf, dass er in jedem Fall sämtliche Seiten eines Internetauftritts zur Kenntnis nimmt. Vielmehr wird der Nutzer erfahrungsgemäß nur die Seiten aufrufen, die er zur Information über die gewünschte Ware benötigt oder zu denen er auf dem Weg zum Vertragsschluss geführt wird. Für die Beurteilung einer **Irreführungsgefahr** bedeutet dies, dass Hinweise auf entlegenen Seiten, deren Kenntnisnahme nicht zu erwarten ist, außer Betracht bleiben[2574]. **1616**

Auch eine **objektiv richtige Angabe** kann irreführend sein, wenn sie beim Verkehr, an den sie sich richtet, gleichwohl zu einer Fehlvorstellung führt. In einem solchen Fall, in dem die Täuschung des Verkehrs lediglich auf dem Verständnis einer an sich zutreffenden Angabe beruht, ist für die Anwendung des § 5 UWG grundsätzlich eine höhere Irreführungsquote als bei einer Täuschung mit objektiv unrichtigen Angaben erforderlich; außerdem ist eine Interessenabwägung vorzunehmen[2575]. Wird mit einer **„dreisten Lüge"** geworben, gilt hingegen ein strengerer Maßstab. Eine Irreführung kann in einem solchen Fall auch dann zu bejahen sein, wenn ein eher geringer Teil des angesprochenen Verkehrs getäuscht wird[2576]. **1617**

Die Eignung einer Werbung, das Nachfrageverhalten zu beeinflussen, bestimmt sich nach den Vorstellungen der angesprochenen **Verkehrskreise.** Erweckt daher eine Kartenlegerin mit einer falschen Angabe die Vorstellung einer besonderen „Macht der Karten", so kann dies als Irreführung anzusehen sein. Die Eigenschaft des – im Normalfall – maßgeblichen Durchschnittsverbrauchers, „informiert und verständig" zu sein, schließt es nicht aus, Vorstellungen ohne Realitätsgehalt zu berücksichtigen und damit die auf ihnen beruhenden Nachfragentscheidungen vor einer Beeinflussung durch Irreführungen zu schützen. Dies gilt umso mehr, als es dem Normalfall entspricht, dass Kaufentscheidungen durch Erwägungen beeinflusst werden, die sich einer rationalen Überprüfung entziehen[2577]. **1618**

Blickfangmäßige Angaben sind nicht isoliert zu betrachten, und hervorgehobene Herausstellungen müssen für sich genommen nicht wahr sein. Es kann genügen, den Verbraucher durch einen klaren und unmissverständlichen **Sternchenhinweis** auf einschränkende Voraussetzungen für die Inanspruchnahme des durch den Blickfang beworbenen Angebots hin- **1619**

2572 BGH v. 16.12.2004 – I ZR 222/02, AfP 2005, 300 = CR 2005, 357, 358 – Epson-Tinte; BGH v. 20.10.2021 – I ZR 17/21 Rz. 17, ITRB 2022, 100 (*Dovas*) – Identitätsdiebstahl II.
2573 OLG Köln v. 6.8.2004 – 6 U 36/04, CR 2005, 536 = MMR 2005, 110 f.
2574 BGH v. 16.12.2004 – I ZR 222/02, AfP 2005, 300 = CR 2005, 357, 359 – Epson-Tinte.
2575 BGH v. 29.7.2021 – I ZR 114/20 Rz. 31 – Kieferorthopädie.
2576 OLG Frankfurt v. 26.3.2009 – 6 U 242/08, MMR 2009, 553, 554.
2577 OLG Düsseldorf v. 9.9.2008 – 20 U 123/08, NJW 2009, 789, 791.

zuweisen[2578]. Zur Verhinderung einer Irreführung können auch im Übrigen **klarstellende Hinweise** ausreichen. Es genügt jedoch nicht, wenn sich der klarstellende Hinweis nur dann öffnet, wenn der Nutzer die Computermaus auf eine bestimmte Stelle bewegt („**Mouseover-Effect**")[2579].

1620　Wie deutlich bei einer Blickfangwerbung ein Stern und ein aufklärender Hinweis gestaltet sein müssen, hängt von den Umständen des Einzelfalls ab. Wird in einer Werbe-E-Mail für ein „kostenloses Angebot" ein **Stern an unauffälliger Stelle** untergebracht, birgt dies auch für den situationsangemessen aufmerksamen Kunden die Gefahr, den in kleiner Schrift gehaltenen Sternchenhinweis zu überlesen und zu übersehen, dass ein Probeabonnement angeboten wird, das zu Kosten führen kann[2580].

1621　Nicht in jedem Fall sind ein Sternchenhinweis oder ein anderer klarstellender Hinweis an den isoliert irreführenden blickfangmäßigen Angaben in einer Werbung erforderlich, um einen Irrtum der Verbraucher auszuschließen. Vielmehr kann es genügen, dass es sich um eine Werbung – etwa für **langlebige und kostspielige Güter** – handelt, mit der sich der Verbraucher eingehend und nicht nur flüchtig befasst und die er aufgrund einer kurzen und übersichtlichen Gestaltung insgesamt zur Kenntnis nehmen wird[2581]. Der durch eine irreführende Blickfangangabe verursachte Irrtum wird allerdings auch bei wirtschaftlich bedeutsamen Erwerbsvorgängen nicht durch einen Hinweis am Ende eines nachfolgenden umfangreichen und unübersichtlichen Textes ausgeräumt, dessen inhaltlicher Bezug zum Blickfang nicht klargestellt wird[2582].

1622　Der Blickfang selbst darf keine objektive Unrichtigkeit enthalten. Es muss sich um eine Aussage handeln, an der – trotz ihres irreführenden Charakters – von Seiten des Werbenden ein nachvollziehbares Interesse besteht. Eine **dreiste Lüge** kann daher auch dann nicht zugelassen werden, wenn ein Sternchenhinweis eine Korrektur enthält[2583].

c) Gegenstand der Irreführung

1623　Als **Gegenstand** einer Irreführung kommen alle Angaben über die wesentlichen Merkmale der Ware oder Dienstleistung in Betracht (§ 5 Abs. 1 Satz 2 Nr. 1 UWG) sowie Angaben über den Anlass des Verkaufs und den Preis sowie über die Liefer- bzw. Erfüllungsbedingungen (§ 5 Abs. 1 Satz 2 Nr. 2 UWG). Des Weiteren kann sich die Irreführung auch auf die geschäftlichen Verhältnisse des Werbenden beziehen (§ 5 Abs. 1 Satz 2 Nr. 3 UWG). Weitere Umstände, auf die sich irreführende Angaben beziehen können, finden sich in § 5 Abs. 1 Satz 2 Nr. 4 bis 7 UWG.

2578　OLG Frankfurt v. 8.11.2018 – 6 U 77/18 Rz. 16; OLG Frankfurt v. 18.11.2021 – 6 W 92/21 Rz. 16; OLG Hamburg v. 25.3.2010 – 3 U 108/09, WRP 2010, 795 (Ls.); OLG Koblenz v. 18.3.2009 – 4 U 1173/08, ITRB 2009, 272 = K&R 2009, 502, 503 = MMR 2009, 475, 475 f.; vgl. auch OLG Stuttgart v. 20.8.2009 – 2 U 21/09, WRP 2009, 1580, 1583.

2579　OLG Nürnberg v. 19.4.2016 – 3 U 1974/15 Rz. 23.

2580　OLG Koblenz v. 18.3.2009 – 4 U 1173/08, ITRB 2009, 272 = K&R 2009, 502, 503 = MMR 2009, 475, 475 f.

2581　BGH v. 21.9.2017 – I ZR 53/16 Rz. 24 – Festzins Plus.

2582　BGH v. 21.9.2017 – I ZR 53/16 Rz. 26 – Festzins Plus.

2583　*Bornkamm/Feddersen* in Köhler/Bornkamm/Feddersen, § 5 UWG Rz. 1.89; OLG Köln v. 21.12.2018 – 6 U 156/18 Rz. 55, CR 2019, 269; OLG Köln v. 5.4.2019 – 6 U 179/18 Rz. 26, ITRB 2019, 206.

aa) Irreführung über das Produkt

Zu den Angaben über die wesentlichen Merkmale der Ware bzw. Dienstleistung, die Gegen- **1624**
stand einer Irreführung sein können (**§ 5 Abs. 1 Satz 2 Nr. 1 UWG**), zählen Angaben über
die Beschaffenheit eines Produkts, über seine – geographische oder betriebliche – Herkunft
und über die Ergebnisse, die von der Verwendung des Produkts zu erwarten sind. Dasselbe
gilt für die Verfügbarkeit, Risiken, Zubehör, Verfahren oder Zeitpunkt der Herstellung, Lieferung oder Erbringung, Zwecktauglichkeit, Verwendungsmöglichkeit, Menge, Kundendienst
und Beschwerdeverfahren sowie für die Ergebnisse oder wesentlichen Bestandteile von Tests
der Waren oder Dienstleistungen.

(1) Beschaffenheit

Die Werbung eines **Access-Providers** mit Geschwindigkeiten für das Herunter- und Herauf- **1625**
laden von Dateien („100 MBit/s" bzw. „40 MBit/s") ist irreführend, wenn es sich bei den angegebenen Werten um Maximalgeschwindigkeiten handelt, die wegen technischer Begebenheiten nicht immer erreicht werden können[2584].

Eine Irreführung gem. § 5 Abs. 1 Satz 2 Nr. 1 UWG liegt vor, wenn bei einem „**SMS Privat-** **1626**
Chat" der Eindruck erweckt wird, es bestehe die Möglichkeit des Kennenlernens anderer interessierter Singles, die Kurznachrichten in Wahrheit aber von professionellen Agenten beantwortet werden[2585]. Entsprechendes gilt für die Werbung mit „**Last-Minute-Reisen**" für
Reisen, die nicht erst „in letzter Minute", sondern spätestens 14 Tage vor dem Abflug gebucht werden müssen[2586]. Irreführend ist es auch, für die Errichtung von englischen Limited
Companies mit dem Schlagwort „**EU-GmbH**" zu werben[2587]. Dasselbe gilt, wenn **Kugella-**
ger im Internet als „neu" beworben werden, obwohl sie vor mehr als 20 Jahren hergestellt
und in der Folge unter unbekannten Bedingungen gelagert wurden[2588].

Wer mit „**Markenware**" wirbt, erweckt damit den Eindruck, es handele sich um Produkte, **1627**
denen aufgrund einer gesteigerten Bekanntheit eine herausgehobene Marktstellung zukommt.
Wer daher mit dem Slogan „Starke Marken" für Matratzen wirbt, die markenlos bzw. Eigen-
marken ohne gesteigerte Bekanntheit sind, erfüllt den Tatbestand des § 5 Abs. 1 Satz 2 Nr. 1
UWG[2589]. Eine Irreführung ist zu bejahen, wenn bei eBay ein Waschbecken angeboten wird
mit der blickfangmäßig hervorgehobenen Überschrift „**Waschbecken Center, Katalog von**
Duravit" und der Interessent erst in der Unterzeile erfährt, dass es sich keineswegs um ein
Produkt des baden-württembergischen Markenherstellers handelt, sondern der Kunde lediglich einen Duravit-Katalog „auf Wunsch kostenlos dazu" erhält[2590].

Eine Irreführung liegt vor, wenn ein **Hotel-Vergleichsportal** die Anzahl von Hotels an be- **1628**
stimmten Urlaubsorten falsch (zu hoch) angibt[2591]. Irreführend ist es auch, für ein Ferien-

---

2584 OLG Köln v. 27.3.2015 – 6 U 134/14 Rz. 29 ff., CR 2015, 723.
2585 LG München v. 11.10.2005 – 33 O 8728/05, ITRB 2006, 56 = K&R 2005, 573, 573 f.
2586 OLG München v. 26.2.1998 – 29 U 4466/97, NJW 1999, 65 = CR 1998, 300 = K&R 1998, 362,
   362 f.
2587 LG Dresden v. 11.4.2006 – 42 O 386/05, NJW 2007, 88, 89 f.
2588 LG Aachen v. 13.1.2015 – 41 O 60/14 Rz. 37.
2589 BGH v. 24.9.2013 – I ZR 89/12 Rz. 32 ff. – Matratzen Factory Outlet.
2590 LG Oldenburg v. 24.4.2008 – 5 O 854/08, WRP 2008, 985, 985 f.
2591 LG Düsseldorf v. 6.5.2015 – 12 O 337/14.

haus mit dem Begriff „**Resort**" zu werben, wenn in räumlicher Nähe zu diesem Haus eine größere Ferienanlage errichtet wird, die online unter der Bezeichnung „Resort-B" beworben wird und daher die Gefahr besteht, dass das Ferienhaus mit dem „Resort-B" verwechselt wird[2592].

1629 Stellt der Verkäufer eines **gebrauchten Pkw** auf einer Online-Plattform ein Angebot in eine Rubrik mit einer geringeren als der tatsächlichen **Laufleistung** des Pkw ein, so handelt es sich grundsätzlich um eine irreführende Angabe i.S.v. § 5 Abs. 1 Satz 2 Nr. 1 UWG. Zur Irreführung des Publikums ist die unzutreffende Einordnung aber nicht geeignet, wenn die tatsächliche Laufleistung für einen durchschnittlich informierten und verständigen Leser aus der Überschrift der Anzeige ohne weiteres hervorgeht[2593]. Eine wettbewerbswidrige Irreführung liegt jedoch vor, wenn ein Händler den Kilometerstand eines Fahrzeugs falsch angibt und dadurch bewirkt, dass das Fahrzeug auf einer Online-Plattform als „**TOP ANGE-BOT**" hervorgehoben beworben wird. Dies gilt auch dann, wenn der Händler auf diese Hervorhebung keinen weiteren Einfluss hatte, da die Hervorhebung auf einem Algorithmus der Plattform beruht[2594].

1630 Eine Irreführung ist zu bejahen, wenn ein Händler einen **Produktschlüssel** für ein **Computerprogramm** anbietet, der Erwerber aber nicht das Recht erhält, das Computerprogramm bestimmungsgemäß zu benutzen[2595]. Ebenso ist es irreführend, für ein E-Learning-Angebot für Fahrschüler, das lediglich Übungszwecken dient, mit Aussagen zu werben, die den Eindruck erwecken, mit diesem Kursangebot könne die theoretische Pflichtausbildung nach der Fahrschülerausbildungsordnung absolviert werden[2596].

1631 Die Werbung mit dem Hinweis „Zu **Risiken und Nebenwirkungen** lesen Sie die Packungsbeilage und fragen Sie Ihren Arzt oder Apotheker" kann irreführend sein, wenn der Hinweise nicht – wie gesetzlich vorgeschrieben – für ein Arzneimittel (§ 4 Abs. 3 Satz 1 AMG), sondern für Nahrungsergänzungsmittel oder medizinische Kosmetikprodukte verwendet wird, um diese aufzuwerten[2597]. Die Angabe „**Schuldnerberatung Köln**" in einer Online-Anzeige deutet nach allgemeinem Sprachgebrauch auf eine in Köln ansässige Schuldnerberatung hin. Daher ist es irreführend, mit „Schuldnerberatung Köln" online zu werden, ohne in Köln einen Standort zu unterhalten[2598].

1632 Die Werbeangabe „**Immobilienbewertung in 2 Minuten**" stellt eine irreführende geschäftliche Handlung dar, da sie den unzutreffenden Eindruck erweckt, dass dem angesprochenen Verbraucher innerhalb von 2 Minuten tatsächlich eine Bewertung einer Immobilien zugänglich gemacht wird[2599]. Auch wer als „**Online Fahrschule**" wirbt und lediglich Vermittlerdienste für Fahrschulen anbietet, erfüllt den Tatbestand des § 5 Abs. 1 Satz 2 Nr. 1 UWG[2600].

2592 OLG Düsseldorf v. 4.12.2014 – I-2 U 30/14 Rz. 24 ff.
2593 BGH v. 6.10.2011 – I ZR 42/10 Rz. 17, 20 – Falsche Suchrubrik.
2594 OLG Köln v. 9.3.2020 – 6 W 25/20 Rz. 11 ff.
2595 OLG Frankfurt v. 17.11.2016 – 6 U 167/16 Rz. 31, CR 2017, 82.
2596 LG Berlin v. 16.11.2021 – 103 O 77/20 Rz. 18 ff.
2597 OLG Dresden v. 15.1.2019 – 14 U 941/18 Rz. 20 ff.
2598 OLG Hamburg v. 3.2.2021 – 3 U 168/19 Rz. 40 ff.
2599 LG Berlin v. 5.10.2021 – 103 O 69/20 Rz. 20 ff.
2600 LG Berlin v. 26.9.2019 – 52 O 346/18 Rz. 37 f.

Das OLG München hält es für irreführend, wenn ein Dienstleister die **Einholung von** 1633
„Selbstauskünften" nach Art. 15 DSGVO bewirbt mit dem Versprechen, der Kunde könne
sich hierdurch einen Vorteil gegenüber potentiellen Vermietern oder Arbeitgebern verschaffen, indem durch die Weitergabe einer solchen Selbstauskunft an diese Dritten Vertrauen geschaffen werde, sich die Chancen auf eine „Traumwohnung" erhöhen oder Bewerbungs-
unterlagen für eine neue Arbeitsstelle „vervollständigt" werden könnten[2601]. Der angesprochene Durchschnittsverbraucher als potentiell Arbeits- bzw. Wohnungssuchender habe in
der Regel keine hinreichenden Kenntnisse über die Bedeutung des Art. 15 DSGVO und die
davon erfassten Daten und seine (rechtlich nicht bestehenden) Pflichten, diese Daten Dritten gegenüber zu offenbaren[2602].

(2) Tests, Zertifikate, Bewertungen

Eine **Werbung mit Testergebnissen** ist nicht in jedem Fall irreführend, wenn sie nur Test- 1634
ergebnisse zu Einzelmerkmalen, nicht aber das Gesamturteil aufführt. Insbesondere kann
das Bewerben von Teilbewertungen dann unbedenklich sein, wenn das beworbene Produkt
auch insgesamt Testsieger ist. Anders liegt es jedoch, wenn durch die alleinige Erwähnung
von Einzelergebnissen überdeckt wird, dass das Produkt insgesamt schlecht abgeschnitten
hat. Die Werbung mit Einzelergebnissen darf nicht ein schlechtes Gesamtergebnis kaschie-
ren[2603]. Irreführend ist es auch, wenn mit einem Testsieg „aus über 500 getesteten Matratzen"
geworben wird, ohne kenntlich zu machen, dass hiermit mehrere Tests zusammengefasst
werden[2604].

Eine Irreführung mit einem **Prüfzeichen** liegt vor, wenn ein Händler das TÜV-Zeichen, das 1635
GS-Zeichen oder das CE-Zeichen falsch verwendet. Die Werbung mit einem **TÜV-Testsiegel**
ist irreführend und verstößt gegen § 5 Abs. 1 Satz 2 Nr. 1 UWG, wenn keine Prüfung durch
den TÜV erfolgt ist und das Testsiegel lediglich auf einer vom TÜV ausgewerteten Kunden-
befragung basiert[2605].

Mit der **CE-Kennzeichnung** bringt der Hersteller eines Produkts zum Ausdruck, dass er die 1636
Verantwortung für die Konformität des Produkts mit allen Anforderungen übernimmt, die
in den einschlägigen EU-Rechtsvorschriften enthalten sind. Das CE-Kennzeichen ist somit
kein Prüfzeichen im klassischen Sinne, sondern eine reine Herstellererklärung. Eine Werbung mit der Aussage „CE-geprüft" ist als Irreführung zu sehen, wenn dies beim Durchschnittsverbraucher den Eindruck erweckt, das Produkt sei durch unabhängige Dritte geprüft worden[2606]. Entsprechendes gilt für die Angabe „geprüft nach **EN-Standard**"[2607].

Ein **Hotel**, das mit einer Anzahl von „**Sternen**" wirbt, ohne über eine entsprechende Klassi- 1637
fizierung des Deutschen Hotel- und Gaststättenverbandes (DEHOGA) zu verfügen, führt
über die Art und Ausführung der beworbenen Dienstleistung nach § 5 Abs. 1 Satz 2 Nr. 1

2601 OLG München v. 4.4.2019 – 29 U 3905/18 Rz. 6.
2602 OLG München v. 4.4.2019 – 29 U 3905/18 Rz. 6.
2603 OLG Frankfurt v. 20.9.2018 – 6 U 127/17 Rz. 30.
2604 OLG Frankfurt v. 18.11.2021 – 6 W 92/21 Rz. 18 ff.
2605 OLG Saarbrücken v. 28.1.2015 – 1 U 100/14.
2606 OLG Düsseldorf v. 25.2.2016 – 15 U 58/15 Rz. 22 ff., ITRB 2016, 126.
2607 OLG Hamm v. 12.1.2017 – 4 U 80/16 Rz. 62.

UWG irre[2608]. Dies gilt allenfalls dann nicht, wenn weder die Gestaltung noch die Anordnung der Sterne auf die Einstufung durch ein Hotelklassifizierungssystem schließen lässt[2609]. Irreführend ist es auch, ohne eine entsprechende Klassifizierung des DEHOGA mit einem „4-Sterne-Niveau" zu werben[2610].

1638 Die Verwendung der Domain „test.net" für die Veröffentlichung algorithmusbasierter Produktvergleiche und die Bezeichnung dieser Vergleiche als „Tests" ist in der konkreten Verletzungsform irreführend i.S.d. § 5 Abs. 1 UWG. Der Verkehr erwartet bei einem Warentest nicht nur die statistische Auswertung von Produktinformationen und Verbraucherbewertungen, sondern die unmittelbare Prüfung des Produktes selbst nach im Voraus festgelegten Kriterien zur Feststellung bestimmter Eigenschaften sowie die Bewertung aller in den Test einbezogenen Produkte[2611]. Irreführend ist es auch, ein **firmeneigenes Bio-Logo** zu verwenden, wenn dadurch der unzutreffende Eindruck erweckt wird, es handele sich um ein Gütezeichen, das von einem Dritten auf Grund der Einhaltung bestimmter Kriterien vergeben wird[2612].

1639 Wirbt ein Unternehmen mit einem **Kundenbewertungssystem**, bei dem die positiven Bewertungen sofort angezeigt werden, während die neutralen und negativen Bewertungen zunächst einer Prüfung unterzogen werden, liegt darin eine Irreführung, da ein übertrieben positives Bild des Unternehmens entsteht[2613]. Dies gilt insbesondere dann, wenn mit „garantiert echten Kundenmeinungen" geworben wird[2614]. Ebenso liegt eine Irreführung vor, wenn Kunden für die Abgabe ihrer Bewertungen mit **Rabatten** für spätere Käufe oder mit der Teilnahme an einem Gewinnspiel entlohnt werden, ohne dass dies aus der Anzeige der Kundenbewertungen hervorgeht[2615]. Eine Irreführung ist gleichfalls zu bejahen, wenn ein Arzt bei einem **Arztbewertungsportal** nicht aufgrund von Bewertungen, sondern aufgrund der Zahlung eines Entgelts einen oberen Rangplatz belegt und dies nicht gekennzeichnet ist. Die Kennzeichnung des Arztes als „Premium-Partner" genügt zur Vermeidung einer Irreführung nicht[2616].

(3) Sonstige produktbezogene Angaben

1640 Zu den wesentlichen Merkmalen einer Ware zählt deren **Verfügbarkeit**. Zur Verfügbarkeit einer Ware gehört wiederum die Frage, ob die Ware nur bei einem bestimmten Unternehmer oder auch bei anderen Unternehmern bezogen werden kann. Wenn daher ein Unter-

---

2608 OLG Celle v. 30.1.2018 – 13 U 106/17 Rz. 15 ff.; OLG Nürnberg v. 19.4.2016 – 3 U 1974/15; OLG Stuttgart v. 29.7.2021 – 2 U 163/20 Rz. 37 ff.; LG Aurich v. 15.9.2009 – 3 O 191/08, WRP 2009, 1579, 1579 f.; LG Dessau-Roßlau v. 24.11.2017 – 3 O 32/17 Rz. 23 ff.; *Issa*, K&R 2019, S. 77, 80 ff.
2609 LG Freiburg v. 20.6.2016 – 12 O 137/15 KfH; *Issa*, K&R 2019, 77, 80 ff.
2610 LG Essen v. 4.4.2019 – 43 O 151/18 Rz. 51 ff.
2611 OLG Köln v. 30.10.2020 – 6 U 136/19 Rz. 34 ff., CR 2021, 400 = AfP 2021, 50 m. Anm. *Franz* = ITRB 2021, 112 (*Vogt*).
2612 OLG München v. 9.12.2021 – 6 U 1973/21 Rz. 61 ff.
2613 Vgl. OLG Düsseldorf v. 19.2.2013 – 20 U 55/12 Rz. 18, 20, CR 2013, 329 = ITRB 2013, 127.
2614 BGH v. 21.1.2016 – I ZR 252/14 Rz. 38, CR 2016, 538 – Kundenbewertung im Internet.
2615 OLG Frankfurt v. 16.5.2019 – 6 U 14/19 Rz. 18 ff.; OLG Frankfurt v. 20.8.2020 – 6 U 270/19 Rz. 25 ff.; OLG Hamm v. 23.11.2010 – 4 U 136/10 Rz. 70; vgl. auch LG Hildesheim v. 28.12.2021 – 11 O 12/21 Rz. 26 f.
2616 LG München I v. 18.3.2015 – 37 O 19570/14 Rz. 52 ff.

nehmer den unzutreffenden Eindruck erweckt, ein bestimmtes Produkt sei auf einer Plattform ausschließlich in seinem Shop erhältlich, erfüllt dies den Tatbestand des § 5 Abs. 1 Satz 2 Nr. 1 UWG[2617]. Irreführend ist es zudem, wenn in einer Werbung für einen **„großen Vorteilskauf"** in einem Online-Shop Waren beworben werden, die nur in stationären Verkaufsstellen des Händlers erhältlich sind[2618].

Wirbt ein Unternehmen für den **E-Postbrief** mit dem Slogan „Ich nutze jetzt für alles den E-Postbrief" liegt darin eine Irreführung der Verbraucher über die Verwendungsmöglichkeiten, da der falsche Eindruck erweckt wird, dass mit Hilfe eines E-Postbrief wirklich alles versendet werden kann, was sich mit der herkömmlichen Briefpost versenden lässt[2619]. Zudem liegt nach Auffassung des OLG Köln in der Aussage, dass „alle" ein Produkt oder eine Dienstleistung „wollen", nicht nur eine (zulässige) **reklamehafte Übertreibung**, sondern eine Irreführung, wenn nur etwas mehr als 1 % der Gesamtbevölkerung dieses Produkt erworben bzw. diese Dienstleistung in Anspruch genommen haben[2620]. 1641

Die Werbung „**GMX De-Mail**: Die amtliche E-Mail ..." war irreführend, solange der Anbieter 1&1 nicht nach dem DeMailG akkreditiert war[2621]. Irreführend ist es auch, wenn ein Online-Adressverzeichnis den Eindruck vermittelt, dass der Nutzer per Link direkt zu den Websites einzelner Hotels gelangt und tatsächlich eine Verlinkung zu einer **Vermittlungsplattform** erfolgt[2622]. Ein Unternehmen, das im Rahmen von Internetsystemverträgen die umfassende Betreuung des Internetauftritts einschließlich Erstellung und Hosting anbietet, führt nach Auffassung des OLG Düsseldorf irre, wenn es mit einem Hosting „**über die unternehmenseigenen Server**" wirbt, obwohl das Hosting in Wirklichkeit über ein Tochterunternehmen läuft[2623]. 1642

Wenn das Angebot eines Internetproviders auf Baden-Württemberg begrenzt ist, ist es irreführend, auf bundesweit ausgerichteten Portalen mit Bannern zu werben, ohne dass erkennbar wird, dass sich das Angebot auf Baden-Württemberg beschränkt. Dies gilt auch dann, wenn bei der Bannerwerbung ein **Geo-Targeting-Verfahren** verwendet wird, die Werbung aber dennoch in einem spürbaren Umfang (5 % der Abrufe) in Regionen außerhalb Baden-Württembergs abrufbar bleibt[2624]. 1643

Berufsrechts- und wettbewerbswidrig ist es, wenn ein Hautarzt ein Kosmetikstudio betreibt unter der Bezeichnung **„medical beauty LOUNGE"**, da dies die unzutreffende Vorstellung weckt, es handele sich um eine Praxis, in der medizinische Leistungen angeboten werden, die einen Bezug zur Schönheit haben, wie etwa die Diagnose und Therapie von Hautkrankheiten oder Schönheitsoperationen[2625]. 1644

2617 OLG Hamm v. 12.1.2017 – 4 U 80/16 Rz. 44 f.
2618 LG Essen v. 24.2.2017 – 45 O 79/16 Rz. 18 ff.
2619 OLG Köln v. 15.7.2011 – 6 U 34/11 Rz. 18 m. Anm. *Feldmann*, MMR 2011, 745, 745 ff.
2620 Vgl. OLG Köln v. 15.7.2011 – 6 U 34/11 Rz. 22 f. m. Anm. *Feldmann*, MMR 2011, 745, 745 ff.
2621 OLG Köln v. 17.5.2013 – 6 U 174/12 Rz. 54 f., ITRB 2013, 203.
2622 LG Frankfurt/M. v. 20.2.2013 – 3-08 O 197/12.
2623 OLG Düsseldorf v. 3.6.2014 – I-20 U 66/13 Rz. 34, ITRB 2014, 250.
2624 BGH v. 28.4.2016 – I ZR 23/15 Rz. 32, CR 2016, 812 = ITRB 2016, 244 – Geo-Targeting.
2625 LG Frankfurt/M. v. 28.5.2019 – 3-06 O 102/18 Rz. 21.

1645   Das OLG Hamburg hat die Formulierung **„Hausverkauf zum Höchstpreis"** in der Werbung eines Maklers als irreführende Spitzenstellungswerbung beanstandet. Die Werbung wecke die Erwartung, dass von der werbenden Makler-Firma eine Höchstleistung in Form der Erzielung des höchsten möglichen Preises beim Hausverkauf erbracht wird. Der Verkehr in Gestalt der primär angesprochenen potentiellen Immobilienverkäufer nehme an, dass ein höherer Preis durch andere Makler oder auf anderen Kanälen oder durch andere Maklerunternehmen nicht erzielt werden könne[2626].

bb) Irreführung über den Preis

1646   Nach **§ 5 Abs. 1 Satz 2 Nr. 2 UWG** sind irreführende Angaben unlauter, wenn sie den Anlass des Verkaufs, das Vorhandensein eines besonderen Preisvorteils, den Preis oder die Art und Weise betreffen, in der er berechnet wird. Dasselbe gilt für Angaben über die Bedingungen, unter denen die Ware geliefert oder die Dienstleistung erbracht wird.

(1) Preisangaben

1647   **Divergierende Preisangaben** können als Irreführung über den Preis anzusehen sein. Dies ist der Fall, wenn der Unternehmer gleichzeitig in verschiedenen Werbeaussagen unterschiedliche Preise ankündigt, tatsächlich aber nur den höheren der beiden Preise verlangt[2627]. Eine Irreführung liegt auch vor, wenn für ein Produkt in einem Online-Shop mit einem niedrigen Preis geworben und zugleich darauf hingewiesen wird, dass „dieses Produkt leider nicht online [gekauft werden kann]"[2628]. An dieser Bewertung ändert sich nichts, wenn sich auf der Website ein Hinweis findet, dass sich die Preise in den Einrichtungshäusern von denen im Online-Shop unterscheiden können[2629].

1648   Eine Irreführung über die **Art und Weise**, wie ein Preis berechnet wird, liegt vor, wenn eine Konzertagentur einen Ticketpreis mit dem Hinweis angibt, der Preis enthalte „eine Buchungsgebühr von 2 €", und hierdurch der unzutreffende Eindruck erweckt wird, es handele sich um eine vom Veranstalter festgesetzte und von der Konzertagentur nicht beeinflussbaren Gebühr[2630]. Eine Irreführung über den Preis ist auch zu bejahen, wenn der Anbieter von Flugreisen **blickfangmäßig** mit „One-Way-Preisen" wirbt mit einem Sternchenzusatz, der auf beträchtliche Preiszuschläge („Service Charge" und „Treibstoffzuschlag") verweist[2631].

1649   Bietet ein Unternehmer neben einem unversicherten Versand optional auch einen teureren versicherten Versand an, ohne den Verbraucher darauf aufmerksam zu machen, dass er als Verkäufer in jedem Fall die Versandgefahr trägt (§ 474 Abs. 2 BGB), so enthält dieses Angebot eine irreführende Aussage über einen **Preisvorteil**. Der Verbraucher geht ohne einen entsprechenden Hinweis davon aus, dass er die Option des teureren versicherten Versandes wählen muss, um nicht die Gefahr des Untergangs während des Transports zu

---

2626 OLG Hamburg v. 9.12.2021 – 5 U 180/20 Rz. 38 ff.
2627 Vgl. *Bornkamm/Feddersen* in Köhler/Bornkamm/Feddersen, § 5 UWG Rz. 3.39.
2628 OLG Frankfurt v. 3.3.2011 – 6 U 231/09 Rz. 18.
2629 OLG Frankfurt v. 3.3.2011 – 6 U 231/09 Rz. 19.
2630 KG Berlin v. 27.2.2009 – 5 U 162707, NJW-RR 2009, 1344, 1345.
2631 OLG Frankfurt v. 14.2.2008 – 6 U 75/07; vgl. auch LG Stuttgart v. 15.5.2007 – 17 O 490/06, MMR 2007, 668, 670.

tragen[2632]. Unter den Bezeichnungen „**Factory Outlet**" und „Outlet" versteht ein durchschnittlich aufmerksamer, informierter und verständiger Verbraucher den Verkauf besonders preisgünstig angebotener Markenware durch den Hersteller unter Ausschaltung des Groß- und Zwischenhandels. Wer daher mit einem „Matratzen Factory Outlet"-Verkauf für Matratzen wirbt, die im Fachhandel nicht erhältlich sind, suggeriert einen Preisvorteil, den es mangels jeglichen Vergleichspreises nicht gibt. Hierin liegt eine Irreführung gem. § 5 Abs. 1 Satz 2 Nr. 2 UWG[2633].

Eine Irreführung liegt vor, wenn ein **niedriger Startpreis** beworben wird, ohne dass deutlich   1650
darauf hingewiesen wird, dass es um eine Versteigerung geht[2634]. Wer in einer Zeitschrift Anzeigen mit „Hochwertige Fernseher ab 1 €" schaltet, handelt unlauter, wenn er verschweigt, dass der genannte Preis lediglich der Startpreis ist[2635]. Wird innerhalb einer Google-AdWords-Anzeige ein konkretes Mobiltelefon zu einem Preis von **„ab 1 €"** beworben und ist die Werbeangabe mit einer Internetseite des Werbenden verlinkt, liegt eine Irreführung vor, wenn der Verbraucher beim Anklicken nicht auf ein Tarifangebot gelangt, bei welchem er das beworbene Mobiltelefon für 1 € erwerben kann[2636].

(2) Rabatte und Gutscheine

Wird mit **befristeten Rabatten** geworben, die dann später verlängert werden, so liegt hierin   1651
eine Irreführung über einen Preisvorteil, wenn der Unternehmer schon bei Schaltung der Werbung die Absicht hatte, die Vergünstigung über die zeitliche Grenze hinaus zu gewähren[2637] oder nach Ablauf der Frist eine neue Rabattaktion zu beginnen[2638]. Wird dagegen eine Rabattaktion auf Grund von Umständen verlängert, die erst nach Erscheinen der Werbung eingetreten sind, so fehlt es an einer Irreführung, wenn diese Umstände für den Unternehmer nicht vorhersehbar waren und somit in die Planung des Rabattzeitraums nicht einfließen konnten[2639]. Wird ein Rabatt beworben und wird in der Fußnote der Anzeige darauf verwiesen, dass die **näheren Bedingungen und Ausnahmen** auf der Website des Händlers zu finden sind, stellt dies eine Irreführung gem. § 5 Abs. 1 Satz 2 Nr. 2 UWG dar[2640].

Die auf einer Internetseite blickfangmäßig hervorgehobene Angabe **„100 SMS gratis"** ist   1652
unvollständig und unzutreffend, wenn nicht zugleich mitgeteilt wird, dass die Inanspruchnahme der 100 Gratis-SMS vom (kostenpflichtigen) Abschluss eines Vertrages abhängig ge-

2632 LG Bochum v. 10.2.2009 – 12 O 12/09, MMR 2009, 505 f.; LG Saarbrücken v. 15.9.2006 – 7 I O 94/06 WRP 2007, 578 (Ls.); a.A. LG Hamburg v. 18.1.2007 – 315 O 457/06, MMR 2007, 461.
2633 BGH v. 24.9.2013 – I ZR 89/12 Rz. 16 ff. – Matratzen Factory Outlet; vgl. auch LG Stuttgart v. 31.3.2015 – 43 O 1/15 KfH Rz. 29 ff.
2634 OLG Hamburg v. 5.7.2001 – 3 U 35/01, AfP 2002, 89 = CR 2002, 291 = ITRB 2001, 285 = K&R 2001, 596 = MMR 2001, 748.
2635 Vgl. OLG Hamburg v. 5.7.2001 – 3 U 35/01, AfP 2002, 89 = CR 2002, 291 = ITRB 2001, 285 = K&R 2001, 596 = MMR 2001, 748.
2636 OLG Hamburg v. 25.2.2016 – 3 U 153/15 Rz. 25.
2637 BGH v. 7.7.2011 – I ZR 173/09 Rz. 21 – 10 % Geburtstags-Rabatt; BGH v. 7.7.2011 – I ZR 181/10 Rz. 20 – Frühlings-Special; *Schirmbacher*, K&R 2012, 87, 88.
2638 OLG Köln v. 3.12.2021 – 6 U 62/21 Rz. 33 ff., CR 2022, 261 = ITRB 2022, 132 (*Wübbeke*).
2639 BGH v. 7.7.2011 – I ZR 173/09 Rz. 22 – 10 % Geburtstags-Rabatt; BGH v. 7.7.2011 – I ZR 181/10 Rz. 21 – Frühlings-Special; vgl. *Schirmbacher*, K&R 2012, 87, 88 ff.
2640 Vgl. OLG Bamberg v. 18.2.2015 – 3 U 210/14, ITRB 2015, 134.

macht wird. Nach Auffassung des OLG Hamburg ist der Tatbestand des § 5 Abs. 1 Satz 2 Nr. 2 UWG dennoch nicht erfüllt, wenn der Verbraucher vor Absenden der Registrierung über den bevorstehenden Vertragsschluss ausreichend aufgeklärt wird[2641]. Ob dies mit § 3 Abs. 3 UWG in Verbindung mit Nr. 21 des UWG-Anhangs vereinbar ist, ist fraglich. Laut Nr. 21 der „schwarzen Liste" ist es unlauter, eine Ware oder Dienstleistung als „gratis", „umsonst" oder „kostenfrei" anzubieten, wenn hierfür gleichwohl Kosten zu tragen sind.

1653 Eine Irreführung über den Preis liegt vor, wenn bei Amazon der Eindruck erweckt wird, ein beworbener **Gutscheinbetrag** werde von der Gesamtsumme einer aus mehreren Artikeln bestehenden Bestellung in Abzug gebracht, obwohl tatsächlich eine quotale Umlegung des Gutscheinbetrags auf die einzelnen Artikel erfolgt und im Falle eines Widerrufs, den der Kunde für einzelne Artikel erklärt, der anteilige Gutscheinbetrag verfällt[2642]. Wird ein „**Sofortbonus**" zugesagt, der innerhalb von 60 Tagen nach Lieferung gezahlt werden soll, und erfolgt die Zahlung tatsächlich erst nach 100 Tagen, ist dies gleichfalls irreführend[2643].

(3) Preisherabsetzung, Preisvergleiche

1654 Eine Werbung mit einer **Preisgegenüberstellung** oder einer **Preisherabsetzung** ist für sich genommen lauterkeitsrechtlich nicht zu beanstanden. Aus der Werbung muss sich jedoch klar und deutlich ergeben, um was für einen Preis es sich handelt, der dem eigenen (aktuellen) Preis gegenübergestellt wird. Stellt der Werbende einen Preisvergleich nicht mit einem eigenen früheren Preis, sondern mit einem anderen als dem von ihm zuvor verlangten Preis an, muss dies näher erläutert werden[2644]. Ein Preisvergleich ist irreführend, wenn er dem angesprochenen Verkehr nur eine scheinbare Objektivität und Marktübersicht vorspiegelt, ihm aber tatsächlich keine nachprüfbare Tatsachenbasis zugrunde liegt[2645].

1655 Wie lange der **Zeitraum** zurückliegen darf, in dem der höhere, zur Preisgegenüberstellung verwendete Preis gegolten hat, richtet sich nach der Verkehrsauffassung. Dasselbe gilt für die Länge des Zeitraums, in dem der frühere Preis verlangt worden ist. Bei Nahrungs- und Genussmitteln sowie Verbrauchsgütern ist die Zeitspanne kürzer (4-10 Wochen) als bei anderen Waren oder Leistungen zu bemessen[2646].

1656 Nach **§ 5 Abs. 5 Satz 1 UWG** gilt die (widerlegliche) Vermutung, dass es irreführend ist, mit der Herabsetzung eines Preises zu werben, sofern der (alte) Preis nur für eine unangemessen kurze Zeit verlangt wurde (Werbung mit Mondpreisen)[2647]. Gemäß § 5 Abs. 5 Satz 2 UWG trifft den Werbenden die Beweislast für die zuvor verlangten Preise. Keine Irreführung liegt allein darin, dass ein **durchgestrichener Preis** einem niedrigeren Preis gegenübergestellt wird, ohne dass der durchgestrichene Preis näher erläutert wird. Der durchschnittliche Verbraucher erkennt, dass der durchgestrichene Preis den früher verlangten Preis darstellt[2648].

2641 OLG Hamburg v. 8.4.2009 – 5 U 13/08, MMR 2010, 185, 186.
2642 LG München I v. 14.8.2014 – 17 HK O 3598/14 Rz. 27.
2643 OLG Köln v. 5.5.2020 – 6 U 282/19 Rz. 7 ff.
2644 KG Berlin v. 25.3.2021 – 5 U 15/20 Rz. 48 f.; OLG Hamm v. 11.3.2021 – 4 U 173/20 Rz. 7 f.
2645 KG Berlin v. 25.3.2021 – 5 U 15/20 Rz. 51.
2646 OLG Hamm v. 11.3.2021 – 4 U 173/20 Rz. 13.
2647 *Nordemann*, Wettbewerbs- und Markenrecht, Rz. 273; *Emmerich* in Emmerich/Lange, Unlauterer Wettbewerb, § 16 Rz. 12.
2648 BGH v. 5.11.2015 – I ZR 182/14 Rz. 9, CR 2016, 469 = ITRB 2016, 150 – Durchgestrichener Preis II.

Die Gegenüberstellung des eigenen Preises mit fremden Preisen wie einer **unverbindlichen** **Herstellerpreisempfehlung** oder **Preisen von Wettbewerbern** setzt ferner voraus, dass wahrheitsgemäß auf ernstliche Preisvorstellungen des Herstellers oder von Konkurrenten Bezug genommen wird. Eine Bezugnahme auf eine unverbindliche Herstellerpreisempfehlung ist nur zulässig, wenn der Vergleichspreis für die betreffende Ware auf der Grundlage einer ernsthaften Kalkulation als angemessener Verbraucherpreis ermittelt worden ist. Eine Werbung mit Preisen der Konkurrenz ist nur zulässig, wenn sie sich auf Preise für vergleichbare Waren oder Dienstleistungen bezieht, die von dem Wettbewerber tatsächlich verlangt werden oder verlangt worden sind[2649].

1657

Als irreführend ist die Bezugnahme auf eine **unverbindliche Preisempfehlung** des Herstellers anzusehen, wenn diese im Zeitpunkt der Werbung nicht mehr gültig ist und der Werbende auf diesen Umstand nicht hinweist[2650]. Ebenso ist eine Irreführung zu bejahen, wenn die in einem Angebot aufgeführte Preisempfehlung nicht vom Hersteller oder Vorlieferanten, sondern vom werbenden Händler selbst stammt oder es sich zum Zeitpunkt der Werbung bereits um einen „**Mondpreis**" handelt[2651].

1658

Die Aussage „**Wir garantieren den niedrigsten Preis**" enthält keine Irreführung über einen Preisvorteil, wenn der Händler einen günstigeren Preis nur gewährt, wenn das Vergleichsangebot von einem „autorisierten Händler" und über eine „handelsübliche Menge" abgegeben wird, und der Kunde auf diese Einschränkung hingewiesen wird[2652]. Wer mit „**besten** **Preisen**" wirbt, wirbt nicht irreführend, wenn jedenfalls „sehr gute Preise" angeboten werden[2653]. Wirbt ein Unterkunfts-Vermittlungsportal mit dem Slogan „**50 % günstiger als** **Hotels**", ohne darauf hinzuweisen, dass es sich dabei um die maximale Kostenersparnis handelt, liegt eine Irreführung vor[2654].

1659

cc) Irreführung über das Unternehmen

Nach **§ 5 Abs. 1 Satz 2 Nr. 3 UWG** sind irreführende Angaben unlauter, wenn sie die Person, Eigenschaften oder Rechte des Unternehmers betreffen oder den Umfang von Verpflichtungen, die Befähigung, den Status, die Zulassung, Mitgliedschaften oder Beziehungen, Auszeichnungen oder Ehrungen oder Beweggründe für die geschäftliche Handlung oder die Art des Vertriebs.

1660

(1) Allein- oder Spitzenstellung

Ein Fall des § 5 Abs. 1 Satz 2 Nr. 3 UWG ist die wahrheitswidrige **Allein- oder Spitzenstellungswerbung**[2655]. Eine Werbung stellt eine Spitzen- bzw. Alleinstellungswerbung dar, wenn

1661

2649 KG Berlin v. 25.3.2021 – 5 U 15/20 Rz. 50.
2650 BGH v. 3.3.2016 – I ZR 110/15 Rz. 28 ff., CR 2016, 815 = ITRB 2016, 221 – Herstellerempfehlung bei Amazon; OLG Köln v. 24.4.2015 – 6 U 175/14 Rz. 41 ff., CR 2016, 822 = ITRB 2015, 229 (Vorinstanz); OLG Köln v. 23.9.2014 – 6 U 115/14 Rz. 4.
2651 OLG Frankfurt v. 3.3.2016 – 6 U 94/14 Rz. 11.
2652 OLG Hamm v. 2.8.2011 – 4 U 93/11 Rz. 23.
2653 OLG Hamm v. 4.6.2009 – 4 U 19/09, ITRB 2010, 181 = MMR 2009, 861, 862.
2654 KG Berlin v. 11.3.2016 – 5 U 83/15 Rz. 40 ff.
2655 Vgl. *Sosnitza* in Ohly/Sosnitza, UWG, § 5 UWG Rz. 599 ff.; *Emmerich* in Emmerich/Lange, Unlauterer Wettbewerb, § 15 Rz. 60 ff.; *Nordemann*, Wettbewerbs- und Markenrecht, Rz. 290 ff.

inhaltlich nachprüfbare Aussagen über geschäftliche Verhältnisse getätigt werden und es sich nicht lediglich um reklamehafte Übertreibungen oder reine Werturteile handelt[2656].

1662   Eine **Spitzenstellungswerbung** liegt vor, wenn eine Werbung von einem erheblichen Teil des Publikums dahin verstanden wird, dass der Werbende allgemein oder in bestimmter Hinsicht für sich allein eine Spitzenstellung auf dem Markt in Anspruch nimmt. Um eine **Alleinstellungswerbung** handelt es sich nicht nur, wenn der Werbende behauptet, überhaupt keinen Mitbewerber zu haben, also auch im Wortsinne „alleine zu stehen", sondern auch, wenn er zum Ausdruck bringt, er übertreffe seine Mitbewerber, seien es alle oder jedenfalls eine größere Gruppe. Die Alleinstellung kann auf verschiedene Weise zum Ausdruck kommen. Es entscheidet weniger die sprachliche oder grammatikalische Form als die Wirkung, die eine bestimmte Werbeaussage nach ihrem Sinngehalt auf die angesprochenen Verkehrskreise hat[2657].

1663   Für die Beurteilung der Allein- oder Spitzenstellung eines Unternehmens kommt es auf die Vorstellung des durchschnittlich verständigen Verbrauchers an, der erfahrungsgemäß bei seiner Bewertung andere Marktteilnehmer (nur) in Betracht zieht, wenn sie mit dem Unternehmen **vergleichbar** sind, das mit einer Allein- oder Spitzenstellung wirbt[2658].

1664   Eine Alleinstellungsbehauptung ist zulässig, wenn sie wahr ist. Entscheidend ist die Frage, ob das, was nach der Auffassung der Umworbenen in der Werbeaussage behauptet wird, sachlich richtig ist. Dafür genügt es nicht, dass der Werbende nur einen **geringfügigen Vorsprung** vor seinen Mitbewerbern hat. Vielmehr erwartet der Verbraucher eine nach Umfang und Dauer wirtschaftlich erhebliche Sonderstellung. Der Werbende muss einen deutlichen Vorsprung vor seinen Mitbewerbern haben, und dieser Vorsprung muss die Aussicht auf eine gewisse Stetigkeit bieten. An dieser fehlt es, wenn die Alleinstellungsbehauptung sich auf Eigenschaften eines Erzeugnisses bezieht, die von Konkurrenzerzeugnissen von heute auf morgen erreicht oder übertroffen werden können[2659].

1665   Welche tatsächlichen Umstände vorliegen müssen, damit sich ein **Unternehmen als „größtes" bezeichnen** darf, hängt davon ab, welchen Sinn ein erheblicher Teil des Verkehrs der Größenbehauptung im Einzelfall beimisst, wobei für die Größe eines Unternehmens häufig mehrere Faktoren als bestimmend angesehen werden. Je nach Branche und Unternehmen können dabei als Faktoren die Umsatzzahlen, das Warenangebot, die räumliche Ausdehnung des Geschäfts, die Betriebsgebäude, die betriebliche Organisation, die Zahl der Beschäftigten und die Lagerbestände eine Rolle spielen[2660].

1666   Bei einer **Online-Partnerbörse** kommt es für die „Größe" eines Unternehmens auf die Anzahl der aktuell registrierten, tatsächlich vermittelbaren Mitglieder an, also derjenigen Kunden, die zur Kontaktaufnahme freigeschaltet sind, so dass ein Kennenlernen und Treffen real möglich ist. Der angesprochene Durchschnittsverbraucher wird davon ausgehen, dass die „größte (Online-)Partnervermittlung" ihm die umfangreichste Möglichkeit der Kontaktver-

---

2656 KG Berlin v. 21.6.2019 – 5 U 121/18 Rz. 6.

2657 OLG Hamburg v. 17.12.2020 – 15 U 129/19 Rz. 65, CR 2021, 683.

2658 BGH v. 8.3.2012 – I ZR 202/10 Rz. 25, ITRB 2012, 267 – Marktführer Sport; *Reinholz*, GRUR-Prax. 2012, 443.

2659 OLG Hamburg v. 17.12.2020 – 15 U 129/19 Rz. 76; LG Rostock v. 27.6.2019 – 5a HK O 123/18 Rz. 30.

2660 OLG München v. 8.11.2018 – 6 U 454/18 Rz. 68.

mittlung bietet, also die größte Anzahl von Kunden aufweist, die tatsächlich vermittelbar sind und mit denen man in Kontakt treten kann[2661].

Wer damit wirbt, er sei „**Europas größter Online-Dienst**", muss nicht nur die meisten Kunden haben, vielmehr müssen diese den Dienst auch am häufigsten und umfangreichsten nutzen[2662]. Irreführend ist die Werbung mit der „**Marktführerschaft**" eines Nachrichtenmagazins, wenn dies zwar hinsichtlich der Reichweite, nicht aber hinsichtlich der verkauften Auflage zutrifft[2663].   1667

Stellt ein Internetportal die „**Spitzenmediziner Deutschlands**" vor, so liegt darin nicht schon dann eine Irreführung, wenn die Mediziner für den Eintrag gezahlt haben, sondern erst, wenn die Mediziner nicht auf Grund von Kriterien beurteilt werden, die sie von einem Durchschnittsmediziner abheben[2664]. Es ist irreführend, wenn eine Apotheke, die täglich bis 22 Uhr geöffnet ist, mit „**Notdienst Apotheke Y**" wirbt, da die Apotheke damit eine Alleinstellung im Notdienst behauptet, die nicht der Wahrheit entspricht[2665].   1668

(2) Originalität und Tradition

Der Hinweis auf **Alter und Tradition** eines Unternehmens suggeriert Kontinuität. Daher muss eine wirtschaftliche Fortdauer vorliegen. Das gegenwärtige Unternehmen muss trotz aller im Laufe der Zeit eingetretenen Änderungen noch mit dem früheren Unternehmen als wesensgleich angesehen werden können. Ist die wirtschaftliche Kontinuität gegeben, so ist es unerheblich, ob Inhaberwechsel, Rechtsnachfolger, Änderung des Firmennamens oder Rechtsform erfolgt sind. Allerdings können sich im Falle der Rechtsnachfolge Einschränkungen ergeben, etwa wenn der Erwerber das Unternehmen auflöst[2666].   1669

Die Werbung mit einer 100-jährigen **Firmentradition** ist ungeachtet eines zwischenzeitlichen Insolvenzverfahrens nicht irreführend, wenn das Unternehmen aus der Sicht des angesprochenen Verkehrs ungeachtet des Insolvenzverfahrens wirtschaftlich im Wesentlichen unverändert fortgeführt wird. Unschädlich ist es auch, dass das Unternehmen im Laufe seiner Geschichte um einzelne Bereiche erweitert worden ist, die sich noch dem Kernbereich des ursprünglichen Unternehmensgegenstandes zurechnen lassen[2667].   1670

Es kann irreführend sein, wenn ein Unternehmen mit seiner „**jahrelangen**" oder „**langjährigen**" **Erfahrung** wirbt, „langjährig" umschreibt nach Auffassung des OLG Frankfurt eine längere Zeitspanne als „jahrelang". Von einer jahrelangen Dauer könne schon bei einer Dauer von zwei Jahren gesprochen werden, langjährig bezeichne dagegen eine lange Reihe von Jahren[2668]. Bei der Online-Plattform „Rentarentner" lag eine Irreführung vor, weil sich diese als „**Das Original**" und die „weltweit erste Online-Plattform dieser Art" bezeichnete, obwohl es bereits vorher Angebote dieser Art gab[2669].   1671

2661 OLG München v. 8.11.2018 – 6 U 454/18 Rz. 69.
2662 BGH v. 17.6.2004 – I ZR 284/01, CR 2004, 861 = MDR 2004, 1431 – Größter Online-Dienst.
2663 BGH v. 2.10.2003 – I ZR 150/01, AfP 2004, 54 = WRP 2004, 339, 341 – Marktführerschaft.
2664 OLG Karlsruhe v. 7.5.2012 – 6 U 18/11 Rz. 48, 51.
2665 LG Bonn v. 4.12.2020 – 14 O 82/19 Rz. 46.
2666 OLG Frankfurt v. 9.7.2020 – 6 U 212/19 Rz. 33.
2667 OLG Frankfurt v. 7.9.2015 – 6 U 69/15 Rz. 12 ff.
2668 OLG Frankfurt v. 9.7.2020 – 6 U 212/19 Rz. 28.
2669 OLG Bremen v. 10.4.2015 – 2 U 132/14 Rz. 36 ff.

(3) Auszeichnungen und Empfehlungen

1672 Eine Irreführung über **Auszeichnungen und Ehrungen** kann in der Werbung mit Empfehlungen oder Gütesiegeln von Dritten liegen, wenn die Empfehlung oder das Siegel nicht auf Grund einer objektiven Prüfung vergeben wird[2670] oder nur ein bestimmter Teil des Unternehmens geprüft wird, die Empfehlung oder das Siegel jedoch nicht darauf hinweisen[2671].

1673 Wird mit der Empfehlung bzw. dem Gütesiegel eines Privatunternehmens geworben, das auf Grund seines Namens den Eindruck erweckt, es handele sich um ein öffentliche oder unter öffentlicher Aufsicht stehende Einrichtung, so liegt eine Irreführung der Verbraucher vor, da **Aussagen der öffentlichen Hand** beim Publikum mehr Vertrauen genießen, als dies bei Privatunternehmen der Fall ist[2672]. Auch **fingierte Kundenbewertungen** erfüllen den Tatbestand des § 5 Abs. 1 Satz 2 Nr. 2 UWG[2673].

(4) Sonstige unternehmensbezogene Angaben

1674 Irreführend gem. § 5 Abs. 1 Satz 2 Nr. 3 UWG ist es, ein Fachgeschäft für Tiernahrung als „**Tier-Apotheke**" zu bezeichnen, weil dies den unzutreffenden Eindruck erweckt, der Werbende betreibe eine Apotheke im Sinne des Apothekengesetzes[2674]. Ebenso verstößt es gegen § 5 Abs. 1 Satz 2 Nr. 3 UWG, wenn eine Detektei wahrheitswidrig mit Niederlassungen „**ganz in Ihrer Nähe**" wirbt[2675] oder ein Schädlingsbekämpfungsunternehmen mit Standorten wirbt, an denen es keine Niederlassung betreibt[2676]. Eine Irreführung ist gleichfalls zu bejahen, wenn ein Rechtsanwalt eine **Zweitniederlassung** auf dem Briefkopf angibt, es sich hierbei aber nicht um ein vollwertiges Büro handelt, sondern dort nur Bürodienstleistungen in Anspruch genommen werden können[2677]. Die unzutreffende Behauptung des derzeitigen Bestehens der Mitgliedschaft einer Rechtsanwältin in der **Vorstandsabteilung der örtlichen Rechtsanwaltskammer** ist auch dann eine irreführende geschäftliche Handlung, wenn in der Vergangenheit eine solche Mitgliedschaft bestanden hat[2678].

1675 Ein Einzelanwalt darf auf seiner Website nicht mit Hinweisen auf „**unsere Fachanwälte**" werben, wenn er zwar mit weiteren Fachanwälten zusammenarbeitet, diese Fachanwälte jedoch nicht der Kanzlei angehören. Der angesprochene Verkehr versteht Hinweise auf „unsere Fachanwälte" dahingehend, dass es sich um eine größere Kanzlei handelt, der eine Mehrzahl von Fachanwälten angehört, als Partner oder Angestellte. Eine solche Kanzlei wird regelmäßig als leistungsfähiger, spezialisierter und qualifizierter angesehen als eine kleine Kanzlei mit nur einem Fachanwalt[2679]. Ein Versicherungskonzern führt irre, wenn er in der Werbung von einem „**Kundenanwalt**" spricht, der sich um alle Belange der Kunden kümmert,

---

2670 OLG Dresden v. 3.7.2012 – 14 U 167/12 Rz. 10 f.; OLG Frankfurt v. 9.8.2012 – 6 U 91/12 Rz. 7, 10, CR 2013, 200 = ITRB 2013, 32.
2671 OLG Brandenburg v. 26.6.2012 – 6 U 34/11 Rz. 35.
2672 OLG Brandenburg v. 26.6.2012 – 6 U 34/11 Rz. 31 f.
2673 LG Bielefeld v. 1.8.2017 – 15 O 67/17 Rz. 24.
2674 OLG Stuttgart v. 20.8.2009 – 2 U 21/09, WRP 2009, 1580, 1582 f.
2675 LG Darmstadt v. 9.4.2009 – 15 O 213/08, WRP 2009, 1584, 1585.
2676 OLG Köln v. 23.12.2016 – 6 U 119/16, ITRB 2017, 102.
2677 AGH Hamm v. 30.9.2016 – 1 AGH 49/15 Rz. 58.
2678 BGH v. 22.7.2021 – I ZR 123/20 Rz. 39, CR 2021, 758 – Vorstandsabteilung.
2679 OLG Köln v. 10.7.2020 – 6 U 237/19 Rz. 46, CR 2020, 679 = ITRB 2020, 254 (*Schmitt*).

es sich bei dem beworbenen Service jedoch nicht um den Service eines Rechtsanwalts handelt[2680].

Amazon vergibt für alle Produkte, die über die Plattform vertrieben werden, **Amazon-Standard-Identifikationsnummern (ASIN)**. Wenn ein Anbieter die gleiche ASIN und den gleichen Herkunftszusatz verwendet, stellt dies keine Täuschung über die Identität des Anbieters dar. Dies gilt jedenfalls, solange es sich tatsächlich um identische Produkte handelt, die vom selben Hersteller stammen[2681]. Eine Irreführung über die betriebliche Herkunft liegt vor, wenn durch die Einbettung von 897 Beiträgen von einer fremden Internetseite per *Framing* der unzutreffende Eindruck erweckt wird, dass eine Zusammenarbeit mit dem Betreiber dieser Seite besteht[2682]. **1676**

Keine Irreführung liegt in einem kommentarlosen Link auf die Seiten eines **Branchenverbandes**. Der User verbindet mit einem solchen Link nicht notwendig die (im konkreten Fall unzutreffende) Vorstellung, dass der Betreiber der Website Verbandsmitglied ist[2683]. Wirbt eine Fahrschule auf ihrer Facebook-Seite mit Fahrschulklassen, die sie aufgrund einer **fehlenden Fahrschulerlaubnis** nicht anbieten kann, liegt eine Täuschung über das Unternehmen vor[2684]. In der Verwendung der Bezeichnung „Grundbuchauszug24" durch einen privaten Anbieter liegt keine Irreführung dahingehend, dass eine staatliche Stelle hinter dem Angebot steht[2685]. **1677**

dd) Irreführung über Lieferzeiten, Liefermöglichkeiten

Irreführende Angaben über **Lieferzeiten und Liefermöglichkeiten** können unter § 5 Abs. 1 Satz 2 Nr. 1 UWG oder unter das Lockangebotsverbot der Nr. 5 des UWG-Anhangs fallen[2686]. **1678**

(1) Irreführende Angaben

Auf Online-Plattformen müssen die Angaben des Händlers zur **Lieferzeit** in Einklang mit den AGB des Plattformbetreibers stehen. Anderenfalls sind die Angaben widersprüchlich und irreführend (§ 5 Abs. 1 Satz 2 Nr. 1 UWG)[2687]. Der Hinweis, es seien **„nur noch wenige Exemplare auf Lager"**, stellt eine irreführende Angabe dar, wenn tatsächlich keine Ware mehr vorrätig ist[2688]. **1679**

Findet sich in einer **Google-Anzeige** die Ankündigung einer Lieferung „innerhalb 24 Stunden", wird dies zwar vom verständigen Durchschnittsverbraucher für bare Münze genommen werden. Wird jedoch auf der Internetseite, die über die Anzeige erreichbar ist, deutlich **1680**

2680 OLG Düsseldorf v. 28.10.2014 – I-20 U 168/13 Rz. 23 ff., ITRB 2015, 37.
2681 LG Düsseldorf v. 15.4.2015 – 2a O 243/14 Rz. 23 ff.; a.A. LG Köln v. 14.10.2015 – 84 O 149/14 Rz. 22; vgl. auch OLG Köln v. 26.3.2021 – 6 U 11/21.
2682 LG Düsseldorf v. 14.11.2018 – 12 O 69/18 Rz. 19.
2683 OLG Jena v. 14.5.2003 – 2 U 1234/02, AfP 2004, 71 = AfP 2004, 73 = CR 2003, 520 = WRP 2003, 1141, 1142 = NJW-RR 2003, 1199 = MMR 2003, 531, 532; a.A. LG Erfurt v. 28.11.2002 – 2 HKO 373/02, WRP 2003, 414.
2684 LG Aschaffenburg v. 12.7.2016 – 2 HK O 38/15 Rz. 42.
2685 LG München I v. 1.6.2021 – 33 O 7498/20 Rz. 50.
2686 Vgl. OLG Hamm v. 17.3.2009 – 4 U 167/08, ITRB 2009, 271 = K&R 2009, 500, 502.
2687 Vgl. LG Bochum v. 3.7.2013 – I-13 O 55/13.
2688 OLG Hamm v. 11.8.2015 – 4 U 69/15 Rz. 39 f.

darauf hingewiesen, dass die Bestellung bis 16.45 Uhr erfolgen muss, um eine Lieferung innerhalb von 24 Stunden zu gewährleisten, räumt dies eine Irreführungsgefahr aus. Bei der Beurteilung, ob eine Irreführung vorliegt, ist der kaum trennbare Zusammenhang zu berücksichtigen zwischen der verknappten schlagwortartigen Werbung bei Google und der klarstellenden Aussage auf der verlinkten Internetseite[2689].

1681   Dem Verbraucher ist bekannt, dass sich die Lieferung bestellter Waren infolge unterschiedlicher Postlaufzeiten nicht immer exakt prognostizieren lässt. Er versteht daher die Werbung **„Lieferzeit i.d.R 48 Stunden"** in der Weise, dass der Vertragspartner sich um eine schnellstmögliche Lieferung bemüht, soweit er diese – z.B. durch umgehende Aufgabe der Ware zur Post – beeinflussen kann und eine Lieferung binnen 48 Stunden infolgedessen auch in der überwiegenden Anzahl der Fälle gelingt. Somit fehlt es bei einer solchen Angabe an einer Irreführung[2690].

(2) Lockangebote

1682   Nach **§ 3 Abs. 3 UWG** in Verbindung mit Nr. 5 des UWG-Anhangs ist es unlauter, wenn ein Unternehmer für ein Produkt zu einem bestimmten Preis wirbt, ohne darüber aufzuklären, dass er hinreichende Gründe für die Annahme hat, er werde nicht in der Lage sein, diese oder gleichartige Waren oder Dienstleistungen für einen angemessenen Zeitraum in angemessener Menge zum genannten Preis bereitzustellen oder bereitstellen zu lassen (Lockangebote). Ist die Bevorratung kürzer als zwei Tage, obliegt es dem Unternehmer, die Angemessenheit nachzuweisen (Nr. 5 Satz 2 des UWG-Anhangs). Anknüpfungspunkt für Nr. 5 des UWG-Anhangs ist die **fehlende Information** über die mangelnde Bevorratung[2691]. Die ursprünglich für den stationären Handel und die Prospekt- oder Katalogwerbung konzipierte Regelung gilt auch für Angebote im Internet[2692].

1683   Nr. 5 des UWG-Anhangs stellt Anbieter vor Schwierigkeiten, die Waren anbieten, die sie selbst nicht vorrätig haben[2693]. Zwar lässt die Vorschrift eine Bereitstellung der Ware durch Dritte (Lieferanten des Händlers) ausdrücklich zu. Hat der Händler aber Grund zur Annahme, dass es **Lieferschwierigkeiten** geben kann, muss er dies dem Verbraucher in seinem Angebot mitteilen[2694].

1684   Eine mit dem Hinweis **„nur in limitierter Stückzahl"** versehene Werbung reicht für die Aufklärung über eine unzulängliche Bevorratung nicht aus, wenn das Produkt bereits nach wenigen Minuten ausverkauft ist. Der Unternehmer hat in diesem Fall nachzuweisen, dass er keine Anhaltspunkte dafür gehabt hatte, dass die Ware nicht ausreichen wird und dass er die Ware angemessen disponiert, der Vorrat aber wegen einer unerwartet hohen Nachfrage nicht ausgereicht hat[2695].

2689 BGH v. 12.5.2011 – I ZR 119/10 Rz. 15, CR 2012, 53 – Innerhalb 24 Stunden; OLG Hamm v. 4.6.2009 – 4 U 19/09, ITRB 2010, 181 = MMR 2009, 861, 861 f.

2690 OLG Hamm v. 19.8.2021 – 4 U 57/21 Rz. 52, ITRB 2022, 31 (*Wübbeke*).

2691 *Lettl*, WRP 2008, 155, 164; vgl. auch BGH v. 10.2.2011 – I ZR 183/09 Rz. 18; LG Koblenz v. 7.2.2006 – 4 HK O 165/05, WRP 2006, 1037, 1038.

2692 OLG Hamm v. 11.8.2015 – 4 U 69/15 Rz. 36.

2693 Vgl. BGH v. 7.4.2005 – I ZR 314/02, CR 2005, 591 = ITRB 2005, 203 = K&R 2005, 373; OLG Hamm v. 17.3.2009 – 4 U 167/08.

2694 *Schirmbacher*, K&R 2008, 433, 434 f.

2695 OLG Koblenz v. 2.12.2015 – 9 U 296/15 Rz. 8.

Bei einer Werbung „**7 Tage – 7 Kracher**" erwartet der Verbraucher, dass die beworbene Ware während des gesamten Aktionszeitraums nach der Bestellung unverzüglich versandt werden kann. Diese Verbrauchererwartung korrespondiert mit der Verpflichtung des Anbieters, den Verbraucher so bald wie möglich zu informieren, wenn er hinreichende Gründe für die Annahme hat, dass er zeitlich oder mengenmäßig nicht in der Lage ist, die Verbrauchererwartung zu erfüllen[2696]. 1685

Ein Sternchenhinweis darauf, dass ein Artikel „aufgrund **begrenzter Vorratsmenge** bereits im Laufe des ersten Angebotstages ausverkauft sein" könne und der verbreitete Hinweis „**Solange der Vorrat reicht**", sind unzureichend, wenn zu erwarten ist, dass das Produkt bereits am ersten Aktionstag vormittags ausverkauft ist. Dem steht der Charakter eines „**Aktionsangebots**", das nicht zum regulären Sortiment gehört und im Rahmen einer wöchentlich wechselnden Aktion angeboten wird, nicht entgegen. Auch bei wöchentlichen Aktionen geht der angesprochene Verkehr nicht davon aus, die beworbene Ware werde schon wenige Stunden nach Angebotsbeginn ausverkauft sein[2697]. 1686

Der Annahme eines Verstoßes gegen Nr. 5 des UWG-Anhangs steht nicht entgegen, wenn ein **fremdes Angebot** beworben wird und der Werbende geltend macht, er habe keine Kenntnisse über den Umfang der Bevorratung gehabt. Wenn ein Unternehmer für das Warenangebot eines anderen Unternehmers wirbt, so trifft ihn gleichwohl die Pflicht zur Aufklärung über eine limitierte Bevorratung, weil er für das fremde Angebot wie für ein eigenes Angebot verantwortlich ist. Er muss sich über die dem Angebot zugrunde liegende Bevorratung informieren, wenn ihm entsprechende Kenntnisse fehlen[2698]. 1687

Gelegentlich wurden wettbewerbsrechtliche Bedenken geäußert gegen die Praxis, bei **Internetauktionen** hochwertige (Marken-)Waren zu einem Mindestgebot von 1 € anzubieten. Denkbar ist, diese Verkaufsstrategie unter dem Gesichtspunkt des Lockangebots als unzulässig anzusehen (§ 3 Abs. 3 UWG in Verbindung mit Nr. 5 des UWG-Anhangs)[2699]. Dies übersieht jedoch die Besonderheiten, die bei Online-Auktionen bestehen. Zum einen erkennt der durchschnittlich aufmerksame, informierte und verständige Verbraucher ohne weiteres, dass es bei einer Versteigerung in aller Regel nicht bei dem Anfangsgebot bleiben wird. Zum anderen fehlt es an der besonderen **Lockwirkung** des Mindestgebots. Viele Online-Versteigerungen werden abgewickelt, ohne dass der Ersteigerer überhaupt auf die Website des Verkäufers gelangt. Der Kunde wird – anders als im Ladengeschäft oder im Online-Shop – nicht auf andere Waren des Anbieters aufmerksam gemacht. 1688

(3) Längere Lieferfristen

Bei Online-Angeboten erwartet der Verbraucher in der Regel, dass die beworbene Ware unverzüglich versandt werden kann, unabhängig davon, ob der Werbende die Ware selbst vorrätig hat oder sie bei einem Dritten abrufen kann. Daher muss der Online-Händler durch **geeignete Zusätze** auf Lieferfristen hinweisen, wenn er nicht in der Lage ist, eine Nachfrage 1689

2696 LG Ingolstadt v. 15.6.2021 – 1 HKO 701/20 Rz. 22.
2697 BGH v. 17.9.2015 – I ZR 92/14 Rz. 20 f. – Smartphone-Werbung.
2698 BGH v. 17.9.2015 – I ZR 92/14 – Smartphone-Werbung.
2699 *Ernst* in Spindler/Wiebe, Internet-Auktionen, Kap. 3 Rz. 25 f.

tagesaktuell zu erfüllen[2700]. Es reicht aus, einen entsprechenden Hinweis auf eine gesonderte „Produktseite" aufzunehmen, wenn davon auszugehen ist, dass der Kaufinteressent diese Seite aufruft, um Informationen über die gewünschte Ware zu erhalten, oder wenn der Interessent auf dem Weg zum Vertragsschluss auf die „Produktseite" geführt wird durch einfache Verknüpfungen oder durch klare und unmissverständliche Hinweise[2701]. Hat der Unternehmer Hinweise darauf, dass eine rechtzeitige Lieferung zumindest fraglich ist, liegt ein Wettbewerbsverstoß vor, wenn er Werbung auf seiner Website nicht stoppt oder mit einem Vorbehalt versieht, obwohl ihm dies möglich und zumutbar ist[2702].

1690 Der bloße Hinweis **„nachbestellt"** reicht für eine Aufklärung über längere Lieferfristen nicht aus[2703]. Nicht ausreichend ist auch die Angabe **„Lieferzeit auf Nachfrage"**[2704].

ee) Irreführung über Rechte des Verbrauchers

1691 Gemäß § 5 Abs. 1 Satz 2 Nr. 7 UWG ist eine geschäftliche Handlung irreführend, wenn sie unrichtige Angaben zu den Rechten des Verbrauchers enthält. Wettbewerbswidrig ist es deshalb, seine Vertragspartner per E-Mail über eine **Vertragsänderung** zu informieren, die wirksam wird, wenn der Vertragspartner dem nicht ausdrücklich widerspricht, da dies die Rechtslage unzutreffend darstellt[2705].

1692 Wird der Verbraucher über eine **Rückgabepflicht** belehrt, ist es irreführend, wenn dabei auf gesetzliche Vorschriften verwiesen wird, die veraltet sind. Allerdings fehlt es an einer Eignung, den Verbraucher zu einer geschäftlichen Entscheidung zu veranlassen, die er andernfalls nicht getroffen hätte (§ 5 Abs. 1 Satz 1 UWG), wenn sich lediglich die Rechtsgrundlage geändert hat, das materielle Recht jedoch (nahezu) unverändert ist[2706].

1693 Irreführend ist die Werbung mit einer **5-Jahres-Garantie**, wenn diese tatsächlich nicht für sämtliche vertriebenen Produkte gilt[2707]. Verspricht der Betreiber einer Ticketplattform eine **„Ticketgarantie zu 100 Prozent"**, ist es irreführend, wenn diese Garantie in den AGB des Betreibers eingeschränkt wird[2708]. Nach Auffassung des OLG Düsseldorf liegt eine Irreführung vor, wenn ein Händler bei einem niedrigpreisigen Elektrogerät mit einer **lebenslangen Garantie** wirbt. Das Versprechen sei gegenstandslos, da bei einem solchen Gerät jeder Defekt nach aller Erfahrung sofort dazu führe, dass das Gerät entsorgt wird mit der Folge, dass die „technische Lebensdauer" ablaufe und die Garantie hinfällig wird[2709].

2700 BGH v. 7.4.2005 – I ZR 314/02, CR 2005, 591 = ITRB 2005, 203 = NJW 2005, 2229, 2230 – Internet-Versandhandel; LG Hamburg v. 12.5.2009 – 312 O 74/09; LG Koblenz v. 7.2.2006 – 4 HK O 165/05, WRP 2006, 1037, 1037 f.
2701 BGH v. 7.4.2005 – I ZR 314/02, CR 2005, 591 = ITRB 2005, 203 = NJW 2005, 2229, 2231 – Internet-Versandhandel.
2702 LG Lüneburg v. 21.1.2016 – 7 O 88/15 Rz. 17.
2703 LG Osnabrück v. 1.9.2005 – 18 O 472/05, ITRB 2006, 134 (*Antoine*).
2704 OLG Hamm v. 17.3.2009 – 4 U 167/08, ITRB 2009, 271 = K&R 2009, 500, 501 f.
2705 OLG Koblenz v. 12.9.2012 – 9 U 309/12 Rz. 26 ff.
2706 OLG Brandenburg v. 8.10.2013 – 6 U 97/13 Rz. 42 f., CR 2014, 136 = ITRB 2013, 272; OLG Hamm v. 23.5.2013 – 4 U 196/12 Rz. 43 ff.
2707 OLG Hamm v. 19.8.2021 – 4 U 57/21 Rz. 44 ff., ITRB 2022, 31 (*Wübbeke*).
2708 LG München I v. 4.6.2019 – 33 O 6588/17 Rz. 74 ff.
2709 OLG Düsseldorf v. 24.9.2015 – I-2 U 3/15 Rz. 69.

d) Irreführung durch Unterlassen

Nach § 5a Abs. 1 UWG handelt unlauter, wer einem Verbraucher oder sonstigen Marktteil-   1694
nehmer eine **wesentliche Information vorenthält**, die der Verbraucher oder sonstige Marktteilnehmer nach den jeweiligen Umständen benötigt, um eine informierte geschäftliche Entscheidung zu treffen, und deren Vorenthalten geeignet ist, den Verbraucher oder sonstigen
Marktteilnehmer zu einer geschäftlichen Entscheidung zu veranlassen, die er andernfalls
nicht getroffen hätte. Als Vorenthalten gilt auch das Verheimlichen wesentlicher Informationen, die Bereitstellung wesentlicher Informationen in unklarer, zweideutiger oder unver-
ständlicher Weise und die nicht rechtzeitige Bereitstellung wesentlicher Informationen (§ 5a
Abs. 2 UWG). Ob eine Information für die geschäftliche Entscheidung des Verbrauchers
oder sonstige Marktteilnehmers von besonderem Gewicht ist, ist nach dessen **Erwartungs-
und Verständnishorizont** zu beurteilen[2710].

Ein Unternehmer enthält dem Verbraucher oder sonstigen Marktteilnehmer eine Informati-   1695
on i.S.v. § 5a Abs. 1 UWG vor, wenn diese zu seinem Geschäfts- und Verantwortungsbereich
gehört oder er sie sich mit zumutbarem Aufwand beschaffen kann und der Verbraucher
oder sonstige Marktteilnehmer sie nicht oder nicht so erhält, dass er sie bei seiner geschäftlichen Entscheidung berücksichtigen kann[2711]. Dabei trifft den Unternehmer, der geltend
macht, dass der Verbraucher oder sonstige Marktteilnehmer eine ihm vorenthaltene wesentliche Information für eine Kaufentscheidung nicht benötigt und das Vorenthalten dieser Information den Verbraucher oder sonstigen Marktteilnehmer nicht zu einer anderen Kaufentscheidung veranlassen kann, die **sekundäre Darlegungslast**[2712].

Nicht ausreichend für die Einordnung als „**wesentlich**" ist der bloße Umstand, dass die In-   1696
formation für die geschäftliche Entscheidung des Verbrauchers oder sonstigen Marktteilnehmer von Bedeutung sein kann. § 5a Abs. 1 UWG fordert nicht die Offenlegung aller Eigenschaften einer beworbenen Ware oder Leistung. Eine Verpflichtung zur Aufklärung (auch
über **negative Produkteigenschaften**) besteht jedoch stets dann, wenn dies zum Schutz des
Verbrauchers oder sonstigen Marktteilnehmers unter Berücksichtigung der berechtigten Interessen des Werbenden unerlässlich ist[2713]. Dasselbe gilt, wenn das Publikum bei Unterbleiben aufklärender Hinweise in einem Punkt getäuscht würde, der die wirtschaftliche Ent-
schließung zu beeinflussen geeignet ist[2714].

Eine wesentliche Information erreicht dem Marktteilnehmer **rechtzeitig**, wenn er sie erhält,   1697
bevor er aufgrund der Aufforderung zum Kauf eine geschäftliche Entscheidung treffen kann.
Diese geschäftliche Entscheidung kann bereits in dem Aufsuchen eines Verkaufsportals im
Internet liegen, wenn das Portal in einer Anzeige beworben wird. In einem solchen Fall
müssen die Pflichtangaben bereits in der Werbeanzeige enthalten sein[2715].

Werden allerdings durch das Kommunikationsmedium **räumliche Beschränkungen** aufer-   1698
legt, reicht es aus, dass Interessenten, die die beworbenen Produkte über die in der Werbe-

---

2710 BGH v. 21.7.2016 – I ZR 26/15 Rz. 37 – LGA tested.
2711 BGH v. 21.7.2016 – I ZR 26/15 Rz. 27 – LGA tested.
2712 BGH v. 15.4.2021 – I ZR 134/20 Rz. 26 – Testsiegel auf Produktabbildung.
2713 OLG Düsseldorf v. 30.12.2014 – I-15 U 76/14 Rz. 49.
2714 OLG Düsseldorf v. 30.12.2014 – I-15 U 76/14 Rz. 49.
2715 BGH v. 14.9.2017 – I ZR 231/14 Rz. 23 – MeinPaket.de II; BGH v. 7.3.2019 – I ZR 184/17
     Rz. 29 – Energieeffizienzklasse III.

anzeige genannte Website kaufen können, diese Informationen auf einfache Weise auf der Website finden können (§ 5a Abs. 3 UWG)[2716]. Räumliche Beschränkungen bestehen, wenn in einem Printmedium für eine Online-Verkaufsplattform geworben wird, auf der sich eine große Zahl von Händlern mit zahlreichen Produkten findet[2717]. Bestehen allerdings für ein Kommunikationsmittel keine ins Gewicht fallenden räumlichen oder zeitlichen Beschränkungen, kann der Unternehmer nicht mit Erfolg geltend machen, er habe die Informationen an anderer Stelle zur Verfügung gestellt[2718].

1699   Konkretere Regelungen zur „Wesentlichkeit" von Informationen finden sich in § 5b UWG, der allerdings nur gegenüber **Verbrauchern**, nicht jedoch gegenüber sonstigen Marktteilnehmern gilt. Wesentlich sind danach Informationen, wenn sie dem Verbraucher nach **EU-Recht** oder nach nationalem Recht, das **EU-Richtlinien** umsetzt, mitgeteilt werden müssen (**§ 5b Abs. 4 UWG**). Im Übrigen richtet sich die Wesentlichkeit nach dem Kriterienkatalog des § 5b Abs. 1 UWG.

1700   Die **Verpflichtungen nach § 5b Abs. 1 UWG** gelten für Waren und Dienstleistungen, die dem Verbraucher unter Hinweis auf deren Merkmale und Preise angeboten werden. Dafür ist nicht erforderlich, dass das der Absatzförderung dienende Verhalten bereits ein Angebot i.S.v. § 145 BGB oder eine Aufforderung zur Abgabe eines Angebots (invitatio ad offerendum) darstellt. Vielmehr reicht es aus, wenn der Verbraucher so viel über das Produkt und dessen Preis erfährt, dass er sich für den Kauf entscheiden kann[2719]. Werden in einer Werbeanzeige fünf konkrete Produkte abgebildet und unter Angabe des Preises beschrieben, sind diese Voraussetzungen erfüllt[2720].

aa) Wesentliche Merkmale der Ware oder Dienstleistung

1701   Nach **§ 5b Abs. 1 Nr. 1 UWG** sind die wesentlichen Merkmale der Ware oder Dienstleistung anzugeben. Hierunter fallen alle **Eigenschaften des Produkts**, hinsichtlich derer ein Durchschnittsverbraucher eine Information billigerweise erwarten darf, um eine informierte Entscheidung treffen zu können[2721].

1702   Wer für ein Elektrohaushaltsgerät wirbt, muss in seiner Werbung die genaue **Typenbezeichnung** des Geräts angeben. Die Typenbezeichnung ermöglicht es dem Verbraucher, das Produkt genau zu identifizieren und dessen Eigenschaften und Preis mit den Eigenschaften und dem Preis konkurrierender Produkte und konkurrierender Angebote zu vergleichen[2722]. Wenn **Smartphones** im Internet beworben werden, stellt es ein „wesentliches Merkmal" der Geräte dar, dass sie **gebraucht verkauft** werden. Der Zusatz „Refurbished Certificate" reicht für eine pflichtgemäße Aufklärung nicht aus[2723]. Bei einem **Gebrauchtwagenkauf** gehört die frühere Nutzung des Fahrzeugs als **Mietwagen** zu dessen wesentlichen Merkmalen. Die Abwägung des Informationsinteresses des Käufers mit den Interessen des Unternehmers fällt

---

2716 EuGH v. 30.3.2017 – C-146/16 Rz. 33, ECLI:EU:C:2017:243.
2717 BGH v. 14.9.2017 – I ZR 231/14 Rz. 25 – MeinPaket.de II.
2718 OLG Hamm v. 5.11.2019 – 4 U 11/19 Rz. 33.
2719 BGH v. 14.9.2017 – I ZR 231/14 Rz. 17 – MeinPaket.de II.; BGH v. 25.6.2020 – I ZR 96/19 Rz. 33, CR 2020, 827 – LTE-Geschwindigkeit.
2720 BGH v. 14.9.2017 – I ZR 231/14 Rz. 19 – MeinPaket.de II.
2721 OLG Karlsruhe v. 26.9.2018 – 6 U 84/17 Rz. 37.
2722 BGH v. 19.2.2014 – I ZR 17/13 Rz. 17 – Typenbezeichnung.
2723 LG München I v. 30.7.2018 – 33 O 12885/17 Rz. 23 ff.

zu Gunsten der vollständigen Information des Käufers aus. Denn für den Kraftfahrzeughändler stellt es eine äußerst geringe Mühe dar, auf die Vornutzung des Fahrzeugs als Mietwagen hinzuweisen[2724]. Nach Auffassung des OLG Karlsruhe gehören die **Inhaltsstoffe von Naturkosmetika** zu deren wesentlichen Merkmalen, so dass die Inhaltsstoffe anzugeben sind, wenn Naturkosmetika in einem Online-Shop angeboten werden[2725].

Das Anbieten von **Gleitsichtbrillen**, die ohne Augenuntersuchung nur aufgrund der Eigenangaben des Kunden individuell angepasst werden, stellt eine Irreführung nach § 5a Abs. 1 Nr. 1 UWG dar, wenn nicht darauf hingewiesen wird, dass die Benutzung dieser Brillen im Straßenverkehr gefährlich sein könnte[2726].   1703

bb) Identität und Anschrift des Unternehmers

§ 5b Abs. 1 Nr. 2 UWG schreibt Angaben über die Identität und Anschrift des Unternehmers vor. Eine **Zeitungsanzeige**, die für eine Flusskreuzfahrt wirbt und konkrete Angaben zu den Reiseterminen, der Reiseroute, dem Schiff sowie zum Reisepreis pro Person bei Buchung einer Doppelkabine mit Vollpension enthält, muss daher Informationen über die Identität und Anschrift des werbenden Reiseveranstalters enthalten. Durch die bloße Angabe der Firmenbezeichnung, einer Internetadresse und einer Telefonnummer wird die Informationspflicht nicht erfüllt[2727]. Zu den Pflichtangaben gem. § 5b Abs. 1 Nr. 2 UWG gehört auch die Angabe der **Rechtsform** des Werbenden[2728].   1704

Der in Zeitungsanzeigen enthaltene Hinweis „Informationen zu Produkten und teilnehmenden Restaurants unter: www.mcdonalds.de" verstößt nach Auffassung des OLG München gegen § 5b Abs. 1 Nr. 2 UWG, weil der Verweis nichtssagend sei. Alle Pflichtangaben gehören nach Auffassung des Münchener Gerichts in die Anzeige[2729].   1705

Keine Irreführung liegt dagegen vor, wenn ein **Gutscheinanbieter** für „Erlebnisse", die innerhalb von drei Jahren vom Kunden oder einer von ihm beschenkten Person bei Drittunternehmen eingelöst werden können, nicht über Identität und Anschrift des die „Erlebnisse" durchführenden Unternehmens informiert, da die Durchführung der „Erlebnisse" nicht Gegenstand des konkreten Angebots des Gutscheinanbieters ist[2730]. Dies verkennt das LG München I, wenn es der Auffassung ist, dass der Betreiber einer Ticketplattform nicht nur zur Preisgabe der eigenen Identität verpflichtet ist, sondern auch zur Angabe der Identität und der Anschriften gewerblicher und privater Ticketanbieter, die die Plattform nutzen[2731].   1706

cc) Testergebnisse und Auszeichnungen

Nach Auffassung des BGH darf mit **Testergebnissen** nur geworben werden, wenn dem Verbraucher dabei die **Fundstelle** eindeutig und leicht zugänglich angegeben und ihm so eine   1707

2724 OLG Oldenburg v. 15.3.2019 – 6 U 170/18 Rz. 12 f.
2725 OLG Karlsruhe v. 26.9.2018 – 6 U 84/17 Rz. 44 f.
2726 OLG Schleswig v. 29.9.2014 – 6 U 2/14 Rz. 46 ff.; LG Köln v. 10.2.2022 – 33 O 8/21 Rz. 15 ff.
2727 OLG Celle v. 29.10.2013 – 13 W 79/13 Rz. 15 ff.
2728 BGH v. 18.4.2013 – I ZR 180/12 Rz. 11 ff. – Brandneu von der IFA.
2729 OLG München v. 15.5.2014 – 6 U 3500/13 Rz. 35 ff.
2730 BGH v. 9.10.2013 – I ZR 24/12 Rz. 23 – Alpenpanorama im Heißluftballon.
2731 LG München I v. 4.6.2019 –33 O 6588/17 Rz. 66 ff.

einfache Möglichkeit eröffnet wird, den Test selbst zur Kenntnis zu nehmen. Fehle es daran, beeinträchtige dies die Möglichkeit des Verbrauchers, die testbezogene Werbung zu prüfen und insbesondere in den Gesamtzusammenhang des Tests einzuordnen. Daher liege in der fehlenden Angabe einer Fundstelle ein Verstoß gegen § 5a Abs. 1 UWG[2732]. Sofern es sich bei der angegebenen Fundstelle um eine Publikation handelt, die im Buch- und Zeitschriftenhandel nicht ohne eine Recherche bei der Deutschen Nationalbibliothek auffindbar ist, muss zusätzlich angegeben werden, wie die Publikation bezogen oder eingesehen werden kann[2733].

1708 In der **Online-Werbung** kann ein solcher Fundstellenhinweis durch einen **Link** ersetzt werden[2734]. Wird ein solcher Link gesetzt, müssen die Informationen zum Test entweder auf der Zielseite selbst gegeben werden oder jedenfalls über einen auf Testergebnisse verweisenden Menüpunkt ohne weiteres aufrufbar sein. Es genügt nicht, dass sich die Informationen zwar auf einer Unterseite finden, der Nutzer aber nicht bereits auf der Zielseite zu dieser Unterseite durch einen entsprechenden Menüpunkt hingeführt wird[2735].

1709 Wird eine Matratze als **„Testsieger"** beworben, liegt eine Irreführung durch Unterlassen vor, wenn verschwiegen wird, dass die Stiftung Warentest eine andere Matratze als vorzugswürdig eingestuft hat[2736]. Bei der Werbung mit einem Produkt als gewähltes **„Produkt des Jahres"** sind dem Interessenten Grundinformationen über den Veranstalter der Wahl und die Art und Auswahl der ausgezeichneten Produkte mitzuteilen, damit der Interessent für sich entscheiden kann, welchen Wert er der Werbeaussage beimisst[2737]. Eine schlecht lesbare Fundstellenangabe ist einer gar nicht vorhandenen gleichzusetzen[2738].

1710 Wenn Unternehmen mit einem **Prüfsiegel** werben, ist der Verbraucher darüber zu unterrichten, wie er sich schnell und einfach über die einzelnen **Prüfkriterien** informieren kann und wo er weitere Details zu der Auszeichnung erhält[2739]. Der Hinweis auf ein Prüfzeichen hat für die Entscheidung des Verbrauchers über den Erwerb des damit versehenen Produkts erhebliche Bedeutung. Der Verbraucher erwartet, dass ein mit einem Prüfzeichen versehenes Produkt von einer neutralen und fachkundigen Stelle auf die Erfüllung von Mindestanforderungen anhand objektiver Kriterien geprüft worden ist und bestimmte von ihm für die Güte und Brauchbarkeit der Ware als wesentlich angesehene Eigenschaften aufweist. Er hat ein erhebliches Interesse daran zu erfahren, anhand welcher Kriterien die Prüfung erfolgt ist[2740].

1711 Werden Versicherungen durch einen **Versicherungsvermittler oder -makler** mit einem **Sternesystem** bewertet, stellen Informationen über die Kriterien des Systems wesentliche Informationen i.S.d. § 5a Abs. 1 UWG dar. An den Bewertungen kann sich ein Verbraucher je-

---

2732 BGH v. 16.7.2009 – I ZR 50/07, ITRB 2010, 158 = WRP 2010, 370, 374 – Kamerakauf im Internet m. Anm. *Reinholz*, GRUR-Prax. 2010, 90; BGH v. 15.4.2021 – I ZR 134/20 Rz. 14 – Testsiegel auf Produktabbildung.
2733 OLG Frankfurt v. 31.3.2016 – 6 U 51/15 Rz. 21 ff.
2734 OLG Frankfurt v. 24.3.2016 – 6 U 182/14 Rz. 25, CR 2016, 822.
2735 OLG Frankfurt v. 16.11.2017 – 6 U 182/14 Rz. 21.
2736 OLG Hamburg v. 28.2.2019 – 3 U 209/17 Rz. 78 ff.
2737 Vgl. OLG Hamm v. 30.8.2012 – 4 U 59/12 Rz. 51, CR 2013, 251.
2738 OLG Oldenburg v. 31.7.2015 – 6 U 64/15 Rz. 31.
2739 OLG Düsseldorf v. 30.12.2014 – I-15 U 76/14 Rz. 51 ff.
2740 BGH v. 21.7.2016 – I ZR 26/15 Rz. 38 ff. – LG tested.

doch nur dann in sachlich nachvollziehbarer Weise orientieren, wenn er Informationen darüber erhält, wer die Bewertungen abgegeben hat und welche sachbezogenen Kriterien den Bewertungen zu Grunde liegen[2741]. Wirbt ein Arzt mit „gehört zu den besten plastischen Chirurgen des Landes, ausgezeichnet als **Top20 Arzt für Schönheit**", so handelt er unlauter, wenn er nicht angibt, von wem die Bewertung stammt und aufgrund welcher Kriterien sie erfolgte[2742]. Dasselbe gilt für ein **Ärzteportal**, das verschweigt, dass dort nur solche Ärzte Berücksichtigung finden, die sich zu Provisionszahlungen an den Betreiber des Portals verpflichten[2743].

Macht ein Unternehmer **Bewertungen** zugänglich, die Verbraucher im Hinblick auf Waren oder Dienstleistungen vorgenommen haben, so gelten als wesentlich Informationen darüber, ob und wie der Unternehmer sicherstellt, dass die veröffentlichten Bewertungen von solchen Verbrauchern stammen, die die Waren oder Dienstleistungen tatsächlich genutzt oder erworben haben (**§ 5b Abs. 3 UWG**). 1712

dd) Verschleierung von Werbung

Ebenso wie § 6 Abs. 1 Nr. 1 TMG und § 22 Abs. 1 RStV verlangt § 5a Abs. 4 UWG eine Trennung zwischen allgemein-informierenden Inhalten einer Internetseite und Werbung[2744]. **§ 3 Abs. 3 UWG i.V.m. Nr. 11 der UWG-Anlage** verbietet zudem gegenüber Verbrauchern den Einsatz redaktioneller Inhalte zu Zwecken der Verkaufsförderung, ohne dass sich dieser Zusammenhang aus dem Inhalt oder aus der Art der optischen oder akustischen Darstellung eindeutig ergibt. Jede Form der **Schleichwerbung**[2745] ist unzulässig. Dabei kommt es aus dem Blickwinkel des Verbraucherschutzes und des Vertrauens der Leser in die Neutralität der Presse nicht auf die konkrete Form der Bezahlung – mittels der Zahlung eines Geldbetrags oder mittels einer anderen geldwerten Gegenleistung – an[2746]. 1713

Für die Beurteilung der Erkennbarkeit ist der optische **Gesamteindruck** der Website entscheidend[2747]. Es ist wettbewerbswidrig, eine Werbemaßnahme so zu tarnen, dass sie für den Umworbenen nicht als Werbung erkennbar ist[2748]. Wird Werbung in einem allgemeinen Informations- bzw. Serviceangebot untergebracht, so ist die Kennzeichnung als Werbung in deutlicher Form notwendig, und zwar unabhängig davon, ob der Werbehinweis in der Form ei- 1714

2741 LG Leipzig v. 9.9.2020 – 5 O 1789/19 Rz. 15.
2742 LG Leipzig v. 24.9.2021 – 5 O 547/21 Rz. 24 ff.
2743 LG Berlin v. 11.12.2018 – 16 O 446/17 Rz. 19 ff.
2744 Vgl. *Köhler* in Köhler/Bornkamm/Feddersen, § 5a UWG Rz. 7.18 f.; *Hoeren*, Grundzüge des Internetrechts, 172 f.; *Koch*, Internet-Recht, Rz. 509 ff., 577 f.; *Hoeren*, MMR 2004, 643, 643 ff.; *Pierson*, K&R 2006, 489, 492.
2745 Zur Abgrenzung zur Produktplatzierung vgl. *Härting/Schätzle*, IPRB 2010, 19, 20.
2746 EuGH v. 2.9.2021 – C-371/20 Rz. 41, ECLI:EU:C:2021:674 – Peek&Cloppenburg.
2747 KG Berlin v. 24.1.2012 – 5 W 10/12 Rz. 3 m. Anm. *Czernik*, MMR 2012, 316 f.; OLG Köln v. 9.8.2013 – 6 U 3/13 Rz. 18, CR 2014, 205 = AfP 2014, 147.
2748 Vgl. *Emmerich* in Emmerich/Lange, Unlauterer Wettbewerb, § 12 Rz. 59; *Sosnitza* in Ohly/Sosnitza, UWG, § 5a UWG Rz. 88 ff.; BGH v. 10.7.1981 – I ZR 96/79, AfP 1981, 458 = GRUR 1981, 835, 835 f.; BGH v. 7.7.1994 – I ZR 104/93, AfP 1994, 304 = GRUR 1994, 821, 821 ff. – Preisrätselgewinnauslobung I; BGH v. 7.7.1994 – I ZR 162/92, GRUR 1994, 823, 823 ff. – Preisrätselgewinnauslobung II; BGH v. 6.7.1995 – I ZR 58/93, AfP 1996, 59 = GRUR 1995, 744, 745 ff. – Feuer, Eis & Dynamit I.

nes Hyperlinks ausgestaltet ist[2749] oder nicht. Notwendig ist im Normalfall eine **optische Trennung** der Werbung oder die Einfügung eines Wortes wie „Anzeige"[2750].

1715 An die Deutlichkeit der Kennzeichnung können höhere Anforderung zu stellen sein, wenn der angesprochene Adressatenkreis eine schwächere Aufmerksamkeits- und Lesekompetenz hat, wie dies bei Kindern der Fall ist[2751]. Wenn eine aus bewegten Bildern bestehende Werbung mitten auf einer Unterseite „Spiele" und nicht am Rand in Form von Bannerwerbung erscheint, genügt es bei einer Website, die sich an **Kinder** richtet, nicht, dass an dem unteren Rand der Anzeige das Wort „Werbung" steht[2752].

1716 Eine ausreichende Abgrenzung zwischen „Werbung" und „redaktionellem" Teil ist bei **Bannerwerbung** am Rand oder Seitenanfang oder -ende stets gegeben, da jeder Internetnutzer – auch im Kindesalter – daran gewöhnt ist, dass es eine Trennung von (redaktionellen) Inhalten im optischen Zentrum eines Internetauftritts und Bannerwerbung in dessen Randbereichen gibt[2753].

1717 Werbeanzeigen, die auf der Internetseite einer Suchmaschine platziert werden, müssen **deutlich** als Werbung gekennzeichnet und von der restlichen Seite abgehoben werden[2754]. Ein **Hyperlink**, der aus einem **redaktionellen Zusammenhang** auf eine Werbeseite führt, muss so gestaltet sein, dass dem Nutzer erkennbar wird, dass auf eine Werbeseite verwiesen wird[2755]. Den Anforderungen des § 5a Abs. 4 UWG genügt daher ein auffällig gelb unterlegter Hyperlink mit dem Symbol eines Einkaufswagens, dem Wort Shopping und einem Werbeslogan[2756]. Unzureichend ist ein Link mit der Bezeichnung „Prominente Sparfüchse nehmen das Volks-Sparen unter die Lupe"[2757].

1718 Werden redaktionelle Hyperlinks und damit verlinkte Websites, die ebenfalls in Form redaktioneller Beiträge aufgemacht sind, nicht in ausreichender Form als Werbung gekennzeichnet, liegt hierin ein Verstoß gegen § 5a Abs. 4 UWG[2758]. Dasselbe gilt, wenn sich ein redaktionelles Portal für **(Affiliate-)Links** bezahlen lässt, ohne dies kenntlich zu machen[2759].

1719 Eine verschleierte Werbung liegt auch darin, **Wikipedia-Artikel** bewusst abzuändern und zu verfälschen, um dadurch die eigenen Absatzmöglichkeiten zu fördern. Die angesprochenen Verkehrskreise erwarten bei einem Wikipedia-Eintrag keine Werbung, sondern die Ergebnisse neutraler Recherchen Dritter. Dass Wikipedia-Nutzern vielfach bewusst ist, dass Einträge bei Wikipedia fehlerhaft sein können, ändert nichts an dieser Bewertung[2760].

2749 *Wollf* in Hoeren/Sieber/Holznagel, Handbuch Multimedia-Recht, Teil 11 Rz. 37; KG Berlin v. 30.6.2006 – 5 U 127/05, AfP 2007, 77 = CR 2006, 631 = MMR 2006, 680 f.

2750 *Micklitz/Schirmbacher*, WRP 2006, 148, 167; vgl. auch *Pierson*, K&R 2006, 547, 551; OLG Köln v. 9.8.2013 – 6 U 3/13 Rz. 41, CR 2014, 205 = AfP 2014, 147.

2751 KG Berlin v. 15.1.2013 – 5 U 84/12 Rz. 5, CR 2014, 62 = AfP 2013, 151.

2752 KG Berlin v. 15.1.2013 – 5 U 84/12 Rz. 5 f., CR 2014, 62 = AfP 2013, 151.

2753 KG Berlin v. 24.1.2012 – 5 W 10/12 Rz. 1 m. Anm. *Czernik*, MMR 2012, 316 f.

2754 Vgl. *Köhler* in Köhler/Bornkamm/Feddersen, § 4 UWG Rz. 7.70 ff.

2755 LG Berlin v. 26.7.2005 – 16 O 132/05, MMR 2005, 778, 779.

2756 KG Berlin v. 8.6.2007 – 5 W 127/07, WRP 2007, 1392 (Ls.).

2757 KG Berlin v. 30.6.2006 – 5 U 127/05, AfP 2007, 77 = CR 2006, 631 = MMR 2006, 680, 680 f.

2758 OLG München v. 10.12.2009 – 29 U 2841/09, WRP 2010, 671, 672.

2759 OLG Köln v. 16.12.2020 – 6 W 102/20 Rz. 20 ff.; LG Berlin v. 11.2.2020 – 52 O 194/18 Rz. 57 ff.; LG München I v. 26.2.2019 – 33 O 2855/18 Rz. 53 ff.

2760 OLG München v. 10.5.2012 – 29 U 515/12 Rz. 12, CR 2012, 827.

Bei **„gekauften" Produktbewertungen** liegt ein Nichtkenntlichmachen des kommerziellen 1720 Zwecks vor, wenn das äußere Erscheinungsbild so gestaltet wird, dass der Verbraucher den kommerziellen Zweck nicht klar und eindeutig erkennen kann. Der Verkehr wird bei Produktbewertungen grundsätzlich davon ausgehen, dass diese ohne Gegenleistung erstellt werden. Er mag den Bewertungen zwar nicht den gleichen Stellenwert einräumen wie redaktionellen Beiträgen, jedoch davon ausgehen, dass die Bewerter die Produkte aufgrund eines eigenen Kaufentschlusses erworben haben und ihre Bewertung unbeeinflusst von Dritten mitteilen. Der Verkehr hat die Erwartung, dass der – subjektiv urteilende – Bewerter für seine Bewertung keine Gegenleistung erhalten hat, diese zwar möglicherweise nicht ähnlich „objektiv" wie ein redaktioneller Bericht ist, aber doch in dem Sinne authentisch, dass sie eben nicht „gekauft" ist[2761].

Ähnliches gilt nach Auffassung des LG Bonn für **„gekaufte" Facebook-Likes.** Dem Face- 1721 book „Like-Button" wohne eine positive Bewertung inne, und die Zahl der „Likes" spiegele eine gewisse Beliebtheit wider, die mittelbar auf eine Kundenzufriedenheit schließen lasse. Daher sei sowohl die Werbung mit gekauften „Likes" als auch der Kauf von „Likes" (mit zwei geldwerten „Schloss-Talern") als wettbewerbswidrig anzusehen[2762]. Entgegen der Auffassung des LG Bonn lässt sich dies jedoch allenfalls auf § 5a Abs. 4 UWG, nicht jedoch auf § 5 Abs. 2 Nr. 1 UWG, stützen, so dass aufklärende Hinweise den Vorwurf einer Irreführung durch Unterlassen ausräumen können.

ee) Influencer-Werbung

Auch die **Influencer-Werbung** in Social Media kann den Tatbestand des § 5a Abs. 4 UWG 1722 erfüllen, da der Influencer Unternehmer ist (§ 2 Abs. 1 Nr. 8 UWG) ist und bei geschäftlichen Handlungen (§ 2 Abs. 1 Nr. 3 UWG) dem Lauterkeitsrecht unterliegt. Allerdings hält der BGH die Vorschriften des § 6 Abs. 1 Nr. 1 TMG für kommerzielle Kommunikation in Telemedien sowie des § 22 Abs. 1 Satz 1 MStV für Werbung in Telemedien für vorrangige Spezialnormen. Werden diese Vorschriften beachtet, scheide auch ein Verstoß gegen § 5a Abs. 4 UWG aus[2763].

Mit dem Begriff des Unternehmens wird die organisatorische Einheit beschrieben, in der eine gewerbliche, handwerkliche oder selbständige berufliche Tätigkeit ausgeübt wird. Eine 1723 gewerbliche Tätigkeit setzt ein selbständiges und planmäßiges, auf eine gewisse Dauer angelegtes Anbieten entgeltlicher Leistungen am Markt voraus. Dies gilt auch für **Influencer in Social Media,** so dass auch sie ein Unternehmen betreiben, sofern sie selbst Waren oder Dienstleistungen vertreiben oder das eigene Image vermarkten und durch Werbeeinnahmen kommerzialisieren[2764]. Durch die Steigerung der Bekanntheit und Bindung von Followern weckt der Influencer das Interesse von Drittunternehmen an einer Marketing-Kooperation,

---

2761 OLG Frankfurt v. 22.2.2019 – 6 W 9/19 Rz. 27; LG Frankfurt/M. v. 20.12.2018 – 2-03 299/18 Rz. 84 ff.; LG Hamburg v. 12.3.2021 – 315 O 464/19 Rz. 57 ff.

2762 LG Bonn v. 4.12.2020 – 14 O 82/19 Rz. 48.

2763 BGH v. 9.9.2021 – I ZR 125/20 Rz. 56 ff. und 70 ff., CR 2021, 749 = AfP 2021, 417 = ITRB 2021, 254 (*Rössel*) – Influencer II; KG Berlin v. 8.1.2019 – 5 U 83/18 Rz. 54.

2764 BGH v. 9.9.2021 – I ZR 90/20 Rz. 35 f., CR 2021, 737 = AfP 2021, 403 = ITRB 2021, 252 (*Rössel*) – Influencer I; BGH v. 9.9.2021 – I ZR 126/20 Rz. 29; BGH v. 13.1.2022 – I ZR 35/21, Rz. 27 ff., CR 2022, 398 = AfP 2022, 246 = ITRB 2022, 127 (*Oelschlägel*) – Influencer III; BGH v. 13.1.2022 – I ZR 9/21 Rz. 29; OLG Karlsruhe v. 9.9.2020 – 6 U 38/19 Rz. 68; *Timmermann/Berndt,* WRP 2020, 996, 997 f.

um auf diese Weise Umsätze zu generieren. Auch durch die Steigerung ihres Werbewerts fördern Influencer ihr eigenes Unternehmen[2765]. Fehlen kann die Unternehmereigenschaft bei einem Profil, das zwar Produkthinweise enthält, aber nur 5.000 Follower aufweist[2766].

1724 Erhält ein Influencer für einen werblichen Beitrag eine **Gegenleistung**, stellt diese Veröffentlichung ohne Weiteres eine **geschäftliche Handlung** zugunsten des beworbenen Unternehmens dar. Es gilt nichts anderes als für das entgeltliche Anzeigengeschäft der Presse[2767].

1725 Ohne eine solche Gegenleistung liegt nicht ohne Weiteres eine geschäftliche Handlung eines Influencers vor. Vielmehr bedarf es einer sorgsamen Prüfung, ob der Internetauftritt des Influencers vorrangig der Förderung des Absatzes fremder Unternehmen oder anderen, insbesondere **redaktionellen Zielen** dient, wobei das **Informationsinteresse der Follower** zu berücksichtigen ist. Aus dem Umstand allein, dass die Follower den Lebensstil der Influencer als Anregung für die eigene Lebensgestaltung verstehen und womöglich nachahmen, kann noch nicht darauf geschlossen werden, dass der Internetauftritt vorrangig der Förderung des Absatzes fremder Unternehmen dient[2768].

1726 Bei der Beurteilung der Beiträge von Influencern in Social Media kann auf die Kriterien zurückgegriffen werden, die für die Einordnung scheinbar redaktioneller Presseartikel als werblich entwickelt worden sind. Auch wenn ein klassisches Medienunternehmen für eine scheinbar redaktionelle Veröffentlichung keine Gegenleistung von einem fremden Unternehmen erhält, kann es sich dennoch um eine geschäftliche Handlung zugunsten dieses Unternehmens handeln, wenn der Beitrag nach seinem Gesamteindruck übertrieben werblich ist, also einen **werblichen Überschuss** enthält, so dass die Förderung fremden Wettbewerbs eine größere als nur eine notwendigerweise begleitende Rolle spielt. Dies entscheidet sich anhand einer objektiven Beurteilung des äußeren Erscheinungsbilds der Publikation aus Sicht eines durchschnittlichen Adressaten. Ein werblicher Überschuss kann etwa vorliegen, wenn in dem Text des Instagram-Beitrags ein in dem Bild zur Schau gestelltes Produkt in werbetypisch euphorischer Weise angepriesen wird[2769]. Zu den Indizien, die für eine geschäftliche Handlung sprechen, können Tags zählen, die in das Foto eingebettet sind mit einer Verlinkung zu Herstellerseiten, aber auch eine hohe Anzahl an Followern[2770].

1727 Die **Verlinkung auf eine Internetseite des Herstellers** des abgebildeten Produkts beinhaltet nach Ansicht des BGH regelmäßig einen werblichen Überschuss. Durch das Anklicken des

---

2765 BGH v. 9.9.2021 – I ZR 90/20 Rz. 42, CR 2021, 737 = AfP 2021, 403 = ITRB 2021, 252 (*Rössel*) – Influencer I; BGH v. 13.1.2022 – I ZR 35/21 Rz. 33, CR 2022, 398 = AfP 2022, 246 = ITRB 2022, 127 (*Oelschlägel*) – Influencer III.

2766 LG Hamburg v. 31.1.2019 – 312 O 341/18 Rz. 39.

2767 BGH v. 9.9.2021 – I ZR 90/20 Rz. 50, CR 2021, 737 = AfP 2021, 403 = ITRB 2021, 252 (*Rössel*) – Influencer I; BGH v. 9.9.2021 – I ZR 126/20 Rz. 43; BGH v. 13.1.2022 – I ZR 35/21 Rz. 43, CR 2022, 398 = AfP 2022, 246 = ITRB 2022, 127 (*Oelschlägel*) – Influencer III; LG Itzehoe v. 23.11.2018 – 3 O 151/18 Rz. 36.

2768 BGH v. 9.9.2021 – I ZR 90/20 Rz. 57, CR 2021, 737 = AfP 2021, 403 = ITRB 2021, 252 (*Rössel*) – Influencer I.

2769 BGH v. 9.9.2021 – I ZR 90/20 Rz. 59 ff., CR 2021, 737 = AfP 2021, 403 = ITRB 2021, 252 (*Rössel*) – Influencer I; BGH v. 9.9.2021 – I ZR 126/20 Rz. 48 ff.; BGH v. 13.1.2022 – I ZR 35/21 Rz. 48 ff., CR 2022, 398 = AfP 2022, 246 = ITRB 2022, 127 (*Oelschlägel*) – Influencer III; KG Berlin v. 8.1.2019 – 5 U 83/18 Rz. 56 ff.; OLG Frankfurt v. 28.6.2019 – 6 W 35/19; OLG Frankfurt v. 23.10.2019 – 6 W 68/19 Rz. 12.

2770 LG Köln v. 14.9.2021 – 31 O 88/21 Rz. 16.

Links gelange der Leser des Instagram-Beitrags direkt in den werblichen Einflussbereich des Herstellerunternehmens[2771].

Bei der Beurteilung, ob die Verbraucher den kommerziellen Zweck eines Instagram-Beitrags klar und eindeutig erkennen können oder ob ein Verstoß gegen **§ 5a Abs. 4 UWG** vorliegt, kommt es nicht darauf an, ob der durchschnittliche Nutzer erst nach einem analysierenden Studium des Beitrags dessen werbliche Wirkung erkennt. Er muss vielmehr sofort und zweifelsfrei feststellen können, dass die Beschreibung der Bewerbung des Produkts dient. Die Kennzeichnung soll dem Verbraucher gerade die Möglichkeit verschaffen, sich auf den kommerziellen Charakter der Handlung einzustellen, damit er sie von vornherein kritisch beurteilen oder sich ihr ganz entziehen kann[2772].   1728

Nach Ansicht des LG Köln ist eine ausreichende Kenntlichmachung des Kommerziellen gegeben, wenn das **äußere Erscheinungsbild einer Influencerin** so gestaltet ist, dass der durchschnittlich informierte Verbraucher den kommerziellen Zweck erkennen kann. Eine solche Erkennbarkeit sei anzunehmen, wenn der verifizierte Account eine hohe Anzahl von über 2,1 Millionen Followern aufweist, der Account für die Nutzer erkennbar mit einem Künstlernamen betrieben wird, die angegriffenen Posts über 50.000 Likes enthalten, die Fotos eine hohe Qualität haben und die Influencerin offensichtlich nicht minderjährig ist, weswegen auch potentiell interessierte Nutzer nicht minderjährig sein dürften[2773].   1729

Nach Auffassung des OLG Celle und des LG Heilbronn reicht es für eine Kennzeichnung von Werbung nicht aus, wenn ein Influencer ein „**#ad**" in die Hashtags des Werbe-Postings aufnimmt. Die überwiegende Zahl der Leser des Beitrags werde sich „beim ersten Betrachten der Seite" die Hashtags nicht genau ansehen und deshalb auf „#ad" nicht aufmerksam werden[2774]. Es bleibt offen, auf welche tatsächlichen Erkenntnisse die Gerichte diese Bewertung stützen.   1730

ff) Preisausschreiben, Gewinnspiele, Preisnachlässe und Zugaben

Die Teilnahmebedingungen von Preisausschreibungen und Gewinnspielen sowie die Bedingungen für die Inanspruchnahme von Preisnachlässen, Zugaben oder Geschenken stellen wesentliche Informationen nach § 5a Abs. 1 UWG dar, sodass eine Offenbarungspflicht besteht[2775].   1731

2771 BGH v. 9.9.2021 – I ZR 90/20 Rz. 67, CR 2021, 737 = AfP 2021, 403 = ITRB 2021, 252 (*Rössel*) – Influencer I; BGH v. 9.9.2021 – I ZR 126/20 Rz. 56; BGH v. 13.1.2022 – I ZR 35/21 Rz. 56, CR 2022, 398 = AfP 2022, 246 = ITRB 2022, 127 (*Oelschlägel*) – Influencer III; BGH v. 13.1.2022 – I ZR 9/21 Rz. 34; KG Berlin v. 11.10.2017 – 5 W 221/17 Rz. 11; KG Berlin v. 17.10.2017 – 5 W 233/17 Rz. 10; OLG Braunschweig v. 8.1.2019 – 2 U 89/18 Rz. 14 f.; LG Itzehoe v. 23.11.2018 – 3 O 151/18 Rz. 39.

2772 BGH v. 9.9.2021 – I ZR 90/20 Rz. 88 f., CR 2021, 737 = AfP 2021, 403 = ITRB 2021, 252 (*Rössel*) – Influencer I; BGH v. 9.9.2021 – I ZR 125/20 Rz. 35 f., CR 2021, 749 = AfP 2021, 417 = ITRB 2021, 254 (*Rössel*) – Influencer II; BGH v. 13.1.2022 – I ZR 35/21 Rz. 70 ff., CR 2022, 398 = AfP 2022, 246 = ITRB 2022, 127 (*Oelschlägel*) – Influencer III; BGH v. 13.1.2022 – I ZR 9/21 Rz. 38 ff.; KG Berlin v. 11.10.2017 – 5 W 221/17 Rz. 16; KG Berlin v. 17.10.2017 – 5 W 233/17 Rz. 13; LG Itzehoe v. 23.11.2018 – 3 O 151/18 Rz. 40.

2773 LG Köln v. 27.10.2021 – 31 O 91/21 Rz. 23 ff.

2774 OLG Celle v. 8.6.2017 – 13 U 53/17 Rz. 13; LG Heilbronn v. 8.5.2018 – 21 O 14/18 KfH Rz. 57 f.

2775 *Sosnitza* in Ohly/Sosnitza, UWG, § 5a UWG Rz. 42.

(1) Preisausschreiben und Gewinnspiele

1732 Unter den **Teilnahmebedingungen** sind die Voraussetzungen zu verstehen, die der Interessent erfüllen muss, um an dem beworbenen Gewinnspiel teilnehmen zu können. Zu den Pflichtangaben zählen alle Informationen, die der Interessent benötigt, um eine „informierte geschäftliche Entscheidung" über die Teilnahme treffen zu können. Dementsprechend muss der Werbende auch darüber informieren, wie die Gewinner ermittelt und benachrichtigt werden (schriftlich, telefonisch, im Rahmen eines öffentlichen Aushangs)[2776].

1733 Grundsätzlich sind dem Interessenten die Teilnahmebedingungen in einer Weise mitzuteilen, die ihm Gelegenheit gibt, die Bedingungen in Ruhe zu studieren. Beim Ausfüllen von **Gewinnspielkarten** hat der Interessent die notwendige Überlegungszeit, nicht jedoch bei Abgabe einer Teilnahmeerklärung über das Telefon, auch wenn die Informationen über eine **Bandansage** erfolgen[2777]. Die von dem Veranstalter bezweckte **Anlockwirkung** wird bereits durch die Werbung für das Gewinnspiel erreicht. Daher sind die Teilnahmebedingungen bereits bei der **Werbung** mitzuteilen[2778].

1734 Bei **Fernsehwerbung** für ein Gewinnspiel reicht es aus, dass auf eine Website verwiesen wird, die die Teilnahmebedingungen enthält, da das Fernsehen für ausführliche Informationen aus medienimmanenten Gründen ungeeignet ist (vgl. § 5a Abs. 3 Nr. 1 UWG). Dies gilt jedenfalls, wenn die Teilnahme des Verbrauchers an dem Gewinnspiel auf Grund der Fernsehwerbung noch nicht ohne weiteres – etwa auf Grund der Angabe einer Rufnummer – möglich ist[2779]. **Websites** und **E-Mails** sind weniger flüchtige Medien als das Fernsehen, weshalb es dort erforderlich ist, die Teilnahmebedingungen in unmittelbarem Zusammenhang mit der Werbung – etwa über einen Link – abrufbar zu halten[2780].

1735 Kann bei der Teilnahme an einem Gewinnspiel die Telefonnummer „zur Gewinnbenachrichtigung und für weitere interessante Angebote [...] aus dem Abonnementbereich" angegeben werden, liegt darin nach Auffassung des BGH eine unklare und nicht eindeutige Teilnahmebedingung[2781]. Beim Adressaten könne der Eindruck entstehen, es könne für ihn bei einer Teilnahme an dem Gewinnspiel vorteilhaft sein, die Telefonnummer mitzuteilen[2782].

(2) Verkaufsförderungsmaßnahmen

1736 Bei einer Fernsehwerbung für einen günstigen Strom- und Gastarif mit einer **Preisgarantie** von einem Jahr ist es ausreichend, wenn im Bild ein Sternchentext eingeblendet wird, aus welchem sich ergibt, dass die Preisgarantie nur für eine bestimmte Mindestabnahmemenge

2776 BGH v. 14.4.2011 – I ZR 50/09 Rz. 18, CR 2011, 513 – Einwilligungserklärung für Werbeanrufe m. Anm. *Lang*, K&R 2011, 511, 511 ff.
2777 *Reinholz*, GRUR-Prax. 2010, 16.
2778 BGH v. 10.1.2008 – I ZR 196/05, WRP 2008, 1069, 1070 – Urlaubsgewinnspiel.
2779 BGH v. 9.7.2009 – I ZR 64/07, AfP 2010, 54 = CR 2010, 266 = NJW 2010, 616, 616 ff. – FIFA-WM-Gewinnspiel.
2780 *Reinholz*, GRUR-Prax. 2010, 16.
2781 BGH v. 14.4.2011 – I ZR 50/09 Rz. 19, CR 2011, 513 – Einwilligungserklärung für Werbeanrufe, m. Anm. *Lang*, K&R 2011, 511, 511 ff.
2782 BGH v. 14.4.2011 – I ZR 50/09 Rz. 19, CR 2011, 513 – Einwilligungserklärung für Werbeanrufe, m. Anm. *Lang*, K&R 2011, 511, 511 ff.

und Mindestvertragslaufzeit gilt, wenn zugleich mehrfach auf eine Internetadresse verwiesen wird, auf der sich die genauen Konditionen zu den einzelnen Angeboten befinden[2783].

Wird für ein Produkt der Firma Danone im Fernsehen mit einer „Geld-zurück-Garantie" geworben, kann es ausreichen, für die genauen **Teilnahmebedingungen** auf die Website danone.de zu verweisen, wenn die Teilnahmebedingungen keine überraschenden Einschränkungen der „Garantie" enthalten[2784].   1737

gg) Sonstige Informationspflichten

Bietet ein Internet-Dienstleister einen kostenlosen **Versicherungsvergleich** an und bezeichnet er den Vergleich als „Ihr unabhängiger Versicherungsvergleich", so stellt es eine Verletzung der Informationsverpflichtungen aus § 5a Abs. 1 UWG dar, wenn er verschweigt, dass er in seinen Vergleich nur Anbieter einbezieht, von denen er Provisionen erhält[2785]. Eine wesentliche Information i.S.d. § 5a Abs. 2 UWG ist auch die Information darüber, dass der Preisvergleich über die Angebote von Bestattungsunternehmen nur solche Anbieter erfasst, die sich gegenüber dem Betreiber des **Preisvergleichsportals** für den Fall eines Vertragsabschlusses zur Zahlung einer Provision verpflichtet haben[2786]. Diese Information ist für den Verbraucher von erheblichem Interesse, weil sie seiner andernfalls bestehenden Erwartung nicht entspricht, der Preisvergleich umfasse weitgehend das im Internet verfügbare Marktumfeld[2787]. Dasselbe gilt für den Betreiber eines Immobilienportals, der sich von einzelnen Maklern, die auf dem Portal Immobilien anbieten, Erfolgsprovisionen versprechen lässt[2788].   1738

Werden Packungen mit 100 Kondomen mit der Preisangabe „ab 3,95 €" beworben, ohne dass der Verbraucher darauf hingewiesen wird, dass die Bestellung auf eine Packung pro Einkauf limitiert ist, so liegt in der **Abgabebeschränkung** keine Information, die als „wesentlich" gem. § 5a Abs. 1 UWG anzusehen ist. Es kann nicht davon ausgegangen werden, dass der verständige Verbraucher erwartet, mehr als eine Packung von 100 Kondomen zum Preis von 3,95 € bestellen zu können[2789]. Wer bei eBay ein Hotelzimmer in einem „Silvesterpaket" anbietet, muss nicht darauf hinweisen, dass es sich um das letzte verfügbare Zimmer handelt[2790].   1739

Soll ein Verbraucher gegenüber dem Briefträger bei Entgegennahme einer **„PostIdent-Sendung"** nicht etwa nur deren Empfang quittieren, sondern eine zum Vertragsschluss mit dem Absender führende Willenserklärung abgeben (wobei zugleich durch Ausweiskontrolle seine Identität festgestellt wird), dann ist dies eine „wesentliche Information" i.S.d. § 5a Abs. 1 UWG, und der Verbraucher ist hierüber vor der Zusendung zu informieren[2791].   1740

2783 OLG Köln v. 5.7.2013 – 6 U 5/13, ITRB 2013, 250.
2784 BGH v. 11.3.2009 – I ZR 194/06, CR 2009, 742 = NJW 2010, 612, 615 f. – Geld-zurück-Garantie II.
2785 Vgl. OLG Hamburg v. 11.6.2008 – 5 U 95/07.
2786 BGH v. 27.4.2017 – I ZR 55/16 Rz. 22, ITRB 2018, 6 – Preisportal.
2787 BGH v. 27.4.2017 – I ZR 55/16 Rz. 23, ITRB 2018, 6 – Preisportal.
2788 LG Hamburg v. 16.4.2019 – 406 HKO 13/19 Rz. 11 ff.
2789 OLG Hamm v. 26.1.2010 – 4 U 141/09.
2790 LG Tübingen v. 12.5.2010 – 5 O 309/09.
2791 KG Berlin v. 21.10.2011 – 5 U 93/11 Rz. 29 f., CR 2012, 135 – PostIdent-Special-Verfahren.

5. Vergleichende Werbung (§ 6 UWG)

a) Begriff

1741 Vergleichende Werbung ist jede Werbung, die unmittelbar oder mittelbar einen Mitbewerber oder die von einem Mitbewerber angebotenen Waren oder Dienstleistungen erkennbar macht (§ 6 Abs. 1 UWG). Es muss ein **erkennbarer Bezug** zu einem Mitbewerber oder dessen Produkten hergestellt werden[2792]. Hierfür reicht eine Bezugnahme aus; eine namentliche Nennung des Mitbewerbers ist nicht erforderlich[2793]. Nach der Rechtsprechung des EuGH ist von einer weiten Definition auszugehen, die es ermöglicht, alle Arten der vergleichenden Werbung abzudecken[2794].

1742 Bei der Prüfung, ob für die Adressaten der Werbung eine Bezugnahme auf Mitbewerber erkennbar gemacht wird, sind alle Umstände der betreffenden Werbemaßnahme zu berücksichtigen. Die Bezugnahme kann sich daher beispielsweise auch aus der Angabe bestimmter Eigenschaften des beworbenen Produkts ergeben[2795]. Eine an Mitbewerbern und deren Leistungen allgemein geübte Kritik genügt nicht. Eine solche **Kritik** enthält zwar unausgesprochen die Aussage, sie treffe auf den Äußernden selbst nicht zu. Die Voraussetzungen für einen Werbevergleich sind aber noch nicht erfüllt, wenn eine Werbeaussage so allgemein gehalten ist, dass sich den angesprochenen Verkehrskreisen eine Bezugnahme auf den Werbenden nicht aufdrängt, sondern sich ein solcher Bezug nur reflexartig daraus ergibt, dass mit jeder Kritik an Mitbewerbern in der Regel unausgesprochen zum Ausdruck gebracht wird, dass diese Kritik den Werbenden selbst nicht trifft[2796].

1743 Eine Bezugnahme kann vorliegen bei einer **Vergleichsliste**, in der Markenprodukte einem „gleichwertigen" Eigenprodukt des Online-Shops gegenübergestellt werden, wenn die Marken zwar nicht ausdrücklich genannt werden, für das angesprochene Publikum jedoch erkennbar sind[2797]. Keine vergleichende Werbung i.S.d. § 6 Abs. 1 UWG liegt vor, wenn die Bezugnahme nicht durch eine in der betreffenden Werbemaßnahme enthaltene Äußerung erfolgt, sondern die angesprochenen Verkehrskreise allein auf Grund außerhalb der angegriffenen Werbung liegender Umstände eine Verbindung zwischen dem beworbenen Produkt und denjenigen von Mitbewerbern herstellen[2798].

2792 Vgl. EuGH v. 19.4.2007 – C-381/05, GRUR 2007, 511, 513 f. – De Landtsheer/Comité Interprofessionnel m.w.N; BGH v. 24.1.2019 – I ZR 200/17 Rz. 27, CR 2019, 539 – Das beste Netz.

2793 Vgl. EuGH v. 18.6.2009 – C-487/07 Rz. 75, ECLI:EU:C:2009:378 – L'Oréal/Bellure; OLG Frankfurt v. 18.2.2021 – 6 U 181/20 Rz. 24.

2794 Vgl. EuGH v. 25.10.2001 – C-112/99, ECLI:EU:C:2001:566, GRUR 2002, 354, 355 – Toshiba/ Katun; EuGH v. 8.4.2003 – C-44/01, ECLI:EU:C:2003:205, GRUR 2003, 533, 535 – Pippig Augenoptik/Hartlauer; vgl. auch Erwägungsgrund 6 der Richtlinie 97/55/EG.

2795 BGH v. 5.2.1998 – I ZR 211/95, BGHZ 138, 55, 65 = CR 1998, 745 – Testpreis-Angebot; WRP 2002, 828, 831 – Hormonersatztherapie.

2796 BGH v. 19.5.2011 – I ZR 147/09 Rz. 19, CR 2012, 51 – Coaching-Newsletter; OLG Frankfurt v. 18.2.2021 – 6 U 181/20 Rz. 24.

2797 BGH v. 5.5.2011 – I ZR 157/09 Rz. 29, CR 2012, 59 – Creation Lamis.

2798 BGH v. 6.12.2007 – I ZR 169/04 Rz. 20; vgl. auch BGH v. 25.4.2002 – I ZR 272/99, NJW 2002, 3399 = GRUR 2002, 982 – Die Steinzeit ist vorbei.

b) Unlauterkeit

§ 6 Abs. 2 Nr. 1 UWG verbietet einen Vergleich, wenn sich der Vergleich nicht auf Waren 1744
oder Dienstleistungen für den gleichen Bedarf oder dieselbe Zweckbestimmung bezieht. Un-
gleiches darf somit in der Werbung nicht verglichen werden. Nach **§ 6 Abs. 2 Nr. 2 UWG** ist
es unlauter, mit einem Vergleich zu werben, der nicht objektiv auf eine oder mehrere wesentliche, relevante, nachprüfbare und typische **Eigenschaften** oder den **Preis** von Waren
oder Dienstleistungen bezogen ist. Der Eigenschaftsbegriff ist weit auszulegen. Maßgeblich
ist, ob der angesprochene Verkehr eine nützliche Information für eine Kaufentscheidung
aus dem Vergleich ziehen kann[2799]. Für die Frage, ob die Eigenschaft wesentlich und typisch
ist, kann es darauf ankommen, an wen sich die Werbung richtet[2800].

Eine vergleichende Werbung ist unzulässig, wenn im Rahmen eines **Preisvergleichs** Produk- 1745
te mit Preisangaben anderen Produkten gegenübergestellt werden, ohne den jeweiligen Preis
zu nennen. Denn der Vergleich bezieht sich in diesem Fall nicht auf eine oder mehrere Eigenschaften, sondern schließt ein Produkt von dem eigentlichen Vergleich von vorne herein
aus[2801]. Unlauter gem. § 6 Abs. 2 Nr. 2 UWG ist es auch, wenn eine **„Steuerberaterranglis-
te"** publiziert wird und Steuerberatungskanzleien positiv herausgehoben werden, die über
personelle und wirtschaftliche Verflechtungen mit dem Institutsleiter verbunden sind, der
für die Erstellung der Liste verantwortlich ist[2802].

Vergleicht eine **Supermarkt-Kette** in einer Werbung die Preise von Produkten mit einer an- 1746
deren Kette, ist dies unlauter, wenn die Geschäfte der Kette, in denen die Produkte vertrieben werden, unterschiedlicher Art und Größe sind[2803]. In einem Fall vor dem EuGH hatte
die französische Kette Carrefour die Produktpreise in ihren Hypermärkten mit denen in den
Supermärkten der Kette Intermarché verglichen. Der EuGH sah darin eine Wettbewerbsver-
letzung, sofern kein deutlicher Hinweis in der Werbebotschaft erfolgt, dass die Preise von
Geschäften verschiedener Größe und Art miteinander verglichen werden.

Nach **§ 6 Abs. 2 Nr. 3 UWG** ist es wettbewerbswidrig, wenn vergleichende Werbung zu einer 1747
Verwechslungsgefahr zwischen dem Werbenden und einem Mitbewerber führt. Dasselbe gilt
bei der Gefahr einer Verwechslung von Waren oder Dienstleistungen. Gemäß **§ 6 Abs. 2 Nr. 4
UWG** ist es unlauter, die **Wertschätzung** des von einem Mitbewerber verwendeten Kennzeichens in unlauterer Weise auszunutzen oder zu beeinträchtigen. Dies ist der Fall, wenn das
fremde Kennzeichen in der Werbung als „Eye Catcher" verwendet wird, um Kaufinteressenten anzulocken[2804]. Wenn bei eBay ein Schmuckstück „im Cartier-Stil" beworben wird,
liegen diese Voraussetzungen vor[2805]. Werden Staubsaugerbeutel im Internet beworben und
wird dabei die Marke eines Konkurrenten genannt, um die Beutel zu beschreiben („ähnlich
Swirl"), liegt hierin noch keine unlautere Ausnutzung des Kennzeichens[2806]. Ebenso stellt die
bloße Abgrenzung durch Nennung des Konkurrenzprodukts keine Rufausnutzung dar[2807].

2799 BGH v. 5.2.2004 – I ZR 171/01, WRP 2004, 739, 744 – Genealogie der Düfte.
2800 BGH v. 5.2.2004 – I ZR 171/01, WRP 2004, 739, 745 – Genealogie der Düfte.
2801 OLG Köln v. 12.4.2019 – 6 U 191/18 Rz. 45.
2802 LG München I v. 24.10.2007 – 1 HKO 17240/07, MMR 2008, 491, 492 f.
2803 EuGH v. 8.2.2017 – C-562/15.
2804 Vgl. KG Berlin v. 4.3.2005 – 5 W 32/05, CR 2005, 671 f. = MMR 2005, 315 f.
2805 OLG Frankfurt v. 27.7.2004 – 6 W 80/04, NJW 2004, 3433, 3433.
2806 BGH v. 2.4.2015 – I ZR 167/13 Rz. 29 ff. – Staubsaugerbeutel im Internet.
2807 LG München I v. 6.5.2016 – 17 HKO 21868/15 Rz. 25.

1748   Die Feststellung, ob die Benutzung eines Zeichens dessen Wertschätzung in unlauterer Weise ausnutzt, erfordert eine umfassende Beurteilung aller relevanten Umstände des Einzelfalls, wobei insbesondere das Ausmaß der Bekanntheit und die Unterscheidungskraft des Zeichens, die Ähnlichkeit der einander gegenüberstehenden Zeichen, die Art der betroffenen Produkte und der Grad ihrer Nähe sowie die möglicherweise bestehende Gefahr der Verwässerung oder Verunglimpfung des Zeichens zu berücksichtigen sind. Die Verwendung eines Zeichens, das einem bekannten Zeichen ähnlich ist, nutzt dessen Ruf in unlauterer Weise aus, wenn dadurch versucht wird, sich in den Bereich der **Sogwirkung** des bekannten Zeichens zu begeben, um von seiner Anziehungskraft, seinem Ruf und seinem Ansehen zu profitieren und die wirtschaftlichen Anstrengungen des Inhabers dieses Zeichens zur Schaffung und Aufrechterhaltung des Images dieses Zeichens ohne finanzielle Gegenleistung auszunutzen. Die Feststellung einer solchen Unlauterkeit erfordert die Abwägung zwischen den Interessen des Werbenden, des betroffenen Mitbewerbers und der Verbraucher, bei der die legitime Funktion der vergleichenden Werbung, die Verbraucher objektiv zu informieren, und der Grundsatz der Verhältnismäßigkeit zu berücksichtigen sind[2808].

1749   Eine unlautere Rufausnutzung ist regelmäßig zu verneinen, wenn auf Artikelnummern von Produkten der Mitbewerber hingewiesen wird, weil sich ohne diese ein Vergleich schwerlich in der gebotenen Weise durchführen lassen wird. Dasselbe gilt, wenn **Bestellnummern** von Mitbewerbern vollständig oder in ihrem Kern übernommen werden und hierauf in der Werbung hingewiesen wird, weil andernfalls diese Bestellnummern anhand von Vergleichslisten herausgesucht werden müssten und hierdurch der Wettbewerb zum Nachteil der Verbraucher und des Werbenden unangemessen erschwert würde[2809].

1750   Nach **§ 6 Abs. 2 Nr. 5 UWG** ist vergleichende Werbung unlauter, wenn die Waren, Dienstleistungen, Tätigkeiten oder persönlichen oder geschäftlichen Verhältnisse eines Mitbewerbers herabsetzt oder verunglimpft werden. Für die Beurteilung des Tatbestands der **Herabsetzung** ist maßgeblich, ob die angegriffene Werbeaussage sich noch in den Grenzen einer sachlichen Erörterung hält oder bereits eine pauschale Abwertung der fremden Produkte des Mitbewerbers oder seiner persönlichen oder geschäftlichen Verhältnisse darstellt. Herabsetzend im Sinne von § 6 Abs. 2 Nr. 5 UWG ist ein Vergleich nur, wenn zu den mit jedem Werbevergleich verbundenen (negativen) Wirkungen für die Konkurrenz besondere Umstände hinzutreten, die ihn als unangemessen abfällig, abwertend oder unsachlich erscheinen lassen. Bei der Beurteilung ist auf die mutmaßliche Wahrnehmung eines durchschnittlich informierten, aufmerksamen und verständigen Durchschnittsverbrauchers abzustellen. Dieser Durchschnittsverbraucher ist zunehmend an pointierte Aussagen in der Werbung sowie daran gewöhnt, dass Werbung zu einem nicht unerheblichen Teil von Humor und Ironie lebt und begleitet wird[2810].

1751   Wo genau die Grenze zwischen leiser Ironie und nicht hinnehmbarer Herabsetzung verläuft, bedarf in jedem Einzelfall einer sorgfältigen Prüfung. Ein **humorvoller oder ironischer Werbevergleich** kann auch dann zulässig sein, wenn er sich nicht auf feinen Humor und leise Ironie beschränkt. Eine humorvolle oder ironische Anspielung auf einen Mitbewerber oder dessen Produkte in einem Werbevergleich stellt erst dann eine unzulässige Herabsetzung dar, wenn sie den Mitbewerber dem Spott oder der Lächerlichkeit preisgibt oder von den

---

2808 BGH v. 2.4.2015 – I ZR 167/13 Rz. 28 – Staubsaugerbeutel im Internet.
2809 BGH v. 2.4.2015 – I ZR 167/13 Rz. 29 ff. – Staubsaugerbeutel im Internet.
2810 BGH v. 24.1.2019 – I ZR 200/17 Rz. 30, CR 2019, 539 – Das beste Netz.

Adressaten der Werbung wörtlich und damit ernst genommen und als Abwertung verstanden wird[2811].

Die Werbung mit einem Bild, das einen Waschbären zeigt, der eine rote Fläche mit einer neuen Farbe übersprüht, stellt nicht schon deshalb eine herabsetzende vergleichende unlautere Werbung gem. § 6 Abs. 2 Nr. 5 UWG dar, weil für den angesprochenen Verkehr eindeutig ist, dass zwei Telekommunikationsunternehmen verglichen werden, die die verwendeten Farben als ihre Unternehmensfarben nutzen[2812]. **1752**

6. § 3 Abs. 3 UWG – Schwarze Liste

Gemäß **§ 3 Abs. 3 UWG** sind die in dem UWG-Anhang aufgeführten geschäftlichen Handlungen gegenüber **Verbrauchern** stets unzulässig. Bei der Auslegung des Anhangs ist der Anhang I zu Art. 5 Abs. 5 der Richtlinie 2005/29/EG zu berücksichtigen, der eine Liste jener Geschäftspraktiken enthält, die unter allen Umständen als unlauter anzusehen sind. Diese Liste gilt einheitlich in allen Mitgliedstaaten und kann nur durch eine Änderung der Richtlinie abgeändert werden[2813]. Dem Ziel der Schaffung größtmöglicher Rechtssicherheit durch absolute Verbote ohne Beurteilung der Umstände des Einzelfalls steht es entgegen, die Unzulässigkeit einer Geschäftspraxis über den Wortlaut einer im Anhang I der Richtlinie 2005/29/EG geregelten Handlung hinaus unter Berücksichtigung des Motivs des Gewerbetreibenden oder anhand von Verschuldenskriterien zu bestimmen[2814]. **1753**

a) Verhaltenskodex

Unzulässig ist die unwahre Angabe eines Unternehmens, zu den Unterzeichnern eines Verhaltenskodex zu gehören (Nr. 1 des UWG-Anhangs). Wer einem bestimmten **Verhaltenskodex** nicht angeschlossen ist, darf dies auch nicht behaupten[2815]. Nicht unter Nr. 1 des UWG-Anhangs fällt eine Irreführung über den Inhalt des Verhaltenskodexes[2816]. **1754**

b) Gütezeichen

Nach Nr. 2 des UWG-Anhangs ist es unzulässig, ein **Gütezeichen** zu verwenden, ohne die dafür erforderliche Genehmigung zu besitzen[2817]. Dabei ist gleichgültig, ob es sich bei dem Gütezeichen um ein staatlich vergebenes Zeichen oder eine private Initiative handelt[2818]. Unerheblich ist, ob das Unternehmen die Anforderungen für die Erteilung des Gütezeichens erfüllt oder gar ein Rechtsanspruch auf Erteilung des Zeichens besteht. Nur derjenige, dem die Verwendung genehmigt wurde, darf das Zeichen nutzen. Auch in der Anmelde- oder Be- **1755**

2811 BGH v. 24.1.2019 – I ZR 200/17 Rz. 30, CR 2019, 539 – Das beste Netz.

2812 A.A. OLG Frankfurt v. 9.10.2014 – 6 U 199/13 Rz. 31.

2813 EuGH v. 13.9.2018 – C-54/17 und C-55/17 Rz. 40, ECLI:EU:C:2018:710 – AGCM.

2814 BGH v. 6.6.2019 – I ZR 216/17 Rz. 36, CR 2019, 753 m. Anm. *Franz* = ITRB 2019, 274 – Identitätsdiebstahl I.

2815 Vgl. *Schirmbacher*, K&R 2009, 433, 434.

2816 *Scherer*, NJW 2009, 324, 326; *Schirmbacher*, K&R 2009, 433, 434.

2817 Vgl. zum UWG a.F. (Verstoß gegen Nr. 2 der RL 2005/29/EG): LG Darmstadt v. 24.11.2008 – 22 O 100/08, MMR 2009, 277, 277 ff.

2818 *Köhler* in Köhler/Bornkamm/Feddersen, Anh zu § 3 III Rz. 2.3; *Schöttle*, WRP 2009, 673, 674.

arbeitungsphase muss jede Werbung mit einem Gütezeichen unterbleiben. Gleiches gilt, wenn die Berechtigung der Verwendung des Zeichens – aus welchem Grund auch immer – erloschen ist[2819].

1756 Nicht unter Nr. 2 des UWG-Anhangs fällt die Verwendung von selbst gewählten oder frei erfundenen Gütezeichen[2820]. Dies gilt etwa für ein Zeichen, das eine besondere Qualität des fraglichen Unternehmens oder Produktes werbend zum Ausdruck bringt, in dieser Form aber überhaupt nicht vergeben wird, sondern mit dem nur ein entsprechender Anschein erweckt wird[2821].

c) Kurze Verfügbarkeit

1757 Nach Nr. 7 des UWG-Anhangs sind unwahre Angaben verboten über die **zeitliche Verfügbarkeit** bestimmter Waren oder Dienstleistungen mit dem Ziel, den Verbraucher zu einer sofortigen geschäftlichen Entscheidung zu veranlassen. Wird in einem Online-Shop beispielsweise mit der Aussage „Nur noch heute!" geworben, obwohl dieselbe Ware auch noch zu einem späteren Zeitpunkt zu haben ist, verstößt dies gegen Nr. 7 des UWG-Anhangs.

1758 Nicht unter Nr. 7 des UWG-Anhangs fallen **wahre Angaben** über **kurze Angebotszeiträume**. Wird in Angeboten zutreffend darauf hingewiesen, dass die angebotenen Waren maximal 24 Stunden lang verfügbar sein werden, fehlt es an einem Verstoß gegen Nr. 7 des UWG-Anhangs[2822].

d) Vertragssprache

1759 Nach Nr. 8 des UWG-Anhangs ist es unzulässig, Kundendienstleistungen in einer anderen Sprache als derjenigen anzubieten, in der die Verhandlungen vor Abschluss des Geschäfts geführt worden sind, wenn die ursprünglich verwendete Sprache nicht Amtssprache des Mitgliedstaates ist, in dem der Unternehmer niedergelassen ist und sofern der Verbraucher vor dem Abschluss des Geschäfts über die spätere Einschränkung der **Sprachwahl** nicht aufgeklärt wurde. Hält somit ein in Frankreich ansässiger Internethändler eine deutschsprachige Version seines Online-Shops vor, handelt er unlauter, wenn spätere Kundendienstleistungen nur auf Französisch abgewickelt werden. Richtet der Unternehmer beispielsweise eine Hotline für Verbraucherfragen ein, muss er diese auch in deutscher Sprache anbieten[2823].

e) Gesetzlich bestehende Rechte

1760 Nr. 10 des UWG-Anhangs betrifft einen Unterfall der irreführenden **Werbung mit Selbstverständlichkeiten** – die Werbung mit gesetzlich bestehenden Rechten. Stellt ein Unternehmer beispielsweise die Einräumung eines fernabsatzrechtlichen Widerrufsrechts als eine Besonderheit seines Angebots heraus, liegt darin eine unzulässige Irreführung. Werden dagegen le-

---

2819 *Schirmbacher*, K&R 2009, 433, 434.
2820 Vgl. LG Darmstadt v. 24.11.2008 – 22 O 100/08, MMR 2009, 277, 278; *Hoeren*, BB 2008, 1182, 1187; *Scherer*, NJW 2009, 324, 326; *Schirmbacher*, K&R 2009, 433.
2821 OLG Celle v. 30.1.2018 – 13 U 106/17 Rz. 10.3.
2822 Vgl. *Schirmbacher*, K&R 2009, 433, 435.
2823 *Schirmbacher*, K&R 2009, 433.

diglich – gesetzlich vorgeschriebene – Hinweise auf die gesetzlichen Verbraucherrechte gegeben, ist dies nicht wettbewerbswidrig[2824].

Nr. 10 des UWG-Anhangs setzt keine hervorgehobene Darstellung der vermeintlichen Besonderheit des Angebots voraus, sondern lediglich, dass beim Verbraucher der unrichtige Eindruck erweckt wird, der Unternehmer hebe sich bei seinem Angebot dadurch von den Mitbewerbern ab, dass er dem Verbraucher **freiwillig** ein Recht einräume („Geld-zurück-Garantie")[2825]. Dies ist nicht der Fall, wenn dem angesprochenen Verbraucher gegenüber klargestellt wird, dass ihm keine Rechte eingeräumt werden, die ihm nicht schon kraft Gesetzes zustehen („gesetzliche Gewährleistungsfrist von zwei Jahren")[2826].   1761

Die Voraussetzungen der Nr. 10 des UWG-Anhangs sind bei einem eBay-Shop nicht erfüllt, wenn darauf hingewiesen wird, dass eine Rechnung mit ausgewiesener Mehrwertsteuer erstellt wird, da dies nicht „selbstverständlich" ist, sondern vor allem bei Kleinbeträgen unter 150 € gem. § 33 Nr. 4 Umsatzsteuer-Durchführungsverordnung (UStDV) entbehrlich sein kann[2827].   1762

f) Gratisangebote

Nach Nr. 20 des UWG-Anhangs unzulässig ist das Angebot einer Ware oder Dienstleistung als „gratis", „umsonst", „kostenfrei" oder dergleichen, wenn hierfür gleichwohl Kosten zu tragen sind. Wird daher auf der Website flirtcafe.de mit der Aussage „Jetzt kostenlos anmelden" geworben, ist das Versenden und Empfangen von Nachrichten an andere Nutzer der Seite jedoch nur bei Abschluss eines **kostenpflichtigen Vertrages** möglich, ist dies wettbewerbswidrig[2828].   1763

g) Gewerblicher Charakter

Nr. 22 des UWG-Anhangs verbietet die unwahre Angabe oder das Erwecken des unzutreffenden Eindrucks, der Unternehmer sei Verbraucher oder nicht für Zwecke seines Geschäfts, Handels, Gewerbes oder Berufs tätig. Es geht um die Irreführung über den **gewerblichen Charakter** eines Angebots. Dies ist für die Kaufentscheidung wichtig, da Verbraucher gewerblichen Angeboten einen anderen Stellenwert beimessen als nicht-gewerblichen Angeboten[2829]. Nach Nr. 22 des UWG-Anhangs ist es wettbewerbswidrig, wenn sich ein gewerblich tätiger Unternehmer auf einer Online-Plattform als privater Verkäufer ausgibt oder zumindest einen solchen Eindruck erweckt[2830].   1764

2824 *Köhler* in Köhler/Bornkamm/Feddersen, Anh zu § 3 III Rz. 10.5; *Schirmbacher*, K&R 2009, 433, 435.

2825 BGH v. 19.3.2014 – I ZR 185/12 Rz. 11 ff., CR 2014, 607 = ITRB 2014, 248 – Geld-zurück-Garantie III.

2826 BGH v. 19.3.2014 – I ZR 185/12 Rz. 15, CR 2014, 607 = ITRB 2014, 248 – Geld-zurück-Garantie III.

2827 LG Bremen v. 27.8.2009 – 12 O 59/09, MMR 2010, 97.

2828 LG Köln v. 1.7.2014 – 33 O 254/13.

2829 *Scherer*, NJW 2009, 324, 329; *Schirmbacher*, K&R 2009, 433, 436.

2830 *Schirmbacher*, K&R 2009, 433, 436.

h) Werbung gegenüber Kindern

1765 Unzulässig ist nach Nr. 28 des UWG-Anhangs die in eine Werbung einbezogene unmittelbare Aufforderung an Kinder, selbst die beworbene Ware zu erwerben oder die beworbene Dienstleistung in Anspruch zu nehmen oder ihre Eltern oder andere Erwachsene dazu zu veranlassen. Verboten ist nicht jedwede an Kinder (das heißt an Minderjährige unter 14 Jahren, § 1 Abs. 1 Nr. 1 Jugendschutzgesetz, JuSchG) gerichtete Werbung, sondern lediglich die **gezielte Ansprache**[2831].

1766 Ein **Fantasy-Rollenspiel**, das in einer bunten Phantasiewelt spielt und Phantasiefiguren enthält, lässt nicht pauschal die Annahme zu, es richte sich (stets) an Kinder. Dies muss vielmehr im Einzelfall entschieden werden. Werbeaussagen sind daher im Gesamtzusammenhang zu bewerten. Für eine Wettbewerbswidrigkeit reicht es nicht aus, dass Verbraucher geduzt werden und das Produkt ohne Kreditkarte oder Bankkonto erworben werden kann[2832].

1767 Einer Anwendung der Nr. 28 des UWG-Anhangs steht es nicht entgegen, dass ein beworbenes **Online-Rollenspiel** zu einem überwiegenden Teil von Erwachsenen erworben wird, wenn zugleich auch Kinder unmittelbar angesprochen werden[2833]. Werbung für das Online-Rollenspiel „Runes of Magic" ist wettbewerbswidrig, wenn die Adressaten der Werbung durchgängig geduzt werden und eine einfache kindgerechte Sprache einschließlich kindertypischer Begrifflichkeiten benutzt wird[2834].

j) Unbestellte Waren und Dienstleistungen

1768 Nach Nr. 29 des UWG-Anhangs unzulässig ist die Aufforderung zur Bezahlung nicht bestellter Waren oder Dienstleistungen oder eine Aufforderung zur Rücksendung oder Aufbewahrung nicht bestellter Sachen. Diese Voraussetzungen liegen vor bei der **Ankündigung einer fortlaufenden Lieferung** von Waren, bei der eine unbestellte, aber als bestellt dargestellte Ware zugesandt und deren Zusendung gegen Entgelt fortgesetzt wird, falls der Verbraucher nicht binnen einer bestimmten Frist widerspricht. Die Zusendung unbestellter Waren und die Erbringung unbestellter Dienstleistungen erfüllen auch den Tatbestand der **unzumutbaren Belästigung** (§ 7 Abs. 1 Satz 1 UWG)[2835].

1769 Die Zusendung unbestellter Waren fällt auch dann unter Nr. 29 der UWG-Anlage, wenn der Unternehmer irrtümlich von einer Bestellung ausgeht und die Ursache des Irrtums nicht im Verantwortungsbereich des Unternehmers liegt[2836]. Einzelfallabwägungen, auch solche über Irrtum und Verschulden des Unternehmers, sind ausgeschlossen, weil solche Gesichtspunkte an der unzumutbaren Belästigung des Verbrauchers nichts ändern, sondern nur zu einer der Rechtssicherheit abträglichen Motivforschung beim Unternehmer führen[2837].

2831 KG Berlin v. 1.12.2015 – 5 U 74/15 Rz. 44.
2832 KG Berlin v. 1.12.2015 – 5 U 74/15 Rz. 51 ff.
2833 BGH v. 18.9.2014 – I ZR 34/12 Rz. 23 ff. – Runes of Magic II.
2834 BGH v. 18.9.2014 – I ZR 34/12 Rz. 27 – Runes of Magic II.
2835 Vgl. OLG Koblenz v. 17.6.2009 – 9 U 20/09, MMR 2010, 38.
2836 BGH v. 6.6.2019 – I ZR 216/17 Rz. 34, CR 2019, 753 m. Anm. *Franz* = ITRB 2019, 274 – Identitätsdiebstahl I; BGH v. 20.10.2021 – I ZR 17/21 Rz. 29, CR 2022, 379 = ITRB 2022, 100 (*Dovas*) – Identitätsdiebstahl II; a.A. BGH v. 17.8.2011 – I ZR 134/10.
2837 BGH v. 6.6.2019 – I ZR 216/17 Rz. 36, CR 2019, 753 m. Anm. *Franz* = ITRB 2019, 274 – Identitätsdiebstahl I.

Die Versendung einer **unberechtigten Zahlungsaufforderung** für einen vom Verbraucher 1770
nicht bestellten, aber eingerichteten E-Mail-Account erfüllt noch nicht ohne Weiteres den
Tatbestand der Nr. 29 des UWG-Anhangs[2838]. Denn Waren können nur dann als „geliefert"
und Dienstleistungen nur dann als „erbracht" i.S.v. Nr. 29 des UWG-Anhangs angesehen
werden, wenn sie den zur Zahlung aufgeforderten Verbraucher tatsächlich erreicht haben.
Der Verbraucher muss also in die Lage versetzt worden sein, die Dienstleistung oder Ware
zu nutzen oder über deren Verwendung zu bestimmen. Hiervon ist auszugehen, wenn dem
Verbraucher eine gelieferte Ware im Wege der Besitzverschaffung zur Verfügung gestellt
wurde, sie also in seinen Machtbereich gelangt ist. Eine Dienstleistung muss dementsprechend in einer Weise bei dem Verbraucher angekommen sein, dass er sie nutzen oder sonst
von ihr profitieren kann. Die bloße Einrichtung eines E-Mail-Accounts reicht hierfür nicht
aus[2839].

k) Suchergebnisse, Verbraucherbewertungen, Wiederverkauf von Eintrittskarten

Mit der letzten Novelle des UWG wurden einige neue Bestimmungen in den UWG-Anhang 1771
eingefügt[2840]. So ist jetzt nach Nr. 11a des UWG-Anhangs die Anzeige von **Suchergebnissen**
aufgrund der Online-Suchanfrage eines Verbrauchers irreführend, wenn nicht etwaige bezahlte Werbung oder spezielle Zahlungen, die dazu dienen, ein höheres Ranking der jeweiligen Waren oder Dienstleistungen im Rahmen der Suchergebnisse zu erreichen, eindeutig
offengelegt werden.

Bei **Verbraucherbewertungen** ist es nach Nr. 23b des UWG-Anhangs irreführend, wenn be- 1772
hauptet wird, dass Bewertungen einer Ware oder Dienstleistung von Verbrauchern stammen, die diese Ware oder Dienstleistung tatsächlich erworben oder genutzt haben, ohne
dass angemessene und verhältnismäßige Maßnahmen zur Überprüfung ergriffen wurden,
ob die Bewertungen tatsächlich von solchen Verbrauchern stammen. Gleichfalls irreführend
ist die Übermittlung oder Beauftragung gefälschter Bewertungen oder Empfehlungen von
Verbrauchern sowie die falsche Darstellung von Bewertungen oder Empfehlungen von Verbrauchern in sozialen Medien zu Zwecken der Verkaufsförderung (Nr. 23c des UWG-Anhangs).

Neu ist auch Nr. 23a des UWG-Anhangs. Danach ist der **Wiederverkauf von Eintrittskar-** 1773
ten für Veranstaltungen an Verbraucher irreführend, wenn der Unternehmer diese Eintrittskarten unter Verwendung solcher automatisierter Verfahren erworben hat, die dazu dienen,
Beschränkungen zu umgehen in Bezug auf die Zahl der von einer Person zu erwerbenden
Eintrittskarten oder in Bezug auf andere für den Verkauf der Eintrittskarten geltende Regeln.

2838 BGH v. 20.10.2021 – I ZR 17/21 Rz. 33, CR 2022, 379 = ITRB 2022, 100 (*Dovas*) – Identitätsdiebstahl II; a.A. BGH v. 6.6.2019 – I ZR 216/17 Rz. 32, CR 2019, 753 m. Anm. *Franz* = ITRB
2019, 274 – Identitätsdiebstahl I.
2839 BGH v. 20.10.2021 – I ZR 17/21 Rz. 30, CR 2022, 379 = ITRB 2022, 100 (*Dovas*) – Identitätsdiebstahl II.
2840 Vgl. *Weiden*, NJW 2021, 2233, 2233 ff.

III. Online-Marketing

1. Beeinflussung von Suchmaschinenergebnissen

1774 Der **Suchalgorithmus** ist das bestgehütete Geheimnis der Betreiber von Google und anderer Suchmaschinen[2841]. Maßgeblich für die Reihenfolge der Ergebnisse bei der Eingabe von Suchworten ist die „Relevanz" einer Seite. Dabei spielen die Inhalte einer Seite die Hauptrolle. Wie häufig taucht das gesuchte Wort im Text, im Titel oder in der nicht ohne weiteren sichtbaren Seitenbeschreibung der Website auf? Daneben sind die Zahl und Qualität der Links, die auf die Seite verweisen, von Bedeutung. Auch die Bezeichnung dieser Links ist maßgeblich. Darüber hinaus gibt es eine ganze Reihe von Faktoren, von denen bekannt ist, dass sie für die Bewertung einer Seite herangezogen werden. Lange Zeit gab Google beispielsweise jeder Seite einen „PageRank" zwischen 0 und 10, der sowohl bei der Ergebnisausgabe zu bestimmten Suchworten als auch bei der Einschätzung der Wertigkeit von Links eine Rolle spielte.

a) Doorwaypages

1775 Dass Suchmaschinen die Anzahl und Qualität der **Verlinkungen** auf andere Seiten als Kriterium bei der Bestimmung der „Relevanz" der Seite heranziehen, hat dazu geführt, dass Websites geschaffen werden, deren alleiniger Inhalt Links auf andere Seiten sind. Solche Seiten wurden als Doorwaypages (auch Brückenseiten oder Gatewaypages) bezeichnet[2842].

1776 Die „**Relevanz**" einer Website ist objektiv nicht zu bestimmen. Dies spricht gegen die Annahme einer Irreführung (§ 5 UWG)[2843]. Allerdings sind die Voraussetzungen des § 4 Nr. 4 UWG erfüllt, wenn die Namen von Konkurrenten und anderen Personen für die Suchmaschinenoptimierung eingesetzt werden und zugleich Tausende von leeren Seiten installiert werden, die nur für die Suchmaschine „sichtbar" sind, um in den Suchlisten ein hohes Ranking zu erzielen und Internetnutzer auf die eigenen Seiten umzuleiten[2844]. Wenn der Anbieter einer Filtersoftware im Rahmen eines Suchergebnisses angezeigte Seiten als „**Spam**" markiert, da diese Seiten nachweisbar mit zahlreichen Doorwaypages beworben werden, erfüllt dies dagegen nicht den Tatbestand des § 4 Nr. 2 UWG (Anschwärzung und geschäftliche Verleumdung)[2845].

b) Metatags

1777 Als Metatags werden **Seitenbeschreibungen** bezeichnet, die nur im Quelltext der Website sichtbar sind. Der Ersteller der Seite hat es in der Hand, der Seite in den Metatags Titel, Schlüsselwörter und eine Kurzbeschreibung zuzuweisen[2846]. Diese werden von den Suchmaschinen ausgewertet und fließen in die Bewertung der Suchergebnisse ein. Zwar hat die

---

2841 Vgl. *Rössel*, CR 2003, 349.
2842 Vgl. *Ernst*, WRP 2004, 278, 280.
2843 A.A. *Ernst*, ITRB 2005, 91, 93; *Ernst*, WRP 2004, 278, 281; vgl. auch *Ott*, MMR 2008, 222, 225.
2844 OLG Hamm v. 18.6.2009 – 4 U 53/09, CR 2010, 196 = MMR 2010, 36, 37 f.
2845 OLG Hamm v. 1.3.2007 – 4 U 142/06, AfP 2008, 118 = CR 2007, 530, 531 ff. m. Anm. *Ernst*.
2846 Vgl. *Chong*, EIPR 1998, 275; *Menke*, WRP 1999, 982, 983; *Thiele*, ÖJZ 2001, 168, 169; *Vidal*, GRUR-Int. 2003, 312, 313.

Bedeutung der Metatags stark nachgelassen, doch hat es in der Vergangenheit viele Streitigkeiten um die Verwendung bestimmter Begriffe in den Metatags gegeben[2847].

aa) Gattungsbegriffe

Beliebt war es lange Zeit, in den Quelltext **sachfremde Gattungsbegriffe** zu integrieren. So   1778
hat ein Anbieter von Luxusreisen ein Interesse daran, auch dann auf den ersten Seiten der
Suchmaschinen zu erscheinen, wenn nach Luxusautos gesucht wird. Dies kann ihn dazu
veranlassen, entsprechende Begriffe in die Metatags aufzunehmen.

Eine gezielte Behinderung der Konkurrenz (§ 4 Nr. 4 UWG) kommt in solchen Fällen nicht   1779
in Betracht. Ebenso wenig lässt sich ein übertriebenes Anlocken, gezielter Kundenfang oder
eine Belästigung i.S.d. § 7 Abs. 1 UWG bejahen[2848]. Eine unlautere Irreführung (§ 5 Abs. 2
Nr. 1 UWG) ist jedenfalls nicht gegeben, wenn aus den Suchergebnissen unmittelbar deutlich wird, dass es sich um artfremde Angebote handelt[2849]. Zu Recht sah das OLG Düsseldorf[2850] einen Unterschied zur Schaltung von Anzeigen in artfremden Rubriken herkömmlicher Zeitungen[2851]. Mit einem (gut sortierten) Anzeigenmarkt lassen sich die Suchmaschinen, bei denen die Verbraucher keine homogene Ergebnisausgabe („Rubrikenreinheit") erwarten, nicht vergleichen[2852].

bb) Benutzung fremder Kennzeichen

Bei der Verwendung fremder Kennzeichen in den Metatags lässt sich ein Unterlassungsan-   1780
spruch nicht ohne weiteres aus dem Gesichtspunkt der **Rufausbeutung** herleiten (§ 4 Nr. 3
lit. b UWG)[2853]. Das Anhängen an den guten Ruf eines anderen ist per se nicht wettbewerbswidrig[2854]. Wenn sich der Benutzer des fremden Kennzeichens allerdings durch die
Programmierung der Metatags bei Suchmaschineneinträgen gezielt vor den Markeninhaber

---

2847 Vgl. *Härting/Schirmbacher*, ITRB 2005, 16, 17.
2848 *Rössel*, CR 2003, 349, 350; *Thiele*, ÖJZ 2001, 168, 170 f.; OLG Düsseldorf v. 1.10.2002 – 20 U
      93/02, AfP 2003, 187 = ITRB 2003, 74 = CR 2003, 133, 134 f. = WRP 2003, 104, 104 f.; OLG
      Düsseldorf v. 15.7.2003 – 20 U 21/03, ITRB 2004, 103 = CR 2004, 462 = MMR 2004, 257, 259;
      a.A. LG Düsseldorf v. 27.3.2002 – 12 O 48/02, CR 2002, 610 = ITRB 2002, 153 = MMR 2002,
      557, 558.
2849 OLG Düsseldorf v. 1.10.2002 – 20 U 93/02, AfP 2003, 187 = CR 2003, 133, 134 f. = WRP 2003,
      104, 104 f.; a.A. *Ernst*, ITRB 2005, 91, 91 f.; LG Düsseldorf v. 27.3.2002 – 12 O 48/02, CR 2002,
      610 = MMR 2002, 557, 558; vgl. auch *Härting/Schirmbacher*, ITRB 2005, 16, 17; *Pierson*, K&R
      2006, 547, 550; OLG Düsseldorf v. 15.7.2003 – 20 U 21/03, ITRB 2004, 103 = CR 2004, 462 =
      MMR 2004, 257, 259.
2850 OLG Düsseldorf v. 1.10.2002 – 20 U 93/02, AfP 2003, 187 = ITRB 2003, 74 = CR 2003, 133,
      134 = WRP 2003, 104, 105.
2851 Vgl. BGH v. 25.4.1991 – I ZR 134/90, AfP 1991, 617 = GRUR 1991, 772 – Anzeigenrubrik I;
      BGH v. 25.4.1991, GRUR 1991, 774, 775 – Anzeigenrubrik II.
2852 OLG Düsseldorf v. 1.10.2002 – 20 U 93/02, AfP 2003, 187 = ITRB 2003, 74 = CR 2003, 133,
      134 = WRP 2003, 104, 105; a.A. *Ernst*, WRP 2004, 278.
2853 *Kotthoff*, K&R 1999, 157, 161; *Varadinek*, GRUR 2000, 279, 285; a.A. *Ernst*, WRP 2004, 278;
      Menke, WRP 1999, 982, 987 f.; LG Hamburg v. 13.9.1999 – 315 O 258/99, CR 2000, 121, 122
      m. Anm. *Ernst* = MMR 2000, 46, 47.
2854 Vgl. *Köhler* in Köhler/Bornkamm/Feddersen, § 4 UWG Rz. 3.53.

drängt, sind die Voraussetzungen des § 4 Nr. 4 UWG (**gezielte Behinderung**) erfüllt[2855]. Wird eine fremde Marke in den Metatags der eigenen Website verwendet, kann dies nach Auffassung des EuGH auch als **irreführende Werbung** anzusehen sein[2856].

1781 Ob bei der Verwendung fremder Kennzeichen in den Metatags eine **Markenrechtsverletzung** vorliegt, wurde gelegentlich bezweifelt mit der Begründung, dass Metatags lediglich der Seitenbeschreibung dienen und nur im Quelltext der Seiten sichtbar seien[2857]. Es fehle an einem **kennzeichenmäßigen Gebrauch** mit der Folge, dass keine Unterlassungsansprüche aus § 14 Abs. 5 MarkenG bestehen[2858].

1782 In seiner **„Impuls"-Entscheidung** bejahte der BGH einen kennzeichenmäßigen Gebrauch und damit eine Markenrechtsverletzung. Mit Hilfe des Suchworts („Impuls") werde das Ergebnis des Auswahlverfahrens beeinflusst und der Nutzer auf die entsprechende Internetseite geführt. Somit diene das Suchwort dazu, den Nutzer auf das dort werbende Unternehmen und sein Angebot hinzuweisen. Dies reiche für einen kennzeichenmäßigen Gebrauch aus[2859].

1783 Auch wenn man der Auffassung des BGH folgt, fehlt es an einem kennzeichenmäßigen Gebrauch von Metatags, wenn sich aus der **Trefferanzeige** keine Hinweise auf eine Verbindung der Treffer mit dem Kennzeicheninhaber ergeben[2860]. Ohne eine solche Verbindung hat der

---

2855 Vgl. *Hartl*, MMR 2007, 12, 14; *Renner*, WRP 2007, 49, 51 ff.; OLG Düsseldorf v. 17.2.2004 – I-20 U 104/03, CR 2004, 936 = AfP 2004, 388 = ITRB 2004, 102 = MMR 2004, 319, 321; *Menke*, WRP 1999, 982, 989 f.; *Meyer*, K&R 2007, 417, 418; a.A. *Kaufmann*, MMR 2005, 348, 350 f.

2856 EuGH v. 11.7.2013 – C-657/11 Rz. 52 ff., ECLI:EU:C:2013:516, CR 2013, 794.

2857 *Kotthoff*, K&R 1999, 157, 159 f.; *Varadinek*, GRUR 2000, 279, 282; differenzierend: *Kur*, CR 2000, 448, 452; *Vidal*, GRUR-Int. 2003, 312, 317; OLG Düsseldorf v. 15.7.2003 – 20 U 21/03, ITRB 2004, 103 = CR 2004, 462 = MMR 2004, 257, 259; OLG Düsseldorf v. 17.2.2004 – I-20 U 104/03, CR 2004, 936 = AfP 2004, 388 = ITRB 2004, 102 = MMR 2004, 319, 320; LG Hamburg v. 13.12.2005 – 312 O 632/05, ITRB 2007, 10 = MMR 2006, 337 ff.; a.A. *Ernst*, CR 2000, 122; *Ernst*, WRP 2004, 278; *Menke*, WRP 1999, 982, 984 ff.; LG Hamburg v. 13.7.2001 – 416 O 63/01, ITRB 2002, 6 = CR 2002, 136, 137 m. Anm. *Pellens*; *Rössel*, CR 2003, 349, 350; *Thiele*, K&R 2001, 279, 280; OLG Karlsruhe v. 22.10.2003 – 7 U 49/03; OLG Karlsruhe v. 22.10.2003 – 6 U 112/03, AfP 2004, 388 = ITRB 2004, 129 = WRP 2004, 507, 508; OLG München v. 6.4.2000 – 6 U 4123/99, CR 2000, 461, 462 = MMR 2000, 546, 547; LG Frankfurt/M. v. 3.12.1999 – 3-11 O 98/99, CR 2000, 462, 463; LG Hamburg v. 13.9.1999 – 315 O 258/99, CR 2000, 121 m. Anm. *Ernst* = MMR 2000, 46; LG Mannheim v. 1.8.1997 – 7 O 291/97, MMR 1998, 217, 218 m. Anm. *v. Gravenreuth* = K&R 1998, 119, 120.

2858 *Kur*, CR 2000, 448, 452 ff.; OLG Düsseldorf v. 15.7.2003 – 20 U 21/03, ITRB 2004, 103 = CR 2004, 462 = MMR 2004, 257, 259; OLG Düsseldorf v. 17.2.2004 – I-20 U 104/03, AfP 2004, 388 = ITRB 2004, 102 = CR 2004, 936, 937 = MMR 2004, 319, 320; OLG Düsseldorf v. 14.2.2006 – I-20 U 65/05; a.A. *Menke*, WRP 1999, 982, 984 ff.; *Thiele*, K&R 2001, 279, 280; OLG Karlsruhe v. 22.10.2003 – 6 U 112/03, AfP 2004, 388 = ITRB 2004, 129 = WRP 2004, 507, 508; LG Frankfurt/M. v. 3.12.1999 – 3-11 O 98/99, CR 2000, 462, 463; LG Hamburg v. 13.7.2001 – 416 O 63/01, ITRB 2002, 6 = CR 2002, 136 m. Anm. *Pellens*; LG München v. 24.6.2004 – 17 HK O 10389/04, MMR 2004, 689, 690 m. Anm. *Pankoke* = ITRB 2005, 10 = K&R 2004, 448 ff.

2859 BGH v. 18.5.2006 – I ZR 183/03, AfP 2006, 553 = ITRB 2007, 156 = CR 2007, 103, 204 – Impuls; vgl. auch BGH v. 30.7.2015 – I ZR 104/14 Rz. 23, CR 2016, 116 = ITRB 2016, 29 – Posterlounge.

2860 OLG Frankfurt v. 10.1.2008 – 6 U 177/07, CR 2008, 741 = GRUR-RR 2008, 292 f.; OLG Frankfurt v. 3.3.2009 – 6 W 29/09, MMR 2009, 401, 401 f.

Markeninhaber somit keine Möglichkeit, gegen die Verwendung der Marke in den Metatags der Konkurrenz vorzugehen. Der Schutz einer Marke gegen Metatags reicht zudem nur so weit wie der **Schutzumfang der Marke**. Nur wenn die Metatags für Waren oder Dienstleistungen verwendet werden, die durch die Marke geschützt sind, kommt ein Unterlassungsanspruch aus § 14 Abs. 5 MarkenG in Betracht[2861].

cc) Verletzung des Namensrechts

Die Argumentation des BGH zu Marken in Metatags lässt sich auf das **Namensrecht** übertragen. Eine namensmäßige Verwendung bei Aufnahme eines fremden Namens in die Metatags der eigenen Seiten ist zu bejahen, so dass die Benutzung des fremden Namens als Namensanmaßung i.S.d. § 12 BGB rechtswidrig ist, wenn sie sich aus den Trefferlisten ableiten lässt[2862]. Allein die verborgene Aufnahme des fremden Namens in die Metatags genügt für eine Namensanmaßung nicht. Zudem kann die Meinungsfreiheit (Art. 5 GG) einen Namensgebrauch nach den Umständen des Einzelfalls rechtfertigen[2863]. 1784

c) Hidden Content

Auch normaler Text kann für den Nutzer unsichtbar sein. Dies ist beispielsweise der Fall, wenn die Farbe der Schrift der Farbe des Hintergrundes entspricht (sog. **Hidden Content**). In seiner **„AIDOL"-Entscheidung**[2864] bejahte der BGH eine kennzeichenmäßige Nutzung und damit einen markenrechtlichen Unterlassungsanspruch aus § 14 Abs. 5 MarkenG bei Nutzung eines fremden Kennzeichens in „Weiß-auf-Weiß-Schrift". Maßgeblich sei, dass das als Suchwort verwendete Zeichen dazu benutzt werde, das Ergebnis des Auswahlverfahrens zu beeinflussen und den Nutzer auf diese Weise zu einer Internetseite zu führen, auf der er auf das dort werbende Unternehmen und dessen Angebot hingewiesen wird. 1785

Von „Hidden Content" zu unterscheiden ist der Fall, dass eine Website so programmiert wird, dass sie – bei Problemen des Browsers – Texte anstelle von Bildern anzeigt. Derartige Texte sind zur sinnlichen Wahrnehmung bestimmt und unterliegen kennzeichenrechtlich denselben Regeln wie andere Texte, die auf einer Website angezeigt werden[2865]. Markenrechtliche Ansprüche können sich – wie gegen alle Texte – auch gegen diese Art des **„versteckten Textes"** richten. 1786

d) Keyword Advertising

Keyword Advertising ist die **Werbung** auf der Grundlage von **Schlüsselwörtern**, die User in Suchmaschinen eingeben. Bei der Eingabe der Keywords als Suchbegriff erscheint zusätzlich 1787

2861 Vgl. LG München v. 6.2.2007 – 33 O 11107/06, CR 2008, 260 = K&R 2007, 219, 220 f.

2862 Vgl. OLG Celle v. 20.7.2006 – 13 U 65/06, AfP 2007, 177 = CR 2006, 679 = ITRB 2006, 252 = MMR 2006, 817, 818; OLG München v. 9.2.2012 – 6 U 2488/11 Rz. 52, CR 2012, 404; *Ott*, MMR 2008, 222, 224; *Schirmbacher*, ITRB 2007, 117, 118.

2863 Vgl. OLG München v. 9.2.2012 – 6 U 2488/11 Rz. 54 ff., CR 2012, 404.

2864 BGH v. 8.2.2007 – I ZR 77/04, CR 2007, 589, 589 – AIDOL; vgl. auch BGH v. 13.1.2011 – I ZR 46/08 Rz. 25 – Impuls II; OLG Celle v. 20.7.2006 – 13 U 65/06, AfP 2007, 177 = CR 2006, 679 = ITRB 2006, 252 = MMR 2006, 817, 818; OLG München v. 9.2.2012 – 6 U 2488/11 Rz. 52, CR 2012, 404; vgl. *Ott*, MMR 2008, 222, 224; *Schirmbacher*, ITRB 2007, 117, 118.

2865 Vgl. OLG Düsseldorf v. 22.11.2011 – I-20 U 68/11 Rz. 15 f.

zu den normalen Suchergebnissen die Werbung desjenigen, der die Keywords gebucht hat. Auch Bannerwerbung, Interstitials (Werbeeinblendungen) und Pop-Up-Fenster lassen sich gezielt auf die Eingabe von Suchbegriffen schalten[2866].

1788 Google bezeichnet Keywords, die zu Werbezwecken verwendet werden, als **AdWords**. Unternehmen, die im Internet Produkte verkaufen möchten, kommen an Google-AdWords-Kampagnen kaum vorbei[2867]. Weil es bei Google-AdWords eine Vielzahl von Funktionen und Optionen gibt, beauftragen Werbetreibende vielfach spezialisierte Agenturen mit AdWords-Kampagnen[2868].

1789 Der Werbetreibende hat es bei Google in der Hand, die Keywords zu bestimmen, bei deren Eingabe seine Werbung eingeblendet wird, wobei es sowohl die Option gibt, bestimmte Suchbegriffe auszuschließen (**„ausschließende Keywords"**), als auch die Möglichkeit, die gewählten Keywords auf ähnliche Begriffe (**„weitgehend passende Keywords"** und **„passende Wortgruppe"**)[2869] zu erstrecken.

1790 Das **Trennungsgebot** (§ 5a Abs. 4 UWG sowie § 6 Abs. 1 Nr. 1 TMG und § 22 Abs. 1 RStV) ist zu beachten (s. Rz. 1713). Es ist unlauter, gekaufte Suchergebnisse unter die originären Ergebnisse zu mischen, ohne sie deutlich abzugrenzen[2870].

aa) Gattungsbegriffe

1791 Die Verwendung von **Gattungsbegriffen** als Keywords ist wettbewerbsrechtlich grundsätzlich nicht zu beanstanden[2871]. Wer sich einen Vorteil dadurch verschafft, dass er von der jedermann möglichen Verwendung attraktiver Begriffe zu Werbezwecken Gebrauch macht, handelt nicht unlauter. Hiervon zu unterscheiden sind Fälle, in denen sachfremde Gattungsbegriffe verwendet werden. Eine unlautere **Irreführung** (§ 5 Abs. 2 Nr. 1 UWG) wird allerdings nur im Ausnahmefall[2872] in Betracht kommen, wenn aus den Trefferanzeigen nicht deutlich wird, dass es sich um artfremde Angebote handelt (s. Rz. 1623 ff.).

bb) Gezielte Behinderung

1792 In der Schaltung von Keywords liegt für sich allein keine gezielte und somit gem. § 4 Nr. 4 UWG wettbewerbswidrige **Behinderung**, wenn Marken, Geschäftsbezeichnungen oder Namensbestandteile des Konkurrenten verwendet werden[2873]. Erst recht lässt sich aus § 4 Nr. 4

2866 *Härting/Schirmbacher*, ITRB 2005, 16, 18.

2867 Vgl. *Schirmbacher/Müßig*, ITRB 2008, 207 f.; zur Situation in anderen Staaten: *Schirmbacher/Reinholz*, Convergence 2008, 141, 144 ff.

2868 *Schirmbacher*, GRUR-Prax. 2010, 165, 165.

2869 Vgl. www.adwords.google.de.

2870 Vgl. *Leupold/Bräutigam/Pfeiffer*, WRP 2000, 575, 590; LG Hamburg v. 21.12.2004 – 312 O 950/04, MMR 2005, 629, 629 f.

2871 *Ernst*, ITRB 2005, 91, 92; *Tietge*, K&R 2007, 503, 504; OLG Karlsruhe v. 26.9.2007 – 6 U 69/07, AfP 2008, 432 = AfP 2008, 661 = CR 2008, 246 f.; LG Berlin v. 12.1.2001 – 15 O 22/01, K&R 2001, 171; LG Frankfurt/M. v. 13.9.2000 – 2-06 O 248/00, K&R 2001, 173 = ITRB 2001, 206 = MMR 2001, 560.

2872 A.A. *Pierson*, K&R 2006, 547, 548; vgl. auch *Tietge*, K&R 2007, 503, 504.

2873 *Meyer*, K&R 2006, 557, 562; BGH v. 22.1.2009 – I ZR 30/07, MMR 2009, 329, m. Anm. *Hoeren* = ZUM 2009, 562, 564 f. m. Anm. *Kummermehr* – Beta Layout; OLG Düsseldorf v.

UWG keine Verpflichtung ableiten, die Keywords so zu schalten, dass bei Eingabe des Kennzeichens des Konkurrenten eine Einblendung der eigenen Werbung ausgeschlossen ist[2874].

Google bietet Markeninhabern die Möglichkeit, die Verwendung der Marke in AdWord-Werbung durch eine **„Markenbeschwerde"** zu verhindern. Wird eine solche „Markenbeschwerde" eingelegt, kann dies wettbewerbswidrig gem. § 4 Nr. 4 UWG sein, wenn der Markeninhaber auf diese Weise AdWords-Werbung eines Mitbewerbers verweigert, obwohl der Mitbewerber durch eine solche Werbung keinen Markenrechtsverstoß begehen würde[2875].   1793

cc) Benutzung fremder Kennzeichen

(1) Kennzeichenmäßige Benutzung; Verwechslungsgefahr

Mit den Argumenten aus der „Impuls"-Entscheidung des BGH lässt sich auch bei Keywords eine **kennzeichenmäßige Benutzung** bejahen[2876]. Schließlich dient die Einstellung des Wer-   1794

23.1.2007 – 20 U 79/06, CR 2007, 256, 257 m. Anm. *Renner*; OLG Köln v. 31.8.2007 – 6 U 48/07, MMR 2008, 50 ff.; LG Hamburg v. 21.9.2004 – 312 O 324/04, AfP 2005, 412 = ITRB 2005, 2 = CR 2004, 938, 939 f.; LG München v. 26.10.2006 – 7 O 16794/06, CR 2007, 467, 468; a.A. *Ernst*, ITRB 2005, 91, 92 f.; LG Berlin v. 12.1.2001 – 15 O 22/01, K&R 2001, 171 m. Anm. *Michael*; LG Leipzig v. 16.11.2006 – 3 HK O 2566/06, MMR 2007, 265 f.; vgl. auch *Dörre/Jüngst*, K&R 2007, 239, 244 f.

2874 BGH v. 22.1.2009 – I ZR 30/07, MMR 2009, 329, m. Anm. *Hoeren* = ZUM 2009, 562, 564 f. m. Anm. *Kummermehr* – Beta Layout; KG Berlin v. 9.9.2008 – 5 U 163/07, ITRB 2009, 28 = MMR 2009, 47, 48 = CR 2009, 113, 117 ff.; KG Berlin v. 26.9.2008 – 5 U 186/07, MMR 2009, 69 (Ls.); OLG Frankfurt v. 26.2.2008 – 6 W 17/08, K&R 2008, 309, 310 f. m. Anm. *Mann*; OLG Karlsruhe v. 26.9.2007 – 6 U 69/07, AfP 2008, 432 = AfP 2008, 661 = CR 2008, 246, 247; LG Düsseldorf v. 14.1.2009 – 2a O 25/08, MMR 2009, 290 (Ls.); a.A. OLG Köln v. 8.6.2004 – 6 W 59/04, K&R 2006, 240, 242; OLG Stuttgart v. 9.8.2007 – 2 U 23/07, ITRB 2007, 274 = MMR 2007, 649, 650 f.; vgl. auch OLG Braunschweig v. 11.12.2006 – 2 W 177/06, AfP 2009, 101 = MMR 2007, 249, 251 f.; LG Köln v. 21.11.2006, CR 2007, 747, 748 f.

2875 BGH v. 12.3.2015 – I ZR 188/13 Rz. 19 ff., CR 2015, 384 = ITRB 2015, 158 – Uhrenankauf im Internet.

2876 BGH v. 28.6.2018 – I ZR 236/16 Rz. 60 – keine-vorwerk-vertretung; OLG Braunschweig v. 12.7.2007 – 2 U 24/07, AfP 2009, 101 = MMR 2007, 789 ff.; OLG Braunschweig v. 11.12.2006 – 2 W 177/06, AfP 2009, 101 = MMR 2007, 249, 250 f.; OLG Braunschweig v. 5.12.2006 – 2 W 23/06, AfP 2007, 295 = ITRB 2007, 110 = CR 2007, 177 ff.; OLG Braunschweig v. 16.12.2008 – 2 U 138/08, CR 2009, 334, 335 f.; OLG Dresden v. 9.1.2007 – 14 U 1958/06, K&R 2007, 269, 270; OLG Hamburg v. 27.6.2016 – 3 W 49/16 Rz. 4; OLG München v. 6.12.2007 – 29 U 4013/07, CR 2008, 590, 591 = MMR 2008, 334, 335; OLG Schleswig v. 22.3.2017 – 6 U 29/15 Rz. 22; OLG Stuttgart v. 9.8.2007 – 2 U 23/07, ITRB 2007, 274 = MMR 2007, 649, 650 f.; LG Berlin v. 21.11.2006, CR 2007, 747, 748; LG Braunschweig v. 28.12.2005 – 9 O 2852/05, AfP 2006, 399 = CR 2006, 281 f. m. Anm. *Hüsch*; LG Braunschweig v. 15.11.2006 – 9 O 1840/06 (261), CR 2007, 188, 189 ff. m. Anm. *Hüsch*; LG Braunschweig v. 30.1.2008 – 9 O 2958/07, K&R 2008, 191; LG Braunschweig v. 23.4.2008 – 9 O 371/08 (44), ITRB 2009, 29 = CR 2008, 734, 735 m. Anm. *Dietrich/Koops*; LG Hamburg v. 14.11.2003 – 312 O 887/03; LG Köln v. 9.2.2007 – 81 O 174/06, MMR 2007, 736 f.; LG Leipzig v. 16.11.2006 – 3 HK O 2566/06, MMR 2007, 265, 265 f.; LG München v. 2.12.2003 – 33 O 21461/03, AfP 2004, 388 = CR 2004, 704 = ITRB 2004, 172 = MMR 2004, 261 m. Anm. *Bahr*; a.A. *Meyer*, K&R 2006, 557, 561; *Meyer*, K&R 2007, 177, 179; *Pierson*, K&R 2006, 547, 548 f.; KG Berlin v. 9.9.2008 – 5 U 163/07, ITRB 2009, 28 = MMR 2009, 47 f. = CR 2009, 113, 114 ff.; KG Berlin v. 26.9.2008 – 5 U 186/07, MMR 2009, 69 (Ls.); OLG Düsseldorf v. 23.1.2007 – 20 U 79/06,

beprogramms dergestalt, dass bei Eingabe eines fremden Kennzeichens die eigene Anzeige erscheinen soll, allein dem Zweck, das fremde Kennzeichen mit der eigenen Internetpräsentation in Verbindung zu bringen.

1795 In seiner „Google AdWords"-Entscheidung[2877], seiner Entscheidung zu „Bananabay" bzw. „Eis.de"[2878] und den Entscheidungen „BergSpechte"[2879] und „Interflora"[2880] bejahte der **EuGH** eine kennzeichenmäßige Nutzung für den Fall, dass der Werbende das Ziel verfolgt, die Internetnutzer über die Herkunft seiner Waren oder Dienstleistungen in die Irre zu führen, indem er sie zu der Annahme verleitet, dass sie vom Kennzeicheninhaber oder einem wirtschaftlich mit ihm verbundenen Unternehmen stammen. Ob die Nutzung eines fremden Kennzeichens als Keyword als kennzeichenmäßige Nutzung anzusehen ist, hänge vom Inhalt und der Gestaltung der **Trefferanzeigen** ab.

1796 Der BGH setzt die Vorgaben des EuGH konsequent um und zeichnet nicht – wie der Öst-OGH[2881] – das Bild eines naiven Internetnutzers[2882]. Ist für den verständigen Internetnutzer klar erkennbar, dass es sich bei AdWords-Anzeigen nicht um reguläre Suchergebnisse, sondern um bezahlte Werbung handelt, kann in der Verwendung des Schlüsselworts nach Auffassung des **BGH** nicht von vornherein eine kennzeichenmäßige Benutzung gesehen werden. Vielmehr kommt es auf die konkrete Gestaltung der Anzeige an. Der Werbelink und die ihn begleitende Werbebotschaft dürfen weder suggerieren, dass zwischen dem Werbenden und dem Markeninhaber eine wirtschaftliche Verbindung besteht, noch dürfen sie den normal informierten und angemessen aufmerksamen Internetnutzer darüber im Unklaren lassen, ob eine solche Verbindung besteht[2883]. Das Risiko von Unklarheiten geht zu Lasten des Werbetreibenden[2884].

CR 2007, 256, 257; m. Anm. *Mann*; OLG Köln v. 31.8.2007 – 6 U 48/07, MMR 2008, 50, 50 ff.; OLG Köln v. 12.10.2007 – 6 U 80/07, MMR 2008, 477, 477 f.; LG Düsseldorf v. 14.1.2009 – 2a O 25/08, MMR 2009, 290 (Ls.); LG Frankfurt/M. v. 30.1.2008 – 3/11 O 16/08, MMR 2008, 767, 767 f.; LG Hamburg v. 21.9.2004 – 312 O 324/04, AfP 2005, 412 = ITRB 2005, 2 = CR 2004, 938, 939; LG Hamburg v. 21.12.2004 – 312 O 950/04, MMR 2005, 629, 629; LG Leipzig v. 8.2.2005 – 05 O 146/05, MMR 2005, 622, 623; LG München v. 26.10.2006 – 7 O 16794/06, CR 2007, 467, 468; vgl. auch *Dörre/Jüngst*, K&R 2007, 239, 241 ff.; *Tietge*, K&R 2007, 503, 504 ff.; *Vidal*, GRUR-Int. 2003, 312, 322.

2877 EuGH v. 23.3.2010 – C-236/08, MMR 2010, 315, 315 ff.; EuGH v. 23.3.2010 – C-236/08, C-237/08, C-238/08, ECLI:EU:C:2010:159, ITRB 2010, 123 = CR 2010, 318 ff.

2878 EuGH v. 26.3.2010 – C-91/09, ECLI:EU:C:2010:174, CR 2010, 457 f. = K&R 2010, 397, 397 ff.

2879 EuGH v. 25.3.2010 – C-278/08, ECLI:EU:C:2010:163, ITRB 2010, 150 = MMR 2010, 313, 313 ff. = CR 2010, 325, 325 ff.

2880 EuGH v. 22.9.2011 – C-323/09 Rz. 70, ECLI:EU:C:2011:604, CR 2011, 745 = ITRB 2011, 274.

2881 Vgl. ÖstOGH v. 21.6.2010 – 17 Ob 3/10f.

2882 Vgl. *Röhl*, NJW 2011, 3005, 3007.

2883 BGH v. 13.1.2011 – I ZR 46/08 Rz. 26 – Impuls II; BGH v. 13.1.2011 – I ZR 125/07 Rz. 28 ff., CR 2011, 664 = ITRB 2011, 203 – Bananabay II; BGH v. 13.12.2012 – I ZR 217/10 Rz. 26 ff., CR 2013, 181 = ITRB 2013, 75 – MOST-Pralinen; BGH v. 28.6.2018 – I ZR 236/16 Rz. 63 – keine-vorwerk-vertretung; OLG Frankfurt v. 21.2.2019 – 6 U 16/18 Rz. 18; OLG Frankfurt v. 19.3.2020 – 6 U 240/19 Rz. 26 ff.

2884 *Hertneck*, ITRB 2012, 40, 42.

Zur Feststellung einer Markenrechtsverletzung bedarf es in jedem Fall der Beeinträchtigung einer der **Funktionen der geschützten Marke** (Herkunftsfunktion; Qualitäts- oder Garantiefunktion; Investitionsfunktion; Werbefunktion; Kommunikationsfunktion)[2885]. Um eine Beeinträchtigung der **herkunftshinweisenden Funktion** einer Marke durch Keyword-Advertising zu vermeiden, muss der Internetnutzer auf Grund des Werbelinks und der ihn begleitenden Werbebotschaft erkennen, dass der Werbende im Verhältnis zum Markeninhaber Dritter ist[2886].

1797

Eine markenmäßige Benutzung eines Keywords liegt nicht bereits dann vor, wenn der Internetnutzer auf Grund des Textes des Suchergebnisses annehmen kann, bei dem werbenden Unternehmen auch Waren dieser Marke beziehen zu können[2887]. Wenn die Werbung in einem von der Trefferliste eindeutig getrennten und entsprechend gekennzeichneten **Werbeblock** erscheint und weder die Marke noch sonst einen Hinweis auf den Markeninhaber oder die unter der Marke angebotenen Produkte enthält, fehlt es an einer Markenverletzung, auch wenn die Anzeige nicht auf das Fehlen einer wirtschaftlichen Verbindung zwischen dem Werbenden und dem Markeninhaber hinweist[2888].

1798

Recht eindeutig ist die Rechtslage bei der Verwendung des fremden Kennzeichens im **Anzeigentext** selbst. Wird das Kennzeichen in die **Überschrift** der Anzeige integriert, liegt eine kennzeichenmäßige Verwendung vor. Auch Verwechslungsgefahr ist gegeben, weil der unbefangene Nutzer erwartet, dass der Werbende für die Waren oder Dienstleistungen wirbt, für die das Kennzeichen Schutz genießt[2889]. Wird das Kennzeichen in der Anzeige **nicht erwähnt** und wird auch sonst keine Verbindung zu dem Kennzeicheninhaber hergestellt, liegt eine Kennzeichenrechtsverletzung fern[2890]. Dies gilt umso mehr, wenn das eigene Kennzeichen des Werbetreibenden in der Anzeige herausgestellt wird[2891].

1799

In Fällen, in denen das **Vertriebsnetz** eines Markeninhabers aus zahlreichen Einzelhändlern zusammengesetzt ist, kann es für den Internetnutzer besonders schwer sein, ohne Hinweis des Werbenden zu erkennen, ob dieser zu diesem Vertriebsnetz gehört. In einem solchen Fall bedarf es **ausnahmsweise** eines klarstellenden Hinweises in der Google-Anzeige, dass es an einer wirtschaftlichen Verbindung zwischen dem Werbenden und dem Markeninhaber fehlt. Anderenfalls liegt ein Markenrechtsverstoß auch dann vor, wenn das geschützte Kennzeichen in der Google-Anzeige nicht verwendet wird[2892].

1800

An einer Markenrechtsverletzung fehlt es, wenn keine **Verwechslungsgefahr** besteht. „Plakat 24" ist eine Marke mit schwacher Kennzeichnungskraft, so dass ein Unterlassungsanspruch

1801

2885 *Müller* in Spindler/Schuster, Recht der elektronischen Medien, § 3 MarkenG Rz. 4; OLG Frankfurt/M. v. 11.4.2018 – 6 W 11/18 Rz. 19 ff.; OLG Frankfurt v. 21.2.2019 – 6 U 16/18 Rz. 25 ff.
2886 Vgl. OLG Düsseldorf v. 18.4.2011 – I-20 W 2/11 Rz. 11; OLG Hamburg v. 22.1.2015 – 5 U 271/11 Rz. 96.
2887 A.A. OLG Frankfurt v. 9.12.2010 – 6 U 171/10 Rz. 4 f., CR 2011, 617.
2888 OLG Düsseldorf v. 23.4.2013 – I-20 U 159/12 Rz. 23; OLG Frankfurt v. 10.2.2022 – 6 U 126/21 Rz. 15 f.; OLG Hamburg v. 13.7.2015 – 3 W 52/15 Rz. 7.
2889 *Schirmbacher*, GRUR-Prax. 2010, 165, 167.
2890 BGH v. 22.1.2009 – I ZR 30/07, MMR 2009, 329, 220 m. Anm. *Hoeren* = ZUM 2009, 562, 564 f. m. Anm. *Kummermehr* – Beta Layout; vgl. auch OLG München v. 6.5.2008 – 29 W 1355/08, ITRB 2009, 82 = MMR 2008, 541.
2891 *Schirmbacher*, GRUR-Prax. 2010, 165, 166.
2892 BGH v. 27.6.2013 – I ZR 53/12 Rz. 32 ff. – Fleurop; OLG Frankfurt v. 10.2.2022 – 6 U 126/21 Rz. 21 f.

gegen die Buchung von „Plakat 24-Stunden-Lieferung" als AdWords mangels Verwechslungsgefahr zu verneinen ist[2893]. Die Verwendung eines Unternehmenskennzeichens in einer Google-Adwords-Anzeige stellt von vornherein keine Beeinträchtigung der Herkunftsfunktion des Kennzeichens dar, wenn zwischen dem Inhaber des Kennzeichens und dem Verwender der Anzeige eine **wirtschaftliche Verbindung** besteht[2894]. An einer Markenrechtsverletzung fehlt es, wenn eine **beschreibende Angabe** als Keyword gewählt wird („pcb" als Abkürzung des Begriffs „printed circuit board" – Leiterplatte) und **§ 23 Nr. 2 MarkenG** die Benutzung legitimiert[2895]. In anderen Fällen kann die Benutzung des Kennzeichens dadurch gerechtfertigt sein, dass sie der Beschreibung der Bestimmung einer Ware oder Dienstleistung (z.B. als Zubehör) dient (**§ 23 Nr. 3 MarkenG**)[2896].

1802 Eine geschäftliche Handlung ist nach **§ 5 Abs. 3 Nr. 1 UWG** auch irreführend, wenn sie im Zusammenhang mit der Vermarktung von Waren oder Dienstleistungen einschließlich vergleichender Werbung eine Verwechslungsgefahr mit der Marke oder einem anderen Kennzeichen eines Mitbewerbers hervorruft. Fehlt es jedoch im Hinblick auf die betriebliche Herkunft der in Rede stehenden Waren oder Dienstleistungen an einer Markenrechtsverletzung, scheidet auch eine wettbewerbswidrige Irreführung nach § 5 UWG in aller Regel aus. Über das Lauterkeitsrecht kann dem Zeicheninhaber keine Schutzposition eingeräumt werden, die ihm nach dem Kennzeichenrecht nicht zukommt. Wenn sich ein Markeninhaber auf den lauterkeitsrechtlichen Schutz vor einer Irreführung über die betriebliche Herkunft der in Rede stehenden Waren oder Dienstleistungen beruft, sind daher die Wertungen des Markenrechts zu berücksichtigen, um bei der Anwendung der lauterkeitsrechtlichen Vorschriften zum Schutz vor Herkunftstäuschungen gem. § 5 Abs. 3 Nr. 1 UWG Wertungswidersprüche zu vermeiden[2897].

1803 **Praxistipp**

Unternehmen, die Anzeigen buchen, die bei Eingabe eines Konkurrenzkennzeichens erscheinen sollen, ist zu empfehlen, ihr eigenes Kennzeichen in der Anzeige möglichst prominent herauszustellen. Dies schließt einen Eingriff in die Herkunftsfunktion des fremden Kennzeichens und eine Zuordnungsverwirrung aus. Erscheint das Kennzeichen des Dritten in der Anzeige, muss für eine klare Abgrenzung gesorgt werden, um deutlich zu machen, dass keine wirtschaftliche Verbindung zum Kennzeicheninhaber besteht[2898].

Hüten sollten sich Werbende vor der Verwendung der Funktion „dynamic keyword insertion", die dafür sorgt, dass der eingegebene Suchbegriff automatisch in die Anzeige übernommen wird, um diese auffälliger zu gestalten[2899].

Unternehmen, die Google-Kampagnen nicht selbst betreiben, sondern mit Agenturen zusammenarbeiten, sollten darauf bestehen, Einfluss auf die Keyword-Auswahl und die Buchung geschützter Kennzeichen als Keywords nehmen zu können. Eine ausdrückliche Regelung dazu liegt auch im Interesse der Dienstleister, die je nach vertraglicher Grundlage gegebenenfalls gegenüber dem Auftraggeber für die Auswahl der Keywords einstehen müssen[2900].

2893 OLG Dresden v. 30.8.2005 – 14 U 498/05, MMR 2006, 326 f. m. Anm. *Hüsch.*
2894 OLG Dresden v. 30.9.2014 – 14 U 652/14, ITRB 2015, 206 – Hotelvermittlungsplattform.
2895 BGH v. 22.1.2009 – I ZR 139/07, CR 2009, 323, 325 f. m. Anm. *Backu* – pcb.
2896 Vgl. LG Braunschweig v. 26.3.2008 – 9 O 250/08, MMR 2008, 291 (Ls.).
2897 BGH v. 15.10.2020 – I ZR 210/18 Rz. 57, CR 2021, 53 – Vorwerk.
2898 *Schirmbacher,* GRUR-Prax. 2010, 165, 167 f.
2899 *Schirmbacher,* GRUR-Prax. 2010, 165, 168.
2900 *Schirmbacher,* GRUR-Prax. 2010, 165, 168.

(2) Bekannte Marken

Auch ohne Verwendung des geschützten Zeichens in einer Google-Anzeige kann die Bu- **1804**
chung des Zeichens als Keyword eine Markenrechtsverletzung darstellen, wenn es sich um
eine **bekannte Marke** gem. § 14 Abs. 2 Nr. 3 MarkenG und Art. 9 Abs. 1 c GMV handelt.
Dabei ist zu berücksichtigen, dass ein Werbender durch die Auswahl eines mit einer fremden Marke identischen Zeichens als Schlüsselwort darauf abzielt, dass die Internetnutzer,
die dieses Wort als Suchbegriff eingeben, nicht nur auf die vom Inhaber dieser Marke her-
rührenden angezeigten Links klicken, sondern auch auf den Werbelink des Werbenden. Außerdem werden bekannte Marken häufiger von Internetnutzern als Suchworte eingegeben,
um im Internet Informationen oder Angebote über Waren oder Dienstleistungen dieser
Marken zu finden. Unter diesen Umständen dient die Auswahl einer bekannten Marke im
Rahmen einer Suchmaschine als Schlüsselwort durch einen Mitbewerber des Markeninhabers dazu, die Unterscheidungskraft und Wertschätzung dieser Marke auszunutzen[2901].

Nach § 14 Abs. 2 Nr. 3 MarkenG und Art. 9 Abs. 1 c GMV ist die Nutzung der bekannten **1805**
Marke nur dann untersagt, wenn dies **ohne rechtfertigenden Grund** erfolgt. An einem solchen Grund fehlt es, wenn der Werbende Nachahmungen von Waren des Inhabers dieser
Marke anbietet oder die mit der bekannten Marke versehenen Waren in einem negativen
Licht darstellt. Wenn dagegen aufgrund des Keywords eine Werbung gezeigt wird, mit der
lediglich eine Alternative zu den Waren oder Dienstleistungen des Markeninhabers vorge-
schlagen wird, ist davon auszugehen, dass eine solche Benutzung grundsätzlich unter einen
gesunden und lauteren Wettbewerb im Bereich der fraglichen Waren oder Dienstleistungen
fällt und damit nicht „ohne rechtfertigenden Grund" i.S.v. § 14 Abs. 2 Nr. 3 MarkenG und
Art. 9 Abs. 1 Buchst. c GMV erfolgt[2902].

dd) Verletzung des Namensrechts

Für das **Namensrecht** muss bei der Schaltung von Keywords[2903] ähnliches gelten wie im Kenn- **1806**
zeichenrecht. Die Schaltung von Keywords mit einem fremden Namen kann daher nur dann
eine Namensanmaßung i.S.d. § 12 BGB darstellen, wenn Trefferanzeigen generiert werden,
die den Eindruck erwecken, dass der Namensinhaber mit den geschalteten Anzeigen in Verbindung steht.

e) Suchbegriffe auf Verkaufsplattformen

Die Rechtsprechung des EuGH und des BGH zur Google-Suche lässt sich nach Auffassung **1807**
des OLG München nicht auf die interne Suche auf der **Amazon-Verkaufsplattform** übertragen. Führe die Eingabe der Marke in die Amazon-Suchmaske zu einer Ergebnisliste, auf der
sich auch Produkte von Mitbewerbern des Markeninhabers befinden, stelle dies – anders als
bei einer entsprechenden Beeinflussung der Google-Suche – per se eine Markenverletzung
dar[2904]. Das OLG Frankfurt argumentierte ähnlich, begründete die Markenrechtsverletzung

---

2901 BGH v. 20.2.2013 – I ZR 172/11 Rz. 22, CR 2013, 817 = ITRB 2013, 247 – Beate Uhse I.
2902 BGH v. 20.2.2013 – I ZR 172/11 Rz. 23, CR 2013, 817 = ITRB 2013, 247 – Beate Uhse I.
2903 Vgl. *Schirmbacher*, ITRB 2007, 117, 118.
2904 OLG München v. 26.10.2015 – 29 W 1861/15 Rz. 31; vgl. auch LG München I v. 18.8.2015 –
      33 O 22637/14 Rz. 44.

im konkreten Fall jedoch maßgeblich damit, dass das Suchergebnis des Mitbewerbers von den anderen Suchbegriffen nicht abgesetzt gewesen sei[2905].

1808 Amazon ist für die Funktion der internen Suchmaschine auf der eigenen Internetseite selbst verantwortlich, da auf der Amazon-Plattform die Suchbegriffe – anders als bei Google – nicht von Werbetreibenden gebucht, sondern von Amazon selbst generiert werden. Die Auswahl der in der Trefferliste angezeigten Suchergebnisse beruht auf einer von Amazon selbst veranlassten **automatisierten Auswertung des Kundenverhaltens**[2906].

1809 Auch das OLG Köln bejahte eine Markenrechtsverletzung, wenn bei der Eingabe eines geschützten Zeichens als Suchwort eine Reihe von Treffern angezeigt wird, die ausschließlich aus Produkten von Mitbewerbern des Zeicheninhabers bestehen. In einem solchen Fall sei ein ausdrücklicher Hinweis darauf erforderlich, dass keines der angezeigten Ergebnisse der Eingabe entspricht. Andernfalls lasse sich nicht ausschließen, dass der Nutzer davon ausgeht, zwischen den Anbietern der ihm angebotenen Produkte und dem Zeicheninhaber bestünden zumindest wirtschaftliche Beziehungen[2907].

1810 Das LG Berlin konnte keine Markenrechtsverletzung darin erkennen, dass bei der Eingabe einer Marke in die Amazon-Suche Konkurrenzprodukte in der Ergebnisliste gezeigt werden. Plattformnutzer seien daran gewöhnt, dass auf Suchanfragen auch abweichende Produkte angezeigt werden[2908]. Zum selben Ergebnis kam das OLG Hamburg in einem Fall, in dem die Inhaber der Marke „Elitepartner" einem Konkurrenten die Nutzung der Marke als Suchwort bei der **iPhone-App-Store-Suche** verbieten wollte[2909].

1811 Bei der gebotenen Anwendung der Grundsätze des Keyword-Advertising ist nach Auffassung des **BGH** zu prüfen, ob ein durchschnittlicher Internetnutzer nicht oder nur schwer erkennen kann, ob die in der in Rede stehenden Ergebnisliste beworbenen Waren vom Inhaber der Marke oder einem mit ihm wirtschaftlich verbundenen Unternehmen oder vielmehr von Dritten stammen. Wenn dies nicht dies Fall sei, fehle es an einer Beeinträchtigung der Herkunftsfunktion der Marke[2910].

1812 Die **Herkunftshinweisfunktion** ist beeinträchtigt, wenn der angesprochene Verkehr erwartet, beim Anklicken von mittels Marken als Schlüsselwörtern generierten Anzeigen ausschließlich Angebote von Produkten des Markeninhabers gezeigt zu bekommen, die sodann erscheinenden Ergebnislisten jedoch ohne gesonderte Kenntlichmachung neben Produkten des Markeninhabers gleichrangig Angebote anderer Hersteller enthalten[2911].

1813 Unter Berücksichtigung der Erwartungen der Internetnutzer sind nach Ansicht des BGH an eine **reine Suchmaschine höhere Anforderungen** an die Trennung von Suchergebnissen und Werbeanzeigen zu stellen als an eine in einem Online-Shop oder auf einem Internet-Marktplatz betriebene Suchmaschine, wo der durchschnittliche Internetnutzer mit dem An-

---

2905 OLG Frankfurt v. 11.2.2016 – 6 U 6/15 Rz. 25 ff.
2906 BGH v. 15.2.2018 – I ZR 138/16 Rz. 36, CR 2018, 802 – ORTLIEB I; BGH v. 15.2.2018 – I ZR 201/16 Rz. 44 f., CR 2018, 744 = ITRB 2018, 275 – goFit.
2907 OLG Köln v. 20.11.2015 – 6 U 40/15 Rz. 40, ITRB 2016, 30.
2908 LG Berlin v. 2.6.2015 – 91 O 47/15 Rz. 24.
2909 OLG Hamburg v. 19.6.2013 – 5 W 31/13 Rz. 17 ff.
2910 BGH v. 15.2.2018 – I ZR 138/16 Rz. 47, CR 2018, 802 – ORTLIEB I; BGH v. 15.2.2018 – I ZR 201/16 Rz. 53 f., CR 2018, 744 = ITRB 2018, 275 – goFit.
2911 BGH v. 15.10.2020 – I ZR 210/18 Rz. 46, CR 2021, 53 – Vorwerk.

gebot von Alternativen in der Trefferliste rechnet[2912]. Zur Beurteilung einer Markenrechts-verletzung bedarf es stets einer Prüfung der konkreten Gestaltung der Anzeige im Zusam-menspiel mit der gemischten Ergebnisliste[2913].

2. E-Mail-Werbung

a) Absender und Betreffzeile

Nach § 6 Abs. 2 Satz 1 TMG dürfen in der Kopf- oder Betreffzeile von Werbemails („**kom-merzielle Kommunikation**") weder der Absender noch der kommerzielle Charakter der Nachricht verschleiert oder verheimlicht werden. Ein Verschleiern oder Verheimlichen liegt nach § 6 Abs. 2 Satz 2 TMG vor, wenn die Kopf- und Betreffzeile absichtlich so gestaltet sind, dass der Empfänger vor Einsichtnahme in den Inhalt der Kommunikation keine oder irreführende Informationen über die tatsächliche Identität des Absenders oder den kom-merziellen Charakter der Nachricht erhält. Nach § 11 Abs. 1 TMG handelt ordnungswidrig, wer absichtlich entgegen § 6 Abs. 2 TMG den Absender oder den kommerziellen Charakter der Nachricht verschleiert oder verheimlicht.   1814

aa) Hintergrund und Ziel der Regelung

§ 6 Abs. 2 TMG dient der Bekämpfung von **Verschleierungs- und Verheimlichungshand-lungen** bei der E-Mail-Werbung. Die Regelung soll Anbieter erfassen, die den E-Mail-Ver-sand durch gezielte Täuschungshandlungen besonders undurchsichtig gestalten. § 6 Abs. 2 TMG zielt auf E-Mails, bei denen es dem Empfänger erschwert wird, sich durch geeignete technische Maßnahmen vor unerwünschter Werbung zu schützen. Der Gesetzgeber hatte dabei insbesondere den Einsatz von Spam-Filtern vor Augen[2914].   1815

Den Inhalt der **Betreffzeile** kann der Versender selbst bestimmen. Der Irreführung des Emp-fängers ist damit Tür und Tor geöffnet. Von „Fehler in Ihrem Computer-System entdeckt" über „Eine wichtige Nachricht Ihrer Bank" zu „Nice to have met you again" und „Peter hat sich auch eine solche bestellt": Betreffzeilen werden vielfach irreführend gestaltet, um den Empfänger zu veranlassen, sich die E-Mail genauer anzusehen[2915].   1816

Die **Absenderangabe** einer E-Mail lässt sich ohne weiteres manipulieren[2916]. Zugleich ist die Erkennbarkeit des Absenders für den Empfänger besonders wichtig. Es liegt auf der Hand, dass der Empfänger einer E-Mail eher bereit sein wird, sich mit der E-Mail genauer zu be-schäftigen, wenn es sich um die E-Mail eines (vermeintlichen) Freundes oder Geschäftspart-ners handelt, als dies der Fall ist bei der E-Mail eines Fremden. Wird die Herkunft der Nachricht verheimlicht oder verschleiert, kann der Empfänger sein Verhalten nicht an die mit der E-Mail eventuell verbundenen Risiken anpassen[2917].   1817

2912 BGH v. 15.2.2018 – I ZR 138/16 Rz. 56, CR 2018, 802 – ORTLIEB I.
2913 BGH v. 25.7.2019 – I ZR 29/18 Rz. 28 ff. – ORTLIEB II.
2914 Vgl. *Schmittmann/Lorenz*, K&R 2007, 609, 613 f.; BT-Drucks. 16/3078, 23; vgl. *Schirmbacher*, VuR 2007, 54, 58.
2915 Vgl. *Schirmbacher*, VuR 2007, 54, 58.
2916 Vgl. *Schirmbacher*, VuR 2007, 54, 58.
2917 BT-Drucks. 16/3078, 24; vgl. *Schirmbacher*, VuR 2007, 54, 58.

bb) Absichtliches Verschleiern oder Verheimlichen

1818 Suggerieren die Absenderangaben, die Nachricht stamme von einer offiziellen Stelle (z.B. „Staatsanwaltschaft München"), von einem Geschäftspartner oder aus dem Freundeskreis des Empfängers, liegt ein **Verschleiern des Absenders** i.S.d. § 6 Abs. 2 TMG vor. Das Verbot der **Verheimlichung des Absenders** erfasst zudem Nachrichten, die überhaupt keine Angaben zur Identität des Versenders enthalten[2918]. Ein Fall des **Verschleierns oder Verheimlichens des Werbecharakters** der E-Mail liegt bei irreführenden Aussagen in der Betreffzeile vor (z.B. „letzte Mahnung", „Achtung, besonders dringend!", „Ihr Strafverfahren Aktenzeichen XY")[2919].

1819 § 6 Abs. 2 TMG bezieht sich nicht auf Fälle, in denen Unternehmen versehentlich irreführende Angaben machen, weil sie sich vorher über die Anforderungen an Werbemails nicht hinreichend in Kenntnis gesetzt haben[2920]. Erfasst werden lediglich Fälle, in denen es dem Versender **gezielt** auf eine Täuschung des Empfängers ankommt. Dem entspricht es, dass nur **absichtliches Handeln** von der Bußgeldnorm des § 11 Abs. 1 TMG erfasst[2921] wird.

1820 Der **Nachweis** absichtlichen Handelns ist schwer. Wer mit einem Bußgeldverfahren konfrontiert ist, wird mannigfaltige, schwer zu widerlegende Begründungen dafür vorbringen, dass es zu „Missverständnissen" bei der Gestaltung der Absenderzeile gekommen ist[2922].

b) Spamming

1821 ■ **Übersicht:**

Spamming:

- **Wettbewerbsrecht:** E-Mail-Werbung ist ohne vorheriges ausdrückliches Einverständnis des Empfängers wettbewerbswidrig (§ 7 Abs. 2 Nr. 3 UWG).

- **Deliktsrecht:** Der Empfänger hat Unterlassungsansprüche aus § 1004 BGB i.V.m. § 826 BGB bzw. § 823 Abs. 1 BGB (Eingriff in das Persönlichkeitsrecht bzw. in den Gewerbebetrieb).

1822 Als Spamming bezeichnet man das massenhafte Versenden von **Werbe-E-Mails**[2923]. Die rasante Verbreitung liegt vor allem an den geringen Kosten. Die millionenfache Versendung von E-Mails kostet den Absender einen Bruchteil des Aufwandes einer Versendung von 100 Werbebriefen. Die Versender von Spam-Mails erwerben E-Mail-Adressen vielfach von professionellen Adresshändlern. Die Adresshändler sammeln die Adressen mittels sog. Harvester-Software aus dem Internet. Häufig werden die E-Mail-Adressen auch automatisch generiert[2924].

aa) Unzumutbare Belästigung

1823 Nach **§ 7 Abs. 1 Satz 1 UWG** ist es unzulässig, geschäftliche Handlungen vorzunehmen, durch die ein Marktteilnehmer in unzumutbarer Weise belästigt wird. Ziel der Regelung ist

---

2918 BT-Drucks. 16/3078, 24; vgl. *Schirmbacher*, VuR 2007, 54, 58 f.
2919 BT-Drucks. 16/3078, 25; vgl. *Schirmbacher*, VuR 2007, 54, 58 f.
2920 Vgl. *Bender/Kahlen*, MMR 2006, 590, 593; *Schmittmann/Lorenz*, K&R 2007, 609, 614.
2921 BT-Drucks. 16/3078, 25; vgl. *Schirmbacher*, VuR 2007, 54, 59.
2922 Vgl. *Bender/Kahlen*, MMR 2006, 590, 593; vgl. *Schirmbacher*, VuR 2007, 54, 58.
2923 Vgl. *Schirmbacher/Schätzle*, WRP 2014, 1143.
2924 *Schirmbacher*, VuR 2007, 54, 54.

es, das Eindringen in die Privatsphäre von Marktteilnehmern zu verhindern. Belästigend in diesem Sinne ist eine geschäftliche Handlung, die dem Empfänger aufgedrängt wird und die bereits wegen der Art und Weise, wie sie den Empfängerkreis erreicht, unabhängig von ihrem Inhalt als störend empfunden wird. Eine Beeinträchtigung der Entscheidungsfreiheit der Marktteilnehmer ist nicht Voraussetzung einer nach § 7 Abs. 1 Satz 1 UWG verbotenen Belästigung[2925].

Unzumutbar ist eine Belästigung i.S.d. § 7 Abs. 1 Satz 1 UWG, wenn sie eine solche Intensität erreicht, dass sie von einem großen Teil der Marktteilnehmer als unerträglich empfunden wird, wobei der Maßstab des durchschnittlich empfindlichen Adressaten zugrunde zu legen ist. Dabei kommt es nicht einseitig auf die Perspektive des Adressaten der geschäftlichen Handlung an. Die Unzumutbarkeit ist vielmehr zu ermitteln durch eine Abwägung der auch verfassungsrechtlich geschützten Interessen des Adressaten, von der geschäftlichen Handlung verschont zu bleiben (Art. 2 Abs. 1 GG), und des Unternehmers, der seine gewerblichen Leistungen zur Geltung bringen will (Art. 5 Abs. 1 Satz 1, Art. 12 Abs. 1 Satz 2 GG)[2926]. 1824

§ 7 Abs. 1 Satz 1 UWG gilt insbesondere für die Versendung von **Werbung**, wenn erkennbar ist, dass der Empfänger diese Werbung nicht wünscht (§ 7 Abs. 1 Satz 2 UWG). Gegenstand des Schutzes ist die Verhinderung des Eindringens des Werbenden in die Privatsphäre des Verbrauchers und die Ungestörtheit der Betriebsabläufe der sonstigen Marktteilnehmer. Es soll verhindert werden, dass dem Verbraucher und sonstigen Marktteilnehmer Werbemaßnahmen gegen seinen erkennbaren oder mutmaßlichen Willen aufgedrängt werden. Verhindert werden soll darüber hinaus, dass die belästigende Werbung zu einer Bindung von Ressourcen des Empfängers (z.B. Zeitaufwand, Kosten für Faxpapier, Vorhaltekosten von Empfangseinrichtungen, Entsorgungskosten) führt[2927]. 1825

Jeder Internetnutzer weiß, dass **Pop-Up-Fenster**[2928] lästig sein können. Dies gilt insbesondere für Fenster, die sich erst beim Schließen des geöffneten Browser-Fensters öffnen (sog. Exit-Pop-Ups). Hieraus jedoch – wie das LG Düsseldorf meint – eine generelle Wettbewerbswidrigkeit von **Exit-Pop-Up-Fenstern** unter dem Gesichtspunkt einer übermäßigen Belästigung abzuleiten[2929], geht zu weit[2930]. 1826

Pop-Up-Werbung stellt jedenfalls dann keine unzumutbare Belästigung i.S.d. § 7 Abs. 1 UWG dar, wenn sie nach wenigen Sekunden automatisch verschwindet. Dies gilt auch dann, wenn sich die Seite, auf der die Werbung eingeblendet wird, an Kinder richtet[2931]. Auch die Schaltung einer zehnsekündigen Vorschaltwerbung am Anfang eines Online-Spiels stellt keine unzumutbare Belästigung dar, da es an einer hartnäckigen Ansprache fehlt und auch im Übrigen keine Unzumutbarkeit feststellbar ist (§ 7 Abs. 1 Satz 1 UWG)[2932]. 1827

2925 BGH v. 25.4.2019 – I ZR 23/18 Rz. 12, CR 2019, 469 – WifiSpot.
2926 BGH v. 25.4.2019 – I ZR 23/18 Rz. 27, CR 2019, 469 – WifiSpot.
2927 BGH v. 21.4.2016 – I ZR 276/14 Rz. 16, CR 2016, 613 = AfP 2016, 348 – Lebens-Kost.
2928 Vgl. *Mankowski*, K&R 2003, 526.
2929 LG Düsseldorf v. 26.3.2003 – 2a O 186/02, CR 2003, 525 = ITRB 2003, 146 = MMR 2003, 486.
2930 *Bornkamm/Seichter*, CR 2005, 747, 752 f.; *Micklitz/Schirmbacher*, WRP 2006, 148, 166; *Pierson*, K&R 2006, 489, 494; a.A. *Mankowski*, K&R 2003, 526, 527; differenzierend *Leupold/Bräutigam/Pfeiffer*, WRP 2000, 575, 591.
2931 KG Berlin v. 18.10.2013 – 5 U 138/12 Rz. 21 ff.
2932 OLG Köln v. 12.4.2013 – 6 U 132/12 Rz. 30 ff., ITRB 2013, 253.

1828 Für **Pop-Unders** (Pop-Down-Fenster), bei denen die Werbung in einem Fenster hinter dem geöffneten Fenster angezeigt wird, gilt nichts Anderes als für Pop-Up-Werbung. Pop-Under- und Pop-Up-Werbung erfüllen auch in der Regel weder den Tatbestand eines Eingriffs in den eingerichteten und ausgeübten Gewerbebetrieb[2933], noch verletzen sie in rechtswidriger Weise das Persönlichkeitsrecht ((§ 823 Abs. 1 BGB) – s. Rz. 1869 ff.)

1829 In **§ 7 Abs. 2 Nr. 1 UWG** ist die unerwünschte **Telefonwerbung** („Cold Calling"[2934]) geregelt. Als unzumutbare Belästigung und somit unlauter gilt danach Werbung mit Telefonanrufen gegenüber Verbrauchern ohne deren ausdrückliche Einwilligung und gegenüber sonstigen Marktteilnehmern (Unternehmern) ohne deren zumindest mutmaßliches Einverständnis[2935]. Dabei sind werbliche Anrufe unter der Privatnummer einer Person ausnahmslos als Werbung gegenüber Verbrauchern zu werten, gleichgültig ob der Angerufene in seiner Eigenschaft als Privatmann, Berufstätiger oder Unternehmer angesprochen werden soll[2936].

1830 § 7 Abs. 2 Nr. 2 UWG untersagt die **Faxwerbung**, sofern es an einer Einwilligung des Adressaten fehlt[2937]. Notwendig ist somit sowohl gegenüber Verbrauchern als auch bei anderen Empfängern (Unternehmern) deren vorherige Zustimmung (§ 183 BGB). Anders als § 7 Abs. 2 Nr. 1 UWG lässt § 7 Abs. 2 Nr. 2 UWG das **mutmaßliche Einverständnis** des Empfängers nicht ausreichen[2938], so dass der Absender nicht umhin kommt, vor Versendung eines Werbefaxes die Adressaten ausdrücklich um ihr Einverständnis zu ersuchen.

1831 § 7 Abs. 2 Nr. 2 und 3 sowie § 7 Abs. 3 UWG enthalten ausdrückliche Regelungen für das Spamming[2939]. Nach § 7 Abs. 2 Nr. 2 UWG ist die Werbung unter Verwendung **elektronischer Post** ohne ausdrückliche Einwilligung des Adressaten eine unzumutbare Belästigung und damit eine unlautere Handlung. Zudem ist nach § 7 Abs. 2 Nr. 3 UWG Werbung mit Nachrichten untersagt, bei der die Identität des Absenders, in dessen Auftrag die Nachricht übermittelt wird, verschleiert oder verheimlicht wird oder bei der keine gültige Adresse vorhanden ist, an die der Empfänger eine Aufforderung zur Einstellung solcher Nachrichten richten kann, ohne dass hierfür andere als die Übermittlungskosten nach den Basistarifen entstehen. Damit wurde Art. 13 der E-Privacy-Richtlinie der EU[2940] umgesetzt[2941].

(1) Opt-In

1832 Von dem LG Traunstein stammte die erste Entscheidung zum Spamming, in der das Gericht vor 25 Jahren weitsichtig den Gesichtspunkt des drohenden **„Anschwellens"** der uner-

---

2933 LG Berlin v. 13.5.2004 – 16 O 524/03, AfP 2005, 414 = AfP 2005, 95 = ITRB 2005, 225 = MMR 2004, 699 m. Anm. *Berger.*
2934 Vgl. OLG Stuttgart v. 26.8.2008 – 6 W 55/08, ITRB 2008, 271 = CR 2008, 711 f.; AG Bremen v. 21.11.2013 – 9 C 573/12, CR 2014, 187 = ITRB 2014, 35.
2935 Vgl. *Micklitz/Schirmbacher,* WRP 2006, 148, 159; LG Heidelberg v. 10.7.2008 – 3 O 142/08, MMR 2008, 763 f.
2936 LG Halle v. 23.4.2015 – 8 O 94/14 Rz. 16.
2937 Vgl. OLG Hamm v. 18.1.2005 – 4 U 126/04, AfP 2005, 412 = CR 2006, 19, 20; LG Ulm v. 11.1.2013 – 10 O 102/12 KfH.
2938 OLG Stuttgart v. 22.3.2007 – 2 U 159/06, MMR 2008, 136 (Ls.).
2939 Vgl. *Härting/Eckart,* ITRB 2004, 185.
2940 Richtlinie 2002/58/EG des Europäischen Parlaments und des Rates v. 12.7.2002 über die Verarbeitung personenbezogener Daten und den Schutz der Privatsphäre in der elektronischen Kommunikation, ABl. EG Nr. L 201 v. 31.7.2002, S. 37.
2941 Vgl. *Leistner/Pothmann,* WRP 2003, 815, 825 ff.

wünschten E-Mail-Werbung als tragenden Grund für einen Unterlassungsanspruch gem. § 1 UWG a.F. anführte[2942]. Bei der gem. § 1 UWG a.F. notwendigen Gesamtwürdigung fiel ergänzend ins Gewicht, dass dem Empfänger einer Werbe-E-Mail zugemutet wird, die E-Mail durch zumindest flüchtige Lektüre als Werbung zu identifizieren und die als Werbung identifizierten E-Mails gegebenenfalls zu löschen. Auch die beim Empfänger anfallenden Übertragungskosten für den Abruf einer Werbe-E-Mail sprachen dafür, das Spamming als sittenwidrig i.S.d. § 1 UWG a.F. anzusehen[2943]. Nach und nach entwickelte sich in der Folgezeit Einigkeit über die **Wettbewerbswidrigkeit** unverlangter E-Mail-Werbung[2944]. Diese Auffassung wurde auch vom BGH bestätigt[2945].

§ 7 Abs. 2 Nr. 2 UWG stellt fest, was schon zuvor von der Rechtsprechung konstatiert worden war: Spamming ist wettbewerbswidrig. Zudem gilt in Deutschland die **Opt-In-Regelung**, also das Erfordernis eines vorherigen Einverständnisses. Dieses Erfordernis steht im Gegensatz zu der in den USA herrschenden Opt-Out-Variante, bei der dem Empfänger lediglich die Möglichkeit gegeben werden muss, nach dem Empfang der Werbesendung weitere Zusendungen zu untersagen. Einzelnen Stimmen, die entgegen dem klaren Trend in der Rechtsprechung ein Opt-Out auch in Deutschland befürworteten[2946], wurde durch § 7 Abs. 2 Nr. 2 UWG der Boden entzogen.   1833

Wettbewerbswidrig ist auch die unaufgeforderte Werbung per Mobilfunk-Kurzmitteilung (**SMS**)[2947], per WhatsApp oder anderen Messenger-Diensten oder per **Bluetooth**[2948].   1834

Anders als Werbebanner oder Pop-up-Fenster, die am Rand der Liste mit privaten Nachrichten bzw. separat von diesen erscheinen, behindert die Einblendung von Werbenachrich-   1835

2942 LG Traunstein v. 18.12.1997 – 2 HK O 3755/97, CR 1998, 171 m. Anm. *Jörg/Reichelsdorfer* = NJW 1998, 1648 f.; vgl. *Engels/Eimterbäumer*, K&R 1998, 196, 200; *Schrey/Westerwelle*, BB 1997, Beilage 18 zu Heft 48, 17, 21 f.

2943 Vgl. *Hoeren* in Becker, Rechtsprobleme internationaler Datennetze, S. 45; *Hoeren* in Lehmann, Cyberlaw, S. 115; *Ernst*, BB 1997, 1057, 1060; *Hoeren*, WRP 1997, 993, 995; *Schmittmann*, DuD 1997, 636, 639; *Schmittmann*, MMR 1998, 53, 54; *Schrey/Westerwelle*, BB 1997, Beilage 18 zu Heft 48, 17, 20 f.; a.A. *Funk*, OLG München v. 17.12.1997 – 3 U 6108/96, CR 1998, 411, 419; *Leupold*, WRP 1998, 270, 276 f.

2944 *Strömer*, Online-Recht, S. 161; *Hoeren* in Becker, Rechtsprobleme internationaler Datennetze, S. 35, 46; *Hoeren* in Lehmann, Cyberlaw, S. 111, 115; *Waltl* in Lehmann, Cyberlaw, S. 185, 193 f.; *Engels/Eimterbäumer*, K&R 1998, 196, 200; *Ernst*, BB 1997, 1057, 1060; *Hoeren*, WRP 1997, 993, 995; *Schmittmann*, DuD 1997, 636, 639; *Schmittmann*, MMR 1998, 53, 54; *Schrey*, K&R 1998, 222, 223; *Schrey/Westerwelle*, BB 1997, Beilage 18 zu Heft 48, 17, 20; *Ultsch*, DZWir 1997, 466, 470 f.; LG Ellwangen v. 27.8.1999 – 2 KfH O 5/99, CR 2000, 188; LG Traunstein v. 14.10.1997 – 2 HK O 3755/97, NJW 1998, 1648, 1648 f. = CR 1998, 171; differenzierend *Leupold*, WRP 1998, 270, 277; a.A. *Funk*, CR 1998, 411, 420; *Reichelsdorfer*, GRUR 1997, 191, 197.

2945 BGH v. 11.3.2004 – I ZR 81/01, AfP 2004, 303 = ITRB 2004, 194 = NJW 2004, 1655 = CR 2004, 445 = WRP 2004, 731 = MMR 2004, 386 m. Anm. *Hoeren* – E-Mail-Werbung.

2946 Vgl. *Ziem*, MMR 2000, 129.

2947 BGH v. 16.7.2008 – VIII ZR 348/06, CR 2008, 720 m. Anm. *Brisch/Laue* = ITRB 2008, 219 = BB 2008, 2426, 2429 m. Anm. *Schirmbacher*; OLG Frankfurt v. 6.10.2016 – 6 U 54/16 Rz. 24 ff., CR 2017, 127 = ITRB 2017, 32; LG Berlin v. 14.1.2003 – 15 O 420/02, AfP 2003, 477 = ITRB 2003, 122 = CR 2003, 339, 339 f. m. Anm. *Ayad*; LG Hannover v. 21.6.2005 – 14 O 158/04, AfP 2007, 178 = CR 2006, 529, 530 m. Anm. *Müglich*; vgl. auch *Micklitz/Schirmbacher*, WRP 2006, 148, 164; LG Bonn v. 19.7.2004 – 6 S 77/04, ITRB 2005, 33 = CR 2005, 198, 199 f.; AG Berlin-Mitte v. 12.1.2010 – 14 C 1016/09.

2948 Vgl. *Sassenberg/Berger*, K&R 2007, 499, 499 ff.

ten in der Liste der privaten E-Mails des Nutzers den Zugang zu diesen E-Mails (**Inbox-Werbung**) in ähnlicher Weise, wie dies bei unerbetenen E-Mails der Fall ist, da ein solches Vorgehen die gleiche Entschlussfassung seitens des Teilnehmers erfordert, was die Behandlung der Werbenachrichten betrifft[2949]. Dies gilt insbesondere wegen der Ähnlichkeit von Inbox-Werbung mit privaten E-Mails. Wegen dieser Ähnlichkeit besteht die Gefahr einer Verwechslung zwischen den beiden Kategorien von Nachrichten, die dazu führen kann, dass ein Nutzer, der auf die der Werbenachricht entsprechende Zeile klickt, gegen seinen Willen auf eine die betreffende Werbung enthaltende Internetseite weitergeleitet wird, anstatt weiter seine privaten E-Mails zu konsultieren. Auch für Inbox-Werbung gilt daher § 7 Abs. 2 Nr. 2 UWG[2950].

(2) Werbung

1836 § 7 Abs. 2 Nr. 2 UWG gilt nur für Werbung und somit für E-Mails, die darauf abzielen, Waren oder Dienstleistungen abzusetzen. Es reicht für eine Werbung gem. § 7 Abs. 2 Nr. 2 UWG aus, dass die E-Mail – neben Informationen – auch Werbung enthält[2951].

1837 Jede Werbung setzt voraus, dass es dem Werbenden um eine **Geschäftsanbahnung** bzw. um den Abschluss eines Vertrages geht. Mangels einer solchen Geschäftsanbahnung wird daher § 7 Abs. 2 Nr. 2 UWG nicht verletzt, wenn der Betreiber einer Internet-Datenbank ein Unternehmen per E-Mail um eine Bestätigung bittet, dass ein bestimmter (kostenloser) Eintrag richtig ist, der das Unternehmen betrifft[2952]. Zulässig ist auch der E-Mail-Versand durch eine Verlagsredaktion, wenn sie ausschließlich der **Nachrichtenbeschaffung** dient[2953].

1838 Als Werbung ist eine E-Mail anzusehen, in der der Absender die Schaltung eines Werbebanners anbietet, wenn die Bannerwerbung offenkundig von **geschäftlichen Zwecken** getragen ist[2954]. Auch die Aufforderung zur Unterstützung eines sozialen Projekts stellt Werbung dar, sofern die Aufforderung Teil der Imagepflege eines Unternehmens ist[2955].

1839 Als Werbung ist auch eine **Kundenzufriedenheitsumfrage** anzusehen, die das Ziel hat, die Serviceleistungen eines Unternehmens zu verbessern und dadurch den eigenen Kundenstamm zu erhalten. Eine „Kunden-Nachbetreuung" soll weiteren Geschäftsabschlüssen den Weg ebnen und somit werben[2956].

2949 EuGH v. 25.11.2021 – C-102/20 Rz. 42, ECLI:EU:C:2021:954, CR 2022, 38 = ITRB 2022, 51 (*Kunczik*) – T-Online.

2950 EuGH v. 25.11.2021 – C-102/20 Rz. 43, ECLI:EU:C:2021:954, CR 2022, 38 = ITRB 2022, 51 (*Kunczik*) – T-Online.

2951 Vgl. OLG Hamm v. 14.5.2009 – 4 U 192/08, MMR 2009, 769; LG Berlin v. 13.3.2007 – 15 O 821/06, MMR 2008, 136 (Ls.); a.A. *Ernst/Seichter*, MMR 2006, 779, 783.

2952 So auch bzgl. Versenden einer Faxnachricht OLG Stuttgart v. 25.7.2013 – 2 U 9/13, ITRB 2014, 55; a.A. LG Memmingen v. 23.12.2009 – 1 HK O 1751/09.

2953 LG München v. 15.11.2006 – 33 O 11693/06, AfP 2007, 265 = ITRB 2007, 82 = MMR 2007, 120, 120 f.

2954 A.A. OLG Düsseldorf v. 4.10.2005 – I-20 U 64/05, AfP 2006, 502 = CR 2006, 642 = ITRB 2006, 180 = MMR 2006, 171 ff.

2955 OLG Frankfurt v. 6.10.2016 – 6 U 54/16 Rz. 26, CR 2017, 127 = ITRB 2017, 32.

2956 KG Berlin v. 7.2.2017 – 5 W 15/17 Rz. 4; OLG Dresden v. 26.4.2016 – 14 U 1773/15 Rz. 22, CR 2017, 335 = ITRB 2016, 270; OLG Köln v. 12.12.2008 – 6 U 41/08, AfP 2009, 428 = MMR 2009, 267, 268; AG Düsseldorf v. 27.10.2014 – 20 C 6875/14 Rz. 8, CR 2014, 816; LG Hannover v. 21.12.2017 – 21 O 21/17 Rz. 23 ff.; AG Hannover v. 3.4.2013 – 550 C 13442/12 Rz. 18, CR 2013, 679 = ITRB 2013, 232.

Der Werbebegriff des § 7 Abs. 2 Nr. 2 UWG umfasst auch eine **Nachfrage** des Werbenden   1840
nach Waren oder Dienstleistungen[2957]. Für das Schutzbedürfnis des Empfängers stellt es keinen Unterschied dar, ob er unaufgefordert Angebote für Waren oder Dienstleistungen erhält
oder ob ihm Anfragen zugehen, in denen beispielsweise Immobilien oder Antiquitäten nach-
gefragt werden[2958]. Enthält eine E-Mail allerdings lediglich die Aufforderung, für ein Projekt
aus dem Geschäftsbereich des Empfängers ein Angebot abzugeben, fehlt es am Werbecha-
rakter[2959]. Dies gilt erst recht, wenn der Empfänger seine Leistung öffentlich unter Angabe
seiner E-Mail angeboten hat[2960].

Wird eine **Eingangsbestätigung** per E-Mail versandt, handelt es sich nicht um Werbung.   1841
Dies hat aber nach Auffassung des BGH nicht zur Folge, dass auf Werbung, die sich in der
E-Mail befindet, § 7 Abs. 2 Nr. 2 UWG nicht anwendbar ist. Für die Annahme, der Inhalt
der E-Mail sei durch die darin enthaltene Bestätigung insgesamt dem Wettbewerbsrecht entzogen, ist nach Ansicht des BGH kein Raum[2961]. Eine E-Mail eines Unternehmens wird allerdings nicht schon dadurch zu einer Werbemail, dass das **Logo** des Unternehmens verwendet wird. Die Verwendung eines Logos ist nicht unmittelbar darauf gerichtet, die Förderung
des Absatzes von Produkten oder Dienstleistungen zu erreichen[2962].

Praxistipp   1842

Wer als Unternehmer E-Mails mit einem Footer verwendet, der Werbeinhalte enthält, riskiert den
Einwand, es handele sich bei jeder dieser E-Mails um Werbung, mit der Folge, dass es einer vorherigen Zustimmung des Empfängers bedarf.

(3) Individuelle Einwilligung

Unproblematisch ist der E-Mail-Versand, wenn der Empfänger zuvor seine Einwilligung **aus-**   1843
drücklich erklärt hat. Die Einwilligung kann in jeder geeigneten Weise erteilt werden, die dem
Nutzer erlaubt, seinen Wunsch in spezifischer Weise, sachkundig und in freier Entscheidung
zum Ausdruck zu bringen – beispielsweise durch das Markieren eines Feldes auf einer Internetseite[2963].

Entgegen dem Wortlaut des § 7 Abs. 2 Nr. 2 UWG[2964] vertritt der BGH – ohne nähere Be-   1844
gründung – den Standpunkt, dass eine **konkludente Einwilligung** ausreicht[2965]. Allerdings

2957 OLG Frankfurt v. 24.11.2016 – 6 U 33/16; *Leible*, K&R 2006, 485, 486.
2958 BGH v. 17.7.2008 – I ZR 75/06, CR 2008, 708 = ITRB 2008, 267 = K&R 2008, 603, 604 f. m.
      Anm. *Wäßle* = WRP 2008, 1328, 1329 – Faxanfrage im Autohandel; BGH v. 17.7.2008 – I ZR
      197/05, AfP 2009, 535 = CR 2008, 718 = ITRB 2008, 267 = NJW 2008, 2999, 3000 = WRP
      2008, 1330, 1332 = MMR 2008, 662, 663 m. Anm. *Schulze zur Wiesche* – FC Troschenreuth.
2959 Vgl. OLG Naumburg v. 30.9.2005 – 10 U 33/05, GRUR-RR 2006, 380.
2960 OLG Frankfurt/M. v. 24.11.2016 – 6 U 33/16.
2961 BGH v. 15.12.2015 – VI ZR 134/15 Rz. 19, CR 2016, 451 = AfP 2016, 149 – „no-Reply"-
      E-Mails; AG Bonn v. 1.8.2017 – 104 C 148/17 Rz. 32.
2962 AG Frankfurt/M. v. 2.10.2017 – 29 C 1860/17 (81) Rz. 26.
2963 BGH v. 17.7.2008 – I ZR 75/06, CR 2008, 708 = ITRB 2008, 267 = K&R 2008, 603, 604 m.
      Anm. *Wäßle* = WRP 2008, 1328, 1329 – Faxanfrage im Autohandel.
2964 Vgl. *Köhler* in Köhler/Bornkamm/Feddersen, § 7 UWG Rz. 179; *Schirmbacher*, K&R 2008, 433,
      437.
2965 BGH v. 17.7.2008 – I ZR 197/05, AfP 2009, 535 = CR 2008, 718 = ITRB 2008, 267 = NJW 2008,
      2999, 3000 = WRP 2008, 1330, 1332 = MMR 2008, 662, 664 m. Anm. *Schulze zur Wiesche* –
      FC Troschenreuth; BGH v. 10.12.2009 – I ZR 201/07 Rz. 9, CR 2010, 525.

liegt eine konkludente Einwilligung weder in der Veröffentlichung einer Telefaxnummer in einem allgemein zugänglichen Verzeichnis (bei Fax-Werbung)[2966] noch in der Angabe einer E-Mail-Adresse auf der Internetseite eines Unternehmens[2967]. Erst recht reicht es nicht aus, dass Versender und Empfänger in der Vergangenheit einmal E-Mail-Kontakt gehabt hatten[2968]. Wie bei der Faxwerbung lässt § 7 Abs. 2 Nr. 2 UWG auch bei der E-Mail-Werbung eine **mutmaßliche Einwilligung** des Empfängers nicht ausreichen[2969].

1845 Die Einwilligung ist jederzeit widerruflich, und der **Widerruf** lässt mit sofortiger Wirkung die Erlaubnis zum Versand von Werbe-E-Mails erlöschen[2970]. Eine **zeitliche Begrenzung** einer einmal erteilten Einwilligung sieht dagegen weder die E-Privacy-Richtlinie 2002/58/EG noch § 7 UWG vor. Hieraus ergibt sich, dass diese – ebenso wie eine Einwilligung nach § 183 BGB – grundsätzlich nicht allein durch Zeitablauf erlischt[2971]. Unbedenklich ist daher eine vertragliche Begrenzung der Geltungsdauer auf die Zeit des laufenden Vertragsverhältnisses bis zu höchstens zwei Jahren ab Vertragsbeendigung[2972]. Denn eine solche Begrenzung widerspricht nicht geltendem Recht.

1846 Schon die einmalige, versehentliche Versendung einer Spam-Mail erfüllt den Tatbestand des § 7 Abs. 2 Nr. 2 UWG[2973]. Der Tatbestand des § 7 Abs. 2 UWG kennt **keine Bagatellverstöße** oder ein einschränkendes Erfordernis der Spürbarkeit des Wettbewerbsverstoßes[2974].

(4) Einwilligung in AGB

1847 Häufig wird eine Einwilligung des Werbeempfängers in die **Datenschutzerklärungen** der Websites oder in **AGB** eingebunden[2975]. Dies ist besonders problematisch, wenn das Einverständnis nach Art einer „Generaleinwilligung" weit gefasst ist und sich beispielsweise auf jegliche „Verwendung der Daten zu Werbezwecken und zur Weitergabe an Dritte" be-

---

2966 BGH v. 17.7.2008 – I ZR 75/06, CR 2008, 708 = ITRB 2008, 267 = K&R 2008, 603, 605 m. Anm. *Wäßle* = WRP 2008, 1328, 1329 – Faxanfrage im Autohandel.

2967 BGH v. 17.7.2008 – I ZR 197/05, AfP 2009, 535 = CR 2008, 718 = ITRB 2008, 267 = NJW 2008, 2999, 3000 = WRP 2008, 1330, 1332 = MMR 2008, 662, 664 m. Anm. *Schulze zur Wiesche* – FC Troschenreuth; BGH v. 10.12.2009 – I ZR 201/07 Rz. 9, CR 2010, 525; KG Berlin v. 20.4.2016 – 5 U 116/14 Rz. 46 f.; OLG Dreden v. 20.6.2017 – 14 U 50/17 Rz. 37; OLG Hamm v. 25.10.2007 – 4 U 89/07, MMR 2008, 780 (Ls.); LG Kleve v. 9.3.2010 – 7 O 38/08, WRP 2010, 674, 675.

2968 AG München v. 9.7.2009 – 161 C 6412/09, K&R 2010, 71, 71 f.

2969 *Ernst/Seichter*, MMR 2006, 779, 782; *Leible*, K&R 2006, 485, 486 f.; *Schmittmann/Lorenz*, K&R 2007, 608, 610; BGH v. 10.12.2009 – I ZR 201/07, CR 2010, 525 = MMR 2010, 183 f.; OLG Bamberg v. 6.9.2006 – 3 U 363/05, ITRB 2007, 111 = CR 2007, 262, 263 = AfP 2007, 396 = MMR 2007, 392 f.; OLG Hamm v. 25.10.2007 – 4 U 89/07, MMR 2008, 780 (Ls.); OLG Naumburg v. 22.12.2006 – 10 U 60/06, AfP 2008, 237 = K&R 2007, 274, 277.

2970 OLG München v. 11.12.2017 – 4 HK O 9327/17 Rz. 10 ff.; OLG München v. 21.2.2019 – 29 U 666/18 Rz. 12 f.

2971 *Mesch*, ITRB 2021, 222 f.; *Schneider*, K&R 2019, 8, 11 f.

2972 BGH v. 1.2.2018 – III ZR 196/17 Rz. 31, CR 2018, 247 = AfP 2018, 186.

2973 LG Bonn v. 8.9.2009 – 11 O 56/09.

2974 Vgl. BGH v. 10.12.2009 – I ZR 201/07, CR 2010, 525 = MMR 2010, 183, 184; OLG Stuttgart v. 23.1.2006 – 2 U 233/05, WRP 2006, 780; a.A. OLG Nürnberg v. 27.1.2006 – 3 W 2364/06, WRP 2007, 201 f.

2975 Vgl. *Schirmbacher*, VuR 2007, 54, 55.

zieht[2976] oder wenn sich die Einwilligung auf Werbung durch „Unternehmen des Konzerns" erstreckt[2977].

Versteckte Einwilligungserklärungen werden als **überraschende Klauseln** gem. § 305c Abs. 1 BGB gar nicht erst Vertragsbestandteil[2978]. Dies gilt beispielsweise, wenn eine umfassende Einwilligung unter „Datenschutz" in den Allgemeinen Nutzungsbedingungen einer Plattform versteckt ist[2979]. 1848

Bei der **Telefonwerbung** vertritt der BGH die Auffassung, dass vorformulierte Einwilligungen im Interesse eines wirksamen Verbraucherschutzes nur innerhalb des jeweiligen Vertragszwecks zulässig sind (§ 307 Abs. 1 Satz 1 BGB)[2980]. Dies setzt zudem voraus, dass der Verbraucher hinreichend auf die Möglichkeit von Werbeanrufen hingewiesen wird und weiß, auf welche Art von Werbemaßnahmen und auf welche Unternehmen sich seine Einwilligung bezieht[2981]. 1849

In seiner **„Payback"-Entscheidung** verlangte der BGH für das Einverständnis eine „gesonderte Erklärung" des Users. Erwägungsgrund 17 der E-Privacy-Richtlinie der EU[2982] fordere für die Einwilligung eine „spezifische Angabe" des Nutzers. Hieran fehle es, wenn die Einwilligung in Textpassagen aufgenommen werde, die auch andere Erklärungen oder Hinweise enthalten. Der Nutzer müsse zumindest die Möglichkeit haben, ein bestimmtes Kästchen anzukreuzen oder sonst eine vergleichbar eindeutige Erklärung seiner Zustimmung abzugeben[2983]. 1850

Einer gesonderten Erklärung für **jeden Werbekanal** (Telefon, Telefax, E-Mail oder andere) bedarf es nicht. Die gesetzlichen Voraussetzungen in § 7 Abs. 2 Nr. 1 und 2 UWG für die Einwilligung eines Verbrauchers in eine Werbung über die dort genannten Kanäle stimmen überein, so dass sich hieraus kein Grund für getrennte Einwilligungserklärungen ergibt[2984]. 1851

Kein „Opt-In", sondern ein unzulässiges „Opt-Out" liegt vor, wenn die vorformulierte Einverständniserklärung **„voreingestellt"** ist und der Kunde den Haken aus einer Checkbox entfernen muss, wenn er keine Werbung erhalten möchte. Diese Vorgehensweise entspricht nicht den Anforderungen an eine ausdrückliche oder konkludente Einwilligung. Denn es liegt kei- 1852

2976 Vgl. LG Stuttgart v. 15.5.2007 – 17 O 490/06, MMR 2007, 668, 669 f.
2977 OLG Köln v. 23.11.2007 – 6 U 95/07, WRP 1130, 1131 f.; vgl. auch OLG Frankfurt v. 28.7.2016 – 6 U 93/15 Rz. 20 f.
2978 Vgl. *Härting*, IPRB 2011, 13, 14; *Schirmbacher*, VuR 2007, 54, 55.
2979 *Schirmbacher*, VuR 2007, 54, 55; vgl. auch LG Berlin v. 14.1.2003 – 15 O 420/02, AfP 2003, 477 = ITRB 2003, 122 = CR 2003, 339, 340 m. Anm. *Ayad*; LG Hamburg v. 14.2.2008 – 315 O 869/07, MMR 2008, 859 (Ls.); LG Heidelberg v. 11.12.2007 – 2 O 173/07, MMR 2008, 258.
2980 Vgl. BGH v. 27.1.2000 – I ZR 241/97, CR 2000, 596 = NJW 2000, 2677 = GRUR 2000, 818 – Telefonwerbung VI; *Köhler* in Köhler/Bornkamm/Feddersen, § 7 UWG Rz. 186; *Schirmbacher*, VuR 2007, 54, 55.
2981 BGH v. 25.10.2012 – I ZR 169/10 Rz. 25, AfP 2013, 238 = CR 2013, 440 = ITRB 2013, 152 – Einwilligung in Werbeanrufe II.
2982 Richtlinie 2002/58/EG des Europäischen Parlaments und des Rates v. 12.7.2002, ABl. EG Nr. L 201 v. 31.7.2002, S. 38.
2983 BGH v. 16.7.2008 – VIII ZR 348/06, CR 2008, 720 m. Anm. *Brisch/Laue* = ITRB 2008, 219 = BB 2008, 2426, 2428 f. m. Anm. *Schirmbacher*; vgl. auch OLG Hamm v. 17.2.2011 – I-4 U 174/10 Rz. 62 ff., CR 2011, 539.
2984 BGH v. 1.2.2018 – III ZR 196/17 Rz. 25, CR 2018, 247 = AfP 2018, 186.

ne nach außen erkennbare Betätigung des Willens im Sinne einer Einwilligungserklärung vor, sondern nur ein bedeutungsloses passives (dem Schweigen vergleichbares) Nichterklären[2985].

1853 Auch wenn eine gesonderte Einwilligung – etwa durch Setzen eines Häkchens – erteilt wird, muss die Einwilligungserklärung deutlich formuliert und **transparent** sein, um den Anforderungen des § 305c Abs. 2 und des § 307 Abs. 1 Satz 2 BGB zu genügen[2986]. Dies stellt Unternehmen, die per E-Mail werben möchten, vor erhebliche Herausforderungen bei der Formulierung von Einwilligungserklärungen[2987]. „Konturlos" und unzureichend ist beispielsweise die Formulierung eines Einverständnisses, „dass ... wie alle Teilnehmer touristische und nicht touristische Werbung von uns und unseren Partnern erhält". Dasselbe gilt, wenn eine E-Mail-Adresse laut der vorformulierten Erklärung „nur von uns und unseren Geschäftspartnern für die Zusendung des 14-täglichen, kostenlosen Newsletters sowie von Verbraucher-Tipps und Markt-Informationen" genutzt werden soll[2988]. Unzureichend ist es auch, wenn sich die Erklärung auf eine Vielzahl von Unternehmen bezieht und die Geschäftsbereiche der Unternehmen so unbestimmt formuliert sind, dass für den Einwilligenden nicht klar ist, für welche Produkte und Dienstleistungen er in Werbung eingewilligt[2989].

1854 **Praxistipp**

Unternehmen ist zu empfehlen, die Einwilligung des Users – ähnlich der AGB-Einbeziehung im Internet – deutlich sichtbar durch eine Checkbox auf der Website bei der Erhebung der E-Mail-Adresse einzuholen.

(5) Double-Opt-In

1855 Der Werbende hat das Einverständnis des Empfängers zu beweisen[2990]. Dieser **Beweis** kann dem Werbenden nur gelingen, wenn er nachweisen kann, dass eine Einwilligungserklärung tatsächlich vom Empfänger stammt.

1856 Bei der Bestellung eines **Newsletters** ist der Nachweis einer Eingabe der E-Mail-Adresse in ein Formular-Feld auf der Website des Versenders zum Beweis untauglich[2991]. Die E-Mail-Adresse kann nämlich von jedermann in das entsprechende Feld eingetragen worden sein. Eine sinnvolle Variante ist es dagegen, wenn sich für die Bestellung ein E-Mail-Fenster öffnet

---

2985 OLG Jena v. 21.4.2010 – 2 U 88/10 Rz. 4, CR 2010, 815.

2986 BGH v. 14.3.2017 – VI ZR 721/15 Rz. 20 ff., ITRB 2017, 132 = CR 2017, 391; OLG Köln v. 29.4.2009 – 6 U 218/08, MMR 2009, 470, 471; LG Leipzig v. 3.11.2017 – 4 HK O 2188/16 Rz. 93; *Härting*, IPRB 2011, 13, 14 f.

2987 Vgl. *Schirmbacher*, BB 2008, 2430.

2988 OLG Hamburg v. 29.7.2009 – 5 U 43/08; vgl. auch OLG Hamburg v. 4.3.2009 – 5 U 62/08, CR 2009, 437 = NJW-RR 2009, 1705 ff.; OLG Köln v. 29.4.2009 – 6 U 218/08, MMR 2009, 470.

2989 OLG Frankfurt v. 28.7.2016 – 6 U 93/15 Rz. 20 f.

2990 BGH v. 11.3.2004 – I ZR 81/01, AfP 2004, 303 = ITRB 2004, 194 = NJW 2004, 1655 = CR 2004, 445 = WRP 2004, 731 = MMR 2004, 386 m. Anm. *Hoeren* – E-Mail-Werbung; OLG Düsseldorf v. 17.3.2016 – 15 U 64/15 Rz. 5; OLG Frankfurt v. 30.9.2013 – 1 U 314/12 Rz. 4; LG Nürnberg-Fürth v. 24.1.2014 – 15 S 7385/13 Rz. 9, ITRB 2014, 253; AG Bonn v. 10.5.2016 – 104 C 227/15 Rz. 20.

2991 Vgl. LG Berlin v. 19.9.2002 – 16 O 515/02, K&R 2002, 669; LG Essen v. 20.4.2009 – 4 O 368/08, NJW-RR 2009, 1556, 1557; kritisch *Leistner/Pothmann*, WRP 2003, 815, 819.

und der Kunde an den Newsletter-Versender eine (vorformulierte) E-Mail unter Verwendung seiner eigenen E-Mail-Adresse senden muss[2992].

Durchgesetzt hat sich das **Double-Opt-In-Verfahren**[2993]: Die Anmeldemail wird vom Versender des Newsletters mit einer E-Mail beantwortet, die um Bestätigung der Anmeldung bittet (Check-Mail). Nur bei „nochmaliger" (d.h. „doppelter") Anmeldung erfolgt tatsächlich ein Newsletter-Versand.   1857

Das Double-Opt-In-Verfahren schließt es nach Auffassung des **BGH** nicht aus, dass sich der Empfänger einer Werbemail auch nach Bestätigung seiner E-Mail-Adresse im Double-Opt-In-Verfahren darauf berufen kann, dass er die unter dieser Adresse abgesendete Einwilligung und auch deren Bestätigung nicht versendet hat. Dafür trägt er die **Darlegungs- und Beweislast**. Kann der Empfänger darlegen und beweisen, dass die Einwilligung und die Bestätigung nicht von ihm stammen, war die Werbezusendung auch dann wettbewerbswidrig, wenn die E-Mail-Adresse im Double-Opt-In-Verfahren gewonnen wurde[2994].   1858

Wer das Double-Opt-In-Verfahren verwendet, sollte sicherstellen, dass in der **Check-Mail** keine Werbung für den angebotenen Dienst enthalten ist, da anderenfalls die Check-Mail als unerbetene Werbung zu qualifizieren sein kann[2995]. Die E-Mail sollte weder Hinweise auf Social-Media-Präsenzen noch andere Inhalte werbender Art enthalten[2996]. Ohne **werbliche Inhalte** kann die Check-Mail nicht als Werbung i.S.d. § 7 Abs. 2 Nr. 3 UWG qualifiziert werden[2997].   1859

Das OLG München vertrat die Auffassung, dass eine Check-Mail auch ohne „Werbebotschaft" unter das Verbot des § 7 Abs. 2 Nr. 2 UWG falle, und begründete dies damit, dass die E-Mail der „Absatzförderung" diene[2998]. Dies dehnt indes den Begriff der Werbung unzulässig weit aus, da jede E-Mail eines Unternehmers mit geschäftlichem Bezug als „absatzfördernd" bezeichnet werden kann. Das OLG Celle[2999] und das OLG Düsseldorf[3000] haben ihren Münchener Kollegen daher zu Recht widersprochen.   1860

2992 Vgl. BGH v. 11.3.2004 – I ZR 81/01, AfP 2004, 303 = ITRB 2004, 194 = NJW 2004, 1655, 1657 = CR 2004, 445, 447 f. = WRP 2004, 731, 732 f. = MMR 2004, 386, 388 f. m. Anm. *Hoeren*.

2993 Vgl. LG Nürnberg-Fürth v. 24.1.2014 – 15 S 7385/13 Rz. 10, ITRB 2014, 253; AG Düsseldorf v. 14.7.2009 – 48 C 1911/09, MMR 2009, 872 (Ls.); AG Berlin-Mitte v. 11.6.2008 – 21 C 43/08, MMR 2009, 144 (Ls.).

2994 BGH v. 10.2.2011 – I ZR 164/09 Rz. 38, AfP 2011, 480 = CR 2011, 581 m. Anm. *Sassenberg* = ITRB 2011, 222 – Double-opt-in-Verfahren; vgl. auch LG Nürnberg-Fürth v. 24.1.2014 – 15 S 7385/13 Rz. 10, ITRB 2014, 253.

2995 *Schirmbacher*, VuR 2007, 54, 56; KG Berlin v. 20.6.2002 – 10 U 54/02, ITRB 2003, 99 = CR 2003, 291, 292; vgl. auch LG Bonn v. 9.1.2007 – 11 O 74/06, CR 2007, 671 = K&R 2007, 225, 225 ff.

2996 *Schirmbacher/Zeller*, ITRB 2013, 41, 42.

2997 Vgl. *Ernst*, WRP 2013, 160, 162; *Schirmbacher*, CR 2013, 44, 46.

2998 OLG München v. 27.9.2012 – 29 U 1682/12 Rz. 52 f., CR 2013, 44 m. Anm. *Schirmbacher* = CR 2012, 799 = ITRB 2013, 4.

2999 OLG Celle v. 15.5.2014 – 13 U 15/14 Rz. 19; vgl. auch OLG Frankfurt v. 30.9.2013 – 1 U 314/12 Rz. 4.

3000 OLG Düsseldorf v. 17.3.2016 – 15 U 64/15 Rz. 17; offengelassen: OLG München v. 23.1.2017 – 21 U 4747/15 Rz. 8.

1861 Der vom OLG München entschiedene Fall wies die Besonderheit auf, dass der Versender nicht nachweisen konnte, dass eine Registrierung für den Newsletter unter der streitigen E-Mail-Adresse erfolgt war. Hätte der Versender die Registrierung ausreichend **dokumentiert**, wäre das OLG München bei seiner Entscheidung möglicherweise zu einem anderen Ergebnis gekommen[3001].

(6) Laufende Geschäftsbeziehungen

1862 Eine Ausnahme von § 7 Abs. 2 Nr. 2 UWG gilt für **laufende Geschäftsbeziehungen**[3002]. Nach § 7 Abs. 3 Nr. 1 bis 3 UWG kann ein Unternehmer die E-Mail-Adresse eines Kunden, die er im Zusammenhang mit dem Verkauf einer Ware oder Dienstleistung erhalten hat, zu Werbezwecken für eigene ähnliche Waren oder Dienstleistungen verwenden. Gemäß § 7 Abs. 3 Nr. 4 UWG besteht diese Möglichkeit allerdings nur, wenn der Kunde bei Erhebung der Adresse und bei jeder Verwendung klar und deutlich darauf hingewiesen wird, dass er die Verwendung jederzeit untersagen kann, ohne dass hierfür andere als die Übermittlungskosten nach den Basistarifen entstehen[3003].

1863 Eine **Untersagung nach § 7 Abs. 3 Nr. 4 UWG** führt dazu, dass die jeweilige E-Mailadresse nicht mehr verwendet werden darf. Dies schließt es nicht aus, dass andere E-Mailadressen des Kunden weiter für Werbung verwendet werden, soweit es für diese Adressen an einer Untersagung fehlt und auch die übrigen Voraussetzungen des § 7 Abs. 3 UWG für diese Adressen erfüllt sind[3004].

1864 **§ 7 Abs. 3 Nr. 1 UWG** verlangt, dass der Unternehmer die Adresse im Zusammenhang mit dem **Verkauf einer Ware oder Dienstleistung** erhalten hat. Dabei ist unter Verkauf der tatsächliche Vertragsschluss zu verstehen. Es reicht nicht aus, dass der Kunde zwar Informationen über das Angebot des Werbenden eingeholt hat, sich dann aber doch nicht für das Angebot entschieden hat[3005].

1865 Als „Verkauf" i.S.d. § 7 Abs. 3 Nr. 1 UWG ist nicht nur der Kaufvertrag i.S.d. § 433 BGB, sondern **jeder Austauschvertrag** anzusehen. Ein solcher Austauschvertrag liegt auch vor bei der kostenlosen Registrierung auf einem Partnersuchportal. Daher ist es unter Beachtung der weiteren Voraussetzungen des § 7 Abs. 3 UWG zulässig, wenn der Portalbetreiber dem Kunden E-Mails mit Werbung für eine kostenpflichtige Registrierung übersendet[3006].

1866 Die Ähnlichkeit (§ 7 Abs. 3 Nr. 2 UWG) muss sich auf die bereits gekauften Waren oder Dienstleistungen beziehen. Maßgeblich ist, ob die beworbenen Produkte dem gleichen typischen Verwendungszweck oder Bedarf des Kunden dienen[3007]. Diese Voraussetzung ist regelmäßig erfüllt, wenn die Produkte austauschbar sind[3008]. An einer Ähnlichkeit fehlt es

---

3001 Vgl. *Menke/Witte*, K&R 2013, 25, 25 ff.
3002 Vgl. *Leistner/Pothmann*, WRP 2003, 815, 827 f.
3003 *Köhler* in Köhler/Bornkamm/Feddersen, § 7 UWG Rz. 202 ff.; vgl. auch *Härting/Eckart*, ITRB 2004, 185, 186.
3004 KG Berlin v. 31.1.2017 – 5 U 63/16 Rz. 37 ff., CR 2017, 614.
3005 OLG Düsseldorf v. 5.4.2018 – 20 U 155/16 Rz. 30.
3006 OLG München v. 15.2.2018 – 29 U 2799/17 Rz. 24 f.
3007 *Decker*, GRUR 2011, 774, 780.
3008 KG Berlin v. 18.3.2011 – 5 W 59/11 Rz. 3; OLG Jena v. 21.4.2010 – 2 U 88/10 Rz. 9, CR 2010, 815.

nach Auffassung des LG Frankfurt/M., wenn ein Outlet-Center mit einem Sortiment mit 150.000 Artikeln per E-Mail einen Gutschein versendet, der für das gesamte Sortiment gilt[3009].

Weder aus den Richtlinienvorgaben[3010] noch aus § 7 Abs. 3 UWG lässt sich eine **zeitliche** **Komponente** herauslesen, die dazu führen würde, dass ein Geschäft, das der Kunde getätigt hat, nach einer gewissen Zeitdauer die Übersendung von Werbung trotz des Vorliegens aller Voraussetzungen der Norm nicht mehr legitimiert. Solange der Kunde daher von seinem Untersagungsrecht (§ 7 Abs. 3 Nr. 4 UWG) keinen Gebrauch macht, bleibt die Versendung von Werbung per E-Mail zulässig[3011].   1867

Praxistipp   1868

Die Anforderungen des § 7 Abs. 3 UWG sind im Ergebnis so hoch, dass es für den Unternehmer keinen wesentlichen Mehraufwand bedeutet, bei Erhebung der E-Mail-Adresse des Kunden sogleich das Einverständnis mit der Werbung per E-Mail einzuholen[3012]. Dies gilt umso mehr, als der Unternehmer beweispflichtig dafür ist, dass die Voraussetzungen des § 7 Abs. 3 UWG bei der Übersendung der Werbung vorlagen[3013].

bb) Deliktsrecht

Neben Ansprüchen aus dem UWG kommen Unterlassungsansprüche gegen den Spammer aus § 1004 Abs. 1 Satz 2 BGB i.V.m. **§ 823 Abs. 1 BGB** in Betracht[3014].   1869

(1) Ansprüche des Empfängers

Nach herrschender Meinung erfüllt das Spamming stets den Tatbestand des § 823 Abs. 1 BGB[3015]. Wird Werbung an eine private E-Mail-Adresse versandt, ohne dass der Empfänger mit der E-Mail-Werbung einverstanden ist, ist das E-Mail-Postfach Teil der Privatsphäre, welche bei unerwünschter Werbung verletzt wird[3016]. Daher erfüllt die Versendung einer unerwünschten Werbemail an eine Privatperson den Tatbestand eines rechtswidrigen Eingriffs   1870

3009 LG Frankfurt/M. v. 22.3.2018 – 2-03 O 372/17 Rz. 30 ff., ITRB 2019, 39.
3010 Art. 13 Abs. 2 Richtlinie 2002/58/EG des Europäischen Parlaments und des Rates v. 12.7.2002, ABl. EG Nr. L 201 v. 31.7.2002, S. 38.
3011 Vgl. *Schulz*, CR 2012, 686, 689.
3012 Vgl. *Micklitz/Schirmbacher*, WRP 2006, 143, 162; *Schirmbacher*, VuR 2007, 54, 55.
3013 Vgl. LG Hamburg v. 4.8.2008 – 327 O 493/08, CR 2009, 198 = ITRB 2009, 31 f. (*Intveen*).
3014 Vgl. *Leistner/Pothmann*, WRP 2003, 815, 817.
3015 KG Berlin v. 20.6.2002 – 10 U 54/02, CR 2003, 291 = ITRB 2003, 99 = KGReport Berlin 2002, 353; OLG Düsseldorf v. 22.9.2004 – I-15 U 41/04, MMR 2004, 820, 820 f.; OLG Koblenz v. 10.6.2003 – 1 W 342/03, CR 2003, 766 = MMR 2003, 590; OLG Bamberg v. 12.5.2005 – 1 U 143/04, CR 2006, 274, 275; KG Berlin v. 26.1.2007 – 9 U 52/06, CR 2007, 817 = MMR 2007, 386, 387; LG Berlin v. 16.5.2002 – 16 O 4/02, AfP 2002, 462 = ITRB 2003, 123 = CR 2002, 606 = MMR 2002, 631; LG Frankenthal v. 10.7.2018 – 6 O 322/17 Rz. 22; LG München v. 15.4.2003 – 33 O 5791/03, ITRB 2003, 243 = CR 2003, 615; AG Bonn v. 13.5.2003 – 14 C 3/03, ITRB 2004, 11 = BRAK 2003, 244 (Ls.); AG Hamburg v. 4.3.2003 – 36a C 37/03; AG Leipzig v. 27.2.2003 – 2 C 8566/02, AfP 2004, 177 = CR 2003, 935 = MMR 2003, 610; AG Rostock v. 28.1.2003 – 43 C 68/02, ITRB 2003, 222 = CR 2003, 621 = NJW-RR 2003, 1282.
3016 BGH v. 15.12.2015 – VI ZR 134/15 Rz. 11, CR 2016, 451 = AfP 2016, 149 – „No-Reply"-E-Mails.

in das **allgemeine Persönlichkeitsrecht**[3017]. Handelt es sich um einen geschäftlich genutzten E-Mail-Anschluss, geht die Rechtsprechung von einem rechtswidrigen Eingriff in den **eingerichteten und ausgeübten Gewerbebetrieb** aus[3018].

1871 Trotz der vergleichsweise geringfügigen Belästigung, die von einer einzelnen E-Mail ausgeht, bejaht die Rechtsprechung bereits bei dem Versand einer einzigen E-Mail einen Eingriff in den Gewerbebetrieb[3019]. Begründet wird dies mit der **Ausuferungsgefahr**, die dem Kommunikationsmittel E-Mail innewohnt und die vor allem dadurch motiviert wird, dass sich mit geringen Kosten massenhaft E-Mails versenden lassen[3020]. Von einer bloßen Belästigung kann gewiss nicht mehr die Rede sein, wenn über 3.000 E-Mails mit gewerkschaftlichem Inhalt an die dienstlichen Accounts von Mitarbeitern eines Unternehmens ohne Einverständnis der Unternehmensleitung versandt werden[3021]. Dasselbe gilt für die Übersendung von

---

3017 BGH v. 15.12.2015 – VI ZR 134/15 Rz. 11 ff., CR 2016, 451 = AfP 2016, 149 – „No-Reply"-E-Mails; OLG Frankfurt v. 30.9.2013 – 1 U 314/12; KG Berlin v. 20.6.2002 – 10 U 54/02, CR 2003, 291 = ITRB 2003, 99 = KGReport Berlin 2002, 353; OLG Düsseldorf v. 22.9.2004 – I-15 U 41/04, MMR 2004, 820, 820 f.; OLG Bamberg v. 12.5.2005 – 1 U 143/04, CR 2006, 274, 275; KG Berlin v. 26.1.2007 – 9 U 52/06, CR 2007, 817 = MMR 2007, 386, 387; LG Berlin v. 1.6.2006 – 15 O 389/06, K&R 2007, 56; LG Berlin v. 19.9.2002 – 16 O 515/02, CR 2003, 219; LG Lübeck v. 10.7.2009 – 14 T 62/09, MMR 2009, 868; LG Potsdam v. 5.2.2014 – 2 O 361/13 Rz. 15; AG Charlottenburg v. 10.11.2006 – 220 C 170/06; AG Rostock v. 28.1.2003 – 43 C 68/02, ITRB 2003, 222 = CR 2003, 621 = NJW-RR 2003, 1282.

3018 BGH v. 14.3.2017 – VI ZR 721/15 Rz. 14, ITRB 2017, 132; BGH v. 20.5.2009 – I ZR 218/07, AfP 2009, 493 = CR 2009, 733 = ITRB 2010, 56 = K&R 2009, 649, 650 f. – E-Mail-Werbung II; BGH v. 15.1.2019 – VI ZR 506/17 Rz. 16 f. – presserechtliches Informationsschreiben; KG Berlin v. 8.1.2002 – 5 U 6727/00, CR 2002, 721 = MMR 2002, 685; OLG Düsseldorf v. 22.9.2004 – I-15 U 41/04, MMR 2004, 820 f.; OLG Bamberg v. 12.5.2005 – 1 U 143/04, CR 2006, 274, 275; OLG Düsseldorf v. 24.5.2006 – I-15 U 45/06, AfP 2007, 76 = ITRB 2006, 178 = MMR 2006, 681, 682 ff.; OLG Naumburg v. 22.12.2006 – 10 U 60/06, AfP 2008, 237 = K&R 2007, 274, 275; KG Berlin v. 26.1.2007 – 9 U 52/06, CR 2007, 817 = MMR 2007, 386, 387; LG Berlin v. 16.5.2002 – 16 O 4/02, AfP 2002, 462 = ITRB 2003, 123 = CR 2002, 606 = MMR 2002, 631; LG Berlin v. 26.8.2003 – 16 O 339/03, CR 2004, 544 = MMR 2004, 44; LG Detmold v. 12.9.2016 – 10 S 30/16 Rz. 3; LG Essen v. 20.4.2009 – 4 O 368/08, NJW-RR 2009, 1556, 1557; LG Frankenthal v. 10.7.2018 – 6 O 322/17 Rz. 22; LG Lübeck v. 10.7.2009 – 14 T 62/09, MMR 2009, 868; LG München v. 15.4.2003 – 33 O 5791/03, ITRB 2003, 243 = CR 2003, 615; AG Bonn v. 13.5.2003 – 14 C 3/03, ITRB 2004, 11 = BRAK 2003, 244 (Ls.); AG Hamburg v. 18.8.2005 – 22A C 113/05, AfP 2007, 75 = K&R 2006, 244; AG Hamburg v. 20.6.2005 – 5 C 11/05, NJW 2005, 3220, 3220; AG Hamburg v. 4.3.2003 – 36a C 37/03; AG Köln v. 7.9.2006 – 118 C 142/06, AfP 2007, 178 = CR 2007, 202 = MMR 2006, 834; AG Leipzig v. 27.2.2003 – 2 C 8566/02, AfP 2004, 177 = CR 2003, 935 = MMR 2003, 610; AG Ludwigshafen v. 17.2.2006 – 2b C 509/05, MMR 2006, 421; AG Norden v. 28.1.2005 – 5 C 1103/04; a.A. AG München v. 24.11.2003 – 213 C 29365/03, CR 2004, 379.

3019 *Leible*, K&R 2006, 485, 488 f.; OLG München v. 12.2.2004 – 8 U 4223/03, MMR 2004, 324; OLG Naumburg v. 22.12.2006 – 10 U 60/06, AfP 2008, 237 = K&R 2007, 274, 275; LG Berlin v. 26.8.2003 – 16 O 339/03, CR 2004, 544 = MMR 2004, 44; AG Hamburg v. 20.6.2005 – 5 C 11/05, NJW 2005, 3220, 3320 f.; a.A. AG Dresden v. 29.7.2005 – 114 C 2008/05, NJW 2005, 2561, 2562; AG München v. 24.11.2003 – 213 C 29365/03, CR 2004, 379.

3020 Vgl. KG Berlin v. 8.1.2002 – 5 U 6727/00, MMR 2002, 685; LG Berlin v. 16.5.2002 – 16 O 4/02, AfP 2002, 462 = CR 2002, 606 = ITRB 2003, 123 = MMR 2002, 631; LG Berlin v. 26.8.2003 – 16 O 339/03, CR 2004, 544 = MMR 2004, 44; AG Leipzig v. 27.2.2003 – 2 C 8566/02, AfP 2004, 177 = CR 2003, 935 = MMR 2003, 610.

3021 Vgl. ArbG Frankfurt/M. v. 12.4.2007 – 11 Ga 60/07, ITRB 2007, 177 = CR 2008, 195, 195 ff.

über 500 E-Mails durch ein Anti-Piracy-Unternehmen in einem Zeitraum von zwei Wochen[3022].

Der BGH bejaht einen Eingriff in den eingerichteten und ausgeübten Gewerbebetrieb mit der Begründung, dass unverlangt zugesandte E-Mail-Werbung regelmäßig den **Betriebsablauf des Unternehmens** beeinträchtigt. Mit dem Sichten und Aussortieren unerbetener E-Mails seien Arbeitsaufwand und Kosten verbunden. Der Arbeitsaufwand und die Zusatzkosten für den Abruf der einzelnen E-Mail seien zwar im Normalfall gering. Anders falle die Beurteilung aber aus, wenn es sich um eine größere Zahl unerbetener E-Mails handelt oder wenn der Empfänger der E-Mail ausdrücklich dem weiteren Erhalt von E-Mails widersprechen muss. Wenn die Übermittlung einzelner E-Mails zulässig wäre, wäre mit der häufigen Übermittlung von Werbe-E-Mails ohne vorherige Einwilligung des Empfängers zu rechnen. Um ein „Umsichgreifen dieser Werbeart" zu verhindern, müsse schon die einzelne Werbemail als „grundsätzlich rechtswidrig" angesehen werden[3023]. | 1872

An einem rechtswidrigen Eingriff in den eingerichteten und ausgeübten Gewerbebetrieb eines Urheberrechtsinhabers fehlt es bei der unaufgeforderten Übersendung einer vorbeugenden Unterwerfungserklärung, wenn der Versender zuvor bereits von anderen Rechteinhabern wegen angeblicher Verletzung von Urheberrechten auf Unterlassung in Anspruch genommen worden war. Zu Recht wies der BGH darauf hin, dass die Entgegennahme von Unterwerfungserklärungen mit Vertragsstrafeversprechen zur gewöhnlichen Geschäftstätigkeit von Unternehmen gehört, die zur Wahrung ihrer wirtschaftlichen und rechtlichen Position Verletzungen ihrer urheberrechtlichen Nutzungsrechte vorgehen[3024]. | 1873

Für die (deliktsrechtliche) Zulässigkeit der Werbung per E-Mail genügte der Rechtsprechung nach früherem Recht ein **mutmaßliches Einverständnis** des Empfängers. In einer Entscheidung des LG Augsburg reichten beispielsweise 201 Sekunden Online-Zeit aus, die der spätere E-Mail Empfänger auf der Website des Versenders verbrachte, um die Werbung eines Datenbankbetreibers auf Grund eines mutmaßlichen Einverständnisses nicht mehr für rechtswidrig zu erachten[3025]. | 1874

Der Gesichtspunkt der **Einheit der Rechtsordnung** spricht dafür, dass die strengeren Maßstäbe des § 7 Abs. 2 Nr. 2 UWG auch im Deliktsrecht gelten[3026] mit der Folge, dass das mutmaßliche Einverständnis für die Rechtmäßigkeit von E-Mail-Werbung nicht genügt[3027]. Dasselbe gilt für die – nach dem Wortlaut des § 7 Abs. 2 Nr. 2 UWG nicht ausreichende – **konkludente Einwilligung.** | 1875

Der Empfänger einer Spam-Mail kann von dem Versender die Unterlassung weiterer unerwünschter E-Mail-Werbung verlangen (§ 1004 Abs. 1 Satz 2 BGB). Der Anspruch gilt für | 1876

3022 LG Flensburg v. 25.11.2005 – 6 O 108/05, AfP 2006, 398 = MMR 2006, 181, 182 m. Anm. *Berger* und *Kazemi*.

3023 BGH v. 20.5.2009 – I ZR 218/07, AfP 2009, 493 = CR 2009, 733 = ITRB 2010, 56 = K&R 2009, 649, 650 f. – E-Mail-Werbung II.

3024 BGH v. 28.2.2013 – I ZR 237/11 Rz. 23, AfP 2013, 396 = CR 2013, 732 = ITRB 2013, 246 – Vorbeugende Unterwerfungserklärung.

3025 LG Augsburg v. 4.5.1999 – 2 O 4416/98, AfP 2000, 599 = NJW 2000, 593.

3026 BGH v. 12.9.2013 – I ZR 208/12 Rz. 22, CR 2013, 797 m. Anm. *Schirmbacher* = ITRB 2014, 27 – Empfehlungs-E-Mail.

3027 Vgl. OLG Naumburg v. 22.12.2006 – 10 U 60/06, AfP 2008, 237 = K&R 2007, 274, 277 f.

E-Mails an die Adresse, an die bereits Werbung verschickt worden ist, aber auch für andere E-Mail-Adressen des Empfängers[3028].

(2) Ansprüche des Providers

1877 Angesichts des Aufwands, den die E-Mail-Flut bei den Providern verursacht, überrascht das weitgehende Fehlen gerichtlicher Auseinandersetzungen zwischen Providern und Spammern. Dies umso mehr, als unter Zugrundelegung der von der Rechtsprechung verwendeten Kriterien zum Eingriff in den Gewerbebetrieb durch Spamming alles dafür spricht, dass Unterlassungsansprüche der Provider gegen Spammer gem. § 1004 Abs. 1 Satz 2 BGB i.V.m. § 823 Abs. 1 BGB bestehen[3029].

1878 **Beseitigungsaufwand** entsteht nicht nur für den Empfänger der Spam-Mails, sondern auch für den Provider: Der Provider muss Personal einsetzen, um die Speicherung und Weiterleitung von Spam-Mails zu unterbinden und um Spam-Filter einzusetzen und zu entwickeln. Zudem entstehen dem Provider **Kosten** für die Bereithaltung von Speicherplatz, Strom und sonstiger Infrastruktur.

cc) Sonderfälle

(1) Empfehlungsmarketing

1879 Empfehlungsmarketing durch Nutzung einer „**Tell-a-Friend"-Funktion**[3030] bedeutet, dass dem Nutzer auf der Website eines Unternehmens die Möglichkeit gegeben wird, ein konkretes Produkt an einen Bekannten weiterzuempfehlen. Dazu muss der Nutzer lediglich die E-Mail-Adresse des Empfängers und in der Regel seine eigene E-Mail-Adresse in ein Formular eintragen und die Nachricht abschicken. Der Empfänger bekommt eine E-Mail mit dem Link zu der entsprechenden Website, wobei die E-Mail häufig auch Werbung für das jeweilige Unternehmen enthält.

1880 Der **BGH** ist der Ansicht, auch eine von einem Dritten initiierte Empfehlungs-E-Mail („Tell-a-Friend") bedürfe einer Einwilligung des Empfängers. Für die Einordnung als Werbung komme es nicht darauf an, dass das Versenden der Empfehlungs-E-Mails letztlich auf dem Willen des Dritten beruht. Entscheidend sei allein das Ziel, das das Unternehmen mit der Empfehlungsfunktion erreichen will[3031]. Auf der gleichen Linie stellte der BGH einen Wettbewerbsverstoß bei **„Einladungs-E-Mails"** von Facebook fest[3032].

3028 LG Berlin v. 15.10.2009 – 15 T 7/09, MMR 2010, 38 f. m. Anm. *Kazemi*; LG Hagen v. 10.5.2013 – 1 S 38/13 Rz. 17.

3029 *Härting/Eckart*, CR 2004, 119.

3030 Vgl. *Micklitz/Schirmbacher*, WRP 2006, 148, 161; *Schirmbacher*, VuR 2007, 54, 56; *Weber/Meckbach*, MMR 2007, 482, 482 ff.

3031 BGH v. 12.9.2013 – I ZR 208/12 Rz. 19, ITRB 2014, 27, m. Anm. *Schirmbacher*, CR 2013, 800 f. – Empfehlungs-E-Mail; vgl. auch OLG Hamm v. 9.7.2015 – 4 U 59/15 Rz. 86 ff.; LG Hamburg v. 8.12.2015 – 406 HKO 26/15 Rz. 11.

3032 BGH v. 14.1.2016 – I ZR 65/14 Rz. 29, CR 2016, 596; s. auch *Schaub*, GRUR 2016, 1017, 1017 ff.

(2) E-Cards

Ein ähnlich gelagertes Problem besteht bei dem Versand von Grußkarten per E-Mail über ein Webinterface[3033]. Wird ein solcher (kostenfreier) Service angeboten, so es lässt sich kaum vermeiden, dass die versandte E-Mail auch Werbung für den Anbieter des Service enthält. Aus diesem Grund sind solche Dienste wiederholt für unzulässig erachtet worden[3034]. Diese Rechtsprechung ist indes mehr als fragwürdig, da der Versand der Grußkarten nur in sehr limitierten Umfang manuell möglich ist, sodass eine Ausuferungsgefahr nicht ersichtlich ist[3035].

1881

3033 OLG München v. 12.2.2004 – 8 U 4223/03, MMR 2004, 324 m. Anm. *Heidrich*; LG München I v. 5.11.2002 – 33 O 17030/02, CR 2003, 209; AG Rostock v. 28.1.2003 – 43 C 68/02, ITRB 2003, 222 = CR 2003, 621 = NJW-RR 2003, 1282; vgl. *Ernst/Seichter*, MMR 2006, 779 ff.

3034 KG Berlin v. 22.6.2004 – 9 W 53/04, CR 2005, 64 = NJW-RR 2005, 51 f.; OLG München v. 12.2.2004 – 8 U 4223/03, MMR 2004, 324 m. Anm. *Heidrich*; LG München I v. 5.11.2002 – 33 O 17030/02, CR 2003, 209; AG Rostock v. 28.1.2003 – 43 C 68/02, ITRB 2003, 222 = CR 2003, 621 = NJW-RR 2003, 1282.

3035 *Schirmbacher*, VuR 2007, 54, 56; vgl. auch *Leible*, K&R 2006, 485, 488; *Micklitz/Schirmbacher*, WRP 2006, 148, 161.

H. Domainrecht

I. Domainnamen

Um sich den Weg durch die Netzwerke zu bahnen, benötigt jeder Rechner eine Zieladresse – die IP-Adresse. Diese Adresse besteht aus Zahlen. Um die Adressen benutzerfreundlich zu gestalten, wird die Adresse in einen Namen „übersetzt" – den **Domainnamen** oder (gleichbedeutend) die Domain[3036]. So stellt der Internetnutzer, der die Website des BGH aufrufen möchte, durch Eingabe der Adresse bundesgerichtshof.de die Verbindung zu einem Rechner her, der die Daten für diese Website gespeichert hält. Dieser Rechner hat eine **IP-Adresse,** die aus einer Zahlenkombination besteht (bei bundesgerichtshof.de z.B. 77.87.229.73). Die Zuordnung von Domainnamen zu IP-Adressen erfolgt auf **Name-Servern**[3037]. 1882

Die Internetadresse setzt sich stets zusammen aus einer **Second-Level-Domain** und einer **Top-Level-Domain (TLD).** Bei bundesgerichtshof.de ist .de die TLD und BGH die Second-Level-Domain. Unterhalb der Second-Level-Domain ist es möglich, beliebig viele **Subdomains** zu bilden. De.sports.yahoo.com ist ein Beispiel für die Bildung einer Third- und Fourth-Level-Domain. Diese Subdomains kann der Inhaber der Domain (yahoo.com) selbst bilden. 1883

Die Top-Level-Domain ist die Domainendung. Dabei wird zwischen generischen und geographischen Domains unterschieden. Zu den am häufigsten verwendeten **generischen Domains** gehören die Domains mit den Endungen .com (commercial), .org (gemeinnützige Organisationen), .net (Netzwerkprovider), .info (Informationsdienste), die alle unbeschränkt registrierbar sind. Weitere TLDs sind beispielsweise .int (internationale Organisationen), .mil (US-military), .gov (US-governmental), .edu (US-educational), .aero (Luftfahrtindustrie), .biz (für Anbieter gewerblicher Websites), .coop (für genossenschaftliche Unternehmen), .mobi (für mobile Endgeräte), .museum (für Museen); .name (für natürliche Personen) sowie .pro (für Freiberufler)[3038]. Die **geographischen TLDs** (gTLDs) lassen sich jeweils einem Staat bzw. einer Region (z.B. .eu für Europa und .berlin für Berlin) zuordnen. Für Deutschland ist .de reserviert, für die Schweiz .ch und für Österreich .at[3039]. Seit 2012 ist die **unbegrenzte Registrierung** von Top Level Domains möglich. Internetadressen können auf jede beliebige Endung schließen. 1884

II. Domainvergabe

1. ICANN

Zuständig für die weltweite Koordinierung und Verwaltung von Domainnamen ist die **ICANN** (Internet Corporation for Assigned Names and Numbers), eine Non-Profit-Organisation mit Sitz in Kalifornien[3040]. Der ICANN obliegt die technische Organisation des **Domain-Name-Systems (DNS).** Das Domain-Name-System beinhaltet die „Übersetzung" von 1885

3036 Vgl. *Redeker*, IT-Recht, Rz. 1324.

3037 Vgl. *Beier* in Lehmann/Meents, Kap. 19 Rz. 6 ff.; *Schneider*, Handbuch des EDV-Rechts, Teil K Rz. 1; *Lewinski*, VerwArch 2007, 473, 474 f.

3038 Vgl. für einen Überblick der derzeit bestehenden gTLDs: *Hoeren*, Internet- und Kommunikationsrecht, S. 10 ff.; *Beier* in Lehmann/Meents, Kap. 19 Rz. 16.

3039 Vgl. *Hoeren*, Internet- und Kommunikationsrecht, S. 10 f.

3040 Vgl. die Articles of incorporation des ICANN v. 30.9.1998, https://www.icann.org/en/system/files/files/articles-incorporation-30sep98-en.pdf.

IP-Adressen in Buchstabenkombinationen (Domains). Die ICANN hat die Vergabe der Domainnamen an sog. **Network Information Center (NIC)** delegiert, die als zentrale Vergabestellen die Top-Level-Domains verwalten.

2. DENIC

1886 Die zentrale Vergabestelle für Domainnamen mit der Top-Level-Domain .de ist die **DENIC e.G.** mit Sitz in Frankfurt/M. Mitglied der DENIC ist eine Vielzahl von Providern. Die DENIC betreibt den Nameserverdienst für alle .de-Domains und unterhält ein zentrales Registrierungssystem für diese Domains[3041]. Bei der Registrierung von Domainnamen verfährt die DENIC nach dem Prioritätsgrundsatz – **„First Come, First Served".** Eine Prüfung angemeldeter Domainnamen auf mögliche Kennzeichenrechtsverletzungen erfolgt nicht[3042]. Der Antragsteller muss der DENIC gegenüber lediglich versichern, durch die Registrierung keine Rechte Dritter zu verletzen, und sich verpflichten, etwaige kennzeichenrechtliche Konflikte zu beheben und die DENIC von Rechtsverfolgungskosten freizustellen[3043]. Dass die DENIC nach dem Prioritätsprinzip verfährt und Inhaber von Namens- und Kennzeichenrechten nicht bevorzugt, ist nicht diskriminierend (**§ 20 GWB**)[3044].

1887 Durch die Registrierung wird der Anmelder Domaininhaber. Eine Vorstufe zur Registrierung gibt es nicht. Insbesondere gibt es keine Möglichkeit, bei der DENIC eine Domain zu **„reservieren".** Die jeweilige Domain wird durch die **Registrierung** blockiert und ist nur für den Inhaber verfügbar. Die Registrierung ist mit keiner Verpflichtung verbunden, unter der Adresse auch tatsächlich eine Website zu betreiben[3045].

1888 Bei der Registrierung hat der Domaininhaber stets eine natürliche Person anzugeben, die für die Verwaltung der Domain zuständig ist – den administrativen Kontakt (**Admin-C**)[3046]. Darüber hinaus bedarf es der Benennung eines Providers, der für die Verbindung der Domain verantwortlich ist. Hierbei handelt es sich um den technischen Kontakt, den **Tech-C**[3047].

1889 Seit dem 23.10.2009 vergibt die DENIC – anders als zuvor – auch ein- und zweistellige Domains (z.B. br.de) und reine Zifferndomains (z.B. 0815.de), Domains, die einem Kfz-Kennzeichen entsprechen (z.B. hro.de oder rz.de[3048]), sowie Domains, die einer bereits bestehenden Top-Level-Domain entsprechen (z.B. com.de)[3049]. Das OLG Frankfurt hatte zuvor die

---

3041 Vgl. *Hoeren*, Internet- und Kommunikationsrecht, S. 16 ff.; *Beier* in Lehmann/Meents, Kap. 19 Rz. 31 ff.

3042 *Hoeren*, Grundzüge des Internetrechts, S. 21; *Ernst*, MMR 2002, 714, 718; *Kazemi/Leopold*, MMR 2004, 287, 288.

3043 *Schäfer* in Bröcker/Czychowski/Schäfer, Praxishandbuch Geistiges Eigentum im Internet, § 6 Rz. 16; *Hoeren*, Internet- und Kommunikationsrecht, S. 18.

3044 LG Frankfurt/M. v. 21.10.2009 – 3-10 O 38/09, MMR 2010, 254, 255 m. Anm. *Welzel* – tv.de.

3045 *Schafft*, GRUR 2003, 664, 664 ff.

3046 DENIC-Domainrichtlinien, VIII.

3047 DENIC-Domainrichtlinien, IX.

3048 Vgl. LG Frankfurt/M. v. 7.1.2009 – 2-06 O 362/08, MMR 2009, 274, 274 ff. m. Anm. *Welzel* – rz.de.

3049 Vgl. *Reinholz*, ITRB 2010, 138, 138 ff.

DENIC als Normadressaten des § 20 GWB angesehen[3050] und kartellrechtlich für verpflichtet erachtet, der Volkswagen AG die Nutzung der Domains vw.de zu ermöglichen[3051].

3. EURid

Die **.eu-Domains** werden durch die EURid (European Registry of Internet Domain Names)[3052] verwaltet. Die Vergabe erfolgt gleichfalls nach dem Prinzip „First Come, First Served". Bei Streitigkeiten um .eu-Domains besteht die Möglichkeit eines Streitbeilegungsverfahrens beim Czech Arbitration Court (CAC) in Prag. Dies ist eine Alternative zu einem gerichtlichen Verfahren, ohne ein solches Verfahren auszuschließen[3053]. 1890

III. Rechtsnatur der Domain

Domains sind **Wirtschaftsgüter.** Sie haben einen in Geld messbaren Wert, sind veräußerbar und Gegenstand einer Vielzahl vertraglicher Transaktionen. 1891

1. Kein absolutes Recht

Dem Domainnamen kommt eine **Kennzeichnungs- und Identifikationsfunktion** zu[3054]. eBay.de, amazon.de, yahoo.de und google.de sind Beispiele für Domains, die originär als Domains überragende Bekanntheit erlangt haben. Dies legt die Überlegung nahe, den Domainschutz gleichrangig neben den Schutz absoluter Rechte – insbesondere das Namensrecht und das Markenrecht – zu stellen[3055]. 1892

Gegen das Bestehen eines **absoluten Rechts**[3056] an einer Domain spricht das Fehlen einer gesetzlichen Grundlage[3057]. In der shell.de-Entscheidung[3058] hat der BGH betont, dass einer 1893

3050 OLG Frankfurt v. 13.2.2007 – 11 U 24/06, MMR 2008, 614, 614 ff. – 11880.de; OLG Frankfurt v. 29.4.2008 – 11 U 32/04 (Kart), ITRB 2008, 147 = CR 2008, 656, 657 – vw.de; LG Frankfurt/M. v. 20.5.2009 – 2-06 O 671/08, MMR 2009, 703 – x.de; vgl. auch *Dingeldey*, K&R 2008, 453, 453 ff.

3051 OLG Frankfurt v. 29.4.2008 – 11 U 32/04 (Kart), ITRB 2008, 147 = CR 2008, 656, 656 ff. – vw.de.

3052 www.eurid.org.

3053 Vgl. *Hoeren*, Internet- und Kommunikationsrecht, S. 83 ff.; *Beier* in Lehmann/Meents, Kap. 19 Rz. 531 ff.; *Bettinger*, WRP 2006, 548; *Eichelberger*, K&R 2008, 410, 410 ff.; *Mietzel*, MMR 2007, 282; *Mietzel/Orth*, MMR 2007, 757; *Pothmann/Guhn*, K&R 2007, 69; *Remmertz*, CRi 2006, 161; *Sobola*, ITRB 2007, 259.

3054 *Fezer*, Markengesetz, Einl. G Rz. 24; *Ingerl/Rohnke*, Markengesetz, nach § 15 Rz. 38; *Beier* in Lehmann/Meents, Kap. 19 Rz. 58 f.; *Kazemi/Leopold*, MMR 2004, 287, 290.

3055 Vgl. *Nordemann*, NJW 1997, 1891, 1892.

3056 Vgl. OLG Brandenburg v. 15.9.2010 – 3 U 164/09, GRUR-RR 2010, 485, 485 ff. = CR 2011, 268.

3057 *Ingerl/Rohnke*, Markengesetz, nach § 5 Rz. 38; *Beier* in Lehmann/Meents, Kap. 19 Rz. 53; *Seifert*, Recht der Domainnamen, S. 46; a.A. *Fezer*, Markengesetz, Einl. G Rz. 14; *Koos*, MMR 2004, 359, 360.

3058 BGH v. 22.11.2001 – I ZR 138/99, AfP 2002, 364 = CR 2002, 525 = ITRB 2002, 177 = NJW 2002, 2031 = WRP 2002, 694 – shell.de.

Annäherung des Domainrechts an das Markenrecht die Entscheidung des Gesetzgebers entgegensteht, das Domainrecht ungeregelt zu lassen. In der Entscheidung zu gewinn.de hat der BGH deutlich gemacht, dass der Inhaber eines Domainnamens kein absolutes Recht an dem Domainnamen und damit auch kein sonstiges Recht i.S.d. § 823 Abs. 1 BGB innehat[3059].

2. Grundrechtsschutz

1894 Der Domainnutzung liegt ein **schuldrechtlicher Anspruch** des Domaininhabers gegen die Vergabestelle zugrunde[3060]. Dieser Anspruch ist – wie jede einfache Forderung – durch **Art. 14 GG** grundrechtlich geschützt. Einen „Besitzstand", der die Domain gegen Beeinträchtigungen durch Dritte schützt, schafft dies jedoch nicht[3061]. In dem Beschluss zu ad-acta.de[3062] hat das BVerfG den **Eigentumsschutz der Domain** betont und darauf hingewiesen, dass es sich bei dem Nutzungsrecht an einer Domain um einen grundrechtlich geschützten Vermögenswert handelt, der dem Inhaber ebenso ausschließlich zugewiesen ist wie Eigentum an einer Sache. Das Domainrecht ist zudem durch Art. 17 GRCh und durch Art. 1 des 1. Zusatzprotokolls zur EMRK[3063] – als Eigentumsposition – geschützt.

3. Vollstreckungszugriff

1895 Die Inhaberschaft an der Domain gründet sich auf die Gesamtheit der schuldrechtlichen Ansprüche, die dem Inhaber gegenüber der DENIC oder einer anderen Vergabestelle als Drittschuldner zustehen[3064]. Diese Ansprüche sind abtretbar, verpfändbar[3065] und auch pfändbar[3066]. Sie können Gegenstand der **Pfändung** nach § 857 Abs. 1 ZPO sein[3067]. Eine Domain unterliegt somit dem **Vollstreckungszugriff** der Gläubiger des Domaininhabers[3068].

3059 BGH v. 18.1.2012 – I ZR 187/10 Rz. 23 f., CR 2012, 330 = AfP 2012, 157 = ITRB 2012, 77 – gewinn.de; a.A. OLG Köln v. 17.3.2006 – 6 U 163/05, CR 2006, 487 = ITRB 2006, 201 = MMR 2006, 469 m. Anm. *Utz* – investment.de; vgl. auch LG Köln v. 4.8.2005 – 84 O 22/05, K&R 2005, 471, 472 (Vorinstanz); vgl. auch *Reinholz/Janke*, K&R 2013, 613, 616.
3060 *Hoeren*, Internet- und Kommunikationsrecht, S. 16.
3061 *Reinholz/Härting*, CR 2004, 603, 608; a.A. *Kazemi/Leopold*, MMR 2004, 287, 287 ff.
3062 BVerfG v. 24.11.2004 – 1 BvR 1306/02, CR 2005, 282 = AfP 2005, 59 = NJW 2005, 589 – ad-acta.de.
3063 EGMR v. 18.9.2007 – 25379/04 21688/05 21722/05 21770/05, MMR 2008, 29 m. Anm. *Kazemi*.
3064 BGH v. 11.10.2018 – VII ZR 288/17 Rz. 19 ff., ITRB 2019, 31 – Domain „d.de"; LG Zwickau v. 12.8.2009 – 8 T 228/09, MMR 2010, 72; AG Frankfurt/M. v. 26.1.2009 – 32 C 1317/08, MMR 2009, 709, 709 f. m. Anm. *Welzel* – greencard-select.de.
3065 OLG München v. 8.7.2004 – 19 U 1980/04, K&R 2004, 496, 497 – sport.de.
3066 *Kazemi/Leopold*, MMR 2004, 287, 290; BFH v. 15.9.2020 – VII R 42/18 Rz. 19 f.; LG Düsseldorf v. 16.3.2001 – 25 T 59/01, CR 2001, 469; LG Frankfurt/M. v. 9.5.2011 – 2-01 S 309/10.
3067 BGH v. 5.7.2005 – VII ZB 5/05, AfP 2005, 577 = ITRB 2005, 270 = NJW 2005, 3353 f. = CR 2006, 50 f. = MMR 2005, 685 ff. m. Anm. *Hoffmann* = K&R 2005, 464 ff.; OLG Frankfurt v. 9.1.2017 – 1 U 137/16 Rz. 22; LG Mönchengladbach v. 22.9.2004 – 5 T 445/04, CR 2005, 536 = AfP 2005, 299 = ITRB 2005, 6 = NJW-RR 2005, 439; FG Münster v. 16.9.2015 – 7 K 781/14 AO Rz. 18 ff.; vgl. *Beier* in Lehmann/Meents, Kap. 19 Rz. 163 ff.; *Schneider*, Handbuch des EDV-Rechts, Teil K Rz. 90; *Boecker*, MDR 2007, 1234 ff.
3068 Vgl. *Herget* in Zöller, § 857 ZPO Rz. 12c; *Welzel*, MMR 2001, 131; *Viefhues*, MMR 2000, 286; LG Düsseldorf v. 16.3.2001 – 25 T 59/01, AfP 2002, 181 = ITRB 2001, 207 = CR 2001, 468;

Die **Verwertung** einer Domain kann durch **Versteigerung**[3069] oder auch durch Überweisung an Zahlungs statt zu einem Schätzwert[3070] erfolgen. § 844 Abs. 1 ZPO eröffnet beide Möglichkeiten der Verwertung, sofern der Gläubiger entsprechende Anträge stellt. Mit einer Überweisung an Zahlungs statt übernimmt der Gläubiger sämtliche Ansprüche aus dem Registrierungsvertrag. Der Schuldner verliert sie dauerhaft und endgültig. Die **Fortsetzung des Dauerschuldverhältnisses** erfolgt ausschließlich mit dem Gläubiger, und zwar spätestens dann, wenn dieser von der Vergabestelle die Registrierung verlangt. Für eine Aufrechterhaltung der Registrierung des Schuldners besteht kein sachlicher Grund. Auch schutzwürdige Interessen der Vergabestelle erfordern dies nicht. Der neue Domaininhaber kann seine Ansprüche und Rechte gegenüber der Vergabestelle unter denselben Voraussetzungen und Beschränkungen wie zuvor der Schuldner geltend machen[3071].   1896

Wenn der Betreiber eines Online-Shops auf Einkünfte aus diesem Shop angewiesen ist, kann die Domain, unter der der Shop erreichbar ist, nach § 811 Abs. 1 Nr. 5 ZPO **unpfändbar** sein[3072]. Denn unpfändbar sind nach § 811 Abs. 1 Nr. 5 ZPO nicht nur Sachen, die zur Fortsetzung der Erwerbstätigkeit des Schuldners erforderlich sind, sondern „Gegenstände" und somit auch Rechte.   1897

IV. Domainstreit

Seit Beginn der kommerziellen Nutzung des Internet gab es Auseinandersetzungen um Domains. Nachdem es in der Anfangszeit meist darum ging, dass Domainhändler Internet-Domains reservierten, um sie gewinnbringend an Interessierte (meist Kennzeichenrechtsinhaber) zu veräußern, wurden die Domainstreitigkeiten zunehmend diffiziler. In den letzten Jahren ist ein deutlicher Rückgang an Streitigkeiten zu beobachten.   1898

Für Rechtssicherheit haben Entscheidungen des **BGH** gesorgt. Nach den ersten Urteilen zu mitwohnzentrale.de[3073] und ambiente.de[3074], ergingen in rascher Folge Entscheidungen zu   1899

LG Essen v. 22.9.1999 – 11 T 370/99, CR 2000, 247; LG Mönchengladbach v. 22.9.2004 – 5 T 445/04, CR 2005, 536 = AfP 2005, 299 = ITRB 2005, 6 = NJW-RR 2005, 439; LG Zwickau v. 12.8.2009 – 8 T 228/09, MMR 2010, 72; AG Langenfeld v. 21.12.2000 – 12 M 2416/00, CR 2001, 477; a.A. LG München v. 12.2.2001 – 20 T 19368/00, AfP 2001, 254 = ITRB 2002, 59 = CR 2001, 342 = MMR 2001, 319 = K&R 2001, 527.

3069 *Beier* in Lehmann/Meents, Kap. 19 Rz. 170; LG Mönchengladbach v. 22.9.2004 – 5 T 445/04, CR 2005, 536 = AfP 2005, 299 = ITRB 2005, 6 = NJW-RR 2005, 439.

3070 Vgl. *Beier* in Lehmann/Meents, Kap. 19 Rz. 168; BGH v. 5.7.2005 – VII ZB 5/05, AfP 2005, 577 = ITRB 2005, 270 = NJW 2005, 3353, 3354 = CR 2006, 50, 51 = MMR 2005, 685, 687 = K&R 2005, 464, 466.

3071 BGH v. 11.10.2018 – VII ZR 288/17 Rz. 23 f., ITRB 2019, 31 – Domain „d.de"; OLG Frankfurt v. 9.1.2017 – 1 U 137/16 Rz. 25 ff.

3072 LG Mönchengladbach v. 22.9.2004 – 5 T 445/04, CR 2005, 536 = AfP 2005, 299 = ITRB 2005, 6 = NJW-RR 2005, 439; LG Mühlhausen v. 13.12.2012 – 2 T 222/12 Rz. 11.

3073 BGH v. 17.5.2001 – I ZR 216/99, ITRB 2002, 3 = NJW 2001, 3262 = CR 2002, 777 – mitwohnzentrale.de.

3074 BGH v. 17.5.2001 – I ZR 251/99, AfP 2001, 507 = CR 2001, 850 m. Anm. *Freytag* = ITRB 2001, 280 = MMR 2001, 671 – ambiente.de.

shell.de[3075], vossius.de[3076], rechtsanwaelte-notar.de[3077], presserecht.de[3078], maxem.de[3079], tauchschule-dortmund.de[3080], kurt-biedenkopf.de[3081] und ritter.de[3082]. Später sind die Entscheidungen zu euro-telekom.de[3083], afilias.de[3084] sowie ahd.de[3085] in besonderer Weise hervorzuheben. Diese Fälle zeigen einen großen Teil der Bandbreite domainrechtlicher Streitigkeiten[3086]. Insgesamt ist es dem BGH gelungen, dem Domainrecht per **Rechtsfortbildung** den Stempel aufzudrücken und ein stimmiges System zu entwickeln, das den Grundsatz der **Priorität** stark betont und für klare Verhältnisse sorgt.

1900 ■ **Übersicht**

Domainstreit:

– *Domaingrabbing:* Anspruch aus §§ 1004, 826 BGB (sowie § 4 Nr. 4 UWG).

– *Markenrecht (§§ 14 und 15 MarkenG):* Schutz von Marken, geschäftlichen Bezeichnungen und Werktiteln (Schutzlücken bei privaten Homepages sowie bei branchen- oder ortsferner Domainnutzung).

– *Namensrecht (§ 12 BGB):* Schutz des Namens natürlicher und juristischer Personen, der sich auch auf Gemeinden und andere juristische Personen des öffentlichen Rechts erstreckt (Schutzlücke bei Gleichnamigkeit: „Wer zuerst kommt, mahlt zuerst").

– *Irreführung (§ 5 UWG):* Allein in der Domainregistrierung liegt niemals eine Irreführung. Eine Irreführung kann allenfalls in den Inhalten liegen, die über die Domain abrufbar sind. Angesichts des Prioritätsgrundsatzes bieten Domains auch im Übrigen wenig Angriffsfläche im Wettbewerbsrecht.

Anspruchsgegenstand:

– *Übertragung der Domain:* Ein Anspruch auf Domainübertragung besteht nie, da es keine Anspruchsnorm gibt, die einen solchen Anspruch begründen kann.

3075 BGH v. 22.11.2001 – I ZR 138/99, AfP 2002, 364 = CR 2002, 525 = ITRB 2002, 177 = NJW 2002, 2031 = WRP 2002, 694 – shell.de.
3076 BGH v. 28.2.2002 – I ZR 195/99, NJW 2002, 2093 = WRP 2002, 700 – vossius.de.
3077 BGH v. 25.11.2002 – AnwZ (B) 8/02, CR 2003, 354 = MMR 2003, 256 – rechtsanwaelte-notar.de.
3078 BGH v. 25.11.2002 – AnwZ (B) 41/02, AfP 2003, 157 = CR 2003, 355 = MMR 2003, 252 – presserecht.de.
3079 BGH v. 26.6.2003 – I ZR 296/00, AfP 2003, 579 = CR 2003, 845 = ITRB 2004, 3 = WRP 2003, 1215 – maxem.de.
3080 BGH v. 20.11.2003 – I ZR 117/03 – tauchschule-dortmund.de.
3081 BGH v. 19.2.2004 – I ZR 82/01, AfP 2004, 302 = CR 2004, 531 = ITRB 2004, 195 = WRP 2004, 769 – kurt-biedenkopf.de.
3082 BGH v. 4.3.2004 – I ZR 50/03, GRUR 2004, 622 – ritter.de.
3083 BGH v. 19.7.2007 – I ZR 137/04, K&R 2007, 524 = CR 2007, 726 – Euro Telekom.
3084 BGH v. 24.4.2008 – I ZR 159/05, NJW 2008, 3716 = MMR 2008, 815 = K&R 2008, 735 m. Anm. *Rössel*.
3085 BGH v. 19.2.2009 – I ZR 135/06, ITRB 2009, 171 = CR 2009, 748 = WRP 2009, 803 = K&R 2009, 473 m. Anm. *Rössel*.
3086 Vgl. auch *Reinholz/Schätzle*, K&R 2009, 606, 606 ff.

– **Löschung der Domain:** Ein Löschungsanspruch ist nur gegeben, wenn jedwede Nutzung der Domain Rechte Dritter verletzen würde („Schlechthinbenutzungsverbot")[3087].

– **Nutzung der Domain:** Bestimmte Arten der Domainnutzung können Gegenstand eines Unterlassungs- und/oder Beseitigungsanspruchs sein.

1. § 826 BGB und § 4 Nr. 4 UWG – Domaingrabbing

Geschäftsleute entdeckten frühzeitig das **wirtschaftliche Potential** von Domainnamen und registrierten attraktive Domains in der – oft berechtigten – Erwartung, zahlungskräftige Abnehmer zu finden. Ob Rolls-Royce[3088], Zwilling[3089] oder Ufa[3090]: Zahlreiche Inhaber von Kennzeichenrechten mussten die Gerichte bemühen, um an „ihre" Domains zu gelangen. | 1901

In der Gerichtspraxis hat das Domaingrabbing schnell an Bedeutung verloren. Dies ist maßgeblich darauf zurückzuführen, dass die Rechtsprechung das Domaingrabbing frühzeitig, konsequent und einhellig für **sittenwidrig** erachtete[3091]. Der Domaingrabber sieht sich dem Risiko von Unterlassungs- und Schadensersatzansprüchen aus den §§ 826, 1004 BGB ausgesetzt[3092]. Soweit ein Wettbewerbsverhältnis besteht, erfüllt das Domaingrabbing auch den Tatbestand des § 8 Abs. 1 i.V.m. § 4 Nr. 4 UWG[3093]. | 1902

a) Prioritätsprinzip

Jedermann steht es frei, Domains zu registrieren. Dies gilt insbesondere auch für Domains mit Gattungsbegriffen. Allein aus einer großen Zahl registrierter Domains lässt sich daher nicht auf ein sittenwidriges Handeln schließen[3094]. Die **Registrierung von Gattungsbegriffen** ist grundsätzlich keinen rechtlichen Schranken unterworfen. In der Entscheidung zu **weltonline.de**[3095] ließ daher der BGH die Bemühungen des Axel-Springer-Verlages um eine Untersagung der Domainnutzung scheitern. In der Registrierung der Domain sah der BGH | 1903

3087 *Härting*, ITRB 2008, 38, 39 ff.; *Kazemi*, MMR 2008, 31, 32.

3088 OLG München v. 12.8.1999 – 6 U 4484/98, CR 2000, 247 = MMR 2000, 104 = K&R 1999, 569 – rolls-royce.de.

3089 OLG Karlsruhe v. 24.6.1998, WRP 1998, 900 – zwilling.de.

3090 OLG Düsseldorf v. 17.11.1998 – 20 U 162/97, CR 1999, 528 = WRP 1999, 343 – ufa.de.

3091 *Sprau* in Grüneberg, § 826 BGB Rz. 46; OLG Düsseldorf v. 17.11.1998 – 20 U 162/97, CR 1999, 528 = WRP 1999, 343 – ufa.de; OLG Frankfurt v. 12.4.2000 – 6 W 33/00, CR 2000, 615 – weideglueck.de; LG Düsseldorf v. 6.7.2001 – 38 O 18/01, CR 2002, 138 – literaturen.de.

3092 *Sprau* in Grüneberg, § 826 BGB Rz. 46; OLG Düsseldorf v. 17.11.1998 – 20 U 162/97, CR 1999, 528 = WRP 1999, 343 – ufa.de; OLG Frankfurt v. 12.4.2000 – 6 W 33/00, CR 2000, 615 – weideglueck.de; LG Düsseldorf v. 6.7.2001 – 38 O 18/01, CR 2002, 138 – literaturen.de; *Menebröcker/Blank/Smielick* in BeckOK UWG, § 4 UWG Rz. 599.

3093 *Köhler* in Köhler/Bornkamm/Feddersen, § 4 UWG Rz. 4.94; BGH v. 19.2.2009 – I ZR 135/06, CR 2009, 748 = ITRB 2009, 171 = K&R 2009, 473, 477 m. Anm. *Rössel* – ahd.de; OLG Frankfurt v. 8.3.2001 – 6 U 31/00, AfP 2002, 88 = CR 2001, 620; OLG Karlsruhe v. 24.6.1998 – 6 U 247/97, WRP 1998, 900 – zwilling.de; LG Hamburg v. 12.8.2008 – 312 O 64/08 – area45cycles.com.

3094 OLG Frankfurt v. 12.9.2002 – 6 U 128/01, MMR 2002, 811, 812 = WRP 2002, 1452, 1455 – drogerie.de.

3095 BGH v. 2.12.2004 – I ZR 207/01, CR 2005, 593 = AfP 2005, 364 = ITRB 2005, 198 = WRP 2005, 893, 893 ff. – weltonline.de.

keine sittenwidrige Schädigung des Zeitungsverlages (§ 826 BGB)[3096]. Rechte an dem vom Axel-Springer-Verlag geltend gemachten Titel weltonline.de (§ 5 Abs. 3 und § 15 Abs. 2 MarkenG) seien nur bei einer Verwendung der Domain als Werktitel betroffen, eine entsprechende Nutzungsabsicht sei bei dem Domaininhaber indes nicht erkennbar. Eine Geltendmachung von Rechten aus bekannter Marke oder bekanntem Titel (§ 14 Abs. 2 Nr. 3 und § 15 Abs. 3 MarkenG) scheitere am fehlenden Nachweis einer geschäftlichen Nutzungsabsicht[3097]. Namensrechtliche Ansprüche kamen nach Auffassung des BGH nicht in Betracht, da es an einer Beeinträchtigung namensrechtlicher Befugnisse fehlte[3098].

b) Ausschließliche Verkaufsabsicht

1904 Die Grenze zur Sittenwidrigkeit ist überschritten, wenn die Registrierung von Domains in der ausschließlichen Absicht erfolgt, die Domains demjenigen zum Kauf anzubieten, der auf Grund von Namens- oder Kennzeichenrechten an der Domain interessiert ist[3099]. Diese Annahme ist gerechtfertigt, wenn sich für die Registrierung einer bestimmten Domain **kein anderer plausibler Grund** erkennen lässt als der beabsichtigte Verkauf an einen Namensträger (§ 12 BGB)[3100]. Den Nachweis einer (ausschließlichen) **Verkaufsabsicht** muss derjenige führen, der Ansprüche aus den §§ 1004, 826 BGB und § 8 Abs. 1 i.V.m. § 4 Abs. 4 UWG geltend macht[3101]. Am leichtesten fällt der Beweis, wenn die Domain von dem Inhaber nicht genutzt und zum Verkauf angeboten wird.

1905 **Praxistipp**

Wer eine Domain zum Verkauf anbietet, sollte sich bewusst sein, dass das Verkaufsangebot als Anhaltspunkt für ein wettbewerbs- und sittenwidriges „Domaingrabbing" gewertet werden kann.

c) Benutzungswille und eigenes Interesse an der Domain

1906 Das OLG Hamburg bejahte eine unlautere Behinderung gem. § 4 Abs. 4 UWG in einem Fall, in dem dem beklagten Domaininhaber „offensichtlich" ein **„eigenes Interesse"** an der Nutzung der Domain (ahd.de) fehlte[3102]. Der BGH widersprach und wies auf das **Prioritätsprinzip** hin. Der Umstand, dass ein Unternehmen wegen der Registrierung eines Domainnamens durch einen Konkurrenten daran gehindert ist, den Domainnamen für das eigene Unternehmen zu nutzen, sei Folge des Prioritätsprinzips. Die sich daraus ergebende Be-

3096 BGH v. 2.12.2004 – I ZR 207/01, CR 2005, 593 = AfP 2005, 364 = ITRB 2005, 198 = WRP 2005, 893, 894 – weltonline.de.
3097 BGH v. 2.12.2004 – I ZR 207/01, CR 2005, 593 = AfP 2005, 364 = ITRB 2005, 198 = WRP 2005, 893, 895 – weltonline.de.
3098 BGH v. 2.12.2004 – I ZR 207/01, CR 2005, 593 = AfP 2005, 364 = ITRB 2005, 198 = WRP 2005, 893, 895 – weltonline.de.
3099 *Kiethe/Groeschke*, WRP 2002, 27; BGH v. 23.11.2000, WRP 2001, 160, 160 ff. – Classe E; OLG Frankfurt v. 12.4.2000 – 6 W 33/00, CR 2000, 615 = MMR 2000, 424.
3100 Vgl. OLG Hamburg v. 24.9.2009 – 3 U 43709, K&R 2010, 195, 196 f. – stadtwerke-uetersen.de.
3101 BGH v. 23.11.2000 – I ZR 93/98, WRP 2001, 160, 160 ff. – Classe E.
3102 OLG Hamburg v. 5.7.2006 – 5 U 87/05, CR 2007, 47, 49 f. – ahd.de; vgl. auch LG Hamburg v. 26.5.2005 – 315 O 136/04, MMR 2005, 781 (Vorinstanz).

einträchtigung von wettbewerblichen Entfaltungsmöglichkeiten sei grundsätzlich hinzunehmen[3103].

Für einen hinreichenden **Benutzungswillen des Anmelders** genügt bereits die Absicht, den Domainnamen der Benutzung durch einen Dritten – im Wege der Lizenzerteilung oder durch eine Übertragung an den Dritten – zuzuführen. Diese Voraussetzung ist bei Agenturen erfüllt, die Domains anmelden und ihren Kunden zur Verfügung stellen[3104].

1907

d) Einzelfälle

Eine besondere Variante des **Domaingrabbing** sind Unternehmen, die sich gezielt Domains registrieren lassen, nachdem diese von ihrem bisherigen Inhaber aufgegeben wurden. Die Domains werden sodann für Werbeseiten genutzt in der Hoffnung auf zahlreiche Besucher, die unter der Domain den Internetauftritt des früheren Domaininhabers erwarten. Das OLG München sah hierin eine „Negativwerbung" für den vormaligen Inhaber der Domain und bejahte eine unlautere Behinderung gem. § 4 Abs. 4 UWG[3105]. Auf § 826 BGB stützte das LG München I einen Unterlassungsanspruch in einem ähnlichen Fall, in dem es um feuerwehr-fehrbellin.de ging[3106]. Ebenso erachtete es das OLG Naumburg als sittenwidrig gem. § 826 BGB, dass Domains dem Inhaber heimlich und mit Schädigungsvorsatz entzogen werden[3107].

1908

Entgegen der Auffassung des OLG Hamburg[3108] liegt kein Fall des sittenwidrigen Domaingrabbing vor, wenn sich Kritiker eines Unternehmens für ihre „Meckerseiten" (s. Rz. 1941) gleich mehrere Domains sichern. Aus dem (angeblichen) Fehlen eines „schützenswerten Interesses" an den Domains lässt sich keineswegs auf ein vorsätzlich-sittenwidriges Schädigungsverhalten der Domaininhaber schließen. Gemäß Art. 21 Abs. 1 b i.V.m. Abs. 3 der EU-Verordnung zu den eu.-Domains[3109] (s. Rz. 1890 ff.) führt ein bösgläubiges Verhalten bei der Registrierung von **.eu-Domains** zu einem **Widerruf** des Domainnamens, sofern der Domainname mit einem anderen Namen identisch ist oder diesem verwirrend ähnelt[3110].

1909

Das LG Köln erließ eine einstweilige Verfügung gegen den Inhaber der Domain touristikbörse24.de[3111], nachdem er die Domain einem Reisevermittler angeboten hatte, der seit län-

1910

3103 BGH v. 19.2.2009 – I ZR 135/06, CR 2009, 748 = ITRB 2009, 171 = K&R 2009, 473, 477 m. Anm. *Rössel* – ahd.de; *Reinholz/Schätzle*, K&R 2009, 606, 610.

3104 Vgl. BGH v. 19.2.2009 – I ZR 135/06, CR 2009, 748 = ITRB 2009, 171 = K&R 2009, 473, 477 f. m. Anm. *Rössel* – ahd.de.

3105 OLG München v. 5.10.2006 – 29 U 3143/06, AfP 2007, 396 = MMR 2007, 115 – fwt-koeln.de; vgl. auch LG München v. 4.4.2006 – 33 O 15828/05, AfP 2007, 178 = CR 2006, 559 = MMR 2006, 484 (Vorinstanz).

3106 LG München v. 21.3.2006 – 33 O 22666/05, CR 2006, 494 und LG München v. 4.7.2006 – 33 O 2343/06, CR 2007, 470 = K&R 2006, 530 – feuerwehr-fehrbellin.de.

3107 OLG Naumburg v. 24.6.2010 – 1 U 20/10 Rz. 16 ff., ITRB 2011, 32.

3108 OLG Hamburg v. 23.4.2004 – 3 U 65/04, ITRB 2005, 28 = MMR 2005, 117 – awd-aussteiger.us.

3109 Verordnung (EG) Nr. 874/2004 der Kommission v. 28.4.2004 zur Festlegung von allgemeinen Regeln für die Durchführung und die Funktionen der Domäne oberster Stufe „eu" und der allgemeinen Grundregeln für die Registrierung.

3110 Vgl. EuGH v. 3.6.2010 – C-569/08, ECLI:EU:C:2010:311, CR 2010, 615 – reifen.eu.

3111 LG Köln v. 12.3.2004 – 31 O 155/04 – touristikbörse24.de.

gerer Zeit eine Website mit Reiseangaboten unter der Domain touristikboerse24.de betrieb. Als „Gegenleistung" für die Herausgabe der Domain verlangte der Inhaber die Finanzierung eines 21-tägigen „All inclusive"-Urlaubs in die Dominikanische Republik für vier Personen in einem Luxushotel samt Mietwagen. Als der Reisevermittler nicht mitspielte, versuchte der Inhaber, die Domain bei eBay zu versteigern.

1911 Besteht eine Firma im Kern aus drei Gattungsbegriffen („AMS Advanced Microwave Systems GmbH"), so liegt eine unlautere Behinderung (§ 4 Nr. 4 UWG) vor, wenn sich ein Konkurrent mehrere Domains registrieren lässt, die aus diesen Gattungsbegriffen bestehen. Dies gilt jedenfalls dann, wenn die Domains zur Weiterleitung auf eine Website mit Konkurrenzangeboten genutzt werden und es an jeglichem klarstellenden Hinweis fehlt[3112].

2. §§ 14, 15 MarkenG – Marken, Unternehmensbezeichnungen und Werktitel

1912 Marken, Unternehmenskennzeichen und Werktitel sind durch das Markengesetz (MarkenG) geschützt. Kennzeichenrechte, aus denen sich Ansprüche gegen einen Domaininhaber herleiten lassen, können sich aus einer eingetragenen Marke (§ 4 MarkenG) oder aus einer geschäftlichen Bezeichnung (Unternehmenskennzeichen und Werktitel, § 5 MarkenG) ergeben[3113]. Unternehmenskennzeichen und Werktitel sind nicht eintragungsfähig. Sie erhalten Schutz durch den kennzeichenmäßigen Gebrauch. Ein solcher Gebrauch kann auch darin liegen, dass ein **Kennzeichen als Domain** verwendet wird[3114]. Der Nutzer einer Domain kann durch eine solche Nutzung **Werktitelschutz** an dem Domainnamen erlangen[3115].

1913 ■ Übersicht:

Kennzeichenrechte können erwachsen aus:

– der Eintragung einer **Marke** (§ 4 MarkenG);

– der Nutzung eines **Unternehmenskennzeichens** (§ 5 Abs. 2 MarkenG);

– der Benutzung eines **Werktitels** (§ 5 Abs. 3 MarkenG);

– der Nutzung einer **Domain** (§ 5 MarkenG).

a) Grundlagen

aa) Schutz der Marke

1914 Markenschutz können nach § 3 Abs. 1 MarkenG alle Zeichen genießen, insbesondere Wörter einschließlich Personennamen, Abbildungen, Buchstaben, Zahlen, Hörzeichen, dreidimensionale Gestaltungen sowie sonstige Aufmachungen einschließlich Farben und Farbzusammenstellungen, sofern die Zeichen geeignet sind, Waren oder Dienstleistungen eines Unternehmens von den Waren oder Dienstleistungen anderer Unternehmen zu unterschei-

---

3112 OLG Hamburg v. 14.4.2005 – 5 U 74/04, MMR 2006, 328, 329 f. – advanced-microwave-systems.de.
3113 *Redeker*, IT-Recht, Rz. 1328 ff.
3114 BGH v. 28.1.2016 – I ZR 202/14 Rz. 17 m.w.N., AfP 2016, 435 – wetter.de.
3115 Vgl. *Hoeren*, Internet- und Kommunikationsrecht, S. 44 f.; *Schneider* in Schneider, Handbuch des EDV-Rechts, Teil K Rz. 166 f.; *Eichelberger*, K&R 2009, 778, 778 ff.

den. Voraussetzung für die Markenfähigkeit eines Kennzeichens gem. § 3 MarkenG ist demnach primär dessen **Unterscheidungskraft**[3116] (vgl. auch § 8 Abs. 2 Nr. 1 MarkenG[3117]). Der Markenschutz entsteht regelmäßig erst mit der Eintragung eines Zeichens in das vom Deutschen Patent- und Markenamt (DPMA) geführte **Markenregister** (§ 4 Nr. 1 MarkenG), ausnahmsweise jedoch schon mit der Benutzung des Zeichens im geschäftlichen Verkehr, soweit das Zeichen innerhalb der maßgeblichen Verkehrskreise als Marke **Verkehrsgeltung** erworben hat (§ 4 Nr. 2 MarkenG).

bb) Schutz von Unternehmenskennzeichen und Werktiteln

Gemäß § 5 Abs. 1 MarkenG sind neben Marken auch **geschäftliche Bezeichnungen** geschützt, sofern es sich um Unternehmenskennzeichen oder Werktitel handelt. **Unternehmenskennzeichen** sind nach § 5 Abs. 2 MarkenG Zeichen, die im geschäftlichen Verkehr als Name, als Firma oder als besondere Bezeichnung eines Geschäfts, eines Betriebs oder eines Unternehmens benutzt werden. Als **Werktitel** gelten gem. § 5 Abs. 3 MarkenG die Namen oder besonderen Bezeichnungen von Druckschriften, Filmwerken, Tonwerken, Bühnenwerken oder sonstigen vergleichbaren Werken. Die Schutzfähigkeit einer geschäftlichen Bezeichnung richtet sich ebenso wie die Schutzfähigkeit von Marken nach deren Unterscheidungskraft. § 15 MarkenG gewährt dem Inhaber eines Unternehmenskennzeichens oder Werktitels einen Schutz, der dem Schutz des Markeninhabers gem. § 14 MarkenG weitestgehend entspricht.

1915

An die Unterscheidungskraft eines **Zeitungs- oder Zeitschriftentitels** sind nur geringe Anforderungen zu stellen, weil periodische Druckschriften seit jeher unter mehr oder weniger farblosen Gattungsbezeichnungen angeboten werden. Das Publikum hat sich an diesen Zustand gewöhnt und misst auch **farblosen Titeln** Unterscheidungskraft bei[3118].

1916

cc) Schutz durch Nutzung eines Domainnamens

Internetseiten kommen grundsätzlich als titelschutzfähige Werke (§ 5 Abs. 3 MarkenG) in Betracht, wenn ihr Inhalt selbst eine für die Annahme eines Werkes hinreichende geistige Leistung beinhaltet, der Verkehr in ihrem Namen ein Zeichen zur Unterscheidung von anderen Internetseiten und nicht nur eine Adressbezeichnung sieht und wenn die Internetseite weitgehend fertiggestellt ist[3119]. Unter diesen Voraussetzungen kann die nachhaltige Nutzung einer Domain dazu führen, dass für den Domainnamen Kennzeichenschutz entsteht, ohne dass es der Eintragung einer entsprechenden Marke (§ 4 MarkenG) bedarf. Wer unter der Bezeichnung „eifel-zeitung" in der Schreibweise mit und ohne Bindestrich eine Internetzeitung verbreitet, kann dadurch Titelschutz erlangen, da der Verkehr in der als Domainnamen gewählten Bezeichnung ein Zeichen zur Unterscheidung eines Werks von einem anderen und nicht nur eine Adressbezeichnung sieht[3120]. Das OLG Köln bejahte daher auch

1917

3116 *Fezer*, Markengesetz, § 3 MarkenG Rz. 316; *Ingerl/Rohnke*, Markengesetz, § 3 MarkenG Rz. 10; *Nordemann*, Wettbewerbs- und Markenrecht, Rz. 1116; *Miosga* in Ströbele/Hacker, Markengesetz, § 3 MarkenG Rz. 11.

3117 Zur Abgrenzung beider Normen vgl. *Fezer*, Markengesetz, § 8 MarkenG Rz. 45.

3118 BGH v. 28.1.2016 – I ZR 202/14 Rz. 23, AfP 2016, 435 – wetter.de; OLG Köln v. 15.7.2010 – 6 W 93/10 Rz. 9 – Festivalplaner.

3119 BGH v. 28.1.2016 – I ZR 202/14 Rz. 17 m.w.N., AfP 2016, 435 – wetter.de.

3120 BGH v. 18.6.2009 – I ZR 47/07, AfP 2010, 51 = CR 2010, 112, 113 – EIFEL-ZEITUNG; vgl. *Ellerbrock*, ITRB 2010, 70, 71 f.

Titelschutz bei der Domain festivalplaner.de, die für eine periodisch erscheinende Publikation genutzt wurde[3121].

1918   Werktitelschutz kann erst mit Aufnahme der Benutzung des Domainnamens als Titel entstehen. Hierzu muss ein weitgehend fertig gestelltes, unter dem Domainnamen erreichbares Werk vorhanden sein[3122]. Die bloße Ankündigung eines solchen Werks auf einem Internetportal genügt nicht, da eine Vorverlagerung des Werktitelschutzes auf Grund einer **Titelschutzanzeige** voraussetzt, dass das Werk in branchenüblicher Weise öffentlich angekündigt wird[3123]. Für eine öffentliche Titelankündigung an interessierte Mitbewerber reicht jedoch die bloße Angabe auf einer Internetseite der den Werktitelschutz beanspruchenden Partei nicht aus[3124].

1919   Die Benutzung eines Domainnamens führt nicht bereits per se zu einem Kennzeichenschutz. Ein solcher Schutz tritt erst ein, wenn der Verkehr in der für die Domain gewählten Bezeichnung einen **Herkunftsnachweis** sieht[3125], wobei es nicht erforderlich ist, dass die Bezeichnung Verkehrsgeltung erlangt hat[3126], da geschäftliche Bezeichnungen und Werktitel auch ohne Verkehrsgeltung geschützt sind.

1920   Das OLG Hamburg verneinte Kennzeichenrechte einer Patentanwaltskanzlei an der Bezeichnung Patmondial mit der Begründung, dass die Registrierung eines Domainnamens allein noch nicht zu einem Kennzeichenschutz führt[3127]. Unter der Domain patmondial.de fanden sich keine Inhalte der Kanzlei. Die Domain wurde lediglich benutzt, um auf eine andere Seite der Kanzlei umzuleiten. Damit war patmondial.de nicht mehr als eine technische Durchleitungsanschrift ohne die Funktion eines Herkunftsnachweises[3128].

1921   In seiner Entscheidung zu wetter.de[3129] hat der BGH erhebliche Anforderungen an die Erlangung von Werktitelschutz durch eine Domainnutzung gebilligt, die das OLG Köln[3130]

3121 OLG Köln v. 15.7.2010 – 6 W 93/10 Rz. 9 – Festivalplaner.

3122 BGH v. 14.5.2009 – I ZR 231/06, AfP 2009, 583 = ITRB 2010, 5 = CR 2009, 801, 802 m. Anm. *Hackbarth* – airdsl; vgl. auch OLG Frankfurt v. 5.8.2010 – 6 U 89/09, CR 2011, 408 = ITRB 2011, 5; LG Hamburg v. 15.7.2010 – 315 O 70/10 Rz. 38 – dildoparty.de; *Eichelberger*, K&R 2009, 778, 779 f.

3123 Vgl. *Eichelberger*, K&R 2009, 778, 779 f.; *Hackbarth*, CR 2009, 805, 805 f.; BGH v. 22.6.1989 – I ZR 39/87, AfP 1989, 664 = WRP 1990, 242, 244 – Titelschutzanzeige; BGH v. 15.1.1998 – I ZR 282/95, CR 1998, 457 = GRUR 1998, 1010, 1012 = WRP 1998, 877 – WINCAD.

3124 BGH v. 14.5.2009 – I ZR 231/06, AfP 2009, 583 = ITRB 2010, 5 = CR 2009, 801, 803 m. Anm. *Hackbarth* – airdsl; vgl. auch *Hoeren*, Internet- und Kommunikationsrecht, Rz. 41; *Schneider* in Schneider, Handbuch des EDV-Rechts, Teil K Rz. 167; *Eichelberger*, K&R 2009, 778, 779 f.

3125 BGH v. 24.2.2005 – I ZR 161/02, CR 2006, 54, 56 = MMR 2005, 761, 762 – Seicom; BGH v. 24.4.2008, K&R 2008, 735, 737 m. Anm. *Rössel* – afilias.de.

3126 A.A. OLG Köln v. 7.5.2007 – 6 W 54/07, AfP 2008, 661 = MMR 2008, 119, 120 – 4e.de; LG Köln v. 4.6.2019 – 31 O 357/17 Rz. 25.

3127 BGH v. 22.7.2004 – I ZR 135/01, AfP 2005, 208 = ITRB 2005, 110 = NJW 2005, 1198 = CR 2005, 284 = MMR 2005, 171 – soco.de; vgl. auch BGH v. 24.2.2005 – I ZR 161/02, CR 2006, 54 = MMR 2005, 761; OLG Hamburg v. 28.10.2010 – 3 U 206/08 Rz. 50 – patmondial.de.

3128 OLG Hamburg v. 28.10.2010 – 3 U 206/08 Rz. 53 – patmondial.de.

3129 BGH v. 28.1.2016 – I ZR 202/14, AfP 2016, 435 – wetter.de.

3130 OLG Köln v. 5.9.2014 – 6 U 205/13, CR 2014, 824 = AfP 2015, 44 = ITRB 2014, 271; vgl. auch LG Hamburg v. 8.10.2013 – 327 O 104/13, CR 2014, 343 = CR 2014, 271 = ITRB 2014, 33.

aufgestellt hatte. Insbesondere lehnte der BGH einen **Schutz farbloser Titel** bei Apps und Online-Publikationen – anders als bei Printzeitungen und -zeitschriften – ab. Geht man von dieser Linie aus, kann die – schwach unterscheidungskräftige – Domain oesterreich.de keinen Werktitelschutz entfalten für ein Portal mit Informationen rund um Österreich[3131].

Praxistipp   1922

Allein die – nachhaltige und andauernde – Nutzung einer Domain kann dazu führen, dass ein Domainname zum Herkunftsnachweis wird und ein „Domainrecht" entsteht. Auf eine derartige Entwicklung sollte man sich bei Einrichtung eines Internetauftritts nicht verlassen.

Marken, Geschäftsbezeichnungen und Werktitel können sich grundsätzlich auch gegen prioritätsältere Domain-Registrierungen durchsetzen[3132]. Es ist daher ratsam, den Domainnamen ergänzend durch die Eintragung von Marken zu sichern. Der Domainname ist als solcher – einschließlich der TLD – im Markenregister eintragungsfähig, sofern die Voraussetzungen des § 3 MarkenG – insbesondere die Unterscheidungskraft – vorliegen[3133].

b) Löschungs- und Unterlassungsansprüche

Wer **Markenschutz** erlangt hat, kann Dritten die Benutzung eines mit der Marke identischen   1923
Zeichens untersagen, sofern diese das Zeichen für Waren oder Dienstleistungen im geschäftlichen Verkehr verwenden, die mit denjenigen identisch sind, auf die sich der Markenschutz erstreckt (§ 14 Abs. 2 Nr. 1 MarkenG). Liegt keine **vollständige Identität** sowohl der Zeichen als auch der betroffenen Waren bzw. Dienstleistungen vor, kann der Markeninhaber von Dritten die Unterlassung der Benutzung eines Zeichens beanspruchen, wenn die jeweiligen Zeichen und Waren bzw. Dienstleistungen einander ähnlich sind und daher **Verwechslungsgefahr** besteht (§ 14 Abs. 2 Nr. 2 MarkenG).

Bei Marken, die im Inland **bekannt** sind, besteht ein Unterlassungsanspruch bereits dann,   1924
wenn ein Zeichen für eine beliebige Ware oder Dienstleistung verwendet wird, das der geschützten Marke ähnlich ist. Bekannte Marken sind somit auch dann geschützt, wenn keine Ähnlichkeiten zwischen den jeweils gekennzeichneten Waren bzw. Dienstleistungen bestehen (§ 14 Abs. 2 Nr. 3 MarkenG).

Die Inhaber von **Unternehmenskennzeichen** und **Werktiteln** können gegen eine unberech-   1925
tigte Nutzung von Domains aus § 15 MarkenG vorgehen. § 15 MarkenG gewährt einen Schutz, der im Wesentlichen dem Markenschutz gem. § 14 MarkenG entspricht[3134].

■ **Übersicht:**   1926

Löschungs- und/oder Unterlassungsanspruch aus Markenrecht, wenn:

– die Zeichenfolge als Marke eingetragen ist oder als Unternehmenskennzeichen oder Werktitel **Kennzeichnungskraft** hat;

3131 A.A. OLG München v. 20.10.2005 – 29 U 2129/05, CR 2006, 414 – österreich.de.
3132 Vgl. OLG München v. 11.1.2001 – 6 U 5719/99, AfP 2001, 142 = ITRB 2001, 289 = CR 2001, 406 – kuecheonline.de.
3133 Vgl. *Reinholz/Schätzle*, K&R 2008, 573, 575; EuG v. 12.12.2007 – Rs. T-117/06, ECLI:EU:T: 2007:385, CR 2008, 576 = K&R 2008, 169, 170 – suchen.de.
3134 *Beier* in Lehmann/Meents, Kap. 19 Rz. 181 ff.

- eine unerlaubte Benutzung des Kennzeichens **im geschäftlichen Verkehr** erfolgt (bei Nutzung der Domain für eine gewerbliche Website stets der Fall, nicht jedoch bei bloßer Domainregistrierung oder bei Nutzung für eine private Homepage) und

- es sich bei dieser Benutzung um eine **kennzeichenmäßige Benutzung** handelt;

- **Identität** oder **Verwechslungsgefahr** (hinsichtlich des Kennzeichens und der Waren bzw. Dienstleistungen) besteht **oder** es sich um ein Kennzeichen mit überragender **Bekanntheit** handelt.

aa) Kennzeichnungskraft

1927 Ist eine **Marke** eingetragen, so bestehen die Ansprüche aus § 14 MarkenG unabhängig davon, ob **Schutzhindernisse** bestehen. Insbesondere kommt es auch nicht auf die Kennzeichnungskraft der Marke an. Ist daher die Marke „Professional Nails" im Markenregister des DPMA eingetragen, kann der beklagte Inhaber der Domain professional-nails.de nicht einwenden, dass es sich bei „Professional Nails" um einen Gattungsbegriff handelt, den der Verkehr nicht als Herkunftshinweis versteht (§ 8 Abs. 2 Nr. 2 MarkenG)[3135]. Im markenrechtlichen Verletzungsprozess ist der Verletzungsrichter an die Markeneintragung gebunden[3136].

1928 Bei **Unternehmenskennzeichen** und **Werktiteln** gibt es eine solche Bindung nicht, da es an einer Eintragung fehlt. Ansprüche aus § 15 MarkenG bestehen daher nur, wenn das Kennzeichen über eine hinreichende **Kennzeichnungskraft** verfügt. Der zusammengesetzte Begriff „Literaturhaus"[3137] ist als Unternehmenskennzeichen ebenso wenig schutzfähig wie der Begriff „Hockeystore"[3138], die Bezeichnung „Flugplatz Speyer"[3139] oder die Domain „fluege .de"[3140], da es jeweils an einer hinreichenden Kennzeichnungskraft fehlt. Anderes gilt nach Ansicht des OLG München für die Geschäftsbezeichnung „Flüssiggas Bayern". Die Verbindung der beiden „farblosen" Begriffe „Flüssiggas" und „Bayern" reichte den Münchner Richtern für einen Schutz als unterscheidungskräftiges Unternehmenskennzeichen gem. § 5 Abs. 2 MarkenG aus[3141]. Ebenso entschieden das OLG Nürnberg[3142] und das LG Bochum[3143] in Fällen, in denen es um die Geschäftsbezeichnungen „Leihhaus Nürnberg" und „Großmarkt Dortmund" ging. Ausreichend kennzeichnungskräftig ist nach Auffassung des LG Frankfurt/M. die Bezeichnung „fetenplaner.de" für ein Event- und Veranstaltungsportal. Dabei stützte sich das Gericht – ohne nähere Erörterung – nicht auf den Werktitelschutz (§ 5 Abs. 3 MarkenG), sondern auf § 5 Abs. 2 MarkenG (Schutz des Unternehmenskennzeichens).

3135 A.A. OLG Düsseldorf v. 28.11.2006 – 20 U 73/06, MMR 2007, 187 = CR 2007, 473 – professional-nails.de.

3136 *Fezer*, Markengesetz, § 41 MarkenG Rz. 10; *Ingerl/Rohnke*, Markengesetz, § 14 MarkenG Rz. 15; BGH v. 3.11.1999 – I ZR 136/97, NJW-RR 2000, 1485, 1486.

3137 BGH v. 16.12.2004 – I ZR 69/02, NJW 2005, 1503, 1504 = WRP 2005, 614, 615 – Literaturhaus.

3138 LG Frankfurt/M. v. 15.1.2003 – 2/6 O 374/02, JurPC Web-Dok. 161/2003 – hockeystore.de.

3139 OLG Frankfurt v. 3.2.2011 – 6 U 21/10 Rz. 17 – flugplatz-speyer.de.

3140 OLG Dresden v. 25.3.2014 – 14 U 1364/13 Rz. 28.

3141 OLG München v. 13.2.2003 – 29 U 4541/02, MMR 2003, 397 – fluessiggas-bayern.de.

3142 OLG Nürnberg v. 25.2.2002 – 3 U 2626/02, MittdtschPatAnw 2004, 374 – leihhaus-nuernberg.de.

3143 LG Bochum v. 10.12.2002 – 12 O 126/02 – grossmarkt-dortmund.de.

„Fetenplaner" habe in der „neueren Umgangssprache" keinen klaren Bedeutungsgehalt und sei daher unterscheidungskräftig[3144].

bb) Nutzung im geschäftlichen Verkehr

Unterlassungsansprüche nach den §§ 14 und 15 MarkenG bestehen nur bei einer Nutzung der streitigen Domain **im geschäftlichen Verkehr**[3145]. Erforderlich ist eine wirtschaftliche Tätigkeit, die der Förderung des eigenen oder fremden Geschäftszwecks zu dienen bestimmt ist[3146]. Das Markenrecht liefert keine Handhabe gegen die Nutzung einer Domain für eine private Homepage[3147]. Würde daher die Domain mcdonalds.de für eine private Homepage genutzt, könnte der Markeninhaber hiergegen aus Markenrecht nicht vorgehen. Dies ist eine erhebliche Schutzlücke des Markenrechts. Dem Markeninhaber bleibt nur der ergänzende Schutz durch § 12 BGB[3148] und – im Falle des Domaingrabbing – durch § 8 Abs. 1 i.V.m. § 4 Nr. 4 UWG bzw. durch § 826 BGB[3149].   1929

Für ein Handeln im geschäftlichen Verkehr kommt es auf die erkennbar nach außen tretende **Zielrichtung des Handelnden** an. Dient das Verhalten nicht der Förderung der eigenen oder einer fremden erwerbswirtschaftlichen oder sonstigen beruflichen Tätigkeit, scheidet ein Handeln im geschäftlichen Verkehr aus[3150].   1930

Schwierig zu beurteilen sind Fälle, in denen geschützte Marken oder Geschäftsbezeichnungen als Domains registriert sind, ohne dass die Domain auch tatsächlich für einen Internetauftritt genutzt wird[3151]. Wenn sich aus den tatsächlichen Umständen ergibt, dass der Domaininhaber eine geschäftliche Nutzung beabsichtigt[3152], liegen die Voraussetzungen für eine vorbeugende Unterlassungsklage vor[3153]. Gegen die beabsichtigte private Nutzung der Domains gibt es dagegen markenrechtlich keine Handhabe. Die **Domainregistrierung** allein   1931

3144 LG Frankfurt/M. v. 22.4.2004 – 2/3 O 341/03, MMR 2005, 62, 63 – fetenplaner.de.

3145 *Schäfer* in Bröcker/Czychowski/Schäfer, Praxishandbuch Geistiges Eigentum im Internet, § 6 Rz. 66; *Hoeren*, Grundzüge des Internetrechts, S. 35 f.; BGH v. 22.11.2001 – I ZR 138/99, AfP 2002, 364 = CR 2002, 525 = ITRB 2002, 177 = NJW 2002, 2031 = WRP 2002, 694 – shell.de; OLG Frankfurt v. 27.3.2003 – 6 U 13/02, JurPC Web-Dok. 171/2003 – amex.de; OLG Schleswig v. 19.12.2000 – 6 U 51/00, AfP 2001, 256 = CR 2001, 465 = MMR 2001, 399.

3146 *Backhaus* in Gounalakis, Rechtshandbuch Electronic Business, § 25 Rz. 6.

3147 Vgl. LG München v. 18.3.2004 – 17 HK O 16815/03, ZUM 2004, 683, 684 – sexquisit.de.

3148 BGH v. 22.11.2001 – I ZR 138/99, AfP 2002, 364 = CR 2002, 525 = ITRB 2002, 177 = NJW 2002, 2031 = WRP 2002, 694 – shell.de; vgl. *Biermann*, WRP 1999, 997.

3149 *Härting*, BB 2002, 2028, 2030; OLG Frankfurt v. 12.4.2000 – 6 W 33/00, CR 2000, 615 – weideglueck.de; LG Düsseldorf v. 6.7.2001 – 38 O 18/01, CR 2002, 138 – literaturen.de.

3150 BGH v. 28.4.2016 – I ZR 82/14 Rz. 21, CR 2016, 605 – profitbricks.es.

3151 Vgl. *Backhaus* in Gounalakis, Rechtshandbuch Electronic Business, § 25 Rz. 7.

3152 Vgl. *Ingerl/Rohnke*, Markengesetz, nach § 15 MarkenG Rz. 124 ff.; BGH v. 22.11.2001 – I ZR 138/99, AfP 2002, 364 = CR 2002, 525 = ITRB 2002, 177 = NJW 2002, 2031 = WRP 2002, 694 – shell.de.

3153 *Foerstl*, CR 2002, 518, 521; *Kur*, CR 1996, 325, 327; BGH v. 22.11.2001 – I ZR 138/99, AfP 2002, 364 = CR 2002, 525 = ITRB 2002, 177 = NJW 2002, 2031 = WRP 2002, 694 – shell.de; OLG Hamburg v. 28.7.2005 – 5 U 141/04, MMR 2006, 476, 477 f. – metrosex.de; LG Braunschweig v. 5.8.1997, MMR 1998, 272 – deta.com; LG Düsseldorf v. 4.4.1997 – 34 O 191/96, CR 1998, 165 = GRUR 1998, 159, 164 – epson.de; LG Düsseldorf v. 1.6.2005 – 2a O 9/05, MMR 2006, 121 – computer-partner.de.

kann noch nicht als Benutzung einer Marke oder Geschäftsbezeichnung im geschäftlichen Verkehr angesehen werden[3154]. Die Registrierung der Domain begründet auch **keine Vermutung** für ein Handeln im geschäftlichen Verkehr[3155]. Auf ein Handeln im geschäftlichen Verkehr lässt sich ebensowenig aus dem Umstand schließen, dass ein Domainname unter einer .com-TLD registriert wird. Zwar war die .com-TLD ursprünglich ausschließlich für die gewerbliche Nutzung vorgesehen. Tatsächlich stand sie aber stets allen Nutzern offen[3156].

1932   Auch wenn sich eine juristische Person eine Domain registrieren lässt, folgt daraus nicht zwingend die Absicht einer geschäftlichen Nutzung[3157]. Die Registrierung der Domain original-nordmann.eu durch einen Forstbetrieb begründet daher noch keine Löschungs- und Unterlassungsansprüche des Inhabers der Marke „Original Nordmann"[3158]. Ein Handeln im geschäftlichen Verkehr folgt auch nicht bereits daraus, dass der Domaininhaber den Domainnamen zum **Kauf** anbietet. Allein ein Kaufangebot stellt keine Benutzung des Domainnamens für Waren oder Dienstleistungen i.S.d. § 14 Abs. 2 Satz 1 MarkenG dar[3159].

1933   Für eine Benutzung im geschäftlichen Verkehr reicht es aus, dass die Domain für eine Website verwendet wird, auf der sich Werbung befindet, beispielsweise in Form von **„Sponsored Links"**[3160]. Allerdings genügt es nicht, dass sich auf den Seiten eines kostenfrei nutzbaren Onlinedienstes ein Button zu einer Sponsorseite befindet. Sponsorengelder, die zur Deckung der Kosten eines Internetdienstes benötigt werden, lassen noch nicht auf ein geschäftliches Handeln des Anbieters schließen[3161]. Auch Hinweise auf kommerzielle Veranstaltungen reichen für ein geschäftliches Handeln nicht aus, wenn der Informations- und Hinweischarakter im Vordergrund steht[3162]. Ebenso wenig reicht es aus, dass eine Domain für ein **„Partnerprogramm"** genutzt wird, das nur „zugelassenen Partnern" zur Verfügung steht, wenn nicht ersichtlich ist, wie das „Partnerprogramm" funktioniert[3163].

1934   ▓ **Übersicht:**

Registrierung und Nutzung von Domains – Benutzung eines geschützten Kennzeichens im geschäftlichen Verkehr?

– Bei einer **„aktiven" Domain**, über die Inhalte abrufbar sind, kommt es darauf an, ob es sich um „geschäftliche" oder rein private Inhalte handelt.

– Bei einer lediglich **registrierten Domain** (ohne Inhalte) fehlt es an einer kennzeichenmäßigen Nutzung, da die Registrierung noch keine Nutzungshandlung darstellt.

3154 BGH v. 28.4.2016 – I ZR 82/14 Rz. 24, CR 2016, 605 – profitbricks.es; BGH v. 13.3.2008 – I ZR 151/05, WRP 2008, 1353, 1354 – Metrosex; LG Berlin v. 21.2.2008 – 52 O 111/07, MMR 2008, 484, 485 – naeher.de; LG Frankfurt/M. v. 18.5.2018 – 2-03 O 175/18 Rz. 18 f.; vgl. auch *Beier* in Lehmann/Meents, Kap. 19 Rz. 200; *Schneider* in Schneider, Handbuch des EDV-Rechts, Teil K Rz. 189 ff.; a.A. *Redeker*, IT-Recht, Rz. 1350 f.
3155 BGH v. 28.4.2016 – I ZR 82/14 Rz. 21, CR 2016, 605 – profitbricks.es.
3156 BGH v. 28.4.2016 – I ZR 82/14 Rz. 24, CR 2016, 605 – profitbricks.es.
3157 BGH v. 19.7.2007 – I ZR 137/04, K&R 2007, 524, 525 = CR 2007, 726 – Euro Telekom.
3158 OLG Hamburg v. 12.4.2007 – 3 U 212/06, K&R 2007, 414, 415 – original-nordmann.eu.
3159 BGH v. 28.4.2016 – I ZR 82/14 Rz. 25, CR 2016, 605 – profitbricks.es.
3160 OLG Hamburg v. 8.2.2007 – 3 U 109/06, K&R 2007, 271, 272 – test24.de.
3161 LG München v. 10.10.2007 – 1 HK O 8822/07, MMR 2008, 267, 267 f. – studi.de I.
3162 LG München I v. 28.11.2007 – 1 HK O 22408/06, JurPC Web-Dok. 52/2008 – studi.de II.
3163 BGH v. 24.4.2008 – I ZR 159/05, K&R 2008, 735, 736 m. Anm. *Rössel* – afilias.de.

– Bei einer bloßen Registrierung kommt eine **vorbeugende Unterlassungsklage** in Betracht, wenn sich nachweisen lässt, dass eine geschäftliche Nutzung beabsichtigt ist.

cc) Kennzeichenmäßige Nutzung

Der Inhaber eines Kennzeichenrechts kann nicht gegen jede Benutzung dieses Kennzeichens im geschäftlichen Verkehr vorgehen. Markenrechtliche Ansprüche bestehen vielmehr nur, wenn das Kennzeichen – kennzeichenmäßig – als **Hinweis auf die betriebliche Herkunft** von Waren oder Dienstleistungen genutzt wird. 1935

(1) Kennzeichenfunktion der Domain

Domainnamen, die zu einer aktiven, im geschäftlichen Verkehr verwendeten Website führen, kommt in der Regel eine **kennzeichnende Funktion** zu[3164]. Der Verkehr sieht in ihnen einen Hinweis auf die betriebliche Herkunft der unter den Bezeichnungen im Internet angebotenen Waren oder Dienstleistungen[3165]. Keine kennzeichenmäßige Benutzung liegt in dem Angebot einer Domain zum Verkauf, da es an einem Hinweis auf die betriebliche Herkunft von Waren oder Dienstleistungen fehlt[3166]. 1936

Der BGH hatte zu entscheiden, ob durch die Domain puremassageoil.com Rechte an der Marke „pjur" verletzt werden. Der BGH stellte klar, dass Domainnamen, die wie die Domain puremassageoil.com zu einer aktiven, geschäftlich genutzten Website führen, in der Regel neben der Adressfunktion auch eine kennzeichnende Funktion haben[3167]. Etwas anderes gilt nur dann, wenn einem Domainnamen ausnahmsweise nur eine Adressfunktion zukommt oder wenn er nur als **beschreibende Angabe** verstanden wird, weil der Verkehr davon ausgeht, unter der Domain ausschließlich Informationen zu dem beschreibenden Begriff zu erhalten[3168]. 1937

Von einer rein beschreibenden und somit **nicht kennzeichnenden Verwendung** ging der BGH in seiner Entscheidung zu metrosex.de aus. Die Begriffe „metrosexuell" und „Metrosexualität" beschreiben laut dem BGH einen bestimmten Männertyp – „heterosexuell veranlagt, modisch gekleidet, in Düfte gehüllt und vornehmlich in Metropolen lebend"[3169]. Das OLG Frankfurt hatte Zweifel an einer kennzeichnenden Nutzung von „softwarebilliger.de"[3170]. 1938

Nach Ansicht des OLG Hamburg kann der Aufnahme eines Kennzeichens in die URL als **Subdomain** (blog.bxxx.com/tag/dxxxgmbh) eine kennzeichnende Funktion zukommen. Zwar werde der Verkehr bei einer Subdomain noch eher als bei einer Domain annehmen, dass es sich um eine reine Adressenangabe für das Internet und nicht um einen Hinweis auf den Betreiber der Internetseite handelt. Zu beachten sei aber, dass diese Feinheiten des Aufbaus 1939

3164 OLG Hamburg v. 28.10.2010 – 3 U 206/08 Rz. 33 – patmondial.de; LG Köln v. 3.9.2009 – 81 O 128/09 – joe-snyder.de; LG Köln v. 3.4.2018 – 31 O 179/17 Rz. 15, CR 2018, 811.
3165 Vgl. OLG Köln v. 31.8.2007 – 6 U 16/07, CR 2008, 456, 457 – schutzengel.ws.
3166 OLG Nürnberg v. 14.5.2009 – 3 U 418/09, MMR 2009, 768, 768 f.
3167 BGH v. 9.2.2012 – I ZR 100/10 Rz. 25 – pjur/pure.
3168 BGH v. 14.5.2009 – I ZR 231/06, AfP 2009, 583 = ITRB 2010, 5 = CR 2009, 801, 802 m. Anm. *Hackbarth* – airdsl; BGH v. 9.2.2012 – I ZR 100/10 Rz. 22 – pjur/pure.
3169 BGH v. 13.3.2008 – I ZR 151/05, WRP 2008, 1353, 1355 – Metrosex.
3170 OLG Frankfurt v. 26.10.2017 – 6 U 154/16 Rz. 24 – softwarebilliger.de.

einer URL keineswegs allen Internetnutzern bekannt seien; es könne noch nicht einmal unterstellt werden, dass jedem Internetnutzer die Funktion der Anzeige einer URL im Browserfenster klar sei[3171].

1940 In einem ähnlichen Fall bediente sich die Inhaberin der Domain de.de einer **Catch-All-Funktion**, die dazu führte, dass Internetnutzer, die die Endung „.de" versehentlich doppelt eingaben, automatisch auf die unter de.de abrufbare Website geleitet wurden. Dort fanden sich u.a. Sponsored Links. Die Axel Springer AG klagte gegen die Domaininhaberin auf Unterlassung der Nutzung zahlreicher Titel der von ihr herausgegebenen Zeitschriften als Subdomain, z.B. computerbild.de.de oder sportbild.de.de. Das Kammergericht bejahte eine kennzeichenmäßige Nutzung. Aus Sicht des Verkehrs ist die Registrierung der Domain de.de nebst Catch-All-Funktion darauf angelegt, jedwede Anfragen der Nutzer nach kennzeichenrechtlich geschützten Domains in Folge einer Falscheingabe der TLD.de „einzufangen" und die so eingegebenen Domainnamen zu nutzen, um den Suchenden zu Werbelinks zu führen. Die fremden Titel des Springer-Verlages wurden somit zur Kennzeichnung der Seiten verwendet, auf der sich die Werbelinks befanden[3172].

1941 Schwierigkeiten bereiten Fälle von **„Meckerseiten".** Nicht recht ersichtlich ist beispielsweise, wie die kennzeichenmäßige Nutzung im Falle der Domain scheiss-t-online.de zu begründen sein soll. Das LG Düsseldorf sprach T-Online einen Löschungsanspruch aus § 14 Abs. 2 Nr. 3 MarkenG zu, ohne sich mit der Frage einer kennzeichenmäßigen Nutzung zu befassen[3173]. „Scheiß T-Online" enthält eine Aussage über T-Online und kennzeichnet keine Ware oder Dienstleistung des Betreibers der „Meckerseite". In dem vergleichbaren Fall von stopesso.de verwies das LG Hamburg daher auf das Fehlen einer kennzeichenmäßigen Nutzung der Marke durch den Domaininhaber[3174]. Ebenso verneinte das OLG Hamburg eine kennzeichenmäßige Nutzung bei der Domain awd-aussteiger.de[3175]. An einer kennzeichenmäßigen Verwendung der Domain fehlte es auch bei der Domain bund-der-verunsicherten.de. Das OLG Braunschweig verneinte zudem eine Verwechslungsgefahr mit dem Begriff „Bund der Versicherten" und bezweifelte ein Handeln des Domaininhabers im geschäftlichen Verkehr, da die Domain für Internetseiten genutzt wurde, auf denen sich der Domaininhaber kritisch mit der Arbeit des Vorstandes des klagenden Vereins auseinandersetzte[3176].

1942 Der Versuch der Bremer Straßenbahn AG (BSAG), unter Hinweis auf die eingetragene Marke „BSAG" eine Löschung der Domain bsagmeckerseite.de zu erwirken, schlug gleichfalls fehl. Nach Auffassung des LG Bremen handelt es sich nicht um eine berühmte Marke gem. § 14 Abs. 2 Nr. 3 MarkenG, da eine auf das Bundesland Bremen beschränkte Bekanntheit nicht ausreicht. Für einen Verstoß gegen § 14 Abs. 2 Nr. 2 MarkenG fehle es an einer hinreichenden Branchennähe. Ob überhaupt eine kennzeichenmäßige Nutzung der Domain vorlag, blieb offen[3177].

3171 OLG Hamburg v. 2.3.2010 – 5 W 17/10 Rz. 11.

3172 KG v. 23.5.2012 – 5 U 19/11 Rz. 57 – de.de.

3173 LG Düsseldorf v. 30.1.2002 – 2a O 245/01, JurPC Web-Dok. 267/2002 – scheiss-t-online.de.

3174 LG Hamburg v. 10.6.2002 – 312 O 280/02, CR 2003, 297 = MMR 2003, 53 – stopesso.de.

3175 OLG Hamburg v. 18.12.2003 – 3 U 117/03, AfP 2004, 365 = CR 2004, 861 = ITRB 2004, 202 = MMR 2004, 415 = K&R 2004, 348 – awd-aussteiger.de; vgl. jedoch auch OLG Hamburg v. 23.4.2004 – 3 U 65/04, ITRB 2005, 28 = MMR 2005, 117 – awd-aussteiger.us.

3176 OLG Braunschweig v. 10.11.2009 – 2 U 191/09 – bund-der-verunsicherten.de.

3177 *Härting/Reinholz*, K&R 2003, 485, 486; LG Bremen v. 30.1.2003 – 12 O 383/02, JurPC Web-Dok. 69/2003 – bsagmeckerseite.de.

(2) Erlaubte Benutzung gem. § 23 MarkenG

Die Nutzung eines fremden Kennzeichens ist nach § 23 Abs. 1 MarkenG in einigen Ausnahmefällen gestattet, in denen die Nutzung eine primär beschreibende Funktion hat. Dies gilt allerdings nur, soweit die Benutzung „den anständigen Gepflogenheiten in Gewerbe oder Handel entspricht" (§ 23 Abs. 2 MarkenG).

1943

§ 23 Abs. 1 Nr. 2 MarkenG gestattet Dritten die Nutzung eines Kennzeichens zur **Produktbeschreibung**. Erlaubt ist die Zeichennutzung als Angabe über Merkmale oder Eigenschaften von Waren oder Dienstleistungen, wie insbesondere deren Art, Beschaffenheit, Bestimmung, Wert, geografische Herkunft oder die Zeit ihrer Herstellung oder ihrer Erbringung. Nach Auffassung des OLG Hamburg bedarf daher die Nutzung der Domain schufafreierkredit.de keiner Erlaubnis des Inhabers der Marke SCHUFA, wenn die Domain produktbeschreibend für eine Website verwendet wird, auf der Kredite angeboten werden[3178]. Ebenso wenig bedarf es für die Verwendung der Domain tests.de für Internetseiten, auf denen die Ergebnisse vergleichender Waren- und Dienstleistungsuntersuchungen verschiedener Anbieter veröffentlicht werden, einer Zustimmung der Stiftung Warentest, die Marken- und Werktitelrechte an der Bezeichnung „test" innehat[3179].

1944

Die Nutzung der Domain schufa-anwalt.de durch einen Rechtsanwalt ist nicht durch § 23 Abs. 1 Nr. 2 MarkenG gedeckt. Die Verwendung der Marke „SCHUFA" in der Domain erfolgt nicht lediglich, um über die Merkmale der angebotenen Dienstleistung zu informieren. Ein Rechtsgebiet „SCHUFA-Recht" gibt es nicht. Zudem entspricht die Verwendung der Marke nicht den **anständigen Gepflogenheiten in Gewerbe oder Handel (§ 23 Abs. 2 MarkenG)**. Denn die Verwendung einer Marke als Domainname hat eine Werbewirkung, die über die mit der Leistungsbeschreibung einhergehende Werbewirkung hinausgeht und daher mit den guten Sitten nicht vereinbar ist[3180].

1945

§ 23 Abs. 1 Nr. 3 MarkenG erlaubt die (zustimmungsfreie) Kennzeichennutzung als Hinweis auf die Bestimmung eines Produkts insbesondere als Zubehör oder Ersatzteil oder einer Dienstleistung. Dies gilt indes nur, wenn die Kennzeichennutzung als Hinweis auf die **Produktbestimmung** „erforderlich" ist. Einen strengeren Maßstab legte das LG Düsseldorf an die „Erforderlichkeit" an bei der Verwendung der Domain hapimag-a-aktien.de, unter der der Domaininhaber „gebrauchte" Zeitwohnrechte des schweizerischen Markeninhabers Hapimag anbot. Das LG Düsseldorf vertrat die Auffassung, dass es zur Beschreibung des Charakters der „gebrauchten" Rechte nicht notwendig sei, eine Domain zu verwenden, die das geschützte Kennzeichen enthält[3181]. Ähnlich argumentierte das OLG Düsseldorf im Fall der Domain peugeot-tuning.de und verneinte eine „erforderliche" Nutzung gem. § 23 Abs. 1 Nr. 3 MarkenG[3182].

1946

Ein Rechtsanwalt, der (u.a.) die Domain anwalt-eBay.de nutzt, kann sich nicht auf § 23 Abs. 1 Nr. 3 MarkenG berufen, da eine Benutzung des Zeichens „eBay" zur Beschreibung

1947

3178 OLG Hamburg v. 6.11.2003 – 5 U 64/03, ITRB 2004, 171 = CR 2004, 846 – schufafreierkredit.de.
3179 OLG Braunschweig v. 22.12.2009 – 2 U 164/09, K&R 2010, 194, 194 f. (Ls.) – tests.de.
3180 LG München I v. 25.6.2020 – 17 HK O 3700/20 Rz. 92 f. – schufa-anwalt.de.
3181 LG Düsseldorf v. 11.7.2007 – 2a O 24/07, CR 2007, 741, 741 f. – hapimag-a-aktien.de.
3182 OLG Düsseldorf v. 21.11.2006 – I-20 U 241/05, K&R 2007, 101, 103 – peugeot-tuning.de; vgl. auch LG Düsseldorf v. 19.7.2006 – 2a O 32/06, CR 2007, 118 – cat-ersatzteile.de.

der anwaltlichen Dienstleistung weder naheliegend noch erforderlich ist[3183]. Ebenso wenig kann sich ein Händler auf § 23 Abs. 1 Nr. 3 MarkenG berufen, wenn er gebrauchte Vorwerk-Staubsauger vertreibt und die Domain keine-vorwerk-vertretung.de nutzt. Der Händler verwendet „Vorwerk" als Bestandteil der Domain, um potentielle Kunden der Markeninhaberin auf das eigene Warenangebot aufmerksam zu machen und sie beispielsweise von deren Online-Shop abzuleiten. Die Verwendung der Marke enthält daher nicht nur einen Hinweis auf die Verwendbarkeit der eigenen Produkte für Waren der Klägerin, sondern hat eine Werbewirkung, die über die mit der notwendigen Leistungsbestimmung einhergehende Werbewirkung hinausgeht und daher mit den guten Sitten nicht vereinbar ist (§ 23 Abs. 2 MarkenG)[3184].

1948   Dass für hapimag-a-aktien.de und peugeot-tuning.de nicht derselbe Maßstab gelten soll wie für schufafreierkredit.de, überrascht nur auf den ersten Blick: Die Kennzeichennutzung erfolgt bei hapimag-a-aktien.de und bei peugeot-tuning.de, um darauf hinzuweisen, dass ein „Originalprodukt" (der Firma Hapimag) bzw. Dienstleistungen am „Original" (Peugeot) angeboten werden, während es sich bei schufafreierkredit.de um eine rein beschreibende Verwendung des Schlagworts „SCHUFA" handelt. Daher ist in den ersten beiden Fällen § 23 Abs. 1 Nr. 3 MarkenG mit der Voraussetzung einer **„erforderlichen" Benutzung** anwendbar, während für schufafreierkredit.de der Tatbestand des § 23 Abs. 1 Nr. 2 MarkenG gilt, der eine solche Voraussetzung nicht enthält. Im Hinblick auf das einschränkende Tatbestandsmerkmal der „Erforderlichkeit" lässt sich § 23 Abs. 1 Nr. 3 MarkenG als lex specialis zu § 23 Abs. 1 Nr. 2 MarkenG verstehen[3185].

dd) Identität oder Verwechslungsgefahr

1949   Bei **Zeichenidentität** kommt es für den **Markenschutz** gem. § 14 Abs. 2 Nr. 1 MarkenG darauf an, ob die Domain für Waren oder Dienstleistungen benutzt wird, die mit den markenrechtlich geschützten Waren oder Dienstleistungen identisch sind[3186]. Bei bloßer **Ähnlichkeit** der Zeichen und/oder bei bloßer Ähnlichkeit der Waren oder Dienstleistungen ist es gem. § 14 Abs. 2 Nr. 2 MarkenG maßgebend, ob **Verwechslungsgefahr** besteht[3187]. Einen weitergehenden Schutz erlangt die **berühmte Marke,** deren Unterscheidungskraft und Wertschätzung durch § 14 Abs. 2 Nr. 3 MarkenG auch dann geschützt wird, wenn eine Domain für Waren oder Dienstleistungen genutzt wird, die nicht den Waren oder Dienstleistungen ähnelt, für die die Marke Schutz genießt[3188]. **Geschäftliche Bezeichnungen** sind durch § 15 Abs. 2 MarkenG dagegen geschützt, dass die Bezeichnung oder ein ähnliches Zeichen in einer Weise benutzt wird, dass Verwechslungsgefahr besteht. § 15 Abs. 3 MarkenG schafft zu-

3183 LG Hamburg v. 17.6.2008 – 312 O 937/07, MMR 2009, 143 (Ls.) – anwalt-eBay.de.

3184 BGH v. 28.6.2018 – I ZR 236/16 Rz. 30, CR 2019, 261 = ITRB 2019, 57 – keine-vorwerk-vertretung I.

3185 Vgl. *Ingerl/Rohnke*, Markengesetz, § 23 MarkenG Rz. 55.

3186 Vgl. *Redeker*, IT-Recht, Rz. 171; OLG Frankfurt v. 4.5.2000 – 6 U 81/99, MMR 2000, 486 – alcon.de; OLG Hamburg v. 21.9.2000 – 3 U 89/00, AfP 2001, 219 – derrick.de; OLG Köln v. 14.8.2002 – 6 U 181/01, WRP 2002, 249 – freelotto.de; LG Düsseldorf v. 4.4.1997 – 34 O 191/96, CR 1998, 165 = GRUR 1998, 159 – epson.de; LG Hamburg v. 25.3.1998 – 315 O 792/97, K&R 1998, 365 – eltern.de.

3187 Vgl. *Redeker*, IT-Recht, Rz. 171; OLG Hamburg v. 14.12.2000 – 3 U 115/00, CR 2001, 552 – buecher1001.de; LG Köln v. 10.6.1999 – 31 O 55/99 – ts-computer.de.

3188 Vgl. *Redeker*, IT-Recht, Rz. 172; OLG Hamm v. 19.6.2001 – 4 U 32/01, CR 2002, 217 = ITRB 2002, 35 = MMR 2001, 749 – veltins.com; OLG Karlsruhe v. 14.5.1997, MMR 1998, 148.

dem einen Schutz berühmter geschäftlicher Bezeichnungen, der § 14 Abs. 2 Nr. 3 MarkenG entspricht[3189].

In domainrechtlichen Streitigkeiten geht es vorwiegend um die Frage, ob eine **Verwechslungsgefahr** gem. § 14 Abs. 2 Nr. 2 bzw. § 15 Abs. 2 MarkenG besteht. Eine solche Verwechslungsgefahr kann es in zwei Varianten geben: Im engeren Sinne besteht Verwechslungsgefahr, wenn eine Ware oder Dienstleistung auf Grund einer **Zeichen- und Produktähnlichkeit** fälschlich einem anderen Unternehmen zugerechnet werden kann. Verwechslungsgefahr im weiteren Sinne liegt dagegen vor, wenn die irrige Annahme erweckt werden kann, dass **wirtschaftliche Beziehungen** oder **organisatorische Zusammenhänge** zwischen dem Inhaber der Kennzeichenrechte und einem anderen Unternehmen bestehen[3190].

(1) Branchennähe

Lässt sich eine Werbeagentur die Domain mho.de registrieren, um ihre Leistungen erstmalig mit der Bezeichnung MHO anzubieten, so begründet dies ein eigenes Kennzeichenrecht aus § 5 MarkenG[3191]. Der Inhaber eines prioritätsälteren, gleichlautenden Kennzeichens kann hiergegen aus § 15 i.V.m. § 5 MarkenG nur vorgehen, wenn wegen einer **Branchennähe** Verwechslungsgefahr besteht. Eine solche Branchennähe verneinte der BGH im Verhältnis zwischen der Werbeagentur und dem klägerischen Krankenhaus. Ebenso wie ein Krankenhaus es (generell) hinnehmen muss, dass eine Werbeagentur unter gleicher oder ähnlicher Bezeichnung geschäftlich tätig wird, musste sich das Krankenhaus auch damit abfinden, dass die Agentur eine gleichlautende Domain nutzt.

Ähnliche Argumente finden sich in dem BGH-Urteil zu **euro-telekom.de.** Der beklagte Konkurrent hatte die streitigen Domains nur registrieren lassen, ohne sie zu nutzen. Da sich der Schutz des Begriffs „Telekom" als Unternehmensbezeichnung nach Auffassung des BGH auf die Bereiche der Telekommunikation und des Internet beschränkt und anderweitige Nutzungen durch den Domaininhaber denkbar waren, verneinte der BGH einen Löschungsanspruch der Deutsche Telekom AG aus § 15 i.V.m. § 5 MarkenG[3192]. Das LG Hamburg hatte zwei Jahre zuvor noch einer Klage der Deutsche Telekom AG auf Löschung der Domain t-markt.de stattgegeben im Hinblick auf die Bekanntheit des „T-" als Stammbestandteil eines Serienzeichens, ohne die sachliche Reichweite des Markenschutzes zu problematisieren[3193].

An einer hinreichenden Branchenähnlichkeit scheiterten Ansprüche des Inhabers der Marke „Investment" gegen den Inhaber der Domain investment.de. Die Marke war für Computerprodukte und -dienstleistungen eingetragen, wohingegen die Domain für ein Portal für Finanzdienstleistungen genutzt wurde[3194]. An einer Branchenähnlichkeit fehlt es auch zwischen einem Händler für Elektronikprodukte und einem Fachverband für Ärzte, der Aus-

1950

1951

1952

1953

3189 Vgl. *Hoeren*, Internet- und Kommunikationsrecht, S. 27.

3190 *Backhaus* in Gounalakis, Rechtshandbuch Electronic Business, § 25 Rz. 13.

3191 BGH v. 9.9.2004 – I ZR 65/02, NJW 2005, 1196, 1196 f.; BGH v. 9.9.2004 – I ZR 65/02, CR 2005, 362, 362 ff. = MDR 2005, 765, 765 f. – mho.de.

3192 BGH v. 19.7.2007 – I ZR 137/04, K&R 2007, 524, 524 f. = CR 2007, 726 – Euro Telekom.

3193 LG Hamburg v. 15.2.2005 – 312 O 822/04, MMR 2005, 783, 784 – t-markt.de.

3194 OLG Köln v. 17.3.2006 – 6 U 163/05, MMR 2006 m. Anm. *Utz* – investment.de; vgl. auch LG Köln v. 4.8.2005 – 84 O 22/05, K&R 2005, 471, 472 (Vorinstanz).

und Fortbildungsmaßnahmen veranstaltet[3195]. Zu bejahen ist dagegen eine Branchenähnlichkeit bei chemischen Reinigungssubstanzen einerseits und Chemikalien sowie Reagenzien andererseits[3196].

(2) Räumliche Kollision

1954 In seiner Entscheidung zu soco.de[3197] hat der BGH die **räumliche Überschneidung** der Wirkungsbereiche als Voraussetzung für eine Kennzeichenrechtsverletzung nach § 15 MarkenG betont. Wenn ein Unternehmen über eine Website seine Dienstleistungen anbietet, bedeute dies nicht stets zugleich eine Erweiterung des räumlichen Tätigkeitsbereichs. Werbe ein EDV-Dienstleister, der bisher nur im Rheinland tätig war, bundesweit über das Internet, so heiße dies nicht zwangsläufig, dass er nunmehr auch in anderen Teilen Deutschlands aktiv werden möchte. Trotz Branchenähnlichkeit könne ein Unternehmen mit prioritätsälterem Kennzeichen und Sitz in Süddeutschland nicht gegen die Nutzung des Kennzeichens als Domain vorgehen, wenn sich die angesprochenen Kundenkreise nicht überschneiden.

1955 In seiner Entscheidung zu hufeland.de[3198] betonte der BGH, dass sich aus dem „ubiquitären Charakter des Internet" keine **Ausdehnung des räumlichen Tätigkeitsbereichs** eines Unternehmens schließen lässt, wenn das Unternehmen im Übrigen nur lokal oder regional tätig ist. Die Klage des Betreibers einer süddeutschen Klinik mit der Bezeichnung „Hufeland" gegen den Betreiber eines gleichnamigen Krankenhauses in Thüringen auf Freigabe der Domain hufeland.de blieb erfolglos[3199]. Aus ähnlichen Gründen verneinte der BGH auch Ansprüche einer Münchener Sprachschule gegen Konkurrenten, die die Domain cambridge-institute.ch nutzten. Die klagende Sprachschule verwendete zwar bereits seit 1996 die Bezeichnung „Cambridge Institut" und nutzte den Domainnamen cambridgeinstitut.de, konnte aber nicht nachweisen, über Bayern hinaus tätig zu sein[3200].

1956 Marken und Unternehmenskennzeichen eines **Arztes** sind in der Regel nur regional geschützt[3201].

(3) Bekanntheitsgrad

1957 Je höher der Bekanntheitsgrad eines Kennzeichens ist, desto näher liegt es, trotz deutlicher Unterschiede der kollidierenden Zeichen eine Verwechslungsgefahr zu bejahen. Daher waren die Inhaber der Rechte an den einst sehr bekannten Kennzeichen „StudiVZ" und „SchülerVZ" mit ihren Unterlassungsklagen erfolgreich gegen die Inhaber der Domains bewerbervz.de/bewerbervz.net[3202].

3195 LG München I v. 3.6.2008 – 33 O 19470/07, MMR 2008, 857 – dgh.de.
3196 OLG Köln v. 20.1.2006 – 6 U 146/05, CR 2006, 549, 550 f. – ecolab.de.
3197 BGH v. 22.7.2004 – I ZR 135/01, AfP 2005, 208 = ITRB 2005, 110 = NJW 2005, 1198, 1198 ff. = CR 2005, 284, 284 ff. = MDR 2005, 586, 586 ff. = MMR 2005, 191, 191 ff. = WRP 2005, 338, 338 ff. – soco.de.
3198 BGH v. 23.6.2005 – I ZR 288/02, ITRB 2006, 76 = CR 2006, 193 ff. – hufeland.de.
3199 BGH v. 23.6.2005 – I ZR 288/02, ITRB 2006, 76 = CR 2006, 193, 193 ff.; a.A. OLG Karlsruhe v. 9.10.2002 – 6 U 17/02, MMR 2003, 169.
3200 BGH v. 28.6.2007 – I ZR 49/04, CR 2007, 655, 655 ff. – Cambridge Institute.
3201 OLG Frankfurt v. 7.5.2015 – 6 U 39/14 Rz. 22 ff.
3202 LG Köln v. 2.5.2008 – 84 O 33/08, AfP 2009, 429 = CR 2009, 57 – bewerbervz.de; vgl. *Reinholz/ Schätzle*, K&R 2009, 606, 609; *Terhaag/Engels*, K&R 2009, 647, 648.

Die Voraussetzungen für einen **umfassenden Titelschutz** gem. § 15 Abs. 3 MarkenG liegen bei dem Titel „Freundin" vor, der seit 1948 für eine Zeitschrift verwendet wird, die 14-tägig in hoher Auflage erscheint. Auch ohne eine Verwechslungsgefahr besteht daher ein Unterlassungsanspruch gegen den Verwender der Domain freundin.de für einen Partnervermittlungsdienst[3203]. Entsprechendes gilt für den Inhaber der Marke „Zwilling", die einen inländischen Bekanntheitsgrad von 92 % aufweist, so dass ein umfassender Unterlassungsanspruch gem. § 14 Abs. 3 MarkenG i.V.m. § 14 Abs. 2 Nr. 3 MarkenG gegen die Nutzung der Domain zwilling.de besteht[3204]. 1958

Eine **überragende Bekanntheit** kommt dem Namen „Aldi" als Firmenschlagwort zu[3205]. Dies gilt auch für den Werktitel **„Tagesschau"**. Aufgrund der starken Ähnlichkeit von tagesumschau.de bleibt es nach Auffassung des OLG Hamburg nicht dabei, dass der Verkehr lediglich eine gedankliche Verbindung zwischen „Tagesschau" und „Tagesumschau" im Sinne einer bloßen Assoziation herstellt. Vielmehr wird das Publikum aufgrund der vorhandenen Übereinstimmungen von einer organisatorischen oder wirtschaftlichen Identität bzw. jedenfalls einer entsprechenden Verbindung zwischen den Herstellern der beiden Werke ausgehen[3206]. 1959

Der Titel der Zeitschrift „Versicherungsrecht" hat nach Auffassung des OLG Düsseldorf kraft **Verkehrsdurchsetzung** Titelschutz gem. § 5 Abs. 3 MarkenG erlangt. Im Hinblick auf die Domain versicherungsrecht.de soll dennoch keine Verwechslungsgefahr bestehen, da der Internetnutzer mit dem Begriff „Versicherungsrecht" als Internetdomain nicht ohne weiteres die gleichnamige Fachzeitschrift verbindet[3207]. Das LG Frankfurt/M. bezweifelte in einem Parallelverfahren, dass „Versicherungsrecht" die Anforderungen des § 5 Abs. 3 MarkenG erfüllt und verneinte jedenfalls eine Verwechslungsgefahr bei einem über versicherungsrecht.de erreichbaren Portal mit Informationen rund um das Versicherungsrecht[3208]. 1960

Verwechslungsgefahr besteht nach Auffassung des OLG Frankfurt zwischen den Domains monumentereisen.de/monumente-reisen.de und dem Zeitschriftentitel „Monumente", wenn sich der Domaininhaber über die mit den Domains verbundene Website an Personen wendet, die an Denkmälern aller Art ein solches Interesse haben, dass sie spezielle Reisen zu Denkmälern unternehmen oder zumindest in Betracht ziehen. Es könne angenommen werden, dass diesem eher kleinen Verkehrskreis der Titel des von der Klägerin verlegten Magazins, das sich mit Denkmälern befasst und seit vielen Jahren in nicht unerheblicher Auflage verbreitet wird, geläufig ist und er daher mit der Bezeichnung „Monumente Reisen" einen **Herkunftshinweis** auf die ihm bekannte Zeitschrift und dessen Herausgeber verbindet[3209]. 1961

3203 *Linke*, CR 2002, 271, 273; OLG München v. 2.4.1998 – 6 U 4798/97, K&R 1998, 363, 364 – freundin.de.

3204 OLG Karlsruhe v. 24.6.1998 – 6 U 247/97, WRP 1998, 900 – zwilling.de; LG Mannheim v. 17.10.1997 – 7 O 241/97, WRP 1998, 920, 921 f.; vgl. *Nägele*, WRP 2002, 138, 147.

3205 OLG Hamm v. 1.4.2003 – 4 U 157/02, K&R 2003, 613 (Ls.) – aldireisen.de.

3206 OLG Hamburg v. 1.3.2018 – 3 U 167/15 Rz. 96, AfP 2018, 376 – tagesumschau.de.

3207 OLG Düsseldorf v. 25.11.2002 – 13 U 62/02, MMR 2003, 177, 177 f. – versicherungsrecht.de.

3208 LG Frankfurt/M. v. 24.1.2003 – 3/11 O 44/02, CR 2004, 466 = NJW-RR 2004, 842, 843 – versicherungsrecht.de.

3209 OLG Frankfurt v. 21.9.2017 – 6 U 260/16 Rz. 32 – monumentereisen.de/monumente-reisen.de.

(4) Serienzeichen

1962 Ein Serienzeichen liegt vor, wenn mehrere Zeichen in einem Bestandteil übereinstimmen, den der Verkehr als Stamm mehrerer Zeichen eines Unternehmens ansieht. Serienzeichen kommt ein **erweiterter Schutz gegen Verwechslungsgefahr** zu, die schon zu bejahen ist, wenn die Gefahr besteht, dass der Verkehr ein Zeichen mit dem Inhaber des Serienzeichens gedanklich in Verbindung bringt[3210]. Unter dem Gesichtspunkt des Serienzeichens konnten sich die Inhaber von „StudiVZ"/„SchülerVZ" u.a.[3211] gegen die Inhaber der Domains boersevz.de/boersevz.ch/boersevz.eu/boersevz.at/boersevz.com/boersevz.net durchsetzen[3212].

(5) Domainendungen

1963 Bei der Beurteilung der Verwechslungsgefahr ist grundsätzlich die Second-Level-Domain unter Einbeziehung etwaiger Subdomains, nicht jedoch die Domainendung maßgebend[3213]. Gegenüber einem deutschen Markeninhaber lässt sich daher nicht einwenden, durch die Registrierung einer Domain mit der Endung .com sei eine Verwechslungsgefahr ausgeschlossen. Den Endungen .com und .de fehlt es ebenso an einer **hinreichenden Unterscheidungskraft**[3214] wie der Endung .at[3215] und anderen TLDs. TLDs stellen auch nach Auffassung des BPatG lediglich regionale oder organisatorische Zuordnungskriterien dar, die bei der verkürzten Benennung oft weggelassen werden und innerhalb der Internetadresse keine eigenständig kennzeichnende Bedeutung haben[3216].

1964 Je mehr TLDs es gibt, desto fraglicher wird es allerdings, ob die Domainendungen bei der Beurteilung der Identität bzw. Verwechslungsgefahr in bestimmten Fällen nicht doch zu berücksichtigen sind[3217]. Ob beispielsweise der Inhaber der Marke „Freundin" gegen die Nutzung der Domains freundin.info, freundin.berlin, freundin.tv oder freundin.ag vorgehen kann, ist zweifelhaft. Insbesondere wenn mit der Domainendung **inhaltliche Assoziationen** ausgelöst werden (z.B. info = Information und ag = Aktiengesellschaft), wird man von einer Zeichenidentität nicht mehr sprechen können[3218].

3210 Vgl. BGH v. 5.2.2009 – I ZR 167/06 Rz. 38, CR 2009, 407 – METROBUS.

3211 Eine Übersicht ähnlicher Verfahren findet sich bei *Berlit*, WRP 2009, 133, 135.

3212 LG Hamburg v. 24.2.2009 – 312 O 556/08, MMR 2010, 258 (Ls.) – BörseVZ; vgl. auch LG Hamburg v. 2.10.2008 – 312 O 464/08, MMR 2009, 135 – BörseVZ; vgl. *Berlit*, WRP 2009, 133, 135 ff.; *Terhaag/Engels*, K&R 2009, 647, 648 f.

3213 *Bottenschein*, MMR 2001, 286, 289; *Perrey*, CR 2002, 349, 353; LG Hamburg v. 21.2.2003 – 416 O 1/03, MMR 2003, 599 – handy.de; LG Mannheim v. 10.9.1999 – 7 O 74/99, AfP 2000, 391 = MMR 2000, 47.

3214 Vgl. OLG Hamburg v. 28.7.2005 – 5 U 141/04, MMR 2006, 476, 477 f. – metrosex.de; OLG München v. 16.6.2005 – 29 U 5456/04, CR 2006, 347 = ITRB 2006, 35 = MMR 2005, 608, 610 – 1-800-FLOWERS.COM; OLG Stuttgart v. 3.2.1998 – 2 W 77/97, K&R 1998, 263, 265 – steiff.com; LG Braunschweig v. 5.8.1997 – 9 O 188/97, CR 1998, 364 = MMR 1998, 272 – deta.com.

3215 LG Hamburg v. 10.12.2004 – 324 O 375/04, CR 2005, 207, 208 – sartorius.at.

3216 BPatG v. 29.1.2008 – 27 W (pat) 134/07 – theartofmicrophones.com.

3217 *Bottenschein*, MMR 2001, 286, 289; LG Hamburg v. 21.2.2003 – 416 O 1/03, MMR 2003, 599 – handy.de.

3218 Vgl. LG Hamburg v. 2.9.2003 – 312 O 271/03, CR 2004, 143 m. Anm. *Stögmüller* = ITRB 2004, 28 = MMR 2003, 796 – tipp.ag.

In seiner Entscheidung zu berlin.com vertrat das Kammergericht den Standpunkt, der Internetnutzer orientiere sich bei der Zuordnung des Domainnamens zu einem Namensträger nach wie vor primär an der Second-Level-Domain. Die **TLD .com** sei daher nicht geeignet, an der Zuordnung der Bezeichnung „berlin" zu der deutschen Hauptstadt etwas zu ändern. Zwar sei nicht auszuschließen, dass allgemeine, nicht länderspezifische TLDs einer Zuordnung zu bestimmten Namensträgern entgegenwirken, wenn diese nicht den typischen Nutzern derartiger TLDs gehören. Zu derartigen Domains zähle die TLD .com jedoch nicht, da sie weder branchen- noch länderbezogen sei und auch anhand anderer Kriterien den Kreis der Namensträger nicht eingrenze[3219]. **1965**

Keine Verwechslungsgefahr besteht nach Ansicht des LG Hamburg bei der Verwendung der Domain bike.de für einen Online-Dienst für Mountainbiker gegenüber einer Zeitschrift für Mountainbike-Interessierte, die den Titel „Bike" führt, wenn die Zeitschrift noch keinen erheblichen Bekanntheitsgrad erlangt hat, der gegenüber dem Freihaltebedürfnis an dem Allgemeinbegriff „Bike" ins Gewicht fallen könnte[3220]. Verwechslungsgefahr besteht zwischen dem Unternehmenskennzeichen „U-Trockenbausysteme" und dem Domainnamen „U-trockenbausysteme.de"[3221]. **1966**

(6) Klangliche Ähnlichkeiten

Eine Verwechslungsgefahr kann sich trotz **unterschiedlicher Schreibweisen** aus klanglichen Ähnlichkeiten zweier Kennzeichen ergeben. So spricht die klangliche Ähnlichkeit der Marke „combit" mit der Domain kompit.de für eine Verwechslungsgefahr[3222]. **1967**

Der BGH verneinte eine Verwechslungsgefahr zwischen der Domain puremassageoil.com und der Marke „pjur". Der Schutzumfang der Marke beschränke sich auf deren ungewöhnliche Schreibweise, so dass es auf **klangliche Übereinstimmungen** nicht ankomme. Im Schriftbild sei keine ausreichende Ähnlichkeit mit dem Begriff „pure" vorhanden[3223]. Der BGH bezweifelte auch eine Verwechslungsgefahr zwischen der Marke AIDA und der Domain aidu.de trotz klanglicher und schriftbildlicher Ähnlichkeit der Zeichen und obwohl sowohl die Marke als auch die Domain für Reisedienstleistungen registriert bzw. genutzt wurden[3224]. Bei der Prüfung der Zeichenähnlichkeit sei der Grundsatz zu beachten, dass eine nach dem Klang zu bejahende Verwechslungsgefahr der sich gegenüberstehenden Zeichen zu verneinen sein könne, wenn einem Zeichen ein klar erkennbarer eindeutiger Sinngehalt zukommt[3225]. Die Ähnlichkeit der Zeichen werde durch den ohne weiteres erkennbaren eindeutigen Bedeutungsgehalt der Marke AIDA aufgehoben. Der angesprochene Verkehr werde **1968**

3219 KG v. 15.3.2013 – 5 U 41/12; a.A. LG Berlin v. 27.2.2017 – 3 O 19/15.
3220 LG Hamburg v. 13.8.1997 – 315 O 120/97, MMR 1998, 46 – bike.de.
3221 OLG Hamm v. 25.7.2013 – 4 W 33/12 Rz. 17 ff., CR 2014, 617.
3222 OLG Hamburg v. 14.12.2005 – 5 U 36/05, NJW-RR 2006, 984, 985 – kombit.de.
3223 BGH v. 9.2.2012 – I ZR 100/10 Rz. 9 – pjur/pure.
3224 BGH v. 29.7.2009 – I ZR 102/07, WRP 2010, 381, 381 ff. – AIDA/AIDU.
3225 EuGH v. 12.1.2006 – C-361/04 P, ECLI:EU:C:2006:25, GRUR 2006, 237, 238 – PICASSO/PICARO; EuGH v. 23.3.2006 – C-206/04 P, GRUR 2006, 413, 415 – ZIRH/SIR; EuGH v. 18.12.2008 – C-16/06 P, GRUR-RR 2009, 356, 360 – MOBELIX/OBELIX; BGH v. 28.8.2003 – I ZR 293/00, GRUR 2003, 1047, 1049 = WRP 2003, 1439 – Kellogg's/Kelly's m.w.N.

den Begriff AIDA nämlich in erster Linie mit der gleichnamigen Oper von Guiseppe Verdi assoziieren[3226].

(7) Einzelfälle

1969   Sehr großzügig beurteilte das OLG Hamburg Ansprüche eines Finanzdienstleisters hinsichtlich der Domain kredito.de. Der Beklagte bot unter der Domain Beratungs- und Vermittlungsleistungen im Zusammenhang mit Darlehen an. Hierin sah die Klägerin eine Verletzung ihrer Wortmarke „Creditolo". Das OLG Hamburg maß der Marke im Hinblick auf Finanzdienstleistungen zwar nur geringe Kennzeichnungskraft zu. Es sah aber neben der Dienstleistungsidentität eine starke klangliche Ähnlichkeit der Zeichen creditolo und kredito, insbesondere da der Verkehr dazu neige, die Endsilbe „lo" bei der Aussprache zu verschlucken[3227].

1970   Verwechslungsgefahr besteht bei der Verwendung der Domain eltern.de für einen Informationsdienst zu elternbezogenen Themen gegenüber dem Inhaber der Marke „Eltern", der die Marke seit den 70er Jahren für eine entsprechende Monatszeitschrift verwendet[3228]. Ähnliches gilt für die Domain eltern-online.de[3229]. Der Internetnutzer wird geneigt sein, anzunehmen, dass der jeweilige Onlinedienst von dem Markeninhaber stammt. Zu bejahen ist eine Verwechslungsgefahr auch bei den Domains abi-books.com und abe-books.com, wenn über beide Domains Internet-Marktplätze für Bücher betrieben werden[3230].

1971   Der Inhaber der Marke „Zahnwelt", die für medizinische Dienstleistungen geschützt ist, klagte gegen die Nutzung der Domains zahnwelt-dortmund.de und kinderzahnwelt.de, die von einem Zahnarzt für seine Praxis-Homepage verwendet wurden. Das OLG Frankfurt bejahte den Anspruch hinsichtlich zahnwelt-dortmund.de. Bei dieser Domain bestehe trotz geringer Kennzeichnungskraft des Zeichens „Zahnwelt" Verwechslungsgefahr mit der Marke. Der Zusatz „Dortmund" schließe als bloße Ortsangabe die Verwechslungsgefahr nicht aus[3231]. Hinsichtlich der Domain kinderzahnwelt.de verneinte das Gericht eine Verwechslungsgefahr[3232].

1972   Die Verwendung der Domain lit.de durch ein Unternehmen, das auf dem Gebiet der Informationstechnologie tätig ist, soll nach der sehr weit gehenden Auffassung des LG Frankfurt/M. den (unzutreffenden) Eindruck erwecken, es bestünden geschäftliche Beziehungen oder organisatorische Zusammenhänge zu einem Speditionsunternehmen, das seit den 80er Jahren die Bezeichnung „L.I.T." führt, so dass eine Verwechslungsgefahr gem. § 14 Abs. 2 Nr. 2 und § 15 Abs. 2 MarkenG zu bejahen sei[3233].

3226   BGH v. 29.7.2009 – I ZR 102/07, WRP 2010, 381, 383 – AIDA/AIDU.
3227   OLG Hamburg v. 15.8.2012 – 3 W 53/12 – kredito.de.
3228   LG Hamburg v. 25.3.1998 – 315 O 792/97, K&R 1998, 365, 366.
3229   OLG Hamburg v. 31.7.2003 – 3 U 145/02, CR 2004, 547 = MMR 2004, 174 – eltern-online.de.
3230   OLG Hamburg v. 25.11.2004 – 3 U 33/03, CR 2006, 278, 279 – abe-books.com.
3231   OLG Frankfurt v. 23.2.2012 – 6 U 256/10 Rz. 32 f. – zahnwelt-dortmund.de.
3232   OLG Frankfurt v. 23.2.2012 – 6 U 256/10 Rz. 38 f. – zahnwelt-dortmund.de.
3233   LG Frankfurt/M. v. 10.9.1997 – 2/6 O 261/97, MMR 1998, 151, 152 f. – lit.de.

Das OLG Karlsruhe entschied, dass zwischen der für alkoholfreie Getränke eingetragenen   1973
Wortmarke „Biovin" und der Domain biovino.de eines Versandhandels von Wein keine Verwechslungsgefahr besteht. Beide Begriffe lehnten sich offen an die beschreibende Bezeichnung einer Warengattung an (vgl. auch § 23 Abs. 1 Nr. 2 MarkenG)[3234]. Auch eine Klage des
Inhabers der Wortmarke „Print24" gegen die Nutzung der Domain printshop24.de scheiterte,
da sich die Marke an der untersten Grenze der Schutzfähigkeit bewegt und daher der Zusatz
„shop" ausreicht, um eine Verwechslungsgefahr auszuschließen[3235].

Wegen der schwachen Kennzeichnungskraft der Wort-/Bildmarke „test" und des gleichna-   1974
migen Zeitschriftentitels verneinte das OLG Braunschweig eine Verwechslungsgefahr mit
der Domain tests.de[3236]. Das OLG Hamburg sah keine Verwechslungsgefahr zwischen der
Marke „test" und der Domain test24.de, die ausschließlich für „Sponsored Links" verwendet
wurde[3237]. Keine Verwechslungsgefahr besteht auch zwischen der Wortmarke „ARD-Wahl-
tipp" und der Domain wahltipp.de[3238].

Die Marke „weg.de" hat für ein Internet-Reiseportal nur schwache Kennzeichnungskraft. Ei-   1975
ne Verwechslungsgefahr mit der Domain mcweg.de besteht daher selbst bei Brancheniden-
tität nicht[3239]. Wegen der schwachen Kennzeichenkraft des Werktitels oesterreich.de besteht
nach Auffassung des OLG München keine Verwechslungsgefahr zwischen oesterreich.de und
österreich.de, wenn die eine Domain für ein Österreich-Informationsportal und die andere
Domain für eine Website mit vielfältigen Reiseangeboten genutzt wird[3240]. Nicht überzeugend ist es, wenn das OLG Köln bei der Domain bit-bau.de eine Verwechslungsgefahr mit
der für Baudienstleistungen eingetragenen Marke „BIT" verneinte mit der Begründung, dass
von einem Internetnutzer erwartet werden könne, dass er die Unterscheidungskraft des Zusatzes „bau" wahrnimmt[3241].

Der Titel „ComputerPartner" für eine Computerzeitschrift hat nur schwache Kennzeich-   1976
nungskraft, da er sich stark an beschreibende Elemente anlehnt. Daher scheiterte die Klage
des Verlags gegen die Nutzung der Domain computer-partner.de[3242]. Wegen der begrenzten
Unterscheidungskraft fehlte es auch an einer Verwechslungsgefahr des Werktitels „Der All-
gemeinarzt" mit einem Diskussionsforum, das ein Arzt unter der Domain allgemeinarzt.de
betreibt[3243]. Erfolglos blieb schließlich auch der Inhaber der Domain notebooksbilliger.de,
der kennzeichenrechtlich gegen einen konkurrierenden Händler vorging, der die Domain
softwarebilliger.de nutzte. Dem Bestandteil „billiger.de" kommt in dem angegriffenen Zeichen keine selbständig kennzeichnende Stellung zu. Er ist vielmehr untrennbarer Teil einer
als Slogan ausgestalteten Gesamtbezeichnung[3244].

3234 OLG Karlsruhe v. 9.4.2003 – 6 U 80/02, MMR 2004, 108 – biovino.de.
3235 LG Leipzig v. 19.2.2004 – 5 O 7401/03, ITRB 2004, 252 (*Elteste*) – printshop24.de.
3236 OLG Braunschweig v. 22.12.2009 – 2 U 164/09, K&R 2010, 194, 194 f. (Ls.) – tests.de.
3237 OLG Hamburg v. 8.2.2007 – 3 U 109/06, K&R 2007, 271 – test24.de.
3238 LG Düsseldorf v. 25.1.2006 – 2a O 267/05, MMR 2006, 412 – wahltipp.de.
3239 OLG Köln v. 22.1.2010 – 6 U 141/09, MMR 2010, 473, 473 ff. – mcweg.de.
3240 OLG München v. 20.10.2005 – 29 U 2129/05, CR 2006, 414 – österreich.de.
3241 OLG Köln v. 9.7.2004 – 6 U 166/03, GRUR 2005, 82 – bit-bau.de.
3242 LG Düsseldorf v. 1.6.2005 – 2a O 9/05, MMR 2006, 121 – computer-partner.de.
3243 LG Hamburg v. 31.5.2005 – 312 O 961/04, AfP 2007, 74 = MMR 2006, 252 – allgemeinarzt.de.
3244 OLG Frankfurt v. 26.10.2017 – 6 U 154/16 Rz. 31 – softwarebilliger.de.

3. § 12 BGB – Namensrechte

a) Grundlagen

1977 Wird das Recht zum Gebrauch eines Namens bestritten (**Namensleugnung**) oder wird ein Name unbefugt gebraucht (**Namensanmaßung**), kann der Namensträger gem. § 12 BGB Beseitigung (§ 12 Satz 1 BGB) und Unterlassung (§ 12 Satz 2 BGB) verlangen. Für Privatpersonen, aber auch für Städte und Gemeinden ist § 12 BGB die Grundlage für Ansprüche auf Löschung einer Domain bzw. auf Unterlassung der Domainnutzung, wenn sich eine vorsätzlich-sittenwidrige Schädigung i.S.d. § 826 BGB nicht nachweisen lässt[3245]. Dasselbe gilt für Unternehmen, deren Bezeichnungen nicht kennzeichenrechtlich geschützt sind oder deren markenrechtliche Ansprüche daran scheitern, dass eine Domain nicht im geschäftlichen Verkehr, sondern für private Zwecke genutzt wird.

aa) Träger des Namensrechts

1978 Das Namensrecht ist ein absolutes Recht, das neben dem sog. Zwangsnamen (dem bürgerlichen Namen) auch den Wahlnamen erfasst[3246]. Durch § 12 BGB werden somit **Pseudonyme** und Phantasienamen ebenso geschützt wie Unternehmens- und Ortsbezeichnungen[3247]. Der Namensschutz erstreckt sich auch auf **juristische Personen** des öffentlichen Rechts wie etwa Staaten, Städte, Gemeinden, Körperschaften und Anstalten des öffentlichen Rechts, aber auch auf Funktionseinheiten der öffentlichen Verwaltung, deren Name so hinreichend individualisiert ist, dass nicht lediglich ein Sachbegriff vorliegt[3248].

1979 Träger eines Namensrechts ist auch der eingetragene Verein[3249]. Dasselbe gilt für die Gesellschaft bürgerlichen Rechts, für nicht rechtsfähige Vereine, für unselbständige, nicht eingetragene Stiftungen[3250] und nach Auffassung des OLG Rostock auch für Bürgerinitiativen als „nicht rechtsfähige Vereinigung"[3251], wobei der Begriff der „nicht rechtsfähigen Vereinigung" unglücklich vage ist. Durch § 12 BGB geschützt ist auch die Kurzbezeichnung einer politischen Partei[3252]. Ebenso schließt der Schutz des § 12 BGB Wappen und Siegel ein, sofern sie individualisierende Unterscheidungskraft aufweisen und damit zur namensmäßigen Kennzeichnung geeignet erscheinen. Das ist etwa bei einem Universitätsemblem der Fall[3253].

1980 Eine dem Namen einer Person entsprechende Unterscheidungs- und Identitätsfunktion kann in entsprechender Anwendung des § 12 BGB auch der Bezeichnung eines **Gebäudes** oder **Grundstücks** zukommen, wenn sie im Sprachgebrauch des relevanten Verkehrs zu seiner Benennung anerkannt ist. Der erforderliche personale Bezug des Namensrechts an einem

---

3245 Vgl. *Hoeren*, Grundzüge des Internetrechts, Rz. 45; LG Düsseldorf v. 18.6.1998 – 4 O 160/98, CR 1998, 688 m. Anm. *Withöft* – jpnw.de; LG Köln v. 17.12.1996 – 3 O 507/96, CR 1997, 291 – pulheim.de; LG Köln v. 28.5.1998 – 15 O 15/98 – zivildienst.de.

3246 *Jauernig* in Jauernig, § 12 BGB Rz. 1 ff.; *Ellenberger* in Grüneberg, § 12 BGB Rz. 2, 4; BGH v. 26.6.2003 – I ZR 296/00, AfP 2003, 579 = ITRB 2004, 3 = CR 2003, 845, 846 – maxem.de.

3247 *Jauernig* in Jauernig, § 12 BGB Rz. 3; *Ellenberger* in Grüneberg, § 12 BGB Rz. 4.

3248 OLG Hamm v. 20.5.2016 – 12 U 126/15 Rz. 21 – polizei-jugendschutz.de.

3249 Vgl. LG Schwerin v. 14.3.2008 – 3 O 668/06, K&R 2008, 320, 320 f. – braunkohle-nein.de.

3250 OLG Jena v. 17.10.2012 – 2 U 41/12 Rz. 13.

3251 OLG Rostock v. 3.12.2008 – 2 U 50/08, MMR 2009, 417 – braunkohle-nein.de.

3252 OLG Köln v. 27.9.2018 – 7 U 85/18 Rz. 15 ff., AfP 2018, 560 – wir-sind-afd.de.

3253 BGH v. 23.9.1992 – I ZR 251/90, BGHZ 119, 237, 245 – Universitätsemblem.

Gebäude oder Grundstück besteht – abhängig von den Umständen des Einzelfalls – zum Erbauer, jeweiligen Eigentümer oder einem sonst Berechtigten. Dieser allein ist befugt, sich auf den mit dem Gebäude oder Grundstück verbundenen Namen zu berufen. Die Befugnis zur Namensführung ist von der Berechtigung an dem Gebäude oder Grundstück abhängig, sie ist akzessorisch mit diesem verbunden. Ein Erwerber der Immobilie erlangt daher auch die Befugnis zur entsprechenden Namensführung[3254].

Das Namensrecht erlischt bei natürlichen Personen mit dem Tod des Namensträgers. In seiner Entscheidung zu kinski-klaus.de hat der BGH betont, dass ein **Toter** nicht Träger des Namensrechts sein kann, da er nicht mehr Rechtssubjekt ist. Auf das postmortale Persönlichkeitsrecht gem. § 823 Abs. 1 BGB lassen sich domainrechtliche Ansprüche nicht stützen[3255].

1981

bb) Namensleugnung

Eine **Namensleugnung** durch Registrierung und/oder Nutzung einer Domain ist schwer vorstellbar, da die Registrierung und Nutzung der Domain kein Bestreiten des Namensrechts beinhaltet[3256]. Zwar genügt für die Namensleugnung eine Tätigkeit, die den Berechtigten an der Namensführung hindert. Gegen eine „partielle Namensleugnung" in Form der Nutzung des Namens als Domain gewährt § 12 BGB jedoch keinen Schutz[3257].

1982

cc) Namensanmaßung

Parallelen zu Telefonnummern[3258] haben sich diesbezüglich nicht durchsetzen können[3259]. Schon weil es üblich ist, Domainamen zu wählen, die an Namen, Firmen und Geschäftsbezeichnungen anknüpfen, lässt sich die **Namensfunktion von Domains** nicht leugnen[3260]. Da die Domain Adress- und Kennzeichnungsfunktion hat, ist schon deren **Registrierung**

1983

3254 BGH v. 28.9.2011 – I ZR 188/09 Rz. 25 – Landgut Borsig.

3255 BGH v. 5.10.2006 – I ZR 277/03, AfP 2007, 42 = ITRB 2007, 57 = NJW 2007, 684 = CR 2007, 101 = MMR 2007, 106 = K&R 2007, 38, 39 – kinski-klaus.de.

3256 Vgl. *Hoeren*, Internet- und Kommunikationsrecht, S. 53; *Viefhues*, NJW 2000, 3239; BGH v. 22.11.2001 – I ZR 138/99, AfP 2002, 364 = ITRB 2002, 177 = CR 2002, 525, 526 – shell.de; a.A. OLG Düsseldorf v. 17.11.1998 – 20 U 162/97, CR 1999, 528 = WRP 1999, 343 – ufa.de.

3257 A.A. *Kitz*, CR 2006, 772, 773.

3258 LG Köln v. 17.12.1996 – 3 O 507/96, CR 1997, 291 – pulheim.de; LG Köln v. 17.12.1996 – 3 O 477/96, BB 1997, 1121 – kerpen.de; LG Köln v. 17.12.1996 – 3 O 478/96, GRUR 1997, 377 – huerth.de.

3259 BGH v. 22.11.2001 – I ZR 138/99, AfP 2002, 364 = CR 2002, 525 = ITRB 2002, 177 = NJW 2002, 2031 = WRP 2002, 694 – shell.de; OLG Brandenburg v. 12.4.2000 – 1 U 25/99, MMR 2001, 174 – luckau.de; OLG Hamm v. 13.1.1998 – 4 U 135/97, CR 1998, 241 – krupp.de; OLG Karlsruhe v. 9.6.1999 – 6 U 62/99, CR 1999, 783 – badwildbad.com; OLG München v. 23.9.1999 – 29 U 4357/99, ZUM 2000, 69 – buecher.de; LG Braunschweig v. 28.1.1997 – 9 O 450/96, CR 1997, 414 – braunschweig.de; LG Düsseldorf v. 4.4.1997 – 34 O 191/96, CR 1998, 165 – epson.de; LG Frankfurt/M. v. 26.2.1997 – 2/06 O 633/96, CR 1997, 287 – das.de.

3260 *Ingerl/Rohnke*, Markengesetz, nach § 15 MarkenG Rz. 33; *Freitag* in Kröger/Gimmy, Handbuch zum Internetrecht, S. 346; *Fezer*, WRP 2000, 669, 673; *Bottenschein*, MMR 2001, 286, 287; *Nordemann*, NJW 1997, 1891; *Reinhart*, WRP 2001, 13, 14; *Völker/Weidert*, WRP 1997, 652; *Wielandt*, CR 2001, 612, 613.

und nicht erst die Nutzung eine anmaßende Handlung[3261]. Durch die Registrierung setzt die den berechtigten Namensinhaber ausschließende Wirkung ein[3262].

dd) Zuordnungsverwirrung

1984 Ein Anspruch aus § 12 BGB setzt bei einer Namensanmaßung voraus, dass durch den Gebrauch des gleichen Namens die Gefahr einer **Zuordnungsverwirrung** entsteht[3263]. Eine solche Zuordnungsverwirrung ist zu erwarten, wenn Dritte einen fremden Namen als Domain nutzen, ohne ein erkennbares, schutzwürdiges Eigeninteresse an dem Namen geltend machen zu können. Würde sich beispielsweise Otto Normalverbraucher die Domain robert-habeck.de registrieren lassen, wäre die Gefahr einer Zuordnungsverwirrung gegeben und ein Löschungsanspruch aus § 12 BGB zu bejahen[3264].

1985 An einer Zuordnungsverwirrung fehlt es bei der Domain emetro.de, da der Verkehr die Bezeichnung „emetro" nicht als einen Gesamtbegriff aus „e" und „metro" auffasst und daher nicht mit den Unternehmensbezeichnungen des Metro-Konzerns in Verbindung bringt[3265]. In der Registrierung und Nutzung der Domain freie-waehler-nordverband.de durch einen abgespaltenen Verband sah der BGH eine Verletzung des Namensrechts des Bundesverbands Freie Wähler. Dem Namen „Freie Wähler" fehle es trotz beschreibender Anklänge nicht an Unterscheidungskraft[3266]. Der Verkehr sei bei politischen Vereinigungen daran gewöhnt, dass regionale Zusätze zum Parteinamen auf eine organisatorische Verbindung hinweisen. Der BGH nahm daher trotz des Zusatzes „Nordverband" eine Zuordnungsverwirrung an[3267]. Das OLG Köln bejahte eine Zuordnungsverwirrung bei der Domain wir-sind-afd.de zu Lasten der gleichnamigen Partei[3268].

1986 Mangels Zuordnungsverwirrung konnten Kernkraftgegner, die unter der Domain castor.de eine Website betrieben, das Freigabebegehren des Atommüll-Lagerbehälter-Herstellers GNS/GNB abwehren[3269]. Das LG Essen hatte in erster Instanz bereits den Namensschutz verneint,

---

3261 *Schneider* in Schneider, Handbuch des EDV-Rechts, Teil K Rz. 193; *Pahlow*, WRP 2002, 1228, 1232; *Strömer*, K&R 2002, 306; BGH v. 22.11.2001 – I ZR 138/99, AfP 2002, 364 = CR 2002, 525 = ITRB 2002, 177 = NJW 2002, 2031 = WRP 2002, 694 – shell.de; BGH v. 26.6.2003 – I ZR 296/00, AfP 2003, 579 = ITRB 2004, 3 = CR 2003, 845 – maxem.de; OLG Brandenburg v. 12.4.2000 – 1 U 25/99, MMR 2001, 174 – luckau.de; OLG Hamm v. 13.1.1998 – 4 U 135/97, CR 1998, 241 – krupp.de; OLG Hamm v. 18.1.2005 – 4 U 166/04, MMR 2005, 381, 382 – juraxx.de; a.A. *Becker*, WRP 2010, 467, 472 f.; LG Braunschweig v. 29.9.2006 – 9 O 503/06 (077), MMR 2007, 195, 196 – irrlicht.com; LG München v. 18.3.2004 – 17HK O 16815/03, ZUM 2004, 683, 684 – sexquisit.de.

3262 BGH v. 9.9.2004 – I ZR 65/02, CR 2005, 362, 363 f. = MDR 2005, 765, 766 = NJW 2005, 1197 – mho.de; BGH v. 24.4.2008 – I ZR 159/05, K&R 2008, 735, 737 m. Anm. *Rössel* – afilias.de; OLG Hamburg v. 24.9.2009 – 3 U 43709, K&R 2010, 195, 196 – stadtwerke-uetersen.de.

3263 *Jauernig* in Jauernig, § 12 BGB Rz. 4 f.; *Ellenberger* in Grüneberg, § 12 BGB Rz. 23 ff.; OLG Karlsruhe v. 13.3.2013 – 6 U 49/12 Rz. 16.

3264 OLG Karlsruhe v. 13.3.2013 – 6 U 49/12 Rz. 16; OLG Köln v. 27.11.2001 – 15 U 108/01, CR 2002, 538 – guenter-jauch.de.

3265 OLG Hamburg v. 14.2.2008 – 3 U 152/05, ITRB 2008, 273 – emetro.com.

3266 BGH v. 28.9.2011 – I ZR 191/10 Rz. 12 – freie-waehler-nordverband.de.

3267 BGH v. 28.9.2011 – I ZR 191/10 Rz. 13 – freie-waehler-nordverband.de.

3268 OLG Köln v. 27.9.2018 – 7 U 85/18 Rz. 20 ff., AfP 2018, 560 – wir-sind-afd.de.

3269 OLG Hamm v. 18.2.2003 – 9 U 136/02, AfP 2003, 477 = CR 2003, 937 = NJW-RR 2003, 759 – castor.de.

da Castor als Marke die gleichnamigen Behälter bezeichnet, ohne jedoch auf den Hersteller hinzuweisen[3270]. Das OLG Hamburg bejahte hingegen eine Zuordnungsverwirrung bei der Domain mlpblog.de, die von Kritikern des Unternehmens MLP für einen Blog genutzt wurde. Der Verkehr erwarte unter dieser Domain ein „offizielles Tagebuch des Unternehmens" und kein Meinungsforum von MLP-Kritikern, so dass die Voraussetzungen des § 12 BGB erfüllt seien[3271].

ee) Schutzwürdiges Interesse

Der Inhaber des Namensrechts kann gegen eine Namensanmaßung nur vorgehen, wenn er ein **schutzwürdiges Interesse** an der Unterbindung des Namensgebrauchs geltend machen kann[3272]. In seiner profitbricks.es-Entscheidung verneinte der BGH Ansprüche der Profit-Bricks GmbH gegen den Inhaber der Domains profitbricks.es und profitbricks.us, da es an einem schutzwürdigen Interesse an der Verwendung der **ausländischen Domains** fehlte[3273].

1987

ff) Subsidiarität zum Markenrecht

In seiner Entscheidung zu shell.de vertrat der BGH den Standpunkt, dass der Namensschutz gegenüber dem Markenrecht im Bereich der **geschäftlichen Namensnutzung** grundsätzlich subsidiär sei. Wenn der Inhaber eines durch das Markenrecht geschützten Kennzeichens gegen die geschäftliche Nutzung einer Domain vorgehe, komme ein Rückgriff auf § 12 BGB regelmäßig nicht in Betracht, falls – etwa wegen fehlender Branchennähe – markenrechtliche Ansprüche zu verneinen seien[3274]. Anwendbar bleibe § 12 BGB nur, soweit es um eine Nutzung der Domain für private Zwecke gehe[3275].

1988

In seiner Entscheidung zu mho.de deutete der BGH seinen Meinungsumschwung an und stellte sich auf den Standpunkt, dass namensrechtliche Ansprüche trotz eines gleichzeitig bestehenden Kennzeichenrechts in Betracht kommen, wenn der Domaininhaber **kein Recht** – gleich welcher Art – an dem Domainnamen geltend machen kann[3276]. Der Inhaber von Namensrechten an der Bezeichnung MHO hatte demgemäß Unterlassungs- und Löschungsansprüche gegen den Inhaber der Domain mho.de, wenn der Domainnutzung weder Namens- noch Kennzeichenrechte zugrunde lagen, ohne dass es auf eine private oder gewerbliche Domainnutzung ankam und ohne Rücksicht darauf, ob der Anspruchsteller zugleich Inhaber von markenrechtlichen Kennzeichenrechten ist.

1989

3270 LG Essen v. 23.5.2002 – 11 O 96/02, AfP 2003, 286 = MMR 2002, 631 – castor.de.

3271 OLG Hamburg v. 31.5.2007 – 3 W 110/07, CR 2007, 661, 662 – mlpblog.de.

3272 BGH v. 24.4.2008 – I ZR 159/05 Rz. 18 – afilias.de; BGH v. 6.11.2013 – I ZR 153/12 Rz. 14, AfP 2014, 261 – sr.de; BGH v. 22.1.2014 – I ZR 164/12 Rz. 14, AfP 2014, 267 = ITRB 2014, 126 – wetteronline.de; BGH v. 28.4.2016 – I ZR 82/14 Rz. 41, CR 2016, 605 – profitbricks.es.

3273 BGH v. 28.4.2016 – I ZR 82/14 Rz. 44 ff., CR 2016, 605 – profitbricks.es.

3274 BGH v. 22.11.2001 – I ZR 138/99, AfP 2002, 364 = ITRB 2002, 177 = CR 2002, 525, 526 = WRP 2002, 694 – shell.de.

3275 Vgl. auch *Backhaus* in Gounalakis, Rechtshandbuch Electronic Business, § 25 Rz. 27; BGH v. 24.4.2008 – I ZR 159/05, K&R 2008, 735, 736 m. Anm. *Rössel* – afilias.de; OLG Hamm v. 18.1.2005 – 4 U 166/04, ITRB 2005, 256 = MMR 2005, 381 – juraxx.de; LG Hamburg v. 31.8.2006 – 315 O 279/06, ITRB 2007, 182 = NJW-RR 2007, 338 – bundesliag.de.

3276 BGH v. 9.9.2004 – I ZR 65/02, CR 2005, 362, 363 f. = MDR 2005, 765, 766 = NJW 2005, 1196, 1196 f. – mho.de.

1990   In seiner Entscheidung zu „Basler Haar-Kosmetik" schwächte der BGH die Subsidiarität des Markenrechts weiter ab. Es ging um einen **Löschungsanspruch**, der aus dem Kennzeichenrecht nicht ableitbar ist (s. Rz. 2059 ff.), und der BGH vertrat die Auffassung, dass schon aus diesem Grund das Namensrecht neben dem Kennzeichenrecht anwendbar bleibt. Der Inhaber eines Kennzeichens könne in vollem Umfang auf § 12 BGB zurückgreifen, wenn mit Hilfe des Namensrechts eine Rechtsfolge begehrt wird, die aus dem Kennzeichenrecht nicht hergeleitet werden kann[3277].

1991   In seinem sr.de-Urteil setzte der BGH diese Linie fort und vertrat die Ansicht, dass Ansprüche aus § 12 BGB schon dann in Betracht kommen, wenn markenrechtliche Ansprüche wegen **fehlender Branchennähe** ausscheiden. Im konkreten Fall war die Domain nur registriert, wurde aber noch nicht genutzt. Die Voraussetzungen einer Branchennähe und Verwechslungsgefahr gem. § 15 Abs. 2 MarkenG ließen sich daher nicht feststellen. Dies reichte dem BGH aus, um eine Subsidiarität zu verneinen[3278].

1992   Das OLG Hamburg lässt es für einen Anspruch aus § 12 BGB ausreichen, dass eine Beeinträchtigung vorliegt, die außerhalb des **„Schutzbereichs" des Kennzeichenrechts** liegt[3279]. Dies sei der Fall, wenn der Funktionsbereich des Unternehmens durch eine Verwendung der Unternehmensbezeichnung außerhalb des kennzeichenrechtlichen Anwendungsbereichs berührt wird, also bei Verwendung außerhalb des geschäftlichen Verkehrs oder außerhalb der Branche[3280]. Auf derselben Linie argumentiert das OLG Köln, das namensrechtliche Ansprüche schon dann bejaht, wenn die Anspruchsvoraussetzungen konkurrierender markenrechtlicher Normen nicht erfüllt sind[3281] oder zumindest der „Schutzbereich des Kennzeichenrechts" nicht betroffen ist[3282] bzw. der „Anwendungsbereich des Kennzeichenrechts" nicht eröffnet ist[3283].

1993   ■ **Übersicht:**

Beseitigungs- und/oder Unterlassungsanspruch aus Namensrecht, wenn:

– die Zeichenfolge vom Anspruchsteller namensmäßig genutzt wird (**Bestehen eines Namensrechts) und**

– der Domaininhaber weder (eigene) Namens- noch (eigene) Kennzeichenrechte an dem Domainnamen geltend machen kann (**keine eigenen Rechte des Domaininhabers).**

3277 BGH v. 9.11.2011 – I ZR 150/09 Rz. 32, CR 2012, 179 = ITRB 2012, 51 – Basler Haar-Kosmetik; BGH v. 28.4.2016 – I ZR 82/14 Rz. 38, CR 2016, 605 – profitbricks.es; OLG Karlsruhe v. 13.3.2013 – 6 U 49/12 Rz. 14.
3278 BGH v. 6.11.2013 – I ZR 153/12 Rz. 8, AfP 2014, 261 – sr.de.
3279 OLG Hamburg v. 31.5.2007 – 3 W 110/07, CR 2007, 661, 662 = MMR 2008, 118 – mlpblog.de; vgl. auch OLG Karlsruhe v. 13.3.2013 – 6 U 49/12 Rz. 14.
3280 OLG Hamburg v. 24.9.2009 – 3 U 43/09, K&R 2010, 195 – stadtwerke-uetersen.de.
3281 OLG Köln v. 14.7.2006 – 6 U 26/06, MMR 2007, 326, 327 – international-connection.de.
3282 OLG Köln v. 20.1.2006 – 6 U 146/05, CR 2006, 549, 552 – ecolab.de; OLG Köln v. 13.9.2018 – 10 U 8/18 Rz. 19.
3283 OLG Köln v. 30.4.2010 – 6 U 208/09 Rz. 6, CR 2010, 529 – fcbayern.es; vgl. auch BGH v. 28.1.2016 – I ZR 40/14, profitbricks.es Rz. 38.

b) Einzelfälle

aa) Vor- und Zunamen

Ein **Vorname** ist namensrechtlich geschützt, wenn entweder eine überragende Bekanntheit der betreffenden Person oder eine erhebliche Kennzeichnungskraft des Vornamens vorliegt. In seiner Entscheidung zu raule.de, in der es um den Internetauftritt der Tänzerin, Choreographin und Tanztherapeutin Raule Hoffmann ging, hielt der BGH den Vornamen für derart ausgefallen, dass eine erhebliche Kennzeichnungskraft zu bejahen ist[3284]. Das OLG Hamburg vertrat die Auffassung, dass die seinerzeit bekannte Fernsehmoderatorin Verona Pooth es sich auf Grund eines Namensrechts (an dem bloßen Vornamen) nicht gefallen lassen musste, dass die Domain verona.tv für eine Weiterverweisung auf die Website seitensprung.de genutzt wurde[3285]. Dagegen wies das OLG München eine Klage gegen die Nutzung der Domain mauricius.de ab, da der Kläger zwar einen entsprechenden Vornamen hatte, Vornamen jedoch regelmäßig nicht durch § 12 BGB geschützt sind[3286].

Ohne Erfolg blieb die Klage eines Herrn Netz gegen die Registrierung der Domain netz.de durch einen gewerblichen Anbieter. Das OLG Stuttgart konnte in der Registrierung und Nutzung der Domain keine Namensanmaßung sehen. Es fehle an einer **namensmäßigen Nutzung** des Sachbegriffs „Netz", und auch von einer Namensleugnung könne nicht die Rede sein[3287]. Ähnlich argumentierten das LG Braunschweig in seiner Entscheidung zu irrlicht.com[3288], das LG Berlin in einem Urteil zu naeher.de[3289] und das OLG München in einer Entscheidung zu sonntag.de[3290].

Erfolglos blieb auch ein unbekannter Herr Süß, der einem Erotikanbieter die Nutzung der Domain süss.de untersagen wollte. Das OLG Nürnberg verneinte einen Unterlassungsanspruch: Das Wort „süß" sei ein Adjektiv, das zum allgemeinen Sprachgebrauch gehöre und daher nicht als Hinweis auf einen Namensträger angesehen werde. Ein Unterlassungsanspruch bestehe nur insoweit, als der Domaininhaber eine Catch-All-Funktion geschaltet hatte, die zu einer Weiterleitung auf das Erotikangebot führte, wenn der Vorname des Klägers als Subdomain eingegeben wurde[3291].

Zu einem gegenteiligen Ergebnis gelangte das OLG München in dem Rechtsstreit um die Domain duck.de[3292]. Obwohl es sich bei dem **Domainnamen** um einen (englischsprachigen) Sachbegriff handelt, war das OLG München der Auffassung, dem Namen komme eine **„erhebliche Individualisierungsfunktion"** zu. Ähnlich argumentierte das LG München I bei der Entscheidung über eine Klage eines Herrn Fatum auf Freigabe der Domain fatum.de.

1994

1995

1996

1997

3284 BGH v. 23.10.2008 – I ZR 11/06, K&R 2008, 399 m. Anm. *Recke* – raule.de.

3285 OLG Hamburg v. 27.8.2002 – 3 W 78/02, CR 2002, 910 – verona.tv.

3286 OLG München v. 4.7.2013 – 29 U 5038/12 – mauricius.de.

3287 OLG Stuttgart v. 7.3.2002 – 2 U 184/01, AfP 2002, 365 = CR 2002, 529 = MMR 2002, 388 = K&R 2002, 377 – netz.de.

3288 LG Braunschweig v. 29.9.2006 – 9 O 503/06, MMR 2006, 295, 296 – irrlicht.com.

3289 LG Berlin v. 21.2.2008 – 52 O 111/07, MMR 2008, 484, 484 f. – naeher.de.

3290 OLG München v. 24.2.2011 – 24 U 649/10 Rz. 17, ITRB 2011, 278 – sonntag.de.

3291 OLG Nürnberg v. 12.4.2006 – 4 U 1790/05, ITRB 2006, 174 = CR 2006, 485 m. Anm. *Schirmbacher* – suess.de.

3292 OLG München v. 10.1.2002 – 6 U 3512/01, MMR 2002, 627 – duck.de.

Mangels hinreichender Lateinkenntnisse verbinde der Verkehr mit „fatum" keinen Allgemeinbegriff (Schicksal), sondern einen Herkunftshinweis. Daher könne der Kläger gegen die
Domainregistrierung aus § 12 BGB vorgehen[3293].

1998   Anders entschied das LG Hamburg einen Rechtsstreit um die Domain schaumburg-lippe.de.
Dem klagenden Fürsten zu Schaumburg-Lippe stehe an dem Domainnamen zwar ein Namensrecht gem. § 12 BGB zu. Schaumburg-Lippe sei jedoch auch die Bezeichnung einer
landschaftlichen Region, so dass es nicht die Interessen des Namensträgers verletze, wenn
die Domain für eine Website mit landeskundlichen, touristischen, historischen und ähnlichen Inhalten genutzt werde[3294].

bb) Sachbezeichnungen

1999   Am Fehlen einer Namensleugnung oder -anmaßung ließ das LG Düsseldorf die Klage des
Betreibers eines Restaurants mit dem Namen „Zum Bootshaus Canal Grande" gegen eine
Privatperson scheitern, die sich die Domain canalgrande.de gesichert hatte[3295]. Erfolgreich
war dagegen die Klage des Schlossherrn gegen die Nutzung der Domain schloss-eggers-
berg.de durch eine Dokumentarfilmerin, die einen Film über das Schloss drehen wollte[3296].

2000   Der durchschnittliche Internetnutzer wird die Domain fcbayern.es mit dem gleichnamigen
Fußballverein in Verbindung bringen. Eine Zuordnungsverwirrung ist daher trotz der spanischen TLD zu bejahen[3297]. Ebenso hat der 1. FC Köln nach Ansicht des LG Köln ein Namensrecht an „FC" aufgrund der lang andauernden und bundesweiten Benutzung dieses
Kürzels für den Verein. Dass sich dasselbe Kürzel auch in den Namen von anderen Fußball-
vereinen findet, stehe dem nicht entgegen. Andere Fußballvereine, die in ihrem vollen Ver-
einsnamen das Kürzel „FC" führen, würden nicht allein mit diesem Kürzel benannt, sondern durch weitere Buchstabenzusätze (z.B. Bayern München als „FCB")[3298]. Das OLG Rostock bejahte eine „Verkehrsgeltung" des Namens der Bürgerinitiative „Braunkohle-Nein" im
Hinblick auf die Bekanntheit der Initiative in Mecklenburg-Vorpommern und gewährte der
Bürgerinitiative Namensschutz für die Domain braunkohle-nein.de[3299].

2001   Nach Auffassung des BAG fehlt es an einer Namensanmaßung, wenn der Betriebsrat des
Unternehmens IAL die Domain ial-br.de verwendet. Bei der Buchstabenkombination „ial"
handele es sich zwar um den prägenden Namensbestandteil der Klägerin. Diese Buchstabenkombination werde jedoch auch in anderen Domainnamen verwendet. Daher erwarte der
Verkehr unter der Bezeichnung „ial-br" nicht den Internetauftritt der Klägerin. Vielmehr

---

3293 LG München v. 11.4.2005 – 27 O 16317/04, ITRB 2006, 12 (*Elteste*) – fatum.de.
3294 LG Hamburg v. 22.12.2003 – 315 O 377/03, ITRB 2004, 274 = MMR 2004, 557 – schaumburg-
      lippe.de.
3295 LG Düsseldorf v. 12.6.2002 – 2a O 346/01, AfP 2002, 553 = CR 2002, 839, 839 ff. = MMR 2002,
      756, 756 ff. – canalgrande.de.
3296 LG München v. 1.4.2008 – 33 O 15411/07, CR 2009, 198 = ITRB 2009, 80 = K&R 2008, 633 f.
      – schloss-eggersberg.de.
3297 OLG Köln v. 30.4.2010 – 6 U 208/09 Rz. 9, CR 2010, 529 – fcbayern.es.
3298 LG Köln v. 9.8.2016 – 33 O 250/15 Rz. 32 ff. – fc.de.
3299 OLG Rostock v. 3.12.2008 – 2 U 50/08, MMR 2009, 417 – braunkohle-nein.de; vgl. auch
      BGH v. 25.3.2010 – I ZR 197/08, ITRB 2010, 251 – braunkohle.nein.de.

wirke der Zusatz „-br" der Gefahr entgegen, dass der Domainname als Hinweis auf die Klägerin angesehen werde[3300].

cc) Bund und Länder

Bei Klagen des Bundes und der Bundesländer wird das Namensrecht oft großzügig bejaht, so dass beispielsweise der Bund die Nutzung von Domains wie deutschland.de[3301], verteidigungsministerium.de[3302] und bag.de[3303] gerichtlich unterbinden konnte[3304]. Das Land Hessen war erfolgreich in einem Rechtsstreit um die Domain hessentag2006.de[3305], und das LG Berlin sah in der Registrierung der Domain kanzlerschroeder.de bei der DENIC einen Verstoß gegen das Namensrecht des seinerzeitigen Bundeskanzlers und gab einem einstweiligen Verfügungsantrag des Bundes statt[3306].   2002

Der Saarländische Rundfunk obsiegte vor dem BGH im Streit um die Domain sr.de, da der BGH eine Zuordnungsverwirrung für gegeben erachtete[3307]. Auf derselben Linie liegt es, dass das OLG Braunschweig ein Namensrecht der Fachhochschule Braunschweig/Wolfenbüttel im Hinblick auf die Domain fh-wf.de bejahte[3308]. Erfolglos blieben hingegen die Bemühungen des Bundes um Unterbindung der Nutzung der Domain marine.de[3309]. Gleichfalls erfolglos waren die auf § 12 BGB gestützte Klage des Landes Nordrhein-Westfalen gegen die Nutzung der Domain mahngericht.de[3310] und die namensrechtliche Klage der Deutsche Bahn AG gegen die Registrierung und Nutzung der Domain bahnhoefe.de[3311].   2003

Das LG Potsdam hatte den Streit zwischen dem Land Brandenburg und einer Bürgerinitiative um die Domain polizeibrandenburg.de zu entscheiden[3312]. Das Gericht legte § 12 BGB großzügig aus, bejahte sowohl die **Namensqualität** von „Polizei Brandenburg" als auch eine Zuordnungsverwirrung und gab der Klage des Landes statt. Erfolgreich klagte auch das Land Nordrhein-Westfalen gegen den Inhaber der Domain „polizei-jugendschutz.de"[3313].   2004

3300 BAG v. 9.9.2015 – 7 AZR 668/13 Rz. 25, ITRB 2016, 124 – ial-br.de.

3301 LG Berlin v. 10.8.2000 – 16 O 101/00, ITRB 2001, 30 = CR 2000, 700 = MMR 2001, 57 = K&R 2001, 118 – deutschland.de; vgl. auch *Reinholz/Janke*, K&R 2013, 613, 614.

3302 LG Hannover v. 12.9.2001 – 7 O 349/01 (18), AfP 2002, 89 = AfP 2003, 381 = ITRB 2002, 133 = K&R 2001, 652 – verteidigungsministerium.de.

3303 LG Köln v. 26.8.2014 – 33 O 56/14, ITRB 2014, 252 – bag.de; vgl. *Reinholz/Janke*, K&R 2014, 703, 705.

3304 Vgl. auch *Reinholz/Janke*, K&R 2013, 613.

3305 LG Frankfurt/M. v. 29.4.2005 – 2-03 O 583/04, MMR 2005, 782 – hessentag2006.de.

3306 LG Berlin v. 11.8.2003 – 23 O 374/03 – kanzlerschroeder.de.

3307 BGH v. 6.11.2013 – I ZR 153/12, AfP 2014, 261 – sr.de; vgl. *Reinholz/Janke*, K&R 2014, 703, 704.

3308 OLG Braunschweig v. 19.12.2003 – 2 W 233/02, JurPC Web-Dok. 254/2004 – fh-wb.de.

3309 LG Hamburg v. 13.10.2000 – 416 O 129/00, ITRB 2001, 6 = CR 2001, 131 – marine.de.

3310 OLG Köln v. 30.9.2005 – 20 U 45/05, AfP 2006, 208 = CR 2006, 493 – mahngericht.de; a.A. LG Köln v. 18.2.2005 – 7 O 415/04, CR 2006, 498 = ITRB 2006, 205 = MMR 2005, 621 (Vorinstanz).

3311 LG Köln v. 22.12.2005 – 84 O 55/05, MMR 2006, 244 – bahnhoefe.de.

3312 LG Potsdam v. 16.1.2002 – 2 O 566/01, JurPC Web-Dok. 85/2002 – polizeibrandenburg.de.

3313 OLG Hamm v. 20.5.2016 – 12 U 126/15 Rz. 25 – polizei-jugendschutz.de.

4. Namens- und Kennzeichenrechte unter Gleichnamigen

2005 Der Fall shell.de[3314] war ein Musterbeispiel für die Schwierigkeiten beim Streit um Domains zwischen Personen gleichen Namens bzw. zwischen Inhabern gleichlautender Kennzeichen. Ein Übersetzer, der mit Nachnamen Shell heißt, hatte die Domain shell.de registrieren lassen. Als der gleichnamige, weltweit operierende Mineralölkonzern hiergegen vorging, stritten zwei **gleichnamige Parteien** um eine Domain. Markenrechtliche Ansprüche griffen nicht durch, da Herr Shell die Domain (zuletzt) nicht geschäftlich, sondern für eine private Homepage nutzte.

a) Prioritätsprinzip

2006 In seiner Entscheidung zu shell.de betonte der BGH das **Prinzip der Priorität**[3315]. Die Vergabestelle DENIC prüft nach der vom BGH gebilligten Vergabepraxis[3316] bei der Registrierung von Domains nicht, ob und inwieweit der Anmelder Rechte an dem Domainnamen gelten machen kann[3317]. Daher ist unter Gleichnamigen der Schnellere im Vorteil[3318]. Dies ist weder namensrechtlich noch unter sonstigen Gesichtspunkten zu beanstanden. Auch verfassungsrechtlich begegnet das Prioritätsprinzip keinen Bedenken. Das BVerfG hält den Grundsatz der Priorität als Regel der Konfliktentscheidung zwar für verfassungsrechtlich nicht geboten, aber zulässig[3319].

2007 Das Prioritätsprinzip gilt auch im Verhältnis zwischen einem Namensrecht aus § 12 BGB und einer eingetragenen Marke[3320] sowie im Verhältnis zwischen einer eingetragenen Marke und einem durch § 5 Abs. 2 MarkenG geschützten Unternehmenskennzeichen[3321]. Die Priorität eines Unternehmenskennzeichens ist nicht an den Unternehmensträger gebunden mit der Folge, dass die Priorität, die durch die Registrierung einer Domain erlangt wurde, erhalten bleibt, wenn die die **Domain veräußert** wird[3322].

3314 BGH v. 22.11.2001 – I ZR 138/99, AfP 2002, 364 = CR 2002, 525 = ITRB 2002, 177 = NJW 2002, 2031 = WRP 2002, 694 – shell.de, dazu *Nägele*, WRP 2002, 138, 144; *Strömer*, K&R 2002, 306, 306 ff.

3315 BGH v. 22.11.2001 – I ZR 138/99, NJW 2001, 2031, 2034 – shell.de.

3316 Vgl. BGH v. 17.5.2001 – I ZR 251/99, AfP 2001, 507 = CR 2001, 850 m. Anm. *Freytag* = ITRB 2001, 280 = MMR 2001, 671 – ambiente.de; BGH v. 19.2.2004 – I ZR 82/01, AfP 2004, 302 = CR 2004, 531 = ITRB 2004, 195 = WRP 2004, 769 – kurt-biedenkopf.de.

3317 BGH v. 17.5.2001 – I ZR 251/99, AfP 2001, 507 = CR 2001, 850 m. Anm. *Freytag* = ITRB 2001, 280 = MMR 2001, 671 – ambiente.de.

3318 *Härting*, ITRB 2008, 38.

3319 BVerfG v. 21.8.2006 – 1 BvR 2047/03, AfP 2006, 600 = AfP 2007, 176 = CR 2006, 770 m. Anm. *Kitz* – maxem.de.

3320 OLG Köln v. 20.1.2006 – 6 U 146/05, CR 2006, 549, 552 – ecolab.de.

3321 Vgl. OLG Karlsruhe v. 23.9.2009 – 6 U 90/09 – porta-patent.de/porta-marke.de.

3322 OLG Köln v. 13.9.2018 – 10 U 8/18 Rz. 34; LG Köln v. 19.12.2017 – 33 O 39/17 Rz. 27; a.A. LG Köln v. 20.11.2003 – 31 O 415/03, CR 2004, 853 – intermobil.de; vgl. auch LG Aachen v. 8.5.2009 – 6 S 226/08, MMR 2010, 258 (Ls.).

b) Rücksichtnahmegebot

Wie generell bei der Namensführung[3323], so ist auch bei der Wahl der Domain ein **Interessenausgleich** zwischen Gleichnamigen erforderlich, der den berechtigten Interessen aller Beteiligten Rechnung trägt[3324]. Zwar muss es grundsätzlich auch der bekanntere Namensinhaber hinnehmen, dass ihm ein anderer Namensträger die begehrte Domain wegschnappt[3325]. Allerdings gilt das Prioritätsprinzip nicht grenzenlos und wird durch das **Rücksichtnahmegebot** eingeschränkt. Im Fall von shell.de war daher nach Auffassung des BGH eine **Durchbrechung des Prioritätsgrundsatzes** geboten im Hinblick auf den **überragenden Bekanntheitsgrad** der Marke Shell und das sehr deutliche Überwiegen der Interessen des Mineralölkonzerns an der Domainnutzung[3326]. Das Erfordernis einer „überragenden Bekanntheit" setzt einer Durchbrechung des Prioritätsprinzips enge Grenzen. Insbesondere verträgt es sich mit dem Prioritätsgrundsatz nicht, die Interessen der Gleichnamigen abzuwägen und einen Löschungsanspruch schon dann zu bejahen, wenn das Interesse des Anspruchstellers an der Domain deutlich überwiegt[3327]. | 2008

Konnte sich die Shell AG noch auf Grund ihrer Größe und Bekanntheit gegen den unbekannten Herrn Shell durchsetzen, war die Ausgangsbasis beim Streit um die Domains vossius.de und vossius.com eine andere[3328]. Hier standen sich **zwei Anwaltskanzleien** gegenüber, die jeweils Rechte aus § 5 Abs. 1 MarkenG (Unternehmenskennzeichen) und § 12 BGB geltend machten. Kläger war eine bekannte, alteingesessene Patentanwaltskanzlei, deren Namensgeber und Gründer die Sozien bei seinem Ausscheiden aus der Kanzlei ermächtigt hatte, weiter unter seinem Namen zu firmieren. Entgegen seiner ursprünglichen Absicht trat der Senior später der Kanzlei seines Sohnes bei, die Inhaber der Domains vossius.de und vossius.com wurde. Das Ziel einer Löschung der Domains erreichten die Kläger vor dem BGH nicht[3329]. Nach Auffassung des BGH waren die Domaininhaber zwar auf Grund des längeren Bestehens der klägerischen Patentanwaltskanzlei verpflichtet, Verwechslungen entgegenzuwirken. Die **Verwechslungsgefahr** könne aber ausgeräumt werden, indem die Domaininhaber auf der Eingangsseite der Website deutlich machen, dass dort nicht die Kläger zu finden sind[3330]. Da die Domaininhaber ein eigenes Recht an dem Namen *Vossius* hatten, mussten sie die Domain nicht aufgeben[3331]. | 2009

Die Entscheidung des BGH zu vossius.de stellt zwei Aspekte deutlich heraus: Beim Aufeinandertreffen (nahezu) gleichgewichtiger Interessen kann das Rücksichtnahmegebot den | 2010

3323 *Ellenberger* in Grüneberg, § 12 BGB Rz. 30.
3324 BGH v. 22.11.2001 – I ZR 138/99, AfP 2002, 364 = CR 2002, 525 = ITRB 2002, 177 = NJW 2002, 2031, 2034 – shell.de.
3325 OLG Koblenz v. 25.1.2002 – 8 U 1842/00, AfP 2002, 180 = AfP 2002, 273 = AfP 2002, 461 = ITRB 2002, 110 = CR 2002, 280 – vallendar.de; OLG Köln v. 6.7.2000 – 18 U 34/00, AfP 2001, 345 = CR 2000, 696 = MMR 2001, 170 – maxem.de; OLG München v. 11.7.2001 – 27 U 922/00, AfP 2001, 540 = CR 2002, 56 – boos.de; LG Erfurt v. 31.1.2002 – 3 O 2554/01, AfP 2002, 363 = CR 2002, 302 = ITRB 2002, 110 = MMR 2002, 396 – suhl.de.
3326 BGH v. 22.11.2001 – I ZR 138/99, AfP 2002, 364 = CR 2002, 525 = ITRB 2002, 177 = NJW 2002, 2031, 2034 – shell.de.
3327 A.A. OLG Stuttgart v. 26.7.2007 – 7 U 55/07, K&R 2007, 657 – s.-unternehmensgruppe.de; vgl. auch BGH v. 20.1.2011 – I ZR 10/09 Rz. 36, CR 2011, 647 – bcc.de.
3328 BGH v. 28.2.2002 – I ZR 195/99, NJW 2002, 2093 = WRP 2002, 700 – vossius.de.
3329 BGH v. 28.2.2002 – I ZR 195/99, NJW 2002, 2093 = WRP 2002, 700 – vossius.de.
3330 BGH v. 28.2.2002 – I ZR 195/99, NJW 2002, 2093, 2095 = WRP 2002, 700 – vossius.de.
3331 BGH v. 28.2.2002 – I ZR 195/99, NJW 2002, 2093, 2095 = WRP 2002, 700 – vossius.de.

Domaininhaber zwingen, durch geeignete Maßnahmen auf der eigenen Internetseite **Abstand zum Gleichnamigen** einzuhalten. Die Nutzung der Domain kann dagegen demjenigen, der über ein eigenes Recht am Domainnamen verfügt, regelmäßig nicht untersagt werden.

2011 Das Abstandsgebot hat der BGH auch in seiner Entscheidung zu peek-und-cloppenburg.de betont. Es ging um die beiden Handelsunternehmen, die seit vielen Jahrzehnten unter „Peek & Cloppenburg KG" firmieren und ihre Kennzeichenrechte seit 1972 durch eine Abgrenzungsvereinbarung geregelt haben. Eines der beiden Unternehmen hatte sich frühzeitig die Domains peek-und-cloppenburg.de und peek-und-cloppenburg.com gesichert, ohne auf den eigenen Internetseiten deutlich zu machen, dass es sich nicht um die Website des anderen Unternehmens handelte. Hierdurch verletzte der Domaininhaber nach Auffassung des BGH seine Verpflichtung, redlich zu handeln und alles Erforderliche und Zumutbare zu unternehmen, um eine Verwechslungsgefahr auszuschließen oder auf ein hinnehmbares Maß zu vermindern[3332].

c) Registrierung und Benutzung

2012 Eine Ausnahme vom Prioritätsprinzip gilt nach Ansicht des BGH, wenn das Kennzeichen- bzw. Namensrecht des Berechtigten erst nach der **Registrierung** des Domainnamens durch den Domaininhaber entstanden ist. In einem solchen Fall kann der Berechtigte nicht gegen die Domainnutzung vorgehen, auch wenn der Domaininhaber zunächst keine eigenen Namens- oder Kennzeichenrechte an dem Domainnamen hatte[3333]. Zur Begründung verweist der BGH darauf, dass ein Unternehmer vor der Wahl einer Unternehmensbezeichnung, die er auch als Internetadresse verwenden möchte, unschwer prüfen könne, ob der entsprechende Domainname noch verfügbar ist. Sei der gewünschte Domainname bereits vergeben, so sei es dem Unternehmer in der Regel möglich und zumutbar, auf eine andere Unternehmensbezeichnung auszuweichen[3334].

2013 Auf die frühere Registrierung der Domain kann sich der Domaininhaber nur berufen, wenn er zu einem späteren Zeitpunkt tatsächlich die Domain in einer Weise nutzt, die Kennzeichenschutz begründet[3335]. Die Registrierung des Domainnamens muss der erste Schritt auf dem Weg zur **Benutzung** als Unternehmenskennzeichen sein[3336]. Mit diesen Grundsätzen steht es nicht in Einklang, wenn das OLG Hamburg die „unternehmensinterne" Nutzung einer Domain ausreichen ließ für die Entstehung eines Namensrechts mit der Folge, dass der beklagte Domaininhaber dieses Namensrecht dem gleichnamigen Kläger entgegenhalten konnte[3337].

3332 BGH v. 31.3.2010 – I ZR 174/07, WRP 2010, 880, 886 f. – Peek & Cloppenburg.

3333 BGH v. 24.4.2008 – I ZR 159/05, K&R 2008, 735, 738 m. Anm. *Rössel* – afilias.de; OLG Köln v. 13.9.2018 – 10 U 8/18 Rz. 31.

3334 BGH v. 24.4.2008 – I ZR 159/05, K&R 2008, 735, 738 m. Anm. *Rössel* – afilias.de; krit. *Weisert*, WRP 2009, 128, 129 ff.

3335 Vgl. *Reinholz/Schätzle*, K&R 2009, 606, 607; OLG Hamburg v. 24.9.2009 – 3 U 43709, K&R 2010, 195, 196 – stadtwerke-uetersen.de.

3336 BGH v. 9.9.2004 – I ZR 65/02, CR 2005, 362, 362 ff. = MDR 2005, 765, 765 f. = NJW 2005, 1196, 1196 f. – mho.de; vgl. auch OLG Jena v. 17.10.2012 – 2 U 41/12 Rz. 20.

3337 OLG Hamburg v. 9.4.2015 – 3 U 59/15 – creditsafe.de.

d) Einzelfälle

In einer weiteren Entscheidung des BGH ging es um den Domainnamen maxem.de[3338]. Rechtsanwalt Maxem klagte gegen den Domaininhaber, der nach eigenen Angaben bereits seit Beginn der 90er Jahre den Namen Maxem als **Pseudonym** in elektronischen Netzwerken benutzte. Nachdem der BGH klargestellt hatte, dass auch Pseudonymen grundsätzlich Namensfunktion zukommt, sprach er dem Beklagten ein solches Namensrecht ab, da er unter dem Pseudonym nicht hinreichend bekannt sei. Damit war der Ausgang der Entscheidung klar: Namensrecht schlägt gar kein Recht. Der Domaininhaber wurde verurteilt, die Nutzung der Domain zu unterlassen[3339]. Auch die auf das allgemeine Persönlichkeitsrecht (Art. 2 Abs. 1 i.V.m. Art. 1 Abs. 1 GG) gestützte Verfassungsbeschwerde scheiterte[3340].

2014

Kein Fall der Gleichnamigkeit liegt vor, wenn sich ein Unternehmen eine Domainbezeichnung registrieren lässt, die aus einer **Abkürzung** der Unternehmensbezeichnung besteht, die von dem Unternehmen ansonsten nicht benutzt wird. Kollidiert die Abkürzung mit einem Namensrecht, das der Abkürzung entspricht, so kann der Namensträger die Unterlassung der Domainnutzung gem. § 12 BGB verlangen[3341]. Trotz Dienstleistungsähnlichkeit scheiterte eine Klage des Inhabers der Wortmarke „Ratio Soft" auf Freigabe der Domain ratiosoft.com, da der beklagte Domaininhaber schon vor der Markenanmeldung „ratiosoft" als Unternehmenskennzeichen nutzte[3342].

2015

Nicht mit den Vorgaben des BGH stimmt es überein, dass das AG Köln der Klage der Anwaltskanzlei Görg gegen eine gleichnamige Spedition stattgab mit der Begründung, den Anwälten stünden „ältere Namensrechte" zu, und es sei „reiner Zufall", dass der Antrag der beklagten Namensträger auf Registrierung der Domain görg.de von der DENIC zuerst bearbeitet worden sei[3343]. Richtigerweise hätte das Gericht prüfen müssen, ob eine unlautere Behinderung gem. § 4 Nr. 4 UWG vorlag, da die Anwaltskanzlei bereits Inhaberin der Domain goerg.de war (s. Rz. 1901 ff.).

2016

5. Streit um Ortsbezeichnungen

Städte und Gemeinden waren erfolgreich im Streit um die Domains heidelberg.de[3344], pulheim.de[3345], braunschweig.de[3346], celle.de, celle.com[3347] und ansbach.de[3348]. Wenn der Nutzer der Domain keine eigene Rechte an dem Namen geltend machen kann, sind die Voraus-

2017

3338 BGH v. 26.6.2003 – I ZR 296/00, AfP 2003, 579 = CR 2003, 845 = ITRB 2004, 3 = WRP 2003, 1215 – maxem.de.
3339 BGH v. 26.6.2003 – I ZR 296/00, AfP 2003, 579 = CR 2003, 845 = ITRB 2004, 3 = WRP 2003, 1215 – maxem.de; vgl. auch AG Nürnberg v. 29.6.2004 – 14 C 654/04 – kerner.de.
3340 BVerfG v. 21.8.2006 – 1 BvR 2047/03, AfP 2006, 600 = AfP 2007, 176 = CR 2006, 770 m. Anm. *Kitz* – maxem.de.
3341 A.A. LG Bonn v. 22.9.1997 – 1 O 374/97, MMR 1998, 110, 111 – detag.de.
3342 LG Düsseldorf v. 25.2.2004 – 2a O 247/03, MMR 2004, 700, 701 – ratiosoft.com.
3343 AG Köln v. 24.11.2004 – 136 C 161/04, ITRB 2005, 204 = CR 2005, 682.
3344 LG Mannheim v. 8.3.1996 – 7 O 60/96, AfP 1996, 401 = CR 1996, 353.
3345 A.A. LG Köln v. 17.12.1996 – 3 O 507/96, CR 1997, 291.
3346 LG Braunschweig v. 28.1.1997 – 9 O 450/96, CR 1997, 414 = NJW 1997, 2687.
3347 LG Lüneburg v. 29.1.1997 – 3 O 336/96, CR 1997, 288.
3348 LG Ansbach v. 5.3.1997 – 2 O 99/97, NJW 1997, 2688.

setzungen des § 12 BGB erfüllt[3349]. Selbst wenn der Domaininhaber unter der Domain Informationen über die sich auf das Namensrecht berufende Gemeinde anbieten möchte, geht das Interesse der Gemeinde vor, da die Domain Kennzeichnungsfunktion hat und der Nutzer bei der Eingabe der Domain nicht nur Informationen über die Gemeinde erwartet, sondern Informationen, die von der Gemeinde selbst stammen[3350].

2018   Auch in dieser Konstellation sind gelegentlich Differenzierungen erforderlich. Die Stadt Solingen – im Internet unter solingen.de präsent – klagte beispielsweise gegen einen Portal-Betreiber, der neben der Domain solingen.info auch die Domain solingen-info.de innehatte und unter beiden Domains eine Website betrieb mit Informationen über die Stadt Solingen. Das OLG Düsseldorf kam zu dem Schluss, dass die Domain solingen.info der Stadt zustehe[3351]. In der Benutzung der Domain durch den Beklagten liege eine rechtswidrige Namensanmaßung. Die Domain solingen-info.de dürfe der Beklagte dagegen weiter nutzen[3352]. Nur die **alleinstehende Nutzung** des Stadtnamens als Second-Level-Domain führe zu einer Zuordnungsverwirrung[3353]. Der BGH schloss sich dieser Auffassung an[3354]. Da die TLD .info weder branchen- noch länderbezogen sei, grenze sie den Kreis der Namensträger in keiner Weise ein, so dass der Internetnutzer davon ausgehen könne, dass die Domain für ein Informationsangebot des Namensträgers genutzt werde[3355]. Klarstellende Hinweise zur Beseitigung der Zuordnungsverwirrung kommen nach Auffassung des BGH – als „milderes Mittel" – nicht in Betracht, da es – anders als unter Gleichnamigen – nicht um eine Interessenabwägung gehe[3356].

2019   Eine Klage der Stadt Duisburg blieb erfolglos, die einem gewerblichen Unternehmen die Nutzung der Domain duisburg-info.de untersagen wollte. Wie bei solingen-info.de vermochte das OLG Düsseldorf in der Domainnutzung weder eine Namensleugnung noch eine Namensanmaßung zu sehen[3357]. Der Begriff „Rheingau" beschreibt eine Landschaft und ein Weinanbaugebiet und wird vom Verkehr nicht mit einem kommunalen Zweckverband in Verbindung gebracht. Daher kann der Zweckverband kein Namensrecht gem. § 12 BGB geltend machen und muss es hinnehmen, dass ein Unternehmen die Domain rheingau.de nutzt[3358]. Das Land Berlin kann dagegen nach Auffassung des Kammergerichts namensrechtlich gegen die Nutzung der Domain „berlin.com" vorgehen[3359].

3349 Vgl. *Lewinski*, VerwArch 2007, 473, 479.

3350 OLG Brandenburg v. 12.4.2000 – 1 U 25/99, MMR 2001, 174 – luckau.de; OLG Karlsruhe v. 9.6.1999 – 6 U 62/99, CR 1999, 783 – bad-wildbad.com; OLG Köln v. 18.12.1998 – 13 W 48/98, K&R 1999, 234 – herzogenrath.de.

3351 OLG Düsseldorf v. 15.7.2003 – 20 U 43/03, AfP 2004, 71 = CR 2004, 538 = ITRB 2004, 59 = WRP 2003, 1254 = GRUR-RR 2003, 383 – solingen.info.

3352 OLG Düsseldorf v. 15.7.2003 – 20 U 43/03, AfP 2004, 71 = CR 2004, 538 = ITRB 2004, 59 = WRP 2003, 1254 = GRUR-RR 2003, 383 – solingen.info.

3353 OLG Düsseldorf v. 15.7.2003 – 20 U 43/03, AfP 2004, 71 = CR 2004, 538 = ITRB 2004, 59 = WRP 2003, 1254, 1255 – solingen.info.

3354 BGH v. 21.9.2006 – I ZR 201/03, AfP 2007, 41 = CR 2007, 36 = MMR 2007, 38 = K&R 2007, 41 = NJW 2007, 682 – solingen.info.

3355 BGH v. 21.9.2006 – I ZR 201/03, AfP 2007, 41 = CR 2007, 36, 37 = MMR 2007, 38, 39 = K&R 2007, 41, 42 = NJW 2007, 682, 683 – solingen.info.

3356 BGH v. 21.9.2006 – I ZR 201/03, AfP 2007, 41 = CR 2007, 36, 38 = MMR 2007, 38, 39 = K&R 2007, 41, 42 = NJW 2007, 682, 683 f. – solingen.info.

3357 OLG Düsseldorf v. 15.1.2002 – 20 U 76/01, AfP 2002, 461 = CR 2002, 447 – duisburg-info.de.

3358 LG Frankfurt/M. v. 29.9.2010 – 2-6 O 167/10 – rheingau.de.

3359 KG v. 15.3.2013 – 5 U 41/12 – berlin.com; KG v. 13.3.2018 – 5 U 59/17 Rz. 76 ff.

Das Kammergericht hatte über eine Klage der Tschechischen Republik gegen die Nutzung 2020
der Domains tschechische-republik.at, tschechische-republik.ch und tschechische-republik.com zu entscheiden und bejahte für alle Domains eine gem. § 12 BGB unzulässige Namensanmaßung. Staaten wie Tschechien gehören nach Auffassung des KG zu den typischen Nutzern von .at-, .ch- und .com-Domains, so dass der Verkehr unter den Domains einen Internetauftritt des tschechischen Staates erwarte[3360]. Auch in einem vergleichbaren Streitfall, in dem es um die Domain aserbaidschan.de ging, bejahte das Kammergericht eine rechtswidrige Namensanmaßung[3361].

Um insgesamt 18 Domains mit Stadtteilnamen der bayrischen Landeshauptstadt ging es bei 2021
einer Klage der Stadt München, über die das LG München I zu entscheiden hatte. Mangels jeglicher eigener Namens- oder Kennzeichnungsrechte des beklagten Domaininhabers hatte die auf § 12 BGB gestützte Klage Erfolg[3362]. Ebenso erfolgreich war die Schwarzwaldgemeinde Baiersbronn in einem Rechtsstreit um die Domain roet.de. Das LG Münster verurteilte den Domaininhaber zur Freigabe des Domainnamens unter Hinweis auf die Namensrechte der Gemeinde, die sich daraus ergeben sollen, dass es in Baiersbronn einen Ortsteil Röt mit 842 Einwohnern gibt[3363].

Das LG Köln hat in der Entscheidung zu welle.de ein „älteres Recht" des Domaininhabers 2022
gegenüber der kleinen niedersächsischen Gemeinde Welle (1300 Einwohner) bejaht. Das „ältere Recht" liege in der Registrierung der Domain[3364]. Diese Begründung überzeugt nicht, da allein die Registrierung einer Domain keine Kennzeichen- oder Namensrechte begründet. Im Ergebnis leuchtet die Entscheidung dennoch ein, da der Verkehr das Wort „Welle" nicht mit einem kleinen Ort in Niedersachsen in Verbindung bringt und es daher an einer Namensanmaßung gem. § 12 BGB fehlt.

Probleme entstehen auch bei Ortsnamen in Fällen der **Gleichnamigkeit.** So gelang es der rhei- 2023
nischen Stadt Vallendar nicht, einer gleichnamigen Brennerei die Nutzung der Domain vallendar.de zu untersagen[3365]. Da auch der Brennerei ein Recht an dem Begriff „Vallendar" zukam, standen sich gleichrangige Rechte gegenüber. Zu Gunsten des beklagten Unternehmens sprach der Prioritätsgrundsatz. Dass die Stadt einen historischen Namen trägt, während die Brennerei einen Wahlnamen führt, verschafft der Stadt keine Sonderrechte[3366].

Auch der Versuch der Gemeinde Hasselberg schlug fehl, einer gleichnamigen Privatperson die 2024
Nutzung der Domain hasselberg.de streitig zu machen[3367]. Unter Hinweis auf das Prioritätsprinzip und das Fehlen einer **überragenden Bekanntheit** der Gemeinde wies das LG

3360 KG v. 29.5.2007 – 5 U 153/06, MMR 2007, 600, 601 – tschechische-republik.com; vgl. auch LG Berlin v. 26.9.2006 – 9 O 355/06, CR 2007, 270 = MMR 2007, 60 (Vorinstanz).

3361 KG v. 7.6.2013 – 5 U 110/12, CR 2013, 607 = ITRB 2013, 226 – aserbaidschan.de.

3362 LG München v. 7.5.2002 – 7 O 12248/01, ITRB 2002, 207 = CR 2002, 840 m. Anm. *Eckhardt* – lehel.de.

3363 LG Münster v. 25.2.2002 – 12 O 417/01 – roet.de.

3364 LG Köln v. 8.5.2009 – 81 O 220/08, ITRB 2009, 196 = K&R 2009, 511, 511 f. – welle.de.

3365 OLG Koblenz v. 25.1.2002 – 8 U 1842/00, AfP 2002, 180 = AfP 2002, 273 = AfP 2002, 461 = ITRB 2002, 110 = CR 2002, 280 m. Anm. *Eckhardt* = WRP 2002, 340 = MMR 2002, 466 = K&R 2002, 201 – vallendar.de.

3366 OLG Koblenz v. 25.1.2002 – 8 U 1842/00, AfP 2002, 180 = AfP 2002, 273 = AfP 2002, 461 = ITRB 2002, 110 = CR 2002, 280 m. Anm. *Eckhardt* = WRP 2002, 340 = MMR 2002, 466 = K&R 2002, 201 – vallendar.de; vgl. *Lewinski*, VerwArch 2007, 473, 481 f.

3367 LG Flensburg v. 18.10.2001 – 3 O 178/01, MMR 2002, 700 (Ls.) – hasselberg.de.

Flensburg die Unterlassungsklage ab[3368]. Gleichfalls auf der Linie der BGH-Entscheidung zu shell.de wies das LG Erfurt die Klage der Stadt Suhl ab, die sich gegen die Nutzung der Domain suhl.de durch ein Unternehmen richtete, das Suhl als Bestandteil seines Namens führte[3369]. Ebenso entschied das LG Flensburg in dem Prozess um die Domain sandwig.de, als es die Klage der Stadt Glücksburg gegen einen Privatmann namens Sandwig abwies[3370]. Die norddeutschen Stadtväter konnten das Gericht nicht davon überzeugen, dass ihnen im Hinblick auf die Namensrechte für den Glücksburger Stadtteil Sandwig bessere Rechte an der Domain zustanden als dem Domaininhaber[3371]. Ebenso wenig Erfolg hatte die Klage der Stadt Melle gegen ein gleichnamiges Unternehmen, das die Domain melle.de innehatte[3372].

2025 Mit umgekehrten Vorzeichen prozessierten ein gewerbliches Unternehmen und die Gemeinde Markt Bad Bocklet um die Domain bocklet.de. Die Gemeinde hatte sich die Domain bereits 1997 gesichert und wurde von einem Unternehmen verklagt, das die Bezeichnung Bocklet als **Namensbestandteil** verwendet. Das LG Düsseldorf wies die Klage unter Hinweis auf den Grundsatz der Priorität ab[3373].

6. § 5 UWG – Irreführung

2026 Eine wettbewerbswidrige Irreführung (§ 5 UWG) kommt in Betracht bei Domains mit Gattungsbegriffen und bei Domains, die trickreich Tippfehler oder Umlaut-Variationen verwenden, um Internetnutzer gezielt zur eigenen Website „umzuleiten".

a) Gattungsbegriffe

2027 In dem Mitwohnzentrale-Urteil[3374] hat der BGH das **Prioritätsprinzip** zum Leitprinzip des Domainrechts erklärt. Im Leistungswettbewerb wird Schnelligkeit belohnt und nicht bestraft. Daher sieht der BGH es nicht als wettbewerbswidrig an, wenn sich ein Unternehmen eine besonders attraktive Domain zum Missvergnügen der Mitbewerber sichert[3375]. Überzeugend hat der BGH ausgeführt, dass die Registrierung einer beschreibenden Domain nicht als **unlautere Behinderung** angesehen werden kann[3376]. Zwar leitet derjenige, der einen Gattungsbegriff als Domain registriert, Kunden auf die eigene Website und somit zu seinem

---

3368 LG Flensburg v. 18.10.2001 – 3 O 178/01, MMR 2002, 700 (Ls.) – hasselberg.de.

3369 LG Erfurt v. 31.1.2002 – 3 O 2554/01, AfP 2002, 363 = ITRB 2002, 110 = MMR 2002, 396 – suhl.de; dazu *Linke*, CR 2002, 271, 275.

3370 LG Flensburg v. 8.1.2002 – 2 O 351/01, CR 2002, 537 = MMR 2002, 247 = K&R 2002, 204 – sandwig.de.

3371 LG Flensburg v. 8.1.2002 – 2 O 351/01, CR 2002, 537 = MMR 2002, 247 = K&R 2002, 204 – sandwig.de.

3372 LG Osnabrück v. 23.9.2005 – 12 O 3937/04, CR 2006, 283 – melle.de.

3373 LG Düsseldorf v. 16.1.2002 – 2a O 172/01, MMR 2002, 398, 398 f. – bocklet.de.

3374 BGH v. 17.5.2001 – I ZR 216/99, ITRB 2002, 3 = NJW 2001, 3262 = CR 2002, 777 – mitwohnzentrale.de; vgl. *Abel*, WRP 2001, 1426; *Renck*, WRP 2000, 264.

3375 BGH v. 17.5.2001 – I ZR 216/99, CR 2001, 777 m. Anm. *Jaeger-Lenz* = ITRB 2002, 3 = NJW 2001, 3262, 3264 – mitwohnzentrale.de; vgl. *Strömer*, Online-Recht, S. 119; *Abel*, WRP 2001, 1426.

3376 BGH v. 17.5.2001 – I ZR 216/99, CR 2001, 777 m. Anm. *Jaeger-Lenz* = ITRB 2002, 3 = NJW 2001, 3262, 3263 – mitwohnzentrale.de; vgl. *Schäfer* in Bröcker/Czychowski/Schäfer, Praxishandbuch Geistiges Eigentum im Internet, § 6 Rz. 42; *Sosnitza*, K&R 2000, 209, 210; *Thiele/Rohlfing*, MMR 2000, 591, 593.

eigenen Waren- und Dienstleistungsangebot. Hierdurch macht sich jedoch der schnellere Konkurrent lediglich die Vorteile des auf dem Prinzip der Priorität beruhenden Registrierungssystems der DENIC zunutze und stellt sich nicht in wettbewerbsrechtlich zu beanstandender Weise zwischen die Kunden und die Konkurrenz, um gezielt Kunden zu sich zu lenken, die die Angebote der Mitbewerber ansteuern[3377]. Eine wettbewerbswidrige Irreführung (§ 5 UWG) könne allenfalls in der **Nutzung der Domain** liegen für den Fall, dass die Eingangsseite der Website den irreführenden **Eindruck einer Vorzugs-, Spitzen- oder Alleinstellung** des Domainnutzers erweckt[3378]. Nach Rückverweisung konnte allerdings das OLG Hamburg auf den Seiten, die unter mitwohnzentrale.de erreichbar waren, keine Irreführung erkennen[3379].

Ein **Hinweis auf der Eingangsseite** einer Website auf vorhandene Mitbewerber schließt Fehlvorstellungen über den Kreis dieser Mitbewerber aus. Dementsprechend untersagte das OLG Hamburg einem Unternehmer, der unter der Domain deutsches-handwerk.de u.a. eine Suchmaschine für Handwerker betrieb, diese Art der Domainnutzung zwar wegen Irreführung (§ 5 UWG), verwies jedoch einschränkend auf die Möglichkeit eines „deutlichen Hinweises auf der Startseite", die die Irreführung beseitigt[3380].

Nach der – mit der mitwohnzentrale.de-Entscheidung nicht zu vereinbarenden – Auffassung des OLG Hamm erweckt die Inhaberin der Domain tauchschule-dortmund.de, eine von mehreren Tauchschulen in Dortmund, allein durch die Domainnutzung den irreführenden Eindruck einer **Spitzenstellung** in Dortmund[3381]. Der Verbraucher verbinde mit tauchschule-dortmund.de von vornherein nicht irgendeine Tauchschule, sondern die „erste Tauchschule am Platze". Erst in seiner Entscheidung zu anwaltskanzlei-dortmund.de schwenkte das OLG Hamm auf die Linie der mitwohnzentrale.de-Entscheidung des BGH ein und verneinte eine irreführende Spitzenstellungswerbung. Dem Verkehr sei bekannt, dass eine Domain nur einmal vergeben werden könne und dass die Vergabe nach dem Prioritätsprinzip erfolgt. Von daher wisse der Verkehr, dass eine Domain als solche noch nichts darüber besagt, ob der „Aussagegehalt der Domain" zutrifft[3382].

Das OLG Frankfurt wies eine Klage gegen die Nutzung der Domain drogerie.de ab. Unter der Domain waren keine Informationen abrufbar, die mit einer Drogerie in Verbindung gebracht werden können. Das Gericht verneinte eine Irreführung unter Hinweis auf „sehr unterschiedliche Präsentationen" im Internet und „diffuse" Erwartungen der Internetnut-

2028

2029

2030

3377 BGH v. 17.5.2001 – I ZR 216/99, ITRB 2002, 3 = NJW 2001, 3262, 3264; vgl. OLG Hamm v. 2.11.2000 – 4 U 95/00, MMR 2001, 237 – sauna.de; OLG Braunschweig v. 22.12.2009 – 2 U 164/09, K&R 2010, 194, 194 f. (Ls.) – tests.de; OLG München v. 19.4.2001 – 29 U 5725/00, CR 2001, 463 – autovermietung.com; LG Hamburg v. 30.6.2000 – 416 O 91/00, AfP 2001, 164 = CR 2000, 617 – lastminute.com; a.A. LG Köln v. 10.10.2000 – 33 O 286/00, AfP 2001, 164 = CR 2001, 193 – zwangsversteigerungen.de; LG München v. 16.11.2000 – 7 O 5570/00, CR 2001, 128 = ITRB 2001, 56 = K&R 2001, 108 – rechtsanwaelte.de.
3378 BGH v. 17.5.2001 – I ZR 216/99, CR 2001, 777 m. Anm. *Jaeger-Lenz* = ITRB 2002, 3 = NJW 2001, 3262, 3265 – mitwohnzentrale.de; vgl. *Abel*, WRP 2001, 1426; *Ernst*, DuD 2001, 212, 214; *Härting/Reinholz*, K&R 2003, 485, 489.
3379 OLG Hamburg v. 6.3.2003 – 5 U 186/02, CR 2003, 605, 606 = MMR 2003, 537, 537 f. – mitwohnzentrale.de II.
3380 OLG Hamburg v. 15.11.2006 – 5 U 185/05 – deutsches-handwerk.de.
3381 OLG Hamm v. 18.3.2003 – 4 U 14/03, CR 2003, 522 – tauchschule-dortmund.de.
3382 OLG Hamm v. 19.6.2008 – 4 U 63/08, MMR 2009, 50, 50 f. m. Anm. *Kuhr* – anwaltskanzlei-dortmund.de.

zer[3383]. Das OLG München vertrat hingegen die Auffassung, dass die Möglichkeit der Ausräumung einer Irreführung durch klarstellende Hinweise auf der Website ein „Privileg" sei, das nur für Domains mit Gattungsbegriffen und zwischen Gleichnamigen gelte[3384]. Daher bejahte das Gericht eine Irreführung durch Nutzung der Domains bayerischespielbank.de, bayerischespielbanken.de und bayerische-spielbank.de für Seiten, auf die lediglich Werbelinks geschaltet waren. Der Verkehr verstehe die Domainnamen nicht als bloße Gattungsbegriffe („Spielbanken") mit geografischem Zusatz („Bayerische"), sondern erwarte unter den Domains einen Internetauftritt, der dem staatlichen Betreiber der Spielcasinos zuzuordnen sei[3385].

2031 An einer irreführenden Alleinstellungswerbung fehlt es, wenn eine Hausverwaltung mit Sitz in Ulm die Domain ulmer-hausverwaltung.com nutzt. Dem Verkehr ist bekannt, dass es in Städten mehrere Hausverwaltungen gibt, und misst daher der Anfügung des Ortsnamens nur die Bedeutung der Angabe des Sitzes der Hausverwaltung zu[3386].

2032 **Praxistipp**

Bei der Nutzung von Domains, die Gattungsbegriffe enthalten, ist Sorgfalt ratsam, wenn es um die Gestaltung der Eingangsseite der Website geht. Wettbewerbswidriges Verhalten kann sich aus dem Hervorrufen des unzutreffenden Eindrucks einer Spitzen-, Vorzugs- oder Alleinstellung ergeben. Durch wahrheitsgemäße, klarstellende Hinweise lässt sich ein solcher Vorwurf vermeiden.

b) Domains der Anwälte, Notare und Steuerberater

2033 In seiner Entscheidung zu **Vanity-Nummern** hatte der BGH über die Wettbewerbswidrigkeit berufsbezeichnender bzw. tätigkeitsbeschreibender Begriffe wie „Rechtsanwalt", „Anwaltskanzlei" bzw. „Rechtsanwaltskanzlei" zu entscheiden, die bei der Bewerbung von Telefonnummern verwendet wurden[3387]. Der BGH billigte die „Monopolisierung" einer attraktiven Nummer wie 0800-RECHTSANWALT durch eine einzelne Kanzlei. Eine Irreführung liege in der Verwendung einer solchen Nummer nicht, da der Verkehr mit der Nutzung einer solchen Nummer nicht die Vorstellung einer Vorzugsstellung der betreffenden Kanzlei verbinde. Daher fehle es auch an einem Verstoß gegen das Sachlichkeitsgebot gem. § 43b BRAO[3388].

2034 Die „Monopolisierung" einer attraktiven Domain wie presserecht.de ist nach Ansicht des BGH auch unter Rechtsanwälten erlaubt[3389]. Auf Grund des **Prioritätsprinzips** irritiere es einen durchschnittlichen Nutzer nicht, wenn er unter der Domain presserecht.de auf eine

---

3383 OLG Frankfurt v. 12.9.2002 – 6 U 128/01, WRP 2002, 1452, 156, 156 f. = MMR 2002, 811, 812 f. – drogerie.de.

3384 OLG München v. 28.10.2010 – 29 U 2590/10 Rz. 35 – bayerischespielbank.de.

3385 OLG München v. 28.10.2010 – 29 U 2590/10 Rz. 34 – bayerischespielbank.de.

3386 LG Ulm v. 7.9.2012 – 10 O 71/12 KfH Rz. 29, CR 2013, 749 = ITRB 2013, 106 – ulmer-hausverwaltung.com; vgl. *Reinholz/Janke*, K&R 2013, 613, 615.

3387 BGH v. 21.2.2002 – I ZR 281/99, CR 2002, 729 = ITRB 2002, 255 = NJW 2002, 2642 = BB 2002, 1716 = BGH-R 2002, 853 m. Anm. *Härting* – 0800-RECHTSANWALT.

3388 BGH v. 21.2.2002 – I ZR 281/99, CR 2002, 729 = ITRB 2002, 255 = NJW 2002, 2642, 2645; vgl. *Härting*, K&R 2002, 561, 565.

3389 BGH v. 25.11.2002 – AnwZ (B) 41/02, AfP 2003, 157 = CR 2003, 355 = MMR 2003, 252 – presserecht.de.

Website stößt, die Informationen über eine einzelne Anwaltskanzlei enthält[3390]. Etwaige Fehlvorstellungen über die Person des Anbieters könnten auf der Eingangsseite ausgeräumt werden[3391].

Der BGH verneinte eine Irreführung bei der Verwendung der Domain rechtsanwaelte-notar.de durch zwei Rechtsanwälte, von denen einer zugleich Notar war[3392]. Schon die ungewöhnliche Begriffskonstruktion mache es unwahrscheinlich, dass Nutzer über die Browsereingabe zur Seite des Domaininhabers gelangen, so dass die Gefahr einer **Kanalisierung von Kundenströmen** von vornherein nicht bestehe[3393]. Auch sei es wenig wahrscheinlich, dass Nutzer unter der Domain einen Überblick über das gesamte Angebot anwaltlicher und notarieller Dienstleistungen erwarten oder irrig von einer Allein- oder Spitzenstellung der Kanzlei ausgehen. Etwaige Fehlvorstellungen über die Größe der Kanzlei könnten auf der Eingangsseite der Website ausgeräumt werden[3394]. Die Nutzung der Domain steuerberater-suedniedersachsen.de durch ein Steuerberaterbüro verstößt gleichfalls nicht gegen das Sachlichkeitsgebot und das Verbot berufswidriger Werbung (§ 57a StBerG). Für den durchschnittlich informierten Verbraucher ist weder eine Gefahr der Irreführung noch ein Effekt der Kanalisierung von Kundenströmen ersichtlich[3395].

Vor (und nach) den BGH-Urteilen gab es eine Reihe widersprüchlicher Entscheidungen der Instanzgerichte. Während das LG München I die Nutzung der Domain rechtsanwaelte.de[3396] durch eine Münchener Anwaltskanzlei als berufs- und wettbewerbswidrig einstufte und das OLG Celle dieselbe Auffassung hinsichtlich anwalt-hannover.de[3397] vertrat, verneinte das OLG Braunschweig unter Bezugnahme auf das BGH-Urteil zu mitwohnzentrale.de einen Wettbewerbsverstoß bei pruefungsrecht.de[3398]. Im gleichen Sinne entschied auch das LG Berlin bezüglich rechtsbeistand.info[3399]: Eine wettbewerbswidrige Behinderung (§ 4 Nr. 4 UWG) im Wege einer **„Kanalisierung von Kundenströmen"** scheide ebenso wie eine Irreführung aus, da der Internetnutzer spätestens beim Aufruf der Website erkennen könne, dass dort keinesfalls ein umfassendes und endgültiges Verzeichnis der Berufsgruppe zu finden sei[3400]. Nach Auffassung des OLG Celle stellt die Nutzung der Domain kanzlei-nieder-

2035

2036

3390 BGH v. 25.11.2002 – AnwZ (B) 41/02, AfP 2003, 157 = CR 2003, 355 = MMR 2003, 252, 254 – presserecht.de.
3391 BGH v. 25.11.2002 – AnwZ (B) 41/02, AfP 2003, 157 = CR 2003, 355 = MMR 2003, 252, 254 – presserecht.de.
3392 BGH v. 25.11.2002 – AnwZ (B) 8/02, CR 2003, 354 = MMR 2003, 256 – rechtsanwaelte-notar.de; vgl. auch *Schmittmann*, K&R 2006, 67, 67 f.
3393 BGH v. 25.11.2002 – AnwZ (B) 8/02, CR 2003, 354 = MMR 2003, 256, 257 – rechtsanwaelte-notar.de.
3394 BGH v. 25.11.2002 – AnwZ (B) 8/02, CR 2003, 354 = MMR 2003, 256, 258 – rechtsanwaelte-notar.de.
3395 BGH v. 1.9.2010 – StbSt (R) 2/10 Rz. 3 ff., CR 2011, 125 – steuerberater-suedniedersachsen.de.
3396 LG München v. 16.11.2000 – 7 O 5570/00, CR 2001, 128 = ITRB 2001, 56 = K&R 2001, 108 – rechtsanwaelte.de.
3397 OLG Celle v. 29.3.2001 – 13 U 309/00, ITRB 2002, 81 = MMR 2001, 531 – anwalt-hannover.de.
3398 OLG Braunschweig v. 21.6.2002 – 2 W 26/02, MMR 2002, 754 – pruefungsrecht.de.
3399 LG Berlin v. 18.6.2003 – 97 O 80/03, CR 2003, 771 = NJW 2004, 1254 = MMR 2004, 47 – rechtsbeistand.info.
3400 LG Berlin v. 18.6.2003 – 97 O 80/03, CR 2003, 771 = MMR 2004, 47, 48 – rechtsbeistand.info.

sachsen.de durch eine Anwaltskanzlei weder einen Verstoß gegen das Sachlichkeitsgebot noch eine Alleinstellungsbehauptung oder die Behauptung eines Näheverhältnisses zur niedersächsischen Staatskanzlei dar[3401]. Auf derselben Linie lag auch die Entscheidung des OLG Hamm zu anwaltskanzlei-dortmund.de[3402].

2037 Anders entschied das OLG Hamburg den Streit um rechtsanwalt.com und bejahte eine Irreführung, da der Domaininhaber kein Rechtsanwalt war[3403]. Unerheblich war nach Auffassung des OLG Hamburg, dass unter der Domain eine Datenbank mit rund 50.000 Anwaltsadressen und eine Vielzahl weiterer rechtlicher Informationen abrufbar waren. Die **Irreführung** und damit der Verstoß gegen § 5 UWG lag aus Sicht des OLG Hamburg darin, dass der Verkehr unter einer Domain, die eine geschützte Berufsbezeichnung beinhaltet, „Homepages von Berufsangehörigen oder deren Berufs- oder Standesvertretungen" erwarte[3404].

2038 Einen strengen Maßstab, der mit der BGH-Rechtsprechung nicht zu vereinbaren ist, legte auch das OLG München an bei rechtsanwaelte-dachau.de[3405]. Der OLG-Senat meinte, „aus eigener Sachkunde und Lebenserfahrung" davon ausgehen zu können, dass der Internetnutzer unter einer derartigen Domain ein örtliches Anwaltsverzeichnis erwartet, und stützte dies maßgeblich auf den verwendeten Plural („Rechtsanwälte").

2039 Unzulässig ist es nach Auffassung des BGH, für die Website einer Anwalts- und Notarskanzlei die Domain anwaltskanzlei-notariat.de zu verwenden[3406]. § 2 Satz 2 BNotO schreibt Notaren die Verwendung der Amtsbezeichnungen Notarin oder Notar vor. Der Begriff des „Notariats" weicht hiervon in unzulässiger Weise ab.

c) Tippfehler

2040 Tippfehler-Domains können dazu dienen, Kunden der Konkurrenz auf die eigenen Seiten umzuleiten (z.B. yawho.de). In einem solchen Fall kann neben möglichen markenrechtlichen Verstößen (§ 14 Abs. 2 Nr. 3 MarkenG) eine wettbewerbswidrige **Behinderung** (§ 4 Nr. 4 UWG) oder eine unlautere **Rufausbeutung** (§ 4 Nr. 3 UWG) vorliegen[3407].

2041 Wer die Domain wwwmoebel.de registrieren lässt, legt es darauf an, dass Internetnutzer die eigene Website erreichen, obwohl sie die unter der Domain moebel.de betriebenen Internetseiten aufrufen wollten. Es mutet daher blauäugig an, wenn das LG Hamburg[3408] eine gezielte Behinderung des Inhabers der Domain moebel.de verneinte und es für nicht feststell-

---

3401 OLG Celle v. 17.11.2011 – 13 U 168/11 – kanzlei-niedersachsen.de.
3402 OLG Hamm v. 19.6.2008 – 4 U 63/08, MMR 2009, 50, 50 f. m. Anm. *Kuhr* – anwaltskanzlei-dortmund.de.
3403 OLG Hamburg v. 2.5.2002 – 3 U 303/01, AfP 2002, 552 = NJW-RR 2002, 1582 – rechtsanwalt.com.
3404 OLG Hamburg v. 2.5.2002 – 3 U 303/01, AfP 2002, 552 = NJW-RR 2002, 1582 – rechtsanwalt.com.
3405 OLG München v. 18.4.2002 – 29 U 1573/02, CR 2002, 757 = AfP 2002, 552 = K&R 2002, 608 – rechtsanwaelte-dachau.de.
3406 BGH v. 11.7.2005 – NotZ 8/05, NJW 2005, 2693 = CR 2005, 878 = MMR 2005, 759 = K&R 2005, 423 – anwaltskanzlei-notariat.de; vgl. auch *Schmittmann*, K&R 2006, 67, 68.
3407 Vgl. *Viefhues*, MMR Beilage 8/2001, 25, 27.
3408 LG Hamburg v. 16.7.2009 – 327 O 117/09, K&R 2009, 745, 746 f. – wwwmoebel.de.

bar erachtete, dass die Eingabe der Adresse moebel.de dem Zweck dient, zu den Internetseiten des Unternehmens zu gelangen, dem diese Domain gehört.

Eine unlautere Behinderung gem. § 4 Nr. 4 UWG liegt nach Auffassung des OLG Jena vor, wenn sich ein Domaininhaber bei der Registrierung der Domain an die Domain eines Konkurrenten gezielt annähert und dabei darauf spekuliert, dass Internetnutzern bei der Eingabe der Adresse Fehler unterlaufen mit der Folge einer **„Umleitung" der Nutze**r auf das eigene Angebot[3409]. Einen ähnlichen Fall hatte das OLG Köln zu entscheiden. Das beklagte Druckereiunternehmen hatte eine Umleitung zur eigenen Website veranlasst, sobald die Domain des klagenden Konkurrenten mit Tippfehlern eingegeben wurde. Das OLG Köln bejahte einen Wettbewerbsverstoß[3410]. Ebenso entschied das LG Hamburg im Hinblick auf Ansprüche der Deutschen Fußball Liga (DFL) gegen die Nutzung der Domain bundesliag.de, stützte seine Entscheidung jedoch auf § 12 BGB[3411]. 2042

In dem **wetteronline.de-Fall** nutzte der Beklagte die Domain wetteronlin.de zur Weiterleitung auf eine Parking-Seite mit Werbelinks. Nach Auffassung des BGH stellt dies nicht per se eine unlautere Behinderung des Wetterdienstes dar, der über wetteronline.de erreichbar ist (§ 4 Nr. 4 UWG). Vielmehr sei eine unlautere Behinderung zu verneinen, wenn der Nutzer bei Aufruf der Tippfehler-Domain sogleich und unübersehbar darauf aufmerksam gemacht wird, dass er sich vermutlich aufgrund eines Tippfehlers nicht auf der Internetseite befindet, die er aufrufen wollte. In einem solchen Fall könne nicht angenommen werden, dass ein erheblicher Teil der Nutzer aus Verärgerung eine andere Internetseite mit Wetterinformationen aufsuchen werde und dem Wetterdienst deshalb werberelevante Aufrufe der Internetseite verlorengehen[3412]. 2043

Wer ein Veranstaltungszentrum unter der Bezeichnung „Ringlokschuppen" führt und unter der Domain ringlokschuppen.com bewirbt, braucht es nach Auffassung des OLG Hamm nicht hinzunehmen, dass sich ein Konkurrent die Domain ringlockschuppen.de registrieren lässt. Ob und inwieweit sich derartige Ansprüche durch klarstellende Hinweise auf der Eingangsseite der Website abwehren lassen, erörterte das OLG Hamm nicht[3413]. 2044

d) Einzelfälle

Irreführend gem. § 5 Abs. 1 UWG ist eine Domain mit dem Zusatz „-international.de" für die Website eines Autoglasbetriebs, wenn der Betrieb außerhalb Deutschlands keine Geschäfte tätigt[3414]. Die Voraussetzungen des § 5 Abs. 1 UWG sind auch erfüllt, wenn sich ein Abschleppunternehmen durch die Domain parkplatz-polizei.de Hoheitsbefugnisse anmaßt[3415]. 2045

3409 OLG Jena v. 23.3.2005 – 2 U 1019/04, MMR 2006, 776, 777 f. – deutsche-anwalthotline.de; vgl. auch LG Erfurt v. 21.10.2004 – 2 HK O 77/04, MMR 2005, 121 (Vorinstanz).
3410 OLG Köln v. 18.10.2013 – 6 U 36/13 Rz. 4, CR 2014, 331 – saxoprint.de.
3411 LG Hamburg v. 31.8.2006 – 315 O 279/06, ITRB 2007, 182 = NJW-RR 2007, 338 – bundesliag.de.
3412 BGH v. 22.1.2014 – I ZR 164/12 Rz. 48, AfP 2014, 267 = ITRB 2014, 126 – wetteronline.de; vgl. *Reinholz/Janke*, K&R 2014, 703, 705.
3413 Vgl. OLG Hamm v. 27.11.2006 – 6 U 106/05, MMR 2006, 391 – ringlockschuppen.com.
3414 OLG Dresden v. 4.5.2010 – 14 U 46/10 Rz. 44 ff.
3415 LG Augsburg v. 8.9.2009 – 2 HKO 1630/09, K&R 2010, 285, 285 f. – parkplatz-polizei.de.

Ob der Internetnutzer unter der Domain tipp.ag – wie das OLG Hamburg[3416] meint – tatsächlich den Internetauftritt einer Aktiengesellschaft erwartet (§ 5 UWG), ist zweifelhaft.

2046 Irreführend gem. § 5 Abs. 1 UWG ist es auch, die Domain test.net für algorithmusbasierte Produktvergleiche zu verwenden. Aufgrund der Domain test.net, einem entsprechenden Logo, der Verwendung des Begriffs „Testkategorien" sowie der Darstellung der Testergebnisse ging der angesprochene Verbraucher im konkreten Fall davon aus, dass der Seitenbetreiber die bewerteten Produkte tatsächlich „getestet" hat und die Bewertungen inhaltlich den Ergebnissen der Warentests entsprechen. Der Verbraucher erwartet bei einem Warentest nicht nur eine statistische Auswertung der publizierten Produktinformationen und des Verbraucherechos, sondern eine unmittelbare Prüfung des Produktes selbst[3417].

V. Anspruchsziele und Anspruchsgegner

1. Anspruchsziele

2047 Der Domaininhaber benötigt indes zu seiner Legitimation gegenüber Dritten keine Rechtfertigung – es gilt der **Prioritätsgrundsatz,** so dass beispielsweise die Frage verfehlt ist, aus welchem Grund der Inhaber von „genuss.de" diese Domain innehaben und „behalten" darf. Allein die Schnelligkeit bei der Anmeldung und Registrierung verleiht dem Domaininhaber das Recht, Dritte von der Domainnutzung auszuschließen[3418].

2048 In der Legitimierungspflicht ist stets der Dritte, der sich durch die Domainnutzung in seinen Rechten verletzt sieht. Er muss darlegen und nachweisen können, dass er über eine Rechtsposition verfügt, die durch den Domaininhaber rechtswidrig beeinträchtigt wird. Eine solche Rechtsposition kann sich insbesondere aus Kennzeichen- und Namensrechten ergeben, aber auch aus § 826 BGB oder § 4 Nr. 4 oder § 5 UWG. Nur wenn eine solche Rechtsposition besteht, stellt sich tatsächlich die Frage nach dem **„besseren Recht".**

2049 Liegen die Anspruchsvoraussetzungen der §§ 14, 15 MarkenG, §§ 12, 826 BGB bzw. § 8 Abs. 1 in Verbindung mit § 4 Nr. 4 oder § 5 UWG vor, kommen primär Beseitigungs- und Unterlassungsansprüche in Betracht. Gegenstand von Unterlassungsansprüchen ist die Nutzung von Domains. Beseitigungsansprüche richten sich auf die Löschung von Domains bei der DENIC bzw. der jeweils zuständigen Vergabestelle.

a) Unterlassung

2050 Problemlos lassen sich aus den §§ 14, 15 MarkenG, §§ 12, 826 BGB bzw. § 8 Abs. 1 in Verbindung mit § 4 Nr. 4 oder § 5 UWG Ansprüche auf **Unterlassung der rechtswidrigen Nutzung** einer bestimmten Domain ableiten[3419]. Diese Ansprüche sind auf Untersagung der Nutzung einer Domain für Websites mit rechtsverletzenden Inhalten gerichtet und lassen dem Domaininhaber die Möglichkeit einer anderweitigen Nutzung offen.

3416 OLG Hamburg v. 16.6.2004 – 5 U 162/03, CR 2004, 769, 770 f. – tipp.ag.

3417 OLG Köln v. 30.10.2020 – 6 U 136/19 Rz. 36, CR 2021, 400 = AfP 2021, 50 m. Anm. *Franz* = ITRB 2021, 112 (*Vogt*).

3418 Vgl. BGH v. 22.11.2001 – I ZR 138/99, AfP 2002, 364 = CR 2002, 525 = ITRB 2002, 177 = NJW 2002, 2031, 2034 = WRP 2002, 694, 698 – shell.de.

3419 *Hoeren*, Internet- und Kommunikationsrecht, S. 57.

b) Übertragung

Versuchen, aus gewagten marken- oder gar grundstücksrechtlichen Analogien Ansprüche auf Übertragung einer Domain abzuleiten[3420], hat der BGH in seiner Entscheidung zu shell.de einen Riegel vorgeschoben[3421]. Ein Anspruch auf Übertragung einer Domain lässt sich aus keiner der Anspruchsgrundlagen herleiten, die im Domainrecht in Betracht kommen[3422].   **2051**

Anders sieht dies bei den WIPO-Schiedsgerichtsverfahren aus, bei denen der Transfer einer Domain nach § 3 der Uniform Domain Name Dispute Resolution Policy (UDRP) ein möglicher Schiedsspruch ist[3423].   **2052**

Vor dem LG Berlin versuchte die unterlegene Partei eines UDRP-Schiedsverfahrens, die bevorstehende Übertragung der Domain claro.com zu verhindern, und beantragte die Feststellung, dass der im Schiedsverfahren erfolgreiche Gegner nach deutschem Recht keinen Anspruch auf Übertragung der Domain habe. Das LG Berlin wies die Klage mit der Begründung ab, dass kein Feststellungsinteresse bestehe, weil der Antrag lediglich darauf gerichtet sei, festzustellen, was nach deutschem Recht für einen Domain-Übertragungsanspruch gilt. Da sich der Kläger mit der Registrierung der Domain dem privatrechtlichen Regime der UDRP unterworfen habe, helfe ihm diese Feststellung jedoch nicht, um eine Übertragung der Domain zu verhindern[3424].   **2053**

Ein Übertragungsanspruch kann sich aus § 667 BGB ergeben, wenn eine Domain im Auftrag eines Dritten registriert wurde. Nach Beendigung des **Auftragsverhältnisses** besteht ein Herausgabeanspruch. Registriert daher der Gesellschafter einer GbR eine Domain im eigenen Namen für die GbR, kann die Gesellschaft nach dem Ausscheiden dieses Gesellschafters die Übertragung der Domain auf die GbR verlangen[3425]. Entsprechendes gilt für die Administratoren-Zugangsdaten der Website und der E-Mail-Postfächer[3426].   **2054**

Der Weg zur Erlangung einer .de-Domain, die ein Dritter rechtswidrig registriert hat, führt über einen **Dispute-Eintrag** bei der **DENIC**, der verhindert, dass eine Domain während eines laufenden (**gerichtlichen oder außergerichtlichen**) **Streitverfahrens** übertragen wird[3427]. Gelingt es dem Anspruchsteller, den Domaininhaber zur Löschung der Domain zu veranlas-   **2055**

3420 Vgl. OLG München v. 25.3.1999 – 6 U 4557/98, CR 1999, 382 – shell.de; LG München v. 15.1.1997 – 1 HKO 3146/96, CR 1997, 479 – juris.de; LG München v. 19.10.2000 – 4HK O 11042/00, ITRB 2001, 156 = CR 2001, 191 – champagner.de.

3421 BGH v. 22.11.2001 – I ZR 138/99, AfP 2002, 364 = CR 2002, 525 = ITRB 2002, 177 = NJW 2002, 2031 = WRP 2002, 694 – shell.de.

3422 *Köhler/Fetzer*, Recht des Internet, Rz. 135 f.; *Strömer*, Online-Recht, S. 92; OLG Hamburg v. 21.9.2000, MMR 2001, 196 – derrick.de; OLG Hamburg v. 2.5.2002 – 3 U 269/01, AfP 2002, 516 = MMR 2002, 825 – motoradmarkt.de; OLG Stuttgart v. 28.5.2014 – 2 U 147/13 Rz. 57; a.A. *Fezer*, Markengesetz, § 3 MarkenG Rz. 351.

3423 Vgl. http://www.icann.org/udrp/udrp-policy-24oct99.htm; *Köhler/Fetzer*, Recht des Internet, Rz. 142 ff.

3424 LG Berlin v. 8.2.2011 – 16 O 54/09; a.A. *Reinholz/Janke*, K&R 2014, 703, 708.

3425 OLG Brandenburg v. 12.2.2014 – 7 U 159/13 Rz. 19.

3426 LG Wiesbaden v. 29.5.2013 – 2 O 128/13, CR 2014, 134.

3427 Vgl. § 2 Abs. 3 der DENIC-Domainbedingungen; *Hoeren*, Internet- und Kommunikationsrecht, Rz. 81; *Schäfer* in Bröcker/Czychowski/Schäfer, Praxishandbuch Geistiges Eigentum im Internet, § 6 Rz. 122; *Fezer*, Markengesetz, Einl. G Rz. 120.

sen, kann er sich in einem nächsten Schritt die Domain bei der DENIC registrieren lassen. Auch bei **.eu-Domains** gibt es nach Art. 8 Nr. 3 b der EURid-AGB[3428] die Möglichkeit eines Dispute-Eintrags. Anders als bei der DENIC reicht indes eine außergerichtliche Streitigkeit nicht aus. Ein Dispute-Eintrag ist nur vorgesehen bei Schlichtungsverfahren und gerichtlichen Verfahren, die die fragliche Domain betreffen.

2056 **Praxistipp**

Ist man der Meinung, dass eine bei der DENIC registrierte Domain eigene Rechte verletzt, ist es ratsam, zunächst bei der DENIC einen Dispute eintragen zu lassen[3429]. Die DENIC ist in diesem Fall gehindert, eine Domain zu übertragen. Der Dispute empfiehlt sich, weil ein Titel gegen den Domaininhaber nichts wert ist, wenn dieser die Domain zwischenzeitlich auf einen Dritten übertragen hat.

Erst nach der Eintragung des Disputes sollte der Domaininhaber abgemahnt werden. Gibt der Verletzer eine entsprechende Erklärung nicht ab, bleibt dem Rechteinhaber nur der Klageweg.

2057 Das OLG Düsseldorf[3430] und das OLG Braunschweig[3431] haben in einem **Dispute-Eintrag** eine vermögenswerte, vorteilhafte Rechtsposition gesehen und einen Anspruch aus Eingriffskondiktion bejaht (§ 812 Abs. 1 Satz 1, 2. Alt. BGB), wenn diese Rechtsposition **ohne rechtlichen Grund** erlangt wurde. Durch den Dispute-Eintrag sichere sich der Anmelder nicht nur die Priorität gegenüber etwaigen weiteren Gleichnamigen, sondern bewirke für sich auch einen Domainerwerb, sofern die Domain freigegeben wird. Dies ähnele einer **Anwartschaft auf die Domainregistrierung** und stellt ein „Etwas" im Sinne des § 812 Abs. 1 S. 1, 2. Alt. BGB dar.

c) Löschung

2058 Der Löschungs-, Freigabe- bzw. Verzichtsanspruch verpflichtet den Domaininhaber, gegenüber der DENIC oder einer anderen Vergabestelle die Freigabe der Domain zu erklären[3432]. Es handelt sich um einen Anspruch auf **Beseitigung** der durch eine rechtswidrige Domainregistrierung entstanden Störung. Beseitigen lässt sich die Störung durch eine **Löschung der Registrierung.**

aa) Kennzeichenrecht

2059 Markenrechtlich sind Löschungsansprüche eine Ausnahme, die im Normalfall nur bei bekannten Kennzeichen (§ 14 Abs. 2 Nr. 3 und § 15 Abs. 3 MarkenG) in Betracht kommt[3433]. Unzutreffend ist es, einen Verzichtsanspruch aus „gewohnheitsrechtlicher Verankerung" ab-

---

3428 Abrufbar unter https://eurid.eu/d/7556496/Terms_and_Conditions_DE.pdf.

3429 Vgl. § 2 Abs. 3 DENIC-Domainbedingungen.

3430 OLG Düsseldorf v. 22.3.2016 – 20 U 55/16 Rz. 38 f.

3431 OLG Braunschweig v. 25.3.2021 – 2 U 35/20 Rz. 24 ff.

3432 OLG Frankfurt v. 12.4.2000 – 6 W 33/00, CR 2000, 615 – weideglueck.de; OLG Hamm v. 13.1.1998 – 4 U 135/97, CR 1998, 214 – krupp.de; OLG München v. 25.3.1999 – 6 U 4557/98, CR 1999, 382 – shell.de.

3433 *Becker*, WRP 2010, 467, 468; BGH v. 29.7.2009 – I ZR 102/07, WRP 2010, 381, 383 f. – AIDA/AIDU; vgl. auch LG Köln v. 8.2.2007 – 31 O 439/06, K&R 2007, 221, 223 (Vorinstanz).

zuleiten[3434]. Der BGH hat sich mehrfach veranlasst gesehen, auf die engen Voraussetzungen für **Löschungsansprüche** hinzuweisen[3435].

Ein kennzeichenrechtlicher Löschungs- bzw. Freigabeanspruch besteht nur, wenn **jede Verwendung des Domainnamens** eine **Rechtsverletzung** nach § 14 Abs. 2 bzw. § 15 Abs. 2 MarkenG darstellen würde[3436]. Dies kann sich daraus ergeben, dass der Verkehr den unzutreffenden Eindruck gewinnen kann, zwischen den beteiligten Unternehmen bestünden vertragliche, organisatorische oder sonstige wirtschaftliche Verbindungen. Voraussetzung hierfür ist eine hinreichende Branchennähe[3437]. Ein Löschungs- bzw. Freigabeanspruch lässt sich nicht schon daraus ableiten, dass der Domaininhaber eine Kennzeichenrechtsverletzung begangen hat[3438]. Zwar kann sich hieraus eine Wiederholungsgefahr ergeben – dies jedoch nur im Hinblick auf die von dem Domaininhaber begangene Nutzung des Kennzeichens, nicht – „schlechthin" – auf jede denkbare Nutzung der Domain. 2060

Dem Inhaber einer .com-Domain, der „Gelbe Seiten" im Domainnamen verwendet, kann nach Auffassung des OLG Frankfurt nicht die Freigabe der Domain auferlegt werden. Zwar handele es sich bei dem Begriff „Gelbe Seiten" um eine eingetragene inländische Marke, deren Verwendung in der .com-Domain markenmäßig erfolgt und eine Verwechslungsgefahr begründet. Jedoch seien Nutzungen im Ausland denkbar, die mit der Marke „Gelbe Seiten" nicht kollidieren[3439]. 2061

Das OLG Hamburg bejahte in seiner Entscheidung zu ahd.de einen Löschungsanspruch des Inhabers der Geschäftsbezeichnung ahd mit der Begründung, dass ein „eigenes Interesse" des Beklagten an der Domain nicht ersichtlich sei. Daher sei dem Beklagten nicht nur – markenrechtlich – die Domainnutzung für Angebote konkurrierender Produkte untersagt. Vielmehr bestehe ein **„Schlechthinverbot"**, das sich aus einer unlauteren Behinderung gem. § 4 Nr. 4 UWG ableiten lasse[3440]. Dies überzeugt indes nicht. Aus dem domainrechtlichen Prioritätsgrundsatz lässt sich ableiten, dass es zur Legitimation der Registrierung und Nutzung einer Domain keineswegs erforderlich ist, dass ein „eigenes Interesse" an der Domain 2062

3434 A.A. LG Hamburg v. 17.6.2008 – 312 O 937/07, MMR 2009, 143 (Ls.) – anwalt-eBay.de.

3435 *Härting*, ITRB 2008, 38, 39 ff.; BGH v. 22.7.2004 – I ZR 135/01, AfP 2005, 208 = ITRB 2005, 110 = NJW 2005, 1198, 1198 ff. = CR 2005, 284 = MMR 2005, 191 = WRP 2005, 338 – soco.de.; BGH v. 9.9.2004 – I ZR 65/02, CR 2005, 362 = MDR 2005, 765 = NJW 2005, 1196, 1196 f. – mho.de; BGH v. 23.6.2005 – I ZR 288/02, ITRB 2006, 76 = CR 2006, 193, 193 ff. – hufeland.de; BGH v. 19.7.2007 – I ZR 137/04, K&R 2007, 524 = CR 2007, 726 – Euro Telekom; *Kazemi*, MMR 2008, 31, 31 f.; BGH v. 29.7.2009 – I ZR 102/07, WRP 2010, 381, 381 ff. – AIDA/AIDU; BGH v. 31.3.2010 – I ZR 174/07, WRP 2010, 880, 880 ff. – Peek & Cloppenburg.

3436 BGH v. 19.7.2007 – I ZR 137/04, K&R 2007, 524 = CR 2007, 726 – Euro Telekom; BGH v. 26.6.2008 – I ZR 190/05, WRP 2008, 1319, 1323 – EROS; OLG Hamburg v. 14.2.2008 – 3 U 152/05, ITRB 2008, 273 – emetro.com; LG Hamburg v. 18.7.2008 – 408 O 274/08, K&R 2009, 61, 63 – wachs.de.

3437 BGH v. 29.7.2009 – I ZR 102/07, WRP 2010, 381, 383 – AIDA/AIDU.

3438 A.A. LG Düsseldorf v. 20.6.2008 – 2a O 333/07 – bimota.de.

3439 OLG Frankfurt v. 14.6.2011 – 6 U 34/10 – Gelbe Seiten.

3440 OLG Hamburg v. 5.7.2006 – 5 U 87/05, CR 2007, 47 – ahd.de; vgl. auch LG Hamburg v. 26.5.2005 – 315 O 136/04, MMR 2005, 780 (Vorinstanz); LG Hamburg v. 12.8.2008 – 312 O 64/08 – area45cycles.com.

besteht. Ein Löschungsanspruch lässt sich aus § 4 Nr. 4 UWG nur ableiten, wenn ein rechtsmissbräuchliches Verhalten des Domaininhabers (ausnahmsweise) bejaht werden kann[3441].

bb) Namensrecht

2063　Im Namensrecht (§ 12 BGB) sind die Anforderungen an einen Löschungsanspruch wesentlich geringer, da das Namensrecht keine branchenmäßigen oder räumlichen Abstufungen kennt. Die Registrierung einer Domain **ohne eigenes Namens- oder sonstiges Recht des Domaininhabers** genügt, um Verzichtsansprüche des Namensträgers aus § 12 BGB zu begründen[3442]. Ein Löschungsanspruch aus § 12 BGB lässt sich nicht mit der Begründung verneinen, dass sich der Anspruchsteller bereits eine Domain gesichert habe, die seinen Namen enthält (dsds.de), und daher durch eine ähnlich lautende Domains (dsds-news.de) keine schutzwürdigen Interessen des Anspruchstellers berührt sind[3443].

2064　Eigenwillig entschied das OLG Oldenburg die Klage der Gemeinde Schulenberg (Harz) gegen die Registrierung und Nutzung der Domain schulenberg.de durch einen gleichnamigen Privatmann[3444]. Die Domain dürfe zwar („schlechthin") nicht genutzt werden, müsse aber auch nicht gelöscht werden. Ein **Löschungsanspruch** komme nur in Betracht, wenn der klagende Namensträger überragend bekannt sei. Die Entscheidung ist inkonsequent, da es bei einem „Schlechthinverbot" keinen ersichtlichen Grund gibt, der gegen einen Verzichtsanspruch spricht. Ein Freigabeanspruch stünde jedoch – ebenso wie das vom OLG Oldenburg bejahte Nutzungsverbot – im Widerspruch zu der shell.de-Entscheidung des BGH[3445], da es an einer „überragenden Bekanntheit" der Gemeinde Schulenberg fehlt und der Domaininhaber eigene Rechte aus § 12 BGB geltend machen konnte.

cc) Wettbewerbsrecht

2065　Ein „Schlechthin"-Verbot ist auch im Wettbewerbsrecht die **Ausnahme** und nicht die Regel. So verneinte das OLG München einen Anspruch auf Freigabe der Domain bayerischespielbank.de zugunsten des Freistaates Bayern mit der Begründung, dass eine wettbewerbsrechtlich erlaubte Nutzung der Domain durch den Beklagten nicht ausgeschlossen sei[3446].

3441　BGH v. 19.2.2009 – I ZR 135/06, CR 2009, 748 = ITRB 2009, 171 = K&R 2009, 473, 477 f. m. Anm. *Rössel* – ahd.de; LG Hamburg v. 18.7.2008 – 408 O 274/08, K&R 2009, 61, 63 – wachs.de.

3442　Vgl. *Becker*, WRP 2010, 467, 468 f.; OLG Hamburg v. 31.5.2007 – 3 W 110/07, CR 2007, 661 = K&R 2007, 413 – mlpblog.de I; OLG Hamm v. 18.1.2005 – 4 U 166/04, ITRB 2005, 256 = MMR 2005, 381 – juraxx.de; LG Hamburg v. 26.1.2005 – 302 O 116/04, ITRB 2005, 175 = CR 2005, 465 = MMR 2005, 254 – müller.de; LG Hannover v. 22.4.2005 – 9 O 117/04, ITRB 2005, 173 = CR 2005, 896 = MMR 2005, 550 – schmidt.de.

3443　A.A. OLG Köln v. 19.3.2010 – 6 U 180/09, AfP 2010, 279 = CR 2010, 612 m. Anm. *Hackbarth* = K&R 2010, 429, 430 – dsds-news.de.

3444　OLG Oldenburg v. 30.9.2003 – 13 U 73/03, AfP 2004, 301 = CR 2004, 781 = ITRB 2004, 100 = MMR 2004, 34 – schulenberg.de.

3445　BGH v. 22.11.2001 – I ZR 138/99, AfP 2002, 364 = CR 2002, 525 = ITRB 2002, 177 = NJW 2002, 2031 = WRP 2002, 694 – shell.de.

3446　OLG München v. 28.10.2010 – 29 U 2590/10 Rz. 50 – bayerischespielbank.de.

d) Schadensersatz

Sofern nachweisbar ist, dass durch eine rechtswidrige Domainnutzung ein Schaden entstanden ist, kommen **Schadensersatzansprüche** aus § 826 BGB, § 823 Abs. 1 BGB i.V.m. § 12 BGB, aus § 9 UWG i.V.m. den §§ 3 ff. UWG sowie aus § 14 Abs. 6 und § 15 Abs. 5 MarkenG in Betracht. Fälle, in denen Schadensersatzansprüche wegen einer rechtswidrigen Domainnutzung gerichtlich geltend gemacht werden, sind allerdings selten[3447].

2066

2. Anspruchsgegner

a) Domaininhaber

Richtiger Anspruchsgegner ist der **Verletzer.** Dies ist im Regelfall derjenige, der bei der DENIC als **Domaininhaber** eingetragen ist und auf der Website Inhalte bereithält[3448]. Dies gilt auch dann, wenn er nicht zugleich Betreiber der Website ist, für die die Domain genutzt wird[3449]. Anspruchsgegner kann auch eine Person sein, die gar nichts davon weiß, dass sie Inhaberin der betreffenden Domain ist[3450].

2067

b) Treuhänder

Gelegentlich kommt es vor, dass sich die von dem Website-Betreiber mit der Domainbeschaffung beauftragte Agentur selbst als Domaininhaber eintragen lässt. Im Streitfall stellt sich dann die Frage, ob sich der Domaininhaber auf Namens- und Kennzeichenrechte seines „Hintermannes" (der Agentur) berufen kann. In seiner Entscheidung zu segnitz.de bejahte der BGH dies unter Hinweis auf § 26 Abs. 2 MarkenG für den Bereich des Markenrechts. Der Domaininhaber, der die Domain für den Inhaber eines Kennzeichenrechts mit dessen **Zustimmung** registrieren lässt, kann einem Dritten die Kennzeichenrechte entgegenhalten, da die Benutzung der Marke mit Zustimmung des Markeninhabers nach § 26 Abs. 2 MarkenG als Benutzung durch den Inhaber gilt[3451].

2068

Auch Namensrechte eines Dritten (§ 12 BGB) kann ein Domaininhaber geltend machen, wenn eine wirksame Gestattung durch den Namensträger vorliegt[3452]. Dies gilt allerdings

2069

3447 Vgl. BGH v. 22.11.2001 – I ZR 138/99, AfP 2002, 364 = CR 2002, 525 = ITRB 2002, 177 = NJW 2002, 2031 = WRP 2002, 694 – shell.de; LG Hamburg v. 15.5.2001 – 312 O 101/01, CR 2002, 296.

3448 *Schäfer* in Bröcker/Czychowski/Schäfer, Praxishandbuch Geistiges Eigentum im Internet, § 6 Rz. 184.

3449 Vgl. OLG Celle v. 8.4.2004 – 13 U 213/03, AfP 2004, 481 = ITRB 2004, 170 = CR 2004, 772 = K&R 2004, 396 – grundke.de.

3450 LG Arnsberg v. 11.8.2014 – 21 O 574/13.

3451 BGH v. 9.6.2005 – I ZR 231/01, AfP 2006, 91 = AfP 2006, 299 = CR 2006, 426 = ITRB 2006, 54 = NJW 2006, 146 = MMR 2006, 104 = K&R 2006, 37 – segnitz.de.

3452 BGH v. 24.3.2016 – I ZR 185/14 Rz. 17, CR 2017, 127 – grit-lehmann.de; BGH v. 8.2.2007 – I ZR 59/04, AfP 2008, 236 = ITRB 2007, 224 = NJW 2007, 2633 = CR 2007, 590 = K&R 2007, 471 – grundke.de; BGH v. 23.10.2008 – I ZR 11/06, K&R 2009, 399 m. Anm. *Recke* – raule.de; OLG Celle v. 13.12.2007 – 13 U 117/05, K&R 2008, 111 – schmidt.de; OLG Hamm v. 25.4.2005 – 13 U 15/05; OLG Stuttgart v. 4.7.2005 – 5 U 33/05, MMR 2006, 41; LG Hannover v. 22.4.2005 – 9 O 117/04, ITRB 2005, 173 = CR 2005, 896 = MMR 2005, 550 – schmidt.de; LG München v. 28.4.2005 – 34 S 16971/04, AfP 2006, 209 = MMR 2006, 56; a.A. OLG Celle v.

nach Auffassung des BGH nur, wenn die Domain entweder für den Internetauftritt des Namensträgers genutzt wird oder wenn der Domaininhaber auf andere Weise – beispielsweise durch Vorlage einer notariellen Treuhandvereinbarung – verlässlich nachweisen kann, dass er die Domain als **Treuhänder** des Namensträgers registriert hat. Mit dieser einschränkenden Voraussetzung, die der BGH in seinen Entscheidungen zu grundke.de[3453] und raule.de[3454] aus der Taufe gehoben hat, soll Missbrauch verhindert werden. Insbesondere möchte der BGH Vorsorge dagegen schaffen, dass der Domaininhaber für einen Domainnamen erst nachträglich, nachdem ein Namensträger seine Rechte geltend macht, einen Auftrag eines anderen Namensträgers zur Registrierung einholt.

2070 Eine fundierte Begründung, weshalb im Bereich des Namensrechts strengere Maßstäbe gelten sollen, als dies im Markenrecht der Fall ist, lassen die Entscheidungen zu grundke.de und raule.de vermissen. Von einem markenrechtlichen **Lizenznehmer,** der bei der Domainregistrierung die Lizenzmarke verwendet, kann nicht verlangt werden, dass er die Lizenzierung offenlegt oder dokumentiert[3455].

2071 In seiner Entscheidung zu schmidt.de musste sich das OLG Celle[3456] mit der Frage befassen, wie sich der verlässliche Nachweis einer Treuhänderstellung erbringen lässt, wenn keine notarielle Vereinbarung vorliegt. Es ging um das Namensrecht des Entertainers Harald Schmidt und um die Eintragung der Domain durch den beklagten Fernsehsender SAT 1, der zum Zeitpunkt der Registrierung die Rechte an der „Harald-Schmidt-Show" innehatte. Das OLG Celle ließ es als Nachweis ausreichen, dass die Domain frühzeitig für ein Internetangebot genutzt wurde, das sich auf die „Harald-Schmidt-Show" bezog[3457].

c) DENIC

2072 Ansprüche gegen die **DENIC** bestehen nach der Entscheidung des BGH zu ambiente.de nur im Ausnahmefall[3458]. Die Praxis der DENIC, die Berechtigung einer Domainregistrierung und -nutzung grundsätzlich nicht zu prüfen, hat der BGH in der Ambiente-Entscheidung gebilligt. Nur in offenkundigen Fällen einer missbräuchlichen Domainnutzung ist die DENIC nach Auffassung des BGH zum Einschreiten verpflichtet[3459]. Welche Voraussetzungen im Einzelfall vorliegen müssen, damit eine derartige Handlungspflicht der DENIC entsteht, blieb nach der Ambiente-Entscheidung zunächst offen.

8.4.2004 – 13 U 213/03, CR 2004, 772 = K&R 2004, 396 – grundke.de; OLG Celle v. 8.12.2005 – 13 U 69/05, CR 2006, 697 – raule.de; LG Hamburg v. 26.1.2005 – 302 O 116/04, ITRB 2005, 175 = CR 2005, 465 = MMR 2005, 254 – müller.de; LG Hamburg v. 23.6.2006 – 324 O 601/05, ITRB 2007, 109 (*Dieselhorst*); vgl. auch *Viefhues*, MMR 2005, 76, 76 ff.

3453 BGH v. 8.2.2007 – I ZR 59/04, AfP 2008, 236 = NJW 2007, 2633 = CR 2007, 590 = K&R 2007, 471 – grundke.de; vgl. *Reinholz*, ITRB 2008, 69, 69 ff.

3454 BGH v. 23.10.2008 – I ZR 11/06, K&R 2009, 399 m. Anm. *Recke* – raule.de.

3455 Vgl. LG Bremen v. 24.4.2008 – 9 O 2228/07, MMR 2008, 479, 479 f. – winther.de.

3456 OLG Celle v. 13.12.2007 – 13 U 117/05, AfP 2008, 661 = K&R 2008, 111 – schmidt.de.

3457 OLG Celle v. 13.12.2007 – 13 U 117/05, AfP 2008, 661 = K&R 2008, 111, 112 f. – schmidt.de.

3458 BGH v. 17.5.2001 – I ZR 251/99, AfP 2001, 507 = CR 2001, 850 m. Anm. *Freytag* = ITRB 2001, 280 = MMR 2001, 671, 673 – ambiente.de.

3459 BGH v. 17.5.2001 – I ZR 251/99, AfP 2001, 507 = CR 2001, 850 m. Anm. *Freytag* = ITRB 2001, 280 = MMR 2001, 671, 673 – ambiente.de; vgl. *Schäfer* in Bröcker/Czychowski/Schäfer, Praxishandbuch Geistiges Eigentum im Internet, § 6 Rz. 184.

Um ein befremdliches Ansinnen ging es in dem Rechtsstreit um die Domain kurt-bieden-   2073
kopf.de[3460]. Der frühere sächsische Ministerpräsident Kurt Biedenkopf wollte der DENIC
untersagen lassen, den Domainnamen kurt-biedenkopf.de zu vergeben. Es ging ihm um eine
Sperrung des Domainnamens, selbst benutzen wollte er die Domain nicht. Dem erteilte der
BGH jedoch eine Absage. Eine Sperrung komme nicht in Betracht, weil nicht ausgeschlossen
werden könne, dass ein Dritter gleichen Namens die Domain registrieren möchte[3461].

Der BGH orientierte sich im Fall kurt-biedenkopf.de an seiner Ambiente-Entscheidung und   2074
bestätigte, dass die DENIC grundsätzlich nicht verpflichtet ist, die Rechtmäßigkeit registrierter Domains zu prüfen. Während man der Entscheidung zu ambiente.de noch entnehmen
konnte, dass die Vergabestelle bei offenkundigen Rechtsverstößen einschreiten muss, entschied der BGH zu kurt-biedenkopf.de, dass selbst bei Rechtsverletzungen, die jedermann
sofort ins Auge fallen, **keine Prüfpflicht** besteht[3462].

In Anwendung dieser Rechtsprechung vertrat das OLG Frankfurt hinsichtlich der Domains   2075
viagratip.de, viagrabestellung.de und viagra-dhea-melantonin.de die Auffassung, dass Prüfpflichten der DENIC erst dann entstehen, wenn die DENIC auf eine Rechtsverletzung hingewiesen wurde[3463]. Auch nach einem solchen Hinweis komme eine **Störerhaftung der
DENIC** nur in Betracht, wenn die Vergabestelle ohne weitere Nachforschung zweifelsfrei
feststellen könne, dass ein registrierter Domainname die Rechte Dritter verletzt[3464], etwa auf
Grund eines rechtskräftigen Titels, der den Domaininhaber zum Verzicht auf den Domainnamen verpflichtet. Eine offensichtliche Unrichtigkeit der Bezeichnung des Domainnamens
im Titel stehe allerdings einer Störerhaftung nicht entgegen, wenn eindeutig ist, um welche
Domain es tatsächlich geht[3465].

In seiner Entscheidung zu primavita.de hat das LG Hamburg betont, dass die DENIC nur   2076
bei offenkundigen Rechtsverstößen haftbar sein könne. Eine Offenkundigkeit sei bereits
dann zu verneinen, wenn es theoretisch denkbare Umstände gebe, bei denen ein Rechtsverstoß zu verneinen wäre[3466]. Eine Haftung der DENIC für Tippfehlerdomains, die sich an berühmte Kennzeichen anlehnen, verneinte das LG Frankfurt/M. Bei der Erstregistrierung von
Domains sei die DENIC zur Prüfung möglicher Rechtsverstöße nicht verpflichtet. Dies gelte
auch für ganz eindeutige, für jedermann erkennbare Rechtsverletzungen[3467].

In seiner Entscheidung zu **regierung-oberfranken.de** sowie fünf weiteren, ähnlichen Do-   2077
mains bejahte der BGH erstmals eine Haftung der DENIC als Störer[3468]. Kläger war der

3460 BGH v. 19.2.2004 – I ZR 82/01, AfP 2004, 302 = CR 2004, 531 = ITRB 2004, 195 = WRP 2004,
      769 – kurt-biedenkopf.de.
3461 BGH v. 19.2.2004 – I ZR 82/01, AfP 2004, 302 = ITRB 2004, 195 = NJW 2004, 1793 = CR 2004,
      531 = BGH Report 2004, 967 m. Anm. *Reinholz* – kurt-biedenkopf.de.
3462 BGH v. 19.2.2004 – I ZR 82/01, AfP 2004, 302 = CR 2004, 531 = ITRB 2004, 195 = WRP 2004,
      769, 771 – kurt-biedenkopf.de.
3463 OLG Frankfurt v. 13.2.2003 – 6 U 132/01, CR 2003, 607 = MMR 2003, 333, 334 – viagra-
      tip.de.
3464 OLG Frankfurt v. 13.2.2003 – 6 U 132/01, CR 2003, 607 = MMR 2003, 333, 335 – viagratip.de;
      OLG Frankfurt v. 17.6.2010 – 16 U 239/09, ITRB 2010, 225 – regierung-oberbayern.de.
3465 OLG Frankfurt v. 22.5.2014 – 6 W 20/14 Rz. 6, CR 2015, 120.
3466 LG Hamburg v. 26.3.2009 – 315 O 115/08, MMR 2009, 708 – primavita.de.
3467 LG Frankfurt/M. v. 15.4.2009 – 2-06 O 706/08, MMR 2009, 704, 704 ff. – Lufthansa.
3468 Die übrigen Domains lauten: regierung-mittelfranken.de, regierung-unterfranken.de, regie-
      rung-oberpfalz.de, regierung-niederbayern.de, regierung-oberbayern.de.

Freistaat Bayern, Domaininhaber ein Unternehmen mit Sitz in Panama, und der BGH stellte sich auf den Standpunkt, dass ein Sachbearbeiter der DENIC auch ohne spezifische Kenntnisse im Namens- und Kennzeichenrecht leicht erkennen könne, dass die Domains einer innerstaatlichen Stelle, keinesfalls aber einem privaten Unternehmen in Mittelamerika zustehen. In einem solch klaren Fall verletzte die DENIC ihre Prüfpflichten, wenn sie die Registrierung trotz eines Hinweises auf die Rechtsverletzung aufrechterhalte. Der klagende Freistaat müsse nicht erst einen gerichtlichen Titel gegen den Domaininhaber erwirken und diesen der DENIC vorlegen, um die Aufhebung der Registrierung zu erwirken. Er könne die DENIC vielmehr unmittelbar auf Löschung in Anspruch nehmen[3469].

d) Weitere Störer

2078 Unter dem Gesichtspunkt der Störerhaftung kommen als Anspruchsgegner auch die mit den Domaininhabern oft nicht identischen Personen in Betracht, die als **„Administrative Contact (Admin-C)"** oder **„Technical Contact (Tech-C)"** registriert sind (s. Rz. 768; Rz. 2273 ff.). Auch die **Provider** können als Störer in Anspruch genommen werden, über die die Domainregistrierung erfolgt ist[3470]. Die Provider leisten zu einer rechtswidrigen Domainregistrierung einen adäquat-kausalen Beitrag, sodass die Voraussetzungen einer Inanspruchnahme als Störer grundsätzlich erfüllt sind (s. Rz. 2231 ff.).

VI. Verfahrensfragen

1. Gerichtliches Verfahren

2079 In der Regel wird das **LG** das für den Rechtsstreit zuständige Gericht sein. Für Markenrechtsstreitigkeiten ergibt sich dies aus § 140 MarkenG, für wettbewerbsrechtliche Streitigkeiten aus § 14 Abs. 1 UWG; im Übrigen wegen der zumeist hohen Streitwerte aus den § 23 Abs. 1 Nr. 1 i.V.m. § 71 GVG[3471].

2080 In einem **einstweiligen Verfügungsverfahren** kann der Verzicht auf die Domain – als Vorwegnahme der Hauptsache – regelmäßig nicht erreicht werden[3472]. Der einstweilige Rechtsschutz beschränkt sich somit auf die Nutzung der Domain, die durch einstweilige Verfügung untersagt werden kann.

2081 Geht es um .com-Domains und andere generische TLDs, kann sich das **ICANN-Schiedsverfahren** zur Streitbeilegung anbieten. Auf Beschluss der ICANN traten im Dezember 1999 eine Schiedsordnung („Uniform Dispute Resolution Policy" – UDRP) sowie eine Verfahrensordnung („Rules for Uniform Domain Name Dispute Resolution Policy" – RUDRP) in Kraft. Die Schiedsordnung gilt weltweit für alle Registrierungen, die nach ihrem Inkrafttreten vorgenommen worden sind. Das bekannteste Schiedsgericht, das ICANN-Schiedsverfah-

---

3469 BGH v. 27.10.2011 – I ZR 131/10, AfP 2012, 257 = ITRB 2012, 123 – regierung-oberfranken.de.

3470 Vgl. *Hoeren*, Internet- und Kommunikationsrecht, S. 62 ff.; OLG Hamburg v. 4.11.1999 – 3 U 274/98, K&R 2000, 143 – goldenjackpot.com m. Anm. *Härting*.

3471 Vgl. *Hoeren*, Internet- und Kommunikationsrecht, S. 75 f.

3472 OLG Frankfurt v. 27.7.2000, MMR 2000, 752 – mediafacts.de; OLG München v. 20.4.2000 – 6 U 5868/99, OLG Frankfurt v. 27.7.2000 – 6 U 50/00, ITRB 2001, 127 = AfP 2001, 89 = CR 2001, 412 – intersearch.de.

ren durchführt, ist das Schiedsgericht der World Intellectual Property Organisation (WIPO) in Genf. Die Vorteile eines Schiedsgerichtsverfahrens sind vor allem die vergleichsweise niedrigen Kosten und die relativ kurze Dauer der Verfahren (in der Regel wenige Monate)[3473]. Die Einleitung eines UDRP-Verfahrens schließt ein gleichzeitiges Klageverfahren nicht aus[3474].

2. Vollstreckung

Wer rechtskräftig zur Freigabe einer Domain verurteilt ist, darf nicht einfach die Hände in den Schoß legen und seinem Provider die **Löschung** überlassen. Wenn die Löschung nach Rechtskraft des Urteils nicht erfolgt ist und der Schuldner nicht bemerkt, dass sein Provider untätig geblieben ist, liegt ein schuldhafter Verstoß gegen die Freigabepflicht vor, die die Verhängung eines Zwangsgeldes gem. § 888 ZPO[3475] bzw. § 890 ZPO[3476] rechtfertigt. Besteht eine Verpflichtung, die Löschung einer Domain bis zu einem bestimmten Termin zu bewirken, so hat der Schuldner seinen Provider hiervon rechtzeitig vor dem Termin zu unterrichten[3477].   2082

Wenn ein „Schlechthinverbot" in einem Urteil ausgesprochen wird, ohne dass zugleich eine Verurteilung zur Freigabe der Domain erfolgt, so ergibt sich aus dem Titel kein Verbot, die Domain konnektiert zu halten mit einem **„Baustellen-Hinweis"**. Ein solcher Hinweis stellt keine Nutzung der Domain dar[3478]. Wird ein Domaininhaber verurteilt, die Nutzung der Tippfehler-Domains gübstiger.de und günstigert.de zu unterlassen, so erstreckt sich die Verurteilung nicht auch auf ähnliche Tippfehler-Domains (günstigef.de; günstiher.de; günatiger.de; günstger.de)[3479].   2083

3473 Zu den Einzelheiten des Verfahrens: *Beier* in Lehmann/Meents, Kap. 19 Rz. 486 ff.; *Hoeren*, Internet- und Kommunikationsrecht, S. 77 ff.; *Reinholz*, ITRB 2001, 190, 190 ff.

3474 *Hoeren*, Internet- und Kommunikationsrecht, S. 77; LG Köln v. 16.6.2009 – 33 O 45/08, K&R 2009, 817, 817 f.

3475 Vgl. OLG Frankfurt v. 12.9.2002 – 6 U 128/01, MMR 2002, 471 – drogerie.de.

3476 Vgl. OLG Hamm v. 26.3.2002 – 4 W 151/01, CR 2002, 752; LG Berlin v. 6.2.2001 – 16 O 101/00, ITRB 2001, 157 = MMR 2001, 323.

3477 OLG Hamburg v. 10.3.2005 – 5 U 44/04, K&R 2006, 286, 287; vgl. auch LG Frankfurt/M. v. 17.11.2005 – 2/3 O 341/03, MMR 2006, 114 – fetenplaner II.

3478 OLG Hamburg v. 28.8.2007 – 3 W 151/07, MMR 2008, 113 – mlpblog.de II.

3479 OLG Hamburg v. 8.1.2009 – 5 W 1/09, K&R 2009, 345, 345 f. – günatiger.de.

J. Haftung im Netz

I. Grundlagen

2084 Das Recht am eigenen Bild, Persönlichkeitsrechte, Urheberrechte, Markenrechte, Jugend-schutz: Jeder Provider, Intermediär, Plattformbetreiber und Diensteanbieter stellt sich die Frage, ob und inwieweit er haftbar gemacht werden kann für Rechtsverletzungen, die Dritte begehen. Die **Haftung im Netz** ist ein facettenreiches Thema, das für die gesamte Internet-wirtschaft von **vitaler Bedeutung** ist.

Der E-Commerce ist auf einheitliche wirtschaftliche und rechtliche Rahmenbedingungen angewiesen. Um solche **Rahmenbedingungen** zu schaffen, gab es seit 1997 das Tedienstegesetz (TDG)[3480] und den Mediendienste-Staatsvertrag (MDStV)[3481]. Zur Umsetzung der E-Commerce-Richtlinie[3482] wurden das TDG[3483] und der MDStV[3484] Ende 2001 grundlegend reformiert[3485]. Seit dem 1.3.2007 ist das Telemediengesetz (TMG) in Kraft[3486]. Durch das TMG wurden die Bestimmungen für Tele- und Mediendienste zusammengefasst[3487].   2085

Zu den zentralen Anliegen der E-Commerce-Richtlinie und des TMG zählt es, für die Diensteanbieter **Rechtssicherheit** zu schaffen durch Haftungsbestimmungen, die die Verantwortlichkeit für Rechtsverstöße Dritter einschränken. Provider sollen Gewissheit darüber erlangen, welchen **Kontroll- und Handlungspflichten** sie unterliegen im Hinblick auf Inhalte, die Dritte ins Netz stellen[3488].   2086

Haftungsfragen können sich in einer **Vielzahl von Konstellationen** stellen. Dabei ist zu unterscheiden zwischen der Haftung eines Diensteanbieters für eigene Informationen bzw. Inhalte und der Haftung für Informationen, die Dritte ins Netz stellen (**fremde Inhalte**). Die Frage der Haftung für fremde Informationen kann sich stellen bei Host- und Zugangsprovidern, aber auch bei Plattformbetreibern oder bei Betreibern von Bewertungsportalen, Diskussionsforen und Social Networks. Parallelfragen stellen sich bei der Haftung von Suchmaschinenbetreibern oder auch bei der Haftung des Admin-C für Informationen, die über die jeweilige Domain verbreitet werden. Nicht fremde Informationen, wohl aber Rechtsverstöße Dritter sind das Thema, wenn der Inhaber eines Internetanschlusses verantwortlich gemacht wird für einen Rechtsverstoß, den Dritte unter Nutzung des Anschlusses begangen haben.   2087

■ Übersicht: 2088

Haftung für fremde Informationen bzw. fremde rechtswidrige Handlungen:

- *Haftung der Provider:* Access Provider und Host Provider;

- *Haftung von Plattformbetreibern:* Internet-„Marktplätze" (z.B. Internetauktionen);

3480 Gesetz über die Nutzung von Telediensten (Teledienstegesetz – TDG) v. 22.7.1997, BGBl. I 1997, 1870.

3481 Staatsvertrag über Mediendienste (Mediendienste-Staatsvertrag – MDStV) v. 2.6.1997, GVBl. Berlin 1997, S. 360.

3482 Richtlinie 2000/31/EG des Europäischen Parlaments und des Rates v. 8.6.2000 über bestimmte rechtliche Aspekte der Dienste der Informationsgesellschaft, insbesondere des elektronischen Geschäftsverkehrs, im Binnenmarkt („Richtlinie über den elektronischen Geschäftsverkehr"), ABl. EG Nr. L 178 v. 17.7.2000, S. 1.

3483 Art. 1 des Gesetzes über rechtliche Rahmenbedingungen für den elektronischen Geschäftsverkehr (Elektronischer Geschäftsverkehr-Gesetz – EGG) v. 14.12.2001, BGBl. I 2001, 3721.

3484 Art. 3 des 6. Staatsvertrages zur Änderung des Rundfunkstaatsvertrages, des Rundfunkfinanzierungsstaatsvertrages und des Mediendienste-Staatsvertrages (6. Rundfunkänderungsstaatsvertrag) v. 20.12.2001, GVBl. Berlin 2002, S. 162.

3485 Vgl. *Bröhl*, MMR 2001, 67, 67 ff.; *Härting*, CR 2001, 271, 271 ff.; *Härting*, DB 2001, 80, 80 ff.; *Nickels*, CR 2002, 302 ff.; *Spindler*, ZRP 2001, 203, 203 ff.

3486 Bekanntmachung über das Inkrafttreten des Elektronischer-Geschäftsverkehr-Vereinheitlichungsgesetzes v. 1.3.2007, BGBl. I 2007, 251.

3487 Vgl. *Bender/Kahlen*, MMR 2006, 590, 590 ff.; *Engels/Jürgens/Fritsche*, K&R 2007, 57, 57 ff.; *Hoeren*, NJW 2007, 801, 801 ff.; *Rössel*, ITRB 2007, 158, 158 ff.; *Schmitz*, K&R 2007, 135, 135 ff.; *Spindler*, CR 2007, 239, 240 ff.

3488 Vgl. *Köhler/Fetzer*, Recht des Internet, Rz. 803 ff.; *Bender/Kahlen*, MMR 2006, 590, 592 f.

– *Haftung der Betreiber von Bewertungsportalen und Diskussionsforen:* Verantwortlichkeit für die Verletzung des Allgemeinen Persönlichkeitsrechts Dritter;

– *Haftung der Betreiber von Social Networks:* Verantwortlichkeit insbesondere für die Verletzung des Rechts am eigenen Bild und des Allgemeinen Persönlichkeitsrechts sowie für die Verletzung von Urheberrechten;

– *Haftung für Links:* Verantwortlichkeit des Linksetzenden für Rechtsverstöße auf „verlinkten" Seiten;

– *Haftung des Suchmaschinenbetreibers:* Haftung für Rechtsverstöße auf Seiten, die als Suchergebnis angezeigt werden;

– *Haftung des Admin-C:* Haftung für Rechtsverstöße auf den Seiten, die über die jeweilige Domain abrufbar sind;

– *Haftung des Inhabers eines Internetanschlusses:* Haftung für Rechtsverstöße, die Dritte (z.B. minderjährige Kinder) unter Nutzung des Anschlusses begehen.

2089 Wenn sich die Frage der „Haftung im Netz" stellt, geht es nur selten um **Schadensersatzansprüche**. Weit überwiegend geht es um Ansprüche auf **Beseitigung** von rechtswidrigen Informationen sowie auf **Unterlassung** identischer oder vergleichbarer Rechtsverstöße. Untrennbar verknüpft mit Beseitigungs- und Unterlassungsfragen ist die Frage nach den **Kontroll-, Sperr- und sonstigen Handlungspflichten** des Diensteanbieters.

2090 ▪ **Übersicht:**

Haftungsfragen in der Praxis:

– Haftung auf den Ersatz des **Schadens**, der durch rechtswidrige Handlungen bzw. Inhalte Dritter entstanden ist (selten);

– Haftung auf **Beseitigung** der Folgen rechtswidrigen Handelns Dritter (insbesondere auf Beseitigung rechtswidriger Informationen), z.B. **Lösch- und Sperrpflichten**;

– Haftung auf **Unterlassung** zukünftiger Mitwirkung an Rechtsverstößen Dritter (insbesondere Verbreitung rechtswidriger Informationen) – **Kontroll- bzw. Prüfpflichten**.

II. Haftungsprivilegien (§§ 7 bis 10 TMG)

2091 Diensteanbieter treten in drei verschiedenen Forman im Internet in Erscheinung[3489]: Der **Content-Provider** stellt eigene Informationen bereit. Der **Host Provider** (Service Provider)[3490] stellt Dritten Speicherplatz zur Verbreitung von Informationen zur Verfügung. Der **Access Provider** stellt den Netzzugang bereit.

3489 Vgl. *Hoeren*, Grundzüge des Internetrechts, Rz. 274 ff.; *Hoeren*, Internet- und Kommunikationsrecht, S. 415 ff.; *Koch*, Internet-Recht, S. 2 ff.; *Stadler*, Haftung für Informationen im Internet, Rz. 8 ff.; *Pichler*, MMR 1998, 79, 80.

3490 Der Begriff des Service Provider wird nicht durchgängig als mit dem Host Provider deckungsgleich verstanden, vgl. *Koch*, Internet-Recht, S. 10; *Pichler*, MMR 1998, 79, 80.

Die §§ 8 und 10 TMG enthalten **Haftungsprivilegien** für Access Provider und Host Provider. § 8 TMG stellt Access Provider von einer Haftung für „durchgeleitete" Informationen frei. Auch Host Provider sind nach § 10 TMG von einer Haftung für fremde Informationen freigestellt, solange sie keine Kenntnis von Rechtsverstößen haben und die Rechtsverstöße auch nicht „offensichtlich" sind. Die Haftungsprivilegien beanspruchen rechtsgebietsübergreifend Geltung und sind auch im Strafrecht anwendbar[3491].   2092

Bereits die 1997 in Kraft getretenen Ursprungsfassungen des TDG und des MDStV sahen in § 5 Abs. 2 und 3 Privilegien für Access Provider und Host Provider vor. Über die Reichweite dieser Normen und über deren dogmatische Funktion und Einordnung konnte bis zuletzt keine Einigkeit erzielt werden[3492].   2093

Die zur Umsetzung der **E-Commerce-Richtlinie** notwendige Reform des TDG und des MDStV brachte mit den §§ 8 ff. TDG und den §§ 6 ff. MDStV präzisere Haftungsprivilegien, ohne die Grundstruktur des früheren Rechts zu ändern. Dogmatisch warfen die neuen Bestimmungen einige neue Fragen auf, ohne die alten Fragen nach der Funktion, Reichweite und Einordnung der Haftungsprivilegien zu beantworten. Die unveränderte Übernahme der Normen in die §§ 7 bis 10 TMG hat hieran nichts geändert.   2094

Anders als die Ursprungsfassung von § 5 TDG/MDStV beziehen sich die §§ 7 ff. TMG auf **„Informationen"** und nicht auf „Inhalte". Somit sind auch **nicht-kommunikative** Inhalte von den Haftungsprivilegierungen erfasst[3493], wie beispielsweise die Übermittlung von Daten oder Software[3494].   2095

1. Telemediendienste

Telemedien sind nach § 1 Abs. 1 TMG und § 2 Abs. 1 Satz 3 MStV alle elektronischen Informations- und Kommunikationsdienste, soweit sie nicht Telekommunikationsdienste nach § 3 Nr. 24 TKG, telekommunikationsgestützte Dienste nach § 3 Nr. 25 TKG oder Rundfunk nach § 2 Abs. 1 Satz 1 und 2 MStV sind[3495].   2096

Als „Dienst der Informationsgesellschaft" im Sinne von Art. 2 lit. a der E-Commerce-Richtlinie und somit als Telemedium (§ 1 Abs. 1 TMG) ist auch ein Vermittlungsdienst (z.B. **Airbnb**) einzustufen, der darin besteht, über eine elektronische Plattform gegen Entgelt eine Geschäftsbeziehung zwischen potenziellen Kurzzeit-Mietern und Vermietern anzubahnen[3496].   2097

3491 KG Berlin v. 25.8.2014 – 4 Ws 71/14 Rz. 16.

3492 Vgl. *Freytag*, Haftung im Netz, S. 132 ff.; *Stadler*, Haftung für Informationen im Internet, Rz. 21; *Engels*, AfP 2000, 524, 526 ff.; *Haedicke*, CR 1999, 309, 130 ff.; *Sieber*, MMR-Beilage 2/1999, 1, 5 ff.; *Vassilaki*, MMR 2002, 659, 659 f.

3493 *Hoffmann/Volkmann* in Spindler/Schuster, Vorb. § 7 TMG Rz. 12 ff.; BT-Drucks. 14/6098, 23; a.A. für § 5 TDG a.F.: *Völker/Lühring*, K&R 2000, 20, 21 f.; *Waldenberger*, MMR 1998, 124, 126 f.; OLG München v. 8.3.2001 – 29 U 3282/00, AfP 2001, 345 = ITRB 2001, 124 = NJW 2001, 3553, 3553 f. = CR 2001, 333, 334 = MMR 2001, 375, 376 m. Anm. *Waldenberger* und *Hoeren* = K&R 2001, 471, 474.

3494 *Neubauer* in Moritz/Dreier, Rechtshandbuch zum E-Commerce, Teil D Rz. 14 f.; *Stadler*, Haftung für Informationen im Internet, Rz. 63; *Leible/Sosnitza*, WRP 2004, 592, 594.

3495 *Kitz*, ZUM 2007, 368, 369.

3496 EuGH v. 19.12.2019 – C-390/18 Rz. 39 ff., ECLI:EU:C:2019:1112, CR 2020, 194 = ITRB 2020, 53 (*Rössel*).

2. Content-Provider

2098 Es gibt keinen Grund, die Haftung für **eigene Informationen** im Netz einzuschränken. Diensteanbieter sind daher gem. § 7 Abs. 1 TMG für eigene Informationen, die sie zur Nutzung bereithalten, uneingeschränkt verantwortlich.

a) Aussagegehalt

2099 Ob es sich bei einer Information um eine „eigene" oder eine „fremde" Information handelt, bestimmt sich nach dem jeweiligen Aussagegehalt. Maßgeblich für die Bestimmung des Aussagegehalts von Informationen ist der **Verständnishorizont** des verständigen Internetnutzers.

2100 Ein Händler, der im eigenen Namen DVDs über eine Plattform vertreibt, haftet für Urheberrechtsverletzungen, die durch einen solchen Vertrieb begangen werden. Er kann sich nicht damit entlasten, dass die Artikelangebote durch Zulieferer auf die Plattform hochgeladen wurden, wenn er dem Internetnutzer den Eindruck vermittelt, er übernehme die inhaltliche Verantwortung für die **Verkaufsangebote**[3497].

2101 Ein **Presseverlag**, der auf seiner Website eine werbefinanzierte Online-Ausgabe einer Zeitung veröffentlicht, übt Kontrolle über die veröffentlichten Inhalte aus und hat Kenntnis von den veröffentlichten Informationen. Er kann sich nicht auf Haftungsprivilegierungen nach der E-Commerce-Richtlinie und dem TMG berufen. Dies gilt unabhängig davon, ob der Zugang zur Website kostenlos oder kostenpflichtig ist[3498].

2102 Wenn ein Internethändler seine online gestellten Angebote von Dritten erstellen lässt, handelt es sich dennoch um eigene Inhalte[3499], da der Händler ersichtlich die **inhaltliche Verantwortung** übernimmt.

2103 Wenn Inhalte nicht von einem Nutzer, sondern von dem Diensteanbieter selbst eingegeben wurden, kann sich der Diensteanbieter nicht darauf berufen, dass es sich um fremde Inhalte i.S.d. § 10 TMG handelt. Dies hat der BGH daraus abgeleitet, dass Art. 14 E-Commerce-Richtlinie, der § 10 TMG zugrunde liegt, die **Eingabe durch den Nutzer** ausdrücklich voraussetzt[3500]. Nimmt daher der Betreiber eines **Online-Lieferportals** Preisangaben auf die Portalseiten auf, die er von den teilnehmenden Restaurants erhält, handelt es sich bei diesen Preisangaben nach Auffassung des Kammergerichts um „eigene Inhalte" des Portalbetreibers[3501].

2104 Wer Inhalte auf seine eigenen Internetseiten übernimmt, ohne die Inhalte als fremde Inhalte zu kennzeichnen, kann sich gleichfalls nicht darauf berufen, dass er für diese Inhalte nicht gem. § 7 Abs. 1 TMG verantwortlich ist[3502]. Solange für den Durchschnittsnutzer nicht er-

---

3497 BGH v. 5.11.2015 – I ZR 88/13 Rz. 17, AfP 2016, 246 – Al Di Meola.
3498 EuGH v. 11.9.2014 – C-291/13, ECLI:EU:C:2014:2209 Rz. 45.
3499 BGH v. 5.11.2015 – I ZR 88/13 Rz. 22, AfP 2016, 246.
3500 BGH v. 4.7.2013 – I ZR 39/12 Rz. 19, AfP 2014, 145.
3501 KG Berlin v. 21.6.2017 – 5 U 185/16 Rz. 58.
3502 Vgl. *Hoffmann/Volkmann* in Spindler/Schuster, § 7 TMG Rz. 18; LG Hamburg v. 12.5.1998 – 312 O 85/98, AfP 1998, 421 = CR 1998, 565 = MMR 1998, 547, 548.

kennbar ist, dass Texte oder Fotos nicht von dem Seitenbetreiber stammen, handelt es sich um dessen eigene Inhalte.

Ein anschauliches Beispiel für die Abgrenzung zwischen fremden und eigenen Informationen lieferte das „**Autocomplete**"-Urteil des BGH[3503], in dem es um die automatische Anzeige von Suchvorschlägen bei der Eingabe bestimmter Suchbegriffe ging. Die Suchvorschläge bestimmen sich nach der Häufigkeit der Sucheingaben. Der BGH sah in dem Suchvorschlag die Behauptung eines **„sachlichen Zusammenhangs"** zu dem eingegebenen Begriff[3504]. Der Suchvorschlag werde von Google zum Abruf bereitgehalten und stamme daher von Google[3505].

2105

Bei automatisiert erstellten kurzen Zusammenfassungen der Google-Suchergebnissen (**Snippets**) fehlt es nach Auffassung des OLG Hamburg bereits an einem „Inhalt". Es sei davon auszugehen, dass der Nutzer den Inhalten von Snippets wegen deren bekannter Verkürzung keine Bedeutung beimisst[3506]. Das Kammergericht sah dies zunächst anders: Eine Haftung von Google komme in Betracht, wenn die verkürzte, zusammenfassende Darstellung im Snippet derartig sinnentstellend sei, dass ihr ein eigener Unrechtsgehalt zukomme. In diesen Fällen treffe das Snippet trotz automatischer Erstellung eine **eigene Aussage**, die von dem Suchmaschinenbetreiber stamme[3507].

2106

Die Argumentation des Kammergerichts überzeugt nicht. Snippets entstehen dadurch, dass Google Inhalte automatisiert aufbereitet und als Orientierungshilfe für den Nutzer verkürzt zusammenfasst. Somit trifft Google in den Snippets keine eigenen Aussagen. Für den verständigen und angemessen aufmerksamen Durchschnittsnutzer ist klar, dass sich Google nicht selbst äußert, sondern lediglich **fremde Inhalte** wiedergegeben werden[3508].

2107

b) Zueigenmachen

Eigene Informationen sind nicht nur Informationen, die der Diensteanbieter selbst erstellt hat. Auch Inhalte, die von Dritten stammen, sind als eigene Informationen des Anbieters anzusehen, wenn der Anbieter sich die Informationen **zu eigen macht**[3509]. Dies ist der Fall, wenn der Anbieter erkennbar die **inhaltliche Verantwortung** für die auf seiner Internetseite veröffentlichten Inhalte übernommen oder den zurechenbaren Anschein erweckt hat, er

2108

3503 BGH v. 14.5.2013 – VI ZR 269/12, CR 2013, 459 = AfP 2013, 260 = ITRB 2013, 150.

3504 BGH v. 14.5.2013 – VI ZR 269/12 Rz. 16, AfP 2013, 260 = CR 2013, 459 = ITRB 2013, 150.

3505 BGH v. 14.5.2013 – VI ZR 269/12 Rz. 17, AfP 2013, 260 = CR 2013, 459 = ITRB 2013, 150.

3506 OLG Hamburg v. 2.3.2010 – 7 U 70/09, ITRB 2010, 203 = MMR 2010, 490, 492 m. Anm. *Rössel*; OLG Hamburg v. 26.5.2011 – 3 U 67/11 Rz. 113 ff., CR 2011, 667.

3507 KG Berlin v. 3.11.2009 – 9 W 196/09, ITRB 2010, 230 = MMR 2010, 495, 496; a.A. KG Berlin v. 25.7.2011 – 10 U 59/11.

3508 KG Berlin v. 25.7.2011 – 10 U 59/11 Rz. 7; OLG München v. 29.9.2011 – 29 U 1747/11 Rz. 60, CR 2012, 126 = ITRB 2012, 8 f. (*Engels*); OLG München v. 27.4.2015 – 18 W 591/15 Rz. 24, CR 2015, 602; vgl. auch OLG Hamburg v. 10.7.2018 – 7 U 125/14 Rz. 49.

3509 *Hoeren*, Grundzüge des Internetrechts, S. 282 f.; BGH v. 12.11.2009 – I ZR 166/07, AfP 2010, 369 = ITRB 2010, 174 = CR 2010, 468, 469 f. m. Anm. *Hoeren/Plattner* = WRP 2010, 922, 924 f. – marions-kochbuch.de.

identifiziere sich mit den fremden Inhalten[3510]. Bei der notwendigen Auslegung ist auf den **Horizont eines verständigen Internetnutzers** abzustellen[3511].

2109 Der Herausgeber einer Tageszeitung macht sich den Inhalt von Wikileaks-Dokumenten nicht bereits durch die unkommentierte Einstellung in das **Online-Archiv** der Zeitung zu eigen. Der Durchschnittsleser geht nicht davon aus, dass der Herausgeber der Zeitung für den Inhalt der Dokumente die Verantwortung übernehmen will. Vielmehr ist dem Leser bewusst, dass es einem Medienunternehmen kaum möglich ist, den Inhalt vertraulicher Dokumente ausreichend zu verifizieren oder deren Herkunft hinreichend sicher zurückzuverfolgen.[3512].

2110 Die bloße Setzung eines Links auf Websites von Dritten bedeutet nicht, dass der Linksetzende sich damit die Inhalte zu eigen macht, auf die verlinkt wird. Dies gilt auch für „**sprechende Links**", wenn sich der Linksetzende bei der Beschriftung des Links einer neutralen Formulierung bedient („Weitere Informationen auch über die Studienlage finden Sie unter …")[3513]. Ein Zueigenmachen kommt jedoch in Betracht, wenn über den bloßen Link hinaus ein Beitrag zu einer Rechtsverletzung geleistet wird, die sich auf der Zielseite findet[3514]. Ein solcher Beitrag kann darin liegen, dass der Hyperlink mit Äußerungen versehen wird, die den Rechtsverstoß **unterstützen**[3515].

2111 Als Zueigenmachen kann eine **Verlinkung** zu einem YouTube-Kanal auf einer Website anzusehen sein, wenn zwischen dem Betreiber der Website und dem Kanalbetreiber eine auch nach außen hervortretende geschäftsmäßige Verbundenheit besteht[3516].

2112 Anders als das bloße Setzen eines Links ist das **Framing** zu beurteilen. Durch das Framing fremder Seiten macht sich ein Website-Betreiber die Inhalte auf diesen Seiten regelmäßig zu

---

3510 BGH v. 19.3.2015 – I ZR 94/13 Rz. 25, CR 2016, 817 = AfP 2015, 543 = ITRB 2015, 279 – Hotelbewertungsportal; BGH v. 20.2.2020 – I ZR 193/18 Rz. 16 – Kundenbewertungen auf Amazon.

3511 *Hoffmann* in Spindler/Schuster, § 7 TMG Rz. 15; *Engels/Köster*, MMR 1999, 522, 523; *Leible/Sosnitza*, WRP 2004, 592, 595; *Spindler*, MMR 2004, 333; BGH v. 12.11.2009 – I ZR 166/07, AfP 2010, 369 = ITRB 2010, 174 = CR 2010, 468, 470 m. Anm. *Hoeren/Plattner* = WRP 2010, 922, 924 f. – marions-kochbuch.de; BGH v. 19.3.2015 – I ZR 94/13 Rz. 25, CR 2016, 817 = AfP 2015, 543 = ITRB 2015, 279 – Hotelbewertungsportal; BGH v. 18.6.2015 – I ZR 74/14 Rz. 13, AfP 2016, 45 = CR 2016, 170 = ITRB 2016, 51 – Haftung für Hyperlink; BGH v. 20.2.2020 – I ZR 193/18 Rz. 16, CR 2020, 253 – Kundenbewertungen auf Amazon; OLG Brandenburg v. 16.12.2003 – 6 U 161/02, AfP 2004, 302 = CR 2004, 696 = WRP 2004, 627, 628 = MMR 2004, 330 m. Anm. *Spindler*; OLG Düsseldorf v. 26.2.2004 – 20 U 204/02, WRP 2004, 631, 635 = MMR 2004, 315, 317 m. Anm. *Leupold*; LG Düsseldorf v. 29.10.2002 – 4a O 464/01, ITRB 2003, 71 = CR 2003, 211, 213 = MMR 2003, 120, 123; LG Potsdam v. 10.10.2002 – 51 O 12/02, CR 2003, 217, 218 f. = MMR 2002, 829, 830 = ITRB 2003, 6 (*Häuser*).

3512 OLG Köln v. 19.11.2013 – 15 U 53/13 Rz. 43.

3513 OLG Köln v. 19.2.2014 – 6 U 49/13 Rz. 17 ff., CR 2014, 390 = ITRB 2014, 153.

3514 Vgl. *Plaß*, WRP 2000, 599, 602; a.A. *Ernst/Wiebe*, MMR Beilage 8/2001, 20, 21; OLG München v. 15.3.2002 – 21 U 1914/02, AfP 2003, 70 = CR 2002, 847 = MMR 2002, 625 = NJW-RR 2002, 1048 = MMR 2002, 625; LG Frankfurt v. 24.1.2019 – 2-03 O 250/18 Rz. 22; LG München v. 7.10.2004 – 7 O 18165/03, AfP 2005, 412 = K&R 2005, 184; VG Karlsruhe v. 25.7.2012 – 5 K 3496/10 Rz. 36.

3515 *Engels*, K&R 2001, 338, 341; *Spindler*, MMR 2002, 495, 503; vgl. auch LG Berlin v. 14.6.2005 – 16 O 229/05, MMR 2005, 718 f.; LG München v. 7.10.2004 – 7 O 18165/03, AfP 2005, 412 = K&R 2005, 184, 187.

3516 OLG Frankfurt v. 4.4.2017 – 11 W 41/16 Rz. 36, CR 2017, 406.

eigen[3517] und kann für Rechtsverstöße haftbar gemacht werden, die auf diesen Seiten begangen werden.

Das VG Hamburg vertrat die Auffassung, dass sich der Linksetzende die verlinkten Inhalte schon durch deren Beschreibung zu eigen macht. Wenn zudem ein Geschäftsmodell darin bestehe, auf **Erotikseiten anderer Anbieter** zu verweisen, sei dies „ein wichtiges Indiz für ein Zueigenmachen". Der Diensteanbieter hatte im konkreten Fall die Links in Kategorien verschiedener sexueller Vorlieben eingeteilt. Dies genügte dem VG Hamburg, um eine uneingeschränkte inhaltliche Verantwortung für sämtliche Erotikseiten zu bejahen[3518]. Hätte das Gericht stattdessen auf den verständigen Nutzer abgestellt, wäre das Urteil (zutreffend) anders ausgefallen.

2113

Beiträge in einem **Diskussionsforum** sind nicht schon deshalb eigene Informationen des Forenbetreibers, weil sie über dessen Forum verbreitet werden[3519]. Maßgeblich ist vielmehr, ob die Beiträge aus Sicht des Forennutzers vom Betreiber oder von Dritten stammen[3520]. Dabei ist es unerheblich, ob es sich um ein kommerzielles oder nicht-kommerzielles Angebot handelt[3521]. Zustimmende Äußerungen des Forenbetreibers zu einem Beitrag, die dem Beitrag als eine Art „Prolog" vorangestellt werden, können als ein „Zueigenmachen" verstanden werden[3522].

2114

Der Betreiber eines **Bewertungsportals** macht sich die Bewertungen, die die Nutzer vornehmen, im Normalfall nicht zu eigen. Inhalt und Gestaltung eines solchen Portals erwecken gewöhnlich nicht den Eindruck, der Portalbetreiber identifiziere sich mit den veröffentlichten Bewertungen. Dies gilt auch dann, wenn der Betreiber die Bewertungen statistisch auswertet und zusammenfasst[3523]. Ein Händler macht sich auch Kundenbewertungen in seinem Amazon-Shop nicht zu eigen, wenn die Kundenbewertungen als solche gekennzeichnet sind und sich getrennt vom Angebot des Händlers finden[3524].

2115

Wenn der Betreiber eines Bewertungsportals Wortfilter einsetzt, um durch eine automatische Überprüfung Formalbeleidigungen oder unzulässige Eigenbewertungen zu finden, liegt in der sich gegebenenfalls anschließenden **manuellen Durchsicht** keine inhaltliche Kontrolle der Bewertungen, mit der sich der Betreiber die Bewertungen zu eigen macht[3525]. Überprüft der Betreiber allerdings aufgrund einer Beschwerde eine Bewertung und ändert er sie **selbständig** ohne Rücksprache mit dem Bewertenden ab, liegt hierin nach Auffassung des BGH ein Zueigenmachen[3526]. Dementsprechend haben auch das OLG Braunschweig[3527] und das

2116

3517 *Engels*, AfP 2000, 524, 527.

3518 VG Hamburg v. 21.8.2013 – 9 K 1879/12 Rz. 35 f.

3519 Vgl. LG Hamburg v. 27.4.2007 – 324 O 600/06, AfP 2007, 277 = MMR 2007, 450, 451.

3520 Vgl. *Engels/Jürgens/Kleinschmidt*, K&R 2008, 65, 72.

3521 Vgl. *Lober/Karg*, CR 2007, 647, 648 f.

3522 Vgl. OLG Köln v. 22.11.2011 – 15 U 91/11 Rz. 16, CR 2012, 116 = ITRB 2012, 79.

3523 BGH v. 19.3.2015 – I ZR 94/13 Rz. 28, CR 2016, 817 = AfP 2015, 543 = ITRB 2015, 279 – Hotelbewertungsportal; BGH v. 1.3.2016 – VI ZR 34/15 Rz. 18, AfP 2016, 253 = CR 2016, 390 m. Anm. *Kriegesmann* = ITRB 2016, 123 – jameda.de II.

3524 BGH v. 20.2.2020 – I ZR 193/18 Rz. 18, CR 2020, 253 – Kundenbewertungen auf Amazon.

3525 BGH v. 19.3.2015 – I ZR 94/13 Rz. 28, CR 2016, 817 = AfP 2015, 543 = ITRB 2015, 279 – Hotelbewertungsportal.

3526 BGH v. 4.4.2017 – VI ZR 123/16, CR 2018, 49 = AfP 2017, 316 m. Anm. *Franz* = ITRB 2017, 179.

3527 OLG Braunschweig 18.6.2019 – 2 U 97/18 Rz. 42 ff., CR 2020, 466 = ITRB 2020, 9 (*Vogt*).

OLG Dresden[3528] ein Zueigenmachen bejaht, wenn der Betreiber eines Ärztebewertungsportals auf Beschwerden des betroffenen Arztes ohne Rücksprache mit dessen Patienten Bewertungen korrigiert hat. Wählt der Betreiber eines Bewertungsportals mithilfe eines nicht offengelegten Algorithmus unter allen abgegebenen Bewertungen diejenigen aus, die er für vertrauenswürdig und nützlich hält, und errechnet den **Durchschnitt** aus diesen, stellt die Bewertung gerade nicht gleichfalls eine eigene Äußerung des Betreibers dar, aufgrund fehlender Begründungs- oder Informationspflicht bei Bewertungsportalen für subjektive Wertungen der Nutzer[3529].

2117 Die Betreiberin eines Bewertungsportals erweckt durch Inhalt und Gestaltung ihrer Bewertungsdarstellung nicht den Eindruck des Zueigenmachens, indem sie Bewertungen als „empfohlen" oder „nicht empfohlen" einstuft, wenn die Einstufung allein davon abhängt, für wie „hilfreich" die Betreiberin die Bewertung hält. Dies erfolgt unabhängig davon, ob die Einzelbewertung (vergleichsweise) gut oder schlecht war. Entsprechendes gilt für die „nicht empfohlenen" Beiträge. Denn insoweit brachte die Betreiberin nur zum Ausdruck, dass diese nach ihrer Einschätzung nicht „hilfreich" sind. Auch dies war unabhängig von der jeweiligen Einzelbewertung[3530].

2118 Verfehlt ist es, wenn das LG Berlin[3531] und das AG Hamburg[3532] Nachrichten als eigene Inhalte eines Website-Betreibers ansahen, obwohl die Nachrichten durch den (automatisierten) **RSS-Feed** einer Zeitung auf die Website gelangten und dies für den Nutzer erkennbar war.

2119 Zu Recht verneinte das LG Köln ein Zueigenmachen von **Wikipedia**-Inhalten durch die Betreiber der Internet-Enzyklopädie[3533]. Zum selben Ergebnis gelangte das Kammergericht bei der Klage gegen den Betreiber einer Plattform, auf der ein Unbekannter unter dem Namen der Klägerin eine Kontaktanzeige („Online-Steckbrief") veröffentlicht hatte. Das Kammergericht vermochte nicht zu erkennen, dass der Betreiber sich die Angaben aus dem „Steckbrief" zu eigen gemacht hatte[3534].

2120 Das LG Hamburg schloss für einen **Blog** ein Zueigenmachen durch den Betreiber daraus, dass der Blog wie ein journalistisches Online-Magazin aufgemacht war und auf der Internetseite „Ständige Mitarbeiter" für verschiedene Städte und Staaten aufgelistet waren[3535]. Zum selben Ergebnis kam das LG Köln bei einem „Online-Rotlichtführer". Dabei stützte sich das Gericht maßgeblich auf eine AGB-Klausel, die dem Website-Betreiber umfangreiche urheberrechtliche Nutzungsrechte an den eingestellten Inhalten einräumte[3536].

2121 Ergibt sich aus dem Gesamteindruck einer Website, auf der sich eine Zitatesammlung befindet, keine klare Trennung von Zitaten, die der Seitenbetreiber eingestellt hat, und Zitaten, die von Dritten hochgeladen wurden, spricht dies nach Ansicht des LG München I für eine

---

3528 OLG Dresden v. 6.3.2018 – 4 U 1403/17 Rz. 20, CR 2018, 467 = AfP 2018, 142.
3529 OLG München v. 13.11.2018 – 18 U 1281/16 Rz. 50.
3530 BGH v. 14.1.2020 – VI ZR 496/18 Rz. 40, CR 2020, 405.
3531 LG Berlin v. 27.4.2010 – 27 O 190/10, CR 2010, 614.
3532 AG Hamburg v. 27.9.2010 – 36A C 375/09 Rz. 23 ff., CR 2011, 58.
3533 LG Köln v. 14.5.2008, MMR 2008, 768, 768 f.
3534 KG Berlin v. 28.6.2004 – 10 U 182/03, AfP 2004, 583 = ITRB 2005, 29 = CR 2005, 62, 63.
3535 LG Hamburg v. 17.10.2008, ZUM-RD 2009, 217, 217 ff.
3536 LG Köln v. 9.4.2008, ZUM-RD 2008, 437, 437 ff.

Haftung des Betreibers nach § 7 TMG. Ein Menüpunkt, der lediglich auf die Möglichkeit des Hochladens von Inhalten hinweist, reicht für eine **erkennbare Distanzierung** nicht aus[3537].

Nach Auffassung des OLG Hamburg[3538] kann sich ein Zueigenmachen auch daraus ergeben, dass ein Plattformbetreiber die von Nutzern hochgeladenen Inhalte **zu gewerblichen Zwecken** verwendet. Es ging um eine Foto-Community, bei der sich der Betreiber einen Verkauf von Abzügen der Fotos vorbehielt. Hierdurch „überführe" der Betreiber die hochgeladenen Bilddateien in sein eigenes Angebot und setze die Bilder unmittelbar zur Gewinnerzielung ein. Die Rechtslage unterscheide sich nicht von der eines Antiquitätenhändlers, der in seinem Schaufenster ungewollt einen Gegenstand präsentiere, der verbotene nationalsozialistische Symbole zeige[3539]. 2122

eBay macht sich Angebote, die Kennzeichenrechtsverletzungen beinhalten, durch **Schaltung von AdWord-Anzeigen** bei Google nicht zu eigen. In der Schaltung der Anzeigen liegt aus der objektiven Sicht des Verkehrs keine Übernahme von inhaltlicher Verantwortung. Für den Nutzer ist erkennbar, dass ihn der bei Google eingegebene Suchbegriff allein dorthin bringt, wo allgemein eine Suchfunktion die Suche über Suchworte ermöglicht. Indem ihm sogleich die Ergebnisliste präsentiert wird, die unterschiedslos alle zu dem Suchwort gefundenen Angebote enthält, erkennt er die Verlinkung auf eine automatisierte Suche und die Funktion des bei Google gesetzten Links als eine bloße Erweiterung der bei eBay ohnehin vorhandenen Suchfunktion[3540]. 2123

Wenn **Amazon** auf der **Marketplace-Plattform** einzelnen Produkten **Produktfotos** zuordnet, macht sich Amazon diese Fotos als Inhalte zu eigen. Zwar lädt Amazon diese Bilder nicht selbst auf die Plattform hoch. Die Bilder werden aber nicht nur als Teil des jeweils eingestellten, fremden Angebots wiedergegeben, sondern von Amazon als Betreiber der Website einheitlich verwendet. Dabei übt Amazon durch die Wahl des sichtbaren und abrufbaren Produktfotos selbst die Kontrolle über die Bereithaltung der Bilder aus und stellt diese im Wege der Produktseite zur weiteren kommerziellen Nutzung zur Verfügung bzw. bindet diese unmittelbar in das kommerzielle Angebot Dritter ein. Unerheblich ist, dass die Auswahl der Bilder automatisiert abläuft, denn Amazon gibt dem Algorithmus die Kriterien vor, nach denen dies erfolgt[3541]. 2124

Der Betreiber eines **Sharehosting-Dienstes** macht sich die Inhalte, die über den Dienst verbreitet werden, nicht zu eigen. Er erweckt nicht den Eindruck, er identifiziere sich mit den auf ihrer Plattform eingestellten Inhalten. Zudem gibt er selbst keine Informationen zu diesen Inhalten heraus. Welche Inhalte über den Dienst herunterladbar sind, erfährt der Nutzer nicht von dem Sharehoster, sondern über von Dritten betriebene Linksammlungen, in denen die Werke mit den entsprechenden Links zu den Dateien genannt sind. Da sich der Sharehoster selbst zu den herunterladbaren Inhalten gar nicht verhält, kann nicht angenommen werden, er mache sich diese zu eigen[3542]. 2125

3537 LG München v. 8.9.2011 – 7 O 8226/11 Rz. 27, AfP 2011, 610.
3538 OLG Hamburg v. 10.12.2008, ZUM 2009, 642, 642 ff.
3539 OLG Hamburg v. 10.12.2008, ZUM 2009, 642, 645.
3540 OLG Hamburg v. 29.11.2012 – 3 U 216/06 Rz. 103, CR 2008, 809.
3541 KG Berlin v. 16.1.2019 – 2 U 12/16 Kart, Rz. 117; LG München I v. 20.2.2019 – 37 O 5140/18 Rz. 60 ff.; *Reinholz*, IPRB 2018, 140, 142 ff. = CR 2020, 232.
3542 OLG München v. 2.3.2017 – 29 U 3735/16 Rz. 71, CR 2017, 528.

2126 Wer Inhalte in einem **Sozialen Netzwerk** unkommentiert „teilt", macht sich diese Inhalte hierdurch nicht zu eigen. Bei der Funktion **„Teilen"** handelt es sich um eine auf der Plattform bestehende Möglichkeit, auf private Inhalte anderer Nutzer hinzuweisen, ohne dass hiermit zugleich eine Bewertung verbunden wird. Regelmäßig wird diese Funktion von den Nutzern dazu verwendet, Inhalte schnell „viral" weiterzuverbreiten. Anders als bei der Funktion **„Gefällt mir"** ist dem „Teilen" für sich genommen keine über die Verbreitung des Postings hinausgehende Bedeutung zuzumessen[3543]. Allerdings kann in einem begleitenden Kommentar eine **Leseempfehlung** zu sehen sein, die als Zueigenmachen anzusehen ist[3544]. Ein Zueigenmachen liegt regelmäßig vor, wenn die fremde Äußerung so in den eigenen Gedankengang eingefügt wird, dass die gesamte Äußerung als eigene erscheint[3545]. Um die verfassungsrechtlich gewährleistete Meinungsfreiheit nicht über Gebühr zu beeinträchtigen, ist bei der Annahme einer solchen Zueignung jedoch Zurückhaltung geboten[3546].

2127 Bei der Abgrenzung zwischen eigenen und fremden Informationen hat der **innere Wille** des Diensteanbieters allenfalls indizielle Bedeutung. Ob der Anbieter für Inhalte eines Dritten Verantwortung übernehmen möchte, ist unerheblich, solange ein solcher Wille nicht nach außen zum Vorschein tritt.

c) Disclaimer

2128 Ein Diensteanbieter kann fremde Informationen auf seiner eigenen Website publizieren, ohne sich diese Informationen zu eigen zu machen. Zur **Distanzierung** empfiehlt sich ein ausdrücklicher Hinweis[3547].

2129 **Disclaimer**[3548] können nicht in jedem Fall gewährleisten, dass fremde Inhalte nicht als „zu eigen" gemacht gelten, da es stets auf den Gesamteindruck ankommt, der bei dem Nutzer erweckt wird. Der Haftung eines Diensteanbieters steht nicht schon entgegen, dass er in seinen Nutzungsbedingungen erklärt, sich veröffentlichte Inhalte nicht zu eigen machen zu wollen. Durch eine solche salvatorische Klausel kann der Diensteanbieter eine Haftung nicht ausschließen, wenn er sich nach den Gesamtumständen die fremde Information zu eigen macht[3549].

2130 Maßgeblich ist nicht primär, ob sich der Diensteanbieter fremde Inhalte „zu eigen machen will". Es kommt vielmehr auf die Perspektive des verständigen Durchschnittsnutzers an. Den-

---

3543 OLG Dresden v. 7.2.2017 – 4 U 1419/16 Rz. 7, AfP 2017, 257 = CR 2017, 323 = ITRB 2017, 102; OLG Frankfurt v. 26.11.2015 – 16 U 64/15.

3544 OLG Dresden v. 7.2.2017 – 4 U 1419/16 Rz. 7, CR 2017, 323 = AfP 2017, 257 = ITRB 2017, 102.

3545 BGH v. 17.11.2009 – VI ZR 226/08 Rz. 11, AfP 2010, 72.

3546 OLG Dresden v. 7.2.2017 – 4 U 1419/16 Rz. 7, AfP 2017, 257 = CR 2017, 323 = ITRB 2017, 102.

3547 Vgl. *Engels*, AfP 2000, 524, 527; OLG Köln v. 28.5.2002 – 15 U 221/01, ITRB 2002, 257 = CR 2002, 678, 679 m. Anm. *Eckhardt* = NJW-RR 2002, 1700 = MMR 2002, 548, 549 m. Anm. *Spindler* = K&R 2002, 424, 425.

3548 Vgl. *Spindler*, MMR 2004, 440, 442; OLG München v. 17.5.2002 – 21 U 5569/01, AfP 2002, 522 = AfP 2003, 93 = ITRB 2003, 142 = NJW 2002, 2398 = CR 2002, 141 = MMR 2002, 611, 612.

3549 BGH v. 19.3.2015 – I ZR 94/13 Rz. 27, CR 2016, 817 = AfP 2015, 543 = ITRB 2015, 279 – Hotelbewertungsportal.

noch sind Disclaimer sinnvoll, da sie die **Nutzerperspektive** erheblich beeinflussen können[3550].

Praxistipp   2131

Wer auf seiner Website Inhalte bereithält, die von Dritten stammen, kann sich von diesen Inhalten beispielsweise durch folgenden Hinweis distanzieren:

„Wir stellen auf dieser Website Beiträge Dritter zusammen. Soweit einzelne Beiträge die Rechte Dritter verletzen oder aus anderen Gründen rechtswidrige Inhalte enthalten, ist für den Rechtsverstoß der jeweils genannte Verfasser verantwortlich. Eine inhaltliche Verantwortung – gleich welcher Art – übernehmen wir nicht."

d) Kontrolle eingestellter Inhalte

Die Haftungsprivilegien, die mit einer deutlichen Distanzierung verbunden sind, stehen viel-   2132
fach in Konflikt zu dem Bedürfnis des Anbieters, die Einstellung rechtswidriger Inhalte im Interesse des eigenen guten Rufs zu verhindern[3551]. Wenn sich beispielsweise eBay durch den Einsatz geschulter „Kontrolleure" um eine Eindämmung von Rechtsverstößen bemüht, begibt sich der Plattformbetreiber in einen Spagat: Wer mit systematischen **Kontrollen** wirbt, läuft Gefahr, aus Sicht der User Verantwortung für die Inhalte zu übernehmen und damit die Haftungsprivilegierung des § 10 TMG zu verlieren[3552].

Der Konflikt zwischen Kontrollbedürfnissen und Haftungsprivilegien wurde deutlich in ei-   2133
nem Fall, den das LG Köln im Jahre 2003 zu entscheiden hatte[3553]. Es ging um ein Klein-anzeigenportal für Gebrauchtwagen, auf dem etwas mehr als eine Stunde lang ein Inserat zu lesen war, demzufolge ein Porsche „wegen privater Insolvenz" preisgünstig abzugeben sei. Der Inhaber der angegebenen Telefonnummer war zwar Porschefahrer, wusste jedoch nichts von der Anzeige und verklagte den Portalbetreiber erfolgreich auf Schadensersatz und Schmerzensgeld. In der Urteilsbegründung stützte sich das LG Köln maßgeblich darauf, dass der Portalbetreiber angegeben hatte, alle Anzeigen durchzusehen, bevor sie für das Portal freigegeben werden[3554]. Allein durch die nach außen beworbene **Vorkontrolle** der Anzeigen hatte sich der Portalbetreiber nach Auffassung des Kölner Gerichts deren Inhalte zu eigen gemacht[3555].

3550 Vgl. *Jürgens/Veigel*, AfP 2007, 181, 182.
3551 *Christiansen*, MMR 2004, 185, 185 f.
3552 Vgl. *Christiansen*, MMR 2004, 185; *Eck/Ruess*, MMR 2003, 363, 365; *Jürgens/Veigel*, AfP 2007, 181, 184 f.; *Gounalakis/Rhode*, NJW 2000, 2168, 2170; *Hoeren*, MMR 2004, 168; *Lober/Karg*, CR 2007, 647, 649; LG Köln v. 26.11.2003 – 28 O 706/02, ITRB 2004, 52 = CR 2004, 304 = MMR 2004, 183; LG München v. 30.3.2000 – 7 O 3625/98, NJW 2000, 2214, 2216 = CR 2000, 389, 391.
3553 LG Köln v. 26.11.2003 – 28 O 706/02, ITRB 2004, 52 = CR 2004, 304 = MMR 2004, 183 m. Anm. *Christiansen*; vgl. auch LG München v. 30.3.2000 – 7 O 3625/98, NJW 2000, 2214, 2216 = CR 2000, 389, 391 und *Gounalakis/Rhode*, NJW 2000, 2168, 2170.
3554 LG Köln v. 26.11.2003 – 28 O 706/02, ITRB 2004, 52 = CR 2004, 304, 305 = MMR 2004, 183, 184 m. Anm. *Christiansen*.
3555 LG Köln v. 26.11.2003 – 28 O 706/02, ITRB 2004, 52 = CR 2004, 304, 305 = MMR 2004, 183, 184 m. Anm. *Christiansen*; ähnlich OLG Hamburg v. 14.7.2004 – 5 U 160/03, AfP 2005, 210 = ITRB 2005, 104 = CR 2004, 836.

2134 Das Kammergericht bejahte ein Zueigenmachen bei einer **Foto-Community** unter Hinweis darauf, dass der Plattformbetreiber der Veröffentlichung jedes einzelnen Fotos ein Auswahl- und Prüfungsverfahren vorgeschaltet hatte. Hierdurch werde bei einem objektiven Betrachter der Eindruck erweckt, dass sich der Betreiber der Plattform mit den veröffentlichten Fotos identifiziere. Dieser Eindruck werde durch die Aufmachung der Internetseiten bestätigt. Dort werde zwar auf die Urheber der einzelnen Fotoaufnahmen hingewiesen, allerdings geschehe dies lediglich in unauffälliger und sehr dezenter Form. Im Vordergrund stehe die von dem Plattformbetreiber beschriebene „Firmenphilosophie", die darin liege, „moderne und zeitgeistige Fotografie zu veröffentlichen"[3556].

2135 Das LG Hamburg vertrat die Auffassung, **YouTube** mache sich die Inhalte von Videos zu eigen mit der Folge einer unbeschränkten Haftung (§ 7 TMG). Dies ergebe sich daraus, dass die Videos in einen „vorgegebenen Rahmen" eingebunden werden und das YouTube-Logo deutlicher sichtbar ist als die Namen der Nutzer, die die Videos hochgeladen haben. Dabei übersah das LG Hamburg, dass es bei der Unterscheidung zwischen „eigenen" und „fremden" Inhalten auf den verständigen Durchschnittsnutzer ankommt, dem die Funktionsweise von YouTube bekannt ist[3557]. Die Perspektive eines erstmaligen Nutzers, die das LG Hamburg einnahm, ist verfehlt, sodass es nicht überrascht, dass das LG Hamburg in einer späteren YouTube-Entscheidung ein Zueigenmachen verneinte[3558].

2136 In einem Fall, der das Videoportal **Sevenload** betraf, verneinte das OLG Hamburg eine Haftung des Portalbetreibers für eigene Inhalte gem. § 7 TMG mit der Begründung, dass die von Nutzern hochgeladenen Videos vor ihrer Freischaltung nicht auf Vollständigkeit und Richtigkeit überprüft werden. Es fehle zudem an einer Markierung der Nutzerinhalte mit einem eigenen Kennzeichen des Portalbetreibers. Die von Nutzern hochgeladenen Inhalte seien zudem nicht der „redaktionelle Kerngehalt" des Portals. Schließlich sei es der Internetnutzer auch von anderen Online-Angeboten gewohnt, dass Bereiche eingerichtet werden, an denen sich die Nutzer mit eigenen Inhalten beteiligen können, insbesondere Diskussionsforen. Diese Bereiche werte der verständige Internetnutzer in aller Regel nicht als eigene Inhalte des Seitenbetreibers, für die dieser die Verantwortung übernehmen will[3559].

2137 Zu einem anderen Ergebnis kam das OLG Hamburg in einer Entscheidung, in der es um das Portal **chefkoch.de** ging, auf dem es zu Urheberrechtsverletzungen durch Bilder gekommen war, die Dritte auf die Portalseiten geladen hatten. Das Gericht vertrat die Auffassung, der Portalbetreiber mache sich die Inhalte Dritter durch den Hinweis zu eigen, dass „die Redaktion" Inhalte „sorgfältig überprüft"[3560], sowie dadurch, dass nach den eigenen Angaben des Betreibers eine Prüfung durch „rund 30 ehrenamtliche Moderatoren auf kritische Themen und Bilder regelmäßig" erfolgt.

2138 Der BGH schloss sich der Argumentation des OLG Hamburg an. Zwar habe der Betreiber der Rezepte-Plattform die streitigen Lichtbilder nicht selbst hochgeladen. Er habe diese Bilder aber nebst den jeweiligen Rezepten nach einer **redaktionellen Kontrolle** als eigene In-

---

3556 KG Berlin v. 10.7.2009 – 9 W 119/08, AfP 2009, 600 = MMR 2010, 203, 204.
3557 LG Hamburg v. 3.9.2010 – 308 O 27/09 Rz. 50 ff., CR 2010, 818 m. Anm. *Klingebiel* = ITRB 2011, 58.
3558 LG Hamburg v. 20.4.2012 – 310 O 461/10 Rz. 75 ff., CR 2012, 391 m. Anm. *Schulz* = ITRB 2012, 128; ebenso OLG München v. 28.1.2016 – 29 U 2798/15 Rz. 42, 67, CR 2016, 750.
3559 OLG Hamburg v. 29.9.2010 – 5 U 9/09 Rz. 41 ff., AfP 2011, 485 = ITRB 2011, 103.
3560 OLG Hamburg v. 26.9.2007 – 5 U 165/06, AfP 2008, 304 = CR 2008, 453, 453 ff.

halte auf seiner Internetseite öffentlich zugänglich gemacht. Der BGH meinte zu wissen, dass Nutzer Rezepte regelmäßig für den Gebrauch in der Küche ausdrucken. In der Druckansicht erscheine das Rezept unter dem „Chefkoch-Emblem", dies spreche gleichfalls für ein zu eigen machen. Die Kochrezepte bildeten zudem den redaktionellen Kerngehalt der Plattform und der Betreiber weise in seinen Nutzungsbedingungen auf eine vorherige redaktionelle Kontrolle hin. Schließlich verlange der Plattformbetreiber in seinen Allgemeinen Geschäftsbedingungen das Einverständnis der Nutzer damit, dass alle von ihnen zur Verfügung gestellten Daten (Rezepte, Bilder, Texte usw.) von „Chefkoch" selbst oder durch Dritte vervielfältigt und in beliebiger Weise weitergegeben werden dürfen[3561].

Der BGH hielt es für unerheblich, dass die Nutzer von chefkoch.de ohne weiteres erkennen konnten, dass die Rezepte nicht vom Plattformbetreiber, sondern von Dritten stammten. Bei einer **Gesamtbetrachtung** reiche der Hinweis auf den unter Aliasnamen auftretenden Einsender des Rezepts angesichts der inhaltlichen Kontrolle durch den Betreiber sowie der Art der Präsentation des Rezepts nicht aus, um aus der Sicht eines objektiven Nutzers eine **ernsthafte und genügende Distanzierung** des Diensteanbieters von den auf seiner Website eingestellten Inhalten deutlich zu machen. Allein die Kenntlichmachung eines Inhalts als fremd schließe dessen Zurechnung zu dem Anbieter nicht aus[3562].   2139

Portalbetreiber sollten aus diesem Urteil **Konsequenzen** ziehen und jeden Hinweis auf inhaltliche Kontrollen zumindest mit der Einschränkung verbinden, dass die Kontrollen nicht so zu verstehen sind, dass eine inhaltliche Verantwortung für die Beiträge übernommen wird.   2140

Praxistipp   2141

Ein einschränkender Hinweis kann wie folgt lauten:

„Wir stellen auf dieser Website Beiträge Dritter zusammen. Soweit einzelne Beiträge die Rechte Dritter verletzen oder aus anderen Gründen rechtswidrige Inhalte enthalten, ist für den Rechtsverstoß der jeweils genannte Verfasser verantwortlich. Wir sind zwar um eine regelmäßige Kontrolle der Beiträge bemüht. Eine inhaltliche Verantwortung – gleich welcher Art – übernehmen wir jedoch nicht."

3. Access Provider

§ 8 TMG regelt die Haftung des Zugangsproviders. Wer als Provider den Zugang zur Nutzung fremder Informationen vermittelt, haftet für diese Informationen nach § 8 Abs. 1 Satz 1 TMG nicht, wenn er die Übermittlung der Informationen nicht veranlasst, den Adressaten der übermittelten Informationen nicht ausgewählt und auch die übermittelten Informationen weder ausgewählt noch verändert hat. Eine aus technischen Gründen unvermeidbare Zwischenspeicherung fremder Informationen auf eigenen Servern des Providers begründet zudem gem. § 8 Abs. 2 TMG keine Haftung[3563].   2142

3561 BGH v. 12.11.2009 – I ZR 166/07, AfP 2010, 369 = ITRB 2010, 174 = CR 2010, 468, 470 m. Anm. *Hoeren/Plattner* = WRP 2010, 922, 925 – marions-kochbuch.de.
3562 BGH v. 12.11.2009 – I ZR 166/07, AfP 2010, 369 = ITRB 2010, 174 = CR 2010, 468, 470 m. Anm. *Hoeren/Plattner* = WRP 2010, 922, 925 – marions-kochbuch.de.
3563 Vgl. Begründung des IuKDG-Entwurfes der Bundesregierung, BR-Drucks. 966/96, 18, 22; *Hoeren*, Grundzüge des Internetrechts, S. 279; *Engel-Flechsig/Maennel/Tettenborn*, NJW 1997, 2981, 2985; *Koch*, CR 1997, 193, 198; *Pelz*, ZUM 1998, 530, 533; *Pichler*, MMR 1998, 79, 87; *Spindler*, NJW 1997, 3193, 3198.

2143 Wegen der rechtswidrigen Handlung eines Nutzers können Zugangsprovider nicht auf Schadensersatz oder Beseitigung oder Unterlassung einer Rechtsverletzung in Anspruch genommen werden; dasselbe gilt hinsichtlich aller Kosten für die Geltendmachung und Durchsetzung dieser Ansprüche (§ 8 Abs. 1 Satz 2 TMG). Gem. **§ 8 Abs. 1 Satz 3 TMG** ist dies anders, wenn ein Zugangsprovider absichtlich mit einem Nutzer seines Dienstes zusammenwirkt, um rechtswidrige Handlungen zu begehen. In einem solchen Fall verliert der Provider das Haftungsprivileg. Dies würde beispielsweise in Betracht kommen, wenn ein deutscher Zugangsprovider gezielt mit ausländischen Anbietern zusammenwirkt, um eine Haftung für Inhalte zu umgehen, die auf ausländischen Servern gespeichert sind[3564].

2144 Ein **Content Delivery Network** ist ein Netzwerk regional verteilter Server, mit dem Inhalte – insbesondere große Mediendateien – ausgeliefert werden. Der Provider eines solchen Netzwerks ist kein Zugangsprovider im Sinne des § 8 Abs. 1 TMG. Er beschränkt sich nicht auf die reine Übermittlung von Inhalten, sondern speichert Inhalte der Websites seiner Kunden auf eigenen Servern zwischen. Dabei handelt es sich auch nicht nur um eine kurzzeitige Zwischenspeicherung gem. § 8 Abs. 2 TMG[3565].

4. Host Provider

2145 § 10 TMG ist auf den „klassischen" Host Provider zugeschnitten, dessen Geschäft darin liegt, Speicherplatz für die Websites seiner Kunden bereitzuhalten. Allerdings ist § 10 TMG auch auf andere Diensteanbieter anwendbar, die fremde Informationen speichern und verbreiten. § 10 TMG gilt für Auktionsplattformen[3566] und andere **Internetplattformen** ebenso wie für **Blogs**[3567], **Internetforen**[3568] **Microbloggingdienste**[3569] und **Soziale Netzwerke**[3570].

a) Haftung ab Kenntnis

2146 Nach **§ 10 Satz 1 TMG** sind Diensteanbieter für fremde Informationen, die sie für einen Nutzer speichern, nicht verantwortlich, wenn sie keine Kenntnis von der rechtswidrigen Hand-

---

3564 *Sieber*, MMR 1998, 438, 439; vgl. auch BT-Drucks. 13/7385, 51 f.

3565 OLG Köln v. 9.10.2020 – 6 U 32/20 Rz. 115, CR 2021, 622 = ITRB 2021, 32 (*Kartheuser*).

3566 Vgl. *Koch*, Internet-Recht, S. 608; *Freytag* in Moritz/Dreier, Rechtshandbuch zum E-Commerce, Teil D Rz. 123; *Strömer*, Online-Recht, S. 283 f.; *Lehmann/Rein*, CR 2008, 97, 98; EuGH v. 12.7.2011 – C-324/09 Rz. 107 ff., CR 2011, 597 m. Anm. *Volkmann* = ITRB 2011, 198; BGH v. 11.3.2004 – I ZR 304/01, AfP 2004, 584 = ITRB 2005, 127 = CR 2004, 763, 764 ff. m. Anm. *Volkmann* = MMR 2004, 668, 669 f. = K&R 2004, 486, 488 f. – Internet-Versteigerung; BGH v. 12.7.2007 – I ZR 18/04, AfP 2007, 477 = ITRB 2007, 269 = NJW 2008, 758, 759 = CR 2007, 728, 729 m. Anm. *Härting* = K&R 2007, 517, 518 – Jugendgefährdende Medien bei eBay.

3567 Vgl. *Koch*, ITRB 2006, 260, 261 f.; LG Hamburg v. 4.12.2007 – 324 O 794/07, AfP 2008, 219 = CR 2008, 738 = ITRB 2008, 276 = MMR 2008, 265, 265 f.; AG Berlin-Mitte v. 20.10.2004 – 15 C 1011/04, MMR 2005, 639, 640.

3568 Vgl. *Strömer*, Online-Recht, S. 284 ff.; *Schmitz/Laun*, MMR 2005, 208, 209 ff.; *Sobola/Kohl*, CR 2005, 443, 444; *Stadler*, K&R 2006, 253 ff.; BGH v. 27.3.2007 – VI ZR 101/06, AfP 2007, 350 = ITRB 2007, 174 = NJW 2007, 2558, 2558 f. = CR 2007, 586 f. m. Anm. *Schuppert* = K&R 2007, 396, 396 f. m. Anm. *Volkmann*; OLG Düsseldorf v. 7.6.2006 – I-15 U 21/06, CR 2006, 682, 682 ff.; OLG Hamburg v. 22.8.2006 – 7 U 50/06, AfP 2006, 565 = ITRB 2006, 251 = CR 2007, 44, 44 ff.

3569 OLG Dresden v. 1.4.2015 – 4 U 1296/14 Rz. 73, AfP 2015, 261 = CR 2015, 531 = ITRB 2015, 180.

3570 Vgl. *Fülbier*, CR 2007, 515, 515 ff.; *Wimmers/Schulz*, CR 2008, 170, 175.

lung oder der Information haben (Nr. 1) oder wenn sie unverzüglich tätig werden, um diese Information zu entfernen oder den Zugang zu ihr zu sperren, sobald sie diese Kenntnis erlangt haben (Nr. 2). § 10 Satz 1 Nr. 2 TMG hat eigenständige Bedeutung nur ab Kenntniserlangung durch den Anbieter[3571] und verpflichtet ihn, den Zugang zu Informationen unverzüglich zu sperren, um eine Haftung zu vermeiden[3572].

Notice and Take Down: § 10 Satz 1 TMG löst den Interessenkonflikt zwischen Host Provider und Verletztem ebenso klar wie angemessen: Sobald der Provider – insbesondere auf Grund einer Mitteilung des Verletzten[3573] – Kenntnis von einer Rechtsverletzung erlangt, ist er zur Beseitigung der rechtswidrigen Inhalte verpflichtet[3574]. Eine Verpflichtung zur laufenden Überwachung der Plattform im Hinblick auf mögliche Rechtsverletzungen besteht nicht (§ 7 Abs. 2 TMG)[3575].   2147

Wer **Speicherplatz für E-Mails** zur Verfügung stellt, ist Host Provider gem. § 10 TMG. Dies begründet jedoch keine generelle Haftung für Straftaten, die mit Hilfe des E-Mail-Accounts begangen werden, wenn der Anbieter zwar Kenntnis von der „Unseriösität" und „betrügerischen Aktivitäten" seines Kunden hat, es jedoch an einem **inneren Zusammenhang** zwischen diesen Kenntnissen und einer konkret begangenen Straftat fehlt[3576]. **Kenntnis** ist im Sinne positiver Kenntnis des konkreten Inhalts zu verstehen[3577]. Nicht genügend für eine **Kenntnisverschaffung** ist daher ein pauschaler Hinweis, dass sich auf den Servern des Providers urheberrechtsverletzende Informationen befinden[3578].   2148

3571 Vgl. LG Berlin v. 25.2.2003 – 16 O 476/01, CR 2003, 773 = MMR 2004, 195, 197; LG Potsdam v. 10.10.2002 – 51 O 12/02, CR 2003, 217, 219 = MMR 2002, 829, 831 = ITRB 2003, 6 (*Häuser*).

3572 Gesetzesbegründung, BT-Drucks. 14/6098, 25; *Alpert*, CR 2001, 604, 610; OLG Düsseldorf v. 26.2.2004 – I-20 U 204/02, AfP 2004, 388 = WRP 2004, 631, 634.

3573 Vgl. *Spindler*, NJW 1997, 3193, 3196; LG Berlin v. 25.2.2003 – 16 O 476/01, CR 2003, 773 = MMR 2004, 195, 197.

3574 *Koch*, CR 1997, 193, 200; *Pelz*, ZUM 1998, 530, 534; *Pichler*, MMR 1998, 79, 88; *Spindler*, NJW 1997, 3193, 3196; BGH v. 1.3.2016 – VI ZR 34/15 Rz. 23, AfP 2016, 253 = CR 2016, 390 m. Anm. *Kriegesmann* = ITRB 2016, 123; LG Hamburg v. 18.8.2015 – 308 O 293/15 Rz. 13; vgl. auch LG Trier v. 16.5.2001 – 4 O 106/00, MMR 2002, 694 m. Anm. *Gercke*.

3575 *Alpert*, CR 2001, 604, 610; *Christiansen*, MMR 2004, 185, 186; *Härting/Linden* in Hoffmann/Leible/Sosnitza, S. 51; *Härting*, BGH v. 19.4.2007 – I ZR 35/04, BGHReport 2007, 825, 828 = AfP 2007, 352 = AfP 2008, 430 = ITRB 2007, 246; *Leible/Sosnitza*, WRP 2004, 592, 596 f.; *Pelz*, ZUM 1998, 530, 534; *Pichler*, MMR 1998, 79, 88; *Spindler*, NJW 1997, 3193, 3196; BGH v. 1.3.2016 – VI ZR 34/15 Rz. 23, AfP 2016, 253 = CR 2016, 390 m. Anm. *Kriegesmann* = ITRB 2016, 123; OLG Brandenburg v. 16.12.2003 – 6 U 161/02, WRP 2004, 627, 630 = MMR 2004, 330, 332 m. Anm. *Spindler*; OLG Düsseldorf v. 26.2.2004 – 20 U 204/02, WRP 2004, 631, 634; LG Berlin v. 25.2.2003 – 16 O 476/01, CR 2003, 773 = MMR 2004, 195, 197.

3576 Vgl. OLG Brandenburg v. 9.5.2012 – 13 U 50/10, CR 2012, 537.

3577 *Leible/Sosnitza*, WRP 2004, 592, 596; *Leupold*, MMR 2004, 318; *Spindler*, CR 2004, 50; *Spindler*, MMR 2004, 333; BGH v. 23.9.2003 – VI ZR 335/02, AfP 2003, 550 = AfP 2004, 301 = ITRB 2004, 27 = NJW 2003, 3764, 3765 = CR 2004, 48, 49 = MMR 2004, 166, 167 m. Anm. *Hoeren* = MDR 2004, 92 = K&R 2004, 29; OLG Brandenburg v. 16.12.2003 – 6 U 161/02, AfP 2004, 303 = CR 2004, 696 = WRP 2004, 627, 630 = MMR 2004, 330, 331; OLG Düsseldorf v. 26.2.2004 – 20 U 204/02, WRP 2004, 631, 634; LG Düsseldorf v. 29.10.2002 – 4a O 464/01, ITRB 2003, 71 = CR 2003, 211, 215 = MMR 2003, 120, 125; a.A. *Hoeren*, MMR 2002, 113.

3578 *Spindler*, CR 2004, 50, 51.

2149 Wenn der Betreiber einer **Internetplattform (z.B. YouTube)** eine automatisierte Indexierung der auf diese Plattform hochgeladenen Inhalte vornimmt, die Plattform eine Suchfunktion enthält und Videos nach Maßgabe des Profils oder der Präferenzen der Nutzer empfiehlt, reicht für die Annahme nicht aus, dass der Betreiber **Kenntnis** von rechtswidrigen Tätigkeiten oder Informationen hat, die auf der Plattform gespeichert sind[3579]. Die **Meldung eines geschützten Inhalts**, der über eine Video-Sharing- oder Sharehosting-Plattform rechtswidrig wiedergegeben wird, muss ausreichende Angaben enthalten, um es dem Betreiber zu ermöglichen, sich **ohne eingehende rechtliche Prüfung** davon zu überzeugen, dass diese Wiedergabe rechtswidrig ist und eine etwaige Löschung des betreffenden Inhalts mit der Freiheit der Meinungsäußerung vereinbar wäre[3580].

2150 Das Kammergericht musste die Berliner Staatsanwaltschaft bändigen, die fälschlicherweise angenommen hatte, dass § 10 Satz 1 TMG im **Strafrecht** keine Anwendung findet und aus diesem Grund einen Host Provider wegen Beihilfe zur Volksverhetzung, Beleidigung und übler Nachrede angeklagt hatte[3581]. Der Betreiber einer Plattform ist nicht verpflichtet, die Plattform aktiv nach strafbaren Inhalten zu durchsuchen und muss rechtswidrige Inhalte nicht löschen, solange er von ihnen keine Kenntnis hat[3582].

b) Möglichkeit und Zumutbarkeit

2151 Bei der Auslegung des ursprünglichen § 5 Abs. 2 TDG/MDStV wurde überwiegend die Auffassung vertreten, eine Sperrpflicht bestehe schon bei Kenntnis von den beanstandeten Inhalten und nicht erst bei **Kenntnis der Rechtswidrigkeit** dieser Inhalte[3583]. Der Wortlaut des § 10 Satz 1 Nr. 1 TMG legt dagegen die Deutung nahe, dass die Kenntnis der Rechtswidrigkeit nur dann entbehrlich ist, wenn sich der Rechtsverstoß auf konkrete Informationen bezieht, während sich bei rechtswidrigen Handlungen (z.B. Spamming[3584] oder Versand virenverseuchter E-Mails[3585]) die Kenntnis auch auf die Rechtswidrigkeit erstrecken muss[3586].

2152 Nach der Ursprungsfassung von § 5 Abs. 2 TDG/MDStV waren Diensteanbieter, die fremde Internet-Inhalte zur Nutzung bereithielten, für diese Inhalte nur dann haftbar, wenn es ihnen **möglich und zumutbar** war, deren Nutzung zu verhindern. Bei dieser Einschränkung ist es geblieben, auch wenn dies § 10 TMG nicht unmittelbar zu entnehmen ist[3587]. Die Mög-

---

3579 EuGH v. 22.6.2021 – C-682/18, ECLI:EU:C:2021:503 und C-683/18 Rz. 114; *Spindler*, NJW 2021, 2554, 2556.

3580 EuGH v. 22.6.2021 – C-682/18, ECLI:EU:C:2021:503 und C-683/18 Rz. 116; *Holznagel*, CR 2021, 603, 607; *Spindler*, NJW 2021, 2554, 2556.

3581 KG Berlin v. 25.8.2014 – 4 Ws 71/14 Rz. 20.

3582 Vgl. *Härting*, IPRB 2015, 265, 267.

3583 *Pichler*, MMR 1998, 79, 88; *Spindler*, NJW 1997, 3193.

3584 Vgl. *Flechsig*, MMR 2002, 347, 348 f.

3585 Vgl. *Koch*, NJW 2004, 801; LG Hamburg v. 18.7.2001 – 401 O 63/00, ITRB 2001, 256 = CR 2001, 667.

3586 A.A. *Hoffmann*, MMR 2002, 284, 288.

3587 Vgl. Gesetzesbegründung, BT-Drucks. 14/6098, 25; *Escher-Weingart* in Gounalakis, Rechtshandbuch Electronic Business, § 38 Rz. 24; *Hoffmann*, MMR 2002, 284, 289; *Leupold*, MMR 2004, 318; OLG Brandenburg v. 16.12.2003 – 6 U 161/02, AfP 2004, 302 = AfP 2004, 303 = CR 2004, 696 = WRP 2004, 627 = MMR 2004, 332 m. Anm. *Spindler*; LG Düsseldorf v. 29.10.2002 – 4a O 464/01, ITRB 2003, 71 = CR 2003, 211, 216 = MMR 2003, 120, 126; LG Berlin v. 25.2.2003 – 16 O 476/01, CR 2003, 773 = MMR 2004, 195, 197.

lichkeit und Zumutbarkeit rechtlich angeordneten Verhaltens ist ein **übergeordneter Grundsatz**, dessen ausdrücklicher Erwähnung im Gesetz es nicht bedarf[3588].

Technisch möglich ist eine Sperre, wenn Verfahren oder Einrichtungen zur Verfügung stehen, die sich zur gesicherten Durchführung der Sperrung eignen[3589]. Das Kriterium der **Zumutbarkeit**[3590] bedeutet, dass ein Diensteanbieter nicht jeden nur denkbaren Aufwand betreiben muss, um einen Zugang zu rechtswidrigen Inhalten zu sperren. Aufwand und Wirksamkeit der Maßnahme müssen in einem vertretbaren Verhältnis zueinander stehen[3591].   2153

c) Schadensersatz und Abmahngebühren

Für eine **Schadensersatzhaftung** bedarf es keiner positiven Kenntnis der rechtwidrigen Information bzw. Handlung. Vielmehr tritt eine Haftung schon dann ein, wenn dem Provider Tatsachen oder Umstände bekannt sind, aus denen die rechtswidrige Handlung oder die Information offensichtlich wird (§ 10 Satz 1 Nr. 1 TMG)[3592].   2154

Erlangt der Provider durch eine **Abmahnung** erstmalig Kenntnis von rechtswidrigen Inhalten, hat § 10 Satz 1 Nr. 1 TMG zur Folge, dass **Kostenersatz** erst für eine zweite Abmahnung verlangt werden kann[3593]. Erst nachdem der Host Provider auf die erste Abmahnung nicht reagiert und nicht unverzüglich die notwendigen Schritte eingeleitet hat, lässt sich ein Schadensersatzanspruch nach § 10 Satz 1 Nr. 1 TMG begründen[3594].   2155

5. Caching

Eine Sonderregelung (§ 9 TMG) gilt für das automatische Zwischenspeichern von Websites, das den Abruf der Websites erleichtert (**Caching**). Sofern beim Caching die üblichen technischen Standards eingesetzt werden, haftet ein Provider für zwischengespeicherte Inhalte nicht[3595]. Allerdings ist der Provider zu unverzüglichem Handeln verpflichtet, wenn er Kenntnis davon erlangt, dass Informationen am Ursprungsort aus dem Netz entfernt oder gesperrt   2156

3588 Gesetzesbegründung, BT-Drucks. 14/6098, 25; *Hoffmann*, MMR 2002, 284, 289; *Spindler/Volkmann*, WRP 2003, 1, 4; OLG Brandenburg v. 16.12.2003 – 6 U 161/02, AfP 2004, 302 = AfP 2004, 303 = CR 2004, 696 = WRP 2004, 627, 630 = MMR 2004, 330, 332 m. Anm. *Spindler*; LG Düsseldorf v. 29.10.2002 – 4a O 464/01, ITRB 2003, 71 = CR 2003, 211, 216 = MMR 2003, 120, 126.

3589 *Engel-Flechsig/Maennel/Tettenborn*, Neue gesetzliche Rahmenbedingungen für Multimedia, S. 18; *Freytag*, Haftung im Netz, S. 187 f.

3590 Vgl. *Altenhain*, AfP 1998, 457, 461 ff.

3591 *Engel-Flechsig/Maennel/Tettenborn*, Neue gesetzliche Rahmenbedingungen für Multimedia, S. 18; *Freytag*, Haftung im Netz, S. 190 ff.; OLG München v. 3.2.2000 – 6 U 5475/99, AfP 2000, 598 = CR 2000, 541, 542 f. = MMR 2000, 617, 619 m. Anm. *Hoffmann* = K&R 2000, 356, 357.

3592 Vgl. *Eck/Ruess*, MMR 2003, 363, 365.

3593 *Spindler*, NJW 2002, 921, 925; OLG Düsseldorf v. 26.2.2004 – I-20 U 204/02, AfP 2004, 388 = WRP 2004, 631, 635; OLG Hamburg v. 4.11.1999 – 3 U 274/98, AfP 2000, 285 = CR 2000, 385 = MMR 2000, 92, 97 = K&R 2000, 138, 143 m. Anm. *Härting*; AG Ludwigshafen v. 23.10.2008 – 2 g C 291/08 Rz. 14.

3594 Vgl. KG Berlin v. 7.3.2013 – 10 U 97/12 Rz. 18; OLG Köln v. 8.4.2014 – 15 U 199/11 Rz. 51, CR 2014, 385 = ITRB 2014, 151.

3595 Vgl. *Hoffmann*, MMR 2002, 284, 287.

wurden oder dass eine entsprechende behördliche oder gerichtliche Anordnung vorliegt (§ 9 Nr. 5 TMG)[3596].

2157 In Betracht kommen für § 9 TMG verschiedene Formen von Caching, zum einen mithilfe eines Proxy-Cache-Servers und zum anderen mithilfe eines Mirror-Servers. Bei beiden handelt es sich um leistungsstarke Rechner mit hoher Speicherkapazität, die mithilfe von eigens angelegten Zwischenkopien die unnötige Mehrfachübertragung von Internetinhalten verhindern. Räumlich gesehen stehen sie zwischen einer ausreichend großen Nutzergruppe und den Host-Servern. Beim **Proxy-Cache-Server** wird anhand der von Internetbrowsern übermittelten URL abgeglichen, ob die angefragten Inhalte zuvor schon einmal übertragen wurden und noch im Speicher vorrätig sind. Ist dies der Fall, werden die Seiteninhalte direkt vom Proxy-Cache-Server an den Browser des Nutzers geliefert. Ist keine Zwischenkopie verfügbar, wird die Nutzeranfrage unverändert an den Host-Server weitergeleitet[3597].

2158 Der Begriff **Mirror-Server** steht für Netzwerkserver mit hohen Speicherkapazitäten, die ein Abbild von häufig nachgefragten Datenbanken, ganzen Webauftritten oder einzelnen Dateien im Internet bereithalten. Auch hier steht die Effizienzsteigerung der Internetkommunikation durch die Dezentralisierung von Daten im Vordergrund. Anders jedoch als Proxy-Cache-Server stehen die Mirror-Server hauptsächlich im Interesse der Content- oder Host Provider. Durch die Datenredundanz kann eine Lastverteilung erwirkt werden, die im Fall kritisch hoher Abfragezahlen den Ausfall der Serversysteme verhindern soll[3598].

6. Digital Services Act

2159 Der (Entwurf des) Digital Services Act („DSA-E")[3599] aus dem Jahre 2020, der voraussichtlich am 1.12.2024 Geltung erlangt, ist ein umfassendes Regelwerk für die Verantwortlichkeit von Online-Providern. Provider, die ihre Dienste im EU-Gebiet anbieten, werden zu Transparenz und zu einem nutzerfreundlichen Beschwerdemanagement verpflichtet[3600]. Das Hauptaugenmerk liegt dabei auf den „sehr großen Online-Plattformen" mit mindestens 45 Mio. aktiven EU-Nutzern[3601].

2160 Der DSA-E beschreitet einen Weg, der sich von Regularien aus dem NetzDG grundlegend unterscheidet und auf konkrete Vorgaben und Fristen bei der Prüfung von Rechtsverstößen (vgl. § 3 Abs. 2 NetzDG) verzichtet[3602]. So bleibt es für die Betreiber von Online-Plattformen und andere Host Provider gem. Art. 5 DSA-E beispielsweise im Kern beim **„Notice-and-Take-Down"-Prinzip**[3603].

3596 *Hoffmann*, MMR 2002, 284, 287.
3597 OLG Köln v. 9.10.2020 – 6 U 32/20 Rz. 123, CR 2021, 622 = ITRB 2021, 32 (*Kartheuser*).
3598 OLG Köln v. 9.10.2020 – 6 U 32/20 Rz. 124, CR 2021, 622 = ITRB 2021, 32 (*Kartheuser*).
3599 Proposal for a Regulation of the European Parliament and of the Council on a Single Market For Digital Services (Digital Services Act) and amending Directive 2000/31/EC, vom 15.12.2020 – abrufbar unter: https://ec.europa.eu/digital-single-market/en/news/proposal-regulation-european-parliament-and-council-single-market-digital-services-digital.
3600 Näheres zu Vorschriften des DSA bei *Härting/Adamek*, CR 2021, 165; *Grünwald/Nüßing*, MMR 2021, 283, 285.
3601 Vgl. *Gerpott*, CR 2021, 255, 258.
3602 Zum Zusammenspiel des DSA mit dem NetzDG: *Savova/Mikes/Cannon*, CRi 2021, 38, 44 f.; *Grünwald/Nüßing*, MMR 2021, 283 und 286.
3603 *Schmid/Grewe*, MMR 2021, 279, 280.

a) Vorschriften für Provider jeder Größe

Der DSA-E gilt für alle Provider von „intermediary services" (Art. 1 Abs. 1 DSA-E). Die Art. 3 bis 9 DSA-E ersetzen die Bestimmungen der Art. 12 bis 15 der E-Commerce-Richtlinie, welche seit Juni 2000 die Verantwortlichkeit der Provider strukturell sehr ähnlich regeln[3604], und ersetzen ab 2024 die §§ 7 bis 10 TMG.

2161

Die Art. 10 bis 12 sowie die Art. 14 und 15 DSA-E gelten für alle Provider. Bei den Art. 10 und 11 DSA-E handelt es sich um Compliance-Bestimmungen, die eine Erreichbarkeit der Provider für europäische Nutzer und Behörden gewährleisten sollen. Art. 12 DSA-E legt Providern verbraucherschützende Verpflichtungen bei der **Ausgestaltung ihrer Nutzungsbedingungen** auf.

2162

aa) Small and medium enterprises, „SMEs"

Neben Vorschriften, die für alle Provider von „intermediary services" gelten, finden sich im DSA-E zahlreiche Vorschriften, die nur für bestimmte Kategorien von Providern gelten. So sind etwa von der **Verpflichtung zu jährlichen Transparenzberichten** (Art. 13 DSA-E)[3605] solche Provider ausgenommen, die zu den kleinen und mittelständischen Unternehmen (small and medium enterprises, „SMEs") zählen. Solche SMEs sind gem. der Empfehlung der EU-Kommission vom 6.5.2003[3606] Unternehmen, die weniger als 250 Personen beschäftigen und entweder einen Jahresumsatz von höchstens 50 Mio. € erzielen oder deren Jahresbilanzsumme sich auf höchstens 43 Mio. € beläuft.

2163

bb) Host Provider

Art. 14 und Art. 15 DSA-E gelten – unabhängig von deren Größe – für alle Host Provider[3607]. Dies sind nach Art. 5 Abs. 1 DSA-E Provider, die Informationen der Nutzer speichern.

2164

(1) Hinweismanagementsystem

Art. 14 DSA-E verpflichtet alle Host Provider zur Einrichtung eines Systems zur Meldung von Rechtsverstößen (**Hinweismanagementsystem**). Damit ist die Einrichtung eines Mechanismus gemeint, der es Nutzern oder Vereinigungen ermöglicht, dem Host Provider für illegal erachtete Inhalte zu melden. Dieser Mechanismus muss benutzerfreundlich sein, einfachen Zugang bieten und eine Meldung durch rein elektronische Mittel ermöglichen (Art. 14 Abs. 1 DSA-E). Gem. Art. 14 Abs. 2 DSA-E muss der Nutzer eine präzise und hinreichend substantiierte Meldung vornehmen können, welche unter anderem eine Erklärung enthalten muss, weshalb der Inhalt rechtswidrig sein soll und wo dieser aufzufinden ist (Art. 14 Abs. 2 lit. a, b DSA-E)[3608]. Weiterhin muss der Host Provider dem meldenden Nutzer den Eingang der Meldung nach Art. 14 Abs. 4 DSA-E bestätigen.

2165

3604 Dazu *Holznagel*, CR 2021, 123, 124 ff.

3605 Vgl. *Savova/Mikes/Cannon*, CRi 2021, 38, 40 f.

3606 Empfehlung der Kommission v. 6. Mai 2003 betreffend die Definition der Kleinstunternehmen sowie der kleinen und mittleren Unternehmen – abrufbar unter: https://eur-lex.europa.eu/legal-content/DE/TXT/PDF/?uri=CELEX:32003H0361&from=DE.

3607 *Härting/Adamek*, IPRB 2021, 100, 101.

3608 *Härting/Adamek*, CR 2021, 165, 166 f.

(2) Begründungspflicht

2166 Spiegelbildlich dazu statuiert Art. 15 DSA-E eine **Pflicht zur Begründung** der Entscheidung eines Host Providers, der Nutzerinhalte oder -accounts entfernt oder sperrt, gegenüber dem davon betroffenen Nutzer.

2167 Die **Begründungsmitteilung** unterliegt nach Art. 15 Abs. 2 DSA-E **detaillierten Vorgaben** wie etwa Informationen über die Reichweite der Sperrung oder Entfernung (Art. 15 Abs. 2 lit. a DSA-E), tatsächliche und rechtliche Grundlagen der Entscheidung (Art. 15 Abs. 2 lit. b, d und e DSA-E), Informationen zur Verwendung automatisierter Software zur Entscheidungsfindung (Art. 15 Abs. 2 lit. c DSA-E) und eine Rechtsbehelfsbelehrung (Art. 15 Abs. 2 lit. f DSA-E).

2168 Es schließen sich Form- und Transparenzvorgaben gem. Art. 15 Abs. 3 und Abs. 4 DSA-E an, gem. derer die Entscheidungen nebst Begründung etwa in einer zentralen Datenbank öffentlich zugänglich gemacht werden müssen.

b) Vorschriften für größere Provider

2169 Die Art. 17 bis 24 DSA-E gelten nur für größere Provider, die nicht zu den SMEs zählen und Online-Plattformen betreiben. Eine Online-Plattform ist gem. Art. 2 lit. h DSA-E ein Host Provider, der auf Veranlassung seiner Nutzer nicht nur Informationen speichert, sondern diese auch öffentlich verbreitet.

aa) Beschwerdemanagementsystem

2170 Nach den Art. 17 bis 20 DSA-E werden Betreiber größerer Online-Plattformen (einschließlich sehr großer Online-Plattformen, vgl. Art. 25 Abs. 1 DSA-E) zu einem spezifischen Umgang mit Beschwerden ihrer Nutzer verpflichtet (**Beschwerdemanagementsystem**)[3609]. Dies knüpft an die Art. 14 und 15 DSA-E an. Ein internes Beschwerdemanagementsystem soll elektronisch und kostenlos Nutzerbeschwerden entgegennehmen, die sich (unter anderem) gegen Sperrungs- und Lösch-Entscheidungen der Online-Plattformen nach Art. 15 DSA-E richten. Über den Umgang der Plattform mit Verstößen gegen ihre Nutzungsbedingungen muss in den AGB informiert werden (Art. 20 Abs. 4 DSA-E).

2171 Gemäß Art. 17 Abs. 1 DSA-E müssen Nutzer die Möglichkeit haben, innerhalb einer Frist von mindestens sechs Monaten nach Entfernung oder Sperrung von Inhalten oder Accounts Beschwerde einzureichen. Der Zugang zu diesem Beschwerdesystem muss benutzerfreundlich sein und unterliegt zusätzlichen Detailvorgaben aus Art. 17 Abs. 2 und 3 DSA-E. Entscheidungen über eingehende Beschwerden dürfen nach Art. 14 Abs. 5 DSA-E nicht automatisiert ergehen, und Art. 18 DSA-E räumt Nutzern das Recht ein, Beschwerdeentscheidungen in einem Schlichtungsverfahren anzufechten.

bb) Weitere Pflichten

2172 Ergänzend werden die Provider zudem durch Art. 21 DSA-E verpflichtet, bei Verdacht schwerer Straftaten staatliche Ermittlungsbehörden zu verständigen.

3609 *Härting/Adamek*, CR 2021, 165, 167 f.

Art. 22 DSA-E gilt nur für (größere) Online-Plattformen, die einen Vertragsschluss mit Verbrauchern ermöglichen. Die Betreiber derartiger Plattformen sollen verpflichtet werden, **identifizierende Daten von Händlern** zu erheben, bevor sie den Händlern die Nutzung der Plattform ermöglichen. 2173

Art. 23 DSA-E regelt jährliche Berichtspflichten der Betreiber größerer Online-Plattformen. Wenn Online-Plattformen Online-Werbung betreiben, stellt Art. 24 DSA-E einige **Informationspflichten** auf. 2174

c) Vorschriften für sehr große Online-Plattformen

Normadressat der Art. 26 bis 33 DSA-E sind Betreiber „sehr großer Online-Plattformen"[3610]. Dies sind gem. Art. 25 DSA-E Plattformen mit mindestens 45 Mio. aktiven Nutzern im Gebiet der EU. Nach dem Vorbild des Art. 35 DSGVO (Datenschutz-Folgeabschätzung) soll es eine regelmäßige **Verpflichtung zur Vornahme von „Risikobewertungen"** und Maßnahmen der „Risikominimierung" geben (Art. 26 und 27 DSA-E)[3611]. Ergänzend ist eine **Verpflichtung zu jährlichen Audits** vorgesehen, die durch unabhängige Experten vorzunehmen sind (Art. 28 DSA-E). 2175

Ferner sehen Art. 29 und 30 DSA-E für Empfehlungsdienste und Online-Werbung zusätzliche (vgl. Art. 24 DSA-E) Transparenzpflichten vor. Art. 13 und Art. 23 DSA-E werden zudem durch Art. 33 DSA-E um zusätzliche **Berichtspflichten** und einen halbjährlichen (statt jährlichen, Art. 13 DSA-E) Berichtsturnus ergänzt. Betreiber sehr großer Online-Plattformen werden durch Art. 32 DSA-E außerdem verpflichtet, einen oder mehrere unabhängige (Art. 32 Abs. 4 DSA-E) Compliance-Beauftragte zu bestellen. 2176

7. Urheberrechts-Diensteanbieter-Gesetz (UrhDaG)

Seit dem 1.8.2021 ist das Urheberrechts-Diensteanbieter-Gesetz (UrhDaG) in Kraft, das auf der Grundlage der DSM-Richtlinie (RL (EU) 2019/790) Ausnahmen von § 10 TMG vorsieht für große Diensteanbieter im Bereich des Urheberrechts und einen Ausgleich zwischen den Interessen der Nutzer und der Rechteinhaber schaffen soll. 2177

Das neue Gesetz möchte **große Diensteanbieter** für die Inhalte auf ihren Plattformen urheberrechtlich in die Verantwortung nehmen. Der Anwendungsbereich des UrhDaG wird durch § 2 Abs. 1 UrhDaG für Diensteanbieter eröffnet, die als Hauptzweck ausschließlich oder zumindest auch verfolgen, eine große Menge an von Dritten hochgeladenen, urheberrechtlich geschützten Inhalten zu speichern und öffentlich zugänglich zu machen (§ 2 Abs. 1 Nr. 1 UrhDaG), diese Inhalte organisieren und zum Zweck der Gewinnerzielung bewerben (§ 2 Abs. 1 Nr. 2 und 3 UrhDaG) und mit Online-Inhaltediensten um dieselbe Zielgruppe konkurrieren (§ 2 Abs. 1 Nr. 4 UrhDaG). Ausnahmen gelten für für Online-Marktplätze, eine Reihe von Cloud-Diensten und Diensten ohne Gewinnorientierung (§ 3 UrhDaG)[3612]. 2178

Gemäß § 1 Abs. 3 UrhDaG können sich Diensteanbieter i.S.d. § 2 Abs. 1 UrhDaG urheberrechtlich nicht mehr auf die Haftungsprivilierung aus § 10 TMG berufen[3613]. Allerdings 2179

3610 *Savova/Mikes/Cannon*, CRi 2021, 38, 41 f.
3611 *Schmid/Grewe*, MMR 2021, 279, 281.
3612 *Hofmann* NJW 2021, 1905 Rz. 5; *Raue* in Dreier/Schulze, UrhG, § 2 UrhDAG Rz. 1.
3613 *Hofmann* NJW 2021, 1905 Rz. 6; *Metzger/Pravemann*, ZUM 2021, 288, 290.

werden die Anbieter von einer täterschaftlichen Haftung nach § 1 Abs. 2 UrhDaG frei, wenn sie Pflichten nach § 4 UrhDaG und §§ 7 bis 11 UrhDaG nach hohen branchenüblicher Standards unter Betrachtung des Grundsatzes der Verhältnismäßigkeit erfüllen[3614]. Hierzu müssen sie gem. § 4 Abs. 1 UrhDaG bestmögliche Anstrengungen unternehmen, um die **vertraglichen Nutzungsrechte** für die öffentliche Wiedergabe urheberrechtlich geschützter Werke zu erwerben. Die Nutzungsrechte des Diensteanbieters erstrecken sich auch auf die Nutzer, solange die Nutzer nicht kommerziell handeln und keine erheblichen Einnahmen erzielen.

2180   Wenn die Diensteanbieter Lizenzangebote ablehnen oder nicht lizensieren möchten, müssen sie zur Vermeidung einer täterschaftlichen Haftung für Urheberrechtsverletzungen gem. §§ 7 und 8 UrhDaG eine **„Blockierung" (Sperrung oder Entfernung)** geschützter Inhalte bewirken[3615]. Für kleine Diensteanbieter und Start-Ups gelten diese Verpflichtungen nur höchst eingeschränkt (§ 7 Abs. 4 und 5 UrhDaG).

III. Störerhaftung

1. Reichweite der Haftungsprivilegien

2181   Für erhebliche dogmatische Unstimmigkeiten sorgt § 7 Abs. 3 Satz 1 TMG. Danach bleiben **Verpflichtungen zur Entfernung oder Sperrung** von Informationen nach den allgemeinen Gesetzen auch im Falle der Nichtverantwortlichkeit nach den §§ 8 bis 10 TMG bestehen.

2182   Unter Hinweis auf die Gesetzgebungsmaterialien zu § 7 Abs. 3 Satz 1 TMG zog der BGH in der **„Internet-Versteigerung I"**-Entscheidung[3616] den Schluss, die §§ 8 bis 10 TMG regelten lediglich die Schadensersatzhaftung. Auf **Beseitigungs- und Unterlassungsansprüche** sei ausschließlich das allgemeine Recht der Störerhaftung anwendbar[3617]. Es ging es um einen einfachen Sachverhalt: Der Inhaber der Marke ROLEX stellte fest, dass auf einer Internet-Auktionsplattform gefälschte Ware angeboten wurde. Der Plattforminhaber entfernte die Angebote. Dies reichte jedoch dem Markeninhaber nicht. Er wollte den Plattformbetreiber verpflichten, die Plattform in Zukunft „sauber zu halten" und keine weiteren Angebote von gefälschten ROLEX-Uhren zuzulassen.

2183   Für den Plattformbetreiber war dies eine **Zumutung**: Produktangebote können bei größeren Plattformen nicht umfassend auf mögliche Rechtsverletzungen geprüft werden. Rein faktisch lässt sich zudem das Angebot von Produktfälschungen nicht verhindern, da es für den Plattformbetreiber schwer zu beurteilen ist, ob es sich bei einem bestimmten Warenangebot um eine Fälschung handelt.

3614 *Hofmann* NJW 2021, 1905 Rz. 7; *Rauer* in Wandtke/Bullinger, Urheberrecht, § 1 UrhDAG Rz. 28-29.

3615 *Raue* in Dreier/Schulze, UrhG, § 7 UrhDAG Rz. 1; *Bullinger* in Wandtke/Bullinger, Urheberrecht, § 7 UrhDAG Rz. 1.

3616 BGH v. 11.3.2004 – I ZR 304/01, AfP 2004, 584 = ITRB 2005, 127 = CR 2004, 763 ff. m. Anm. *Volkmann* = MMR 2004, 668 ff. = K&R 2004, 486 ff. – Internet-Versteigerung; a.A. KG Berlin v. 16.4.2013 – 5 U 63/12 Rz. 101 ff., CR 2014, 333 = ITRB 2014, 6.

3617 Vgl. *Stadler*, Haftung für Informationen im Internet, Rz. 26; *Bornkamm/Seichter*, CR 2005, 747, 749 f.; *Lehment*, WRP 2003, 1058, 1063; *Spindler*, MMR 2004, 333, 334; *Spindler/Volkmann*, WRP 2003, 1, 3 ff.; *Volkmann*, CR 2003, 440, 441.

Die **E-Commerce-Richtlinie** steht einer Beschränkung der §§ 8 bis 10 TMG auf Schadens-   2184
ersatzansprüche nach Auffassung des EuGH nicht entgegen. Aus Art. 14 Abs. 3 der E-Commerce-Richtlinie im Licht ihres 45. Erwägungsgrundes ergebe sich, dass die in Art. 14 Abs. 1
der E-Commerce-Richtlinie vorgesehene Haftungsbefreiung die Möglichkeit unberührt lasse, dass ein nationales Gericht oder eine nationale Verwaltungsbehörde von dem betreffenden Diensteanbieter verlangt, die Rechtsverletzung abzustellen oder zu verhindern, einschließlich der **Entfernung rechtswidriger Informationen** oder der **Sperrung des Zugangs**
zu ihnen[3618].

2. Prüfungs- und Verkehrspflichten

Wenn rechtswidrige Inhalte im Netz kursieren, stellt sich die Frage, ob **Unterlassungs- und**   2185
Beseitigungsansprüche gegen sämtliche Diensteanbieter bestehen, die den Zugriff auf die
Inhalte ermöglichen. Für eine **Störerhaftung** nach § 1004 BGB genügt ein **adäquat-kausaler
Verursachungsbeitrag**[3619].

Äußert sich der Betreiber eines Blogs beleidigend über seinen Nachbarn, so wirkt der **Host**   2186
Provider, bei dem die Blogseite gespeichert ist, in adäquat-ursächlicher Weise an der Beleidigung mit. Die Voraussetzungen einer Haftung des Providers als Störer[3620] gem. §§ 1004,
823 Abs. 1 und 2 BGB i.V.m. § 185 StGB sind grds. erfüllt. Eine Haftung als Störer gem.
§ 1004 BGB lässt sich darüber hinaus auch gegenüber sämtlichen **Access Providern** begründen, die ihren Kunden den Zugang zum Internet und damit auch den Zugriff auf beleidigende Äußerungen ermöglichen[3621].

Wegen der endlosen Weite einer möglichen Störerhaftung bemüht sich der BGH um ei-   2187
ne kasuistische Beschränkung der Providerhaftung auf Fälle, in denen Diensteanbieter
Prüfungspflichten[3622] oder **Verkehrspflichten**[3623] verletzt haben. Seit „Internet-Versteige-

---

3618 EuGH v. 22.6.2021 – C-682/18 und C-683/18 Rz. 131, ECLI:EU:C:2021:503; *Spindler*, NJW
2021, 2554, 2556.
3619 *Berger* in Jauernig, BGB, § 1004 BGB Rz. 16 f.
3620 Vgl. *Herrler* in Grüneberg, § 1004 BGB Rz. 16 ff. m.w.N.
3621 Vgl. OLG Frankfurt v. 25.1.2005 – 11 U 51/04, AfP 2005, 412 = ITRB 2005, 107 = CR 2005,
285, 286 f.; OLG München v. 21.9.2006 – 29 U 2119/06, AfP 2007, 396 = AfP 2008, 118 = CR
2007, 40 = MMR 2006, 739, 740 f.; LG Köln v. 12.9.2007 – 28 O 339/07, ITRB 2007, 247 =
MMR 2008, 197, 198.
3622 BGH v. 19.4.2007 – I ZR 35/04, AfP 2007, 352 = AfP 2008, 430 = ITRB 2007, 246 = NJW 2007,
2636, 2639 = CR 2007, 523, 526 m. Anm. *Rössel* = MMR 2007, 507, 510 m. Anm. *Spindler* =
BGHReport 2007, 825, 827 m. Anm. *Härting* – Internet-Versteigerung II; BGH v. 30.4.2008 –
I ZR 73/05, ITRB 2008, 218 = CR 2008, 579 = GRUR 2008, 702 = NJW-RR 2008, 1136 = WRP
2008, 1104 = MMR 2008, 531 = K&R 2008, 435 m. Anm. *Dittrich* – Internet-Versteigerung III,
jeweils m.w.N.; vgl. auch OLG Frankfurt v. 25.1.2005 – 11 U 51/04, AfP 2005, 412 = ITRB 2005,
107 = CR 2005, 285, 286 f.; OLG Hamburg v. 4.5.2006 – 3 U 180/04, AfP 2007, 76 = MMR 2006,
754, 756; OLG München v. 21.9.2006 – 29 U 2119/06, AfP 2007, 396 = AfP 2008, 118 = CR 2007,
40 = MMR 2006, 739, 740 f.; LG Hamburg v. 4.1.2005 – 312 O 753/04, AfP 2005, 414 = CR 2005,
680, 681 = MMR 2005, 326, 327 f. m. Anm. *Rachlock* = ITRB 2005, 200, 200 f. (*Rössel*); LG Köln
v. 12.9.2007 – 28 O 339/07, ITRB 2007, 247 = MMR 2008, 197, 198.
3623 BGH v. 12.7.2007 – I ZR 18/04, AfP 2007, 477 = ITRB 2007, 269 = NJW 2008, 758, 761 f. =
CR 2007, 728, 731 f. m. Anm. *Härting* = K&R 2007, 517, 521 – Jugendgefährdende Medien
bei eBay; vgl. auch *Leistner/Stang*, WRP 2008, 533; *Volkmann*, CR 2008, 232.

rung I"[3624] ist nach und nach eine höchst verästelte Rechtsprechung zur Störerhaftung im Netz entstanden, die sich im stetigen Wandel befindet und immer unübersichtlicher wird. Zur Rechtssicherheit hat diese Kasuistik wenig beigetragen.

a) Beseitigungspflichten

2188 Immerhin besteht bei **Beseitigungsansprüchen** Einigkeit über die Fortgeltung des „**Notice-and-Take-Down"-Prinzips**: Der Diensteanbieter ist zur Beseitigung rechtswidriger Inhalte verpflichtet, sobald er Kenntnis von dem Rechtsverstoß erlangt. Diese Beseitigungspflicht besteht ohne Rücksicht darauf, ob dem Anbieter die Verletzung von Prüfungs- oder Verkehrspflichten zur Last gelegt werden kann[3625].

2189 Beseitigungspflichten können für einen Diensteanbieter problematisch sein, wenn sie Inhalte betreffen, zu deren Speicherung der Anbieter sich gegenüber einem Kunden **vertraglich** verpflichtet hat. Der Umstand, dass eine solche Verpflichtung besteht, kann einen deliktischen Beseitigungsanspruch nicht ausschließen. Einer Beseitigungspflicht kann sich der Anbieter nicht dadurch entziehen, dass er vertragliche Abreden trifft, durch die er sich verpflichtet, das gegenüber dem Verletzten zu unterlassende Verhalten fortzusetzen[3626].

2190 **Praxistipp**

Um einen Pflichtenkonflikt zu vermeiden, empfiehlt es sich, in Verträge über das Hosting von Inhalten weitreichende Beseitigungsrechte aufzunehmen:

„Wenn der Anbieter von Dritten auf Beseitigung vermeintlich oder tatsächlich rechtswidriger Inhalte in Anspruch genommen wird, ist er zu deren Sperrung und Löschung berechtigt. Soweit möglich und zumutbar, wird der Anbieter den Kunden von der Inanspruchnahme unterrichten, bevor eine Sperrung oder Löschung erfolgt. Der Anbieter ist nicht verpflichtet, bei Eingang einer Beanstandung deren Berechtigung zu prüfen. Auch bei unberechtigten Beanstandungen besteht ein Recht zur Sperrung und Löschung."

b) Unterlassungspflichten bei Erfolgsunrecht

2191 Der I. Zivilsenat des BGH unterscheidet zwischen Erfolgsunrecht und Verhaltensunrecht und wendet die Grundsätze der Störerhaftung nur bei der Verletzung von **Immaterialgüterrechten** an, die als absolute Rechte nach § 823 Abs. 1 und § 1004 BGB Schutz genießen. Derjenige, der – ohne Täter oder Teilnehmer zu sein – in irgendeiner Weise willentlich und adäquat kausal zur Verletzung eines geschützten Gutes beiträgt, könne als Störer für eine Schutzrechtsverletzung auf Unterlassung in Anspruch genommen werden[3627].

3624 BGH v. 11.3.2004 – I ZR 304/01, AfP 2004, 584 = ITRB 2005, 127 = CR 2004, 763 ff. m. Anm. *Volkmann* = MMR 2004, 668, 668 ff. = K&R 2004, 486, 486 ff. – Internet-Versteigerung; a.A. KG Berlin v. 16.4.2013 – 5 U 63/12 Rz. 101 ff., CR 2014, 333 = ITRB 2014, 6.

3625 Vgl. *Hoeren*, Internet- und Kommunikationsrecht, S. 422 ff.; *Neubauer* in Moritz/Dreier, Rechtshandbuch zum E-Commerce, Rz. 64.

3626 OLG Hamburg v. 15.3.2011 – 7 U 44/10 und 7 U 45/10.

3627 BGH v. 11.3.2004 – I ZR 304/01, AfP 2004, 584 = ITRB 2005, 127 = CR 2004, 763, 766 f. m. Anm. *Volkmann* = MMR 2004, 668, 671 = K&R 2004, 486, 491 – Internet-Versteigerung; OLG Hamburg v. 18.6.2020 – 5 U 33/19 Rz. 48; OLG Schleswig v. 22.3.2017 – 6 U 29/15 Rz. 30.

Erstmals in der ambiente.de-Entscheidung (s. Rz. 2072 ff.) verlangte der BGH für die Störer- 2192
haftung im Internet (einschränkend), dass der Störer eine **Prüfungspflicht** verletzt hat[3628].
Seitdem vertritt der BGH in ständiger Rechtsprechung den Standpunkt, die Störerhaftung
dürfe im Netz nicht über Gebühr auf Dritte erstreckt werden, die nicht selbst die rechtswidrige Beeinträchtigung vorgenommen haben. Die Haftung setze daher die Verletzung von
Prüfungspflichten voraus. Deren Umfang bestimme sich danach, ob und inwieweit dem als
Störer in Anspruch Genommenen nach den Umständen des Einzelfalls eine Prüfung **zuzumuten** sei[3629].

Einem Unternehmen, das im Internet eine Plattform für Versteigerungen betreibt, ist es laut 2193
der Entscheidung zu „**Internet-Versteigerung I**" nicht zuzumuten, jedes Angebot vor Veröffentlichung im Internet auf eine mögliche Rechtsverletzung hin zu untersuchen. Eine solche Obliegenheit würde das gesamte Geschäftsmodell in Frage stellen[3630].

Allerdings ist nach Auffassung des BGH zu bedenken, dass der Betreiber der Plattform durch 2194
die ihm **geschuldete Provision** an dem Verkauf der Pirateriewaren beteiligt sei. Unter diesen
Umständen komme dem Interesse der Plattformbetreiber an einem möglichst kosten-
günstigen und reibungslosen Ablauf ihres Geschäftsbetriebs ein geringeres Gewicht zu als
beispielsweise dem Interesse der Registrierungsstelle für Domainnamen an einer möglichst
schnellen und preiswerten Domainvergabe[3631]. Dies wiederum bedeute, dass der Plattformbetreiber immer dann, wenn er auf eine klare Rechtsverletzung hingewiesen worden ist, nicht
nur das konkrete Angebot unverzüglich sperren (vgl. § 10 Satz 1 Nr. 2 TMG), sondern auch
Vorsorge treffen müsse, dass es möglichst nicht zu **weiteren derartigen Rechtsverletzungen**
kommt.

3628 BGH v. 17.5.2001 – I ZR 251/99, AfP 2001, 507 = CR 2001, 850 m. Anm. *Freytag* = ITRB 2001,
280 = NJW 2001, 3265 = MMR 2001, 671 – ambiente.de; zur Entwicklung im sonstigen Wettbewerbsrecht s. *Jergolla*, WRP 2004, 655, 656 f.
3629 BGH v. 11.3.2004 – I ZR 304/01, AfP 2004, 584 = ITRB 2005, 127 = CR 2004, 763, 767 m.
Anm. *Volkmann* = MMR 2004, 668, 671 f. = K&R 2004, 486, 491 f. – Internet-Versteigerung;
BGH v. 19.4.2007 – I ZR 35/04, AfP 2007, 352 = AfP 2008, 430 = ITRB 2007, 246 = NJW 2007,
2636, 2639 = CR 2007, 523, 527 m. Anm. *Rössel* = MMR 2007, 507, 511 m. Anm. *Spindler* =
BGHReport 2007, 825, 827 m. Anm. *Härting* – Internet-Versteigerung II; BGH v. 12.7.2007 –
I ZR 18/04, AfP 2007, 477 = ITRB 2007, 269 = NJW 2008, 758, 763 = CR 2007, 728, 733 f. m.
Anm. *Härting* = K&R 2007, 517, 523 – Jugendgefährdende Medien bei eBay; BGH v. 30.4.2008
– I ZR 73/05, ITRB 2008, 218 = CR 2008, 579 = GRUR 2008, 702 = NJW-RR 2008, 1136 =
WRP 2008, 1104 = MMR 2008, 531 = K&R 2008, 435 m. Anm. *Dittrich* – Internet-Versteige-
rung III; BGH v. 26.11.2015 – I ZR 174/14 Rz. 21, CR 2016, 198 m. Anm. *Kremer/Telle* = CR
2016, 408 m. Anm. *Neidinger* = ITRB 2016, 74 – Störerhaftung des Access Providers; BGH v.
3.3.2016 – I ZR 140/14 Rz. 16, CR 2016, 746 – Angebotsmanipulation bei Amazon; OLG Dresden v. 1.4.2015 – 4 U 1296/14 Rz. 74, AfP 2015, 261 = CR 2015, 531 = ITRB 2015, 180; OLG
Hamburg v. 18.6.2020 – 5 U 33/19 Rz. 48.
3630 BGH v. 11.3.2004 – I ZR 304/01, AfP 2004, 584 = ITRB 2005, 127 = CR 2004, 763, 767 m.
Anm. *Volkmann* = MMR 2004, 668, 671 = K&R 2004, 486, 491 – Internet-Versteigerung;
BGH v. 19.4.2007 – I ZR 35/04, AfP 2007, 352 = AfP 2008, 430 = ITRB 2007, 246 = NJW 2007,
2636, 2639 = CR 2007, 523, 527 m. Anm. *Rössel* = MMR 2007, 507, 511 m. Anm. *Spindler* =
BGHReport 2007, 825, 827 m. Anm. *Härting* – Internet-Versteigerung II.
3631 BGH v. 11.3.2004 – I ZR 304/01, AfP 2004, 584 = ITRB 2005, 127 = CR 2004, 763, 767 m.
Anm. *Volkmann* = MMR 2004, 668, 671 = K&R 2004, 486, 491 – Internet-Versteigerung;
OLG Hamburg v. 18.6.2020 – 5 U 33/19 Rz. 48.

2195 Der BGH bestimmt den **Umfang der Prüfungspflichten** des Diensteanbieters danach, ob und inwieweit dem als Störer in Anspruch Genommenen nach den Umständen eine Prüfung oder Überwachung zuzumuten ist (s. Rz. 2192). Dies richte sich nach den jeweiligen Umständen des Einzelfalls unter Berücksichtigung der Funktion und Aufgabenstellung des als Störer in Anspruch Genommenen sowie mit Blick auf die Eigenverantwortung desjenigen, der die rechtswidrige Beeinträchtigung selbst unmittelbar vorgenommen hat. Bei der Auferlegung von Kontrollmaßnahmen sei zu beachten, dass Geschäftsmodelle, die nicht in besonderer Weise die Gefahr von Rechtsverletzungen schaffen oder fördern, nicht wirtschaftlich gefährdet oder unverhältnismäßig erschwert werden dürfen[3632].

2196 Kommt ein Host Provider seiner Unterlassungsverpflichtung nicht nach, haftet er für weitere Rechtsverstöße als **Gehilfe**[3633] oder **Täter**. Dies bedeutet insbesondere, dass er auf **Schadensersatz** einschließlich des Ersatzes von **Abmahnkosten** in Anspruch genommen werden kann.

c) Unterlassungspflichten bei Verhaltensunrecht

2197 Gut drei Jahre nach „Internet-Versteigerung I" war der I. Zivilsenat des BGH in seiner Entscheidung zu „**Jugendgefährdende Medien bei eBay**"[3634] um ein weiteres Grundsatzurteil bemüht. Auch in dieser Entscheidung ging es um die Haftung einer Internetauktions-Plattform. Der Rechtsverstoß lag in einem Wettbewerbsverstoß: Über die Plattform eBay wurden unter Verletzung des Jugendschutzrechts gewaltverherrlichende Medienträger angeboten. Der Plattformbetreiber wurde daraufhin auf Unterlassung derartiger Angebote verklagt.

2198 Im Wettbewerbsrecht geht es um „**Verhaltensunrecht**"[3635]. Der BGH bekundete für diesen Bereich „eine gewisse Zurückhaltung gegenüber dem Institut der Störerhaftung"[3636]. Klartext fand sich einige Jahre später in der Entscheidung zu „Kinderhochstühle im Internet"[3637]. Für den Bereich des „Verhaltensunrechts" verabschiedete sich der I. Zivilsenat vollständig von der Störerhaftung[3638].

2199 Bereits in seiner Entscheidung zu „**Jugendgefährdende Medien bei eBay**" ging der BGH – wenn auch ohne nähere Begründung – nicht von einer Störerhaftung, sondern von einem „täterschaftlichen Verstoß der Beklagten gegen die Generalklausel des § 3 UWG" aus. Wer durch sein Handeln im geschäftlichen Verkehr in einer ihm zurechenbaren Weise die **Gefahr eröffne**, dass Dritte die Interessen von Marktteilnehmern verletzen, die durch das Wett-

---

3632 BGH v. 21.1.2021 – I ZR 20/17 Rz. 37, ITRB 2021, 104 (*Rössel*) – Davidoff Hot Water IV; BGH v. 6.5.2021 – I ZR 61/20 Rz. 43 – Die Filsbacher; OLG Köln v. 17.7.2020 – 6 U 212/19 Rz. 54; OLG Hamburg v. 18.6.2020 – 5 U 33/19 Rz. 48; OLG Köln v. 9.10.2020 – 6 U 32/20 Rz. 111.

3633 OLG Hamburg v. 13.5.2013 – 5 W 41/13 Rz. 18 ff., CR 2013, 803 = ITRB 2013, 176.

3634 BGH v. 12.7.2007 – I ZR 18/04, AfP 2007, 477 = ITRB 2007, 269 = NJW 2008, 758 = CR 2007, 728 m. Anm. *Härting* = K&R 2007, 517 – Jugendgefährdende Medien bei eBay.

3635 Vgl. *Ohly*, GRUR 2017, 441, 441 ff.

3636 Vgl. BGH v. 15.5.2003 – I ZR 292/00, CR 2004, 333 = NJW-RR 2003, 1685, 1686 – Ausschreibung von Vermessungsleistungen; BGH v. 24.6.2003 – KZR 32/02, AfP 2003, 428 = NJW 2003, 2525, 2526 – Buchpreisbindung, jeweils m.w.N.

3637 Vgl. *Härting*, ITRB 2012, 254, 254.

3638 BGH v. 22.7.2010 – I ZR 139/08 Rz. 48, CR 2011, 259 = ITRB 2011, 26 = Kinderhochstühle im Internet.

bewerbsrecht geschützt sind, begehe eine unlautere Wettbewerbshandlung, wenn er diese Gefahr nicht im Rahmen des Möglichen und Zumutbaren begrenze. eBay habe im eigenen geschäftlichen Interesse eine allgemein zugängliche Handelsplattform geschaffen, deren Nutzung mit der Gefahr verbunden sei, schutzwürdige Interessen von Verbrauchern zu beeinträchtigen. Da eBay zudem bekannt sei, dass Versteigerer unter Nutzung der Handelsplattform mit konkreten Angeboten gegen das Jugendschutzgesetz verstoßen, sei eBay verpflichtet, im Hinblick auf die konkret bekannt gewordenen Verstöße zumutbare Vorkehrungen zu treffen, um derartige Rechtsverletzungen künftig so weit wie möglich zu verhindern[3639].

Aus dem Gesichtspunkt der „Gefaheröffnung" leitet der BGH eine **wettbewerbsrechtliche Verkehrspflicht** ab. Im Kern gehe es um den allgemeinen Rechtsgrundsatz, dass jeder, der in seinem Verantwortungsbereich eine Gefahrenquelle schafft oder andauern lässt, die ihm zumutbaren Maßnahmen und Vorkehrungen treffen muss, die zur Abwendung der daraus Dritten drohenden Gefahren notwendig sind[3640]. Erforderlich ist somit eine **Garantenstellung des Diensteanbieters**, die ihn nach einer wertenden Betrachtung verpflichtet, den deliktischen Erfolg abzuwenden. Sie muss gegenüber dem außenstehenden Dritten bestehen, der aus der Verletzung der Pflicht Ansprüche herleitet[3641]. Wie weit die jeweilige Garantenpflicht geht, bestimmt sich nach allen Umständen des konkreten Einzelfalls[3642]. | 2200

Die wettbewerbsrechtliche Verkehrspflicht eines Telemedienanbieters „konkretisiert" sich nach Auffassung des BGH in einer **Prüfungspflicht**. Damit ist die Brücke zu „Internet-Versteigerung I" geschlagen: Voraussetzung einer Haftung des Anbieters sei – wie bei der Störerhaftung – eine Verletzung von Prüfungspflichten. Deren Bestehen und Umfang richte sich im Einzelfall nach einer Abwägung aller betroffenen Interessen und relevanten rechtlichen Wertungen. Wie bei der Störerhaftung komme es entscheidend darauf an, ob und inwieweit dem in Anspruch Genommenen nach den Umständen eine Prüfung zuzumuten sei[3643]. | 2201

Bei der „**gebotenen Abwägung**" könne die Bereitstellung der Internet-Plattform durch eBay für sich allein nicht schon Prüfungspflichten begründen. Dem Plattformbetreiber sei es nicht zuzumuten, jedes Angebot vor Veröffentlichung im Internet auf eine mögliche Rechtsverletzung hin zu untersuchen. Eine Handlungspflicht entstehe jedoch, sobald der Betreiber der Plattform **Kenntnis** von konkreten jugendgefährdenden Angeboten erlangt habe. Ab Kenntniserlangung könne sich eBay nicht mehr auf eine „**medienrechtliche Freistellung** | 2202

3639 BGH v. 12.7.2007 – I ZR 18/04, AfP 2007, 477 = ITRB 2007, 269 = NJW 2008, 758, 762 = CR 2007, 728, 732 m. Anm. *Härting* = K&R 2007, 517, 521 f. – Jugendgefährdende Medien bei eBay.

3640 Vgl. BGH v. 12.7.2007 – I ZR 18/04, AfP 2007, 477 = ITRB 2007, 269 = NJW 2008, 758, 759 ff. = CR 2007, 728, 730 ff. m. Anm. *Härting* = K&R 2007, 517, 519 ff. – Jugendgefährdende Medien bei eBay; BGH v. 19.3.2015 – I ZR 94/13 Rz. 42, CR 2016, 817 = AfP 2015, 543 = ITRB 2015, 279 – Hotelbewertungsportal.

3641 BGH v. 20.2.2020 – I ZR 193/18 Rz. 34, CR 2020, 253 – Kundenbewertungen auf Amazon.

3642 BGH v. 20.2.2020 – I ZR 193/18 Rz. 35, CR 2020, 253 – Kundenbewertungen auf Amazon.

3643 BGH v. 12.7.2007 – I ZR 18/04, AfP 2007, 477 = ITRB 2007, 269 = NJW 2008, 758, 762 = CR 2007, 728, 732 m. Anm. *Härting* = K&R 2007, 517, 521 – Jugendgefährdende Medien bei eBay; BGH v. 19.3.2015 – I ZR 94/13 Rz. 42, CR 2016, 817 = AfP 2015, 543 = ITRB 2015, 279 – Hotelbewertungsportal; BGH v. 22.7.2021 – I ZR 194/20 Rz. 68, CR 2022, 199 = AfP 2021, 527 – Rundfunkhaftung.

von einer Inhaltskontrolle" berufen[3644]. Es sei mit der Lauterkeit des Wettbewerbs nicht zu vereinbaren, wenn es eBay bewusst in Kauf nehme, Umsätze mit Provisionen für Geschäfte zu erzielen, die auf Grund von Angeboten abgeschlossen worden sind, die gegen das Jugendschutzrecht verstoßen. Die **Gewinnerzielungsabsicht** wird somit als haftungsbegründendes Argument bemüht[3645].

2203 In welchem Umfang dem in Anspruch Genommenen eine Prüfung zuzumuten ist, richtet sich – wie bei der Störerhaftung – nach den **Umständen des Einzelfalls** unter Berücksichtigung der Funktion und Aufgabenstellung des in Anspruch Genommenen sowie mit Blick auf die Eigenverantwortung desjenigen, der den Rechtsverstoß selbst unmittelbar begangen hat. Es bedarf einer **Abwägung** unter Berücksichtigung der Interessenlage und der konkreten Verantwortungsbereiche der Beteiligten sowie der Möglichkeit und Zumutbarkeit von Kontroll- oder Sicherungsmaßnahmen. Dabei kann es darauf ankommen, ob die Rechtsverletzung aufgrund einer unklaren Rechtslage erst nach eingehender rechtlicher oder tatsächlicher Prüfung festgestellt werden kann oder aber für den in Anspruch Genommenen **offenkundig** und unschwer zu erkennen ist[3646]. Auch **übergeordnete Aspekte** wie die soziale Nützlichkeit eines Geschäftsmodells oder rechtliche Grundwertungen wie der Schutz der Presse- und Meinungsfreiheit durch Art. 5 Abs. 1 Satz 1 und 2 GG können in die Abwägung einfließen[3647].

2204 Die wettbewerbsrechtlichen Verkehrspflichten sind den **deliktischen Verkehrssicherungspflichten** aufgrund Schaffung oder Aufrechterhaltung einer Gefahrenlage entlehnt. Deliktische Verkehrssicherungspflichten können vertraglich auf einen anderen mit der Folge übertragen werden, dass der die Verkehrssicherungspflicht Übernehmende selbst gegenüber Dritten deliktsrechtlich verantwortlich werden kann. Wer aufgrund **vertraglicher Vereinbarung** den Gefahrenbereich beherrscht, kann nach allgemeinen Deliktsgrundsätzen für die erforderlichen Sicherungsmaßnahmen verantwortlich sein. In diesem Fall verengt sich die Verkehrssicherungspflicht des ursprünglich Verantwortlichen auf **Auswahl- und Überwachungspflichten**[3648].

2205 Unter dem Gesichtspunkt einer wettbewerbsrechtlichen Verkehrspflicht erachteten das OLG Frankfurt[3649] und das LG Düsseldorf[3650] den Betreiber eines Portals für Kleinanzeigen für verpflichtet, dafür Sorge zu tragen, dass gewerbliche Inserenten ihrer **Impressumspflicht** (**§ 5 TMG**) (Rz. 1534 ff.) nachkommen. Ähnlich argumentierte das OLG Köln und bejahte die Haftung eines Internetauktionsportals für Urheberrechtsverletzungen, die im Zusammenhang mit **Kunstauktionen** begangen worden waren[3651].

3644 BGH v. 12.7.2007 – I ZR 18/04, AfP 2007, 477 = ITRB 2007, 269 = NJW 2008, 758, 762 = CR 2007, 728, 732 m. Anm. *Härting* = K&R 2007, 517, 521 f. – Jugendgefährdende Medien bei eBay.

3645 Vgl. BGH v. 12.7.2007 – I ZR 18/04, AfP 2007, 477 = ITRB 2007, 269 = NJW 2008, 758, 762 = CR 2007, 728, 732 m. Anm. *Härting* = K&R 2007, 517, 521 f. – Jugendgefährdende Medien bei eBay.

3646 BGH v. 20.2.2020 – I ZR 193/18 Rz. 35, CR 2020, 253 – Kundenbewertungen auf Amazon; BGH v. 22.7.2021 – I ZR 194/20 Rz. 82, CR 2022, 199 = AfP 2021, 527 – Rundfunkhaftung.

3647 BGH v. 20.2.2020 – I ZR 193/18 Rz. 35, CR 2020, 253 – Kundenbewertungen auf Amazon.

3648 BGH v. 22.7.2021 – I ZR 194/20 Rz. 72, CR 2022, 199 = AfP 2021, 527 – Rundfunkhaftung.

3649 OLG Frankfurt v. 23.10.2008 – 6 U 139/08, K&R 2008, 60 f.

3650 LG Düsseldorf v. 18.6.2013 – 20 U 145/12 Rz. 34 ff.

3651 OLG Köln v. 26.9.2008 – 6 U 111/08, ZUM 2009, 68, 68 ff.

d) Unterlassungspflichten bei Verletzung des Persönlichkeitsrechts

Bei der Verletzung von Persönlichkeitsrechten geht es um **„Erfolgsunrecht".** Zuständig beim BGH ist meist der VI. Zivilsenat. Für die Haftung von Intermediären für die Verletzung von Persönlichkeitsrechten hat der VI. Zivilsenat eigene Maßstäbe entwickelt. Ebenso wie der I. Zivilsenat stellt indes auch der VI. Zivilsenat maßgeblich auf Prüfungspflichten des Diensteanbieters ab.   2206

In seinem **„Autocomplete"-Urteil** machte der VI. Zivilsenat des BGH Google nicht für die Verwendung der Suchvorschläge verantwortlich. Bei dem Entwickeln und Verwenden der die Suchvorschläge bearbeitenden Software handele es sich um eine durch Art. 2, 14 GG geschützte wirtschaftliche Tätigkeit. Zudem ziele die Nutzung der Software nicht von vornherein auf eine Rechtsverletzung ab. Nur durch das Hinzutreten eines bestimmten Nutzerverhaltens könnten ehrverletzende Begriffsverbindungen entstehen[3652].   2207

Die Haftung von Google für die Suchvorschläge stützte der BGH auf ein **Unterlassen.** Google könne vorgeworfen werden, keine hinreichenden Vorkehrungen getroffen zu haben, um zu verhindern, dass die Suchvorschläge Rechte Dritter verletzen[3653]. Eine Haftung des Diensteanbieters für ein Unterlassen setzt nach Auffassung des VI. Zivilsenats eine Verletzung von **Prüfungspflichten** voraus. Entsprechend den zur Störerhaftung entwickelten Grundsätzen komme es darauf an, ob und inwieweit dem in Anspruch Genommenen nach den Umständen eine Prüfung zuzumuten sei[3654]. Der Betreiber einer Suchmaschine sei nicht verpflichtet, die durch eine Software generierten Suchvorschläge generell vorab auf etwaige Rechtsverletzungen zu überprüfen, dies würde den Betrieb unzumutbar erschweren[3655]. Eine Prüfungspflicht bestehe jedoch, wenn der Betreiber **Kenntnis** von der Rechtsverletzung erlangt[3656].   2208

e) Prüfungspflichten: Voraussetzungen

aa) „Notice and Scan"

Im Ergebnis hat der BGH das „Notice-and-Take-Down"-Prinzip in ein **„Notice-and-Scan"-Prinzip**[3657] verwandelt und lässt – jedenfalls bei kommerziellen Diensteanbietern – die Kenntnis von einem (einmaligen) Rechtsverstoß genügen, um für die Zukunft Prüfungspflichten und damit einen **Unterlassungsanspruch** zu begründen[3658].   2209

Der Begriff der „Prüfungspflicht" ist denkbar **unscharf.** Hinter dem Begriff der „Prüfung" kann sich eine tatsächliche oder auch eine rechtliche Prüfung verbergen. Tatsächliche Prü-   2210

3652 BGH v. 14.5.2013 – VI ZR 269/12 Rz. 26, AfP 2013, 260 = ITRB 2013, 150; vgl. *Härting,* CR 2013, 443, 444 f.
3653 BGH v. 14.5.2013 – VI ZR 269/12 Rz. 24 f., AfP 2013, 260 = ITRB 2013, 150; vgl. *Härting,* CR 2013, 443, 444.
3654 BGH v. 14.5.2013 – VI ZR 269/12 Rz. 29, AfP 2013, 260 = CR 2013, 459 = ITRB 2013, 150.
3655 BGH v. 14.5.2013 – VI ZR 269/12 Rz. 30, AfP 2013, 260 = CR 2013, 459 = ITRB 2013, 150.
3656 BGH v. 14.5.2013 – VI ZR 269/12 Rz. 30, AfP 2013, 260 = CR 2013, 459 = ITRB 2013, 150; BGH v. 1.3.2016 – VI ZR 34/15 Rz. 23, AfP 2016, 253 = CR 2016, 390 m. Anm. *Kriegesmann* = ITRB 2016, 123 – jameda.de II.
3657 Vgl. *Härting,* CR 2007, 734, 735.
3658 Vgl. BGH v. 17.12.2010 – V ZR 44/10 Rz. 20, AfP 2011, 156 = CR 2011, 325 – Preußische Gärten und Parkanlagen auf Internetportal.

fungspflichten zielen darauf ab, ob und inwieweit der Betreiber einer Plattform verpflichtet ist, diese – ggf. unter Anwendung von Filter-Software – zu „durchforsten". Davon zu trennen ist die Frage, ob der Betreiber die Rechtmäßigkeit von Inhalten prüfen muss, wenn sich Dritte durch diese Inhalten in ihren Rechten verletzt fühlen.

bb) Hinweis auf eine Rechtsverletzung

2211 Wie genau der **Hinweis** sein muss, der die Prüfungspflichten begründet[3659], ist unklar. Zu verlangen ist jedenfalls, dass die Angaben so präzise sind, dass der Betreiber einer Plattform imstande ist, konkret angeführte Inhalte auf der Plattform zu überprüfen und gegebenenfalls auch zu sperren[3660]. In seiner Blogeintrag-Entscheidung[3661] fordert der BGH konkret gefasste Hinweise auf eine Persönlichkeitsrechtsverletzung, die es dem Betreiber ermöglichen, auf der Grundlage der Behauptungen des Betroffenen unschwer – ohne eingehende tatsächliche und rechtliche Überprüfung – einen Rechtsverstoß zu bejahen[3662].

2212 In einem Fall, in dem es um einen angeblichen Wettbewerbsverstoß des Betreibers einer Ticketbörse ging, verlangte das OLG Düsseldorf einen Hinweis auf eine „klare Rechts- oder Vertragsverletzung"[3663]. Im konkreten Fall ging es um die Auslegung von Weiterverkaufsverboten in Ticketbörse-Geschäftsbedingungen, es fehlte jedenfalls an einer „unschweren" Erkennbarkeit eines Rechtsverstoßes.

f) Prüfungspflichten: Reichweite

2213 Wer als Plattformbetreiber von rechtswidrigen Inhalten erfährt, ist verpflichtet, **gleichartige Rechtsverstöße** in Zukunft zu unterbinden[3664]. Prozessual bedeutete dies vielfach, dass der Betreiber zur Unterlassung verurteilt wurde[3665]. Den Einwand, alles Zumutbare unternommen zu haben, um (wiederholte) Rechtsverletzungen zu vermeiden, konnte der Anbieter erst im Vollstreckungsverfahren unter dem Gesichtspunkt des (fehlenden) Verschuldens erheben (§ 890 ZPO)[3666].

3659 Vgl. BGH v. 19.3.2015 – I ZR 94/13 Rz. 42, CR 2016, 817 = AfP 2015, 543 = ITRB 2015, 279 – Hotelbewertungsportal.

3660 Vgl. OLG Düsseldorf v. 24.2.2009 – I-20 U 204/02, ITRB 2009, 131 = CR 2009, 391, 393.

3661 Vgl. *Härting*, ITRB 2012, 254, 254 f.

3662 BGH v. 25.10.2011 – VI ZR 93/10 Rz. 26, AfP 2012, 50 = CR 2012, 103 = ITRB 2012, 28 – Blog-Eintrag.

3663 OLG Düsseldorf v. 7.7.2010 – VU-U (Kart) 12/10 Rz. 21; vgl. auch *Schreiber*, CR 2014, 791, 793.

3664 BGH v. 11.3.2004 – I ZR 304/01, AfP 2004, 584 = ITRB 2005, 127 = CR 2004, 763, 767 m. Anm. *Volkmann* = MMR 2004, 668, 671 f. = K&R 2004, 486, 491 f. – Internet-Versteigerung; BGH v. 19.4.2007 – I ZR 35/04, AfP 2007, 352 = AfP 2008, 430 = ITRB 2007, 246 = NJW 2007, 2636, 2639 = CR 2007, 523, 527 m. Anm. *Rössel* = MMR 2007, 507, 511 m. Anm. *Spindler* = BGHReport 2007, 825, 828 m. Anm. *Härting* – Internet-Versteigerung II; BGH v. 12.7.2007 – I ZR 18/04, AfP 2007, 477 = ITRB 2007, 269 = NJW 2008, 758, 762 = CR 2007, 728, 732 f. m. Anm. *Härting* = K&R 2007, 517, 523 – Jugendgefährdende Medien bei eBay; BGH v. 30.4.2008 – I ZR 73/05, ITRB 2008, 218 = CR 2008, 579 = GRUR 2008, 702 = NJW-RR 2008, 1136 = WRP 2008, 1104 = MMR 2008, 531 = K&R 2008, 435 m. Anm. *Dittrich* – Internet-Versteigerung III.

3665 LG Köln v. 21.3.2007 – 28 O 15/07, AfP 2008, 432 = MMR 2007, 806 ff. = ZUM 2007, 568 ff.

3666 BGH v. 11.3.2004 – I ZR 304/01, AfP 2004, 584 = ITRB 2005, 127 = CR 2004, 763, 767 m. Anm. *Volkmann* = MMR 2004, 668, 672 = K&R 2004, 486, 491 – Internet-Versteigerung.

Ob auf „geparkten" Domains Werbung geschaltet wird oder auf einer Auktionsplattform 2214
Angebote aufgenommen werden: Diensteanbieter sind im Netz auf **automatisierte Verfah-**
ren angewiesen. Dabei kann nie hundertprozentig ausgeschlossen werden, dass die Unternehmen an einem Rechtsverstoß mitwirken. Doch welche technischen Maßnahmen müssen
ergriffen werden, um die Haftung abzuwenden? Wie viel Personal muss eingesetzt werden,
um den Prüfungspflichten zu genügen? Welche Rechtsverletzungen sind „gleichartig", wenn
ein Diensteanbieter von einem Rechtsverstoß erfährt? Auf derartige Fragen findet man in
der Rechtsprechung selten befriedigende Antworten.

In seiner Entscheidung zu „Jugendgefährdende Medien bei eBay" bemühte sich der BGH, 2215
den Begriff der **„gleichartigen Rechtsverstöße"** zu konkretisieren. „Gleichartig" seien nicht
nur Angebote, die mit den bekannt gewordenen Fällen identisch sind, also das Angebot des
gleichen Artikels durch denselben Versteigerer betreffen. Vielmehr habe die Beklagte auch
zu verhindern, dass die konkret bekannten jugendgefährdenden Medien durch andere Bieter
erneut über ihre Plattform angeboten werden. „Gleichartig" seien auch Angebot, die derselbe Versteigerer auf demselben Trägermedium (z.B. Bildträger, Tonträger, Printmedium, Com-
puterspiel) in derselben jugendgefährdenden Kategorie (z.B. Verherrlichung der NS-Ideo-
logie, Anreize zur Gewalttätigkeit, Pornographie) anbot[3667].

Im **Fall Renate Künast** vertrat das LG Frankfurt/M. die Auffassung, dass Facebook verpflich- 2216
tet sei, nach der Meldung eines persönlichkeitsrechtsverletzenden Falschzitats auch ähnliche
Postings ausfindig zu machen und zu löschen. Es gehöre zu den Verpflichtungen eines Un-
terlassungsschuldners, grundsätzlich selbst festzustellen, ob in einer ihm bekannten Abwand-
lung das Charakteristische der konkreten Verletzungsform zum Ausdruck kommt und damit
kerngleich ist[3668].

In seiner Entscheidung zu der österreichischen Politikerin Glawischnig-Piesczek hat der 2217
EuGH dem nationalen Gesetzgeber **erhebliche Spielräume** bei der Ausgestaltung von Prüfungspflichten eines Host Providers zugebilligt. Es sei nach Art. 15 E-Commerce-Richtlinie
zulässig, einen Host Provider zu verpflichten, die von ihm gespeicherten Informationen, die
einen sinngleichen Inhalt haben wie Informationen, die zuvor für rechtswidrig erklärt worden sind, zu entfernen oder den Zugang zu ihnen zu sperren. Dabei müsse allerdings die
Überwachung und das Nachforschen der von einer solchen Verfügung betroffenen Informationen auf solche beschränkt sein, die eine Aussage vermitteln, deren Inhalt im Vergleich zu
dem Inhalt, der zur Feststellung der Rechtswidrigkeit geführt hat, im Wesentlichen unverändert geblieben ist, und die die Einzelheiten umfassen, die in der Verfügung genau bezeichnet worden sind. Die Unterschiede in der Formulierung des sinngleichen Inhalts dürften zudem im Vergleich zu der Formulierung, die die zuvor für rechtswidrig erklärte Information
ausmacht, nicht so geartet sein, dass sie den Hosting-Anbieter zwingen, eine autonome Beurteilung dieses Inhalts vorzunehmen[3669].

3667 BGH v. 12.7.2007 – I ZR 18/04, AfP 2007, 477 = ITRB 2007, 269 = NJW 2008, 758, 762 f. =
CR 2007, 728, 733 m. Anm. *Härting* = K&R 2007, 517, 522 – Jugendgefährdende Medien bei
eBay.
3668 LG Frankfurt/M. v. 8.4.2022 – 2-03 O 188/21 Rz. 106, AfP 2022, 264 = ITRB 2022, 153 (*Kartheuser*).
3669 EuGH v. 3.10.2019 – C-18/18 Rz. 53, ECLI:EU:C:2019:821, CR 2019, 731 = ITRB 2019, 248 –
Glawischnig-Piesczek.

g) Tendenzwende des BGH

2218 Ohne dass sich der BGH von früheren Urteilen ausdrücklich distanziert hat, hält er in neueren Entscheidungen nicht mehr daran fest, dass bereits die Kenntnis von einem Rechtsverstoß eine Verpflichtung zur Unterbindung „gleichartiger" Verstöße auslöst. Dies wurde erstmals deutlich in der Entscheidung des I. Zivilsenats zu **„Kinderhochstühle im Internet"**[3670], in der der BGH eine Verletzung von Verkehrspflichten mit der Begründung verneinte, es sei eBay nicht zumutbar, zur Vermeidung wettbewerbswidriger vergleichender Werbung (§ 6 Abs. 2 Nr. 6 UWG) Angebote zu kontrollieren, die sich lediglich mit allgemeinen Begriffen wie „wie" und „ähnlich" auf Markenartikel beziehen. Ob derartige Formulierungen eine implizite Darstellung einer Nachahmung oder Imitation beinhalteten, hänge von einer Einzelfallbetrachtung ab und könne nicht pauschal bejaht werden[3671]. Soweit sich die Klage auf das Markenrecht stützte, verneinte der BGH eine Störerhaftung mit der Begründung, dass eBay die im konkreten Fall zur Verhinderung von Markenverletzungen notwendige manuelle Kontrolle nicht zumutbar sei[3672]. Im Ergebnis verneinte der BGH einen Unterlassungsanspruch gegen eBay trotz Kenntnis von Rechtsverstößen.

2219 In einem anderen Fall, den der VI. Zivilsenat des BGH[3673] zu entscheiden hatte, ging es um Aussagen einer Journalistin in dem Online-Nachrichtendienst **„FOCUS online"**. Die Rechtswidrigkeit der Äußerungen war unstreitig. Der Betreiber des Nachrichtendienstes hatte den streitigen Beitrag frühzeitig gelöscht und eine strafbewehrte Unterlassungserklärung abgegeben. Die Unterlassungserklärung des Dienstebetreibers reichte dem Kläger jedoch nicht. Er verlangte vielmehr eine weitere Unterlassungserklärung des Inhabers der Domain, den der Nachrichtendienst nutzte.

2220 Nach den „allgemeinen Grundsätzen" der Störerhaftung sprach alles für eine **Prüfungspflicht** und damit eine Haftung des Domaininhabers, der unstreitig per Abmahnung Kenntnis von dem Rechtsverstoß erhalten hatte. Um die Klage nichtsdestotrotz abzuweisen, griff der VI. Zivilsenat zu einem Kunstgriff[3674]: Ohne sich mit der Rechtsprechung des I. Senats auseinanderzusetzen, berief sich der VI. Senat auf ein älteres Urteil des OLG Karlsruhe[3675] und eine Entscheidung des LG Berlin[3676] und behauptete – wie selbstverständlich –, dass eine Prüfungspflicht nicht bereits bei Kenntnis von einer Rechtsverletzung entstehe, sondern erst, „wenn der Störer nach Kenntniserlangung und Prüfung die Störung nicht unverzüglich beseitigt"[3677].

3670 Vgl. *Härting*, ITRB 2012, 254.
3671 BGH v. 22.7.2010 – I ZR 139/08 Rz. 50, CR 2011, 259 = ITRB 2011, 26 = Kinderhochstühle im Internet.
3672 BGH v. 22.7.2010 – I ZR 139/08 Rz. 37 ff., CR 2011, 259 = ITRB 2011, 26 = Kinderhochstühle im Internet.
3673 BGH v. 30.6.2009 – VI ZR 210/08, AfP 2009, 494 = CR 2009, 730 = ITRB 2010, 52 = NJW-RR 2009, 1413 ff. – Focus Online.
3674 Vgl. *Härting*, K&R 2009, 647.
3675 OLG Karlsruhe v. 22.10.2003 – 6 U 112/03, AfP 2004, 388 = ITRB 2004, 129 = CR 2004, 535 = WRP 2004, 507.
3676 LG Berlin v. 31.5.2007 – 27 S 2/07, CR 2007, 742.
3677 BGH v. 30.6.2009 – VI ZR 210/08, AfP 2009, 494 = CR 2009, 730 = ITRB 2010, 52 = NJW-RR 2009, 1413, 1416 – Focus Online; vgl. auch OLG Köln v. 19.3.2010 – 6 U 167/09, ITRB 2010, 227 = CR 2010, 403 (Ls.); auch OLG Stuttgart v. 22.10.2013 – 4 W 78/13.

Auch in seiner **RSS-Feeds**-Entscheidung ließ es der VI. Zivilsenat für die Verneinung eines 2221 Unterlassungsanspruchs genügen, dass der Portalbetreiber, der RSS-Feeds verbreitete, die beanstandeten Feeds beseitigte, nachdem er zur Beseitigung wegen einer Verletzung von Persönlichkeitsrechten aufgefordert worden war. Der BGH ließ keinen Zweifel daran, dass die bloße Kenntnis eines Rechtsverstoßes noch nicht ausreicht, um einen Unterlassungsanspruch und zukunftsgerichtete Prüfungspflichten zu bejahen[3678].

In seiner **Stiftparfüm**-Entscheidung rückte der I. Zivilsenat ein weiteres Mal von der „No- 2222 tice and Scan"-Linie ab[3679]. Es ging um gefälschte Davidoff-Düfte, die auf eBay vertrieben wurden. Nachdem Anwaltsschreiben mit Hinweisen auf die Markenrechtsverletzungen eingegangen waren, entfernte eBay die beanstandeten Angebote, weigerte sich jedoch, eine Unterlassungserklärung abzugeben. Anders als in vergangenen Urteilen ließ es der BGH in der Stiftparfüm-Entscheidung für einen Unterlassungsanspruch nicht ausreichen, dass eBay Kenntnis von Markenrechtsverstößen hatte. Vielmehr verneinte der BGH eine Wiederholungs- oder Erstbegehungsgefahr, da nicht ersichtlich sei, dass es nach den Anwaltsschreiben und der Beseitigung der monierten Angebote noch weitere Angebote gefälschter Davidoff-Artikel gegeben habe[3680].

In der Handlung, die Gegenstand einer Abmahnung oder sonstigen Mitteilung ist, mit der 2223 der Betreiber der Internet-Plattform erstmalig Kenntnis von einer Rechtsverletzung erlangt, liegt nach der mittlerweile gefestigten Rechtsprechung des BGH keine Verletzungshandlung, die eine **Wiederholungsgefahr** begründet. Für die Annahme einer (unter anderem nach § 1004 Abs. 1 Satz 2 BGB erforderlichen) Wiederholungsgefahr ist vielmehr eine **vollendete Verletzung** nach Begründung der Pflicht zur Verhinderung weiterer derartiger Rechtsverletzungen erforderlich[3681]. Eine solche Pflichtverletzung kann auch in einer zögerlichen Bearbeitung der Abmahnung bzw. Beanstandung des Verletzten liegen[3682].

Mit der Stiftparfüm-Entscheidung kehrte größere Rechtssicherheit in die BGH-Rechtspre- 2224 chung ein. Der Plattformbetreiber wusste, dass er nach einer Abmahnung die beanstandeten Artikel oder Inhalte **unverzüglich beseitigen** muss. Kam er dieser Verpflichtung nach, kann der Verletzte von dem Plattformbetreiber keine weiteren Maßnahmen verlangen.

h) Neutrale Stellung

Für neue Unschärfen sorgte der EuGH, der für die Haftungsprivilegierung eines Plattform- 2225 betreibers nach Art. 14 der E-Commerce-Richtlinie verlangt, dass sich der Plattformbetreiber auf eine rein technische und automatische Verarbeitung der von seinen Kunden eingegebenen Daten beschränkt. Sobald er eine „**aktive Rolle**" einnimmt, die ihm eine Kenntnis der Daten oder eine Kontrolle über sie verschaffen kann, scheidet eine Haftungsprivilegierung aus[3683].

3678 BGH v. 27.3.2012 – VI ZR 144/11 Rz. 20, AfP 2012, 264 = CR 2012, 464; vgl. *Härting*, ITRB 2012, 254, 255.
3679 Vgl. *Härting*, ITRB 2012, 254, 255.
3680 BGH v. 17.8.2011 – I ZR 57/09 Rz. 38 ff., CR 2011, 817 = ITRB 2012, 3 – Stiftparfüm.
3681 BGH v. 19.3.2015 – I ZR 94/13 Rz. 42, CR 2016, 817 = AfP 2015, 543 = ITRB 2015, 279 – Hotelbewertungsportal; BGH v. 22.7.2021 – I ZR 194/20 Rz. 94 – Rundfunkhaftung.
3682 Vgl. LG Hamburg v. 24.3.2017 – 324 O 148/16 Rz. 43 ff.
3683 Vgl. EuGH v. 12.7.2011 – C-324/09 Rz. 113, ECLI:EU:C:2011:474, CR 2011, 597 m. Anm. *Volkmann* = ITRB 2011, 198; *Härting/Salsas*, CRi 2011, 137, 139; *Spindler*, MMR 2011, 703, 704.

2226 Für eine „aktive Rolle" reicht es nicht aus, dass der Betreiber eines Online-Marktplatzes die Verkaufsangebote auf seinem Server speichert, die Modalitäten für seinen Dienst festlegt, für diesen eine Vergütung erhält und seinen Kunden Auskünfte allgemeiner Art erteilt. Leistet der Betreiber hingegen **Hilfestellung**, die darin besteht, die Präsentation einzelner Verkaufsangebote zu optimieren oder diese Angebote zu bewerben, fehlt es an einer „neutralen Stellung" und damit an den Voraussetzungen für eine Privilegierung gem. Art. 14 der E-Commerce-Richtlinie bzw. § 10 TMG[3684].

2227 Nach Auffassung des OLG Hamburg übernimmt eBay eine „aktive Rolle" bei der Veranlassung von Werbung (**Adword-Anzeigen**), die sich auf **konkrete eBay-Angebote** bezieht. Soweit es um die Anzeigen gehe, beschränke sich eBay nicht mehr auf das Zurverfügungstellen von technischen Strukturen, sondern fördere gezielt das Auffinden bestimmter Angebote durch Kaufinteressenten. § 10 TMG sei auf derartige Aktivitäten nicht anwendbar[3685]. Die Ausnahme von § 10 TMG gelte allerdings nur, soweit sich die „aktive Rolle" auf die konkret beanstandeten Angebote bezieht. Wenn von eBay Adword-Anzeigen unterschiedslos geschaltet werden für verschiedene Angebote, unter denen sich rechtsverletzende Angebote befinden können oder auch nicht, fehle es an dem notwendigen Bezug der „aktiven Rolle" zu dem konkreten Rechtsverstoß[3686].

2228 In seiner „Kinderhochstühle im Internet II"-Entscheidung schloss sich der BGH der Auffassung des OLG Hamburg an. Ein Plattformbetreiber wie eBay habe **erhöhte Kontrollpflichten**, wenn er Anzeigen schalte, die über einen Hyperlink unmittelbar zu schutzrechtverletzenden Angeboten führen. eBay sei in einem solchen Fall verpflichtet, die verlinkten Angebote auf problemlos und zweifelsfrei erkennbare Schutzrechtsverletzungen zu überprüfen[3687].

2229 In seiner „Kinderhochstühle im Internet III"-Entscheidung stellte der BGH klar, dass eine „aktive Rolle" nur dann bejaht werden kann, wenn der Plattformbetreiber selbst konkrete Aktivitäten entfaltet, um ein rechtsverletzendes Angebot zu fördern. Die bloße Einrichtung eines „E-Mail-Alerts" für bestimmte Suchwörter könne daher eine erweiterte Haftung nicht begründen, wenn die Nutzung des „Alerts" vom Plattformnutzer ausgelöst werde[3688]. Entsprechendes gelte für elektronische Werkzeuge, die der Plattformanbieter dem Nutzer zur Verfügung stellt, um den Internetauftritt attraktiver zu gestalten, sowie für ein zentrales Verkaufssystem samt Zahlungsabwicklung, da es an gefahrerhöhenden Momenten für eine Schutzrechtsverletzung fehle[3689].

3684 Vgl. EuGH v. 12.7.2011 – C-324/09 Rz. 115 f., ECLI:EU:C:2011:474, CR 2011, 597 m. Anm. *Volkmann* = ITRB 2011, 198; *Härting/Salsas*, CRi 2011, 137, 139.
3685 OLG Hamburg v. 4.11.2011 – 5 U 45/07 Rz. 136 ff.; *Kunczik*, ITRB 2012, 53, 53 f.
3686 OLG Hamburg v. 29.11.2012 – 3 U 216/06 Rz. 99 f., CR 2008, 809.
3687 BGH v. 16.5.2013 – I ZR 216/11 Rz. 46 ff., CR 2014, 50 = ITRB 2014, 3 – Kinderhochstühle im Internet II.
3688 BGH v. 5.2.2015 – I ZR 240/12 Rz. 70, CR 2015, 386 = ITRB 2015, 131 – Kinderhochstühle im Internet III.
3689 BGH v. 5.2.2015 – I ZR 240/12 Rz. 71 f., CR 2015, 386 = ITRB 2015, 131 – Kinderhochstühle im Internet III.

j) Einzelfälle

Die Fülle der instanzgerichtlichen Entscheidungen zum Haftungsrecht[3690] zeigt, dass die 2230
Rechtsprechung des BGH und des EuGH zur Rechtssicherheit wenig beigetragen hat[3691].
Die Grundsätze des BGH zu Prüfungspflichten im Netz werden von der Rechtsprechung in
immer neuen Zusammenhängen angewendet[3692].

aa) Access Provider

Nach § 8 Abs. 3 TMG gelten die Haftungsbefreiungen des § 8 Abs. 1 und 2 TMG auch für 2231
die Betreiber von **WLAN-Hotspots.** Wurde allerdings ein Telemediendienst von einem Nutzer in Anspruch genommen, um das Recht am geistigen Eigentum eines anderen zu verletzen und besteht für den Inhaber dieses Rechts keine andere Möglichkeit, der Verletzung
seines Rechts abzuhelfen, so kann der Verletzte vom Betreiber des WLAN-Hotspots eine
Zugangssperrung verlangen, um die Wiederholung der Rechtsverletzung zu verhindern (§ 7
Abs. 4 Satz 1 TMG). Nach Auffassung des BGH ist § 7 Abs. 4 TMG nicht nur auf Betreiber
von WLAN-Hotspots, sondern analog auch auf **alle (anderen) Zugangsprovider** anwendbar[3693].

§ 7 Abs. 3 Satz 1 TMG gilt gleichfalls für den Access Provider. Daher ist der BGH der An- 2232
sicht, dass die Haftungsprivilegierung des § 8 TMG auch für Beseitigungs- und Unterlassungsansprüche gegen Access Provider nicht gilt[3694]. Klagen gegen Zugangsprovider auf Sperrung
pornographischer Inhalte[3695] oder von Seiten mit Raubkopien[3696] überraschen daher ebenso
wenig wie öffentlich-rechtliche Sperrungsverfügungen, die sich gegen den Zugang zu Glücks-
spielangeboten richten[3697].

Das OLG Frankfurt verneinte eine **Sperrpflicht** des Access Providers mit der Begründung, 2233
dass ein Access Provider – anders als eBay – keine Gefahrenquelle für Wettbewerbsverstöße
eröffne, sondern lediglich den „Zugang zu etwaigen Wettbewerbsverstößen" schaffe. Daher
sei der Fall nicht mit dem Fall vergleichbar, der der BGH-Entscheidung „Jugendgefährdende
Medien bei eBay"[3698] zugrunde lag[3699]. Ähnlich argumentierte das LG Düsseldorf in Fällen,
in denen von Access Providern verlangt wurde, den Zugang zu jugendschutzwidrigen Ero-

---

3690 Vgl. *Engels/Jürgen/Fritsche*, K&R 2007, 57, 64 ff.; *Engels/Jürgens/Kleinschmidt*, K&R 2008, 65,
69 ff.; *Volkmann*, K&R 2007, 289 ff.
3691 Vgl. *Pille*, NJW 2018, 3545, 3545 ff.
3692 Vgl. *Lehmann/Rein*, CR 2008, 97, 103.
3693 BGH v. 26.7.2018 – I ZR 64/17 Rz. 42 ff. – Dead Island; OLG München v. 27.5.2021 – 29 U
6933/19 Rz. 286; LG München I v. 7.6.2019 – 37 O 2516/18 Rz. 81; *Schaub*, NJW 2018,
3754 ff.
3694 Vgl. BGH v. 11.3.2004 – I ZR 304/01, AfP 2004, 584 = ITRB 2005, 127 = CR 2004, 763, 765
m. Anm. *Volkmann* = MMR 2004, 668, 670 = K&R 2004, 486, 489 – Internet-Versteigerung.
3695 Vgl. *Schnabel*, K&R 2008, 26, 26 ff.
3696 LG Berlin v. 13.6.2017 – 16 O 270/16.
3697 Vgl. VG Düsseldorf v. 29.11.2011 – 27 K 458/10, CR 2012, 401; VG Düsseldorf v. 29.11.2011 –
27 K 5887/10.
3698 BGH v. 12.7.2007 – I ZR 18/04, AfP 2007, 477 = ITRB 2007, 269 = NJW 2008, 758 = CR 2007,
728 m. Anm. *Härting* = K&R 2007, 517 – Jugendgefährdende Medien bei eBay.
3699 OLG Frankfurt v. 22.1.2008 – 6 W 10/08, ITRB 2008, 53 = CR 2008, 242, 242 f.

tikseiten zu sperren[3700]. Gescheitert ist auch eine Klage gegen einen Access Provider auf Sperrung des Zugangs zu Google wegen pornographischer Bilder, die über die Suchmaschine auffindbar waren[3701].

2234   Das LG Hamburg hatte zu entscheiden, ob ein Access Provider zur Sperrung einer Internetseite verpflichtet war, auf der zahlreiche **Raubkopien** von Filmen zum Download angeboten wurden. Das Gericht verneinte eine Verpflichtung zur Sperrung mit der Begründung, dass der Access Provider nur einen „passiv neutralen automatischen Beitrag" zu den Rechtsverletzungen leiste. Dieser Beitrag sei nicht mit dem eines Plattformbetreibers vergleichbar. Der beträchtliche Aufwand, der mit einer Sperrung verbunden wäre, sei dem Access Provider nicht zumutbar[3702]. Zudem vertrat das LG Hamburg die Auffassung, dass Filter- und Sperrmaßnahmen des Access Providers in rechtlich unzulässiger Weise in das Fernmeldegeheimnis eingreifen würden[3703].

2235   Auch das OLG Hamburg verneinte eine Störerhaftung des Zugangsproviders und stützte sich dabei maßgeblich darauf, dass bei einer **DNS-Sperre** die Gefahr bestehe, von dem Betreiber der gesperrten Internetseite oder von Dritten, die über diese Seite rechtmäßige Inhalte verbreiten, auf Unterlassung bzw. auf Schadensersatz in Anspruch genommen zu werden. Es sei nicht gerechtfertigt, mittels einer DNS-Sperre auch den Zugang zu rechtmäßigen Angeboten Dritter zu unterbinden[3704].

2236   Das OLG Köln wies eine Klage von **Tonträgerherstellern** gegen einen Access Provider mit der Begründung ab, dem Access Provider sei eine Sperre nicht zumutbar. Aufgrund der Vielzahl von Rechtsverletzungen im Internet hätten Sperrpflichten zur Folge, dass der Provider eine Vielzahl von technischen Sicherheitsvorkehrungen in Form von Datenfiltern einrichten müsste, die wiederum immer neuen Gegebenheiten und neuen Verletzungsformen angepasst werden müssten. Eine derartig weitgehende Haftung des Anbieters, der lediglich die technische Infrastruktur für den Internetzugang zur Verfügung stelle, sei nicht gerechtfertigt. Die Verantwortlichkeit des Access Providers beschränke sich auf den Transport von Daten, ohne von ihnen Kenntnis zu haben oder in sonstiger Weise Einfluss zu nehmen[3705].

2237   Es ist schwer, ein stichhaltiges Argument zu finden, weshalb dem Access Provider Sperren generell nicht zumutbar sein sollen. Dass die Sperren **leicht umgegangen** werden können, ändert nichts daran, dass der Zugang zu rechtswidrigen Inhalten dennoch erschwert wird[3706]. Auch die Gefahr einer übermäßigen Sperre rechtmäßiger Inhalte („**Overblocking**") ist kein

---

3700   LG Düsseldorf v. 13.12.2007 – 12 O 550/07, ITRB 2008, 26 = CR 2008, 183, 184; LG Düsseldorf v. 12.12.2007 – 12 O 530/07, CR 2008, 327 = MMR 2008, 189, 190 m. Anm. *Schnabel*; vgl. auch LG Kiel v. 23.11.2007 – 14 O 125/07, AfP 2008, 661 = AfP 2009, 198 = CR 2008, 126 = MMR 2008, 123 f. m. Anm. *Schnabel*.

3701   LG Frankfurt/M. v. 5.12.2007 – 2/03 O 526/07, MMR 2008, 121, 121 f. m. Anm. *Schnabel*.

3702   LG Hamburg v. 12.11.2008 – 308 O 548/08, AfP 2009, 535 = CR 2009, 398, 400 f. = ZUM 2009, 587, 589 f. m. Anm. *Schnabel*; LG Hamburg v. 12.3.2010 – 308 O 640/08, CR 2010, 534 = MMR 2010, 488, 490.

3703   LG Hamburg v. 12.3.2010 – 308 O 640/08, CR 2010, 534 = MMR 2010, 488, 489 f.

3704   OLG Hamburg v. 22.12.2010 – 5 U 36/09 Rz. 105, CR 2011, 735.

3705   OLG Köln v. 18.7.2014 – 6 U 192/11, CR 2014, 650.

3706   *Spindler*, GRUR 2016, 451, 454; BGH v. 26.11.2015 – I ZR 174/14 Rz. 45 ff., CR 2016, 198 m. Anm. *Kremer/Telle* = CR 2016, 408 m. Anm. *Neidinger* = ITRB 2016, 74 – Störerhaftung des Access Providers.

überzeugender Grund, Sperrpflichten pauschal ohne Rücksicht auf den Einzelfall auszu-schließen[3707].

Der **BGH** hat die Möglichkeit einer Haftung des Access Providers für **Urheberrechtsverlet-** **2238** **zungen** grundsätzlich bejaht. Einer allgemeinen Prüfungspflicht von Diensteanbietern für die von ihnen übermittelten Dateien stehe zwar § 7 Abs. 2 TMG entgegen. Nicht aus-geschlossen seien indes Überwachungspflichten in spezifischen Fällen, die innerstaatliche Behörden nach innerstaatlichem Recht anordnen[3708]. Bei der Beurteilung der Frage, ob und in welchem Umfang einem Access Provider Prüf- und Sperrpflichten zugemutet werden kön-nen, sei zu berücksichtigen, dass die EU-Mitgliedstaaten für den Bereich des Urheberrechts nach Art. 8 Abs. 3 der **Urheberrechts-Richtlinie**[3709] sicherzustellen haben, dass die Inhaber von Urheberrechten gerichtliche Anordnungen gegen Vermittler beantragen können, deren Dienste von einem Dritten zur Verletzung von Urheberrechten genutzt werden. Auch Art. 11 Satz 3 der **Enforcement-Richtlinie**[3710] verpflichte die Mitgliedstaaten, sicherzustellen, dass die Rechteinhaber eine Anordnung gegen Mittelspersonen beantragen können, deren Diens-te von einem Dritten zwecks Verletzung eines Rechts des geistigen Eigentums in Anspruch genommen werden[3711].

Der BGH hat zudem mit überzeugender Begründung einen Eingriff in **Art. 10 Abs. 1 GG** **2239** verneint. Das öffentliche Angebot von Dateien zum Download und auch der Zugriff darauf stelle keine vom Fernmeldegeheimnis geschützte Individualkommunikation dar. Dass der Zugriff in technischer Hinsicht jeweils individuell erfolge, rechtfertige die Einstufung als Kommunikation i.S.d. Art. 10 Abs. 1 GG nicht, weil es an den spezifischen Gefahren für die Privatheit der Kommunikation fehle, die das Fernmeldegeheimnis schützt. Der Zugriff stelle sich als öffentliche, der **Nutzung von Massenmedien** vergleichbare Kommunikationsform dar, die von anderen Grundrechten – insbesondere Art. 5 Abs. 1 Satz 1 GG – erfasst wird. Zudem beschränke sich die (automatisierte) Kenntnisnahme des Providers von Umständen der Kommunikation allein auf das zur Unterbrechung der Kommunikation Erforderliche[3712].

Im Hinblick darauf, dass der Access Provider ein von der Rechtsordnung gebilligtes und in **2240** Bezug auf Rechtsverletzungen Dritter neutrales Geschäftsmodell verfolgt, ist es nach Ansicht des BGH im Rahmen der Prüfung der **Zumutbarkeit** von Überwachungs- und Sperrmaß-nahmen angemessen, eine **vorrangige Rechtsverfolgung** gegenüber denjenigen Beteiligten zu verlangen, die – wie die Betreiber beanstandeter Websites – entweder die Rechtsverlet-zung selbst begangen oder – als Host Provider – zu der Rechtsverletzung durch die Erbrin-gung von Dienstleistungen beigetragen haben. Die Geltendmachung von Ansprüchen gegen den Zugangsvermittler komme unter dem Gesichtspunkt der Verhältnismäßigkeit nur in Be-

---

3707 BGH v. 26.11.2015 – I ZR 174/14 Rz. 55, CR 2016, 198 m. Anm. *Kremer/Telle* = CR 2016, 408 m. Anm. *Neidinger* = ITRB 2016, 74 – Störerhaftung des Access Providers.

3708 BGH v. 26.11.2015 – I ZR 174/14 Rz. 21, CR 2016, 198 m. Anm. *Kremer/Telle* = CR 2016, 408 m. Anm. *Neidinger* = ITRB 2016, 74 – Störerhaftung des Access Providers.

3709 Richtlinie 2001/29/EG zur Harmonisierung bestimmter Aspekte des Urheberrechts und der verwandten Schutzrechte in der Informationsgesellschaft.

3710 Richtlinie 2004/48/EG zur Durchsetzung der Rechte des geistigen Eigentums.

3711 BGH v. 26.11.2015 – I ZR 174/14 Rz. 22, CR 2016, 198 m. Anm. *Kremer/Telle* = CR 2016, 408 m. Anm. *Neidinger* = ITRB 2016, 74 – Störerhaftung des Access Providers.

3712 BGH v. 26.11.2015 – I ZR 174/14 Rz. 68 f., CR 2016, 198 m. Anm. *Kremer/Telle* = CR 2016, 408 m. Anm. *Neidinger* = ITRB 2016, 74 – Störerhaftung des Access Providers.

tracht, wenn der Inanspruchnahme des Betreibers der Website sowie des Host Providers jede Erfolgsaussicht fehle und deshalb andernfalls eine Rechtsschutzlücke entstünde[3713].

2241 Im Ergebnis geht der BGH somit von einer **subsidiären Haftung** des Access Providers für Urheberrechtsverletzungen aus. Dies mag man als überzeugenden Versuch ansehen, die Interessen aller Beteiligten angemessen zu berücksichtigen. Schon die Länge des „Störerhaftung des Access Provider"-Urteils zeigt jedoch, dass es sich um eine nur lose am Gesetz orientierte **Einzelfallentscheidung** handelt, die viele Fragen offen lässt. Offen bleibt insbesondere, welche Grundsätze gelten sollen bei der Haftung für Rechtsverletzungen außerhalb des Urheberrechts.

bb) Blogs, Foren, Soziale Netzwerke

2242 Der VI. Zivilsenat des BGH lehnte es zunächst ab, die Störerhaftung bei Diskussionsforen abzumildern und vertrat die Auffassung, ein Forenbetreiber sei zur Beseitigung ehrverletzender Beiträge und zur zukünftigen Unterlassung sogar dann verpflichtet, wenn dem Kläger die Identität des Autors bekannt ist und somit ohne weiteres die Möglichkeit besteht, gegen den Autor vorzugehen. Die vielfach unter dem Stichwort des „**Marktes der Meinungen**" geforderte Anwendung der (milderen) Haftungskriterien, die für Fernseh-Live-Diskussionen gelten[3714], lehnte der BGH ab[3715]. Bedauerlich ist, dass der BGH das „bestechende Argument"[3716] einer subsidiären Haftung des Forenbetreibers für den Fall einer Identifizierbarkeit des unmittelbaren Verletzers verworfen hat.

2243 In seiner „**Blog-Eintrag**"-Entscheidung schränkte der BGH die Verantwortlichkeit bei Forenbeiträgen ein und stützte sich dabei auf die Einschätzung, dass sich bei der behaupteten Verletzung von Persönlichkeitsrechten eine Rechtsverletzung oft ohne weiteres feststellen lasse. Es bedürfe einer Abwägung zwischen dem Recht des Betroffenen auf Schutz seiner Persönlichkeit sowie der Achtung seines Privatlebens aus Art. 1 Abs. 1, Art. 2 Abs. 1 GG, Art. 7 GRCh, Art. 8 Abs. 1 EMRK und dem durch Art. 5 Abs. 1 GG, Art. 11 GRCh, Art. 10 EMRK geschützten Recht des Forenbetreibers auf Meinungs- und Medienfreiheit. Werde ein Provider mit der Beanstandung eines Betroffenen konfrontiert, sei eine Ermittlung und Bewertung des gesamten Sachverhalts unter Berücksichtigung etwaiger Stellungnahmen der Beteiligten erforderlich[3717].

2244 Im konkreten Fall richtete sich die Unterlassungsklage gegen Google als Provider eines Blogs, auf dem Äußerungen publiziert worden waren, durch die sich der Kläger in seinen Persönlichkeitsrechten verletzt sah. In seinem **salomonischen Urteil** meinte der BGH, Google sei zur Löschung nicht verpflichtet, bevor den Beteiligten die Gelegenheit zur Stellungnahme

---

3713 BGH v. 26.11.2015 – I ZR 174/14 Rz. 83, CR 2016, 198 m. Anm. *Kremer/Telle* = CR 2016, 408 m. Anm. *Neidinger* = ITRB 2016, 74 – Störerhaftung des Access Providers; OLG München v. 14.6.2018 – 29 U 732/18 Rz. 63; OLG München v. 2.2.2019 – 29 U 3889/18 Rz. 191; OLG München v. 27.5.2021 – 29 U 6933/19 Rz. 288 f.

3714 Vgl. BGH v. 6.4.1976, BGHZ 66, 182; OLG Düsseldorf v. 26.4.2006 – I-15 U 180/05, AfP 2006, 267 = CR 2006, 482, 483 f.; OLG Hamburg v. 22.8.2006 – 7 U 50/06, CR 2007, 44, 45 f.

3715 BGH v. 27.3.2007 – VI ZR 101/06, AfP 2007, 350 = ITRB 2007, 174 = CR 2007, 586 ff. m. Anm. *Schuppert.*

3716 *Lober/Karg*, CR 2007, 647, 652.

3717 BGH v. 25.10.2011 – VI ZR 93/10 Rz. 25 ff., AfP 2012, 50 = CR 2012, 103 = ITRB 2012, 28 – Blog-Eintrag; vgl. auch *Wimmers/Mundhenk*, IPRB 2014, 58, 61.

und zur Beibringung von Nachweisen gegeben worden sei[3718]. Nach Bekanntwerden von Blogbeiträgen, die nach der Ansicht eines Betroffenen dessen Persönlichkeitsrechte verletzen, dürfe der Blogbetreiber nicht tatenlos bleiben, da anderenfalls ein Beseitigungs- und Unterlassungsanspruch besteht[3719].

Das OLG Düsseldorf hatte zuvor Prüfungspflichten bei einem Forenbetreiber verneint, der **2245** „**nicht professionell**" handelte und daher nicht mit vertretbarem Aufwand Forenbeiträge im Hinblick auf (wiederholte) Persönlichkeitsrechtsverletzungen sichten konnte[3720]. Dagegen hatte das LG Hamburg einen solchen Einwand nicht gelten lassen bei dem Betreiber eines umfangreichen Blogs, den das Gericht wegen der Verletzung von Prüfungspflichten als Störer ansah. Trotz des großen Umfangs des Blogs (13.000 Kommentare in einem Jahr) sei eine Kontrolle zumutbar. Wer einen Blog eröffne, könne sich seiner Überwachungspflicht nicht dadurch entziehen, dass er die Beiträge auf ein nicht mehr angemessen kontrollierbares Maß anwachsen lasse[3721].

Die Grundsätze der „Blog-Eintrag"-Entscheidung des BGH gelten auch für Postings in **So- 2246 zialen Netzwerken** und Mikrobloggingdiensten. Als Störer ist der Betreiber des Dienstes verpflichtet, beanstandete Einträge und die darin enthaltenen Äußerungen zu löschen, wenn eine Beanstandung erfolgt und der – anonym gebliebene – Nutzer sich hierzu nicht äußert[3722]. Das Netzwerkdurchsetzungsgesetz (NetzDG) trifft keine Regelungen zu privatrechtlichen Pflichten und hat daher an dieser Rechtslage nichts geändert.

Keine anlasslose Prüfungspflicht besteht für die Betreiber von **Wikipedia**. Allerdings sind **2247** die Betreiber nach Kenntnis von einem Rechtsverstoß zur Beseitigung und Unterlassung verpflichtet[3723]. Das LG Düsseldorf lehnte jegliche Haftung eines **Online-Buchhändlers** für Inhalte eines Buches, die Persönlichkeitsrechte verletzten, mit der Begründung ab, eine allgemeine Prüfungspflicht würde die tägliche Arbeit des Händlers über Gebühr erschweren[3724].

Von einem „**Notice and Scan**"-Prinzip kann nach der neueren Rechtsprechung des BGH **2248** nicht mehr die Rede sein, sodass es nicht lediglich einer Abmahnung bedarf, um einen Unterlassungsanspruch gegen Publikationen auf einer Online-Plattform zu begründen. Daher ist es unrichtig, wenn das LG Düsseldorf meint, eine identifizierende Berichterstattung über

---

3718 BGH v. 25.10.2011 – VI ZR 93/10 Rz. 27, AfP 2012, 50 = CR 2012, 103 = ITRB 2012, 28 – Blog-Eintrag.
3719 Vgl. LG Berlin v. 21.6.2011 –27 O 335/11.
3720 OLG Düsseldorf v. 7.6.2006 – I-15 U 21/06, CR 2006, 682, 684; vgl. auch *Jürgens/Veigel*, AfP 2007, 181, 184; AG Frankfurt/M. v. 16.7.2008 – 31 C 2575/07-17, CR 2009, 60 f.; AG München v. 30.4.2008 – 142 C 6791/08, CR 2008, 671 ff.
3721 LG Hamburg v. 4.12.2007 – 324 O 794/07, AfP 2008, 219 = CR 2008, 738 = ITRB 2008, 276 = MMR 2008, 265, 266; vgl. auch LG Düsseldorf v. 25.1.2006 – 12 O 546/05, CR 2006, 563 f.; LG Hamburg v. 8.9.2008, MMR 2009, 143 (Ls.); LG Hamburg v. 2.12.2005 – 324 O 721/05, AfP 2006, 273 = CR 2006, 638 m. Anm. *Wimmers* = ITRB 2006, 130 = MMR 2006, 491 ff. m. Anm. *Gercke* = ZUM 2006, 485 ff. m. Anm. *Libertus/Schneider*; AG Winsen/L. v. 6.6.2005 – 23 C 155/05, MMR 2005, 722; a.A. AG Berlin-Mitte v. 20.10.2004 – 15 C 1011/04, MMR 2005, 639, 640.
3722 Vgl. OLG Dresden v. 1.4.2015 – 4 U 1296/14 Rz. 80 ff., AfP 2015, 261 = CR 2015, 531 = ITRB 2015, 180.
3723 OLG Stuttgart v. 2.10.2013 – 4 U 78/13, CR 2014, 393; LG Berlin v. 27.3.2012 – 15 O 377/11 Rz. 74 ff.; LG Berlin v. 28.8.2018 – 27 O 12/17 Rz. 41, AfP 2019, 79 = ITRB 2019, 10.
3724 LG Düsseldorf v. 18.3.2009 – 12 O 5/09, MMR 2009, 505 (Ls.).

ein Urteil müsse von einem Plattformbetreiber schon dann beseitigt und unterlassen werden, wenn er Kenntnis von der Veröffentlichung („dem tatsächlichen Vorgang") erlangt, ohne dass es auf „Prüfungs-, Kontroll- und Überwachungspflichten" und die Erkennbarkeit einer Rechtsverletzung ankomme[3725].

cc) Bewertungsportale

2249 Nach Auffassung des Kammergerichts ist der Betreiber eines **Hotelbewertungsportals** nicht verpflichtet, Eintragungen im Hinblick auf einen möglichen Verstoß gegen das Wettbewerbsrecht zu prüfen[3726]. Dies gelte auch dann, wenn der Betreiber bereits Kenntnis von derartigen Verstößen hat[3727]. Das LG Hamburg vertrat in einem vergleichbaren Fall eine andere Auffassung und verurteilte den Betreiber eines Hotelbewertungsportals als Täter eines Wettbewerbsverstoßes zur Unterlassung. Dabei verstand das LG die Rechtsprechung des BGH zum „Verhaltensunrecht" (s. Rz. 2197) falsch und vertrat den Standpunkt, es komme nicht auf eine Verletzung von Prüfungspflichten und somit auf die Möglichkeit und Zumutbarkeit einer Prüfung an[3728].

2250 Auf der Linie des Kammergerichts bewegte sich das LG Berlin, das bei einer Plattform zur Bewertung der Leistungen von Hochschullehrern (**meinprof.de**) eine Prüfungspflicht des Plattformbetreibers verneinte[3729]. Das LG Nürnberg-Fürth verurteilte dagegen den Betreiber eines **Arztbewertungsportals** zur Unterlassung. Das Gericht bezog sich dabei auf die „Blog-Eintrag"-Entscheidung des BGH[3730] (s. Rz. 2243 ff.) und vertrat die Auffassung, der Portalbetreiber habe seiner Prüfungspflicht nicht dadurch genüge getan, dass er sich von dem Verfasser der streitigen Bewertung die Richtigkeit der aufgestellten Tatsachenbehauptung bestätigen ließ („Hallo, ja der Sachverhalt hat sich so zugetragen! MFG")[3731].

2251 Der **BGH** beschreitet einen **Mittelweg** und betont, dass der Betreiber einer Bewertungsplattform als Diensteanbieter einer Geschäftstätigkeit nachgeht, die mit der Rechtsordnung grundsätzlich in Einklang steht. Wenn er allerdings Internetnutzern die Möglichkeit biete, sich anonym oder unter einem Pseudonym wertend über Unternehmen und ihre Leistungen zu äußern, schaffe er eine **besondere Gefahrenlage** im Hinblick auf die Rechte der betroffenen Unternehmen[3732].

2252 Trotz der besonderen Gefahrenlage dürfen dem Betreiber eines Bewertungsportals nach Ansicht des BGH keine Kontrollmaßnahmen auferlegt werden, die sein Geschäftsmodell wirtschaftlich gefährden oder seine Tätigkeit unverhältnismäßig erschweren. Erst wenn der Betreiber des Portals auf eine **klare Rechtsverletzung** hingewiesen werde, müsse er nicht nur

---

3725 Vgl. LG Düsseldorf v. 30.11.2010 – 20 T 59/10.
3726 KG Berlin v. 16.4.2013 – 5 U 63/12, CR 2014, 333 = ITRB 2014, 6.
3727 KG Berlin v. 15.7.2011 – 5 U 193/10 Rz. 16 ff., CR 2011, 763 = ITRB 2011, 254.
3728 LG Hamburg v. 1.9.2011 – 327 O 607/10 Rz. 57 ff.
3729 LG Berlin v. 31.5.2007 – 27 S 2/07, CR 2007, 742, 743 = AfP 2009, 310.
3730 BGH v. 25.10.2011 – VI ZR 93/10, AfP 2012, 50 = CR 2012, 103 = ITRB 2012, 28 – Blog-Eintrag.
3731 LG Nürnberg-Fürth v. 8.5.2012 – 11 O 2608/12 Rz. 35, CR 2012, 541.
3732 BGH v. 19.3.2015 – I ZR 94/13 Rz. 37, CR 2016, 817 = AfP 2015, 543 = ITRB 2015, 279 – Hotelbewertungsportal; BGH v. 1.3.2016 – VI ZR 34/15 Rz. 40, AfP 2016, 253 = CR 2016, 390 m. Anm. *Kriegesmann* = ITRB 2016, 123 – jameda.de II.

die konkrete Bewertung unverzüglich sperren, sondern auch Vorsorge treffen, dass es möglichst nicht zu weiteren derartigen Rechtsverletzungen kommt[3733].

Einer umfassenden **Garantenstellung** des Plattformbetreibers für **Kundenbewertungen** steht entgegen, dass solche Bewertungen verfassungsrechtlich von der **Meinungs- und Informationsfreiheit** des Art. 5 Abs. 1 Satz 1 GG geschützt sind. Die Möglichkeit, ein im Internet angebotenes Produkt zu bewerten und sich mit Hilfe von Bewertungen anderer zu informieren, eröffnet ein Kommunikations- und Informationsforum für Verbraucher, das ihrer Information im Vorfeld einer geschäftlichen Entscheidung dient und in den Schutzbereich der Meinungs- und Informationsfreiheit fällt[3734]. 2253

In seiner **jameda.de** II-Entscheidung hat der VI. Zivilsenat die Grundsätze auf ein Bewertungsportal angewendet, die er für Blogbetreiber in seiner Blog-Eintrag-Entscheidung[3735] entwickelt hatte. Werde eine Verletzung von Persönlichkeitsrechten behauptet, lasse sich eine Rechtsverletzung nicht stets ohne weiteres feststellen, da eine Abwägung zwischen Persönlichkeitsrechten und der Meinungs- und Medienfreiheit erforderlich sei. Sei der Diensteanbieter mit der **Beanstandung eines Betroffen** konfrontiert, die so konkret gefasst sei, dass der Rechtsverstoß auf der Grundlage der Behauptung des Betroffenen unschwer bejaht werden könne, sei eine Ermittlung und Bewertung des gesamten Sachverhalts unter Berücksichtigung einer etwaigen Stellungnahme des für den beanstandeten Beitrag Verantwortlichen erforderlich[3736]. 2254

Die genauen Anforderungen an **Inhalt, Umfang und Detailtiefe der Beanstandung** eines Betroffenen sind davon abhängig, welche Informationen und Erkenntnismöglichkeiten der Betroffene hat. Dieser muss zwar seine Informationsquellen ausschöpfen, es kann ihm aber nicht abverlangt werden, sich auch bestimmt und konkret zu Tatsachen zu äußern, über die er keine Kenntnis haben kann. So kann es genügen, dass ein Arzt die Mutmaßung äußert, es habe in Wahrheit **keinen (Behandlungs-)Kontakt** gegeben, wenn die beanstandete Bewertung unter einem anonymen Benutzernamen erstellt wurde und keinerlei Angaben zu einem tatsächlichen, konkreten Vorfall oder Kontakt enthält[3737]. 2255

Die mit dem Betrieb eines Bewertungsportals verbundenen **Missbrauchsgefahren** werden nach Auffassung des BGH verstärkt, wenn die Bewertungen anonym oder pseudonym abgegeben werden können. Dies erschwere es dem betroffenen Arzt erheblich, unmittelbar gegen den betreffenden Nutzer vorzugehen. Eine **gewissenhafte Prüfung** der Beanstandungen von betroffenen Ärzten durch den Portalbetreiber sei daher eine entscheidende Voraussetzung dafür, dass die Persönlichkeitsrechte der (anonym oder pseudonym) bewerteten Ärzten beim 2256

3733 BGH v. 19.3.2015 – I ZR 94/13 Rz. 37, CR 2016, 817 = AfP 2015, 543 = ITRB 2015, 279 – Hotelbewertungsportal; OLG Hamburg v. 30.6.2016 – 5 U 58/13 Rz. 57; LG Hamburg v. 21.9.2018 – 324 O 110/18 Rz. 42.
3734 BGH v. 1.3.2016 – VI ZR 34/15 Rz. 40, AfP 2016, 253 = CR 2016, 390 m. Anm. *Kriegesmann* = ITRB 2016, 123 – jameda.de II; BGH v. 20.2.2020 – I ZR 193/18 Rz. 38 – Kundenbewertungen auf Amazon; OLG Braunschweig 18.6.2019 – 2 U 97/18 Rz. 53.
3735 BGH v. 25.10.2011 – VI ZR 93/10, AfP 2012, 50 = CR 2012, 103 = ITRB 2012, 28 – Blog-Eintrag.
3736 BGH v. 1.3.2016 – VI ZR 34/15 Rz. 24, AfP 2016, 253 = CR 2016, 390 m. Anm. *Kriegesmann* = ITRB 2016, 123 – jameda.de II; LG Hamburg v. 21.9.2018 – 324 O 110/18 Rz. 42 ff.; LG Lübeck v. 13.6.2018 – 9 O 59/17, ZUM 2019, 74, 76.
3737 OLG Karlsruhe v. 6.7.2020 – 6 W 49/19 Rz. 26, ITRB 2020, 256 (*Rössel*).

Portalbetrieb hinreichend geschützt sind[3738]. Die vom Portalbetreiber durchzuführende Überprüfung müsse erkennbar zum Ziel haben, die Berechtigung der Beanstandung des betroffenen Arztes zu klären. Der Portalbetreiber müsse ernsthaft versuchen, sich hierzu die notwendige Tatsachengrundlage zu verschaffen; er dürfe sich insbesondere nicht auf eine rein formale „Prüfung" zurückziehen[3739].

2257 Geht man von den Grundsätzen des BGH aus, hängt das Ausmaß des vom Betreiber eines Bewertungsportals zu verlangenden Prüfungsaufwands letztlich von den Umständen des Einzelfalls ab, insbesondere vom Gewicht der angezeigten Rechtsverletzungen auf der einen und den Erkenntnismöglichkeiten des Providers auf der anderen Seite. Regelmäßig ist zunächst die Beanstandung des Betroffenen an den für die Persönlichkeitsrechtsverletzung Verantwortlichen zur **Stellungnahme** weiterzuleiten. Bleibt eine Stellungnahme innerhalb einer nach den Umständen angemessenen Frist aus, ist von der Berechtigung der Beanstandung auszugehen und der beanstandete Eintrag zu löschen[3740].

2258 Verschafft der Betreiber eines **Ärztebewertungsportals** einzelnen Ärzten verdeckte Vorteile durch die Art der Werbung, die er Ärzten anbietet, wahrt er seine Stellung als „neutraler" Informationsmittler nicht und übernimmt eine **„aktive Rolle"**[3741], sodass er als Täter oder Teilnehmer für Rechtsverletzungen haftet. Die rein statistische Auswertung von Bewertungen sowie der Einsatz eines Wortfilters zum Auffinden von rechtsverletzenden Inhalten und die nach Ansprechen des Wortfilters vorgenommene Überprüfung der Beiträge begründen dagegen keine „aktive Rolle" des Betreibers eines Bewertungsportals, wenn eine über die Aussonderung gegen die Nutzungsbedingungen verstoßender Beiträge hinausgehende inhaltliche Einflussnahme nicht erfolgt[3742].

dd) Foto- und Videoplattformen

2259 Um eine **Foto-Community** ging es in einem Fall, den das OLG Zweibrücken zu entscheiden hatte. Das Gericht verneinte einen Unterlassungsanspruch für urheberrechtlich geschützte Fotos, die auf die Plattform hochgeladen worden waren. Es fehle an einer „konkreten Gefahr einer (weiteren) Rechtsverletzung", nachdem der Betreiber der Community die streitigen Fotos von der Plattform genommen hatte[3743]. Ähnlich argumentierte das OLG Hamburg in einem Fall, in dem es um ein Foto ging, das in einem Benutzerforum verbreitet worden war. Das OLG Hamburg verneinte einen Unterlassungsanspruch gegen den Forenbetreiber unter Hinweis auf die fehlende Erstbegehungsgefahr[3744].

3738 BGH v. 1.3.2016 – VI ZR 34/15 Rz. 40, AfP 2016, 253 = CR 2016, 390 m. Anm. *Kriegesmann* = ITRB 2016, 123 – jameda.de II.

3739 BGH v. 1.3.2016 – VI ZR 34/15 Rz. 42, AfP 2016, 253 = CR 2016, 390 m. Anm. *Kriegesmann* = ITRB 2016, 123 – jameda.de II; OLG Braunschweig v. 18.6.2019 – 2 U 97/18 Rz. 54; OLG Karlsruhe v. 6.7.2020 – 6 W 49/19 Rz. 36.

3740 KG Berlin v. 7.3.2013 – 10 U 97/12 Rz. 12.

3741 BGH v. 20.2.2018 – VI ZR 30/17 Rz. 18 f., CR 2018, 500 = AfP 2018, 230 = ITRB 2018, 153 – jameda.de III.

3742 BGH v. 19.3.2015 – I ZR 94/13 Rz. 35, CR 2016, 817 = AfP 2015, 543 = ITRB 2015, 279 – Hotelbewertungsportal.

3743 OLG Zweibrücken v. 14.5.2009 – 4 U 139/08, ITRB 2009, 198 = MMR 2009, 541, 542.

3744 OLG Hamburg v. 4.2.2009 – 5 U 167/07, MMR 2009, 479, 481 f.

Die Tätigkeit des Betreibers einer **Video-Sharing- oder Sharehosting-Plattform** fällt in den Anwendungsbereich des § 10 TMG, wenn der Betreiber keine aktive Rolle spielt, die ihm Kenntnis von den auf seine Plattform hochgeladenen Inhalten oder Kontrolle über sie verschafft[3745]. Eine anlasslose Prüfungspflicht besteht nicht[3746]. 2260

In einem Fall, in dem es um einen Fernsehmitschnitt ging, der das Persönlichkeitsrecht des Klägers verletzte, bejahte das LG Köln eine Störerhaftung des Betreibers eines Videoportals, auf dem der Mitschnitt zu sehen war. Dabei sah es das LG Köln für die Haftung des Portalbetreibers als maßgeblich an, dass der Betreiber einer Löschungsaufforderung nicht nachgekommen war[3747]. Ähnlich entschied das LG Hamburg in einem Fall, in dem Google als Betreiber von **YouTube** nicht auf die Beanstandung („Flagging") eines Hetzvideos reagiert hatte, und bejahte die Verletzung einer Prüfungspflicht sowie ein Verschulden von Google. Google wurde zur Unterlassung und zum Schadensersatz verurteilt[3748]. 2261

ee) Hyperlinks

Wer seinen Internetauftritt durch einen Hyperlink mit rechtswidrigen Inhalten verknüpft, kann nach Auffassung des BGH auf Beseitigung und Unterlassung in Anspruch genommen werden, wenn er **zumutbare Prüfungspflichten** verletzt hat[3749]. Ein Hyperlink erhöhe die Gefahr der Verbreitung etwaiger rechtswidriger Inhalte, die sich auf den Internetseiten Dritter befinden. Derjenige, der den Link setzt, sei verpflichtet, diese Gefahr im Rahmen des Möglichen und Zumutbaren zu begrenzen. Das Bestehen und der Umfang der Prüfungspflicht richte sich nach einer Abwägung aller betroffenen Interessen und relevanten rechtlichen Wertungen. Damit werde einer **unangemessenen Ausdehnung der Haftung** für Rechtsverstöße Dritter entgegengewirkt[3750]. 2262

Hyperlinks sind aus der Sicht der Internetnutzer unerlässlich, um die Informationsflut im Internet zu erschließen. Eine **proaktive Überwachungspflicht** hinsichtlich aller verlinkten Inhalte besteht daher nicht[3751]. Bereits in der **Paperboy-Entscheidung** hatte der BGH es abgelehnt, eine Störerhaftung auf die **reine Verlinkung** zu stützen. Allein in der Verlinkung sei kein adäquat-kausaler Beitrag zu einer Rechtsverletzung zu sehen, die auf der Zielseite begangen wird[3752]. Der BGH verwies darauf, dass die Verlinkung mit einer Adressangabe in einem Telefonbuch vergleichbar sei und lediglich die Auffindbarkeit einer Internetseite erleichtert, ohne dass ein Beitrag zu einer rechtswidrigen Handlung auf der Zielseite feststell- 2263

3745 EuGH v. 22.6.2021 – C-682/18, ECLI:EU:C:2021:503 und C-683/18 Rz. 117; *Holznagel*, CR 2021, 603, 605 f.; *Spindler*, NJW 2021, 2554, 2555.

3746 OLG Hamburg v. 29.9.2010 – 5 U 9/09 Rz. 51 ff., AfP 2011, 485 = ITRB 2011, 103.

3747 LG Köln v. 10.6.2009 – 28 O 173/09, CR 2010, 202 = MMR 2009, 778, 779 f.

3748 LG Hamburg v. 5.3.2010 – 324 O 565/08, MMR 2010, 433, 434 f. = ITRB 2010, 202 f. (*Intveen*); LG Hamburg v. 5.12.2008 – 324 O 197/08, MMR 2008, 870 f. (Ls.).

3749 BGH v. 18.6.2015 – I ZR 74/14 Rz. 14, AfP 2016, 45 = CR 2016, 170 = ITRB 2016, 51 – Haftung für Hyperlink.

3750 BGH v. 18.6.2015 – I ZR 74/14 Rz. 23, AfP 2016, 45 = CR 2016, 170 = ITRB 2016, 51 – Haftung für Hyperlink.

3751 BGH v. 18.6.2015 – I ZR 74/14 Rz. 25, AfP 2016, 45 = CR 2016, 170 = ITRB 2016, 51 – Haftung für Hyperlink.

3752 BGH v. 17.7.2003 – I ZR 259/00, AfP 2003, 545 = CR 2003, 920 = ITRB 2004, 26 = NJW 2003, 3406, 3408 = MMR 2003, 719 = WRP 2003, 1341 = K&R 2003, 554 – Paperboy; a.A. *Ernst/Wiebe*, MMR Beilage 8/2001, 20, 21.

bar ist[3753]. Sofern ein rechtsverletzender Inhalt der verlinkten Internetseite nicht deutlich erkennbar ist, haftet derjenige, der den Link setzt, für solche Inhalte grundsätzlich erst, wenn er von der Rechtswidrigkeit der Inhalte selbst oder durch Dritte **Kenntnis** erlangt[3754].

2264 Unter Hinweis auf die **Pressefreiheit** (Art. 5 Abs. 1 GG) verneinte der BGH die Verletzung einer Prüfungspflicht bei einem Mediendienst, der einen Link auf eine Website setzte, auf der ein ausländisches Unternehmen unter Verletzung des § 284 StGB Glücksspiele anbot („Schöner Wetten")[3755]. Angesichts der Tatsache, dass Hyperlinks in der Informationsfülle im World Wide Web eine überragende Funktion aufweisen, müssen die Anforderungen an Prüfungspflichten streng sein[3756]. Wegen der seinerzeit unübersichtlichen Rechtslage im Glücksspielrecht war es dem Betreiber des Mediendienstes nicht zumutbar, die Rechtswidrigkeit des Glücksspielangebots zu erkennen[3757].

2265 In seiner Entscheidung zu „**AnyDVD**" vertiefte der BGH seine Argumentation zu **Art. 5 GG** bei Verlinkungen. Es ging um einen Beitrag auf heise.de mit einem Link, der zu einem Erzeugnis zur Umgehung wirksamer technischer Maßnahmen i.S.d. § 95a Abs. 3 UrhG führte. Derartige Links, die in Beiträge und Stellungnahmen als Belege und ergänzende Angaben eingebettet sind, werden von der Meinungs- und Pressefreiheit erfasst[3758].

2266 Die Meinungs- und Pressefreiheit schützt auch die Berichterstattung über Äußerungen (einschließlich der Verlinkung zu solchen Äußerungen), durch die in rechtswidriger Weise Persönlichkeitsrechte Dritter beeinträchtigt worden sind, wenn ein überwiegendes Informationsinteresse besteht und der Verbreiter sich die berichtete Äußerung nicht zu eigen macht. **Ein überwiegendes Informationsinteresse** ist nicht schon dann zu verneinen, wenn die Berichterstattung bzw. Verlinkung eine unzweifelhaft rechtswidrige Äußerung zum Gegenstand hat[3759].

2267 Darf man unter dem Schutz der Meinungs- und Pressefreiheit (Art. 5 Abs. 1 GG) auf rechtswidrige Inhalte per Link verweisen, gilt dies erst recht, wenn die Rechtswidrigkeit streitig ist. Daher reicht es für eine Haftung nicht aus, dass dem Linksetzenden bekannt ist, dass die In-

---

3753 BGH v. 17.7.2003 – I ZR 259/00, AfP 2003, 545 = CR 2003, 920 = ITRB 2004, 26 = NJW 2003, 3406 = MMR 2003, 719 = WRP 2003, 1341 = K&R 2003, 554 – Paperboy.

3754 BGH v. 18.6.2015 – I ZR 74/14 Rz. 25, AfP 2016, 45 = CR 2016, 170 = ITRB 2016, 51 – Haftung für Hyperlink.

3755 BGH v. 1.4.2004 – I ZR 317/01, AfP 2004, 357 = CR 2004, 613 m. Anm. *Dietlein* = AfP 2004, 481 = NJW 2004, 2158, 2160 = WRP 2004, 899, 902 f. – Schöner Wetten; vgl. auch BGH v. 17.7.2003 – I ZR 259/00, AfP 2003, 545 = CR 2003, 920 = ITRB 2004, 26 = NJW 2003, 3406, 3408 = MMR 2003, 719 = WRP 2003, 1341 = K&R 2003, 554 – Paperboy.

3756 *Koch*, CR 2004, 213, 215; *Spindler*, MMR 2002, 495, 502; BGH v. 1.4.2004 – I ZR 317/01, AfP 2004, 357 = CR 2004, 613 m. Anm. *Dietlein* = AfP 2004, 481 = NJW 2004, 2158, 2160 = WRP 2004, 899, 902 – Schöner Wetten.

3757 BGH v. 1.4.2004 – I ZR 317/01, AfP 2004, 357 = CR 2004, 613 m. Anm. *Dietlein* = AfP 2004, 481 = NJW 2004, 2158, 2160 = WRP 2004, 899, 902 – Schöner Wetten.

3758 BGH v. 14.10.2010 – I ZR 191/08 Rz. 24, AfP 2011, 249 = CR 2011, 467 m. Anm. *Arlt* = CR 2011, 401 = ITRB 2011, 124 – AnyDVD; vgl. auch LG Braunschweig v. 5.10.2011 – 9 O 1956/11 Rz. 83, ITRB 2012, 33; *Hoeren*, GRUR 2011, 503, 504.

3759 BGH v. 14.10.2010 – I ZR 191/08 Rz. 26, AfP 2011, 249 = CR 2011, 467 m. Anm. *Arlt* = CR 2011, 401 = ITRB 2011, 124 – AnyDVD; vgl. auch BVerfG v. 15.12.2011 – I BvR 1248/11 Rz. 31 ff., CR 2012, 410 = ITRB 2012, 98, 99 (*Rössel*).

halte, auf die der Link führt, Gegenstand einer gerichtlichen Auseinandersetzung sind[3760]. In einem solchen Fall besteht auch keine Verpflichtung des Linksetzenden zur „Distanzierung"[3761]. Eine solche Verpflichtung kann allenfalls dann bestehen, wenn der Linksetzende es nicht bei der bloßen Verlinkung belässt, sondern den Link in Äußerungen einbettet, mit denen er sich die verlinkten Inhalte zu eigen macht (§ 7 TMG) (s. Rz. 2108 ff.).

ff) Suchmaschinen

Suchmaschinen sind Wegweiser durch das Internet. Dies spricht dagegen, dass ein Suchergebnis, das zu einer Website mit rechtswidrigen Inhalten führt, für sich allein eine Störerhaftung des Betreibers der Suchmaschine begründen kann[3762]. Vom Anbieter einer Suchmaschine kann nicht erwartet werden, dass er sich vergewissert, ob die von den Suchprogrammen aufgefundenen Inhalte rechtmäßig ins Internet eingestellt worden sind, bevor er diese auffindbar macht. Einer Pflicht des Anbieters einer Suchfunktion, Nachforschungen zur Rechtmäßigkeit der Veröffentlichung der von Suchmaschinen aufgefundenen Inhalte anzustellen (**proaktive Prüfungspflicht**), stehen Aufgabe und Funktionsweise der Suchmaschinen entgegen. Die Annahme einer allgemeinen Kontrollpflicht würde die Existenz von Suchmaschinen als Geschäftsmodell, das von der Rechtsordnung gebilligt worden und gesellschaftlich erwünscht ist, ernstlich in Frage stellen[3763]. 2268

Früher wurde überwiegend vertreten, dass jedwede **Störerhaftung** bei Suchmaschinen ausscheidet, die – wie Google – systematisch und automatisch ohne Durchsicht von Inhalten das Internet durchforsten, sofern der Betreiber der Suchmaschine nicht – etwa im Zusammenhang mit der Schaltung bezahlter Werbung[3764] – einen Tatbeitrag leistet, der über das bloße Erzielen eines Suchergebnisses hinausgeht[3765]. 2269

Seit der „Google Spain"-Entscheidung des EuGH[3766] ist dies überholt. Eine Prüfungspflicht des Suchmaschinenbetreibers wird heute für die Zeit ab **Kenntnis von einem Rechtsverstoß** 2270

3760 A.A. LG Hamburg v. 18.5.2012 – 324 O 596/11 Rz. 57.

3761 A.A. LG Hamburg v. 18.5.2012 – 324 O 596/11 Rz. 58.

3762 Vgl. *Backu/Hertneck*, ITRB 2008, 35, 37; *Stadler*, Haftung für Informationen im Internet, Rz. 243; LG Mönchengladbach v. 5.9.2013 – 10 O 170/12 Rz. 27, AfP 2013, 532; LG Frankfurt/M. v. 5.9.2001 – 3/12 O 107/01, CR 2002, 220 = NJW-RR 2002, 545; vgl. auch LG Frankfurt/M. v. 10.11.2000 – 3-08 O 159/00, MMR 2001, 405, 405 f.; LG München v. 20.9.2000 – 7 HK O 12081/00, AfP 2001, 164 = ITRB 2001, 102 = CR 2001, 46, 46 f.; a.A. *v. Lackum*, MMR 1999, 697, 700 f.

3763 BGH v. 27.2.2018 – VI ZR 489/16 Rz. 34, CR 2018, 657 = AfP 2018, 322 – Internetforum; OLG Saarbrücken v. 11.4.2018 – 5 U 49/17 Rz. 49; LG München II v. 26.10.2018 – 2 O 4622/17 Rz. 31 f.

3764 Vgl. *Stadler*, Haftung für Informationen im Internet, Rz. 247; LG Hamburg v. 16.9.2004 – 315 O 755/03, CR 2005, 534, 535.

3765 OLG Hamburg v. 20.2.2007 – 7 U 126/06, AfP 2007, 367 = CR 2007, 330, 331; LG Frankenthal v. 16.5.2006 – 6 O 541/05, AfP 2006, 487 = ITRB 2006, 229 = CR 2006, 698 ff.; LG München v. 2.12.2003 – 33 O 21461/03, AfP 2004, 388 = ITRB 2004, 172 = MMR 2004, 261, 262 m. Anm. *Bahr*; a.A. OLG Nürnberg v. 22.6.2008 – 3 W 1128/08, CR 2008, 654, 655 f.

3766 EuGH v. 13.5.2014 – C-131/12, ECLI:EU:C:2014:317, AfP 2014, 245 = CR 2014, 460 = ITRB 2014, 150 – Google Spain.

einhellig bejaht[3767]. Vor einer solchen Kenntnis kommt eine Haftung des Betreibers nicht in Betracht, da die Haftungsprivilegierung des Art. 14 der E-Commerce-Richtlinie bzw. des § 10 TMG auf den Anbieter einer Suchmaschine Anwendung findet, wenn dieser keine „aktive Rolle" gespielt hat, die ihm eine Kenntnis der gespeicherten Daten oder eine Kontrolle über sie verschaffen konnte[3768].

2271 Den Betreiber einer Suchmaschine treffen allerdings erst dann spezifische Verhaltenspflichten, wenn er durch einen konkreten Hinweis **Kenntnis von einer offensichtlichen** und auf den ersten Blick **klar erkennbaren Rechtsverletzung** erlangt hat[3769]. Der Hinweis ist erforderlich, um den grundsätzlich nicht zur präventiven Kontrolle verpflichteten Diensteanbieter in die Lage zu versetzen, in der Vielzahl der indexierten Internetseiten diejenigen auffinden zu können, die möglicherweise die Rechte Dritter verletzen. Ein Rechtsverstoß kann beispielsweise auf der Hand liegen bei Kinderpornographie, Aufruf zur Gewalt gegen Personen, offensichtlichen Personenverwechslungen, Vorliegen eines rechtskräftigen Titels gegen den unmittelbaren Störer, Erledigung jeglichen Informationsinteresses durch Zeitablauf, Hassreden oder eindeutiger Schmähkritik[3770]. Hat der Suchmaschinenbetreiber entsprechende Links entfernt, trifft ihn **keine Beobachtungspflicht.** Tauchen neue Links mit rechtsverletzenden Inhalten auf, muss der Suchmaschinenbetreiber diese erst nach einem konkreten Hinweis entfernen[3771].

2272 Als Störer ist nur der **Betreiber der Suchmaschine** für die Beseitigung rechtswidriger Suchergebnisse verantwortlich. Im Falle von Google ist dies Google Inc. mit Sitz in den USA. Google Inc. ist Inhaberin der Domain google.de und damit für jegliche Inhalte verantwortlich. Eine Störerhaftung der Google Deutschland GmbH scheidet aus, da es sich hierbei lediglich um eine Vertriebsgesellschaft handelt[3772].

gg) Admin-C und Tech-C

2273 Bei der Haftung des **Admin-C** als Störer ist zwischen einer Haftung für rechtswidrige Domainnamen und einer Haftung für rechtswidrige Inhalte oder Handlungen zu unterscheiden, die im Zusammenhang mit der Domain stehen.

3767 OLG Köln v. 13.10.2016 – 15 U 173/15 Rz. 118 ff.; OLG München v. 27.4.2015 – 18 W 591/15 Rz. 22, CR 2015, 602; LG Köln v. 13.8.2015 – 28 O 75/15 Rz. 21, CR 2016, 120; LG Heidelberg v. 9.12.2014 – 2 O 162/13, CR 2015, 326.

3768 EuGH v. 23.3.2010 – C-236/08, C-237/08, C-238/08, ECLI:EU:C:2010:159, ITRB 2010, 123 = CR 2010, 318 ff. = MMR 2010, 315, 315 ff.

3769 Vgl. LG Düsseldorf v. 26.6.2019 – 12 O 179/17 Rz. 40; LG Hamburg v. 1.2.2019 – 324 O 84/18 Rz. 54; LG München II v. 26.10.2018 – 2 O 4622/17 Rz. 33.

3770 BGH v. 27.2.2018 – VI ZR 489/16 Rz. 36, CR 2018, 657 = AfP 2018, 322 – Internetforum; BGH v. 24.7.2018 – VI ZR 330/17 Rz. 37, CR 2019, 166 = ITRB 2019, 81; OLG Brandenburg v. 15.10.2018 – 1 U 14/17 Rz. 35; OLG Dresden v. 7.1.2019 – 4 W 1149/18 Rz. 15 ff.; OLG Hamburg v. 10.7.2018 – 7 U 125/14 Rz. 51; OLG Köln v. 13.10.2016 – 15 U 173/15 Rz. 138; OLG Saarbrücken v. 11.4.2018 – 5 U 49/17 Rz. 50; LG München II v. 26.10.2018 – 2 O 4622/17 Rz. 33.

3771 OLG Karlsruhe v. 14.12.2016 – 6 U 2/15, CR 2017, 261 = ITRB 2017, 54.

3772 BGH v. 27.2.2018 – VI ZR 489/16 Rz. 60 – Internetforum; LG Berlin v. 21.8.2014 – 27 O 293/14 Rz. 16 ff., CR 2015, 124 = AfP 2018, 322 = ITRB 2015, 57.

Ohne zwischen einer Haftung für rechtswidrige Domainnamen und für rechtswidrige Inhalte zu unterscheiden, zog das OLG Stuttgart eine Parallele zur Haftung der **DENIC** und vertrat die Auffassung, der Admin-C sei nur bei einer sich aufdrängenden Rechtsverletzung haftbar[3773]. Das OLG Köln sah gleichfalls Ähnlichkeiten zur (stark eingeschränkten) Störerhaftung der DENIC und verneinte – jedenfalls bis zur Kenntniserlangung durch den Admin-C – jegliche Verantwortlichkeit für Rechtsverletzungen gleich welcher Art[3774]. Das OLG Hamburg verneinte eine Haftung des Admin-C für einen Verstoß gegen die Impressumspflicht (§ 5 TMG) mit der Begründung, dass es keine Verkehrspflicht des Admin-C gebe, die ihm zugeordneten Internetseiten von rechtsverletzenden Inhalten freizuhalten[3775]. Ähnlich argumentierte das LG Dresden, das die Haftung eines Admin-C für rechtswidrige Website-Inhalte verneinte mit der Begründung, dass der Admin-C keinen inhaltlichen Einfluss auf die Inhalte nehmen könne[3776]. Das OLG München lehnte jegliche „proaktiven Prüfungspflichten" ab und verwies – schwer nachvollziehbar – auf das Stellvertretungsrecht (§ 164 Abs. 1 Satz 1 BGB)[3777]. Das OLG Düsseldorf meinte, der Admin-C hafte für eine Markenrechtsverletzung nicht einmal bei Kenntnis von dem Rechtsverstoß[3778].

2274

Nach Auffassung des Kammergerichts fehlt es schon an einem adäquat-kausalen Beitrag an der Verletzung des geschützten Rechts, wenn ein Admin-C in Anspruch genommen wird für das Versenden unerwünschter **E-Mails** von einem Account der Domain. Das Versenden solcher E-Mails stelle eine völlig eigenständige Handlung dar, die keine Folge der Übernahme der Admin-C-Funktion sei, da der Rechtsverstoß weder von der Domain als solcher noch von dem Inhalt des mit der Domain aufrufbaren Internetauftritts ausgehe[3779].

2275

Das OLG Koblenz lehnte Parallelen zur (stark eingeschränkten) Haftung der DENIC mit dem Hinweis ab, dass es bei einem Admin-C an der Wahrnehmung einer Aufgabe fehle, die im öffentlichen Interesse liegt. Der Admin-C hafte daher jedenfalls dann für eine Namensrechtsverletzung, wenn er Kenntnis von allen Umständen habe, aus denen sich die konkrete Gefahr einer Namensrechtsverletzung ergibt[3780]. Dieselbe Auffassung vertrat das LG Bonn und bejahte die Haftung eines Admin-C wegen wettbewerbswidriger[3781] bzw. urheberrechtswidriger[3782] Inhalte auf einer von ihm betreuten Website. Eine **Prüfungspflicht** des Admin-C nach Kenntniserlangung von rechtswidrigen Website-Inhalten wurde vom OLG Saarbrücken (im Hinblick auf offenkundige und ohne Weiteres feststellbare Rechtsverstöße)[3783]

2276

3773 OLG Stuttgart v. 24.9.2009 – 2 U 16/09, K&R 2010, 197, 200 f. = ITRB 2010, 156 f. (*Luckhaus*); a.A. LG Stuttgart v. 27.1.2009 – 41 O 101/08, MMR 2009, 271 (Vorinstanz).

3774 OLG Köln v. 15.8.2008 – 6 U 51/08, CR 2009, 118 = ITRB 2009, 6 = K&R 2008, 692, 694 f. m. Anm. *Stadler*.

3775 OLG Hamburg v. 17.1.2012 – 3 W 54/10 Rz. 7.

3776 LG Dresden v. 9.3.2007 – 43 O 0128/07, CR 2007, 462, 463 m. Anm. *Wimmer*; vgl. *Engels/Jürgens/Kleinschmidt*, K&R 2008, 65, 75.

3777 OLG München v. 30.7.2009 – 6 U 3008/08, CR 2010, 121 = ITRB 2010, 53 = MMR 2010, 261, 261 f.

3778 OLG Düsseldorf v. 3.2.2009 – I-20 U 1/08, ITRB 2009, 130 = CR 2009, 534, 534 f.

3779 KG Berlin v. 3.7.2012 – 5 U 15/12 Rz. 10, CR 2012, 738 = ITRB 2012, 246, 246 f. (*Intveen*).

3780 OLG Koblenz v. 23.4.2009 – 6 U 730/08, ITRB 2009, 201 = K&R 2009, 493, 494 f.

3781 LG Bonn v. 23.2.2005 – 5 S 197/04, ITRB 2005, 134 = CR 2005, 527, 528 f.; vgl. auch LG München v. 10.2.2005 – 7 O 18567/04, CR 2005, 532, 532 f.

3782 LG München I v. 4.12.2008, ZUM-RD 2009, 220, 220 ff.

3783 OLG Saarbrücken v. 19.12.2018 – 1 U 128/17 Rz. 42, CR 2019, 453.

sowie vom LG Potsdam[3784] bejaht. Das LG Berlin verurteilte einen Admin-C wegen der „Verletzung von Verkehrssicherungspflichten im Immaterialgüterrecht" zum Schadensersatz für eine Markenrechtsverletzung und ging dabei von einer **täterschaftlichen Verantwortlichkeit** des Admin-C aus, da der Admin-C durch die Übernahme seiner Funktion „objektiv in seinem Verantwortungsbereich eine Gefahrenquelle geschaffen" habe[3785]. Dies steht nicht im Einklang mit der Rechtsprechung des BGH, der im Markenrecht eine täterschaftliche Verantwortung Dritter verneint[3786].

2277   In seiner Basler Haar-Kosmetik-Entscheidung befasste sich der BGH mit der Frage einer Störerhaftung des Admin-C für **rechtswidrige Domainnamen** und vertrat den Standpunkt, dass es einer Person allein aufgrund ihrer Stellung als Admin-C regelmäßig nicht zumutbar ist, für jeden Domainnamen, für den sie diese Funktion ausübt, zu recherchieren, ob darin Namen von natürlichen Personen, Handelsnamen oder Bezeichnungen enthalten sind, um dann eine rechtliche Prüfung vorzunehmen, ob Namensrechte, Markenrechte oder sonstige Kennzeichenrechte verletzt sind. Die DENIC habe die Funktion des Admin-C geschaffen, um sich die administrative Abwicklung der Registrierung und die Behandlung der dabei auftretender Schwierigkeiten zu erleichtern. Damit nehme der Admin-C grundsätzlich an der **Privilegierung der DENIC** teil, die die Interessen sämtlicher Internetnutzer und zugleich das öffentliche Interesse an der Registrierung von „.de"-Domainnamen wahrnehme[3787].

2278   Eine Rechtspflicht zur Prüfung kann sich für den Admin-C nach Auffassung des BGH aus einer Verletzung von Verkehrspflichten bzw. einem **„gefahrerhöhenden Verhalten"** ergeben. Ein solches „gefahrerhöhendes Verhalten" könne darin zu sehen sein, dass der Admin-C einem „Domaingrabber" Blankovollmachten erteilt und sich Domainnamen vor deren Registrierung nicht zeigen lässt, wobei Eintragungen in einem „automatisierten Verfahren" erfolgen[3788]. Eine bloß abstrakte Gefahr namensverletzender Anmeldungen reicht dagegen nach der **dlg.de**-Entscheidung des BGH nicht aus, um von einem „gefahrerhöhenden Verhalten" des Admin-C auszugehen. Ein Admin-C, der eine Reihe von neu eingerichteten Domains anmeldet, sei nicht schon aufgrund der „Streubreite" der Anmeldungen zur Prüfung möglicher Kollisionen verpflichtet[3789]. Auch bei dem technischen Betreuer einer Domain – dem **Tech-C** kommt im Übrigen ohne gefahrerhöhende Umstände eine Prüfungspflicht nicht in Betracht[3790].

3784 LG Potsdam v. 31.7.2013 – 2 O 4/13 Rz. 14, CR 2014, 133 = ITRB 2014, 34; vgl. auch LG Gießen v. 4.8.2014 – 7 Qs 26/14 Rz. 11.

3785 LG Berlin v. 13.1.2009 – 27 O 927/08, MMR 2009, 348, 349 f.

3786 Vgl. BGH v. 11.3.2004 – I ZR 304/01, AfP 2004, 584 = ITRB 2005, 127 = CR 2004, 763 m. Anm. *Volkmann* = MMR 2004, 668, = K&R 2004, 486 – Internet-Versteigerung; BGH v. 19.4.2007 – I ZR 35/04, AfP 2007, 352 = AfP 2008, 430 = ITRB 2007, 246 = NJW 2007, 2636 = CR 2007, 523 m. Anm. *Rössel* = MMR 2007, 507 m. Anm. *Spindler* = BGHReport 2007, 825 m. Anm. *Härting* – Internet-Versteigerung II; BGH v. 30.4.2008 – I ZR 73/05, ITRB 2008, 218 = CR 2008, 579 = GRUR 2008, 702 = NJW-RR 2008, 1136 = WRP 2008, 1104 = MMR 2008, 531 = K&R 2008, 435 m. Anm. *Dittrich* – Internet-Versteigerung III.

3787 BGH v. 9.11.2011 – I ZR 150/09 Rz. 55 f., CR 2012, 179 = ITRB 2012, 51 – Basler Haar-Kosmetik; BGH v. 15.10.2020 – I ZR 13/19 Rz. 29 – Störerhaftung des Registrars.

3788 BGH v. 9.11.2011 – I ZR 150/09 Rz. 60 ff., CR 2012, 179 = ITRB 2012, 51 – Basler Haar-Kosmetik.

3789 BGH v. 13.12.2012 – I ZR 150/11 Rz. 23, CR 2013, 177 m. Anm. *Müller* – dlg.de.

3790 OLG Schleswig v. 18.6.2014 – 6 U 51/13 Rz. 26.

In seiner **Störerhaftung des Registrar**-Entscheidung hatte der BGH zu klären, ob der Admin-C prüfungspflichtig wird, wenn er Kenntnis von **rechtswidrigen Inhalten** auf der Website erlangt. Anders als eine Zeichenverletzung, die an der Domainbezeichnung selbst ablesbar sein kann, erfordere die Prüfung einer Beanstandung, die sich auf den unter der Domain bereitgestellten Inhalt bezieht, Feststellungen zum Seiteninhalt, von dem der Registrar im Regelfall keine Kenntnis habe. Auch bei einer klaren Rechtsverletzung könne dies einen nicht unerheblichen Aufwand erfordern. Bei der Abwägung der beteiligten Grundrechte sei daher der Gefahr, dass hieraus eine unverhältnismäßige Belastung des Registrars und damit eine Gefährdung seines Geschäftsmodells folgt, durch die Annahme einer lediglich **subsidiären Haftung** Rechnung zu tragen, die erst eintritt, wenn der Rechtsinhaber erfolglos gegen diejenigen Beteiligten vorgegangen ist, die – wie der Betreiber der Internetseite – die Rechtsverletzung selbst begangen haben oder – wie der Host Provider – zur Rechtsverletzung durch die Erbringung von Dienstleistungen beigetragen haben, sofern nicht einem solchen Vorgehen jede Erfolgsaussicht fehlt. Die Haftung des Registrars sei ebenso wie diejenige des Access Providers ultima ratio, wenn auf andere Weise der Urheberrechtschutz nicht effektiv sichergestellt werden kann[3791].   2279

Für die subsidiäre Haftung des Admin-C gilt zudem nach Auffassung des BGH eine wesentliche Einschränkung. Die beeinträchtigende Wirkung der Dekonnektierung einer Domain beschränke sich nämlich nicht auf das Verhältnis zwischen Registrar und Domaininhaber, sondern schließe sämtliche Nutzer vom Zugang zu der Domain aus. Daher sei eine Störerhaftung des Registrars ist nur zumutbar, wenn die unter der betroffenen Domain abrufbaren **Inhalte weit überwiegend illegal** sind.[3792]   2280

Aus dem vom Rechtsinhaber erteilten **Hinweis an den Admin-C** müssen sich zudem nach Ansicht des BGH die Umstände, die eine Prüf- oder Überwachungspflicht des Registrars auslösen können, hinreichend klar ergeben. Dies gelte nicht nur für die geltend gemachte Rechtsverletzung, sondern auch für den Umstand, dass unter der beanstandeten Domain weit überwiegend rechtsverletzende Inhalte erreichbar sind. Zudem müsse der Rechtsinhaber darlegen, dass er erfolglos gegen den Betreiber oder den Host Provider der Domain vorgegangen ist oder dass einem solchen Vorgehen jede Erfolgsaussicht fehlt[3793].   2281

hh) Domain-Registrare und DNS-Resolver

Domain-Registrare sind Dienstleister, die für einen Websitebetreiber die Registrierung einer Domain übernehmen. Es handelt sich um **technische Registrierungsstellen**, deren Aufgabe es ist, die Second-Level-Domains unterhalb generischer Top-Level-Domains zu vergeben und zu verwalten. Der Registrar konnektiert die von dem Kunden gewünschte Domain und trägt sie in den primären Name-Server der Registry für das sog. Domain-Name-System (DNS) ein[3794].   2282

Den Registrar trifft **keine allgemeine Prüfungs- und Überwachungspflicht** hinsichtlich der Inhalte der von ihr registrierten und verwalteten Domains. Es ist ihm weder möglich noch   2283

3791 BGH v. 15.10.2020 – I ZR 13/19, Rz. 31, CR 2021, 58 – Störerhaftung des Registrars; OLG Brandenburg v. 15.10.2018 – 1 U 14/17 Rz. 36 ff.; OLG Hamburg v. 5.11.2020 – 3 U 41/18 Rz. 4 f.; OLG Schleswig v. 3.7.2017 – 9 U 30/17 Rz. 3.
3792 BGH v. 15.10.2020 – I ZR 13/19, Rz. 33 f., CR 2021, 58 – Störerhaftung des Registrars.
3793 BGH v. 15.10.2020 – I ZR 13/19, Rz. 35, CR 2021, 58 – Störerhaftung des Registrars.
3794 Vgl. OLG Frankfurt v. 21.10.2013 – 11 W 39/13 Rz. 4.

zuzumuten, die Inhalte der Internetseiten auf Rechtsverletzungen zu überprüfen. Dies würde einen immensen Aufwand bedeuten, der ein Geschäftsmodell gefährden würde, das in vielfältiger Weise legale Nutzungsmöglichkeiten bietet. Hierzu besteht kein Grund, weil für die Inhalte der Websites in erster Linie deren Betreiber verantwortlich sind[3795].

2284 Anders liegt der Fall, wenn der Registrar auf eine **klare Rechtsverletzung** hingewiesen wird. Er muss dann das konkrete Angebot prüfen und ggf. sperren. Eine Handlungspflicht besteht allerdings nur, wenn die Verletzung der Rechte Dritter offenkundig und für den Registrar ohne weiteres feststellbar ist[3796]. Entsprechendes gilt auch für Dienstleister, die per **DNS-Resolver** die Zuordnung eines Domainnamens zu einer IP-Adresse übernehmen und dafür sorgen, dass eine Website bei Eingabe des Domainnamens tatsächlich erreichbar ist[3797].

jj) Domain Parking

2285 Das Domain Parking ist ein Dienst, der es Kunden ermöglicht, eine nicht genutzte Domain zum Verkauf anzubieten und zugleich bis zum erfolgreichen Verkauf Gewinn mit der ungenutzten Domain durch Einrichtung einer Website zu erzielen, die ausschließlich der Platzierung von Werbung („Sponsored Links") dient. Begeht ein Kunde durch die Nutzung der Domain einen Rechtsverstoß, stellt sich die Frage einer **Haftung des Diensteanbieters**[3798].

2286 In seiner **Sedo**-Entscheidung lehnte es der BGH ab, den Anbieter auch ohne Kenntnis von einem konkreten Rechtsverstoß für verpflichtet zu erachten, Domainnamen im Hinblick auf eine Kennzeichenverletzung zu prüfen. Das Geschäftsmodell des Domain Parking ist nicht von vornherein auf Rechtsverletzungen angelegt und wird von der Rechtsordnung gebilligt. Daher dürfen dem Diensteanbieter keine Kontrollmaßnahmen auferlegt werden, die sein Geschäftsmodell gefährden oder seine Tätigkeit unverhältnismäßig erschweren[3799]. Für Kennzeichenverletzungen seiner Kunden ist der Betreiber eines Domain Parking-Dienstes auch nicht nach § 14 Abs. 7 und § 15 Abs. 6 MarkenG verantwortlich, da die Kunden nicht Beauftragte des Anbieters sind[3800].

2287 Das LG Düsseldorf und das LG Berlin wiesen markenrechtliche Unterlassungsklagen gegen einen Domain-Parking-Anbieter zurück mit der Begründung, dieser habe jeweils nach Erhalt eines Abmahnschreibens die fragliche Domain aus seinem Dienst entfernt und die Domain auf eine Sperrliste gesetzt. Zu Recht meinten die Gerichte, dass man von dem Diensteanbieter keine weiteren Maßnahmen erwarten könne[3801]. Ähnlich argumentierte das OLG

3795 OLG Frankfurt v. 21.10.2013 – 11 W 39/13 Rz. 5; OLG Saarbrücken v. 22.10.2014 – 1 U 25/14 Rz. 42.

3796 OLG Frankfurt v. 21.10.2013 – 11 W 39/13 Rz. 6 ff.; OLG Frankfurt v. 16.9.2015 – 16 W 47/15 Rz. 11; OLG Saarbrücken v. 22.10.2014 – 1 U 25/14 Rz. 44; LG Köln v. 13.5.2015 – 28 O 11/15 Rz. 49, CR 2015, 616 = AfP 2015, 356; vgl. auch KG Berlin v. 10.7.2014 – 10 W 142/13 Rz. 7.

3797 OLG Köln v. 9.10.2020 – 6 U 32/20 Rz. 140 ff.; LG Hamburg v. 12.5.2021 – 310 O 99/21 Rz. 50 ff.; LG Münster v. 24.9.2019 – 8 O 224/19 Rz. 19 ff.

3798 Vgl. *Engels/Seichter*, WRP 2006, 810, 811; *Härting/Linden* in Hoffmann/Leible/Sosnitza, S. 48 ff.; OLG Hamburg v. 14.7.2004 – 5 U 160/03, AfP 2005, 210 = ITRB 2005, 104 = CR 2004, 836.

3799 BGH v. 18.11.2010 – I ZR 155/09 Rz. 36 ff. – Sedo.

3800 BGH v. 18.11.2010 – I ZR 155/09 Rz. 53 ff. – Sedo.

3801 LG Berlin v. 3.6.2008 – 103 O 15/08, MMR 2009, 218; LG Düsseldorf v. 26.11.2008 – 2a O 77/08, MMR 2009, 435 (Ls.); LG Düsseldorf v. 5.11.2008 – 14c O 146/08, CR 2009, 45, 47; LG Düsseldorf v. 20.8.2008, MMR 2009, 218 (Ls.).

Frankfurt, das eingehende Prüfungstätigkeiten des Diensteanbieters für unzumutbar erachtete und darauf verwies, dass anderenfalls Aufwand entstehe, der das gesamte Geschäftsmodell in Frage stellen würde[3802]. Auch das OLG München verneinte eine Störerhaftung für den Fall, dass der Diensteanbieter die Domain nach Erhalt einer Abmahnung aus dem eigenen Dienst entfernt und auf eine Sperrliste gesetzt hat[3803].

Wenn der Anbieter per Abmahnung oder auf sonstige Weise Kenntnis von einer Kennzeichenverletzung erlangt, ist er zur Beseitigung verpflichtet und darf ein Tätigwerden nicht von der Vorlage einer Markenurkunde abhängig machen[3804].   2288

kk) Beauftragte und Mitarbeiter

Begehen Mitarbeiter oder Beauftragte eines Unternehmens Wettbewerbsverstöße, so sind der Unterlassungsanspruch und der Beseitigungsanspruch nach **§ 8 Abs. 2 UWG** auch gegen das Unternehmen begründet. Dies gilt beispielsweise auch für Werbung über den **privaten Facebook-Account** eines Mitarbeiters, sofern der Mitarbeiter mit der Werbung den Warenabsatz seines Arbeitgebers fördern möchte[3805]. Das **Bundesland** als Anstellungskörperschaft haftet, wenn ein **Lehrer** in Ausübung seines öffentlichen Amtes auf einer Schulwebsite für das Angebot der Schule wirbt und dabei Urheberrechte verletzt (§ 839 BGB i.V.m. Art. 34 GG)[3806].   2289

Beauftragter ist, wer in die betriebliche Organisation des Betriebsinhabers in der Weise eingegliedert ist, dass der Erfolg seiner Geschäftstätigkeit dem Betriebsinhaber zugutekommt und der Betriebsinhaber einen bestimmenden durchsetzbaren Einfluss auf diejenige Tätigkeit des Beauftragten hat, in deren Bereich das beanstandete Verhalten fällt[3807]. Diese Voraussetzungen lagen in einem Fall vor, den das OLG Köln zu entscheiden hatte. Das beklagte Druckereiunternehmen hatte durch einen Werbepartner die Umleitung zur eigenen Website saxoprint.de veranlasst, sobald die Domain des klagenden Konkurrenten mit Tippfehlern eingegeben wurde[3808]. Das **Handeln des Werbepartners** war dem Unternehmen nach § 8 Abs. 2 UWG zuzurechnen[3809]. Entsprechendes gilt für Kennzeichenrechtsverletzungen (**§ 14 Abs. 7 und § 15 Abs. 6 MarkenG**).   2290

Wer eine **Agentur** mit der Schaltung von Google-AdWords-Anzeigen beauftragt, haftet für Markenrechtsverletzungen, die die Agentur in Ausführung des Auftrags begeht[3810]. Urheberrechtlich ergibt sich die Haftung für Mitarbeiter und Beauftragte aus **§ 99 UrhG**. Ein Unternehmer, dessen Beauftragter Urheberrechte verletzt, kann daher von dem Rechteinhaber auf Beseitigung und Unterlassung in Anspruch genommen werden[3811].   2291

3802 OLG Frankfurt v. 25.2.2010 – 6 U 70/09, MMR 2010, 417, 417 f.
3803 OLG München v. 13.8.2009 – 6 U 5869/07, CR 2010, 396, 396 ff. = MMR 2010, 100, 100 ff.
3804 OLG Stuttgart v. 19.4.2012 – 2 U 91/11 Rz. 57 ff., CR 2012, 474 = ITRB 2012, 150, 150 f. (*Rössel*); LG Stuttgart v. 28.7.2011 – 17 O 73/11 (Vorinstanz) Rz. 41 ff., CR 2012, 338 = ITRB 2011, 227, 227 f. (*Kunczik*).
3805 LG Freiburg v. 4.11.2013 – 12 O 83/13, ITRB 2014, 80.
3806 OLG Celle v. 9.11.2015 – 13 U 95/15 Rz. 6 ff., ITRB 2016, 56.
3807 BGH v. 18.11.2010 – I ZR 155/09 Rz. 53 ff. – Sedo.
3808 OLG Köln v. 18.10.2013 – 6 U 36/13.
3809 OLG Hamburg v. 19.7.2021 – 5 U 56/20 Rz. 19 f.
3810 OLG Hamm v. 13.9.2012 – I-4 U 71/12 Rz. 64 ff., CR 2012, 812 = ITRB 2013, 31.
3811 OLG Frankfurt v. 12.2.2008 – 11 U 28/07, GRUR-RR 2008, 385, 385 f.

II) Werbe- und Vertriebspartner

2292   Sehr weit ging das LG Frankfurt/M., als es die Störerhaftung eines Telekommunikationsunternehmens bejahte, das **Werbung** auf Seiten geschaltet hatte, auf denen jugendgefährdende, gewaltverherrlichende und volksverhetzende Filme angeboten wurden. Eine Abmahnung genügte dem Gericht, um einen Unterlassungsanspruch anzuerkennen[3812]. Es ist indes mehr als fraglich, ob der Werbetreibende durch seine Werbung in irgendeiner Weise (**adäquat-kausal**) an der Herbeiführung der rechtswidrigen Beeinträchtigung mitwirkt.

2293   Soweit das LG Frankfurt/M. darauf verweist, dass die Werbung den Betrieb der Website ermögliche, geht dies an der eigentlichen Rechtsverletzung vorbei. Mit der gleichen Argumentation könnte auch die Hausbank des Website-Betreibers und die Grafikagentur des Werbetreibenden als Störer in Anspruch genommen werden. Auch diese profitieren von der Tätigkeit des Website-Betreibers[3813]. Zutreffend wies das LG München I in einem ähnlichen Fall darauf hin, dass sich eine Störerhaftung **nicht** auf jeden zwar **nicht kausalen**, aber **unterstützenden Effekt** für einen Rechtsverstoß stützen lässt[3814].

2294   Einen Händler, der bei **Amazon-Marketplace** Produkte zum Verkauf anbietet, trifft eine Überwachungs- und Prüfungspflicht auf mögliche Veränderungen der Produktbeschreibungen seiner Angebote, die selbständig von Dritten vorgenommen werden, wenn der Plattformbetreiber derartige Angebotsänderungen zulässt. Die Prüfungspflicht der Händler auf Amazon-Marketplace besteht, ohne dass zuvor ein Hinweis auf eine Rechtsverletzung durch ein bestimmtes Angebot erfolgen muss. Diese Händler sind keine Diensteanbieter, auf die die Bestimmungen der §§ 8 bis 10 TMG anwendbar sind[3815].

2295   Der Inhaber eines **eBay-Accounts**, der den Account einem Dritten zur Nutzung überlässt, ist für Wettbewerbsverstöße des Dritten verantwortlich, soweit es um Werbung geht, die aus Sicht der Adressaten Werbung für den Accountinhaber sei[3816].

2296   **Affiliate-Werbung** ist die Werbung durch Händler („Merchants") mit Hilfe von Partnern („**Affiliates**"), die auf ihren eigenen Websites Links zu Bestellseiten schalten und an Bestellungen durch Provisionen partizipieren[3817]. Nach Auffassung des OLG Köln besteht auch ohne Kenntnis von einem Rechtsverstoß eine Haftung des Merchants für Markenrechtsverletzungen („ROSE"), die der Affiliate begeht, da der Affiliate als Beauftragter gemäß § 14 Abs. 7 MarkenG anzusehen sei[3818]. Mit derselben Begründung leiteten das LG Berlin[3819] und das LG Potsdam[3820] aus § 8 Abs. 2 UWG eine strenge Haftung für Wettbewerbsverstöße von Affiliates ab.

3812 LG Frankfurt/M. v. 2.1.2008 – 3-08 O 143/07, CR 2008, 324, 325 m. Anm. *Schirmbacher* = K&R 2008, 315, 316 m. Anm. *Witzmann* = ITRB 2008, 98, 98 f. (*Engels*).
3813 *Schirmbacher*, CR 2008, 325, 326.
3814 LG München I v. 31.3.2009 – 21 O 5012/09, ZUM 2009, 592, 593.
3815 BGH v. 3.3.2016 – I ZR 140/14 Rz. 22 ff., CR 2016, 746 – Angebotsmanipulation bei Amazon; OLG Frankfurt v. 5.12.2019 – 6 U 182/18 Rz. 45; OLG Frankfurt v. 18.3.2021 – 6 W 8/18 Rz. 15; OLG Hamm v. 9.7.2015 – I-4 U 59/15 Rz. 77.
3816 LG Bonn v. 7.12.2004 – 11 O 48/04, CR 2005, 602 = WRP 2005, 640, 641.
3817 Vgl. *Engels/Seichter*, WRP 2006, 810, 810 f.
3818 OLG Köln v. 24.5.2006 – 6 U 200/05, AfP 2007, 177 = CR 2007, 184, 185 f.
3819 LG Berlin v. 16.8.2005 – 15 O 321/05, MMR 2006, 118 m. Anm. *Herrmann*.
3820 LG Potsdam v. 12.12.2007 – 52 O 67/07, K&R 2008, 117.

Der BGH[3821] schloss sich in seiner Entscheidung zu dem Fall „ROSE" der Auffassung an, dass ein Affiliate grundsätzlich als **Beauftragter** des Merchants auf dem Gebiet der Werbung i.S.v. § 14 Abs. 7 MarkenG anzusehen ist. Die Affiliates seien in der Weise in die betriebliche Organisation des Merchants eingegliedert, dass der Erfolg der Werbung der Affiliates dem Merchant zugutekomme. Der Merchant verfüge auch über einen bestimmenden, durchsetzbaren Einfluss auf die Werbetätigkeit der Affiliates. Im konkreten Fall bedürfe es allerdings des Nachweises, dass der Affiliate auch als Beauftragter des Merchants handelte, als er die Verletzungshandlungen beging. Eine Haftung des Betriebsinhabers für Personen, die er gem. § 14 Abs. 7 MarkenG mit Tätigkeiten für seinen Betrieb beauftragt hat, scheide nicht nur dann aus, wenn diese außerhalb des Auftragsverhältnisses im privaten Bereich handeln. Der Auftraggeber hafte vielmehr auch dann nicht als Betriebsinhaber gem. § 14 Abs. 7 MarkenG, wenn der von ihm Beauftragte im konkreten Fall zwar geschäftlich tätig geworden ist, das betreffende geschäftliche Handeln jedoch nicht der **Geschäftsorganisation** des Auftraggebers, sondern derjenigen eines Dritten oder des Beauftragten selbst zuzurechnen ist. Die Verletzungshandlungen des Affiliates seien nach den Angaben des Merchants über Domains begangen worden, die nicht zum Partnerprogramm des Merchants angemeldet waren. Wenn dies der Fall sei, scheide eine Haftung nach § 14 Abs. 7 MarkenG aus[3822]. Dasselbe gilt nach § 8 Abs. 2 UWG wenn der Affiliate ohne Vorgaben selbstständig und weisungsfrei Wettbewerbsverstöße begeht.[3823]

2297

Die Entscheidung des BGH ermöglicht es, Affiliate-Werbung zu betreiben, ohne dass erdrückende Haftungsrisiken entstehen. Allerdings müssen Merchants darauf achten, ihre **Vertragsbeziehungen**[3824] zu den Werbepartnern so auszugestalten, dass die Spielräume bestmöglich genutzt werden, die der BGH eröffnet. Wird der **Werbeauftrag** auf einzelne Websites beschränkt, haftet der Merchant nach den Maßgaben des BGH nur für Rechtsverstöße des Werbepartners, die diese Websites betreffen[3825].

2298

Eine Haftung des Händlers nach § 8 Abs. 2 UWG für Wettbewerbsverstöße des Affiliates scheidet aus, wenn der Affiliate nicht im Auftrag des Händlers, sondern im Auftrag des Betreibers einer Plattform (**Amazon**) tätig geworden ist[3826].

2299

Praxistipp

2300

Haftungsrisiken lassen sich begrenzen durch die konkrete Auswahl und Freigabe der Websites, auf der die Affiliate Werbemittel des Merchants verwenden darf. Aus der Ausgestaltung des Portals des Affiliate-Netzwerks sollte sich daher zweifelsfrei ergeben, dass der Werbeauftrag an den Affiliate auf die von ihm angegebenen und vom Merchant freigegebenen Websites beschränkt ist:

„Geben Sie hier die Domains ein, auf der die Werbung des Merchants ausschließlich erscheinen soll: …

3821 BGH v. 7.10.2009 – I ZR 109/06, ITRB 2010, 2 = CR 2009, 794, 797 f. m. Anm. *Rössel* – Partnerprogramm.

3822 BGH v. 7.10.2009 – I ZR 109/06, ITRB 2010, 2 = CR 2009, 794, 798 f. m. Anm. *Rössel* – Partnerprogramm; a.A. OLG Köln v. 8.2.2008 – 6 U 149/07, CR 2008, 521, 522.

3823 OLG Köln v. 11.2.2022 – 6 U 84/21 Rz. 4, 85.

3824 Vgl. *Schirmbacher/Ihmor*, CR 2009, 245 ff.; LG Berlin v. 15.10.2009 – 28 O 321/08, ITRB 2010, 58 = CR 2010, 129 f.; LG Berlin v. 23.10.2008 – 32 O 501/08, CR 2009, 262 ff. = ITRB 2009, 104 f. (*Intveen*).

3825 *Schirmbacher*, IPRB 2010, 41, 42.

3826 OLG Hamburg v. 20.8.2020 – 15 U 137/19 Rz. 50 ff.

Ihre Befugnis, die im Rahmen dieses Partnerprogramms zur Verfügung gestellten Werbemittel zu nutzen, beschränkt sich auf Websites, die unter diesen Domains im Internet erreichbar sind."

In den Teilnahmebedingungen sollte zudem klargestellt werden, welche Werbeformen von dem Auftrag erfasst sind:

„Falls Ihre Teilnahme an dem Partnerprogramm bestätigt wird, sind Sie mit folgenden Werbemitteln beauftragt: ..."[3827]

mm) Identitätsklau

2301 Nach Auffassung des OLG Brandenburg haftet eBay als Störer bei wiederholtem „Identitätsklau". Mehrfach waren die Personalien des Klägers verwendet worden, um eBay-Accounts einzurichten. Das Gericht bejahte eine rechtswidrige Namensanmaßung (§ 12 Satz 1, Alt. 2 BGB) und eine Störerhaftung des Plattformbetreibers[3828]. Der **BGH** hob das Urteil des OLG Brandenburg auf und bemängelte, dass nicht festgestellt sei, ob und inwieweit es eBay **technisch möglich und zumutbar** war, eine weitere Verletzung des Namensrechts des Klägers zu verhindern[3829].

nn) Usenet

2302 Das Usenet ist ein weltweites Netz von Servern, das zum Austausch von Nachrichten und Dateien genutzt wird[3830]. Da das Usenet vielfach zum illegalen Tausch von Musik und Filmen genutzt wurde, wurden Usenet Provider wiederholt auf Unterlassung verklagt.

2303 Das OLG Düsseldorf wies eine Klage gegen einen Usenet Provider ab mit der Begründung, dass dem Provider die ständige Kontrolle des eigenen **Newsservers** nicht zumutbar sei. Es gehe nicht an, ein Verbot erst einmal zu erlassen und die Entscheidung, ob der Schuldner alles Zumutbare tut, in das Vollstreckungsverfahren zu übertragen[3831]. Die gegenteilige Auffassung vertraten das LG Düsseldorf[3832] und das LG Hamburg[3833] und bejahten – bedenklich weitgehend[3834] – eine Störerhaftung des Usenet Providers[3835].

2304 Das OLG Hamburg meinte, Usenet Provider seien Access Provider. Wenn sie indes gezielt mit der Möglichkeit von Rechtsverletzungen werben („Also selbst wenn unser Service illegal wäre, wären Sie sicher."), seien sie uneingeschränkt prüfungspflichtig[3836]. Das LG Mün-

---

3827 *Schirmbacher*, IPRB 2010, 41, 42.
3828 OLG Brandenburg v. 16.11.2005 – 4 U 5/05, AfP 2006, 503 = ITRB 2006, 51 = CR 2006, 124, 125 f.
3829 BGH v. 10.4.2008 – I ZR 227/05, ITRB 2009, 52 = CR 2008, 727, 728 m. Anm. *Rössel* – Namensklau im Internet.
3830 *Hütten*, K&R 2007, 554, 554 f.
3831 OLG Düsseldorf v. 15.1.2008 – 20 U 95/07.
3832 LG Düsseldorf v. 23.5.2007 – 12 O 151/07, ITRB 2007, 200 = CR 2007, 601, 602 f. m. Anm. *Kitz*.
3833 LG Hamburg v. 15.6.2007 – 308 O 325/07, MMR 2008, 136 (Ls.); LG Hamburg v. 19.2.2007 – 308 O 32/07, CR 2007, 609 = MMR 2007, 333 f. m. Anm. *Hoeren*.
3834 Vgl. *Lober/Karg*, CR 2007, 647, 650.
3835 Vgl. auch *Hütten*, K&R 2007, 554, 557 ff.
3836 OLG Hamburg v. 28.1.2009 – 5 U 255/07, MMR 2009, 405 ff.; a.A. LG Hamburg v. 22.6.2018 – 308 O 314/16 Rz. 48.

chen I vertrat dagegen die Auffassung, dass bei einem Usenet-Newsserver die Voraussetzungen des § 9 TMG (**Caching**) (s. Rz. 2156 ff.) vorliegen. Eine Störerhaftung sei zu verneinen, da dem Provider eine Kontrolle des umfangreichen Datenbestandes nicht zumutbar sei[3837].

Auf den Usenet-Servern werden Inhalte gespeichert, so dass es nicht nur um Zugang geht (§ 8 TMG). Anders als ein Proxy-Server, auf den § 9 TMG Anwendung findet, dient der Usenet-Server nicht ausschließlich der Beschleunigung der Kommunikation. Vielmehr ist der Usenet-Server notwendig, damit der Nutzer Inhalte herunterladen kann. Dies spricht dafür, auf den Usenet Provider **§ 10 TMG** und nicht § 9 TMG anzuwenden[3838]. 2305

oo) Sharehoster und Filesharing

Ein Sharehoster-Dienst ermöglicht dem Nutzer, auf einfache Weise große Dateien abzuspeichern und Dritten die Dateien (durch Übersendung eines Download-Links) zum Download zur Verfügung zu stellen. 2306

Das OLG Köln verurteilte einen Sharehoster in Anwendung der BGH-Rechtsprechung zur Störerhaftung zur regelmäßigen Überprüfung einer Reihe von Links, da diese Links zur illegalen Verbreitung von Musik genutzt worden waren[3839]. Das LG Düsseldorf[3840], das LG Frankfurt/M.[3841] sowie das OLG Hamburg[3842] und das LG Hamburg[3843] gingen weiter und vertraten die Auffassung, dass Sharehoster-Dienste für eine Verletzung von Urheberrechten besonders gut geeignet seien mit der Folge, dass den Diensteanbieter erhöhte[3844] bzw. einschränkungslose[3845] Prüfungspflichten treffen. Dieser Auffassung widersprach der BGH und bescheinigte dem Geschäftsmodell von **Rapidshare**, dass es „grundsätzlich" rechtskonform sei[3846]. Allerdings bejahte der BGH Prüfungspflichten, sobald Kenntnis von einem Rechtsverstoß besteht[3847]. Rapidshare sei es zumutbar, einer Wiederholung entsprechender Rechts- 2307

3837 LG München v. 19.4.2007 – 7 O 3950/07, CR 2007, 807 = ITRB 2007, 130 = MMR 2007, 453, 454 ff. m. Anm. *Mantz*.

3838 *Hütten*, K&R 2007, 554, 555 f.

3839 OLG Köln v. 21.9.2007 – 6 U 86/07, CR 2008, 41 = ITRB 2008, 6 = MMR 2007, 786, 787 f.

3840 LG Düsseldorf v. 23.1.2008 – 12 O 246/07, ZUM 2008, 338, 341 f.; LG Düsseldorf v. 1.9.2010 – 12 O 319/08 Rz. 21, CR 2011, 476 = ITRB 2011, 27.

3841 LG Frankfurt/M. v. 19.6.2008 – 2/3 O 98/08, ZUM 2008, 996, 998.

3842 OLG Hamburg v. 30.9.2009 – 5 U 111/08, MMR 2010, 51 ff. m. Anm. *Breyer*; OLG Hamburg v. 2.7.2008 – 5 U 73/07, MMR 2008, 823 ff.

3843 LG Hamburg v. 12.6.2009 – 310 O 93/08, ZUM 2009, 863, 863 ff.

3844 LG Düsseldorf v. 23.1.2008 – 12 O 246/07, ZUM 2008, 338, 341 f.; LG Düsseldorf v. 1.9.2010 – 12 O 319/08 Rz. 21, CR 2011, 476 = ITRB 2011, 27; LG Frankfurt/M. v. 19.6.2008 – 2/3 O 98/08, ZUM 2008, 996, 998.

3845 OLG Hamburg v. 30.9.2009 – 5 U 111/08, MMR 2010, 51 ff. m. Anm. *Breyer*; OLG Hamburg v. 2.7.2008 – 5 U 73/07, MMR 2008, 823, 823 ff.

3846 BGH v. 12.7.2012 – I ZR 18/11 Rz. 23, CR 2013, 190 m. Anm. *Tinnefeld* = ITRB 2013, 51 – Alone in the Dark; vgl. auch OLG Düsseldorf v. 27.4.2010 – I-20 U 166/09, CR 2010, 473 ff. m. Anm. *Rössel* = MMR 2010, 483 ff. m. Anm. *Schröder*; OLG Düsseldorf v. 6.7.2010 – I-20 U 8/10 Rz. 28 ff., ITRB 2010, 273 ff. (*Rössel*); OLG Düsseldorf v. 21.12.2010 – I-20 U 59/10 Rz. 15 f.; OLG Hamburg v. 14.3.2012 – 5 U 87/09 Rz. 111 ff., CR 2012, 411.

3847 BGH v. 12.7.2012 – I ZR 18/11 Rz. 28 ff., CR 2013, 190 m. Anm. *Tinnefeld* = ITRB 2013, 51 – Alone in the Dark.

verletzungen durch Wortfilter sowie durch eine Kontrolle von Linksammlungen entgegen-zuwirken[3848].

2308 Ein nur das Hochladen von Dateien kontrollierender Wortfilter ist nach Auffassung des BGH zur Erfüllung der Prüfungspflichten unzureichend, eine zusätzliche **Kontrolle bereits gespeicherter Dateien** sei zumutbar[3849]. Zwar bestehen auch Umgehungsmöglichkeiten für einen solchen Wortfilter, indem die Dateien in anderen Wortkombinationen hochgeladen würden, der Eignung eines Wortfilters mit manueller Nachkontrolle für die Erkennung von Urheberrechtsverletzungshandlungen stehe jedoch nicht entgegen, dass der Filter mögliche Verletzungshandlungen nicht vollständig erfassen könne[3850].

2309 In einer weiteren Entscheidung zu Rapidshare ging der BGH davon aus, dass der Betreiber die Gefahr einer urheberrechtsverletzenden Nutzung seines Dienstes durch eigene Maßnahmen gefördert hatte, auch wenn sein Geschäftsmodell nicht von vornherein auf Rechtsver-letzungen angelegt war[3851]. Die **Gefahrerhöhung** ändere nichts daran, dass der Betreiber nur dann einer Prüfungspflicht unterliege, wenn er auf eine klare Rechtsverletzung in Bezug auf konkrete Musikwerke hingewiesen werde. Allerdings sei die Gefahrerhöhung bei der Be-stimmung des Umfangs der Prüfungspflichten zu berücksichtigen, die dem Betreiber oblie-gen[3852]. Ihm sei eine umfassende regelmäßige Kontrolle der Linksammlungen zuzumuten, die auf ihren Dienst verweisen. Die Prüfpflichten bestehen nach Auffassung des BGH bei je-dem Werk, zu dem der Betreiber auf eine klare Rechtsverletzung hingewiesen worden ist, im selben Umfang, und verringern sich nicht dadurch, dass sie in Bezug auf eine große oder sehr große Werkzahl – allein im Streitfall **über 4800 Musikwerke** – erfüllt werden müs-sen[3853].

2310 Wenn der Sharehoster Kenntnis von einem Rechtsverstoß erlangt, den ein Nutzer begangen hat, ist er verpflichtet, den Account dieses Nutzers zu sperren[3854]. Erhält der Anbieter Kennt-nis von wiederholten Urheberrechtsverletzungen, die dasselbe Werk betreffen und die durch den gleichen Nutzer erfolgten und sperrt gleichwohl nicht dessen Account, ist von einer Kenntnis des Anbieters hinsichtlich weiterer etwaiger konkreter Haupttaten auszugehen, so-

3848 BGH v. 12.7.2012 – I ZR 18/11 Rz. 33 ff., CR 2013, 190 m. Anm. *Tinnefeld* = ITRB 2013, 51 – Alone in the Dark; vgl. auch OLG Hamburg v. 14.3.2012 – 5 U 87/09 Rz. 132 ff., CR 2012, 411; LG Hamburg v. 18.3.2011 – 308 O 458/10 Rz. 30 ff.; LG Hamburg v. 14.11.2011 – 310 O 116/10 Rz. 45 ff.; a.A. OLG Düsseldorf v. 27.4.2010 – I-20 U 166/09, CR 2010, 473 ff. m. Anm. *Rössel* = MMR 2010, 483 ff. m. Anm. *Schröder*; OLG Düsseldorf v. 6.7.2010 – I-20 U 8/10 Rz. 50 ff., ITRB 2010, 273 ff. (*Rössel*); OLG Düsseldorf v. 21.12.2010 – I-20 U 59/10 Rz. 20 ff.
3849 BGH v. 12.7.2012 – I ZR 18/11 Rz. 34 f., CR 2013, 190 m. Anm. *Tinnefeld* = ITRB 2013, 51 – Alone in the Dark; vgl. *Wimmers/Mundhenk*, IPRB 2014, 58, 60.
3850 BGH v. 12.7.2012 – I ZR 18/11 Rz. 35, CR 2013, 190 m. Anm. *Tinnefeld* = ITRB 2013, 51 – Alone in the Dark.
3851 BGH v. 15.8.2013 – I ZR 80/12 Rz. 34 ff., AfP 2013, 403 = CR 2013, 728 = ITRB 2013, 222 – File-Hosting-Dienst.
3852 BGH v. 15.8.2013 – I ZR 80/12 Rz. 45, AfP 2013, 403 = CR 2013, 728 = ITRB 2013, 222 – File-Hosting-Dienst.
3853 BGH v. 15.8.2013 – I ZR 80/12 Rz. 58 f., AfP 2013, 403 = CR 2013, 728 = ITRB 2013, 222 – File-Hosting-Dienst; OLG München v. 2.3.2017 – 29 U 1797/16 Rz. 85; OLG München v. 2.3.2017 – 29 U 3735/16 Rz. 95; LG München I v. 10.8.2016 – 21 O 6197/14 Rz. 62 ff.
3854 OLG Dresden v. 8.6.2015 – 14 W 312/15 Rz. 9.

dass der Sharehoster nicht nur als Störer haftet, sondern als **Gehilfe** an Urheberrechtsverletzungen teilnimmt[3855].

Für das **Filesharing-System** eDonkey verneinten das LG Düsseldorf[3856] und das OLG Düsseldorf[3857] eine Störerhaftung des Providers unter dem Gesichtspunkt der Unverhältnismäßigkeit. Das LG Frankfurt/M. schloss in einem anderen eDonkey-Fall aus den eigenen Angaben des Serverbetreibers, dass die konkret verlangte Sperrung möglich und zumutbar war[3858].   2311

pp) Nutzung eines fremden Accounts

Unter dem Gesichtspunkt der Störerhaftung bejahte das OLG Stuttgart einen Unterlassungsanspruch wegen eines Wettbewerbsverstoßes bei einem eBay-Shop, obwohl die Beklagte eingewendet hatte, der streitige eBay-Account sei nicht von ihr selbst, sondern von ihrem Lebensgefährten genutzt worden. Nach Auffassung des Gerichts traf die Beklagte wegen der Weitergabe ihrer Accountdaten eine „**gesteigerte Prüfungspflicht**" im Hinblick auf die Einhaltung der „gesetzlich geltenden Regelungen" durch ihren Lebensgefährten[3859]. Ähnlich entschied das OLG Frankfurt in einem Fall, in dem der Beklagte seiner Ehefrau Accountdaten überlassen hatte und es zu Markenrechtsverletzungen gekommen war[3860]. Das LG Köln ließ es für eine Störerhaftung ausreichen, dass ein Rechtsanwalt seinen Nutzernamen und sein Passwort für ein **Anwaltsforum** (frag-einen-anwalt.de) auf seinem Rechner gespeichert und es hierdurch (mutmaßlich) seinen Söhnen ermöglicht hatte, in dem Forum beleidigende Äußerungen über einen Anwaltskollegen zu verbreiten[3861].   2312

Benutzt ein Dritter (im konkreten Fall die Ehefrau) ein fremdes Mitgliedskonto bei eBay, nachdem er an die Zugangsdaten dieses Mitgliedskontos gelangt ist, weil der Inhaber diese nicht hinreichend vor dem **Zugriff Dritter** gesichert hat, muss der Inhaber des Mitgliedskontos sich nach Auffassung des **BGH**[3862] so behandeln lassen, wie wenn er selbst gehandelt hätte. In der unzureichenden Verwahrung sieht der BGH eine **Verkehrspflichtverletzung**, die einen selbständigen Zurechnungsgrund gegenüber den Grundsätzen der Störerhaftung (s. Rz. 2185 ff.) und den Verkehrspflichten im Bereich des Wettbewerbsrechts darstellt. Soweit es um den Unterlassungsanspruch gehe, setze die Haftung keinen Verstoß gegen weitere Prüfungspflichten voraus. Insbesondere sei die Haftung nicht davon abhängig, ob und gegebenenfalls in welchem Umfang eine Pflicht des Beklagten bestanden habe, das Verhalten seiner Ehefrau auf mögliche Verletzungen der Rechte Dritter zu überprüfen, und ob er diese Prüfungspflicht verletzt hat. Anders als bei den Verkehrspflichten im Bereich des Wettbe-   2313

3855 OLG München v. 2.3.2017 – 29 U 1797/16 Rz. 76; OLG München v. 2.3.2017 – 29 U 3735/16 Rz. 86; LG München I v. 10.8.2016 – 21 O 6197/14 Rz. 51 ff.

3856 LG Düsseldorf v. 12.9.2008 – 12 O 621/07, CR 2009, 404, 405 f. = ZUM 2008, 882, 883 f. = MMR 2008, 759, 760 f.

3857 OLG Düsseldorf v. 15.10.2008 – I-20 U 196/07, ITRB 2009, 51 = CR 2009, 40 f.; vgl. auch OLG Düsseldorf v. 15.1.2008 – I-20 U 95/07, CR 2008, 398 = K&R 2008, 183, 184.

3858 LG Frankfurt/M. v. 30.9.2008, MMR 2009, 70 (Ls.).

3859 OLG Stuttgart v. 16.4.2007 – 2 W 71/06, K&R 2007, 468, 469.

3860 OLG Frankfurt v. 13.6.2005 – 6 W 20/05, ITRB 2006, 28 = NJW-RR 2005, 1204 f. = CR 2005, 655; vgl. auch AG München v. 24.4.2007 – 161 C 24310/05, CR 2007, 816, 817.

3861 LG Köln v. 18.10.2006 – 28 O 364/06, MMR 2007, 337, 338.

3862 BGH v. 11.3.2009 – I ZR 114/06, ITRB 2009, 146 = CR 2009, 450, 451 f. m. Anm. *Rössel* – Halzband; LG Düsseldorf v. 16.12.2020 – 12 O 111/20 Rz. 31.

werbsrechts greife der Zurechnungsgrund auch nicht erst dann ein, wenn der Kontoinhaber die unzureichende Sicherung der Kontaktdaten andauern lasse, nachdem er davon Kenntnis erlangt hat, dass ein Dritter sie unberechtigterweise benutzt hat.

2314 Die Grundüberlegung des BGH überzeugt: Wer seine Accountdaten nicht **unter Verschluss** hält, begründet damit die Gefahr, dass für den Verkehr Unklarheiten darüber entstehen können, welche Person unter dem betreffenden Mitgliedsnamen gehandelt hat. Dies spricht für eine generelle Verantwortung und Verpflichtung des Inhabers eines passwortgeschützten Accounts, seine Kontaktdaten so unter Verschluss zu halten, dass von ihnen niemand Kenntnis erlangt[3863]. Diese Verpflichtung gilt auch für den Inhaber eines Facebook-Accounts, der bei rechtsverletzender Nutzung durch einen Dritten zur Verantwortung gezogen werden kann, wenn er seine Verpflichtung zur Sicherung der Zugangsdaten verletzt hat[3864].

qq) WLAN im privaten Haushalt

2315 Wird über einen privaten Internetanschluss eine Rechtsverletzung begangen, ist eine tatsächliche Vermutung für eine **Täterschaft** des Anschlussinhabers nicht begründet (bzw. entkräftet[3865]), wenn zum Zeitpunkt der Rechtsverletzung (auch) andere Personen diesen Anschluss benutzen konnten. Allerdings trifft den Anschlussinhaber eine **sekundäre Darlegungslast**, da der Verletzte keine nähere Kenntnis der maßgeblichen Umstände und auch keine Möglichkeit zur weiteren Sachverhaltsaufklärung hat, während dem Anschlussinhaber nähere Angaben zu den Nutzern seines Anschlusses ohne weiteres möglich und zumutbar sind[3866].

2316 Der Anschlussinhaber genügt seiner sekundären Darlegungslast dadurch, dass er vorträgt, ob und gegebenenfalls welche anderen Personen selbständigen Zugang zu seinem Internetanschluss hatten und als Täter der Rechtsverletzung in Betracht kommen. In diesem Umfang ist der Anschlussinhaber im Rahmen des Zumutbaren auch zu **Nachforschungen** verpflichtet und darf nicht untätig bleiben[3867]. Durch ein **pauschales Vorbringen** einer theoretischen Zugriffsmöglichkeit von Dritten kommt der Anschlussinhaber seiner sekundären Darlegungslast nicht ausreichend nach. Seinem Vorbringen muss vielmehr zu entnehmen sein, welche konkrete Person zu der fraglichen Zeit den Internetanschluss genutzt hat oder nutzen konnte[3868]. Zudem hat der Anschlussinhaber nähere Einzelheiten zu Zeitpunkt und

---

3863 BGH v. 11.3.2009 – I ZR 114/06, ITRB 2009, 146 = CR 2009, 450, 452 m. Anm. *Rössel* – Halzband.
3864 OLG Frankfurt v. 21.7.2016 – 16 U 233/15 Rz. 29 ff.; LG Frankfurt/M. v. 13.9.2018 – 2-03 O 127/18 Rz. 56 ff.
3865 BGH v. 12.5.2010 – I ZR 121/08 Rz. 12, AfP 2010, 373 = CR 2010, 458 m. Anm. *Hornung* = ITRB 2010, 151 – Sommer unseres Lebens; BGH v. 15.11.2012 – I ZR 74/12 Rz. 34, CR 2013, 324 m. Anm. *Brüggemann* = ITRB 2013, 100 – Morpheus; OLG Köln v. 28.5.2013 – 6 W 60/13 Rz. 4.
3866 BGH v. 8.1.2014 – I ZR 169/12 Rz. 15 ff., AfP 2014, 320 = CR 2014, 472 m. Anm. *Brüggemann* = ITRB 2014, 176 – BearShare.
3867 BGH v. 8.1.2014 – I ZR 169/12 Rz. 18, AfP 2014, 320 = CR 2014, 472 m. Anm. *Brüggemann* = ITRB 2014, 176 – BearShare; BGH v. 11.6.2015 – I ZR 75/14 Rz. 42, CR 2016, 396 – Tauschbörse III.
3868 BGH v. 11.6.2015 – I ZR 75/14 Rz. 42, CR 2016, 396 – Tauschbörse III; OLG München v. 1.10.2012 – 6 W 1705/12.

Art der Nutzung des Anschlusses durch diese Person mitzuteilen, auch wenn es sich bei der Person um ein Familienmitglied handelt[3869].

Wenn ein Familienmitglied betroffen ist, steht das Grundrecht aus **Art. 6 Abs. 1 GG** der Annahme einer zivilprozessualen Obliegenheit zur Offenbarung nicht entgegen. Dem Schutz des Rechteinhabers durch Art. 14 GG kommt bei der Abwägung der widerstreitenden Grundrechtsgüter ein überwiegendes Gewicht zu[3870]. Daher genügt es auch nicht, dass der Anschlussinhaber pauschal darauf verweist, seine drei volljährigen Kinder hätten Zugang zum Internetanschluss gehabt. Vielmehr ist der Anschlussinhaber gehalten, das Kind zu benennen, das ihm gegenüber die Rechtsverletzung zugegeben hat[3871]. Weiß der Anschlussinhaber nicht, wer von mehreren Personen, die Zugang zu dem Internetanschluss hatten, die Rechtsverletzung begangen hat, muss der Verletzte darlegen und beweisen, welche Person der Täter war[3872]. 2317

Wer das eigene **WLAN nicht sichert**, schafft nach Auffassung des OLG Düsseldorf eine Gefahrenquelle für Urheberrechtsverletzungen Dritter und **haftet daher als Störer** auf Unterlassung[3873]. Dieselbe Ansicht vertreten das LG Mannheim[3874], das LG Düsseldorf[3875] und das LG Hamburg[3876]. Der BGH schloss sich dieser Auffassung an. Privatpersonen, die einen WLAN-Anschluss in Betrieb nehmen, sei es zuzumuten, zu prüfen und den Anschluss durch **angemessene Sicherungsmaßnahmen** hinreichend dagegen zu schützen, von Dritten für die Begehung von Rechtsverletzungen missbraucht zu werden[3877]. Welche konkreten Maßnahmen zumutbar sind, bestimmt sich nach den jeweiligen **technischen Möglichkeiten**. Es würde den privaten Verwender der WLAN-Technologie unzumutbar belasten, wenn ihm zur Pflicht gemacht würde, die Netzwerksicherheit fortlaufend dem neuesten Stand der Technik anzupassen. Allerdings besteht jedenfalls insoweit eine Prüfungspflicht, als dass die im Kaufzeitpunkt des Routers für den privaten Bereich marktüblichen Sicherungen ihrem Zweck entsprechend wirksam einzusetzen sind. Eine solche Verpflichtung entsteht bereits ab der Installation des Anschlusses und nicht erst nach Kenntnis von Rechtsverstößen, die 2318

3869 EuGH v. 18.10.2018 – C-149/17 Rz. 55, ITRB 2018, 271.

3870 BVerfG v. 18.2.2019 – I BvR 2556/17 Rz. 11 ff.

3871 BGH v. 30.3.2017 – I ZR 19/16 Rz. 24 ff., CR 2018, 195 = ITRB 2017, 277 – Loud.

3872 BGH v. 8.1.2014 – I ZR 169/12 Rz. 20, AfP 2014, 320 = CR 2014, 472 m. Anm. *Brüggemann* = ITRB 2014, 176 – BearShare.

3873 OLG Düsseldorf v. 27.12.2007 – I-20 W 157/07, CR 2008, 182 f.; a.A. *Gietel*, MMR 2007, 630, 632; OLG Frankfurt v. 1.7.2008 – 11 U 52/07, ITRB 2008, 196 = CR 2008, 582, 582 ff. m. Anm. *Hornung*.

3874 LG Mannheim v. 25.1.2007 – 7 O 65/06, CR 2007, 818 = MMR 2007, 537, 537 f. m. Anm. *Ernst*.

3875 LG Düsseldorf v. 16.7.2008 – 12 O 195/08, CR 2008, 742 = ITRB 2008, 274 = K&R 2008, 546, 547 f. = ZUM 2008, 797, 798 = MMR 2008, 684, 685.

3876 LG Hamburg v. 26.7.2006 – 308 O 407/06, CR 2007, 54 m. Anm. *Gercke* = ITRB 2006, 247 = MMR 2006, 763, 764 m. Anm. *Mantz*; LG Hamburg v. 11.1.2013 – 308 O 442/12 Rz. 11, CR 2013, 678 = ITRB 2013, 104.

3877 BGH v. 12.5.2010 – I ZR 121/08, AfP 2010, 373 = ITRB 2010, 151 = CR 2010, 458 m. Anm. *Hornung* = GRUR-Prax. 2010, 269 m. Anm. *Obergfell* = WRP 2010, 912 – Sommer unseres Lebens; vgl. auch OLG Düsseldorf v. 16.3.2017 – 20 U 17/16 Rz. 17 ff.; LG Berlin v. 3.3.2011 – 16 O 433/10 Rz. 5.

Dritte mit Hilfe des Anschlusses begangen haben[3878]. Darüber hinaus besteht eine Verpflichtung zur Aktualisierung des Schutzes in einem üblichen Erneuerungsintervall, das bei einem WLAN-Router mehrere Jahre umfasst[3879].

2319 Bei der Voreinstellung eines individuellen **WPA2-Schlüssels** als Router-Passwort haftet der Anschlussinhaber nicht für Filesharing durch Dritte. Ein solcher 16-stelliger Zahlenschlüssel stellt auch dann einen hinreichend sicheren Schlüssel dar, wenn der Anschlussinhaber den voreingestellten Schlüssel nicht ändert[3880]. Bezugspunkt der Haftung für Missbräuche eines ungesicherten Anschlusses ist nicht die WLAN-Technik. Eine Sicherungspflicht besteht daher auch, wenn der Zugang zum Netz mittels eines Kabels[3881] oder auf andere Weise[3882] erfolgt.

2320 In seiner „Morpheus"-Entscheidung[3883] befasste sich der BGH mit der Frage, welche Anforderungen sich aus den **Aufsichtspflichten der Eltern** an Maßnahmen zur Unterbindung von Verstößen ihrer Kinder gegen das Urheberrecht herleiten lassen. Danach genügen Eltern ihrer Aufsichtspflicht gem. § 832 Abs. 1 BGB über ein normal entwickeltes 13-jähriges Kind regelmäßig bereits dadurch, dass sie das Kind über die Rechtswidrigkeit einer Teilnahme an Internettauschbörsen belehren und ihm eine Teilnahme daran verbieten[3884]. Eine Verpflichtung der Eltern, die Nutzung des Internet durch das Kind zu überwachen, den Computer des Kindes zu überprüfen oder dem Kind den Zugang zum Internet (teilweise) zu versperren, besteht grundsätzlich nicht. Zu derartigen Maßnahmen sind Eltern erst verpflichtet, wenn sie konkrete Anhaltspunkte dafür haben, dass das Kind dem Verbot zuwiderhandelt[3885]. Nicht ausreichend ist es, dem Kind nur die Einhaltung allgemeiner Regeln zu einem ordentlichen Verhalten aufzugeben, ohne das Kind konkret über die Rechtswidrigkeit der Teilnahme an Internettauschbörsen zu belehren und eine solche Teilnahme zu untersagen[3886].

2321 Im Verhältnis von **Eheleuten** gelten weder die Anforderungen des § 832 Abs. 1 BGB noch Verkehrssicherungspflichten. Vor dem Hintergrund des gesetzlich geregelten Verhältnisses zwischen Ehegatten ist eine gegenseitige Überwachung jedenfalls unzumutbar[3887]. Das

---

3878 BGH v. 12.5.2010 – I ZR 121/08, AfP 2010, 373 = ITRB 2010, 151 = CR 2010, 458 m. Anm. *Hornung* = GRUR-Prax. 2010, 269 m. Anm. *Obergfell* = WRP 2010, 912 – Sommer unseres Lebens.

3879 Vgl. *Borges*, NJW 2010, 2624, 2626.

3880 BGH v. 24.11.2016 – I ZR 220/15, CR 2017, 613 = ITRB 2017, 180; LG Hamburg v. 29.9.2015 – 310 S 3/15 Rz. 54.

3881 AG München v. 23.11.2011 – 142 C 2564/11.

3882 Vgl. LG Hamburg v. 24.9.2012 – 308 O 319/12, CR 2013, 52 = ITRB 2013, 8.

3883 BGH v. 15.11.2012 – I ZR 74/12, CR 2013, 324 m. Anm. *Brüggemann* = ITRB 2013, 100 – Morpheus.

3884 Vgl. LG Frankfurt/M. v. 11.4.2019 – 2-03 S 2/18 Rz. 28 ff.; LG Frankfurt/M. v. 29.10.2020 – 2-03 O 15/19 Rz. 48 ff.

3885 BGH v. 11.6.2015 – I ZR 7/14 Rz. 32, CR 2016, 399; BGH v. 15.11.2012 – I ZR 74/12 Rz. 29, CR 2013, 324 m. Anm. *Brüggemann* = ITRB 2013, 100 – Morpheus; AG Frankfurt/M. v. 14.6.2013 – 30 C 3078/12; a.A. LG Köln v. 30.3.2011 – 28 O 716/10 Rz. 38, CR 2011, 687.

3886 BGH v. 11.6.2015 – I ZR 7/14 Rz. 38, CR 2016, 399.

3887 BGH v. 6.10.2016 – I ZR 154/15 Rz. 26, ITRB 2017, 100 = CR 2017, 590; AG Frankfurt/M. v. 25.5.2012 – 32 C 157/12 Rz. 18; vgl. auch OLG Köln v. 24.3.2011 – 6 W 42/11 Rz. 13, CR 2011, 331 = ITRB 2011, 178; OLG Frankfurt v. 22.3.2013 – 11 W 8/13 Rz. 10, CR 2013, 547.

gilt jedenfalls dann, wenn keine Anhaltspunkte für vorherige Rechtsverletzungen bestehen[3888].

Bei der Überlassung eines Internetanschlusses an andere **volljährige Familienangehörige** ist   2322
zu berücksichtigen, dass zum einen die Überlassung durch den Anschlussinhaber auf familiärer Verbundenheit beruht und zum anderen Volljährige für ihre Handlungen selbst verantwortlich sind. Im Hinblick auf das – auch grundrechtlich geschützte (Art. 6 Abs. 1 GG) – besondere Vertrauensverhältnis zwischen Familienangehörigen und die Eigenverantwortung von Volljährigen darf der Anschlussinhaber einem volljährigen Familienangehörigen seinen Internetanschluss überlassen, ohne diesen belehren oder überwachen zu müssen. Erst wenn der Anschlussinhaber – etwa aufgrund einer Abmahnung – konkreten Anlass für die Befürchtung haben muss, dass der volljährige Familienangehörige den Internetanschluss für Rechtsverletzungen missbraucht, hat er die zur Verhinderung von Rechtsverletzungen erforderlichen Maßnahmen zu ergreifen[3889].

Wer einem **Dritten** die Nutzung eines WLAN-Anschlusses gestattet und sich dabei vertrag-   2323
lich zusichern lässt, dass der Dritte den Anschluss nicht „zu illegalen Zwecken" nutzen wird, darf auf die Rechtstreue des Vertragspartners vertrauen und haftet bei Rechtsverstößen nicht als Störer[3890]. Dies gilt beispielsweise im Verhältnis des Hauptmieters einer Wohngemeinschaft zu seinen Mitbewohnern[3891]. Gegenüber dem Partner einer nichtehelichen Lebensgemeinschaft[3892], Gästen, Freunden, Mitbewohnern[3893] oder Untermietern[3894] besteht zudem keine Aufsichtspflicht. Auch eine anlasslose Überwachungspflicht am Arbeitsplatz ist zu verneinen[3895].

rr) WLAN im öffentlichen Raum

Dass eine Sicherung des WLAN-Anschlusses im privaten Haushalt zumutbar ist, besagt   2324
noch nichts für eine Zumutbarkeit an **öffentlichen und halb-öffentlichen Orten**. Ob der

---

3888 OLG Frankfurt v. 20.12.2007 – 11 W 58/07, ITRB 2008, 54 = CR 2008, 243 f. m. Anm. *Stang/Hübner*; OLG Köln v. 16.5.2012 – 6 U 239/11 Rz. 19, CR 2012, 534; vgl. auch LG Mannheim v. 30.1.2007 – 2 O 71/06, AfP 2008, 542 = AfP 2009, 102 = CR 2007, 394, 396; LG Mannheim v. 29.9.2006, ZUM-RD 2007, 252 ff.; LG Mannheim v. 29.9.2006 – 7 O 76/06, MMR 2007, 267 f. m. Anm. *Solmecke*; vgl. auch *Volkmann*, CR 2008, 232, 237; OLG Köln v. 16.5.2012 – I-6 U 239/11 Rz. 19.

3889 BGH v. 8.1.2014 – I ZR 169/12 Rz. 27, AfP 2014, 320 = CR 2014, 472 m. Anm. *Brüggemann* = ITRB 2014, 176 – BearShare; LG Hamburg v. 21.6.2012 – 308 O 495/11; a.A. OLG Köln v. 24.3.2011 – 6 W 42/11 Rz. 13, CR 2011, 331 = ITRB 2011, 178; OLG Köln v. 21.4.2011 – 6 W 58/11 Rz. 18, CR 2012, 412; OLG Köln v. 4.6.2012 – 6 W 81/12 Rz. 4, CR 2012, 533 = ITRB 2012, 222.

3890 AG München v. 15.2.2012 – 142 C 10921/11 Rz. 30, CR 2012, 340.

3891 LG Köln v. 14.3.2013 – 14 O 320/12 Rz. 42 ff., ITRB 2013, 158 f. (*Engels*).

3892 A.A. LG Hamburg v. 21.3.2014 – 310 S 7/13 Rz. 16; LG Hamburg v. 4.4.2014 – 310 O 409/11 Rz. 37.

3893 BGH v. 12.5.2016 – I ZR 86/15, CR 2017, 181 = ITRB 2017, 5; AG Frankfurt/M. v. 25.3.2010 – 30 C 2598/08-25 Rz. 14, CR 2011, 130.

3894 LG Köln v. 14.3.2013 – 14 O 320/12 Rz. 40 ff., ITRB 2013, 158.

3895 LG München I v. 4.10.2007, K&R 2007, 667, 668 f.; AG Charlottenburg v. 8.6.2016 – 231 C 65/16.

Inhaber eines Anschlusses in einer Gaststätte[3896], einem Flughafen oder einem Hotel[3897] eine Zugangssicherung durch Vergabe von Passwörtern vornehmen muss[3898], erscheint zweifelhaft[3899].

2325 Das LG Hamburg nahm an, dass der Betreiber eines **Internet-Cafés** für die Rechtsverletzungen Dritter stets als Störer haftet. Das Gericht begründete dies damit, dass es dem Betreiber möglich sei, Maßnahmen wie das Sperren von Ports zu ergreifen, um Rechtsverstöße zu verhindern[3900]. Das AG Koblenz sah dagegen keine Störerhaftung eines **Hotelbetreibers** gegeben, der sein WLAN-Netzwerk mit einem Passwort sicherte und die Gäste und andere Nutzer belehrte, keine Rechtsverstöße zu begehen[3901]. Auch das AG Hamburg verneinte eine Haftung als Störer bei einem Hotelbetreiber, der seinen Gästen ein gesichertes WLAN anbot und diese über Rechtsverstöße belehrte[3902]. Das Gericht, das einen Vergleich zu einem Access Provider zog, zweifelte bereits an einer Belehrungspflicht[3903].

2326 In einem anderen Fall vor dem AG Hamburg ging es um einen **Krankenhausbetreiber**, der seinen Patienten einen WLAN-Hotspot zur Nutzung anbot. Auch in diesem Fall war das WLAN-Netzwerk durch ein Passwort gesichert. Nach Ansicht des Gerichts war nicht nur eine Haftung ausgeschlossen, sondern durch das Abmahnschreiben – ganz im Gegenteil – ein Eingriff in den eingerichteten und ausgeübten Gewerbebetrieb gegeben[3904]. Das LG Frankfurt/M. verneinte die Haftung des Vermieters eines **Ferienhauses**, der seinen Gästen die Nutzung seines WLAN-Anschlusses nur zu bestimmten (beruflichen) Zwecken erlaubt hatte[3905]. Das AG Berlin-Charlottenburg verneinte eine Haftung als Störer bei einem Betreiber von „**Freifunk**" mit einem offenen, ungesicherten WLAN[3906]. Das Gericht sah den Betreiber als Access Provider an und ging von den umfassenden Haftungsprivilegien des § 8 TMG aus. Dem Betreiber eines WLAN-Netzwerkes dürfe nichts abverlangt werden, was sein „Geschäftsmodell" gefährdet. Dies wäre bei strengen Auflagen (Port- oder DNS-Sperren, Registrierungspflichten etc.) der Fall. Eine Pflicht zur Belehrung bestehe zudem nicht.

2327 Durch eine **Novellierung des TMG** im Jahr 2017[3907] wurde der Betreiber eines öffentlichen WLAN-Anschlusses dem Access Provider gleichgestellt, ohne dass eine Verpflichtung zur Sicherung von Anschlüssen durch Passwörter oder Belehrungspflichten eingeführt wurden. Der neue § 8 Abs. 3 TMG legt fest, dass die Haftungsbefreiungen für Access Provider aus § 8 Abs. 1 und 2 TMG auch für Diensteanbieter gelten, die Nutzern einen Internetzugang über ein drahtloses lokales Netzwerk zur Verfügung stellen. Dies gilt sowohl für gewerbliche als auch für nicht-gewerbliche Anbieter[3908]. § 2 Satz 1 Nr. 2a TMG definiert das **drahtlose Netzwerk** als Drahtloszugangssystem mit geringer Leistung und geringer Reichweite sowie

---

3896 Vgl. LG Hamburg v. 25.11.2010 – 310 O 433/10, CR 2011, 331.
3897 Vgl. LG Frankfurt/M. v. 18.8.2010 – 2-6 S 19/09.
3898 Vgl. *Schmidt-Bens/Suhren*, K&R 2013, 1, 3.
3899 Vgl. *Härting/Gössling*, IPRB 2017, 66.
3900 LG Hamburg v. 25.11.2010 – 310 O 433/10, CR 2011, 331.
3901 AG Koblenz v. 18.6.2014 – 161 C 145/14.
3902 AG Hamburg v. 10.6.2014 – 25b C 431/13.
3903 AG Hamburg v. 10.6.2014 – 25b C 431/13 Rz. 42.
3904 AG Hamburg v. 16.12.2014 – 30 C 2801/14.
3905 LG Frankfurt/M. v. 28.6.2013 – 2-6 O 304/12.
3906 AG Charlottenburg v. 17.12.2014 – 217 C 121/14.
3907 *Franz/Sakowski*, CR 2017, 734 ff.; *Härting/Gössling*, IPRB 2018, 17, 17 ff.
3908 *Grigorjew*, K&R 2016, 701, 703.

mit geringem Störungsrisiko für weitere, von anderen Nutzern in unmittelbarer Nähe installierte Systeme dieser Art, welches nicht exklusive Grundfrequenzen nutzt. Funknetzwerke mit größerer Reichweite sind nicht erfasst, dürften aber bereits unter die Privilegierung des § 8 Abs. 1 TMG fallen[3909].

Auch wenn § 8 Abs. 3 TMG den Betreiber eines öffentlichen WLANs dem Access Provider   2328 uneingeschränkt gleichstellt, ändert dies nichts an einer **potentiellen Störerhaftung**. Der WLAN-Anbieter kann weiterhin gerichtlichen Anordnungen und damit Beseitigungs- und Unterlassungsklagen ausgesetzt sein (§ 7 Abs. 3 Satz 1 TMG)[3910]. In seiner **„McFadden"-Entscheidung** hat der EuGH zudem eine Sicherung des Internetanschlusses bei öffentlichen Netzen zum Schutz von Urheberrechten gefordert. Die Notwendigkeit eines solchen Schutzes ergebe sich aus dem Schutz des geistigen Eigentums nach Art. 17 Abs. 2 Grundrechtecharta[3911]. Die Sicherung durch ein Passwort sei allerdings nur dann ein geeignetes Mittel zum Schutz von Urheberrechten, wenn die Nutzer des WLAN-Netzes zugleich ihre Identität offenbaren müssen und nicht anonym handeln können[3912].

3909 *Nordemann*, GRUR 2016, 1097, 1098.

3910 *Härting/Gössling*, IPRB 2017, 66, 67.

3911 EuGH v. 15.9.2016 – C-484/14, CR 2016, 678 m. Anm. *Franz/Sakowski* = ITRB 2016, 219 – McFadden.

3912 EuGH v. 15.9.2016 – C-484/14 Rz. 96, 101, CR 2016, 678 m. Anm. *Franz/Sakowski* = ITRB 2016, 219 – McFadden; vgl. *Härting/Gössling*, IPRB 2017, 66; OLG Düsseldorf v. 16.3.2017 – 20 U 17/16 Rz. 16.

K. Kollisionsrecht

I. Überblick

2329 Das **Internationale Privatrecht** beantwortet die Frage nach dem (nationalen) Recht, das auf grenzüberschreitende Sachverhalte anwendbar ist. Es handelt sich nicht um „internationales" Recht, sondern um innerstaatliche Normen[3913]. Diese regeln, welches materielle Recht auf einen Sachverhalt anwendbar ist, der **Auslandsberührung** aufweist[3914]. Das Internationale Privatrecht wird relevant, wenn der Bezug eines Sachverhalts zu mehreren Staaten kollidierende Rechtsordnungen auf den Plan ruft. Wegen dieser Kollisionslage, um die es im Internationalen Privatrecht geht, spricht man auch von **Kollisionsrecht**[3915].

3913 Vgl. *Kegel/Schurig*, IPR, S. 9; *Kropholler*, IPR, S. 8.
3914 *Thorn* in Grüneberg, Einl. v. Art. 3 EGBGB Rz. 1.
3915 *Hoffmann/Thorn*, IPR, § 1 Rz. 34.

Das Internet bietet mannigfaltige Beispielsfälle der Auslandsberührung, die zu kollisions- 2330
rechtlichen Fragen führen: Der deutsche Nutzer ruft die Internetseiten eines US-amerikani-
schen Unternehmens auf. Das amerikanische Unternehmen bietet Bücher zum Kauf an, die
aus den USA, Großbritannien oder Australien geliefert werden. Der Server, den der amerikanische Anbieter zur Speicherung seiner Internetseiten nutzt, kann in den USA, ebenso
aber auch in China oder Mexiko stehen. In die Kommunikation zwischen dem deutschen
Nutzer und dem amerikanischen Anbieter können Server zwischengeschaltet sein, die sich
in Norwegen oder Kanada befinden.

Die Frage nach dem **anwendbaren Recht** kann sich beim Abschluss und bei der Abwicklung 2331
von Verträgen, aber auch außerhalb vertraglicher Beziehungen stellen. Wenn ein deutscher
Verbraucher bei einem koreanischen Unternehmen online Waren bestellt, ist die Anwendung deutschen Rechts auf den Kaufvertrag keine Selbstverständlichkeit. Entsprechendes gilt,
wenn ein spanisches Unternehmen über das Internet geschäftsschädigende Aussagen über
die Produkte eines deutschen Konkurrenten verbreitet oder dessen Urheberrechte verletzt.
Fraglich ist dann, ob spanisches oder deutsches Recht oder das Recht eines Drittstaates zur
Anwendung kommt.

Soweit es um vertragliche Schuldverhältnisse geht, bestimmt sich das anwendbare Recht nach 2332
der ROM-I-Verordnung der EU (**ROM-I-VO**)[3916]. Auf außervertragliche Schuldverhältnisse
ist die ROM-II-Verordnung der EU (**ROM-II-VO**) anzuwenden[3917]. Beide Verordnungen beanspruchen auch dann Geltung, wenn das nach den Verordnungen anwendbare Recht nicht
das Recht eines Mitgliedstaates der EU ist (universelle Geltung gem. Art. 2 ROM-I-VO[3918]
und Art. 3 ROM-II-VO[3919]).

Bevor sich ein deutsches Gericht die Frage stellt, welches materielle Recht auf einen Sachver- 2333
halt anwendbar ist, muss es seine (internationale) Zuständigkeit prüfen. Ob und inwieweit
deutsche Gerichte in Fällen mit Auslandsberührung tätig werden können, regelt das **Internationale Zuständigkeitsrecht**. Die internationale Zuständigkeit des angerufenen (deutschen) Gerichts ist eine Vorfrage des Kollisionsrechts[3920].

II. Vertragsrecht

▨ Übersicht: 2334

Rechtswahl (Art. 3 ROM-I-VO):

– *ausdrückliche Rechtswahl:* Wirksamkeit der Rechtswahlklausel (insbesondere AGB-Recht,
Art. 3 Abs. 5 i.V.m. Art. 10 ROM-I-VO);

3916 Verordnung (EG) Nr. 593/2008 des Europäischen Parlaments und des Rates v. 17.6.2008 über
das auf vertragliche Schuldverhältnisse anzuwendende Recht (ROM-I), ABl. EG Nr. L 177/6 v.
4.7.2008; vgl. *Brödermann*, NJW 2010, 807, 807 ff.; *Lejeune*, ITRB 2010, 66, 66 ff.
3917 Verordnung (EG) Nr. 864/2007 des Europäischen Parlaments und des Rates v. 11.7.2007 über
das auf außervertragliche Schuldverhältnisse anzuwendende Recht (ROM-II), ABl. EG Nr. L
199/40 v. 31.7.2007; vgl. *Brödermann*, NJW 2010, 807, 807 ff.; *Junker*, NJW 2007, 3675,
3675 ff.
3918 Vgl. *Brödermann*, NJW 2010, 807, 809; *Lejeune*, ITRB 2010, 66, 66.
3919 Vgl. *Brödermann*, NJW 2010, 807, 809; *Junker*, NJW 2007, 3675, 3677.
3920 Vgl. *Pichler* in Hoeren/Sieber/Holznagel, Handbuch Multimedia-Recht, Teil 25 Rz. 37.

– *stillschweigende Rechtswahl:* Indizien wie Gerichtsstand, Schiedsklausel, Vertragssprache, Erfüllungsort;

– *zwingendes Recht:* Verbraucherschutzrecht (Art. 6 Abs. 2 Satz 2 ROM-I-VO und Art. 46b EGBGB) und sonstige Eingriffsnormen (Art. 9 ROM-I-VO).

Keine Rechtswahl (Art. 4 ROM-I-VO):

– *Verträge zwischen Unternehmern:* maßgeblich primär die vertragscharakteristische Leistung (Art. 4 Abs. 1 und 2 ROM-I-VO);

– *Verbraucherverträge:* maßgeblich primär der gewöhnliche Aufenthaltsort des Verbrauchers (Art. 6 Abs. 1 ROM-I-VO).

Sonderanknüpfungen (Art. 11 und 13 ROM-I-VO):

– Rechts-, Geschäfts- und Handlungsfähigkeit (Art. 13 ROM-I-VO);

– Formwirksamkeit (Art. 11 ROM-I-VO; Ausnahme für Verbraucherverträge gem. Art. 11 Abs. 4 ROM-I-VO).

UN-Kaufrecht:

– nicht anwendbar bei vertraglichem Ausschluss sowie bei Verbraucherverträgen und bei Lieferung nicht-physischer Sachen

1. Die ROM-I-VO

2335   Die ROM-I-VO gilt nach Art. 1 Abs. 1 Satz 1 ROM-I-VO für **vertragliche Schuldverhältnisse** in Zivil- und Handelssachen, die eine Verbindung zum Recht verschiedener Staaten aufweisen, sofern die Verträge nach dem 17.12.2009 geschlossen worden sind (Art. 28 ROM-I-VO). Auf ältere Verträge sind die Art. 27 und 28 EGBGB anwendbar[3921].

2. Rechtswahlklauseln

a) Freie Rechtswahl

2336   Vertragliche **Rechtswahlklauseln** sind nach Art. 3 Abs. 1 Satz 1 ROM-I-VO bindend. Erwägungsgrund 11 der ROM-I-VO bezeichnet die **freie Rechtswahl** der Parteien als einen der „Ecksteine" des in der Verordnung geregelten (vertraglichen) Kollisionsrechts.

2337   Fehlt es an einer **ausdrücklichen Rechtswahl**, kann die Rechtswahl gem. Art. 3 Abs. 1 Satz 2 ROM-I-VO auch konkludent erfolgen. Wird beispielsweise in einem Vertragsformular wiederholt auf deutsche Rechtsnormen verwiesen, kann dies eine stillschweigende Vereinbarung der Geltung deutschen Rechts beinhalten[3922].

3921   *Thorn* in Grüneberg, Vorb. ROM-I Rz. 1.
3922   Vgl. *Martiny* in MünchKomm/BGB, Art. 3 ROM-I-VO Rz. 60; *v Hoffmann/Thorn*, IPR, § 10 Rz. 32; *Kegel/Schurig*, IPR, S. 657; *Mehrings*, CR 1998, 613, 616; OLG Köln v. 8.1.1993 – 19 U 123/92, MDR 1993, 315, 315 f.

Gemäß Art. 3 Abs. 2 ROM-I-VO kann die Rechtswahl auch **nach Vertragsschluss** erfolgen   2338
bzw. geändert werden[3923]. Erforderlich für die Annahme einer **stillschweigenden Rechtswahl** ist ein entsprechender Parteiwille, der aus den Bestimmungen des Vertrages oder den
sonstigen Umständen des Falles hervorgeht[3924]. Mögliche Anhaltspunkte für einen solchen
Parteiwillen können die Vertragssprache[3925], eine vorherige Praxis der Parteien[3926] oder eine
Gerichtsstandsvereinbarung[3927] oder Schiedsgerichtsklausel[3928] sein. Erwägungsgrund 12 der
ROM-I-VO erwähnt ausdrücklich eine ausschließliche Gerichtsstandsvereinbarung als einen
der Faktoren, die für eine Rechtswahl sprechen können[3929]. Eine nachträgliche stillschwei-
gende Rechtswahl kann sich daraus ergeben, dass die Parteien im Laufe einer gerichtlichen
Auseinandersetzung übereinstimmend von der Geltung der Vorschriften einer bestimmten
Rechtsordnung ausgehen[3930].

Praxistipp   2339

Die Aufnahme von Rechtswahlklauseln in die Vertragsbedingungen (AGB) ist stets ratsam. Rechtswahlklauseln sind der einzig mögliche Schutz gegen eine ungewollte Inanspruchnahme durch den
Vertragspartner auf der Basis von unbekannten Bestimmungen ausländischen Rechts.

Der Schutz, den Rechtswahlklauseln gegen die ungewollte Anwendung fremder Rechtsnor-   2340
men bieten, ist **nicht lückenlos**. Für die Auslegung und Anerkennung einer Rechtswahlklausel gilt das Internationale Privatrecht des Staates, in dem das angerufene Gericht ansässig
ist[3931]. Es lässt sich nie ausschließen, dass ein ausländisches Gericht nach seinem eigenen Kollisionsrecht zu einer Anwendung ausländischer Vorschriften gelangt, nach der eine Rechtswahlklausel nicht oder nur eingeschränkt anerkannt wird.

b) Form und Wirksamkeit von Rechtswahlklauseln

Nach Art. 3 Abs. 5 ROM-I-VO findet Art. 11 ROM-I-VO auf die **Formwirksamkeit** von   2341
Rechtswahlklauseln Anwendung. Es reicht aus, wenn die Formvorschriften des Rechts eingehalten werden, das auf den Vertrag (im Übrigen) anwendbar ist, oder wenn die Form gewahrt wird, die das Recht des Staates vorschreibt, in dem der Vertrag geschlossen wird
(Art. 11 Abs. 1 ROM-I-VO). Halten sich die Vertragspartner bei Vertragsschluss in verschiedenen Staaten auf, genügt es nach Art. 11 Abs. 2 ROM-I-VO, dass die Formerfordernisse

---

3923 Vgl. *Martiny* in MünchKomm/BGB, Art. 3 ROM-I-VO Rz. 77 ff.; *Thorn* in Grüneberg, Art. 3
      ROM-I-VO Rz. 11; *v Hoffmann/Thorn*, IPR, § 10 Rz. 40.
3924 *Martiny* in MünchKomm/BGB, Art. 3 ROM-I-VO Rz. 47; *v Hoffmann/Thorn*, IPR, § 10 Rz. 33;
      Mehrings, CR 1998, 613, 616; *Thorn* in Grüneberg, Art. 3 ROM-I-VO Rz. 6; *Rauscher*, IPR,
      Rz. 1191.
3925 *Martiny* in MünchKomm/BGB, Art. 3 ROM-I-VO Rz. 46; *Mehrings*, CR 1998, 613, 616; *Wal-
      denberger*, BB 1996, 2365, 2370; BGH v. 28.1.1997 – XI ZR 42/96, NJW-RR 1997, 686, 687.
3926 *Martiny* in MünchKomm/BGB, Art. 3 ROM-I-VO Rz. 65; *Mehrings*, CR 1998, 613, 616.
3927 *Martiny* in MünchKomm/BGB, Art. 3 ROM-I-VO Rz. 49; *Kegel/Schurig*, IPR, S. 658; *Junker*,
      RIW 1999, 809, 817; *Mehrings*, CR 1998, 613, 616; BGH v. 4.2.1991 – II ZR 52/90, NJW 1991,
      1420, 1420 f.
3928 *Terlau* in Moritz/Dreier, Rechtshandbuch zum E-Commerce, Teil C Rz. 42; *Junker*, RIW 1999,
      809, 817.
3929 Vgl. *Lejeune*, ITRB 2010, 66, 67.
3930 *Kropholler*, IPR, S. 460; *Martiny* in MünchKomm/BGB, Art. 3 ROM-I-VO Rz. 77; *Mehrings*,
      CR 1998, 613, 616.
3931 *Mehrings*, CR 1998, 613, 616; BGH v. 26.10.1993 – XI ZR 42/93, BGHZ 123, 380, 382.

des Rechts eines Staates beachtet werden, in dem sich einer der Vertragspartner befindet oder in dem einer der Vertragspartner seinen gewöhnlichen Aufenthalt hat. Wenn somit ein spanischer Verkäufer mit einem niederländischen Käufer per E-Mail einen Vertrag schließt und mündlich die Anwendung französischen Rechts vereinbart, reicht es für die Formwirksamkeit der Rechtswahl aus, wenn das spanische, das niederländische oder das französische Recht eine formfreie Rechtswahl anerkennen[3932].

2342 Nach Art. 3 Abs. 5 i.V.m. Art. 10 Abs. 1 ROM-I-VO beurteilen sich das Zustandekommen und die Wirksamkeit von Rechtswahlklauseln im Übrigen nach dem Recht, das auf den Vertrag nach der Rechtswahlklausel anwendbar sein soll[3933]. Nimmt ein Unternehmen somit in seine Geschäftsbedingungen die Festlegung auf, dass deutsches Recht anwendbar ist, so gelten für die Einbeziehung und die Wirksamkeit der Klausel die §§ 305 ff. BGB[3934].

2343 Eine Rechtswahlklausel ist in Allgemeinen Geschäftsbedingungen nach **§ 307 Abs. 1 BGB** unwirksam, wenn sie Verbrauchern den Eindruck vermittelt, auf den Vertrag sei nur das gewählte Recht anwendbar, ohne die Verbraucher darüber zu unterrichten, dass ihnen nach Art. 6 Abs. 2 ROM-I-VO auch der Schutz der zwingenden Bestimmungen des Rechts zusteht, das ohne diese Klausel anzuwenden wäre[3935].

3. Schranken der Rechtswahl

2344 Das anwendbare Recht steht nicht grenzenlos zur Disposition der Parteien[3936]. Verbraucherschutzrechtliche Normen und andere **Schutzvorschriften** des nationalen Rechts können durch eine Rechtswahl nicht umgangen werden. Dies ergibt sich aus Art. 3 Abs. 3 und 4 ROM-I-VO sowie aus den Art. 6, 9 und 21 ROM-I-VO und aus Art. 46b EGBGB.

a) Willkürliche Rechtswahl

2345 Ist ein Sachverhalt nur mit einem Staat verbunden, so sind dessen **zwingende Vorschriften** gem. Art. 3 Abs. 3 ROM-I-VO auch dann anwendbar, wenn eine anderweitige Rechtswahl getroffen wurde[3937]. Ein entsprechender Vorbehalt gilt nach Art. 3 Abs. 4 ROM-I-VO für zwingendes EU-Recht, wenn trotz der Verbundenheit des Sachverhalts mit einem oder mehreren EU-Mitgliedstaaten das Recht eines Staates gewählt wird, der nicht EU-Mitglied ist[3938]. Schließt daher ein französischer Käufer mit einem französischen Verkäufer per Internet einen Vertrag über die Lieferung von Musik-CDs, sind zwingende Bestimmungen des französischen Rechts auch dann anwendbar, wenn die Anwendbarkeit des Rechts eines anderen Staates (z.B. spanisches Recht) vereinbart wird.

3932 Vgl. zu Art. 11 EGBGB: *Terlau* in Moritz/Dreier, Rechtshandbuch zum E-Commerce, Teil C Rz. 40; *v. Mohrenfels* in Staudinger, Art. 11 EGBGB Rz. 216 ff.

3933 *Spellenberg* in MünchKomm/BGB, Art. 10 ROM-II-VO Rz. 9; *Thorn* in Grüneberg, Art. 3 ROM-I-VO Rz. 9; *Rauscher*, IPR, Rz. 1198.

3934 *Thorn* in Grüneberg, Art. 10 ROM-I-VO Rz. 3; vgl. zu Art. 31 EGBGB: *Terlau* in Moritz/Dreier, Rechtshandbuch zum E-Commerce, Teil C Rz. 39.

3935 Vgl. EuGH v. 28.7.2016 – C-191/15 Rz. 71, ECLI:EU:C:2016:612.

3936 Vgl. *Martiny* in MünchKomm/BGB, Art. 3 ROM-I-VO Rz. 85 ff.; *Thorn* in Grüneberg, Art. 3 ROM-I-VO Rz. 4 f.; *Mehrings*, CR 1998, 613, 615.

3937 Vgl. *Martiny* in MünchKomm/BGB, Art. 3 ROM-I-VO Rz. 88.

3938 Vgl. *Lejeune*, ITRB 2010, 66, 67.

Wegen des Schutzcharakters des Art. 3 Abs. 3 ROM-I-VO und zur Vermeidung willkürlicher 2346
Zufallsergebnisse gilt Art. 3 Abs. 3 ROM-I-VO auch dann, wenn die Kommunikation der inländischen Vertragspartner über **Server** erfolgt, die sich in einem Drittstaat (z.B. Spanien)
befinden, und sich die Verbindung zu dem Drittstaat auf die bloße Durchleitung elektronischer Daten beschränkt[3939]. Dass der französische Käufer einen spanischen Internet-Provider benutzt, reicht somit nicht aus, um die Anwendbarkeit zwingenden französischen Rechts
durch Rechtswahl ausschließen zu können. Entsprechendes gilt für Art. 3 Abs. 4 ROM-I-VO,
wenn sich die Berührung zu einem Staat, der nicht EU-Mitgliedstaat ist, darauf beschränkt,
dass Server genutzt werden, die sich in diesem Staat befinden.

b) Umgehung von inländischem Verbraucherschutzrecht

Unabhängig von der getroffenen Rechtswahl kann sich der Verbraucher gem. Art. 6 Abs. 2 2347
Satz 2 ROM-I-VO auf die **zwingenden Bestimmungen** des Rechts des Staates berufen, in
dem er seinen gewöhnlichen Aufenthalt hat, wenn sein Vertragspartner ein Unternehmer ist,
der entweder seine berufliche oder gewerbliche Tätigkeit in dem Aufenthaltsstaat des Verbrauchers ausübt (Art. 6 Abs. 1 lit. a ROM-I-VO) oder eine solche Tätigkeit jedenfalls (auch)
auf den Aufenthaltsstaat des Verbrauchers ausrichtet (Art. 6 Abs. 1 lit. b ROM-I-VO). Zu den
zwingenden Vorschriften des Heimatrechts, die gem. Art. 6 Abs. 2 Satz 2 ROM-I-VO trotz
anderweitiger Rechtswahl auf Verbraucherverträge anwendbar sind, gehört das AGB-Recht
(§§ 305 ff. BGB)[3940]. Eine AGB-Klausel, die gegen die §§ 307 ff. BGB verstößt, ist daher gegenüber einem deutschen Nutzer auch bei grundsätzlicher Anwendbarkeit ausländischen
Rechts unwirksam[3941].

Ein **„Ausrichten"** einer Website auf inländische Verbraucher gem. Art. 6 Abs. 1 lit. b ROM-I- 2348
VO liegt vor, wenn für den inländischen Verbraucher erkennbar ist, dass sich die Website
auch an inländische Kunden richtet. Kriterien sind etwa Sprache, Ansprechpartner oder die
Ausrichtung der Vertragsbedingungen auf das Inland[3942]. Allein die „Zugänglichkeit einer
Website" genügt für eine „Ausrichtung" auf inländische Verbraucher nicht (Erwägungsgrund 24 der ROM-I-VO). Ebenso wenig lässt sich schon aus der Aufnahme einer Rechtswahlklausel in die eigenen AGB auf ein „Ausrichten" der Website auf Kunden schließen, die
sich nicht im Heimatland des Anbieters aufhalten[3943]. Maßgeblich ist, dass die unternehmerische Tätigkeit willentlich (auch) auf das Aufenthaltsland des Verbrauchers in abstrak-
ter Weise abzielt. Der Unternehmer muss seinen Willen zum Ausdruck gebracht haben,
Geschäftsbeziehungen zu Verbrauchern eines oder mehrerer Mitgliedstaaten, darunter des
Wohnsitzmitgliedstaats des Verbrauchers, herzustellen[3944]. Diese Voraussetzungen sind bei
den Plattformverträgen, die Facebook mit deutschen Nutzern schließt, erfüllt[3945].

3939 *Borges*, Verträge im elektronischen Geschäftsverkehr, S. 884 f.
3940 LG Hamburg v. 7.8.2009 – 324 O 650/08, CR 2010, 53 = ITRB 2010, 34 = K&R 2009, 735, 738
m. Anm. *Wieduwilt*.
3941 OLG Köln v. 26.2.2016 – 6 U 90/15 Rz. 71, CR 2016, 458 = ITRB 2016, 125.
3942 Vgl. *Borges*, Verträge im elektronischen Geschäftsverkehr, S. 712; *Rüßmann*, K&R 1998, 129,
134; a.A. *Thorn* in Grüneberg, Art. 6 ROM-I-VO Rz. 6.
3943 Vgl. LG Hamburg v. 6.1.2011 – 327 O 779/10 Rz. 68.
3944 OLG Köln v. 26.2.2016 – 6 U 90/15 Rz. 69, CR 2016, 458 = ITRB 2016, 125.
3945 *Gläser*, MMR 2016, 699, 702.

c) Umgehung von EU-Verbraucherschutzrecht

2349 Bei der Verwendung von Rechtswahlklauseln gegenüber Verbrauchern aus der EU sowie aus Vertragsstaaten des Abkommens über den Europäischen Wirtschaftsraum (EWR) setzt Art. 46b EGBGB der Wirksamkeit der Rechtswahl Schranken. Dies gilt für Klauseln, die die Anwendbarkeit eines Rechts außerhalb der EU und des EWR vorsehen, obwohl der Vertrag einen engen Zusammenhang zu dem Gebiet eines Staates aus der EU bzw. dem EWR aufweist[3946]. In einem solchen Fall bleiben die nationalen Bestimmungen anwendbar, die der Umsetzung **europäischer Verbraucherschutzrichtlinien** dienen. Die Richtlinien, die dem **Umgehungsverbot** des Art. 46b EGBGB unterliegen, sind in Art. 46b Abs. 3 Nr. 1 bis 4 und Abs. 4 EGBGB abschließend[3947] aufgezählt.

2350 Ein **enger Zusammenhang** mit dem Gebiet eines EU- bzw. EWR-Staates ist gem. Art. 46b Abs. 2 Nr. 2 EGBGB insbesondere anzunehmen, wenn der Verbraucher seinen gewöhnlichen Aufenthalt in einem EU- bzw. EWR-Staat hat und einen Vertrag schließt mit einem Unternehmer, der seine berufliche oder gewerbliche Tätigkeit (auch) auf diesen Staat „ausgerichtet" hat. Ob eine solche **„Ausrichtung"** vorliegt, entscheidet sich nach den Kriterien, die auch für Art. 6 Abs. 1 ROM-I-VO gelten (s. Rz. 2348).

2351 Im Verhältnis zu Art. 6 Abs. 2 Satz 2 ROM-I-VO gewährt Art. 46b EGBGB dem Verbraucher lediglich **ergänzenden kollisionsrechtlichen Schutz.** Für die Anwendung des Art. 46b EGBGB kommt es darauf an, ob die Rechtswahl die Verbraucherschutzvorschriften desjenigen EU-Mitgliedstaates bzw. EWR-Vertragsstaates tatsächlich ausschalten würde, zu dem ein enger Zusammenhang besteht. Dabei hat zunächst eine Prüfung des Art. 6 ROM-I-VO zu erfolgen; diese Vorschrift hat Vorrang[3948].

d) Zwingende Eingriffsnormen

2352 Art. 9 Abs. 2 ROM-I-VO erlaubt die Anwendung **zwingender Eingriffsnormen** des inländischen Rechts (lex fori) trotz abweichender Rechtswahl[3949]. Ergänzend lässt Art. 9 Abs. 3 ROM-I-VO eine Anwendung von Eingriffsnormen des Staates zu, in dem die vertraglichen Verpflichtungen erfüllt werden sollen.

2353 Art. 9 Abs. 2 und 3 ROM-I-VO sind **abschließend** zu verstehen. Sie verpflichten ein deutsches Gericht zur Anwendung deutscher Eingriffsnormen und zur Beachtung von **Eingriffsnormen des Erfüllungsstaates,** lassen jedoch keine Anwendung von Eingriffsnormen zu, die weder dem deutschen Recht noch dem Recht des Erfüllungsstaates zuzurechnen sind. Haben zwei französische Vertragspartner für einen in Deutschland zu erfüllenden Vertrag die Anwendung englischen Rechts vereinbart, kommt eine Anwendung französischer Eingriffsnormen nicht in Betracht.

2354 Eine Eingriffsnorm ist nach **Art. 9 Abs. 1 ROM-I-VO** eine Vorschrift, deren Einhaltung von einem Staat als so entscheidend für die Wahrung seines öffentlichen Interesses angesehen wird, dass sie ungeachtet des nach Maßgabe der ROM-I-VO für den Vertrag geltenden Rechts auf alle Sachverhalte anzuwenden ist. Als Generalklausel bedarf Art. 9 Abs. 1 ROM-I-

---

3946 Vgl. *Freitag/Leible,* EWS 2000, 342, 343.
3947 *Thorn* in Grüneberg, Art. 46b EGBGB Rz. 2.
3948 *Martiny* in MünchKomm/BGB, Art. 46b EGBGB Rz. 108.
3949 *Martiny* in MünchKomm/BGB, Art. 9 ROM-I-VO Rz. 1.

VO einer fallweisen Konkretisierung, bei der es einerseits auf die Stärke des Inlandbezuges des zu entscheidenden Falles und andererseits auf den Gerechtigkeitsgehalt der jeweiligen Eingriffsnorm ankommt[3950]. Typische Anwendungsfälle sind das Außenwirtschafts- und Devisenrecht oder auch das Kartell- oder Wohnraummietrecht. Bei Internet-Versandapotheken kann sich die Frage stellen, ob die Bestimmungen der Arzneimittelpreisverordnung (AMPreisV) als Eingriffsnormen gem. Art. 9 Abs. 1 ROM-I-VO anzusehen sind[3951].

4. Vertragsstatut bei fehlender Rechtswahl

a) Vertragscharakteristische Leistung

Haben die Parteien weder ausdrücklich noch konkludent vereinbart, welches Recht auf ihre Vertragsbeziehung Anwendung finden soll, so bestimmt sich das Vertragsstatut nach **Art. 4 ROM-I-VO**. Gemäß Art. 4 Abs. 2 ROM-I-VO unterliegt der Vertrag in einem solchen Fall dem Recht des Staates, in dem die Partei ihren gewöhnlichen Aufenthalt hat, die die vertragscharakteristische Leistung zu erbringen hat.   2355

Art. 4 Abs. 1 ROM-I-VO stellt für eine Reihe von Vertragstypen klar, welcher der Vertragspartner die für das anwendbare Recht maßgebliche vertragscharakteristische Leistung erbringt. Beim **Kaufvertrag** über bewegliche Sachen ist dies der Verkäufer (Art. 4 Abs. 1 lit. a ROM-I-VO) und bei **Dienstleistungen** der Dienstleister (Art. 4 Abs. 1 lit. b ROM-I-VO).   2356

Art. 4 Abs. 1 ROM-I-VO führt dazu, dass Verträge, die deutsche Käufer mit ausländischen Anbietern abschließen, regelmäßig nach ausländischem Recht zu beurteilen sind, wenn keine Rechtswahl getroffen wurde und wenn der Käufer kein Verbraucher ist (Art. 6 Abs. 1 ROM-I-VO). Dasselbe gilt bei Dienstleistungen. Bucht ein deutscher Kunde bei einem polnischen Internetanbieter eine Flugreise, so ist die Leistung des polnischen Anbieters für den Vertrag kennzeichnend. Wenn keine Rechtswahl erfolgt und der deutsche Kunde nicht Verbraucher ist (vgl. Art. 6 Abs. 1 ROM-I-VO), findet polnisches Recht Anwendung.   2357

Für das nach Art. 4 Abs. 1 und 2 ROM-I-VO anwendbare Recht gilt nur eine (widerlegbare) **Vermutung** der Anwendbarkeit. Ergibt sich aus der Gesamtheit der Umstände, dass der Vertrag eine offensichtlich engere Verbindung zu einem anderen als dem nach Art. 4 Abs. 1 oder 2 ROM-I-VO bestimmten Staat aufweist, so ist nach Art. 4 Abs. 3 ROM-I-VO das Recht des Staates anzuwenden, zu dem die engere Verbindung besteht. Nach Art. 4 Abs. 4 ROM-I-VO gilt dasselbe, wenn sich aus Art. 4 Abs. 1 und 2 ROM-I-VO nicht ableiten lässt, welches Recht Anwendung findet.   2358

Eine von Art. 4 Abs. 1 lit. a ROM-I-VO abweichende Beurteilung kann geboten sein, wenn der ausländische Verkäufer sein Warenangebot gezielt auf den deutschen Markt ausrichtet und für dieses Angebot beispielsweise ausschließlich in deutscher Sprache wirbt. In einem solchen Fall liegt der Schluss nahe, dass der Vertrag engere Verbindungen zu Deutschland aufweist als zu dem Herkunftsstaat des ausländischen Vertragspartners. Die Vermutung des Art. 4 Abs. 1 lit. a ROM-I-VO ist entkräftet und deutsches Recht nach Art. 4 Abs. 3 ROM-I-VO anwendbar.   2359

3950 Vgl. *Stürner* in Erman, Art. 9 ROM-I-VO Rz. 1; *Thorn* in Grüneberg, Art. 9 ROM-I-VO Rz. 6.

3951 Vgl. OLG Stuttgart v. 17.2.2011 – 2 U 65/10 Rz. 143; LG München I v. 18.6.2008, MMR 2008, 782 (Ls.).

b) Verbraucherverträge

2360 Bei Verträgen ohne Rechtswahlklausel gelten Besonderheiten, wenn es sich um Verbraucherverträge i.S.d. Art. 6 Abs. 1 ROM-I-VO handelt. Ein Verbrauchervertrag liegt vor, wenn sich eine ausländische Website auf inländische Verbraucher **„ausrichtet"**.

2361 Nach Art. 6 Abs. 1 ROM-I-VO gilt für Verbraucherverträge bei fehlender Rechtswahl das Recht des Staates, in dem der Verbraucher seinen gewöhnlichen Aufenthalt hat[3952]. Somit sind nicht nur die Vorschriften des inländischen Verbraucherschutzrechts (vgl. Art. 6 Abs. 2 Satz 2 ROM-I-VO und Art. 46b Abs. 4 Nr. 1 bis 6 EGBGB) anwendbar. Vielmehr gilt **insgesamt deutsches Recht**, wenn ein deutscher Verbraucher im Ausland Waren oder Dienstleistungen bestellt, ohne dass eine Rechtswahl getroffen wurde.

2362 **Praxistipp**

Nur eine Rechtswahlklausel kann den Internetanbieter vor einer uferlosen Anwendung des Heimatrechts seiner ausländischen Kunden schützen.

5. Sonderanknüpfungen

2363 Lässt sich das allgemeine Vertragsstatut durch eine Anwendung der Art. 3, 4 und 6 ROM-I-VO bestimmen, so sind daneben noch die Sonderanknüpfungen zu beachten, die sich für einzelne vertragsrechtliche Aspekte in den Art. 11 und 13 ROM-I-VO finden.

2364 Die **Rechts-, Geschäfts- und Handlungsfähigkeit** der Vertragspartner beurteilt sich gem. Art. 13 ROM-I-VO grundsätzlich nach dem Recht des Staates, in dem sich beide Vertragspartner befinden. Dies lässt den Umkehrschluss zu, dass es bei der Beurteilung der Rechts-, Geschäfts- und Handlungsfähigkeit einer natürlichen Person ausschließlich auf deren **Heimatrecht** ankommt, wenn die Vertragspartner sich bei Vertragsschluss in unterschiedlichen Staaten befinden[3953]. Das deutsche Minderjährigenrecht ist demnach bei Verträgen, die ein 14-jähriger deutscher Internetnutzer mit einem ausländischen Vertragspartner schließt, auch dann zu beachten, wenn im Übrigen ausländisches Recht auf die Vertragsbeziehung Anwendung findet (Art. 3, 4 und 6 ROM-I-VO). Dies entspricht der Rechtslage nach Art. 7 EGBGB[3954].

2365 Bei der Beurteilung der **Formwirksamkeit** von Verträgen ist Art. 11 Abs. 2 ROM-I-VO zu berücksichtigen. Danach ist ein Vertrag, der zwischen Personen geschlossen wird, die sich in verschiedenen Staaten befinden, nicht nur dann formgültig, wenn er die Formerfordernisse des nach den Art. 3, 4 und 6 ROM-I-VO anwendbaren Rechts erfüllt. Die Formwirksamkeit des Vertrages ist vielmehr auch zu bejahen, wenn die Formvorschriften eines der Aufenthaltsstaaten der Vertragspartner eingehalten werden. Dies entspricht der Rechtslage nach Art. 11 Abs. 2 EGBGB[3955].

2366 Auf **Verbraucherverträge** findet Art. 11 ROM-I-VO keine Anwendung (Art. 11 Abs. 4 Satz 1 ROM-I-VO). Die Form eines Verbrauchervertrages bestimmt sich ausschließlich nach dem

---

3952 *Martiny* in MünchKomm/BGB, Art. 6 ROM-I-VO Rz. 54.
3953 *Thorn* in Grüneberg, Art. 13 ROM-I-VO Rz. 1.
3954 Vgl. *Kropholler*, IPR, S. 317 f.
3955 Vgl. *Spellenberg* in MünchKomm/BGB, Art. 11 EGBGB Rz. 20; *v. Mohrenfels* in Staudinger, Art. 11 EGBGB Rz. 209 ff.

Recht des Staates, in dem der Verbraucher seinen gewöhnlichen Aufenthalt hat (Art. 11 Abs. 4 Satz 2 ROM-I-VO)[3956].

6. Das UN-Kaufrecht

Die seit 1991 in Deutschland geltende **Convention on Contracts for the International Sale of Goods (CISG; UN-Kaufrecht)** ist grundsätzlich anwendbar, wenn die Parteien eines Kaufvertrages über bewegliche Sachen ihre Niederlassung in verschiedenen Vertragsstaaten haben oder wenn die Anwendung der Regeln des Internationalen Privatrechts zur Anwendung des Rechts eines Vertragsstaates führt (Art. 1 Abs. 1 lit. a und b CISG)[3957].   2367

In vielen Fällen scheitert die Anwendung des UN-Kaufrechts an den **Ausnahmeklauseln** der CISG[3958]. So ist die Anwendung des UN-Kaufrechts beispielsweise ausgeschlossen, wenn der Warenkauf für den persönlichen Gebrauch oder den Gebrauch in der Familie oder im Haushalt erfolgt und der Verkäufer dies weiß oder wissen muss (Art. 2 lit. a CISG)[3959]. Gegenüber Verbrauchern gilt das UN-Kaufrecht daher regelmäßig nicht. Die Anwendung des UN-Kaufrechts kann zudem gem. Art. 6 CISG von den Parteien ausdrücklich oder stillschweigend ausgeschlossen werden, wobei bereits eine klar gefasste Klausel über die Anwendbarkeit deutschen Sachrechts als Ausschluss der Anwendung des UN-Kaufrechts zu werten sein kann[3960]. Das UN-Kaufrecht gilt zudem nur für Verträge, die die physische Lieferung einer Sache beinhalten[3961]. Auf den Online-Kauf von Software bei deren gleichzeitiger elektronischer Übermittlung ist daher das UN-Kaufrecht nicht anwendbar[3962].   2368

Praxistipp   2369

Unternehmen, die die Anwendbarkeit des UN-Kaufrechts zweifelsfrei ausschließen möchten, ist eine entsprechende AGB-Klausel zu empfehlen. Üblich sind Klauseln, die die Anwendbarkeit deutschen Rechts „unter Ausschluss des UN-Kaufrechts" vorsehen.

III. Außervertragliches Haftungsrecht

Seit dem 11.1.2009 gilt für das Kollisionsrecht bei außervertraglichen Schuldverhältnissen die ROM-II-Verordnung der EU (**ROM-II-VO**)[3963]. Die Verordnung ist auch dann anwendbar,   2370

3956 Vgl. BGH v. 12.4.2011 – XI ZR 341/08 Rz. 26, CR 2012, 1 14.

3957 Vgl. *Ferrari* in Schwenzer/Schroeter, UN-Kaufrecht, Art. 1 CISG Rz. 10; *Siehr* in Honsell, UN-Kaufrecht, Art. 1 CISG Rz. 4; *Schlechtriem*, Internationales UN-Kaufrecht, Rz. 9 f.

3958 Vgl. *Mehrings*, CR 1998, 613, 615.

3959 Vgl. *Ferrari* in Schwenzer/Schroeter, UN-Kaufrecht, Art. 2 CISG Rz. 7; *Siehr* in Honsell, UN-Kaufrecht, Art. 2 CISG Rz. 12 ff.; *Koch*, Internet-Recht, S. 824.

3960 *Ferrari* in Schlechtriem/Schwenzer, UN-Kaufrecht, Art. 6 CISG Rz. 18; *Siehr* in Honsell, UN-Kaufrecht, Art. 6 CISG Rz. 6; *Mehrings*, CR 1998, 613, 615.

3961 *Ferrari* in Schwenzer/Schroeter, UN-Kaufrecht, Art. 1 CISG Rz. 13 f.; *Siehr* in Honsell, UN-Kaufrecht, Art. 2 CISG Rz. 1.

3962 Vgl. *Terlau* in Moritz/Dreier, Rechtshandbuch zum E-Commerce, Teil C Rz. 59; OLG Köln v. 26.8.1994 – 19 U 282/93, RIW 1994, 970.

3963 Verordnung (EG) Nr. 864/2007 des Europäischen Parlaments und des Rates v. 11.7.2007 über das auf außervertragliche Schuldverhältnisse anzuwendende Recht (ROM-II), ABl. EG Nr. L 199/40 v. 31.7.2007; vgl. *Brödermann*, NJW 2010, 807, 807 ff.; *Junker*, NJW 2007, 3675, 3675 ff.; *Wagner*, IPRax 2008, 1 ff.

wenn das nach der Verordnung anwendbare Recht nicht das Recht eines Mitgliedstaates der EU ist (universelle Geltung gem. Art. 3 ROM-II-VO).

1. Erfolgsortprinzip

2371 Die wichtigste Vorschrift der ROM-II-VO ist die „allgemeine Kollisionsnorm" des Art. 4 ROM-II-VO. Art. 4 Abs. 1 ROM-II-VO bestimmt die **„lex loci damni"** zur Grundregel (vgl. Erwägungsgrund 18 der ROM-II-VO). Das anzuwendende Recht ist das Recht des Staates, in dem der Schaden eintritt, und zwar unabhängig von dem Staat oder den Staaten, in dem bzw. denen die indirekten Folgen auftreten (vgl. Erwägungsgrund 17 der ROM-II-VO). Maßgeblich ist allein der **Erfolgsort**[3964].

2372 Die ROM-II-VO ist gem. Art. 31, 32 ROM-II-VO anwendbar, wenn das schadensbegründende Ereignis nach dem 11.1.2009 eingetreten ist. Für **Altfälle** gilt weiterhin das **Tatortprinzip**[3965], das seit 1999 in Art. 40 EGBGB kodifiziert ist[3966].

2373 Der Erfolg eines Delikts tritt vielfach nicht in dem Staat ein, in dem die Verletzungshandlung begangen worden ist. Wird beispielsweise eine virenverseuchte E-Mail von Berlin nach Paris versandt, so liegen der Handlungsort in Deutschland und der Erfolgsort in Frankreich. Nach Art. 4 Abs. 1 ROM-II-VO ist allein französisches Recht maßgebend.

2374 Wenn es um Rechtsverletzungen geht, die auf Websites begangen werden, kommt es für die Beurteilung eines inländischen Erfolgsortes auf die **bestimmungsgemäße Abrufbarkeit** der Website im Inland an. Wenn daher ein lettisches Luftfahrtunternehmen eine – nach Auffassung des Klägers rechtswidrige – „Reiseinformation" auf seinen deutschsprachigen Internetseiten verwendet, ist ein deutscher Erfolgsort zu bejahen. Verwendet wird die „Reiseinformation" dort, wo sie (potentiellen) Fluggästen zur Kenntnis gegeben wird. Online geschieht dies überall dort, wo sich Verbraucher bestimmungsgemäß mit Hilfe der Website über die Bedingungen unterrichten, die der Betreiber den von ihm angebotenen Beförderungsverträgen zugrunde legen möchte[3967].

2375 Eine **Ausnahme** von der „lex loci damni" gilt nach Art. 4 Abs. 2 ROM-II-VO, wenn der Geschädigte und der Schädiger ihren gewöhnlichen Aufenthalt in demselben Staat haben. In einem solchen Fall ist ausschließlich das Recht des gemeinsamen Aufenthaltsstaates anwendbar. Dies entspricht Art. 40 Abs. 2 EGBGB[3968]. Ohne Belang für die Bestimmung des Erfolgsortes ist hingegen der **Standort des Servers**, auf dem eine Website, eine E-Mail oder andere Inhalte gespeichert sind. Der Standort des Servers lässt sich willkürlich wählen und ist als Bezugspunkt für eine rechtliche Bewertung ungeeignet[3969]. Wird für den Versand einer virenverseuchten E-Mail ein Server in Panama verwendet, reicht dies für eine Anwendung panamaischen Rechts nicht aus.

3964 *Junker* in MünchKomm/BGB, Art. 4 ROM-II-VO Rz. 18; *Rauscher*, IPR, Rz. 1340 ff.
3965 Vgl. *v Hoffmann/Thorn*, IPR, § 11 Rz. 21; *Kegel/Schurig*, IPR, S. 720 ff.; *Kropholler*, IPR, S. 522; *Ehmann/Thorn*, AfP 1996, 20, 22.
3966 BGH v. 11.2.2010 – I ZR 85/08 Rz. 10 – Ausschreibung in Bulgarien.
3967 BGH v. 9.7.2009 – Xa ZR 19/08, NJW 2009, 3371, 3372.
3968 Vgl. *Kropholler*, IPR, S. 527.
3969 *Rauscher*, IPR, Rz. 1386; vgl. LG Köln v. 26.8.2009, MMR 2010, 512 (Ls.).

Art. 4 Abs. 3 ROM-II-VO entspricht Art. 41 EGBGB[3970] und ordnet eine Ausnahme von der "lex loci damni" für Fälle an, in denen zu dem Recht eines anderen Staates eine offensichtlich engere Verbindung besteht. Eine engere Verbindung zu einem anderen Staat kann sich insbesondere aus einem bereits bestehenden Rechtsverhältnis der Parteien ergeben, dass mit der unerlaubten Handlung in enger Verbindung steht.   2376

2. Persönlichkeitsrecht

Auf Ansprüche wegen der Verletzung von Persönlichkeitsrechten findet Art. 40 EGBGB Anwendung, da die ROM-II-VO nach Art. 1 Abs. 2 lit. g nicht für außervertragliche Schuldverhältnisse aus der Verletzung von Persönlichkeitsrechten gilt[3971]. Gemäß Art. 40 Abs. 1 Satz 1 EGBGB beurteilen sich die Haftungsvoraussetzungen ebenso wie die Haftungsfolgen grundsätzlich nach dem Recht des Staates, in dem die Verletzungshandlung begangen wurde (Handlungsort). Alternativ kann der Verletzte gem. Art. 40 Abs. 1 Satz 2 EGBGB verlangen, dass das Recht des Staates angewendet wird, in dem der Verletzungserfolg eingetreten ist (Erfolgsort)[3972]. Der Geschädigte hat somit die **Wahl**, ob er gegen den Schädiger nach dem Recht des Handlungsortes oder nach dem Recht des Erfolgsortes vorgehen möchte[3973].   2377

Bei der Klage eines deutschen Rechtsanwalts gegen Google auf Entfernung von Google-Suchergebnissen liegt der Erfolgsort in Deutschland. Denn in Deutschland ist der **soziale Geltungsanspruch** des Klägers betroffen, und in Deutschland kollidiert auch das Interesse des Klägers an der Beseitigung der Suchergebnisse mit den Interessen von Google[3974].   2378

3. Datenschutzrecht

Auch soweit zivilrechtliche Ansprüche auf das Datenschutzrecht gestützt werden, ist Art. 40 EGBGB anwendbar, da die Ausnahme von der ROM-II-VO nach Art. 1 Abs. 2 lit. g nicht nur für Verletzungen des Persönlichkeitsrechts, sondern auch für Ansprüche wegen der "**Verletzung der Privatsphäre**" gilt[3975].   2379

4. Wettbewerbsrecht

a) Marktortprinzip

Auf außervertragliche Schuldverhältnisse aus unlauterem Wettbewerbsverhalten ist nach **Art. 6 Abs. 1 ROM-II-VO** das Recht des Staates anzuwenden, in dessen Gebiet die Wettbewerbsbeziehungen oder die kollektiven Interessen der Verbraucher beeinträchtigt worden sind oder wahrscheinlich beeinträchtigt werden. Für Wettbewerbsverstöße gilt somit das   2380

3970 Vgl. *Kegel/Schurig*, IPR, S. 738; *Kropholler*, IPR, S. 529.

3971 BGH v. 24.7.2018 – VI ZR 330/17 Rz. 27; LG Berlin v. 24.5.2012 – 27 O 864/11 Rz. 42, AfP 2012, 486 = ITRB 2019, 81 = CR 2012, 752; LG Schweinfurt v. 23.10.2012 – 22 O 934/10 Rz. 54; *Lehr*, NJW 2012, 705, 708.

3972 Vgl. *Kegel/Schurig*, IPR, S. 725; *Kropholler*, IPR, S. 524; *Ehmann/Thorn*, AfP 1996, 20, 22.

3973 Vgl. *v Hoffmann/Thorn*, IPR, § 11 Rz. 23; *Kegel/Schurig*, IPR, S. 725; *Kropholler*, IPR, S. 524.

3974 BGH v. 24.7.2018 – VI ZR 330/17 Rz. 28, CR 2019, 166 = ITRB 2019, 81; vgl. auch BGH v. 14.1.2020 – VI ZR 496/18 Rz. 23, CR 2020, 4050.

3975 Vgl. OLG Köln v. 25.3.2011 – 6 U 87/10 Rz. 19, CR 2011, 673 = ITRB 2011, 255.

Marktortprinzip[3976]. Dies ist keine Ausnahme von der Regel der „lex loci damni" nach Art. 4 Abs. 1 ROM-II-VO, sondern eine **Präzisierung** (vgl. Erwägungsgrund 21 der ROM-II-VO)[3977].

2381 Art. 6 Abs. 1 ROM-II-VO findet auch Anwendung auf **AGB-rechtliche Unterlassungsklagen** von Verbraucherverbänden wegen der Verwendung missbräuchlicher Klauseln. Das bei der Beurteilung einer bestimmten Vertragsklausel anzuwendende Recht ist dagegen stets anhand der Rom-I-VO zu bestimmen, unabhängig davon, ob diese Beurteilung im Rahmen einer Individualklage oder einer Verbandsklage vorgenommen wird[3978].

2382 Um einer Uferlosigkeit des Internationalen Wettbewerbsrechts entgegenzuwirken, bedarf das Marktortprinzip einer zurückhaltenden Anwendung[3979]. Der richtige Ansatzpunkt ist dabei die **Zielrichtung**, die der jeweilige Wettbewerber mit seinem Online-Angebot verfolgt[3980]. Zielt das Angebot ersichtlich (auch) auf einen bestimmten Staat ab, so ist eine Anwendung der Regelungen des Wettbewerbsrechts dieses Staates angemessen und zumutbar[3981]. Der kleine Softwareanbieter in Colorado/USA muss sich daher an deutsches Wettbewerbsrecht halten, wenn er durch eine entsprechende Gestaltung seines Online-Auftritts gezielt an deutsches Publikum herantritt. Geht dagegen aus der Gestaltung des Auftritts hervor, dass der Anbieter sich primär an Kunden in seiner räumlichen Nähe wendet, so tritt er auf dem deutschen Markt nicht bewusst in Erscheinung. Die Abrufbarkeit der Internetseiten in Deutschland stellt sich in einem solchen Fall lediglich als **unvermeidbare Nebenfolge** des Angebotes dar und vermag keinen hinreichenden Inlandsbezug begründen[3982].

b) Ausnahmen

2383 Eine Ausnahme vom Marktortprinzip gilt nach Art. 6 Abs. 2 ROM-II-VO, wenn ein Wettbewerbsverhalten ausschließlich die Interessen eines bestimmten Wettbewerbers beeinträchtigt. Statt Art. 6 Abs. 1 ROM-II-VO ist Art. 4 ROM-II-VO anwendbar. Das Recht des Sitz-

---

3976 GmS-OGB v. 22.8.2012 – GmS-OGB 1/10 Rz. 15; BGH v. 15.2.2018 – I ZR 201/16 Rz. 23, CR 2018, 744 = ITRB 2018, 275 – goFor; OLG Karlsruhe 13.5.2020 – 6 U 127/19 Rz. 41; OLG Düsseldorf v. 12.9.2019 – 15 U 48/19 Rz. 49.

3977 BGH v. 9.7.2009 – Xa ZR 19/08, NJW 2009, 3371, 3372; vgl. *Sack*, WRP 2008, 845, 847.

3978 EuGH v. 28.7.2016 – C-191/15 Rz. 35 ff., ECLI:EU:C:2016:612; OLG München v. 10.1.2019 – 29 U 1091/18 Rz. 75 ff.

3979 *Naskret*, Herkunftslandprinzip und Internationales Privatrecht, S. 191; *Dieselhorst*, ZUM 1998, 293, 294; *Glöckner*, ZVglRWiss 2000, 278, 288; LG Köln v. 20.4.2001 – 81 O 160/99, CR 2002, 58 m. Anm. *Cichon* = ITRB 2001, 285 = MMR 2002, 60.

3980 *Freitag* in Kröger/Gimmy, Handbuch zum Internetrecht, S. 453; BGH v. 30.3.2006 – I ZR 24/03, AfP 2007, 177 = CR 2006, 539 = ITRB 2006, 202 = WRP 2006, 736, 738 = MMR 2006, 461, 462 m. Anm. *Hoeren* – Arzneimittelwerbung im Internet; BGH v. 13.10.2004 – I ZR 163/02, AfP 2005, 300 = CR 2005, 359 m. Anm. *Junker* = ITRB 2005, 134 = NJW 2005, 1435, 1436 f. – Hotel Maritime; BGH v. 5.10.2006 – I ZR 229/03, ITRB 2007, 6 = CR 2007, 34, 35 – Pietra di Soln; OLG München v. 21.9.2006 – 29 U 2119/06, AfP 2007, 396 = AfP 2008, 118 = CR 2007, 40 = MMR 2006, 739, 740.

3981 Vgl. LG Karlsruhe v. 16.12.2011 – 14 O 27/11 Rz. 52; *Dethloff*, JZ 2000, 179, 181; *Dieselhorst*, ZUM 1998, 293, 295; *Kotthoff*, CR 1997, 676, 680.

3982 Vgl. BGH v. 13.10.2004 – I ZR 163/02, AfP 2005, 300 = CR 2005, 359 m. Anm. *Junker* = ITRB 2005, 134 = NJW 2005, 1435, 1436 – Hotel Maritime.

staates des Mitbewerbers ist als Recht des Erfolgsortes (Art. 4 Abs. 1 ROM-II-VO) maßgeblich, da es bei **unternehmensbezogenen Eingriffen** an einer unmittelbar marktvermittelten Einwirkung auf geschäftliche Entscheidungen fehlt[3983].

Wird der Markt in mehr als einem Staat beeinträchtigt oder wahrscheinlich beeinträchtigt, so kann ein Geschädigter seinen Anspruch **umfassend** auf das Recht des angerufenen Gerichts stützen, sofern es sich bei diesem Gericht um ein Gericht im Staat des Sitzes des Beklagten handelt und der Markt in diesem Staat zu den Märkten gehört, die unmittelbar und wesentlich durch das den Wettbewerb einschränkende Verhalten beeinträchtigt sind (Art. 6 Abs. 3 lit. b ROM-II-VO).   2384

5. Urheberrecht

■ **Übersicht:**   2385

Internationales Urheberrecht

- *Territorialitäts-/Schutzlandprinzip:* anwendbares Recht bestimmt sich nach dem Recht des Staates, für den Schutz beansprucht wird (Art. 8 Abs. 1 ROM-II-VO);

- *§§ 120 ff. UrhG:* kein Kollisionsrecht, sondern deutsches Sachrecht, das die Anwendbarkeit deutschen Rechts voraussetzt; Bestimmung der Reichweite des deutschen Urheberrechts.

a) Territorialitäts- und Schutzlandprinzip

Nach dem urheberrechtlichen **Territorialitätsprinzip** ist der Urheber nicht Inhaber eines einheitlichen, weltweit anerkannten Urheberrechts. Stattdessen besitzt er ein Bündel von nationalen Urheberrechten, die sich nach Inhalt, Umfang und Schutzdauer unterscheiden[3984].   2386

Das Territorialitätsprinzip ist der Ausgangspunkt für das Kollisionsrecht im Bereich des Urheberrechts. Es verweist auf das Recht des Staates, für dessen Gebiet der Schutz des Urheberrechts in Anspruch genommen wird – das **Recht des Schutzlandes**[3985]. Das Schutzlandprinzip („lex loci protectionis", vgl. Erwägungsgrund 26 der ROM-II-VO) ist in Art. 8 Abs. 1 ROM-II-VO kodifiziert. Nach **Art. 8 Abs. 1 ROM-II-VO** ist auf Ansprüche aus einer **Verletzung von Rechten des geistigen Eigentums** stets das Recht des Staates anzuwenden, für den der Schutz beansprucht wird. Dies gilt auch für konkurrierende deliktische Ansprüche und konkurrierende Ansprüche aus ungerechtfertigter Bereicherung (vgl. Art. 13 ROM-II-VO).   2387

3983 Vgl. BGH v. 11.2.2010 – I ZR 85/08 Rz. 19 – Ausschreibung in Bulgarien; OLG Brandenburg v. 31.1.2019 – 6 W 9/19 Rz. 32.

3984 *Katzenberger/Metzger* in Schricker/Loewenheim, Urheberrecht, vor §§ 120 ff. Rz. 111; *Thum*, GRUR-Int. 2001, 9, 20.

3985 *Stürner* in Erman, Art. 8 ROM-II-VO Rz. 21; *Drexl* in MünchKomm/BGB, Art. 8 ROM-II-VO Rz. 7; *Schack*, Zur Anknüpfung des Urheberrechts im internationalen Privatrecht, S. 19 f.; *Dieselhorst*, ZUM 1998, 293, 298; BGH v. 2.10.1997 – I ZR 88/95, BGHZ 136, 380 – Spielbankaffaire; BGH v. 7.11.2002 – III ZR 147/02, GRUR-Int. 2003, 470, 471 – Sender Felsenberg; OLG München v. 10.1.2002, MMR 2002, 312.

2388 Nach dem Schutzlandprinzip ist maßgebend, auf welches (nationale) Recht sich der Verletzte beruft. Macht er Ansprüche nach dem UrhG geltend, ergibt sich bereits hieraus – zwanglos – die Anwendbarkeit des **deutschen Urheberrechts**[3986].

2389 Das Territorialitäts- und Schutzlandprinzip bedeutet nicht nur eine territoriale Beschränkung der Anwendbarkeit ausländischen Urheberrechts. Auch das deutsche Sachrecht ist nur auf Handlungen anwendbar, die in Deutschland begangen werden[3987]. Werden im Ausland Handlungen vorgenommen, die den deutschen Urheber in seinen Interessen beeinträchtigen, kann der deutsche Urheber nur nach ausländischem Recht, nicht jedoch nach deutschem Sachrecht gegen diese Handlungen vorgehen.

b) Handlungsort

2390 Aufgrund des Territorialitätsprinzips ist das deutsche Urheberrecht nur anwendbar, wenn es für die streitigen Verwertungshandlungen einen deutschen **Handlungsort** gab[3988]. Dass am Ort des Hochladens in das Internet ein **öffentliches Zugänglichmachen** und somit eine Verwertungshandlung stattfindet, steht außer Zweifel. Der Urheber kann sich somit in jedem Fall auf das Recht des Staates berufen, von dem aus die Einstellung ins Netz veranlasst wurde, wenn er Ansprüche aus der Verletzung seiner Urheberrechte geltend macht[3989]. Werden Inhalte von Deutschland aus hochgeladen, gilt deutsches Urheberrecht (**§ 19a UrhG**).

2391 Für das urheberrechtliche Senderecht (§ 20 UrhG) gelten nach der **„Bogsch-Theorie"** neben dem Ausstrahlungsland auch alle weiteren Länder als Handlungsorte, in denen die Hörfunk- bzw. Fernsehsendungen bestimmungsgemäß empfangen werden können (**„Mosaikbeurteilung"**)[3990]. Nur auf diese Weise lässt sich verhindern, dass ein Ausstrahlungsland mit schwachem Urheberschutz gezielt gewählt wird, um dem Urheber durch eine grenzüberschreitende Ausstrahlung Schaden zuzufügen[3991]. Die enge Anlehnung des **Rechts der öffentlichen Zugänglichmachung (§ 19a UrhG)** an das Senderecht (§ 20 UrhG) spricht dafür, die „Bogsch-Theorie" auch auf die Verbreitung über das Internet anzuwenden[3992]. Nur so lässt sich verhindern, dass beispielsweise aus China gezielt Inhalte in das Internet eingespeist werden, die nach chinesischem Urheberrecht nicht zu beanstanden sind und zugleich die Rechte nicht-chinesischer Urheber massiv beeinträchtigen.

3986 Vgl. BGH v. 21.4.2016 – I ZR 43/14 Rz. 24 f. – An Evening with Marlene Dietrich.

3987 *Junker*, Anwendbares Recht und internationale Zuständigkeit bei Urheberrechtsverletzungen im Internet, S. 233; *Sack*, WRP 2000, 269, 271; BGH v. 16.6.1994 – I ZR 24/92, BGHZ 126, 252, 256 = AfP 1995, 487.

3988 Vgl. *Katzenberger/Metzger* in Schricker/Loewenheim, Urheberrecht, vor §§ 120 ff. UrhG Rz. 126; *Strömer*, Online-Recht, S. 207; *Sack*, WRP 2000, 269, 271; BGH v. 2.10.1997 – I ZR 88/95, BGHZ 136, 380, 386.

3989 *Katzenberger/Metzger* in Schricker/Loewenheim, Urheberrecht, vor §§ 120 ff. UrhG Rz. 145; *Sack*, WRP 2000, 269, 277.

3990 *Katzenberger/Metzger* in Schricker/Loewenheim, Urheberrecht, vor §§ 120 ff. UrhG Rz. 138 ff.; *Sack*, WRP 2000, 269, 275; BGH v. 2.10.1997 – I ZR 88/95, BGHZ 136, 380; BGH v. 7.11.2002 – III ZR 147/02, GRUR-Int. 2003, 470, 472.

3991 *Sack*, WRP 2008, 1409, 1415; *Sack*, WRP 2000, 269, 275.

3992 *Junker*, Anwendbares Recht und internationale Zuständigkeit bei Urheberrechtsverletzungen im Internet, S. 215; *Katzenberger/Metzger* in Schricker/Loewenheim, Urheberrecht, vor §§ 120 ff. UrhG Rz. 143; *Sack*, WRP 2000, 269, 277.

Die Erweiterung des Urheberschutzes durch die „Bogsch-Theorie" bedarf der sachgerechten **2392** Eingrenzung auf die Staaten, in denen die Inhalte **bestimmungsgemäß verbreitet** werden[3993]. Auf eine chinesische Website ist deutsches Urheberrecht daher nur anwendbar, wenn sich die Website erkennbar (auch) an deutsches Publikum richtet. Dies ist insbesondere bei Verwendung der deutschen Sprache der Fall. Wird ausschließlich die chinesische Sprache benutzt und ist auch sonst kein Bezug zu Deutschland erkennbar, fehlt es an einem hinreichenden **Inlandsbezug**[3994], und eine Geltendmachung von Ansprüchen nach deutschem Urheberrecht kommt nicht in Betracht.

Das LG Hamburg hat für einen ausländischen Blog mit urheberrechtlich relevanten Inhalten **2393** darauf abgestellt, ob die Blogger Personen im Inland gezielt ansprechen wollen und sich die Nutzung nach ihrem objektiven Gehalt im Inland in wirtschaftlicher Weise nicht nur unwesentlich auswirkt. Dabei seien alle Umstände des Einzelfalls zu berücksichtigen, darunter die Sprache, der Inhalt und die Aufmachung des Angebots, die Adresse und die Toplevel-Domain, die Natur der angebotenen Inhalte, etwaige auf das Inland ausgerichtete Liefer- und Zahlungsmethoden, Werbeinhalte, die auf das Inland abzielen, die Existenz einer nicht nur unerheblichen Zahl von im Inland ansässigen Nutzern, die das Angebot nutzen, und die Bekanntheit des Angebots im Inland[3995].

c) Reichweite des deutschen Urheberrechts

In den **§§ 120 ff. UrhG** geht es nicht um die Anwendbarkeit deutschen Urheberrechts, son- **2394** dern um den Schutz durch das deutsche Urheberrecht. Die §§ 120 ff. UrhG enthalten kein Kollisionsrecht, sondern setzen die Anwendbarkeit deutschen Rechts voraus. Sie bestimmen die Reichweite des deutschen Sachrechts[3996].

Nach **§ 120 Abs. 1 Satz 1 UrhG** genießen deutsche Staatsangehörige den Schutz ihrer Werke **2395** nach dem (deutschen) UrhG unabhängig davon, ob und wo ihr Werk erschienen ist. Dies gilt im Falle der Miturheberschaft (§ 8 UrhG) auch dann, wenn lediglich ein Miturheber Deutscher ist (§ 120 Abs. 1 Satz 2 UrhG). § 120 Abs. 2 Nr. 2 UrhG stellt die Staatsangehörigen anderer EU-Mitgliedstaaten und anderer Staaten des Europäischen Wirtschaftsraums (EWR) gleich[3997].

§ 121 UrhG regelt die Reichweite des Schutzes durch das UrhG für ausländische Staatsange- **2396** hörige, die nicht Angehörige eines EU- oder EWR-Staates sind[3998]. Ein solcher Urheber kann nach § 121 Abs. 1 Satz 1 UrhG den Schutz des deutschen Urheberrechts für jedes Werk beanspruchen, das in Deutschland im Original oder in Übersetzung erscheint, sofern er nicht das Werk selbst oder eine Übersetzung früher als 30 Tage vor dem inländischen Er-

---

3993 Vgl. *Katzenberger/Metzger* in Schricker, Urheberrecht, vor §§ 120 ff. UrhG Rz. 146.
3994 Vgl. BGH v. 13.10.2004 – I ZR 163/02, AfP 2005, 300 = CR 2005, 359 m. Anm. *Junker* = ITRB 2005, 134 = NJW 2005, 1435, 1436 – Hotel Maritime; OLG München v. 21.9.2006 – 29 U 2119/06, AfP 2007, 396 = AfP 2008, 118 = CR 2007, 40 = MMR 2006, 739; LG Hamburg v. 17.6.2016 – 308 O 161/13.
3995 LG Hamburg v. 17.6.2016 – 308 O 161/13 Rz. 39 ff.
3996 *v. Welser* in Wandtke/Bullinger, Urheberrecht, vor §§ 120 ff. UrhG Rz. 3.
3997 *v. Welser* in Wandtke/Bullinger, Urheberrecht, § 120 UrhG Rz. 1; vgl. LG München I v. 18.9.2008, MMR 2008, 137.
3998 *v. Welser* in Wandtke/Bullinger, Urheberrecht, § 121 UrG Rz. 1.

scheinen im Ausland hat erscheinen lassen[3999]. Bilaterale oder multilaterale Staatsverträge erweitern den Schutz ausländischer Urheber (§ 121 Abs. 4 UrhG)[4000]. Von Bedeutung sind insbesondere das TRIPS-Übereinkommen (TRIPS)[4001], die Revidierte Berner Übereinkunft (RBÜ)[4002], das Welturheberrechtsabkommen (WUA)[4003] und der WIPO-Urheberrechtsvertrag (WCT)[4004].

6. Markenrecht

2397 ■ Übersicht:

Internationales Markenprivatrecht

- *Territorialitäts-/Schutzlandprinzip:* anwendbares Recht bestimmt sich nach dem Recht des Ortes der Nutzungshandlung (Art. 8 Abs. 1 ROM-II-VO);

- *Handlungsort im Internet:* Handlungsort ist neben dem Einspeisungsstaat auch jeder (weitere) Staat, in dem die betreffende Website bestimmungsgemäß abrufbar ist.

a) Territorialitäts- und Schutzlandprinzip

2398 Auch im Internationalen Markenprivatrecht gelten das **Territorialitäts-** sowie nach Art. 8 Abs. 1 ROM-II-VO das **Schutzlandprinzip**[4005]. Das Schutzrecht, das für eine Marke besteht, ist somit räumlich beschränkt[4006]. Die Marke ist nur gegen Verletzungen geschützt, die in dem Hoheitsgebiet des Staates begangen werden, in dem der Markenschutz besteht[4007]. Eine Verletzungshandlung ist regelmäßig gegeben, wenn im Schutzland unter der Marke Waren oder Dienstleistungen angeboten werden[4008].

3999 Vgl. *Nordemann* in Fromm/Nordemann, Urheberrecht, § 121 UrhG Rz. 11.

4000 *Nordemann* in Fromm/Nordemann, Urheberrecht, § 121 UrhG Rz. 16.

4001 BGBl. II 1994, 1730.

4002 Nachweise bei *Katzenberger/Metzger* in Schricker/Loewenheim, Urheberrecht, vor §§ 120 ff. UrhG Rz. 27.

4003 Nachweise bei *Katzenberger/Metzger* in Schricker/Loewenheim, Urheberrecht, vor §§ 120 ff. UrhG Rz. 43.

4004 BGBl. II 2003, 754; vgl. *Lührig* in Ensthaler/Weidert, Handbuch Urheberrecht und Internet, S. 9 f.

4005 *Fezer*, Markengesetz, Einl. H. Rz. 7 und 17 ff.; *Ingerl/Rohnke*, Markengesetz, Einl. Rz. 15; *v. Schultz* in v. Schultz, Markenrecht, Einf. Rz. 78; *Ubber*, WRP 1997, 497, 502; *Kur*, WRP 2000, 935, 936; BGH v. 22.1.1964, BGHZ 41, 84, 87 – Maja; BGH v. 29.6.1979 – I ZB 24/77, GRUR 1980, 52; BGH v. 2.5.2002, GRUR-Int. 2003, 71, 72 = WRP 2002, 1156 – FROMMIA; BGH v. 13.10.2004 – I ZR 163/02, AfP 2005, 300 = CR 2005, 359 m. Anm. *Junker* = ITRB 2005, 134 = NJW 2005, 1435, 1436 – Hotel Maritime; OLG München v. 16.6.2005 – 29 U 5456/04, ITRB 2006, 35 = CR 2006, 347, 348.

4006 *Fezer*, Markengesetz, Einl. H. Rz. 17; *v. Schultz* in v. Schultz, Markenrecht, Einl. Rz. 78; *Kort*, DB 2001, 249, 256.

4007 OLG Frankfurt v. 11.3.2021 – 6 U 273/19 Rz. 36; *Hoffman* in Staudinger, Art. 40 EGBGB Rz. 388; *Freitag* in Kröger/Gimmy, Handbuch zum Internetrecht, S. 494; *Ubber*, Markenrecht im Internet, S. 215.

4008 Vgl. BGH v. 13.10.2004 – I ZR 163/02, AfP 2005, 300 = CR 2005, 359 m. Anm. Junker = ITRB 2005, 134 = NJW 2005, 1435, 1436 – Hotel Maritime; BGH v. 15.2.2018 – I ZR 201/16, Rz. 22 – goFor.

b) Handlungsort

Ähnlich wie im Urheberrecht können auch im Internationalen Markenprivatrecht **Schutzlücken** entstehen, wenn beispielsweise von einer afrikanischen Website Inhalte verbreitet werden, die inländische Markenrechte gezielt beeinträchtigen[4009]. Derartige Schutzlücken können nur dadurch geschlossen werden, dass man einen relevanten Handlungsort auch in allen Staaten bejaht, in denen Inhalte **bestimmungsgemäß** verbreitet werden[4010].

2399

Eine uferlose Ausdehnung des Schutzes nationaler Kennzeichenrechte würde indes – im Widerspruch zur Dienstleistungsfreiheit nach Art. 56 AEUV[4011] – zu einer unangemessenen Beschränkung der Selbstdarstellung ausländischer Unternehmen führen[4012]. Damit einhergehen würde eine erhebliche Beschränkung der Nutzungsmöglichkeiten von Kennzeichen im Internet, weil die Inhaber verwechslungsfähiger Kennzeichenrechte, die in verschiedenen Ländern geschützt sind, unabhängig von der Prioritätslage wechselseitig beanspruchen könnten, dass die Benutzung des Kollisionszeichens unterbleibt. Die Anwendung des Kennzeichenrechts in solchen Fällen darf daher nicht dazu führen, dass jedes im Inland abrufbare Angebot ausländischer Dienstleistungen im Internet bei Verwechslungsgefahr mit einem inländischen Kennzeichen kennzeichenrechtliche Ansprüche auslöst. Erforderlich ist vielmehr, dass das Angebot einen hinreichenden, wirtschaftlich relevanten **Inlandsbezug** aufweist[4013]. Ein solcher Bezug ist jedenfalls dann zu bejahen, wenn sich ein Unternehmen über seine Website in deutscher Sprache erkennbar (auch) an deutsche Kunden wendet[4014]. Dasselbe gilt bei einer englischsprachigen Website, wenn eine Bestellmöglichkeit aus dem Inland und auch eine Lieferung ins Inland angeboten wird, da der in Anspruch Genommene zielgerichtet von der inländischen Erreichbarkeit profitiert und die Beeinträchtigung des Zeicheninhabers dadurch nicht nur unwesentlich ist[4015].

2400

Ob eine relevante Verletzungshandlung im Inland vorliegt, bedarf erst dann besonderer, im Wege der Gesamtabwägung der betroffenen Interessen und Umstände zu treffenden Feststellungen, wenn das streitige Verhalten seinen **Schwerpunkt im Ausland** hat. Nur in einem solchen Fall droht die Gefahr, dass es zu einer uferlosen Ausdehnung des Schutzes nationaler Kennzeichenrechte und zu einer unangemessenen Beschränkung der wirtschaftlichen Entfaltung ausländischer Unternehmen kommen kann. Dies ist insbesondere der Fall, wenn

2401

4009 *Kort*, DB 2001, 249, 257; *Thum/Torsten*, GRUR-Int. 1999, 659, 672.

4010 *Junker* in MünchKomm/BGB, Art. 40 EGBGB Rz. 79; OLG Hamburg v. 2.5.2002 – 3 U 312/01, CR 2002, 837 = MMR 2002, 822.

4011 Vgl. EuGH v. 6.11.2003 – C-243/01, ECLI:EU:C:2003:597, NJW 2004, 139, 140 – Gambelli.

4012 Vgl. *Fezer*, Markengesetz, Einl. I. Rz. 3; *Ingerl/Rohnke*, Markengesetz, Einl. Rz. 59; *Omsels*, GRUR 1997, 328, 337; *Völker/Weidert*, WRP 1997, 652, 662; *Kur*, WRP 2000, 935, 937; BGH v. 13.10.2004 – I ZR 163/02, AfP 2005, 300 = CR 2005, 359 m. Anm. *Junker* = ITRB 2005, 134 = NJW 2005, 1435, 1436 – Hotel Maritime; OLG Düsseldorf v. 22.4.2008, MMR 2008, 748, 748.

4013 Vgl. *Fezer*, Markengesetz, Einl. I. Rz. 1 ff.; *Bettinger/Thum*, GRUR-Int. 1999, 659, 673 f.; BGH v. 13.10.2004 – I ZR 163/02, AfP 2005, 300 = CR 2005, 359 m. Anm. *Junker* = ITRB 2005, 134 = NJW 2005, 1435, 1436 – Hotel Maritime; OLG Düsseldorf v. 22.4.2008, MMR 2008, 748, 748; OLG München v. 16.6.2005 – 29 U 5456/04, ITRB 2006, 35 = CR 2006, 347, 348; OLG Karlsruhe v. 10.7.2002 – 6 U 9/02, AfP 2003, 188 = CR 2003, 375 = MMR 2002, 814, 816; *Kur*, WRP 2000, 935, 937.

4014 OLG Düsseldorf v. 22.4.2008 – 20 U 93/07 MMR 2008, 748, 748 f.; OLG Frankfurt v. 11.3.2021 – 6 U 273/19 Rz. 37.

4015 OLG Frankfurt v. 11.3.2021 – 6 U 273/19 Rz. 41.

sich die Rechtsverletzung als unvermeidbare Begleiterscheinung technischer oder organisatorischer Sachverhalte darstellt, auf die der Handelnde keinen Einfluss hat. Fehlt es an einem ausländischen Schwerpunkt, kann eine Verletzungshandlung im Inland nach den allgemeinen Grundsätzen auch in Fällen mit Auslandsberührung regelmäßig bereits dann gegeben sein, wenn im Inland unter dem Zeichen Waren oder Dienstleistungen angeboten werden[4016].

7. Herkunftslandprinzip

2402 ■ Übersicht:

Herkunftslandprinzip

Reichweite

– *Telemedien:* Das Herkunftslandprinzip gilt für den gesamten elektronischen Geschäftsverkehr (§ 3 TMG).

– *E-Commerce-Richtlinie:* Das Herkunftslandprinzip gilt innerhalb der EU.

Auswirkungen

– *Allgemeines Deliktsrecht:* ausschließlich Recht des Herkunftsstaates anwendbar; das Tatortprinzip gilt nicht.

– *Wettbewerbsrecht:* ausschließlich Recht des Herkunftsstaates anwendbar; keine Anknüpfung an den Marktort.

– *Urheberrecht und Markenrecht:* Herkunftslandprinzip nicht anwendbar (§ 3 Abs. 4 Nr. 6 TMG).

2403 In Umsetzung der **E-Commerce-Richtlinie**[4017] gilt nach **§ 3 TMG** für den elektronischen Geschäftsverkehr das Herkunftslandprinzip. Materiell handelt es sich hierbei um keine Kollisionsnorm[4018], sondern um eine Sachnorm, die die Anwendbarkeit des deutschen Rechts voraussetzt und modifiziert[4019]. Das Herkunftslandprinzip ist nur anwendbar, wenn der EU-

---

4016 BGH v. 7.11.2019 – I ZR 222/17, Rz. 28 – Club Hotel Robinson; OLG Frankfurt v. 11.3.2021 – 6 U 273/19 Rz. 43.

4017 Richtlinie 2000/31/EG des Europäischen Parlamentes und des Rates v. 8.6.2000 über bestimmte rechtliche Aspekte der Dienste der Informationsgesellschaft, insbesondere des elektronischen Geschäftsverkehrs, im Binnenmarkt („Richtlinie über den elektronischen Geschäftsverkehr"), ABl. EG Nr. L 178 v. 17.7.2000, S. 1.

4018 *Fezer/Koos*, IPrax 2000, 349 ff.; *Grützmacher*, ITRB 2005, 34, 35; *Ohly*, GRUR-Int. 2001, 899, 902; *Sack* WRP 2002, 271, 277; BGH v. 8.5.2012 – VI ZR 217/08 Rz. 23, AfP 2012, 372 = CR 2012, 525; OLG Hamburg v. 24.7.2007, K&R 659, 660; OLG Hamburg v. 29.7.2008 – 7 U 22/08; OLG Hamburg v. 8.4.2009 – 5 U 13/08, MMR 2010, 185, 186; a.A. *Gounalakis/Rhode*, Persönlichkeitsschutz im Internet, Rz. 28; *Naskret*, Herkunftslandprinzip und Internationales Privatrecht, S. 114; *Spickhoff* in Leible, Bedeutung des IPR, S. 117 ff.; *Hoffmann* in Staudinger, Art. 40 EGBGB Rz. 299; *Dethloff*, JZ 2000, 179, 181; *Lurger/Vallant*, RIW 2002, 188, 196; *Mankowski*, IPrax 2002, 257, 262; KG Berlin v. 24.3.2006 – 9 U 126/05, AfP 2006, 258, 259; vgl. auch *Glöckner*, WRP 2005, 795, 801.

4019 Vgl. EuGH v. 25.10.2011 – C-509/09, C-161/10 Rz. 53 ff., ECLI:EU:C:2011:685 – eDate Advertising; LG Hamburg v. 9.6.2006 – 324 O 104/05, K&R 2007, 659, 660; a.A. *Sack*, WRP 2019, 1095, 1096 ff.

Mitgliedstaat feststeht, in dem der betreffende Anbieter seine Niederlassung hat. Die Niederlassung in einem EU-Mitgliedstaat ist eine Anwendungsvoraussetzung der E-Commerce-Richtlinie[4020].

Das Herkunftslandprinzip dient der Vereinfachung der Rechtsanwendung und Erleichterung 2404
des elektronischen Geschäftsverkehrs innerhalb der Europäischen Union. Wenn die Vorschriften des Herkunftslandes eingehalten werden, handeln die Betreiber von Telemedien europaweit rechtmäßig und müssen sich nicht an die Bestimmungen anderer EU-Mitgliedstaaten halten[4021]. Für deutsche Betreiber von Telemedien gilt daher nach § 3 Abs. 1 TMG ausschließlich deutsches Recht, auch wenn die Telemediendienste (auch) in anderen EU-Mitgliedstaaten angeboten oder erbracht werden. Umgekehrt findet auf die Anbieter von Telemedien aus anderen EU-Mitgliedstaaten ausschließlich das jeweilige Heimatrecht Anwendung, auch wenn die Dienste (auch) in Deutschland angeboten oder erbracht werden (§ 3 Abs. 2 TMG)[4022].

Im **Wettbewerbsrecht** verdrängt das Herkunftslandprinzip die Anknüpfung an den Markt- 2405
ort[4023]. Der deutsche Internetanbieter braucht das Wettbewerbsrecht der anderen EU-Mitgliedstaaten nach § 3 Abs. 1 TMG nicht zu beachten. Dies gilt auch dann, wenn die Wettbewerbsaktivitäten des Anbieters auf Staaten außerhalb Deutschlands abzielen. Umgekehrt lässt sich das deutsche Wettbewerbsrecht nicht anwenden, wenn es darum geht, gegen Aktivitäten von Unternehmen aus anderen EU-Mitgliedstaaten vorzugehen (§ 3 Abs. 2 TMG).

§ 3 Abs. 3 bis 5 TMG klammert etliche Gebiete aus dem Anwendungsbereich des Herkunfts- 2406
landprinzips aus. Insbesondere gilt das Herkunftslandprinzip weder für das **Vertrags- und Verbraucherschutzrecht** (vgl. § 3 Abs. 3 Nr. 2 TMG) noch für das **Datenschutzrecht** (§ 3 Abs. 3 Nr. 4 TMG)[4024] oder das **Urheberrecht** und das **Markenrecht** (§ 3 Abs. 4 Nr. 6 TMG)[4025]. Das urheberrechtliche bzw. markenrechtliche Territorialitäts- und Schutzlandprinzip (Art. 8 Abs. 1 ROM-I-VO) bleibt erhalten. Abgrenzungsprobleme können sich zwischen gewerblichen Schutzrechten und dem Recht des unlauteren Wettbewerbs ergeben[4026]. Beim **Persönlichkeitsschutz** schließt das Herkunftslandprinzip das Wahlrecht des Geschädigten gem. Art. 40 Abs. 1 Satz 2 EGBGB nicht aus[4027].

IV. Internationale Zuständigkeit deutscher Gerichte

Beim **Internationalen Zivilprozessrecht** geht es um die Zuständigkeit deutscher Gerichte 2407
bei grenzüberschreitenden Sachverhalten. Die internationale Zuständigkeit richtet sich primär nach internationalen Verträgen und den Vorschriften der EU-Verordnung über die ge-

---

4020 EuGH v. 15.3.2012 – C-292/10 Rz. 69 ff., ECLI:EU:C:2012:142.

4021 Vgl. *Thorn* in Grüneberg, Art. 6 ROM-II-VO Rz. 15.

4022 Vgl. LG Berlin v. 24.5.2012 – 27 O 864/11 Rz. 42, AfP 2012, 486 = CR 2012, 752; *Thorn* in Grüneberg, Art. 6 ROM-II-VO Rz. 15.

4023 Vgl. *Spindler* in Baur/Mansel, Systemwechsel im europäischen Kollisionsrecht, S. 133; *Mankowski*, ZVglRWiss 2001, 137, 157; a.A. *Kropholler*, IPR, S. 544.

4024 KG Berlin v. 22.9.2017 – 5 U 155/14 Rz. 53 f., CR 2018, 304.

4025 Vgl. *Mankowski*, ZVglRWiss 2001, 137, 153; *Nickels*, CR 2002, 302, 304.

4026 Vgl. *Naskret*, Herkunftslandprinzip und Internationales Privatrecht, S. 31.

4027 Vgl. BGH v. 8.5.2012 – VI ZR 217/08 Rz. 32, AfP 2012, 372 = CR 2012, 525; OLG Hamburg v. 9.6.2006 – 324 O 104/05.

richtliche Zuständigkeit und die Anerkennung und Vollstreckung von Entscheidungen in Zivil- und Handelssachen (**EuGVVO**)[4028]. Ergänzend finden die Vorschriften zur örtlichen Zuständigkeit (**§§ 12 ff. ZPO**) entsprechende Anwendung[4029].

2408 Die EuGVVO regelt die gesetzliche Zuständigkeit in Zivil- und Handelssachen (Art. 1 Abs. 1 Satz 1 EuGVVO) für Gerichtsverfahren, an denen Bürger eines EU-Mitgliedstaates beteiligt sind, sei es als Beklagte oder auch als Kläger (vgl. Art. 6 Abs. 2 EuGVVO). Einfach zu beurteilen sind Fälle, in denen der Beklagte in Deutschland seinen **allgemeinen Gerichtsstand** hat. Sowohl für vertragliche als auch für außervertragliche Streitfälle ergibt sich die Zuständigkeit deutscher Gerichte aus Art. 4 Abs. 1 EuGVVO sowie aus den §§ 12 bis 19a ZPO[4030]. Wer von Deutschland aus ausländische Konkurrenten beleidigt, deren Urheber- oder Markenrechte verletzt oder bei der Erfüllung seiner Verpflichtungen gegenüber einem ausländischen Vertragspartner säumig bleibt, muss damit rechnen, dass der ausländische Geschädigte bzw. Vertragspartner problemlos deutsche Gerichte anrufen kann.

2409 Schwieriger zu beurteilen ist der umgekehrte Fall, dass ein deutsches Unternehmen ein ausländisches Unternehmen oder einen ausländischen Verbraucher verklagen möchte. Werden vor deutschen Gerichten natürliche oder juristische Personen verklagt, die in der Bundesrepublik Deutschland keinen allgemeinen Gerichtsstand haben, muss das angerufene Gericht prüfen, ob sich aus einer zivilprozessualen Vorschrift (ausnahmsweise) ein **besonderer internationaler deutscher Gerichtsstand** herleiten lässt. Eine entscheidende **Weichenstellung** ist dabei, ob mit einer Klage **vertragliche oder außervertragliche Ansprüche** geltend gemacht werden.

2410 Ist die EuGVVO anwendbar und besteht zwischen den Parteien ein **Vertrag**, hat das angerufene Gericht die Klage entweder als vertraglich im Sinne von Art. 7 Nr. 1 EuGVVO oder als deliktisch im Sinne von Art. 7 Nr. 2 EuGVVO einzuordnen. Dabei ist maßgebend, ob die Verpflichtung, die der Klage als Grundlage dient, vertraglicher Art ist oder eine unerlaubte Handlung bzw. eine dieser gleichgestellte Handlung zum Gegenstand hat[4031].

2411 Eine Klage hat einen „Vertrag oder Ansprüche aus einem Vertrag" im Sinne von Art. 7 Nr. 1 lit. a EuGVVO zum Gegenstand, wenn eine **Auslegung des Vertrags unerlässlich** erscheint, um zu klären, ob das Verhalten rechtswidrig ist, dass der Kläger dem Beklagten vorwirft. Beruft sich der Kläger in seiner Klageschrift hingegen auf die Regeln über die Haftung aus unerlaubter Handlung oder einer Handlung, die einer unerlaubten Handlung gleichgestellt ist, und erscheint es nicht unerlässlich, den Inhalt des mit dem Beklagten geschlossenen Vertrags zu prüfen, um zu beurteilen, ob das diesem vorgeworfene Verhalten rechtswidrig ist, so bilden eine unerlaubte Handlung oder eine Handlung, die einer unerlaubten Handlung gleichgestellt ist, den Gegenstand der Klage im Sinne von Art. 7 Nr. 2 EuGVVO[4032].

4028 Verordnung Nr. 1215/2012 des Europäischen Parlaments und Rates v. 12.12.2012 über die gerichtliche Zuständigkeit und die Anerkennung und Vollstreckung von Entscheidungen in Zivil- und Handelssachen.

4029 *Anders/Gehle*, Vor. § 12 Rz. 4 f.

4030 *Anders/Gehle*, Vor. § 12 Rz. 4 f.; *Kropholler*, IPR, S. 614.

4031 EuGH v. 24.11.2020 – C-59/19 Rz. 31 – Wikingerhof/Booking.com; BGH v. 20.7.2021 – VI ZR 63/19 Rz. 20.

4032 EuGH v. 24.11.2020 – C-59/19 Rz. 32 f. – Wikingerhof/Booking.com; BGH v. 20.7.2021 – VI ZR 63/19 Rz. 17 ff.; OLG Hamburg v. 4.4.2022 – 15 W 18/22 Rz. 26 ff.

1. Vertragliche Ansprüche

■ Übersicht: 2412

Internationale Zuständigkeit im Vertragsrecht:

– *Allgemeiner Gerichtsstand des Beklagten:* Art. 4 EuGVVO und §§ 12 bis 19a ZPO;

– *Gerichtsstandsvereinbarungen:* Art. 25 EuGVVO und § 38 ZPO sowie Art. 17 bis 19 EuGVVO;

– *Besondere Gerichtsstände:* Erfüllungsort (Art. 7 Nr. 1 EuGVVO und § 29 ZPO); Niederlassung des Beklagten (Art. 7 Nr. 5 EuGVVO und § 21 ZPO); Vermögen (§ 23 ZPO).

Werden mit einer Klage vertragliche Ansprüche geltend gemacht, kann sich ein deutscher 2413
Gerichtsstand aus einer Gerichtsstandsvereinbarung ergeben, sofern die Parteien eine solche
Vereinbarung unter Beachtung der Anforderungen des Art. 25 EuGVVO und der Art. 17 bis
19 EuGVVO bzw. des § 38 ZPO geschlossen haben[4033]. Auch ein inländischer Erfüllungsort
kann die Zuständigkeit deutscher Gerichte begründen, wobei der Erfüllungsort vertraglich
festgelegt werden kann (Art. 7 Nr. 1 EuGVVO, § 29 ZPO).

a) Gerichtsstandsvereinbarung

Haben die Parteien unabhängig von ihrem Wohnsitz vereinbart, dass ein Gericht oder die 2414
Gerichte eines Mitgliedstaats über eine bereits entstandene Rechtsstreitigkeit oder über eine
künftige, aus einem bestimmten Rechtsverhältnis entspringende Rechtsstreitigkeit entscheiden sollen, so sind dieses Gericht oder die Gerichte dieses Mitgliedstaats nach **Art. 25 Abs. 1
Satz 1 EuGVVO** zuständig, es sei denn, die Vereinbarung ist nach dem Recht dieses Mitgliedstaats materiell ungültig[4034]. **Im Zweifel** handelt es sich um eine **ausschließliche Zuständigkeit** (Art. 25 Abs. 1 Satz 2 EuGVVO).

Gerichtsstandsvereinbarungen sind bindend, wenn sie schriftlich bzw. mündlich mit schrift- 2415
licher Bestätigung abgeschlossen werden (Art. 25 Abs. 1 Satz 3 lit. a EuGVVO). Es reicht aber
auch die Form aus, die den „Gepflogenheiten" der Parteien entspricht (Art. 25 Abs. 1 Satz 3
lit. b EuGVVO), bzw. eine nach internationalem Handelsbrauch übliche Form (Art. 25
Abs. 1 Satz 3 lit. c EuGVVO). Art. 25 Abs. 2 EuGVVO stellt zudem die elektronische Übermittlung der Schriftform gleich, sofern – wie bei einer E-Mail[4035] – eine dauerhafte Aufzeichnung möglich ist. Die Vereinbarung eines Gerichtsstandes per AGB genügt diesen Anforderungen, wenn die AGB gespeichert und ausgedruckt werden können[4036].

Welche rechtlichen Anforderungen an das wirksame Zustandekommen einer Gerichtsstand- 2416
vereinbarung zu stellen sind und wer an sie gebunden ist, ist nach den **Vorschriften des materiellen Rechts** zu beantworten. Bei einer Gerichtsstandvereinbarung mit Auslandsberührung ist das dabei anzuwendende Recht nach den Regeln des Internationalen Privatrechts zu

---

4033 *Anders/Gehle* § 38 Rz. 21 ff.; *Strömer*, Online-Recht, S. 498.
4034 Vgl. *Gottwald* in MünchKomm/ZPO, Art. 25 EuGVVO Rz. 2 ff.
4035 *Nagel/Gottwald*, Internationales Zivilprozessrecht, § 3 Rz. 264.
4036 EuGH v. 21.5.2015 – C-322/14, ECLI:EU:C:2015:334, CR 2015, 670 = ITRB 2015, 203 –
El Majdoub.

ermitteln[4037]. Zwar sind Gerichtsstandvereinbarungen gem. Art. 1 Abs. 2 lit. e ROM I-VO vom Anwendungsbereich der Verordnung ausgenommen. Allerdings ist die ROM I-VO auf Gerichtsstandsvereinbarungen entsprechend anzuwenden[4038].

2417 Angesichts der möglichen Folgen einer Gerichtsstandsvereinbarung für die Parteien im Prozess sind die Voraussetzungen für die Wirksamkeit von Gerichtsstandsklauseln eng auszulegen. Der Abschluss einer Gerichtsstandsvereinbarung setzt voraus, dass die Gerichtsstandsklausel tatsächlich Gegenstand einer **Willenseinigung** zwischen den Parteien war, die klar und deutlich zum Ausdruck gekommen ist[4039].Die Bezugnahme einer Partei auf **Allgemeine Geschäftsbedingungen**, die eine Gerichtsstandsvereinbarung enthalten, genügt nur, wenn die Zustimmung der anderen Partei tatsächlich feststeht[4040].

2418 **§ 38 Abs. 2 ZPO** gilt für Vereinbarungen über die internationale Zuständigkeit deutscher Gerichte, auf die die EuGVVO nicht anwendbar ist, und lässt Gerichtsstandvereinbarungen zu, wenn mindestens eine der Parteien keinen allgemeinen Gerichtsstand in Deutschland hat. Welcher Anwendungsbereich § 38 Abs. 2 ZPO neben Art. 25 Abs. 1 EuGVVO noch verbleibt, ist streitig[4041].

2419 **Praxistipp**

Unternehmen ist die Aufnahme von Gerichtsstandsklauseln in die eigenen Vertragsbedingungen zu empfehlen. Gegenüber Vertragspartnern, die keine Verbraucher sind, ermöglichen Gerichtsstandsklauseln eine Klage vor deutschen Gerichten. Die Mühe, die Kosten und die Unwägbarkeiten, die mit der Führung eines Auslandsprozesses verbunden sind, bleiben dem Unternehmen hierdurch erspart.

b) Erfüllungsort

2420 Nach Art. 7 Nr. 1 lit. a EuGVVO kann eine Person, die ihren Wohnsitz im Hoheitsgebiet eines EU-Mitgliedstaats hat, in einem anderen Mitgliedstaat verklagt werden, wenn es um vertragliche Ansprüche geht und in dem anderen Mitgliedstaat ein **Erfüllungsort** besteht (vgl. auch § 29 Abs. 1 ZPO).

2421 Als Erfüllungsort gilt beim **Verkauf beweglicher Sachen** der Ort, an dem die Sachen geliefert worden sind oder hätten geliefert werden müssen (Art. 7 Nr. 1 lit. b, 1. Spiegelstrich EuGVVO). Um diesen Ort zu bestimmen, bedarf es einer umfassenden Auslegung des Vertrages, bei der auch Handelsbräuche zu berücksichtigen sein können[4042]. Im Zweifel handelt es sich um den Ort, an dem die mit dem Kaufvertrag erstrebte Übertragung der Sachen vom Verkäufer an den Käufer durch deren Ankunft an ihrem endgültigen Bestimmungsort vollständig abgeschlossen ist und der Käufer die tatsächliche Verfügungsgewalt über die Wa-

---

4037 LG München I v. 11.8.2017 – 33 O 8184/16 Rz. 43.
4038 LG München I v. 11.8.2017 – 33 O 8184/16 Rz. 45.
4039 BGH v. 10.2.2021 – KZR 66/17 Rz. 29 – Wikingerhof/Booking.com; OLG Celle v. 24.7.2009 – 13 W 48/09, ITRB 2010, 82 = CR 2010, 17, 18; OLG Oldenburg v. 20.12.2007 – 8 U 138/07, OLGR 2008, 694, 696.
4040 OLG Celle v. 24.7.2009 – 13 W 48/09, ITRB 2010, 82 = CR 2010, 17, 18; OLG Oldenburg v. 20.12.2007 – 8 U 138/07, OLGR 2008, 694, 696.
4041 Vgl. *Patzina*, MünchKomm/ZPO, § 38 ZPO Rz. 25.
4042 EuGH v. 9.6.2011 – C-87/10 Rz. 21, 26, ECLI:EU:C:2011:375.

ren erlangt hat oder hätte erlangen müssen[4043]. Beim **Versendungskauf** ist der Erfüllungsort im Zweifel der endgültige Bestimmungsort, an dem die Waren dem Käufer körperlich übergeben wurden oder hätten übergeben werden müssen. Der Ort der Übergabe an den Beförderer ist dagegen nicht maßgebend[4044].

Bei **Dienstleistungen** ist Erfüllungsort der Ort, an dem die Dienstleistungen erbracht worden sind oder hätten erbracht werden müssen (Art. 7 Nr. 1 lit. b, 2. Spiegelstrich EuGVVO). Für Klagen bezüglich der Erstellung einer Website ist das Gericht zuständig, an dem der Auftragnehmer seinen Sitz hat. Der Erfüllungsort ist dort, wo der Auftragnehmer seine Programmiertätigkeit ausführt und nicht der Standort des Servers[4045].   2422

Zwischen Amazon und den Online-Händlern beim **„Amazon Marketplace"** besteht nach Auffassung des OLG Köln ein einheitlicher Erfüllungsort in Luxemburg. Das Anknüpfen an den Unternehmenssitz von Amazon in Luxemburg erscheine schon deswegen allein richtig, weil man dort aller Wahrscheinlichkeit nach einen nicht unerheblichen Teil der geschuldeten Dienstleistungen erbringen werde[4046].   2423

Die Vertragspartner können den Erfüllungsort gem. Art. 7 Nr. 1 lit. a EuGVVO abweichend bestimmen[4047]. Bezweckt die Vereinbarung eines Erfüllungsortes allerdings in der Sache nur die Begründung eines bestimmten Gerichtsstandes (sog **„abstrakte" Erfüllungsortvereinbarung**[4048]), müssen die Anforderungen des Art. 25 Abs. 1 Satz 3 EuGVVO) beachtet werden[4049] (vgl. auch § 29 Abs. 2 ZPO).   2424

Praxistipp   2425

Es ist ratsam, in Gerichtsstandsklauseln auch den Erfüllungsort festzulegen, um auszuschließen, dass sich aus Art. 7 Nr. 1 EuGVVO ein unerwünschter Gerichtsstand herleiten lässt.

c) Niederlassung und Vermögen

Unterhält der ausländische Vertragspartner in Deutschland eine **Niederlassung**[4050], so ergibt sich die internationale Zuständigkeit deutscher Gerichte aus Art. 7 Nr. 5 EuGVVO und § 21 ZPO, wenn es um eine Streitigkeit aus dem Betrieb der Niederlassung geht. Der Gerichtsstand des **Vermögens** (§ 23 ZPO) ist eröffnet, wenn der Beklagte keinen Wohnsitz in der EU hat (vgl. Art. 6 Abs. 1 EuGVVO).   2426

Eine **„Zweigniederlassung"** im Sinne des Art. 7 Abs. 5 EuGVVO unterscheidet sich nicht von einer „Niederlassung"[4051] und setzt einen Mittelpunkt geschäftlicher Tätigkeit voraus, der   2427

4043 EuGH v. 25.2.2010 – C-381/08, NJW 2010, 1059, 1061 m. Anm. *Piltz*; EuGH v. 9.6.2011 – C-87/10 Rz. 26; BGH v. 23.6.2010 – VIII ZR 135/08 Rz. 20.

4044 EuGH v. 25.2.2010 – C-381/08, NJW 2010, 1059, 1061 m. Anm. *Piltz*; BGH v. 23.6.2010 – VIII ZR 135/08 Rz. 14.

4045 LG Bochum v. 16.9.2013 – I-5 O 89/13.

4046 OLG Köln v. 11.3.2021 – 15 W 10/21 Rz. 42.

4047 Vgl. EuGH v. 25.2.2010 – C-381/08, ECLI:EU:C:2010:90, NJW 2010, 1059, 1060 m. Anm. *Piltz*.

4048 Vgl. BGH v. 16.6.1997 – II ZR 37/94 Rz. 5.

4049 *Dörner* in Saenger, ZPO, Art. 7 EuGVVO Rz. 13.

4050 Vgl. *Nagel/Gottwald*, Internationales Zivilprozessrecht, § 3 Rz. 120.

4051 Vgl. *Gottwald* in MünchKomm/ZPO, Art. 7 EuGVVO Rz. 78 ff.

auf Dauer als Außenstelle des Stammhauses hervortritt, eine Geschäftsführung hat und sachlich so ausgestattet ist, dass sich Dritte zum Betreiben von Geschäften nicht unmittelbar an das Stammhaus zu wenden brauchen[4052]. Ein hinreichender Bezug zu der Zweigniederlassung liegt vor, wenn der Rechtsstreit Handlungen betrifft, die sich auf den Betrieb der Zweigniederlassung beziehen, oder eine Verpflichtung, die die Zweigniederlassung im Namen des Stammhauses eingegangen und die in dem Vertragsstaat zu erfüllen ist, in dem sich die Zweigniederlassung befindet[4053]. Die Angabe einer vom Hauptsitz abweichenden Betriebsstätte im Impressum einer Website darf ein Kunde, der über diese Website ein Vertragsangebot abgibt, in der Regel dahin verstehen, dass die angegebene Stelle im Namen des Stammhauses als dessen „Zweigniederlassung" die Leistungen anbietet, Vertragsangebote entgegennimmt und gegebenenfalls deren Annahme erklärt[4054].

d) Verbraucherverträge

aa) Einschränkung der Prorogationsfreiheit

2428 Die Art. 17 bis 19 EuGVVO enthalten **Sonderbestimmungen** für Verbraucherverträge und schränken die Prorogationsfreiheit ein (vgl. Art. 25 Abs. 4 EuGVVO). Nach Art. 18 Abs. 2 EuGVVO kann der Verbraucher von seinem Vertragspartner nur in dem Staat verklagt werden, in dem der Verbraucher seinen **Wohnsitz** hat. Umgekehrt hat der Verbraucher bei Klagen gegen seinen Vertragspartner die **Wahl** zwischen den Gerichten seines Heimatlandes und den Gerichten des Sitzstaates seines Vertragspartners (Art. 18 Abs. 1 EuGVVO). Dabei gilt als Verbraucher eine Person, die einen Vertrag zu einem Zweck geschlossen hat, der nicht der beruflichen oder gewerblichen Tätigkeit dieser Person zugerechnet werden kann (Art. 17 Abs. 1 EuGVVO).

2429 Nach Art. 19 EuGVVO sind **Gerichtsstandsvereinbarungen** bei Verbraucherverträgen nur in wenigen Ausnahmefällen wirksam. Ein Gerichtsstand kann mit Verbrauchern nach Entstehen der Streitigkeit vereinbart werden (Art. 19 Nr. 1 EuGVVO). Im Übrigen sind Gerichtsstandsklauseln in Verbraucherverträgen nur zulässig, wenn sie dem Verbraucher über die sich aus Art. 18 EuGVVO ergebenden Gerichtsstände hinaus einen weiteren Gerichtsstand eröffnen[4055].

2430 **§ 38 Abs. 3 ZPO** lässt Gerichtsstandsvereinbarungen gegenüber Verbrauchern nur zu, wenn sie nach dem Entstehen einer Streitigkeit schriftlich (§ 38 Abs. 3 Nr. 1 ZPO) oder für den Fall geschlossen werden, dass die im Klageweg in Anspruch zu nehmende Partei nach Vertragsschluss ihren Wohnsitz oder gewöhnlichen Aufenthaltsort in das Ausland verlegt oder an einen unbekannten Ort verzieht (§ 38 Abs. 3 Nr. 2 ZPO).

bb) Verbrauchervertrag

2431 Unter den Begriff des Verbrauchervertrages fallen nach Art. 17 Abs. 1 lit. c EuGVVO alle Verträge, die ein Unternehmer mit einem Verbraucher schließt, solange der Unternehmer seine

---

4052 BGH v. 16.3.2021 – X ZR 9/20 Rz. 18, CR 2021, 829.
4053 BGH v. 16.3.2021 – X ZR 9/20 Rz. 25, CR 2021, 829.
4054 BGH v. 16.3.2021 – X ZR 9/20 Rz. 35, CR 2021, 829.
4055 Vgl. *Nagel/Gottwald*, Internationales Zivilprozessrecht, § 3 Rz. 203.

unternehmerische Tätigkeit (auch) auf das Heimatland des Verbrauchers ausrichtet und der Vertragsschluss im Rahmen dieser Tätigkeit erfolgt. Ausreichend für einen Verbrauchervertrag ist eine – aus der maßgeblichen Empfängersicht – **einseitige Verpflichtung des Unternehmers**, eine wie auch immer geartete rechtliche Verpflichtung des Verbrauchers ist hingegen nicht notwendig[4056].

Der **Nutzer eines privaten Facebook-Kontos** verliert die Verbrauchereigenschaft im Sinne des Art. 17 EuGVVO nicht, wenn er Bücher publiziert, Vorträge hält, Websites betreibt, Spenden sammelt und sich die Ansprüche zahlreicher Verbraucher abtreten lässt, um sie gerichtlich geltend zu machen[4057]. Allerdings findet Art. 18 Abs. 1 EuGVVO keine Anwendung auf die Klage eines Verbrauchers, mit der dieser am Klägergerichtsstand nicht nur seine eigenen Ansprüche geltend macht, sondern auch Ansprüche, die von anderen Verbrauchern mit Wohnsitz im gleichen Mitgliedstaat, in anderen Mitgliedstaaten oder in Drittstaaten abgetreten wurden[4058].   2432

cc) „Ausrichten"

Für das „Ausrichten" kommt es darauf an, ob aus der Website und der Tätigkeit des Unternehmers hervorgeht, dass der Unternehmer mit Verbrauchern, die in dem Wohnsitzstaat des Verbrauchers wohnhaft sind, Geschäfte zu tätigen beabsichtigt und zu einem Vertragsschluss bereit ist. **Anhaltspunkte** können dabei der internationale Charakter der Tätigkeit, die Angabe von Anfahrtsbeschreibungen von anderen Staaten aus zu dem Ort, an dem der Unternehmer niedergelassen ist, die Verwendung einer anderen Sprache oder Währung als der am Ort der Niederlassung des Unternehmers üblicherweise verwendeten Sprache oder Währung, die Angabe von Telefonnummern mit internationaler Vorwahl, die Tätigung von Ausgaben für eine Suchmaschine, um in anderen Staaten wohnhaften Verbrauchern den Zugang zur Websites zu erleichtern, die Verwendung einer anderen Domain-Endung als derjenigen des eigenen Staates oder die Erwähnung internationaler Kundschaft sein[4059].   2433

Neben der gezielt auf den Wohnsitzstaat des Verbrauchers gerichteten **Werbung** wird vor allem der **elektronische Handel** von Art. 17 Abs. 1 lit. c EuGVVO erfasst[4060]. Wenn der Verbraucher auf einer Website des Vertragspartners die von ihm gewünschten Leistungen bestellt, ist oftmals kaum oder gar nicht zu klären, wo diese Handlung vorgenommen worden ist. Deshalb kommt es auf den Ort des Vertragsschlusses oder der Vornahme der dafür erforderlichen Rechtshandlungen nicht an; nach Art. 17 Abs. 1 lit. c EuGVVO wird die **notwendige Verbindung** zum Staat des Verbrauchers schon dadurch geschaffen, dass der Vertragspartner seine Tätigkeit auf diesen Staat ausrichtet[4061].   2434

4056 BGH v. 29.11.2011 – XI ZR 172/11 Rz. 14.

4057 EuGH v. 25.1.2018 – C-498/16 Rz. 41, ECLI:EU:C:2018:37, CR 2018, 231 = AfP 2018, 42.

4058 EuGH v. 25.1.2018 – C-498/16 Rz. 49, ECLI:EU:C:2018:37, CR 2018, 231 = AfP 2018, 42.

4059 EuGH v. 7.12.2010 – C-585/09 und C-144/09 Rz. 92 f. – Pammer/Alpenhof; BGH v. 29.11.2011 – XI ZR 172/11 Rz. 21; BGH v. 9.2.2017 – IX ZR 67/16 Rz. 24; *Staudinger*, AnwBl. 2011, 327, 328 f.

4060 BGH v. 17.9.2008 – III ZR 71/08, CR 2009, 174 = NJW 2009, 298, 298.

4061 *Kropholler*, Europäisches Zivilprozessrecht, Art. 15 EuGVVO Rz. 23; BGH v. 17.9.2008 – III ZR 71/08, CR 2009, 174 = NJW 2009, 298, 298.

2435 Die bloße **Zugänglichkeit einer Website** reicht nicht aus, um den Tatbestand des Art. 17 Abs. 1 lit. c EuGVVO zu erfüllen[4062]. Dies wurde bereits in der gemeinsamen Erklärung des Europäischen Rates und der Europäischen Kommission zu Art. 15 EuGVVO a.F. (nun Art. 17 EuGVVO) betont[4063]. Rat und Kommission hielten es für erforderlich, dass die betreffende Website auch zum Vertragsschluss im Fernabsatz „**auffordert**"[4064]. Allerdings ist es nicht erforderlich, dass sich die Klage auf einen Vertrag stützt, der per **Fernabsatz** geschlossen worden ist. Vielmehr reicht es aus, wenn der Vertrag über Fernkommunikationsmittel angebahnt wurde[4065].

2436 Zur Erfüllung des Merkmals des „Ausrichtens" der gewerblichen Tätigkeit auf den Wohnsitzstaat des Verbrauchers ist es erforderlich, dass der Verbraucher dort zum Vertragsschluss zumindest motiviert worden ist, auch wenn der Vertragsschluss selbst nicht in dem Wohnsitzstaat erfolgte. Im Hinblick auf ihren Ausnahmecharakter und die Notwendigkeit einer autonomen und engen Auslegung der Voraussetzungen ist Art. 17 Abs. 1 lit. c EuGVVO allerdings nicht anwendbar, wenn ein Verbraucher auf **Auslandsreisen** Verträge mit einem dortigen Unternehmen abschließt[4066].

2437 Wenn ein griechischer Rechtsanwalt seine Kontaktadresse als Kontaktmöglichkeit für deutsche Kunden auf der Website der deutschen Botschaft in Athen angibt, reicht dies nach Auffassung des BGH für ein „**Ausrichten**" der Tätigkeit auf Deutschland nicht aus. Obwohl der griechische Anwalt zusätzlich noch auf der deutschsprachigen Internetseite eines griechischen Immobilienunternehmens und auf der Website von drei deutschen Rechtsschutzversicherern aufgeführt war und die Annahme nahelag, dass seine Erwähnung jedenfalls auf der Website der deutschen Botschaft nicht ohne seine Kenntnis und Zustimmung erfolgte, blieb diese Fallgestaltung nach Auffassung des BGH hinter der des Unterhaltens einer eigenen (deutschsprachigen) Website zurück[4067].

2438 Ausschlaggebend war für den BGH, dass der Kläger nicht in Deutschland oder über das Internet auf den griechischen Anwalt aufmerksam geworden war; er kannte die Websites nicht, auf denen der Anwalt verzeichnet war. Der behauptete Anwaltsvertrag kam zustande, weil ihm der Beklagte vor Ort als Anwalt empfohlen worden war[4068]. Dies lässt sich schwer mit der Rechtsprechung des EuGH vereinbaren, der betont hat, dass zum „Ausrichten" der beruflichen oder gewerblichen Tätigkeit auf den Wohnsitzstaat des Verbrauchers eingesetzte Mittel müsse nicht kausal für den Vertragsschluss mit diesem Verbraucher sein. Das Erfordernis einer **Kausalität** würde den Verbraucher nach Auffassung des EuGH mit Beweis-

---

4062 BR-Drucks. 543/99, 16; *Geimer/Schütze*, Europäisches Zivilverfahrensrecht, Art. 15 Rz. 38; *Nagel/Gottwald*, Internationales Zivilprozessrecht, § 3 Rz. 180; BGH v. 17.9.2008 – III ZR 71/08, CR 2009, 174 = NJW 2009, 298, 298; *Gottwald* in MünchKomm/ZPO, Art. 17 EuGVVO Rz. 11; *Dörner* in Saenger, ZPO, Art. 17 EuGVVO Rz. 14; EuGH v. 7.12.2010 – C-585/09 und C-144/09 Rz. 94 – Pammer/Alpenhof; BGH v. 30.3.2006 – VII ZR 249/04, NJW 2006, 1672, 1673; OLG Karlsruhe v. 24.8.2007 – 14 U 72706, NJW 2008, 85, 86.
4063 Abgedruckt in IPRax 2001, 259, 261.
4064 Abgedruckt in IPRax 2001, 259, 261.
4065 EuGH v. 6.9.2012 – C-190/11 Rz. 35 ff., CR 2012, 670 = ITRB 2012, 243; BGH v. 1.2.2012 – XII ZR 10/10 Rz. 23 ff., CR 2012, 326.
4066 *Schlosser*, EU-Zivilprozessrecht, Art. 17 EuGVVO Rz. 16-17; BGH v. 17.9.2008 – III ZR 71/08, CR 2009, 174 = NJW 2009, 298.
4067 BGH v. 17.9.2008 – III ZR 71/08, CR 2009, 174 = NJW 2009, 298 f.
4068 BGH v. 17.9.2008 – III ZR 71/08, CR 2009, 174 = NJW 2009, 298 f.

schwierigkeiten belasten, die den mit den Art. 17 ff. EuGVVO erstrebten Schutz der Verbraucher schwächen würde[4069]. Umgekehrt hat der EuGH in der Kausalität des Besuchs einer Kanzlei-Website für die Mandatierung einer Kanzlei ein Indiz für eine „Ausrichtung" der Kanzlei auf den Heimatstaat des Verbrauchers gesehen[4070].

Ein deutscher Gewerbetreibender richtet sich an Verbraucher aus den Niederlanden, wenn er eine niederländische Flagge auf seiner Website verwendet, auf Kenntnisse der niederländischen Sprache hinweist und eine Anfahrtsskizze bereitstellt, in die eine Wegbeschreibung aus dem Grenzbereich der Niederlande eingezeichnet ist[4071]. **2439**

Den Verbraucher trifft die **Darlegungs- und Beweislast** dafür, dass der Unternehmer seine Tätigkeit auf den Wohnsitzstaat des Verbrauchers ausgerichtet hat. Art. 17 Abs. 1 lit. c EuGVVO stellt eine Abweichung sowohl von der allgemeinen Zuständigkeitsregel des Art. 4 Abs. 1 EuGVVO dar, nach der die Gerichte des Mitgliedstaats zuständig sind, in dessen Hoheitsgebiet der Beklagte seinen Wohnsitz hat, als auch von der besonderen Zuständigkeitsregel des Art. 7 Nr. 1 EuGVVO für Verträge oder Ansprüche aus Verträgen, nach der das Gericht des Ortes zuständig ist, an dem die Verpflichtung erfüllt worden ist oder zu erfüllen wäre. Der Ausnahmecharakter gebietet eine enge Auslegung, und es entspricht allgemeinen Regeln der Darlegungs- und Beweislast, dass die Partei, die sich auf eine zuständigkeitsleugnende Vorschrift mit Ausnahmecharakter beruft, die hierfür maßgeblichen Tatsachen darzulegen und zu beweisen hat[4072]. **2440**

2. Außervertragliche Ansprüche

Die zentralen internationalen Zuständigkeitsnormen für außervertragliche Klagen sind **Art. 7 Nr. 2 EuGVVO**[4073] und **§ 32 ZPO**. Art. 7 Nr. 2 EuGVVO setzt voraus, dass eine Person verklagt werden soll, die ihren Wohnsitz im Hoheitsgebiet eines (anderen) EU-Mitgliedstaates hat. Ist dies nicht der Fall, ist für die internationale Zuständigkeit deutscher Gerichte § 32 ZPO entsprechend anwendbar[4074]. Aus **Art. 7 Nr. 2 EuGVVO** ergibt sich, dass die Gerichte am **Erfolgsort** international zuständig sind. Alternativ lässt Art. 7 Nr. 2 EuGVVO eine Anknüpfung an den Ort des tatsächlichen Geschehens (**Handlungsort**) zu[4075]. Ebenso besteht nach **§ 32 ZPO** eine alternative Zuständigkeit der Gerichte am Ort der Verletzungshandlung und am Erfolgsort[4076]. **2441**

Der EuGH legt den Begriff der „unerlaubten Handlung" und der „Handlung, die einer unerlaubten Handlung gleichgestellt ist" (Art. 7 Nr. 2 EuGVVO) autonom und sehr weit aus. **2442**

4069 EuGH v. 17.10.2013 – C-218/12 Rz. 24 f., ECLI:EU:C:2013:666, CR 2014, 408 = ITRB 2014, 99 – Emrek.

4070 Vgl. EuGH v. 17.10.2013 – C-218/12 Rz. 30, CR 2014, 408 = ITRB 2014, 99 – Emrek; BGH v. 9.2.2017 – IX ZR 67/16 Rz. 36.

4071 BGH v. 24.4.2013 – XII ZR 10/10 Rz. 22, CR 2012, 326; vgl. auch BGH v. 15.1.2015 – I ZR 88/14 Rz. 21.

4072 BGH v. 15.1.2015 – I ZR 88/14 Rz. 26.

4073 Vgl. *Sujecki*, K&R 2015, 305, 305 ff.

4074 *Gottwald* in MünchKomm/ZPO, Vorbem. Brüssel I-a-VO Rz. 32 f.

4075 EuGH v. 25.10.2011 – C-509/09, C-161/10 Rz. 41 – eDate Advertising; BGH v. 28.6.2012 – I ZR 35/11 Rz. 22, AfP 2015, 145 = CR 2015, 458 – Hi Hotel.

4076 *Anders/Gehle*, § 32 ZPO Rz. 17 f.; *Patzina* in MünchKomm/ZPO, § 32 ZPO Rz. 20; *Schack*, IntZivilVerfR, Rz. 334.

An diesem Gerichtsstand sind alle Klagen zulässig, mit denen eine Schadenshaftung geltend gemacht wird, die nicht an einen Vertrag i.S.d. Art. 7 Nr. 1 EuGVVO anknüpft[4077]. Dabei kommt es auf den Eintritt eines Schadens nicht an. Nach Art. 7 Nr. 2 EuGVVO fallen auch vorbeugende Klagen in den Anwendungsbereich der Bestimmung[4078]. Erfasst werden daher neben Ansprüchen auf **Geldersatz** auch **Unterlassungsansprüche**[4079]. Dies gilt auch bei Angriffen auf die Rechtsordnung durch die Verwendung missbräuchlicher Klauseln in **Allgemeinen Geschäftsbedingungen**. Deutsche Gerichte können somit zuständig sein für die Unterlassungsklage eines deutschen Verbraucherschutzvereins gegen ein lettisches Luftfahrtunternehmen, dessen Website sich (auch) an deutsche Verbraucher richtet[4080].

2443 Sowohl durch Art. 7 Nr. 2 EuGVVO als auch durch § 32 ZPO **werden besondere Gerichtsstände** begründet, die neben den allgemeinen Gerichtsstand des Beklagten (Art. 4 EuGVVO und §§ 12 bis 19a ZPO) treten[4081]. Für eine Zuständigkeit nach Art. 7 Nr. 2 EuGVVO reicht es aus, wenn der Beklagte mutmaßlich Bürger eines EU-Mitgliedstaates ist, auch wenn sein Aufenthaltsort unbekannt ist[4082].

2444 Art. 7 Nr. 2 EuGVVO liegt das Ziel der Verwirklichung einer geordneten Rechtspflege zugrunde. Dementsprechend ist das Gericht des Mitgliedstaates, in dem die **Verletzungshandlung** erfolgt ist, örtlich am besten geeignet, um die in diesem Staat erfolgte Handlung zu beurteilen und den Umfang des Schadens zu bestimmen. Vor diesem Hintergrund besteht ein beachtenswertes Interesse, die Zuständigkeit des nationalen Gerichts nach Art. 7 Nr. 2 EuGVVO nicht auf Ansprüche gegen den Haupttäter zu beschränken, sondern auch die **Handlungen eines Gehilfen** zu erfassen, dessen Tatbeitrag zur Verwirklichung des Schadenserfolgs im Inland beigetragen hat[4083]. Als **Handlungsort** ist der Ort anzusehen, bei dem das für den Schaden ursächliche Geschehen zu verorten ist. Als „ursächliches" Geschehen ist dabei das Geschehen anzusehen, über das gegebenenfalls Beweis erhoben werden müsste[4084].

2445 Der **Erfolgsort**, an den sich – nach Wahl des Klägers – alternativ anknüpfen lässt, bestimmt sich nach dem **Ort des Primärschadens**, d.h. nach dem Ort, an dem der Eingriff in das geschützte Rechtsgut erfolgt ist und an dem somit der unmittelbare Verletzungserfolg eingetreten ist. Der Ort, an dem auf Grund einer Rechtsgutverletzung (Vermögensfolge-)Schäden eingetreten sind, ist für die Bestimmung des Erfolgsorts ohne Belang[4085].

4077 Vgl. EuGH v. 1.10.2002 – C-167/00, NJW 2002, 3617, 3618; BGH v. 10.11.2009 – VI ZR 217/08, AfP 2010, 150 = ITRB 2010, 176 = GRUR 2010, 261, 262.

4078 EuGH v. 1.10.2002 – C-167/00, NJW 2002, 3617, 3618; BGH v. 24.10.2005 – II ZR 329/03, AfP 2006, 298 = NJW 2006, 689, 689; BGH v. 14.1.2020 – VI ZR 496/18 Rz. 13, CR 2020, 405.

4079 *Roth*, Zuständigkeit bei Persönlichkeitsrechtsverletzungen, S. 146; EuGH v. 1.10.2002 – C-167/00, NJW 2002, 3617, 3618; BGH v. 24.10.2005 – II ZR 329/03, AfP 2006, 298 = NJW 2006, 689, 689; BGH v. 8.5.2012 – VI ZR 217/08 Rz. 13, AfP 2012, 372 = CR 2012, 525; BGH v. 14.1.2020 – VI ZR 496/18 Rz. 14.

4080 BGH v. 9.7.2009 – Xa ZR 19/08, NJW 2009, 3371, 3371 f.; OLG München v. 10.1.2019 – 29 U 1091/18 Rz. 56.

4081 *Nagel/Gottwald*, Internationales Zivilprozessrecht, § 3 Rz. 97.

4082 EuGH v. 15.3.2012 – C-292/10 Rz. 37 ff., ECLI:EU:C:2012:142.

4083 BGH v. 28.6.2012 – I ZR 35/11 Rz. 26, AfP 2015, 145 = CR 2015, 458 – Hi Hotel.

4084 LG Ulm v. 16.12.2019 – 4 O 202/18 Rz. 59.

4085 *Anders/Gehle*, § 32 ZPO Rz. 23.

Die Zuständigkeit deutscher Gerichte nach Art. 7 Nr. 2 EuGVVO ist bereits dann begründet, 2446
wenn die Verletzung eines geschützten Rechtsguts im Inland **behauptet** wird und diese nicht
von vornherein ausgeschlossen werden kann; die Zuständigkeit ist nicht davon abhängig,
dass eine Rechtsverletzung tatsächlich eingetreten ist[4086]. Für die Begründung der internationalen Zuständigkeit der deutschen Gerichte ist zudem nicht maßgeblich, ob das von den
Klägern gerügte Verhalten der Beklagten nach deutschem Recht zu beurteilen ist. Die Anwendbarkeit deutschen **Sachrechts** ist keine Voraussetzung für eine internationale Zuständigkeit nach Art. 7 Nr. 2 EuGVVO[4087].

▓ **Übersicht:**   2447

Internationale Zuständigkeit im außervertraglichen Haftungsrecht:

– **Art. 7 Nr. 2 EuGVVO:** besonderer Gerichtsstand des Tatortes (Handlungsort oder Erfolgsort);

– **§ 32 ZPO:** besonderer Gerichtsstand des Tatortes (Handlungsort oder Erfolgsort);

– **Wettbewerbsrecht:** § 14 UWG verdrängt § 32 ZPO;

– **Markenrecht:** Art. 24 Nr. 4 EuGVVO verdrängt Art. 7 Nr. 2 EuGVVO bei Streit um die Eintragung und Gültigkeit von Marken.

a) Persönlichkeitsrecht

Nach Art. 7 Nr. 2 EuGVVO kann eine Person, die ihren Wohnsitz im Hoheitsgebiet eines 2448
Mitgliedstaats hat, in einem anderen Mitgliedstaat verklagt werden, wenn es um eine **unerlaubte Handlung** geht. Dasselbe gilt für Handlungen, die einer unerlaubten Handlung
gleichgestellt sind, oder Ansprüche aus solchen Handlungen. Zuständig ist jeweils das Gericht des Ortes, an dem das schädigende Ereignis eingetreten ist oder einzutreten droht, wobei hierunter alternativ und nach Wahl des Klägers der Handlungsort oder der Erfolgsort zu
verstehen ist[4088]. Dies gilt insbesondere auch für **Persönlichkeitsrechtsverletzungen**, auf
die Art. 7 Nr. 2 EuGVVO Anwendung findet[4089].

aa) Mittelpunkt der Interessen

Zu **§ 32 ZPO** entschied der BGH schon in den 70er-Jahren, dass eine auf Äußerungen in ei- 2449
nem **Presseerzeugnis** beruhende Persönlichkeitsrechtsverletzung an dem Ort begangen
wird, an dem das Erzeugnis verbreitet wird[4090]. Von einem Verbreiten könne allerdings nur

---

4086 BGH v. 13.10.2004 – I ZR 163/02, AfP 2005, 300 = CR 2005, 359 m. Anm. *Junker* = ITRB 2005,
     134 = NJW 2005, 1435, 1435 ff. – Hotel Maritime; BGH v. 9.7.2009 – Xa ZR 19/08, NJW 2009,
     3371, 3371 f.; BGH v. 28.6.2012 – I ZR 35/11 Rz. 17, AfP 2015, 145 = CR 2015, 458 – Hi Ho-
     tel.
4087 BGH v. 9.7.2009 – Xa ZR 19/08, NJW 2009, 3371, 3371.
4088 *Gottwald* in MünchKomm/ZPO, Art. 7 EuGVVO Rz. 55.
4089 BGH v. 8.5.2012 – VI ZR 217/08 Rz. 13, AfP 2012, 372 = CR 2012, 525; *Pichler* in Hoeren/Sie-
     ber, Handbuch Multimediarecht, Teil 25 Rz. 178; *Roth*, Zuständigkeit bei Persönlichkeitsrechts-
     verletzungen, S. 149; EuGH v. 7.3.1995 – C-68/93, ECLI:EU:C:1995:61, NJW 1995, 1881, 1882
     – Shevill; vgl. auch OLG Brandenburg v. 28.11.2016 – 1 U 6/16.
4090 BGH v. 3.5.1977 – VI ZR 24/75, NJW 1977, 1590.

dann die Rede sein, wenn der Inhalt des Presseerzeugnisses dritten Personen bestimmungs-gemäß und nicht bloß zufällig zur Kenntnis gebracht werde[4091]. **Online-Inhalte** werden nicht „verbreitet", sondern zum Abruf bereitgehalten[4092]. Im Gegensatz zu Druckerzeugnis-sen lässt sich für Online-Inhalte auch ein räumlich abgegrenztes Verbreitungsgebiet nur schwer bestimmen[4093]. Die Online-Veröffentlichung von Inhalten zielt auf die **Ubiquität** dieser Inhalte ab. Die Inhalte können von einer unbestimmten Zahl von Internetnutzern überall auf der Welt unmittelbar abgerufen werden, unabhängig davon, ob es in der Absicht ihres Urhebers lag, dass sie über seinen Sitzmitgliedstaat hinaus abgerufen werden, und oh-ne dass er Einfluss darauf hat[4094].

2450 Ob und inwieweit sich bei der Auslegung des Art. 7 Nr. 2 EuGVVO und des § 32 ZPO eine Parallele zu Druckerzeugnissen ziehen lässt, war lange streitig. Teilweise wurde vertreten, dass die bloße Abrufbarkeit rechtsverletzender Inhalte im Gerichtsstaat für deren Zuständig-keit genügt mit der Folge, dass sich eine Zuständigkeit in jedem EU-Mitgliedstaat begrün-den lässt[4095]. Überwiegend wurde dagegen ein Erfolgsort im Internet nur dort bejaht, wo der Internetauftritt gem. der zielgerichteten Bestimmung des Betreibers abrufbar ist[4096].

2451 Nach Auffassung des **EuGH** können die Auswirkungen eines im Internet veröffentlichten Inhalts auf die Persönlichkeitsrechte einer Person am besten von dem Gericht des Ortes be-urteilt werden, an dem das mutmaßliche Opfer den **Mittelpunkt seiner Interessen** hat. Da-her entspreche die Zuweisung der Zuständigkeit an dieses Gericht dem zu beachtenden Ziel einer **geordneten Rechtspflege**[4097]. Dies gelte allerdings nur, soweit es um Inhalte geht, die objektive und überprüfbare Elemente enthalten, anhand derer sich die jeweilige Person un-mittelbar oder mittelbar individuell identifizieren lässt. Die bloße Zugehörigkeit der Person zu einer großen identifizierbaren Gruppe genügt nicht[4098].

4091 BGH v. 3.5.1977 – VI ZR 24/75, NJW 1977, 1590.
4092 Vgl. *Stadler* in Musielak/Voit, ZPO, Art. 7 EuGVVO Rz. 20b.
4093 Vgl. *Roth*, Zuständigkeit bei Persönlichkeitsrechtsverletzungen, S. 254 f.
4094 EuGH v. 25.10.2011 – C-509/09, C-161/10 Rz. 45, ECLI:EU:C:2011:685, CR 2011, 808 m. Anm. *Roth* = AfP 2011, 565 = ITRB 2012, 28 – eDate Advertising.
4095 Vgl. *Anders/Gehle*, Art. 7 EuGVVO Rz. 23; *Damm/Rehbock*, Widerruf, Unterlassung und Scha-densersatz, Rz. 831; *Bachmann*, IPrax 1998, 179, 184 ff.; *Schack*, MMR 2010, 135, 138 f.; KG Berlin v. 24.3.2006 – 9 U 126/05, AfP 2006, 258, 258; OLG Hamburg v. 2.5.2002 – 3 U 312/01, CR 2002, 837 = MMR 2002, 822, 823; OLG Karlsruhe v. 10.7.2002 – 6 U 9/02, AfP 2003, 188 = CR 2003, 375 = MMR 2002, 814, 815; OLG München v. 15.11.2001 – 29 U 3769/01 – Litera-turhaus, MMR 2002, 166, 167.
4096 Vgl. *Stadler* in Musielak/Voit, ZPO, Art. 7 EuGVVO Rz. 20b; BGH v. 13.10.2004 – I ZR 163/02, AfP 2005, 300 = ITRB 2005, 134 = NJW 2005, 1435, 1436 = CR 2005, 359 = K&R 2005, 178 – Hotel Maritime; BGH v. 30.3.2006 – I ZR 24/03, AfP 2007, 177 = ITRB 2006, 202 = MMR 2006, 461, 462 m. Anm. *Hoeren* = CR 2006, 539 = WRP 2006, 736; KG Berlin v. 25.3.1997 – 5 U 659/97, CR 1997, 685 = NJW 1997, 3321, 3321; OLG Düsseldorf v. 30.12.2008 – 15 U 17/08, NJW 2009, 701, 702; OLG Köln v. 30.10.2007 – 6 W 161/07, AfP 2008, 661 = ITRB 2008, 106 = MMR 2008, 342, 342 f. = K&R 2008, 115; LG Düsseldorf v. 4.4.1997 – 34 O 191/96, CR 1998, 165 = GRUR 1998, 159, 160; LG Krefeld v. 14.9.2007 – 1 S 32/07, AfP 2008, 99 = CR 2008, 197 = ITRB 2007, 249 = MMR 2007, 798, 798 f. = K&R 2007, 662; AG Berlin-Charlotten-burg v. 19.12.2005 – 209 C 1015/05, MMR 2006, 254, 255.
4097 EuGH v. 25.10.2011 – C-509/09, C-161/10 Rz. 48, ECLI:EU:C:2011:685, CR 2011, 808 m. Anm. *Roth* = AfP 2011, 565 = ITRB 2012, 28 – eDate Advertising.
4098 EuGH v. 17.6.2021 – C-800/19 Rz. 42 ff., ECLI:EU:C:2021:459.

Der Ort, an dem der „Mittelpunkt der Interessen" des (vermeintlich) Geschädigten liegt, ist nach der Rechtsprechung des EuGH der **einheitliche Erfolgsort**. An diesem Ort kann der Geschädigte den Ersatz des **gesamten Schadens** geltend machen, der ihm durch die Persönlichkeitsrechtsverletzung entstanden ist.

2452

Der Ort, an dem eine Person den Mittelpunkt ihrer Interessen hat, entspricht im Allgemeinen ihrem **gewöhnlichen Aufenthalt.** Jedoch kann eine Person den Mittelpunkt ihrer Interessen auch in einem anderen Mitgliedstaat haben, in dem sie sich nicht gewöhnlich aufhält, sofern andere Indizien wie die Ausübung einer beruflichen Tätigkeit einen besonders engen Bezug zu diesem Staat herstellen[4099].

2453

Bei einer **juristischen Person**, die eine wirtschaftliche Tätigkeit ausübt, muss der Mittelpunkt der Interessen den Ort widerspiegeln, an dem ihr geschäftliches Ansehen am gefestigtsten ist. Er ist daher anhand des Ortes zu bestimmen, an dem sie den **wesentlichen Teil ihrer wirtschaftlichen Tätigkeit** ausübt. Der Mittelpunkt der Interessen einer juristischen Person kann zwar mit dem Ort ihres satzungsmäßigen Sitzes zusammenfallen, wenn sie in dem Mitgliedstaat, in dem sich dieser Sitz befindet, ihre gesamte oder den wesentlichen Teil ihrer Tätigkeit ausübt und deshalb das Ansehen, über das sie dort verfügt, größer ist als in jedem anderen Mitgliedstaat, doch ist der Ort des Sitzes für sich genommen im Rahmen einer solchen Prüfung kein entscheidendes Kriterium[4100]. Wenn sich allerdings aus dem Vortrag, den das Gericht im Stadium der Prüfung seiner Zuständigkeit zu beurteilen hat, keine überwiegende wirtschaftliche Tätigkeit der betreffenden juristischen Person in einem Mitgliedstaat ergibt und daher der Mittelpunkt der Interessen der juristischen Person, die geltend macht, in ihren Persönlichkeitsrechten verletzt worden zu sein, nicht ermittelt werden kann, ist diese Person nicht berechtigt, den mutmaßlichen Verursacher der Verletzung nach Art. 7 Nr. 2 EuGVVO unter Anknüpfung an den Ort der Verwirklichung des Schadenserfolgs auf Ersatz des gesamten Schadens zu verklagen[4101].

2454

Die Zuständigkeit des Gerichts des Ortes, an dem das mutmaßliche Opfer den Mittelpunkt seiner Interessen hat, steht mit dem Ziel der **Vorhersehbarkeit der Zuständigkeitsvorschriften** im Einklang, und zwar auch hinsichtlich des Beklagten, da der Verbreiter eines verletzenden Inhalts zu dem Zeitpunkt, zu dem dieser Inhalt im Internet veröffentlicht wird, in der Lage ist, den Mittelpunkt der Interessen der Personen zu erkennen, um die es geht. Das Kriterium des Mittelpunkts der Interessen ermöglicht sowohl dem Kläger, ohne Schwierigkeiten festzustellen, welches Gericht er anrufen kann, als auch dem Beklagten, vorherzusehen, vor welchem Gericht er verklagt werden kann[4102].

2455

Wenn **Art. 7 Nr. 2 EuGVVO** anwendbar ist, hat die Person, die sich in ihren Rechten durch **Inhalte auf einer Website** verletzt fühlt, ein **dreifaches Wahlrecht**. Sie hat die Möglichkeit, bei den Gerichten des Staates, in dem der Verbreiter dieser Inhalte gehandelt hat (Hand-

2456

4099 EuGH v. 25.10.2011 – C-509/09, C-161/10 Rz. 49, ECLI:EU:C:2011:685, CR 2011, 808 m. Anm. *Roth* = AfP 2011, 565 = ITRB 2012, 28 – eDate Advertising; EuGH v. 17.10.2017 – C-194/16 Rz. 40., AfP 2017, 491 m. Anm. *Mann*.

4100 EuGH v. 17.10.2017 – C-194/16 Rz. 41, AfP 2017, 491 m. Anm. *Mann*; EuGH v. 21.12.2021 – C-251/20 Rz. 31, ECLI:EU:C:2021:103, AfP 2022, 131 = ITRB 2022, 98 (*Rössel*).

4101 EuGH v. 17.10.2017 – C-194/16 Rz. 43, ITRB 2018, 4.

4102 EuGH v. 25.10.2011 – C-509/09, C-161/10 Rz. 50, ECLI:EU:C:2011:685, CR 2011, 808 m. Anm. *Roth* = AfP 2011, 565 = ITRB 2012, 28 – eDate Advertising.

lungsort), oder bei den Gerichten des Staates, in dem sich der Mittelpunkt ihrer Interessen befindet (Art. 7 Nr. 2 EuGVVO), eine Klage auf Ersatz des gesamten entstandenen Schadens zu erheben. Anstelle einer Klage auf Ersatz des gesamten entstandenen Schadens kann der Kläger nach Art. 7 Nr. 2 EuGVVO auch Klagen vor den Gerichten jedes Staates erheben, in dessen Hoheitsgebiet ein im Internet veröffentlichter Inhalt zugänglich ist oder war. Diese sind dann nur für die Entscheidung über den Schaden zuständig, der im Hoheitsgebiet des Staates des angerufenen Gerichts verursacht worden ist[4103]. Da es dem Kläger zudem unbenommen ist, den Verletzer in dem Staat zu verklagen, in dem dieser seinen **allgemeinen Gerichtsstand hat** (Art. 4 Abs. 1 EuGVVO), kann dies im Einzelfall sogar ein vierfaches Wahlrecht bedeuten.

2457 Anders als eine Schadensersatzklage kann eine **Klage auf Beseitigung, Unterlassung und/ oder Widerruf** nach Auffassung des EuGH nicht vor den Gerichten jedes Mitgliedstaats erhoben werden, in dessen Hoheitsgebiet die im Internet veröffentlichten Informationen zugänglich sind oder waren. In Anbetracht der umfassenden Abrufbarkeit der auf einer Website veröffentlichten Angaben und Inhalte und des Umstands, dass die Reichweite ihrer Verbreitung grundsätzlich weltumspannend ist, ist ein auf die Richtigstellung und Entfernung von Inhalten gerichteter Antrag einheitlich und untrennbar und kann somit nur bei einem Gericht erhoben werden, das für die Entscheidung über einen Antrag auf Ersatz des gesamten Schadens zuständig ist[4104].

2458 ▨ **Übersicht:**

Internationale Zuständigkeit nach Art. 7 Nr. 2 und Art. 4 Abs. 1 EuGVVO bei Streit um Persönlichkeitsrechtsverletzungen:

- *Handlungsort:* Gerichte des Staates, in dem der Urheber bzw. Verbreiter der Inhalte tätig geworden ist;

- *einheitlicher Erfolgsort:* Gerichte des Staates, in dem sich der Mittelpunkt der Interessen des Geschädigten befindet (in der Regel: Ort des gewöhnlichen Aufenthalts);

- *alternative Erfolgsorte (nur bei Schadensersatz):* Gerichte jedes Staates, in dessen Hoheitsgebiet der Inhalt zugänglich ist oder war (nur Ersatz des in diesem Staat verursachten Schadens);

- *allgemeiner Gerichtsstand:* Gerichte des Staates, in dem der Beklagte seinen (Wohn-)Sitz hat.

bb) Deutlicher Inlandsbezug

2459 Geht es nicht um einen innereuropäischen Sachverhalt, findet (statt Art. 7 Nr. 2 EuGVVO) **§ 32 ZPO** (entsprechende) Anwendung. § 32 ZPO wird vom **BGH** anders ausgelegt als Art. 7 Nr. 2 EuGVVO. Nach der Rechtsprechung des BGH genügt es zur Begründung der in-

---

4103 EuGH v. 25.10.2011 – C-509/09, C-161/10 Rz. 52, ECLI:EU:C:2011:685, CR 2011, 808 m. Anm. *Roth* = AfP 2011, 565 = ITRB 2012, 28 – eDate Advertising; BGH v. 8.5.2012 – VI ZR 217/08 Rz. 15, AfP 2012, 372 = CR 2012, 525; *Brand*, NJW 2012, 127, 128.
4104 EuGH v. 17.10.2017 – C-194/16 Rz. 48 f., ITRB 2018, 4; EuGH v. 21.12.2021 – C-251/20 Rz. 32, ECLI:EU:C:2021:1036; *Ahrens*, WRP 2018, 17, 18; *Kubis*, WRP 2018, 139, 144.

ternationalen Zuständigkeit der deutschen Gerichte im Rahmen des § 32 ZPO nicht, dass der Kläger den Mittelpunkt seiner Interessen im Inland hat[4105].

Für einen deutschen Gerichtsstand im Rahmen des § 32 ZPO erforderlich ist nach Auffassung des BGH, dass die als rechtsverletzend beanstandeten Inhalte objektiv einen deutlichen Bezug zum Inland in dem Sinne aufweisen, dass eine **Kollision der widerstreitenden Interessen** – Interesse des Klägers an der Achtung seines Persönlichkeitsrechts einerseits, Interesse des Beklagten an der Gestaltung seines Internetauftritts andererseits – nach den Umständen des konkreten Falles, insbesondere aufgrund des Inhalts der konkreten Meldung, im Inland tatsächlich eingetreten ist oder eintreten kann[4106]. Das einschränkende Kriterium der „**bestimmungsgemäßen Abrufbarkeit**" der Website im Inland hält der BGH dagegen bei Persönlichkeitsrechtsverletzungen für ungeeignet. Dieses Kriterium habe bei marktbezogenen Delikten wie Wettbewerbsverletzungen seine Berechtigung, nicht jedoch bei Persönlichkeitsrechtsverletzungen. Eine Persönlichkeitsrechtsverletzung setze keine Marktbeeinflussung voraus, sondern trete unabhängig von den Intentionen des Verletzers mit der Kenntnisnahme des rechtsverletzenden Inhalts durch Dritte ein[4107].

2460

Eine inländische „**Kollision der widerstreitenden Interessen**" ist anzunehmen, wenn eine Kenntnisnahme von den beanstandeten Inhalten im Inland erheblich näher liegt, als dies aufgrund der bloßen Abrufbarkeit des Angebots der Fall wäre, und die vom Kläger behauptete Beeinträchtigung seines Persönlichkeitsrechts durch Kenntnisnahme von der Meldung (auch) im Inland eintritt[4108]. Dies ist mehr als eine bloße „Friedensstörung im Inland"[4109], die der BGH nicht ausreichen ließ bei einem Streit zwischen Parteien, die beide aus Russland stammten. Der Kläger wohnte in Deutschland, der Beklagte in den USA, und es ging um eine in russischer Sprache und kyrillischer Schrift abgefasste Reisebeschreibung, die ein privates Zusammentreffen der Parteien und ihrer ehemaligen Mitschüler in Moskau schilderte. Für eine Zuständigkeit deutscher Gerichte reichte dies dem BGH nicht aus[4110]. Der notwendige Inlandsbezug lasse sich nicht schon daraus herleiten, dass der Kläger im Inland den Bericht abgerufen hatte. Die Rechtfertigung für den Gerichtsstand am Ort der unerlaubten Handlung liege in der durch den Handlungs- oder Erfolgsort begründeten besonderen Beziehung der Streitigkeit zum Forum. Zweck der Vorschrift des § 32 ZPO sei es, einen Gerichtsstand dort zu eröffnen, wo die sachliche Aufklärung und Beweiserhebung in der Regel am besten, sachlichsten und mit den geringsten Kosten erfolgen kann. An einer solchen **Sachnähe der deutschen Gerichte** zu den Vorgängen in Moskau fehle es[4111]. Ge-

2461

4105 BGH v. 14.5.2013 – VI ZR 269/13 Rz. 7 – Autocomplete-Funktion.

4106 BGH v. 10.11.2009 – VI ZR 217/08, AfP 2010, 150 = ITRB 2010, 176 = GRUR 2010, 261, 264; BGH v. 2.3.2010 – VI ZR 23/09, AfP 2010, 167 = CR 2010, 383 = ITRB 2010, 152 = WRP 2010, 653, 655; BGH v. 29.3.2011 – VI ZR 111/10 Rz. 8, AfP 2011, 265 = CR 2011, 459 = ITRB 2011, 149; BGH v. 14.5.2013 – VI ZR 269/13 Rz. 7 – Autocomplete-Funktion.

4107 BGH v. 2.3.2010 – VI ZR 23/09, AfP 2010, 167 = CR 2010, 383 = ITRB 2010, 152 = WRP 2010, 653, 655; BGH v. 10.11.2009 – VI ZR 217/08, AfP 2010, 150 = ITRB 2010, 176 = GRUR 2010, 261, 263 f.

4108 BGH v. 2.3.2010 – VI ZR 23/09, AfP 2010, 167 = CR 2010, 383 = ITRB 2010, 152 = WRP 2010, 653, 656.

4109 BGH v. 29.3.2011 – VI ZR 111/10 Rz. 9, AfP 2011, 265 = CR 2011, 459 = ITRB 2011, 149.

4110 BGH v. 29.3.2011 – VI ZR 111/10 Rz. 13, AfP 2011, 265 = CR 2011, 459 = ITRB 2011, 149; BGH v. 24.7.2018 – VI ZR 330/17 Rz. 21; vgl. auch LG Schweinfurt v. 23.10.2012 – 22 O 934/10 Rz. 53; *Lehr*, NJW 2012, 705, 706.

4111 BGH v. 29.3.2011 – VI ZR 111/10 Rz. 13, AfP 2011, 265 = CR 2011, 459 = ITRB 2011, 149.

gen einen deutlichen Inlandsbezug spreche zudem, dass die angegriffenen Äußerungen in russischer Sprache und in kyrillischer Schrift abgefasst waren und über eine Website in russischer Sprache verbreitet wurden. Auch wenn russische Sprachkenntnisse in der Bevölkerung Deutschlands teilweise vorhanden seien, werde dadurch nicht ein **besonderes Interesse** an der Kenntnisnahme von dem Reisebericht in Deutschland begründet. Der Bericht wende sich ganz offensichtlich an die russischen Schulkameraden, die überwiegend in Russland leben[4112].

2462 Würde der inländische Wohnsitz des Klägers als möglicher Schadensort ausreichen, um einen Gerichtsstand im Inland zu begründen[4113], wäre der Gerichtsstand der unerlaubten Handlung in allen Ländern eröffnet, in denen der Kläger nach seinem eigenen Vortrag – möglicherweise sogar zeitlich erst nach dem die Haftung begründenden Vorfall – einen Wohnsitz unterhält. Es käme zu einer **uferlosen Ausweitung** der Gerichtspflichtigkeit des Beklagten. Der Gerichtsstand wäre zufällig und beliebig[4114]. Daher überzeugt das Kriterium des „deutlichen Inlandsbezugs", auch wenn der BGH hierdurch § 32 ZPO restriktiver auslegt, als dies nach der Rechtsprechung des EuGH bei Art. 7 Nr. 2 EuGVVO der Fall ist[4115].

cc) Kriterien für einen Inlandsbezug

2463 Zur Feststellung eines „deutlichen Inlandsbezugs" muss jeweils ermittelt werden, ob sich die auf einer Website präsentierten Informationen bei einer objektiven Würdigung aller relevanten Umstände des Einzelfalls erkennbar an deutsche Nutzer richten[4116]. **Anhaltspunkte** für einen hinreichenden Inlandsbezug können die sprachliche Fassung, die inhaltliche Gestaltung der Website, die Zahl der Zugriffe inländischer Nutzer und die Art der auf der Website angebotenen Produkte sein[4117]. Ein starkes Indiz für einen Inlandsbezug ist die **Wahl der deutschen Sprache**[4118]. Daher genügt es für die Annahme eines deutschen Erfolgsortes, wenn der Internetauftritt eines ausländischen Wettanbieters in deutscher Sprache gehalten ist und für die Zahlungen der Wetteinsätze ein Konto eines deutschen Bankinstitutes genannt wird[4119].

2464 Wenn sich eine Website an Kunden des Betreibers der Website wendet, ist für deren Inlandsbezug maßgebend, ob sich im Inland – nach vernünftigen Maßstäben gemessen – Kunden befinden. Im Zweifel ist auf das **realistische Einzugsgebiet** potentieller Kunden abzustellen. Dies ist danach zu bemessen, welches Produkt bzw. welche Dienstleistung angeboten wird und wie die Versorgung mit dem Produkt bzw. der Dienstleistung üblicherweise stattfindet. Für den Online-Auftritt eines Übernachtungsbetriebes wird die bestimmungsgemäße Abrufbarkeit in aller Regel sehr weitreichend sein, für kleinere Ladengeschäfte eher gering. Auch

---

4112 BGH v. 29.3.2011 – VI ZR 111/10 Rz. 15, AfP 2011, 265 = CR 2011, 459 = ITRB 2011, 149.

4113 Vgl. OLG Köln v. 11.9.2012 – 15 U 62/12 Rz. 19.

4114 BGH v. 29.3.2011 – VI ZR 111/10 Rz. 14, AfP 2011, 265 = CR 2011, 459 = ITRB 2011, 149.

4115 *Lehr*, NJW 2012, 705, 707.

4116 Vgl. *Stadler* in Musielak/Voit, ZPO, Art. 7 EuGVVO Rz. 20b; *Bettinger*, GRUR-Int. 1997, 402, 416; *Bettinger/Thum*, GRUR-Int. 1999, 659, 672; *Danckwerts*, GRUR 2007, 104, 107; *Degmair*, K&R 2010, 341, 342 f.; *Sobola/Woltersdorf*, ITRB 2010, 257, 258 f.; LG Düsseldorf v. 9.1.2008 – 12 O 393/02, AfP 2008, 224, 226; LG Köln v. 26.8.2009 – 2 O 576/09, MMR 2010, 512 (Ls.).

4117 *Bettinger/Thum*, GRUR-Int. 1999, 659, 672; LG Düsseldorf v. 9.1.2008 – 12 O 393/02, AfP 2008, 224, 226; LG Köln v. 26.8.2009 – 28 O 478/08, MMR 2010, 512 (Ls.).

4118 BGH v. 24.7.2018 – VI ZR 330/17 Rz. 23, CR 2019, 166 = ITRB 2019, 81.

4119 Vgl. OLG Köln v. 21.4.2006 – 6 U 145/05, ZUM 2006, 648, 649.

für sehr spezialisierte Waren oder Dienstleistungen ist von einer weitreichenden bestimmungsgemäßen Abrufbarkeit auszugehen[4120].

Für einen hinreichenden **Inlandsbezug** genügt es nicht, dass auf einer englischen Website eine weltweite Belieferung von Kunden angeboten und die Bezahlung der Produkte außer in englischen Pfund auch in US-Dollar und € ermöglicht wird. Dies gilt jedenfalls, wenn die Internetseite mit einer .uk-Domain ausgestattet ist und neben der englischen nur die arabische, französische, polnische, russische, spanische und ukrainische Sprache verwendet wird[4121]. Ein hinreichender Inlandsbezug wird bei Inhalten, die nicht in deutscher Sprache verfasst sind, auch nicht schon dadurch begründet, dass der Betroffene an seinem inländischen Wohnsitz die Inhalte abgerufen hat und diese vereinzelt auch Geschäftspartnern bekannt geworden sein mögen[4122]. 2465

Wenn der Internetauftritt eines niederländischen Anbieters international ausgerichtet, in deutscher Sprache gehalten und an deutschsprachige Europäer gerichtet ist, spricht dies für einen deutschen Erfolgsort. Unbeachtlich ist in einem solchen Fall der Hinweis auf „deutschsprachige Europäer", der mit dem Zusatz „aber nicht an deutsche Adressen" und der österreichischen Nationalflagge versehen ist. Zwar kann ein **Disclaimer**, mit dem der Werbende ankündigt, Adressaten in einem bestimmten Land nicht zu beliefern, ein Indiz für eine Einschränkung des Verbreitungsgebiets sein[4123]. Ein wirksamer Disclaimer setzt aber voraus, dass er klar und eindeutig gestaltet und auf Grund seiner Aufmachung als ernst gemeint aufzufassen ist. Erheblich ist der Disclaimer zudem nur, wenn ihn der Werbende auch tatsächlich beachtet und nicht entgegen seiner Ankündigung gleichwohl in das vom Vertrieb (angeblich) ausgenommene Absatzgebiet liefert[4124]. 2466

b) Datenschutzrecht

Art. 79 Abs. 2 DSGVO enthält eine **Sonderregelung** zu Art. 7 Nr. 2 EuGVVO für Ansprüche gegen einen datenschutzrechtlich Verantwortlichen oder einen Auftragsverarbeiter. Danach wird dem Betroffenen ein internationaler Gerichtsstand in dem Mitgliedstaat eröffnet, in dem der Gegner eine Niederlassung hat. Alternativ steht es dem Betroffenen auch frei, in dem Mitgliedstaat zu klagen, in dem er seinen (gewöhnlichen) Aufenthalt hat, wenn es sich bei dem Verantwortlichen oder Auftragsverarbeiter nicht um eine Behörde handelt, die in Ausübung ihrer hoheitlichen Befugnisse tätig geworden ist. Die Gerichtsstände nach Art. 79 Abs. 2 DSGVO treten nach Erwägungsgrund 147 DSGVO sowie Art. 67 EuGVVO zu den Gerichtsständen nach Art. 4 und Art. 7 Nr. 2 EuGVVO hinzu[4125]. 2467

4120 LG München I v. 30.7.2009 – 7 O 13895/08, MMR 2010, 72 (Ls.).

4121 OLG Köln v. 30.10.2007 – 6 W 161/07, AfP 2008, 661 = ITRB 2008, 106 = K&R 2008, 115, 116.

4122 OLG Köln v. 23.3.2017 – 15 U 172/16 Rz. 25.

4123 Vgl. *Ubber*, Markenrecht im Internet, S. 214; *Fezer*, Lauterkeitsrecht, Einl. I. Rz. 410; *Mankowski*, GRUR-Int. 1999, 909, 919; *Hoeren*, WRP 1997, 993, 998; BGH v. 30.3.2006 – I ZR 24/03 – Arzneimittelwerbung im Internet, AfP 2007, 177 = CR 2006, 539 = ITRB 2006, 202 = WRP 2006, 736, 738 = MMR 2006, 461, 462 m. Anm. *Hoeren*; OLG Frankfurt v. 3.12.1998 – 6 W 122/98, CR 1999, 450, 451; KG Berlin v. 20.12.2001, GRUR-Int. 2002, 448, 449 f.

4124 BGH v. 30.3.2006 – I ZR 24/03 – Arzneimittelwerbung im Internet, AfP 2007, 177 = CR 2006, 539 = ITRB 2006, 202 = WRP 2006, 736, 738 = MMR 2006, 461, 462 m. Anm. *Hoeren*.

4125 *Werkmeister* in Gola, DSGVO, Art. 79 DSGVO Rz. 5 ff.; *Gottwald* in MünchKomm/ZPO, Art. 7 EuGVVO, Rz. 62a; a.A. *Schneider*, ZD 2022, 144, 145 f.

2468 Abweichend von Art. 4 EuGVVO stellt Art. 79 Abs. 2 DSGVO auf die **Niederlassung** in der EU und nicht auf den Wohnsitz des Gegners ab. Bei mehreren Niederlassungen hat der Betroffene die Wahl[4126]. Abweichend von Art. 7 Nr. 5 EuGVVO[4127] ist nach Erwägungsgrund 22 Satz 3 DSGVO auch eine selbständige **Tochtergesellschaft** als Niederlassung anzusehen.

c) Wettbewerbsrecht

2469 Zu den unerlaubten Handlungen i.S.v. Art. 7 Nr. 2 EuGVVO zählen auch unerlaubte Wettbewerbshandlungen[4128]. Auch im Bereich des Wettbewerbsrechts bestimmt sich die internationale Zuständigkeit deutscher Gerichte daher nach Art. 7 Nr. 2 EuGVVO, soweit im konkreten Fall die EuGVVO anwendbar ist[4129]. Dabei ist der Ort des schädigenden Ereignisses i.S.d. Art. 7 Nr. 2 EuGVVO zunächst der **Handlungsort**. Dies ist der Ort der Niederlassung des handelnden Unternehmens[4130].

2470 Ort des schädigenden Ereignisses i.S.d. Art. 7 Nr. 2 EuGVVO ist auch der **Erfolgsort**, das heißt der Ort, an dem das schädigende Ereignis eingetreten ist[4131]. Nach der Rechtsprechung des BGH gelten allerdings für die Bestimmung des Erfolgsorts andere Kriterien als bei Persönlichkeitsrechtsverletzungen. Maßgeblich ist, ob das schädigende Ereignis, das den Gegenstand des Prozesses bildet, in Deutschland eingetreten ist und somit der Erfolgsort bzw. **Marktort**[4132] in Deutschland liegt[4133]. Es genügt nicht, dass sich eine (beliebige) Schadensfolge in Deutschland verwirklicht hat[4134].

2471 Bei Wettbewerbshandlungen, die über eine Website begangen werden, ist der Erfolgsort im Inland belegen, wenn sich diese Handlungen **bestimmungsgemäß** im Inland auswirken sollen[4135]. Die Zuständigkeit hängt nicht davon ab, dass tatsächlich eine Verletzung des nationalen Rechts erfolgt ist. Es reicht vielmehr aus, dass eine Verletzung behauptet wird und diese nicht von vornherein ausgeschlossen ist[4136].

4126 *Werkmeister* in Gola, DSGVO, Art. 79 DSGVO Rz. 6.

4127 *Gottwald* in MünchKomm/ZPO, Art. 7 EuGVVO Rz. 82 f.

4128 BGH v. 30.3.2006 – I ZR 24/03 – Arzneimittelwerbung im Internet, AfP 2007, 177 = CR 2006, 539 = ITRB 2006, 202 = WRP 2006, 736, 738 = MMR 2006, 461, 462 m. Anm. *Hoeren*; BGH v. 12.12.2013 – I ZR 131/12 Rz. 16, AfP 2014, 264 – englischsprachige Pressemitteilung.

4129 *Anders/Gehle*, § 32 ZPO Rz. 4; *Köhler* in Köhler/Bornkamm/Feddersen, Einl. Rz. 5.52 ff.; OLG Hamburg v. 2.5.2002 – 3 U 312/01, CR 2002, 837 = MMR 2002, 822, 823; OLG Köln v. 17.12.1969 – 6 W 73/69, NJW 1970, 476, 477.

4130 BGH v. 12.12.2013 – I ZR 131/12 Rz. 18, AfP 2014, 264 – englischsprachige Pressemitteilung.

4131 BGH v. 30.3.2006 – I ZR 24/03 – Arzneimittelwerbung im Internet, AfP 2007, 177 = CR 2006, 539 = ITRB 2006, 202 = WRP 2006, 736, 738 = MMR 2006, 461, 462 m. Anm. *Hoeren*.

4132 Vgl. OLG Stuttgart v. 17.2.2011 – 2 U 65/10 Rz. 140.

4133 OLG Karlsruhe 13.5.2020 – 6 U 127/19 Rz. 31; *Köhler* in Köhler/Bornkamm/Feddersen, Einl. Rz. 5.54.

4134 *Köhler* in Köhler/Bornkamm/Feddersen, Einl. Rz. 5.46.

4135 BGH v. 12.12.2013 – I ZR 131/12 Rz. 24, AfP 2014, 264 – englischsprachige Pressemitteilung; vgl. auch BGH v. 19.3.2015 – I ZR 94/13 Rz. 12, CR 2016, 817 = ITRB 2015, 279 – Hotelbewertungsportal; OLG Frankfurt v. 14.2.2019 – 6 U 3/18 Rz. 46; OLG Köln v. 11.2.2022 – 6 U 84/21 Rz. 56.

4136 BGH v. 13.10.2004 – I ZR 163/02, AfP 2005, 300 = CR 2005, 359 m. Anm. *Junker* = ITRB 2005, 134 = NJW 2005, 1435, 1435 ff. – Hotel Maritime; BGH v. 30.3.2006 – I ZR 24/03 – Arzneimittelwerbung im Internet, AfP 2007, 177 = CR 2006, 539 = ITRB 2006, 202 = WRP 2006, 736,

Dass Äußerungen in (einfachem) Englisch abgefasst sind, steht einer bestimmungsgemäßen Ausrichtung (auch) auf Deutschland nicht entgegen. Bei einem deutschen Durchschnittsverbraucher können Grundkenntnisse der **englischen Sprache** vorausgesetzt werden[4137]. Der Inhalt einer englischsprachigen Version einer Website kann sich bereits dann in Deutschland bestimmungsgemäß auswirken, wenn es den Nutzern der deutschsprachigen Fassung möglich ist, zur englischen Version zu wechseln, und diesen Nutzern gezielt die Möglichkeit zur Auswahl der englischsprachigen Version der Internetseite eröffnet wird. Von dieser Möglichkeit werden erfahrungsgemäß die Nutzer in Deutschland Gebrauch machen, die die englische Sprache besser als die deutsche Sprache beherrschen[4138]. Bei der Geltendmachung von Ansprüchen aus **§ 4 Abs. 1 Nr. 1 und 2 UWG** kommt es nicht darauf an, ob der in einer Online-Veröffentlichung genannte Mitbewerber seinen gewöhnlichen Aufenthalt und Lebensmittelpunkt im Inland hat[4139]. 2472

Außerhalb des Anwendungsbereichs der EuGVVO richtet sich die internationale Zuständigkeit deutscher Gerichte in Wettbewerbssachen nach **§ 14 UWG**. Hat der Beklagte seine gewerbliche Niederlassung bzw. seinen Wohnsitz in Deutschland, so ergibt sich die Zuständigkeit deutscher Gerichte aus § 14 Abs. 2 Satz 1 UWG. Ein weiterer inländischer Gerichtsstand kann sich aus einem inländischen Tatort ergeben (§ 14 Abs. 2 Satz 2 UWG). Eine Ausnahme von Art. 14 Abs. 2 Satz 2 UWG gilt bei Rechtsstreitigkeiten wegen **Zuwiderhandlungen im elektronischen Geschäftsverkehr oder in Telemedien**. Dort besteht am inländischen Tatort nur dann ein Gerichtsstand, wenn der Beklagte im Inland keinen Gerichtsstand hat (§ 14 Abs. 2 Satz 3 Nr. 1 UWG). 2473

Als **Ausnahmevorschrift** ist **§ 14 Abs. 2 Satz 3 Nr. 1 UWG** eng auszulegen. Nach dem systematischen Zusammenhang und dem Sinn und Zweck der Regelung fallen nicht sämtliche online begangenen Rechtsverstöße unter die Ausnahme. Verstöße, die tatbestandlich keinen bestimmten Verbreitungsweg voraussetzen und deren Verletzung über eher formale und leicht oder gar automatisiert festzustellende Verstöße hinausgehen, sind nicht von § 14 Abs. 2 Satz 3 Nr. 1 UWG umfasst[4140]. Dies bedeutet allerdings nicht, dass § 14 Abs. 2 Satz 3 Nr. 1 UWG nur auf die Verletzung von Informations- und Kennzeichnungspflichten anwendbar ist. Eine solche Einschränkung ist in § 14 Abs. 2 Satz 3 Nr. 1 UWG – anders als in § 13 Abs. 4 Nr. 1 UWG – nicht vorgesehen[4141]. 2474

Anders als Online-Angebote, die von jedermann und damit auch von überall abgerufen werden können, richten sich **E-Mails** regelmäßig nur an einen bestimmten Kreis von Empfängern und können durch den jeweiligen Empfänger – wie bei Telefon- und Faxwerbung auch, die unzweifelhaft nicht unter den Begriff „Telemedium" fallen, – jeweils nur an einem Ort 2475

---

738 = MMR 2006, 461, 462 m. Anm. *Hoeren*; BGH v. 12.12.2013 – I ZR 131/12 Rz. 17, AfP 2014, 264 – englischsprachige Pressemitteilung.

4137 OLG Düsseldorf v. 12.9.2019 – 15 U 48/19 Rz. 10 ff.

4138 BGH v. 12.12.2013 – I ZR 131/12 Rz. 31, AfP 2014, 264 – englischsprachige Pressemitteilung.

4139 OLG Frankfurt v. 7.11.2019 – 6 U 61/19 Rz. 48.

4140 LG Düsseldorf v. 26.2.2021 – 38 O 19/21 Rz. 3 ff., CR 2021, 342 m. Anm. *Laoutoumai* = ITRB 2021, 133 (*Vogt*); LG Düsseldorf v. 21.5.2021 – 38 O 3/21 Rz. 14 ff., CR 2022, 1120; LG Frankfurt/M. v. 11.5.2021 – 3-06 O 14/21 Rz. 27 f.; LG Hamburg v. 13.9.2021 – 327 O 184/21 Rz. 4.

4141 OLG Düsseldorf v. 16.2.2021 – 20 W 11/21 Rz. 23 ff., CR 2021, 200 = AfP 2021, 168; OLG Düsseldorf v. 16.12.2021 – 20 U 83/21 Rz. 56 ff.

empfangen werden. Regelmäßig erkennen ein Empfänger einer Werbe-Mail und/oder ein Mitbewerber auch nicht ohne Weiteres, an welche anderen Empfänger sich diese richtete. Demnach steht einem potentiellen Antragsteller von vornherein auch nicht eine Vielzahl an Gerichtsständen offen. Dies rechtfertigt eine **teleologische Reduktion** dahingehend, dass Zuwiderhandlungen in oder mittels E-Mail nicht unter den Begriff des „Telemediums" im Sinne von § 14 Abs. 2 Satz 3 UWG fallen[4142].

d) Urheberrecht

2476   Im Bereich des Urheberrechts finden Art. 7 Nr. 2 EuGVVO[4143] und § 32 ZPO[4144] Anwendung. Somit ist eine Zuständigkeit stets am **Handlungsort** gegeben. Dies ist der Ort, an dem nach dem Vortrag des Klägers die Verletzungshandlung begangen wurde. Bei einer öffentlichen Zugänglichmachung eines urheberrechtlich geschützten Werkes (vgl. § 19a UrhG) ist dies der Ort des **Uploads.**

2477   Der **Erfolgsort** wurde bei einem Upload lange dort gesehen, wo die Internetseite nach der Intention des für die Internetseite Verantwortlichen **bestimmungsgemäß** aufgerufen wird[4145]. Der EuGH widersprach dem und entschied, dass Art. 7 Nr. 2 EuGVVO so auszulegen ist, dass im Fall der Geltendmachung einer Verletzung von Urhebervermögensrechten, die vom Mitgliedstaat des angerufenen Gerichts gewährleistet werden, dieses Gericht stets für eine Haftungsklage des Urhebers zuständig sei. Dieses Gericht sei allerdings nur für die Entscheidung über den **Schaden** zuständig, der **im Hoheitsgebiet des Mitgliedstaats** verursacht worden ist, zu dem es gehört[4146].

2478   Der **BGH** hat sich der Auffassung des EuGH angeschlossen und hält auch bei der Auslegung des **§ 32 ZPO** nicht mehr daran fest, dass der Erfolgsort im Inland und damit eine Zuständigkeit deutscher Gerichte nur gegeben ist, wenn der Internetauftritt bestimmungsgemäß (auch) im Inland abgerufen werden kann. Der Erfolgsort einer unerlaubten Handlung i.S.v. § 32 ZPO ist vielmehr nach Ansicht des BGH bei einer behaupteten Verletzung des Urheberrechts durch ein öffentliches Zugänglichmachen im Inland belegen, wenn die geltend gemachten Rechte im Inland geschützt sind und die verbreiteten Inhalte (auch) im Inland öffentlich zugänglich sind[4147].

2479   Art. 7 Nr. 2 EuGVVO ist nicht auf Verfahren über die Erteilung einer richterlichen Anordnung gem. **§ 101 Abs. 9 UrhG** anwendbar, da es sich bei diesen Verfahren nicht um kontradiktorische Auskunftsverfahren in Zivil- und Handelssachen (Art. 1 Abs. 1 EuGVVO) handelt[4148].

4142 OLG Düsseldorf v. 27.1.2022 – 20 U 105/21 Rz. 16.
4143 Vgl. *Glöckner*, WRP 2005, 795, 798.
4144 Vgl. *Anders/Gehle*, § 32 ZPO Rz. 13; BGH v. 7.12.1979 – I ZR 157/77, GRUR 1980, 227, 229 f.; OLG München v. 15.2.1990 – 29 U 5500/89, GRUR 1990, 677.
4145 Vgl. BGH v. 29.4.2010 – I ZR 69/09 Rz. 14 – Vorschaubilder I; LG Karlsruhe v. 16.12.2011 – 14 O 27/11 Rz. 45.
4146 EuGH v. 3.10.2013 – C-170/12 Rz. 47, ECLI:EU:C:2013:635 – Pinckney/KDG Mediatech; EuGH v. 22.1.2015 – C-441/13 Rz. 38, ECLI:EU:C:2015:28, CR 2015, 184 = AfP 2015, 141 – Hejduk/EnergieAgentur; vgl. auch LG München I v. 20.2.2019 – 37 O 22800/16 Rz. 106.
4147 BGH v. 21.4.2016 – I ZR 43/14 Rz. 18 – An Evening with Marlene Dietrich.
4148 OLG München v. 12.9.2011 – 29 W 1634/11 Rz. 13.

e) Markenrecht

Für Ansprüche, die sich auf die Verletzung von Markenrechten stützen, gelten (für Unions- 2480
marken) Art. 125 Unionsmarkenverordnung (UMV)[4149] sowie Art. 24 Nr. 4 und Art. 7 Nr. 2
EuGVVO[4150] und § 32 ZPO[4151].

Nach **Art. 24 Nr. 4 EuGVVO** sind für markenrechtliche Klagen ausschließlich die Gerichte 2481
des Staates zuständig, in dem die Eintragung der Marke erfolgt ist[4152]. Der Anwendungsbereich des Art. 24 Nr. 4 EuGVVO ist jedoch eng[4153]. Unter die Zuständigkeitsnorm fallen
lediglich Klagen, die die Eintragung oder Gültigkeit von Marken betreffen, nicht jedoch andere Streitigkeiten wie beispielsweise ein Prozess über die Frage, welchem von mehreren an-
gemeldeten Schutzrechten Priorität gebührt[4154].

Außerhalb des Anwendungsbereichs des Art. 24 Abs. 4 EuGVVO ist die internationale Zu- 2482
ständigkeit deutscher Gerichte immer dann zu bejahen, wenn ein **deutscher Erfolgsort oder
Handlungsort** gegeben ist (Art. 7 Nr. 2 EuGVVO[4155] und § 32 ZPO). Für die Bestimmung
des kennzeichenrechtlichen Erfolgsorts nach § 32 ZPO wird es überwiegend für erforderlich
erachtet, dass sich der Internetauftritt **bestimmungsgemäß** auch an inländisches Publikum
richtet[4156]. Der BGH hat offen gelassen, ob er an dieser Einschränkung festhält[4157]. Bei der
Auslegung des Art. 7 Nr. 2 EuGVVO vertritt der EuGH – wie im Urheberrecht – auch für
das Markenrecht den Standpunkt, dass die Gerichte des Staates, in dem eine Marke geschützt ist, stets als Gerichte des **Erfolgsorts** zuständig sind, ohne dass es darauf ankommt,
ob sich eine (das Markenrecht verletzende) Internetseite bestimmungsgemäß an das Publikum im **Schutzstaat** richtet[4158].

4149 Verordnung (EU) 2017/1001 des Europäischen Parlaments und des Rates vom 14. Juni 2017
über die Unionsmarke vom 4.6.2017.

4150 Vgl. OLG Hamburg v. 2.5.2002 – 3 U 312/01, CR 2002, 837 = MMR 2002, 822, 823.

4151 *Hacker* in Ströbele/Hacker/Thiering, Markengesetz, § 140 MarkenG Rz. 21, § 141 MarkenG
Rz. 1; *Ingerl/Rohnke*, Markengesetz, § 141 MarkenG Rz. 2; *Ubber*, WRP 1997, 497, 502.

4152 Vgl. *Nagel/Gottwald*, Internationales Zivilprozessrecht, § 3 Rz. 333 ff.; OLG München v.
16.6.2005 – 29 U 5456/04, ITRB 2006, 35 = CR 2006, 347, 347.

4153 *Kropholler*, Europäisches Zivilprozessrecht, Art. 22 EuGVVO Rz. 45.

4154 *Kropholler*, Europäisches Zivilprozessrecht, Art. 22 EuGVVO Rz. 46.

4155 Vgl. *Glöckner*, WRP 2005, 795, 798; BGH v. 13.10.2004 – I ZR 163/02, AfP 2005, 300 = CR
2005, 359 m. Anm. *Junker* = ITRB 2005, 134 = NJW 2005, 1435, 1435 – Hotel Maritime;
BGH v. 15.2.2018 – I ZR 201/16 Rz. 15, CR 2018, 744 = ITRB 2018, 275 – goFor.

4156 *Fezer*, Markenrecht, Einl. I. Rz. 4; *v. Schultz* in v. Schultz, Markenrecht, Anh. zu § 5 Rz. 26; *In-
gerl/Rohnke*, Markengesetz, Einl. Rz. 48; *Ubber*, Markenrecht im Internet, S. 209; *Bettinger/
Thum*, GRUR-Int. 1999, 659, 669; *Hoeren*, NJW 1998, 2849, 2851; KG Berlin v. 25.3.1997 –
5 U 659/97, CR 1997, 685 = NJW 1997, 3321, 3321; OLG Frankfurt v. 3.12.1998 – 6 W 122/98,
K&R 1999, 138, 138 f. m. Anm. *Kotthoff* = MMR 1999, 427 = CR 1999, 450, 450 f. = NJW-CoR
1999, 302, 302 f. m. Anm. *Ernst*; OLG Bremen v. 17.2.2000 – 2 U 139/99, CR 2000, 770, 770 ff.;
OLG München v. 8.10.2009 – 29 U 2636/09, IPRB 2010, 105, 105 f. (*Luckhaus*); LG Düsseldorf
v. 4.4.1997 – 34 O 191/96, CR 1998, 165 = GRUR 1998, 159, 160; a.A. OLG Karlsruhe v.
10.7.2002 – 6 U 9/02, AfP 2003, 188 = CR 2003, 375 = MMR 2002, 814, 815; OLG München
v. 15.11.2001 – 29 U 3769/01, ITRB 2002, 82 = CR 2002, 449, 450.

4157 BGH v. 8.3.2012 – I ZR 75/10 Rz. 21 – OSCAR; BGH v. 5.3.2015 – I ZR 161/13 Rz. 15 – IPS/
ISP.

4158 Vgl. EuGH v. 19.4.2012 – C-523/10 Rz. 27 ff. – Wintersteiger; BGH v. 9.11.2017 – I ZR 164/16
Rz. 48, CR 2018, 185 – Parfummarken; BGH v. 15.2.2018 – I ZR 201/16 Rz. 17, CR 2018, 744
= ITRB 2018, 275 – goFor; vgl. auch OLG Frankfurt v. 11.3.2021 – 6 U 273/19 Rz. 22.

Stichwortverzeichnis

Die Zahlen verweisen auf die Randziffern.